Konrad Gaiser
Gesammelte Schriften

International Plato Studies
Published under the auspices of the International Plato Society

Series Editors:
Luc Brisson (Paris), Christopher J. Rowe (Durham),
María Isabel Santa Cruz (Buenos Aires), Mauro Tulli (Pisa),
Thomas A. Szlezák (Tübingen)

Volume 19

Konrad Gaiser in der Diskussion (ca.1982)

Konrad Gaiser

Gesammelte Schriften

Herausgegeben von Thomas Alexander Szlezák
unter Mitwirkung von Karl-Heinz Stanzel

Für Frau Ingeborg Schudoma
mit nochmaligem (s. Vorwort)
sehr herzlichem Dank
für Ihre Hilfe

Tübingen, 13.8.04 Th. A. Szlezák

Academia Verlag Sankt Augustin

Illustration on the cover by courtesy of the Bodleian Library,
Oxford, MS. Ashmole 304, fol. 31 v.

Gedruckt mit finanzieller Unterstützung
der Philipp-Melanchthon-Stiftung,
des Universitätsbundes Tübingen
und der Erbengemeinschaft Konrad Gaiser

Bibliografische Information Der Deutschen Bibliothek
Die Deutsche Bibliothek verzeichnet diese Publikation in der
Deutschen Nationalbibliografie; detaillierte bibliografische Daten
sind im Internet über http://dnb.ddb.de abrufbar.

ISBN 3-89665-188-9

1. Auflage 2004

Bahnstraße 7, D-53757 Sankt Augustin
Internet: www.academia-verlag.de
E-Mail: kontakt@academia-verlag.de

Printed in Germany

Vorwort

Anderthalb Jahrzehnte nach dem frühen Tod Konrad Gaisers (1929–1988) sind auch seine 'kleineren', d.h. nicht in Buchform erschienenen Arbeiten so weit davon entfernt, in der Fachwelt vergessen zu sein, daß mich vielmehr seit Jahren immer wieder Anfragen von Kollegen aus dem In- und Ausland erreichten, wann man mit einer Sammlung seiner Aufsätze und Rezensionen rechnen könne. So darf ich hoffen, mit der Vorlage dieses Bandes den heute allenthalben mit starkem Elan und großer Methodenvielfalt betriebenen Platonstudien sowie auch – durch die Aufnahme einiger nicht mit Platon befaßter Arbeiten – der Gräzistik insgesamt einen Dienst zu erweisen. Die Fülle der erhellenden Einzelinterpretationen und erst recht die sich aus ihnen ergebende Geschlossenheit des Gesamtbildes werden ihre Wirkung auf die fachliche Diskussion nicht verfehlen.

Danken möchte ich in erster Linie den Institutionen und Persönlichkeiten, die durch ihre Großzügigkeit die Drucklegung dieses Bandes ermöglicht haben. Druckkostenzuschüsse kamen vom Universitätsbund Tübingen und von der Erbengemeinschaft Konrad Gaiser (namentlich von Frau Gertrud Hahn und Frau Therese Wrase). Prof. Dr. Dr. h.c. mult. Martin Hengel gewährte als Vorsitzender der Philipp-Melanchthon-Stiftung die Mittel für die vielen Arbeitsstunden, die zuverlässige Helfer benötigten, die unterschiedlichen Vorlagen in eine einheitliche druckfertige Form zu bringen.

Danken möchte ich auch all denen, die gute Arbeit leisteten beim Scannen und beim mühsamen Korrekturlesen der gescannten Texte: Thomas Blank, Martin Krähmer, Ellen Wiese, Marion Wiese, Andreas Schlick, Manuel Schölles und Daniela Wohlbold. Von großem Wert war mir die kritische Beratung und Hilfe von Dr. Ingeborg Schudoma, Dr. Salvatore Lavecchia und PD Dr. Robert Bees. An allen Arbeitsgängen von der Vorbereitung bis zur Erstellung der fertigen Druckvorlage hatte mein Mitherausgeber PD Dr. K.-H. Stanzel wesentlichen Anteil. Ohne seinen unermüdlichen Einsatz und seine umsichtige Koordination wäre die termingerechte Fertigstellung nicht möglich gewesen.

Tübingen, 1. Juni 2004 Thomas Alexander Szlezák

Inhalt

I Zur Hermeneutik der platonischen Dialoge

Platon als philosophischer Schriftsteller (1984)

Erster Vortrag: Grundfragen der Platon-Interpretation

I

Es ist für mich eine große Ehre, an Ihrer ›Scuola di studi superiori in Napoli‹ Vorträge halten zu dürfen. Darüber freue ich mich, und dafür danke ich denen, die mich eingeladen haben, von Herzen. Die Gespräche, die sich an meine Referate anschließen werden, werden mir bestimmt helfen, manches richtiger und klarer zu sehen.

Zugleich fürchte ich, daß ich mir zu viel vorgenommen und Ihnen zu viel versprochen haben könnte. Mein Italienisch ist schlecht, und deshalb wird es für Sie mühsam sein, mir zuzuhören und sich mit mir zu verständigen. Schwierig ist aber auch der Gegenstand meiner Vorträge. Viele Generationen von Lesern und gelehrten Erklärern haben versucht, Platons Schriften zu verstehen; und trotzdem bestehen grundsätzliche Meinungsverschiedenheiten darüber, wie man Platons Dialoge im einzelnen und im ganzen auslegen soll. Kann ich besser wissen als andere, was Platon mit seinen Schriften beabsichtigt hat? Meine Bangigkeit wird noch größer, wenn ich bedenke, daß es bei Platons Dialogen der Sache nach um die wichtigsten Fragen des menschlichen Lebens geht. Denn so viel ist sicher, daß Platons Schriften nach der Absicht ihres Autors nicht nur zum Genuß gelesen werden sollen, sondern daß sie den Leser auf den Weg zur Wahrheit, zum guten und glücklichen Leben führen wollen. Wie kann ich hoffen, Ihnen diese Schriften nahe zu bringen, zumal sie auch mich selbst vor viele Fragen und Zweifel stellen?

Was mir Hoffnung gibt, ist die Erfahrung, daß gerade bei Platon Fragen und Zweifel ebenso hilfreich sein können wie Antworten und Lösungen. Meine Befürchtungen und Sorgen möchte ich in die Worte des Sokrates kleiden, der im fünften Buch der ›Politeia‹ (450 D – 451 A) folgendes sagt:

Unter einsichtigen Freunden über das Wichtigste und Liebste als Wissender die Wahrheit zu sagen, ist ungefährlich und muteinflößend, aber zweifelnd und noch auf der Suche sich ans

Reden zu machen, wie ich es tue, ist furchteinflößend und gefährlich. Nicht daß ich fürchte, ich könnte mich lächerlich – machen denn das ist ja kindisch –, wohl aber, ich könnte bei der Wahrheit straucheln und nicht nur selbst daliegen, sondern auch die Freunde mithineinziehen bei Dingen, wo man am wenigsten straucheln darf.

Das Thema ›Platon als philosophischer Schriftsteller‹ sollte ankündigen, daß ich der Frage nachgehen möchte, wie die platonischen Dialoge als literarische Werke eines Philosophen gelesen und verstanden werden sollen. Ich möchte genauer in Erfahrung bringen, warum und wozu der Philosoph Platon diese Schriften verfaßt hat. Mich interessiert, wie man diese Schriften nach der Absicht ihres Autors auffassen soll. Es geht mir also, mit einem Wort gesagt, um die Hermeneutik des platonischen Schriftwerks. In meinem ersten, heutigen Vortrag will ich dieses Problem grundsätzlich und im Blick auf die bisherige Interpretationsgeschichte entfalten. In den anschließenden Vorträgen möchte ich auf verschiedene Textpartien näher eingehen, in denen Platon – wenigstens andeutungsweise – über sich selbst als Schriftsteller spricht. Diese Texte scheinen mir für die Frage, wie Platons Dialoge nach den Intentionen ihres Autors gelesen werden sollen, aufschlußreich zu sein.

Man kann Platons Schriften natürlich auch ohne diese hermeneutischen Bemühungen lesen und genießen. Ich glaube aber, daß wir uns eine solche Naivität nicht leisten können, wenn wir Platon nicht nur irgendwie, sondern angemessen verstehen wollen. Unter ›angemessen‹ verstehe ich, daß wir zu ermitteln versuchen, was Platon selbst zu sagen hatte, und nicht nur unsere eigenen Fragen und Vorurteile in ihn hineintragen (wie es bei manchen Erklärern in England und Amerika geschieht, die Platon lesen, als ob er wie sie selbst ein Vertreter der Sprachanalyse wäre).

Platons Schriften waren wohl schon für die zeitgenössischen Leser, an die er zunächst gedacht hat, nicht ganz leicht zu verstehen. Für uns wird die Schwierigkeit des adäquaten Verstehens durch den zeitlichen Abstand noch größer. Platon stellt aber nicht nur besondere Ansprüche an den Leser, sondern er hilft ihm auch zum richtigen Verständnis. Platons Schriften sind aus dem vollen theoretischen Bewußtsein der Bedingungen schriftstellerischer Wirksamkeit geschaffen; und er äußert sich in seinen Werken auch immer wieder über die Möglichkeiten und Grenzen literarischer Mitteilung. Wir müssen also versuchen, die in den Schriften enthaltenen Bemerkungen über das richtige Sprechen und Schreiben als hermeneutische Winke des Autors zu verstehen. Vielleicht gelingt es uns auf diese Weise, die hermeneutischen Voraussetzungen des Autors Platon zu erfassen und seine Werke gemäß den Absichten des Autors zu lesen.

Es versteht sich wohl von selbst, daß eine solche Hermeneutik wie jede Art des Interpretierens und Erklärens nur eine Hilfe oder Anleitung zum Verstehen sein kann. Die verstehende Aneignung muß jeder, so gut er kann, für sich selbst leisten. Die Größe Platons zeigt sich nicht zuletzt darin, daß er uns immer wieder bewußt macht, wie unzulänglich unsere Kunst des

Auslegens und Verstehens ist. Werner Jaeger hat dies im Blick auf die philologische Platonerklärung einmal so ausgedrückt:

An Plato als dem verwickeltsten, voraussetzungsreichsten Objekt, das die Altertumswissenschaft dem nachschaffenden Verstehen bietet, ist die Idee der philologischen Interpretation im neueren Sinne des Wortes erwachsen. Das Äußerste, was die Philologie in Hinsicht des kongenialen Verstehens zu leisten vermag, wird stets an Plato offenbar werden, und auch was sie nicht kann, wird man hier am deutlichsten erkennen können.

II

Was Werner Jaeger hier für die Philologie sagt, gilt sicher ebenso für die philosophische Platoninterpretation. Philologische und philosophische Fragestellungen waren in der Forschungsgeschichte immer unlösbar miteinander verbunden. Werfen wir nun einen Blick zurück auf die Geschichte der Platoninterpretation, um zu verdeutlichen, welches bisher die Hauptgesichtspunkte der Interpretation waren.

Wer die platonischen Schriften insgesamt verstehen wollte, mußte schon immer die Frage stellen: Inwiefern bilden diese Schriften überhaupt ein Ganzes? Wo liegt in der Vielfalt der verschiedenen Dialoge das Gemeinsame, das uns den Gesamtsinn zu erkennen gibt? Die bisherige Interpretationsgeschichte zeigt, daß man im wesentlichen auf drei Wegen versucht hat, die Einheit in der Vielfalt der platonischen Schriften zu erfassen, daß aber keiner der drei Wege zum Ziel geführt hat. Mit den drei Wegen meine ich erstens den systematischen, zweitens den pädagogischen, drittens den entwicklungsgeschichtlichen Gesichtspunkt.

(1) Die systematische Interpretation suchte die einzelnen Schriften als Bestandteile einer systematischen Darstellung der platonischen Philosophie zu verstehen. So hat etwa Eduard Zeller versucht, auf der Grundlage der Dialoge die platonische Lehre systematisch zu beschreiben, und zwar nach der Dreigliederung in Dialektik, Physik und Ethik. Diese Einteilung stammt bekanntlich aus der Stoa und hat ihre Wurzeln in der Alten Akademie. Es ist aber unverkennbar, daß sie sich nicht dafür eignet, den Gehalt der platonischen Schriften angemessen wiederzugeben. Zeller brachte vor der systematischen Beschreibung einen Abschnitt über ›die propädeutische Begründung der platonischen Lehre‹ und danach ein Kapitel über ›die spätere Form der platonischen Lehre‹. Man sieht daran, daß auch der pädagogische und der entwicklungsgeschichtliche Aspekt berücksichtigt zu werden verlangen; und durch sie wird der systematische Aspekt stark eingeschränkt.

Die Erklärer sind sich heute ziemlich einig in der Ansicht, daß die platonischen Schriften kein Lehrsystem darbieten. Sie sind so lebendig und so reich an überraschenden Wendungen, daß ihnen eine streng systematische Interpretation Gewalt antut.

(2) Den Gesichtspunkt der pädagogischen Einheit des platonischen Schriftwerks hat vor allem Friedrich Schleiermacher zur Geltung gebracht. Er nahm an, daß Platon seine Schriften mit Rücksicht auf den Leser nach einem pädagogischen Plan in einer bestimmten Reihenfolge geschrieben habe. Der Leser sollte, so meint Schleiermacher, durch die Aufeinanderfolge der Schriften auf einen Weg gebracht werden, der ihn methodisch konsequent vom Vorläufigen zum Endgültigen, von den naheliegenden Erscheinungen zur Erkenntnis der höchsten Ideen führen konnte.

Schleiermacher rechnet dabei mit der Möglichkeit, daß Platon selbst auf dem gleichen Weg zu seinen philosophischen Einsichten gelangt war. Die literarische Darstellung geschah aber nach seiner Auffassung nicht simultan mit Platons eigener Erkenntnisgewinnung, sondern sie war diktiert von der Absicht der pädagogisch zweckmäßigen Mitteilung.

Die Erklärung Schleiermachers enthält zweifellos einen richtigen Ansatz, da er die Schriften Platons nicht nur vom Autor, sondern auch vom Leser und seinen Bedürfnissen her zu verstehen sucht. Aber der pädagogische Plan, mit dem Schleiermacher rechnete, ist doch zu einfach, um die Phänomene erklären zu können. Der Tatsache, daß Platons Schriften über mehrere Jahrzehnte hinweg entstanden sind, kann man schwerlich gerecht werden, wenn man nicht annimmt, daß Platons Denken sich im Lauf dieser langen Zeit gewandelt oder entfaltet hat und daß er wohl auch immer wieder andere Leser im Auge hatte.

(3) Die entwicklungsgeschichtliche Interpretation geht von der Annahme aus, daß wir in der zeitlichen Aufeinanderfolge der Dialoge (sofern sie uns bekannt ist) Platons eigene denkerische Entwicklung simultan verfolgen können. Jeder Dialog soll Zeugnis ablegen von den Problemen und Erkenntnissen, die für Platon zur Zeit der Abfassung neu und interessant waren. Die Einheit des Gesamtwerks ist bei dieser Ansicht in der philosophischen Biographie des Autors zu suchen, der durch verschiedene Aporien hindurch zu immer wieder neuen Erfahrungen und Einsichten gelangte. Die Erklärer fragen demgemäß, ob das Werk eine stetige Entfaltung und Erweiterung des Denkens oder eine wechselhafte, durch Krisen und Umbrüche gekennzeichnete Entwicklung zu erkennen gibt.

Die entwicklungsgeschichtliche Fragestellung ist durch die Sprachstatistik auf ein im großen und ganzen solides chronologisches Fundament gestellt worden und hat zu mancherlei Aufschlüssen geführt. Die neueren Erklärer sind aber doch – wie mir scheint, mit Recht – von der Entwicklungsfrage wieder abgekommen. Man sieht heute, daß diese Frage doch nicht den Hauptschlüssel zum Verständnis der platonischen Schriften an die Hand gibt. Gerade die gesuchte innere Einheit des ganzen Werks entzieht sich der Entwicklungskategorie.

III

Wenn also keiner der drei üblichen Wege zum Ziel führt, müssen wir uns fragen, ob es andere Methoden und Gesichtspunkte gibt, mit denen wir weiter kommen können.

Zunächst wird man allerdings zugeben müssen, daß von den drei genannten Fragestellungen zwar keine ausreichend, aber doch jede zu einem gewissen Teil berechtigt und aufschlußreich war. Das bedeutet: Man muß doch wohl den systematischen, den pädagogischen und den entwicklungsgeschichtlichen Ansatz so miteinander kombinieren, daß sie sich gegenseitig ergänzen. Dies ist denn auch in der neueren Forschung verschiedentlich geschehen, und es hat sich gezeigt, daß man mit der so erweiterten und differenzierten Methode den platonischen Schriften besser gerecht wird als mit allzu einfachen Patentlösungen.

Es bleiben dabei jedoch erhebliche Unsicherheiten. Bei der Erklärung der einzelnen Dialoge und Textstellen ist immer wieder zweifelhaft, wie sich die verschiedenen Kriterien zueinander verhalten und welches jeweils den Ausschlag geben soll.

Angesichts dieser Unsicherheiten sieht man sich gleichsam in der Lage des Archimedes, der sagte, er könnte die Erde bewegen, wenn er einen festen Standpunkt außerhalb hätte. Gibt es vielleicht für unsere Aufgabe, das platonische Schriftwerk als Ganzes zu erklären, einen solchen Standpunkt? Dieser Wunsch ist, wie mir scheint, nicht ganz aussichtslos. Ich sehe zwei Punkte, die gleichsam außerhalb des platonischen Schriftwerkes liegen und von denen aus sich die Möglichkeit ergibt, dieses literarische Werk zu begreifen.

Diese beiden Gesichtspunkte sind nicht völlig neu, sie haben aber, wie ich meine, bei der bisherigen Platoninterpretation nicht die entscheidende Rolle gespielt, die ihnen zukommt. (a) Die eine Voraussetzung sind die Leser oder Rezipienten, für die Platons Dialoge ursprünglich bestimmt waren. (b) Die andere Voraussetzung sehe ich in den mündlichen, schulmäßigen Lehren Platons, die den Hintergrund der literarischen Werke bilden. – Diese beiden Voraussetzungen der platonischen Schriftstellerei hängen notwendig miteinander zusammen. Ich wende mich zuerst der Frage nach dem Publikum der Dialoge, dann der Frage nach dem nichtliterarischen Hintergrund zu.

IV

Wie jedes literarische Werk so kann man auch die platonischen Dialoge produktionsästhetisch und rezeptionsästhetisch untersuchen. In der einen Richtung lautet die Frage: Was hat der Autor zu sagen? Welche Ansichten stellt er in seinen Schriften dar? Wie kommt das Ganze seines Denkens in den Schriften zur Sprache? Dies war die in der Forschung übliche Fragestellung, während der andere, der rezeptionsästhetische Aspekt zu kurz kam. Unter diesem anderen Gesichtspunkt ist zu fragen: An welche Leser wendet sich der Autor? Wozu sollen sie diese Schriften lesen? Was will der Autor bei seinem Publikum erreichen? Worin besteht die Wirkungsfunktion seiner Schriften?

Um den bisher vernachlässigten Gesichtspunkt stärker zur Geltung zu bringen, müssen wir verschiedene Informationen aufmerksam beachten. Zum einen müssen wir nach Möglichkeit historisch ermitteln, für welches Publikum Platon geschrieben hat und wie seine Schriften damals gewirkt haben. Zum anderen müssen wir im Blick auf die Dialoge selbst noch genauer darauf achten, an wen sie sich wenden und welche Wirkung sie ausüben sollen.

(1) Nimmt man die Nachrichten und Indizien zusammen, die etwas über die ursprünglichen Leser Platons aussagen, so ergibt sich, daß die platonischen Schriften in erster Linie nicht für philosophisch Gebildete, sondern für ein weiteres, außerphilosophisches Publikum bestimmt waren. Die Dialoge wurden zwar zunächst im Kreis der Schüler und Freunde vorgelesen und so ›veröffentlicht‹, aber sie wurden dann außerhalb der Schule verbreitet und wandten sich an Leser in der ganzen griechischsprechenden Welt. Diese Leser sollten durch die Dialoge nicht über die gesamte Philosophie Platons unterrichtet, wohl aber ›protreptisch‹ zur Philosophie hingewendet werden. Mit dem Ausdruck ›Protreptik‹ ist gemeint, daß die literarischen Werke den Leser auf die Schule Platons aufmerksam machen sollten und daß sie ihn auf den Weg des Nachdenkens und einer philosophiegemäßen Lebensform führen konnten.

Bei dem Aristoteles-Schüler Dikaiarch hören wir in diesem Sinne, daß Platon mit seinen Schriften Unzählige ›protreptisch‹ für die Philosophie interessierte und diejenigen, die nicht in seine Schule kommen konnten, ›ermutigte‹. Ferner wird überliefert, daß einzelne Leser nach der Lektüre bestimmter Dialoge (nämlich des ›Gorgias‹ und der ›Politeia‹) den Entschluß faßten, zu Platon nach Athen zu gehen, um in seiner Schule ihr Leben ganz der Philosophie zu widmen. Bei Xenophon (Memorabilien I 4,1) und in dem pseudo-platonischen Dialog ›Kleitophon‹ fassen wir die kritische Ansicht, daß die sokratischen Dialoge Platons nur protreptisch wirksam seien, also nur vorläufig zur besseren Erkenntnis und zur Arete hinwenden, diese aber nicht lehrhaft vermitteln könnten. Dieser Einwand ist gewiß oberflächlich, aber er war doch insofern berechtigt, als die platonischen Schriften mehr für das philosophische Leben warben als daß sie philosophische Lehren mitteilten.

(2) Auf die in den Dialogen selbst erkennbaren Wirkungsabsichten Platons will ich in den späteren Vorträgen näher eingehen. Im Augenblick möge eine allgemeine Beobachtung dazu genügen. Es ist leicht zu sehen, daß Platon in seinen Dialogen – von der frühen bis zur späten Zeit – dem

Philosophen, also meist Sokrates, immer wieder andere Gesprächspartner gegenüberstellt; und es ist zu vermuten, daß dem Wechsel dieser Dialogpersonen ein Wechsel der Adressaten entspricht, an die sich der Schriftsteller Platon wendet.

(a) In den frühen Dialogen setzt sich Sokrates mit Sophisten und anderen Gegnern auseinander und wendet sich an Zuhörer, die sich für Fragen der Erziehung interessieren. Er umwirbt junge Leute und Väter, die ihre Söhne gut erziehen wollen. Man erhält also den Eindruck, daß der Autor Platon hier zu seiner philosophischen Paideia ›hinwenden‹ will.

(b) In den Dialogen der mittleren und späteren Zeit wird der Leser in ein Gespräch unter Freunden hineingezogen. Die Gesprächspartner sind aber in einigen dieser Dialoge – wie in der ›Politeia‹ und in den ›Nomoi‹ – weniger philosophisch als politisch interessiert. Diese Dialoge wenden sich demgemäß wohl an die politische Öffentlichkeit der griechischen Welt.

(c) In anderen Dialogen der späteren Zeit werden die Gesprächspartner mehr zu Mitforschenden und Schülern des Philosophen; und Sokrates kann hier die Gesprächsführung dem Fremden aus Elea oder anderen Männern überlassen, die mit der Autorität von sachkundigen Lehrern auftreten. Man spürt in diesen Dialogen – im ›Theaitet‹, ›Sophistes‹, ›Politikos‹, ›Timaios‹ – etwas von der Atmosphäre der Schule Platons, ohne jedoch Platon und seine Schulgenossen selbst zu hören. Diese Dialoge führen den Leser also nahe an die Diskussionen der Akademie heran; sie wenden sich aber immer noch an Außenstehende.

Diese einfachen Beobachtungen zum Wechsel der Gesprächspersonen in Platons Dialogen können vielleicht schon verdeutlichen, daß man den Inhalt dieser Gespräche nicht angemessen versteht, wenn man ignoriert, daß das Niveau und die Wirkung des Gesprochenen von den Dialogpartnern abhängt und daß Platon auf diese Weise die Erwartungen und Interessen verschiedener Leser berücksichtigt. Besonders auch die ›Entwicklung‹ in der Aufeinanderfolge der Schriften ist offenbar nicht nur von den Gedankenfortschritten des Autors und nicht nur von einem durchgehenden pädagogischen Plan abhängig, sondern auch durch die Absicht bestimmt, Leser mit unterschiedlichen Voraussetzungen anzusprechen: sie sollen sich durch die literarischen Personen repräsentiert finden.

V

Damit komme ich zu dem anderen Punkt außerhalb der Dialoge, der mir für ihr Verständnis von entscheidender Bedeutung zu sein scheint. Diese Voraussetzung ist inhaltlich-sachlicher Art. Wir können – dies ist meine These – die platonischen Dialoge in ihrer Gesamtheit nur verstehen, wenn wir sehen, daß sie im einzelnen und im ganzen über sich hinausweisen auf eine zusammenfassende Begründung, die im geschriebenen Werk nicht ausdrücklich zur Sprache kommt und doch überall vorausgesetzt ist. Ich versuche, diese These zu erläutern und plausibel zu machen.

(1) Die neuere Forschungsgeschichte hat immer deutlicher gezeigt, daß unser Verständnis der platonischen Dialoge entscheidend davon abhängt, ob Platon ›ungeschriebene Lehren‹ von prinzipieller Bedeutung vertreten hat oder nicht. Bekanntlich ist diese Frage heute sehr umstritten. Ich selbst meine, daß es zwingende Argumente für die Ansicht gibt, daß Platon in seiner Schule eine Prinzipientheorie vertreten hat, die er in den Schriften nicht darstellt. In einem italienischen Aufsatz über ›La teoria dei principi in Platone‹ (dt. in diesem Band S. 295 ff.) habe ich diese Argumente aufgeführt.

Im Blick auf die Forschungsgeschichte ist hervorzuheben, daß Friedrich Schleiermacher am Anfang des letzten Jahrhunderts die Forderung aufgestellt hat, allein die Schriften Platons seien für unser Verständnis seiner Philosophie maßgeblich, denn sie sei ganz in diesen Schriften enthalten. Schleiermacher hat damit die Berichte über mündliche Lehren Platons, die bei Aristoteles und anderen überliefert sind, beiseitegeschoben und so den Interpretationshorizont erheblich eingeengt. In unserem Jahrhundert hat dann der amerikanische Gelehrte Harold Cherniss nachzuweisen versucht, daß die Berichte der Schüler über mündliche Lehren Platons auf Mißverständnissen und Umdeutungen beruhen; und viele neuere Erklärer folgen ihm.

Andere Erklärer (wie Robin, Merlan, Stenzel, de Vogel, Wilpert und zuletzt die Vertreter der Tübinger Forschungsrichtung) haben dagegen versucht, den historisch zuverlässigen Kern dieser Berichte herauszuarbeiten. Danach darf angenommen werden, daß Platons ›ungeschriebene Lehren‹ (ἄγραφα δόγματα) in der Hauptsache aus einer Theorie der ersten Prinzipien, der höchsten und allgemeinsten Seinsursachen bestanden.

Für die Existenz einer solchen Prinzipientheorie Platons spricht besonders auch eine Stelle im ›Siebenten Brief‹ (341 C–E), die ich in der Übersetzung zitieren möchte, weil sie zugleich Auskunft darüber gibt, weshalb Platon über diese Dinge in seinen literarischen Werken nicht gesprochen hat:

> Es gibt also (sagt Platon) darüber (nämlich über das, was mir wirklich wichtig ist) keine Schrift und wird auch nie eine geben. Denn man kann es nicht auf die gleiche Weise mitteilen wie andere Lehren; vielmehr geht der Seele erst nach langdauernder Beschäftigung mit dem Gegenstand selbst und nach langem Zusammenleben plötzlich, wie durch Funkenschlag entzündet, ein Licht auf und brennt dann durch sich selbst genährt fort. Und doch weiß ich soviel: daß, geschrieben oder gesprochen, ich selbst diese Dinge am besten mitteilen könnte und daß ich auch am meisten unter ihrer verkehrten Darstellung leide. Wäre ich also der Meinung, sie sollten auf zufriedenstellende Art der großen Menge schriftlich oder mündlich dargelegt werden, welches schönere Werk hätte ich in meinem Leben vollbringen können als dies, durch mein Schreiben den Menschen einen so großen Nutzen zu erweisen und die Natur der Dinge für alle ans Licht zu bringen? Aber in Wirklichkeit wäre eben ein solches Unternehmen für die Menschen kein Gewinn, ausgenommen für die wenigen, die aufgrund einer kleinen Anweisung die Lösung selbst zu finden vermögen. Von allen anderen würde es die einen wohl mit unberechtigter Verachtung erfüllen auf ganz unangemessene Weise, die anderen mit hoher und eitler Einbildung, als ob sie etwas wunderbar Großartiges gelernt und verstanden hätten.

Platon will hier nicht sagen, daß das Wichtigste seiner Philosophie, die prinzipielle Begründung aller Dinge, überhaupt nicht aussprechbar wäre. Sie läßt sich vielmehr sehr wohl in Worte fassen; aber der Sinn dieser Theorie ist mit sprachlichen Mitteln – mündlich oder schriftlich – nicht ebenso mitteilbar wie es andere Erkenntnisse sind. Man kann diese Prinzipientheorie deswegen einem anderen nicht ohne weiteres mitteilen, weil sie nur nach langen und intensiven Studien mathematischer und dialektischer Art verständlich wird. Eine öffentliche Darstellung war also nach Platons Ansicht zwar möglich, aber eher schädlich als nützlich, weil unvorbereitete Hörer oder Leser durch eine solche Darstellung notwendigerweise zu Mißverständnissen verleitet werden: entweder zu ungerechtfertigter Geringschätzung oder zu ebenso falscher Einbildung.

(2) Wenn also an der Existenz einer ungeschriebenen Prinzipienlehre Platons nicht zu zweifeln ist, so ist damit doch die Hauptfrage der Platoninterpretation noch nicht beantwortet, sondern erst neu gestellt, die Frage nämlich nach dem Ganzen der platonischen Philosophie. Diese Frage richtet sich nun auf den Zusammenhang zwischen Schriftwerk und ungeschriebener Lehre. Nur wenn dies beides nicht auseinanderfällt, sondern sich als zusammengehörig erweist, gewinnen wir eine Vorstellung vom Ganzen der platonischen Philosophie. Es wäre ein verhängnisvoller Irrtum, wenn jemand annehmen würde, er könnte sich, um Platon zu verstehen, auf die Prinzipientheorie beschränken und die literarischen Werke vernachlässigen.

In mehrfacher Hinsicht scheint mir zwischen den literarischen Dialogen Platons und seiner mündlichen Prinzipientheorie ein unauflösbarer Zusammenhang zu bestehen. Einerseits weisen die Dialoge durch viele Andeutungen auf die Prinzipien hin. Sie sollen den Blick des Lesers in diese Richtung lenken. Andererseits hat Platon seine Dialoge, wie ich meine, von der Prinzipienerkenntnis her konzipiert: sie sollen dem Leser von dieser Erkenntnis so viel vermitteln, wie ohne die Gefahr von Mißverständnissen mitteilbar ist. Das Schriftwerk Platons hat die notwendige Aufgabe, die grundlegenden Erkenntnisse des Philosophen in der menschlichen Welt so weit wie möglich zur Wirkung zu bringen.

In diesem Sinne scheinen mir die literarischen Dialoge Platons von ihrem nichtliterarischen Hintergrund her besser verständlich zu werden.

(3) Um diese Behauptung noch etwas zu konkretisieren, gehe ich nun zum Schluß noch einmal auf die drei traditionellen Interpretationsfragen ein, mit denen man das Ganze des platonischen Schriftwerks zu fassen suchte: die Frage nach einem System, die Frage nach einem pädagogischen Plan und die Frage nach einer Entwicklung Platons. Mir scheint, daß man alle diese Fragen nur dann angemessen stellen und beantworten kann, wenn man die Prinzipientheorie als esoterischen Hintergrund der literarischen Dialoge berücksichtigt.

(a) Die Leser der Schriften erhalten den Eindruck, daß Platon eine systematische Welterklärung intendiert, aber doch nicht erreicht, daß er sie nahelegt, aber doch nicht darlegt. Die Erklärung dieses zwiespältigen Befunds sehe ich darin, daß der Autor dieser Schriften eine systematische Zusammenfassung zwar überall voraussetzt, aber als Schriftsteller bewußt zurückhält. Wenn nämlich die mündliche Lehre Platons in der Hauptsache aus einer Theorie der ersten Seinsprinzipien bestand, dann hat Platon hier eine Zusammenführung und systematisch-einheitliche Begründung aller einzelnen Erfahrungen und Erkenntnisse vorgenommen. Diese prinzipielle Synopsis muß dann auch alles umfaßt haben, was in den Schriften dargestellt wird.

Daß Platon die systematische Begründung in den Schriften nur andeutet, aber nicht ausdrücklich thematisiert, ist damit zu erklären, daß der Wahrheitsgehalt des Systems nur von dem verstanden wird, der durch eigene synoptische Anstrengung dazu gelangt. Die Schriften weisen auf dieses Ziel hin; aber sie ersparen es dem Leser nicht, den Weg selbst zu gehen. Die unmittelbare Darstellung des Ziels könnte nur zu Mißverständnissen führen.

Ein wichtiges Instrument der systematischen Zusammenfassung war für Platon die Mathematik, die es erlaubt, die Strukturen verschiedener Realitätsbereiche einheitlich zu beschreiben. Auch diese Mathematisierung wird in den Dialogen nur angedeutet, nicht ausgeführt.

Platon stellt also, kurz gesagt, in seinen Dialogen seine systematische Seinserkenntnis absichtlich unsystematisch dar: er zeigt hier immer nur Teilaspekte des Ganzen. Auf diese Weise will er den Leser anregen, die systematischen Verbindungen selbst zu suchen und zu finden.

Zum Beispiel begegnet uns in den Dialogen immer wieder die Vorstellung, daß das Gute ein Mittelwert ist zwischen dem Zuviel und dem Zuwenig (zwischen Hyperbole und Elleipsis, aristotelisch gesprochen). Mit dieser Wertstruktur erklärt Platon in seinen Schriften das Verhältnis von Arete und Kakia auf so verschiedenen Gebieten wie Ethik, Politik, Medizin, Kosmologie. Mit Hilfe der Mathematik nun wurde in der Schule das Verhältnis der richtigen Mitte zum Größeren und Kleineren exakt und allgemeingültig beschrieben. Auf diese Weise aber konnten die in verschiedenen Gegenstandsbereichen auftretenden Strukturen systematisch zusammengefaßt und letzten Endes auf einen Gegensatz erster Prinzipien zurückgeführt werden: ein Prinzip der maßgebenden Einheit und Gleichheit und ein Gegenprinzip des relativen Mehr-und-Weniger.

(b) Was die pädagogische Absicht angeht (die Schleiermacher nicht ohne Grund in den platonischen Dialogen suchte), so wird diese Absicht erst recht erkennbar, wenn nicht nur ein Dialog auf den anderen verweist, sondern die Dialoge insgesamt über sich hinausweisen. Wenn die prinzipiellen Erkenntnisse grundsätzlich nicht literarisch dargestellt werden, dann gilt erst recht, daß das Schriftwerk den Leser nicht einfach belehren, sondern zum eigenen Nachdenken anregen will.

In diesem Zusammenhang ist die Funktion genauer zu verstehen, die zeitgenössische Autoren (wie Xenophon und Dikaiarch) den platonischen Dialogen mit dem Begriff der Protreptik zuschreiben. Die Dialoge Platons stehen in der Formtradition der protreptischen Reden, mit denen die Sophisten für ihre Lehrtätigkeit warben, sie überbieten aber diese sophistische Protreptik in mehrfacher Hinsicht. Auch die platonischen Dialoge weisen auf die Schule und die Paideia des Autors hin und geben erste Proben von dieser philosophischen Erziehung. Aber Platons philosophische Paideia ist doch etwas wesentlich anderes als die sophistische Unterweisung; und dementsprechend versucht seine Protreptik, die Menschen vom trügerischen Schein abzuwenden und zur verbindlichen Wahrheit hin umzukehren.

In der platonischen Protreptik verbindet sich also die Werbung für die Schule mit der existentiellen ›Bekehrung‹ zu einem verantwortungsbewußten Leben.

Wenn die späteren Dialoge immer mehr auch zur Darlegung bestimmter Erkenntnisse führen, so bleiben sie doch hinter der prinzipiellen Wahrheiterkenntnis zurück; und das heißt: sie weisen immer noch protreptisch über sich hinaus. Die grundlegenden Einsichten werden bei der literarischen Darstellung nicht etwa künstlich verhüllt, sondern so zurückgehalten, daß der Leser darauf aufmerksam werden kann. Wie weit er auf dem angedeuteten Weg kommt, hängt von ihm – von seinen Fähigkeiten und Bemühungen – ab.

(c) Auch bei der Entwicklungsfrage ergibt sich die Aussicht auf eine angemessene Antwort am ehesten dann, wenn wir die mündliche Lehre Platons mitberücksichtigen. Dieses Problem erscheint in einem anderen Licht, wenn man sieht, daß Platon in seinen Schriften nicht – wie ein heutiger Professor in seinen Büchern – jeweils die neuesten Erkenntnisse dargelegt hat, sondern versucht, seine grundlegenden Einsichten so umzusetzen, daß sie auf ein größeres Publikum wirken können.

Gewiß hat sich Platons Denken im Lauf der Zeit gewandelt, ausgeweitet, vertieft. Aber wir fassen diesen Prozeß in den Dialogen bestenfalls indirekt, da er sich primär im Bereich der Schuldiskussion vollzog. Hier scheint Platon besonders die Prinzipientheorie stetig ausgebaut zu haben, indem er jeweils neu erzielte Forschungsergebnisse verschiedener Wissenschaften auswertete. Davon spiegelt sich in den Dialogen, die immer wieder neue Gegenstandsbereiche einbeziehen, manches wider, aber eben doch nur so, wie es für die Darstellung nach außen zweckmäßig ist.

Beschränkt man den Blick auf die Reihe der literarischen Schriften, so kann man etwa die folgende Ansicht von Platons Entwicklung gewinnen: Zuerst suchte Platon tastend nach dem je und je Gemeinsamen in den wechselnden Erscheinungen, besonders bei den ethischen Tugenden; so kam er allmählich zur Annahme von selbständigen Ideen; dann hat sich ihm das Reich der Ideen immer mehr bevölkert, und die Frage nach einer Ordnung der Ideenwelt, nach einer Idee der Ideen tauchte auf; diese Frage führte ihn schließlich zum Problem einer Prinzipientheorie. Faßt man jedoch die mündliche Lehre als Hintergrund der Dialoge mit ins Auge, so zeigt sich, daß es eher umgekehrt gewesen sein könnte. Es erscheint dann als durchaus möglich, daß Platons Philosophieren schon früh von der vorsokratischen Frage nach der letzten Ursache (ἀρχή) aller Dinge geleitet war. Warum sollte nicht schon der junge Platon die Arche-Spekulation der Vorsokratiker gekannt und in der Letztbegründung aller Dinge seine philosophische Aufgabe gesehen haben? Ist dies richtig, so stand Platon von Anfang an vor dem Problem, den Zusammenhang zwischen dem einen Grund und der unendlichen Vielfalt der Erscheinungen zu erklären. Um den Übergang zu erklären, brauchte er die Ideen. Die Entwicklung würde also nicht von den Ideen zu den Prinzipien, sondern eher von der Prinzipienfrage zur Ideentheorie führen.

VI

Wenn ich zusammenfassend sagen soll, was mir in meinem ersten Vortrag wichtig war, so könnte ich es mit folgenden Schlußsätzen versuchen.

Platons Dialoge sind und bleiben für uns die maßgebliche Grundlage für das Verständnis seiner Philosophie. Wir müssen aber, um diese literarischen Werke angemessen, das heißt gemäß der Absicht ihres Autors zu verstehen, in zweifacher Hinsicht über ihren Inhalt hinausgehen.

(1) Wir müssen bedenken, an welche Leser sich Platon wendet und welche Wirkung er mit seinen Schriften ausüben will. Es scheint, daß die von ihm beabsichtigte Wirkung nicht so sehr in philosophischer Belehrung, sondern mehr in einem protreptischen Werben, Anregen und Überzeugen bestand.

(2) Zugleich müssen wir uns frei machen von der Vorstellung, als ob Platon seine ganze philosophische Erkenntnis in den literarischen Dialogen zur Darstellung gebracht hätte. Diese Schriften weisen über sich hinaus und beruhen auf prinzipiellen Erkenntnissen, die nicht literarisch mitgeteilt werden. In diesem weiterführenden Problemzusammenhang wollen die platonischen Dialoge gelesen und gedeutet werden. Die Linien, die in den literarischen Werken Platons unvollständig bleiben, konvergieren, wenn man sie sachgemäß auszieht, auf den Seinsgrund hin, der nach platonischer Ansicht die Ursache alles Guten und aller Erkenntnis ist.

In diesem größeren und freieren Horizont haben die ersten, zeitgenössischen Leser Platons Dialoge gesehen. In diesem weiteren Zusammenhang können, wie ich meine, auch die Fragen der neueren Platonforschung am ehesten beantwortet werden: die Frage nach der systematischen Einheit, nach der pädagogischen Absicht und nach der Entwicklung.

Ich danke Ihnen für Ihre freundliche Geduld und bitte Sie um Ihre Kritik, so daß aus meinem allzu langen Monolog ein Dialog entsteht.

Zweiter Vortrag:
Äußeres und Inneres der sokratischen Logoi (Symposion 212 C – 223 D)

In meinem ersten Vortrag habe ich über die allgemeinen Bedingungen der Interpretation platonischer Dialoge gesprochen. Eine meiner Thesen war die, daß wir, um diese Schriften im Sinne ihres Autors zu verstehen, fragen müssen, welche Wirkung sie auf den Leser ausüben sollten. Heute beginne ich nun mit der Interpretation von Dialogabschnitten, in denen Platon, wie ich meine, auf die eigenen Schriften – ihre Beschaffenheit und ihre Wirkungsintention – reflektiert. Diese Texte enthalten, wenn ich es recht sehe, Ansätze zu einer Theorie des philosophischen Literaturdialogs.

Es ist bezeichnend für die platonischen Dialoge, daß hier nicht nur über bestimmte Dinge gesprochen wird, sondern immer wieder auch überlegt wird, w i e man darüber sprechen soll. Die Gespräche sind hier ständig begleitet von Reflexionen über die richtige Methode des Sprechens und Untersuchens. Damit macht Platon immer wieder auf die Bedingungen und Grenzen sprachlicher Mitteilung aufmerksam. An einigen Stellen der Dialoge ist diese Reflexion so allgemein, daß das Problem der philosophischen Literatur insgesamt in den Blick kommt. Dies gilt auch für den Schlußteil des ›Symposions‹, mit dem wir uns heute beschäftigen wollen.

Freilich spricht Platon in seinen Dialogen nirgends direkt und lehrhaft über seine Dialoge und die Bedingungen literarischer Darstellung. Wir hören immer nur das Gespräch der Dialogpersonen, die Platons eigene Ansicht nur indirekt zum Ausdruck bringen können. Die hermeneutische Reflexion des Autors liegt hier also nicht offen zutage, sondern ist nur bei genauerer Betrachtung zu erkennen. Im Schlußteil des ›Symposions‹ ist diese Fragestellung von den Erklärern bisher kaum beachtet worden; und ich bin gespannt, ob ich Sie davon überzeugen kann, daß Platon hier nicht nur über Sokrates und seine Logoi, sondern auch über sich selbst und seine Schriften spricht.

I Der Schluß des ›Symposions‹: Inhaltsübersicht

Sie erinnern sich an den Gesamtaufbau des platonischen ›Symposions‹: die fünf Reden der anderen, bevor Sokrates mit seinem elenktischen Gespräch zeigt, daß alles bisher über den Eros Gesprochene bloße Doxa war, nicht Wahrheit (ἀλήθεια). Die Wahrheit kommt dann mit dem, was Sokrates als Lehre der Diotima berichtet, in den Blick. Darauf folgt der Auftritt des Alkibiades, der statt über den Eros über Sokrates spricht.

Überblicken wir rasch den Inhalt dieses Schlußteils mit der Rede des Alkibiades. Dabei will ich ein Leitmotiv besonders herausheben, das mir für das Verständnis dieses Textes wichtig zu sein scheint: die Unterscheidung von Außen und Innen, Äußerem und Innerem.

1 *Der Auftritt des Alkibiades (212 C – 215 A)*

Auffallend genau wird gesagt, wie Alkibiades von der äußeren Tür über die innere Tür (212 C) schließlich hereinkommt (εἰσιέναι 213 A). Alkibiades bekränzt den Sokrates, weil er alle Menschen mit seinen Logoi besiege (213 A). Die Diskussion um Nüchternheit und Betrunkenheit weist, wie später der Gegensatz von Schlafen und Wachen (223 B–D), auf die Überlegenheit des Philosophen hin. Sokrates ist, so viel er auch trinkt, nie berauscht (214 A); und er wird, wenn er Gesprächspartner findet, nicht müde. Damit ist doch wohl gesagt: Beim Philosophen ist der Logos so stark, daß er durch nichts getrübt und außer Kraft gesetzt werden kann: nicht durch den berauschenden Wein und nicht durch das Bedürfnis des Schlafs.

Bevor er zu reden beginnt, erklärt Alkibiades, seine Rede über Sokrates werde Wahres (ἀληθῆ) mitteilen (214 E).

2 *Die Rede über Sokrates (215 A – 222 A)*

Die Einleitung (215 AB): Mit dem Wahrheitsmotiv beginnt dann auch die Rede selbst: Der Vergleich, mit dem Sokrates gekennzeichnet werden soll, habe zwar etwas Lächerliches (γελοῖον), er solle aber um der Wahrheit willen durchgeführt werden.

Alkibiades will Sokrates bildhaft vergleichen mit den Statuen flötender Silene oder Satyrn. Ein solcher Silen ist außen bocksgestaltig, im Inneren enthält er aber wertvolle Kultbilder (ἀγάλματα) von Göttern. Damit ist die Unterscheidung von Äußerem und Innerem eingeführt.

Die Rede hat drei Hauptteile:

(a) Die Logoi des Sokrates und ihre Wirkung (215 B – 216 C). – Von dem Flötenspiel des Marsyas ausgehend, erklärt Alkibiades: Die Reden des Sokrates bezaubern und erschüttern (κηλεῖν, κατέχεσθαι, ἐκπλήττειν). Sie wirken wie mystische Einweihungen (τελεταί) in göttliche Geheimnisse. Wer die Logoi des Sokrates hört, gerät in eine Aporie: Er sieht sich gezwungen, der seelischen Arete den Vorzug vor allem anderen zu geben, und doch ist es nicht leicht, sein Leben in dieser Weise zu ändern.

Es ist klar, daß hier zunächst die ›äußere‹ Wirkung der sokratischen Logoi gekennzeichnet wird. Wie der Satyr mit seiner Flöte, so ›bezaubert‹ Sokrates seine Gesprächspartner: sie sind fasziniert und werden aus ihrem gewöhnlichen Denken herausgerissen. Es wird auch schon deutlich, daß Sokrates etwas von höchster, geradezu göttlicher Wichtigkeit zu vermitteln hat. Aber zunächst einmal werden die Zuhörer des Sokrates provoziert und stimuliert, während die philosophische Erkenntnis nicht sofort zu gewinnen ist.

(b) Das Verhalten des Sokrates (216 C – 221 D). – Alkibiades beschreibt das Verhalten des Sokrates in zwei Bereichen: gegenüber dem Eros und gegenüber der kriegerischen Gefahr. Vor allem auf dem Gebiet des Eros zeigt sich bei Sokrates eine Spannung zwischen äußerem Anschein und innerer Arete. (1) Nach außen hin scheint Sokrates verliebt zu sein und er gibt sich nicht-wissend. (2) Dies erweist sich als Ironie und als übermütiges Spiel, wenn man Sokrates genauer kennen lernt. Was Alkibiades über das Innere des Sokrates zu sagen hat, sollen nur die Eingeweihten hören: Sokrates trägt in sich Göttliches und überaus Schönes, das ernst zu nehmen ist, nämlich alle Tugenden der Seele.

Sowohl in der erotischen Versuchung als auch in der Kriegsgefahr beweist Sokrates, daß er alle Aretai besitzt: Besonnenheit und Selbstbeherrschung (φρόνησις, σωφροσύνη) ebenso wie Tapferkeit und Ausdauer (ἀνδρεία, καρτερία). Das lange, einen ganzen Tag und eine ganze Nacht andauernde Meditieren des Sokrates ist ein Beweis für seine Karteria, aber auch für seine geistigen Kräfte.

(c) Die Logoi des Sokrates (221 D – 222 A). – Alkibiades geht schließlich noch einmal auf die Logoi des Sokrates ein, nun unter dem Gesichtspunkt von Äußerem und Innerem. (1) Nach außen hin sind diese Logoi lächerlich (γελοῖοι): ordinär und scheinbar banal. (2) In ihrem Inneren aber findet man, wenn man sie gleichsam öffnet, Vernünftiges und Göttliches: sie zeigen den Weg zur Erkenntnis des Guten und zur Arete.

3 *Nachspiel der Alkibiades-Rede und Schluß des ganzen Dialogs*

Auf die Rede des Alkibiades folgt ein heiterer Rangstreit (222 C – 223 A). In ihm zeigt sich noch einmal die Überlegenheit des Sokrates sowie die Überlegenheit des rühmenden Redens gegenüber einer ungeistigen Erotik.

Der ganze Dialog schließt mit der Schilderung einer nächtlichen Gesprächsszene (223 B–D). Sokrates zwingt Agathon und Aristophanes, seiner These zuzustimmen, daß es ein und dasselbe Wissen ist, das zum Dichten von Komödien und Tragödien befähigt. Es ist zu vermuten, daß diese These nicht zufällig am Schluß des Symposions steht, sondern alles zuvor Gesprochene aufnimmt und zusammenfaßt. – Wir werden dieser Vermutung später genauer nachgehen.

II Die drei Stufen vom äußeren Schein zur göttlichen Wahrheit

Die Rede des Alkibiades ist offenbar durch die Unterscheidung des Äußeren und des Inneren bestimmt. Ebenso deutlich ist aber auch, daß dabei drei Stufen im Blick sind: der Bereich des äußeren Anscheins, dann der Bereich der inneren Werte, darüber hinaus aber auch noch der Bereich des Göttlichen selbst: des Wahren, Schönen und Guten in seiner ursprünglichen Gestalt.

Diese dreifache Unterscheidung tritt zunächst in dem Gleichnis mit der Silen-Statue hervor. Ein solches Marsyas-Bild zeigt nach außen hin die Erscheinung des Satyrn. Im Inneren findet man die goldenen Kultbilder von Göttern. Auch diese schönen Agalmata sind jedoch Darstellungen der Götter, nicht die Götter selbst.

Ebenso ist es bei dem Verhalten des Sokrates. In seinem äußeren Auftreten erscheint die Wahrheit auf vorläufige, unzulängliche Weise. In seinem Inneren tritt sie deutlicher hervor. Aber Sokrates ist bei all seiner Arete kein Gott. Er kann das göttliche Gute und Schöne nur repräsentieren und sichtbar machen, aber nicht an seine Stelle treten.

Dasselbe gilt schließlich auch für die sokratischen Logoi. Sie bezaubern und führen zu einer Art Einweihung in göttliche Geheimnisse. Ihr Äußeres enthält eine innere Wahrheit und Vernünftigkeit. Sie zielen innerlich auf die vollkommene Arete. Aber das Ziel selbst können sie nicht enthalten: sie verhelfen uns nur zur Orientierung am Göttlichen. Als Logoi sind auch die Reden des Sokrates nur Medien der Mitteilung göttlicher Weisheit, nicht diese selbst.

Obwohl es nicht ausdrücklich gesagt wird, ist kaum zu bezweifeln, daß man die von Alkibiades aufgezeigte Rangfolge – vom Äußeren zum Inneren und weiter zum Göttlichen selbst – mit dem Stufenweg des Eros parallelisieren darf, wie er in der Rede der Diotima beschrieben worden war. Auch dort führt der Aufstieg vom Menschlichen und Unvollkommenen über verschiedene Zwischenstufen der Verinnerlichung zum Göttlichen und Vollkommenen. Denkt man an den Eros, so wird auch klar, worin die Kraft besteht, die zum ›Aufschließen‹ der Logoi des Sokrates befähigt: es ist die erotische Begeisterung, die nicht beim äußerlichen Eindruck stehen bleibt, sondern nach der inneren, seelischen und geistigen Schönheit verlangt.

III Die Reflexion auf die literarischen Sokrates-Dialoge Platons

Nach dieser wohl unproblematischen, beschreibenden Erklärung der Alkibiades-Rede stelle ich die Frage, die uns einen Schritt weiter führen soll, allerdings auch nicht so ganz leicht zu beantworten ist. Meine Frage lautet: Worauf bezieht sich eigentlich die hier gegebene Darstellung des Sokrates und seiner Logoi?

Die Antwort scheint zunächst einfach zu sein. Gewiß spricht Alkibiades hier über seine Erfahrungen mit Sokrates. Und wir dürfen hinzufügen: Platon bezeugt damit zugleich etwas von dem, was für ihn selbst Sokrates und seine Logoi bedeutet haben. Die Darstellung bezieht sich also auf das Leben und die Gespräche des Sokrates.

Mir scheint nun aber, daß man Platons Darstellung nur halb versteht, wenn man in ihr nur bestimmte Erinnerungen an Sokrates und seine Unterredungen beschrieben findet. Ich möchte die These vertreten, daß sich diese Beschreibung des Sokrates, besonders die Beschreibung seiner Logoi, a u c h auf die literarische Sokrates-Darstellung Platons bezieht. Wenn dies richtig ist, dann spricht Platon hier in der Alkibiades-Rede auch von seinen eigenen Dialogen, von seiner literarischen Technik der Darstellung des Sokrates und seiner Logoi.

Der Text selbst scheint mir mehrere Indizien zu enthalten, die in diese Richtung weisen. Ich führe, um meine These zu begründen, die folgenden Beobachtungen an:

(1) Alkiblades spricht zweimal – am Anfang und am Ende seiner Rede – von den Logoi des Sokrates und ihrer Wirkung. Er betont damit, daß Sokrates hauptsächlich durch seine Reden wirkt und daß diese Reden, wenn man sie nur ›öffnet‹, alles Wesentliche enthalten. Alkibiades zeigt, daß die Person des Sokrates und seine Reden eine Einheit bilden, aber hauptsächlich spricht er über die Logoi.

(2) Ausdrücklich wird die Möglichkeit berücksichtigt, daß jemand die Logoi des Sokrates nicht von ihm selbst, sondern durch einen anderen erfährt (ἄλλου λέγοντος, 215 D). Vielleicht darf und soll man dabei besonders auch an die literarische Vermittlung denken.

(3) Was Alkibiades über die Logoi des Sokrates sagt, gilt auch für seine eigene Rede. Sein Bericht könnte als lächerlich erscheinen, er soll aber die Wahrheit darlegen (214 E, 215 A). Die anderen reagieren darauf mit Lachen; aber sie lachen, weil die Freimütigkeit und Wahrhaftigkeit der Rede sie verblüfft (222 C). Auch der Logos des Alkibiades weist also zugleich Lächerliches und Wahres auf, wobei das Lächerliche mehr an der Oberfläche liegt, die Wahrheit dem inneren Gehalt zukommt.

Nun ist aber die Rede des Alkibiades hier ein Bestandteil des platonischen ›Symposions‹ und der literarischen Sokrates-Darstellung Platons. Folglich kommt hier auch dem literarischen Dialog Platons beides zu: das Äußere und das Innere, das Lächerliche und der Wahrheitsgehalt.

(4) Was für die Alkibiades-Rede als Bestandteil des Dialogs gilt, gilt möglicherweise für den ganzen Dialog, ja grundsätzlich für alle literarischen Logoi Sokratikoi Platons. Eine Grenze kann hier kaum gezogen wer-

den, da in Platons Schriften fast überall eine Darstellung des Sokrates und seiner Logoi stattfindet. Möglicherweise will Platon hier also allgemein sagen: wie den Logoi des Sokrates, von denen Alkibiades spricht, so ist ihrer mimetischen Wiedergabe in den literarischen Dialogen Platons Äußeres und Inneres eigen, nämlich eine lächerlich wirkende Außenseite und eine ernstzunehmende, zur Wahrheit und Arete führende Tiefe.

Um das soweit erzielte hypothetische Interpretationsergebnis weiter zu bestätigen, müssen wir natürlich fragen: Entspricht diese Kennzeichnung der sokratischen Logoi tatsächlich der Erfahrung, die wir mit Platons literarischen Dialogen machen? Bestehen sie gleichsam aus Äußerem, das man bei oberflächlicher Betrachtung sieht, und aus Innerem, zu dem der Leser durch ein ›aufschließendes‹ Verstehen vordringen kann? Ich stelle diese Frage zurück, um zunächst ein weiteres Argument für die Richtigkeit meiner These aus dem unmittelbar anschließenden Kontext des ›Symposions‹ zu gewinnen.

IV Die gemeinsame Begründung von Tragödie und Komödie

Im letzten Abschnitt des ›Symposions‹ erfahren wir, daß Sokrates noch über Tragödie und Komödie gesprochen habe, wobei er seine Gesprächspartner zwingend davon überzeugte, daß beide dichterische Gattungen in einem gemeinsamen, umfassenden Wissen begründet sind. Diese These des Sokrates, die hier nur kurz referiert wird, ist zunächst rätselhaft. Es sieht zunächst so aus, als habe sich Sokrates noch auf ein besonderes Problem der Poetik eingelassen. Es gibt aber eine Auslegung, durch die diese These am Schluß des ›Symposions‹ einen tieferen und sachlich notwendigen Sinn erhält. Diese Erklärung geht von der Erwartung aus, daß Platon gerade auch hier nicht nur von anderen Dichtern, sondern von seiner eigenen Schriftstellerei spricht: In seinen eigenen literarischen Werken ist Komisches und Tragisches vereinigt und in einem umfassenden Wissen begründet.

Hören wir zunächst den Text des Schlußabschnittes (223 C 3 – D 10; in der Übersetzung von R. Rufener):

Gegen Morgen sei er dann aufgewacht, als schon die Hähne krähten, und habe gesehen, daß die anderen entweder schliefen oder weggegangen waren. Nur Agathon und Aristophanes und Sokrates seien noch wach gewesen und hätten, nach rechts herum, aus einer großen Schale getrunken, und Sokrates habe ein Gespräch mit ihnen geführt. Worüber sie sonst geredet haben, sagte Aristodemos, könne er sich nicht mehr erinnern, sei er doch nicht von Anfang an dabei gewesen, und zudem hätte er zwischenhinein ein wenig geschlummert. In der Hauptsache aber sei es darum gegangen, sagte er, daß Sokrates sie zuzugeben genötigt habe, ein und derselbe Mann müsse sich darauf verstehen, eine Tragödie und eine Komödie zu schreiben, und der kunstgemäße Tragödiendichter sei auch Komödiendichter. Dies also sei ihnen abgenötigt worden; sie hätten aber nicht so recht folgen können und seien eingenickt. Und zwar sei zuerst Aristophanes eingeschlafen und dann, als es schon Tag wurde, auch Agathon.

Es ist also mit keinem Wort ausdrücklich gesagt, daß sich die Episteme für Tragödien und Komödien auf die Logoi des Sokrates oder gar auf die literarischen Dialoge Platons beziehe. Und trotzdem scheint mir diese Auslegung gefordert zu sein. Platon lenkt, wie ich meine, den aufmerksamen Leser deutlich genug in diese Richtung. Im Zusammenhang des Dialogs und der Sache nach muß der Leser folgerichtig diese Schritte der Interpretation gehen:

(1) Unmittelbar vorher hat der Leser durch Alkibiades gehört, daß man die Logoi des Sokrates, die zunächst paradox und lächerlich wirken, aufschließen muß, um ihre tiefere Wahrheit zu erkennen. Dies gilt also doch wohl auch für den letzten Logos des Sokrates, der dem Leser andeutungsweise mitgeteilt wird.

(2) Der Berichterstatter bemerkt, daß Sokrates die anderen ›gezwungen‹ habe (ἀναγκάζειν), seiner These zuzustimmen. Gemeint ist mit dieser Ananke sicherlich der Sachzwang des sokratischen Logos. Der Leser des Dialogs ist damit aufgefordert, diese sachliche Notwendigkeit selbst zu ermitteln.

(3) Sokrates spricht von einer Episteme und Techne, durch die man sowohl zum Dichten von Tragödien, als auch zum Dichten von Komödien befähigt wird. Es muß sich also um ein Wissen handeln, das beiden Gattungen gemeinsam ist. Sofern es die Tragödie mit dem Ernsten und Erhabenen, die Komödie mit dem Scherzhaften und Niederen zu tun hat, scheint Sokrates also geltend gemacht zu haben, daß ein und dieselbe Erkenntnis für diese Gegensätze zuständig ist.[1]

(4) Die herkömmliche Dichtung beruhte offenbar nicht auf diesem umfassenden Wissen. Nach damals üblicher Theorie und Praxis fallen die Kompetenz für Tragisches und für Komisches bei den Dichtern wie bei den Schauspielern auseinander (Platon, Politeia 3, 395 AB). Da nun also die gemeinsame Episteme bei den Dichtern nicht zu finden ist, muß sie beim Philosophen gesucht werden. Bei ihm ist sie deswegen zu erwarten, weil er sich um möglichst vielseitiges Wissen bemüht und weil die philosophische Dialektik, wie Platon oft betont, gerade in der Erkenntnis von Gegensätzen besteht: Der Philosoph weiß, daß das Schöne nicht ohne das Häßliche, das Wahre nicht ohne das Falsche zu erkennen ist.

(5) In der Diotima-Rede wird erklärt, daß an dem allgemeinen Streben nach dem Schönen auch die Dichter teilhaben (209 A, D). Zur Vollendung gelangt der Aufschwung zum Ziel des Eros aber nur durch die Philosophie.

1 In diesem Sinne hat Platon schon im ›Ion‹ erklärt, ein kompetentes Wissen auf dichterischem Gebiet könne sich nicht nur auf einen Dichter (wie Homer) oder eine bestimmte Gattung beziehen, sondern müsse alles umfassen: die gesamte Dichtung und alle Gegenstände der Dichtung (531 A – 532 B). – Tragödien wie Komödien beschreiben das menschliche Leben, mit dem es auch der Philosoph zu tun hat, sofern er ein ›Abbild des besten Lebens‹ geben will (Nomoi 7).

(6) Das ›Symposion‹ im ganzen hat gezeigt, daß Sokrates als Philosoph den gewöhnlichen Vertretern der Tragödien- und Komödiendichtung überlegen ist. Der ganze Dialog ist als Agon zwischen dem Philosophen und dem besten Tragödiendichter (Agathon) sowie dem besten Komödiendichter (Aristophanes) angelegt. Sokrates erweist sich in diesem Agon als Sieger (213 E).

(7) Alkibiades erklärte, daß Sokrates und seine Logoi beides umfassen: das Menschlich-Niedere und das Göttlich-Erhabene, das Lächerliche und das Ernste. Damit sind die Wesensmerkmale der beiden dichterischen Gattungen den Logoi des Sokrates zugesprochen. Denn die Tragödie hat es nach damals üblicher Terminologie mit dem σπουδαῖον, die Komödie mit dem γελοῖον zu tun.[2] Die Logoi des Sokrates sind, wenn man die Alkibiades-Rede und die Schlußthese des Sokrates zusammennimmt, nach außen hin lächerlich und komisch, im Inneren ernst und tragisch. Freilich verlieren dabei die Begriffe ›komisch‹ und ›tragisch‹ ihren poetologischen Sinn. Durch die gemeinsame philosophische Begründung erhält beides eine weitere Bedeutung. Auch die Zuordnung des Komischen zum Äußeren und des Tragischen zum Inneren der philosophischen Logoi ist wohl zu grob und zu schematisch.

(8) Wenn nun aber die Darstellung des Sokrates in diesem Dialog als Vereinigung von Komischem und Ernstem zu begreifen ist, so gilt letztlich für Platon als den Autor dieser literarischen Darstellung, daß er dies beides zu gestalten vermag. Platon selbst erfüllt somit als Schriftsteller den mit der These des Sokrates gestellten Anspruch, daß ein und derselbe Mann mit überlegener Episteme beides zu dichten vermag: Komisch-Lächerliches und Tragisch-Ernstes. Daß Platon mit der Schlußthese auf sich selbst und seine literarische Kunst zielt, bestätigt zunächst das ›Symposion‹ im ganzen. Jede der Reden dieses Dialogs bietet Lächerliches und Ernstes. Darüber hinaus dürfen wir aber jenen Anspruch auf die gesamte philosophische Schriftstellerei Platons beziehen: überall sind in den platonischen Dialogen Paidiá und Spudé, Komisches und Tragisches unlösbar miteinander verbunden und in einer umfassenden Episteme begründet.

(9) Daß wir die These von der gemeinsamen Begründung der tragischen und der komischen Dichtung nicht zu Unrecht auf Platon selbst beziehen, bestätigen die Stellen in seinem Werk, die zeigen, daß bei ihm die Kritik der herkömmlichen Dichtung stets mehr oder weniger ausdrücklich mit dem Anspruch verbunden ist, selbst eine neue, philosophisch legitime Dichtung zu begründen, die der bisherigen Dichtung durch ihren Wahrheitsgehalt überlegen ist. – Wir werden darauf in dem vierten Vortrag näher eingehen.

2 Platon, Philebos 50 B (Theorie des γελοῖον und Komödie des Lebens); Nomoi 7, 816 D – 817 A (σπουδαῖα); Aristoteles, Poetik 1448 b 34–38; 1449 b 24.

V Zusammenfassung der Interpretationsergebnisse

Ziehen wir nun die Bilanz aus unserer Interpretation des Symposion-Schlusses. Das Folgende scheint sich mir ergeben zu haben: Platon reflektiert mit der Alkibiades-Rede und mit der Schlußthese des Sokrates auf seine eigenen literarischen Sokrates-Dialoge. (a) Was hier von den Logoi des Sokrates gesagt wird, soll auch von den Dialogen Platons gelten: Sie haben eine oberflächlich sichtbare Außenseite und einen inneren Gehalt, der zur Wahrheit und zur Arete hinführt. (b) Platon sieht, wenn wir die Schlußthese richtig verstehen, in seinen Schriften eine neue Art der Dichtung, in der die Kunst der Tragödie und die der Komödie durch ein umfassendes Wissen vereinigt und gemeinsam begründet sind. Dieses umfassende Wissen ist im Grunde nichts anderes als die philosophische Wahrheitserkenntnis.

Faßt man die einzelnen Aussagen schematisch zusammen, so ergibt sich zunächst die einfache Unterscheidung: Platons Dialoge sind nach außen hin lächerlich und komisch, im Inneren dagegen tragisch-ernst und voller Arete. Diese einfache Gegenüberstellung kann freilich nur vorläufig und relativ richtig sein. Auch sie muß erst ›aufgeschlossen‹ und in ihrem tieferen Sinn verstanden werden. Eher wird man dann im Sinne Platons sagen können, daß in seinen Dialogen zwar äußerlich die Paidiá dominiert und innerlich Spudé zu finden ist, daß aber doch beides unlösbar miteinander verbunden ist, so daß in der äußerlichen Paidiá schon der Ernst mitspielt und die innere Spudé – verglichen mit dem Göttlichen selbst – immer noch Spiel ist.

Wenn an den platonischen Dialogen bei oberflächlicher Betrachtung das Lächerliche und Spielerische vorherrscht, so doch auf eine Weise, die zum Ernst der Wahrheitssuche anregt. Und andererseits wird bei der Entdeckung der inneren Wahrheit der Gegensatz von Paidiá und Spudé nicht einfach zugunsten der Spudé aufgehoben, sondern er bleibt bestehen. Wir können das Schöne und Gute niemals ohne den Gegensatz zum Häßlichen und Schlechten verstehen.

VI Die Anwendung der Ergebnisse auf das Verständnis der Dialoge

Wenn wir im ›Symposion‹ mit Recht eine hermeneutische Reflexion Platons auf seine eigenen sokratischen Logoi festgestellt haben, so ist nun noch zu fragen, was damit für unser Verständnis der platonischen Schriften gewonnen ist. Wir sind dann vom ›Symposion‹ her legitimiert, an Platons Schriften Äußeres und Inneres zu unterscheiden. In der Tat läßt sich, wie ich meine, diese Unterscheidung beim Umgang mit den platonischen Dialogen verifizieren.

Zunächst hilft uns das Ergebnis der Symposion-Interpretation allgemein, daß wir besser verstehen, wie Platon als Schriftsteller sein Verhältnis zu Sokrates sieht und was er vom Leser seiner sokratischen Dialoge erwartet.

(a) Die Erklärer haben sich oft gefragt, wie weit Platon sich an den historischen Sokrates anschließt und wo er ihm seine eigenen, weiterführenden Gedanken in den Mund legt. Von der Alkibiades-Rede des ›Symposions‹ her darf man wohl sagen, daß Platon selbst diese Weiterführung nicht als ein Sich-Entfernen von Sokrates verstanden hat. Er glaubte vielmehr, nur immer noch weiter in den reichen Gehalt der Logoi des Sokrates einzudringen und ihr Inneres zu erschließen. In den Logoi des Sokrates war für ihn, wie er Alkibiades sagen läßt, alles enthalten, was man ins Auge fassen muß, um schön und gut zu werden (222 A). Dazu gehörte für Platon letzten Endes auch die Idee des Guten, wie er sie in der ›Politeia‹ beschreibt, auch wenn in den Logoi des Sokrates davon nicht ausdrücklich die Rede war.

(b) Für den Leser und Erklärer der platonischen Schriften ergibt sich aus der Rede über das Äußere und Innere der Logoi des Sokrates die Forderung, diese platonischen Logoi Sokratikoi zu öffnen und vom Äußeren zum Inneren vorzudringen. Was bei oberflächlicher Betrachtung zu sehen ist, muß als Ausdruck einer tieferen, inneren Wahrheit verstanden werden. Man soll sich nicht an den äußerlichen Sinn der Darstellung klammern, sondern muß fragen, in welche Richtung die Aussagen der Sache nach zielen.

Dies ist zugegebenermaßen eine gefährliche exegetische Maxime; denn die damit eingeräumte Freiheit des ›Aufschließens‹ kann zu willkürlichem ›Überinterpretieren‹ führen. Aber man vergeht sich noch mehr gegen die Intentionen des Schriftstellers Platon, wenn man überall nur beim nächstliegenden, oberflächlichen Textverständnis verharrt und die tieferliegenden Sinnstrukturen ignoriert. Um nicht willkürlich zu verfahren, sondern der Absicht des Autors zu folgen, muß man den Text wörtlich genau nehmen und dabei besonders darauf achten, wo der Text selbst über sich hinausweist. Entscheidend sind die im Text angelegten Hinweise, die das Äußere auf das Innere hin transparent machen.

VII Das Äußere und das Innere der platonischen Dialoge

Mit unserer Auslegung des Symposion-Schlusses ist im ganzen die Frage gestellt, wie Platon, wenn er hier von seinen eigenen literarischen Sokrates-Logoi spricht, in seinen Dialogen Äußeres und Inneres miteinander verbunden hat. Wie macht Platon den Leser durch das Äußere dieser Dialoge auf eine innere Wahrheit aufmerksam? Ich sehe mehrere Möglichkeiten, diese Frage im Blick auf die schriftstellerische Technik des platonischen Dialogs zu beantworten. Platon hat als Schriftsteller verschiedene Kunstgriffe angewendet, um mit dem ausdrücklich Dargestellten auf eine nicht unmittelbar ausgesprochene tiefere Wahrheit zu verweisen.

(1) Alkibiades konkretisiert das ›Äußere‹ der sokratischen Logoi zuerst durch den Vergleich mit dem ›bezaubernden‹ Flötenspiel des Marsyas, dann damit, daß Sokrates ständig über die Technai der Experten und der Handwerker spreche.

(a) Zu dem ›Bezaubernden‹ der platonischen Dialoge gehört offenbar ihre unmittelbar animierende, stimulierende und provozierende Wirkung. Platon weiß seine Leser zu faszinieren und zu ›erschüttern‹. Eine solche Wirkung hat besonders auch die bildhafte, dichterische, zuweilen mythische Sprache dieser Schriften. Provozierend wirken aber auch gewisse Gewaltsamkeiten und Unzulänglichkeiten der Gedankenführung, in denen eine beabsichtigte Ironie spürbar wird.

(b) Was die Techne-Vergleiche des platonischen Sokrates angeht, so ist daran zu denken, daß die Suche nach der Arete in den frühen platonischen Dialogen in Aporien endet, weil der Unterschied zwischen den gewöhnlichen Technai und den seelischen Tugenden nicht ausdrücklich klar gemacht wird. Bei oberflächlicher Betrachtung bleiben diese Dialoge also ohne greifbares Ergebnis, und Sokrates scheint sich in seiner Unwissenheit lächerlich zu machen. Bei genauerer Betrachtung ist diese Außenseite des Dialogs aber transparent auf eine innere Wahrheit hin. Der aufmerksame Leser kann durchaus erkennen, daß das Nichtwissen des Sokrates einen tieferen Grund hat und daß seine Fragen von einer ernst zu nehmenden Überzeugung geleitet sind. Wer die sokratischen Logoi ›aufschließt‹, der sieht, daß das gesuchte Arete-Wissen von anderer Art ist als das technische Wissen, da es mit werthaften Entscheidungen verbunden ist und deshalb auch nicht einfach lehrhaft mitgeteilt werden kann.

Das ›Äußere‹ der platonischen Sokrates-Dialoge ist demnach nicht nur das Lächerliche des Sokrates im engeren Sinne, sondern überhaupt das menschlich Unzulängliche und Unverbindliche seiner Logoi. Schon allein wegen der Defizienz der Sprache bleiben diese Logoi hinter der Wahrheit der Sache selbst notwendigerweise zurück. Das Besondere an den sokratischen Logoi ist dies, daß hier diese Unzulänglichkeit so spürbar gemacht wird, daß der Hörer oder Leser nicht mehr in trügerischer Scheinsicherheit weiterleben kann.

(2) In den mittleren und späteren Dialogen führt Platon immer weiter über die aporetisch endende Elenktik des Sokrates hinaus zur Darlegung bestimmter Einsichten. Platon zeigt also im Lauf der Zeit immer mehr von dem ›inneren‹ Gehalt der sokratischen Logoi. Es bleibt aber auch in diesen Dialogen dabei, daß der Leser in dem Äußeren der Darstellung den inneren Wahrheitsgehalt erschließen muß. Was über das Schöne im ›Symposion‹, über das Gute in der ›Politeia‹, über den göttlichen Weltbaumeister im ›Timaios‹ gesagt wird, ist immer noch so abbildhaft und vorläufig, daß man es ›aufschließen‹ muß, um es ganz zu verstehen.

Es ist damit zu rechnen, daß der Weg vom Äußeren zum Inneren nicht bei dem endet, was die Dialoge andeuten und indirekt zu verstehen geben, sondern letztlich über das literarisch Dargestellte grundsätzlich hinausführt. Wenn es eine ungeschriebene Prinzipientheorie gegeben hat, die Platon in den Dialogen bewußt zurückhielt, dann war sie in noch höherem Grade ›innerlich‹ als der innere Gehalt der Dialoge. Eine Grenze ist hier natürlich nicht zu ziehen. Das letzte Ziel des ›Öffnens‹ ist in jedem Fall das Schöne und Gute selbst, das auch im Inneren der Logoi immer nur abbildhaft repräsentiert sein kann.[3]

(3) Ein hervorragendes Mittel, mit dem Platon dem Leser den Weg vom Äußeren zum Inneren weist, ist seine Art der literarischen Paidiá. Alkibiades sieht die Paidiá in dem Äußeren des sokratischen Sich-Verhaltens und Sprechens. Nach der Schlußthese des Sokrates darf man sagen, daß Paidiá und Spudé nicht zu trennen sind. In der Tat zeigen die platonischen Dialoge im ganzen und im einzelnen ein Spiel, das auf den Ernst verweist. Das gilt für die Ironie des Sokrates. Es gilt ebenso für die bildhaften Vergleiche, mit denen der platonische Sokrates tieferliegende Sachverhalte umspielt. Auch die szenische Ausgestaltung der platonischen Dialoge ist nur scheinbar beliebig, da sie vielmehr in einem notwendigen Zusammenhang mit dem philosophischen Anliegen steht.

(4) Ganz allgemein weisen die platonischen Dialoge auch dadurch über sich hinaus, daß Platon hier nirgends im eigenen Namen spricht, sondern immer nur durch Sokrates und andere Dialogpersonen. Alles in den Dialogen Dargestellte und Besprochene ist somit mimetische Äußerung dessen, was der Autor selbst zu sagen hat; und dem Leser ist die Aufgabe gestellt, ›hinter‹ oder ›in‹ den Reden der Dialogpersonen die Erkenntnis des Autors Platon zu ermitteln.

(5) Das Vordringen vom Äußeren zum Inneren ist aber auch insofern schon innerhalb der Dialoge zu beobachten, als Platon die Gespräche so anzulegen pflegt, daß sie vom Äußerlichen und Vorläufigen zur inneren Wahrheit führen. Oft beginnen die Dialoge Platons mit einer szenischen Einleitung, in der die philosophische Gedankenbewegung durch die Beschreibung anschaulicher Vorstellungen und Geschehnisse angebahnt wird. Zum Beispiel wird im ›Charmides‹ ausführlich über die Schönheit und die Gesundheit des jungen Charmides gesprochen – womit indirekt schon auf die größere Wichtigkeit seiner seelischen Arete hingewiesen wird. Im ›Phaidros‹ steht am Anfang die Schilderung der schönen Landschaft und der mythischen Vorstellungen – wobei aber schon spürbar wird, daß das Schöne und Göttliche hier zwar in Erscheinung tritt, aber nicht in ursprünglicher Form zu erkennen ist. Am Anfang dieser und anderer Dialoge bewegt sich das Gespräch im Bereich des Körperlichen und Sinnlich-Wahrnehmba-

3 Zu der weitergehenden Schichtung vom Äußeren zum Inneren: die Interpretation des ›Phaidros‹ und des Exkurses im ›Siebenten Brief‹.

ren, um dann in den Bereich des Seelischen und der übersinnlichen Ideen einzudringen.

(6) Eine andere Form der ›Aufschließung‹ der sokratischen Logoi im Rahmen des platonischen Dialogs besteht darin, daß Platon seinen Sokrates auf Lehren anderer hinweisen läßt, die das, was Sokrates von sich aus sagen kann, ergänzen und weiterführen. Auf diese Weise kann Platon die Logoi des Sokrates ›öffnen‹ und zugleich darauf Rücksicht nehmen, daß der historische Sokrates die weitergehenden Einsichten noch nicht gehabt hat. Ein Beispiel dafür haben wir im ›Symposion‹ selbst, wo sich Sokrates auf die Priesterin Diotima beruft. Durch die Weisheit der Diotima wird das vertieft und ›geöffnet‹, was Sokrates von sich aus über den Eros als Streben nach dem Guten sagen kann. Diotima bringt ein höheres, göttliches Wissen zur Sprache. Ihr Lehrgespräch mit Sokrates ist die sachlich notwendige Fortsetzung der sokratischen Elenktik. Diotima zeigt, wie nach Platons Erkenntnis der innere Gehalt der sokratischen Logoi zu deuten ist. Andererseits ist Diotima nicht Platon, der als Autor im Hintergrund bleibt. Es bleibt also offen, ob durch Diotima alles Wesentliche über den Eros und das Schöne gesagt wird, was Platon zu sagen hat. Der Leser kann und soll auch hier nach einer noch tieferen Begründung fragen.

VIII Schlußbemerkung

So viel zu dem Äußeren und Inneren der Logoi des Sokrates, wie sie Alkibiades im ›Symposion‹ beschreibt. Ich hoffe, daß ich die Rede des Alkibiades durch meinen Erklärungsversuch richtig ›geöffnet‹ habe. Nach meiner Ansicht erfahren wir hier nicht nur etwas über Sokrates, sondern auch über Platon als philosophischen Schriftsteller.

In dem nächsten Vortrag will ich unter dem gleichen Gesichtspunkt den Schluß des ›Phaidros‹ untersuchen.

Dritter Vortrag:
Schriftlichkeit und Mündlichkeit (Phaidros 274 B – 279 C)

Im letzten Vortrag habe ich versucht, den Schluß des ›Symposions‹ als einen Text zu erklären, in dem Platon über seine eigene literarische Sokrates-Darstellung spricht und dem Leser einen hermeneutischen Wink gibt, wie er diese Dialoge verstehen soll. Der wichtigste Text dieser Art ist zweifellos der Schlußteil des ›Phaidros‹. Als Thema des Gesprächs wird hier ausdrücklich angegeben: ›die Angemessenheit und Unangemessenheit des Schreibens‹ (περὶ εὐπρεπείας καὶ ἀπρεπείας γραφῆς, 274 B). Wie immer man den vielbesprochenen Text des ›Phaidros‹ versteht, sicher ist, daß Platon hier zu seiner eigenen philosophischen Schriftstellerei Stellung nimmt.

Freilich liegt auch hier das, was Platon sagen will, nicht an der Oberfläche. Auch hier teilt er seine Auffassung nicht einfach lehrhaft mit. Er verlangt vielmehr auch hier, daß wir das, was Sokrates im Gespräch ausführt, gleichsam ›aufschließen‹, indem wir fragen, was es bei tiefergehendem Verständnis eigentlich bedeutet. Dies schien uns die hermeneutische Forderung zu sein, die Platon am Schluß des ›Symposions‹ dem Leser stellt. Versuchen wir, bei der Interpretation des Phaidros-Schlusses dieser Forderung gerecht zu werden!

I

Ich erinnere zunächst kurz an den Inhalt des Textes, wie er sich dem Leser objektiv darbietet. – Das Leitmotiv des ganzen Dialogs liegt in der Frage: Wie soll man reden? Welches ist die beste Redekunst? Diese Frage ist nicht zu trennen vom Thema der vorgetragenen Musterreden: sie handeln vom Wesen des Eros. In der Mitte des Dialogs eröffnet die zweite, große Rede des Sokrates den Blick auf den Bereich des wahren ideenhaften Seins. Durch den Eros gelangt man, so zeigt sich hier, zur Erkenntnis der Wahrheit. Im Anschluß daran zeigt Sokrates immer deutlicher, daß die philosophische Seinserkenntnis auch die notwendige Voraussetzung für die beste Redekunst ist. Platon begründet hier die Rhetorik in der philosophischen Dialektik. Der beste Redner ist, wie Sokrates ausführt, der Philosoph, der durch Erotik und Dialektik ein überlegenes Wissen von der Seinsordnung und von der menschlichen Seele hat. Nachdem dies geklärt ist, stellt Sokrates schließlich die Frage nach der ›Angemessenheit und Unangemessenheit des Schreibens‹, also nach der Zweckmäßigkeit literarischer Darstellung verglichen mit dem mündlichen Gespräch.

Zuerst erzählt Sokrates eine ägyptische Sage (274 C – 275 B): Als einst ein kluger Ägypter die Schrift erfunden hatte und sie dem König Ammon als Mittel zur Förderung der Weisheit empfahl, da antwortete der weise König, die Schrift diene nicht der lebendigen Erinnerung in der Seele (μνήμη), sondern sie sei nur eine äußere Gedächtnishilfe (ὑπόμνησις). Die Schrift fördere nicht die Weisheit (σοφία), sondern das Scheinwissen (δόξα).

Demgemäß erklärt dann Sokrates selbst: Die Schrift kann nicht Wissen vermitteln, sondern nur dem Gedächtnis dessen, der schon ein Wissender ist, aufhelfen (τὸν εἰδότα ὑπομνῆσαι, 275 D). Die schriftliche Darstellung hat gegenüber dem mündlichen Gespräch erhebliche Nachteile. Einmal veröffentlicht, verbreitet sie sich überall hin und erreicht also Unverständige wie Verständige; und auf Fragen oder Einwände kann sie nicht ebenso antworten, wie es dem Autor im Gespräch möglich wäre. Deshalb führt die literarische Darstellung allzu leicht zu Mißverständnissen und ist nicht geeignet, Erkenntnisse zu vermitteln.

Literarische Werke gleichen den Adonisgärtchen, in denen die ausgesäten Samenkörner rasch aufsprießen, aber keine Frucht bringen, weil die Zeit zum Heranreifen nicht ausreicht. So ist die Schriftstellerei, auch wo sie Schönes und Gutes behandelt, gegenüber dem Ernst (σπουδή) des dialektischen Gesprächs nur ein Spiel (παιδιά).

Unzulänglich in Bezug auf die Wahrheit ist das Geschriebene auf allen Gebieten. Auch Redner, Dichter und Gesetzgeber oder Politiker sind nur dann philosophisch ernst zu nehmen, wenn sie zur Rechtfertigung ihrer literarischen Werke noch mehr zu sagen haben als das, was sie schriftlich darlegen. Der philosophische Autor kann dem, was er geschrieben hat, mit tiefergehenden Begründungen ›zu Hilfe kommen‹ (278 C). Das Grundlegende selbst, das ihm wirklich wichtig ist (ἐφ᾽ οἷς ἐσπούδακεν), wird der Philosoph nicht der Schrift anvertrauen, wo es Mißverständnissen ausgesetzt ist. Wenn der Philosoph sich als Schriftsteller betätigt, wird er also dabei ›Wertvolleres‹ (τιμιώτερα, 278 D) zurückhalten.

Es folgt der Hinweis, daß dem Redner Isokrates das ›Größere‹ und ›Göttlichere‹ fehlt. Der Dialog schließt mit einem Gebet um innere Schönheit und wahren Reichtum.

II

Die vielen Erklärer, die sich mit dem Schluß des ›Phaidros‹ beschäftigt haben, sahen sich vor die Frage gestellt, was Platon hier über seine eigenen literarischen Dialoge sagen will. Diese Frage führt offensichtlich zum Kern dessen, was Sokrates hier ausführt. Speziell ist zu fragen, ob auch für Platons eigene Schriften gelten soll, was Sokrates hier über die Unzulänglichkeit schriftlicher Darstellung sagt. Sind Platons Dialoge von dieser Kritik mitgetroffen?

Es gibt auf diese entscheidende Frage im wesentlichen zwei Antworten der Erklärer, je nach dem, ob sie mit einer ungeschriebenen, esoterischen Lehre Platons rechnen oder nicht.

(1) Die Anti-Esoteriker, die nicht mit einer über die Dialoge hinausgehenden mündlichen Lehre rechnen, erklären: Platons eigene Dialoge sind von der Abwertung der literarischen Werke ausgenommen, weil Platon es verstanden hat, in seinen Schriften die Mängel der Schriftlichkeit weitgehend zu vermeiden.

Friedrich Schleiermacher nahm an, die im ›Phaidros‹ vorgebrachte Kritik könne sich schon deshalb nicht auf Platons eigene literarische Werke beziehen, weil der ›Phaidros‹ Platons erster Dialog gewesen sei. Platon spreche hier kritisch von der bis dahin üblichen Literatur. Er selbst begründe mit dem ›Phaidros‹ eine neue, philosophisch legitime Literaturform: den Dialog, der Erkenntnis nicht lehrhaft mitteilen, sondern den Leser an der Suche nach der Wahrheit beteiligen will, wie es nicht wesentlich anders auch im mündlichen Gespräch des Philosophen geschieht.

Man ist sich heute darüber einig, daß der ›Phaidros‹ zu den späteren Dialogen (nach der ›Politeia‹) gehört; aber noch immer wird die gleiche Argumentationsrichtung vertreten: Was Sokrates an schriftlicher Darstellung zu bemängeln habe, richte sich gegen nicht-dialogische Werke, während Platons eigene Schriften als Dialoge die Vorzüge der lebendigen Mündlichkeit zu bieten hätten. Nur insofern könne es auch bei Platon noch einen Unterschied zwischen literarischer und mündlicher Darstellung geben, als die mündliche Dialektik an Lebendigkeit und Intensität graduell über die Schriften hinausgeht – nicht aber durch eine inhaltlich weiterführende ungeschriebene Lehre.

(2) Die Esoteriker, die eine ungeschriebene Lehre Platons annehmen, erklären dagegen: Die Nachteile der Schriftlichkeit, von denen Sokrates spricht, gelten auch für Platons eigene Dialoge. Platon sagt im ›Phaidros‹ von sich selbst, daß er gerade die wichtigsten philosophischen Erkenntnisse nicht der Schrift anvertraut und bei der literarischen Darstellung Wertvolleres (τιμιώτερα) zurückhält. Dieses ›Wertvollere‹ ist der Sache nach die Theorie der Prinzipien, die in der Schule mündlich erörtert worden ist, in den Dialogen aber nicht ausdrücklich zur Sprache kommt. Die Prinzipientheorie

wird deshalb von Platon nicht literarisch dargestellt, weil sie so voraussetzungsreich ist, daß unvorbereitete und ungeeignete Leser sie mißverstehen müßten.

Mir scheint, daß die erste, ›anti-esoterische‹ Erklärung dem Text des ›Phaidros‹ nur zum Teil gerecht wird. Man muß, wenn man die Aussagen des Sokrates genau nimmt, die weitergehende ›esoterische‹ Erklärung hinzunehmen.

(1) Es ist gewiß richtig, daß die platonischen Dialoge ›besser‹ sind als die bis dahin üblichen Literaturwerke und daß Platon im ›Phaidros‹ auf diesen Fortschritt hinweisen will. Platon erhebt hier sogar, wie ich meine, den Anspruch, mit seinen philosophischen Schriften die gesamte bisherige Dichtung, Rhetorik und Gesetzgebung übertreffen und überwinden zu können. Richtig ist ebenso, daß die Überlegenheit der platonischen Schriften auf der Dialogform beruht, die das lebendige Gespräch nachahmt. Die Dialogform, die den Leser nicht lehrhaft bevormundet, zieht ihn vielmehr in ein Gespräch zwischen den dargestellten Dialogpersonen und zugleich in ein Gespräch mit dem Autor des Dialogs hinein. Damit vermeidet der literarische Dialog in der Tat einige Mängel der nicht-dialogischen Darstellung.

(2) Mit all den Vorzügen, durch die sich Platons Dialoge auszeichnen, überwinden sie aber nicht die grundsätzliche Unzulänglichkeit, von der Sokrates spricht. Auch die platonischen Dialoge erreichen als veröffentlichte Schriften unverständige Leser ebenso wie verständige; und deshalb sind sie zur Mitteilung gerade der anspruchsvollsten philosophischen Erkenntnisse ungeeignet.

Außerdem gibt der Text selbst, glaube ich, klar zu erkennen, daß Platons philosophische Schriften von der Kritik hier nicht ausgenommen sind, sondern daß Platon hauptsächlich seine eigenen Dialoge im Auge hat.

(a) Sokrates spricht im ›Phaidros‹ über alles Geschriebene oder literarisch Veröffentlichte; eine Ausnahme ist nicht zu erkennen. Wenn Platons Schriften von der Kritik ausgenommen sein sollten, müßte über den Unterschied zwischen dialogischen und nicht-dialogischen Schriften gesprochen werden, was nicht der Fall ist.

(b) Sokrates spricht von der Schriftstellerei eines Mannes, »der sich auf das Gerechte, Schöne und Gute versteht« (276 C). Der Gesprächspartner Phaidros denkt an ein μυθολογεῖν, d.h. dichterisches Reden über »Gerechtigkeit und das andere«, also wieder das Schöne und Gute (276 E). Damit ist klar genug der Gegenstandsbereich der platonischen Literaturdialoge bezeichnet, besonders der ›Politeia‹, deren Thema die Gerechtigkeit ist.

(c) Bei den mündlichen Gesprächen, die Sokrates von den literarischen Werken abhebt, ist an die mündliche Dialektik der platonischen Schule zu denken: diese διαλεκτικὴ τέχνη vermag den Menschen zur Eudaimonie zu führen (276 E f.). Folglich muß bei der literarischen Paidiá, die dieser platonischen Spudé gegenübersteht, an die Schriftstellerei Platons gedacht werden.

(d) Gegen Ende der Erörterung sagt Sokrates: »Wir haben nun über dieses Thema wie es sich gehört gespielt« (πεπαίσθω μετρίως ἡμῖν, 278 B). Damit ist angedeutet, daß dieses Gespräch, in dem das Schreiben als Paidiá bestimmt wird, auch selbst Paidiá ist – eine Charakterisierung, die auf den vorliegenden Dialog Platons im ganzen bezogen werden darf und damit seine Dialogschriftstellerei als Gegenstand des Gesprächs erweist.

Aus alledem ergibt sich das folgende Resultat: Im Schlußteil des ›Phaidros‹ gibt Platon zu erkennen, daß seine Literaturdialoge der nichtphilosophischen Literatur grundsätzlich überlegen sind. Dazu mag auch die von ihm gewählte Dialogform beitragen. Aber besser als andere Schriften sind die platonischen Dialoge hauptsächlich deshalb, weil der Autor in diesen Schriften nicht alles darlegt, was er weiß, sondern Wertvolleres, mit dem er das literarisch Dargestellte zu begründen vermag, zurückhält. Er stellt diese tieferreichende Begründung nicht literarisch dar, weil sie bei den meisten Lesern Mißverständnisse hervorrufen müßte.

Für die Dialoge bedeutet dies, daß sie, mit dem Ernst der mündlichen Dialektik und Prinzipientheorie verglichen, nur Spiel (παιδιά) sind. Dieses Spiel des Philosophen ist aber nicht unverbindlich, weil es inhaltlich und methodisch auf die prinzipiellen Erkenntnisse bezogen ist. Die Dialoge Platons weisen über sich hinaus auf tieferliegende Begründungen, die literarisch nicht expliziert werden, aber doch vorausgesetzt und angedeutet sind.

III

Mit dem, was ich bis jetzt zum Phaidros-Schluß vorgetragen habe, habe ich zwar entschieden zu der seit langem über diesen Text geführten Diskussion Stellung genommen, aber wenig Neues gesagt. Vielleicht kommen wir nun noch ein paar Schritte weiter, wenn wir versuchen, einzelne Stellen des Textes genauer zu interpretieren, als dies bisher geschehen ist.

Bei all den bisherigen Bemühungen um das Verständnis dieses Textes scheinen mir seine Aussagen doch noch nicht aufmerksam genug befragt worden zu sein. Die Frage, mit der man, wie ich meine, den Text noch weiter aufschließen kann, ist eben die: was hier über Platons eigene Schriften negativ oder positiv gesagt ist.

Die heftige Kontroverse zwischen den Anti-Esoterikern und den Esoterikern war für eine solche Befragung des Textes nicht günstig. Die Anti-Esoteriker waren nicht bereit, die Abwertung der geschriebenen Werke auf Platons eigene Schriften zu beziehen, weil sie meinten, daß diese von der Kritik ausgenommen seien. Die Esoteriker hoben einseitig die negativen Aspekte der Schriftkritik des Sokrates hervor und wandten sich vor allem der Frage zu, was hier im ›Phaidros‹ andeutungsweise über die ungeschriebene Lehre gesagt wird. Bei sorgfältiger Betrachtung tritt, wie mir scheint, zweierlei klar hervor: daß der Phaidros-Text sehr wohl von Platons eigenen

Dialogen spricht und daß diese Schriften durchaus auch positiv gekennzeichnet werden. Platon spricht hier sowohl von der notwendigen Schwäche als auch von der möglichen Stärke philosophischer Literatur.

1 *Die Stelle 275 BC*

Nachdem Sokrates die Geschichte von der Erfindung und Prüfung der Schrift in Ägypten erzählt hat, bemerkt der Gesprächspartner Phaidros, daß Sokrates diese Geschichte erdichtet habe. Darauf erklärt Sokrates, es sei nicht wichtig, wer etwas sage, sondern nur, ob es wahr sei. Er vergleicht den Inhalt seiner Erzählung mit Orakel-Sprüchen, bei denen man nicht nach dem Zustandekommen, sondern nur nach dem Wahrheitsgehalt frage.

Damit ist wohl eine Forderung erhoben, die der Leser eines platonischen Dialogs allgemein zu beachten hat. Die dialogische Form stellt ihn vor eine Vielfalt von Meinungen und verlangt damit von ihm, selbst zu prüfen, wo die Wahrheit liegt. Darüber hinaus beziehen die platonischen Dialoge insgesamt ihre Wahrheit nicht aus der Zuverlässigkeit der Berichterstattung (zumal Platon mit der historischen Überlieferung meist sehr frei umgeht), sondern aus dem Sachgehalt, der im Dialog mimetisch dargestellt wird. Der Leser muß also aus diesen Schriften die Wahrheit heraushören wie aus Orakelsprüchen. Man kann auf die platonischen Dialoge anwenden, was Heraklit über den Gott in Delphi gesagt hat: »Er spricht nicht aus und er verbirgt nicht, sondern er deutet an« (οὔτε λέγει, οὔτε κρύπτει, ἀλλὰ σημαίνει). Es sind Texte, deren Bedeutung sich dem Leser nur durch Auslegung und Aneignung erschließt.

2 *Die Stelle 276 A*

Sokrates erklärt, der geschriebene Logos sei ein Abbild (εἴδωλον) des lebendigen mündlichen Gesprächs. Diese Bestimmung hat eine negative und eine positive Seite. Einerseits ist das Geschriebene defizient wie ein lebloses Abbild gegenüber dem beseelten Lebewesen. Andererseits wird das lebendig Gesprochene durch das Geschriebene immerhin abbildhaft repräsentiert. Besonders gut gelingt diese Repräsentation, wie man doch wohl verstehen darf, im platonischen Dialog. Zwar wird im ›Phaidros‹ von den Vorzügen der dialogischen Form nicht besonders gesprochen, aber der Leser kann leicht erkennen, daß die platonischen Schriften durch die Gesprächsform eine relativ getreue Abbildung des lebendigen Wortes erlauben.

3 *Der Abschnitt 276 B–E*

Verglichen mit der mündlichen Dialektik ist das Schreiben des Philosophen, wie Sokrates sagt, nur Spiel (παιδιά), nicht Ernst (σπουδή). Damit ist über die philosophischen Schriften wiederum nicht nur Negatives, sondern auch Positives gesagt.

Einschränkend sagt Sokrates, daß sich die Schrift nicht für die Mitteilung von wahrhaft ernstzunehmenden Erkenntnissen eignet. Dieses zur Eudaimonie führende Wirken bleibt dem mündlichen Gespräch vorbehalten, das Wahrheitskeime in eine geeignete Seele einzupflanzen vermag (276 E – 277 A).

Die abschätzige Kennzeichnung der Schriftstellerei als Paidiá wird schon als ironische Aussage relativiert, wenn man bedenkt, daß diese Charakterisierung, da sie in einer derartigen Schrift vorgebracht wird, selbst spielerisch ist.

Auf jeden Fall kann man dem Text entnehmen, daß philosophische Literatur nicht nur ein beliebiges, sondern ein sinnvolles Spiel ist: eine vernünftige und rein erfreuliche Paidiá (wie es im ›Timaios‹ 59 C heißt).

(a) Die Schriftstellerei des Philosophen ist kein gewöhnlicher Zeitvertreib, da sie sich immerhin mit dem Gerechten, Schönen und Guten befaßt (276 C, E). Durch diese Gegenstände ist die philosophische Literatur mit dem Ernst der dialektischen Lehrgespräche verbunden.

(b) Die Adonisgärtchen, mit denen die philosophischen Schriften verglichen werden, dienen dazu, ein Fest schön zu gestalten, so daß es dem Gott und den Menschen gefällt. Vom Schriftsteller wird gesagt, daß er sich freut, wenn seine literarischen Werke sprießen (276 D); und sicherlich soll die literarische Paidiá auch dem Leser zur Freude gereichen.

(c) Indem hier das Tun des philosophischen Schriftstellers als μυθολογεῖν bezeichnet wird (276 E), wird es in die Nähe des dichterischen Schaffens gerückt (Politeia 2, 379 A, 376 D). Die Kunst der Dichter aber besteht darin, die Menschen zu erheben, zu begeistern und zu erfreuen. – Mit alledem wird der literarischen Paidiá des Philosophen ein positiver Wert zugesprochen.

4 *Die Stelle 277 DE*

Hier sagt Sokrates, daß die geschriebenen Werke des Philosophen ebensowenig Erkenntnisse vermitteln können wie die Werke der Dichter, die nicht eigentlich zur Belehrung (διδαχή), sondern um der animierenden Überredung (πειθώ) willen vorgetragen werden. Damit wird, unter dem Gesichtspunkt der ›überredenden‹ Wirkung, die philosophische Literatur nochmals mit der Dichtung verglichen. Wie die Dichter besonders die Schichten der Seele ansprechen, die nicht für den Logos, sondern für bildhafte Eindrücke empfänglich sind, so vermag auch die philosophische Literatur diese muthaften Regungen der Seele zu beeinflussen und zum Guten hinzulenken.

Mit dem Hinweis auf die Peithó-Wirkung scheint mir die im weitesten Sinne ›protreptische‹ Wirkung der platonischen Dialoge gemeint zu sein: die werbende Hinwendung zur Philosophie, der stimulierende Anstoß, sich um die Arete der Seele mehr zu kümmern als um alles andere, die Aufforderung, sich von den Fesseln des Gewohnten zu befreien und den Weg des philosophischen Umdenkens zu beschreiten.

5 *Die Stellen 275 D, 276 D, 277 E*

Dreimal erklärt Sokrates mit ähnlichen Worten, worin der Wert philosophischer Werke bestenfalls besteht. Die ›besten Logoi‹ sind, zumal sie das Gerechte, Schöne und Gute darstellen, gewiß in erster Linie Platons eigene Schriften.

Zuerst (275 D) sagt Sokrates, das Geschriebene könne keine Erkenntnis vermitteln, wohl aber den schon Wissenden an das erinnern, worum es sich bei dem Geschriebenen handelt (περὶ ὧν ἂν ᾖ τὰ γεγραμμένα). Dann (276 D) bemerkt er, daß diese Funktion für den schreibenden Philosophen selbst wie für bestimmte Leser von Nutzen sei: Mit seinen Schriften lege der Philosoph einen Vorrat von Erinnerungen an »für sich selbst auf die Zeit, da er ins Alter des Vergessens gelangt, und auch für jeden (anderen), der dieselbe Spur verfolgt.« Danach (277 E) heißt es nochmals: Die besten Schriften sind diejenigen, die den schon Wissenden als Gedächtnishilfe dienen (εἰδότων ὑπόμνησις) .

Was den platonischen Dialogen hier als wertvolle Leistung zuerkannt wird, ist also die ›hypomnematische‹ Aufbewahrung und Vergegenwärtigung des einmal Erkannten. Wie sollen wir dies genauer verstehen?

(1) Man kann Platons Schriften durchaus als Hypomnemata im prägnanten Sinne des Wortes verstehen, wenn man annimmt, daß sie das, was einmal im Kreis der Mitforscher und Schüler erkannt und besprochen worden ist, aufbewahren und thesaurieren und so vor dem Vergessenwerden schützen sollen. Die ›Epinomis‹ (980 D) weist einmal auf diese Praxis hin, da sie voraussetzt, daß die Gesprächsteilnehmer von der Unterredung, die uns im zehnten Buch der ›Nomoi‹ vorliegt, Hypomnemata angefertigt haben. Das einmal Erkannte und Formulierte wird auf diese Weise für den Autor selbst und für andere verfügbar gehalten (wie man Vorräte speichert). In der Tat enthalten zumal die späteren Dialoge Platons eine Fülle von Wissensstoff, der in der Akademie erarbeitet worden ist: der ›Timaios‹ stellt die kosmologischen und medizinischen Theorien dar, der ›Philebos‹ die Forschungsergebnisse auf dem Gebiet verschiedener Lüste (ἡδοναί), das Riesenwerk der ›Nomoi‹ die umfassenden Studien zur politischen Gesetzgebung.

(2) Im ›Siebenten Brief‹ (344 D) erklärt Platon einmal, die prinzipiellen Erkenntnisse müsse man nicht für hypomnematische Zwecke aufschreiben: wer sie einmal erfaßt habe, könne sie nicht wieder vergessen. In der Tat ist die Prinzipientheorie nicht in Platons Schriften enthalten; wohl aber ist das in den Schriften hypomnematisch Aufbewahrte im Licht der Prinzipientheorie entstanden und dargestellt. Nur durch diesen Bezug werden bei Platon Wissensstoffe wirklich erkennbar und bedeutsam. Die Schriften erinnern also nicht nur an bestimmte Inhalte des Wissens, sondern auch an den grundlegenden Sinnzusammenhang. Beim Lesen der Schriften wird

das schon einmal Erkannte wieder innerlich lebendig und zu einer Bestätigung für die Wahrheit der Grundvoraussetzungen.

(3) Den Leser, den die Schriften an schon Gewußtes erinnern, kennzeichnet Platon als den, »der die gleiche Spur (wie der Autor) verfolgt« (276 D). Platon denkt also an einen Weg, der zu einem bestimmten Ziel führt, der aber auch verschiedene Etappen hat. Dies bedeutet doch wohl, daß es bei der Lektüre und Auswertung eines platonischen Dialogs verschiedene Stufen der Annäherung an die Wahrheit gibt und daß man sich auch schon am Anfang dieses Weges beim Lesen an das erinnern lassen kann, was man bereits weiß.

Die jahrhundertelange Interpretationsgeschichte zeigt in der Tat, daß jeder Leser eines platonischen Dialogs darin im wesentlichen nur das wiederfindet, was er zu begreifen vermag und also im Grunde schon weiß. Jeder hat, wie man zynisch sagt, den Platon, den er verdient.

(4) Durch die hypomnematische Funktion wird, so verstanden, die protreptische Funktion nicht ausgeschlossen. Mag in den früheren Dialogen die protreptische Absicht dominieren, in den späteren die hypomnematische, so ist doch stets beides miteinander verbunden. Die Dialoge erinnern den Leser an das, was er versteht und schon kennt, auf eine Weise, die sein Wissen reaktiviert und belebt. Sie heben aus der Masse des Gewußten das heraus, was der Erinnerung besonders wert ist, weil es auf die Begründung allen Wissens bezogen ist.

(5) Vielleicht ist es sogar erlaubt, die hypomnematische Funktion der philosophischen Schriften im Licht dessen zu verstehen, was Platon – im ›Menon‹, im ›Phaidon‹ und gerade auch im ›Phaidros‹ – über das Lernen und Erkennen als Wiedererinnerung (ἀνάμνησις) sagt. So verstanden, wäre das Wissen, das durch geeignete Schriften in Erinnerung gerufen wird, nicht nur das im Lauf des Lebens schon einmal erworbene Wissen, sondern auch die Erkenntnis, die wir aus einer jenseitigen Welt in dieses Leben mitgebracht und jetzt nur vergessen haben. Platons philosophische Dialoge wären dann also auch in dem Sinne hypomnematisch, daß sie all das Wissen, das der Leser verborgen in sich trägt, bereitstellen, um es durch Wiedererinnerung bewußt zu machen.

6 *Der Abschnitt 278 B–E*

Sokrates bemerkt hier, daß die bisher übliche Literatur – nämlich Dichtung (wie die Homers), Gesetzgebung (wie die Solons) und Redekunst (wie die des Lysias und Isokrates) – dem Anspruch philosophischer Fundierung nicht gerecht wird. Die bisherigen Dichter, Gesetzgeber und Redner hatten zu ihren Schriften nicht die Distanz, die der Philosoph hat, da er das von ihm Geschriebene aus tieferer Wahrheitserkenntnis heraus begründen kann. Mit dieser Erklärung ist der philosophischen Literatur, wie sie Platon mit seinen Dialogen verfaßt, zweierlei von eminent positiver Bedeutung zugesprochen.

(1) Wenn der philosophische Schriftsteller die prinzipiellen Grundlagen, mit denen er sich im Ernst beschäftigt, nicht literarisch darstellt, sondern sie als ›Wertvolleres‹ zurückhält, so bedeutet dies für seine Schriften nicht nur, daß man jenes Wertvollere in ihnen nicht findet, sondern auch, daß sie über sich hinausweisen auf einen weiteren Begründungshorizont. Diese Schriften sind also nicht in sich abgeschlossen und erwecken nicht die Illusion der Vollständigkeit, sondern regen den Leser durch ihre Offenheit zum Weiterdenken an. Sie machen den Leser auf die Möglichkeit einer tieferen Begründung aller Dinge aufmerksam.

(2) Nach der Erklärung des Sokrates gibt es auch für die Werke der Dichtung, Gesetzgebung und Rhetorik eine philosophische Grundlegung, wenngleich die bisherigen Autoren diese Aufgabe nicht erfüllt haben. Platon selbst ist es nun – so verstehe ich hier den Text des ›Phaidros‹ –, der die philosophische Fundierung auch der Dichtung, Gesetzgebung und Rhetorik vornimmt. Das heißt konkret: Platons eigenes Schriftwerk bietet Beispiele einer philosophisch legitimen, von der philosophischen Wahrheitserkenntnis her entworfenen Dichtung, Gesetzgebung und Redekunst. Durch den ›Phaidros‹ selbst erweist sich Platon als Dichter und als Redner, durch andere Schriften als Gesetzgeber und Politiker. Platon übernimmt als Schriftsteller die Aufgaben der Dichtung, Gesetzgebung und Rhetorik, um sie besser zu erfüllen, als sie von denen erfüllt worden sind, die ›nur‹ Dichter, Gesetzgeber und Redner waren.

Platons Schriften sollen nicht ›belehren‹, sondern die Menschen zum Gerechten, Schönen und Guten ›überreden‹. Der Unterschied gegenüber der bisherigen Dichtung, Gesetzgebung und Rhetorik liegt für ihn darin, daß der philosophische Autor von einer begründeten Erkenntnis des wahrhaft Guten geleitet ist.

7 *Das Schlußgebet: 279 BC*

Der Dialog endet mit einem Gebet des Sokrates, der um innere Schönheit bittet:

»Du lieber Pan und all ihr anderen Götter an diesem Ort, gebt mir, daß ich schön werde im Inneren (τἄνδοθεν) und daß, was ich an Äußerem (ἔξωθεν) habe, dem Inneren mir freund sei!«

Dieses Gebet faßt den ganzen Dialog zusammen. Unter dem Inneren sind allgemein die Tugenden und Erkenntnisse in der Seele zu verstehen. Das Äußere sind die anderen Werte, also körperliche Vorzüge, Wohlstand, Ehre und Ansehen. Auch an die literarischen Werke wird man bei dem Äußeren noch einmal denken dürfen. Sokrates hatte ja in der Erzählung von der Erfindung der Schrift das Aufgeschriebene als äußerlich (ἔξωθεν), die lebendige Erinnerung in der Seele als innerlich (ἔνδοθεν) bezeichnet. Man darf also aus dem Gebetswunsch des Sokrates noch einmal die Ansicht entnehmen, daß das Geschriebene (als Äußeres) weniger wichtig und wertvoll ist als der innere Logos der Seele, daß dieses Äußere aber doch insofern willkommen und nützlich ist, als es mit dem Inneren übereinstimmt und darauf bezogen (ihm ›freund‹) ist.

Das mündliche Sprechen steht, wie wir vorher von Sokrates gehört haben, sozusagen vermittelnd zwischen der literarischen Darstellung als dem Äußeren und der inneren, seelischen Erkenntnis. Denn einerseits ahmt das literarische Werk das lebendige mündliche Gespräch mimetisch nach; und andererseits vermag die mündliche Unterredung besser als ein Buch die Wahrheitserkenntnis in die Seele einzupflanzen.

IV

Ich versuche, die Ergebnisse der Interpretation zusammenzufassen. Vielleicht habe ich zeigen können, daß der Schlußteil des ›Phaidros‹ instruktive Aussagen über Platons eigene Schriften enthält. Hier wie im Schlußteil des ›Symposions‹ scheinen mir Ansätze zu einer Theorie des philosophischen Literaturdialogs vorzuliegen. Diese eigenen hermeneutischen Hinweise Platons können uns helfen, die Dialoge gemäß den Intentionen ihres Autors zu lesen und zu verstehen.

Nach den Erklärungen im ›Phaidros‹ nehmen Platons Dialoge eine Zwischenstellung ein, da sie besser sind als alle bisherige Literatur, aber doch nicht die höchsten Erkenntnisse enthalten. Einerseits überbieten die platonischen Schriften alle unphilosophische Literatur, weil sie durch die dialogische Form manche Nachteile der schriftlichen Fixierung vermeiden, vor allem aber dadurch, daß sie auf eine tieferliegende, begründende Erkenntnis der Wahrheit bezogen sind. Andererseits bleiben auch die Schriften des Philosophen hinter der Wahrheit, auf die sie verweisen, zurück. Über dem geschriebenen Werk Platons steht die mündliche Dialektik, die ›wertvollere‹ Erkenntnisse in die Seele zu pflanzen vermag. Die mündliche Prinzipientheorie führt, wenn sie innerlich angeeignet ist, näher an die göttliche Weisheit heran, als es der Inhalt der Schriften vermag (ohne freilich die Differenz zwischen menschlicher Philosophia und absoluter göttlicher Sophia aufzuheben). Es zeichnet sich also in den Erklärungen des Sokrates eine Skala vom Vollkommenen zum Unvollkommenen ab, die wir folgendermaßen wiedergeben können:

1. die göttliche Weisheit (σοφία),
2. die philosophische Erkenntnis in der Seele,
3. die mündliche Dialektik (Prinzipientheorie),
4. die philosophische Literatur (Platons Dialoge),
5. das unphilosophische Sprechen und Schreiben (herkömmliche Dichtung, Gesetzgebung und Redekunst).

Verweilen wir noch einen Augenblick bei Platons Unterscheidung von Äußerem und Innerem, die bei dieser Abstufung mitspielt. Wie schon im ›Symposion‹, so sind wir noch einmal im ›Phaidros‹ darauf gestoßen, daß Platon an den Logoi Äußeres und Inneres unterscheidet. Die Differenzierung ist im ›Symposion‹ und im ›Phaidros‹ nicht gleich, aber doch parallel. In der Schule Platons ist in einem noch etwas anderen, aber wiederum analogen Sinne zwischen Äußerem (oder Exoterischem) und Innerem unterschieden worden. Es ist vielleicht nützlich, wenn wir uns diesen dreifachen Sprachgebrauch abschließend verdeutlichen.

(1) Im ›Symposion‹ ist von dem Äußeren und dem Inneren der Logoi des Sokrates die Rede; und wir konnten diese Unterscheidung auf die literarischen Sokrates-Gespräche Platons beziehen, indem wir erklärten: diese Dialoge sind zunächst in einem äußeren, oberflächlichen Sinn zu verstehen, sie geben aber auch bei genauerer, aufschließender Betrachtung einen tieferen Sinn zu erkennen. Das Äußere sind hier also die spielerischen Einkleidungen und wörtlichen Aussagen, das Innere die ernstzunehmenden philosophischen Erkenntnisse des literarischen Dialogs.

(2) Im ›Phaidros‹ ist das Geschriebene insgesamt ein Äußeres gegenüber dem Inneren der seelischen Erkenntnis. Dazwischen vermittelt das mündliche Gespräch, das der Philosoph mit einem aufnahmebereiten Partner führt. Wir können die Unterscheidung des ›Symposions‹ mit der des ›Phaidros‹ leicht verbinden, wenn wir einfach annehmen, daß die Schichtung von Äußerem und Innerem im ›Phaidros‹ weiter ausgeführt wird. Es bleibt hier dabei, daß zunächst der literarische Dialog (wie im ›Symposion‹ gezeigt wird) aus äußerer Paidiá und innerer Spudé besteht. Der Weg der ›Verinnerlichung‹ führt aber (wie der ›Phaidros‹ klar macht) über das literarische Werk hinaus, und zwar durch die mündliche Dialektik des Philosophen zur Erkenntnis in der Seele selbst.

Man kann sich die gesamte Abstufung vom Inneren zum Äußeren schematisch etwa so vor Augen führen:

Das Innere: die wahren Logoi in der Seele
Die mündliche Dialektik
a) die innerseelische Erkenntnis bewirkend
b) sprachlich geäußert
Das Äußere: die literarisch fixierten und veröffentlichten Logoi
a) das Innere der platonischen Dialoge (Spudé)
b) das Äußere der platonischen Dialoge (Paidiá)

Eine solche Unterscheidung zwischen dem Geschriebenen als dem Äußeren und der seelischen Erkenntnis als dem Inneren findet sich auch sonst bei Platon, besonders im ›Siebenten Brief‹ (344 C) und in den ›Nomoi‹ (12, 968 DE). Eine analoge Struktur hat Th. Szlezák (1978) für das Motiv nachgewiesen, daß der Autor einem Logos durch tieferreichende Begründung zu Hilfe kommt (βοηθεῖν). Dieses rechtfertigende βοηθεῖν ist zunächst im Rahmen der platonischen Dialoge zu beobachten; letzten Endes aber reicht der Begründungszusammenhang, wie zumal der ›Phaidros‹ klar macht, über das literarische Werk hinaus.

(3) Dazu kommt nun noch, drittens, die in Platons Schule gebrauchte

Unterscheidung von äußeren oder ›exoterischen‹ und anderen, inneren Lehrveranstaltungen. Dieser Sprachgebrauch bezieht sich darauf, daß es in der Akademie einen äußeren und einen inneren Kreis von Schülern gab. Zum inneren Kern gehörten die Freunde und Schulgenossen, die ständig an den philosophischen Forschungen und Diskussionen teilnahmen. Den äußeren Kreis bildeten Schulbesucher, die in größerer Zahl gelegentlich und für kurze Zeit kamen, um in der Akademie etwas für politische und rhetorische oder fachwissenschaftliche Zwecke zu lernen. Die Übungen, die für den weiteren Kreis von Hörern bestimmt waren, bezeichnete man als ἐξωτερικοὶ λόγοι (äußerliche Lehren). An der Verwendung des Ausdrucks bei Aristoteles ist dies deutlich zu sehen. Dem ›exoterischen‹ Unterricht stand der streng philosophische Gedankenaustausch der Schulmitglieder gegenüber. Von daher ist es also gerechtfertigt, wenn man die Theorie der Prinzipien und der Ideenzahlen, die Platon nur mündlich und nur im Kreis der vertrauten Schulgenossen erörtert hat, als ›esoterisch‹ bezeichnet. Das Wort esoterisch (ἐσωτερικός) begegnet freilich noch nicht bei Aristoteles oder sonstwo zur Zeit Platons, sondern erst wesentlich später. Aber dem Sinne nach ist es die notwendige Entsprechung zu den ἐξωτερικοὶ λόγοι, mit denen die Übungen für ein außerphilosophisches Publikum zum Unterschied von der schulinternen Theoriebildung gemeint waren.

Im ersten Jahrhundert vor Christus ist es, wie wir bei Cicero sehen, üblich geworden, die literarischen Werke des Aristoteles zum Unterschied von seinen Schulvorlesungen (Pragmatien) als ›exoterisch‹ zu bezeichnen. Von diesem Sprachgebrauch aus hat es sich in neuerer Zeit eingebürgert, auch bei Platon die literarischen Dialoge als ›exoterisch‹, die ungeschriebene Lehre als ›esoterisch‹ zu bezeichnen. Diese Bezeichnungen sind also nicht authentisch; sie dürfen aber doch insofern als zutreffend gelten, als Platons Dialoge vorwiegend für das weitere Publikum außerhalb der Schule, die ungeschriebenen Lehren dagegen für den inneren Kreis der Schulgenossen bestimmt waren.

Immerhin können wir uns auf den ›Phaidros‹ berufen, wenn wir die platonischen Schriften als exoterisch, die Agrapha Dogmata als esoterisch bezeichnen. Die Unterscheidung von Äußerem und Innerem, wie sie uns im ›Phaidros‹ begegnet, ist nicht genau dieselbe, sie ist aber doch analog. Im ›Phaidros‹ gilt das Geschriebene als ›äußerlich‹ nicht eigentlich gegenüber der mündlichen Dialektik, sondern gegenüber den inneren Logoi der Seele; aber die mündliche Dialektik korrespondiert, wie wir gesehen haben, unmittelbar mit dem Inneren.

Ich danke Ihnen für die Geduld, mit der Sie meinen etwas anstrengenden Ausführungen gefolgt sind.

Vierter Vortrag:
Platon über fremde und eigene Dichtung (›Ion‹ – ›Politeia‹ – ›Nomoi‹)

I

Wir sind dabei, solche Partien in den platonischen Dialogen zu untersuchen, die Äußerungen oder Andeutungen Platons über die eigene Schriftstellerei enthalten. Im Blick auf den Schluß des ›Symposions‹ und des ›Phaidros‹ sind wir zu dem Ergebnis gekommen, daß Platon hier wenigstens Ansätze zu einer Theorie des philosophischen Literaturdialogs darbietet.

Heute will ich mich, von dem gleichen hermeneutischen Interesse geleitet, den Äußerungen Platons über die Dichtung zuwenden. Das Thema Dichter und Dichtung durchzieht bekanntlich das ganze Werk Platons. Dabei sind zwei Hauptaspekte zu erkennen. (a) Zum einen sucht Platon (sozusagen produktionsästhetisch) die Werke der Dichter von ihrem Ursprung her zu erklären. Dabei spielen die Begriffe Enthusiasmos und Mimesis eine entscheidende Rolle. (b) Zum anderen fragt er (sozusagen wirkungs- oder rezeptionsästhetisch) nach dem Wert der Dichtung für die Erziehung und Bildung (Paideia) und nach ihrem Einfluß auf das politische Leben. Dabei ist sein Urteil über die bisherige Dichtung kritisch und vorwiegend negativ.

Unter diesen Gesichtspunkten ist die platonische Erklärung und Kritik der Dichtung oft untersucht worden. Mir geht es jetzt um eine spezielle Komponente in der Auseinandersetzung Platons mit den Dichtern. Ich frage auch hier: Wo und wie wird dabei ein Licht auf die eigenen philosophischen Schriften Platons geworfen? Es ist zu erwarten, daß Platon selbst nicht blind war für die Tatsache, daß seine eigenen Dialoge von hoher dichterischer Qualität sind und eine neue Art von Dichtung darstellen. Es liegt also nahe zu fragen, welche Rolle diese Tatsache bei Platons Auseinandersetzung mit der bisherigen Dichtung spielt.

Ich möchte dazu eine These vertreten und interpretatorisch begründen – allerdings eine These, die ich selbst in bestimmter Hinsicht als problematisch empfinde. Mir scheint – dies ist die These –, daß Platons Äußerungen über die Dichter mehr oder weniger deutlich und bewußt mit dem Anspruch verbunden sind, daß er selbst Dichter ist und durch seine Dialoge eine neue, philosophisch legitime Dichtung begründet.

Das Problematische dieser These liegt für mich in der Unsicherheit, ob dieses Bewußtsein auch dort anzunehmen ist, wo es in den Dialogen nicht explizit zum Ausdruck kommt. Erst in den ›Nomoi‹, also in seinem spätesten Werk sagt Platon mit klaren Worten, daß sein eigener philosophischer Dialog mit der bisherigen Dichtung konkurriert und bei der Paideia an ihre Stelle treten soll. Es ist also möglich, daß Platon erst im Lauf der Zeit die Ansicht gewonnen hat, daß seine philosophischen Schriften geeignet sind, als dichterische Werke die bisherige Dichtung zu überwinden und abzulösen.

Zwei Erklärungsmöglichkeiten bieten sich an. (a) Platon könnte sich selbst von seinen ersten Dialogen an als Konkurrent der Dichter und als Begründer einer neuen Dichtung verstanden haben. Er hätte dann dieses programmatische Selbstverständnis in seinen Schriften zunächst unausgesprochen gelassen und es dem Leser überlassen, den dichterischen Anspruch des Autors zu erkennen. (b) Platon könnte aber auch die philosophischen Dialoge anfänglich der Dichtung als etwas ganz anderes gegenübergestellt und erst später das Bewußtsein entwickelt haben, daß seine Dialoge Beispiele einer schöneren und besseren Dichtung sind.

Vor einer ähnlichen Unsicherheit stehen wir bei Platons Verhältnis zur Rhetorik und zur Politik. Was die Rhetorik angeht, so zieht Platon in den früheren Dialogen (besonders im ›Gorgias‹) eine Grenze zwischen der Redekunst und der Philosophie, während er später (im ›Phaidros‹) den Anspruch erhebt, von der Philosophie aus die Rhetorik sachgemäß begründen zu können. Es liegt nahe, dies im Sinne einer Entwicklung zu erklären. Nicht unmöglich ist aber auch, daß die anfängliche Abgrenzung von der sophistischen Rhetorik unausgesprochen mit dem Bewußtsein verbunden war, daß der Philosoph im Grunde auch der bessere Redner sei. Bei dieser zweiten Deutung könnte man annehmen, daß die platonischen Dialoge, in denen die übliche Rhetorik abgelehnt wird, zugleich als Beispiele einer neuen politischen Redekunst verstanden werden wollten.

Wir können das Problem auch biographisch formulieren, wenn wir an die bekannte Anekdote denken, daß Platon zuerst als Tragödiendichter tätig war und nach der Begegnung mit Sokrates seine Tragödien verbrannte. Nehmen wir einmal an, daß diese Erzählung einen wahren Kern enthält, so ist der Wechsel von der Dichtung zur Philosophie immer noch auf zweifache Weise interpretierbar. Platon könnte die Philosophie als Alternative zur Dichtung, den Beginn des Philosophierens als Abschied vom Dichten verstanden haben. Er könnte aber auch von Anfang an gesehen haben, daß die philosophische Literatur ihm die Möglichkeit einer neuen, besseren Form der Dichtung eröffnete.

II

Auf das Problem, um das es hier geht, sind wir schon bei unserer Untersuchung des Symposion- und Phaidros-Schlusses gestoßen. Ich habe in beiden Dialogen die Bemerkungen Platons über die Dichtung dahingehend interpretiert, daß Platon seine eigenen Schriften als neue, philosophisch legitime Dichtung versteht. In diesem Sinne habe ich auf Platons eigene Schriften bezogen, was Sokrates am Schluß des ›Symposions‹ über eine gemeinsame Techne für Tragödie und Komödie sagt; ebenso auch die Feststellung im ›Phaidros‹, daß ein Dichter (wie ein Redner und ein Gesetzgeber) nur dann philosophische Erkenntnis für sich beanspruchen dürfe, wenn hinter seinen literarischen Werken ein tieferreichendes begründendes Wissen stehe.

Auch im ›Symposion‹ und im ›Phaidros‹ ist nun aber Platons Anspruch, selbst der wahre Dichter zu sein, nicht ausdrücklich formuliert, sondern nur indirekt angedeutet. Man kann also bezweifeln, ob diese ›aufschließende‹ Erklärung richtig ist. Daher möchte ich jetzt das Problem auf eine breitere Grundlage stellen und andere Dialoge – den ›Ion‹, die ›Politeia‹ und die ›Nomoi‹ – daraufhin befragen, ob und wie Platon bei der Auseinandersetzung mit der herkömmlichen Dichtung sich selbst als Dichter versteht. Ich beginne mit dem spätesten Werk, den ›Nomoi‹, weil hier unsere Frage eine eindeutig positive Antwort findet. Danach werden wir uns den früheren Werken zuwenden, bei denen problematisch ist, wie weit wir bei der Auslegung gehen dürfen.

III

Im siebenten Buch der ›Nomoi‹ sagt Platon mit der Ausdrücklichkeit, die im Rahmen eines Dialogs (wo er nicht in eigener Person spricht) überhaupt möglich ist, daß seine eigene philosophische Schrift als Beispiel einer neuen, vorbildlichen Dichtung angesehen werden soll. Zwei Abschnitte dieses Buches sind in Betracht zu ziehen, von denen der erste für unsere Frage besonders ergiebig ist: Nomoi 7, 810 B – 812 D.

Platon spricht hier von der Literatur (γράμματα), die bei der Erziehung verwendet werden soll. Es war üblich, daß Dichtertexte zum Lesen- und Schreibenlernen dienten, aber auch wegen ihres inhaltlichen Wertes von den Schülern auswendig gelernt wurden. Der Athener, der in den ›Nomoi‹ das Gespräch führt, erklärt nun dazu, daß der Gesetzgeber, um die für diesen Zweck nützliche und lehrreiche Literatur erkennen zu können, ein Beispiel und Muster (παράδειγμα) benötige. Ein solches Paradeigma sieht der Athener in dem Gespräch, das er soeben mit dem Kreter Kleinias und dem Lakedaimonier Megillos führt. Man muß diesen Hinweis sicher so verstehen, daß damit Platon seinen eigenen, hier vorliegenden literarischen

Dialog als Beispiel und Muster für erzieherisch brauchbare Literatur empfiehlt. – Die Worte des Atheners sind folgendermaßen zu übersetzen (811 C 6 – E 5):

(Ich scheine insofern Glück zu haben,) als ich um ein Muster durchaus nicht in Verlegenheit bin. Denn wenn ich jetzt die Reden überblicke, mit denen wir uns vom frühen Morgen bis jetzt, wie mir scheinen will, nicht ohne einen Anhauch von göttlicher Begeisterung unterhalten haben, so habe ich durchaus den Eindruck, daß sie in der Art von Werken der Dichtung gesprochen sind. Und es ist wohl eine nicht verwunderliche Regung, die mich erfaßt, wenn ich mich beim Anblick der eigenen, gleichsam zu einem Gesamtbild vereinigten Reden sehr freue. Denn verglichen mit dem meisten von dem, was ich in Dichterwerken oder in Prosaschriften gelesen oder daraus angehört habe, scheinen sie mir weitaus am angemessensten und passendsten für die Bildung der Jugend. Für den Gesetzeswächter und Erzieher wüßte ich also, meine ich, als vorbildlichen Lernstoff (παράδειγμα) nichts Besseres zu empfehlen als dies. Er soll also die Lehrer anweisen, diese Reden den Knaben beizubringen, ebenso auch alles, was er bei der Beschäftigung mit Dichterwerken oder Prosaschriften an Entsprechendem und Ähnlichem vorfindet. Und wenn ihm etwa in prosaisch-formloser Rede etwas Unaufgeschriebenes begegnet, was mit diesen Reden nah verwandt ist, so soll er sich dies keinesfalls entgehen lassen, sondern es schriftlich aufzeichnen lassen.

So weit die Aussagen des Atheners, mit denen Platon offensichtlich auf den vorliegenden Dialog als Paradeigma wertvoller Literatur verweist. Die in den ›Nomoi‹ geführten Reden erfüllen, wie wir hier hören, die Anforderungen, die an erzieherisch nützliche Dichtung zu stellen sind. Daß sie nicht in metrisch geformter Sprache, sondern in Prosa verfaßt sind, ändert nichts an der ›dichterischen‹ Beschaffenheit dieser philosophischen Reden. Was sie zu einer Art Dichtung (ποίησις) macht, ist der in ihnen wirksame göttliche Anhauch (ἐπίπνοια θεῶν), also ein dichterischer Enthusiasmos. Was sie, zum Unterschied von gewöhnlicher Dichtung, zu einem Paradeigma erzieherisch wertvoller Literatur macht, ist die Orientierung an der philosophischen Erkenntnis der Wahrheit.

Ein Paradeigma ist nach den Worten des Atheners der platonische Dialog in zweifachem Sinne. Er repräsentiert, da er selbst im Unterricht verwendet werden kann, beispielhaft die geforderte pädagogisch wertvolle Dichtung. Und er ist ein Muster (Modell, Maßstab) für die Auffindung anderer geeigneter Schriften, sei es, daß diese in der literarischen Tradition vorgegeben sind oder daß sie jetzt erst durch das schriftliche Festhalten von mündlichen Reden entstehen.

Fraglich ist dabei nur, in welchem Umfang Platon hier seine eigene Schriftstellerei als Musterbeispiel philosophisch legitimer und erzieherisch brauchbarer Dichtung verstanden wissen will. Der Athener spricht von den »seit dem Morgen bis jetzt geführten Reden«. Wenn man diese Angabe einschränken will, kann man annehmen, daß nicht alles bisher Gesagte gemeint ist, sondern hauptsächlich an bestimmte Abschnitte wie die ›Prooemien‹, die sich für die Schullektüre besonders eignen, gedacht werden soll. Wahrscheinlich ist es jedoch richtiger, die Formulierung auszuweiten. Der Hinweis ist doch sicher nicht nur auf die Bücher I bis VII, sondern auf das Gesamtwerk der ›Nomoi‹, zumal auch auf das theologisch wichtige zehnte Buch zu beziehen. Darüber hinaus soll der Leser wohl auch an andere Werke des gleichen Autors denken. Gibt es doch andere Dialoge Platons, die sich nicht weniger für die Paideia eignen als die ›Nomoi‹. Vermutlich ist die Bemerkung über andere Reden, die mit den jetzt geführten ›verschwistert‹ (ἀδελφά) sind und aufgeschrieben werden sollen, als Hinweis auf die anderen Dialoge Platons zu verstehen. Sie sind alle, wenn auch in verschiedener Weise, für paideutische Zwecke verwendbar. Die in den ›Nomoi‹ ausgesprochene Empfehlung des vorliegenden Dialogs als philosophischer Dichtung kann also grundsätzlich auf das literarische Gesamtwerk Platons bezogen werden.

IV

Einige Seiten später im siebenten Buch der ›Nomoi‹ findet sich eine bekannte Stelle, die ebenfalls, wenn auch nicht so deutlich, auf unsere Frage antwortet (816 D – 817 D). Der Athener erklärt hier, unter welchen Bedingungen Komödien und Tragödien in der nach philosophischen Grundsätzen geordneten Polis aufgeführt werden sollen. Zur Komödie wird festgestellt, daß kein Bürger als Schauspieler dabei mitwirken soll, daß aber das komische Spiel durch die Darstellung des Lächerlichen und Häßlichen indirekt zur Erkenntnis des Wertvollen beizutragen vermag. Die Aufführung von Tragödien soll erlaubt sein, sofern sie dem Maßstab philosophisch legitimer Dichtung entsprechen. Platon läßt hier die Gesetzgeber der philosophisch regierten Polis zu den Tragödiendichtern folgendes sagen (817 B):

> Wir sind selbst nach Kräften Dichter einer möglichst schönen und zugleich guten Tragödie. Die ganze Verfassung der Polis (πολιτεία) ist uns ja doch als Nachahmung (μίμησις) des schönsten und besten Lebens gestaltet, was wir als die wirklich wahrste Tragödie bezeichnen. Dichter seid also ihr, und Dichter sind auch wir derselben Werke, eure Konkurrenten und Antagonisten bei dem schönsten Drama, das allein der wahre Nomos seinem Wesen nach zu verwirklichen vermag.

Hier bezeichnet Platon also die Polis-Ordnung (πολιτεία) als wahrste Tragödie (τραγῳδίαν ἀληθεστάτην), ebenso den wahren Nomos (νόμος ἀληθής) als schönstes Drama (κάλλιστον δρᾶμα). Ihre Schönheit und Wahrheit erhält die gesetzliche Ordnung der Polis dadurch, daß sie »Mimesis des schönsten und besten Lebens« ist. Darunter ist die normativ gültige Ordnung des Lebens, die ideenhaft vorgegebene Lebensform zu verstehen.

Die Polis-Ordnung nun, die als wahrste Tragödiendichtung den üblichen Tragödien gegenübergestellt wird, gibt es in zweierlei Gestalt: Zum einen kann man darunter das politische Leben in dem gut geordneten Staat verstehen. Zum anderen ist auch die literarische Darstellung dieser Ordnung eine πολιτεία, ein Werk der politischen Gesetzgebung. In der zweiten Bedeutung ist nun aber das ›schönste Drama‹ nichts anderes als das vorliegende literarische Werk Platons, in dem die philosophisch begründete Gesetzesordnung beschrieben ist.

Wir kommen also durch die Interpretation dieser Stelle wieder, wenn auch nicht so eindeutig, zu dem Ergebnis, daß Platon das eigene literarische Werk, den vorliegenden Dialog als die beste Dichtung verstanden wissen will. Wahrer und schöner als die bisher übliche ernste Dichtung ist sie deswegen, weil sie sich an den idealen Wertnormen orientiert, die nur der Philosoph zu erkennen vermag.

V

Nachdem wir im siebenten Buch der ›Nomoi‹ festgestellt haben, daß jedenfalls der späte Platon seinen literarischen Dialog als ein Beispiel für eine neue Art von Dichtung versteht, will ich nun mit Ihnen der Frage nachgehen, ob diese Selbsteinschätzung des philosophischen Dialogs auch schon in den früheren Schriften vorausgesetzt ist. Betrachten wir unter diesem Gesichtspunkt zunächst den Dialog ›Ion‹, Platons früheste Auseinandersetzung mit der Dichtung.

Der Dialog hat drei Hauptteile. (1) In einer ersten elenktischen Untersuchung zeigt Sokrates, daß der Rhapsode Ion, wenn er sich lediglich bei Homer auskennt, keine Techne hat, denn diese müßte sich auf die Dichtung im Ganzen beziehen. (2) Der Mittelteil bringt das Gleichnis vom Magnetstein: wie der Magnet eine ganze Kette von Eisenringen anziehen und mit seiner Kraft erfüllen kann, so erfüllt der Gott die Dichter mit musischer Dynamis; und vom Dichter aus wird diese Kraft über die vortragenden Interpreten auf die Zuschauer übertragen. Was hier wirkt, ist also vom Gott hervorgerufene Begeisterung (ἐνθουσιασμός), nicht Wissen (τέχνη). (3) Schließlich fragt Sokrates in einer nochmaligen elenktischen Untersuchung nach dem Sachgebiet der angeblichen Techne des Rhapsoden. Da Ion ein solches Sachgebiet nicht nachweisen kann, muß er zugeben, daß sein Wirken nicht auf Techne, sondern auf göttlicher Eingebung beruht.

Ich bin nun der Ansicht, daß dieser Dialog nicht nur eine kritische Einschränkung des Wissensanspruchs der Dichter und ihrer Interpreten enthält, sondern daß Platon hier zugleich – indirekt – etwas Positives über seine Philosophie und wohl auch über seine philosophische Schriftstellerei aussagen will. Man gelangt zu diesem Ergebnis, wenn man den Dialog nicht nur oberflächlich betrachtet, sondern – wie es im ›Symposion‹ heißt – den Logos ›öffnet‹ und seine innere Schönheit erschließt. Dabei ist allerdings fraglich, wie weit man den Weg vom ›Äußeren‹ zum ›Inneren‹ bei einem so frühen Dialog wie dem ›Ion‹ gehen soll, wenn man im Rahmen dessen bleiben will, was der Autor bewußt intendiert hat. Ich sehe zwei Möglichkeiten des ›Aufschließens‹, von denen mir die erste sicher der Absicht des Autor zu entsprechen scheint, während die zweite vielleicht darüber hinausgeht.

Ich bitte Sie, die einzelnen Schritte prüfend mitzugehen:

Das Äußere des Logos, das explizit dargestellt wird, besteht vor allem in der elenktischen Untersuchung. Gegenstand dieser Untersuchung ist der Wissensanspruch des Rhapsoden und zugleich das angebliche Wissen der Dichter. Die Untersuchung führt zu dem negativen Ergebnis, daß die Dichtung und ihre Vermittlung nicht auf Wissen beruhen, aber auch zu der Feststellung, daß die Dichter und ihre Interpreten durch den Enthusiasmos befähigt werden, Schönes darzustellen.

(I) Eine erste Möglichkeit des weitergehenden, aufschließenden Verstehens führt zu dem Ergebnis, daß Platon das gesuchte Wissen, das der Rhapsode Ion offenbar nicht hat und nicht kennt, dem Philosophen zuschreiben will. In diese Richtung führen die folgenden Anstöße.

(1) Wenn in dem Gespräch zwischen Sokrates und Ion das gesuchte Wissen der Dichter nicht zutagetritt, so ist damit nicht ausgeschlossen, daß es ein solches Wissen dennoch gibt. Darauf macht die aporetische Alternative am Schluß des Dialogs besonders aufmerksam. Sokrates sieht hier die Möglichkeit, daß Ion das gesuchte Wissen nicht besitzt, aber auch die Möglichkeit, daß er es verbirgt. Das heißt: die Frage, ob Dichtung auf Wissen beruht, ist damit, daß Ion darüber keine befriedigende Auskunft geben kann oder geben will, noch nicht negativ entschieden.

(2) Bei der elenktischen Untersuchung wird die gesuchte Sachkompetenz (τέχνη) in bestimmter Weise gekennzeichnet. (a) Das gesuchte Wissen müßte sich inhaltlich auf das Ganze beziehen, und zwar auf das Ganze der Dichtung und auf das Ganze der Welt, auf alle Sachen. (b) Das gesuchte Wissen müßte sich auf Wertunterschiede beziehen: auf Gutes, Schönes, Angemessenes und auf das Gegenteil davon. In anderen Dialogen Platons wird nun aber die philosophische Erkenntnis so beschrieben wie hier das bei den Dichtern gesuchte Wissen: Die Erkenntnis des Philosophen ist nicht speziell, sondern umfassend; und sie zielt auf die Erfassung des Guten als Gegensatz zum Schlechten.

(3) Das Magnet-Gleichnis verdeutlicht den Wirkungszusammenhang des gesuchten Wissens. Was der Enthusiasmos unbewußt bewirkt, müßte, wenn es ein entsprechendes Wissen gibt, durch dieses bewußt geschehen: die Vermittlung der göttlichen Kraft von ihrem Ursprung bis zu dem Publikum, das von den Dichtern angesprochen wird. Dies trifft insofern auf den Philosophen zu, als sein Erkennen der Wahrheit in der vollkommenen Weisheit des Gottes begründet ist und er die Aufgabe hat, die Wirkungsmacht des Guten in die Welt der Menschen hinein zu vermitteln. Dabei vermag der Philosoph, der die Wahrheit kennt, wohl auch die emotionalen und irrationalen Regungen der menschlichen Seele am besten zu beeinflussen.

(II) Die zweite Möglichkeit der tiefer eindringenden Erklärung des Dialogs würde zu dem Ergebnis führen, daß der Schriftsteller Platon hier nicht nur die Philosophie der Dichtung entgegenstellt, sondern sich als Vertreter einer neuen, philosophischen Dichtung sieht. Diese Auslegung liegt in der Konsequenz dessen, was der Dialog darstellt, doch geht sie vielleicht über das hinaus, was der Autor bewußt andeutet. Es sind die folgenden, weniger sicheren Schritte, durch die man zu dem weiteren Resultat gelangt:

(1) Wenn der Philosoph das umfassende Wissen besitzt, das die Dichter zu Unrecht beanspruchen, ist der Philosoph grundsätzlich fähig, eine auf Erkenntnis beruhende Dichtung hervorzubringen. In der Dichtung des Philosophen könnten sich Enthusiasmos und Techne miteinander verbinden, da beides aus dem gleichen göttlichen Ursprung stammt.

(2) Mit der indirekten Beschreibung der umfassenden Wahrheitserkenntnis zielt Platon auf seine eigene Philosophie. Er selbst ist also am ehesten auch derjenige, der von der philosophischen Erkenntnis aus eine bessere Dichtung zu begründen vermag.

(3) Die philosophisch fundierte Dichtung ist nicht nur ein theoretisches Postulat, sondern bereits verwirklicht, wenn man bedenkt, daß der vorliegende Dialog selbst Dichtung ist – und dies in mehrfacher Hinsicht. Die bildhafte Rede über den Magnetstein ist ein dichterisch gestaltetes Gleichnis. Der ganze Dialog ist kunstvoll komponiert. Das Gespräch ist mit mimetischer Lebendigkeit inszeniert. Die Worte des Sokrates überreden und ergreifen den Gesprächspartner und auch den Leser des Dialogs.

Man kann also aus dem Dialog ›Ion‹ herauslesen, daß Platon den Philosophen und damit sich selbst für den Sachverständigen auch auf dem Gebiet der Dichtung hält und daß er mit seinem literarischen Werk die Dichter auf ihrem eigenen Gebiet übertreffen will. Wenn dies für den ›Ion‹ zutrifft, dann gilt dasselbe für alle literarischen Dialoge Platons: daß der Autor von Anfang an bewußt mit den Werken der Dichtung konkurriert und daß er eine bessere, philosophisch begründete Dichtung hier sowohl programmatisch fordert als auch schon paradigmatisch verwirklicht. – Aber man kann, wie gesagt, dagegen einwenden, daß wir damit etwas in den Dialog ›Ion‹ hineinlegen, das sich bei Platon erst später entwickelt hat (und erst in den ›Nomoi‹ deutlich hervortritt).

VI

Vor die gleichen Fragen stellen uns Platons Äußerungen über die Dichtung in der ›Politeia‹. Im zweiten und dritten Buch dieses Dialogs, wo über die musische Erziehung der Wächter gesprochen wird, geht Platon geradezu systematisch auf die Probleme der Poetik ein. Zuerst wird der Inhalt der dichterischen Logoi erörtert (unter dem Gesichtspunkt von wahr und falsch), dann die Form. Schließlich wird erklärt, woran sich der Dichter, um gute Werke hervorzubringen, orientieren soll. Platon spricht in dieser poetologischen Darlegung also nicht nur deskriptiv über die Phänomene der Dichtung und nicht nur kritisch über die herkömmliche Dichtung, sondern er fordert auch normativ eine bessere, der philosophischen Erkenntnis entsprechende Dichtung.

Im Augenblick will ich Ihre Aufmerksamkeit nur auf den letzten Abschnitt lenken, wo der Begründungszusammenhang für die programmatisch geforderte Dichtung aufgezeigt wird (Politeia 3, 400 D – 403 C).

Platon führt hier das Schöne, das uns in sinnlich wahrnehmbarer Gestalt und so auch im Kunstwerk begegnet, zurück auf das Ethos der Seele und weiter auf die Ideen und das Schöne an sich. Das Schöne in seiner übersinnlichen, idealen Gestalt ist das höchste Ziel des Eros und die maßgebende Wertnorm aller musischen Kunst.

Platon erklärt hier also, was gute Dichtung ist, im Zusammenhang der gesamten Seinsabstufung, die vom ideenhaft Schönen über das Seelische bis zum Sinnlich-Wahrnehmbaren herabreicht. Dichtung wirkt durch die sinnliche Schönheit des hörbar gesprochenen Wortes, der Harmonie und des Rhythmos; aber in dem so Wahrnehmbaren kommt das Schöne selbst, die Vollkommenheit der Idee zum Vorschein. Wie die dichterische Schönheit von der Idee her verursacht ist, so vermag umgekehrt das Werk des Dichters auf das übersinnlich Schöne und Gute aufmerksam zu machen. Die Kraft des Eros ist es, die uns befähigt, im Sinnlichen das Ideale zu entdecken.

Was in diesem Abschnitt der ›Politeia‹ geschieht, ist also nichts anderes als die Zurückführung der Dichtung auf Wertnormen, für deren Erkenntnis der Philosoph zuständig ist. Der normative Grund der Dichtung liegt nach der platonischen Poetik in dem Wahren, Guten und Schönen, dem sich der Philosoph auf dem Wege der Erkenntnis nähert.

Damit ist zugleich gesagt: allein der Philosoph vermag mit angemessenen Kriterien zwischen guter und schlechter Dichtung zu unterscheiden. Der Philosoph ist der Sachverständige auf dem Gebiet der Poetik.

Hier liegt es nun wieder nahe, einen weiteren Schritt zu tun, bei dem jedoch nicht sicher ist, wie weit er der bewußten Absicht des Autors entspricht. Wenn der Philosoph, so könnte man nämlich folgern, das Wissen von den Wertnormen der Dichtung hat, so ist er auch am besten zur Hervorbringung von wahrhaft schönen dichterischen Werken befähigt. Der Philosoph Platon selbst wäre also potentiell und grundsätzlich auch der beste Dichter. Und er hat dies, wie man wiederum hinzufügen kann, bereits durch die Tat bewiesen, da er in seinen literarischen Dialogen dichterische Kunstwerke geschaffen hat.

VII

Im zehnten Buch der ›Politeia‹ geht Platon nochmals auf die Dichtung und ihre Bedeutung für die Polis ein (›Politeia‹ 10, 595 A – 608 B). Dabei spricht er in einem ersten Abschnitt über die Dichtung als Nachahmung (μίμησις), in einem zweiten über die Wirkung der Dichtung auf den Rezipienten. Auch an diese beiden Abschnitte richte ich die Frage, ob Platon bei der Auseinandersetzung mit der herkömmlichen Dichtung zugleich auch über sich selbst und die Möglichkeit einer philosophischen Dichtung spricht.

(1) In dem ersten Abschnitt (595 A – 602 C) erklärt Platon die Dichtung als Mimesis nicht etwa des wahrhaft Seienden (der Ideen), sondern der Erscheinungen. Die Dichtung erhält damit nur einen dritten Rang zugesprochen, und es zeigt sich, daß sie nicht auf begründetem Wissen, sondern auf spielerischer Nachbildung beruht.

Diese Herabsetzung der Dichtung hat bei den Lesern und Erklärern oft Anstoß erregt, zumal Platon dabei an die großen griechischen Dichter wie Homer denkt. Man kann den Anstoß nun aber weitgehend beseitigen, wenn man damit rechnet, daß Platon hier bewußt einseitig urteilt. Fraglich ist dabei freilich wiederum, wie weit der Leser im Sinne des Autors berechtigt ist, das Dargelegte zu ergänzen.

(a) Der Sokrates des zehnten Buches der ›Politeia‹ ignoriert gänzlich den Enthusiasmos, der doch den Dichtern schon im ›Ion‹ zugestanden worden war. Steht also vielleicht hinter der Kritik der mimetisch verfahrenden Dichtung das positive Gegenbild einer Dichtung, die göttlich inspiriert ist, oder gar einer Dichtung, die solche Inspiration mit philosophischer Erkenntnis verbindet? Der ›Phaidros‹ wird diese Möglichkeit einer sowohl enthusiastischen als auch philosophisch bewußten Dichtung zur Sprache bringen.

(b) Wenn sich unzulängliche Dichtung mimetisch an den Erscheinungen orientiert, ist damit nicht ausgeschlossen, daß es eine andere Dichtung geben könnte, die von der Erkenntnis der Ideen ausgeht und diese Wahrheit mimetisch vermittelt. Nach dem, was im dritten Buch der ›Politeia‹ über die Begründung der guten Dichtung im ideenhaft Schönen gesagt worden ist, liegt dieser Gedanke sogar sehr nahe. Vielleicht entspricht es also der Absicht des Autors Platon, wenn der Leser aus der Kritik des Sokrates an der bisher üblichen Dichtung die Forderung heraushört, daß der wahre Dichter sich nicht an Erscheinungen, sondern an Ideen orientiert.

Mit dieser von der Sache her fast notwendigen Ergänzung ist auch hier wieder die Frage verbunden, ob Platon in seinem vorliegenden literarischen Werk ein Beispiel für die philosophisch begründete Dichtung gesehen hat.

(2) Die Untersuchung, die nach der Wirkung der Dichtung fragt (602 B – 608 B), arbeitet heraus, daß die Dichter nicht Erkenntnis, sondern Lust (ἡδονή) vermitteln und daß sie die irrationalen Affekte in der Seele stärken. Die ganze Erörterung führt deshalb zu dem Schluß, daß die Dichtung, deren Wirkung Hedone und nicht Arete ist, aus dem Philosophenstaat verbannt werden muß (607 B – 608 B). Platon sucht hier also den ›alten Streit‹ (die παλαιὰ διαφορά) zwischen Philosophie und Dichtung damit zu entscheiden, daß die Dichtung, die nach dem Urteil der Philosophie als schädlich erwiesen wird, abgeschafft werden soll.

Die Verurteilung, die hier wie ein Gerichtsurteil inszeniert wird, ist nun freilich in zweifacher Hinsicht so eingeschränkt, daß man sich zu der Frage veranlaßt sehen kann, ob es neben der verurteilten noch eine andere, philosophisch legitime Dichtung gibt.

(a) Verurteilt werden die Vertreter der bisher üblichen und anerkannten Dichtung, vor allem Homer und die Tragiker. Davon unterscheidet Sokrates ausdrücklich (607A) eine im Philosophenstaat geduldete und zweckmäßige Dichtung, nämlich Götterhymnen und Enkomien auf die Guten. Eine derartige Dichtung entspricht der im zweiten und dritten Buch aufgestellten Forderung, daß die Dichter das Gute aufzeigen und so zur Arete anleiten sollen. Diese gute Dichtung wird also von der Philosophie gefördert – wenn nicht gar durch dichtende Philosophen geschaffen.

(b) Ferner wird bei der Verbannung der schädlichen Dichtung eine Bedingung angegeben, unter der sie rehabilitiert und in den Staat aufgenommen werden könnte: Das Verbannungsurteil soll zurückgenommen werden, wenn die Dichtung nachweisen kann, daß sie nicht nur Lust (ἡδονή) zu bereiten vermag, sondern auch Nutzen bringt. Später hat Aristoteles in seiner ›Poetik‹ versucht, eine solche Apologie Homers und der Tragiker zu geben, indem er erklärte, daß die tragische Dichtung nicht zu einer Verstärkung, sondern zu einer Reinigung (κάθαρσις) der Affekte führe. Platon selbst hatte eine solche Rechtfertigung der herkömmlichen Dichtung sicherlich nicht im Auge. Wohl aber legt er mit jener Bedingung wiederum den Gedanken nahe, daß es auch eine andere, bessere Dichtung gibt, die nicht nur Hedone bewirkt, sondern zur Arete und Wahrheitserkenntnis anleitet.

Es läßt sich auch hier in der ›Politeia‹ nicht beweisen, aber doch wohl vermuten, daß Platon mit den Hinweisen auf eine philosophisch gerechtfertigte, erzieherisch nützliche Dichtung indirekt seine eigenen literarischen Werke empfiehlt. Ein Dialog wie die ›Politeia‹ kann als eine der Arete dienende Dichtung verstanden werden. Dieser Bezug bleibt auch hier unsicher, weil er im Text des Dialogs nicht ausgesprochen wird. Dies könnte in dem mimetisch dargestellten Sokrates-Gespräch freilich auch gar nicht in direkter Form geschehen. Eine Andeutung, die in die vermutete Richtung weist, ist vielleicht darin zu erkennen, daß Sokrates die Argumentation gegen die schädliche Dichtung als ein magisch heilendes Besingen (ἐπᾴδειν) bezeichnet (608 A). Damit wird dem philosophischen Logos eine Wirkungsweise zugeschrieben, die vor allem auch der Dichtung zukommt.

Wenn wir diese Betrachtung über die ›Politeia‹ hinaus fortsetzen wollten, kämen wir schließlich wieder zu den ›Nomoi‹, von deren siebentem Buch wir ausgegangen sind. Wichtig ist für unsere Fragestellung auch das zweite Buch der ›Nomoi‹. Hier erklärt Platon ausführlich, unter welchen Bedingungen die dichterische Mimesis für die Erziehung zur Arete förderlich ist. Die Mimesis soll nicht nur Lust (ἡδονή) bereiten, sondern auch das Seiende richtig abbilden und nutzbringend darbieten. Voraussetzung dafür ist, daß die Sache, die mimetisch dargestellt wird, in ihrem wahren Sein erkannt ist. Man sieht: hier wird weiter ausgeführt, was uns schon in der ›Politeia‹ als positive Kehrseite der Dichterkritik begegnet ist, nämlich das Programm einer Dichtung, die sich am Wahren und Guten orientiert.

VIII

Wir sind damit am Ende unseres Überblicks angelangt, und ich versuche, die Ergebnisse zusammenzufassen.

Es war zu beobachten, daß Platon nicht nur die herkömmliche Dichtung kritisiert und nicht nur eine bessere Dichtung programmatisch fordert, sondern auch mit seinen literarischen Dialogen eine neue Art von Dichtung begründet. Der Anspruch des Philosophen, selbst der bessere Dichter zu sein, bleibt zunächst unausgesprochen. Deswegen bleibt im ›Ion‹ und noch in der ›Politeia‹ zweifelhaft, ob Platon seine eigene Dialogschriftstellerei so verstanden hat, daß er damit der bis dahin anerkannten Dichtung eine neue, philosophische Dichtung gegenüberstellt. Erst im siebenten Buch der ›Nomoi‹ wird ausdrücklich gesagt, daß das eigene Werk als Paradeigma einer philosophisch legitimen Dichtung gelten soll.

Möglicherweise bringt Platon in den ›Nomoi‹ zur Sprache, was ihn schon von Anfang an bei seiner Schriftstellerei geleitet hat: die Absicht, die bisherige Dichtung auf ihrem eigenen Gebiet zu überwinden. Dann stünde gleichsam über dem gesamten Schriftwerk Platons, was der Athener in den ›Nomoi‹ erklärt (817 B): »Dichter sind auch wir im gleichen Bereich« (ποιηταὶ δὲ καὶ ἡμεῖς ἐσμὲν τῶν αὐτῶν). Möglich ist aber auch, daß sich in Platon das Bewußtsein, selbst ein anderer und besserer Dichter zu sein, erst allmählich entwickelt hat. Ich neige auch hier zu der Auffassung, daß Platon schon in den frühen Dialogen wichtige Gedanken zurückhält und allenfalls andeutet. Aber manches spricht doch auch für eine Entwicklung: Als Begründer einer neuen Dichtung konnte sich Platon wohl noch kaum bei seiner ersten Schrift fühlen, umso sicherer aber, nachdem er einige seiner größeren Dialoge (wie ›Phaidon‹ und ›Symposion‹) verfaßt hatte.

IX

Eine letzte Frage sei zum Schluß noch gestellt: die eigentlich philosophische Frage, ob Platons Beurteilung der fremden und der eigenen Dichtung der Sache nach berechtigt war. Niemand wird den platonischen Dialogen dichterische Qualitäten, ja einen hohen dichterischen Rang absprechen wollen. Problematisch aber ist Platons Verurteilung der großen Dichtung eines Homer, eines Aischylos, Sophokles und Euripides; und ebenso problematisch ist sein Anspruch, daß die von ihm begründete philosophische Literatur wertvoller und wahrer sei als die nicht-philosophische Dichtung.

Die Frage, ob Platon die früheren Dichter zu Recht aus seinem Staat verbannt und ob er mit Recht fordert, daß sich die Dichtung an der philosophischen Wahrheitserkenntnis orientieren müsse – diese Frage ist bis heute lebendig geblieben. Mit dieser Frage dauert der ›alte Streit zwischen Philosophie und Dichtung‹ bis heute fort und muß wohl als ungeschlichtet gelten.

Aristoteles schon hat versucht, die nicht-philosophische Dichtung (Homer und die Tragiker) zu rechtfertigen. Die meisten modernen Erklärer meinen, Aristoteles habe damit die Eigengesetzlichkeit der Poesie besser verstanden als Platon. Aber so einfach ist das Problem nicht zu lösen. Man muß zum mindesten einräumen, daß es schlechte und gute, schädliche und nützliche Dichtung gibt. Dies aber ist ein Argument für Platons Auffassung, daß die Kriterien für die Unterscheidung zwischen dem, was poetisch schlecht, und dem, was gut ist, letztlich nicht im Bereich der Dichtung selbst zu finden sind. Auch heute noch gibt es Gründe für die Ansicht, daß Dichtung nicht autonom, sondern an übergeordneten Normen wie Wahrheit, Sinn oder Wert zu messen ist. Für dieses wertende Beurteilen kann nicht mehr die Dichtung als Dichtung zuständig sein, wohl aber die Philosophie, wie sie Platon verstanden hat.

Fünfter Vortrag:
Platons Mythen (am Beispiel von Nomoi 10, 903 B – 905 D)

In meinem letzten Vortrag habe ich darzulegen versucht, daß Platon dort, wo er die bisherige Dichtung kritisiert, immer deutlicher den Anspruch erhebt, mit seinen literarischen Dialogen eine neue und bessere Dichtung zu schaffen. Platon hat sein literarisches Werk als eine philosophisch legitime, von der Erkenntnis der Wahrheit her gestaltete Dichtung verstanden.

Heute möchte ich unsere Untersuchungen zum Thema ›Platon als philosophischer Schriftsteller‹ fortführen und abschließen, indem ich auf Platons Mythen eingehe. Durch die mythischen Partien seiner Dialoge erweist sich Platon in besonderem Grade als Dichter. Bei den Mythen stellt sich aber auch mit besonderer Dringlichkeit die Frage, wie sich diese bildhaften und mehr oder weniger fiktiven Vorstellungen zur philosophischen Wahrheitserkenntnis verhalten. Ich werde zunächst allgemein über den Wahrheitsanspruch der platonischen Mythen sprechen, danach die Probleme an einem bestimmten Beispiel erörtern: an der mythischen Darstellung der Seelenwanderung im zehnten Buch der ›Nomoi‹.

Im Blick auf die platonischen Mythen können wir, so hoffe ich, die Ergebnisse unserer bisherigen Untersuchungen noch einmal überprüfen und zusammenfassen.

I

Fast in jedem platonischen Dialog finden sich größere oder kleinere mythische Erzählungen. Ich verstehe darunter, dem üblichen Sprachgebrauch gemäß, anschauliche Schilderungen eines Geschehens, das irgendwie über die gewöhnliche menschliche Erfahrung hinausreicht – sei es in eine geschichtlich ferne Zeit oder in einen jenseitigen Bereich des Lebens.

Sie erinnern sich an die großen Mythen Platons: die Darstellung des Ursprungs der menschlichen Kultur im ›Protagoras‹, die Erzählungen vom Totengericht und von der Seelenwanderung im ›Gorgias‹, im ›Phaidon‹ und in der ›Politeia‹, die bildhafte Rede von der Jenseitsschau der Seele im ›Phaidros‹, die Schilderung des Wechsels der Weltperioden im ›Politikos‹, die Erzählung von Urathen und Atlantis im ›Timaios‹ und ›Kritias‹. Weniger bekannt, aber von der gleichen Art ist die mythische Rede über die göttliche Weltregierung und das Schicksal der menschlichen Seele im zehnten Buch der ›Nomoi‹.

Man könnte, wie es oft geschehen ist, die literarische Gestaltung dieser Mythen genauer untersuchen. Dabei wäre zu fragen nach ihrer Stellung und Funktion im Dialog, nach der Entwicklung von den frühen zu den späten Schriften, nach den verschiedenen inhaltlichen Themen und Motiven. Die Frage nach der Form dieser mythischen Erzählungen würde darauf führen, daß sie in den größeren Zusammenhang der platonischen ›Bildersprache‹ gehören: Sie sind nicht zu trennen von den Metaphern, Gleichnissen und anschaulichen Beispielen, mit denen Platon auf Schritt und Tritt in seinen Dialogen Sachverhalte bildhaft verdeutlicht. Man denke etwa an das Höhlengleichnis; zu erinnern wäre aber auch an den Vergleich mit den Silen-Statuen und den Adonis-Gärtchen, worüber wir gesprochen haben.

Stellen wir, um uns nicht in Einzelheiten zu verlieren, lieber gleich die zentrale Frage: Wie verhalten sich die Mythen Platons, die so offensichtlich Züge dichterischer Phantasie und Erfindung an sich tragen, zur philosophischen Erkenntnis der Wahrheit? Wenn wir auf Platons Präsentation der mythischen Erzählungen achten, zeigt sich, daß er für sie auf zweifache Weise einen Wahrheitsgehalt oder Wahrheitsbezug beansprucht. (1) Zum einen beruft sich Platon, um die Wahrheit seiner Mythen zu bekräftigen, auf die Autorität einer Überlieferung. Er präsentiert die Mythen meist nicht als Fiktion, sondern als Tradition. Er begründet dabei die Wahrheit des Erzählten mit der Zuverlässigkeit der Bezeugung und Berichterstattung. (2) Zum anderen beanspruchen die platonischen Mythen auch aus sachlichen Gründen, als wahr anerkannt zu werden: Sie bringen philosophische Überzeugungen und Erkenntnisse auf anschauliche Weise zur Sprache. Mit diesem sachlichen Wahrheitsanspruch ergänzen die Mythen den Logos der prüfenden, argumentierenden Untersuchung.

Wir müssen also genauer fragen, wie sich diese verschiedenen Wahrheiten zueinander verhalten. (a) Wie verhält sich die in der Zuverlässigkeit der Überlieferung begründete Wahrheit zu der in der Erkenntnis des Sachverhalts begründeten? (b) Wie verhalten sich bei Platon Mythos und Logos zueinander in ihrem Wahrheitsanspruch?

II

Gehen wir zunächst dem überlieferungsbedingten Wahrheitsanspruch nach. Für die Mythen, die in den platonischen Dialogen erzählt werden, werden in der Regel ältere Quellen angegeben: etwa der Bericht des Pamphyliers Er für den Mythos der ›Politeia‹. Diese Mythen sollen also nicht als freie Erfindungen, sondern als zuverlässig weitergegebene Erfahrungen erscheinen. Dabei bleibt jedoch fraglich, wie viel Platon jeweils aufgrund älterer Tradition nacherzählt und wie viel er von sich aus fingiert. Der Anteil eigener Erfindung scheint zu überwiegen. Wir müssen also damit rechnen, daß die Behauptung, es handle sich um älteres Überlieferungsgut, selbst fingiert ist. Vielleicht soll die Berufung auf glaubwürdige Berichterstatter nicht ganz ernst genommen werden. Möglicherweise spielt Platon mit dem Begriff der historischen Wahrheit, die für ihn nicht die maßgebliche Wahrheit ist. – Drei Textbeispiele sollen diesen Verdacht erhärten.

(1) Bei der kurzen mythischen Erzählung über die Erfindung der Schrift im ›Phaidros‹ sind wir schon einmal auf das Wahrheitsproblem gestoßen (Phaidros 274 C – 275 C). Sokrates erzählt hier eine alte ägyptische Geschichte, die er gehört haben will. Der Gesprächspartner Phaidros durchschaut diese Erzählung ›der Früheren‹ als Erfindung des Sokrates. Sokrates aber erklärt, wichtig sei nicht die Herkunft, sondern allein die Wahrheit des Erzählten. Dabei soll offenbar nicht an die geschichtliche, sondern an die sachliche Wahrheit gedacht werden.

(2) Ein anderes, gewichtigeres Beispiel für Platons Spiel mit dem historischen Wahrheitsbegriff ist der Mythos von Urathen und Atlantis im ›Timaios‹ und ›Kritias‹. Der Erzähler Kritias beruft sich mehrfach nachdrücklich auf die Wahrheit seines Berichts, der durch ägyptische Urkunden und einen so zuverlässigen Berichterstatter wie Solon gut verbürgt sei (Timaios 20 D – 26 E). Die vielen Atlantis-Sucher der Neuzeit, die den untergegangenen Kontinent irgendwo wiederentdecken wollten, haben diesen historischen Wahrheitsanspruch wörtlich genommen. Sie haben, wie ich meine, Platons Spiel mit dem Begriff der Wahrheit nicht verstanden. Mit den meisten anderen Philologen bin ich überzeugt, daß Platons Schilderung zwar manche Einzelheiten aus geschichtlicher Überlieferung enthält (z.B. Reminiszenzen an die großen orientalischen Reiche), daß aber die Insel Atlantis und der urathenische Staat nur in der Phantasie Platons existierten.

(3) In dem großen Mythos des ›Politikos‹ schildert Platon den Wechsel zweier Weltzeitalter. Dabei erinnert er an alte griechische Mythen, nach denen die Sonne und die Sterne einmal die Richtung ihres Laufs umgekehrt haben und die Menschen aus der Erde entstanden sein sollen. Diese Erzählungen greift Platon auf, er sagt aber zugleich, daß sie durch die Länge der Zeit verdunkelt und auseinandergerissen worden seien. Ihre Bedeutung werde erst verständlich, wenn man die Ursache (αἴτιον) der erzählten Geschehnisse begreife (268 E – 269 C). Der philosophische Mythos bringt dann diese Ursache – den göttlichen Lenker der Welt – in den Blick. Hier wird also die überlieferte, unvollständige Wahrheit durch die philosophische Erkenntnis tiefer begründet.

Wenn also für Platon die Wahrheit seiner Mythen letztlich nicht auf der Richtigkeit und Glaubhaftigkeit der Tradition beruht, ist zu fragen, warum er diesen Erzählungen trotzdem auch eine solche Wahrheit zuschreibt.

Wenn er dabei ein Spiel mit dem Leser treibt, so will er ihn doch sicher nicht täuschen. Durch eine doppelte Antwort ist, wie ich meine, dieses Problem zu lösen.

(a) Indem Platon seine philosophischen Mythen als Überlieferung ausgibt oder mit alten mythischen Erzählungen verbindet, will er verdeutlichen, daß seine Mythen ähnlich beschaffen und ähnlich zu beurteilen sind wie geschichtlich tradierte Berichte. Auch seine Mythen enthalten die Wahrheit nicht in zeitlos gültiger Form, sondern in der Form von Erfahrungen und zeitbedingten Anschauungen. Sie reden von Erscheinungen und Geschehnissen, die als solche der Welt des Werdens und Vergehens angehören. Das heißt: sofern die Wahrheit an das unveränderlich Seiende gebunden ist, kann sie in diesen Mythen nicht unmittelbar enthalten, sondern immer nur abbildhaft repräsentiert sein. Der Leser soll erkennen, daß auch den philosophischen Mythen, sofern ihr Inhalt den Bedingungen der Anschauung und der Zeitlichkeit unterworfen ist, etwas Beliebiges und Unverbindliches anhaftet – selbst dann, wenn die historische Bezeugung noch so zuverlässig ist.

(b) Der Leser, der die Defizienz des historischen Wahrheitsanspruchs durchschaut, wird erst recht nach der sachlichen Begründung fragen, durch die sich der philosophische Mythos vor anderen Mythen auszeichnet. Das Spiel mit der überlieferungsbedingten Wahrheit verweist auf den sachlichen Wahrheitsbezug. Die Behauptung des Erzählers, sein Bericht sei zuverlässig bezeugt und deshalb wahr, wird so zum Ausdruck dafür, daß sich in dem Erzählten eine übergeordnete Wahrheit manifestiert. Nehmen wir zum Beispiel den Mythos von Urathen und Atlantis: Hier ist die sachliche Wahrheit darin zu sehen, daß zwei strukturell verschiedene Erscheinungsformen des idealen Staates beschrieben werden. Sie verhalten sich grundsätzlich ebenso zueinander wie der athenische und der persische Staat im dritten Buch der ›Nomoi‹. Die Beschreibungen beruhen auf Platons ontologisch begründeter Vorstellung von Ordnung und Arete. Im idealen Staat ist der Gegensatz von Herrschaft und Freiheit harmonisch ausgeglichen; in den geschichtlichen Erscheinungsformen treten diese beiden Komponenten staatlicher Ordnung auseinander. In Athen hat das Moment der Freiheit, in Persien und Atlantis das Moment der Herrschaft ein Übergewicht. Die mythische Schilderung ist also der Sache nach wahr, weil sie geschichtliche Variationen des überzeitlichen Ideals vor Augen führt.

Entsprechendes gilt, wie ich meine, für die anderen Mythen Platons, ja in ähnlichem Sinne überhaupt für den Wahrheitsanspruch seiner literarischen Gespräche. Platon spielt mit dem Anspruch, etwas wiederzugeben, das tatsächlich so geschehen und zuverlässig überliefert ist. Er ordnet damit die Darstellung dem Bereich der zeitbedingten, veränderlichen Phänomene zu. Zugleich erwartet er vom Leser, daß er das Spiel durchschaut und den historisch legitimierten Wahrheitsanspruch als Chiffre für den sachlichen Wahrheitsbezug erkennt. Wo bei genauerem Zusehen die historisch-faktische Richtigkeit der platonischen Mythen zweifelhaft wird, soll ihre sachlich begründete Wahrheit umso deutlicher hervortreten.

III

Wie steht es nun aber genauer mit dem sachlichen Wahrheitsbezug, zumal der Mythos in dieser Hinsicht mit dem Logos konkurriert? Wenn die platonischen Mythen auf philosophischer Wahrheitserkenntnis beruhen, so repräsentieren sie diese Erkenntnis doch auf recht eigentümliche Weise. Diese Mythen führen, so wird man sagen können, Wahres in anschaulicher, bildhafter Form vor Augen. Über die gleichen Sachverhalte, die Platon mythisch darstellt, kann er auch mit den Formen des Logos, der argumentierenden Untersuchung sprechen: etwa über die Unsterblichkeit der Seele, über den Aufstieg zur Ideenschau, über die göttliche Weltregierung, über die beste Staatsverfassung und die Bedingungen ihrer geschichtlichen Verwirklichung.

Wenn also Wahres sowohl durch den Mythos als auch durch den Logos erfaßt und mitgeteilt werden kann, so ist zu fragen, wie sich diese beiden Möglichkeiten zueinander verhalten. Drei Antworten sind von den Erklärern gegeben worden.

Die erste Antwort (schon bei Schleiermacher und Hegel): Der Mythos ist dem Logos untergeordnet; er ist, verglichen mit dem Logos, nur vorläufig wahr.

Die zweite Antwort: Der Wahrheitsgehalt des Mythos ist höher als der des Logos.

Die dritte Antwort (zu der die meisten neueren Erklärer tendieren): Mythos und Logos sind gleichwertig. Sie nähern sich der Wahrheit auf unterschiedliche, aber gleichermaßen berechtigte Weise. Als komplementäre Möglichkeiten repräsentieren sie die Wahrheit gemeinsam. Das Wahre ist dort zu suchen, wo Mythos und Logos übereinstimmen oder konvergieren.

Bei allen diesen Antworten geht es um Mythos und Logos in ihrer optimalen, philosophischen Form; es spielt dabei also keine Rolle, daß es auch falsche Logoi und schlechte Mythen gibt. – Die dritte, ausgewogene Antwort scheint mir dem Problem am besten gerecht zu werden. Allerdings wird es zur Vermeidung von Mißverständnissen zweckmäßig sein, wenn wir versuchen, den Gegenstandsbereich der platonischen Mythen noch präziser zu bestimmen.

Um zunächst die Gleichberechtigung von Mythos und Logos zu erläutern, kann man etwa sagen: Der Mythos hat besondere Vorzüge und besondere Mängel bei der Wahrheitserfassung; und dasselbe gilt für den Logos. Ein Vorzug des Mythos ist die Darbietung einer Gesamtschau; ein anderer Vorzug ist die psychagogische Eindringlichkeit der anschaulichen Darstellung. Die konkrete Bildlichkeit des Mythos ist aber doch auch nachteilig, wo das seinem Wesen nach Nicht-Anschauliche – wie die Seele oder die Gottheit – erklärt werden soll. Der Logos hingegen hat den Vorzug der gedanklichen Klarheit, Differenziertheit, Exaktheit; er hat aber nicht die Kraft der eindrucksvollen Vergegenwärtigung.

Das Nebeneinander von Mythos und Logos läßt sich somit als notwendige Folge der Unzulänglichkeit unseres menschlichen Erkenntnisvermögens erklären. Wir können die Wahrheit nicht durch unmittelbaren Zugriff erfassen, sondern müssen versuchen, ihr auf verschiedenen Wegen nahe zu kommen: einerseits durch den Mythos bildhaft und ganzheitlich, andererseits durch die Analysen und Synthesen des Logos, also durch die Begriffe der Sprache, der Mathematik und der Dialektik.

Wenn diese Auffassung richtig ist, darf man annehmen, daß Mythos und Logos für Platon komplementär sind und daß keine der beiden Formen die andere ersetzen kann. Sofern es möglich ist, den Wahrheitsgehalt eines Mythos in der Form des Logos wiederzugeben, geht dabei doch die besondere Kraft des mythischen Sprechens verloren. Der verständige Leser wird also die platonischen Mythen nicht mit dem Logos ›entmythologisieren‹ wollen, sondern ihre Aussagen durch die Methoden des Logos erweitern und ergänzen.

Man muß nun aber, um das Verhältnis von Mythos und Logos bei Platon richtig zu verstehen, wiederum fragen, welchem Gegenstandsbereich die platonischen Mythen zugeordnet sind. Überblickt man die platonischen Mythen in den Dialogen, so kann man feststellen, daß Platon nicht eigentlich die Welt der Ideen und nicht die empirisch feststellbaren Einzeldinge mythisch beschreibt, sondern den Zwischenbereich, in dem Seelisches und Körperliches zusammenspielen: das gesamte Leben des Menschen, der politischen Gemeinschaften, des Kosmos. Das Leben als ein der Zeit unterworfenes Geschehen kann in seinem Gesamtverlauf am besten mythisch dargestellt werden. Freilich spricht Platon in seinen Mythen auch über die Ideenwelt, aber doch nur insofern, als sie in den Bereich des seelischen Lebens hereinwirkt, also etwa dort, wo er den Aufschwung der Seele zu den Ideen beschreibt.

Im ›Timaios‹ (29 B – D) erklärt Platon einmal grundsätzlich, daß den ontologisch verschiedenen Wirklichkeitsbereichen verschiedene Arten der Rede entsprechen: Dem gleichbleibenden Sein ist die sichere und wahre Rede angemessen, den abbildhaften Erscheinungen hingegen die bildhafte, wahrscheinliche Rede. Der Mythos als bildhafte Form des Sprechens ist also gegenüber der reinen Seinserkenntnis defizient, aber er ist dort angemessen, wo das sichtbar in Erscheinung tretende Leben dargestellt werden soll. Zugleich ist damit gesagt, daß der philosophische Mythos an der Wahrheit teilhat: Er stellt das zeitlos Gültige zwar nicht an sich selbst dar, wohl aber zeigt er, wie es in die Welt des Zeitlichen hineinwirkt.

Die platonischen Mythen konkurrieren also eigentlich mit den Logoi, die sich ebenfalls auf den mittleren Bereich des menschlichen, politisch-geschichtlichen und kosmischen Lebens beziehen. Platon hat ja auch mit den Mitteln des Logos versucht, das Wesen der Seele und ihr Zusammenwirken mit dem Körper zu erklären.

Übergeordnet ist sowohl den mythischen Reden als auch den entsprechenden Logoi die Erkenntnis des Philosophen, die sich unmittelbar auf das Seiende selbst richtet. Platon hat offenbar angenommen, daß die philosophische Dialektik zu einer solchen Seinserkenntnis fähig ist. Sofern die dialektische Zergliederung und Zusammenführung mit Logoi operiert, kann man also sagen, daß Platon Formen des Logos kennt, die dem Mythos übergeordnet sind. Richtiger ist jedoch sicherlich die Erklärung, daß auf der höheren Ebene der dialektischen Seinserkenntnis auch die Gestaltungskraft der mythischen Visionen in gesteigerter Form wirksam ist, nämlich als die Fähigkeit der geistigen Zusammenschau (Synopsis).

Im ganzen möchte ich also sagen: Platon kennt im wesentlichen zwei Möglichkeiten, die Wirklichkeit zu erfahren und darzustellen: zum einen das Zergliedern und Zusammenführen des begrifflichen Denkens, zum anderen die ganzheitlich-schauende Intuition. Beide Möglichkeiten reichen von den höchsten Ideen und Prinzipien bis zu den konkreten Einzeldingen. Für die Erfassung der Wahrheit sind beide Wege erforderlich. Die philosophischen Mythen der Dialoge Platons führen auf den Weg der ganzheitlichen Anschauung, und zwar einer Anschauung nicht der Ideen an sich, sondern der lebendigen Erscheinungen im Licht der Ideen.

IV

Nach diesen allgemeinen Bemerkungen wende ich mich nun dem Mythos im zehnten Buch der ›Nomoi‹ zu (10, 903 B – 905 C), um an diesem Beispiel unser Problem konkret zu erörtern: die Frage, worin die Wahrheit der platonischen Mythen besteht. Ich wähle den spätesten Mythos Platons als Beispiel, weil hier charakteristische Aspekte der platonischen Mythopoiie besonders klar hervortreten, aber auch deswegen, weil dieser Text weniger bekannt ist als andere und weil ich selbst hier vor Unsicherheiten und Schwierigkeiten stehe.

Das zehnte Buch der ›Nomoi‹ enthält bekanntlich Platons Theologie: ausführliche Erklärungen über das Wesen der Götter und danach die gesetzlichen Bestimmungen zur Bestrafung der Asebie. Die Belehrung über die Götter soll als erläuterndes und begründendes ›Prooimion‹ zu den gesetzlichen Verordnungen verstanden werden. Platon will in diesem ganzen Werk nicht nur Gesetze aufstellen, sondern die Menschen dazu überreden, daß sie diesen Gesetzen freiwillig gehorchen. Die theologischen Erklärungen sind als Unterweisung, die sich an einen Jüngling wendet, formuliert: Dem jungen Mann, der an den Göttern zweifelt, soll dreierlei plausibel gemacht werden: (a) daß es Götter gibt, (b) daß sie sich um die Menschen kümmern, (c) daß sie sich nicht durch Opfer und Gebete in ihrem gerechten Wirken irre machen lassen.

Die zweite Frage – ob sich die Götter fürsorglich um die Menschen annehmen – wird zuerst in der Form des Logos, dann als Mythos behandelt. Die argumentierenden Logoi (899 D – 903 E) besagen: Aus dem Begriff der göttlichen Vollkommenheit folgt notwendigerweise, daß die Götter weder Großes noch Kleines vernachlässigen, sondern für alles sorgen. Da der Zwang der Logoi aber noch nicht ausreichen dürfte, um den Jüngling zu überreden, soll noch eine mythische Rede mit ihrer bezaubernden Kraft hinzugefügt werden (903 AB).

Der Athener nennt hier die mythischen Darlegungen ἐπῳδαί, also ›Zaubergesänge‹. Er vergleicht sie mit den magisch heilenden Sprüchen. Diesen Vergleich gebraucht Platon auffallend oft, um die überredende, zur Arete animierende Wirkung der philosophischen Rede zu bezeichnen (so schon im ›Charmides‹, ›Phaidon‹ und ›Theaitet‹). Er verwendet den Ausdruck ἐπῳδή (ἐπᾴδειν) sowohl für Logoi als auch für Mythen. Besonders eignet sich der metaphorische Ausdruck offenbar dazu, die Kraft des Mythos, der sich auch an die nicht-rationalen Schichten der Seele wendet, zu bezeichnen. Zugleich ist bei dieser Kennzeichnung vorausgesetzt, daß der auf diese Weise wirkende Philosoph über ein heilsames Wissen und über eine besondere Kunst des wirksamen Sprechens verfügt.

Man sieht im zehnten Buch der ›Nomoi‹ also beides: daß sich Mythos und Logos, da sie die gleiche Wahrheit mitteilen sollen, gegenseitig ergänzen und daß sie in ihrer Wirkungsweise verschieden sind.

Die mythische Rede, die dem Jüngling vorgetragen werden soll, läßt sich folgendermaßen zusammenfassen:

Dem Gott, der für die ganze Welt sorgt, liegt an der Eudaimonie des Ganzen; und so muß das Leben des Einzelnen dem Gesamtwohl dienen. Jede einzelne Seele wird aber gerecht behandelt. Die Seelen verbinden sich im Lauf der Zeit mit verschiedenen Körpern je nach dem, ob sie ethisch besser oder schlechter geworden sind. Der göttliche Weltregent hat also nur, wie ein Brettspieler, die Aufgabe, die besser gewordene Einzelseele an einen besseren Ort (zur Belohnung), die schlechter gewordene an einen schlechteren Ort (zur Bestrafung) zu versetzen. Dies kann mit wunderbarer Mühelosigkeit geschehen. Die Ursache der Veränderung – Arete oder Kakia – liegt bei den einzelnen Lebewesen selbst. Nach der göttlichen Weltordnung gelangt dann der Bessere sozusagen automatisch an einen besseren, der Schlechtere an einen schlechteren Wohnsitz im Kosmos.

Die Versetzung geht, wie weiter ausgeführt wird, in drei Richtungen vor sich. Wird eine Seele nur wenig besser oder schlechter, so wandert sie lediglich im Bereich der Ebene auf der Erde (κατὰ τὸ τῆς χώρας ἐπίπεδον). Wird sie wesentlich schlechter, so wird sie nach unten in die Tiefe (εἰς βάθος), in den ›Hades‹ oder einen noch wilderen Ort versetzt. Wird sie dagegen wesentlich besser, so gelangt sie in einen entgegengesetzten, heiligen Bereich (den man sich wohl oben, im Himmel zu denken hat). Niemand kann sich dieser göttlichen Gerechtigkeit entziehen. Man muß also glauben, daß sich die Götter um das Schicksal jedes Einzelnen kümmern. Obwohl die irdischen Erfahrungen dagegen zu sprechen scheinen, besteht aufs Ganze gesehen doch eine Entsprechung zwischen Arete und Eudaimonia wie auch zwischen Kakia und Dysdaimonia. Dies ist das Gepräge, mit dem man das Leben richtig erklären kann.

Soweit meine kurze Paraphrase der mythischen Unterweisung im zehnten Buch der ›Nomoi‹. Es ist klar, daß dieser Mythos keine größere Beweiskraft als der vorausgegangene Logos hat, daß er aber mit seinen bildhaften Vorstellungen stärker an die Willensregungen und Stimmungen der Seele zu appellieren vermag.

Wie Sie sicherlich bemerkt haben, werden in dieser mythischen Rede ähnliche Vorstellungen über das Schicksal der Seele vorgebracht wie schon in den Mythen der früheren Dialoge. Schon in den Schlußmythen des ›Gorgias‹, des ›Phaidon‹ und der ›Politeia‹ ist von der Versetzung der Seelen an Orte der Belohnung und Bestrafung die Rede. Neu und eigenartig ist in dem Mythos der ›Nomoi‹, wie hier die fast mechanische Regelmäßigkeit der Prozesse und damit die Mühelosigkeit der göttlichen Weltverwaltung hervorgehoben wird. Darin zeigt sich vielleicht mit neuer Deutlichkeit, daß der platonische Mythos durch eine philosophische Wahrheitserkenntnis geprägt und begründet ist.

V

Fragen wir nun also noch genauer, worin hier der Wahrheitsgehalt des Mythos zu sehen ist. – Wie grundsätzlich zu erwarten ist, beansprucht auch dieser Mythos Wahrheit unter drei Gesichtspunkten: (a) zum einen durch die Autorität der Tradition, (b) zum anderen durch die Übereinstimmung mit den argumentierenden Logoi, (c) drittens aber auch durch eine tieferreichende Begründung in einer umfassenden Seinserkenntnis.

(1) Die mythische Rede des Atheners enthält viele durch die Überlieferung vorgegebene Elemente: Die göttliche Weltregierung, die Seelenwanderung, das Wohnen der Verstorbenen im Hades oder an einem Ort des seligen Daseins, das Gericht nach dem Tod und die göttliche Gerechtigkeit – all dies hat Platon, wie jeder griechische Leser erkannte, aus älterer mythisch-dichterischer Tradition wie auch aus orphischer und pythagoreischer Weisheit übernommen. Die göttliche Gerechtigkeit wird durch ein Homer-Zitat (Odyssee 19, 43) als alte Vorstellung gekennzeichnet (904 E).

Zugleich muß dem Leser aber auch klar werden, daß die wichtigsten Gedanken dieses Mythos – die notwendige Übereinstimmung von Arete und Eudaimonie wie von Kakia und Dysdaimonie – nicht einfach durch die Tradition vorgegeben waren, sondern philosophischer Überzeugung entsprechen.

(2) Der Mythos der ›Nomoi‹ stimmt ferner in seiner Gesamtintention mit den vorausgegangenen Logoi überein. Er nimmt das zuvor durch den Logos gewonnene Resultat auf, daß das göttliche Walten jedes einzelne Lebewesen erfaßt. Er vertritt darüber hinaus aber auch noch einmal den Gedanken, der vorher mit Hilfe einer systematischen Theorie der Bewegungsarten formuliert worden war: daß die Seele einen Vorrang vor allem Körperlichen hat.

Logos und Mythos vertreten also die gleiche Wahrheit über das Wesen der Seele. Die Seele – dies will Platon hier wie sonst mit dem Logos und mit dem Mythos sagen – ist in höherem Grade seiend als das Körperliche. Die Seele ist die Ursache für alle Veränderungen im Bereich des Körperlichen. Von ihrer Arete und Kakia hängt die Beschaffenheit des ganzen Lebewesens, das aus Seele und Körper besteht, ab. Was der Mythos zum Logos hinzubringt, ist vor allem die Überzeugungskraft der bildhaften und der alten religiösen Vorstellungen.

(3) Es bleibt die Frage, ob die anschaulichen Vorstellungen des Mythos bei Platon philosophisch tiefer begründet sind. Wie ist die bildhafte Rede von dem Versetztwerden der Lebewesen an bessere und schlechtere Örter (Topoi) im Kosmos genauer zu verstehen? Handelt es sich dabei nur um eine unverbindliche poetische Ausmalung oder um die Veranschaulichung einer tieferen Wahrheitserkenntnis? Läßt sich vielleicht auch noch auf andere, nicht-mythische Weise erklären, daß alle Veränderung im Kosmos von der Seele ausgeht, die bei jedem Lebewesen die Ursache für Arete und Eudaimonie oder Kakia und Dysdaimonie ist? – Wir nähern uns einer Antwort auf diese Fragen in zwei Schritten.

(a) Man soll wohl in dem Mythos der ›Nomoi‹ die Hauptregionen des damaligen Weltbildes wiederfinden: den Bereich des Himmels mit den Gestirnen, den Bereich auf der Erde und den Bereich im Inneren der Erde (unter der Erdoberfläche). Die guten Seelen haben demgemäß ihren Ort am Himmel, die weniger guten auf der Erde, die schlechten im Dunkel der Erdtiefe.

Diese kosmologische Abstufung finden wir ähnlich in anderen mythischen Partien der platonischen Dialoge. Zum Beispiel unterscheidet die große mythische Rede in der Mitte des ›Phaidros‹ drei Möglichkeiten für das Leben der Seele nach dem Tod: sie kann zum Himmel aufsteigen oder weiterhin auf der Erde wohnen oder ins Schattenreich unter der Erde versinken (249 A, 256 A – 257 A). Ausführlich erklärt auch der ›Timaios‹, daß die Seelen von der Himmelsregion, wo ihre wahre Heimat ist, auf die Erde herabkommen und durch die Bindung an das Körperliche dem Irdischen verfallen.

Wie sich Platon die besseren und schlechteren Aufenthaltsorte im Kosmos gedacht hat, wird noch etwas klarer, wenn man bei der Abstufung von oben nach unten zugleich an die Rangfolge der Elemente denkt, wie sie im ›Timaios‹ und in der ›Epinomis‹ beschrieben ist. Nach dem ›Timaios‹ ist die kosmische Ordnung dadurch bestimmt, daß am Himmel das Element Feuer, im irdischen Bereich das Element Erde dominiert und dazwischen Luft und Wasser vermitteln. Diese Skala soll auch für den Übergang von besseren zu schlechteren Lebewesen bei der Seelenwanderung maßgeblich sein: von den irdischen Lebewesen atmen die höheren noch in der Luft, die niederen sind ins Wasser verbannt (Timaios 90 E – 92 C). Noch genauer schildert die ›Epinomis‹ des Philippos von Opus die Rangfolge der göttlichen, daimonischen und sterblichen Lebewesen, die mit der Rangfolge der Elemente (Feuer, Äther, Luft, Wasser, Erde) übereinstimmen soll (981 B – 985 D).

Freilich wird im Mythos der ›Nomoi‹ nichts davon gesagt, daß die Rangfolge der Elemente für die besseren und schlechteren Wohnorte der Seelen von Bedeutung ist. Es bleibt also zweifelhaft, ob wir diese Vorstellung in den Mythos hineintragen dürfen.

(b) Der Hauptgedanke unseres Mythos liegt offenbar in der Ansicht, daß jedes Lebewesen nach Maßgabe der Arete oder Kakia seiner Seele mit gesetzmäßiger Sicherheit den Platz im Kosmos erhält, den es verdient. Wie ist diese Gesetzmäßigkeit genauer zu denken?

Einen aufschlußreichen Hinweis zur Beantwortung dieser Frage gibt der Satz, in dem Platon die Behauptung aufstellt, daß die göttliche Weltregierung mit wunderbarer Mühelosigkeit geschehe: 903 E – 904 A. Dieser Satz hat den Erklärern viel Kopfzerbrechen bereitet. Er ist in der Tat, weil Platon das Wesentliche nur andeutet, nicht leicht zu verstehen. Platon konfrontiert hier die richtige Erklärung der Umwandlungsprozesse, die der göttliche Weltregent vornimmt, mit einer falschen, unzweckmäßigen Erklärung. – Ich übersetze den Satz folgendermaßen:

Wenn nämlich jemand immer auf das Ganze blickend (die Dinge) bildet, indem er alles umgestaltet, wie etwa aus Feuer beseeltes Wasser, und nicht Vieles aus Einem oder aus Vielem Eines (bildet), indem die Dinge an der ersten oder zweiten oder auch dritten Entstehung Anteil erhalten haben, dann dürfte es eine unendliche Menge (von Prozessen) geben durch die unzähligen Fälle der versetzenden Weltgestaltung. Nun aber gibt es eine wunderbare Leichtigkeit für den, der sich um das Ganze sorgt.

Die richtige Welterklärung ist hier, wenn ich recht sehe, in dem negativen Bedingungssatz umschrieben, der von der Möglichkeit spricht, daß jemand »Vieles zusammen aus Einem oder aus Vielem Eines bildet, indem die Dinge an der ersten oder zweiten oder auch dritten Entstehung Anteil erhalten haben.« – Wie ist diese Aussage zu verstehen?

Nach der üblichen Erklärung ist damit die Aufeinanderfolge von Lebewesen im Lauf der Seelenwanderung gemeint. Aber dabei bleibt zweierlei unerklärt: Weshalb reicht die Aufzählung der Wiedergeburten nur bis zur dritten γένεσις? Und was bedeutet »Vieles aus Einem oder aus Vielem Eines«? Diese mehrdeutige Angabe verlangt eine genauere Bestimmung, die in den drei γενέσεις gesucht werden muß.

Ich verstehe die drei γενέσεις als die dimensionale Entfaltung von Linie, Fläche und Körper (Länge, Breite und Tiefe). Für diese Deutung spricht, daß Platon vorher im zehnten Buch der ›Nomoi‹ (894 A) den Prozeß der Entstehung (γένεσις) als dimensionale Entfaltung erklärt hatte:

»Es ereignet sich aber Entstehung (γένεσις) bei allen Dingen, wenn ein Ursprung (ἀρχή) sich entfaltet und in die zweite Übergangsform (μετάβασις) kommt und von dieser in die nächste und, nachdem er bis zu drei Stufen gelangt ist, mit der Sinneswahrnehmung (αἴσθησις) wahrgenommen wird.«

Die drei Stufen des hier beschriebenen Genesis-Prozesses scheinen mir im Rahmen der mythischen Rede als »erste, zweite oder auch dritte γένεσις« bezeichnet zu werden. In diesem dimensionalen Zusammenhang entsteht »Vieles aus Einem und aus Vielem Eines«, und zwar dadurch, daß das formgebende Prinzip (die Linie für die Fläche, die Fläche für den Körper) einheitlich, die dimensional entfaltete Ausformung dagegen vielheitlich ist und daß umgekehrt die Vielheit der nach allen Seiten ausgedehnten Gestalt durch die formgebende Begrenzung zur Einheit wird.

Was hat dies nun aber mit der im Mythos beschriebenen Versetzung der Seelen an bessere und schlechtere Örter zu tun? Der Zusammenhang wird sichtbar, wenn man bedenkt, daß Platon auch das Verhältnis von Idee, Seele und Körper als Verhältnis zwischen formgebendem Prinzip und dimensional fortschreitender Ausgestaltung verstanden hat. Diese Theorie wird in den Dialogen gelegentlich erwähnt; und die Berichte über Platons mündliche Lehren zeigen, daß sie in der Schule systematisch ausgearbeitet worden ist. Im ›Timaios‹ wird die Seele als linear-flächenhafte Begrenzung des Körpers beschrieben (34 B – 37 C). Aristoteles erörtert mehrfach Platons Ansicht, daß die Entstehung der Realität aus den ersten Prinzipien und Ideen über die Seele bis zu den Erscheinungen analog zur dimensionalen Entfaltung von den unausgedehnten Zahlen bis zum Dreidimensional-Körperlichen gedacht werden soll.

So verstanden, enthält der schwierige Satz einen Hinweis auf den größeren ontologischen Rahmen, in dem sich dann auch die Ordnung für Aufstieg und Abstieg der Seelen im Kosmos mit der Notwendigkeit eines Naturgesetzes ergibt. Der Mythos vertritt die These, daß jede Veränderung im körperlichen Bereich von der Seele ausgeht. Wie das Körperliche jeweils durch die Seele gestaltet wird, hat Platon grundsätzlich mit Hilfe der Mathematik am Modell der Dimensionenfolge erklärt: die Seele wirkt als formgebende Begrenzung.

Auf diese Weise kann auch der Unterschied von Arete und Kakia verdeutlicht werden: Bei gleichmäßiger Begrenzung entstehen gleichmäßige Körpergestalten, bei ungleichmäßiger Begrenzung ungleichmäßige. Ebenso ergeben sich mit Notwendigkeit aus der Arete oder Kakia jeder Seele bessere oder schlechtere, höhere oder niederere Körpergestalten; und damit erhält jedes Lebewesen sozusagen automatisch den ihm angemessenen Ort im Kosmos, weil die besseren Körper mit Notwendigkeit ›oben‹, die schlechteren ›unten‹ wohnen.

Ich will dies jetzt nicht weiter ausführen. Vielleicht ist so viel schon klar geworden: daß die im Mythos der ›Nomoi‹ beschriebene Versetzung der Lebewesen an bessere und schlechtere Örter für Platon in einem umfassenden ontologischen Zusammenhang steht, den er in jenem schwierigen Satz wenigstens andeutet. Wenn wir bei den drei γενέσεις an die dimensionale Struktur der Realität von den Ideen über die Seele bis zu den körperlichen Erscheinungen denken, wird der Mythos transparent auf eine tieferreichende ontologische Begründung hin. In diesem umfassenden Zusammenhang erhält dieser Mythos, wie ich meine, seine philosophische Wahrheit, auch wenn die ontologische Grundlegung im literarischen Dialog nur angedeutet wird.

Die tiefere Begründung in der Seinserkenntnis ändert nichts daran, daß die mythische Darstellung ihren eigenen Wert hat: durch sie wird die Wahrheit wirksam vermittelt. Der bildhafte Mythos vermag auch die nicht unmittelbar vom Logos beeinflußbaren Regungen der Seele wie durch Zaubergesänge (ἐπῳδαί) zu überreden.

Halten wir zum Schluß noch einmal fest, was Platon der Sache nach mit diesem Mythos und mit seiner ganzen Philosophie sagen will: Es gibt eine gerechte Ordnung (Taxis und Nomos), nach der mit Notwendigkeit der Gute glücklich und der Schlechte unglücklich wird. Diese Ordnung zeigt sich aber nicht im Blick auf die Erscheinungen des irdischen Lebens, sondern sie erschließt sich nur dem, der erkennt, daß über unser Schicksal nicht durch das Körperliche, sondern durch die Seele entschieden wird.

Damit bin ich am Ende meiner Vortragsreihe über ›Platon als philosophischer Schriftsteller‹. Am Anfang habe ich die These eingeführt, daß Platons Schriften besser zu verstehen sind, wenn man mit dem Hintergrund der ungeschriebenen Lehren rechnet. In diesem Zusammenhang habe ich zu erklären versucht, was die Dialoge über Äußeres und Inneres der Logoi und über die dichterische Wirkung der platonischen Schriften sagen. Zum Schluß habe ich am Beispiel des Mythos im zehnten Buch der ›Nomoi‹ wieder die Ansicht vertreten, daß der platonische Text über sich hinausweist auf einen tieferreichenden Begründungszusammenhang.

Ob ich Sie mit meinem hermeneutischen Ansatz, der ein ›Aufschließen‹ der platonischen Dialoge fordert, überzeugt habe oder nicht – auf jeden Fall hoffe ich gezeigt zu haben, daß es nicht gleichgültig ist, mit welchen Erwartungen und Voraussetzungen wir die Schriften Platons lesen. Ich habe versucht, etwas von der Situation zurückzugewinnen, in der die platonischen Dialoge ursprünglich wirken sollten. Es würde mich freuen, wenn Sie bei Ihrer eigenen Lektüre und Interpretation meine Bemerkungen gelegentlich als anregend und nützlich empfänden.

Ich danke Ihnen herzlich für die geduldige Aufmerksamkeit, mit der Sie mir zugehört haben, und für die wertvollen Diskussionsbeiträge, die mir geholfen haben, manches besser zu verstehen. Ich hoffe, daß das platonische Gespräch, das wir in diesen beiden Wochen miteinander angefangen haben, auf die eine oder andere Weise fortgeführt werden kann.

Bibliographie

a) Grundlegende Fragen der Platoninterpretation

E. Zeller, Die Philosophie der Griechen in ihrer geschichtlichen Entwicklung, Leipzig 1845-1853, II 1 (Leipzig 1922⁵).

E. Zeller – R. Mondolfo, La filosofia dei Greci nel suo sviluppo storico, Parte II, vol. III 1–2, a cura di M. Isnardi Parente, Firenze 1974.

F. Schleiermacher, Einleitung zu Platons Werke (1804, 1817², 1855³); wieder abgedruckt in: K. Gaiser (ed.), Das Platonbild, Zehn Beiträge zum Platonverständnis, Hildesheim 1969, 1–32.

P. Natorp, Platos Ideenlehre. Eine Einführung in den Idealismus, Hamburg 1902, 1921².

W. Jaeger, Platos Stellung im Aufbau der griechischen Bildung (1928), in Humanistische Reden und Vorträge, Berlin 1960², 117–157.

H. Cherniss, The Riddle of the Early Academy, Berkeley/California 1945 (deutsch: Die ältere Akademie. Ein historisches Rätsel und seine Lösung, Heidelberg 1966; italienisch: L'enigma dell Accademia antica, Firenze 1974.

A. de Marignac, Imagination et dialectique. Essai sur l'expression du spirituel par l'image dans les dialogues de Platon, Paris 1951.

P. Friedländer, Platon, Bd. I–III, Berlin 1954², 1957², 1960².

H.G. Gadamer, Dialektik und Sophistik im siebenten platonischen Brief, Heidelberg 1964 (Sitzungsberichte der Heidelberger Akademie der Wissenschaften, Phil.-hist. Kl. 1964, 2). auch in: H.G. Gadamer, Platos dialektische Ethik und andere Studien zur platonischen Philosophie, Hamburg 1968, 221–247.

E. Schmalzriedt, Platon. Der Schriftsteller und die Wahrheit, München 1969.

H. Gundert, Dialog und Dialektik. Zur Struktur des platonischen Dialogs (Studien zur antiken Philosophie 1) 1968, Amsterdam 1971.

J. Dalfen, Gedanken zur Lektüre platonischer Dialoge, Zeitschrift für philosophische Forschung 29 (1975) 169–194.

W.K.C. Guthrie, A History of Greek Philosophy, vol. IV–V: Plato, Cambridge 1975, 1978.

E.N. Tigerstedt, Interpreting Plato, Stockholm 1977.

E. Belfiore, Elenchus, Epode, and Magic: Socrates as Silenus, Phoenix 34 (1980) 128–137.

K. Gaiser, La teoria dei principi in Platone, Elenchos 1 (1980) 45–75.

W. Wieland, Platon und die Formen des Wissens, Göttingen 1982.

H. Krämer, Platone e i fondamenti della metafisica. Saggio sulla teoria dei principi e sulle dottrine non scritte di Platone con una raccolta dei documenti fondamentali in edizione bilingue e bibliografia, Introduzione e traduzione di G. Reale, Milano 1982.

b) Äußeres und Inneres der sokratischen Logoi (Symposion 212 C – 223 D)

P. Friedländer, Platon, Bd. III, Berlin 1960², 1–28.

H.H. Bacon, Socrates Crowned, The Virginia Quarterly Review 35 (1959) 415–430.

S. Rosen, Plato's Symposium, New Haven/London 1968.

D. Clay, The Tragic and the Comic Poet of the Symposion, Arion 2 (1975) 238–261.

E.L. Erde, Comedy and Tragedy and Philosophy in the Symposium. An Ethical Vision, The Southwestern Journal of Philosophy 7 (1975) 161–167.

L. Senzasono, Un asserto di Platone (Simposio 223 d), Rassegna di scienze filosofiche 28 (1975) 55–75.

M. Mader, Das Problem des Lachens und der Komödie bei Platon (Tübinger Beiträge zur Altertumswissenschaft 47), Stuttgart 1977.

M.G. Bonanno, I γελοῖοι λόγοι di Socrate (Plat. Symp. 221 e), Museum Criticum 13/14 (1978/79) 263–269.

E. Belfiore, Elenchus, Epode, and Magic: Socrates as Silenus, Phoenix 34 (1980) 128–137.
K.J. (Sir Kenneth) Dover, Plato. Symposium. Edited with Introduction and Commentary, Cambridge 1980.

c) *Schriftlichkeit und Mündlichkeit (Phaidros 274 B – 279 C)*

F. Schleiermacher, Einleitung zu Platons Werke, 1804, 1817², 1855³.
P. Friedländer, Platon, Bd. III, Berlin 1960², 201–223.
G.J. de Vries, A Commentary on the Phaedrus of Plato. Amsterdam 1969.
TH. Ebert, Meinung und Wissen in der Philosophie Platons, Berlin 1974, 23–35.
G. Müller, Platons Dichterkritik und seine Dialogkunst, Philosophisches Jahrbuch 82 (1975) 285–308.
Th.A. Szlezák, Dialogform und Esoterik. Zur Deutung des platonischen Dialogs ›Phaidros‹, Museum Helveticum 35 (1978) 18–32.
W. Wieland, Platon und die Formen des Wissens, 1982, 14–27.
H. Krämer, Platone e i fondamenti della metafisica, 1982, 33–50.

d) *Platon über fremde und eigene Dichtung (›Ion‹ – ›Politeia‹ – ›Nomoi‹)*

H.G. Gadamer, Plato und die Dichter (1934), in: Platos dialektische Ethik und andere Studien zur platonischen Philosophie, Hamburg 1968, 179–204.
R.C. Lodge, Plato's Theory of Education, London 1947 (1950²) 168–171.
H. Gundert, Enthusiasmos und Logos bei Platon (1949), in: K. Gaiser (Hg.), Das Platonbild, 176–197 (auch in: H. Gundert, Platonstudien (Studien zur antiken Philosophie 7), Amsterdam 1977, 1–22.
J. Hartland-Swann, Plato as a Poet. A critical interpretation, Philosophy 26 (1951) 3–18, 131–141.
P. Friedländer, Platon, Bd. I, Berlin 1954², 114–132.
H. Flashar, Der Dialog Ion als Zeugnis platonischer Philosophie, Berlin 1958.
H. Kuhn, Die wahre Tragödie. Platon als Nachfolger der Tragiker, in: K. Gaiser (Hg.), Das Platonbild, Hildesheim 1969, 231–323.
J. Dalfen, Polis und Poiesis. Die Auseinandersetzung mit der Dichtung bei Platon und seinen Zeitgenossen, München 1974.
G. Müller, Platons Dichterkritik und seine Dialogkunst, PhilosophischesJahrbuch 82 (1975) 285–308.
E. Pöhlmann, Enthusiasmos und Mimesis. Zum platonischen Ion, Gymnasium 83 (1976) 191–208.
R. Kannicht, »Der alte Streit zwischen Philosophie und Dichtung«. Zwei Vorlesungen über Grundzüge der griechischen Literaturauffassung, Der altsprachliche Unterricht 23, Heft 6 (1980) 6–36.

e) *V. Platons Mythen (am Beispiel von Nomoi 10, 903 B – 905 D)*

1. Mythen und Bilder bei Platon

J. A. Steward, The Myths of Plato, London 1905.
W. Will, Versuch einer Grundlegung der platonischen Mythopoiie, Zürich 1925.
H. Leisegang, Platondeutung der Gegenwart, Karlsruhe 1929, 137–164.
P. Frutiger, Les mythes de Platon. Étude philosophique et littéraire, Paris 1930.
P. Stöcklein, Über die philosophische Bedeutung von Platons Mythen, Philologus, Supplementband 30, 3, Berlin 1937.
H.W. Thomas, Epekeina. Untersuchungen über das Überlieferungsgut in den Jenseitsmythen Platons, Würzburg 1938.
A. Levi, I miti platonici sull'anima e sui suoi destini, Rivista di Filosofia 30 (1939) 137–166.
A. Levi, I miti platonici, Rivista di Storia della Filosofia 1 (1946) 197–225.

P. Louis, Les métaphores de Platon, Paris 1945.
P.M. Schuhl, Études sur la fabulation platonicienne, Paris 1947.
L. Edelstein, The Function of Myth in Plato's Philosophy, Journal of the History of Ideas 10 (1949) 463–481.
A. de Marignac, Imagination et dialectique. Essai sur l'expression du spirituel par l'image dans les dialogues de Platon, Paris 1951.
P.M. Schuhl, Le merveilleux, la pensée et l'action, Paris 1952.
P. Friedländer, Platon, Bd. I, Berlin 1954[2], 182–221.
I. von Loewenclau, Mythos und Logos bei Platon, Studium Generale 11 (1958) 731–741.
J. Pieper, Über die platonischen Mythen, München 1965.
W. Hirsch, Platons Weg zum Mythos, Berlin 1971.
J.N. Findlay, The Myths of Plato, Dionysius 2 (1978) 19–34.
R. Wright, How Credible are Plato's Myths? In: Arktouros. Hellenic Studies presented to B.M.W. Knox, Berlin 1979, 364–371.
R. Zaslavsky, Platonic Myth and Platonic Writing, Washington D.C. 1981.
K. Alt, Diesseits und Jenseits in Platons Mythen von der Seele, Hermes 110 (1982) 278–299; 111 (1983) 1 5–33.
J. Annas, Plato's Myths of Judgement, Phronesis 27 (1982) 119–143.
L. Brisson, Platon. Les mots et les mythes, Paris 1982 (mit einer Bibliographie).

2. Zum Mythos im zehnten Buch der ›Nomoi‹

P. Kucharski, Observations sur le mythe des Lois, 903 b - 905 d, Bulletin Association G. Bude 4 (1954) 31–51.
T.J. Saunders, Penology and Eschatology in Plato's Timaeus and Laws, Classical Quarterly 23 (1973) 232–244.

Das Platon-Bild Stenzels und seine wissenschaftliche Bedeutung (1961)

I

Julius Stenzel hat durch seine Beiträge zur Platonerklärung aus den Jahren 1914 bis 1934 unser gegenwärtiges Platonverständnis in entscheidender Weise mitbestimmt. Im engeren Bereich der Forschung scheint von seinen Arbeiten heute aufs neue eine starke, im ganzen noch kaum zu ermessende Wirkung auszugehen; aber auch darüber hinaus wird man der Platondeutung Stenzels Aktualität zuerkennen müssen: geht es ihm doch vor allem darum, zu zeigen, wie Platon die heute mehr denn je notwendige Verbindung der wissenschaftlichen Erkenntnis mit den praktischen Aufgaben des ethisch-politischen Lebens begründet hat.

Das Werk ›Platon der Erzieher‹ nimmt unter den umfangreicheren Arbeiten Stenzels einen besonderen Platz ein. Die ›Studien zur Entwicklung der platonischen Dialektik‹ (1917), die Abhandlung ›Zahl und Gestalt bei Platon und Aristoteles‹ (1924) und auch das Platon-Kapitel in der Metaphysik des Altertums (Handbuch der Philosophie I D, 1931) sind Untersuchungen, die sich an den Fachgelehrten wenden, während das Buch ›Platon der Erzieher‹ (1928) für einen weiteren Kreis bestimmt ist und eine zusammenfassende Darstellung gibt. Stenzel beabsichtigt hier, wie es im Vorwort heißt, »eine Einführung in den Platonismus und zugleich eine Erörterung des Grundgedankens der Erziehung und Bildung überhaupt.«

Die hervorragende Stellung, die den Interpretationen Stenzels in der Geschichte der neueren Platondeutung zukommt, ist dadurch gekennzeichnet, daß er es vermochte, die seit Schleiermacher kaum | jemals wieder erreichte, von der Sache her aber zu fordernde Vereinigung der *philosophischen* und der *philologischen* Betrachtungsweise zu erneuern.[1] ›Literarische Form und philosophischer Gehalt des platonischen Dialoges‹[2] gehören für Stenzel VI

1 In diesem Sinne hat Werner Jaeger schon 1927 die Leistung Stenzels gewürdigt: Platos Stellung im Aufbau der griechischen Bildung, in: Die Antike 4, 1928, jetzt in: Humanistische Reden und Vorträge, 2. Aufl. 1960, 117–157 (vgl. S. 134ff.).

2 Dies der Titel eines frühen Aufsatzes (1916), jetzt in: Kleine Schriften, 32–47. – Auch für die Platon-Interpretation P. Friedländers (Platon I; II, 1. Aufl. 1928, 1930) gilt, daß sie Form und Aufbau der Dialoge in angemessener Weise mitberücksichtigt.

untrennbar zusammen; und seine Fähigkeit, die sprachliche Einzelbeobachtung am platonischen Text denkerisch zu erhellen und zu vertiefen, ist unübertroffen. So ist es ihm gelungen, einseitige Richtungen der Platon-Forschung und -Auslegung produktiv zu verbinden: besonders die Frage nach der genetischen Entwicklung des platonischen Denkens und die andere Frage nach seiner systematischen Einheit, oder auch die (neuplatonische) Betonung der irrational-mystischen und die (neukantianische) Hervorhebung der rational-logischen Züge des platonischen Philosophierens.

Im Grunde war es wohl immer der gleiche Sachverhalt, der Stenzel zu unablässiger Beschäftigung mit Platon anregte: der für Platon in der Beschaffenheit der Realität begründete Vorgang des Trennens und Verbindens, der Auseinandersetzung und Verständigung, der Einteilung (Dihaíresis) und Verflechtung (Symploké) – jene dialektische Spannung, deren verschiedene Aspekte in dem griechisch-platonischen Begriff des ›Logos‹ beschlossen sind.[3] Dabei ging es Stenzel im besonderen um die tiefere Bedeutung der *mathematischen* Welterkenntnis und der *sprachlichen* Kommunikation, um die Vereinigung der wissenschaftlichen Sachlichkeit und der wirksamen Gesinnungsbildung oder – wieder etwas anders gewendet – um die platonische Vorstellung, daß der Gesamtaufbau der Welt, die richtige politische Ordnung und die Seele des einzelnen Menschen durch eine im wesentlichen gemeinsame Logos-Struktur untereinander übereinstimmen
VII müssen. |

Bei der Frage nach dem einheitlichen philosophischen Sinn all dieser Manifestationen des Logos mußte, wie leicht einzusehen ist, die zentrale Bedeutung des ›erzieherischen‹ Moments in den Blick treten, auf die das Buch ›Platon der Erzieher‹ besonders aufmerksam machen will.[4]

II

Die Einheit des platonischen Philosophierens soll sich, wie Stenzel im Vorwort ankündigt, unter dem Gesichtspunkt der ›Paideia‹ erfassen lassen. ›Platon und Erziehung‹ ist für ihn also nicht ein beliebiges, durch irgendwelche zeitbedingten pädagogischen Interessen nahegelegtes Thema,

3 Stenzel hat besonders auf die dem Logos-Begriff eigene mathematisch-exakte Bedeutung der ›Proportion‹ hingewiesen (vgl. außer ›Zahl und Gestalt‹ den Aufsatz ›Zur Theorie des Logos bei Platon und Aristoteles‹, 1929, jetzt in: Kleine Schriften 188–219).

4 Von den übrigen Platon-Arbeiten Stenzels liegt zur Zeit ›Zahl und Gestalt bei Platon und Aristoteles‹ im Neudruck der 2. Auflage von 1933 vor. Außerdem ist eine Neuauflage der ›Studien zur Entwicklung der platonischen Dialektik von Sokrates zu Aristoteles‹ nach der 2. Auflage von 1931 erschienen. In den Sammelband ›Kleine Schriften zur griechischen Philosophie‹ (Darmstadt 1956) wurden die folgenden bildungsgeschichtlich wichtigen Beiträge nicht aufgenommen (auch nicht in die Bibliographie): Die Gefahren modernen Denkens und der Humanismus, in: Die Antike 4, 1928, 42–65, Wissenschaft und Staatsgesinnung bei Platon. Rede zur Reichsgründungsfeier, Kiel, 1927.

vielmehr ist es ihm bei dieser Fragestellung um »eine Zusammenfassung aller treibenden Kräfte des platonischen Philosophierens« zu tun. Er beschreitet damit im wesentlichen den gleichen Weg wie Werner Jaeger, der in den zwanziger Jahren begann, die Geschichte der griechischen Kultur, die in der platonischen Philosophie ihre Erfüllung findet, unter dem Gesichtspunkt der ›Paideia‹ zu erfassen und darzustellen.[5] Zwar verzichtet Stenzel fast ganz darauf, moderne ›humanistische‹ Bildungsbestrebungen ausdrücklich auf den philosophischen Erziehungsbegriff Platons zurückzuführen, aber er stimmt mit Jaeger doch in dem Versuch überein, durch die Darstellung der geschichtlichen Eigenart des platonischen Philosophierens zugleich auch die dauernde Gültigkeit des platonischen Bildungsgedankens zu erweisen. | VIII

Bei Platon selbst erhält das griechische Wort ›Paideia‹ den erweiterten Sinn, der das Ganze des platonischen Philosophierens zu bezeichnen vermag. So wird etwa im ›Staat‹ der gesamte Aufbau des Seins von den wechselnden Erscheinungen bis zu den höchsten Ideen unter dem Gesichtspunkt von ›Bildung und Unbildung‹ dargestellt;[6] und um Paideia – Erziehung und Belehrung, Bildung und Wissenschaft – geht es sowohl in den frühen, sokratischen Dialogen Platons als auch noch in seinen späten Schriften. Diesen Eindruck, daß ›Erziehung‹ für Platon etwas Universales, die ganze Philosophie Bestimmendes ist, bestätigt Stenzel im einzelnen durch den Nachweis, daß es sich bei der platonischen Paideia um die Verbindung von Individuum und Gemeinschaft, Seele und Welt, Wissen und Tun, also aller wesentlichen Gegenstände und Motive des philosophischen Denkens handelt – und zwar beruht die Möglichkeit einer solchen Verbindung für Platon, wie Stenzel zeigt, auf einer allgemeinen »Verwandtschaft der Physis«, einer grundsätzlichen Einheit in der Mannigfaltigkeit des Seienden.

Noch wichtiger als diese Hervorhebung des erzieherischen Sinns der platonischen Philosophie ist aber wohl, daß es Stenzel verstanden hat, die so naheliegende Verabsolutierung dieses Gesichtspunktes zu vermeiden.[7] Denn wenn Platon alles wahrhaft Seiende auf die ›Idee des Guten‹ zurückführt und überall nach dem Guten fragt, so bedeutet dies nicht, wie immer wieder zu hören ist, daß seine Betrachtung der Welt oder der Geschichte oder des menschlichen Wesens moralisch-pädagogisch orientiert wäre; vielmehr wird durch die von Platon immer wieder neu durchdachte Erfahrung, daß das Gute überall als Seinsprinzip am Werk ist, alles formende und bes-

5 Zur programmatischen Einführung des Paideia-Begriffs durch Jaeger: Antike und Humanismus (1925), jetzt in: Humanistische Reden und Vorträge² 103–116 (bes. 108f.). und die o. Anm. 1 genannte Vortragsreihe. Die ausführliche Darstellung gibt Jaegers Werk ›Paideia: Die Formung des griechischen Menschen‹ 3 Bde., 1. Aufl. 1934, 1944, 1947.

6 Platon, Politeia VII 514 A.

7 Ein solches Mißverständnis könnten auch einzelne bewußt einseitige Formulierungen Stenzels hervorrufen (z. B. 280 »daß die Ideenlehre … eine umfassende Theorie der Entstehung und Bildung jenes menschlichen Seelenkernes, also Paideia sein will und ist, und daß nur aus diesem Motiv sie eigentlich zu verstehen ist«).

ser-machende Wirken in den Zusammenhang einer umfassenden Seinswissenschaft gestellt und so *die Möglichkeit aller Erziehung und Pädagogik überhaupt erst begründet.* –

Stenzels Buch besteht in der Hauptsache aus einer Interpretation der platonischen ›Politeia‹. Diese Beschränkung ist mit der auf das Ganze des
IX platonischen Philosophierens gerichteten Intention Sten- | zels nur dann vereinbar, wenn sich auch aus allen platonischen Dialogen zusammen ein im wesentlichen einheitliches Bild der platonischen Philosophie ergibt. Und in der Tat konnte gerade Stenzel zeigen, daß die in der Abfolge der platonischen Schriften sichtbar werdende ›*Entwicklung*‹ als eine *organische Selbstentfaltung* zu verstehen ist, bei der die wesentlichen Grundzüge und Motive bewahrt bleiben. In diesem Sinne unterscheidet er drei innerlich miteinander verbundene Perioden, von denen die erste durch die Deutung des *sokratischen* Daseins, die zweite durch die Hinführung zur ›*Idee des Guten*‹, die dritte durch eine *stärker systematische, mathematisierende Seins- und Prinzipienlehre* bestimmt ist.[8]

Nun darf auf Grund neuerer Untersuchungen angenommen werden, daß Platon die in den Spätdialogen greifbar werdende systematische ›Lehre‹ in ihren Hauptzügen schon früher, jedenfalls zur Zeit der ›Politeia‹ mündlich innerhalb der Schule vorgetragen hat.[9] Es handelt sich allem Anschein nach um eine ›esoterische‹ (d. h. dem engeren Kreis der Schüler vorbehaltene) Lehre, von der in den literarischen Werken immer nur die Umrisse andeutungsweise dargestellt, die genauere Fassung aber – auch noch in den späten Dialogen – bewußt zurückgehalten wird. So wird etwa das Wesen der ›Idee des Guten‹ in der ›Politeia‹ in vorläufiger Weise an einem Abbild, der Sonne, verdeutlicht, obwohl Platon dieses Seinsprinzip wahrscheinlich zur gleichen Zeit in der Akademie auch genauer (anhand mathematischer Beispiele von Gleichheit, Regelmäßigkeit und Einheit) als ›das Eine‹ erklärt hat.

Durch diesen neuen Aspekt wird es heute vielleicht möglich, gerade die prinzipielle Einheitlichkeit, die *gleichbleibende Grundkonzeption* des platonischen Philosophierens noch sicherer zu fassen und so der Frage nach der Entwicklung des platonischen Denkens – der ›platonischen Frage‹ der Philologie – eine neue Wendung zu geben. *Schleiermacher* hatte versucht, die
X Aufeinanderfolge der platoni- | schen Schriften von einer methodischen, *erzieherisch-didaktischen Absicht* Platons her zu erklären, nämlich im Sinne eines folgerichtigen Aufstiegs vom Einfacheren zum Schwierigeren. Diese Betrachtungsweise wurde in der Folgezeit durch die von K. Fr. Hermann

8 Metaphysik d. Altert. 106.

9 H. J. Krämer, Arete bei Platon und Aristoteles. Abhandl. d. Heidelb. Akad. 1959. In diesem Buch wird allgemein die Arbeit an den von Stenzel behandelten Problemen entschlossen weitergeführt. – Von »Ansätzen« der mathematischen Prinzipienlehre in der ›Politeia‹ spricht auch Stenzel (Platon, der Erzieher 302), doch bleibt für seine Auffassung der genetische Gesichtspunkt bestimmend (vgl. 3, Kl. Schr. 160ff., 256, Metaph. d. Altert. 148ff.).

begründete genetische (auf die eigentliche Entwicklung des platonischen Denkens selbst gerichtete) Fragestellung fast ganz zurückgedrängt. Gegenüber der einseitig entwicklungsgeschichtlich-biographischen Auffassung hat dann Stenzel den einheitlichen, sachlich notwendigen Richtungssinn in der platonischen Entwicklung wieder erkannt. Darüber hinaus wäre jetzt neu damit zu rechnen, daß die einzelnen platonischen Schriften sich auch durch die mehr oder weniger starke Umsetzung der ›esoterischen Lehre‹ voneinander unterscheiden können und daß sich im ganzen eine *fortschreitende Annäherung der schriftlichen Darstellung an die innerakademischen Lehrgespräche* vollzieht. Wie leicht zu sehen ist, wird es durch diesen neuen Aspekt möglich, die Ansicht Schleiermachers von einem alle Schriften beherrschenden ›pädagogischen‹ Plan – in modifizierter und vertiefter Form – zu erneuern.

Jedenfalls kann man heute versuchen, auch die früheren Dialoge Platons entschiedener als bisher auf die ›esoterische Lehre‹ hin zu interpretieren und so hinter den von Stenzel dargestellten »treibenden Kräften des platonischen Philosophierens« schon von Anfang an die allgemeinen Prinzipien der platonischen Ontologie als die eigentlichen Beweggründe zu sehen. Gerade auch für das Verständnis der philosophischen Paideia Platons ist eine stärkere Berücksichtigung seiner ontologischen Prinzipienlehre aufschlußreich, denn die zentrale Bedeutung des Erzieherischen tritt dadurch noch klarer hervor. Nach der platonischen Seinslehre steht nämlich *die menschliche Seele,* um deren richtige Ordnung und Einordnung es bei aller Erziehung geht, in der *Mitte* des ganzen Seinszusammenhangs: zwischen den *Ideen* und den körperlichen *Erscheinungen*, zwischen *Sein* und *Nichtsein*, Form und Gestaltlosigkeit – oder wie sich der Gegensatz zwischen dem Prinzip der Einheit und dem der Vielheit sonst noch auswirken mag. Und in anderer Hinsicht sieht Platon die menschliche Seele zugleich auch mitten in dem Spannungsfeld zwischen der Einheit des *umfassenden Ganzen* (Polis – Gesamtkosmos) und der Vielheit der *einzelnen Teile* (technische Strukturformen – atomare Elemente). | XI

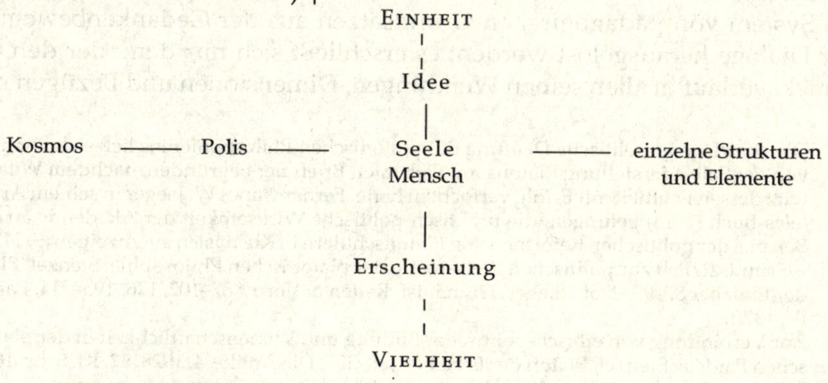

Diese doppelte Mittelstellung der menschlichen Seele, die Allseitigkeit ihrer Beziehungen und Abhängigkeiten, ist wohl der deutlichste objektive Ausdruck für das Universale der philosophischen Paideia bei Platon. In der Darstellung Stenzels wird die Beziehung zwischen dem größeren Ganzen (Polis und Kosmos) und dem einzelnen Menschen stärker betont als jener andere, gleichsam vertikale Zusammenhang, die eigentlich seinsmäßige Abstufung von der Idee über die Seele zur körperlich-sichtbaren Erscheinung. Auch bei Jaeger wird der *›politische‹ Aspekt* des platonischen Philosophierens besonders in den Vordergrund gerückt[10] – eine Bevorzugung, die zu verstehen ist als bewußte Korrektur und Ergänzung des neuhumanistischen Bildungsideals, dessen Ziel die harmonisch geformte Einzelpersönlichkeit war.

Doch hat Stenzel, auch hier jede Einseitigkeit vermeidend, den *›wissenschaftlichen‹ Aspekt* des platonischen Erziehungsbegriffs nicht weniger berücksichtigt als den politischen, und so wird bei ihm im ganzen doch auch die seinsmäßig und erkenntnistheoretisch entscheidende Dimension, der
XII Zusammenhang von Idee und Erscheinung, | mit einbezogen. Das Wesentliche der platonischen Paideia sieht Stenzel gerade in der Zusammengehörigkeit der wissenschaftlichen Erkenntnis und der ethisch-politischen Gestaltung.[11] Wenn es heute möglich wird, die ontologische Begründung dieser beiden Aspekte des platonischen Erziehungsbegriffs noch genauer aufzuzeigen, so liegt darin eine Bestätigung für die Richtigkeit des von Stenzel vorgezeichneten und eingeschlagenen Weges: »Das *Wissenschaftliche*, und zwar das Mathematisch-Logische in Platons Werk muß mit dem *Politisch-Pädagogischen* und *Philosophisch-Metaphysischen* in die richtige Beziehung gesetzt werden«.[12]

III

Das Erzieherische in der platonischen Philosophie kann nicht als ein System von pädagogischen Grundsätzen aus der Gedankenbewegung der Dialoge herausgelöst werden; es erschließt sich nur dem, der den Gesprächsverlauf in allen seinen Wendungen, Dimensionen und Bezügen mit-

10 Die vorwiegend politische Deutung des platonischen Philosophierens ließ sich vor allem von der Selbstdarstellung Platons im ›Siebenten Brief‹ her begründen, nachdem Wilamowitz dessen Echtheit mit Erfolg verfochten hatte. Ferner war es W. Jaeger in seinem Aristoteles-Buch (1923) gelungen, die praktisch-politische Wirksamkeit der Akademie an dem Beispiel der politischen Reformen von Platonschülern in Kleinasien aufzuzeigen (S. 112ff.). – Grundsätzlich zur politischen Zielsetzung der platonischen Philosophie: Stenzel, Platon der Erzieher 87, 95, 276f.; Jaeger, Humanist. Reden u. Vortr.^{2} 87–102, 176, 195–214, Paideia II^3, 137ff.

11 Zur Verbindung von ethisch-politischer Bildung und Wissenschaftlichkeit in der platonischen Paideia: Stenzel, Platon der Erzieher 188, 323, Die Antike 4, 1928, 62, Kl. Schr. 162ff., 298, 346, Metaph. d. Altert. 115f., Wissenschaft und Staatsgesinnung (s. o. Anm. 4).

12 Metaph. d. Altert. 105.

vollzieht. Daher verfährt Stenzel bei seiner Darstellung im wesentlichen interpretatorisch. Wenn wir für unseren besonderen Zweck, einen Überblick über die Problemlage zu gewinnen, doch eine formale Unterscheidung vornehmen dürfen, so bietet sich etwa die folgende Einteilung an: 1. die *mimetische* (dramatisch ›nachahmende‹) *Darstellung* eines erzieherischen Geschehens im Dialog, 2. die *erzieherische Funktion der platonischen Schriften* im Ganzen des platonischen Philosophierens, 3. die *ausdrückliche Erörterung von Erziehungsfragen* im platonischen Dialog, 4. die *geschichtliche Begründung von Wissenschaft und Bildung* durch die platonische Philosophie.

Versuchen wir nun, dieser Einteilung folgend, die wesentlichen Züge der Darstellung Stenzels in dem hier vorliegenden Hauptwerk, zusammen mit den ergänzenden Bemerkungen Stenzels in anderen Schriften, zu erfassen und dabei die Bedeutung, die den Ergebnissen und Fragestellungen Stenzels in der gegenwärtigen | Situation der Platonerklärung zukommt, XIII
nach einigen Richtungen hin zu bestimmen.[13]

1. Die *mimetisch-dramatische Kraft der Darstellung* ist besonders in den frühen platonischen Dialogen so stark, daß die unmittelbare ›Nachahmung‹ – Stenzel spricht richtiger von Deutung – des sokratischen Wirkens hier als die eigentliche Absicht Platons erscheinen kann. Es ist unverkennbar, daß sich in diesen Dialogen stets ein erzieherisches Geschehen abspielt: auch bei dem Kampf mit den Sophisten geht es Sokrates um die erzieherische Wirkung, die das Gespräch in den jugendlichen Zuhörern erzeugt.[14] So macht Platon in jedem dieser Gespräche eine unerschöpfliche Fülle erzieherisch bedeutsamer Sachverhalte ganz konkret sichtbar: etwa die erzieherische, der Selbsttätigkeit des ›Lernenden‹ dienende Wirkung des persönlichen Vorbildes, der Ironie, des Eros und besonders des sokratischen ›Nichtwissens‹.

Über diese erzieherischen Momente, die zunächst im tätigen Dasein des Sokrates unmittelbar-anschaulich Gestalt gewinnen, wird dann in den Dialogen der mittleren und der späten Periode mehr und mehr auch ausdrücklich gesprochen. Vor allem aber vollzieht sich im ganzen eine deutliche Entwicklung von dem ›aufregenden‹, in die Aporie führenden Fragen des Sokrates (in den frühen Dialogen) zu der mehr lehrhaften Erörterung philosophischer Probleme (in den späteren Schriften). Dabei behalten jedoch auch die späteren Schriften grundsätzlich die Form der dialogisch-dramatischen Darstellung – selbst dort, wo Sokrates als Gesprächsführer zurücktritt. In den lehrhafteren Gesprächen und Reden der Spätdialoge

13 Eine Aufzählung der einschlägigen neueren Arbeiten würde zu weit führen, da sich fast die gesamte Platon-Literatur ausgesprochen (z.B. H. G. Gadamer, Platons Staat der Erziehung, in: Das Neue Bild der Antike I, 1942, 317–333) oder unausgesprochen mit Fragen der Paideia befaßt. Im einzelnen ist jetzt der reichhaltige Forschungsbericht von H. Cherniss zu benützen: Lustrum 4, 1959 (Göttingen 1960).

14 H. Kuhn, Sokrates, 2. Aufl. 1959, 79.

scheint Platon die Art der Unterweisung und Untersuchung ›nachzuahmen‹, die in der Schule unter seiner Leitung üblich war.

Hier erhebt sich nun wieder die Frage, wie diese ›Entwicklung‹ – die allmähliche Angleichung des schriftlichen Werkes an das Lehrgespräch in
XIV der Akademie – zu verstehen ist.[15] Handelt es | sich, wie seit Schleiermacher meist angenommen wird, um eine einfache ›Nachahmung‹, die uns schließlich an dem Ganzen der platonischen Philosophie unmittelbar teilnehmen läßt, oder besteht für Platon zwischen dem mündlichen Gespräch im engeren Bezirk der Schule und der schriftlichen Darstellung doch stets ein grundsätzlicher Unterschied, so daß uns in den Schriften Platons das Ganze seiner Philosophie immer nur in vorläufiger Weise sichtbar würde?

Stenzel war es, der als erster erkannte, daß der Unterschied in der Darstellungsform, auf den Werner Jaeger bei Aristoteles aufmerksam wurde – eben die Verschiedenheit zwischen den mündlichen ›*Lehrvorträgen*‹ in der Schule und den eigentlich literarischen, für die Veröffentlichung bestimmten ›*Dialogen*‹ – auch für das Verständnis der platonischen Schriften von großer Wichtigkeit ist. Er schrieb schon im Jahr 1916: »Nehmen wir an, daß Platon von der Zeit an, wo er einer eigenen philosophischen Anschauung sich bewußt wurde, neben diesen literarischen Kunstwerken in seiner Schule seine Lehren äußern konnte, so gewinnen wir dieselbe Freiheit diesen [literarischen] Werken gegenüber, mit der ihr Verfasser sie aufgefaßt wissen wollte«.[16]

Erkennt man, mit Stenzel, die Notwendigkeit einer Unterscheidung zwischen den dichterisch-literarischen Dialogen Platons und dem ›esoterischen‹ Philosophieren innerhalb der Akademie an,[17] so ergibt sich die Aufgabe, den platonischen Sinn dieser Unterscheidung genauer zu bestimmen. Dazu wird es nötig sein, unseren zweiten Gesichtspunkt mit einzubeziehen: es ist zunächst zu fragen, welche Funktion, besonders welche Art der erzieherischen Wirkung Platon seinen Dialogen, also den Schriften als solchen zugedacht hat.

2. Zweifellos soll der *Leser oder Hörer* der platonischen Dialoge an dem Dargestellten so teilnehmen, daß er *auch selbst von der erzieherischen Bewe-*
XV *gung des Gesprächs ergriffen wird*. Andererseits | hat Platon bekanntlich im ›Phaidros‹ und im ›Siebenten Brief‹ der schriftlichen Darstellungsform die lehrhaft-erzieherische Wirkung, jedenfalls das Vermögen, die echte philosophische Einsicht zu vermitteln, grundsätzlich abgesprochen. Es gilt zu erkennen, daß hier im Grunde kein Widerspruch vorliegt.

15 Vgl. o. Seite 77.

16 Literarische Form und philosophischer Gehalt des platonischen Dialoges, Kleine Schr. 32–47 (vgl. S. 39f.).

17 Aus bestimmten Gründen sind uns von *Aristoteles* nur die ›Lehrschriften‹ erhalten geblieben (eine Sammlung der Fragmente aus den im ganzen verlorenen ›Dialogen‹ des Aristoteles wurde zuletzt von W. D. Ross, Oxford 1955, herausgegeben), von *Platon* dagegen sind nur die literarischen Dialoge überliefert (eine Sammlung der Zeugnisse über die Lehrvorträge Platons wird zur Zeit vorbereitet).

Man kann, um *die Form und die Wirkungsweise der platonischen Dialoge* zunächst einmal kurz zu charakterisieren, an das Wort erinnern, mit dem Heraklit die Redeweise des Gottes in Delphi gekennzeichnet hat und das Stenzel einmal auf ein bestimmtes Sokratesgespräch bei Platon anwandte: οὔτε λέγει οὔτε κρύπτει, ἀλλὰ σημαίνει, »er spricht nicht aus und er verbirgt nicht, sondern er redet in Zeichen«.[18] Damit ist eine wesentliche Eigenschaft der platonischen Schriften überhaupt umschrieben; und in dieser Eigenschaft hat die ›Freiheit‹ des Lesers, vor allem aber auch die ›erzieherische‹ Wirkung des Gesprächs ihren Grund. Denn gerade dadurch, daß *der platonische Dialog immer nur ›andeutet‹* und nie endgültig fixiert, wird die *Selbsttätigkeit* in der Seele erzeugt, ohne die für Platon echtes Lernen und Verstehen nicht möglich ist. Auf diese Weise hat Platon also offenbar einen Weg gefunden, um das erzieherische Wirken des Sokrates, das in der ›Apologie‹ als Dienst im Auftrag des delphischen Gottes bezeichnet wird, im schriftlichen Werk lebendig zu bewahren und weiterzuführen.

Im Blick auf das literarische Genos des platonischen Dialogs läßt sich die Eigenart des philosophischen Gesprächs – jenes ›Andeuten‹, das Enthüllen und Verbergen in einem ist – noch genauer fassen. Einerseits weisen die Dialoge, zumal die frühen Sokratesgespräche, über sich hinaus auf ein höheres Wissen, durch das die im Gespräch zutagetretende Unsicherheit überwunden werden könnte. In dieser Hinsicht lassen sich die platonischen Dialoge mit den Musterreden und Streitgesprächen vergleichen, die bei den Sophisten zur Werbung für den Unterricht dienten; und in der Tat ist anzunehmen, daß auch Platon durch seine Schriften in gewisser Weise für die ›Paideia‹ innerhalb seiner Schule werben wollte.[19] Andererseits aber hat es sicher seinen guten Grund, daß Platon – im Gegensatz zu den Sophisten – das angedeutete und empfohlene Wissen nicht | näher bestimmt und nicht XVI
ohne weiteres mitteilt. Das Nichtwissen, zu dem die platonischen Dialoge hinführen, ist offenbar nicht nur ein äußeres Mittel zum Zweck und kein bloßes Durchgangsstadium, sondern ein konstituierendes Moment des Philosophierens selbst. In dieser anderen Hinsicht sind die Dialoge also nicht nur pro-pädeutisch wirksam, sondern philosophisch und künstlerisch wie auch erzieherisch von eigenem, vollem Gewicht.

Der Leser der platonischen Dialoge wird also im ganzen und im einzelnen immer wieder, besonders durch die Aporie am Schluß der Gespräche und durch die Ironie des nichtwissend-wissenden Sokrates, auf die Notwendigkeit und Möglichkeit eines echten, überlegenen ›Wissens‹ hingewiesen. Zugleich aber muß er ahnen, daß sich die Erkenntnis der Wahrheit keinesfalls auf gewöhnliche Art lehrhaft mitteilen, sondern nur durch eine tiefere, menschliche Entscheidung gewinnen läßt. In diesem eigenartigen

18 Stenzel, Kleine Schr. 277; vgl. zum Problem der lehrhaften Mitteilung bei Platon auch: Kleine Schr. 85f., 151–170, Zahl und Gestalt 106.

19 Dafür sprechen auch die von Stenzel, Platon der Erzieher 97 wiedergegebenen Beispiele.

Zugleich von Offenheit und Geschlossenheit, Aussage und Zurückhaltung scheint das Geheimnis der erzieherischen Wirkung des platonischen Dialogs zu liegen.

Durch all dies wird nun aber auch deutlich, in welchem Sinn der platonische Dialog als ›*Spiel*‹ und als ›*Kunstwerk*‹ zu verstehen ist und inwiefern er die Nachfolge der großen griechischen *Dichtung* antritt:[20] in dem immer nur zeichenhaft andeutenden, die Wahrheit nur mittelbar aussagenden Sprechen scheint hier das Dichterische mit dem Erzieherischen zusammenzufallen.

Die griechischen Dichter, besonders die Tragödiendichter, waren noch zur Zeit Platons die großen Meister der Psychagogie, der erzieherischen Überredung und Beeinflussung; und gerade darin sah Platon die Gefahr der herkömmlichen, nicht auf die bewußte philosophische Erkenntnis gegründeten Dichtung. »Weil die Dichter«, schreibt Stenzel, »bisher die Erzieher des hellenischen Volkes gewesen waren, nunmehr aber diesen Beruf nicht mehr erfüllten, unternahm es Platon, das große Mittel der neuen Erziehung, das die alte gesprengt hatte, die wissenschaftliche Er-
XVII kenntnis, in das Ganze | seiner Bildungsidee in dieser [nämlich in dichterischer Form] hineinzustellen.«[21]

Weil die philosophischen Dichtungen Platons das logisch-begriffliche Nachdenken über die wahren Seinsverhältnisse nicht ausschließen, sondern voraussetzen und fordern, können sie es auch beim Leser hervorrufen: für diejenigen wenigstens, die zu strengerer wissenschaftlich-dialektischer Erkenntnis befähigt sind, haben die Dialoge in diesem Sinne eine *propädeutisch-vorläufige* Funktion. Für die größere Zahl der Leser aber enthalten die Dialoge einen *paideutischen Wert in sich selbst*: indem die Darstellung, formal und inhaltlich, die in der Seinsordnung gründenden allgemeinen Bezüge bildhaft-konkret sichtbar macht, wendet sie sich nicht nur an das Erkenntnisvermögen, sondern auch an die unbewußten Regungen der Seele, so wie dies in noch elementarerer Weise bei der musischen und der gymnastischen Erziehung geschieht; und zwar sollen die platonischen Dialoge vor allem Vertrauen zur philosophischen Lebensführung wecken und so auch zur richtigen, bescheidenen Einordnung in das größere Ganze der menschlichen Gemeinschaft hinführen.

Daß die erzieherische Wirkung der platonischen Schriften nicht in einem äußerlich-zweckhaften Sinn verstanden werden darf, braucht nun kaum mehr betont zu werden. Die erzieherische Form und Funktion der platonischen Dialoge ergibt sich im Grunde aus der Seinsordnung, wie sie

20 Dieses Thema behandeln (außer Stenzel in dem Aufsatz ›Über Zusammenhang des Dichterischen und des Religiösen bei Platon‹, Kleine Schr. 107–126) besonders: H.G. Gadamer, Plato und die Dichter, Frankfurt M. 1934; H. Kuhn, The true tragedy: on the relationship between Greek tragedy and Plato, Harvard Studies in Class. Philol. 52, 1941; 53, 1942; H. Gundert, Enthusiasmos und Logos bei Platon, Lexis 2, 1949, 25–46.

21 Kleine Schr. 304.

Platon sieht: aus dem spannungsreichen Zusammenhang zwischen der Welt der Erscheinungen, in der sich der Mensch zunächst aufhält, und der Welt der Ideen, die allein echte Erkenntnis ermöglicht. Die Seinsstellung des Menschen, jene Mittelstellung zwischen den Erscheinungen und den Ideen, macht es notwendig, daß das Wesentliche immer nur andeutungsweise und abbildhaft erkennbar wird und so auch – vom philosophischen Erzieher nicht anders als vom Dichter – stets nur in zeichenhafter, ›semantischer‹ Form ausgesagt werden kann.

Fragen wir nun noch einmal nach der Beziehung zwischen der *schriftlichen Darstellung* der Philosophie in den Dialogen und den innerakademischen, *mündlichen Lehren* Platons, so ist wohl deutlich, daß es sich hier nicht einfach um ein Weiterschreiten von der bloßen Vorbereitung zur endgültigen Erfüllung handeln kann. Vielmehr gilt für Platon bei jeder Art der Aussage und im Blick | auf jeden Gegenstand der Erkenntnis, daß die XVIII Mitteilung nur vorläufig und unzulänglich sein kann: bei der Beschreibung der Erscheinungen gilt dies schon deshalb, weil diese selbst ›abbildhaft‹ sind, bei der Darstellung der Ideen, weil ebenso alle Worte und Begriffe, wie auch noch die Gedanken in der Seele, immer nur ›abbildhaft‹ sein können. Daher haben wir uns Platon auch im Kreis der Schüler und Freunde nicht so sehr als ›Lehrer‹, sondern als den Erzieher vorzustellen, wie er uns zunächst in den Dialogen entgegentritt. Stets lenkt er zum gleichen Ziel hin, und zwar soll wohl innerhalb der Schule das in den Schriften Angedeutete wissenschaftlich noch strenger erforscht und zugleich intuitiv noch sicherer erfahren werden. Die wichtigste Forderung aber bleibt dabei die selbsttätige Bemühung um die Wahrheit.

Im Anschluß an die Forschungen Stenzels kann man sich das Verhältnis, noch etwas genauer, folgendermaßen denken.[22] Bei den ›esoterischen‹ Erörterungen in der platonischen Schule ging es hauptsächlich darum, die Gliederungen und Zusammenhänge in allen Seinsbereichen mit Hilfe des Systems der mathematischen Wissenschaften wie an einem Modell zu ermitteln. Auch die mathematische Form der Vergewisserung ist aber, an der Sache selbst gemessen, noch vorläufig-hypothetisch. Andererseits kann man, um den Unterschied gegenüber der dichterischen, mehr anschaulich-sinnenfälligen Darstellung in den Dialogen zu erklären, vergleichsweise sagen: Es ist möglich, aus den schönen Erscheinungen die rein mathematischen Proportionen und Strukturen herauszuheben; aber

22 Aufschlußreich sind besonders die Darlegungen in ›Zahl und Gestalt‹, aber auch einzelne gelegentliche Bemerkungen, wie etwa Kleine Schr. 253 (über den Sinn der platonischen Lehre von den Idealzahlen): »...daß in der rhythmisch geordneten Bewegung der Sprache, der Töne, der leiblichen Bewegungen dieselbe Macht der Zahl wirksam ist und daß für alles Schöne und Gute die mathematische, ja letzten Endes die zahlenmäßige Bestimmtheit der innerste Grund seiner Ordnung und Harmonie ist. Damit ist aber die Möglichkeit gegeben, die archaische musische und gymnastische Erziehung als Vorstufen der mathematisch-wissenschaftlichen Bildung aufzufassen und die gesamte Paideia zur Einheit zusammenzuschließen«.

dadurch läßt sich der unmittelbar sinnlich wirksame Eindruck keineswegs ersetzen. So wird durch die strengere Systematik der esoterischen Erörterungen in der platonischen Schule nicht etwa das Eigentliche an die Stelle
XIX des Uneigentlichen gesetzt, sondern von | hier aus ist die unaufhebbare erzieherische und philosophisch-sachliche Bedeutung der Dialoge nur um so sicherer zu erkennen.

3. Die Problemkreise, die sich bei der *ausdrücklichen Behandlung von Erziehungsfragen in den platonischen Schriften* unterscheiden lassen, sind gleichsam konzentrisch, denn überall handelt es sich um die *Erziehung zur echten Gemeinschaft, zur ›politischen Areté‹*.

Dies gilt zunächst für die *Auseinandersetzung mit dem sophistischen Anspruch, die politische Téchne und Areté lehren zu können*, worauf Stenzel ausführlich eingeht. Das sokratische Nichtwissen hat, wie er hervorhebt, zu bedeuten, daß das echte, ›bessermachende‹ Wissen nicht ohne weiteres jedem Einzelnen verfügbar ist und mitgeteilt werden kann, sondern auf die Vernunft der Gemeinschaft gegründet werden muß, d. h. die richtige Einfügung des Einzelnen in die umfassendere Ordnung des Ganzen zur Voraussetzung hat. Dies hat Sokrates, nach Stenzel,[23] vor allem an der Möglichkeit der sprachlichen Verständigung erfahren und zum Bewußtsein gebracht. Dagegen ist die sophistische Erziehung insofern inkonsequent, als sie »Wissenschaft lehrt und ihre tieferen Grundlagen bestreitet« (S. 52) – jene sokratisch-platonische Grunderfahrung nämlich, daß über allem Einzelnen ein »Zusammenhang der Person und der gegenständlichen Welt« (S. 305) anzunehmen ist und daß daher das Lernen und Lehren nur als ein durch die göttliche Kraft des Eros bewirktes ›metaphysisches Wunder‹ verstanden werden kann (S. 3, 235, 305). Nur durch diesen tieferen, auf das größere Ganze bezogenen Erkenntnisbegriff kann auch die sokratische Gleichsetzung von Tugend und Wissen, richtiger Einsicht und rechtem Handeln, verständlich werden.

In einen zweiten Problemkreis gehören die Gesprächspartien, die sich mit der *Erziehungsaufgabe des Staates* und mit der *Einrichtung des staatlichen Erziehungswesens* befassen (besonders Politeia II, Politikos-Schluß, Nomoi I, VII). Hier geht es, wie Stenzel zeigt (S. 120–142), vor allem um die Frage, auf welche Weise die triebhaften Affekte in der Seele unmittelbar beeinflußt werden können. Platon erwartet eine solche disziplinierende Wirkung von der richtigen musischen und gymnastischen Erziehung. Weil nun
XX aber auch für diese gewöhnlichen, elementaren Arten der Paideia | der allgemeine, im Seinszusammenhang gründende Logos bestimmend sein muß, der durch die philosophische Dialektik bewußter und genauer erfaßt wird, glaubt Platon, daß letztlich nur der Philosoph fähig sei, die richtige Paideia zu finden und so, als der wahre Politiker, die gute staatliche Ordnung sicher zu begründen.

23 Vgl. Platon der Erzieher 50ff., 75ff., 157–160, Kl. Schr. 240f., 271–291.

Das *platonische Philosophieren selbst* oder die philosophische Paideia in der platonischen Akademie kann daher schließlich als *Hinführung zum wahren ›politischen Wissen‹* verstanden werden. Um so erstaunlicher ist es nun aber, daß Platon dort, wo er von der Erziehung des Herrschers spricht, und auch dort, wo er diese Erziehung praktisch versucht, die *mathematischen Wissenschaften* ins Zentrum stellt. Dies geht besonders deutlich aus dem siebenten Buch der ›Politeia‹ hervor. Und am Tyrannenhof in Syrakus war dies offenbar nicht anders als in der Akademie zu Athen, wo über dem Eingangstor die Inschrift gestanden haben soll »Ohne Sinn für Geometrie kein Zutritt«. Im Anschluß an Stenzels Interpretationen[24] kann dieser Sachverhalt (die Zusammengehörigkeit des mathematisch-wissenschaftlichen und des ethisch-politischen Moments in der platonischen Paideia) in Kürze folgendermaßen erklärt werden.

Die Mathematik ermöglicht, wie Platon erkennt, eine genauere – zugleich anschaulich-evidente und allgemein-formale[25] – Feststellung der Gesetzmäßigkeiten und Prinzipien, die in all den verschiedenen, mehr oder weniger komplizierten Strukturen und Prozessen der konkreten Wirklichkeit vorkommen. Dabei findet der Mathematiker als allgemeinste Voraussetzungen ein Prinzip der Regelmäßigkeit oder Einheit und ein entgegengesetztes Prinzip der Unbestimmtheit oder Vielheit. Die Aufgabe des Dialektikers ist es nun, darüber hinaus »in den Prinzipien der Zahlen und Größen überhaupt allgemeinste Denk- und Wirklichkeitsgesetze aufzuweisen« (S. 296). Für den Politiker ist der Umweg über die Mathematik also deshalb notwendig, weil auch die Normen und Gesetze des politischen Lebens (ebenso wie die aller anderen Realitäts- | bereiche) nur im XXI
Blick auf die höchsten, allgemeinsten Seinsursachen sicher zu erkennen sind und weil diese allgemeinsten Prinzipien am einfachsten und genauesten mit Hilfe der Mathematik aufgefunden und erforscht werden können.

So wird nun auch verständlich, daß Platon die *›Idee des Guten‹*, die in der ›Politeia‹ als höchstes Seinsprinzip und wichtigstes ›Mathema‹ (Erkenntnisgegenstand) erscheint, im Bereich der Schule als ›das Eine‹ bezeichnet hat. Stenzel hat dieses universale Prinzip und die mehrfache Wirkungsweise, die ihm in der ›Politeia‹ zugeschrieben wird, von den verschiedensten Seiten her zu erklären versucht:[26] Sein und Wesen, Erkenntnis, Kraft, Lebensgefühl, Glück, Gemeinschaft, Verständigung, Eros (vgl. S. 273f.) – all dies ist offenbar in der ›Idee des Guten‹ begründet. Diese Vieldeutigkeit schließt jedoch nicht aus, daß es sich dabei für Platon um etwas

24 Vgl. Platon der Erzieher 147–179 und 279–301.

25 Das Mathematische nimmt bei Platon, wie auch Aristoteles bezeugt, eine Mittelstellung zwischen den Ideen und den Erscheinungen ein. Es gleicht also in dieser Hinsicht der Seele. Damit erhebt sich die schwierige Frage, der Stenzel nicht weiter nachgeht, ob Platon eine ontologische Identität des Mathematischen und Seelischen annimmt (Seele als Inbegriff aller mathematischen Strukturen).

26 Vgl. Platon der Erzieher 268ff., dazu Metaph. d. Altert. 105–125.

höchst Bestimmtes und Einfaches handelt. In der Tat lassen sich von dem Grundmerkmal der ›*Einheit*‹ her alle Eigenschaften und Auswirkungen der ›Idee des Guten‹ am besten verstehen. Denn Einheit ist der Grund aller *Ordnung,* aller Geformtheit, Ausgeglichenheit, Bestimmtheit – dadurch aber auch der Grund der Beständigkeit oder des *Seins*, der Brauchbarkeit oder des *Gutseins* (Areté) und ebenso der Grund der *Erkennbarkeit* und der Erkenntnisfähigkeit.[27]

In den sinnlich wahrnehmbaren Ordnungen und Harmonien kann dieser eine Urgrund – der für Platon nichts anderes ist als die höchste Gottheit[28] – nur unvollkommen und in der Mannigfaltigkeit verschiedener Ausprägungen erfaßt werden. Durch die Mathematik aber läßt sich das zunächst nur unklar Erscheinende sicherer begreifen, genauer beschreiben, verallgemeinern, vereinfachen und systematisch zusammenfassen. Daher glaubt Platon, daß *durch die Mathematik die höchste philosophische ›Zusammenschau‹ und ›Erleuchtung‹ vorbereitet wird*[29] – »daß die Einsicht in mathe-
XXII | matische Sachverhalte auf der einen Seite zur ›Wachheit‹ und Aufhellung des Geistes auf allen Stufen der Erziehung führe, daß andererseits die Erkenntnis der das ganze Weltall beherrschenden zahlenmäßigen Gesetzlichkeit die höchste Religiosität und die Überzeugung, daß alles von Göttern erfüllt sei, bewirke« (Stenzel, Kleine Schriften 256).

4. Über die allgemeine Bedeutung des platonischen Erziehungsbegriffs, die in der Darstellung Stenzels überall sichtbar wird, braucht hier nicht weiter gesprochen zu werden. Es sollte klar geworden sein, daß Platon nicht eine bestimmte ›pädagogische Richtung‹ vertritt, sondern daß in seiner Philosophie die Grundlegung der Erziehung und Pädagogik überhaupt geschieht. Von ›*Begründung*‹ *der Paideia* kann nun aber bei Platon nicht nur in dem bisher besprochenen *ontologisch-theologischen* Sinn die Rede sein, sondern auch – im Anschluß an Jaeger und Stenzel – *in geschichtlicher Hinsicht.* Beides hängt offensichtlich zusammen, denn eben weil das platonische Erziehungsideal nicht von gesellschaftlichen, nationalen oder ähnlichen zeitgebundenen Gegebenheiten abhängig ist, sondern die Frage nach dem Menschen an sich und seiner Stellung im Seinszusammenhang zur Voraussetzung hat, konnte es im Lauf der Geschichte immer wieder neu gleichsam als ›Modell‹ verstanden werden und richtungweisend weiterwirken.[30]

27 Über den Zusammenhang von Sein, Wert und Erkenntnis: Stenzel, Platon der Erzieher, bes. 173ff. Vgl. jetzt H. J. Krämer a. a. O. 473ff.

28 Vgl. Platon der Erzieher 277, Metaph. d. Altert. 148.

29 Darüber Stenzel besonders in dem Aufsatz ›Der Begriff der Erleuchtung bei Platon‹, Kl. Schr. 151–170. – Wahrscheinlich handelt es sich dabei für Platon um ein plötzliches Erlebnis, bei dem nicht nur das logische Zusammenfallen aller Arten von Einheit in einem allgemeinsten ›Einen‹ erkannt, sondern zugleich auch dieses höchste ›Eine› als der göttliche Grund des Seins (im Gegensatz zum Nichtsein) unmittelbar erfahren wird.

30 Darüber im allgemeinen: R. Harder, Eigenart der Griechen (1949), jetzt in: Kleine Schriften, hrsg. von W. Marg (1959) 1–38. Zum Begriff des Modells in entsprechendem Zusammenhang: W. Schadewaldt, Das Weltmodell der Griechen (1955), jetzt in: Hellas und Hesperien. Ges. Schriften zur Antike und Neueren Literatur (^{2}1970) I 601–625.

Versucht man dieses Weiterwirken geschichtsphilosophisch zu erklären, so zeigt sich, daß dies wiederum kaum anders als mit platonischen Denkformen geschehen kann. Denn von einer echten Kontinuität im Wechsel der Zeiten, von wirklicher Tradition in der geschichtlichen Entwicklung kann man im Grunde nur sprechen, wenn man mit Platon anerkennt, daß im geschichtlichen Geschehen nicht nur eine Kraft der Veränderung und Differenzierung, sondern zugleich auch eine Kraft der Einheit und Ordnung am Werk ist. Man kann also wohl behaupten, daß Platon nicht nur den ›abendländischen Bildungsprozeß‹ und die ›humanistische Bildungsidee‹, d. h. die produktive Gestaltung des menschlichen Daseins aus den | positi- XXIII
ven Elementen der geschichtlichen Tradition, in mustergültiger Weise vorausgenommen hat, sondern daß er auch, wenigstens im Entwurf, die geschichtsphilosophische Begründung dafür gegeben hat.[31] Doch mag es genügen, wenn wir uns zunächst an die einfache Tatsache der objektiven geschichtlichen Verwurzelung und Fortwirkung der platonischen Philosophie halten.

Weil Stenzel davon überzeugt ist, daß die dauernde Bedeutung der griechischen Kultur heute nicht mehr in einer überzeitlichen Idealität, sondern eben in ihrer *geschichtlichen Eigenart* sichtbar wird, berichtet er in einem umfangreichen Kapitel über die geschichtlichen Voraussetzungen des platonischen Erziehungsbegriffs.[32] Er zeigt, daß die Grundmotive des platonischen Philosophierens seit Homer im griechischen Denken vielfach vorbereitet sind und daß Platon die gesamte geschichtliche Überlieferung seiner Zeit zusammenfaßt, um sie im Logos neu zu begründen. Einen Schritt weiter geht Stenzel, wenn er bemerkt, daß diese *geschichtliche Orientierung bei Platon höchst bewußt* geschieht: »Das Bewußtsein, auf der Arbeit der Vergangenheit zu ruhen und sie in ihrem lebendigen Kern zu bewahren, ist ein wesentlicher Zug seiner Lehre selbst« (S. 10). Von hier aus sei es möglich, behauptet Stenzel dabei, »auf Fragen der Gegenwart ein klärendes Licht zu werfen«. Dies geschieht in dem gleichzeitigen Aufsatz ›Die Gefahren modernen Denkens und der Humanismus‹:[33] »Eine wirkliche historische Erfassung des antiken Griechentums zeigt, daß dieses bereits in sich selbst den geschichtlichen Bildungsprozeß des Abendlandes vorausgenommen hat. In der klassischen Zeit der Griechen treten Kräfte der Individualisierung auf, die aus sehr verschiedenen Quellen das Selbstgefühl des Ich zu übersteigern beginnen. …In der attischen Philosophie vollendet sich aus

31 Bei einer genaueren Untersuchung der platonischen Geschichtsdeutung ist auszugehen von der aus der Schule Stenzels stammenden Dissertation von G. Rohr, Platons Stellung zur Geschichte (1931). Vgl. K. Gaiser, Platon und die Geschichte, Stuttgart 1961.

32 Platons Stellung in der Geschichte der Erziehung behandelt Stenzel auch in dem Beitrag ›Die griechisch-römische Bildungswelt‹ (1930) Kl. Schr. 220–270. – Eine pragmatische Darstellung gibt H. I. Marrou (deutsch: Geschichte der Erziehung im Klassischen Altertum, hrsg. von R. Harder, 1957).

33 S. o. Anm. 4 (vgl. dort 61f.).

den im Griechentum ursprünglich angelegten Kräften der Erkenntnis und
XXIV Wissenschaft die Selbstformung des griechischen Geistes.« |

Stenzel sieht also das ›Vorbildliche‹ der platonischen Philosophie darin, daß es Platon gelingt, aus den verschiedenen, auseinanderstrebenden Kräften der eigenen Zeit die ursprüngliche Einheit des menschlich-politischen Lebens neu zu begründen. Dabei denkt er vor allem an den immer wieder neu zu verwirklichenden Ausgleich zwischen dem individuellen Einzelnen und dem allgemeinen Ganzen, zwischen der subjektiven Innerlichkeit und der objektiven Ordnung der menschlichen Gemeinschaft und der Welt überhaupt.[34] Und hier geht es im besonderen auch um die unauflösbare *Verbindung von theoretischer ›Wissenschaft‹ und sittlich-sozialer ›Bildung‹*.[35]

Platon kennt die Gefahren des menschlichen Wissens, die Möglichkeit seiner verkehrten Anwendung, und er sieht auch eine allgemeine Tendenz des Zerfalls, die sich in zunehmendem Maße überall in der Welt und in der Geschichte auswirkt. Er führt diese fortschreitende Auflösung auf das Prinzip der Vielheit und Unordnung zurück, das dem Prinzip der Einheit gegenübersteht und in unserer Welt sogar meist dominiert. Platonisch ist dabei aber doch die Grunderfahrung, daß alles wahrhaft Seiende, Gute und Erkennbare dem einen göttlichen Prinzip der Einheit zugeordnet ist – und daß daher das Wissen dort, wo es auf das Wesentliche gerichtet ist, unmittelbar zum rechten Tun und zum Guten führen muß. »Platon stellt sein ganzes Lebenswerk unter die These: je reiner der Zweck der Erkenntnis erreicht wird, je wahrer sie ist, desto mehr geht sie in das Innere als eine Formkraft der Seele ein und erzeugt Klarheit und Bestimmtheit als eine dauernde Kraft der Vernunft. …Daraus aber entsteht zugleich ein bestimmtes
XXV Verhältnis der Menschen zueinander …«.[36] |

Damit hat Stenzel wohl die Stelle bezeichnet, wo sich die Frage nach unserem Verhältnis zu Platon und seinem Bildungsbegriff als Lebensfrage der Gegenwart erweist. Stenzel selbst sah in der Existenzial-Ontologie Heideggers (›Sein und Zeit‹) ein dem platonischen Philosophieren verwandtes Bestreben: »Platon tut alles, um eine Ausbreitung der im Ich sich konzentrierenden Energie auf das gesamte Sein wiederherzustellen – ein Ziel, dem in noch gefährdeterer Lage die heutige Metaphysik unzweideutig zu-

34 Über Bildung als geistige Objektivierung des Subjekts: Platon der Erzieher 34f., 228f., 320, Kl. Schr. 266ff., Die Antike 4, 1928, 62. Vgl. W. Jaeger, Humanist. Reden und Vorträge² 108f., 172, 210f.

35 Vgl. o. Seite 78f. u. Anm. 11.

36 Stenzel, Die Antike 4, 1928, 62. Vgl. Wissenschaft und Staatsgesinnung bei Platon S. 6: »Er (Platon) will eine Ethik finden, die von vornherein über dem Gegensatz von Individual- und Gemeinschaftsethik steht und deshalb auch von vornherein auf eine Überwindung des Gegensatzes von Macht und Recht angelegt ist; eine Ethik, die die stärkste Gewähr auf Verwirklichung des als richtig Erkannten bietet und gar keinen Raum läßt für quälende Gewissenskonflikte. … Dieses als richtig erkannte Recht soll im vollen Sinne erkennbar, einsichtig, beweisbar und die unangreifbare Grundlage einer umfassenden Verständigung sein.«

strebt.«[37] Den stärksten in diese Richtung führenden Anstoß aber scheint der Philosophie heute, wie zur Zeit Platons, die mathematische Naturwissenschaft geben zu können.[38] Wenn die moderne Physik in neuer, produktiver Weise zu der Möglichkeit einer verhältnismäßig einheitlichen mathematischen Erfassung des raum-zeitlichen Universums gelangt und dabei auch, vor allem im atomaren Bereich, die Unauflösbarkeit des Zusammenhangs von Subjekt und Objekt des Erkennens neu in Erfahrung bringt, so zeigt sich daran die Bedeutsamkeit der philosophischen Absicht Platons: denn Platon versuchte, die mathematisch-wissenschaftlich erkannten Gesetzmäßigkeiten und Ursachen durch eine umfassende, auch die Wertnormen einbeziehende Seins- und Prinzipienlehre tiefer zu begründen, und zugleich war er - als Dichter und als Erzieher - darauf bedacht, für diese Einsicht die entsprechende, wirksame Form der Darstellung zu finden.

Stenzel hat gezeigt, wie Platon die zu seiner Zeit schon auseinanderbrechende Einheit von Wissenschaft und Bildung noch einmal im Logos begründet und, soweit es damals noch möglich war, verwirklicht hat. Wie dies in unserer noch stärker differenzierten und reflektierten, aber im wesentlichen doch wohl analogen Situation erneut geschehen kann, das ist die erregende Frage, die Stenzels Werk an uns richtet.

37 Metaph. d. Altert. 116.

38 Dazu von naturwissenschaftlicher Seite: W. Heisenberg, Physik und Philosophie (1958, deutsch 1959); von geisteswissenschaftlicher Seite: W. Schadewaldt, Die Anforderungen der Technik an die Geisteswissenschaften (1957), jetzt in: Hellas und Hesperien II 461–484.

Vorwort zu
Das Platon-Bild (1969)

Nach einer alten Legende hatte Platon kurz vor seinem Tod einen Traum:[1] Er sah sich als Schwan, der niemals eingefangen werden kann, so viele ihm auch nachjagen mögen, da er immer wieder auffliegt von einem Ort zum anderen. Diesem Traum soll ein Freund die Deutung gegeben haben: alle Interpreten würden sich fortan vergeblich bemühen, den Gesamtsinn der Philosophie Platons zu erfassen; Platons Werk sei – wie das des Homer– so reich, daß es jedem etwas zu sagen habe, aber jeder könne es immer nur, wie er es eben verstehe, nach dieser oder jener Seite hin auslegen.

Die spätantiken Exegeten, bei denen die Anekdote erzählt ist, blickten schon auf eine wechselvolle Entwicklung des Platonismus zurück: etwa auf die skeptische Richtung der Akademie in hellenistischer Zeit oder den spekulativen Geist der Platonerneuerung bei Plotin. Erst recht scheint sich dann aber in der Geschichte der neuzeitlichen Platonerklärung jener Traum zu bestätigen. Und auch in Zukunft wird der Vogel Apollons sicherlich jedem, der ihm nachstellt, davonfliegen. Er wird sich weder mit besonderen Fallen und Schlingen in das Gehäuse eines dogmatischen Systems noch in das Netz eines äußerlichen Entwicklungsschemas einfangen lassen. Man kann nur immer wieder neu versuchen, ihn von verschiedenen Seiten her anzugehen – und dann vielleicht für kurze Augenblicke in der Bewegung, im Flug zu beobachten.

Je klarer man die hermeneutischen Schwierigkeiten sieht, die schon immer in besonderem Maße mit der Platoninterpretation verbunden waren, um so mehr wird man wohl auch einen Querschnitt, wie er in diesem Band versucht ist, für aufschlußreich halten. Mit unserem Verständnis Platons kommen wir sicher dann am ehesten weiter, wenn wir erkennen, daß die frühere Wirkungs- und Forschungsgeschichte nie ganz überholt sein wird; und was der einzelne Beitrag nicht zu leisten vermag, kann vielleicht im Miteinander und Gegeneinander verschiedener Ansätze erreicht werden. Der Titel des Bandes soll besagen, daß wir uns Platon immer nur in einem

1 Die Erzählung ist aus einer unbekannten Quelle überliefert bei Olympiodor (Alkibiades-Kommentar, Kp. 2) und in den anonymen Prolegomena zu Platon (Kp. 1). Diese beiden im 6. Jahrh. n. Chr. entstandenen Schriften sind ediert von L. G. Westerink, Amsterdam 1956 und 1962.

Bild vergegenwärtigen können, das sich je nach den Perspektiven unserer Betrachtung ändert. Sein Werk ist so vielseitig und auch derart von Ironien und Paradoxien durchsetzt, daß es sich jedem fixierenden Zugriff entzieht. Platon selber hat ja auch ausdrücklich auf den Aspektcharakter aller menschlichen Aussagen und Erkenntnisse aufmerksam gemacht, etwa im ›Siebten Brief‹ (342 A–344 D), wo er das Wort, die Begriffsbestimmung, das
VIII sinn- | liche und das seelische Abbild als vier Erscheinungsformen des Seienden bezeichnet, verschieden je nach dem Medium, durch das sich die Sache zeigt. Von hier aus ist zu verstehen, daß es unterschiedliche und doch je zutreffende Platondeutungen geben kann; zugleich ist damit aber auch die Aufgabe gestellt, die angemessenen Interpretationen von den verfälschenden zu unterscheiden, die perspektivischen Verschiebungen auszugleichen und durch kritisches ›Aneinanderreiben‹ der Äußerungen allmählich eine erhellende Einsicht zu gewinnen.

Bei der für diesen Band vorgenommenen Auswahl von zehn Arbeiten sollten dem schon unübersehbar breit gewordenen Strom der Platonliteratur wenigstens einige Proben entnommen werden, an denen sich die wechselnden wie die konstanten Hauptprobleme der Forschung studieren lassen. Daß aus Gründen der äußeren Einheitlichkeit nur deutsch geschriebene Abhandlungen aufgenommen worden sind, dürfte die Vielfalt der repräsentierten Fragestellungen und Erklärungsmöglichkeiten nicht beeinträchtigen.[2]

Den Anfang bildet füglich der Theologe, Philosoph und Philologe Friedrich Schleiermacher (1768–1834), der die Platonstudien zumal in Deutschland durch sein Übersetzungswerk neu belebt hat.[3] Die ›Einleitung‹ dazu, die erstmals 1804 erschien, gibt Rechenschaft über die Grundsätze, nach denen Schleiermacher Platon neu zu erschließen sucht. Nachdem vorher das Bild der platonischen Philosophie weithin im Systemdenken der Schulgelehrsamkeit erstarrt war, sah er sie wieder in der Bewegung des Dialogs. Er erkannte in den platonischen Schriften wieder neu – und in dieser Hinsicht ist ihm jede seitherige Interpretation verpflichtet – den unauflösbaren Zusammenhang zwischen der literarischen Form des Gesprächs und dem gedanklichen Inhalt.

Der um eine Generation jüngere Karl Friedrich Hermann (1804–1855) hat in Marburg und Göttingen als philologischer Lehrer gewirkt und ist in der Platonforschung vor allem aus drei Gründen bekannt geblieben. Zum einen hat er den gesamten Platontext revidiert und herausgegeben. Zum anderen hat er in seinem Buch ›Geschichte und System der platonischen Philo-

2 Zur genaueren Orientierung sei auf neue Forschungsberichte hingewiesen: E. M. Manasse, ›Bücher über Platon, I‹. Werke in deutscher Sprache, II. Werke in englischer Sprache, Philos. Rundschau, Beih. 1 (1957) und 2 (1961); H. Cherniss, Plato [1950 bis 1957], Lustrum 4 (1959), 5–308, und 5 (1960), 323–648.

3 Zu Schleiermachers Platonübersetzung: W. Dilthey, Leben Schleiermachers, 1870, ^{2}1922, 645–687.

sophie‹ (1839) der entwicklungsgeschichtlichen Betrachtungsweise Bahn gebrochen. Und schließlich sah er auch – wie besonders der hier abgedruckte Vortrag zeigt – das Problem der Schriftlichkeit und Mündlichkeit bei Platon wesent- | lich anders als Schleiermacher. Während dieser die Ansicht IX vertrat, das Ganze der Philosophie Platons sei in seinem uns überlieferten Schriftwerk enthalten, betonte Hermann, daß durch Aristoteles und andere Berichterstatter wesentliche Gedanken für Platon bezeugt sind, die in den Dialogen nicht explizit vorkommen. Er bezog diese Angaben auf eine mündliche Prinzipienlehre, die sich zum Inhalt der literarischen Schriften verhalte wie die Ideenwelt zur Sinnenwelt oder wie die politische Einsicht des Philosophen zu den kodifizierten Gesetzen.

Die anschließend in diesen Band aufgenommene Arbeit von Paul Natorp (1854–1924) gibt eine Art Plädoyer für die Auffassung, die Natorp mit der neukantianischen, von Hermann Cohen begründeten ›Marburger Schule‹ teilt, daß nämlich die Ideen bei Platon nicht statisch-dinghaft zu verstehen seien, sondern dynamisch als Gesetze des Denkens oder Funktionsbegriffe.[4] Darin liegt zweifellos eine unzulässige Modernisierung, denn Platon sah in der Idee vor allem das wahrhaft Seiende. Doch hat Natorp zugleich vieles treffend und scharf beleuchtet, etwa den Logos-Charakter der Ideen wie auch der problematischen Ideenzahlen, die er hier (S. 133/35 = 92/4) als universelle Typen der Relation erklärt.

Wie die anderen Platonarbeiten von Julius Stenzel (1883–1935), so zeugt auch die hier erneut vorgelegte, sonst fast in Vergessenheit geratene Kieler Festrede des Jahres 1927 von einem tief eindringenden Bemühen, das die scheinbar einander widerstrebenden Intentionen des platonischen Philosophierens – Theorie und Praxis, mathematische Wissenschaft und ethische Forderung, Schulgründung und Staatsentwurf – in ihrer inneren Verflochtenheit zu erfassen und darzustellen sucht. Auch wo er den politischen Erzieher Platon in den Vordergrund rückte, hat Stenzel nie aus dem Blick verloren, daß Platon in allem nichts anderes war als der Philosoph, der von der Frage nach dem Sein der Dinge umgetrieben wird.

Zur gleichen Zeit trat das Thema der platonischen Erziehung und Politik, freilich wieder etwas anders gewendet, auch bei Werner Jaeger (1888–1961) hervor. Jaeger führte, von 1921 bis 1936 (dem Jahr seiner Emigration) in Berlin wirkend, die umfassend-vielfältige Altertumswissenschaft seines Lehrers Wilamowitz zu einer neuen ideengeschichtlichen Konzentration. Unter dem Leitgedanken der ›Paideia‹ suchte er die moderne Kultur geschichtlich zurückzubinden an die menschenformende Kraft der griechischen ›Erziehung‹. Dabei erschien ihm die platonische Philosophie als das erste und wichtigste Vorbild jeder echten Kultursynthese. In den Münchener Vorträgen des Jahres 1927 (von denen hier der dritte, am stärksten pro-

4 Ausführlicher dargestellt in dem Buch: Platons Ideenlehre, 1903, ^{2}1922. Vgl. zur Kritik an der These Natorps z. B.: Sir David Ross, Plato's Theory of Ideas, Oxford 1951 (bes. 226 ff.).

X | grammatische aufgenommen ist) zeichnet sich in Umrissen schon klar das Platonbild ab, das dann im zweiten und dritten Band der ›Paideia‹ konkrete Gestalt annehmen sollte.

Friedrich Solmsen hat in seinem Aufsatz über Platons Bedeutung für die Mathematik einen anderen Zweig der Forschungen weiterverfolgt, die damals J. Stenzel (mit O. Toeplitz und anderen) in Kiel betrieb. Es geht hier darum, daß zwischen der noch vielfach der Empirie verhafteten Mathematik des fünften Jahrhunderts und den systematisch aufgebauten ›Elementen‹ Euklids die platonische Seinslehre als geschichtliches Mittelglied anzunehmen ist. Weil für Platon das Mathematische einen spezifischen Seinsbereich bildete, wird man wohl auch mit Solmsen sagen können, daß Platon für die Mathematik eine ›Existenzableitung‹ versuchte, und zwar so, daß die philosophische Frage nach der ontologischen Begründung für die wissenschaftliche Methode keine Einengung, sondern eine Förderung bedeutet hat.

Der Philosoph Nicolai Hartmann (1882–1950) hat auch als Platoninterpret den Weg vom Neukantianismus zu einer mehr realistischen Betrachtungsweise beschritten. Er betonte ebenso wie Natorp, daß die Ideen nicht einfach als Dingklassen verstanden werden können, zugleich aber überwand er die einseitig logische Auflösung des Eidos-Problems. Indem er die platonischen Ideen als allgemeine Seinskategorien (wie Einheit und Vielheit, Gleichheit und Ungleichheit, Ruhe und Bewegung) erklärte, die in den einzelnen Erscheinungen konstitutiv zusammenwirken, hat Hartmann Wesentliches zur Aufhellung der Chorismos-Frage bei Platon und Aristoteles beigetragen.

Die Untersuchungen von Hermann Gundert führen in der von Schleiermacher eingeschlagenen Richtung weiter, da sie dem Denken Platons in engstem Anschluß an die Form der literarischen Darstellung nachspüren. Nicht zufällig hält sich die hier mit einbezogene Interpretation Gunderts an den ›Phaidros‹, also an den Dialog, der durch die Kritik der Schriftlichkeit sich selbst aufzuheben scheint und sich eben dadurch auch wieder philosophisch legitimiert, der so Verschiedenes darstellt wie enthusiastische Begeisterung und nüchterne Methodenlehre, Eros und Dialektik – und der doch gerade im Umfassen des Gegensätzlichen eine Einheit bildet.[5]

Mehr auf der Linie von K. F. Hermann bewegt sich hingegen das Grundsatzreferat von Hans Joachim Krämer, das die Ergebnisse, die der Verfasser in seinem Buch ›Arete bei Platon und Aristoteles‹ (1959) vorgetragen hat, präzisierend zusammenfaßt. Von Schleiermacher bis H. Cherniss fehlte es nicht an Versuchen, das »Gespenst eines esoterischen Platonismus«
XI (E. Zeller) | zu verdrängen und totzusagen. Aufgrund einer sorgfältigen Be-

5 Neuerdings sind hierzu zwei weiter ausgreifende Arbeiten von Gundert erschienen: Zum Spiel bei Platon, in: Beispiele, Festschr. f. E. Fink, 1965, 188–221; Dialog und Dialektik – Zur Struktur des platonischen Dialogs, Studium Generale 21, 1968, 295–379 und 387–449.

fragung der Hinweise in den platonischen Schriften und bei den Autoren der indirekten Überlieferung nahm jedoch das ›Ungeschriebene‹ Platons – eine Theorie der Prinzipien nach pythagoreischem Vorbild – immer bestimmtere Konturen an. Von da aus wird es nun, wie Krämer zeigt, möglich, das Schriftwerk Platons in höherem Grade einheitlich zu deuten, wobei freilich zugleich auch umgekehrt der Anschein des Dogmatischen und Schematischen, den die Zeugnisse der indirekten Überlieferung mit sich bringen, von den authentischen Dialogen Platons her in Frage gestellt werden muß.[6]

Die zuerst (1941/42) englisch erschienene Abhandlung von Helmut Kuhn über Platons Verhältnis zur griechischen Tragödie ist vom Autor für diesen Band ins Deutsche übersetzt worden (wobei im einzelnen auch noch neuere Literatur eingearbeitet werden konnte). Im Blick auf so wesentliche Konstituentien des menschlichen Lebens wie Freiheit, Verantwortung und Ordnung wird hier deutlich gemacht, daß jenes Verhältnis zur Tragödie nicht nur als kritische Distanzierung des Philosophen von den Dichtern oder als künstlerische Nachahmung zu verstehen ist, sondern als eine sachlich notwendige Auseinandersetzung, durch die sich das platonische Denken erst eigentlich selbst begründet.

Der Leser möge sich durch den Sammelband anregen lassen, bestimmten Problemen, die in den einzelnen Arbeiten ähnlich oder unterschiedlich behandelt werden, vergleichend nachzugehen. So befassen sich – um nur ein Beispiel zu geben – alle zehn Interpretationen mehr oder weniger ausdrücklich mit dem Problem einer Entwicklung Platons in der Aufeinanderfolge seiner Schriften. Diese Frage, die sich im Lauf der Forschungsgeschichte auch selber entwickelt hat,[7] war stets verknüpft mit einem ganzen Bündel von weiteren Problemen: Zeigen die Dialoge Platons überhaupt den unmittelbaren Niederschlag seiner jeweiligen Gedanken, oder befolgen sie einen im voraus entworfenen sachlichen Plan? Wie weit sollen wir Widersprüchlichkeiten in Platons Werk aus dem Wandel seiner Ansichten erklären und wie weit aus der Verschiedenheit von sachlich begründeten Aspekten? Und wie verhalten sich die Vorgänge in der Schule zu der Entwicklung im literarischen Bereich?

Schon bei F. Schleiermacher und K.F. Hermann ist der Problemkomplex | ziemlich vollständig exponiert, der sich dann in immer wieder ande- XII
ren Lösungsversuchen differenziert hat. Friedrich Schlegel, der Schleiermachers Übersetzungswerk mit inspirierte, fragte wohl als erster ganz bewußt nach einer inneren Entwicklung Platons. Bei Schleiermacher selbst erhielt dieser Gedanke dann aber zunächst doch nur eine untergeord-

6 Vgl. zu diesem Problemkreis jetzt die von H.-G. Gadamer und W. Schadewaldt vorgelegte Veröffentlichung eines Rundgesprächs über Platon: Idee und Zahl, Abhandl. d. Heidelb. Akad. d. Wiss. (phil.-hist. Kl.) 1968,2.

7 Eine Übersicht geben: K. Prächter, Die Philosophie des Altertums (Überwegs Grundriß, Bd. I), [12]1926,199–222; W. Jaeger, Der Wandel des Platobildes im neunzehnten Jahrhundert, Die Antike 4, 1928, 85–98.

nete Bedeutung gegenüber der Ansicht, daß die platonischen Schriften nach einem methodisch-didaktischen Plan geschrieben seien, der den Leser schrittweise zur Erkenntnis führen soll. Zugleich nahm Schleiermacher einfach an, der pädagogische Sinn in der Dialogfolge falle indirekt auch mit der eigenen Entwicklung Platons zusammen, da dieser seine Philosophie für den Leser im wesentlichen so darstelle, wie er sie früher selbst gewonnen habe. Mit voller Entschiedenheit verfolgte danach K. F. Hermann die Frage. Am Schluß seines Buches über ›Geschichte und System der platonischen Philosophie‹ schrieb er: »So viel kann als gemeinschaftliches Ergebnis der ganzen bisherigen Erörterung festgehalten werden, daß ewiges Fortschreiten das Gesetz von Platons ganzer geistiger Lebensentwicklung ist.«

Von der um die Jahrhundertwende tätigen Gelehrtengeneration ist das Problem dann bekanntlich mit Hilfe der Sprachstatistik objektiviert worden. Es gelang, von sprachlich-stilistischen Eigentümlichkeiten aus die platonischen Schriften wenigstens grob zu gruppieren. Damit war die Suche nach den eigentlich philosophischen Motivationen und Impulsen der Entwicklung in bestimmtere Bahnen gelenkt. Man konnte nun hoffen, den Weg von den frühen zu den späten Schriften als ein Fortschreiten in der Bewältigung sachlicher Schwierigkeiten zu verstehen. Und so haben alsbald P. Natorp und N. Hartmann speziell die Entwicklung der Ideenproblematik zum Leitfaden ihrer Darstellung genommen.

In neuerer Zeit hat besonders J. Stenzel ein Gesamtbild der platonischen Entwicklung aufgestellt, das allgemeinere Geltung beanspruchen darf. Vielfach läßt sich bei Platon, etwa am Weg des Höhlengleichnisses, eine doppelte Bewegungsrichtung beobachten: der Aufstieg vom trügerischen Schein zur Wahrheit und der abwärts gerichtete Weg von der Seinserkenntnis zur Welt der Erscheinungen. Verfolgt man nun diesen Bewegungsverlauf im Gesamtwerk Platons, so kann man behaupten, daß in den frühen Schriften der Blick gleichsam nach oben gerichtet ist zu den Ideen, während später der Abstieg gesucht wird durch eine dihairetische Zergliederung des Allgemeinen bis herab zu den einzelnen uns umgebenden Phänomenen. Ähnlich wie Stenzel äußern sich in diesem Sinne auch Jaeger (Platonbild S. 109 = 161) und Gundert (Platonbild S. 191 = 40).

Endlich ist zu bemerken, daß sich die neue Erschließung der mündlichen Lehre gerade auch auf das Entwicklungsproblem stark auswirken muß. In der Feststellung, daß der Vortrag Platons ›Über das Gute‹ nirgends
XIII als ein- | malige und späte Altersvorlesung bezeugt ist, sondern sehr wohl eine von Platon durch lange Zeit hindurch vertretene Theorie repräsentieren kann, steckt wahrscheinlich eine umwälzende Kraft. Einerseits wird damit wieder zweifelhaft, ob die vergleichende Betrachtung der Schriften direkt eine Entwicklung des platonischen Denkens zu erkennen gibt. Andererseits aber bleibt doch auch dann, wenn man wie H. J. Krämer hier ein ziemlich »konstantes System« sieht, »immer noch ein großer Spielraum für die Entwicklung und allgemeine Ausgestaltung zum System übrig« (Pla-

tonbild S. 222 = 93). Ja, die Entwicklungsfrage gewinnt damit eine noch größere Bedeutung. Denn sie ist nun vor allem auch auf die Wechselwirkung zwischen Schriftwerk und mündlicher Lehre anzuwenden, und zwar wäre besonders darauf zu achten, wie die Dialoge nach und nach aus dem Boden der Schuldiskussion herauswachsen, wie sie sich allmählich in verschiedenen Hindeutungen der Prinzipientheorie annähern und auch, wie die Schriften ihrerseits den Diskussionen in der Akademie Anregungen vermitteln. In verfeinerter Form wird sich so wohl erneut die alte Auffassung herausbilden, daß bei Platon Systementwurf und Entwicklung sich nicht ausschließen, sondern eng zusammengehören.

Die Größe und die traditionsbildende Kraft Platons und auch unsere eigene Geschichtlichkeit treten uns vor Augen, wenn wir sehen, daß noch jede Zeit ihre Probleme in seinem Werk wiedergefunden hat und wie sich die Epochen der Geistesgeschichte im Wandel des Platonbildes spiegeln.

Wenn Platon im ›Siebten Brief‹ betont hat, daß sich der Sinn seiner Philosophie jedem nur in langer, unablässiger Bemühung erschließt, und wenn ein Freund bemerkte,[8] daß es mit den Lehren Platons sei wie in der Geschichte von den gefrorenen Worten, die erst später auftauen und vernehmbar werden, so scheint dies auch in einem größeren, geschichtlichen Rahmen gültig zu sein. Vielerlei ist stets daran beteiligt, daß Gedanken Platons nach langer Zeit gleichsam auftauen und neu verständlich werden. Die Philologie mit ihren Möglichkeiten des Bewahrens, Erinnerns und Wiederherstellens hat einen bescheidenen, aber notwendigen Anteil daran. Der philosophische Interpret wird mit seinem auf die Sache selbst gerichteten Blick immer noch einige Schritte weiter führen können. Alle einzelnen Versuche aber sind getragen von der seltsam wechselnden Macht des Zeitgeistes, der das Gespräch mit Platon durch die Jahrhunderte hindurch geführt hat und hoffentlich auch in Zukunft fortsetzen wird.

8 Überliefert bei Plutarch, Mor. 79 A.

II Platons Ideenlehre, Dialektik und Prinzipienlehre

Platons Ideenlehre aus heutiger Sicht (1982)

(Zusammenfassende Bemerkungen zu einem Referat, das am 21.9.1981 im Rahmen einer Fortbildungsveranstaltung des EFWI in Landau gehalten wurde)

1. Daß Platons Dialoge die Ideenlehre immer nur vorläufig-andeutend oder gleichnishaft behandeln, ist damit zu erklären, daß diese literarischen Werke keine Lehrschriften oder Forschungsberichte sind, sondern Gespräche, die dem Leser helfen sollen, auf den Weg des Philosophierens zu kommen und den Blick durch die verwirrende Vielfalt der Erscheinungen hindurch auf die Ideen zu richten. Nach Platons eigenen Äußerungen (besonders im ›Phaidros‹ und im ›Siebenten Brief‹ sowie nach den Berichten des Aristoteles und anderer Platonschüler) steht hinter den platonischen Schriften eine weiterreichende mündliche Lehre, deren Ziel es war, alle Dinge von höchsten Ideen und Ursachen (Zahlen und Zahlprinzipien) her zu begründen. Lesen wir die Dialoge in diesem weiteren Horizont, so erhalten wir die Freiheit, die in der literarischen Darstellung nicht ausgezogenen Linien systematisch weiterzuverfolgen und auf das von Platon vorausgesetzte einheitliche Ziel der Erkenntnis – auf die absolut maßgebende Idee des Guten – zu beziehen.

2. Die Diskussion darüber, ob es denn die platonischen Ideen wirklich gebe, ist so alt wie die Ideentheorie selbst. Ihren einfachsten Ausdruck hat sie in der Kyniker-Anekdote gefunden, die erzählt (Diogenes Laertius 6,53): Als Antisthenes zu Platon sagte »Ein Pferd sehe ich wohl, eine Pferdheit nicht«, da antwortete dieser: »Weil du das Auge, mit dem man ein Pferd sieht, hast, das Auge der Vernunft aber nicht.«

3. Ein Überblick über die Wirkungs- und Rezeptionsgeschichte der Ideenlehre zeigt, daß die ursprüngliche Gesamtkonzeption bei den Späteren immer wieder neu lebendig geworden, dabei aber doch stets nur einseitig und partiell zur Wirkung gekommen ist – je nach dem eigenen Anliegen, das man bei Platon wiederfand oder in der Auseinandersetzung mit ihm gewann. Jeder sah die platonischen Ideen so, wie er sie von seinem Standpunkt aus verstehen konnte und wollte. Bis heute hat jeder, wie man zynisch sagt, den Platon, den er verdient. Philosophische Denker, Dichter und Künstler sind oft (wie man es schon bei Aristoteles sieht) gerade durch die eigene Produktivität daran gehindert worden, Platon uneingeschränkt

zu verstehen. Der Philologie ist es in den letzten Jahrzehnten gelungen, das Gesamtsystem der platonischen Philosophie (unter Einbeziehung der mündlichen Lehre) wieder in den Blick zu bringen; aber ihre Interpretation bleibt insofern notwendigerweise hinter dem ursprünglichen Ganzen zurück, als sie mit ihren historisch-kritischen Mitteln die Sache nur doxographisch darzustellen, nicht lebendig zu erneuern vermag.

4. Die Unzulänglichkeit der späteren Aneignungen ist in der Eigenart der platonischen Ideenphilosophie selbst begründet. Platon hat betont, daß man
18 die Ideen | und Prinzipien nicht ohne hohe und vielfältige Begabungen, nicht ohne angestrengte mathematisch-dialektische Studien, ja nicht ohne eine bestimmte Lebensführung zu erkennen vermag. Oftmals hat er dargelegt (Epist. 7, 342 A – 344 D), wie schwierig und voraussetzungsreich es ist, über die abbildhaften Medien der Dinge hinaus zur Erkenntnis der Wahrheit zu gelangen, und wie leicht dabei Mißverständnisse aufkommen können. Damit hat sich Platon von vornherein der Kritik, seine Ideenlehre sei nicht plausibel, weitgehend entzogen. Es ist ein Signum seiner Philosophie, daß sie nicht allgemeinverständlich und sofort einleuchtend, sondern zunächst befremdlich ist. Populär kann sie nur um den Preis der Verfälschung werden.

Andererseits hat sich gerade Platon vor allem als Schriftsteller unentwegt bemüht, öffentlich zu wirken und so viele Menschen wie möglich auf die wahren Leitsterne der Ideenwelt aufmerksam zu machen. Er wollte die Erfahrung seiner Ideenschau gleichsam in der Höhle zur Wirkung bringen. Seine Dialoge zeigen, daß er auch schon die ersten Schritte der Verunsicherung, der Umkehr und der suchenden Annäherung für lohnend hielt.

5. Das Problem, das Platon mit seiner Ideenlehre zu lösen versuchte und das bis heute im Zentrum des philosophischen Denkens steht, kann man auf die Frage reduzieren, wie die Universalien (Allgemeinbegriffe), die grundsätzlich nicht empirisch faßbar sind, erklärt werden sollen. Mit dem platonischen Lösungsvorschlag, der Annahme transzendenter, übersinnlicher Entitäten, konkurrieren seit jeher andere Erklärungen: (a) die Universalien seien real in den konkreten Erscheinungen vorhanden (immanent-realistische Position, so schon Aristoteles), (b) sie seien gedankliche Vorstellungen (konzeptualistische Position), (c) sie seien sprachliche Zeichen in verallgemeinernder Funktion (nominalistische Position). Heute beherrschen die beiden letztgenannten Auffassungen das Feld. Man kann aber nicht sagen, Platons Theorie sei widerlegt. Wer dies behauptet, übersieht die Bedingtheit des eigenen (etwa empiristischen) Standpunktes. Entscheidend sind hier auf jeder Seite Überzeugungen und Sehweisen, die so fundamental sind, daß sie mit logischen Gründen weder verifiziert noch falsifiziert werden können.

6. Die platonische Ideenlehre ist eine Theorie zur Lösung des Universalienproblems, sie will aber noch weit mehr leisten als dies, und sie kann nur im Blick auf ihren weitergehenden Anspruch adäquat beurteilt werden. Bei al-

ler Strenge seines Denkens und Rechenschaftgebens ist Platons Wahrheitserfahrung im Grunde religiöser Art. Dies hat auch Aristoteles gesehen, wenn er in der ›Elegie an Eudemos‹ (Aristotelis fragmenta selecta, ed. Ross, S. 146) von Platon spricht als dem Mann, »der als Einziger oder als Erster der Sterblichen deutlich kundgetan hat durch das eigene Leben und durch die Darlegungen seiner Lehre, daß der Mensch gut und glücklich zugleich wird.« Noch heute kann jeder Leser der Dialoge erfahren, daß Platon vor lebensentscheidende Fragen stellt, deren Beantwortung man sich nicht durch Argumente für oder wider die Richtigkeit der Ideenlehre abnehmen lassen kann. Eher ist für ihn die Möglichkeit der Ideenerkenntnis von der existenziellen Entscheidung abhängig. | 19

Man liest die platonischen Dialoge im Sinne ihres Autors wohl nur dann richtig, wenn man dabei bereit ist, sich selbst in Frage stellen zu lassen und den Ahnungen aufmerksam nachzugehen, die Platon zur Gewißheit erheben will: der Ahnung, daß es Dinge gibt, die mit den Sinnen nicht unmittelbar festgestellt werden können und die doch höchst real sind, nämlich das Seelische und Geistige im Körperlichen, das Ganze einer Sache und eines Menschenlebens im Partiellen und Augenblicklichen, und der Ahnung, daß in der unendlichen Vielheit der Erscheinungen eine umfassende, sinngebende Einheit am Werk ist.

Platon 1984 –
Zur Kritik an Platons Staatsutopie (1984)

Die Ansicht, daß der in Platons ›Politeia‹ beschriebene Idealstaat totalitäre Züge aufweist, ist heute weit verbreitet. Demnach hätte Platon eben das empfohlen, wovor George Orwells Buch ›1984‹ warnen will. In der Tat könnte man gewisse Übereinstimmungen zwischen der platonischen Staatsutopie und der Schreckensvision Orwells feststellen: Hier wie dort eine hierarchische Schichtung in drei Klassen, die Abschaffung von Familie und Privatleben für die Mitglieder der herrschenden Partei, Beschränkung der individuellen Freiheit durch staatliche Kontrolle, Zensur, Uniformierung. In Orwells totalitärem Staat gibt es ein »Wahrheitsministerium« genanntes Propagandazentrum, dessen Aufgabe es ist, alles Denken ideologisch gleichzuschalten: an die Stelle der wirklichen Welt soll die Pseudo-Wahrheit treten, die dem Interesse der Machthaber dient. Bei Platon ist die Welt der gewöhnlichen Erfahrung bloßer Schein gegenüber der Wahrheit, die nicht allen Menschen, sondern nur den zur Herrschaft berufenen Philosophen ganz zugänglich ist.

Die These, Platon sei eigentlich von Machtinteressen geleitet gewesen und sein politisches Denken sei inhuman, vertrat am wirkungsvollsten Sir Karl Popper in dem zuerst 1945 englisch erschienenen Buch ›Die offene Gesellschaft und ihre Feinde, Band I: Der Zauber Platons‹. Es heißt dort, nach der inneren Logik seines antihumanitären Ziels sei Platon gezwungen worden, »die Gedankenfreiheit und das Suchen der Wahrheit zu bekämpfen…, Lügen, politische Wunder, tabuistischen Aberglauben, die Unterdrückung der Wahrheit und schließlich die brutale Gewalt zu verteidigen.« Andere Erklärer haben versucht, diese Vorwürfe zurückzuweisen, indem sie die freiheitlichen Züge in Platons Denken hervorhoben (am ausführlichsten R. B. Levinson, In defense of Plato, 1953).

Die Kontroverse darüber, ob das politische Ideal Platons mit unserem Demokratieverständnis vereinbar ist oder ihm widerspricht, ist bis heute unentschieden geblieben. Das Jahr 1984 mag Anlaß geben zu dem Versuch, die Bedingungen der Möglichkeit des Streits zwischen Kritikern und Apologeten Platons metakritisch zu klären.

I Geschichtliche Erfahrungen

Zwei Richtungen der Kritik an Platons Idealstaat sind so alt wie die ›Politeia‹ selbst: der Utopismus- und der Aristkratismusvorwurf. (1) Dreimal duckt sich Sokrates, bevor er seine Ansichten ausspricht, vor der Woge der Lächerlichkeit: was er sagt, klingt weltfremd und wirklichkeitsfern. Bald hört man das Wortspiel, Platon sei ein »plātton«; d.h. ein Phantast oder Utopist. Auf diesen Ton ist auch die Kritik des Aristoteles gestimmt: er hält Platons Staatstheorie für unrealistisch. Kaiser Mark Aurel, der wie kein anderer die zentrale Forderung der ›Politeia‹, politische Macht und philosophische Erkenntnis müßten vereinigt sein, in seiner Person verwirklichte, notierte in seinen ›Selbstgesprächen‹ (9, 28): »Hoffe nicht auf Platons Staat, sondern sei zufrieden, wenn es in kleinen Schritten vorwärts geht!« (2) Von Anfang an wurde Platon, der seiner Herkunft nach zu den Aristokraten und Oligar-
12 chen gehörte, verdächtigt, sei- | ne politische Philosophie diene den Interessen seines Standes. Neuerdings kehrt diese Kritik in der marxistischen Literatur (etwa bei Ernst Bloch) wieder: Platons Idealstaat beruhe auf reaktionärem Klassendenken, da hier eine Elite privilegiert, die Masse ausgebeutet werde.

Der Vorwurf des Totalitarismus hingegen ist modernen Ursprungs. Nachdem zuerst im 19. Jahrhundert gelegentlich erklärt worden war, in Platons Staat hätten die Bürger ihr individuelles Glück der Macht des Staates zu opfern, hat dieses Urteil seit etwa fünfzig Jahren eine entschiedene Verschärfung und weite Verbreitung erfahren. Dies ist offenbar eine Folge der neuen Erfahrungen mit totalitären Staaten in Ost und West. Vor allem das Erschrecken über die nationalsozialistische Gewaltherrschaft lenkte den Verdacht der Urheberschaft auch auf Platon, was umso näher lag, als einige deutsche Autoren jener Zeit Platon für ihren Führerkult beansprucht hatten. Der Hauptangriff auf den ›Totalitarismus‹ Platons kam von Vertretern des Empirismus, des rationalistischen Positivismus und des demokratischen Liberalismus (wie, neben Popper, Bertrand Russell und Hans Kelsen). Poppers Buch ist vom Haß gegen den Nazismus erfüllt; und dies macht seine Interpretationen an vielen Stellen gewaltsam. Dennoch wäre es möglich, daß ihm und anderen Kritikern das eigene Erleben den Blick geschärft hat für eine bislang verborgene Gefährlichkeit des platonischen Denkens.

II Hermeneutische Schwierigkeiten

Die verschiedene Sicht der Kritiker und der Apologeten Platons ergibt sich zum Teil daraus, daß sie in unterschiedlicher Weise die geschichtliche Distanz, die uns von Platon trennt, überspringen. Beide unterscheiden nicht genügend zwischen der zeitbedingten Gestalt des platonischen Staatsdenkens und seinem übertragbaren philosophischen Kern. Mit einer Modernisierung, die unseren Freiheitsbegriff aus Platon herausliest, ist nichts gewonnen. Ebenso wenig Sinn hat es, Platon dort zu kritisieren, wo er, wie jeder Denker, in Vorstellungen seiner Zeit befangen war. Platon hat sich nicht für die Abschaffung der Sklaverei und der Todesstrafe und nicht für die Trennung von Staat und Religion ausgesprochen – was auch den athenischen Demokraten und den aufgeklärtesten Geistern jener Zeit fernlag.

Andere Verständnisprobleme entstehen dadurch, daß wir geneigt sind, nach den persönlichen Motiven Platons zu fragen und dabei zwischen seinen Äußerungen und dem, was bewußt oder unbewußt dahintersteht, zu unterscheiden. Dieser Methode bedienen sich die Kritiker, wenn sie erklären, daß Platon zwar vorgebe, die Wahrheit zu erkennen und die Menschen glücklicher machen zu wollen, daß sein eigentlicher Zweck aber die Machtausübung sei. Damit wird Platon zu einem Fall für den Psychiater; und auch diese Art der Auslegung kann man am ehesten psychologisch verstehen.

Hält man sich, wie es philosophischer und philologischer Interpretation zukommt, an die Aussagen und Sachargumente Platons, so geht aus seinen Schriften klar genug hervor, daß ihm an Erkenntnis und nicht an Macht gelegen war. Hätte er politische Macht gewinnen wollen, so hätte er dies, weil damals Machtstreben noch nicht so verpönt war wie heute, offen aussprechen können. Nun führt er aber in der ›Politeia‹ aus, der Reiz der theoretischen Erkenntnis sei so groß, daß man den Philosophen zwingen müsse, in die Höhle zurückzukehren, d. h. sich um die praktische Politik zu kümmern. Gerade deswegen seien die Philosophen die besten Politiker, weil sie, die etwas Schöneres ken- | nen und erstreben, auf die Macht keinen 13
Wert legen. Im ›Siebenten Brief‹ sagt Platon von sich selbst, nur ungern habe er seine philosophischen Studien verlassen, um nach Syrakus zu fahren und die politischen Pläne seines Freundes Dion zu unterstützen.

III Gegensätzliche philosophische Positionen

Hauptsächlich liegt der Grund für die neuere Kontroverse um Platon darin, daß die Apologeten den Wahrheitsanspruch Platons akzeptieren oder undiskutiert auf sich beruhen lassen, während die Kritiker von einem philosophischen Standpunkt aus urteilen, der Platons metaphysischer Seinslehre entgegengesetzt ist. Für Platon ist die Realität gestuft: das Seelische, Geistige, Ideelle hat einen Vorrang des Seins und des Wertes vor dem Körperlichen oder Materiellen. Demgemäß sind die Menschen voneinander werthaft verschieden, je nach dem, wie weit sie sich der höheren Wirklichkeit annähern; und die Begabtesten können durch philosophische Anstrengung so weit kommen, daß sie die Idee des Guten als höchste Seinsursache erkennen. Die empiristisch, positivistisch oder liberalistisch denkenden Kritiker Platons hingegen sind überzeugt, daß es solche Grade des Seins nicht gibt, ja daß etwas objektiv Seiendes und Gutes philosophisch nicht ausgemacht werden kann: Der Mensch könne eine absolute Wahrheit niemals erreichen; und jeder Versuch einer ›Letztbegründung‹ sei eine zum Scheitern verurteilte Anmaßung.

Von dem skeptischen, antimetaphysischen Standpunkt aus gesehen, nimmt nun tatsächlich das, was Platon von seiner Ideenerkenntnis her politisch fordert, totalitäre Züge an. Wenn es keine verbindliche Wahrheit gibt, dann ist Platons Behauptung einer solchen eine Täuschung, bestenfalls eine Selbsttäuschung; und der Verdacht liegt nahe, daß er mit seinem Wahrheitsanspruch die Dinge nicht nur denkerisch, sondern auch politisch in den Griff bekommen wollte. Die Idee des Guten wird dann zu einem nur eingebildeten utopischen Fluchtpunkt, das Staatsmodell zu einer willkürlichen und gewaltsamen Konstruktion. Das heißt praktisch: jeder Versuch, den platonischen Idealstaat zu verwirklichen, muß zu totalitären Maßnahmen führen, wenn die normativen Voraussetzungen Platons nicht wahr sind und wenn es also die Philosophenherrscher, die sich am wahrhaft Guten orientieren, gar nicht geben kann. Ist Platons Wahrheit eine Illusion, dann müssen wir uns hüten, seinem Zauber zu verfallen: dann steht hinter den schönen Worten das Gespenst des Totalitarismus. »Die Welt in Worten aus einem Prinzip ableiten zu wollen, ist die Verhaltensweise dessen, der die Macht usurpieren möchte, anstatt ihr zu widerstehen« (Th. W. Adorno).

Das Problem wäre also für uns erledigt, wenn Platons Seins- und Prinzipientheorie durch die moderne philosophische Kritik widerlegt wäre. Aber so einfach läßt sich der Stachel der platonischen Frage nach dem, was an sich wahr, gut und vernünftig ist, nicht herausziehen. Die erfolgreiche Mathematisierung der Welt durch die moderne Physik spricht sogar eher für Platons Annahme einer geistigen Einheit aller Dinge; und die Tatsache der Evolution ist besser verständlich, wenn ›Geist‹ und ›Bewußtsein‹ nicht späte Nebenprodukte der Entwicklung sind, sondern diese von Anfang an gesteuert haben. Die Voraussetzungen der beiden Grundpositionen – der idealistischen wie der antimetaphysischen – sind so fundamental, daß sie sich mit logischen Mitteln nicht widerlegen und nicht beweisen lassen. Und eben deswegen mußte auch der Streit um die platonische Staatsutopie un-
14 entschieden bleiben. |

IV Utopie und Utopiekritik bei Platon

Platon hat den idealen Staat in die utopische Transzendenz hinausgehoben: vor aller konkreten Darstellung und Verwirklichung soll er in der Ideenwelt und im Bereich der Seele schon immer präformiert sein. Die Aussage, daß er »auf Erden nirgendwo«, aber »vielleicht im Himmel als paradigmatisches Urbild« zu finden ist (Politeia 9, 592 AB), verweist nicht auf ein imaginäres Niemandsland oder auf ein zukünftiges Ziel der Geschichte, sondern – da

›Himmel‹ ein mythischer Ausdruck für die Transzendenz ist – auf das überzeitlich Seiende.

Die platonische Idealstaatstheorie ist nun aber stets insofern mit Utopiekritik verbunden, als Platon für die politische Praxis eine Anpassung an die jeweils gegebenen Verhältnisse und eine Berücksichtigung der menschlichen Unvollkommenheiten fordert. Auf die Frage, ob der ›beste Staat‹ überhaupt realisierbar sei, antwortet Sokrates (Politeia 5, 473 AB): »Wenn wir einen Staat finden, der unseren theoretischen Vorstellungen so nahe wie möglich kommt, wollen wir als erwiesen annehmen, daß sie verwirklicht werden können.« Damit eröffnet sich ein weites Feld der Vermittlungen zwischen dem idealen Modell und der geschichtlichen Wirklichkeit. Platon beschreibt in der ›Politeia‹ und im ›Politikos‹ eine ganze Reihe von weniger guten Staatsformen. Mit dem großen Spätwerk der ›Nomoi‹ entwirft er einen zweitbesten Staat, der den Fähigkeiten der menschlichen Natur entgegenkommt (5, 739 B–E). Die philosophische Erkenntnis wird hier durch vernünftige Gesetze repräsentiert. Da der Mensch, so erklärt Platon (9, 875 A–D), in der Versuchung ist, sich durch die Macht korrumpieren zu lassen, bedarf es der objektiven Rechtsnormen. Auch bei den Reformversuchen, die Platon und seine Schüler in Syrakus und anderen griechischen Staaten unternommen haben, ging es niemals um die unvermittelte Verwirklichung des Idealstaates, sondern immer nur um relative Verbesserungen je nach den gegebenen Umständen. Überall zielten die politischen Aktivitäten der platonischen Schule auf eine gesetzliche Verbindung oder ›Mischung‹ von demokratisch-freiheitlichen und monarchisch-autoritativen Komponenten.

Sieht man auf Platons theoretische und praktische Bemühungen um eine Überbrückung der utopischen Differenz, so wird klar, daß das ideale Staatsmodell nicht nur ein unverbindliches Gedankenspiel und keine bloße Utopie war: auf dem Wege der Vermittlung und Anpassung sollte das Idealbild durchaus das politische Handeln bestimmen. Zugleich erweist sich aber auch der Totalitarismusvorwurf als Mißverständnis, sofern er nämlich voraussetzt, Platon habe den Idealstaat kompromißlos verwirklichen wollen, was in der Tat nicht ohne Gewaltsamkeit möglich wäre.

V Dialektik als Verbindung der Gegensätze

Die wohl wichtigste Bedingung für den modernen Streit liegt in der Eigenart der platonischen Dialektik. Als Dialektiker versucht Platon auf allen Gebieten gegensätzliche Werte als komplementär zu verstehen und in einer übergreifenden Einheit aufzuheben. Das Gute sieht er in einer Vermittlung und Vereinigung von Gegensätzen, das Schlechte in deren extrem einseitiger Verwirklichung. Mit seiner dialektischen Methode überwindet Platon die je einseitigen Positionen. Seine Stärke wird aber zu einer Schwäche, wo immer ein Interpret, undialektisch denkend, den Blick auf den einen oder

den anderen der gegensätzlichen Werte einengt, statt auf ihre Verbindung zu achten. Die mißverstandene Dialektik führt so zur Zweideutigkeit und
15 zu divergierenden Auslegungen. |

Im politischen Leben sieht Platon vor allem eine Tendenz zur Herrschaft (oder zur Überordnung und Unterordnung) und eine entgegengesetzte Tendenz zur Freiheit aller. Die Kunst des Politikers soll nun darin bestehen, daß er diese beiden Faktoren miteinander verbindet; und der philosophische Gesetzgeber weiß, daß dieser Ausgleich durch die dialektische Struktur der Seinsordnung normativ gefordert wird. Im 8. und 9. Buch der ›Politeia‹ wird der Zerfall des besten Staates als fortschreitende Dissoziierung der beiden gegensätzlichen Werte beschrieben: Im besten Staat sind Herrschaft und Freiheit so verbunden, daß sie sich gegenseitig ergänzen und potenzieren; in den schlechten Verfassungen fällt beides auseinander, am weitesten und schlimmsten in der Tyrannis eines Despoten einerseits und in der anarchisch entarteten Demokratie andererseits. Ausführlich expliziert das 3. Buch der ›Nomoi‹ diese Normstruktur (am Beispiel Persiens und Athens); und der ›8. platonische Brief‹ empfiehlt den Syrakusanern in diesem Sinne, eine aus demokratischen und monarchischen Elementen gemischte Verfassung einzuführen.

Bei undialektisch simplifizierender Auslegung der Texte kann es nun leicht zu der modernen Meinungsverschiedenheit kommen, da man bei Platon sowohl autoritäre als auch freiheitliche Motive findet. Versteht man hingegen, daß Platons Ziel der dialektische Ausgleich von Herrschaft und Freiheit ist, so zeigt sich vor allem auch, daß sein Ideal vom Totalitarismus radikal verschieden ist. Totalitäre Unfreiheit und Gewalt tritt ja nach seiner Darstellung gerade dort auf, wo die Entfernung vom Philosophenstaat am größten ist: in der Tyrannis und in der Anarchie.

Ein anderer Aspekt der dialektischen Normstruktur Platons zeigt sich im Blick auf menschliche Gleichheit und Ungleichheit. Platon stellt dem Politiker die Aufgabe, die natürliche Ungleichheit der Menschen und ihre wünschenswerte Gleichberechtigung so zu vermitteln, daß die positiven Implikationen gestärkt, die negativen eliminiert werden. Sein Idealstaat beruht auf dem Grundsatz, daß die Menschen das gleiche Anrecht auf Glück haben – wenn auch nicht auf das gleiche Glück, weil sie infolge ungleicher Anlagen und Neigungen nur auf verschiedenen Wegen glücklich werden können. Das Problem der Gleichberechtigung von Mann und Frau wird im 5. Buch (453 E – 454 B) ausdrücklich unter dialektischen Gesichtspunkten erörtert: was biologisch verschieden ist, kann und soll doch politisch gleichwertig sein. Platon sucht, mit einem Wort, die proportionale Gleichheit zwischen nivellierender Gleichheit und unproportionierter Ungleichheit.

Auch zwischen den Interessen des Individuums und denen der Gesamtheit sucht Platon den dialektischen Ausgleich. »Platon machte den ersten systematischen Versuch, eine Philosophie der Individualität im Einklang mit den Idealen der Polis zu konzipieren. Er begriff Mensch und

Staat als wechselseitig voneinander abhängige Strukturen....« (Max Horkheimer).

Platon hat sich einerseits entschieden für den Gewaltverzicht bei politischen Auseinandersetzungen ausgesprochen. Die Philosophenherrschaft soll, wenn sie überhaupt möglich ist, nur mit der Zustimmung aller zustandekommen. Jeder Umsturz, auch die Einführung einer besseren Verfassung sei abzulehnen, wenn dabei Menschen verbannt oder getötet werden (7. Brief, 331CD), Nach dem Dialog ›Kriton‹ ist auch der Ungehorsam gegenüber den Gesetzen der Stadt eine Art Gewaltanwendung, die selbst dann nicht erlaubt ist, wenn durch die Gesetze Unrecht geschieht. Platon vertritt ja auch die | Ansicht, daß es besser ist, Unrecht zu leiden als Unrecht zu tun. 16
Andererseits empfiehlt Platon Gesetze, nach denen der Staat von Rechts wegen Gewalt gegen Übeltäter anwenden muß. Dies steht – bis heute – nicht im Widerspruch zur Forderung der Gewaltlosigkeit, sondern soll sie so weit wie möglich gewährleisten. Platon sieht sogar ein Widerstandsrecht gegen den Staat selbst vor, »wenn es sich als notwendig erweisen sollte, daß der Staat besser im Aufruhr zugrundegeht, ehe er das Sklavenjoch tragen muß und sich von schlechten Leuten lenken läßt« (Nomoi 6, 770 DE).

VI Ein lehrreiches Rezeptionsphänomen

Was ist also aus dem Streit um Platon zu lernen? Der Vorwurf totalitären Denkens ist so sehr ein Ausdruck moderner Erfahrungen und Vorurteile, daß er mehr über die Ansichten der Kritiker aussagt als über Platon selbst. Ja, der Vorwurf fällt auf denjenigen zurück, der – in bester Absicht – nur sein eigenes Feindbild auf das fremde Denken überträgt und, weil er den eigenen Standpunkt für unbedingt richtig hält, nicht fähig ist, in einen Dialog einzutreten.

In Orwells ›1984‹ sieht man, wie der totalitäre Staat die Geschichte manipuliert und austilgt. Die Erinnerung an historische Alternativen zu den bestehenden Verhältnissen soll verschwinden. Deswegen ist es wohl ein Beitrag zur Verhinderung von totalitärer Willkür, wenn die historische Vergewisserung immer wieder zu Bewußtsein bringt, wie es eigentlich gewesen ist. Was Platon angeht, so waren seine politischen Vorstellungen anders als sie erscheinen, wenn man sie einfach in den eigenen, heutigen Verständnishorizont hereinzieht.

Allerdings wirft der Totalitarismus-Vorwurf doch auch, wie jede noch so einseitig verkürzende Rezeption, ein Licht auf Platon zurück. Durch die moderne Umdeutung sehen wir klarer, wie leicht Platons ›bester Staat‹ mißverstanden werden kann und, unter anderen Vorzeichen, zum schlechtesten Staat wird. Weil wir dies deutlich sehen und weil der philosophische Wahrheitsanspruch Platons heute von den allermeisten Menschen nicht akzeptiert wird, wäre es aussichtslos und gefährlich, von der einfachen Verwirklichung des platonischen Idealstaates die Lösung der politischen Probleme zu erwarten. Ein verhängnisvoller Irrtum wäre es gar, wenn man glauben würde, heute müsse Platons Forderung der Philosophenherrschaft als Weltregierung gedacht werden. Dabei wäre die Zustimmung aller am wenigsten zu erreichen und also Gewaltsamkeit unvermeidlich.

VII Die bleibende Herausforderung

Der gegen Platon gerichtete Verdacht, ein Wegbereiter des Totalitarismus zu sein, hat Verwirrung und Schaden angerichtet. Bloße Apologetik kann dagegen nicht viel ausrichten. Fruchtbarer wäre es, die polititschen Intentionen Platons produktiv weiterzuentwickeln – wie es Immanuel Kant vom Gedanken der Philosophenherrschaft gesagt hat: »Man würde besser tun, diesem Gedanken mehr nachzugehen und ihn, wo der vortreffliche Mann uns ohne Hilfe läßt, durch neue Bemühung ins Licht zu stellen« (Kritik der reinen Vernunft A 316).

Provozierend richtig bleibt die Forderung, daß die Einsichtigsten regieren sollten. Ethisch indifferente Sachkompetenz reicht für gute Politik offenbar nicht aus. Was in der Weltpolitik heute herrscht, ist sicher nicht die
17 Vernunft, eher das Mißtrauen. Minde- | stens die negative Seite von Platons Satz hat sich bewahrheitet: Es wird kein Ende des Unglücks geben für die Staaten und für die ganze Menschheit, solange nicht Macht und Erkenntnis des Guten in eins zusammenfallen.

Ebenso ist die Forderung, daß Macht und Privatbesitz getrennt werden müssen, eine unerfüllte Hoffnung. Daß die Herrscher und Wächter in Platons Idealstaat auf Privateigentum und Familie verzichten müssen, heißt ja: politische Macht ist nur dann legitim, glaubhaft, erträglich und gegen Mißbrauch gefeit, wenn die Mächtigen nicht durch die Macht profitieren.

Daß Platons Staatsutopie die gewöhnlichen Verhältnisse so weit übersteigt, ist – auch im Blick auf die Utopie der demokratischen Freiheit und Mündigkeit aller – eine bleibende Erinnerung an die Unvollkommenheit des je Erreichten, eine Mahnung zur Verbesserung des Bestehenden und eine Warnung vor dem Versuch, das Vollkommene unvermittelt mit einem Schlag verwirklichen zu wollen. Wer Platon gelesen hat, müßte sich sagen: so anspruchsvoll also ist es, gute Politik zu machen. Anspruchsvoll vor allem für den Einzelnen, der zuerst in seiner Seele für Ordnung sorgen soll: »Es macht keinen Unterschied, ob die wahre Polis irgendwo auf Erden existiert oder existieren wird; denn der Vernünftige bemüht sich ohnehin allein um diese und um keine andere« (Politeia 9, 592 AB).

Immer wieder hat sich seitdem auch pragmatisch als richtig erwiesen, was Platon mit der dialektischen Normstruktur des Ausgleichs der Gegensätze im Sinn hatte. Daß im politischen Bereich Freiheit kein absoluter, sondern ein relativer oder komplementärer Wert ist, gilt bis heute, wenngleich diese Einsicht in dem Hin und Her zwischen autoritären und emanzipatorischen Bestrebungen immer wieder vergessen wird. Die Erfahrung zeigt, daß Freiheit auf die Dauer nicht ohne Ordnung, Ordnung nicht ohne Freiheit gewährleistet ist. Dies gilt auch für die Folgen der Willkür und Gewalt gegenüber der Natur, die uns zu der Frage zwingen, wie viel Freiheit der Mensch biologisch zu ertragen vermag. Daß Platon noch zu viel Gewicht auf die Seite der Herrschaft, Ordnung und Stabilität, zu wenig auf die Seite der persönlichen Freiheit gelegt hat, sollte uns nicht hindern, die dialektische Kunst des Ausgleichs der Gegensätze zu üben – nun mit der Ponderierung: so viel Herrschaft wie nötig, so viel Freiheit wie möglich.

Die Ursprünge des idealistischen Naturbegriffs bei Platon (1987)

Die Teilnehmer an dem Tübinger Kolloquium über ›Hegel und die Naturwissenschaften‹ hier willkommen zu heißen, diese erfreuliche und ehrenvolle Aufgabe ist mir zugefallen, weil im letzten Jahr hier in Tübingen ein ähnliches italienisch-deutsches Symposion über Platon unter philologischer Regie stattgefunden hat. Meine Rolle ist es also jetzt, gleichsam die Fackel zu übergeben – von Platon zu Hegel, von der Antike in die Neuzeit, vom Philologischen Seminar an die Philosophen in der Alten Burse, nahe beim Tübinger Stift.

Das von mir spielerisch verwendete Bild von der Bewahrung des Lichts im Wechsel der Zeit hat Hegel in sehr gewichtigem Sinn gebraucht. 1816 sagte er in seiner Heidelberger Antrittsrede über die Deutschen und die Philosophie: »Wir haben den höheren Beruf von der Natur erhalten, die Bewahrer dieses heiligen Feuers zu sein …« Und 1818 in der Berliner Antrittsrede: »Uns ist die Bewahrung dieses heiligen Lichtes anvertraut, und es ist unser Beruf, es zu pflegen und zu nähren und dafür zu sorgen, daß das Höchste, was der Mensch besitzen kann, das Selbstbewußtsein seines Wesens, nicht erlösche und untergehe.« Die nationale Emphase dieser Sätze ist uns Deutschen inzwischen vergangen. Wenn man sich überlegt, wo heute eine tätige Begeisterung für die Sache der Philosophie zu finden ist, wird man vor allem an unsere italienischen Freunde in Neapel denken müssen: an das von Gerardo Marotta gegründete Philosophische Institut.

Daß von dem Neapler ›Istituto Italiano per gli Studi Filosofici‹ in Tübingen nun schon ein zweites Kolloquium ausgerichtet wird, macht deutlich, daß zwischen Neapel und Tübingen eine besonders | enge 3
Verbindung besteht. Die Zusammenarbeit ruht auf drei festgegründeten Pfeilern:

An erster Stelle ist die Initiative und fortwährende Munifizenz von Gerardo Marotta zu nennen. Als Gründer und Präsident des Neapler Instituts hat er das Fundament gelegt für alles, was inzwischen dort und von dort aus geschehen ist. Das italienische Institut ist in den letzten Jahren zu einem international anerkannten und beachteten, lebendigen und belebenden Zentrum philosophischer und philosophiehistorischer Studien geworden. Die Großzügigkeit, mit der die Tübinger Kolloquien von italienischer

Seite ermöglicht worden sind, verpflichtet zumal die deutschen Teilnehmer zu besonderem Dank.

Zum anderen sind wir mit dem Neapler Institut durch die Ziele, die man dort verfolgt, verbunden. Das ›Istituto Italiano‹ dient der Erforschung der Geschichte der Philosophie von der Antike bis zur Moderne und der Förderung philosophischer Studien auf allen Gebieten ohne jede Bevormundung. Zugleich ist das Institut aber auch bestrebt, einen Beitrag zur Bewältigung der politisch-zivilisatorischen und geistigen Krisen unserer Zeit zu leisten. Durch die Besinnung auf die Traditionen des europäischen Denkens sollen Kräfte und Einsichten gewonnen werden, die Wege in die Zukunft bahnen.

Schließlich ist von Bedeutung, daß das Neapler Institut, bei aller Offenheit, doch durch den idealistischen Grundzug der Philosophiegeschichte besonders geprägt ist. Die Philosophie des deutschen Idealismus ist in Neapel schon im letzten Jahrhundert produktiv rezipiert worden. Daran konnte Gerardo Marotta mit seiner Institutsgründung und mit seinen wissenschaftlichen wie politischen Bestrebungen anknüpfen. Aus diesem Grund ist es sinnvoll, daß eine Kooperation zwischen Neapel und Tübingen, der Stadt des jungen G. W. F. Hegel und F. W. J. Schelling, zustande gekommen ist und daß das Symposion über Hegel hier in Tübingen stattfindet. Wir dürfen
4 darauf vertrauen, daß uns der *genius loci* in diesen Tagen beistehen wird. |

I Hegel und Platon

Es ist sicherlich nicht unangemessen, wenn wir uns vor den Ausführungen über Hegels Naturphilosophie auf die Ursprünge des idealistischen Naturbegriffs besinnen, die bei Platon liegen. Hegel selbst hätte dem Versuch, seine Gedanken über die Natur im Licht der von Platon ausgehenden, durch Aristoteles und andere vermittelten Tradition zu sehen, gewiß nicht widersprochen. In der Vorrede zur zweiten Auflage der ›Enzyklopädie der philosophischen Wissenschaften‹ bemerkt Hegel, anders als bei gnostischen und mystifizierenden Lehren der Vergangenheit sei die Beschäftigung mit Platon und Aristoteles immer wieder lohnend (Hegel 1970f., 8, 31):

> Soll Altes erneut werden, d. i. eine alte Gestaltung, denn der Gehalt selbst ist ewig jung, so ist die Gestaltung der Idee etwa, wie sie ihr Platon und tiefer Aristoteles gegeben, der Erinnerung unendlich würdiger, auch darum, weil die Enthüllung derselben durch Aneignung an unsere Gedankenbildung unmittelbar nicht nur ein Verstehen derselben, sondern ein Fortschreiten der Wissenschaft selbst ist.

Hegel, der in Platon einen Vorläufer seiner eigenen Philosophie sieht, hat sich von ihm zeitlebens anregen lassen. Es mag uns verwundern, daß er die spekulative Kraft des Aristoteles noch höher einschätzt als die Platons, doch ist dies damit zu erklären, daß die terminologisch strengere und mehr systematische Darstellungsweise der aristotelischen Lehrschriften Hegels Streben nach begrifflicher Klarheit näher kommt als die nicht so exakt faßbare Ausdrucksweise der Dialoge Platons. Daher kann Hegel in den ›Vorlesungen über die Geschichte der Philosophie‹ sagen (Hegel 1970f., 19, 132):

> … Aristoteles (hat) in seiner Philosophie weitergeführt, was das Platonische Prinzip begonnen, sowohl in der Tiefe der Ideen als nach deren Ausdehnung. Aristoteles ist in die ganze Masse und alle Seiten des realen Universums eingedrungen und hat ihren Reichtum und Zerstreuung dem Begriffe unterjocht. | 6

Was Hegel bei Platon geradezu stört, ist die mythische und bildhafte, die ›vorstellende‹ Sprache seiner dichterischen Darstellungskunst. Er sieht darin eine Unfähigkeit des Gedankens. Wir beurteilen dies heute anders, da wir in den platonischen Dialogen zum einen den Reichtum der Aspekte bewundern und zum anderen die Zurückhaltung gegenüber begrifflicher Systematik besser verstehen. Hegel war wohl mit den meisten Dialogen Platons vertraut, aber nicht mit den Berichten der Schüler Platons über seine mündlich erörterte Prinzipientheorie. Nach diesen Zeugnissen hat Platon die verschiedenen Bereiche und Strukturen seines philosophischen Denkens in einer dialektischen Zusammenschau vereinigt. Hätte Hegel diese prinzipielle Zusammenführung der platonischen Philosophie gekannt, hätte er sich gewiß mehr auf Platon als auf Aristoteles berufen. Vielleicht gibt Platons Verzicht auf eine öffentliche Mitteilung der scheinbar einfachen begrifflichen Synthese aber doch auch eine tieferliegende Verschiedenheit des Denkstils der beiden Philosophen zu erkennen.

Platons Naturphilosophie suchte Hegel mit Recht im ›Timaios‹. Seine Auslegung des Dialogs (Hegel 1970f., 19, 86–105) ist allerdings dürftig, weil er auch hier den rein gedanklichen Gehalt sucht und sich auf die mythisch-poetische Darstellungsweise, die er für naiv, kindlich und noch verworren hält, kaum einläßt. Was Hegel aus dem ›Timaios‹ herausliest, sind mehr seine eigenen Gedanken als die Platons. Besonders wichtig ist ihm, was Platon über die Analogie als das einigende Band im Kosmos sagt (Timaios 31 B–32 C): für Hegel eine Vorahnung der Einheit der miteinander verbundenen Extreme. Ebenso findet er in dem Abschnitt über die Zusammenmischung der Weltseele (35 A) seine Hauptlehre von der Identität des Identischen und Nicht-Identischen, der Einheit des Einen und des Vielen angedeutet.

Bei aller Verschiedenheit zwischen Platon und Hegel sind nun aber die tiefreichenden Gemeinsamkeiten nicht zu übersehen. Was Hegel mit der platonischen Tradition am stärksten verbindet, ist die Annahme einer ursprünglichen geistigen Einheit aller Dinge. Beide Denker versuchen, gerade auch die Natur von der Dialektik des Geistes her zu begreifen. | 7

Weil sein Denken mit dem platonischen verwandt ist, kann uns Hegel helfen, die Bedeutung der abstrakt oder gar abstrus wirkenden Begriffe Platons zu verstehen. Über die bei Sextus Empiricus überlieferte pythagoreische Prinzipientheorie, die, wie wir heute wissen, von Platon herstammt, bemerkt Hegel, die Begriffe »Eins, Viele, Gleiches, Ungleiches, Mehr, Minder« seien scheinbar trivial und leer, und doch sei »in ihren Verhältnissen das absolute Wesen, der Reichtum und die Organisation der natürlichen wie der geistigen Welt befaßt«.»Derjenige, der das Spekulative nicht kennt, hält nicht dafür, daß mit einer Bezeichnung solcher einfachen Begriffe das absolute Wesen ausgesprochen sei, … daß Gott im spekulativen Sinne damit ausgesprochen ist, das Erhabenste in diesen gemeinen Worten, das Tiefste in diesen bekannten, oben- und offenliegenden, das Reichste in der Armut dieser Abstraktionen« (Hegel 1970f., 18, 250).

Nicht von ungefähr sind beide Denker auch mit ähnlichen Vorwürfen bedacht worden. Von positivistischer, empiristischer und liberalistischer Seite hören wir, ihre Theorien seien irrational und autoritär oder gar totalitär. Popper hat Hegel und Platon als ›Feinde der offenen Gesellschaft‹ in Mißkredit gebracht. B. Russell fand in einem Essay aus dem Jahr 1950 Platons Denken ebenso reaktionär-dogmatisch wie das Hegels, von dem er sagte: Hegels Ansehen habe ihn zunächst vermuten lassen, daß seine Philosophie eine gewisse Wahrheit enthalte; aber davon sei er abgekommen, als er entdeckte, daß alles, was Hegel über die Philosophie der Mathematik sage, barer Unsinn (»plain nonsense«) sei.

Bei Platon glaube ich zu sehen, daß er von einer Kritik, die ihm Verrat an der freiheitlichen Aufklärung vorwirft, nicht wirklich getroffen wird. Bei Hegel ist es vielleicht schwieriger, ihn gegen solche Vorwürfe zu verteidigen; aber darüber mögen die Hegelkenner urteilen. Auf jeden Fall ist durch jene Angriffe, mögen sie auch in manchem berechtigt sein, vieles verdrängt worden, was die idealistische Philosophie an unwiderlegbaren Einsichten
8 zu bieten hat. |

II Aktuelle Probleme des Naturverständnisses

Der Beschäftigung mit dem idealistischen Naturbegriff Platons und Hegels kommt heute nicht nur eine antiquarisch-historische Bedeutung zu. Die Fragen, wie wir die Natur verstehen und wie wir mit ihr umgehen sollen, werden uns durch die ökologische Krise gegenwärtig unausweichlich aufgedrängt; und vielleicht führt der Rückblick auf die geistesgeschichtlichen Voraussetzungen auch zu hilfreichen Alternativen.

Die ›Umweltkrise‹ zeigt uns deutlich genug, daß im Verhältnis zwischen Mensch und Natur etwas ›nicht stimmt‹. Wir stehen vor ›Grenzen des Wachstums‹ und sehen unsere Existenz bedroht durch die Erschöpfung der natürlichen Ressourcen, mehr noch durch den möglichen Mißbrauch der Kernenergie. Auch die Möglichkeiten der biotechnischen Manipulation mit den genetischen Bauplänen der Lebewesen sind unheimlich, weil die moralische Entwicklung des Menschen mit der wissenschaftlichen offenbar nicht Schritt gehalten hat.

Wahrscheinlich ist die Krise prinzipiell darauf zurückzuführen, daß der Mensch die Natur immer mehr als Objekt und Material, als Gegenstand der Ausbeutung aufgefaßt und behandelt hat. Wir haben fast vergessen, daß wir selbst ein Teil der Natur sind, und haben zu wenig damit gerechnet, daß die technokratische Unterdrückung der Natur schließlich uns selbst treffen muß.

Die modernen metaphysikfeindlichen Welterklärungen (von K. Marx bis J. Habermas und K. Popper) neigen zu der Ansicht, daß der Natur als einem Bereich der Notwendigkeit und des Materiellen, wenn nicht gar des Materials, die menschliche Gesellschaft mit ihren politisch-sozialen und wirtschaftlichen Belangen als ein Bereich der Freiheit gegenübersteht. Diese Unterscheidung mag dem Interesse, die Natur zu beherrschen und auszubeuten, entgegenkommen. Doch scheint die Natur selbst uns heute rigoros daran zu erinnern, daß wir Menschen uns nicht ungestraft aus ihren Ordnungen emanzipieren können. Und durch die Gewaltsamkeit im Umgang mit der Natur | gerät auch die Friedlichkeit des menschlichen Zusammen- 9
lebens in Gefahr.

Da es offenbar darauf ankommt, die ›äußere‹ Natur und die ›innere‹, vernünftige Natur zusammenzusehen, ist zu fragen, ob eine Erneuerung des Naturverständnisses der idealistischen Philosophie – im Anschluß an Platon und Hegel – zur Erklärung und Bewältigung der Krise, die anscheinend durch eine falsche Naturauffassung heraufbeschworen worden ist, etwas beitragen kann. Beide Philosophen vertreten ja die Ansicht, daß die sichtbare Natur Ausdruck einer geistigen, ideellen Wirklichkeit ist und daß daher in der äußeren Natur dieselben Kräfte und Gesetze walten wie im erkennenden Denken und etwa auch im gesellschaftlichen Leben.

Bei Platon und Hegel steht über die Naturerscheinungen gewiß im einzelnen viel Unzulängliches und manches Abstruse, das durch die neueren naturwissenschaftlichen Erkenntnisse widerlegt und überholt ist. Die Bedeutsamkeit ihrer Gedanken über die Natur im ganzen wird dadurch aber kaum beeinträchtigt. Was Hegel von Platon gesagt hat (Hegel 1970f., 19, 86), gilt auch für ihn selbst: »Besonders wo er auf Physiologie hinausgeht, entspricht das Vorgetragene unseren Kenntnissen gar nicht, wenn wir auch Platons treffliche, von den Neueren nur zu sehr verkannte Blicke bewundern müssen.«

Was Platon und Hegel mit ›trefflichen Blicken‹ gesehen haben, ist vor allem die Einheit der materiellen und der geistigen Natur. Man darf wohl sagen, daß sie in dieser Hinsicht der Naturwissenschaft ihrer Zeit voraus waren, während die Ergebnisse der neuesten Naturwissenschaft mit ihren philosophischen Grundbegriffen übereinstimmen.

Die Physik und die Biologie lehren uns heute, daß die Natur keinen gesonderten, vom menschlichen Erkennen und Handeln getrennten Objektbereich darstellt und daß daher auch die Trennung von Naturwissenschaften und Geisteswissenschaften unangemessen ist. Der Philosophie ist damit die Aufgabe gestellt, ein umfassendes Naturverständnis zu erarbeiten und

10 den Menschen im Zusammen- | hang des Naturganzen zu begreifen. Gewiß können wir nicht zu einer ungebrochen animistischen oder religiösen Naturvorstellung zurückkehren; wohl aber muß die Philosophie versuchen, die Entgöttlichung und Entmenschlichung der Natur als Folge einer objektivistischen Reduzierung zu verstehen und diese Entwicklung sachgerecht zu revidieren.

III Zur Wortbedeutung von ›Physis‹

Wenn wir von ›Natur‹ und ›Naturphilosophie‹ reden, verwenden wir eigentlich ein griechisches Wort. Die Römer haben φύσις mit *natura* übersetzt und dabei dem Begriff ›Natur‹ den philosophischen Bedeutungsgehalt des griechischen Physis-Begriffs mitgeteilt. Zunächst bezeichnete das lateinische Wort *natura* den Mutterschoß der Tiere (von *nasci* – geboren werden). Als Lehnübersetzung von Physis aber erhielt natura die weitreichenden Bedeutungsaspekte des griechischen Wortes: Ursprung, Urgrund, angeborene Wesensbeschaffenheit.

Mit φύσις nun bezeichneten die Griechen nicht etwa einen bestimmten Bereich von Dingen und keineswegs nur die Welt der materiell und empirisch faßbaren Erscheinungen. Physis bezeichnete alles Lebendige von seinem Ursprung her. Wo wir sagen ›die Dinge der Natur‹, könnte man griechisch nur sagen die ›Natur der Dinge‹ (ἡ τῶν ὄντων φύσις) und demgemäß lateinisch: *rerum natura*. Physis (und *natura*) ist also der Wuchs, die Gewachsenheit, die angestammte Wesensbeschaffenheit der Dinge, vorzüglich der Lebewesen.

Ohne Zweifel gehört auch der Mensch zu dieser Physis, oder genauer: hat er seine Wesensbeschaffenheit von der Physis. Für griechisches Verständnis ist klar, daß die Physis kein dem Menschen gegenüberstehender Gegenstandsbereich ist, über den er womöglich verfügen und Herrschaft gewinnen kann. Die griechische Physis ist vielmehr ein göttlicher, autarker, autonomer Urgrund, der auch unsere menschliche Wesens-
11 art und damit unser Tun und Denken umfaßt und bestimmt. |

Der griechische Physis-Begriff hat also auch eine durchaus normative Bedeutung. Was ›von Natur‹ (κατὰ φύσιν, φύσει) ist, ist gut so, weil es sein Wesen erfüllt. Die Norm der Physis liegt aber in den einzelnen Erscheinungen nicht offen zutage, und sie läßt sich auch nicht dogmatisch fixieren, sondern sie muß immer wieder neu gesucht werden. Die Natur liebt es, sich hinter ihren Phänomenen zu verbergen: φύσις κρύπτεσθαι φιλεῖ, wie Heraklit gesagt hat (Diels-Kranz, Fragment B 123).

Damit ist ein wichtiger Unterschied zum modernen Begriff der Natur angedeutet. Physis ist nicht ein Sachbereich, den man beherrschen und womöglich ausbeuten kann, sondern sie ist als das Ursprüngliche und von selbst aus sich Hervorgehende unserer Objektivierung und unserer Willkür entzogen. Wir suchen nach objektiven ›Naturgesetzen‹ (ein Ausdruck, der sich nicht genau ins Griechische übersetzen läßt), um uns durch ihre Anwendung die Natur dienstbar zu machen. Die Gesetzmäßigkeiten der griechischen Physis hingegen konstituieren eine normative Ordnung, die alles gewaltlos zu einem guten Ende bringt, so daß auch der Mensch gut daran tut, sich der Physis zu fügen.

Während wir der Natur die Technik gegenüberstellen, steht die griechische Physis nicht in einem Gegensatz zum planvollen Herstellen der menschlichen Techne, weil die Physis selbst planvoll arbeitet. Was der Mensch herstellt und einrichtet (bis hin zur politischen Ordnung), kann durchaus naturgemäß (κατὰ φύσιν) sein, wenn es unserem angeborenen Wesen entspricht. Unvereinbar mit der Physis ist nur all das Künstliche, Willkürliche und Gewaltsame, mit dem der Mensch seine ursprünglichen Lebensbedingungen zu seinem eigenen Schaden verändert.

IV Zur Entwicklung der ›Naturphilosophie‹ bei den Griechen

Auch der Begriff der ›Naturphilosophie‹ ist von den Griechen her geprägt. In gewissem Sinne war die gesamte griechische Philosophie Natur-Philosophie. | Denn wenn es ein gemeinsames Credo der verschiedenen Richtun- 12
gen und Schulen im Lauf der griechischen Philosophiegeschichte gibt, so doch dieses, daß wir uns bemühen müssen, die Physis zu erkennen und nach der Physis zu leben.

Im besonderen gilt dies für die Vorsokratiker. Sie erforschten die Realität unter dem Gesichtspunkt des Ursprungs, aus dem alles hervorgeht, also der Physis. So kamen sie auf die Urstoffe. Für Heraklit war die Physis im wesentlichen dasselbe wie der Logos, der das Weltgeschehen bestimmt.

Schon vor Platon führte allerdings die fortschreitende naturwissenschaftliche Aufklärung auch zu einem engeren, reduktionistischen Naturverständnis. Die Atomisten (Leukipp und Demokrit) und Anaxagoras etwa sahen die Physis hauptsächlich in dem, was den Erscheinungen materiell-körperlich zugrunde liegt und mechanisch funktioniert. Dem so reduzierten Bereich der Physis konnte der Bereich des menschlichen Handelns als etwas Andersartiges gegenübertreten. Die Sophisten konstatierten verschiedentlich einen Gegensatz zwischen der Physis und dem Nomos (als Brauch, moralische Konvention, politisches Gesetz verstanden). Damit war eine folgenschwere Dichotomie zwischen der Natur und dem ethisch-politisch Machbaren eingeführt.

Den höheren, normativen Rang behielt gewiß die Physis. Der Nomos hatte als nur menschliche Satzung alle Mühe, sich dagegen zu behaupten. Das Gesetz der Natur konnte gegen die variierenden menschlichen Ordnungen ausgespielt werden (Antiphon, Hippias). Die Berufung auf die Natur wurde nun aber um so bedenklicher, wenn dabei ein einseitig verzerrtes Bild der Physis vermittelt wurde. Dann konnte die These vertreten werden (Thrasymachos, Kallikles), in der Natur gelte das Recht des Stärkeren, und der Nomos, der den Schwächeren in Schutz nehme, sei unnatürlich und unverbindlich.

Man kann in der angedeuteten Entwicklung auch eine fortschreitende Trennung zwischen dem Subjekt und dem Objekt der Naturerkenntnis feststellen. Auf der einen Seite wurden die physikalischen Notwendigkeiten der Weltordnung möglichst objektiv beschrieben. Auf der
13 anderen Seite bezeichnete Protagoras den Menschen als Maß | aller Dinge, womit er auf die Eingeschlossenheit des Einzelnen in seiner Subjektivität wie auch auf das Innere als einen Bereich der Freiheit hinwies.

Platon nun verfolgte mit seiner Philosophie das Ziel, die aufgetretene Spaltung zu überwinden: sowohl die Kluft zwischen einer materialistisch verkürzten Physis und dem ethisch-gesellschaftlichen Bereich als auch die Trennung zwischen Objekt und Subjekt. Er suchte einen einheitlichen Physisbegriff zurückzugewinnen, der auch die Erkenntnisfähigkeiten und Kulturleistungen des Menschen umfaßt.

Während es also bei Platon gerade nicht möglich ist, die Naturtheorie im Ganzen seiner Philosophie als gesonderte Disziplin abzugrenzen, hat sich doch in der weiteren Geschichte der griechischen Philosophie die zu einer Verselbständigung der Bereiche tendierende Entwicklung durchgesetzt. Schon bei Aristoteles ist die Physis ein bestimmter Teil der Realität, der mit besonderen Methoden untersucht werden muß: der Bereich dessen, was von sich selbst aus bewegt und veränderlich ist. Das Lehrsystem der Stoa unterscheidet sodann drei große Teilgebiete, die zwar noch durch den einen Logos der Weltvernunft miteinander verbunden sind, aber doch als verschiedene Fächer behandelt werden: Dialektik (oder Logik), Physik, Ethik (mit Politik). Unter dem starken Einfluß der Stoa wurde diese Dreigliederung kanonisch auch für die anderen Schulen. Beispielsweise wurden die Lehrschriften des Aristoteles im 1. Jahrhundert v. Chr. nach diesem dreigliedrigen System eingeteilt und angeordnet.

Bis heute ist die stoische Dreiteilung wirksam geblieben. Bei Hegel erscheint sie als die Dreiheit von Dialektik, Naturphilosophie und Philosophie des Geistes (letztere mit Recht und Moral, Kunst und Religion). Gerade bei Hegel ist allerdings wiederum – wie bei Platon – die Verbindung und Ein-
14 heit der drei Bereiche wichtiger als die Abgrenzung. |

V Platons ideelle Begründung der Physis

1 *Die wichtigsten Dialogtexte*

Eine kurze Übersicht über die wichtigsten Textpartien, in denen Platon den

Begriff der Physis erörtert, wird zeigen, daß er von dem relativ frühen ›Gorgias‹ bis zu den ›Nomoi‹, seinem spätesten Werk, die gleiche Absicht verfolgt: Er sucht nach der einheitlichen Begründung der ›äußeren‹ und der ›inneren‹ Natur, also nach dem Grund der Übereinstimmung zwischen den Erscheinungen der außermenschlichen Welt und den ethisch-politischen Ordnungen des menschlichen Lebens wie auch zwischen den objektiv gegebenen Dingen und unseren subjektiven Möglichkeiten des Erkennens und Handelns. Er findet diese gemeinsame Begründung in den geistigen Strukturmodellen und Urformen der Realität.

a) ›Gorgias‹

Im ›Gorgias‹ geht zunächst aus dem Gespräch mit dem Redner Gorgias und seinem Schüler Polos hervor, daß die geltende Moral – das Verbot des Unrechttuns – insofern unnatürlich zu sein scheint, als nach allgemeiner Ansicht die Gerechten oft unglücklich, die Ungerechten oft glücklich sind. Das nach Sitte und Gesetz Gerechte und das natürliche Interesse des Menschen, glücklich zu sein, scheinen auseinanderzufallen. Daraufhin wollen Kallikles und Sokrates dieses Problem lösen, aber sie tun es auf entgegengesetzten Wegen. Maßgebendes Ziel ist für beide das menschliche Glück, die Eudaimonie. Aber Kallikles versteht darunter etwas ganz anderes als Sokrates' weil sie das Wesen der Physis gegensätzlich deuten.

Kallikles erklärt (482 C – 484 C), daß in der Natur das Recht des Stärkeren gelte und daß dieser ›Nomos der Physis‹, dieses ›von Natur Gerechte‹ (483 E 2; 484 B 1) besser sei als die Gerechtigkeit der politischen Gesetze, die Unterschiede ausgleichen und den Schwächeren Schutz gewähren. Die übliche Moral sei unnatürlich und unverbindlich, und der starke Mann habe das Recht, sie abzuschaffen. | Den naturgegebenen Regeln entspreche es, daß 15
der Stärkere seinen Vorteil rücksichtslos wahrnehme und sich voll auslebe.

Demgegenüber geht Sokrates (der die philosophische Ansicht Platons vertritt) darauf aus, die Diskrepanz zwischen der Physis und dem Nomos der ausgleichenden Gerechtigkeit zu überwinden. Es sei, so erklärt er, von Natur gerecht und gut, wenn der Mensch Maß halte und auf die Mitmenschen Rücksicht nehme. Er begründet dies an einer entscheidenden Stelle des Gesprächs (507C – 508A) damit, daß im Kosmos nicht egoistisches Mehrhabenwollen (πλεονεξία) herrsche, sondern Gemeinsamkeit (φιλία, κοινωνία) und gerechter Ausgleich. Nach pythagoreischer Weisheit herrsche in der Naturordnung die »geometrische Gleichheit«, also weder ein unangemessenes Übergewicht des einen gegenüber dem anderen noch auch eine nivellierende (arithmetische) Gleichmacherei, sondern eine wohlproportionierte Verteilung, bei der jeder Einzelne den Rang erhält, der seinem Wert für das Ganze entspricht. Der Hinweis auf die mathematische Struktur des Kosmos führt im Sinne Platons auf eine überempirische, geistige Begründung aller Dinge.

Schon im ›Gorgias‹ zeigt Platon also, daß sich je nach dem vorausgesetzten Physis-Verständnis ein völlig verschiedenes ›Naturrecht‹ ergibt. Im einen Fall führt die Berufung auf die Natur zur Rechtfertigung der Gewalt des Stärkeren – die Großen fressen die Kleinen –, zu hemmungsloser Selbstverwirklichung, zur Ausbeutung der Mitmenschen und der Umwelt. Im anderen Fall, wenn man nämlich mit Platon in der Natur eine gerecht ausgewogene Ordnung (κόσμος, τάξις) sieht, ergibt sich die ethisch-politische Forderung des friedlichen Ausgleichs, der gegenseitigen Schonung und Bewahrung, der Einfügung des Einzelnen in das umfassende Ganze.

b) ›Phaidon‹

In dem großen Gespräch über die Unsterblichkeit der Seele erklärt Sokrates auch, auf welchem Wege er zu einem ›idealistischen‹ Verständnis der Physis geführt wurde (96 A – 101 E). Den Anstoß zu weiterem Suchen gab ihm
16 das Ungenügen an der materialistischen Phy- | sis-Vorstellung. Auch das Buch des Anaxagoras befriedigte ihn nicht, weil hier zwar behauptet wurde, der Geist sei die Ursache aller Ordnung, dieser Satz aber nicht wirklich zum Erklärungsgrund der Erscheinungen gemacht wurde. Mit körperlichen Ursachen und mechanischen Prozessen kann man, sagt Sokrates, nicht erklären, weshalb ich jetzt im Gefängnis sitze, denn dies hat den Grund, daß es den Athenern so besser zu sein schien und daß ich es für besser hielt, mich ihrem Beschluß zu fügen. Der Versuch aber, die Realität nach Möglichkeit vom Prinzip des Guten her zu verstehen, bringt Sokrates dazu, über die Erscheinungen hinauszugehen und hypothetisch die übersinnlichen Ideen anzunehmen.

Da Sokrates von der Frage nach der Physis ausgeht, will Platon hier sicherlich sagen, daß der Erklärungsgrund für die Erscheinungen der Physis nur auf dem Umweg über die Ideen gefunden werden kann. Die Ideen vermitteln zwischen dem Guten an sich als dem absoluten Telos und den einzelnen Phänomenen der Sinnenwelt.

c) ›Timaios‹

Was im ›Phaidon‹ programmatisch angedeutet ist, wird im ›Timaios‹ für die gesamte Natur ausgearbeitet. Die Weltordnung wird hier im Größten wie im Kleinsten als Werk einer ›vernünftigen Planung‹ gleichsam eines göttlichen Werkmeisters (Demiurgos) erklärt. In der Physis ist demnach überall das Wirken einer göttlichen Techne oder Weltvernunft zu beobachten, die sich am absolut Guten orientiert und alles so vollkommen wie möglich macht.

In der Komposition des Dialogs spiegelt sich eine gleichsam horizontale Gliederung der Phänomenbereiche und eine vertikale Abstufung der Seinsschichten. Was die Anordnung der Phännomenbereiche angeht, so liegt eine Art Ringkomposition vor. Platon beginnt mit den Fragen der Politik, führt dann weiter zum Gesamtkosmos, danach zur Stellung des Menschen im Kosmos und in der Mitte des Dialogs zu den Elementen und

Atomen; von diesen aus kommt er zurück auf die menschliche Welt der Sinneswahrnehmungen und wiederum auf den Kosmos im ganzen, und das politische Thema des | Anfangs wird in dem anschließenden Dialog ›Kriti- 17
as‹ wieder aufgenommen. Auch im Blick auf die ontologische Abstufung ist die Mitte des Dialogs besonders hervorgehoben. Hier werden – im Zusammenhang mit der atomistischen Erklärung der Elemente – die Prinzipien der Realität in den Blick gebracht, und zwar gleichsam über den Erscheinungen und der seelischen Struktur der sichtbaren Dinge die Ideen als Ursachen der Ordnung und Einheit, gleichsam unterhalb der sichtbaren Welt das Gegenprinzip der ungeformten räumlichen Ausdehnung (χώρα).

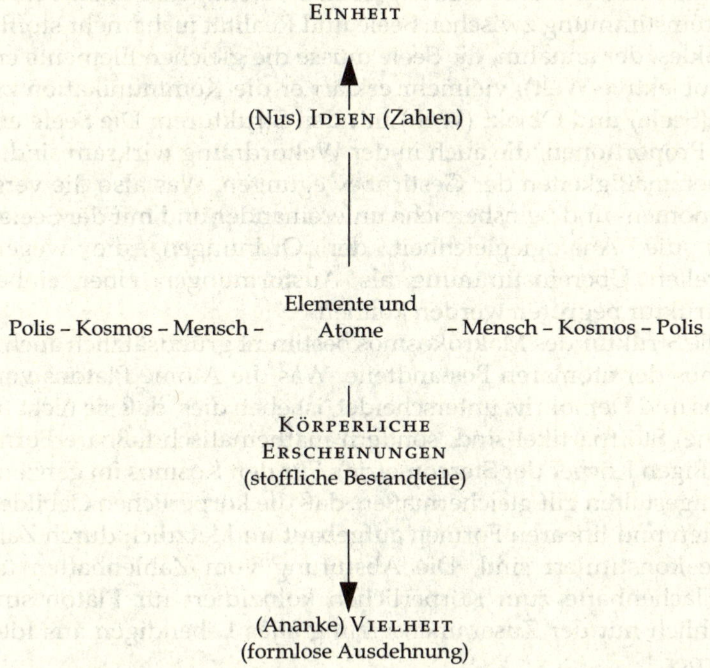

Die vertikale Schichtung zeigt sich gleich zu Beginn der Rede des Timaios in dem methodisch-erkenntnistheoretischen Prooimion (27D – 29D). Hier wird die Realität eingeteilt in die beiden großen Bereiche des Seienden (oder der Ideen) und des dem Werden und Vergehen Unterworfenen (oder der Erscheinungen). Das Seiende fassen wir mit Vernunft und Denken (Nus und Logos) auf, das Werdende mit Meinung und Sinneswahrnehmung (Doxa und Aisthesis). Weil die Idee sich zur Erscheinung verhält wie das Urbild (Parádeigma) zum Abbild (Eikón) und weil die mitteilende Rede jeweils dem Gegenstand entsprechen soll, muß die Rede über den sichtbaren
Kos- | mos ›abbildhaft‹ sein: ein εἰκὼς λόγος oder εἰκὼς μῦθος. Primär real, 18

wahr und sicher ist die überempirische, geistige Ordnung der Ideenwelt, die sich in den Erscheinungen immer nur unzulänglich und abbildhaft ausprägt. Gerade als Abbilder können uns die Erscheinungen aber auch auf das Urbild aufmerksam machen.

Ebenso deutlich zeigt sich die Struktur der Realität etwa in dem Abschnitt über die Zusammensetzung der Weltseele (35 A). Der Demiurgos mischt die Seele aus verschiedenen Komponenten zusammen, vor allem aus dem unteilbaren Sein (der Ideen) und der teilbaren, körperlichen Beschaffenheit (der Erscheinungen). Die Seele hat somit an beiden Welten Anteil. Daher kann die Seele (als Subjekt der Erkenntnis) die gesamte objektive Wirklichkeit durch Wahrnehmung in sich vereinigen. Platon versteht aber die Übereinstimmung zwischen Seele und Realität nicht mehr stofflich (wie Empedokles, der annahm, die Seele müsse die gleichen Elemente enthalten wie die objektive Welt); vielmehr erklärt er die Kommunikation zwischen Subjekt (Seele) und Objekt (Welt) mit den Strukturen: Die Seele enthält in sich die Proportionen, die auch in der Weltordnung wirksam sind, etwa in den Gesetzmäßigkeiten der Gestirnbewegungen. Was also die verschiedenen Phänomen- und Seinsbereiche untereinander und mit der Seele verbindet, ist die Analogiegleichheit der Ordnungen, die wegen ihrer strukturellen Übereinstimmung als Ausformungen einer einheitlichen Grundstruktur begriffen werden können.

Die Struktur des Makrokosmos bestimmt grundsätzlich auch den Mikrokosmos der atomaren Bestandteile. Was die Atome Platons von denen Leukipps und Demokrits unterscheidet, ist eben dies, daß sie nicht (unsichtbar kleine) Stoffpartikel sind, sondern mathematisch faßbare Formen (die regelmäßigen Körper der Stereometrie). Für den Kosmos im ganzen wie für die Atomgestalten gilt gleichermaßen, daß die körperlichen Gebilde aus flächenhaften und linearen Formen aufgebaut und letztlich durch Zahlenverhältnisse konstituiert sind. Die Abstufung vom Zahlenhaften über das Linear-Flächenhafte zum Körperlichen koinzidiert für Platon strukturell und sachlich mit der Zusammensetzung alles Lebendigen aus Idee, Seele
19 und Körper. |

An die Stelle der stofflichen Materie tritt bei Platon das Prinzip der räumlichen Ausdehnung, die, an sich gestaltlos, durch bestimmte Strukturierungen verschiedene Qualitäten annimmt. Alle Sinneseindrücke wie Härte und Weichheit, die Farben, die Geschmackseigenschaften, lassen sich in diesem Sinne auf Quantitäten und Formen zurückführen und mathematisch erklären. Manches, was dazu im ›Timaios‹ gesagt wird, mutet spielerisch an, und das meiste soll als Hypothese verstanden werden. Entscheidend ist der Grundgedanke einer Mathematisierung des scheinbar Materiell-Stofflichen, also die Überzeugung, daß die empirisch gegebene Natur von nicht-sinnlichen, geistigen Voraussetzungen her zu erklären ist.

Freilich zeigt der ›Timaios‹ auch, daß die von den Ideen ausgehende Strukturierung der Welt in verschiedenen Stufen geschieht und daß im untersten Bereich die sinnvolle Ordnung der Vernunft (des Nus) der Herrschaft einer Notwendigkeit (Ananke) weicht, die sich in blinder, zweckloser Kausalität manifestiert. Die Unvollkommenheit dieser nur noch mechanischen Prozesse ist auch für den Idealisten Platon nicht aufhebbar. Doch rechnet er damit, daß die Wirkung des Nus, wenn auch abgeschwächt, noch in den Bereich der Ananke hineinreicht und daß die Ananke gleichsam fähig ist, der ›Überredung‹ des Nus zu folgen und sich der Form zu fügen. Diese halb mythische Ausdrucksweise soll andeuten, daß die Möglichkeit, sich für die Ordnung und gegen die Unordnung zu entscheiden, nicht auf den Menschen beschränkt ist, sondern daß ein Moment dieser ›Freiheit‹ die gesamte Natur durchwaltet.

d) ›Nomoi‹

Der späte Platon hat seine Physis-Erklärung zuletzt noch einmal im zehnten, theologischen Buch der ›Nomoi‹ prägnant zusammengefaßt (880 E – 892 C). In diesem aufschlußreichen Dialogabschnitt wird zunächst die Ansicht der Materialisten referiert (880 E – 890 A): zum Bereich der Natur gehöre nur das aus körperlichen Elementen Bestehende, nicht das durch technischen Verstand Geschaffene. Darauf folgt die platonische Erwiderung (891 E–892 C): das körperlich Vor- | handene und das durch Techne Hervor- 20
gebrachte seien gemeinsam in der Vernunft und in der Seele begründet, und somit liege die ›Natur‹ (φύσις) primär im Bereich der Seele.

Platon wendet sich hier also nochmals gegen das einseitige Naturverständnis, das die Physis auf den Bereich der stofflichen Elemente (Feuer, Wasser, Luft, Erde) und deren zufällige, planlose Verbindungen einschränkt. Bei dieser Sicht der Natur tritt die Physis in einen Gegensatz zu Techne und Nomos, also zu dem Bereich des vernünftigen Planens, Herstellens und Ordnens. Die Regelungen und Einrichtungen des ethisch-politischen Lebens verlieren damit den Naturgrund und werden unverbindlich. Richtig ist an dem materialistisch verkürzten Naturbegriff, so erklärt Platon hier, nur dies, daß er das Wesentliche der Physis in den ersten Ursachen (des Werdens und Vergehens) sucht. Ursachen sind aber in Wahrheit nicht die materiellen Elemente, sondern der Geist (Vernunft, Nus: 890 D 6-7) und die Seele (Psyché: 892 A-C). Nur von der Seele, nicht vom Körperlichen, könne gesagt werden, daß sie eigentlich ›von Natur‹ (φύσει) sei (892 C 4–5). Damit aber wird jene Kluft überwunden, und es zeigt sich von der geistig-seelischen Physis her eine Gemeinsamkeit zwischen der äußeren, sichtbaren Natur der körperlichen Erscheinungen und den planvoll geschaffenen Werken der Techne, des politischen Nomos, der menschlichen Kultur.

2 *Die Gesamtintention: Einheit von Physik und Ethik*

Aus den soweit referierten Dialogtexten wie auch aus vielen anderen Stellen im Werk Platons geht übereinstimmend hervor, daß Platon die Trennung zwischen den sichtbaren Naturerscheinungen und den ethisch-politischen

Ordnungen überwinden will. Daher wendet er sich gegen die Auffassung, die Physis sei primär in den körperlichen Elementen zu finden und von Natur gelte das Recht des Stärkeren. In der Physis, wie Platon sie versteht, herrscht vielmehr eine vernünftige, den einzelnen Teilen gerecht werdende Ordnung, die in den physikalischen und biologischen Phänomenen ebenso zutage tritt wie in den vernünftigen Regelungen des menschlichen Zusam-
21 menlebens. |

Der Grund dieser Einheit von äußerer und innerer Natur kann nicht in den Erscheinungen liegen, sondern nur in dem, was die verschiedenen Ausformungen gemeinsam begründet. Daher bezeichnet Platon die vernünftige Seele als die eigentliche Physis. Über dem Seelischen wiederum stehen die Ideen und letzten Endes die Idee des Guten als gestaltende Ursachen. Die Physis wird somit bei Platon ›vergeistigt‹ und ideell begründet.

Demgemäß kann Platon sagen, die Physis erzeuge alle Lebewesen und Dinge nicht vernunftlos-automatisch, sondern mit Sinn (Logos) und göttlichem Verstand (Sophistes, 265 C). Verständlich wird in diesem Zusammenhang auch die Aussage (Parmenides, 132 D; vgl. Resp. 10, 597 C), daß die Ideen wie Modelle (παραδείγματα) in der Physis aufgestellt sind. Der Kratylos-Dialog zeigt für die Sprache, daß zwischen Physis und Nomos, zwischen der natürlichen und der konventionellen Richtigkeit der Namen, im Licht der Ideendialektik kein Gegensatz besteht. In mehreren anderen Dialogen sucht Platon, im Blick auf die Ideen, naturgemäße Gesetze des ethisch-politischen Lebens zu begründen. An einer Stelle der Politeia etwa (Resp. 6, 501 B) heißt es, der Politiker müsse das ›von Natur Gerechte‹ (τὸ φύσει δίκαιον) nachahmen, und zwar im Blick auf die Idee der Gerechtigkeit.

Wo also die vorausgegangene Entwicklung des griechischen Denkens schon zu Gegensätzen wie Physis und Nomos, Physis und Techne geführt hatte, bemüht sich Platon – von dem umfassenden, seelisch-geistig begründeten Physis-Begriff her – um eine neue Synthese zwischen den vorgegebenen Gesetzmäßigkeiten der Physik und den Aufgaben der Ethik und Politik, zwischen der Welt der unveränderlichen Naturprozesse und der Welt der sittlichen und technischen Kultur. Zugleich will Platon damit die Übereinstimmung zwischen der objektiven Realität und dem Subjekt der Erkenntnis neu begründen. In der Idee sind für Platon Objektivität und Subjektivität vereinigt. Die Konzeption des sich-selbst-denkenden Geistes rührt der Sache nach von Platon her.

Aus der gemeinsamen Begründung ergibt sich, daß in allen Phä-
22 nomen- und Lebensbereichen die gleichen normativen Strukturen | aufgefunden wie auch angewendet werden können. Am wichtigsten ist für Platons Denken sowohl theoretisch als auch praktisch die Struktur der richtigen Mitte, des Ausgleichs zwischen Zuviel und Zuwenig (der Mesotes zwischen Hyperbolé und Elleipsis). Diese Wertstruktur ist es, die nach Platon, im Bereich der Ideen und Prinzipien präformiert, ebenso in der physi-

kalischen und biologischen Wirklichkeit wie in der Ethik und Politik Ordnung gewährleistet.

Am deutlichsten zeigt sich Platons ›Vergeistigung‹, der Natur wohl in seinem Programm einer ›Mathematisierung‹ der gesamten Seinsordnung. Schon im ›Gorgias‹ lesen wir, daß der Kosmos nach der ›geometrischen Gleichheit‹ strukturiert sei. Im ›Timaios‹ wird besonders auch die Seele als mathematische Struktur beschrieben. Die Logoi der Mathematik bieten ihm den modellhaften Vergewisserungsbereich für die Ausarbeitung der Ideentheorie und der Prinzipiendialektik, ebenso aber auch für die Erklärung des atomaren Aufbaus der körperlichen Welt. Platons mathematische Atomtheorie ist heute als bedeutsamer Vorgriff auf die Grundlagenforschung der modernen Physik anerkannt. Sein Versuch, auch die moralisch-politischen Ordnungen *more geometrico* zu begründen, gilt als problematisch.

VI Die Normativität der Physis

a) *Das Gute als Telos des Naturgeschehens*

Die Physis, wie Platon sie versteht, verwirklicht in ihrer Vernünftigkeit das Gute. Platons Physisbegriff ist also normativ und teleologisch. Die mechanische Kausalität wird dabei nicht bestritten, aber zu einer bloßen ›Mitursache‹ (einer *conditio sine qua non*) des Naturgeschehens degradiert. Weil die früheren Naturerklärer, so führt der platonische Sokrates im ›Phaidon‹ aus, die Frage nach dem Guten in der Natur nicht befriedigend beantwortet hatten, schlug er den Umweg über die Ideen ein und nahm die Idee des Guten als höchste Ursache gerade auch des Naturgeschehens an. Die gesamte Anthropologie des ›Timaios‹ mit ihren vielen medizinisch-biologischen Einzelerklärungen ist teleologisch ausgerichtet. Beispielsweise wird hier gesagt | (Timaios, 73 A), unsere Därme seien lang und gewunden, damit die 23
Speisen längere Zeit im Körper bleiben können und wir nicht gezwungen sind, dauernd Nahrung aufzunehmen, sondern mehr Freiheit haben für die Philosophie und Musenkunst.

Für Platon spielt der Entwicklungsgedanke noch nicht die zentrale Rolle, die er etwa bei Hegel hat. Die Stufenfolge von den niederen zu den höheren, geistigen Formen des Lebens wird bei Platon noch nicht evolutionistisch verstanden, und bei ihm entsteht das Unvollkommene aus dem Vollkommenen, nicht das Höhere aus dem Niederen. Aber Platons Naturverständnis kommt einer teleologischen Interpretation der Evolution trotzdem recht nahe. Versteht doch auch schon Platon die niederen, vernunftlosen Lebewesen als unentwickelte Verwandte der höheren. Jedenfalls sieht er die Ursache für den Aufstieg nicht in der jeweils vorläufigen, noch defizienten Art und Gattung, sondern in dem Ziel (Telos) der Vervollkommnung, also in der geistigen Bestform.

Die Frage, warum es in der Welt nicht nur Gutes, sondern auch Unvollkommenes und Schlechtes gibt, wird bei dieser normativen Physisvorstellung erst recht zum Problem. Platon rechnete, um diesen Sachverhalt zu erklären, mit einem Gegenprinzip zur vernünftig und gut wirkenden Physis. Diese Gegeninstanz erscheint im ›Timaios‹ als Urgrund der Gestaltlosigkeit und irrationalen Notwendigkeit (Ananke), und sie verleiht der gesamten platonischen Philosophie dualistische Züge. Doch war der Dualismus offenbar nicht Platons letztes Wort. In einer letzten, ungemein anspruchsvollen Überhöhung, die von ferne an Hegels Dialektik gemahnt, zielte Platons Denken (wie aus den Berichten über seine mündliche Lehre hervorgeht) darauf ab, das Gegensätzliche – das Eine mit dem Vielen, das Seiende mit dem Nichtseienden, das Gute mit dem Schlechten – so zu vermitteln, daß doch die Ursache des Gutseins, das absolut Eine dominiert.

Wir Menschen halten uns nach Platon in einem mittleren Bereich auf, in dem sich Einheit und Vielheit, Ordnung und Unordnung gegenseitig durchdringen. Um zur Arete und Eudaimonie zu gelangen, müssen wir uns von der Bindung an die Vielfalt der Erscheinungen befreien und uns der
24 ideenhaft-geistigen Physis zuwenden. |

Entwicklungen der Naturgeschichte wie der Menschheitsgeschichte ergeben sich aus dem periodisch wechselnden Zusammenspiel der gegensätzlichen Ursachen in der Zeit. Gleichzeitig mit der Steigerung des bewußten Erkennens und der Entstehung der reflektierenden Philosophie vollzieht sich ein Zerfall der Weltordnung und der menschlichen Sitten (Politeia, 8; Politikos-Mythos; ›Timaios‹ und ›Kritias‹; Nomoi, 3). Die Zerfallstendenz führt zu Naturkatastrophen kleineren und größeren Umfangs, in denen durch eine Art ›Reinigung‹ die Voraussetzungen für einen Neubeginn geschaffen werden. Gerade auch in diesen geschichtlichen Prozessen ist aber nach platonischem Verständnis das Naturgeschehen mit dem Wandel der menschlichen Lebensordnungen eng verbunden. Die Götter, die eine Naturkatastrophe eintreten lassen, reagieren damit, wie Platon in mythischer Form sagen kann (Kritias, 120 D – 121 C), auf die Übeltaten und die allgemeine Entartung der Menschen. Schon Platon hat also gesehen, daß die Physis keine unveränderliche und keine von den menschlichen Aktivitäten unabhängige Grundlage unseres Lebens ist. Wir Heutigen sehen noch deutlicher, wie eine globale ›Naturkatastrophe‹ durch die menschliche Intelligenz und Ignoranz herbeigeführt werden kann.

b) Das Problem des Naturrechts

Da Platon in der Physik, Medizin und Biologie die gleichen Normen annimmt wie in der Ethik und Politik, kann er ohne weiteres Analogieschlüsse von einem Bereich zum anderen ziehen. Für ihn ist auch das von Natur vorgegeben, was für die menschliche Lebensgestaltung gut ist. Zumal der Politiker Platon beruft sich auf die Natur. Die beste Form des Staates läßt sich nach seiner Überzeugung nicht beliebig ausdenken und konstruieren, son-

dern sie ist von Natur in der Seinsordnung präformiert. Die mögliche Entstehung des Idealstaates sieht Platon daher als ein natürliches Wachsen (φύεσθαι: Resp., 5, 473 E). Naturgegeben sind sowohl die Voraussetzungen als auch die normativen Ziele der politischen Ordnung. Die Polis erwächst
aus der natürlichen Nicht-Autarkie des Einzelnen; sie ist, | wie ein Organis- 25
mus, nur in ihrer Gesamtheit autark. Aus der Natur des Menschen ergibt sich das Angewiesensein auf die Gemeinschaft, aber auch die Verschiedenheit der Anlagen und Fähigkeiten und so auch die Unterschiedlichkeit der Aufgaben. Gerecht und gut ist die politische Ordnung wie der Zustand der Seele, wenn das von Natur Überlegene, nämlich die Vernunft, herrscht und das Unvernünftige freiwillig gehorcht.

Man kann Platon wegen seiner Herleitung der ethisch-politischen Normen aus der Physis als einen hervorragenden Vertreter des Naturrechtsgedankens rühmen. Da fast alle griechischen Philosophen fordern, man müsse ›nach der Natur‹ (κατὰ φύσιν) leben, sind naturrechtliche Vorstellungen im griechischen Denken auch sonst verbreitet. Platon hat das besondere Verdienst, die Fundamente tiefer gelegt zu haben, da er die Physis bis zu ihren transzendenten Ursprüngen zurückverfolgte und also das naturgemäße Leben ›metaphysisch‹ begründete.

Nach einer heute weit verbreiteten Auffassung liegt nun aber gerade in dem ›Naturalismus‹ des griechischen und besonders des platonischen Denkens ein kardinaler Fehler. Die Verpönung des ›naturalistischen Fehlschlusses‹ stammt aus der antimetaphysischen Philosophie von D. Hume (1711–1776), der erklärt hatte, es sei unstatthaft, die Schranke zwischen dem ›Sein‹ der außermenschlichen Natur und dem ›Sollen‹ in den Ordnungen des menschlichen Lebens zu überspringen (Treatise of Human Nature III 1, 1). Die heutigen Neopositivisten, Empiristen und Sprachanalytiker halten D. Humes Verdikt für selbstverständlich berechtigt. Es sei, so hören wir, unerlaubt, von der Natur als einem Bereich feststehender Gesetze auf das zu schließen, was moralisch oder politisch geschehen soll. Es bestehe eine Kluft zwischen den deskriptiven Sätzen der Naturwissenschaft und den präskriptiven Forderungen an das menschliche Handeln. An den Regeln des Naturgeschehens könne der Mensch nicht ablesen, was er aus eigener Verantwortung zu tun habe.

K. Popper, H. Kelsen und andere haben den Vorwurf des unzulässigen Naturalismus vor allem gegen Platon erhoben, der in der Tat die beste
Ordnung des Staates von der Physis her begründen wollte. | Platons Vorge- 26
hen sei methodisch falsch, und es sei um so mehr zu verwerfen, da sein naturrechtlich konzipiertes Gesellschaftsideal totalitäre Züge aufweise.

Nun könnte man zur Verteidigung Platons vorbringen, daß er sich bei seiner Übertragung von naturgegebenen Normen auf die politische Ethik nicht eigentlich an das empirisch feststellbare Naturgeschehen hält, sondern an eine übersinnliche Physis im Bereich der Seele, des Geistes, der Ideen. Der Naturalismus führt ja vor allem dann zu fragwürdigen Folgerungen, wenn er sich an empirisch ablesbaren Daten der äußeren Natur orientiert, zumal die Naturerscheinungen sehr verschieden ausgelegt werden können.

Aber gerade auch Platons Rückgriff auf die übersinnlichen Seinsgründe ist von den Kritikern seiner naturrechtlichen Argumentationen beanstandet worden. Platon erschleiche sich die Autorität der Physis durch die Fiktion einer Wunschwelt, in der das wahre Sein mit dem normativ Gültigen zusammenfalle. Gewiß sei in der platonischen Idee das Sein mit dem vorbildlich Guten identisch – aber niemand könne kontrollieren, ob es die überempirische ›Natur‹ gibt. Platon habe eben zu dem Zweck die ideelle Physis erfunden, damit er seine eigenen autoritären Forderungen als ›naturgemäß‹ ausgeben könne. Er lese sein Staatsideal in die geistige Seinsordnung hinein, um es dann wieder aus ihr abzuleiten.

In der Tat wird Platons Naturrechtsdenken noch nicht dadurch legitimiert, daß sein Physisbegriff im Grunde metaphysisch ist. Was die platonische Konzeption beachtlich macht, ist zweierlei: zum einen, daß sie die Kluft zwischen äußerer und innerer Natur, die sich heute in manchen Konsequenzen als verhängnisvoll erweist, überwindet, und zum anderen, daß gewisse Voraussetzungen Platons durch Erkenntnisse der neuesten Naturwissenschaft bestätigt werden.

Der Vorwurf des naturalistischen Fehlschlusses setzt einen bestimmten Naturbegriff voraus, nämlich die eingeengte, mechanistisch-objektivistische Vorstellung von einer Natur, die dem Bereich des menschlichen Denkens und Handelns als das Andere, Fremde gegenüber-
27 steht. Hier ist die Natur das Reich der Notwendigkeit oder | gar der brutalen Gewalt, während der Mensch in Freiheit über das für ihn Gute entscheiden soll. Hinter diesem Begriff steht, bewußt oder unbewußt, ein Machtinteresse des Menschen, der geneigt ist, sich für das Maß aller Dinge zu halten, und der lieber seine Lebensbedingungen frei konstruieren als sich nach der Natur richten möchte.

Nun ist aber zu bezweifeln, daß dieses Naturverständnis richtiger ist als das platonische, wonach in der Gesamtnatur die gleiche Vernunft waltet wie in den zweckmäßig geschaffenen Lebensordnungen des Menschen. Nach Platons Naturverständnis ist nicht der Mensch, sondern die göttliche Vernunft das Maß aller Dinge, und der Mensch soll sich die Unabhängigkeit, die er seiner Natur nach nicht hat, nicht anmaßen. In der platonisch verstandenen Physis herrscht gerade nicht die ziellose Notwendigkeit oder willkürliche Gewalt und gilt nicht das Recht des Stärkeren, sondern ist ›von Natur‹ das zweckmäßig und vernünftig Geordnete und ›naturgemäß‹ die Gemeinsamkeit der aufeinander angewiesenen Einzelwesen.

Nach den Erkenntnissen, die der Fortschritt der Naturwissenschaften in den letzten Jahrzehnten gebracht hat, darf man behaupten, daß das platonische Naturverständnis wissenschaftlich richtiger ist als die in neueren philosophischen Theorien immer noch vertretene Aussonderung des Men-

schen aus der Natur. (a) Der Atomphysiker weiß, daß wir die Materie nicht einfach ›objektiv‹ erfassen können, weil sie letztlich nicht unabhängig von der Betrachtungsweise des Subjekts vorhanden ist. Überhaupt kennt die moderne Physik keine konkreten und unzerstörbaren Stoffteilchen mehr. Raum und Materie erweisen sich als Energieformen oder Kraftfelder, die sich nur noch mathematisch darstellen lassen. Das aber bedeutet: die materiellen Dinge der Natur und die geistige Wirklichkeit lassen sich nicht auseinandertrennen. (b) Die Biologie erkennt immer deutlicher die ökologischen Zusammenhänge in geordneten Lebensräumen, wo jedes Einzelwesen für das Gleichgewicht des Ganzen mitsorgt. C.R. Darwins Vorstellung eines Kampfes aller gegen alle, in dem der Stärkste Recht behält, war ein ebenso einseitiger Mythos wie die sophistische Theorie vom Naturrecht des Stärkeren. Die Entwicklung der Arten wird offenbar nicht nur durch gnadenlosen Kampf | und Mechanismen der Selektion, sondern auch 28
durch Tendenzen gegenseitiger Schonung und Erhaltung bewirkt. Auch das stärkste Raubtier macht nicht wahllos und unbegrenzt Beute, weil es sich nicht seiner eigenen Existenzgrundlage berauben darf. In den ›Ökosystemen‹ kann jede Art nur im Verein mit anderen Arten ihr Leben erhalten. (c) Nur zaghaft läßt sich die Naturwissenschaft bisher darauf ein, daß die Tatsache der Evolution, also der Höherentwicklung in der Natur bis zur menschlichen Intelligenz, nach einem teleologischen oder (wenn man einen weniger belasteten Ausdruck vorzieht) ›teleonomen‹ Erklärungsprinzip verlangt. Aber das Phänomen der Entwicklung von denkenden und reflektierenden Lebewesen wird doch am ehesten verständlich, wenn das, was wir Seele oder Geist oder Bewußtsein nennen, nicht nur ein womöglich zufälliges Ende bildet, sondern das Naturgeschehen von Anfang an gesteuert hat.

Ist also die Natur Kosmos im umfassenden, den Menschen einbeziehenden Sinne und beruht das Leben überall auf der Ausgewogenheit von Spannungsverhältnissen, so ergeben sich daraus ohne weiteres bestimmte sittliche Forderungen für das menschliche Zusammenleben und für unseren Umgang mit der natürlichen Umwelt. Jede Herrschaft – die politische wie die über die Natur – verlangt Rücksichtnahme und Verantwortung, weil anders die Selbsterhaltung nicht gewährleistet ist. Wir dürfen die Natur nicht ausbeuten und zerstören, weil sie die Grundlage unserer eigenen Existenz ist.

Vieles spricht dafür, daß das idealistische Naturverständnis Platons und die ihm entsprechenden ethisch-politischen Normen nicht nur ›richtig‹ sind, sondern auch am ehesten zum Überleben der Menschheit beizutragen vermögen. Auch wenn es ein wenig reaktionär klingt, muß man heute fragen, wieviel Freiheit und Egalitarismus die menschliche Natur auszuhalten vermag, oder grundsätzlicher: worin Freiheit und Gleichheit des Menschen ›von Natur‹ bestehen. Eine Menschheit, die im Begriff ist, unseren Planeten auszuplündern und vielleicht gar zu vernichten, sollte weniger auf die Warnung vor dem ›Naturalismus‹, hören als auf die Natur selbst – nach dem Wort Heraklits (Diels-Kranz, Fragment B 112):

Vernünftigkeit und Weisheit bestehen darin, daß man das Wahre sagt und handelt nach der Natur, auf sie hinhörend (ἀληθέα λέγειν καὶ ποιεῖν κατὰ φύσιν ἐπαΐοντας).

VII Ausblick

So viel über Platons Grundlegung des idealistischen Naturverständnisses in dem Sinne, daß Platon modellhaft die Dichotomie zwischen der körperlich-materiell in Erscheinung tretenden Natur und der sittlich-gesellschaftlichen Menschenwelt aufgehoben hat durch die gemeinsame Begründung beider Bereiche im Seelischen, Geistigen, Ideellen. Für Platon ist gerade der seelisch-geistige Kern der Dinge ihre eigentliche Physis.

Hegels Naturbegriff deckt sich terminologisch mit dem platonischen nicht ganz, da Hegel die Natur als die Idee in ihrem Anders-Sein, im Zustand der Entäußerung und Selbstentfremdung bezeichnet. Aber in der Hauptsache und im Grundsätzlichen stimmt Hegel doch mit Platon überein, in der Überzeugung nämlich, daß die äußere Natur geistigen Ursprungs ist und zum Geist hin zurückstrebt. Die gemeinsame Begründung im Geistigen führt bei Hegel wie bei Platon zu einer Kompatibilität der beiden sonst getrennten Sphären: der Welt der unbewußten Natur und der Welt der moralischen, freiheitlichen Ordnungen.

Die Kritik am idealistischen Naturverständnis und an den Versuchen, ethisch-politische Normen naturalistisch zu begründen, hat zweifellos mit einigem Recht auf die Gefahr aufmerksam gemacht, daß vorschnell autoritäre oder gar verkehrte Ideale aufgestellt werden. Aber sie hat auch Wesentliches verdeckt, das wir uns wieder in Erinnerung rufen sollten, damit uns nicht ein verkürzter und entstellter Naturbegriff oder die Naturvergessenheit der technokratischen Zivilisation zum Verhängnis wird.

Viele fordern heute eine neue Rücksicht, Behutsamkeit, Bedacht-
29 samkeit im Umgang mit der | Natur. Wer diese Forderung philosophisch rechtfertigen will, kann an den Physisbegriff Platons und der idealistischen Naturphilosophie anknüpfen, weil hier die Natur als unsere eigene Natur verstanden wird: nicht als ein Bereich sinnloser Notwendigkeit oder des brutalen Kampfes aller gegen alle, nicht als materielles Objekt oder als ein Gegenüber, mit dem wir nach Belieben verfahren können, sondern als harmonisches Zusammenspiel von wechselseitig aufeinander angewiesenen Gliedern, als eine Ausformung des Geistes, an dem wir mit unserer Vernunft teilhaben, als ein Gehäuse, dessen Bestand durch menschliches Fehlverhalten gefährdet wird.

Hegel hat die ›Vorlesung über Naturphilosophie‹ von 1819/20, die wir jetzt in der Neapler Ausgabe neu besitzen, mit den Worten geschlossen:

Die Natur setzt den Geist voraus; er ist ihr Zweck. Das Resultat der Naturphilosophie ist: Versöhnung des Geistes mit der Natur, indem er in ihr die Idee erkennt, was er selbst in der Form des Selbstbewußtseins ist.

Mehr noch als zur Zeit Platons und Hegels kommt es nach unseren heutigen Erfahrungen darauf an, daß »Versöhnung des Geistes mit der Natur« als ein Programm verstanden und tätig verwirklicht wird.

VIII Literaturverzeichnis

Von den neueren Forschungsbeiträgen (aus den letzten 40 Jahren) seien die folgenden repräsentativen Arbeiten genannt, in denen die einzelnen Aspekte der hier versuchten Zusammenschau ausführlicher behandelt und interpretatorisch vollständiger belegt sind:

Verschiedene Autoren der Artikel ›Natur‹ bis ›Naturzweck‹ in: Historisches Wörterbuch der Philosophie, Band 6, Basel/Stuttgart 1984, 421-659; bes. F. P. Hager, Natur (Antike): 421–441; R. Brandt, Naturrecht (Antike): 563–571.

A. W. H. Adkins, From the Many to the One. A Study of Personality and Views of Human Nature in the Context of Ancient Greek Society, Values and Beliefs, London 1970; bes. 110–127: Physis und Nomos in der Zeit vor Platon; 151–158: die menschliche Physis bei Platon.

K. Gaiser, Die Rede der Musen über den Grund von Ordnung und Unordnung: Platon, Politeia VIII 545 D – 547 A, in: Studia Platonica, Festschrift für Hermann Gundert, Amsterdam 1974, 49–85.

K. Gaiser, Name und Sache in Platons ›Kratylos‹, Abhandlungen der Heidelberger Akademie der Wissenschaften, Phil.-hist. Klasse 1974, 3, Heidelberg 1974.

V.R. Gorospe S.J., Plato's Natural Law Theory in the ›Republic‹, The Modern Schoolman 43, 1965/66; 143–178: über die Idee des Guten als normativen Grund jeder natürlichen und moralischen Ordnung.

W.K.C. Guthrie, A History of Greek Philosophy: III. The Fifth-Century Enlightenment, Cambridge 1969, bes. 55–134: »The ›Nomos‹-›Physis‹ Antithesis in Morals and Politics«.

F. Heinimann, Nomos und Physis. Herkunft und Bedeutung einer Antithese im griechischen Denken des 5. Jahrhunderts, Basel 1945 (Nachdruck: Darmstadt 1972).

V. Hösle, Wahrheit und Geschichte. Studien zur Struktur der Philosophiegeschichte unter paradigmatischer Analyse der Entwicklung von Parmenides bis Platon, Stuttgart-Bad Cannstatt 1984; über die Vergleichbarkeit der Grundgedanken Platons und Hegels.

V. Hösle, Hegels ›Naturphilosophie‹ und Platons ›Timaios‹ – ein Strukturvergleich, Philosophia Naturalis 21, 1984, 64–100.

T. H. Irwin, Plato, Gorgias. Translated with Notes, Oxford 1979; bes. 171–172, 175–178: zu Nomos und Physis in Kallikles' Theorie vom Recht des Stärkeren.

H. Kelsen, Platon und die Naturrechtslehre (1957), in: Aufsätze zur Ideologiekritik, Neuwied 1964, 232–292: in Auseinandersetzung mit J. Wild (1953) gegen Platons metaphysische Naturrechtstheorie.

H.J. Krämer, Arete bei Platon und Aristoteles. Zum Wesen und zur Geschichte der platonischen Ontologie, Abhandlungen der Heidelberger Akademie der Wissenschaften, Phil.-hist. Klasse 1959, 6, Heidelberg 1959; bes. 232–241: über die Norm der richtigen Mitte in der Physis.

F.L. Lisi, Einheit und Vielheit des platonischen Nomosbegriffs. Eine Untersuchung zur Beziehung von Philosophie und Politik bei Platon, Diss. Tübingen 1984.

F. P. Maguire, Plato's Theory of Natual Law, Yale Classical Studies 10,1947, 151-178: über Platons Begründung von Recht und Moral in der transzendenten Realität (Seele, Geist, Gott).

D. Mannsperger, Physis bei Platon, Berlin 1969.

K.M. Meyer-Abich (Hrsg.), Frieden mit der Natur, Freiburg i. Br. 1979; darin bes. K. M. Meyer-Abich, Zum Begriff einer Praktischen Philosophie der Natur, 237-261.

K.M. Meyer-Abich, Geschichte der Natur in praktischer Absieht, in: E. Rudolph - E. Stöve (Hrsg.), Geschichtsbewußtsein und Rationalität, Stuttgart 1982; 105-175: grundlegend zur Bedeutung des griechischen und platonischen Physisbegriffs für das heutige Naturverständnis.

K.M. Meyer-Abich, Wege zum Frieden mit der Natur. Praktische Naturphilosophie für die Umweltpolitik, München 1984.

G.R. Morrow, Plato and the Law of Nature, in: Essays in Political Theory. Presented to G. H. Sabine, Port Washington, N. Y. / London 1948 ([2]1972); 17-44: die stoische Konzeption des Naturrechts stammt von Platon, für den das Gerechte seinen Naturgrund in der Idee der Gerechtigkeit hat.

R. Muth, Zur Frage der Erkenntnis der Naturgesetzlichkeit durch die griechische Philosophie bis Platon, Innsbrucker Beiträge zur Kulturwissenschaft 3, Innsbruck 1955, 111-122.

M. Ostwald, Plato and the Law of Nature, in: H.F. North (ed.), Interpretations of Plato. A Swarthmore Symposium, Leiden 1977 (Mnemosyne Suppl. 50), 41–63. K. Popper, The Open Society and its Enemies, I. The Spell of Plato, London 1945; deutsch: Die offene Gesellschaft und ihre Feinde, II. Der Zauber Platons, Bern [1]1957; Angriff auf Platons naturrechtliche Vorstellungen.

B. Russell, Philosophy and Politics, in: Unpopular Essays, New York 1950; 9–34: scharfe Kritik an Platon und Hegel.

R. Spaemann, Technische Eingriffe in die Natur als Problem der politischen Ethik, Scheidewege 4, Stuttgart 1979, 476–497.

W. Schadewaldt, Natur – Technik – Kunst (1960); ›Natur‹ und ›Technik‹ bei den Griechen (1960), in: Hellas und Hesperien. Gesammelte Schriften, Band II, Zürich 1970, 497–524.

T. A. Sinclair, A History of Greek Political Thought, London 1951; bes. 48–51: über das Verhältnis von Physis und Nomos vor Platon.

J. Wild, Plato's Modern Enemies and the Theory of Natural Law, Chicago 1955; Zurückweisung des gegen Platon erhobenen Vorwurfs eines unsachgemäßen Naturalismus in Ethik und Politik; historische und systematische Untersuchung des Naturrechtsgedankens; 137–152: über die Aspekte des platonischen Physis-Begriffs und Platons Begründung ethischer Normen in der Physis.

Platons Zusammenschau der mathematischen Wissenschaften (1986)

für Günther Wille zum 2. 10. 1985 κατὰ τὴν Μοῦσαν

Dieser Beitrag ist bei einigen Gelegenheiten mündlich vorgetragen worden, bei denen die ›Tübinger Platoninterpretation‹ repräsentiert und zur Diskussion gestellt werden sollte.[1] Es geht also auch hier um den Versuch, die literarischen, für die Öffentlichkeit bestimmten Dialoge Platons auf den Hintergrund der innerschulischen, ›esoterischen‹ Lehre zu beziehen und die Zeugnisse der Schüler über Platons Prinzipientheorie mit den entsprechenden Andeutungen der Dialoge in Verbindung zu bringen.[2] Vor allem möchte ich anhand eines zentralen platonischen Motivs neu prüfen und nachweisen, wie eng der Zusammenhang zwischen den literarischen Äußerungen und den Berichten über die mündliche Lehre ist.

Die leitende Frage soll sein, in welchem Sinne Platon von der Mathematik eine entscheidende Hilfe für die Erkenntnis der Ideen, besonders der ›Idee des Guten‹ erwartet. Davon ist in der ›Politeia‹ die Rede; diese Frage berührt aber auch den Kern der ›ungeschriebenen Lehre‹, denn die ›Idee des Guten‹ ist die höchste Ursache alles Seienden, die Platon nach den Berichten der Schüler von mathematischen Gesichtspunkten aus als ›das Eine‹ bezeichnet hat.

Das meiste von dem, was Platon über die Notwendigkeit mathematischer Studien für den Philosophen sagt, ist von den Interpreten oft genug richtig erklärt worden und allgemein bekannt. Was er aber über eine ›Zusammenschau‹ (Synopsis) der mathematischen Wissenschaften, die für die Dialektik besonders aufschlußreich sein soll, äußert, bedarf noch, wie mir scheint, der Erläuterung.[3] Ich möchte versuchen, hierfür die Angaben im | 90

1 Den Kollegen und Studenten in Tübingen, Herdecke, Braunschweig, Mainz und Frankfurt sei für wertvolle Anregungen gedankt.

2 Zuletzt hat Th.A. Szlezák die Berechtigung und Fruchtbarkeit dieses hermeneutischen Ansatzes neu unter Beweis gestellt: Platon und die Schriftlichkeit der Philosophie, Interpretationen zu den frühen und mittleren Dialogen, Berlin 1985. Soeben erscheint das gewichtige Plädoyer von G. Reale, Per una nuova interpretazione di Platone. Rilettura della metafisica dei grandi dialoghi alla luce delle ›Dottrine non scritte‹, Milano 1986.

Text der Dialoge präziser und vollständiger auszuwerten, als dies bisher – in Tübingen und andernorts – geschehen ist.

I Platons Abwertung des praktischen Nutzens der Mathematik

Wer heute gefragt wird, wozu die Mathematik gut ist, wird zuerst an ihren eminenten Nutzen für Naturwissenschaft und Technik denken, nur in zweiter Linie vielleicht auch noch daran, daß die theoretisch erkannte Schönheit mathematischer Ordnungen Freude bereitet. Auch in der Antike hat zunächst das praktische Interesse dominiert. Die gesamte vorgriechische – babylonische und ägyptische – Mathematik war zweckgebunden und anwendungsorientiert. Auch die Griechen schätzten die Zahlenkunde, die Geometrie (das heißt: ›Landmeßkunst‹) und die Astronomie zuerst einmal wegen ihrer Bedeutung für Handel und Verkehr, für Hoch- und Tiefbau und andere technische Konstruktionen, für das Kalenderwesen; und natürlich war für sie auch die Musik zunächst keine theoretische Wissenschaft.

Immerhin näherte sich die Mathematik schon vor der Zeit Platons der wissenschaftlichen Theorie auf zwei Wegen. Zum einen spielten in religiös-spekulativen Traditionen, besonders bei den Pythagoreern mathematische Vorstellungen, die teilweise wie Mysterienweisheiten geheimgehalten wurden, eine erhebliche Rolle. Zum anderen gab es auch schon vor Platon griechische Denker, die einzelne mathematische Sachverhalte erforschten und allgemeingültig formulierten – so wahrscheinlich schon Thales, dem der Satz über die rechten Winkel im Halbkreis zugeschrieben wird, und sicherlich Mathematiker wie Hippokrates von Chios und Theodoros von Kyrene.

3 Seit meinem Buch über ›Platons ungeschriebene Lehre‹ (Stuttgart 1963, [2]1968) sind die folgenden maßgeblichen Beiträge zur Bedeutung der Mathematik für die platonische Philosophie (Dialektik, Idee des Guten) erschienen: R.C. Cross – A.D. Woozley, Plato's Republic. A Philosophical Commentary, London/New York 1964 ([2]1979), 196–228 (Sun, Line and Cave), 230–261 (Mathematics and Philosophy); R.M. Hare, Plato and the Mathematicians, in: R. Bambrough (ed.), New Essays on Plato and Aristotle, London 1965, 21–38; H.J. Krämer, Über den Zusammenhang von Prinzipienlehre und Dialektik bei Platon. Zur Definition des Dialektikers ›Politeia‹ 534 B–C, Philologus 110, 1966, 35–70 und in: J. Wippern (Hrsg.), Das Problem der ungeschriebenen Lehre Platons, Darmstadt 1972 (Wege der Forschung 186), 394–448; K. v. Fritz, Platon, Theaetet und die antike Mathematik (1932), mit einem Nachwort zum Neudruck, Darmstadt 1969; J.C.B. Gosling, Plato, London 1973, 100–119 (Mathematics and Goodness); Th. Ebert, Meinung und Wissen in der Philosophie Platons. Untersuchungen zum ›Charmides‹, ›Menon‹ und ›Staat‹, Berlin 1974, 132–208 (Die Idee des Guten und die Mathematik); G. Böhme, Platons Theorie der exakten Wissenschaften, Antike u. Abendland 22, 1976, 40–53; N.P. White, Plato on Knowledge and Reality, Indianapolis 1976, 89–115; J. Annas, An Introduction to Plato's Republic, Oxford 1981, 272–293 (Philosophy and Mathematics); W. Wieland, Platon und die Formen des Wissens, Göttingen 1982; A. Graeser, Die Philosophie der Antike 2: Sophistik und Sokratik, Plato und Aristoteles, München 1983 (Geschichte der Philosophie, hrsg. v. W. Röd, Bd. II), 151–157 (Dialektik: Die Überwindung des Hypothetischen; Die Idee des Guten); J. Mittelstraß, Die geometrischen Wurzeln der platonischen Ideenlehre, Gymnasium 92, 1985, 399–418.

Bei Platon kommt beides zusammen: Einerseits bleibt die Mathematik in eine umfassende Weltdeutung einbezogen; andererseits entwickelt sie sich nun zu voller wissenschaftlicher Selbständigkeit.[4]

Neu ist bei Platon die bewußte Reflexion über die Bedeutung der mathematischen Wissenschaften im größeren Ganzen der Seinserklärung und Lebensgestaltung und dabei | die mit neuer Entschiedenheit vertretene 91
Auffassung, der eigentliche Wert der Mathematik liege nicht in irgendeiner praktischen Nützlichkeit, sondern darin, daß sie das Denken auf den Weg der Wahrheitserkenntnis führe.

Plutarch überliefert, Platon habe sogar die Anwendung mechanischer Hilfsmittel zur Lösung von geometrisch-stereometrischen Problemen abgelehnt. Besonders für die Lösung des Problems der Würfelverdoppelung (also zur Auffindung der 3. Wurzel aus einer gegebenen Größe) waren von Archytas, Eudoxos und anderen Mathematikern Apparate konstruiert worden, mit denen man die erforderlichen Kurven höherer Ordnung durch Drehoperationen darstellen konnte. Dazu heißt es bei Plutarch (›Vita Marcelli‹ 14, 5–6):

> … Weil aber Platon unwillig wurde und ihnen entgegenhielt, sie vernichteten und verdürben den Wert der Geometrie, wenn diese von den unkörperlichen und geistig-erkennbaren Dingen fortlaufe zu den sinnlich-wahrnehmbaren und wieder Körper, die vieler und niedriger Handwerksarbeit bedürften, in Gebrauch nehme, so war die Mechanik, aus der Geometrie herausgefallen, abgesondert und, lange Zeit von der Philosophie verachtet, in den Bereich der militärischen Techniken geraten.

An einer anderen Stelle bei Plutarch (De genio Socratis 7, 579 B–D) steht die Geschichte von den Deliern, denen ein Orakelspruch geweissagt hatte, sie und die übrigen Griechen würden von ihren gegenwärtigen Leiden erlöst, wenn sie den Altar Apollons verdoppelten.[5] Ihnen soll Platon gesagt haben:

> … der Gott treibe sein Spiel mit den Griechen, weil sie sich zu wenig um die Bildung kümmerten: er verhöhne unsere Unwissenheit und fordere uns auf, daß wir uns nicht nur nebenbei mit Geometrie befassen. … Diese Aufgabe nun (das ›Delische Problem‹ der Würfelverdoppelung) werde ihnen Eudoxos von Knidos oder Helikon von Kyzikos lösen. Sie sollten aber nicht glauben, daß es dies sei, was der Gott wünsche, sondern er befehle allen Griechen, Krieg und Übeltaten zu lassen, sich dem Dienst der Musen zu widmen und durch die Wissenschaften, besonders die Mathematik, ihre Leidenschaften zu mäßigen und auf eine nicht schädigende, sondern wohltuende Weise miteinander umzugehen.

Wir sind nun aber, um Platons Ansicht über den Wert der Mathematik zu erfahren, nicht auf solche späten Erzählungen angewiesen. Platon selbst

4 Zu Platons wissenschaftsgeschichtlicher Stellung: F. Krafft, Geschichte der Naturwissenschaft I, Freiburg 1971, 295–356. Zu praxisbezogenen und theoretisierenden Strömungen: W. Burkert, Konstruktion und Seinsstruktur. Praxis und Platonismus in der griechischen Mathematik, Abhandl. d. Braunschweigischen Wissenschaftl. Ges. 34, 1982, 125–141.

5 Sämtliche Belegstellen für die wahrscheinlich auf Eratosthenes von Kyrene zurückgehende Geschichte vom ›Delischen Problem‹ bei A. Swift Riginos, Platonica. The Anecdotes concerning the Life and Writings of Plato, Leiden 1976 (Columbia Studies in the Classical Tradition 3), 141–145.

spricht darüber ausführlich in seinen Dialogen, besonders in den Büchern VI und VII der ›Politeia‹ und in Buch VII (817 E – 822 C) der ›Nomoi‹. Er erklärt hier, daß Mathematik für die Erziehung notwendig sei, und zwar nicht so sehr wegen ihres praktischen Nutzens, sondern hauptsächlich deshalb, weil mit ihrer Hilfe ein tieferes Verständnis der uns umgebenden Wirklichkeit, besonders auch der Himmelsbewegungen, und ein Zugang zur Welt der reinen Ideen zu gewinnen sei.

Dabei erwähnt Platon auch die Wirkung, die wir als den ›formalen Bildungswert‹ der Mathematik bezeichnen würden: eine allgemeine Aufweckung, Belebung und Schärfung des Denkens.[6] Als erster hat er daher (in
92 den ›Nomoi‹) eine Unterweisung in den | mathematischen Fächern für alle freien Bürger gefordert. Und durch das platonische Erziehungsprogramm sind diese ›Mathémata‹ (was ja zunächst nichts anderes heißt als ›Lerngegenstände‹) zu ›Lehrfächern‹ *par excellence*, zu den für jede höhere Bildung notwendigen ›mathematischen‹ Wissenschaften geworden.[7]

Wichtiger noch ist in den Augen Platons, was die philosophische Elite durch mathematische Studien für die Seinserkenntnis gewinnt. Hierbei kann man drei Funktionen unterscheiden: (a) Durch die Mathematik wird die Seele gleichsam umgewendet und hinaufgezogen vom Schein der Sinnenwelt zum Überempirischen, rein Gedanklichen, Geistigen, Idealen. (b) Die einzelnen mathematischen Wissenschaften erarbeiten Strukturen, die als Modelle für die Beschreibung bestimmter Aspekte der Seinsstruktur dienen können. (c) Von den mathematischen Wissenschaften aus ergibt sich die Möglichkeit einer systematischen Zusammenschau (Synopsis), die außerordentlich hilfreich ist für die Erkenntnis der gesamten Realität und der höchsten Seinsprinzipien. – Diese Funktionen sollen nun der Reihe nach erörtert werden, am ausführlichsten die dritte, deren weitreichende Bedeutung bisher noch am wenigsten verstanden worden ist.

II Die Hinwendung der Seele zum wahrhaft Seienden

Daß die Seele durch die Mathematik auf eine übersinnliche Wahrheit aufmerksam gemacht wird, will Platon schon an dem bekannten Beispiel der Quadratverdoppelung im ›Menon‹ (80 D – 86 C) zeigen. Die menschliche Seele, so erklärt Sokrates hier in mythischer Redeweise, hat vor dem Eintritt in das jetzige, körpergebundene Leben schon einmal die idealen Urformen der Seinsordnung geschaut. Das einstige Wissen sei jetzt vergessen, verschüttet; aber wir könnten durch eine Art Wiedererinnerung (Anamnesis) jenes Wissen wieder lebendig machen, wenn wir solchen Erscheinungen be-

6 Resp. 7, 526 B; Leg. 7, 819 C.
7 In dem ›Geometerverzeichnis‹ bei Proklos (In primum Euclidis Elem. libr. comm., p. 65,15-21 Friedlein) wird gesagt, Pythagoras habe die Mathematik zum Gegenstand der allgemeinen Bildung gemacht. Damit wird jedoch Platonisches auf Pythagoras zurückgespiegelt.

gegnen, die über sich hinausweisen auf die nur im Denken erfaßbare Wirklichkeit. Darin nun, daß der Sklave in mehreren Schritten die Diagonale des Ausgangsquadrats als die gesuchte Seite des doppelten Quadrats zu verifizieren vermag, sieht Sokrates einen Beweis für das vorgeburtlich erworbene Wissen.

In der Tat verweist dieser einfache mathematische Sachverhalt auf eine überempirische gültige Wahrheit schon deshalb, weil die aufgefundene Beziehung nicht nur für irgendwelche, so oder so in den Sand gezeichnete Quadrate gilt, sondern für alle nur denkbaren Quadrate. Erst recht wird man über die Welt der sinnlich wahrnehmbaren Erscheinungen hinausgeführt, wenn man erklären soll, wie groß denn nun die Diagonale im Verhältnis zur Quadratseite ist. Man wußte damals genau und Platon deutet es im ›Menon‹ an,[8] | daß die beiden Größen inkommensurabel sind, d.h. daß es 93
kein gemeinsames Maß zwischen ihnen gibt. Dies aber kann man sich nur durch denkerische Überlegungen klar machen, niemals mit den Augen sehen.

In der Tatsache, daß mathematische Sachverhalte nur gedanklich verifizierbar und daß sie zugleich in besonderem Maße evident und intersubjektiv verbindlich sind, hat Platon offenbar ein starkes Argument für die Existenz überempirischer ›Ideen‹ gesehen. Mehrfach erläutert er das Wesen der Idee an mathematischen Beispielen. Im ›Phaidon‹ (74 A – 75 D) erklärt er, daß es absolut ›Gleiches‹ im Bereich der konkreten, sinnlich-wahrnehmbaren Dinge nicht gibt: Gleichheit kann man, streng genommen, nicht sehen, sondern nur denken. In der ›Politeia‹ (6, 510 DE) heißt es, daß sich der Mathematiker nicht für das gezeichnete Quadrat interessiert, sondern für das ›Quadrat selbst‹, das genaue, perfekte Quadrat. Auf dieselbe Weise, nämlich durch nur gedanklich erfaßbare Genauigkeit und Perfektion, unterscheiden sich aber auch die ›Dinge selbst‹, die Platon als ›Ideen‹ bezeichnet, von den sichtbaren Dingen. Und noch im ›Siebenten Brief‹ (343 AB) wird ausgeführt, daß jeder Kreis, den wir zeichnen, die Idee des Kreises immer nur unvollkommen repräsentiert.

In dem sogenannten ›Liniengleichnis‹ der ›Politeia‹ (6, 509 D–511 E) werden vier Bereiche der Wirklichkeit unterschieden:

A. die Ideen (mit der Idee des Guten an der Spitze)
B. die Gegenstände der mathematischen Wissenschaften (die Mathematiká)
C. die Erscheinungen (mit der Sonne als höchster Ursache)
D. die Abbilder der Erscheinungen (Spiegelbilder und Schatten)

Die unterste Stufe, der Bereich der Spiegelbilder und Schatten, kann das Abbildungsverhältnis, das durchgehend gelten soll, besonders gut verdeutli-

8 K. Gaiser, Platons Menon und die Akademie, Archiv f. Gesch. d. Philos. 46, 1964, 241–292 (auch in: J. Wippern [Hrsg.], Das Problem der ungeschriebenen Lehre Platons, Darmstadt 1972, 329–393), bes. 257–260 (= 349–353) [in diesem Band Seite 353ff.]; P. Cosenza, L'incommensurabile nell'evoluzione filosofica di Platone, Napoli 1977, 221–231.

chen: Auch die Mathematiká (B) sind Abbilder, nämlich der Ideen (A); und die gesamte überempirische Welt (A+B) verhält sich zur Sinnenwelt (C+D)
94 wie das Urbild zum Abbild.[9] |

Demgemäß wird die Stellung der Mathematiká hier im Sinne einer Zwischenposition zwischen den Ideen und den Erscheinungen beschrieben.[10] (a) Der Mathematiker orientiert sich an sichtbaren Erscheinungen, besonders auch an gezeichneten Figuren; aber die konkreten, sichtbaren Figuren sind im Verhältnis zu den eigentlichen Gegenständen der Mathematik bloße Abbilder. (b) Andererseits sind die Mathematiká nicht höchste Urbilder, sondern ihrerseits den Ideen untergeordnet. Der philosophische Dialektiker führt die mathematischen Sachverhalte und die Grundvoraussetzungen (›Hypotheseis‹)[11] der mathematischen Wissenschaften auf Ideen, letzten Endes auf die Idee des Guten zurück.

In dem anschließend erzählten Höhlengleichnis kehren, wie Sokrates bei seiner Auslegung klarmacht, die Bereiche des Liniengleichnisses wieder
95 (Resp. 7, 514 A - 521 B, | 532 A–D).[12] – Die Menschen in der Höhle sehen zu-

9 Unklarheit besteht hinsichtlich des Verhältnisses zwischen den Bereichen B (Mathematiká) und C (Erscheinungen). Nach dem geforderten Teilungsverhältnis sind diese Abschnitte gleich lang, was im Dialog allerdings nicht ausgesprochen wird. Von den Erklärern wird dies verschieden interpretiert. Die einen (wie Sir David Ross, Plato's Theory of Ideas, Oxford 1951, 45–46; R.C. Cross - A.D. Woozley 1964, 204) meinen, die Gleichheit der mittleren Abschnitte sei von Platon nicht intendiert, weil durchgehend dasselbe Urbild-Abbild-Verhältnis bestehen solle. Die anderen (wie J.S. Morrison, Two Unresolved Difficulties in the Line and Cave, Phronesis 22, 1977, 212–234; W. Wieland 1982, 201–208) meinen, die gleiche Ausdehnung der beiden Abschnitte habe einen guten Sinn: Es handle sich um identische Gegenstandsbereiche, die jedoch Ziel unterschiedlich gerichteter Intentionen (des erkennenden Subjekts) seien (da sie einmal als Urbilder und einmal als Abbilder aufgefaßt werden). Bei der zweiten Erklärung wird bestritten, daß der Bereich im wesentlichen die Mathematiká enthält: diese seien nur als Beispiele gewählt. – Beide Interpretationen befriedigen nicht. Am wenigsten scheint mir die Auffassung von W. Wieland, der Bereich B entspreche einer bestimmten Tätigkeit der Seele, die hier die Sinnendinge bewußt als Abbilder betrachte, den Aussagen des Textes gerecht zu werden. – Vielleicht hat K. v. Fritz 1932 = 1969 (o. Anm. 3), 55–60 einen Hinweis zur Lösung des Problems gegeben, als ihn der Vergleich zwischen dem Linienschema und den Erkenntnisstufen im ›Siebenten Brief‹ auf die Vorstellung einer sozusagen seelischen Beschaffenheit der Mathematiká führte. Die gleiche Ausdehnung der beiden Abschnitte, so scheint mir, soll besagen, daß zwischen ihnen nicht das gleiche Abbildungsverhältnis besteht wie sonst zwischen den Teilen des Linienschemas. Sokrates sagt zwar mehrfach (510 B, D, E, 511 A), daß die Mathematiker gewisse Erscheinungen (wie Zeichnungen und modellierte Figuren) als Abbilder (εἰκόνες) benützen; aber dies bedeutet nicht, daß die Erscheinungen (C) ebenso durch Abbildung der Mathematiká (B) entstehen wie der Bereich D durch Abbildung von C, der Bereich B durch Abbildung von A. Die Welt der Erscheinungen (C) ist inhaltlich viel reicher als die Seinsstufe der Mathematiká (B); und die sichtbaren Formen (auch diejenigen, an denen sich der Mathematiker orientiert) werden nicht durch die mathematischen Gegenstände, sondern durch die Seele hervorgebracht, die zwischen den Ideen und den Erscheinungen vermittelt (vgl. u. IV 3 über die Weltseele im ›Timaios‹ und K. Gaiser 1963, 91–99). Die Analogie des Linienschemas nimmt also, wie ich meine, das Verhältnis B : C aus, weil der Sache nach zwischen A (Ideen) und C (Erscheinungen) nicht nur die Mathematiká (B) stehen, sondern auch die Seele als vermittelnder Bereich gedacht werden muß: ein Bereich, der zwar die mathematischen Strukturen einschließt, aber nicht auf diese reduziert ist, während sich die Erörterung im Dialog hier auf das Mathematische beschränkt.

nächst nur die Schatten an der Wand: das sind abbildhafte Ansichten von den Erscheinungen. Wenn sie dann, von den Fesseln befreit, nach oben geführt werden, sehen sie die in der Höhle vorbeigetragenen Dinge: das sind die Erscheinungen in ihrer Ganzheit. Kommt ein Mensch dann aus der Höhle heraus, sieht er zuerst nur die Spiegelbilder und Schatten der Dinge am Licht (516 A): das sind hauptsächlich die mathematischen Gegenstände. Dann erst vermag er schließlich die Dinge selbst auf der Erde und am Himmel anzuschauen, zuletzt die Sonne: das sind die verschiedenen Ideen mit der Idee des Guten als höchster Ursache.

Auch nach dem Höhlengleichnis vermitteln also die Mathematiká zwischen den Erscheinungen und den Ideen; und das Gleichnis verdeutlicht besonders, daß sie, da sie jenen Spiegelbildern und Schatten der wahren Dinge im Licht entsprechen, Abbilder der Ideen sind.[13] Deswegen sind die mathematischen Wissenschaften dazu geeignet, uns auf dem Weg zur Ideenerkenntnis voranzubringen. Sie haben, wie hier bei der Erörterung der

10 Ob den Mathematiká in der ›Politeia‹ die ontologische Mittelstellung zukommt, die Aristoteles in Metaph. A 6, 987 b 14–18 (und öfters) für Platon bezeugt, ist eine immer wieder neu umstrittene Frage. Über die Diskussion berichten H.J. Krämer 1966, 45, 53 (= 1972, 408–409, 420) und W.K.C. Guthrie, A History of Greek Philosophy, IV. Plato the Man and his Dialogues, Earlier Period, Cambridge 1975, 342–345, 509–510, 523. Abgelehnt wird eine solche Metaxy-Stellung der Mathematiká für das Linienschema neuerdings wieder von R.C. Cross – A.D. Woozley 1964, 233-238; N.P. White 1976 (o. Anm. 3) 109–110; R.D. Mohr, The Number Theory in Plato's Republic VII and Philebus, Isis 72, 1981, 620–627; W. Wieland 1982, 212. J. Annas versuchte (On the »Intermediates«, Archiv f. Gesch. d. Philos. 57, 1975, 146–166), die Hinweise auf ›Intermediates‹ in den Dialogen dem Sinne nach von den Angaben des Aristoteles zu unterscheiden; und sie erklärte 1981 (o. Anm. 3), 251. 273 zu Politeia VI/VII: »He has clearly not thought out this problem.« – Mir scheinen die Gegenargumente gegen eine Erklärung des Linienbereichs B im Sinne der ›Intermediates‹ nicht überzeugend zu sein. Sokrates meint mit ›Quadrat selbst‹ und ›Durchmesser selbst‹ (6, 510 D) nicht die *eine* Form im Sinn der Ideentheorie, sondern die übersinnliche Exaktheit, wie er auch mit αὐτὸ τὸ ἕν (7, 525 DE) offensichtlich die mathematische Eins, die in beliebig vielen Exemplaren vorkommt, bezeichnet.

11 Der Begriff der ›Hypothesis‹, den Platon unterschiedlich gebraucht (vgl. R. Robinson, Plato's Earlier Dialectic, Oxford ²1953, 93–179), ist hier verschieden aufgefaßt worden. Die Erklärer denken entweder an elementare Entitäten, also an Gegenstände (so R.M. Hare 1965, 22–24; K. v. Fritz 1969, 101; W. Wieland 1982, 209 und andere) oder an definitorische und axiomatische Sätze (so etwa auch C.C.W. Taylor, Plato and the Mathematicians: An Examination of Professor Hare's Views, Philosophical Quarterly 17, 1967, 193–203). Unentschieden A. Graeser 1983 (o. Anm. 3), 152–153. Die von Platon 6, 510 C angegebenen Beispiele – ungerade und gerade Zahlen, Figuren, die drei Winkel – zeigen, daß entweder solche einfachen Gegenstände selbst gemeint sind oder Sätze, die deren Existenz (›es gibt … ‹) oder deren Allgemeingültigkeit (›alle Zahlen / Figuren / Winkel sind entweder … oder … ‹) aussagen (aber keine mathematischen Definitionen oder Axiome). Es wird sich zeigen, daß von den so verstandenen ›Hypotheseis‹ aus Platons Forderung ihrer Letztbegründung in der ›Idee des Guten‹ einen klaren Sinn erhält.

12 Über die vielfach diskutierten Schwierigkeiten bei der Koordinierung von Linienschema und Höhlengleichnis zusammenfassend Th. Ebert 1974 (o. Anm. 3), 151–159 und J. Annas 1981, 252–256. Daß von Platon eine durchgehende Parallelisierung beabsichtigt ist, scheint mir klar zu sein, wenngleich bei der Beschreibung verschiedene Aspekte hervortreten, zumal bei der Kennzeichnung des untersten Bereichs, wo den Abbildern der Linie die partiellen Sinneswahrnehmungen und die subjektiven, ungeprüft übernommenen Ansichten (Meinungen) der Höhle entsprechen.

einzelnen mathematischen Disziplinen und der Dialektik (7, 521 C – 534 E) immer wieder bildhaft gesagt wird, die Kraft, unsere Seele von den Scheinbildern zur Wahrheit hin ›umzuwenden‹, ›emporzuführen‹ und ›hinaufzuziehen‹ (μεταστρέφειν, περιάγειν, ἀνάγειν, ἕλκειν).

Die Mathematik vermag das Erkenntnisorgan der Seele gleichsam nach oben zu richten oder auch zu ›reinigen‹ und zu ›beleben‹ (572 DE), weil ihre Gegenstände zwar in sichtbarer Form konkret veranschaulicht werden können, ihrem Wesen nach aber nicht sinnlich-empirisch, sondern nur mit dem reinen Denken erfaßbar sind. Dabei macht Platon keinen grundsätzlichen Unterschied zwischen der Arithmetik, Planimetrie und Stereometrie und den anderen mathematischen Wissenschaften, die nach allgemeiner Auffassung empirische Sachverhalte (Phänomene) zum Gegenstand haben, nämlich Astronomie und Musiklehre. Auch für diese beiden Wissenschaften soll gelten, daß sie zwar von empirischen Daten ausgehen, ihre Erkenntnisse aber rein theoretisch gewinnen. Die Gesetzmäßigkeiten der Himmelsbewegungen und der harmonischen Intervalle beruhen, so postuliert Platon in aller Entschiedenheit, auf einfachen, zahlenmäßigen Formen und Proportionen, die empirisch nicht exakt gemessen werden können, wohl aber aus theoretischen Gründen denknotwendig und gewiß sind.

96 | So unentbehrlich die Mathematiká auf dem Weg zur Erkenntnis sind – die volle Wahrheit erreicht noch nicht der Mathematiker, sondern der Dialektiker, dessen Blick auf Ideen und Prinzipien gerichtet ist. Auf den ganzen Erkenntnisweg gesehen, sind die mathematischen Wissenschaften nicht mehr und nicht weniger als ›Vorspiel‹ (Prooimion, 531 D, 532 D). Der Wert der Mathematik liegt nach den Angaben der ›Politeia‹ gerade darin, daß sie, bei aller Exaktheit und Sicherheit ihrer Erkenntnisse, offenbar von hypothetisch angenommenen Voraussetzungen ausgeht und damit über sich hinausweist auf das Problem einer philosophischen ›Letztbegründung‹.

III Mathematische Strukturmodelle der Ontologie

Die mathematischen Wissenschaften weisen nun aber dem philosophischen Denken nicht nur die Richtung. Wenn in den Mathematiká die Ideenwelt abgebildet ist, dann müssen die von den Mathematikern erkannten Struktu-

13 Für die Identifizierung des Bereichs der Mathematiká mit der Stufe der beim Heraustreten ans Licht zunächst sichtbar werdenden Spiegel- und Schattenbilder spricht zunächst die Koordinierung mit dem Liniengleichnis. Sokrates sagt aber auch ausdrücklich (7, 532 BC), daß die Hinaufführung (ἐπαναγωγή) zum wahrhaft Seienden durch die mathematischen Wissenschaften (πᾶσα αὕτη ἡ πραγματεία τῶν τεχνῶν ἃς διήλθομεν) bis zu dem Bereich führt, dem beim Aufstieg (ἐπάνοδος) des Höhlengleichnisses die Spiegel- und Schattenbilder im Licht entsprechen. Weil die Mathematiker noch nicht die wahren Dinge (Ideen), sondern nur deren Abbilder sehen, kann von ihnen auch metaphorisch gesagt werden, daß sie nur ›träumen‹ (7, 533 BC, 534 C).

ren für die Seinserkenntnis auch sachlich aufschlußreich sein. Gelegentlich geht denn auch aus den platonischen Dialogen hervor, daß mathematische Ordnungen als Modelle für die Beschreibung der Seinsstruktur dienten.

(a) Das von der Arithmetik untersuchte Reich der Zahlen wird von der Einheit als maßgebender Größe her durch Vervielfachung aufgebaut. Die Erkundung des Übergangs von der Einheit zur schließlich unbegrenzten Vielheit ist aber auch die Aufgabe der philosophischen Dialektik, wie Platon besonders eingehend im ›Philebos‹ (14 C – 18 D) darlegt.

(b) Die von der Planimetrie und Stereometrie untersuchten Eigenschaften der regelmäßigen und der unregelmäßigen Flächen- und Körperfiguren waren für Platon ebenfalls ontologisch bedeutsam. Die fünf regelmäßigen Körper, deren Theorie von Theaitet unter den Augen Platons systematisch ausgebaut und abgeschlossen wurde, nennen wir ›Platonische Körper‹, weil im ›Timaios‹ alle Stoffe auf atomare Tetraeder (Pyramiden), Oktaeder, Ikosaeder und Hexaeder (Würfel) zurückgeführt werden und das Dodekaeder mit der Gesamtform des Kosmos in Verbindung gebracht wird (Tim. 53 C – 56 C).

In den ›Nomoi‹ (7, 819 D – 820 C) werden Planimetrie und Stereometrie unter dem Gesichtspunkt von Meßbarkeit und Nichtmeßbarkeit dargestellt. Dabei ist an den im Dimensionengefüge (bei Flächenlinien und Körperlinien) auftretenden Unterschied zwischen Kommensurabilität und Inkommensurabilität (oder rationalen und irrationalen Größen) zu denken.[14] Die verschiedenen Arten von nicht-rationalen Größen lassen sich klassifizieren und zu den rationalen systematisch in Beziehung setzen. Auch in dem System der irrationalen Linien, das ebenfalls von Theaitet theoretisch ausgearbeitet wurde, sah | Platon ein Modell zur Klärung onto- 97
logischer Verhältnisse: des Zusammenhangs und der Getrenntheit (Methexis und Chorismos) von Ideen und Erscheinungen.[15]

(c) Zur Astronomie sagt Platon im 7. Buch der ›Politeia‹, daß sie die zeitlichen und räumlichen Proportionen der Gestirnbewegungen (Geschwindigkeiten und Verlaufsformen) ermittelt (529 D), von der Musiktheo-

14 In der ›Politeia‹ wird die Theorie der inkommensurablen Größen nur unauffällig gestreift: 5, 504 C mit dem Hinweis auf das absolut maßgebende Maß; 7, 527 A bei der Erwähnung des geometrischen ›Quadrierens‹ und ›Anlegens‹ von Flächen; 7, 534 D in einem Wortspiel mit den ἄλογοι γραμμαί (wo der Versuch von M. Erler, Hermes 111, 1983, 221–226, den Ausdruck auf die ›noch unbeschriebenen Linien‹ der Schreibtafel zu beziehen, wegen des Fehlens einer sprachlichen Parallele zweifelhaft bleibt); 8, 546 C mit der Unterscheidung von rationalen und irrationalen (ῥητῶν – ἀρρήτων) Durchmessern.

15 Theaetets Theorie der irrationalen Größen ist in das 10. Buch der ›Elemente‹ Euklids eingegangen. Eine systematische Bewältigung der irrationalen Größen durch ihre Beziehung auf Zahlenverhältnisse gelang im Rahmen der allgemeinen Proportionenlehre, die Eudoxos vollendete (Euklid, Elemente, Buch 5), zu der aber schon vorher die Methode der ›Wechselwegnahme‹ (ἀνθυφαίρεσις) verholfen hatte. Darüber zuletzt I. Bulmer-Thomas, Plato's Theory of Number, Class. Quart. 33, 1983, 375–384. Zur ontologischen Bedeutung der Theorie der irrationalen Größen: K. Gaiser 1963, 125–136; Platons Menon und die Akademie (o. Anm. 8), 263–264; P. Cosenza 1977 (o. Anm. 8).

rie, daß sie das Zahlensystem der harmonischen Intervalle erforscht (531 C). Hier wie im Schlußmythos des Werkes (10, 617 B) deutet Platon einen engen Zusammenhang zwischen astronomischen und musikalischen Proportionen im Sinne der pythagoreischen ›Sphärenharmonie‹ an. Den Grund dieser Übereinstimmung aber suchte er in der Struktur der Weltseele und der Ordnung der Ideenwelt.

IV Die Synopsis der mathematischen Wissenschaften in den Dialogen

1 Das Problem

So wenig Platon in der ›Politeia‹ über die ontologische Bedeutung der einzelnen mathematischen Strukturen ausführt, so deutlich bezeichnet er hier doch den entscheidenden Akt des Übergangs von den mathematischen Wissenschaften zur Ideendialektik. Zweimal ist hier von einer Zusammenfassung oder Zusammenschau (Synopsis) der Mathematiká die Rede, die erst eigentlich gewährleiste, daß sich die mathematischen Studien für den Philosophen lohnen.

An der ersten Stelle (7, 531 CD) erklärt Sokrates, die Erforschung der symphonen Zahlen (in den harmonischen Intervallen) sei nützlich für die Suche nach dem Schönen und Guten (πρὸς τὴν τοῦ καλοῦ τε καὶ ἀγαθοῦ ζήτησιν), und er fügt hinzu:

Bei allen den mathematischen Wissenschaften, die wir durchgenommen haben (= Arithmetik, Planimetrie, Stereometrie, Astronomie, Musiktheorie) bringt die Untersuchung (μέθοδος), wenn sie zu der wechselseitigen Gemeinschaft und Verwandtschaft (ἐπὶ τὴν ἀλλήλων κοινωνίαν καὶ συγγένειαν) hinführt und wenn sie zusammengefaßt werden (ἐὰν … συλλογισθῇ) in dem, was ihnen wechselseitig zugehört (ᾗ ἐστὶν ἀλλήλοις οἰκεῖα), einen Ertrag für das, was wir mit dem Studium erreichen wollen, und macht keine unnütze Mühe, andernfalls aber eine unnütze.

Die zweite Stelle (7, 537 BC) findet sich in der Beschreibung des Bildungsganges, der die Begabtesten unter den Wächtern des besten Staates zur höchsten Erkenntnis führen soll:

SOKRATES: Von den Zwanzigjährigen sollen die Hervorragenden größere Ehren erhalten als die anderen, und das mathematische Wissen, das den Knaben bei der Erziehung ungeordnet
98 (χύδην) vermittelt wurde, soll ihnen zusammengeführt werden (συνακτέον) zur Zusam- | menschau (σύνοψιν) sowohl der Zusammengehörigkeit der mathematischen Erkenntnisse untereinander (οἰκειότητός τε ἀλλήλων τῶν μαθημάτων) als auch ihrer Zusammengehörigkeit mit der Natur des Seins (καὶ τῆς τοῦ ὄντος φύσεως).
GLAUKON: Allein die so erfolgte Einsicht ist ja doch sicher (βέβαιος), wenn einer sie in sich aufgenommen hat.
SOKRATES: Und sie ist die stärkste Probe dafür, ob einer dialektisch begabt ist oder nicht (διαλεκτικῆς φύσεως καὶ μή). Denn wer zur Zusammenschau fähig ist, ist es auch zur Dialektik, der andere nicht (ὁ μὲν γὰρ συνοπτικὸς διαλεκτικός, ὁ δὲ μὴ οὔ).

Mit der synoptischen Zusammenfassung der mathematischen Wissenschaften und der gesamten Seinsordnung sollen sich die aufgrund ihrer Begabung Auserwählten bis zum dreißigsten Lebensjahr, also zehn Jahre lang beschäftigen; und darauf folgt für die Dauer von fünf Jahren die Ideendialektik. Schon die lange Zeit, die für die von der Mathematik ausgehende Synopsis angesetzt wird, läßt erkennen, wie wichtig sie für die philosophische Bildung ist.

Nun bleibt freilich die Forderung der Zusammenschau inhaltlich recht unbestimmt. Es wird nicht gesagt, worin die ›Gemeinsamkeit‹, die ›Verwandtschaft‹, die ›Zusammengehörigkeit‹ der Mathematiká untereinander und mit der gesamten Seinsordnung besteht. Daher ist nicht ohne weiteres zu verstehen, was denn nun woraufhin ›zusammengeführt‹, ›zusammengedacht‹, ›zusammengeschaut‹ werden soll.

Auf ihre Weise haben sich die neuplatonischen Erklärer um die von Platon aufgestellte Forderung einer ›mathesis universalis‹ intensiv bemüht, wie in Jamblichs Buch über die κοινὴ ἐπιστήμη der Mathematik (De communi mathematica scientie, bes. Kap. 3–5, p. 12–20 Festa) und im Euklid-Kommentar des Proklos (In primum Euclidis Elementorum librum commentarii, p. 7,15–10,14 Friedlein) zu sehen ist. Sie erklärten, das ›Gemeinsame‹ bestehe in allgemeinen Gegensätzen wie Gleichheit und Ungleichheit, die in allen mathematischen Wissenschaften auftreten und als Manifestationen der allgemeinsten Seinsprinzipien zu verstehen sind. Ich möchte jedoch hier von diesen antiken Auslegungen absehen, um mich nicht von neuplatonischer Systematisierung abhängig zu machen.

Die modernen Erklärer haben sich nur selten die Mühe gemacht, das Problem aufzugreifen und zu beantworten. In den meisten, auch den neuesten Arbeiten über Mathematik und Dialektik bei Platon wird nach der ›Gemeinsamkeit‹, die alle Mathematiká untereinander und mit der ›Natur des Seins‹ verbinden soll, nicht weiter gefragt; und mir scheint, daß eben deswegen in diesen Arbeiten Platons Bemerkungen über die ›Idee des Guten‹ dunkel und rätselhaft bleiben oder der Willkür des modernen Interpreten ausgesetzt werden.[16] | 99

Immerhin haben einzelne Erklärer wichtige Voraussetzungen für das Verständnis der Synopsis der mathematischen Wissenschaften gewonnen: So ist überzeugend erklärt worden (besonders von F.M. Cornford, 1932), daß die Gemeinsamkeit der Mathematiká auf einer gewissen Einheitlichkeit beruht und daß diese auf die Idee des Guten als höchste Einheit führt, wie auch daß das Gute deswegen als Einheit verstanden werden kann, weil Einheit der Grund von ›Ordnung‹ (und damit von Gut-Beschaffenem) ist.[17] Am weitesten ist dabei H.J. Krämer in seinem Aufsatz »Über den Zusammenhang von Prinzipienlehre und Dialektik bei Platon« (1966) gelangt. Er schreibt hier:[18] | 100

> Was sind aber nun jene κοινά und οἰκεῖα, vermöge deren die μαθηματικά untereinander zusammenhängen? Man könnte dabei an einige der obersten Gattungen wie Gerade–Ungerade, Gleich–Ungleich, Ähnlich–Unähnlich denken, die zwischen den mathematischen Wesenheiten

und den Prinzipien vermitteln. Indessen liegt eine andere Erklärung wohl noch näher. In der innerakademischen Lehre waren diese verschiedenen Bereiche mathematischer Wesenheiten … in der Analogie des Aufbaus aufeinander bezogen … Jeder Bereich baute sich nämlich auf einem spezifischen monadischen Grundelement auf. Solche einzelnen Elemente und Maße (στοιχεῖα und μέτρα) … waren etwa die Monas für die Zahlen, die unteilbare Linie für die For-

16 Eine gewisse ›Ratlosigkeit‹ hinsichtlich des Verhältnisses von Mathematik und Idee des Guten konstatierte für die Forschungsbeiträge, die auf die Berichte über Platons Gleichsetzung des Guten mit dem Einen nicht eingingen, H.J. Krämer 1966, 44 (= 1972, 406–408). Auch in neueren Arbeiten ist zu beobachten, daß eine befriedigende Erklärung der Idee des Guten nicht gelingt, solange Platons (auf das Gute als das Eine zielende) Forderung einer Synopsis der Mathematiká nicht geklärt ist. R.M. Hare 1965, 35–38 sieht die Bedeutung der Idee des Guten für die Mathematiká darin, daß z.B. ein Kreis, um ein wahrer Kreis zu sein, ein ›guter‹, vollkommener Kreis sein muß – und kritisiert diese Platon zugeschriebene Ansicht als sachlich unbefriedigend. Th. Ebert 1974 (o. Anm. 3) reduziert das, was bei Platon doch auch ontologisch gemeint war, auf funktionale Beziehungen, indem er erklärt, der Wert der mathematischen Wissenschaften für die Erkenntnis der Idee des Guten liege darin, daß sie zu der Einsicht in die Funktion des Guten als Bedingung der Möglichkeit ideativer Begriffe (normativer Grenzbegriffe) führen (bes. S. 208). Bei N.P. White 1976 (o. Anm. 3) sind die entscheidenden Fragen formuliert, aber kaum beantwortet. G. Santas, The Form of the Good in Plato's Republic (1980), in: J.P. Anton – A. Preuss (edd.), Essays in Ancient Greek Philosophy II, Albany 1983, 232-263, kommt zu dem banalen Ergebnis: »the Form of the Good consists or is constituted by the very ideality common to all the other Forms by virtue of which they are the best objects of their kind … « und in der Frage des Verhältnisses von Mathematik und Dialektik zu der sicher nicht ausreichenden Erklärung, der Dialektiker sehe, »that mathematics must be only about Forms if it is to be knowledge.« Bei J. Annas 1981 findet sich lediglich die Bemerkung (S. 285–287), daß die Dialektik die Methoden und Begriffe der anderen Wissenschaften synoptisch untersuche. Auch W. Wieland 1982, 159–185 geht bei der Erörterung des Verhältnisses von Mathematik und Dialektik auf die Synopsis nicht ein und erfaßt mit seiner modernisierenden Erklärung, die Idee des Guten sei durch die Ungegenständlichkeit des nichtpropositionalen Gebrauchswissens ausgezeichnet, allenfalls einen Nebenaspekt der Ausführungen Platons. A. Graeser 1983, 156 bemerkt zu seinem Versuch einer Erklärung der Idee des Guten, er teile mit anderen Interpretationen »den Nachteil, daß wir nicht wissen, was Platon unter ›gut sein‹ *simpliciter* verstand«. Nach K.M. Sayre, Plato's Late Ontology. A Riddle Resolved, Princeton 1983, 188–206 bleibt das Gute in der ›Politeia‹ zu amorph, um Erkenntnis und besonders die Voraussetzungen der Wissenschaften begründen zu können. Unzureichend ist schließlich auch der Erklärungsversuch von R. Ferber, Platos Idee des Guten, Sankt Augustin 1984, der die Idee des Guten als das Dritte zwischen Denken und Sein verstehen will und die Verbindung des Mathematischen mit dem Guten lediglich in der überzeitlichen (und damit wertvollen) Seinsweise der Mathematiká sieht, das Moment der Ordnung, des Maßes, der Mitte also unbeachtet läßt (S. 33–35, 102–105).

17 Zu den richtigen Ansätzen in der früheren Forschung: H.J. Krämer 1966, 58 (= 1972, 427–428). Zutreffend, aber noch zu unbestimmt etwa auch J. Adam, The Republic of Plato II, Cambridge 1929, 136 (vgl. 173): »The apprehension of the ›one in the many‹ in these preliminary studies prepares us for the dialectical conception of the universe of Thought as an organic and correlated whole.« Grundlegend war der Beitrag von F.M. Cornford, Mathematics and Dialectic in the Republic VI-VII, Mind 41, 1932, 37–52, 173–190, auch in: R.E. Allen (ed.), Studies in Plato's Metaphysics, London/New York 1965, 61–95, bes. 176–181 (= 80–85). Cornford erklärte die Erkenntnis des den Mathematiká Gemeinsamen als »the apprehension of ›the existence of the One‹ as the single hypothesis from which all mathematical propositions can be deduced« (S. 187 = 92), und er sah die Verbindung mit der Idee des Guten in dem Gedanken der Ordnung (Harmonie, Rhythmus, Symmetrie), die sich in den ethischen Werten ebenso manifestiere wie in den mathematischen Strukturen. Zu unbestimmt bleibt dabei freilich noch der Übergang von der Synopsis der Mathematiká zum Agathon. An Cornford schließt sich W.K.C. Guthrie 1975 (o. Anm. 10), 524–526 an: »Mathematical order leads to the order of values, for order (*kosmos*) is itself good.«

men des Ausgedehnten, die Kreisbewegung für die Bewegungen, der Viertelton für die Musik, der Moment (νῦν) für die Zeit. ... Von dieser Seite her betrachtet stellt sich darum der Übergang vom Seienden zum Grund als Abstraktion von allen einzelnen »Monaden« und »Maßen« und als reine Erfassung der Ur-Monas, des Ur-Elementes und des Grund-Maßes dar... .

Abgesehen von der Unsicherheit, ob allgemeinste Gegensatzarten oder analogisch zusammenhängende elementare Maßeinheiten gemeint sind, bleibt bei der Erklärung Krämers, die ich der Sache nach im wesentlichen für richtig halte, etwas mißlich, daß sie sich hauptsächlich auf Zeugnisse aus dem Bereich der mündlichen Lehre Platons stützt, also auf Zeugnisse, deren Relevanz für die ›Politeia‹ bezweifelt werden kann – sei es, daß man die Berichte einer späteren Entwicklungsphase Platons zuweist oder ihre Authentizität in Frage stellt.

Mir scheint, daß man die zur Erklärung nötigen Informationen zunächst im Kontext der beiden zitierten Stellen, also eben in den Ausführungen der ›Politeia‹ über Mathematik und Ontologie suchen muß. Parallelstellen aus späteren Schriften (›Nomoi‹ und ›Epinomis‹) werden dann zu einer Bestätigung und Präzisierung verhelfen.

Bei meiner Textinterpretation werde ich versuchen, Angaben im Dialogtext, die Platon nicht ausdrücklich aufeinander bezogen hat, zusammenzunehmen und gewissermaßen ›zusammenzuschauen‹. Ich setze also voraus, daß der platonische Text unausgesprochene systematische Bezüge enthält, die der Leser, den Andeutungen des Autors folgend, entdecken soll; und ich sehe, wenn man nicht auf eine sinngebende Auslegung überhaupt verzichten will, keinen anderen Weg der Erklärung. Was dabei als das Gemeinsame der Mathematiká herauskommen wird, mag allzu trivial und simpel erscheinen. Dieser Eindruck entsteht jedoch nur dann, wenn man nicht bedenkt, daß das Wesentliche nicht in den einfachen Formulierungen liegt, sondern in der Fülle der darin zusammengefaßten Erkenntnisse. Das naheliegende Mißverständnis, als ob mit so einfachen Begriffen die Sache selbst mitgeteilt werden könnte, war, wie ich meine, der Grund dafür, daß Platon derartige Formulierungen in seinen Schriften vermieden hat, während er sie in den mündlichen Gesprächen über die systematische Prinzipientheorie durchaus gebrauchte. Die Interpretation der Dialogstellen wird uns mit sachlicher Notwendigkeit zu den Zeugnissen über die von Platon mündlich erörterte Prinzipienlehre weiterführen.

18 H.J. Krämer 1966 (o. Anm. 3), 59–60 (= 1972, 429–430). – Für die Erklärung der beiden Synopsis-Stellen in der ›Politeia‹ ist nichts zu gewinnen aus dem Beitrag von P. Kucharski, La notion de »vue d'ensemble« (σύνοψις) dans la doctrine platonicienne du savoir, in: P. K., La spéculation platonicienne, Paris/Louvain 1971, 359–386. Kucharski glaubt, daß diese Stellen nicht aus ihrem Kontext heraus verstanden werden können: »Les deux textes en question n'ont apparemment rien de commun avec les procédés ›dialectiques‹ longuement exposés à quelques pages du VIIe et à la fin du VIe livre de ce dialogue« (S. 370). Gegenstand des Beitrages von Kucharski ist die sich wandelnde Vorstellung Platons von der Zusammenfassung des Vielen im Einen in den Dialogen vom ›Protagoras‹ bis zu den ›Nomoi‹.

2 ›*Politeia*‹

In der ›Politeia‹ werden bei der Beschreibung des Linienschemas und den Angaben über die einzelnen mathematischen Wissenschaften, wenn ich es
101 recht sehe, unauffällig grund- | legende Wesenszüge genannt, die synoptisch zusammengefaßt werden können und die, in ihrer Gemeinsamkeit, auch etwas von dem einheitlichen Grund der gesamten Realität zu erkennen geben – und zwar zeigt sich das den Mathematiká Gemeinsame hier unter zwei Gesichtspunkten:

(a) Zum einen ist im Verhältnis der mathematischen Wissenschaften (oder ihrer Gegenstände) untereinander ein innerer Zusammenhang, eine systematische Ordnung zu sehen.

(b) Zum anderen weisen die einfachsten Voraussetzungen der mathematischen Wissenschaften jeweils ein Spannungsverhältnis auf, und zwar den Gegensatz zwischen einem Moment der Einheitlichkeit und einem Moment der Uneinheitlichkeit.

Der systematische Zusammenhang der mathematischen Wissenschaften untereinander wird im Text dort hervorgehoben, wo Sokrates nachdrücklich fordert, zwischen der Geometrie, die sich mit Linien und Flächen beschäftigt, und der Astronomie müsse notwendigerweise die Stereometrie angesetzt werden (7, 528 BC). Die Notwendigkeit dieser Anordnung wird damit begründet, daß auf die Arithmetik, die es mit den nicht-räumlichen Zahlen zu tun hat, entsprechend der dimensionalen Raumstruktur die Planimetrie (Bereich des Linear-Flächenhaften) und die Stereometrie (Bereich des Dreidimensional-Körperlichen) folgen, darauf Astronomie und Musiktheorie als die Wissenschaften von den (sichtbaren und hörbaren) Bewegungen der Körper. Das Anordnungsprinzip ist, wie man sieht, durchgehend dasselbe: ein konsequentes Fortschreiten vom Einfachen, Unausgedehnten, Begrenzten zum Räumlich-Ausgedehnten, Vielfachen und Wechselnden. Somit läßt sich die Gesamtheit der Mathematiká unter diesem Gesichtspunkt ›zusammenschauen‹. Dabei tritt auch eine ›Zusammengehörigkeit mit der Natur des Seienden‹ hervor. Denn die Gesamtstruktur der Realität weist eine der mathematischen Dimensionenfolge (Zahl – Linie – Fläche – Körper) analoge Abstufung auf, da sie von den unräumlichen Ideen über einen mittleren Bereich (des Seelischen) zu den vielfach bewegten körperlichen Dingen herabreicht.[19] Der Dialektiker kann daher den systematischen, durch die Dimensionenfolge bestimmten Zusammenhang der Mathematiká als Modell für die gesamte Seinsordnung betrachten.

Der Grundgegensatz, den wir vorläufig mit den Begriffen ›Einheitlichkeit‹ und ›Uneinheitlichkeit‹ bezeichnet haben, tritt bei der Beschreibung der mathematischen Wissenschaften in verschiedenen Ausprägungen auf. Diese verschiedenen Modi von Einheitlichkeit und Uneinheitlichkeit
102 lassen sich folgendermaßen zusammenstellen: |

›einheitlich‹	›uneinheitlich‹
gleich (ἴσον)	ungleich (ἄνισον)
ähnlich (ὅμοιον)	unähnlich (ἀνόμοιον)
identisch (ταὐτόν)	anders (ἕτερον)
Mitte (μέσον)	mehr-oder-weniger
unteilbar, ganz übereinstimmend	teilbar
(σύμμετρον, σύμφωνον)	nicht-übereinstimmend

Im Liniengleichnis (Resp. 6, 510 C) werden als Beispiele für mathematische Grundvoraussetzungen (›Hypotheseis‹) genannt: Ungeradzahligkeit und Geradzahligkeit (τὸ περιττὸν καὶ τὸ ἄρτιον), die Figuren (τὰ σχήματα), die drei Arten von Winkeln (rechte, spitze und stumpfe) »und was sonst in jeder Untersuchung damit verwandt ist«.

Was die ungeraden und die geraden Zahlen angeht, so setzt Platon die strukturelle Zahlenbetrachtung der Pythagoreer voraus, nach der die ungeraden Zahlen gleichmäßig, die geraden ungleichmäßig gebaut sind.[20] Sieht man nämlich in den Zahlen Punktreihen, die jeweils auf zwei Schenkel (in der Form des ›Gnomons‹) verteilt sind, so ergeben sich bei den ungeraden Zahlen gleiche Schenkel und bei fortschreitender Anlegung des Gnomons immer Quadrate (gemäß dem Satz, daß die Summe der ungeraden Zahlen stets eine Quadratzahl ergibt), bei den geraden Zahlen hingegen ungleiche Schenkel und unendlich variierende Rechteckformen (gemäß dem Satz, daß die Summe der geraden Zahlen niemals eine Quadratzahl ergibt).

19 Zur Darstellung des Seinsaufbaus (Körper – Seele – Ideen) analog zur mathematischen Dimensionenfolge (Körper – Linie/Fläche – Zahl) in den Dialogen und in der mündlichen Lehre Platons: K. Gaiser 1963 passim; H.J. Krämer 1966, 52–56 (= 1972, 418–424). Im ›Timaios‹ (34 B, 36 C) wird demgemäß die Weltseele als linear-flächenhafte Begrenzung des Kosmos-Körpers beschrieben, in den ›Nomoi‹ (10, 894 A) der Prozeß des Entstehens (γένεσις) als dimensionale Entfaltung erklärt. Aus der gleichen Grundkonzeption ergibt sich die Vorstellung, daß sich die Mathematiká insgesamt (von den Zahlen bis zu den dreidimensionalen Figuren) in der Seele versammeln (Timaios 35 A – 36 D, dazu u. IV 3; Aristoteles, De anima I 2, 404 b 16–27), so daß die Seele durch die Mathematik gewissermaßen ihre eigene Struktur erfaßt und zugleich einen Vergewisserungsbereich für die Erkenntnis der gesamten Seinsordnung erhält.

20 Dazu K. Gaiser 1963, 54–55, 94. Bezeichnenderweise wird Theaet. 185 C im Anschluß an die Grundgegensätze οὐσία und μὴ εἶναι, ὁμοιότης und ἀνομοιότης, ταὐτόν und ἕτερον der Gegensatz von περιττόν und ἄρτιον angeführt.

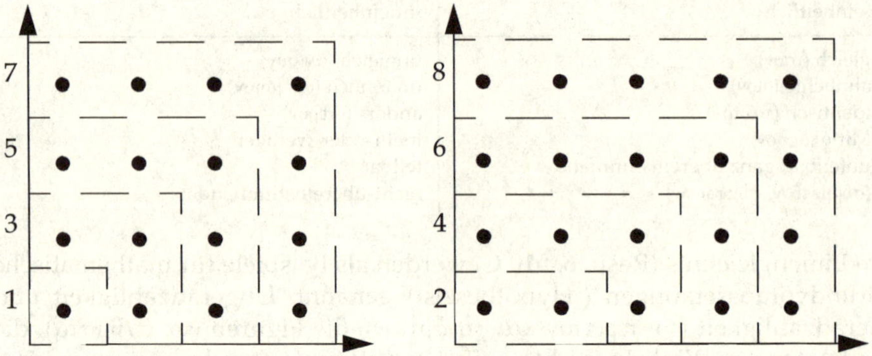

Bei den (planimetrischen und stereometrischen) Figuren gilt in analoger Weise, daß die Haupteigentümlichkeiten aus dem Gegensatz zwischen Gleichmäßigkeit und Ungleichmäßigkeit erwachsen. Man denke etwa an den Gegensatz zwischen der einen Kreisform und den unendlich vielen Möglichkeiten geradliniger Begrenzung (Dreieck, Viereck usw.) oder zwischen Gleichseitigkeit und (unendlich vielgestaltiger) Ungleichseitigkeit oder an die unendlich variablen Kurven, die weder kreisförmig noch geradlinig sind.

Die drei Arten von Winkeln schließlich sind ein besonders klares Bei-
103 spiel für dieselbe | Gegensätzlichkeit, da der rechte Winkel immer gleich ist und die Mitte bildet, während die spitzen und stumpfen Winkel in unendlicher Vielfalt zum Größeren und Kleineren hin davon abweichen.

Entsprechende Gegensatzarten kommen dann auch im 7. Buch der ›Politeia‹ bei der Erörterung der einzelnen mathematischen Wissenschaften vor: Formen der Einheitlichkeit (Gleichmäßigkeit, Übereinstimmung), denen Erscheinungsweisen der Uneinheitlichkeit (Ungleichmäßigkeit, Nicht-Übereinstimmung) gegenüberstehen.

In dem Abschnitt über Arithmetik (7, 522 C – 526 C) werden zunächst die Mitte und die Abweichungen, die relativ größer oder kleiner sind, einander gegenübergestellt. Dann wird erklärt, daß die Mathematik diese Verhältnisse vom Bereich der Sinneswahrnehmungen in den Bereich des rein gedanklich faßbaren Seins hinaufverfolgt. Während für die Sinneswahrnehmung Großes immer auch (relativ) klein und Kleines auch (relativ) groß, also Eines und Zweierlei zugleich ist, vermag das Denken zwischen Groß und Klein eindeutig zu unterscheiden. Platon rechnet hier mit der Möglichkeit einer absolut maßgebenden Mitte (oder Gleichheit) und mit Größe und Kleinheit an sich, jenseits der sichtbaren, relativ größer und kleiner erscheinenden Dinge. Bei den Zahlen wird daraufhin unterschieden zwischen den zählbaren, konkreten Dingen der Erscheinungswelt, die teilbar und ungleich sind, so daß Eines zugleich Vieles ist, und der rein mathematischen

Einheit (αὐτὸ τὸ ἕν), die unteilbar und jeder anderen mathematischen Einheit gleich (ἴσον) ist.

Der Abschnitt über die Astronomie (528 E – 530 C) umreißt als den Gegenstand dieser Wissenschaft die schnelleren und langsameren Bewegungen in bestimmten Zeitverhältnissen und räumlichen Formen. Die wahren, nicht an den Erscheinungen ablesbaren Beziehungen sollen in der ›Symmetrie‹ der verschiedenen Bewegungen bestehen, sei es in Gleichheit (ἴσον) oder in einer zahlenmäßig bestimmten Proportion, sowie in der Unveränderlichkeit der Bahnen (ἀεὶ ὡσαύτως). Der Gegensatz zu dieser Symmetrie und gleichbleibenden Beständigkeit liegt in der zahlenmäßig nicht genau faßbaren, ungleichmäßig wechselnden Bewegtheit der sichtbaren Himmelserscheinungen. Ebenso sucht die philosophisch verstandene Harmonik (530 C – 531 C) nach den symphonen und den nichtsymphonen Zahlen und nach dem Grund für diesen Gegensatz.

Der Grundgegensatz manifestiert sich, wie aus dem Text hervorgeht, zwar in den verschiedenen Wissenschaften unterschiedlich, ebenso deutlich ist aber die ›Gemeinsamkeit‹. Sie liegt in dem Spannungsverhältnis, das man mit den allgemeinen Begriffen ›Einheitlichkeit‹ und ›Uneinheitlichkeit‹ benennen oder auch sprachlich anders bezeichnen mag. Auf den allgemeinen Gegensatz von Einheit und Nicht-Einheit gesehen, korrespondiert mit den grundlegenden Voraussetzungen der einzelnen mathematischen Disziplinen auch jene systematische Anordnung der Mathematiká gemäß der Dimensionenfolge, die vom Begrenzenden (Einfachen) zum Vielfach-Ausgedehnten fortschreitet.

Der Sache nach hat Platon offenbar angenommen, daß das umfassende Spannungsverhältnis nicht nur eine gedankliche Abstraktion darstellt, sondern daß es die verschiedenen Ausprägungen prinzipiell begründet und verursacht. Das heißt auch: Zur Erkenntnis führt nicht die bloße Heraushebung des allgemeinen Gegensatzverhältnisses, sondern das Studium der mannigfach abgestuften Übergänge von dominierender Einheitlichkeit | 104
(Proportionalität) zu dominierender Uneinheitlichkeit (Disproportionalität), in denen sich das fundamentale Spannungsverhältnis manifestiert.

Wir kommen also zu dem Ergebnis, daß Platon mit der in der ›Politeia‹ geforderten synoptischen Zusammenfassung des den Mathematiká und der Seinsordnung Gemeinsamen auf den Grundgegensatz von Einheit und unbestimmter Vielheit zielt, der sowohl das Gesamtsystem der Mathematiká als auch die Strukturen in den einzelnen mathematischen Wissenschaften und ebenso auch den Aufbau der Realität im ganzen (von den körperlichen Erscheinungen zu den Ideen) konstituiert.

3 Die Struktur der Weltseele im ›Timaios‹

Etwas von der in der ›Politeia‹ geforderten Zusammenfassung der Mathematiká findet sich danach, so scheint es, im ›Timaios‹. An einer seit jeher als dunkel und schwierig empfundenen Stelle dieses Dialogs (35 A – 36 D) wird die ›Weltseele‹ als mathematische Struktur beschrieben. Die Schwierigkeit liegt vor allem darin, daß zugleich sowohl arithmetische und geometrische als auch musiktheoretische und astronomische Proportionen in die Seelenstruktur hineingelegt werden. Die Zahlen sind doch wohl mit dem ›unteilbaren und sich immer gleich verhaltenden Sein‹ gemeint, das der körperlich-ausgedehnten, teilbaren Seinsweise gegenübersteht; und dazwischen vermittelt der Bereich des Linear-Flächenhaften. Die Entfaltung der ersten geraden Zahl (2) und der ersten ungeraden Zahl (3) bis zur dritten Potenz (1 - 2 - 4 - 8 und 1 - 3 - 9 - 27) ist von der Raumstruktur her zu verstehen, die über die dritte Dimension nicht hinausreicht. In diesem Rahmen wird eine Gliederung gemäß den Zahlenverhältnissen der Tonintervalle durchgeführt; und all dies soll schließlich auch zur Erklärung der Himmelsbewegungen dienen.

Eben in der Zusammenfassung der verschiedenen mathematischen Ordnungen liegt nun aber, wie ich meine, der platonische Sinn dieser eigenartigen Beschreibung der Weltseele.[21] Platon hat auch hier die Gemeinsamkeit, die innere Übereinstimmung der mathematischen Wissenschaften im Auge. Das Gemeinsame manifestiert sich auch hier in einem Grundgegensatz von Einheitlichkeit und Uneinheitlichkeit: Auf der einen Seite stehen Identität, Unteilbarkeit, Gleichheit (der Verhältnisse, der Teile, der Abstände) und Gleichförmigkeit, auf der anderen Seite Diversität, Teilbarkeit, relatives Mehr und Weniger, Ungleichheit und Ungleichförmigkeit. Auch hier beruht die Gemeinsamkeit also auf dem Zusammenwirken eines Ordnung stiftenden Prinzips der einheitlichen Gestaltung und eines Gegenprinzips der gestaltlosen Ausdehnung.

Freilich wird hier im ›Timaios‹ nicht von einer Zusammenschau gesprochen. Es geht hier nicht um die Zusammenführung der zunächst getrennten mathematischen Disziplinen, sondern um deren Ausdifferenzierung aufgrund einer einheitlichen Gesamtschau. Eine solche Gesamtschau leitet den göttlichen Demiurgen, der im Blick auf die Ordnung der Ideenwelt den Kosmos – mit der Weltseele in der Mitte – konstruiert
105 und gliedert. | Das menschliche Erkennen nähert sich der in der Seinsordnung begründeten Übereinstimmung der Mathematiká sozusagen in umgekehrter Richtung: durch die synoptische Zusammenfassung der verschiedenen Ausprägungen.

Daß die Mathematiká in der Seele (des Kosmos und so auch des einzelnen Menschen) enthalten sind, ist nach den systematischen Voraussetzungen der platonischen Ontologie insofern sinnvoll und notwendig, als die Seele ebenso einen Zwischenbereich zwischen Ideen und körperlichen Erscheinungen darstellt wie der Bereich der Mathematiká.[22] Die Konzeption

21 Wenig aussichtsreich ist es daher, aus dieser Stelle Platons Erkenntnisse zu den spezifischen Problemen der einzelnen mathematischen Wissenschaften herauslesen zu wollen, wie dies etwa B. Kytzler (Die Weltseele und der musikalische Raum, Hermes 87, 1959, 393–414) für die Musiktheorie versucht hat.

Platons, die im ›Timaios‹ zum Ausdruck kommt, ist offenbar die, daß die Seele mitsamt den in ihr enthaltenen Mathematiká die Struktur der Gesamtrealität in konzentrierter Form analogisch wiederholt, und zwar als die Struktur eines stufenmäßig geordneten Übergangs vom Einheitlichen zum Vielgestaltigen und Gestaltlosen.

4 *Nomoi 12*

Ausdrücklich ist von der ›Zusammenschau‹ der mathematischen Wissenschaften wieder in Platons spätestem Werk die Rede. An einer aufschlußreichen Stelle im 12. Buch der ›Nomoi‹ (967 DE) wird gesagt, daß in der philosophischen, auf fester Gottesverehrung beruhenden Bildung der Polisregenten folgendes miteinander verbunden sein muß:

(1) die Einsicht, »daß die Seele das Älteste (Ursprünglichste) von allem ist, was am Entstehen Anteil hat, daß sie unsterblich ist und vor allen Körpern den Vorrang besitzt«,

(2) die Einsicht, daß in den regelmäßigen Bewegungen der Gestirne eine göttliche Weltvernunft (νοῦς τῶν ὄντων) waltet,

(3) die Aneignung der »diesen (Einsichten) vorausgehenden notwendigen Lerngegenstände« (μαθήματα = Arithmetik, Geometrie, Astronomie, Harmonielehre),

(4) daß man »das, was gemäß der Muse für diese (mathematischen Lehren) die Gemeinsamkeit ausmacht, zusammenschaut (τά τε κατὰ τὴν Μοῦσαν τούτοις τῆς κοινωνίας συνθεασάμενος) und

(5) danach dies in übereinstimmender Weise (συναρμοττόντως) zur Anwendung bringt für die der rechten Lebensgestaltung dienenden Einrichtungen und Gesetze (τὰ τῶν ἠθῶν ἐπιτηδεύματα καὶ νόμιμα)

(6) und von dem, wofür es eine erklärende Begründung gibt, die Erklärung mitzuteilen in der Lage ist.«

Unter den ›notwendigen Mathémata‹ sind hier zweifellos die mathematischen Wissenschaften gemeint, die wir von der ›Politeia‹ her kennen und deren ›Notwendigkeit‹ im 7. Buch der ›Nomoi‹ (817 E – 822 C) betont worden ist. Auch hier in den ›Nomoi‹ wird also eine ›Zusammenschau‹ gefordert, die das diesen Wissenschaften Gemeinsame synoptisch vereinigt. Die ›Muse‹, die dabei maßgeblich beteiligt sein soll, repräsentiert doch wohl die allgemeingültigen Proportionen, auf denen besonders die musikalischen Harmonien beruhen, deren Allgemeingültigkeit aber auch zu der geforderten ›Zusammenschau‹ des ›Gemeinsamen‹ verhilft.[23] | 106

22 Vgl. o. Anm. 9 und 10.

23 Bei der Angabe κατὰ τὴν Μοῦσαν dachte man früher an die Zusammenschau mit den Gesetzmäßigkeiten der Musiktheorie (so auch F.M. Cornford 1932, 188 = 1965, 93). H. Cherniss (Gnomon 25, 1953, 377) hat dann unter Hinweis auf Resp. 6, 499 D erklärt, daß eher die Muse der Philosophie gemeint sei (zustimmend H. Görgemanns, Beiträge zur Interpretation von Platons Nomoi, Zetemata 25, München 1960, 222). In der Tat steht die Muse hier wohl für die umfassende philosophische Zusammenschau, doch soll der Ausdruck, wie ich meine, zugleich andeuten, wodurch diese Zusammenschau ermöglicht wird, nämlich durch die in Harmonien, Rhythmen und Symmetrien überall auftretende gemeinsame einheitliche Ordnung.

Von der philosophischen Dialektik, von den Ideen, von der Idee des Guten wird hier nicht gesprochen. Dies ist damit zu erklären, daß die ›Nomoi‹ als bewußt exoterisches, mehr noch als andere Dialoge für die politische Öffentlichkeit bestimmtes Werk auf die philosophischen Begründungszusammenhänge, die in die Transzendenz führen würden, nirgends ausdrücklich eingehen. Aber auch hier steht die Dialektik, die von der Synopsis der Mathematiká aus zur Idee des Guten aufsteigt, deutlich genug im Hintergrund. Vor der zitierten Stelle ist ausführlich erklärt worden (12, 960 B 5 – 966 B), daß die ›exaktere‹ Bildung der Philosophen, die dem ›nächtlichen Rat‹ angehören, ein ganz bestimmtes Ziel hat: die durch eine umfassende Zusammenschau erkennbar werdende Einheit in der Vielheit des Schönen und Guten, die *eine* Areté in ihren verschiedenen Ausprägungen. Dabei war auch schon gesagt worden, daß aufgrund dieser abschließenden Zusammenschau vom Politiker sowohl die praktische als auch die theoretisch-lehrhafte Vermittlung des Guten geleistet werden kann. Dies wird an der zitierten Stelle offenbar rekapituliert. Wird hier doch zwischen der Synopsis der Mathematiká (4) und dem ethisch-politischen Wirken (5) sowie dem erklärenden Rechenschaftgeben (6) ein Folgeverhältnis konstatiert: Nach und in Übereinstimmung mit jener Zusammenschau soll der Politiker die konkreten Ordnungen des Lebens einrichten und, soweit möglich, eine begründete Erklärung dafür geben. Diese Auswirkung der Zusammenschau ist nur dann gewährleistet, wenn die Synopsis zur Erkenntnis von Wertnormen führt, letzten Endes zur Idee des Guten als absolut normativer Ursache, und wenn diese Erkenntnis mit dem Logos der Dialektik, der ein erklärendes Mitteilen erlaubt, gewonnen wird.

5 *Die ›Epinomis‹ des Philippos von Opús*

Die im 12. Buch der ›Nomoi‹ nur so summarisch gestreifte Zusammenschau der Mathematiká wird in der ›Epinomis‹ ausführlicher erörtert. Dieser ›Anhang zu den Gesetzen‹ stammt von dem Platon-Schüler Philippos von Opús, der als eine Art Sekretär die Herausgabe der ›Nomoi‹ nach Platons Tod besorgte und in dem hinzugefügten Buch die von Platon gerade auch in den ›Nomoi‹ nicht direkt beantwortete Frage nach der höchsten philosophischen Erkenntnis und nach dem Weg zu diesem Ziel klären wollte, soweit dies in literarischer Form überhaupt möglich und opportun erschien. Während die maßgeblichen Erklärer neuerdings annehmen, daß Philippos dabei, unter Preisgabe der platonischen Ideenlehre, eigene Ansichten vertrat,[24]
107 meine ich, daß er im wesentlichen das zu | verdeutlichen suchte, was Platon selbst in seinen Dialogen, zuletzt in den ›Nomoi‹, gar zu knapp angedeutet

24 Die Auffassung, daß in der ›Epinomis‹ die Ideenphilosophie Platons auf eine Kosmologie und Astrotheologie ohne Transzendenz reduziert werde, vertreten übereinstimmend: L. Tarán, Academica. Plato, Philip of Opus and the Pseudo-Platonic Epinomis, Philadelphia 1975, 32 (und passim) und H.J. Krämer, Die Ältere Akademie, in: Ueberwegs Grundriß, Philosophie der Antike 3, Basel/Stuttgart 1983, 1–174, bes. 112–113.

und nur mündlich genauer expliziert hatte.[25]

Der wegen seiner Schwierigkeit oft kommentierte[26] Abschnitt im Schlußteil der ›Epinomis‹ (990 C–992 A), der von einer Übersicht über die mathematischen Wissenschaften ausgeht und mit der Forderung ihrer einheitlichen Zusammenschau endet, ist folgendermaßen zu übersetzen:[27]

*

»Deshalb (= um die begabten jungen Leute auf die Erkenntnis der Himmelsordnung vorzubereiten) bedarf es wohl der mathematischen Wissenschaften.

I Mathematische Wissenschaften und Seinsstruktur (Physis)

1 *Arithmetik*

Die größte und erste Wissenschaft aber ist die von den Zahlen selbst, doch nicht von den Zahlen, die Körper haben (= in konkreten Dingen auftreten), sondern vom Ungeraden und Geraden in ihrer Entstehung und der

25 Auch aus den beiden Kardinalstellen 981 B und 983 D geht nicht (wie zuletzt Tarán und Krämer angenommen haben) hervor, daß der Verfasser der ›Epinomis‹ die Ideenlehre ablehnt. An diesen beiden Stellen sagt Philippos, daß es außer Körper und Seele nichts »anderes«, »Drittes« gebe. Damit wird jedoch, wie ich meine, nicht die Ideenwelt bestritten, die hier gar nicht im Blick ist. Aus dem Kontext ergibt sich klar genug, daß Philippos nur für den Kosmos und seine Entstehung eine weitere Komponente außer dem Körperlichen und dem Seelischen ablehnt. Er wendet sich damit gegen eine Kosmologie, die alles auf Naturkräfte wie Wärme und Kälte und Bewegungsenergie zurückführen will. Philippos erklärt denn auch ausdrücklich, es sei unsinnig anzunehmen, daß irgendwelche ›Schwünge‹ (ῥῦμαι) oder Wesenseigenschaften von Körpern die Ursachen der Dinge seien (983 C), und es sei Torheit zu meinen, daß der Himmel durch ›etwas anderes‹ entstanden sei und nicht aus Körper und Seele (983 E). In diesem Sinne weist er eine Welterklärung zurück, für die das Körperliche einen Vorrang hat vor der Seele und diejenigen Bewegungen (φοραί) primär sind, die sich aus ›Wärme und Abkühlungen und allem derartigen‹ ergeben. Derartigen Kräften konnte eine mechanistische Kosmologie (Atomisten wie Demokrit?) in der Tat zusprechen, was Philippos entschieden bestreitet: daß alle Dinge durch sie verursacht werden (und nicht durch die Wirkung der Seele auf das Körperliche), daß sie selbst unkörperlich und unsichtbar sind (981 B) und daß sie alle möglichen Dinge gemeinsam durchwalten (κοινόν 983 D).

26 Neuere Forschungsliteratur zu der ›mathematischen Epinomisstelle‹ : A.R. Lacey, The Mathematical Passage in the ›Epinomis‹, Phronesis 1, 1956, 81–104; F. Novotný, De Platonis Miraculo Geometrico, Listy Filologické 80, 1957, 14–20; F. Novotný, Platonis Epinomis commentariis illustrata, Prag 1960, bes. 202–215; H. Koller, Harmonie und Tetraktys, Mus. Helv. 16, 1959, 238–248 (Nachtrag dazu: Mus. Helv. 17, 1960, 115–116); K. Gaiser 1963, 112–115, 362–363 (Anm. 89–91); A. Szabó, Ein Lob auf die altpythagoreische Geometrie (Epinomis 990 D 1–6), Hermes 98, 1970, 405–421; L. Tarán 1975, bes. 329–348; H.J. Krämer 1983, bes. 108, 110–112.

27 Die Zwischenüberschriften füge ich hinzu, um die Gliederung des Textes kenntlich zu machen.

ganzen Kraft (Dynamis), die sie (= das Ungerade und Gerade) für die Natur (Physis) des Seienden haben.

2 *Geometrie (Planimetrie)*

Hat man dies gelernt, so schließt sich folgerichtig an, was mit einem sehr lächerlichen Namen als ›Geometrie‹ (Landmeßkunst) bezeichnet wird, wäh-
108 rend sie doch offensichtlich | darin besteht, die ihrer Natur nach zueinander nicht ähnlichen Zahlen ähnlich zu machen mit Beziehung auf den Anteil (die Beschaffenheit) der Flächen.

Und dies erweist sich wirklich als ein nicht menschliches, sondern göttliches Wunder, wenn man (es) zu erkennen vermag.

3 *Stereometrie*

Danach <sind diejenigen Zahlen zu studieren,> die dreifach ausgedehnt (dreidimensional) und durch die körperliche Natur ähnlich sind. Diejenigen aber, die hier wiederum unähnlich sind, macht man mit einer anderen Kunst (Techne) ähnlich, und zwar mit derjenigen, die als ›Stereometrie‹ von denen bezeichnet worden ist, die mit ihr zu tun bekamen.

4 *Dimensionenfolge und Musiklehre*

Was aber göttlich und wunderbar ist für diejenigen, die (es) betrachtend erkennen und bedenken, ist dies, daß, indem immer um das Zweifache (Doppelte) sich wendet die Kraft (Dynamis) <der Entfaltung> und die dieser entgegengesetzte <Kraft der Aufteilung>, gemäß jeder Analogie (Proportion) Art und Gattung (Eidos und Genos) die gesamte Natur (Physis) ausprägt:

Die erste (Analogie) des Zweifachen < = die Geometrische Mitte> besteht darin, daß sie sich zahlenmäßig im Verhältnis (Logos) Eins zu Zwei erstreckt, daß sie dann zweifach gemäß der <zum Quadrat tendierenden> Kraft (Dynamis) ist (2:4), und daß sie zum Körperlichen und Betastbaren (weitergehend) wiederum zweifach ist, indem sie von Eins bis Acht hindurchschreitet (1: 2 : 4 : 8).

Die (Analogie) aber zu dem Mittleren des Zweifachen hin, das gleichviel mehr ist als das Kleinere und weniger als das Größere < = die Arithmetische Mitte> und zum anderen um denselben Teil der Außenglieder selbst diese übertrifft und von ihnen übertroffen wird < = die Harmonische Mitte> – so aber ergibt sich in der Mitte zwischen 6 und 12 (= 1 : 2, Oktave) das Verhältnis 3 : 2 (= Quinte) und 4 : 3 (= Quarte) – indem sie (= diese Analogie) nun, zwischen eben diesen (= 6 und 12) in der Mitte, nach beiden Seiten sich wendet, hat sie den Menschen den zusammenstimmenden und angemessenen Gebrauch des Spiels zugeteilt, da sie um des Rhythmus und der Harmonie willen durch den glückseligen Reigen der Musen gegeben ist.

Dies soll nun also auf diese Weise geschehen und alles zusammen sich so verhalten.

5 *Astronomie*

Daraufhin aber soll man am Ende zu der göttlichen Werdewelt (Genesis) und zugleich zu der von allem Sichtbaren schönsten und göttlichsten Natur (Physis) weiterschreiten (= zur Betrachtung des Himmels), so weit sie Gott dem Menschen zu schauen gegeben hat; und einer, der diese (Physis) mangels der jetzt genannten <mathematischen> Voraussetzungen nicht schaut, wird sich niemals rühmen dürfen, sie mit Leichtigkeit zu erfassen. | 109

II Dialektik

1 *Die elenktische Methode*

Außerdem muß man das je Einzelne der <allgemeineren> Art zuführen in allen Unterredungen, indem man fragt und elenktisch-prüfend widerlegt, was nicht gut gesagt ist. Durchaus der schönste und erste Prüfstein wird dies den Menschen auf rechte Weise, während alle nicht echten, sondern nur angeblichen Prüfsteine die zweckloseste aller Mühen bereiten.

2 *Die kosmologische Rangordnung*

Ferner müssen wir die Exaktheit der Zeit erfassen, wie exakt sie alles am Himmel Geschehende vollführt, damit, wer glaubt, daß die Erklärung, ursprünglicher und zugleich göttlicher als der Körper sei die Seele, wahr ist, auch annehmen darf, daß sehr schön und treffend gesagt worden ist, es sei ›alles voll von Göttern‹, und daß wir niemals durch Vergeßlichkeit oder Sorglosigkeit der höheren Mächte vernachlässigt werden.

3 *Die prinzipielle Zusammenfassung*

Man muß aber über all dies folgendes denken: Wenn einer dies alles jeweils richtig erfaßt, wird großer Nutzen zuteil dem nach rechter Art (κατὰ τρόπον) Auffassenden, wenn aber nicht, so ruft man besser immer gleich Gott zu Hilfe. Die rechte Art aber ist die folgende – denn es ist notwendig, wenigstens so viel auszusprechen (ἀνάγκη γὰρ τό γε τοσοῦτον φράζειν) –: Bei jeder geometrischen Figur und jedem Zahlengefüge und jeder Fügung einer Harmonie und der Gestirnumläufe muß die Übereinstimmung (ὁμολογία) als eine einzige von allen (μίαν ἁπάντων) aufscheinen (ἀναφανῆναι) für den, der nach rechter Art lernt und begreift. Sie wird aber erscheinen (φανήσεται), wenn jemand, wie man sagt, richtig ›auf eines blickend‹ (εἰς ἓν βλέπων) lernt; denn ein einziges Band (δεσμὸς εἷς), das von Natur dies alles verbindet, wird denen aufscheinen, die alles durchdenken. Wenn einer aber sich irgendwie anders damit befaßt, muß er ›den Zufall zu Hilfe rufen‹, wie man ja auch sagt.

Ohne dies alles kann nämlich niemals in den politischen Gemeinschaften eine Menschennatur glücklich (εὐδαίμων) werden, sondern dies ist die rechte Art (τρόπος), dies die Erziehung (τροφή), dies sind die Lehren (μαθήματα); und – ob es schwierig ist oder leicht – diesen Weg muß man gehen.«

*

Der zweite, von mir mit ›Dialektik‹ überschriebene Hauptteil des Textes empfiehlt verschiedene Methoden und Erkenntnisse, die aber doch insofern zusammengehören, als sie, über die mathematischen Wissenschaften hinaus, das Verständnis der gesamten göttlichen Seinsordnung ermöglichen sollen. Daß von den transzendenten Ideen dabei nicht die Rede ist, muß hier wohl ebenso erklärt werden wie in den ›Nomoi‹: Auch Philippos stellt bewußt zurück, was für ein nicht-philosophisches Publikum zu weit führen würde.

Die hier zunächst (991 C) geforderte elenktische Methode des generalisierenden Zusammenführens (vom je Einzelnen zum allgemeinen Eidos)
110 muß schon im Bereich der | Mathematik angewendet werden.[28] Mit den unnützen Prüfungsmethoden sind wohl vor allem die Bemühungen um eine empirische Vergewisserung gemeint, deren Wert Platon in der ›Politeia‹ gerade für die mathematischen Wissenschaften bestritten hat. Aber die Methode der ›eidetischen‹ Zusammenfassung soll sicherlich auch zur Erkenntnis höherer, übermathematischer Ideen und Prinzipien anleiten.

Dann (991 CD) erinnert Philippos an die beiden im 10. und im 12. Buch der ›Nomoi‹ besprochenen Hauptpfeiler der philosophischen Einsicht: Erkenntnis des Vorrangs der Seele vor dem Körperlichen und Erkenntnis der in der exakten Ordnung der Himmelsbewegungen sichtbar werdenden göttlichen Weltvernunft.

Schließlich (991 D – 992 A) will Philippos über die Zusammenfassung aller Mathematika »wenigstens so viel aussprechen«, wie in den Sätzen über die »eine Homologie« und das »eine Band« gesagt ist. Er hält diese Mitteilung offenbar für »notwendig«, wenn die Richtung und das Ziel des philosophischen Erkenntnisweges einigermaßen klar werden sollen. Er beläßt es aber, ebenso wie Platon, in der literarischen Darstellung bei Hinweisen, die den ganzen Weg mehr andeuten als vorführen.

Immerhin geht aus der ›Epinomis‹ klarer hervor als aus der Stelle im 12. Buch der ›Nomoi‹ und auch etwas deutlicher als aus der ›Politeia‹, was mit der synoptischen Zusammenführung der Mathematiká der Sache nach gemeint ist. Zunächst hebt hier schon der Überblick über die mathemati-

28 Man denke etwa an die definitorische Erfassung des mathematischen Unterschieds zwischen μῆκος und δύναμις im ›Theaitet‹ (147 D – 148 B).

schen Wissenschaften (990 C – 991 B) die Voraussetzungen für die Zusammenschau stärker hervor. Auch hier werden der Reihe nach Arithmetik, Planimetrie, Stereometrie, Musiktheorie und Astronomie besprochen, aber doch so, daß das Verbindende und Gemeinsame durchgehend betont wird. Dies gilt (I) für den Zusammenhang der Mathematiká untereinander, (II) für das jeweils auftretende Gegensatzverhältnis von Einheitlichkeit und Uneinheitlichkeit und (III) für die Übereinstimmung der Mathematiká mit der Seinsordnung (Physis) im ganzen.

(I) Wie in der ›Politeia‹, so schließen auch hier Arithmetik, Planimetrie und Stereometrie gemäß der Dimensionenfolge (Zahl – Linie – Fläche – Körper) aneinander an.[29] Diese dimensionale Struktur wird speziell auch mit der geometrischen Proportion der Zahlen 1: 2 : 4 : 8 in Verbindung gebracht (991 A 1–4). Musiktheorie und Astronomie folgen mit sachlicher Notwendigkeit, weil ihre Gegenstände sinnlich wahrnehmbar sind und doch nur von den Strukturgesetzen der vorausgehenden Wissenschaften her erkennbar werden. Das Gesamtsystem der Mathematiká ist also deutlich durch die Entfaltung vom Einfachen und Unräumlichen zum Vielfach-Ausgedehnten und Bewegten gekennzeichnet.

(II) Die einzelnen mathematischen Wissenschaften werden so dargestellt, daß jeweils als grundlegende Voraussetzung ein Gegensatzverhältnis von Einheit und unendlicher Vielheit (Gleichmäßigkeit und Ungleichmäßigkeit) in den Blick kommt. | 111

(a) Die Arithmetik hat es mit dem Unterschied zwischen ungeraden und geraden Zahlen zu tun, in dem (wie oben bereits erklärt) ein Gegensatz von Gleichförmigkeit und Ungleichförmigkeit zu beobachten ist.

(b) Für die Planimetrie und Stereometrie soll die Kunst des ›Ähnlichmachens‹ von Figuren (Homoiosis) charakteristisch sein. Gemeint ist damit speziell die Verwandlung eines beliebigen Rechtecks in ein Quadrat (Euklid, Elem. II 14) und allgemein die Bewältigung der Aufgabe, die bei Euklid (Elem. VI 25) so beschrieben ist: »Eine geradlinige Figur zu errichten, die einer gegebenen ähnlich und zugleich einer weiter gegebenen gleich ist.« Erforderlich ist dafür die Auffindung der mittleren Proportionale oder geometrischen Mitte (Euklid, Elem. VI 13) sowie die Methode der ›Flächenanlegung‹ (Euklid, Elem. I 44, 45). Maßgeblich ist bei der ›Homoiosis‹ in jedem Fall die Ähnlichkeit gegenüber der Nicht-Ähnlichkeit und die Gleichheit gegenüber der Nicht-Gleichheit (der Flächen- und der Körperzahlen).

(c) Während für die Raumstruktur (besonders auch für jene ›Homoiosis‹) die ›Geometrische Mitte‹ eine entscheidende Rolle spielt, sind für die Musiktheorie die beiden anderen Analogien (Proportionen) maßgebend: die ›Arithmetische Mitte‹ und die ›Harmonische Mitte‹. In allen diesen drei

29 990 D 1: ἐφεξῆς, D 6: μετὰ δὲ ταῦτα, 991 A: κατ᾽ ἀριθμόν – κατὰ δύναμιν – εἰς τὸ στερεόν τε καὶ ἁπτόν.

Proportionen aber zeigt sich wiederum der Gegensatz von Einheit und Nichteinheit: Die Proportioniertheit bedeutet, daß das Moment der Einheit gegenüber dem des unbestimmten Mehr und Weniger dominiert, und zwar durch die Gleichheit der Verhältnisse oder der Abstände oder der Teile; den Gegensatz dazu bilden die unsymmetrischen Beziehungen zwischen dem unbestimmt-relativ Größeren und Kleineren. Eine normative Bedeutung wird hier allgemein dem Zweifachen (διπλάσιον) zuerkannt. Das ›Doppelte‹ tritt, so wird gesagt, in der (einfachsten zahlenmäßigen) Geometrischen Proportion (1 : 2 : 4 : 8) ebenso auf wie bei der für die musikalischen Intervalle grundlegenden Arithmetischen und Harmonischen Mittelbildung (6 : 8 : 9 : 12). Die generelle Bedeutung des ›Zweifachen‹ aber ist doch wohl darin zu sehen, daß das Verhältnis 1 : 2 den ersten und einfachsten Fall des Verhältnisses von Einheit und Nichteinheit darstellt.[30]

Sieht man auf das Gemeinsame in den genannten Grundvoraussetzungen der Mathematiká und faßt man es synoptisch zusammen, so zeigt sich eben der fundamentale Gegensatz von Einheitlichkeit und Uneinheitlichkeit. Diese Gemeinsamkeit stimmt, wie schon im Blick auf den Text der ›Politeia‹ zu erklären war, insofern auch mit dem strukturbildenden Moment des Systems der mathematischen Wissenschaften zusammen, als deren Aufeinanderfolge durch die dimensionale Entfaltung vom Einfacheren zum Vielfältig-Wechselnden bestimmt ist.

(III) Wie in der ›Politeia‹ kurz gesagt wird, bei der Synopsis der Mathematiká werde auch ihre Zusammengehörigkeit mit der ›Natur des Seienden‹ überhaupt erfaßt (σύνοψιν οἰκειότητος … τῆς τοῦ ὄντος φύσεως 7, 537
112 BC), so wird auch hier in der ›Epinomis‹, und | nun bei jeder mathematischen Wissenschaft, auf die Bedeutung der mathematischen Strukturen für die ›Natur‹[31] der göttlichen Seinsordnung abgehoben.

(a) Die Arithmetik soll die Zahlen untersuchen in ihrer Bedeutung für die Natur des Seienden (πρὸς τὴν τοῦ ὄντος φύσιν 990 C).

(b) Die planimetrische ›Homoiosis‹ – und Entsprechendes gilt sicher für die stereometrische – wird als »göttliches Wunder« (θαῦμα θεῖον) bezeichnet, womit doch wohl darauf hingewiesen ist, daß die ›Verähnlichung‹ des zunächst Unähnlichen nicht nur eine speziell mathematische Operation ist, sondern überall im Seinszusammenhang den Prozeß der Gestaltung, der Angleichung an das Geformte zu verstehen hilft.[32]

(c) Etwas »Göttliches und Wunderbares« soll ferner auch in den drei

30 Über die Zweiheit als Grundform und erste Gestalt der Vielheit bei Platon und in den neueren Zahlentheorien: V. Hösle, Zu Platons Philosophie der Zahlen, Theologie und Philosophie 59, 1984, 321–355.

31 Mit ›Physis‹ (Natur) ist hier, wie oft bei Platon, die von der Idee, von der Vernunft, von der Seele her begründete Ordnung gemeint. Platon erläutert dieses geistig-normative Verständnis der ›Physis‹ (gegenüber dem materialistischen Naturverständnis) ausführlich in Leg. 10, 888 E –892 C.

32 Auch die an zentraler Stelle im ›Theaitet‹ (176 B) geforderte ›Angleichung‹ des Menschen an die göttliche Areté (ὁμοίωσις θεῷ) darf hier mit in Betracht gezogen werden.

Analogien sichtbar werden, die für die dimensionale Entfaltung und für die von den Musen gegebenen Harmonien und Rhythmen maßgeblich sind: die Geometrische, Arithmetische und Harmonische Mitte. Das Erstaunliche ist, so wird gesagt, daß gemäß jeder dieser Proportionen (καθ' ἑκάστην ἀναλογίαν) die gesamte Natur Art und Gattung ausprägt (εἶδος καὶ γένος ἀποτυποῦται πᾶσα ἡ φύσις). Damit dürfte gemeint sein, was die Beschreibung der Weltseele im ›Timaios‹ zeigt (s. o. *IV* 2): daß die nach dem Verhältnis von Eidos und Genos gegliederte Welt der Ideen sich gemäß der strukturierenden Wirkung dieser Proportionen in den Bereich des Seelischen und Körperlichen hinein abbildhaft entfaltet.

(d) Die Astronomie habe es, so lesen wir schließlich, mit der »schönsten und göttlichsten Physis« im Bereich des Sichtbaren zu tun. Auch die mathematische Theorie der Himmelserscheinungen soll also dem Verständnis der göttlichen Ordnung der Realität überhaupt dienen.

Etwas deutlicher als Platon in der ›Politeia‹ spricht Philippos nun aber auch über das Ergebnis der Zusammenfassung aller Mathematiká: Das Ziel ist die Erkenntnis ihrer inneren Übereinstimmung (Homologia), die als einheitliches, einigendes Band (δεσμὸς εἷς) vor das geistige Auge treten soll.

Das ›eine Band‹ ist, wenn wir den vorher im Text gegebenen Hinweisen folgen, nichts anderes als der Archetypos des in allen mathematischen Bereichen auftretenden Gegensatzverhältnisses von Einheit und Nichteinheit (oder Gleichmäßigkeit und Ungleichmäßigkeit, Bestimmtheit und Unbestimmtheit). Von ›e i n e m Band‹ kann gesprochen werden, weil das Moment der Einheit gegenüber dem der Vielheit dominiert, von› einem B a n d ‹, weil das Spannungsverhältnis von Einheit und Vielheit darin enthalten ist. In diesem ›einen Band‹ ist, formelhaft gesagt, der Gegensatz von Einheit und Vielheit einheitlich aufgehoben.[33] | 113

Die antiken Erklärer dachten bei dem ›einen Band‹ mit gutem Grund an eine umfassende Analogie (Proportion) oder auch an ein umfassendes Prinzip.[34] Die neueren Erklärer denken an die mathematische Proportionenlehre.[35] Mir scheint die Erklärung des ›einen Desmos‹ als Proportion berechtigt zu sein (weil jede Proportion Verschiedenes zur Einheit zusammenbindet), aber nur dann, wenn man annimmt, daß Philippos dabei – Platon folgend – eine einzige, allumfassende Seinsproportion im Sinn hat. Diese Proportion muß übermathematischer Art sein. Kein mathematisches

33 In ähnlich normativer Bedeutung gebraucht Platon den ›Desmos‹-Begriff vor allem an folgenden Stellen: Timaios 31 B – 32 C (die geometrische Proportion als Desmos, der Verschiedenes so weit wie möglich zur Einheit verbindet, vgl. 36 A, 37 A, 43 D); Politikos 309 B – 310 E (der Nus als Desmos, vgl. Leg. 1, 632 C).

34 Die Interpretationen der antiken Autoren (Cicero, Eratosthenes, Theon von Smyrna, Nikomachos von Gerasa, Proklos) verzeichnet L. Tarán 1975, 165–167. An die Analogie denken besonders Eratosthenes und Theon; Proklos spricht von einer Zusammenfassung der Prinzipien der einzelnen Wissenschaften zu einem einheitlichen Prinzip (De providentia, p. 138 Boese) und sieht dabei eine dreifach gestufte Einheit von der Mathematik über die Dialektik zur absoluten Einheit des Nus (In primum Euclidis Elem. libr. comm. 43–44 Friedlein).

Zahlenverhältnis, keine mathematische Analogie kann so umfassend sein wie der von Philippos angegebene Desmos. Auch die systematische Proportionentheorie eines Eudoxos kann nicht leisten, was die Erkenntnis jenes einen Desmos mit sich bringen soll. Emphatisch erklärt Philippos, nur auf diesem Wege gelange man zur höchsten Erkenntnis und andernfalls gebe es keine begründete Einsicht, sondern vielleicht die Hilfe eines Gottes. Daß die Erkenntnis des ›einen Bandes‹ als ›Aufscheinen‹ der Wahrheit erlebt wird, läßt an eine nach langer Bemühung plötzlich gelingende Intuition denken. Vor allem weist auf ein übermathematisches Prinzip die Behauptung, der mit der Zusammenfassung der Mathematiká eingeschlagene Weg führe zur Eudaimonie des Menschen und der Polis (992 AB). Dies wird nur dann verständlich, wenn hier wie in der ›Politeia‹ die Zusammenschau der Mathematiká über den Bereich des Mathematischen hinausführt und der gesamte Weg über die Zusammenschau des den mathematischen Wissenschaften Gemeinsamen hinaus die Idee des Guten zum Ziel hat. Durch keine andere Erkenntnis als die des Guten kann ja doch die Eudaimonie begründet werden.

Mit der Zusammenfassung der Mathematiká auf das ›eine Band‹ hin dürfte noch nicht die unmittelbare Schau und volle Erkenntnis der Idee des Guten selbst gemeint sein. Wohl aber geht aus dem Text der ›Epinomis‹ hervor, daß mit dieser Zusammenschau schon ein Ziel erreicht ist, von dem aus sich ein besonders sicherer Ausblick bis zum Guten als dem höchsten Prin-
114 zip hin eröffnet. |

4 *Von der Synopsis der Mathematiká zur Erkenntnis des Guten*

Wenn es soweit gelungen sein sollte, aus dem Text der ›Politeia‹ und der ›Epinomis‹ zu entnehmen, was Platon unter der Synopsis der mathematischen Wissenschaften verstanden hat, bleibt doch noch die Frage, inwiefern durch diese Zusammenschau die Erkenntnis des absolut Guten angebahnt wird.

Die Zusammenschau der Mathematiká führt, wie unsere Interpretation ergeben hat, auf einen gemeinsamen Grundgegensatz von Einheitlichkeit und Uneinheitlichkeit. Wenn sich nun im Bereich der Mathematiká der

35 L. Tarán 1975, 31, 68, 94, 345–346, 347 trennt den ›einen Desmos‹ der ›Epinomis‹ von dem Ziel der platonischen Zusammenschau und erklärt ihn als die allgemeine Theorie der (mathematischen) Proportionen oder Analogien: ››This εἷς δεσμός, however, is neither the separate idea, for the apprehension of which Plato recommends the preliminary mathematical training, nor the unity of virtue which the members of the Nocturnal Council must know according to the *Laws* (12, 961 D – 966 B). For … the context shows that this bond (δεσμός) must be number and more specifically the theory of proportions« (345). H.J. Krämer 1983 schreibt: »Die rechte Art der *Anwendung* aller dieser Disziplinen liegt … insgesamt in der einheitlichen Auffassung der Planimetrie, Arithmetik, Harmonik und Astronomie als eines einzigen großen Relationssystems (δεσμὸς εἷς …), wobei wohl primär an die Proportionenlehre zu denken ist« (108). »Die Proportionenlehre vermutlich eudoxischer Provenienz erweist sich damit als das einigende ›Band‹, das die einzelnen mathematischen Disziplinen zusammenschließt« (111).

ganze Ideenbereich abbildhaft widerspiegelt, ist zu erwarten, daß der Synopsis des Mathematischen eine mögliche Zusammenschau alles Seienden in einer höchsten Idee entspricht. Dies aber scheint zu bedeuten: die Synopsis der Mathematiká führt, bei universaler Einbeziehung aller Dinge, in höchster Steigerung zur Idee des Guten, in der jener Gegensatz von Einheit und Nicht-Einheit allumfassend beschlossen ist.

In der Tat läßt sich behaupten, daß gerade die strukturelle Repräsentation des Ganzen, die durch die Mathematik erreicht wird, dem Dialektiker mit besonderer Entschiedenheit den Weg zur höchsten Ursache weist. Die Mathematiká zeigen zwar nur die strukturellen Verhältnisse der Realität, nicht ihren inhaltlichen Reichtum. Aber diese Reduktion bietet sowohl den Vorteil der Vereinfachung als auch den der universalen Ausweitung. Das Strukturmodell der Mathematik erlaubt die Einbeziehung aller Wirklichkeitsbereiche. Alle Dinge – sowohl die Erscheinungen als auch die Verhältnisse in der Ideenwelt – lassen sich mit Hilfe der Mathematik ordnen und gliedern. Dies gilt nach der Überzeugung Platons auch für die Klassifizierung der biologischen Arten, für die medizinische Analyse von Gesundheit und Krankheit und für die ethisch-politischen Ordnungen. Bei der Beschreibung des Guten und des Unguten im Bereich des ethisch-politischen Lebens spielte für Platon eine mathematisch formulierbare Struktur eine hervorragende Rolle, die ebenso auch in der Erforschung der Naturerscheinungen und in der Ideendialektik angewendet werden konnte: die ›Wertstruktur‹ der richtigen Mitte, bei der das Gute als Mitte oder Ausgleich zwischen dem Zuviel und dem Zuwenig bestimmt wird.[36] Wenn nun aber die Gesetzmäßigkeiten und Normstrukturen der einzelnen Erfahrungs- und Erkenntnisbereiche untereinander übereinstimmen – was sich gerade bei mathematischer Betrachtungsweise ergibt –, können sie auf eine gemeinsame Grundstruktur hin zusammengedacht und letztlich auf die eine Idee des Guten zurückgeführt werden.

Von der Synopsis der Mathematiká her ist zu erwarten, daß die Idee des Guten als absolute Einheit oder – jenem ›einen Band‹ entsprechend – als Einheit von Einheit und Nichteinheit verstanden werden soll. Welchen Sinn aber hat es, das Gute als absolute ›Einheit‹ zu bestimmen? Platon kommt dazu – um es kurz zu sagen –, weil er annimmt, daß Einheitlichkeit der Grund aller Gleichmäßigkeit und Ordnung ist und daß Ordnung, als einheitliche Gestaltung des Vielfältigen verstanden, all das gewährleistet, | was 115
als Auswirkung des Guten gelten darf, nämlich Vollkommenheit (Areté), Beständigkeit (Seiendheit) und Erkennbarkeit wie auch Erkenntnisfähigkeit.[37]

36 Zur prinzipientheoretischen Verankerung der Mesotes-Struktur, deren Anwendung vielfach in den Dialogen zu beobachten ist, ausführlich H.J. Krämer, Arete bei Platon und Aristoteles, Heidelberg 1959.

37 Auch diesen zentralen Gedanken Platons hat H.J. Krämer, frühere Erkenntnisse weiterführend (vgl. o. Anm. 17), in seinem Buch von 1959 gebührend hervorgehoben.

Mit der Tatsache, daß der Idee des Guten als höchster Einheit überall in der Realität ein Prinzip der unbestimmten Vielheit entgegenwirkt, ist das Dilemma verbunden, daß die Wirklichkeit nicht monistisch mit einem Prinzip allein, aber auch dualistisch nicht befriedigend zu erklären ist, weil die Zweiheit der Prinzipien die Frage nach dem Grund ihres Zusammenbestehens und Zusammenwirkens aufwirft. Platon scheint dieses schwierigste Problem seiner Philosophie – und wohl jeder Philosophie – in dem Sinne als gelöst betrachtet zu haben, daß er das Einheitsprinzip als ›Einheit von Einheit und Vielheit‹ verstanden zu haben glaubt.[38]

Auf diese dialektische Lösung des Prinzipienproblems soll hier nicht näher eingegangen werden, zumal sie die Möglichkeiten der Sprache und der klassischen zweiwertigen Logik übersteigt. Immerhin aber fällt gerade von der Synopsis der Mathematiká her auf dieses Fundamentalproblem der platonischen Dialektik ein gewisses Licht. Sowohl das Moment der ›Einheitlichkeit‹ als auch das der ›Uneinheitlichkeit‹ weist, auf die Mathematiká gesehen, zwei Aspekte auf, die bei jener Synopsis einheitlich zusammengedacht werden müssen.

(a) Die ›Einheit‹ steht zunächst in polarem Gegensatz zur Nicht-Einheit oder Vielheit, so daß es zwischen den gegensätzlichen Momenten keine Vermittlung zu geben scheint. Andererseits jedoch hat das Moment der Einheit als Grund von Ordnung und Geformtheit einen Vorrang vor dem der unbestimmten Vielheit, und so vermag die Einheit gewissermaßen den Gegensatz von Einheit und Vielheit einheitlich zu übergreifen.

(b) Die ›Nicht-Einheit‹ ist einerseits als extremer Gegensatz die Negation, durch die Einheit, Ordnung, Gleichmaß, Rationalität beeinträchtigt und vernichtet werden. Zum anderen ist das Moment der Nicht-Einheit aber auch, als Ursache der Differenzierung, die Bedingung der Möglichkeit für eine Entfaltung, die den ganzen Reichtum der komplexen Ausformungen allererst zum Vorschein bringt. In der Reihe der mathematischen Wissenschaften ist daher einerseits die Arithmetik, die es mit den für alles andere grundlegenden Zahlen zu tun hat, die höchste und reinste, während andererseits die Astronomie, die mit komplizierten Strukturen umgeht, anspruchsvoller und aufschlußreicher zu sein scheint.

Demgemäß weist auch der Weg, der über die Synopsis der Mathematiká hinaus zur Idee des Guten führt, zwei verschiedene und doch komplementär zusammengehörende Aspekte auf. Einerseits führt der Aufstieg vom Vielfältig-Wechselnden zum Einfacheren und Einfachsten: von den be-

38 Klärende Ausführungen hierzu im Licht der Philosophie Hegels bei V. Hösle, Wahrheit und Geschichte. Studien zur Struktur der Philosophiegeschichte unter paradigmatischer Analyse der Entwicklung von Parmenides bis Platon, Stuttgart–Bad Cannstatt 1984 (Elea 1), 459–490: »In gewissem Sinne läßt sich Platons Philosophie auf die Formel bringen, *sie habe … die Einheit von Einheit und Vielheit gedacht*; wichtig an dieser Bestimmung ist die Struktur, die eine positive und eine negative Kategorie in der positiven zusammenfaßt« (481).

wegten Erscheinungen über die Zwischenstufe des Seelisch- | Mathematischen zu den Ideen und schließlich zur absoluten Einheit. Andererseits aber 116
ist dieser Prozeß gerade nicht als ›Vereinfachung‹ oder Abstraktion, bei der immer weniger übrig bleibt, zu verstehen, sondern eher als Verdichtung, bei der immer mehr zusammenfassend integriert wird. Der umgekehrte Weg des Abstiegs bringt denn auch einerseits die zunehmende Auflösung und den Verlust des Seinsgehalts mit sich, andererseits aber auch die Ausgliederung der reichen Seinsfülle, die in den Prinzipien keimhaft beschlossen ist. Bei der letztendlichen Erkenntnis des Guten selbst, die im ›Siebenten Brief‹ (341 CD) als plötzliche Erleuchtung beschrieben wird, muß die – scheinbare – Verschiedenheit dieser Aspekte in einer Gesamtvision einheitlich aufgegangen sein.

5 *Die Ausarbeitung in der Schule*

In der Schule Platons ist, wie aus verschiedenen Zeugnissen hervorgeht, konsequent ausgearbeitet worden, was in den Dialogen über die Mathematik als Modell- und Vergewisserungsbereich der Dialektik nur andeutungsweise gesagt wird. Aristoteles konnte daher – gewiß übertreibend, aber doch nicht ohne Anlaß – bemerken, für Platon und seine Anhänger sei die ganze Philosophie zur Mathematik geworden, obwohl sie behaupteten, man müsse sich um anderer Dinge willen damit beschäftigen (Metaph. 9, 992 a 32–33). Was die Mathematik für Platons Ideen- und Prinzipientheorie so hilfreich machte, war eben die von der Mathematik aus ermöglichte systematische Zusammenfassung, die synoptische Heraushebung des Spannungsverhältnisses von Einheit und Vielheit. Dies führte in der Schule zu dem Versuch, auch die Strukturierung des Ideenbereichs *more geometrico* zu verstehen, und zu der Vorstellung von ›Ideenzahlen‹ als höchsten Urformen der Realität wie auch dazu, daß das positive Prinzip als ›das Eine‹, das Gegenprinzip als ›Unbestimmte Zweiheit‹ oder ›Großes-und-Kleines‹ bezeichnet wurde. Platons Programm, über die Synopsis der mathematischen Wissenschaften zur höchsten Einheit zu gelangen, macht auch noch bei seinen Schülern und Nachfolgern den Grundzug der akademischen Philosophie aus.[39]

Das Ergebnis der mathematischen und prinzipiellen Zusammen-

39 Aristoteles freilich hat, gegen Platon Stellung nehmend, gerade die Möglichkeit einer solchen Synthese der verschiedenen Wissenschaften bestritten. – Daß die Synopsis der Wissenschaften weiterhin als Programm der akademischen Philosophie verstanden wurde, zeigt auch ein Zitat aus den ›Erinnerungen‹ eines gewissen Diodoros, der Schüler Speusipps war (Philodem, Index Academicorum, col. T 3–4: γέγονεν ἀπὸ Σπευσίππου) und der über Speusipp gesagt haben soll (Diogenes Laertius 4, 2 = Speusipp, Fr. 2 Isnardi = Fr. 70 Tarán): πρῶτος ἐν τοῖς μαθήμασιν ἐθεάσατο τὸ κοινὸν καὶ συνῳκείωσε καθ᾽ ὅσον ἦν δυνατὸν ἀλλήλοις. Falls auch das Wort πρῶτος von Diodoros stammt, muß ein weiterer Kreis von Wissenschaften über die mathematischen hinaus gemeint sein. Eher scheint mir jedoch Diodor von einem Weiterschreiten Speusipps auf dem von Platon gewiesenen Weg gesprochen zu haben.

schau – die Einheit von Einheit und Vielheit – wirkt, für sich genommen und formelhaft ausgesprochen, trivial und nichtssagend oder rätselhaft-dunkel. Deshalb hat Platon dieses Ergebnis in den Dialogen nicht ausdrücklich formuliert, sondern nur angedeutet. Die schematisch-einfachen Begriffe der
117 Prinzipientheorie hätten bei unvorbereiteten Lesern, wie er im | ›Siebenten Brief‹ (341 E) sagt, entweder verächtliche Ablehnung oder auf eitler Einbildung beruhende Zustimmung hervorrufen müssen. Im Kreis der Schüler konnte er für die Vermeidung von Mißverständnissen sorgen und klar machen, weshalb mit den formelhaften Begriffen der Prinzipientheorie allein noch gar nichts gewonnen ist. Die Prinzipien müssen vielmehr als solche verstanden werden, und das heißt: erkannt hat sie nur derjenige, der auch die Art und Weise ihres Zusammenwirkens begreift und der im einzelnen nachweisen kann, wie sie in allen Bereichen der Realität als maßgebende Gründe auftreten.

a) Platons Vortrag ›Über das Gute‹

Einmal hat Platon über die Verbindung der mathematischen Wissenschaften mit dem Prinzip des Guten auch öffentlich gesprochen: in dem neuerdings wieder so viel diskutierten Vortrag ›Über das Gute‹ (Περὶ τἀγαθοῦ). Die fragmentarisch überlieferten Berichte der Schüler über diesen Vortrag lassen erkennen, daß Platon hier von mathematischen Sachverhalten aus das Gute als ›Eines‹ oder als ›das Eine‹ bestimmte. Er muß also über eine synoptische Zusammenfassung der Mathematiká gesprochen haben, wie sie in der ›Politeia‹, im 12. Buch der ›Nomoi‹ und in der ›Epinomis‹ gefordert wird und in der Schule ein zentrales Thema der wissenschaftlichen und dialektischen Arbeit gebildet hat.

Weil Platon hier – aus welchen Anlässen auch immer[40] – öffentlich vortrug, was ohne die in der Schule übliche Vorbereitung nicht zu verstehen war, fühlten sich die Zuhörer überfordert und gingen enttäuscht davon. Dies hat, wie Aristoxenos überliefert (Elementa Harmonica II 30), Aristoteles des öfteren erzählt, wenn er, anders als Platon, seine Hörer im voraus über Weg und Ziel eines Lehrvortrags instruierte:

> So <daß sie sich eine falsche Vorstellung von der Sache machten> ging es, wie Aristoteles immer wieder erzählte, den meisten von denen, die bei Platon den Vortrag ›Über das Gute‹ hörten. Jeder sei nämlich hingegangen mit der Vorstellung, er werde etwas erfassen von dem, was man allgemein für die menschlichen ›Güter‹ hält, etwa Reichtum, Gesundheit, Körperkraft und alles in allem eine wunderbare Glückseligkeit. Als nun aber zum Vorschein kamen die Darlegungen über Mathematik – über Zahlen, Geometrie und Astronomie – und letzten Endes der Satz, Gut sei Eins (καὶ τὸ πέρας ὅτι ἀγαθόν ἐστιν ἕν), da erschien ihnen dies, meine ich, als etwas gänzlich Unerwartetes und Sonderbares, und so dachten die einen geringschätzig über die Sache, die anderen lehnten sie offen ab.

40 Dazu K. Gaiser, Plato's Enigmatic Lecture ›On the Good‹, Phronesis 25, 1980, 5–37 (in diesem Band Seite 265ff.): Der alte Platon entschloß sich zu dem öffentlichen Auftreten unter einem gewissen politischen Druck und in der Absicht, der verfälschenden Darstellung seiner Prinzipientheorie durch andere (wie Dionysios II. von Syrakus) entgegenzuwirken.

Nach dem, was wir zunächst der ›Politeia‹ über die Synopsis der Mathematiká als Voraussetzung für die Erkenntnis der Idee des Guten entnommen haben, können wir uns, meine ich, durchaus vorstellen, was Platon in dem öffentlichen Vortrag ausgeführt hat. Die so ganz unvorbereiteten und deswegen enttäuschten Hörer hatten offenbar die ›Politeia‹ nicht gelesen.

Die bald nach Platons Tod entstandene ›Epinomis‹ setzt den Vortrag, den Platon wahrscheinlich wenige Jahre vorher gehalten hat, voraus. Man darf annehmen, daß | Philippos gerade in der so kompakten und in sich ge- 118
schlossenen Textpartie über die mathematischen Wissenschaften und deren Synopsis den platonischen Vortrag ›Über das Gute‹ berücksichtigt hat. Dieser Text vermittelt uns, wie ich meine, eher als die einzelnen Andeutungen in Platons Dialogen und als die sonstigen, stark verkürzten Berichte und Zeugnisse der Schüler eine Gesamtvorstellung vom Inhalt und von der Gedankenführung des Vortrags – wenn wir nur am Schluß des in der ›Epinomis‹ Dargestellten noch den Gedanken ergänzen, daß das von den Mathematiká aus sichtbar werdende ›eine Band‹ den höchsten Grund aller Ordnung und Regelmäßigkeit repräsentiert, nämlich das absolut Gute als das ›Eine‹. Wenn Philippos dies in seinem für die literarische Verbreitung bestimmten Werk nicht direkt ausspricht, so folgt er auch damit platonischen Grundsätzen.

Jedenfalls berührt sich das, was uns – stark verkürzt – vom Inhalt des Vortrags ›Über das Gute‹ überliefert wird, aufs engste mit dem, was in der ›Politeia‹ und wieder in der ›Epinomis‹ über den Weg von den mathematischen Wissenschaften zur Erkenntnis der höchsten Ursache gesagt wird. Die meisten Zeugnisse stammen aus der aristotelischen Schrift ›Über das Gute‹, die ein Referat des platonischen Vortrags enthielt.[41] Sie bezeugen für den Vortrag Platons eben das, was wir den Dialogen, um die Synopsis der Mathematiká zu erklären, entnommen haben:

(a) Die Abfolge der Dimensionen (Zahl – Linie – Fläche – Körper) erscheint als Strukturmodell für den gesamten Seinsaufbau, besonders auch für die Struktur der Seele (Test. 9, Fr. 3 Ross).

(b) Überall in der Realität tritt ein Gegensatzverhältnis auf, das sich in einer Reihe von analogen Gegensätzen manifestiert, vor allem in Gleichheit und Ungleichheit (ἴσον / ἄνισον), Ähnlichkeit und Unähnlichkeit (ὅμοιον / ἀνόμοιον) sowie Selbigkeit und Verschiedenheit (Identität und Diversität: ταὐτόν / ἕτερον) (Fr. 2, 5 Ross).

(c) Diese Gegensätzlichkeit wird zurückgeführt auf einen prinzipiellen Gegensatz von Einheit und Nicht-Einheit. Das Prinzip der Einheit, das gestaltend und begrenzend wirkt und als Ursache des Guten zu verstehen ist, wird als ›das Eine‹ (τὸ ἕν) bezeichnet, das Gegenprinzip heißt ›Unbestimmte Zweiheit‹ (ἀόριστος δυάς) oder ›Großes-und-Kleines‹ (μέγα καὶ

41 Die Reflexe und Bruchstücke der Nachschrift des Aristoteles sind zusammengestellt in: Aristotelis fragmenta selecta, ed. W.D. Ross, Oxford 1955, 111–120.

μικρόν), weil es vervielfachend, ausdehnend und relativierend wirkt (Test. 3–8, Fr. 2).

Die überlieferten Bruchstücke aus der Nachschrift des Aristoteles zeigen also, daß Platon in dem mündlichen Vortrag eben das behandelte, was in den literarischen Werken nur so zurückhaltend angedeutet wird und in der Schule genauer ausgeführt worden ist: den Weg von den mathematischen Wissenschaften über deren synoptische Zusammenfassung zur Idee des Guten. Was uns von diesem zentralen Thema der platonischen Prinzipienlehre überliefert ist, ergänzt und erklärt sich gegenseitig: die Andeutungen in den literarischen Dialogen und die Angaben der indirekten Überlieferung zu Platons Vortrag ›Über das Gute‹ wie auch zu den inner-
119 akademischen Lehrgesprächen und Diskussionen. |

b) *Platon als ›Architekt‹ der mathematischen Forschung*

Wenn wir den Berichten über Platons Zusammenarbeit mit den Mathematikern seiner Zeit trauen dürfen, war der Philosoph dabei nicht nur der Nehmende, sondern auch der Gebende. Freilich hat die Frage, was Platon zur damaligen Entwicklung der mathematischen Wissenschaften beigetragen haben könnte, den neueren Erklärern stets Schwierigkeiten bereitet.[42] Einerseits hat Platon offenbar keine eigenen mathematischen Forschungsergebnisse und Entdeckungen aufzuweisen. Andererseits ist zuverlässig überliefert, daß so bedeutende Mathematiker wie Eudoxos, Theaitet, Menaichmos und Theudios von Magnesia in der Akademie um Platon versammelt waren.[43] Und in einem Bericht des Aristoteles-Schülers Dikaiarch hören wir, Platon habe als ›Architekt‹ der Forschung den Mathematikern die Aufgaben gestellt, die sie dann bearbeiteten:[44]

> Es war aber auch ein großer Fortschritt der mathematischen Wissenschaften in jener Zeit zu erkennen, wobei Platon die baumeisterliche Leitung hatte und die Aufgaben stellte (ἀρχιτεκτονοῦντος καὶ προβλήματα διδόντος), die dann die Mathematiker mit Eifer erforschten. Daher erreichten auf diese Weise damals zuerst ihren Höhepunkt die (allgemeine) Maßtheorie und die Probleme der Definitionen, indem Eudoxos die ursprünglichen (altertümlichen) Ansätze des Hippokrates (von Chios) vollständig erneuerte. Es machte aber (im besonderen) auch die Geometrie einen großen Fortschritt. Denn damals entstanden sowohl die Methode der Analysis als auch die der Dihorismoi (Möglichkeitsbestimmungen); aber auch insgesamt brachten sie die Geometrie ein großes Stück voran. Und keineswegs waren Optik und Mechanik vernachlässigt. – Die ganze umfassende Ernte von derartigen Ergebnissen, aus der eine Menge von

42 Dazu im Rahmen einer kritischen Besprechung von Ch. Mugler, Platon et la recherche mathématique de son époque, Strasbourg 1948, H. Cherniss, Plato as Mathematician, Review of Metaphysics 4, 1951, 395–425 (auch in: H. Cherniss, Selected Papers, ed. by L. Tarán, Leiden 1977, 222–252).

43 Proklos in dem auf den Aristoteles-Schüler Eudemos von Rhodos (Fr. 133 Wehrli) zurückgehenden ›Geometerverzeichnis‹: In primum Euclidis Elem. libr. comm. p. 66,8–68,4 Friedlein.

44 Philodem, Index Academicorum, col. Y 2–23, p. 15–17 Mekler (1902). Verbesserter Text und Zurückführung auf Dikaiarch bei K. Gaiser, La biografia di Platone in Filodemo: Nuovi dati dal PHerc. 1021, Cronache Ercolanesi 13, 1983, 53–62.

körneraufpickenden Schmarotzern Nützliches erhielt, brachten sie um dieser Dinge selbst willen ein. Es gab ja sozusagen noch eine andere Art von Schulbesuchern, und sie sammelten von jenen Erntefrüchten ihren privaten Anteil auf.

Dieser Bericht und andere derartige Nachrichten[45] stellen uns vor die Frage: Was suchten und fanden die Mathematiker bei Platon? Wie soll man sich seine ›baumeisterliche Leitung‹ vorstellen? Die Antwort ergibt sich, wie ich meine, aus dem, was wir über Platons Interesse an einer synoptischen Zusammenfassung der Mathematiká ermittelt haben.[46] | 120

Die Mathematik konnte der philosophischen Dialektik um so besser als Modell- und Vergewisserungsbereich dienen, je vollständiger die mathematischen Ordnungen selbst erforscht und je systematischer ihre einfachen Voraussetzungen herausgearbeitet waren. Die Zusammenschau konnte nur gelingen, wenn man bereits von einfachen Grundlagen ausgehen konnte. Platon mußte also Wert darauf legen, daß die elementaren Grundvoraussetzungen der einzelnen mathematischen Wissenschaften festgestellt wurden. Deswegen forderte er die Mathematiker auf, die kom-

45 Bei Proklos (in primum Euclidis elem. libr. comm., p. 211,19–23 Friedlein) und Diogenes Laertius (3, 24) wird überliefert, Platon habe dem Mathematiker Leodamas von Thasos die Analysis-Methode empfohlen (die auch bei Philodem/Dikaiarch erwähnt wird). Nun war diese Methode in der Mathematik schon vor Platon üblich, so daß Platon nicht als ihr Entdecker gelten darf. Wohl aber kann er die Anregung gegeben haben, dieses Verfahren auf möglichst viele Probleme anzuwenden. Dies ist deswegen wahrscheinlich, weil er sich einer entsprechenden Methode bei der Zurückführung der Erscheinungen auf Ideen und allgemeinste Seinsgründe bediente: Besteht doch das Analysis-Verfahren darin, daß ein komplexer Sachverhalt auf möglichst einfache und primär gewisse Voraussetzungen, Bedingungen, Ursachen zurückgeführt wird.

46 Neuerdings hat V. Hösle in einem faszinierenden Beitrag (Platons Grundlegung der Euklidizität der Geometrie, Philologus 126, 1982, 184–197) auf die Frage nach Platons Beitrag zur mathematischen Forschung seiner Zeit eine originelle Antwort versucht. Aus Indizien bei Aristoteles und Euklid erschließt er, daß schon zur Zeit Platons die Unbeweisbarkeit des Parallelen-Postulats (Euklid, Elem. I, Post. 5) zu einer Grundlagenkrise geführt habe, weil damit auch der Satz von der Winkelsumme im Dreieck fragwürdig geworden und die Möglichkeit von ›nicht-euklidischen‹ Systemen der Geometrie in den Blick gekommen sei. Die entscheidende Leistung Platons sei darin zu sehen, daß er sich aus philosophisch-ontologischen Gründen für die Gültigkeit der ›normalen‹ Geometrie ausgesprochen habe, die daraufhin auch in Euklids Elementen dargestellt wurde, so daß wir sie heute die ›euklidische‹ nennen, während sie eigentlich als die ›platonische‹ bezeichnet werden müßte. – Leider reicht die philologische Basis für diese These schwerlich aus (wie schon H. Cherniss 1942 [o. Anm. 42], 405–407 = 1977, 232–234 und E.M. Manasse, Bücher über Platon III, Philosophische Rundschau 23, Beih. 7, Tübingen 1976, 541 zu einem ähnlichen Versuch von Ch. Mugler bemerkt haben). Bei Platon bieten die beiden Stellen, auf die sich Hösle beruft – das Linienschema im 6. Buch der ›Politeia‹ und eine Stelle im ›Kratylos‹ (436 D) –, keinen Anhaltspunkt dafür, daß Platon die Unsicherheit des Parallelenaxioms vor Augen hatte: die Politeia-Stelle deswegen nicht, weil hier mit den ›Hypotheseis‹ der Mathematiker (6, 510 C) offenbar kein derartiger axiomatischer Satz gemeint ist (vgl. o. Anm. 11) und weil sich Platons Kritik an der Mathematik nicht auf ein ungelöstes Problem, sondern auf den wesenhaft ›hypothetisch‹-angenommenen Status aller mathematischen Grundlagen bezieht. Überzeugend bleibt an der These Hösles jedoch, daß es hauptsächlich die erfolglose Bemühung um einen Beweis für das Parallelenaxiom war, die in der platonischen Schule (aus der auch die entsprechenden Bemerkungen des Aristoteles stammen) nicht nur auf Schwierigkeiten der mathematischen Axiomatisierung, sondern auch auf die Grenze des deduktiv-axiomatischen Verfahrens überhaupt aufmerksam gemacht hat.

plexen Sachverhalte systematisch zu ordnen und auf möglichst einfache Voraussetzungen zurückzuführen: er forderte die Axiomatisierung der mathematischen Wissenschaften. Dazu motivierte ihn nicht nur die Absicht, die Mathematiká als Modell für die Seinsanalyse zu verwenden, sondern vor allem auch die philosophische Überzeugung, daß die gesamte Realität durch einfachste Prinzipien konstituiert wird und daß daher eine systematische Ordnung auch in den Mathematiká (als einem Teilbereich der Realität) mit ontologischer Notwendigkeit auftreten muß.

Nun ist anzunehmen, daß Platons Forderung eines systematischen, definitorisch-axiomatischen Ausbaus der Mathematik von den Spezialisten nicht als unsinnige oder überflüssige Bevormundung, sondern als sachgemäßes Programm aufgefaßt wurde – um so mehr, da sich Platons Erwartung erfüllte: Die Systematisierung und Axiomatisierung der mathematischen Wissenschaften gelang damals in rasch aufeinanderfolgenden Schritten.

Die für die Arithmetik und die Geometrie erzielten Ergebnisse sind in die Architektonik der entsprechenden Bücher von Euklids Elementen ein-
121 gegangen:[47] Euklids Defini- | tionen, Postulate und Axiome entsprechen methodisch und sachlich dem platonischen Programm; und es ist allgemein anerkannt, daß Euklid die Vorarbeiten der platonischen Schule übernommen hat.[48] Auch in der Astronomie folgt, wie überliefert wird,[49] die damals

47 Jeweils so, daß sich die einzelnen Theoreme und Konstruktionen aus den vorangestellten Definitionen (Postulate und Axiome stehen nur im ersten Buch) ergeben, behandelt Euklid in den Büchern I–VI der ›Elemente‹ die Planimetrie (mit der Proportionenlehre in Buch V), in VI–IX die Arithmetik, in X die Theorie der irrationalen Größen, in XI–XIII die Stereometrie.

48 Mehrfach hat F. Solmsen den platonischen Charakter der ›Elemente‹ Euklids, besonders der euklidischen Definitionen hervorgehoben: Platos Einfluß auf die Bildung der mathematischen Methode, Quellen und Studien zur Geschichte der Mathematik, Abt. B, 1, 1931, 93–107 (auch in: K. Gaiser [Hrsg.], Das Platonbild, Hildesheim 1969, 125–139); Plato and the Unity of Science, Philosophical Review 49, 1940, 567–571 (auch in: Kleine Schriften I, Hildesheim 1968, 326–331); Plato and Science, in: H.F. North (ed.), Interpretations of Plato. A Swarthmore Symposium, Leiden 1977 (Mnemosyne Suppl. 50), 86–105, bes. 88, 103. In dem Beitrag von 1931 wollte Solmsen auch die κοινὰ λεγόμενα ἀξιώματα des Aristoteles und die κοιναὶ ἔννοιαι (Axiome) Euklids auf Platons Forderung, die κοινωνία, συγγένεια und οἰκειότης der mathematischen Wissenschaften synoptisch zu erkennen, zurückführen. Zurückhaltender beurteilt die Rolle Platons K. v. Fritz, doch erklärt auch er (1969 [o. Anm. 3], 40, 62–63, 83, 98), daß sich in der definitorischen Grundlegung der euklidischen Geometrie platonische Einflüsse zeigen und »daß die weitere Axiomatisierung der Mathematik durch die in der Akademie über das Wesen mathematischer Gegenstände und das Wesen mathematischer Beweise geführten Diskussionen, teils im Sinne Platons und teils gegen ihn, aller Wahrscheinlichkeit nach entscheidend gefördert worden ist« (S. 98). In dem wichtigen Beitrag von K. v. Fritz, Die APXAI in der griechischen Mathematik, Archiv für Begriffsgeschichte 1, 1955, 13–103 (auch in: K. v. Fritz, Grundprobleme der Geschichte der antiken Wissenschaft, Berlin 1971, 335–429) ist die Bedeutung der platonischen Schule, deren Diskussionen auch in der aristotelischen Methodenlehre vorausgesetzt sind, noch nicht gebührend berücksichtigt. – Äußerungen von H.G. Zeuthen, O. Töplitz und O. Becker über den entscheidenden Einfluß Platons auf die Entwicklung der Mathematik zitiert A. Szabó, The Beginnings of Greek Mathematics, Dordrecht/Boston 1978, 322–329; er selbst weist jedoch die Vorstellung von einer ›platonischen Reform‹ der Mathematik zurück.

erfolgreich unternommene Zurückführung der Phänomene auf einfache Gesetzmäßigkeiten platonischen Anregungen: Das von Eudoxos zur Erklärung der Planetenbewegungen entworfene System der homozentrischen Sphären entspricht Platons Forderung regelmäßiger Bewegungsformen, da hier alle Erscheinungen auf Kreisbahnen zurückgeführt werden.[50] Und von den mathematischen Wissenschaften aus hat das methodische Pro- | gramm 122
Platons die Forschungsarbeit der Akademie auch auf anderen Gebieten bestimmt: Überall suchte man – was bis heute für Wissenschaftlichkeit kennzeichnend ist – den durchstrukturierten Zusammenhang, in dem die Vielfalt der einzelnen Erscheinungen auf möglichst wenige Gesetzmäßigkeiten und Grundvoraussetzungen zurückgeführt und aus ihnen hergeleitet werden kann.

49 Simplikios, In Aristotelis De caelo commentaria, p. 488,14–24 Heiberg (= Eudemos, Fr. 148 Wehrli = Eudoxos, Fr. 121 Lasserre): »... Und Platon soll, wie Sosigenes sagt, denjenigen, die sich damit als Fachleute beschäftigten, dies zur Aufgabe gemacht haben: welche regelmäßigen und geordneten Bewegungen man hypothetisch voraussetzen müsse, um die Phänomene, die bei den Bewegungen auftreten, zu retten.« Freilich läßt sich diese Nachricht nicht direkt und nicht uneingeschränkt für Platon in Anspruch nehmen, weil der Überlieferungsweg unsicher ist (vor Sosigenes Eudemos von Rhodos oder nur Geminos/Poseidonios?) und weil Platon, jedenfalls in der ›Politeia‹ (7, 529 C–530 B) die Erscheinungen als unmaßgeblich abtut. Mit F. Krafft (Der Mathematikos und der Physikos. Bemerkungen zu der angeblichen Platonischen Aufgabe, die Phänomene zu retten, in: Alte Probleme – Neue Ansätze, Wiesbaden 1965 [Beiträge zur Geschichte der Wissenschaft und Technik 5], 5–24) wird man annehmen, daß die Formulierung σῴζειν τὰ φαινόμενα unplatonisch ist. Trotzdem bleibt es dabei, daß der Gewährsmann des Sosigenes die astronomischen Hypothesen zur Erklärung der – scheinbaren – Anomalien der Planetenbewegungen mit gewissem Recht auf platonische Anregungen zurückgeführt hat. Positiv beurteilt Platons Einfluß auf die wissenschaftliche Astronomie jetzt auch wieder I. Bulmer-Thomas, Plato's Astronomy, Class. Quart. 34, 1984, 107–112.

50 Überblick über die Entwicklung der Astronomie in der platonischen Schule bei K. Gaiser, Das Philosophenmosaik in Neapel. Eine Darstellung der platonischen Akademie, Heidelberg 1980 (Abhandl. d. Heidelb. Akad. d. Wiss., Phil.-hist. Kl. 1980, 2), 68–91. – Daß die von Platon in Politeia VII geforderte ›wahre Astronomie‹ trotz der Abwertung der sichtbaren Erscheinungen nicht unabhängig von empirischen Daten sein soll, erklärt G. Vlastos, The Role of Observation in Plato's Conception of Astronomy, in: J.P. Anton (ed.), Science and Sciences in Plato, New York 1980, 1–31. Dagegen bezieht Platons Forderung auf eine rein geometrische und allgemeine Kinetik (Theorie kreisförmiger Bewegungen) A.P.D. Mourelatos, Plato's »Real Astronomy«, Republic 527 D–531 D, in: J.P. Anton (ed.) ... 1980, 33–72; Astronomy and Kinematics in Plato's Project of Rationalist Explanation, Stud. Hist. Phil. Sci. 12, 1981, 1–32. – Während die Zurückführung der Gestirnbewegungen auf Kreisbahnen damals im wesentlichen (wenn auch unter Vernachlässigung mancher empirischen Daten) gelang, blieb der Gedanke der Sphärenharmonie, also die Annahme einer Ordnung der Umläufe entsprechend den harmonischen Intervallen (Resp. 7, 530 D; 10, 617 B; Tim. 36 D), unvereinbar mit den Phänomenen. Die aus pythagoreischer Tradition stammende Vorstellung beruht auf der Erkenntnis, daß sich bei den Tönen die Bewegung, nämlich die Schwingungszahl, umgekehrt proportional zur Saitenlänge und direkt proportional zur Tonhöhe verhält. Daher lag die Erwartung nahe, daß sich ebenso bei der Bewegung der Planeten (wenn man sich deren Bahnen als gebogene Saiten denkt) die Geschwindigkeit zur Länge der Kreisbahn in Beziehung setzen lasse. Dem entsprachen die Phänomene insofern, als bei den erdnahen Gestirnen eine kürzere, bei den ferneren eine längere Umlaufszeit zu beobachten war; aber die Zeitverhältnisse zeigen keine Übereinstimmung mit den Zahlenproportionen der harmonischen Intervalle.

6 *Platons Bewertung der Mathematik aus heutiger Sicht*

Seit Platons Anregungen zum systematischen Ausbau der mathematischen Wissenschaften sind riesige Fortschritte erzielt worden, und zwar sowohl in der theoretischen Entwicklung der Mathematik als auch bei der mathematischen Erfassung der Naturerscheinungen. Im Zuge der Weiterentwicklung hat sich Grundsätzliches geändert. Die neuzeitliche Geometrie hat die Infinitesimalrechnung und verschiedene nicht-euklidische Systeme ausgearbeitet. Die modernen Mathematiker betrachten die grundlegenden Axiome nicht mehr als eindeutig vorgegeben, sondern als frei wählbar. Während Platon noch annahm, daß die empirisch wahrnehmbaren Erscheinungen nicht exakt erkennbar seien, und Experimente ablehnte, hat die moderne Naturwissenschaft experimentell und theoretisch erwiesen, daß mathematisch exakte Methoden in allen Erfahrungsbereichen erfolgreich anzuwenden sind. Während die platonische Mathematik noch nach gegenständlichen Strukturen suchte, ist die quantitativ messende Mathematik der heutigen Naturforschung den Wechselbeziehungen zwischen Vorgängen und zwischen Funktionen auf der Spur.[51]

Und doch kann man mit gewissem Recht sagen, daß sich die Mathematik und die exakte Naturwissenschaft im wesentlichen auf dem von Platon gewiesenen Weg weiterbewegten. Zum Beispiel hat in der Astronomie die Planetentheorie Keplers zwar die von Platon geforderten Kreisbahnen durch Ellipsen ersetzt, aber der alte Gedanke der Regelmäßigkeit und Pro-
123 portionalität ist dabei erst recht bestätigt worden.[52] Und wenn sich die | Objekte der modernen Physik in Wahrscheinlichkeitsbeziehungen aufgelöst haben, so fragt sie doch immer noch nach Strukturen, Gesetzmäßigkeiten und Symmetrien.[53]

Freilich ist die philosophische Frage, was denn nun die mathematischen Ordnungen und Gesetze ihrem Wesen nach sind, gar nicht leicht zu beantworten. Bertrand Russell hat einmal scherzhaft gesagt, die Mathematik handle von Dingen, von denen sie nicht wisse, was sie sind, und bestehe aus Sätzen, von denen man nicht wisse, ob sie wahr oder falsch sind.[54] Die heutigen Wissenschaftstheoretiker können nur konstatieren, daß in der Na-

51 Über Unterschiede zwischen platonischer und neuzeitlicher Mathematisierung der Natur: G. Böhme (o. Anm. 3) und W. Burkert 1982 (o. Anm. 4). – Über die fortdauernde Fruchtbarkeit der platonischen Anregungen: C.F. von Weizsäcker, Platonische Naturwissenschaft im Laufe der Geschichte (Vortrag 1970), in: Der Garten des Menschlichen, München 1977, 319–345; und in: Ein Blick auf Platon. Ideenlehre. Logik und Physik, Stuttgart 1981, 111–140.

52 Nach dem dritten Keplerschen Gesetz verhalten sich die Quadrate der Umlaufszeiten wie die Kuben der mittleren Entfernungen von der Sonne.

53 C.F. von Weizsäcker (o. Anm. 51), W. Heisenberg (Physik und Philosophie, Stuttgart 1959, bes. 54) und andere Naturforscher der Gegenwart sehen darin die immer noch lebendige Wirkung platonischer Impulse.

54 Zitiert bei O. Becker, Größe und Grenze der mathematischen Denkweise, Freiburg i. Br./ München 1959, 105.

tur überall mathematische Gesetzmäßigkeiten gelten, aber nicht eigentlich erklären, warum dies so ist. In der Tat befindet über den Wahrheitsgehalt der Mathematik oder der mathematisierenden Naturerklärung nicht diese selbst, sondern die Philosophie; aber sie gibt verschiedene Erklärungen. Der ›realistischen‹ Deutung, nach der die Mathematik die Struktur der Wirklichkeit objektiv beschreibt, steht die ›subjektiv-idealistische‹ gegenüber, wonach die Gegenstände der Mathematik abstrakte Gedankengebilde sind und wir bei der Mathematisierung der Natur die Gesetze des menschlichen Geistes in das an sich Unverständliche hineintragen. Nach Platons Auffassung enthalten beide Erklärungen etwas Richtiges: Die Mathematik führt uns zu dem inneren, seelischen Kern der Realität, zu einer geistigen Ordnung und Einheit, in der Objekt und Subjekt, Sache und Denken untrennbar zusammengehören.

Platons Stellung in der Philosophie- und Wissenschaftsgeschichte ist dadurch bestimmt, daß er nicht nur von gewissen Erkenntnissen der Mathematik und Naturwissenschaft aus auf eine umfassende Seinsordnung geschlossen hat, sondern daß er mehr noch aufgrund einer vorgängigen philosophisch-religiösen Überzeugung von der einheitlichen Beschaffenheit des Seins entsprechende Ergebnisse von den einzelwissenschaftlichen Untersuchungen erwartete. Die mathematischen Strukturen bestärkten ihn in der Annahme der Ideen; aber mehr noch war er überzeugt, von der Ideentheorie aus die wissenschaftlich ermittelten Sachverhalte systematisch begründen zu können.

Zum Schluß muß daher gefragt werden, ob es heute immer noch sinnvoll ist, mit Platon anzunehmen, daß die Mathematik ein Modell für die philosophische Wahrheitserkenntnis überhaupt abgibt und daß die mathematischen Ordnungen im ›Wahren‹, ›Schönen‹ und ›Guten‹ begründet sind.

Vielleicht kann man behaupten, daß auch gegenwärtig noch bestimmte Erfahrungen für Platons Auffassung sprechen. Richtig ist doch wohl immer noch, daß alles, was wir als ›schön‹ empfinden, eine mathematisch faßbare Regelmäßigkeit aufweist. Die Mathematiker sprechen auch heute noch von der Schönheit der Gesetze, die sie erforschen. Und das ästhetisch Ausgezeichnete scheint in allen Künsten auf Strukturformen und Proportionen zu beruhen, wenngleich diese in den modernen Stilrichtungen verfremdet und gebrochen sind. Selbst Platons Ansicht, daß in den mathematischen Strukturen etwas von dem faßbar wird, was wir als wertvoll und ›gut‹ bezeichnen, bleibt plausibel, wenn | man sich klarmacht, daß das 124
›Gute‹ überall auf ›Ordnung‹ beruht, wobei unter Ordnung weder ›law and order‹ noch eine bloß theoretische Abstraktion zu verstehen ist, sondern der organische und harmonische Zusammenhang der Teile im größeren Ganzen.

Alle Wissenschaften arbeiten heute an der Aufdeckung von übergreifenden Strukturen, die den einzelnen Gliedern ihre Funktionen im größeren Zusammenhang zuweisen – in der Ganzheit des Organismus, der leib-seelischen Individualität, des ökologischen Systems, der Wirklichkeit überhaupt. Die mathematischen Naturwissenschaften nähern sich bei der Suche nach einer ›Weltformel‹, in der so Verschiedenes wie Raum und Zeit, Energie und Stoff, Welle und Korpuskel durch die Ermittlung von Symmetrien und Invarianzen einheitlich aufgehoben werden soll, einer umfassenden Einheit. Gewiß bleibt dabei vieles von dem, was Platon zusammenfassend begründen wollte – wie die Wertnormen für das ethisch-politische Handeln – noch außer Betracht; aber es wird doch ein Zusammenhang zwischen den ›erklärenden‹ Naturwissenschaften und den ›verstehenden‹ Geisteswissenschaften sichtbar, wenn die moderne Physik die Materie, das scheinbar Handfest-Stoffliche, auf mathematisch formulierte Gesetzmäßigkeiten zurückführt und damit gewissermaßen ›vergeistigt‹: Materie und Geist, Objekt und Subjekt der Erkenntnis fallen demnach nicht auseinander, sondern sind wechselseitig aufeinander bezogen.

Wenn wir tatsächlich in einer einheitlichen Welt leben, in der alles auf alles einwirkt und nicht der Kampf aller gegen alle, sondern das ökologische Gleichgewicht und die Bewahrung des Ganzen von der Natur ›gewollt‹ werden, dann ist im Blick auf die Zukunft neben der Möglichkeit der Selbstvernichtung des menschlichen Lebens auch die Möglichkeit gegeben, daß die wissenschaftliche Erkenntnis der umfassenden Zusammenhänge eines Tages in das allgemeine Bewußtsein eindringt und zu einer neuen Ethik des menschlichen Miteinanderlebens und des Umgangs mit der Natur führt. In einer solchen Erneuerung würde sich erfüllen, was Platon zu seiner Zeit, noch am Anfang der wissenschaftlichen Entwicklung, visionär vorweggenommen hat.

Platonische Dialektik – damals und heute (1988)

I Moderne Deutungen

Dialektik ist heute zu einem Schlagwort geworden, das unklaren Aussagen den Anschein des Geistreichen und Tiefgründigen geben soll. Dialektik ist aber auch einer der wirkungsmächtigsten Begriffe der Geistesgeschichte und der politischen Geschichte – wenn man bedenkt, daß der dialektische ›Materialismus‹, mit dem Marx und Engels die Dialektik Hegels vom Kopf auf die Füße stellten,[1] mittlerweile für die halbe Welt zur herrschenden Doktrin geworden ist.

Wie viele verschiedene Bedeutungen das Wort ›Dialektik‹ angenommen hat, zeigt in fast verwirrender Fülle etwa der Dialektik-Artikel im ›Historischen Wörterbuch der Philosophie‹.[2] Immerhin kann man eine allgemeine Grundbedeutung erkennen: ›Dialektisch‹ heißt ein Denken, das mit Gegensätzen, Alternativen, Antinomien umgeht. Aber damit ist noch nichts erklärt. Es kommt darauf an, wo und wie – in welchen Bereichen und mit welchen Methoden und Zielen – das Denken dialektisch verfährt. Der Dialektiker kann die Unversöhnlichkeit der Widersprüche betonen und auszuhalten versuchen; und er kann sich um eine Synthese, Vermittlung oder Aufhebung bemühen – sei es im Sinne des Kompromisses, der Komplementarität, der wechselseitigen Implikation, der prozessualen Aufeinanderfolge in der Zeit oder wie auch immer.

Angesichts der Begriffsverwirrung mag man sich eine Klärung davon erhoffen, daß man zum Ursprung der Geschichte des Begriffs ›Dialektik‹ zurückgeht, also zu Platon. Er hat das Wort geprägt und mit ihm den Kern seiner Philosophie bezeichnet. Aber wenn man sich bei den Interpreten | der 78
platonischen Dialektik umsieht, findet man sich vor der gleichen Schwierigkeit: *tot capita, tot sententiae*.[3]

Im folgenden möchte ich der Meinungsvielfalt, soweit dies in Kürze möglich ist, auf den Grund gehen. Eine Hauptursache der Unsicherheit

1 Vgl. K. Marx, Das Kapital, Vorwort zur 2. Auflage 1873.

2 A. Müller und andere Verfasser, Dialektik, in: Hist. Wörterb. d. Philos., Bd. 2, 1972, 164–226. Ferner vermitteln einen Überblick: R. Simon-Schaefer, Dialektik. Kritik eines Wortgebrauchs, Stuttgart-Bad Cannstatt 1973; Ch. Perelman (ed.), Dialectics / Dialectiques (Entretiens in Varna 1973), Den Haag 1975.

scheint mir zu sein, daß die modernen Erklärer vielfach eigene Vorstellungen von Dialektik und vorbildlicher Philosophie auf Platon zurückprojizieren. Von modernen Standpunkten aus droht verdeckt zu werden, daß die platonische Dialektik nicht primär zwischen gleichberechtigt-antithetischen Gegensätzen zu vermitteln sucht, sondern es ganz allgemein und prinzipiell mit Einheit und Vielheit zu tun hat; und vor allem kommt das Wesentliche der platonischen Dialektik zu kurz, wenn man in ihr nur eine Methode, einen Stil des Denkens sieht und verdrängt, daß sie sachgemäßes, verbindliches Wissen erschließen und zu sicherer Wahrheitserkenntnis verhelfen soll.

Karl Jaspers hat in seiner souveränen Platon-Darstellung viel von der bewegenden Kraft der platonischen Dialektik verstehbar und spürbar gemacht.[4] Aber es ist doch auch zu sehen, daß Jaspers Platons Dialektik existenzphilosophisch deutet und dabei ihren sachlichen Ertrag unterschätzt, wenn er etwa sagt:

> Dialektik ist die denkende Bewegung des im Aufschwung zu höherer Erkenntnis sich verwandelnden Menschen.
>
> Plato selbst verleugnet nie die oft von ihm ausgesprochenen Grenzen des Wissens und Erkennenkönnens des Menschen, wie er nie die hohe Möglichkeit des Aufschwungs verleugnet. Sein Denken steht weniger zu der wissenschaftlichen Erforschung einer Sache in Analogie als in Analogie zu Meditationsübungen. Es reinigt die Seele durch Rationalität, es läßt in seinen Vollzügen das Sein selbst spüren. Es bleibt in Bewegung. Jede Antwort wird wieder zur Frage. Der
> 79 Sinn dieser Wege ist die Vergewisserung dessen, dem | ich vertraue, indem ich es suche, in dem ich schon bin, wenn ich auf dem Wege zu ihm bin.

Hans-Georg Gadamer beginnt eine Studie über ›Dialektik und Sophistik‹[5] mit der Frage »Was ist platonische Dialektik?«, und er formuliert das Ergebnis seiner Untersuchung in Sätzen wie diesen:

> Was Plato (im siebenten Brief) als das unermüdliche Hin und Her im Durchlaufen der vier Medien der Darstellung beschreibt, dieses beständige Übergehen vom einen zum anderen, das zugleich ein beständiges Verbleiben in der Richtung auf das Gemeinte und in seiner Nähe sein soll, ohne daß es durch zwingende Schlüsse erreichbar ist, das ist die dialektische Kunst.
>
> <Die Kunst, ein Gespräch zu führen,> hört nicht auf, als Dialektik auf ihren Ursprung im sokratischen Gespräch zurückgewiesen zu sein. Was nur Reden sind, nichts als Reden, kann doch,

3 In der immensen Platon-Literatur geht fast jeder gewichtige Beitrag auf die Dialektik ein. Hervorgehoben seien hier nur zwei besonders ergiebige Arbeiten: H. Gundert, Dialog und Dialektik. Zur Struktur des platonischen Dialogs (1968), Amsterdam 1971 (Studien zur antiken Philosophie 1); A. Schmitt, Die Bedeutung der sophistischen Logik für die mittlere Dialektik Platons, Diss. Würzburg 1973. Es fehlt eine grundlegende Untersuchung all der Stellen, an denen Platon in den Dialogen ausdrücklich von Dialektik spricht. R. Marten, Die Methodologie der platonischen Dialektik, Studium Generale 21, 1968, 218–249 hat sich dieser Aufgabe zugewandt, doch leidet seine Darstellung unter dem Einfluß der Sprache Heideggers.

4 K. Jaspers, Plato, in: Große Philosophen, Bd. 1, 1957, selbständig: München 1976 (Serie Piper), über Dialektik 1976 bes. S. 51–63 (die Zitate stammen von S. 51 und 60).

5 H.-G. Gadamer, Dialektik und Sophistik im siebenten platonischen Brief, Heidelberg 1964 (SB Heidelb. Akad. d. Wiss., Phil.-hist. Kl. 1964, 2); Zitate von S. 33–34.

mag es noch so unzuverlässig sein, Verständigung zwischen Menschen herbeiführen, und das heißt: Menschen zu Menschen machen.

Schöner und ansprechender kann man wohl nicht sagen, was platonische Dialektik ist. Und doch tritt hier der hermeneutische Aspekt so hervor, daß anderes – besonders der inhaltliche Anspruch der Dialektik Platons – aus dem Blick zu geraten droht.

In neueren Arbeiten geht die Verkürzung wesentlich weiter. Wolfgang Wieland erklärt in einem Buch, das Platon dem heutigen Leser nahe, allzu nahe bringt: das Wissen des platonischen Dialektikers sei kein gegenständliches Tatsachenwissen, sondern ein Gebrauchswissen, das sich nicht in Sätze fassen läßt, ein Umgehen-Können mit allem möglichen.[6] Diese Unterscheidung stammt aus der modernen sprachanalytischen Philosophie; und Wielands ganze Sicht der platonischen Philosophie ist von dorther bestimmt: Alles Metaphysische wird eliminiert. Die höchste Erkenntnis wird zu einer Fähigkeit des ›know how‹.

| Neulich hat auch Jürgen Mittelstrass ausgeführt:[7] platonische Dia- 80
lektik sei charakterisiert durch »die in einer Verständigungsorientierung zum Ausdruck kommende theoretische Intention.« Sie sei »der Weg, auf dem sich das Ziel philosophischer Forschung, nämlich eine philosophische Orientierung, bereits verwirklicht.« »Eine Überwindung der sophistischen Intention erfolgt nicht durch besseres Wissen, sondern durch besseres Tun; Dialektik im Sokratisch-Platonischen Sinne ist nicht nur eine Form der Argumentation, sondern auch und in wesentlicher Absicht eine (philosophische) Lebensform.«

Die wenigen zitierten Beispiele scheinen mir repräsentativ zu sein für verbreitete Erklärungstendenzen, die durchaus etwas an der platonischen Dialektik treffen, aber nicht das Ganze sichtbar machen. Man betont das Methodische, das Formale, Ungegenständliche, Offene, Alternierende; man sieht den platonischen Dialektiker im Gespräch um Verständigung und Konsens bemüht, dauernd unterwegs in unendlichem Fragen und Streben. Dieser Dialektikbegriff entspricht einer modernen Grundhaltung. Abgelehnt wird der Anspruch eines sicheren Wissens und erst recht alles, was nach Metaphysik, Objektivismus und Systematisierung aussieht. Der redliche Philosoph hat Probleme und Reflexionsmethoden, aber beileibe keine inhaltlich bestimmten Antworten.

6 W. Wieland, Platon und die Formen des Wissens, Göttingen 1982, bes. S. 300: »Sicher bewährt sich das den Dialektiker auszeichnende Wissen in der Anwendung der Fähigkeit, zu fragen und zu antworten, Rechenschaft zu geben, ein Gespräch zu führen. Doch dieses Wissen des Dialektikers liegt nicht etwa in den von ihm gegebenen Antworten in gegenständlicher Gestalt vor. Der Dialektiker verfügt über die Fähigkeit, Meinungen als Meinungen gerecht zu werden. Diese Fähigkeit hat selbst nicht die Struktur einer Meinung. Sie ist keine Antwort auf eine wie auch immer geartete Frage. Deshalb kann es auch keine dialektischen Sätze geben.«

7 J. Mittelstrass, Versuch über den sokratischen Dialog, in: Das Gespräch, Poetik und Hermeneutik 11, 1984, 11–17, bes. 14–16.

Tatsächlich kann man die Offenheit des Fragens in vielen Äußerungen der platonischen Dialoge wiederfinden. Platon versteht unter der Dialektik wirklich eine Methode oder Methodik. Aber wenn die platonische Dialektik immer unterwegs ist, so doch auf Wegen, die - wie der Dialektiker sehr wohl sieht - ein inhaltlich bestimmtes Ziel verfolgen oder von diesem Ziel herkommen.

Schärfer als diejenigen Erklärer, die Platon für ihren unverbindlichen Wahrheitsbegriff beanspruchen, haben Platons Kritiker die Zielstrebigkeit, ja Zielsicherheit seiner Dialektik erkannt, wenn sie ihm vorwerfen, sein Wahrheitsbegriff sei normativ, dogmatisch, autoritär und in den politischen Konsequenzen totalitär. Hier ist bei aller Unwilligkeit, den Intentionen Platons gerecht zu werden, doch richtig gesehen, daß Platons Dialektik Endgültigkeit, Letztbegründung, universale Einsicht sucht und auch erreicht zu haben glaubt. Um trotz dieser bedenklichen Züge in Platon noch den Archegeten ihrer eigenen Philosophie sehen zu können, machen sich jene anderen
81 Interpreten unversehens einen *Plato dimidiatus* | zurecht: ohne Metaphysik, ohne Religion, ohne gesichertes, verbindliches Wissen.

Nun könnte man sich dabei beruhigen und sagen: Jeder hat den Platon, den er verdient; und umso besser, wenn die platonische Philosophie durch das Hervorkehren gewisser Aspekte nicht nur (wie bei den radikalen Kritikern) verteufelt, sondern auch dem modernen Bewußtsein angenähert und sympathisch gemacht wird. Aber der Philologe kann sich damit doch nicht von der Aufgabe dispensieren, das ursprüngliche Ganze der platonischen Dialektik historisch richtig zu erfassen - und dann erst die Frage zu stellen, was es uns heute bedeuten mag.

II Weg und Ziel

Zunächst soll im Blick auf die Dialoge gezeigt werden, daß der Weg der platonischen Dialektik auf ein letztes Ziel oder eine erste Arché hinführt und von diesem Ursprung Rechenschaft geben will.[8]

Es ist schon immer unangenehm aufgefallen, daß Sokrates in den Dialogen Platons stets Recht hat und als der Überlegene dargestellt ist. Friedrich Nietzsche hat daher von der »entsetzlich selbstgefälligen und kindlichen Art der Dialektik« Platons gesprochen.[9] In der Tat ist für die platonische Dialektik gerade dies kennzeichnend, daß der Philosoph in den platonischen Dialogen nicht mit gleichrangigen Partnern diskutiert, son-

8 Die sprachlich-literarischen Aspekte der Weg-Vorstellung Platons behandelte R. Driesch, Platons Wegbilder. Untersuchungen zur Funktion der Wegbilder und -metaphern im Aufbau der Dialoge Platons, Diss. Köln 1967.

9 F. Nietzsche, Götzen-Dämmerung (Was ich den Alten verdanke, 2), Sämtliche Werke, Kritische Studienausgabe in 15 Bänden, hrsg. v. G. Colli u. M. Montinari, München 1980, Bd. 6, 155.

dern die weniger weit Fortgeschrittenen der Erkenntnis näherbringt. Hier unterredet man sich nicht, um unterschiedliche Meinungen aufeinander abzustimmen und die Wahrheit durch Verständigung (Homologie, Konsens) im Sinne eines Ausgleichs zu erreichen.[10] Vielmehr ist Sokrates als der dialektische Gesprächsführer den anderen immer schon voraus, weil er die Wahrheit kennt. Er kann sie nur nicht jedem einfach mitteilen, sondern muß Rücksicht nehmen auf die mehr oder weniger beschränkte Auf- | nahmefä- 82
higkeit der anderen.[11] Auf dem Weg des Höhlengleichnisses geht der eine voran, der andere soll ihm folgen. – Gewiß wird im ›Kriton‹ an das erinnert, worüber man sich einig geworden ist (τὰ ὁμολογούμενα). Aber worauf man sich geeinigt hat, ist dies, daß man nicht der allgemeinen Doxa, sondern dem einen Sachverständigen und der Stimme der Vernunft folgen muß. Gewiß kann Sokrates zu Kallikles sagen (Gorgias 487 E): Die Übereinstimmung zwischen mir und dir wird verbürgen, daß wir die Wahrheit erkannt haben. Aber der Verlauf des Gesprächs zeigt deutlich genug, daß doch nicht der Konsens das Kriterium der Wahrheit ist, sondern eine Sachgemäßheit, deren Sokrates auch ohne die Zustimmung des Kallikles gewiß ist (wenn er sich etwa auf eine den ganzen Kosmos durchwaltende ›geometrische Gleichheit‹ beruft: 507 E – 508 A). Kallikles soll die Überlegenheit der Position des Sokrates anerkennen.

Im ›Phaidon‹ (99 C–E) sagt Sokrates, es sei nicht möglich, die Wahrheit und die Ursache aller Dinge unmittelbar zu erkennen, und deswegen habe er sich bei seiner Suche zu einem δεύτερος πλοῦς genötigt gesehen: zu einer ›zweitbesten Fahrt‹, nicht mit vollem Segel, sondern mit der Anstrengung des Ruderns. Er meint damit die ›Flucht in die Logoi‹ des dialektischen Forschens. Das klingt wie ein Verzicht auf die sichere Wahrheitserkenntnis. Aber Platon spricht hier offenbar von einem Umweg,[12] der desto sicherer zur Erkenntnis der wahren Seinsursache führt. Die Hypothesen der Ideentheorie sollen immer wieder überhöht werden »bis zu etwas hinlänglich Gewissem« (ἐπὶ ἱκανόν τι), zu einem ersten Prinzip (ἀρχή 101 E 1–2). Schließlich pflichtet Sokrates dem zweifelnden Simmias bei, daß nach all den Argumenten für die Unsterblichkeit der Seele doch noch Unsicherheiten bleiben; aber er fügt hinzu (107 B):

10 In der Bemühung um den Konsens, der sich an das allgemein Zugestandene hält, sieht Xenophon, Memor. IV 6, 15 die ›Sicherheit‹ (ἀσφάλεια) der sokratischen Dialektik. – Etwas mißverständlich heißt es auch bei O. Gigon – L. Zimmermann, Platon. Lexikon der Namen und Begriffe, Zürich 1975, s. v. Dialektik (S. 98): »… daß die Wahrheit über das Seiende und die Idee nur im Consensus [der Gesprächspartner] zutage tritt und daß dort, wo zwischen Sokrates und dem Partner der Consensus erreicht ist, auch die Wahrheit zur Stelle ist.«

11 Wie der souverän führende Dialektiker in den Dialogen über Mitteilung und Nichtmitteilung der Wahrheit je nach dem Vermögen des Gesprächspartners entscheidet, hat jetzt Th.A. Szlezák (Platon und die Schriftlichkeit der Philosophie. Interpretationen zu den frühen und mittleren Dialogen, Berlin 1985) im einzelnen herausgearbeitet.

12 Die Dialektik ist ein langer Umweg zu einem hohen Ziel: Politeia 6, 504 B–D; Phaidros 274 A.

»Die ersten Grundlagen (ὑποθέσεις) müßt ihr, auch wenn sie für euch glaubhaft sind, doch noch klarer untersuchen. Und wenn ihr diese ausreichend klar unterscheidet, werdet ihr, glaube ich, dem Logos folgen, soweit es dem Menschen irgend möglich ist. Und wenn eben dies klar wird, dann werdet ihr nichts Weiteres mehr suchen (κἂν τοῦτο αὐτὸ σαφὲς γένηται, οὐδὲν ζητήσετε περαιτέρω).«

83 | Der Sokrates des ›Phaidon‹ sieht also einen Weg, auf dem man dem Logos immer weiter folgen muß – so lange, bis deutlich wird, daß der Weg ein Ende hat, bei dem das Suchen aufhört, weil man das Gute, durch das alle Dinge zusammengehalten werden (99 C 5–6), gefunden hat.

In den Büchern VI und VII der ›Politeia‹ wird genauer angedeutet, was das letzte Ziel der philosophischen Dialektik ist: die ›Idee des Guten‹. Sie steht als Ursache über allem Seienden wie die Sonne über allem Sichtbaren. Der Dialektiker steigt von den ersten Voraussetzungen der Mathematiker aus hinauf zum absolut Voraussetzungslosen (ἀνυπόθετον) dieser Arché (6, 510 B, 511 B). Der Aufstieg aus der ›Höhle‹ führt zu dieser ganz bestimmten höchsten Erkenntnis und von ihr wieder zurück in die Welt der Schatten. Wo der Gesprächspartner mehr über die Dialektik erfahren will, äußert sich Sokrates nur sehr zurückhaltend, aber er läßt keinen Zweifel daran, daß alle Wege zur Idee des Guten hinführen und daß hier das Suchen zur Ruhe kommt (7, 532 D – 533 E):

Sage nun also (bittet Glaukon), welcher Art das Vermögen der Dialektik ist und in welche Formen (εἴδη) sie auseinandertritt und welches ihre Wege (ὁδοί) sind. Dies sind ja wohl nunmehr, wie es scheint, die Wege, die eben dahin führen, wo derjenige, der es erreicht, gleichsam ein Ausruhen von dem Weg findet und ein Ziel der Wanderung (ὥσπερ ὁδοῦ ἀνάπαυλα ἂν εἴη καὶ τέλος τῆς πορείας).
Sokrates antwortet: Da wirst du nun wohl nicht mehr folgen können – denn an meinem Eifer soll es nicht fehlen –; auch würdest du nicht mehr nur ein Bild sehen von dem, worüber wir sprechen, sondern das Wahre selbst, als was es mir erscheint. (…) Das dialektische Verfahren (ἡ διαλεκτικὴ μέθοδος) allein geht auf diesem Weg, indem es die hypothetischen Voraussetzungen [der Mathematiker] aufhebt bis zum Prinzip selbst (ἐπ᾿ αὐτὴν τὴν ἀρχήν), damit dieses sicher festgestellt wird.

Was in der ›Politeia‹ dann noch über das dialektische Verfahren mitgeteilt wird, macht die Notwendigkeit des immer wieder neuen Suchens und Forschens, aber auch die Ausrichtung aller Wege auf das eine Ziel hin deutlich
84 (7, 534 BC):[13] Die Dialektik führt vom Schein zum Sein (von der | δόξα zur ἀλήθεια) und kann von der Seinserkenntnis Rechenschaft geben, da sie alles mit dem Logos elenktisch-prüfend durchschreitet und die Idee des Guten, sie von allem anderen abhebend, erfaßt (διορίσασθαι τῷ λόγῳ ἀπὸ τῶν ἄλλων πάντων ἀφελὼν τὴν του ἀγαθοῦ ἰδέαν).

Die Erklärer, die Platons Dialektik als dauerndes Unterwegssein und In-der-Schwebe-Bleiben verstehen wollen, pflegen als Trumpfkarte die ero-

13 Dazu H.-J. Krämer, Über den Zusammenhang von Prinzipienlehre und Dialektik bei Platon. Zur Definition des Dialektikers ›Politeia‹ 534 BC, Philologus 110, 1966, 35–70; auch in: J. Wippern (Hrsg.), Das Problem der ungeschriebenen Lehre Platons, Darmstadt 1972 (Wege der Forschung 186), 394–448.

tische Deutung der Philosophie im ›Symposion‹ auszuspielen. Hier wird in der Tat erklärt, daß der Philosoph mit dem Eros das Streben – zwischen menschlichem Nichtwissen und göttlichem Wissen, zwischen Penia und Poros – gemein hat. Diotima bezeichnet den Eros einmal andeutungsweise als Dialektiker, wo sie sagt: durch die Vermittlung der Daimones, zu denen der Eros gehört, geschehe zwischen dem Menschlich-Unvollkommenen und dem Göttlich-Vollkommenen aller Umgang, alles Miteinander-Reden (διάλεκτος 202 E – 203 A).

Nun setzt aber die Mittelstellung des Eros wie des philosophischen Dialektikers doch gerade voraus, daß es das vollkommene Wissen gibt und daß das Streben des Philosophen ihm mehr oder weniger nahe kommen kann. Der Philosoph wird sich seiner Bedürftigkeit eben im Blick auf das absolut Vollkommene bewußt. Ja, Diotima erklärt ausführlich, daß die verschiedenen Arten der Liebe über mehrere Stufen zu dem einen Urgrund hinführen, der das ›Schöne selbst‹ ist (210 A – 212 A). Der Dialektiker weiß um die endgültige Wahrheit und orientiert sich an ihr, auch wenn er über sie nicht wie über einen sicheren Besitz verfügt. An zwei Stellen im ›Phaidros‹ und ›Philebos‹, die ich nachher zitieren werde, sagt Sokrates, er sei ein Liebhaber (ἐραστής) der Dialektik: So hinreißend schön ist das, was sie zu bieten hat. Im ganzen macht also gerade auch das Eros-Motiv klar, daß das Suchen und Streben des Dialektikers oft schwierig, aber nie ziellos ist, weil er der unwiderstehlichen Faszination der Wahrheit folgt.

Im ›Phaidros‹ spricht Sokrates über das große Ziel der Dialektik mit den folgenden Worten, die keinen Zweifel daran lassen, daß sie den Menschen in das richtige Verhältnis zur Gottheit, und das heißt: zum absolut Guten bringen soll (273 E – 274 A):

> Dies [nämlich die dialektische Kunst des Trennens und Zusammenführens] wird man nicht erwerben ohne große Anstrengung und Mühe, die der Besonnene nicht dazu, daß er mit Menschen redend und handelnd umgehen kann, auf sich nehmen soll, sondern damit er das, was den Göttern gefällt, zu reden und in allem so, wie es ihnen gefällt, nach Möglichkeit zu handeln
> vermag. Denn sicher soll doch nicht – so sagen diejenigen, die weiser sind als wir – | darin der 85
> Vernünftige sich üben, daß er Mitsklaven zu Gefallen ist – es sei denn als Nebenzweck –, sondern guten Herren von guter Herkunft (δεσπόταις ἀγαθοῖς καὶ ἐξ ἀγαθῶν). Folglich darf man sich nicht wundern, wenn der Umweg lang ist, denn man muß ihn um großer Dinge willen gehen (μεγάλων γὰρ ἕνεκα περιτέον).

III Besondere Anforderungen und Leistungen der Dialektik

Die zitierten Dialogstellen haben gezeigt: Beides – Weg und Ziel – bedingt sich wechselseitig. Nur wer das anstrengende Unterwegssein auf sich nimmt, kann das Ziel erreichen, und nur die Bestimmtheit des Ziels läßt die Anstrengung als lohnend erscheinen und gibt dem Weg einen Sinn. Weil also die platonische Dialektik nicht nur ein methodisches, alles in der Schwebe lassendes Verfahren ist, sondern ein hochgestecktes Ziel zu erreichen sucht, stellt Platon an den Dialektiker Forderungen, die, wenn überhaupt ein Mensch, nur sehr wenige erfüllen können.

Platon kennt auch einen anderen, eristisch-unverbindlichen Umgang mit den dialektischen Methoden, aber dies ist für ihn unreife, verkürzte, pervertierte Dialektik. Im VII. Buch der ›Politeia‹ (537 E – 539 D) erklärt er zum Erziehungsweg im Idealstaat: Man dürfe noch nicht die jungen Leute, sondern erst die Dreißigjährigen nach gründlicher mathematischer Vorbildung mit der Dialektik vertraut machen. Die Dialektik rufe eine große Erschütterung hervor, weil sie die geltenden Werte zunächst in Frage stelle und alles relativiere. Dies verführe die jungen Leute zu dem Irrglauben, alles sei beliebig kritisierbar und manipulierbar und es gebe überhaupt keine verbindliche Wahrheit. Der Zweck der platonischen Dialektik ist aber gerade nicht die skeptische Auflösung, sondern die Ermittlung einer neuen, höheren Gewißheit. Dazu bedarf es, meint Platon, auch einer charakterlichen Reife, einer Bereitschaft, normativ gültige Werte zu erkennen und anzuerkennen.

Auch von den Erwachsenen ist längst nicht jeder fähig, das höchste Ziel zu erreichen. Wer auf den Wegen der Dialektik die volle Wahrheit erkennen will, muß sich nicht nur lange Zeit – jahrzehntelang – darauf vorbereiten und ein entsprechendes Leben führen; er muß auch eminent begabt sein, und zwar sowohl mit den Fähigkeiten des rationalen Denkens als auch mit dem Vermögen der intuitiven Zusammenschau. Denn die höchste, alles umfassende Erkenntnis geschieht, wie im ›Siebenten Brief‹ gesagt wird, als
86 eine Art Erleuchtung;[14] und das heißt, daß hier das diskur- | siv vorgehende dialektische Prüfen und Argumentieren sich schließlich selbst aufhebt. Die mittels der Dialektik zuletzt erreichbare unmittelbar einleuchtende Einsicht, die dem Erkennenden ›das ganze Sein‹ zu voller Evidenz bringt, ist zwar durchaus in Sätzen formulierbar, aber sie ist auf diese Weise nicht einfach mitteilbar: Sie läßt sich, wie sie nur durch die vorbereitenden Logoi der Dialektik erreicht werden kann, auch mit Logoi darstellen, aber so nicht als wahr erweisen.

Die Überlegenheit des echten Dialektikers beruht bei Platon also nicht nur auf der Beherrschung der Methode, sondern vor allem auch darauf, daß er sich kraft seiner Natur und anderer günstiger Voraussetzungen am wahrhaft Guten zu orientieren vermag und so auch die dialektische Methode zielsicher zu handhaben weiß. In den Dialogen ist immer wieder zu beobachten, daß die Dialektik nicht voraussetzungslos sucht, sondern sich von bestimmten Grundüberzeugungen leiten läßt, die dann allerdings durch die kritische dialektische Untersuchung bestätigt werden. Rein als Methode genommen, könnte die Dialektik zu allen möglichen Beweisfüh-

14 Platon, Epist. 7, 341 C–E, 344 AB und darüber hinaus der ganze Zusammenhang 340 B – 345 C (Peira, Schriftkritik, erkenntnistheoretischer Exkurs).

rungen dienen und auch völlig falsche Ergebnisse produzieren. Deshalb kommt sie nicht ohne sachliche Vorentscheidungen aus.

Zum Beispiel ist die philosophische Überzeugung, daß die Götter gut sind oder daß es einen göttlichen Grund alles Gutseienden gibt, in den platonischen Dialogen immer schon vorausgesetzt, ohne radikal in Frage gestellt und argumentativ bewiesen zu werden: als fester Glaube des Sokrates in der ›Apologie‹, als Grundlage der Dichterkritik und Theologie in der ›Politeia‹ (2, 377 A – 3, 392 C), als Ausgangspunkt für die gesamte Kosmologie des ›Timaios‹. Im ›Phaidros‹ entspricht die erste Sokrates-Rede (237 B – 241 D) methodisch durchaus den dialektischen Erfordernissen – und doch kommt sie zu einem falschen Ergebnis, weil die grundsätzliche Bestimmung des Eros, er sei sinnliche Begierde (ἐπιθυμία), falsch gewählt war. Auf den richtigen Weg führt die Voraussetzung, daß Eros ein Gott ist und daher nichts Schlimmes bewirken kann. Diesen wahren Ausgangspunkt findet Sokrates nicht durch die Dialektik, sondern durch eine richtige Ahnung, eine Eingebung, eine innere Verwandtschaft mit dem Wahren – die dann allerdings mittels der Dialektik befestigt und in sicheres Wissen verwandelt wird.

Die Schwierigkeit der Dialektik liegt, wie Platon immer wieder bemerkt, besonders darin, daß sie zwar vom sichtbar Vorhandenen und allgemein Bekannten ausgeht, dieses aber transzendieren soll auf die überempirische Realität der Ideen hin, die dem gewöhnlichen Menschenverstand entzogen sind.[15] Deswegen kann man sich anhand von anschau-
| lichen Beispielen, wie sie in den Dialogen meistens gebraucht werden, in 87
die Dialektik nur vorläufig einüben:

> Für die größten und wertvollsten Dinge (τὰ μέγιστα καὶ τιμιώτατα) aber ist den Menschen kein deutlich ausgeprägtes Abbild gegeben, das man vorzeigen könnte (...). Denn das Unkörperliche, welches das Schönste und Größte ist (κάλλιστα ὄντα καὶ μέγιστα), kann allein im Denken und durch nichts anderes aufgewiesen werden (Politikos 285 E – 286 A).

Wie viel die platonische Dialektik zu leisten vermag, zeigt sich auch darin, daß sie den Menschen nicht nur der Wahrheit, sondern – da sie zur Erkenntnis des Guten führt – zugleich der Eudaimonie nahebringt. Am schönsten, so liest man im ›Phaidros‹ (276 E – 277 A), ist das ernsthafte Bemühen um das Gerechte, Schöne und Gute, »wenn einer mittels der dialektischen Kunst eine geeignete Seele nimmt und in sie pflanzt und sät mit Wissen solche Reden, die fähig sind, sich selbst und dem Pflanzenden zu Hilfe zu kommen [d.h. eine tiefere Begründung zu geben], (...) und Reden, die den, der sie hat, glückselig werden lassen (εὐδαιμονεῖν ποιοῦντες), soweit und sosehr es dem Menschen überhaupt möglich ist«.

Dieser Satz steht im Zusammenhang der neuerdings sehr kontrovers diskutierten Schriftkritik des ›Phaidros‹ (274 B – 278 E). Platon erklärt hier,

15 Vgl. Politeia 6, 510B–511C; Parmenides 135 E; Epist. 7, 343 B–D.

daß der Dialektiker einem Lernenden niemals durch die literarische Darstellung – und sei sie so kunstvoll wie die platonischen Dialoge selbst –, sondern allenfalls im mündlichen Lehrgespräch das Wichtigste, ›um das es ihm wirklich Ernst ist‹,[16] mitteilen kann. Der Streit über die ›wertvolleren Dinge‹ (τὰ τιμιώτερα, 278 D8) des mündlichen Gesprächs, die der Philosoph nicht schriftlich darstellt, ist offenbar noch nicht ausgestanden. Auf der einen Seite erklärt man, das ›Wertvollere‹ bestehe in der größeren Lebendigkeit des mündlichen Gesprächs, das sich besser auf den Partner und die Situation einstellen kann, oder vielleicht auch in einer von Fall zu Fall besseren Argumentation, die aber (wie die Ideenlehre) hie und da auch in den geschriebenen Werken Platons zu finden ist.[17] Auf der anderen Seite sieht man das ›Wertvollere‹ – darüber hinaus – in den Prinzipien, in der Lehre vom Guten
88 als dem Einen, worüber Platon nur im eso | terischen Kreis der Schule gesprochen hat.[18] Mir scheint die ›esoterische‹ Erklärung auch deswegen richtig zu sein,[19] weil Platon die τιμιώτερα mit dem Begriff der Dialektik verbindet. Sokrates sagt (Phaidros 278 DE), der Philosoph habe »Wertvolleres als das, was einer verfaßt und schreibt, es auf und ab wendend in der Zeit, es aneinanderklebend und voneinander trennend«. Das Auf und Ab im Text des Schriftstellers und das Zusammenkleben und Trennen in der Buchrolle wird hier deswegen mit diesen Worten geschildert, weil Platon damit zugleich an das Auf und Ab[20] und das Verbinden und Trennen der dialektischen Untersuchungen erinnern will. Die Dialektik aber hat nun einmal, wie ich zu zeigen versuchte, in der Idee des Guten ein inhaltlich bestimmtes Ziel. Dieses wird in den Dialogen tatsächlich immer nur angedeutet, nicht direkt beschrieben. Das höchste Prinzip ist so voraussetzungsreich, daß der Versuch einer schriftlichen Mitteilung bei den allermeisten Lesern zu Mißverständnissen führen müßte.

Von Aristoteles und anderen Platon-Schülern haben wir Zeugnisse dafür, daß all das, was in den Schriften Platons zur Dialektik mehr angedeutet als ausgeführt wird, in den mündlichen Diskussionen der Schule systematisch weiterverfolgt und ausgearbeitet worden ist. Man konzipierte mit Hilfe der Mathematik eine Theorie der höchsten Prinzipien, in der das Gute als ›das Eine‹ bestimmt und der Aufbau der Realität aus dem Zusammenwirken des ›Einen‹ mit einem Prinzip der unbestimmten Vielheit erklärt wurde. Die innerakademische Prinzipientheorie muß auch das schwierigste Problem aller Dialektik erörtert haben: die Frage, wie sich Einheit und Viel-

16 Phaidros 278 D 1 (ἐφ' οἷς ἐσπούδακεν), vgl. 276 B 6, aber auch Epist. 7, 341 C 1–2, 344 C6.

17 So jetzt wieder M. Erler, Der Sinn der Aporien in den Dialogen Platons, Berlin 1987, bes. 30–31, 287–291 und E. Heitsch, Platon über die rechte Art zu reden und zu schreiben, Stuttgart 1987 (Abhandl. d. Akademie d. Wiss. u. d. Lit., Mainz, Abhandl. d. Geistes- und Sozialwiss. Kl. 1987, 4).

18 So zuletzt Th. A. Szlezák, a.O. (1985), 7–48.

19 Die Hauptstütze dafür ist Epist. 7, 341 A – 344 E, bes. 341 C (οὔκουν ἐμόν γε περὶ αὐτῶν ἔστιν σύγγραμμα οὐδὲ μήποτε γένηται).

20 Über das ἄνω καὶ κάτω der Dialektik: Phaidros 272 B 8; Epist. 7, 343 E 1.

heit letzten Endes zueinander verhalten. Warum gibt es, wenn das Gute und Eine dominieren soll, auch das Viele und Schlechte? Dieses Problem läßt sich weder in monistischem noch in dualistischem Sinne befriedigend lösen. Das absolut Eine muß alles Eins-Seiende und auch den Gegensatz von Einheit und Vielheit übersteigen. Alles Seiende soll in der höchsten Einheit beschlossen sein, aber diese hat sich doch auch irgendwie zum Auseinandertreten in die Vielheit entschlossen. Im Anschluß an Hegel kann man Platons Lösung mit der Formel umschreiben, daß für ihn das absolut Erste ›Einheit von Einheit und Vielheit‹ war. Aber auch diese Formulierung ist natürlich nur ein unzulänglicher Ausdruck für jene sprachlich und logisch nicht mehr adäquat faßbare, den Fähigsten nach langer dialektischer Bemühung unmittelbar einleuchtende, evident werdende Wahrheit. | 89

IV Die Grundfigur der Dialektischen Methode

Es ist nun natürlich nicht leicht zu erklären, wie die so anspruchsvolle platonische Dialektik im einzelnen und im ganzen funktioniert und zu dem überragenden Ziel hinführt. Nirgends in den Dialogen sagt Platon klipp und klar, was er insgesamt unter Dialektik versteht. Man konnte sogar meinen, daß er im Lauf der Zeit immer wieder etwas anderes mit dem Ausdruck ›dialektisch‹ bezeichnet hätte.[21] Die Äußerungen über dialektisches Vorgehen in den Dialogen weisen so viele Aspekte auf, daß man einen Dialektiker fordern möchte, der die verschiedenen Aussagen synoptisch zusammenfaßt und auf den Begriff bringt. Ein solcher Versuch scheint mir nicht aussichtslos zu sein. Nirgends weist Platon in den Dialogen darauf hin, daß sich für ihn die Bedeutung von ›Dialektik‹ wesentlich verändert hätte. Wahrscheinlich gibt er deswegen nirgends eine umfassende Beschreibung der Methode, weil er dem Leser die dialektische Aufgabe, sich den Gesamtsinn der verschiedenen Aspekte klar zu machen, nicht abnehmen konnte und wollte.

Das Wort ›Dialektik‹ wächst in den platonischen Dialogen, wie Walter Müri gezeigt hat,[22] organisch aus der prägnanten Bedeutung von διαλέγεσθαι heraus. Als διαλέγεσθαι bezeichnet Platon von Anfang an nicht nur ein beliebiges Miteinandersprechen, sondern eigentlich ein Fragen und Antworten, das die Wahrheit zu erkunden und zu sichern sucht, also von der Doxa zur Aletheia vordringt. Daher ist dann die διαλεκτικὴ δύναμις, πορεία, μέθοδος, τέχνη, ἐπιστήμη das Vermögen oder das methodische Verfahren der Wahrheitsfindung, das über die Erscheinungswelt hinausgeht in

21 In dem grundlegenden Buch von R. Robinson, Plato's earlier dialectic, Oxford ^{2}1953, 70, liest man: »The word ›dialectic‹ had a strong tendency in Plato to mean ›the ideal method, *whatever that may be.*‹ In so far as it was thus merely an honorific title, Plato applied it at every stage of his life to whatever seemed to him at the moment the most hopeful procedure.«

22 W. Müri, Das Wort Dialektik bei Platon, Museum Helveticum 1, 1944, 152–168.

die Welt der Ideen, weil Platon überzeugt ist, daß man die Wahrheit nicht empirisch, sondern nur mit dem reinen Denken finden kann.

Anscheinend hat Platon bei der Prägung des Wortes διαλεκτικός auch die beiden anderen etymologischen Wurzeln genutzt, nämlich διαλέγεσθαι in der homerischen Bedeutung ›durchzählen‹, ›durchüberlegen‹ und das
90 Aktivum διαλέγειν, das ›aussondern‹, ›unterscheiden‹ bedeutet.[23] Man | soll also wohl bei dem Wort διαλεκτικός nicht nur das Miteinanderumgehen im Gespräch, die sprachliche Kommunikation heraushören, sondern auch das sachliche ›Auseinandernehmen‹ des zunächst Ungeschiedenen und das prozessuale ›Durchnehmen‹ der verschiedenen Momente.[24]

Ohne sich einer unzulässigen Vereinfachung schuldig zu machen, kann man, meine ich, durchaus eine einheitliche Grundfigur angeben, die überall wiederzufinden ist, wo Platon von Dialektik spricht oder wo er dialektisches Denken vorführt. Wie Platon selbst in den späteren Dialogen öfters sagt, hat es Dialektik immer mit dem Verhältnis zwischen Einheit und Vielheit zu tun,[25] genauer: mit dem gestuften, gegliederten, vermittelnden Übergang zwischen Einheit und Vielheit. Um diesen Zusammenhang zu erkunden, geht das dialektische Verfahren immer wieder aus von einer noch unbestimmten, ungeklärten Voraussetzung, in der Einheit und Vielheit ungeschieden sind, und führt über die bestimmte, differenzierte Vielheit ›hinauf‹ zur bestimmten, absoluten Einheit. Umgekehrt beschreitet es ebenso auch den Weg ›hinab‹ von der absoluten Einheit in die differenzierte, gegliederte Vielheit bis herunter zum Konfusen und Unbestimmten.

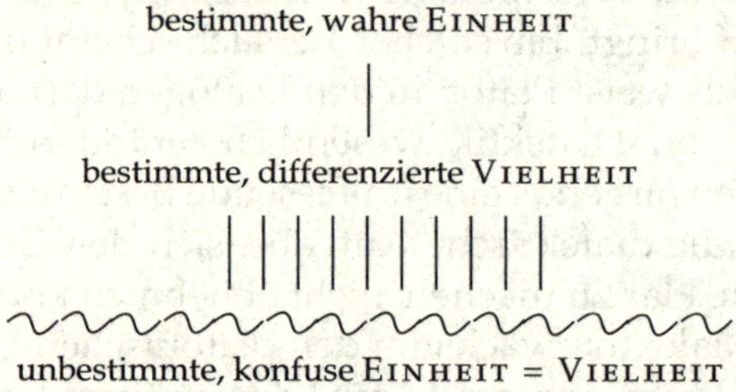

Eine solche formelhafte Umschreibung ist trivial. Und doch liegt das Geheimnis der Welt, in der wir uns vorfinden und orientieren wollen, darin, daß sie einerseits unendlich vielfältig, unbestimmt wechselnd und wider-

23 Bei Homer findet sich das Wort in dem Formelvers ἀλλὰ τίη μοι ταῦτα φίλος διελέξατο θυμός; (Ilias 11, 407 und öfters). Xenophon, Memor. IV 5,12 erklärt den Wortsinn von διαλεκτικός mit (a) gemeinsamer Beratung und (b) διαλέγειν κατὰ γένη τὰ πράγματα. W. Müri, a.0. 152–153 glaubte, diese anderen Bedeutungsaspekte von der platonischen Neubildung διαλεκτικός fernhalten zu sollen. Vgl. dazu auch C.J. Classen, Sprachliche Deutung als Triebkraft platonischen und sokratischen Philosophierens, München 1959 (Zetemata 22), 80, 113–114, 172–173.

24 Das ›Durchlaufen‹ (διεξιέναι, διαπορεύεσθαι) bezeichnet an zentralen Stellen das Operieren des Dialektikers: Politeia 7, 534 C, Parmenides 136 E, Sophistes 253 B.

25 Phaidros 266 B5–6, Sophistes 253 D, Philebos 15 B, Nomoi 10, 903 E – 904 A, 12, 965 BC u.ö.

sprüchlich ist und andererseits auch, weil alles zu allem in Beziehung steht, ein geordnetes Ganzes, eine Einheit bildet.

| Platon läßt sich bei der Bewertung des Einheitlichen und des Viel- 91
heitlichen von einer Option leiten, in der man ein Vorurteil sehen mag, die aber für das griechische Denken insgesamt kennzeichnend ist und im Grunde auch noch unser Denken und Handeln lenkt: von der Annahme nämlich, daß wir mit dem Bestimmten, Begrenzten und Einheitlich-Ganzen näher beim Wesentlichen und Guten sind als mit dem Unbestimmt-Vielfältigen und Disparat-Auseinanderfallenden. Platon sieht aber auch die Schwierigkeit, daß sich vor die wahre, bestimmte Einheit falsche, irreführende Einheitsvorstellungen drängen. Eben dazu bedarf es, wie er meint, der Dialektik, daß wir das nur scheinbar Einheitliche vom wahrhaft Einen unterscheiden.

Der platonische Dialektiker stellt fest, daß es im Bereich der gewöhnlichen Sprache, der sinnlichen Erfahrungen und bloßen Meinungen immer nur unechte, konfus-widersprüchliche Einheiten gibt, während das wahrhaft Einheitliche, das nicht zugleich auch Vieles ist, nur in der Welt des reinen Denkens, bei den Ideen vorkommt. Von der vordergründigen Einheit des sprachlichen Namens ausgehend, sucht er nach der wahren, ideenhaften Einheit der Sache. Die Erscheinungen verhalten sich dabei zur Idee und zum Prinzip nicht unbedingt wie Vielheit zu Einheit, sondern eher wie die *unbestimmte* Vermengung von Einheits- und Vielheitsmomenten zu der *bestimmten*, genau faßbaren Verbindung (Logos, Desmós) des Vielen im Einen.

Niemals gelangt der Dialektiker zur wahren Einheit ohne die genau abgrenzende Distinktion der Vielheit. Er muß das Eine als das dem Vielen Gemeinsame und das Viele als das in der Einheit Begründete verstehen. Weil, wie Platon öfters sagt,[26] alles mit allem zusammenhängt, kann man eines nur in Verbindung mit allem anderen erkennen. So erklärt sich auch die Zusammengehörigkeit von Weg und Ziel der Dialektik. Wenn das Ziel die bestimmte Einheit ist, so erreicht man sie doch nur durch die methodisch planmäßige Erforschung der reichgegliederten Strukturen zwischen Einheit und unbestimmter Vielheit, in denen sich das Moment der Einheit ordnungstiftend auswirkt. Man gelangt zur begründenden Einheit nicht durch Simplifizierung, sondern durch äußerste Verdichtung und Konzentration der Vielheit.

Die einander entgegengesetzten Richtungen, in denen sich die Dialektik bewegt – gleichsam aufsteigend von den Erscheinungen zu den Ideen und Prinzipien (Reduktion) und absteigend von der höchsten Arché zurück zu den Erscheinungen (Deduktion) – ergänzen sich gegenseitig.

| Nicht nur für den Aufstieg, sondern in gewisser Weise auch für den 92
Abstieg gilt, daß das dialektische Verfahren vom noch Unbestimmten über

26 Menon 81 C9–D1, Symposion 202 E6–7, Philebos 18 C7–8.

die differenzierte Vielfalt zur bestimmten Einheit fortschreitet. (a) Beim Aufstieg ist die zunächst unbestimmte Voraussetzung ein sprachlicher Ausdruck (der Name einer Sache), eine Erscheinung, eine gewöhnliche Meinung. Das so Vorgegebene wird in seine verschiedenen Komponenten auseinandergelegt; und diese werden weiter auf die gemeinsam zugrundeliegende, prinzipielle Einheit zurückgeführt. (b) Bei der umgekehrten Prozedur des Abstiegs ist das umfassend-allgemeine Erste, von dem die Untersuchung ausgeht, zunächst noch unbestimmt, aber im Zuge der Entfaltung der in ihm angelegten und von ihm begründeten Vielheit wird es schließlich als spezifizierte, inhaltlich bestimmte Einheit begreifbar.

Das zielsichere Beschreiten der beiden Wege ist umso schwieriger, da sowohl bei der *Reduktion* von den Erscheinungen zu den wahren Archaí wie auch bei der *Deduktion* von den übersinnlichen Prinzipien zu den Erscheinungen jeweils zwei recht verschiedene Prozeduren in Betracht kommen, nämlich [1] bei der *Reduktion* [a] der ›generalisierende‹ und integrierende Prozeß der Zusammenschau (Synopsis, Synagogé) der einzelnen Individuen und Arten auf die allumfassende Gattung hin und [b] der ›elementarisierende‹ Prozeß der Auflösung (Analysis) konkreter Phänomene in die einfachsten, maßgebenden Bestandteile (Stoicheia), die wiederum untereinander durch eine einheitliche Ordnung verbunden sind, [2] bei der *Deduktion* dementsprechend umgekehrt [a] die ›differenzierende‹ Zergliederung (Dihairesis) der Gattung in die einzelnen Arten und Unterarten und [b] die ›konkretisierende‹ Zusammensetzung (Synthesis) komplexer Gebilde aus den elementaren Bestandteilen. Auch in diesen unterschiedlichen Aspekten muß der Dialektiker schließlich die sachliche Übereinstimmung und Konvergenz erkennen.

V Paradigmatische Dialogstellen

Nach diesen abstrakten Bemerkungen soll nun wiederum im Blick auf Dialogtexte gezeigt werden, daß die modellhaft skizzierte Grundfigur der Dialektik die Gespräche prägt und daß sie gelegentlich auch so beschrieben wird.

In den frühen, noch aporetisch endenden Dialogen ist die unbestimmte Einheit, von der die Untersuchung ausgeht, der mit verschiedenen Meinungen verbundene Name der gesuchten Areté. Im ›Laches‹ etwa fragt Sokrates nach dem, was mit dem Wort ›Tapferkeit‹ bezeichnet wird. Es zeigt
93 sich, daß das unterschiedliche Ansichten hervorrufende Wort die | Einheit der Sache noch keineswegs klar macht. Tapferkeit scheint darin zu bestehen, daß man die Feinde mutig angreift; aber auch vieles andere, ja das Gegenteil kann tapfer sein. Diese Relativierung würde ein sophistischer Eristiker dazu ausnützen, eine beliebige These eindrucksvoll zu verfechten oder auch die destruktive Auffassung zu vertreten, daß es so etwas wie die

Tapferkeit, die Besonnenheit, die Gerechtigkeit eigentlich gar nicht gebe. Der philosophische Dialektiker hingegen versucht nun erst recht, im Durchgang durch die vielen Aspekte das wahrhaft Tapfere, Besonnene, Gerechte und überhaupt das Gute zu finden, und zwar als das den vielen Aspekten und Fällen einheitlich Zugrundeliegende. Die elenktische Prüfung nimmt die ganze Reihe der hypothetischen Definitionsansätze durch, um das Partikuläre und Widersprüchliche so abzuarbeiten, daß das Gemeinsame allmählich hervortritt. Diese Bemühung führt über die bestimmte Vielheit der verschiedenen Möglichkeiten schließlich hinaus zu der umfassenden, wahren Einheit jenseits der Erscheinungen und Meinungen – auch wenn die Idee in den aporetischen Frühdialogen nur unsicher angedeutet wird.

In der ›Politeia‹ wird die dialektische Kunst ausdrücklich zunächst im V. Buch erwähnt, wo es um die Gleichberechtigung von Mann und Frau geht (eine Frage, die auch heute noch nur eine dialektische Antwort zuläßt). Sokrates vertritt in diesem Gesprächsabschnitt (5, 453 E – 454 B) die These, daß Männer und Frauen die gleichen politischen Aufgaben erfüllen sollen. Diese Gleichberechtigung und Gleichverpflichtung soll gelten, falls Frau und Mann ihrer Natur (Physis) nach gleich sind (453 B). Nun zeigt sich aber, daß sie insofern verschieden sind, als der Mann zum Zeugen, die Frau zum Gebären fähig ist. Also scheint sich Sokrates in einen Widerspruch (eine ἐναντίωσις) zu verstricken, wenn er dennoch dafür plädiert, daß sie die gleichen Aufgaben wahrnehmen sollen. Aber ein Widerspruch entsteht doch nur dann, wenn man sich wie die Eristiker an das Wort ›Gleichheit‹ (ταὐτό) oder ›Ungleichheit‹ (ἕτερον) hält und behauptet, das eine schließe das andere aus. Der scheinbare Widerspruch löst sich auf, wenn man die Sache dialektisch betrachtet und sieht, daß verschiedene Aspekte (εἴδη) zu bedenken sind: In einer Hinsicht – nämlich biologisch – sind männliche und weibliche Natur verschieden, in anderer – nämlich politischer – Hinsicht sind sie gleich. Dabei ist der zweite, politische Aspekt bedeutsamer, weil er die gemeinsame Vernunftnatur von Mann und Frau, die wahre Einheit der menschlichen Physis berücksichtigt.

Am Ende des VI. und VII. Buches der ›Politeia‹ wird dann der Zusammenhang zwischen Mathematik und Dialektik zum Hauptthema des Gesprächs. Man erfährt (zunächst im Linienschema, dann auch bei der | Auslegung des 94
Höhlengleichnisses), daß die Dialektik von den ersten Voraussetzungen der Mathematik ausgeht und diese durch den Ideenbereich hinaufverfolgt bis zur Idee des Guten, um dann von dieser wieder herabzusteigen bis zu den einzelnen Ideen (6, 510 B – 511 C). Die mathematischen Wissenschaften werden hier als Modellbereich dargestellt, an dem sich die Dialektik orientiert. Aufschlußreich ist für den Dialektiker an den Mathematiká gerade die systematische Vermittlung zwischen dem Unbestimmt-Vielen und dem Bestimmt-Einheitlichen. Vor allem drei mathematische Strukturaspekte

kommen dafür in Betracht: (a) die Spannung zwischen Regelmäßigkeit und Unregelmäßigkeit, Gleichförmigkeit und Ungeformtheit, maßgebender Mitte und relativem Mehr-und-Weniger, (b) das Verhältnis zwischen Grenze und Ausdehnung in der dimensionalen Aufeinanderfolge von Zahl – Linie – Fläche – Körper – Bewegung, (c) der Gegensatz zwischen einheitsstiftender Symmetrie oder Analogie und unbestimmt vielfältiger Disproportion, insbesondere der Gegensatz zwischen geometrischer Kommensurabilität und Inkommensurabilität (rationalen und irrationalen Verhältnissen).

Im VII. Buch spricht Sokrates zweimal (7, 531 CD, 537 BC) von einer Zusammenschau der Mathematiká, die dem Dialektiker den Weg weisen soll zur Erkenntnis der allgemeinsten Seinsprinzipien, letztlich der Idee des Guten. Diese Synopsis der im Bereich der Mathematik erzielten Ergebnisse sei »die stärkste Probe dafür, ob einer dialektisch begabt ist oder nicht; denn wer zur Zusammenschau fähig ist, ist es auch zur Dialektik, der andere nicht« (537 C6–7). Anhand des Politeia-Textes läßt sich zeigen, daß das den Mathematiká Gemeinsame, das synoptisch herausgehoben werden soll, gerade der Grundgegensatz von Einheit und Nicht-Einheit, Bestimmtheit und Unbestimmtheit ist.[27]

Bildet die Mathematik den einen Modellbereich der Dialektik, so die Sprache den anderen. Die Sprache als Medium der Dialektik thematisiert Platon im ›Kratylos‹. Der Dialog entwickelt die Orientierungsfunktion wie auch die vom Dialektiker zu überwindende Defizienz der Sprache. Bis zu einem gewissen Grade kann sich der Dialektiker auf die Sprache stützen, weil sich auch in ihr die Grundstruktur von Einheit und Vielheit manifestiert. In der Einheit des sprachlichen Wortes (oder Namens) zeigt sich, wenn auch in unzulänglicher Form, etwas von der Einheit des Begriffs und der Idee. Im sprachlichen Logos treten Regeln des Verbindens und der Unvereinbarkeit hervor. Weil die traditionelle Sprache nun aber der wahren Seinsordnung
95 nur unvollkommen gerecht wird, muß der Dialek- | tiker die gewöhnliche Sprache im Blick auf die Sache selbst korrigieren und in die Metasprache des reinen Denkens transformieren.[28]

Die im ›Parmenides‹ ausgeführte dialektische Übung, die Einheit und Nicht-Einheit aufeinander bezieht, ist sehr verschieden gedeutet worden. Sie ist aber doch wohl als ein Durchdenken des ganzen Seinszusammenhangs zwischen dem absolut bestimmten Einen und dem absolut unbe-

27 Genauer hierzu K. Gaiser, Platons Zusammenschau der mathematischen Wissenschaften, Antike und Abendland 32, 1986, 89–124 (in diesem Band Seite 137ff.).

28 Eine gewisse Beliebigkeit weist zunächst die Lautgestalt jedes Wortes auf. Außerdem bietet die Sprache für dieselbe Sache oft verschiedene Namen (Synonymie, Polyonymie) und für verschiedene Sachen den gleichen Namen (Homonymie, Äquivokation). Der Dialektiker hat daher die doppelte Aufgabe, im Pluralismus der Namen das Gemeinsame zu fassen und im scheinbar Gleichen (im Gleichlautenden) die sachlichen Unterschiede zu ermitteln. Am deutlichsten zeigt sich die Unzulänglichkeit jeder Benennung im Blick auf das höchste Prinzip, weil jeder Name hinter der absoluten Einheit des Einen weit zurückbleibt.

stimmten Vielen zu verstehen. Freilich wird auch im ›Parmenides‹ keineswegs das Ganze der Dialektik vorgeführt, zumal das Gute hier nicht thematisiert ist.

Im ›Phaidros‹ wird das schwer faßliche Wesen des Eros mittels dialektischer Differenzierungen und Zusammenführungen geklärt. Sokrates unterscheidet zwei Arten des Wahnsinns: Mania als Krankheit und Mania als von den Göttern bewirkten Enthusiasmos. Auf die eine Seite gehört der schlechte, nur sinnlich-begehrende Eros, auf die andere der gute, zur Ideenschau beflügelnde (265 E – 266 A). An dem zunächst unbestimmten Wort ›Eros‹ führt der Dialektiker also eine klärende Distinktion durch. Von der so zutagetretenden Gegensätzlichkeit zur bestimmten, wahren Einheit kann die Erfassung der Wesensart des guten Eros weiterführen.

Sokrates rühmt die beiden Methoden – die Zusammenfassung des vielfach Zerstreuten auf eine Ideengestalt hin und »daß man wiederum nach Arten durchzuschneiden vermag, wie die Sache nach ihren Gliedern beschaffen ist« – als die allein ernsthaft lohnende und überaus reizvolle Kunst der Dialektik (265 C – 266 B) und fügt hinzu:

Von diesen Einteilungen (διαιρέσεις) und Zusammenführungen (συναγωγαί) bin ich selbst wirklich ein Liebhaber (ἐραστής), mein Phaidros, damit ich imstande sei zu reden und vernünftig zu denken; und wenn ich von einem anderen glaube, er sei fähig, auf Eines, auch wenn es sich naturgemäß auf Vieles erstreckt (εἰς ἓν καὶ ἐπὶ πολλὰ πεφυκὸς ὁρᾶν), zu sehen, diesem gehe ich nach, ›folgend der Spur wie der eines Gottes‹.[29] Und ob ich nun freilich diejenigen, die dazu fähig sind, auch richtig benenne oder nicht, das weiß Gott; ich bezeichne sie nun aber einmal bis jetzt als ›Dialektiker‹.

| Daß der Philosoph ein erotisches Verhältnis zur Dialektik hat, wird man 96
nicht nur als scherzhafte Selbstironie verstehen, wenn man an die große Eros-Rede des Sokrates zurückdenkt, wo ausgeführt worden war, daß alle Wahrheitserkenntnis Wiedererinnerung ist und daß uns die erotische Begeisterung zur Erinnerung an die einstmals geschaute Wahrheit verhilft. Von diesem Eros muß also die Dialektik, wenn sie die wahre Natur des Einen und Vielen entdecken soll, notwendigerweise getrieben sein.

Aufschlußreich spricht Platon über die Dialektik besonders auch im Einleitungsgespräch des ›Philebos‹ (15 D – 27 B). Sokrates bemerkt hier, die Untersuchung, wie etwas zugleich Eines und Vieles sein kann, sei eine unauslöschliche und nie veraltende Leidenschaft von uns Menschen (15 D). Dann schildert er die Bedeutung der Dialektik als Gabe der Götter folgendermaßen (16 B – 17 A):

Es gibt wirklich keine schönere Methode (ὁδός), und es kann auch keine geben; und ich liebe sie wie ein Liebhaber (ἐραστής), wenn sie sich mir auch schon oft entzogen und mich einsam und aussichtslos stehengelassen hat. – Diesen Weg zu bezeichnen, ist nicht sehr schwierig, ihn zu begehen aber überaus schwierig. Alles nämlich, was jemals im Zusammenhang mit einem praktischen Wissen (τέχνη) herausgefunden worden ist, ist durch diesen deutlich geworden. – Als

29 Homer-Zitat: Odyssee 2, 406; 5, 193; 7, 38.

> eine Gabe der Götter für die Menschen wurde er, wie mir scheint, irgendwoher aus dem Bereich der Götter herabgeworfen durch einen Prometheus zusammen mit einem überaus hell strahlenden Feuer. Und die früheren Menschen, die mehr vermochten als wir und näher bei den Göttern wohnten, übergaben diese Kunde: daß alles, was jeweils als ›seiend‹ bezeichnet werde, aus Einem und Vielem (ἐξ ἑνὸς καὶ πολλῶν) bestehe und daß es in sich Grenze und Unbegrenztheit (πέρας καὶ ἀπειρία) als von Natur dazugehörige Eigenschaften aufweise. Wir also müßten, da dies so eingerichtet und angeordnet sei, in jedem Fall immer eine einzige Form (μίαν ἰδέαν) bei allem voraussetzen und aufsuchen – und sie finden, weil sie darin ist –, und wenn wir sie also gefaßt hätten, nach der einen Form zwei, falls es zwei gibt, feststellen, wenn aber nicht zwei, dann drei oder eine andere Zahl, und von diesen einzelnen Einheiten wieder jede ebenso, bis man hinsichtlich des am Anfang stehenden Einen nicht nur zu sehen bekommt, daß es Vieles und Unendlich-Vieles ist, sondern auch, wie vieles. Den Begriff des Unbegrenzten aber solle man an die Vielheit nicht heranbringen, bevor man die ganze Zahl der Vielheit genau sehe, die
> 97 zwischen | dem Unbegrenzten und dem Einen liegt, sondern dann erst dürfe man das je Einzelne von allem in das Unbegrenzte entlassen und ihm den Abschied geben. Die Götter nun also haben uns, wie ich sagte, aufgetragen, so zu untersuchen und zu lernen und einander zu belehren. Diejenigen aber, die jetzt unter den Menschen als ›weise‹ gelten, machen Eines, wie es sich gerade trifft, und Vieles rascher oder auch träger als es recht ist, nach dem Einen aber sofort unbegrenzt Vieles, während die Mittelglieder (τὰ μέσα) ihnen entgehen – und gerade daraus ergibt sich der Unterschied, ob wir dialektisch oder eristisch [d. h. unsachgemäß streitend] miteinander sprechen.

Daß die Dialektik aus dem Bereich der Götter stammt, heißt in unmythischer Ausdrucksweise: Sie ist in der Seinsordnung selbst vorgegeben und nicht etwa nur ein Gedankengebilde des menschlichen Subjekts. Schon immer war sie in allen Kunstfertigkeiten und Wissenschaften wirksam, aber durch die Philosophie wird jetzt alles früher Erarbeitete mit vollem Bewußtsein systematisch vervollständigt und prinzipiell begründet. Der Eristiker gibt sich mit einem willkürlich angenommenen Einen oder Vielen zufrieden – zu schnell mit seiner These fertig, zu träge für das anstrengende Suchen. Der Dialektiker dagegen macht sich die Mühe, die Sachstruktur jedes Gegenstandsbereiches zu erforschen. Durch die vollständige Ermittlung der Zwischenglieder zwischen dem Einen und dem Vielen gelangt er schließlich zur Erkenntnis des Ganzen und der in allen einzelnen Strukturen wirksamen göttlichen Verursachung: zu der umfassenden Einheit von Einheit und Vielheit.

Das Eine, mit dem die Untersuchung jeweils beginnt, ist zunächst noch unbestimmt und erhält dann durch die genaue Erkundung der in ihm enthaltenen Komponenten (Arten, Teile, Glieder) seine Bestimmtheit. Sokrates erklärt ergänzend (18 AB), daß der dialektische Prozeß auch vom unbestimmt Vielen ausgehen und über die genaue Erfassung der Zwischenglieder zur einheitlichen, ideellen Ordnung der Elemente hinführen könne. Ein instruktives Beispiel für beide Prozesse liefert das Wissen von den Buchstaben oder Lauten (Stoicheia) der Sprache (17 B, 18 B – D). Auf dem einen Weg erschließt der Sachkundige hier, von dem Unbestimmt-Einfachen der Stimme (φωνή) ausgehend, die verschiedenen Arten von Lauten (Vokale, Konsonanten usw.), aus denen die unendliche Vielfalt der Lautkombinationen entsteht. Der andere Weg führt von dem grenzenlosen Strom der Lauterscheinungen über die begrenzte Zahl der verschiedenen Laute oder Buchstaben zu dem alles einheitlich verbindenden System oder ›Band‹ der grammatischen Techne.

| Danach wird im ›Philebos‹ ausgeführt (23 C – 26 D), daß auf allen 98
Gebieten der Natur und des menschlichen Lebens mit einem derart strukturierten Zusammenhang zwischen Einheit und Vielheit oder Bestimmtheit (Begrenztheit, Peras) und Unbestimmtheit (Unbegrenztheit, Apeiron) zu rechnen ist. Überall ermittelt die Dialektik die Zwischenstufen zwischen der absolut einheitlichen Norm und der unbestimmten Vielfalt des relativen Mehr-oder-Weniger: Dazwischen liegen die konkreten Ordnungen, Gesetzmäßigkeiten, Proportionen, die für uns von entscheidender Bedeutung sind (z. B. die Gesundheit als das ausgewogene Verhältnis gegenstrebiger Faktoren). Hier zeigt sich, daß die Dialektik bei der Zerlegung des Ganzen in seine Teile oder Arten nicht nur die Anzahl der Glieder feststellt, sondern auch ihre Wesensbeschaffenheit, die in dem genauen Verhältnis (Logos) der Glieder zueinander und zum umfassenden Ganzen begründet ist.[30]

VI Die verschiedenen Sachbereiche und Methoden der Dialektik

Die dialektische Kunst ermittelt also auf verschiedenen Wegen die bestimmte Einheit, die als Grund aller Seiendheit, Ganzheit, Ordnung, Beständigkeit, Erkennbarkeit und Areté gegenüber der unbestimmten Vielheit der Erscheinungen zu verstehen ist. Es gibt für Platon keinen Gegenstandsbereich, der nicht auf diese Weise dialektisch untersucht und erschlossen werden könnte. Zwei Bereiche haben, wie erwähnt, modellhafte Bedeutung: die Mathematik und die Sprache. In diesen beiden Bereichen spiegelt sich die Struktur der Gesamtrealität so repräsentativ, daß sich der Dialektiker hier – wenn auch nur vorläufig – orientieren kann. In reiner Form ist die von der Dialektik gesuchte Seinsordnung nur im Bereich des Intelligiblen zu finden. Deshalb sind die eigentlichen Gegenstände der Dialektik die Ideen und Prinzipien. Weil aber die Ideen in der Welt der Erscheinungen abbildhaft auftreten, werden auch alle Bereiche der empirischen Erfahrung und des praktischen Lebens zu Feldern der Übung und der Anwendung dialektischer Methoden. Hier lassen sich die allgemeinen Seinsverhältnisse anschaulich exemplifizieren und in ihrer konkreten Auswirkung studieren.

| Wenn in der ›Politeia‹ (7, 532 E) gesagt wird, es gebe verschiedene 99

30 Die dihairetischen Übungen im ›Sophistes‹ und ›Politikos‹ sind deswegen methodisch unzulänglich, weil sie die ausgegliederten Unterarten nur empirisch-deskriptiv benennen, nicht aber das für die Beschaffenheit der Teile maßgebliche Verhältnis angeben. Ein positives Beispiel für eine Dihairesis, bei der die Wesensverschiedenheit wirklich begründet wird, ist die Unterscheidung der beiden Arten von geometrischen Größen im ›Theaitet‹ 147 D – 148 B.

Arten oder Aspekte (εἴδη) und Wege (ὁδοί) der Dialektik (s. o.), so sind damit offenbar einzelne Methoden gemeint, die im Rahmen der dialektischen Gesamtmethode unterschieden werden können. Die verschiedenen ›Wege‹ bestimmen die Untersuchungen im Gespräch, und sie arbeiten entsprechend verschiedene Sachstrukturen heraus. Bedeutsamer aber als die Verschiedenheit dieser Methoden ist ihre innere Übereinstimmung oder Isomorphie, die es erlaubt, daß man auf den verschiedenen Wegen doch dem gleichen Ziel näher kommt. Alle die verschiedenen dialektischen Methoden dienen doch dem gleichen Programm Platons: der Aufdeckung des gestuften und gegliederten Übergangs zwischen Einheit und Vielheit.

Im wesentlichen sind, soviel ich sehe, die folgenden Methoden der platonischen Dialektik zu unterscheiden:

(a) Elenxis: die Prüfung der einzelnen Fälle, bei der im Durchgang durch das Widersprüchliche und Unwesentliche das Gemeinsame und Wesentliche herausgearbeitet wird;

(b) Dihairesis und Synagogé: die zur ›Begriffspyramide‹ führende klassifizierende Gliederung nach Gattung und Arten;

(c) Analysis und Synthesis: die Ermittlung des Verhältnisses zwischen dem komplexen Ganzen und den elementaren Bestandteilen (Stoicheia);

(d) Mesotes: die Feststellung der normativ maßgebenden Mitte zwischen den Abweichungen zum Mehr und Weniger, Zuviel und Zuwenig;

(e) Hypothesis: die Einfügung von Hypothesen zwischen den allgemeinsten Ursachen (einfachsten Grundvoraussetzungen) und den einzelnen empirisch feststellbaren Phänomenen;

(f) Mimesis: die Erforschung der Entsprechungen (Ähnlichkeiten und Abweichungen) zwischen dem einen maßgeblichen Urbild (idealen Paradeigma) und den vielfältigen Nachbildungen.

Hier nur noch ein paar Bemerkungen zu der ›Mesotes-Struktur‹, die in den Dialogen eine große Rolle spielt, weil sie es erlaubt, auf allen möglichen Gebieten das Gute als die richtige Mitte zu bestimmen und so die jeweilige Areté einerseits prinzipiell zu begründen, andererseits in der Welt der Erscheinungen und des praktischen Handelns aufzusuchen und zu verwirklichen.

Mit der Denkform der ›richtigen Mitte‹ ist nicht gemeint, daß Platon im Guten einen Kompromiß, einen pragmatischen Ausgleich zwischen dem Zuviel und dem Zuwenig gesehen hätte. In diesem schlichten Sinne hatte man schon längst vor Platon das Gute als die richtige Mitte zwischen gegen-
100 sätzlichen Kräften angesehen. Platon verstand die Areté vielmehr | als das Ergebnis einer konstruktiven Verbindung (Mischung, Verflechtung) von zwei komplementären Werten, die sich durch den Zusammenschluß zu einer überragenden Bestform steigern. Z. B. erscheint in der ›Politeia‹ und im ›Politikos‹ die menschlich-politische Areté als Verbindung von Hartem und Weichem (Tapferkeit und Besonnenheit).[31] Wo die wechselseitige Integrati-

on nicht zustandekommt, geraten die beiden Komponenten in einen Konflikt, und sie drohen je einseitig überhandzunehmen und zu den schlechten Extremen hin zu entarten.

Zu einer dialektischen Methode wird das Aufsuchen der richtigen Mitte eben deshalb, weil das Gute nicht einfach durch praktisches Ausbalancieren zwischen gegensätzlichen Tendenzen und empirisches Beobachten ermittelt werden kann. Platon fordert darüber hinaus (a) die genaue Feststellung des Maßes und der Strukturform, durch die sich der Ausgleich jeweils verwirklicht, (b) die ontologische Differenzierung zwischen dem idealen Gleichmaß des Guten und der Unausgeglichenheit der mehr oder weniger schlechten Erscheinungen und (c) die prinzipielle Begründung der Mesotes in der Seinsordnung, letztlich in dem Urgegensatz von Einheit und unbestimmter Vielheit (weil die richtige Mitte im Grunde einheitlich ist, die Abweichungen zum Schlechten hin sich dagegen im Relativen und unendlich Vielfältigen bewegen).

VII Theorie und Praxis

Wie bei Platon überall Theorie und Praxis unlösbar miteinander verbunden sind und die theoretische Erkenntnis für die praktische Lebensgestaltung fruchtbar werden soll, so hat gerade auch die platonische Dialektik praktische Implikationen und Folgen. Sie ist Tatsachen- und Gebrauchswissen zugleich. Die nur scheinbar inhaltsarme Bestimmung des Guten als des Einen hat in Wahrheit normative Kraft, weil Einheit als maßgebender Grund von Ordnung, Ordnung als Wesensmerkmal des jeweils zu erstrebenden und zu verwirklichenden Guten verstanden werden kann.[32]

| Aus den von der Dialektik aufgewiesenen Seinsverhältnissen las- 101
sen sich praktisch anwendbare Normen für die verschiedensten Bereiche des Handelns gewinnen: für das Gespräch, für Ethik und Politik, für alle Künste (Technai).

(1) Das Fragen und Antworten im Gespräch ist einerseits das Medium, in dem der Dialektiker Erkenntnisse gewinnt. Andererseits vermag er, von seiner überlegenen Einsicht aus, Gespräche am besten zu führen. Daher sind Platons Dialoge praktizierte Dialektik. Die Gesprächsstrategie des Sokrates dient hier dazu, den Dialogpartner (und so auch den Leser) je nach

31 Dazu H.J. Krämer, Arete bei Platon und Aristoteles, Heidelberg 1959, 146–177.

32 Was R. Bubner in ›Antikes Denken – Moderne Schule‹, Gymnasium Beihefte 9, 1988, 63–76 über ›Theorie und Praxis bei Platon‹ ausführt, scheint mir ein formales Problem zu klären: Platons ›Idee des Guten‹ ist solange nicht von praktischer Bedeutung, als sie bloß Gegenstand von Theorie bleibt. Wie es aber von jener höchsten Idee aus zu regulativen Anweisungen für das praktische Handeln kommt – was Platon ja doch beansprucht –, wird noch nicht klar, wenn sie nur als Grenze der Theorie verstanden wird. Dazu bedarf es der sachgerechten Normen und Ordnungen, die zwischen dem allgemeinen Prinzip der Einheit und den konkreten Entscheidungssituationen vermitteln.

seiner Fähigkeit des Verstehens auf dem Weg der Wahrheitserkenntnis voranzubringen.

(2) Von der mit dialektischen Methoden in den Blick gebrachten Idee des Guten aus ergeben sich auch Direktiven für die Gestaltung des ethisch-politischen Lebens. Praktisch anwendbar ist vor allem die Wertstruktur der richtigen Mitte. Das große Gesetzeswerk der ›Nomoi‹ Platons ist nichts anderes als die konkrete, für die Praxis bestimmte Ausarbeitung der politischen Regelungen, die auf sachgemäßer Verbindung gegensätzlich-komplementärer Werte beruhen.

Mehrfach, besonders in Politeia VIII/IX und in Nomoi III, vertritt Platon die Ansicht, daß die gute Staatsordnung und Erziehung auf der richtigen Mischung von Herrschaft und Freiheit, Unterordnung und Gleichberechtigung beruht.[33] Und in diesem Sinne rät er, wie aus dem ›VIII. Brief‹ hervorgeht, den Freunden in Syrakus, die politische Krise durch einen gesetzlichen Ausgleich zwischen monarchischen und demokratischen Intentionen praktisch zu bewältigen. Ihre Verbindlichkeit erhält diese Forderung für Platon aus der dialektisch gesicherten Erkenntnis, daß die gesamte Natur- und Seinsordnung auf der Einhaltung von Maß und Mitte beruht. In dem Brief läßt er den schon toten Dion die folgende Mahnrede an die Syrakusaner halten (Epist. 8, 354 C – 355 C):

> Die nach der Tyrannis Strebenden sollen sich von dem abkehren und das meiden, was unersättlich begierige und unvernünftige Menschen als Glück ansehen: Sie sollen versuchen, die Tyran-
> 102 nis in | die Form des Königtums umzuwandeln und königlichen Gesetzen untertan zu sein, wodurch sie höchste Ehren erhalten von willig gehorchenden Menschen und von den Gesetzen. Denen aber, die nach freiheitlicher Lebensart streben und das Joch des Untertanseins als ein Übel meiden wollen, möchte ich raten, daß sie sich in Acht nehmen, weil sie sonst durch die Unersättlichkeit, mit der sie nach einer unangemessenen Freiheit trachten, einmal in die Krankheit ihrer Vorfahren hineingeraten können, die wegen der allzu großen Ungebundenheit den damals Lebenden widerfuhr, als sie sich einem maßlosen Verlangen nach Freiheit hingaben, (…) woraus ihnen dann die Tyrannis erwuchs. – Untertansein und Freiheit sind nämlich beide im Übermaß (ὑπερβάλλουσα) etwas ganz Schlechtes, im rechten Maß (ἔμμετρος) aber etwas ganz Gutes. Maßvoll (μετρία) aber ist das Untertansein unter Gott, maßlos (ἄμετρος) dagegen das unter Menschen. Gott aber ist für besonnene Menschen das Gesetz (νόμος), für unbesonnene die Lust. Dies ist nun also von Natur in dieser Weise bestellt (…).

Die hier empfohlene Lösung des politischen Konflikts ist nicht nur ein zwischen den Extremen praktikabel vermittelnder Kompromiß. Sie ist für Platon in Wahrheit deshalb gut und richtig, weil sie durch ein überempirisch vorgegebenes ›göttliches‹ Maß gefordert wird. Maßgeblich soll das Gesetz

33 Nach der Darstellung in Politeia VIII/IX findet beim Zerfall des Idealstaates zu immer schlechteren Verfassungen eine Dissoziierung der beiden Komponenten (Herrschaft und Freiheit) statt. In Nomoi III sind Athen und Persien (wie schon im ›Timaios‹-›Kritias‹ Urathen und Atlantis) als Repräsentationen von ursprünglich ausgeglichener, später unausgeglichen-übertriebener Freiheitlichkeit (Gleichheit) und Herrschaft (Autorität/Gehorsam) beschrieben. Dazu auch K. Gaiser, Autorität und Liberalität in den Erziehungstheorien der Antike, Humanistische Bildung 12, 1979, 1–96, bes. 31–41 (in diesem Band Seite 787ff.).

sein, das die Komponenten der Areté im richtigen Verhältnis allgemeingültig zusammenfügt, also der nach dem Sachverstand des philosophischen Dialektikers konzipierte, vernünftige Nomos.

(3) Auch die Gesetzmäßigkeiten der Technai, der handwerklichen und schönen Künste, stehen, wie wir im ›Philebos‹ (16 C) gelesen haben, seit jeher im Einklang mit der von der Dialektik prinzipiell begriffenen Seinsordnung. Demgemäß fordert Platon nun von der Dialektik her eine bewußte Neubegründung auch aller einzelnen Technai. Er ist überzeugt, daß wie die Politik so auch Dichtung und Rhetorik am besten von dem gemeistert werden, der als Dialektiker die Wahrheit kennt und das Wahre in den Bereich des Wahrscheinlichen und des empirisch Wahrnehmbaren hinein verfolgen kann.

Wie philosophisch fundierte Werke der Poesie und Rhetorik aussehen, zeigen beispielhaft die platonischen Dialoge, in denen nicht nur kritisch und programmatisch über Dichtkunst und Redekunst gesprochen wird, sondern die selbst Kunstwerke sein wollen. Am Schluß des ›Symposions‹ (223 D) fordert Platon eine wahre Dichtung, die verbindet, was bis dahin getrennt war: Komödie und Tragödie, Ernstes und Lächerliches. Und im
| ›Symposion‹ selbst ist diese Forderung auch schon erfüllt.[34] Im ›Phaidros‹ 103
wird dargelegt, daß derjenige am wirkungsvollsten reden könne, der die dialektische Methode des Unterscheidens und Zusammenfassens beherrsche (270 B – E, 273 DE, 277 BC). Und dieser ganze Dialog ist daher schon ein eindrucksvolles Beispiel solcher Redekunst.

VIII Quid ad nos?

Nachdem ich es gewagt habe, gerade die Züge der platonischen Dialektik hervorzuheben, die uns wegen ihres ungemein hohen Anspruchs als befremdlich und unglaubwürdig oder vielleicht auch als verführerisch und gefährlich erscheinen, stellt sich zum Schluß erst recht die Frage: Was bedeutet diese Art der Dialektik – Platons Programm, die letzten Ursachen der Realität zu ermitteln und von ihnen her alles zu erklären – für uns Heutige?

Etwas von der Faszination, die Platon bei der Dialektik verspürte, ist uns gut vertraut. Wir erfahren sie, wenn wir wissenschaftliche Erkenntnisse gewinnen, zumal wenn eine wissenschaftliche Entdeckung den Reiz der Neuheit hat. Die Wissenschaften vermitteln uns in Teilbereichen das, was Platon auch im Blick auf das Ganze der Realität ergründen wollte: das eine Gesetz in der unendlichen Vielfalt der Phänomene, den einen Begriff in den vielen Ansichten, die Grundstruktur in allen Variationen und auch die ge-

34 M. Mader, Das Problem des Lachens und der Komödie bei Platon, Stuttgart 1977 (Tübinger Beiträge zur Altertumswissenschaft, 47), 58–79; K. Gaiser, Platone come scrittore filosofico. Saggi sull'ermeneutica dei dialoghi platonici, Neapel 1984 (Istituto Italiano per gli Studi Filosofici), 55–76, 103–123 (in diesem Band Seite 15 - 27, Seite 43 - 55).

nau gesonderten Klassen, Typen und Elemente in dem zunächst konfus Vorhandenen – also im scheinbar Verschiedenen das Gleiche und im scheinbar Gleichen das charakteristisch Verschiedene. Die Erbin der platonischen Dialektik ist in einem engeren Sinne die wissenschaftliche Forschung, die auf den verschiedensten Gebieten mit dialektischen Methoden – Begriffsbildung und Klassifizierung, Analyse und Systematisierung, Hypothesenprüfung und Regeldefinition – größte Erfolge erzielt hat. Die Entdeckung einer rationalen Ordnung in zunächst undurchschauten Erscheinungen kann uns begeistern, wie uns auch die in einem Kunstwerk spürbar werdende Fügung fasziniert und erhebt.

Eben darin liegt nun aber das Problematische und Ungeheure der platonischen Dialektik, daß sie nicht nur für Teilbereiche, sondern für die gesamte Wirklichkeit herausfinden zu können glaubte, wie sich das Eine
104 zum Vielen verhält. Dieser Anspruch läßt sich nur einlösen, wenn man | weit über das empirisch Gegebene hinausgeht und mit transzendenten, metaphysischen Ideen und Prinzipien rechnet. Schon damals waren die meisten nicht bereit, Platon auf diesem Wege zu folgen;[35] und erst recht begegnet man ihm heute mit Skepsis.

Ich kann hier nur noch versuchen, das Problem dialektisch auseinanderzulegen – zuerst im Blick auf die Ferne und die Nähe Platons, dann im Blick auf die negative und die positive Wertung. Es ist kaum möglich, das so Auseinandergesetzte zu harmonisieren. Ich verhehle aber nicht, daß mir jeweils der zweite Aspekt – Platons Nähe und die positive Wertung – der Wahrheit eher zu entsprechen scheint.

(1a) Platon ist uns durch den Gang der Geschichte wie durch das neuzeitliche Geschichtsverständnis ferngerückt. Für Hegel, Marx und ihre Nachfolger liegt der dialektische Prozeß im Inneren des denkenden Subjekts und in der Dimension des Zeitverlaufs. Die auftretenden Widersprüche sollen im Lauf der Entwicklung des Geistes oder durch gesellschaftliche Umwälzungen überwunden werden. Wo das transzendente Sein fragwürdig wird, muß aus der Seinsdifferenz eine Zeitdifferenz werden und die Vermittlung der Gegensätze im zeitlichen Nacheinander stattfinden. Eine historische Dialektik, deren Ziel in einer künftig zu erreichenden Vollkommenheit und im Glück des individuellen Subjekts liegt, ist uns daher verständlich, während Platons transhistorisch-ontologische Dialektik, die vom Zeitlich-Unvollkommenen zum Überzeitlich-Idealen aufstrebt, obsolet erscheint.

(b) Und doch ist uns Platon gerade im Blick auf Geschichtsverlauf und Geschichtstheorie auch wieder ganz nah. Die gegenwärtige Philosophie des Noch-Nicht und der Hoffnung, die das Heil in einer besseren Zu-

35 Das gilt sogar für den Schülerkreis der Akademie. Schon bei Aristoteles wird ›Dialektik‹, weil er die transzendenten Seinsgründe preisgibt und mehr an die vorläufigen, empirisch-deskriptiven Übungen der Schule (vgl. Politikos 285 D – 286 A; Epist. 7, 343 CD) anknüpft, zu einem formalen Regelwerk des Diskutierens und Argumentierens.

kunft sucht, lebt ja noch von dem ursprünglichen, radikalen Utopismus Platons, der sich nicht mit dem unmittelbar Vorhandenen zufrieden geben wollte. Platon hat auch schon versucht, die geschichtlichen Prozesse dialektisch zu begreifen. Er sah in der Geschichte eine Gleichzeitigkeit gegensätzlicher Entwicklungen: Aufstieg zu höherer Erkenntnis und Zerfall der ethisch-politischen Lebensordnungen, beides endend und neu beginnend mit periodisch wiederkehrenden Naturkatastrophen. Heute hat diese Konzeption eine makabre Aktualität, weil wir uns vorstellen können, daß die Katastrophe geradezu die Konsequenz der Höherent- | wicklung der intel- 105
lektuellen Fähigkeiten des Menschen ist. Eine andere aktuell anmutende Einsicht der dialektischen Geschichtsbetrachtung Platons liegt in der Feststellung, daß die Extreme ineinander umschlagen können, besonders die anarchische Demokratie in die tyrannische Despotie.[36]

Man kann auch nicht behaupten, der Seinsbegriff Platons sei durch den ›kritischen‹, antimetaphysischen Ansatz der neuzeitlichen Philosophie des Bewußtseins und der Subjektivität überholt. Denn die platonische Dialektik ist so unkritisch nicht, daß sie das Seiende nur objektivistisch angenommen und nicht auch auf das nur seiner selbst gewisse Denken gegründet hätte. Jedenfalls übt Platons Glaube an eine alles durchwaltende göttliche Weltvernunft immer noch eine mächtige Wirkung aus. Einer der schärfsten Kritiker Platons, Hans Kelsen, hat in einem 1933 geschriebenen Aufsatz über den metaphysisch begründeten Gerechtigkeitsbegriff Platons gesagt:[37]

> Der Glaube an einen solchen höheren, ja höchsten Wert ist stärker, als daß ihn irgendeine rationale Erwägung erschüttern könnte. Er ist – die Geschichte ist ein einziger Beweis dafür – schlechthin unzerstörbar. Ist dieser Glaube eine Illusion, dann ist dieser Glaube stärker als alle Realität. (…) Und darum wird auch die Menschheit sich vermutlich niemals mit der Antwort der Sophisten [d. h. der rationalistischen Aufklärung] zufrieden geben, sondern immer wieder – und sei es auch durch Blut und Tränen – den Weg suchen, den Platon gegangen, den Weg der Religion.

(2a) Damit stehen wir schon vor der Frage der wertenden Beurteilung. Kelsen gehört zu denen, die Platons Ansehen nachhaltig diskreditiert haben mit dem Vorwurf, sein Denken sei mindestens potentiell totalitär – ein Verdacht, der besonders durch den definitiven Erkenntnisanspruch der platonischen Dialektik nahegelegt wird. Schon Nietzsche, bei dem die ganze moderne Platonkritik vorweggenommen ist, hat in seinen Basler Platon-Vorlesungen erklärt:[38]

> | Platos Forderung, von allen Dingen die richtigen Begriffe zu bilden, scheint harmlos: aber der 106
> Philosoph, der sie gefunden zu haben glaubt, behandelt alle anderen Menschen als Narren und

36 Zur Geschichtstheorie Platons: K. Gaiser, Platons ungeschriebene Lehre, Stuttgart 1963 (^{2}1968), Zweiter Teil: Geschichte und Ontologie. Zum Umschlag von der Anarchie zur Tyrannis: Politeia 8, 563 E – 564 A und die oben zitierte Stelle im ›VIII. Brief‹.

37 H. Kelsen, Die platonische Gerechtigkeit, Kant-Studien 38, 1933, 91–117, auch in: Aufsätze zur Ideologiekritik, Neuwied a. Rh. 1964, 198–231 (zitiert sind die Schlußsätze).

Unsittliche und alle ihre Institutionen als Narrheiten und Hindernisse des wahren Denkens. Der Mensch der richtigen Begriffe will *richten* und *herrschen*: der Glaube, die Wahrheit zu besitzen, macht fanatisch. Von der Geringschätzung der Wirklichkeit und der Menschen ging diese Philosophie aus: sehr bald zeigt sie eine tyrannische Ader.

Auch wenn Platon, wie man ihm glauben darf, primär an der Erkenntnis, nicht an der Macht interessiert war, muß man doch wohl zugeben, daß er, wenn schon nicht selbst der Versuchung erlegen, so doch andere zu dem Versuch angestiftet hat, die vielen, die der Erkenntnis nicht teilhaftig werden können, zu ihrem Glück zwingen zu wollen.

Die moderne und postmoderne Kritik des Rationalismus, das Aufbegehren gegen überindividuelle Ordnungen und Absolutheitsansprüche, richtet sich gerade auch gegen einen Universalismus, wie ihn das platonische Denken vertreten hat. »Die Welt aus einem Prinzip ableiten zu wollen, ist die Verhaltensweise dessen, der die Macht usurpieren möchte, anstatt ihr zu widerstehen«, urteilte Theodor W. Adorno (Minima moralia, 35).

(b) Andererseits sollte man sich die Kritik an Platon aber doch nicht zu leicht machen. Selbst im politischen Bereich sind Platons dialektisch begründete Forderungen, wenn man sie nur richtig versteht, zumal die Forderung eines Ausgleichs zwischen den gegenstrebigen Werten und Tendenzen, durch die neueren Erfahrungen nicht desavouiert, sondern eher als berechtigt erwiesen worden. Es hilft offenbar nichts, individuelle Freiheit und kollektive Ordnung immer wieder gegeneinander auszuspielen, statt – mit Platon – dialektisch nach dem gemeinsamen Konvergenzpunkt zu fragen. Deutlich genug ist ja doch zu sehen, daß wir ohne eine Antwort auf die von allen spezialwissenschaftlichen Disziplinen offen gelassene Frage nach dem, was für das Ganze und für jedes Individuum gleichermaßen ›gut‹ ist, kaum auskommen können, kaum überleben werden.

Platons Annahme, daß die idealen Strukturnormen reale Ursachen sind, ist so fundamental, daß sie nicht mit übergeordneten Kriterien bewiesen, aber auch nicht falsifiziert werden kann. Der Geltungsanspruch des empirischen und positivistischen Standpunktes, ja auch des radikalen Skeptizismus ist im Grunde ebenso absolut und total wie der platonische Idealis-
107 mus. Dem Einwand, daß die meisten Menschen von der Richtig- | keit seines Wirklichkeitsanspruches nicht zu überzeugen sind, hat sich Platon von vornherein entzogen, indem er die allgemeine Verständlichkeit, die Mehrheits- und Konsensfähigkeit als Wahrheitskriterium gerade ablehnte.

Immer noch und gegenwärtig erneut gibt es Bestrebungen und Erkenntnisse, die Platons Überzeugung von der Einheit der Realität und der Möglichkeit einer Zusammenschau aller einzelwissenschaftlichen Ergebnisse als sinnvoll erscheinen lassen. Die heutige Naturwissenschaft nähert sich

38 F. Nietzsche, Einleitung in das Studium der platonischen Dialoge, Basler Vorlesung WS 1871/72, WS 1873/74, SS 1876, in: Philologica III (=Nietzsches Werke XIX), hrsg. v. O. Crusius – W. Nestle, Leipzig 1913; Zitat von S. 270.

auf verschiedenen Wegen der Einsicht, daß in unseren irdischen Lebensbereichen und im Universum alles mit allem zusammenhängt und aufeinander einwirkt: Leibliches und Seelisches in jedem Individuum, verschiedene Lebewesen in einem ökologischen System, Raum und Zeit, Energie und Stoff, Materie und Geist, Objekt und Subjekt. Auch die Tatsache der Evolution ist besser verständlich, wenn Geist und Bewußtsein nicht nur späte Entwicklungsprodukte sind, sondern die Entwicklung von Anfang an gesteuert haben. Vielleicht nähern wir uns von diesen Ansätzen aus wieder der noch weiter gehenden Auffassung Platons, daß es für alle Bereiche der Theorie und des ethischen Handelns – Natur und Geschichte, Mathematik und Politik, Logik und Technik – einen gemeinsamen Begründungshorizont gibt und daß in diesem Horizont das humane Leben gerade deswegen am ehesten gewährleistet ist, weil hier nicht der Mensch als das Maß aller Dinge gilt.

Quellenkritische Probleme der indirekten Platonüberlieferung (1968)

I Methodische Vorbemerkungen[1]

Als ›indirekte‹ oder ›doxographische‹ Platonüberlieferung[2] können wir die auf uns gekommenen Zeugnisse von mündlichen, nichtliterarischen Äußerungen Platons bezeichnen: es sind Berichte, die zuerst von den Schülern Platons niedergeschrieben und dann unabhängig von seinen literarisch veröffentlichten Werken tradiert wurden.

Die quellenkritischen und überlieferungsgeschichtlichen Fragen zu diesen Texten sind nicht weniger schwierig und umstritten als die rein sachlichen Probleme. Ich will hier versuchen, wenigstens im Blick auf drei wichtige Textbeispiele aus der Vielzahl von divergierenden Erklärungen das,

1 Zusatz des Verfassers für einen (nicht zustande gekommenen) Neudruck in den Wegen der Forschung ca. 1975: Für den Wiederabdruck dieses inhaltlich unveränderten Beitrages habe ich den griechischen Originaltext zu den behandelten Partien aus Aristoteles und Sextus Empiricus neben der Übersetzung hinzugefügt. – Von der inzwischen erschienenen Literatur sind vor allem die folgenden Arbeiten für die hier behandelten Texte und Probleme wichtig: H. Happ, Hyle. Studien zum aristotelischen Materie-Begriff, Berlin / New York 1971 (bes. 85–256 zum Materie-Prinzip bei Platon, Speusipp und Xenokrates im Rahmen ihrer jeweiligen Systementwürfe); M. Isnardi Parente, Neubearbeitung von: E. Zeller -R. Mondolfo, La filosofia dei Greci nel suo sviluppo storico, Parte II, Vol. III 1 / 2, Florenz 1974 (mit durchgehender Ablehnung der Versuche einer systematisierenden Interpretation Platons, Abschiebung des Inhalts entsprechender Berichte auf die Generation der Platonschüler); J.N. Findlay, Plato. The Written and Unwritten Doctrines, London 1974 (mit englischer Übersetzung auch der hier behandelten Texte in: Appendix I. Translated Passages illustrating Plato's Unwritten Doctrines). – An zwei Stellen habe ich inzwischen auch selbst versucht, die Diskussion weiterzuführen: Die Platon-Referate des Alkimos bei Diogenes Laertios (III 9–17), 1973 (s. in diesem Band Seite 543ff.); Die Rede der Musen über den Grund von Ordnung und Unordnung, 1974 (s. in diesem Band Seite 411ff.).

2 In anderem Sinn werden als ›indirekte Überlieferung‹ (oder ›Nebenüberlieferung‹) bekanntlich auch diejenigen Stellen aus dem Schriftwerk des Autors bezeichnet, die uns sonstwo in der antiken Literatur als Zitate vorliegen. – Der Begriff ›doxographisch‹ ist insofern für unsere Zwecke etwas zu weit, als auch Inhalte der Dialoge Platons in doxographischer Form überliefert werden. – Hingegen sollte als ›ungeschriebene Lehre‹ eigentlich nur bezeichnet werden, was grundsätzlich der Darstellung im literarisch publizierten Werk entzogen bleibt, also bei Platon speziell die Theorie der Prinzipien. Daneben sind manche mündlichen Äußerungen Platons überliefert, die ähnlich auch in den Dialogen vorkommen oder vorkommen könnten. – Die Ausdrücke ›exoterisch‹ und ›esoterisch‹ sind so mißverständlich, daß sie am besten ganz vermieden werden.

was bei nochmaliger Prüfung dem Richtigen am nächsten zu kommen scheint, herauszuheben und weiter zu präzisieren. – Der Einzeluntersuchung seien zunächst einige Bemerkungen über die Methode und eine kurze Gesamtübersicht zur Traditionsgeschichte vorausgeschickt.

(1) Es ist schon schwierig, die wirklich hergehörigen Texte zu ermitteln und voneinander abzugrenzen. Da es die Platon-Philologie bisher fast ganz versäumt hat, die einzelnen Berichte planmäßig zu sammeln und überlieferungskritisch zu sichten – wie es bei den Vorsokratikern längst ge-
32 schehen ist –, stehen wir hier noch an einem Anfang.[3] |

Zuerst müssen die Texte, die auf nichtliterarische Äußerungen Platons zurückgehen, unterschieden werden von Platon-Zitaten, die sich zwar nicht wörtlich im Corpus Platonicum belegen lassen, die aber doch im Anschluß an das Schriftwerk Platons entstanden sind.[4] Dann sind auch solche Texte auszugrenzen, die keinen eigenen Quellenwert haben, weil sie von früheren Stellen, die uns (etwa bei Aristoteles) erhalten sind, abhängen.[5] Gesondert zu behandeln sind ferner die Anekdoten und Apophthegmen, die eher von biographischem als von philosophischem Interesse sind.[6]

Andererseits müssen aber auch Texte herangezogen werden, in denen nicht ausdrücklich von Platon die Rede ist. Es gibt anonyme und pseudonyme Berichte über platonische Lehren. Aristoteles gebraucht häufig Wendungen wie τινὲς oder ἔνιοι, auch wo er speziell Platon meint. Er bekundet auf diese Weise, daß er nicht Personen, sondern Lehrmeinungen kritisiert. Andere, besonders Speusipp und Xenokrates, haben platonische Gedanken als Lehre des Pythagoras oder der Pythagoreer dargestellt.[7] Noch nicht ganz geklärt ist die Frage, von welcher Absicht man in der Alten Akademie geleitet war, wenn man die Prinzipienlehre Platons einfach als ›pythagoreisch‹ bezeichnete, obgleich Platon in bestimmter Weise über die pythagoreischen Voraussetzungen hinausging. Suchte man damit eine schützende Verhül-

3 Auch die Sammlung, die der Verf. als Anhang zu dem Buch ›Platons Ungeschriebene Lehre‹ (= Pl.U.L.) vorgelegt hat (Testimonia Platonica, Quellentexte zur Schule und mündlichen Lehre Platons = Test. Pl.), hat noch vorläufigen Charakter. Vgl. die Bemerkungen zur Quellenkritik im ›Nachwort‹ der 2. Aufl. (1968).

4 Vielfach haben antike Autoren bestimmte Gedanken Platon zugeschrieben, weil sie dem Sinne nach als platonisch gelten konnten. So scheinen etwa bei Plutarch öfters Platonzitate ziemlich frei aus platonischen Schriften herausgesponnen zu sein (z. B. Quaest. conv. 8, 2 »Gott treibt immer Geometrie«; Vita Demetrii 22, 5; De tranqu. an. 477 C).

5 Z.B. sind die Erzählungen über Platons ›Vorlesung‹ bei Themistios und Proklos von Aristoxenos abhängig (vgl. Test. Pl. 7 m. Anm.); und die Stellen bei Porphyrios, auf die K. Oehler unter dem Titel ›Neue Fragmente zum esoterischen Platon‹ hingewiesen hat (Hermes 93, 1965, 397-407), können von Aristoteles hergeleitet werden.

6 Z.B. die bei Ailian erzählten Begebenheiten: Platons Urteil über die sportliche Kunst des Annikeris (Var. hist. 2, 27), Platons persönlicher Umgang mit Gastfreunden in Olympia und Athen (4, 9).

7 W. Burkert, Weisheit und Wissenschaft – Studien zu Pythagoras, Philolaos und Platon, Nürnberg 1962 (73 u.ö.); H. J. Krämer, Der Ursprung der Geistmetaphysik, Amsterdam 1964 (53–56 u.ö.). Vgl. zu Speusipp: Test. Pl. 50 und Fr. 4 Lang; zu Xenokrates u. S. 78; ferner gehört hierher wohl auch der Titel »Pythagoreia« (neben »Dihaireseis«) im ps.-platonischen Brief XIII (360 B).

lung oder die Weihe einer alten, religiösen Autorität?[8] Wahrscheinlich war eher, wie bei den anonymen Wendungen des Aristoteles, eine Distanz vom Persönlichen beabsichtigt. Unter der allgemeinen Gattungsbezeichnung ›pythagoreische Lehre‹ brauchte man Platon bei der schriftlichen Darstellung nicht auf eine bestimmte Doktrin festzulegen, hatte die Freiheit der Vereinfachung, Abwandlung, Weiterentwicklung. Schon Platon selbst scheint sich auch aus solchen Gründen bei der Darlegung seiner Zahlen- und Prinzipienlehre ähnlich in die Tradition des Pythagoras gestellt zu haben, wie er als Schriftsteller Sokrates in den Vordergrund rückte. | 33

(2) Weiterhin ist immer wieder zu fragen, wie die einzelnen Zeugnisse der Überlieferung den verschiedenen Formen der platonischen Lehrtätigkeit zugeordnet werden sollen. Gibt es doch in dem ganzen Bereich des mündlichen Philosophierens bei Platon so Verschiedenes wie vorbereitende Unterweisungen, einzelwissenschaftliche Forschungen oder Übungen, systematisch zusammenfassende Darlegungen (besonders die Vorträge ›Über das Gute‹) und dialektische Disputationen über alle möglichen Sachprobleme.[9] Letzten Endes scheint sich alles Lehren und Lernen in der platonischen Schule freilich an den gleichen Prinzipien orientiert zu haben, aber doch auf immer wieder andere Weise und mit verschiedenem philosophischem Anspruch.[10]

Unter den überlieferten Berichten haben wir nun einige Texte, die sich eindeutig auf die Lehrvorträge ›Über das Gute‹ beziehen. Anderes stammt eher aus speziellen oder vorläufigen Untersuchungen, so etwa, wenn Aristoteles bestimmte Dihairesen oder Definitionen Platon zuschreibt.[11] Manchmal aber können wir nicht sicher erkennen, in welcher Form Platon gewisse Lehren, die für ihn bezeugt sind, behandelt hat. Das gilt etwa für die Theorie von den Ideenzahlen. Vermutlich hat Platon davon im systematischen Lehrvortrag (›Über das Gute‹) nur allgemein gesprochen, während über die speziellen Probleme der Zahlenlehre, von denen Aristoteles öfters berichtet, in Gesprächen mit einzelnen Schulgenossen diskutiert wurde.

(3) Schließlich ist methodisch besonders zu beachten, daß man keinen einzigen der uns vorliegenden Berichte wörtlich für Platon in Anspruch nehmen kann. Wir haben hier keine Platon-Fragmente; nur einzelne Aus-

8 Burkert, a.O. 85. 455; Krämer, a.O. 53.

9 Vgl. dazu Pl.U.L., Nachw. z. 2. Aufl.

10 Die wirkliche Erkenntnis der Prinzipien kann, wie Platon im ›VII. Brief‹ betont, nur auf dem langen Weg der eigenen dialektischen Bemühung gewonnen werden. In einem Vortrag oder einer Vortragsreihe darüber (wie Περὶ τἀγαθοῦ) ließ sich natürlich nicht mehr vermitteln als ein methodischer Durchblick oder ein orientierender Querschnitt durch das Ganze.

11 So etwa die Dihairesis der stofflichen Elemente in De gen. et corr. (Test. Pl. 46 A) oder die Definitionen in Top. VI 10, 140 a 3–5. Vgl. zu der auf den Unterricht der Akademie zurückführenden Sammlung von ὅροι, die im Corpus Platonicum überliefert ist, jetzt H.G. Ingenkamp, Untersuchungen zu den pseudoplatonischen Definitionen, 1967 (Klass. Philol. Studien 35).

drücke (wie den Begriff der ἀόριστος δυάς oder des μέγα καὶ μικρόν) können wir Platon unmittelbar zuschreiben. In allen Zeugnissen sind die Aussagen Platons mehr oder weniger stark verändert: sie sind verkürzt, mit anderem vermischt, doxographisch verengt und trivialisiert, mißverstanden, polemisch verzerrt, in eine andere Begriffssprache übersetzt usw.

Es wäre nun aber verfehlt, wenn man die Berichte wegen dieser Entstellungen und Überfremdungen im ganzen als unzuverlässig oder unplatonisch beiseiteschieben wollte. Die Grenze zwischen ›unecht‹ und ›echt platonisch‹ verläuft hier eben nicht einfach, wie H. Cherniss meinte, zwischen den Schriften Platons einerseits und den Darstellungen der Schüler
34 andererseits.[12] Vielmehr ist die Grenze | immer innerhalb der einzelnen Berichte zu suchen. Das kann meist nicht mechanisch geschehen. Man muß qualitativ analysierend bis in die Bedeutungsnuancen der einzelnen Ausdrücke hinein vordringen – so etwa, wenn Aristoteles den von ihm geprägten Begriff ›Hyle‹ auch dort gebraucht, wo er über Platon referiert.

Wir haben also die Aufgabe, jeweils nach Möglichkeit die Trübung, Brechung, Unschärfe in den einzelnen Berichten festzustellen, indem wir die Träger der Überlieferung als solche studieren und die eigenen Intentionen der verschiedenen Medien ermitteln. Auf diese Weise kann man die unplatonischen Anteile nach und nach eliminieren. In günstigen Fällen korrigieren sich die überlieferten Texte gegenseitig. Und grundsätzlich können uns die eigenen Formulierungen Platons in den Dialogen als Maßstab dienen – gleichsam als Prisma, das uns hilft, die verschiedene Färbung in dem breiten Spektrum der (späteren) Referate wieder aufzuheben.

Freilich muß man sich hüten, bei dem Versuch einer einheitlichen Zusammenschau zu weit zu gehen. Am Anfang der Tradition, bei Platon selbst, steht ja keine dogmatisch starre Einheit, sondern eine lebendige, nach Form, Zeit und Methode wechselnde Vielfalt. Im Bereich der Mündlichkeit hat Platon wahrscheinlich ebenso wie in den Dialogen eine Fixierung der Terminologie bewußt vermieden und das gleiche immer wieder anders gesagt.

Daß das Zurückbleiben der schriftlich überlieferten Berichte hinter dem ursprünglichen mündlichen Wort Platons auf dem Wege der philologischen Quellenforschung nie ganz zu überwinden ist, ist selbstverständlich. Doch ist der Abstand nicht gänzlich unüberbrückbar. Denn nicht erst die auf uns gekommenen Berichte wirken zunächst formelhaft dürftig oder dunkel, sondern schon die mündlichen Vorträge selbst waren, wie wir erfahren, enttäuschend und schwer verständlich. Schon die zeitgenössischen Zuhörer Platons mußten einsehen, daß die an sich wenig besagenden, schematischen Begriffe nur durch selbsttätig gewonnene Erfahrung allmählich mit Sinn erfüllt werden konnten.

Zusammenfassend ist also zu sagen: Gegenüber den je einseitigen,

12 Vgl. zu dem methodischen Ansatz von Cherniss jetzt auch J. Mansfeld, Gymnasium 74, 1967, 362–364.

verkürzten, eigenwillig adaptierten oder gar polemisch abgefaßten Darstellungen ist größte Vorsicht geboten, wie dies bei der Interpretation der Vorsokratiker und beim Problem des historischen Sokrates seit langem geübt wird. Dazu kommt, daß es sich hier bei Platon um Dinge handelt, die nicht bloß schriftlich, sondern auch mündlich nur ungenügend durch ὀνόματα und λόγοι zum Ausdruck gebracht werden konnten. Einerseits ist hier jedes Wort wichtig; andererseits darf man aber auch nicht am Wort hängen bleiben und ›Widersprüche‹ konstatieren, wo es sich lediglich um eine legitime Verschiedenheit der Formulierungen oder der Aspekte handelt. Ein einfaches Rezept der Quellenkritik gibt es nicht; die einzelnen Texte stehen immer wieder unter anderen Bedingungen. Aber es gibt Kriterien eines angemessenen Verständnisses. Man kann versuchen, die jeweilige Umformung des Überlieferten bei den verschiedenen Berichterstattern zu durchschauen. Und überdies haben wir hier eine Möglichkeit der Kontrolle, die uns bei den Vorsokratikern und Sokrates nicht zur Verfügung steht: wir können die Ergebnisse der Quellenkritik mit dem vollständigen Schriftwerk Platons ver- | gleichen und prüfen, wie weit das indirekt Überlieferte damit 35
sinnvoll übereinstimmt.

II Die verschiedenen Traditionswege

In Kürze soll nun auf die wichtigsten Quellenautoren, mit denen wir bei der indirekten Platonüberlieferung zu rechnen haben, hingewiesen werden. Für die anschließende Untersuchung einzelner Beispiele werden wir dann nicht solche Texte auswählen, die eindeutig für Platon bezeugt sind (wie die Berichte bei Alexander von Aphrodisias oder das Hermodor-Zitat bei Simplikios), sondern Texte, deren Verbindung mit Platon quellenkritisch weniger sicher und in der Forschung besonders stark umstritten ist.

Unsere erste und wichtigste ›Quelle‹ für Platons mündliche Philosophie sind seine eigenen Dialoge und Briefe, und zwar in einem doppelten Sinn. Zum einen verweist Platon auf die Prinzipientheorie, die aus der literarischen Darstellung grundsätzlich ausgeschlossen bleibt (insofern als sie nie explizit und direkt erörtert wird), immerhin mehrmals an zentralen Stellen mit bestimmten Andeutungen.[13] Zum anderen werden die einzelnen Probleme und Ergebnisse der innerschulischen Gespräche mehr und mehr in die literarischen Dialoge einbezogen und auf diese Weise hypomnematisch aufgehoben.[14]

Unter den Schülern Platons hat Aristoteles den weitaus größten Einfluß auf die Tradition der mündlichen Philosophie des Lehrers ausgeübt.

13 Besonders deutlich: Politeia VI und VII (gleichnishafte Behandlung des ἀγαθόν), Politikos 284 D 1 (αὐτὸ τἀκριβές), Timaios 53 D (ἄνωθεν ἀρχαί), Phaidros 278 CD (τιμιώτερα), Epist. VII (methodischer Exkurs).

Dabei ist an die verlorenen Werke des Aristoteles ebenso zu denken wie an die erhaltenen.[15] (a) Von den literarischen Schriften des Aristoteles ist hier der Dialog ›Über die Philosophie‹ besonders wichtig, weil er eine Darstellung und Kritik der platonischen Ideenzahlen enthielt. Darauf verweist Aristoteles in ›De anima‹ (s. Seite 225f.). (b) Zu den doxographisch-kritischen Schriften des Aristoteles gehörte neben Περὶ ἰδεῶν (wo zusammen mit der aus den Dialogen Platons bekannten Form der Ideenlehre auch die Ideenzahlen vorausgesetzt sind) die Nachschrift des platonischen Lehrvortrags ›Über das Gute‹ (Περὶ τἀγαθοῦ) in drei Büchern. Ob Aristoteles in dieser Schrift auch Kritik vorbrachte, ist unbekannt. (c) Die überlieferten Lehrschriften (Pragmatien) nehmen allenthalben auf Platon Bezug, besonders die Bücher der ›Metaphysik‹ und der ›Physik‹. Schon aus diesen aristotelischen Referaten allein läßt sich die Existenz einer besonderen Ideenzahlen-
36 und Prinzipienlehre Platons mit Sicherheit entnehmen. (d) Schließlich | kommen auch die aus dem Schulbetrieb stammenden (hypomnematischen) Aufzeichnungen wie Περὶ ἐναντίων und die Διαιρέσεις in Betracht: handbuchartige Sammlungen, in denen methodisch und sachlich ein Grundstock platonischer Gedanken enthalten war.[16]

Die doxographische Schrift Περὶ τἀγαθοῦ ist uns vor allem durch ein Referat im Metaphysik-Kommentar des Alexander von Aphrodisias (um 200 n. Chr.) inhaltlich greifbar (Test. Pl. 22 B). Ein weiteres Referat Alexanders wird bei Simplikios (6. Jahrh. n. Chr.) überliefert (Test. Pl. 23 B). Wie eng sich Alexander an die aristotelische Darstellung hält, ist schwer zu sagen; er scheint unter bestimmten Gesichtspunkten exzerpierend zu verkürzen. Immerhin aber sind bei Alexander zwei Wege zu den Prinzipien, die Platon in dem Lehrvortrag ›Über das Gute‹ aufzeigte, klar zu erkennen: (a) der Weg über die dimensionalen Raumformen und Zahlen zu den Prinzipien (oder Elementen), (b) der Weg von den kategorial verschiedenen Seinsarten über die Gegensätze zu den Prinzipien (oder allgemeinsten Seinsgattungen).

14 Was im mündlichen Bereich vielleicht noch vereinzelt und beliebig geblieben war, konnte bei der literarischen Darstellung philosophisch ausgewertet und in weitere Zusammenhänge gestellt werden. Eine solche Aufhebung ist schon im ›Menon‹ nachweisbar (Verf., Platons Menon und die Akademie, Archiv f. Gesch. d. Philos. 46, 1964, 241–292 [in diesem Band Seite 353ff.].

15 Die folgende Gruppierung in vier Arten von Schriften findet sich für Aristoteles bereits in dem antiken Schriftenverzeichnis des Ptolemaios (I. Düring, Aristotle in the ancient biographical tradition, Göteborg 1957, 221–231).

16 Auch die sogenannten ἐξωτερικοὶ λόγοι des Aristoteles sind wahrscheinlich, als schulmäßige Unterrichtsveranstaltungen elenentarer Art, von den dihairetischen und elenktischen Übungen der platonischen Dialektik her zu verstehen, nur daß die dialektische Methode Platons hier zu einer formalen Propädeutik depotenziert ist.

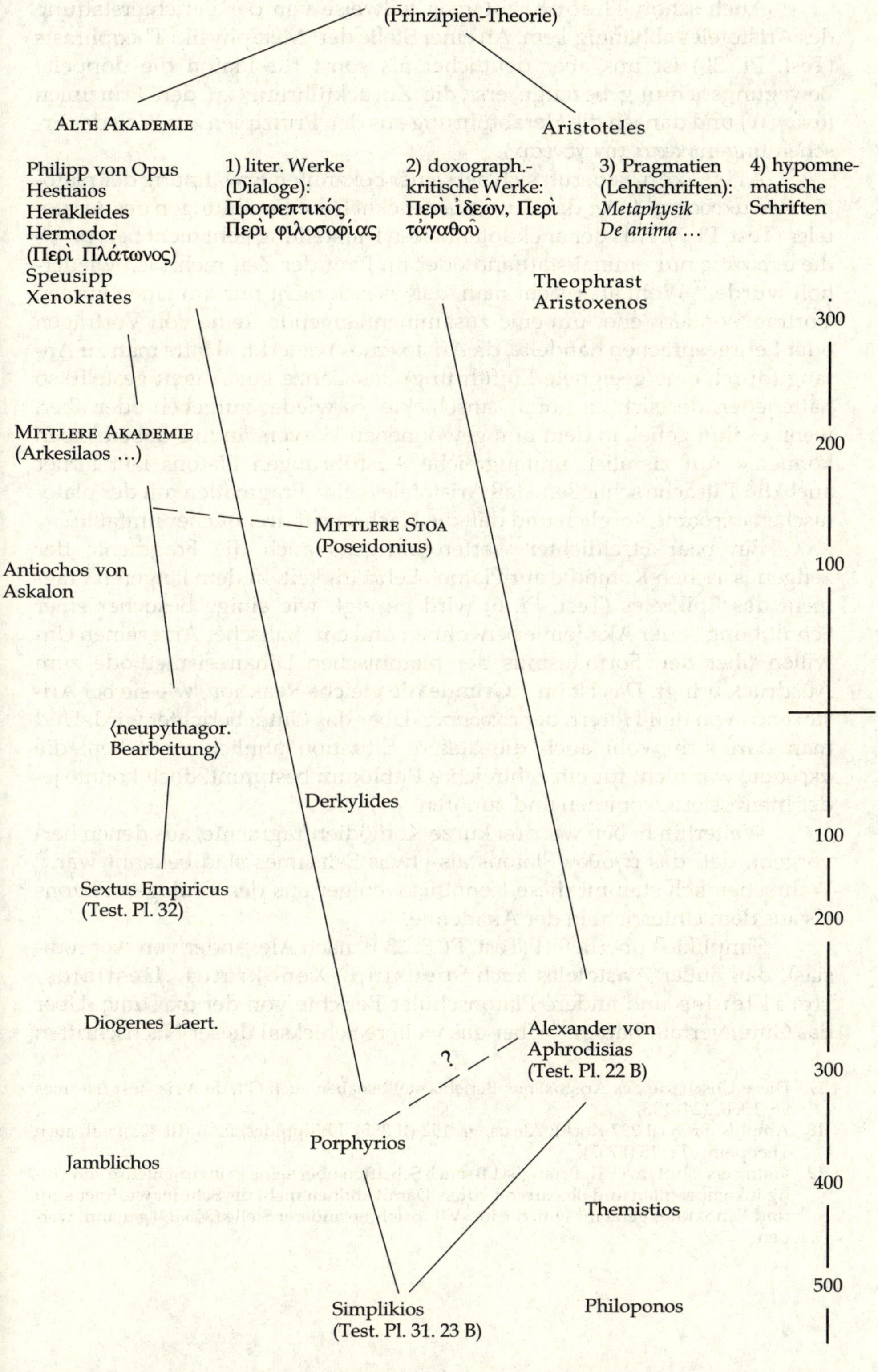
(Prinzipien-Theorie)
Alte Akademie
Aristoteles
Philipp von Opus
Hestiaios
Herakleides
Hermodor
(Περὶ Πλάτωνος)
Speusipp
Xenokrates
1) liter. Werke (Dialoge):
Προτρεπτικός
Περὶ φιλοσοφίας
2) doxograph.-kritische Werke:
Περὶ ἰδεῶν, Περὶ τἀγαθοῦ
3) Pragmatien (Lehrschriften):
Metaphysik
De anima …
4) hypomnematische Schriften
Theophrast
Aristoxenos
300
Mittlere Akademie
(Arkesilaos …)
200
Mittlere Stoa
(Poseidonius)
Antiochos von Askalon
100
⟨neupythagor. Bearbeitung⟩
Derkylides
100
Sextus Empiricus
(Test. Pl. 32)
200
Diogenes Laert.
Alexander von Aphrodisias
(Test. Pl. 22 B)
?
300
Porphyrios
Jamblichos
400
Themistios
500
Simplikios
(Test. Pl. 31. 23 B)
Philoponos

Auch schon Theophrast mag teilweise von der Berichterstattung des Aristoteles abhängig sein. An einer Stelle der ›Metaphysik‹ Theophrasts (Test. Pl. 30) ist uns aber deutlicher als sonst für Platon die doppelte Bewegungsrichtung bezeugt: erst die Zurückführung zu den Prinzipien (ἀνάγειν) und danach die Herabführung aus den Prinzipien zur Welt der Erscheinungen (κατὰ τὴν γένεσιν).

Aristoxenos beruft sich bei seiner bekannten Erwähnung der platonischen ἀκρόασις ›Über das Gute‹ ausdrücklich auf Erzählungen des Aristoteles (Test. Pl. 7). Aus der anekdotenhaften Darstellung geht nicht hervor, ob die ἀκρόασις nur einmal stattfand oder im Lauf der Zeit mehrfach wiederholt wurde.[17] Wohl aber sieht man, daß es sich nicht nur um einen kurzen Vortrag, sondern eher um eine zusammenhängende Reihe von Vorträgen oder Lehrgesprächen handelte, da Aristoxenos bemerkt: »Hätte man zu Anfang (durch eine geeignete Einführung) das Ganze vor Augen gestellt, so hätte jeder, der sich zu hören anschickte, es wieder aufgeben oder aber, wenn es ihm gefiel, in dem nun gewonnenen Vorverständnis dabeibleiben können.« Auf ziemlich umfangreiche Ausführungen Platons läßt ferner auch die Tatsache schließen, daß Aristoteles seine Pragmatien mit der platonischen ἀκρόασις verglich und daß die Nachschrift drei Bücher umfaßte.

Ein paar Streiflichter werfen übrigens auch die Fragmente der zeitgenössischen Komödie auf Platons Lehrtätigkeit. In dem längeren Fragment des Epikrates (Test. Pl. 6) wird gezeigt, wie einige Besucher einer Schulübung in der Akademie beiwohnen und ein sizilischer Arzt seinen Unwillen über den Formalismus der platonischen Dihairesismethode zum
37 Ausdruck bringt. Das ist im | Grunde die gleiche Reaktion, wie sie bei Aristoxenos von den Hörern der ἀκρόασις ›Über das Gute‹ berichtet wird. Und man darf sich wohl auch die äußere Situation ähnlich vorstellen: die ἀκρόασις war nicht für ein zahlreiches Publikum bestimmt, doch konnte jeder Interessierte kommen und zuhören.

Weiterhin haben wir drei kurze Komödienfragmente, aus denen hervorgeht, daß das ἀγαθόν Platons als etwas Seltsames stadtbekannt war.[18] Wahrscheinlich stammt diese Kenntnis weniger aus den Dialogen Platons als aus dem Unterricht in der Akademie.

Simplikios überliefert (Test. Pl. 8. 23 B, nach Alexander von Aphrodisias), daß außer Aristoteles auch Speusipp, Xenokrates, Hestiaios, Herakleides und andere Platonschüler Berichte von der ἀκρόασις ›Über das Gute‹ verfaßt hätten.[19] Über das weitere Schicksal dieser Nachschriften

17 Diese Unschärfe des Aristoxenos-Berichts stellt soeben auch G.J. de Vries fest (Hermes 96, 1968, 124–126).

18 Amphis, Fr. 6 (II 237 Kock); Alexis, Fr. 152 (II 353); Philippides, Fr. 6 (III 303); vgl. auch Theopomp, Fr. 15 (I 737).

19 Platon erwähnt im ›VII. Brief‹ (341 B) auch Schriften über seine Prinzipienlehre von völlig inkompetenten und obskuren Leuten. Damit können nicht die Schüler wie Speusipp und Xenokrates gemeint sein, die im ›VII. Brief‹ an anderer Stelle (345 B7) genannt werden.

der Alten Akademie ist nichts Sicheres bekannt.[20] Doch läßt sich wahrscheinlich machen – wie nachher bei der Untersuchung des Sextus-Berichtes gezeigt werden soll –, daß eine altakademische Darstellung der platonischen Prinzipienlehre (vielleicht von Xenokrates) in hellenistischer Zeit eine beträchtliche Wirkung entfaltet hat.

Ebenfalls zur ersten Schülergeneration gehört Hermodor, aus dessen biographisch-doxographischer Schrift ›Über Platon‹ bei Simplikios ein wörtliches Zitat erhalten ist (Test. Pl. 31).[21] Simplikios gibt auch die Traditionslinie genau an: Derkylides (1. Jahrh. n. Chr.) und Porphyrios fungierten als Zwischenquellen. Das Hermodorzitat berührt sich inhaltlich mit einem Abschnitt des Referates aus Περὶ τἀγαθοῦ bei Alexander sowie mit dem mittleren Teil des Sextus-Berichts. Somit hat die Annahme, daß Hermodor seinem Bericht von der Lehre Platons die ἀκρόασις ›Über das Gute‹ zugrundelegte, alle Wahrscheinlichkeit für sich.

Außerdem kann noch auf die ›Epinomis‹ des Philippos von Opus hingewiesen werden. Im Schlußteil dieser Schrift findet sich ein Überblick über das Ganze der platonisch-akademischen Lehre unter besonderer Berücksichtigung des mathematisch-dimensionalen Aufbaus (Epin. 990 C – 992 D). Allerdings ist diese Darstellung kein referierender Bericht, sondern eher eine protreptische Ankündigung, bei der die Aufgaben und höchsten Ziele der philosophischen Paideia – ähnlich wie im methodischen Exkurs des VII. Briefes – vorläufig umrissen werden sollen.

Zumal bei den späteren Vermittlern (Aristoteles-Kommentatoren, Porphyrios, Sextus Empiricus usw.) sind noch viele überlieferungsgeschichtliche Fragen offen. Beispielsweise können wir nicht sicher sagen, wo
Porphyrios die Gedanken | aus Platons Περὶ τἀγαθοῦ, die er mit dem Dialog 39
›Philebos‹ in Verbindung brachte (laut Simplikios, Test. Pl. 23 B), hergenommen hat (vielleicht aus dem Physik-Kommentar Alexanders?). Doch läßt sich über die gesamte Quellenlage auf jeden Fall soviel schon mit Sicherheit sagen: Die Tradition der Prinzipienlehre, die Platon unter dem Titel Περὶ τἀγαθοῦ vorgetragen hat, hängt nicht an einem einzigen Strang. Wir kennen drei Traditionswege, die unabhängig voneinander sind.[22] Der wichtigste Weg geht, sich bald verzweigend, von Aristoteles aus: nämlich von Aristoteles zu Theophrast und Aristoxenos und weiter zu Alexander und Simplikios. Eine andere Linie führt von Hermodor zu Simplikios. Und eine weitere Darstellung, wahrscheinlich aus der Alten Akademie, liegt dem Sextus-Bericht zugrunde. Dazu kommen die zahlreichen einzelnen Bezugnahmen auf

20 Im Schriftenverzeichnis des Xenokrates bei Diogenes Laertius (4, 13) findet sich immerhin der Titel Περὶ τἀγαθοῦ (1 Buch).

21 Vgl. zum Text des Hermodor-Berichtes u. Anm. 86.

22 Vgl. jetzt auch H. Dempe, Platon und die moderne Philosophie, Gymnasium 74, 1967, 510–528 (bes. 525). Dempe spricht von vier Überlieferungssträngen, indem er Aristoxenos besonders zählt.

Platon in den Pragmatien des Aristoteles, die uns Einblick geben in den größeren Bereich der Schuldiskussion.

Es ist also keineswegs erlaubt, alles etwa auf das Mißverständnis oder die Eigenwilligkeit eines einzelnen Berichterstatters abzuschieben. Vielmehr haben wir die Möglichkeit, Zeugnisse von verschiedenen Platonschülern miteinander zu vergleichen; und es zeigt sich, daß sie in den wesentlichen Zügen durchaus miteinander wie auch mit dem eigenen Schriftwerk Platons zusammenstimmen.

III Aristoteles, Metaphysik N3, 1090b13–1091a5

Der Abschnitt aus Metaphysik N3, der nun als erstes Textbeispiel genauer untersucht werden soll, spielt in den neueren Auseinandersetzungen um Platons mündliche Lehre eine zentrale Rolle. Aristoteles referiert hier kritisch über Platon und die Platoniker, die den Begrenzungen des Körperlichen – Flächen und Linien – ein eigenes Sein zuerkannten. Besonders kontrovers ist in der neueren Forschung ein kurzer Teilabschnitt (1090 b 20–27), in dem Aristoteles den ›Vertretern der Ideenlehre‹ eine Herleitung der Raumdimensionen (Linie, Fläche, Körper) aus den Zahlen der Tetraktys (Zwei, Drei, Vier) zuschreibt. Meint Aristoteles hier – so lautet die entschei-
40 dende Frage – nur Xenokrates oder auch Platon selbst?[23] |

ἔτι δὲ ἐπιζητήσειεν ἄν τις μὴ λίαν εὐχερὴς ὢν περὶ μὲν τοῦ ἀριθμοῦ παντὸς καὶ τῶν μαθηματικῶν τὸ μηθὲν συμβάλλεσθαι ἀλλήλοις τὰ πρότερα τοῖς ὕστερον.	Weiterhin kann man wohl, wenn man nicht gar zu gutmütig alles gelten läßt, die Zahl insgesamt und die mathematischen Gegenstände untersuchen und feststellen, daß das Frühere (Einfachere) nichts beiträgt (nichts leistet) für das Spätere (für das Sein des Zusammengesetzten). [1090 b 13–16]
μὴ ὄντος γὰρ τοῦ ἀριθμοῦ οὐθὲν ἧττον τὰ μεγέθη ἔσται τοῖς τὰ μαθηματικὰ μόνον εἶναι φαμένοις, καὶ τούτων μὴ ὄντων ἡ ψυχὴ καὶ τὰ σώματα τὰ αἰσθητά· οὐκ ἔοικε δ' ἡ φύσις ἐπεισοδιώδης οὖσα ἐκ τῶν φαινομένων, ὥσπερ μοχθηρὰ τραγῳδία·	Wenn nämlich die Zahl nicht ist, so werden um nichts weniger die Raumgrößen sein – nach der Ansicht derer [= Speusipp], die nur die mathematischen Gegenstände als selbständig voraussetzen –, und wenn die Raumgrößen nicht sind, so immer noch die Seele und die sinnlich wahrnehmbaren Körper. Es ist aber, nach den Phänomenen zu urteilen, nicht wahrscheinlich, daß die Natur in einzelne Akte auseinanderfällt wie eine schlechte Tragödie. [b 16–20]
τοῖς δὲ τὰς ἰδέας τιθεμένοις τοῦτο μὲν ἐκφεύγει· ποιοῦσι γὰρ τὰ μεγέθη ἐκ τῆς ὕλης καὶ ἀριθμοῦ, ἐκ μὲν τῆς δυάδος τὰ μήκη, ἐκ τριάδος δ' ἴσως τὰ ἐπίπεδα, ἐκ δὲ τῆς τετράδος τὰ στερεὰ ἢ καὶ ἐξ ἄλλων ἀριθμῶν· διαφέρει γὰρ οὐθέν·, ἀλλὰ ταῦτά γε πότερον ἰδέαι ἔσονται, ἢ τίς ὁ τρόπος αὐτῶν, καὶ τί συμβάλλονται τοῖς οὖσιν; οὐθὲν γάρ, ὥσπερ οὐδὲ τὰ μαθηματικά, οὐδὲ ταῦτα συμβάλλεται. ἀλλὰ μὴν οὐδ' ὑπάρχει γε κατ' αὐτῶν οὐθὲν θεώρημα, ἐὰν μή τις βούληται κινεῖν τὰ μαθηματικὰ καὶ ποιεῖν ἰδίας τινὰς δόξας. ἔστι δ' οὐ χαλεπὸν ὁποιασοῦν ὑποθέσεις	Diejenigen freilich, die die Ideen ansetzen, sind von diesem Einwand nicht betroffen. Denn sie lassen die Raumgrößen aus dem Stoff(prinzip) und einer Zahl hervorgehen: aus der Zweiheit die Längen, aus der Dreiheit vielleicht die Flächen, aus der Vierheit das Körperliche – oder auch aus anderen Zahlen, das macht ja keinen Unterschied. Aber (es ist zu fragen:) sollen diese (Raumgrößen) Ideen

23 Anders als Cherniss und Jaeger; aber mit den Handschriften lese ich 1090 b 37: ἐξ ἄλλου δέ τινος μικροῦ καὶ μεγάλου τὰ γὰρ μεγέθη ποιεῖ. Eine Frage (ἐξ ἄλλου δὲ τίνος …;) ist im Zusammenhang weniger sinnvoll.

λαμβάνοντας μακροποιεῖν καὶ συνείρειν. οὗτοι μὲν οὖν ταύτῃ προσγλιχόμενοι ταῖς ἰδέαις τὰ μαθηματικὰ διαμαρτάνουσιν·
οἱ δὲ πρῶτοι δύο τοὺς ἀριθμοὺς ποιήσαντες, τόν τε τῶν εἰδῶν καὶ τὸν μαθηματικόν, οὔτ᾽ εἰρήκασιν οὐδαμῶς οὔτ᾽ ἔχοιεν ἂν εἰπεῖν πῶς καὶ ἐκ τίνος ἔσται ὁ μαθηματικός. ποιοῦσι γὰρ αὐτὸν μεταξὺ τοῦ εἰδητικοῦ καὶ τοῦ αἰσθητοῦ. εἰ μὲν γὰρ ἐκ τοῦ μεγάλου καὶ μικροῦ, ὁ αὐτὸς ἐκείνῳ ἔσται τῷ τῶν ἰδεῶν, ἐξ ἄλλου δέ τινος μικροῦ καὶ μεγάλου μεγέθη ποιεῖ· εἰ δ᾽ ἕτερόν τι ἐρεῖ, πλείω τὰ στοιχεῖα ἐρεῖ· καὶ εἰ ἕν τι ἑκατέρου ἡ ἀρχή, κοινόν τι ἐπὶ τούτων ἔσται τὸ ἕν, ζητητέον τε πῶς καὶ ταῦτα πολλὰ τὸ ἓν καὶ ἅμα τὸν ἀριθμὸν γενέσθαι ἄλλως ἢ ἐξ ἑνὸς καὶ δυάδος ἀορίστου ἀδύνατον κατ᾽ ἐκεῖνον.

sein, oder welches ist sonst ihr Seinsstatus? Und was tragen sie bei für die realen Dinge? Gar nichts! Ebensowenig wie die mathematischen Gegenstände tragen diese (Raumgrößen) etwas bei. [b 20–27]
Überdies ist ja auch auf sie (die Raumgrößen) kein einziger mathematischer Lehrsatz anwendbar – es sei denn, daß einer die (bestehende) Mathematik durcheinanderbringen will, indem er irgendwelche eigenen Lehren einführt [= Xenokrates]. Es ist aber nicht schwierig, beliebige Ansätze zugrundezulegen und dann in langer Verknüpfung Folgerungen daraus zu ziehen. Diejenigen, die damit gemeint sind, gehen also auf diese Weise, indem sie mit den Ideen die mathematischen Gegenstände verquicken, in die Irre. [b 27–32]
Die ersten (Vertreter der Ideenlehre) dagegen [= Platon] haben zwar zweierlei Zahlen angenommen, die Ideenzahl und die mathematische Zahl, doch haben sie nicht erklärt und könnten wohl auch nicht erklären, wie und woraus die mathematische Zahl entstehen soll. Die mathematische Zahl setzen sie ja zwischen die ideenhafte und die sinnlich wahrnehmbare. Falls nun die mathematische Zahl aus dem Großen-und-Kleinen entstehen soll, müßte sie dieselbe sein wie jene, die Ideenzahl – aus einer anderen Art des Großen-und-Kleinen aber läßt er ja (bereits) die Raumgrößen hervorgehen! Falls er jedoch etwas anderes anführen will, muß er die Prinzipien vermehren. Und sofern je ein Eines (Einsprinzip) der Ursprung ist für beide (Zahlenarten), muß das Eine etwas Gemeinsames sein, das diese (verschiedenen Arten des Einen) umfaßt; und dann ist die Frage zu stellen: wie das Eine schon in dieser Vielfalt auftritt und doch zugleich die Entstehung der Zahl (des Vielfachen) nicht anders möglich sein soll als durch das Eine und die Unbestimmte Zweiheit, was er ja behauptet. [b 32–1091 a 5]

In dem Abschnitt, der dem umstrittenen Passus (b 20–27) vorausgeht (b 16–20), wird zweifellos über Speusipp gesprochen, der die konkreten Dinge nur aus mathematischen, nicht aus ideenhaften Voraussetzungen herleitete. Auch darüber, daß gleich nach den problematischen Sätzen speziell Xenokrates gemeint ist, besteht Einigkeit (b 28–32 ἐὰν μή τις βούληται …). Ebenso sicher ist schließlich (b 32ff. οἱ δὲ πρῶτοι …) speziell von Platon die Rede.[24]

Was nun die fraglichen Sätze (b 20–27) angeht, in denen Aristoteles erklärt, die ›Vertreter der Ideenlehre‹ hätten die Raumgrößen (μεγέθη) aus je einer (Ideen-)Zahl und dem zweiten Prinzip erzeugt, so stehen dazu zwei

24 Vgl. den Kommentar von Ross (Aristotle's Metaphysics, II, 1924, 481–482); zu b 28–32 (Xenokrates) weitere Parallelen bei H.D. Saffrey, Le Περὶ φιλοσοφίας d' Aristote et la théorie platonicienne des idées nombres, Leiden 1955, 31 (Anm. 3). In dem letzten Abschnitt (Platon) beachte man den Übergang zum Singular (ποιεῖ, ἐρεῖ, κατ᾽ ἐκεῖνον).

Auffassungen einander gegenüber. Auf der einen Seite hat Cherniss nachzuweisen gesucht, daß hier allein Xenokrates gemeint sein könne; und die
41 gleiche Ansicht | vertritt Theiler.[25] Andere Erklärer – Ross, Saffrey, Burkert – verfechten dagegen die Ansicht, daß nicht nur an Xenokrates, sondern auch an Platon gedacht sei.[26]

Wenn man alle bisher vorgebrachten Argumente aufs neue überprüft, muß man, wie ich meine, zu dem Ergebnis kommen, daß die Ansicht von Cherniss durch nichts wahrscheinlich gemacht wird, daß vielmehr einige Beobachtungen seiner Xenokrates-These entschieden widersprechen. Jedenfalls sollen jetzt vier Argumente vorgebracht werden, die geeignet sind, die zweite Auffassung zu bestätigen: daß nämlich Aristoteles in den umstrittenen Sätzen auch Platon, ja in erster Linie Platon kritisiert.

(1) In dem Gesamtzusammenhang des Textes sind Gliederung und Gedankenführung nicht leicht festzustellen. Die einfache Aufteilung, mit der Cherniss rechnet, liegt auf den ersten Blick nahe: Speusipp (b 16–20) – Xenokrates (b 20–32) – Platon (b 32ff.). Gegen diese Annahme spricht aber, daß dann Platon bei der Diskussion des Hauptproblems, das Aristoteles hier im Blick hat, gar nicht berücksichtigt wäre.

Aristoteles erörtert hier vor allem die Frage, ob die Zahlen und ›früheren‹ Dimensionsstufen (μεγέθη) etwas beitragen können (συμβάλλεσθαι) für die ›späteren‹, d. h. ob von den Linien und Flächen her das Sein der körperlichen Dinge wirklich begründet wird. Für Platon würde nach der Gliederung von Cherniss nur die Sonderstellung der mathematischen Zahlen behandelt: die Schwierigkeit, sie aus den gleichen Prinzipien herzuleiten wie die Ideenzahlen. Das ist ein anderes Problem als die Frage des Seinszusammenhanges von Zahlen und begrenzenden Dimensionen zu den konkreten Erscheinungen. Nun ist aber unbedingt anzunehmen, daß Aristoteles schon bei jener ersten Frage Platon mitberücksichtigt. Denn er schreibt an anderen Stellen die Ideenzahlen und μεγέθη unzweifelhaft auch Platon zu. Ja, die hier in dem kontroversen Passus nebenbei gestellte Frage, welchem Seinsbereich die μεγέθη angehören sollen (etwa dem Bereich der Ideen?), wird an einer Stelle in Metaphysik A (9, 992 b 13–18) eigens an Platon gerichtet (da dort die drei platonischen Seinsbereiche – Ideen, Mathematisches, Erscheinungen – vorausgesetzt sind).

Man trifft die Gedankenfolge des Aristoteles also besser, wenn man annimmt, daß das Problem des Verhältnisses der Ideenzahlen zu den ma-

25 H. Cherniss, Aristotle's Criticism of Plato and the Academy, I, 1944, 569–570; Die Ältere Akademie (= The Riddle of the Early Academy, 1945, übers. v. J. Derbolav), Heidelberg 1966, 25. 44 m. Anm. 4; Gnomon 31, 1959, 45-48. W. Theiler, Kommentar zu ›De anima‹ (Aristoteles – Über die Seele, Berlin 1959) 94; Einheit und unbegrenzte Zweiheit von Plato bis Plotin, in: Isonomia, hrsg. v. J. Mau u. E.G. Schmidt, Berlin 1964, 98.

26 Sir David Ross, Plato's Theory of Ideas, ^{1}1951, 208–210; H.D. Saffrey, a.O. 29–30; W. Burkert, a.O. 22 (Anm.); ebenso neuerdings der Verf. (vgl. Test. Pl. 28 b); unentschieden H.J. Krämer, Der Ursprung der Geistmetaphysik, 205 Anm. 34.

thematischen Gegenständen sich erst an die Frage des συμβάλλεσθαι anschließt, nachdem diese ganz durchdiskutiert ist. Der etwas gleitend-assoziative Übergang zu dem neuen Thema oder zusätzlichen Argument liegt bei 1090 b 27 (ἀλλὰ μὴν οὐδ᾽ ὑπάρχει | γε κατ᾽ αὐτῶν οὐθὲν θεώρημα). Im 42
ganzen weist der Text demnach die folgende Gliederung auf:

I. *Hauptthema:* Es ist zu fragen, ob in der Aufeinanderfolge von Zahlen, Raumformen (μεγέθη) und körperlichen Erscheinungen ein Begründungszusammenhang vom Früheren zum Späteren besteht.

1. *Speusipp*: Dieser nimmt selbst keinen folgerichtigen Zusammenhang an, sondern läßt die Seinsbereiche episodisch auseinanderfallen.

2. *Die Vertreter der Ideenlehre* [=Platon und Xenokrates]: Sie leiten die Raumformen folgerichtig aus den Zahlen ab, doch ist einzuwenden,

a) daß die Seinsstellung der μεγέθη nicht klar ist,

b) daß ein eigentlicher Begründungszusammenhang hier ebensowenig gegeben ist wie bei Speusipp.

II. *Zusätzliches Thema*:[27] Die angeblich seinsbegründenden μεγέθη (und Zahlen) lassen sich auch nicht mathematisch fassen.

1. *Xenokrates*: Um diese Raumgrößen mathematisch behandeln zu können, müßte man, wie dies Xenokrates verlangt, Ideen und Mathematisches gewaltsam zusammenziehen.

2. *Platon*: Er hat grundsätzlich zwischen Ideenzahlen und mathematischen Zahlen (wie auch mathematischen μεγέθη) unterschieden; aber er hat nicht erklärt, wie die Sonderstellung des Mathematischen möglich ist, wenn alle Zahlen aus den gleichen Prinzipien entstehen sollen (aus der Einheit und der Unbestimmten Zweiheit).

(2) Da auf jeden Fall in dem Teilabschnitt b 28–32 (ἐὰν μή τις βούληται …) Xenokrates gemeint ist, kommt es für unser quellenkritisches Problem darauf an, wie weit sich der rekapitulierende Schlußsatz (b 31 οὗτοι μὲν οὖν ταύτῃ προσγλιχόμενοι ταῖς ἰδέαις τὰ μαθηματικὰ διαμαρτάνουσιν) zurückbezieht. Cherniss nahm an, dieser Satz fasse den ganzen Abschnitt über die ›Vertreter der Ideenlehre‹ (b 20–32) zusammen. Aber der Schlußsatz hebt einfach dies hervor, daß es verfehlt sei, das Mathematische mit den Ideen zu verquicken. Dies bezieht sich auf die Feststellung: die μεγέθη könnten nicht mathematisch erfaßt werden, es sei denn, daß man wie Xenokrates die Mathematik selber umwerfe. Nicht ohne weiteres aber kann damit die ganze Erörterung des Beitrags der μεγέθη für die konkreten Dinge abgeschlossen werden. Deshalb ist wesentlich wahrscheinlicher, daß der Schlußsatz nur den kurzen Abschnitt über Xenokrates zur Frage der mathematischen Ei-

27 Das neue Thema scheint dem Hauptproblem irgendwie untergeordnet zu sein oder als Spezifizierung aus ihm herauszuwachsen. Auf jeden Fall aber wird unter dem ersten Thema (συμβάλλεσθαι) nur dann etwas über Platon gesagt, wenn dieser sofort bei der Angabe οἱ τὰς ἰδέας τιθέμενοι (b 20) mitgemeint ist.

gengesetzlichkeit (b 28ff.) zusammenfaßt. Das Vorausgehende dürfte also auch von Platon gesagt sein, Aristoteles unterscheidet zwischen Xenokrates und Platon erst bei der spezielleren Frage, wie sich die Ideen und das Mathematische zueinander verhalten.

(3) Der Ausdruck οἱ τὰς ἰδέας τιθέμενοι (b 20) schließt bei unbefangenem Verständnis Platon mit ein. Cherniss[28] verweist auf Metaph. M9, 1086 a 2ff.; aber diese Stelle spricht gegen, nicht für seine Ansicht. Denn dort geht
43 aus der | Formulierung klar hervor, daß (nach Speusipp) zuerst Xenokrates als einer von den beiden Hauptvertretern der Ideenlehre gemeint ist. Und sachlich ist es dort ebenso wie hier speziell die Frage des Mathematischen, bei der zwischen Xenokrates und Platon unterschieden wird.

(4) Aristoteles weist, wo er von der Erzeugung der Raumformen (μεγέθη) aus den Zahlen (Zwei, Drei, Vier) spricht, bei der Dreiheit und der Vierheit auf eine Beliebigkeit hin: »vielleicht« (ἴσως), »oder auch aus anderen Zahlen« (ἢ καὶ ἐξ ἄλλων ἀριθμῶν). Cherniss[29] sah darin eine ironisch-fiktive Relativierung, als ob Aristoteles nur von sich aus sagen würde: meinetwegen auch aus anderen Zahlen. Mindestens ebenso gut jedoch kann man annehmen, daß Aristoteles auf unterschiedliche Lehren Bezug nimmt, nämlich eine Herleitung der Raumformen auch aus anderen Zahlen als aus Zwei, Drei und Vier. So hat Saffrey die Stelle aufgefaßt.[30] Man kann eine solche variierende Lehre für die Alte Akademie nun aber auch belegen, was bisher noch nicht notiert worden ist. Denn in der ›Epinomis‹ des Philippos von Opus ist für die Entfaltung von der Einheit zum Körperlichen (στερεῶν τε καὶ ἁπτῶν) die Zahlenreihe Eins–Zwei–Vier–Acht maßgeblich (Epin. 991 A). Daraus folgt: Aristoteles hat in dem problematischen Passus wahrscheinlich nicht nur einen, sondern (mindestens) zwei Vertreter der Ideenlehre im Auge. Wenn aber dementsprechend nicht Xenokrates allein gemeint ist, dann kann bei dem allgemeinen Ausdruck οἱ τὰς ἰδέας τιθέμενοι Platon erst recht nicht ausgeschlossen sein.

Weiterhin darf man dann doch wohl folgern, daß Aristoteles mit »vielleicht« und »oder auch aus anderen Zahlen« auf eine Abweichung des Xenokrates von Platon zielt. Der eine hätte also die Raumformen nach Maßgabe der Zahlen Eins–Zwei–Drei–Vier, der andere nach Eins–Zwei–Vier–Acht erzeugt. Bei der Zweiheit besteht noch Übereinstimmung; daher ist »vielleicht« erst bei der Dreiheit hinzugesetzt.

Daß die von Aristoteles genau angegebene Theorie Platon gehört, die andere Ansicht dagegen, die hier nur allgemein mitberücksichtigt wird (und in der ›Epinomis‹ genauer zu fassen ist), von Xenokrates vertreten wurde, ist schon von Aristoteles her zu vermuten, der die ursprüngliche

28 Gnomon 31, 1959, 47.
29 Gnomon 31, 1959, 46 (Anm. 2).
30 Saffrey a.O. 29 (Anm. 2).

Lehre in den Vordergrund gestellt haben dürfte. Dafür sprechen aber auch die folgenden Beobachtungen.

(a) Die Herleitung der Raumformen aus den Zahlen Eins–Zwei–Drei–Vier darf als die ursprünglichere Theorie gelten, weil die Tetraktys dieser Zahlen schon bei den Pythagoreern eine ähnliche Bedeutung hatte. Auch findet man die ersten vier Zahlen in gleicher Funktion bei Speusipp (Fr. 4 Lang).[31]

(b) Die ›Epinomis‹, in der die Zweierfolge Eins-Zwei-Vier-Acht erscheint, läßt mehrfach xenokrateischen Einfluß erkennen:[32] an Xenokrates erinnert in dieser Schrift vor | allem die Rolle des Nus, die Dämonenlehre, 44
die überragende Bedeutung der Kosmologie, die Angleichung der Ideenzahlen an die mathematischen Zahlen.[33]

(c) Die Einführung der Zahlen Eins–Zwei–Vier–Acht ist sachlich motiviert durch den Gedanken, daß die dimensionale Entfaltung aufgrund einer stetigen Verdoppelung, also einer Wirkung der Zweiheit erfolgen soll. So erklärt ja auch die ›Epinomis‹ (990 E–991 A) den ganzen Vorgang. Das aber stimmt zu der Tendenz des Xenokrates, alles möglichst in fortlaufender Reihe (ἐχόμενα) auseinander hervorgehen zu lassen (Metaph. Z2, 1028 b 24–27). Xenokrates hat auch stärker als Platon dem ersten Prinzip das Ungeradzahlige (περιττόν), dem zweiten Prinzip das Geradzahlige (ἄρτιον) zugeordnet (Fr. 15 Heinze). Er mußte also in der Dreiheit etwas prinzipiell anderes sehen als in der Zweiheit und Vierheit. Da diese prinzipielle Verschiedenheit innerhalb der Tetraktys nicht zu der stetigen Aufeinanderfolge der Dimensionen paßt, lag für Xenokrates die andere Erklärung mit den Zweierzahlen nahe.

Wenn diese speziellen Beobachtungen zutreffen (was natürlich nicht mit voller Sicherheit behauptet werden kann), ergibt sich, daß gerade Platon und nicht Xenokrates die Raumformen aus den Zahlen der Tetraktys hergeleitet hat. Doch kommt für uns auf diese Möglichkeit einer Differenzierung zwischen Platon und Xenokrates nicht viel an. Was festgehalten werden soll, ist das allgemeine Ergebnis der bisher vorgetragenen Argumentation: Es ist in hohem Grade wahrscheinlich, daß Aristoteles in dem fraglichen Passus über die ›Vertreter der Ideenlehre‹ nicht nur an Xenokrates denkt, sondern vor allem auch an Platon.

31 Im ›Timaios‹ (35 B) kommt zwar auch bei Platon die Zahlenfolge 1 - 2 - 4 - 8 vor; aber dort sind diese Zahlen mit den Dreierpotenzen verbunden (1 - 3 - 9 - 27) und haben eine ganz andere Funktion: es sind nicht Ideenzahlen, sondern Proportionen in der Seele.

32 Vgl. J. Pavlu, Zur Abfassungszeit der pseudoplatonischen Epinomis, Wiener Stud. 55, 1937, 55–68 (bes. 62. 64–67); W. Theiler, Gnomon 7, 1931, 350–352.

33 Bezeichnend ist wohl auch der Satz (990 E): … καθ᾽ ἑκάστην ἀναλογίαν εἶδος καὶ γένος ἀποτυποῦται πᾶσα ἡ φύσις. Das heißt wahrscheinlich: Auf jeder Stufe der dimensionalen Entfaltung wird in neuer Form das Strukturverhältnis von Art und Gattung ausgeprägt (zuerst zahlenhaft-noetisch, dann seelisch, dann körperlich?). Wenn dabei das Eidos vor dem Genos genannt wird, so entspricht dies der Lehre des Xenokrates vom Seinsvorrang des Eidos (vgl. S. Pines, A New Fragment of Xenocrates, Transactions of the Amer. Philos. Soc. 51, 2, Philadelphia 1961).

Diese Erklärung ist mit allen sonstigen Angaben in den Schriften des Aristoteles vereinbar. Cherniss hat dies zwar bestritten, dabei aber den Sinn einiger Stellen verdreht. Dies gilt besonders für Metaph. Z11, 1036 b 12–17, wo gesagt wird, daß beide – Platon und Xenokrates – die Zweiheit (Dyas) als Idee der Linie ansetzen, wenn auch in verschiedener Weise. Der Text ist folgendermaßen zu verstehen:[34]

καὶ ἀνάγουσι πάντα εἰς τοὺς ἀριθμούς, καὶ γραμμῆς τὸν λόγον τὸν τῶν δύο εἶναί φασιν. καὶ τῶν τὰς ἰδέας λεγόντων οἱ μὲν αὐτογραμμὴν τὴν δυάδα, οἱ δὲ τὸ εἶδος τῆς γραμμῆς, ἔνια μὲν γὰρ εἶναι ταὐτὰ τὸ εἶδος καὶ οὗ τὸ εἶδος (οἷον δυάδα καὶ τὸ εἶδος δυάδος), ἐπὶ γραμμῆς δὲ οὐκέτι.

Und sie führen alles auf die Zahlen zurück und sagen, der Logos der Linie sei der der Zwei [Speusipp]. Von denen, die Ideen annehmen [Platon und Xenokrates], sagen die einen, die Zweiheit sei ›Linie-an-sich‹, die anderen dagegen, (die Zweiheit sei) die Idee der Linie: denn bei einigem sei die Idee und das, wovon es die Idee ist, dasselbe, wie z. B. Zweiheit und Idee der Zweiheit (die beide zahlenhaft sind), bei der Linie aber nicht mehr. |

45 Von den Vertretern der Ideenlehre hat also der eine die Dyas als αὐτογραμμή bezeichnet, während der andere den reinen Zahlcharakter der Dyas betonte. Auch nach der zweiten Ansicht soll die Dyas die Idee (das Formprinzip) der Linie sein, aber als Zahl, nicht als ideale Linie.[35]

Dabei ist nun ziemlich sicher, daß Platon die erste Ansicht, Xenokrates die zweite vertreten hat. Denn indem Xenokrates die Ideenzahlen mathematisch zu erklären sucht, muß ihm daran gelegen sein, die Zahlen so wenig wie möglich mit ungewöhnlichen Eigenschaften zu belasten.

*

Mit dem Nachweis, daß Aristoteles in dem besprochenen Abschnitt aus Metaph. N3 an Platon selbst denkt, darf eine erste Aufgabe der Quellenkritik für diesen Text als erfüllt gelten. Aber es entsteht nun erst recht die weitere Frage, wie das, was Aristoteles hier anführt, von Platon her zu verstehen ist.

Es wäre also zu untersuchen, ob etwa das Referat des Aristoteles durch polemische Tendenzen oder irgendwelche Mißverständnisse entstellt ist. Soweit wir sehen, ist hier nichts Gravierendes dieser Art zu finden – außer eben der einengenden Abbreviatur der Formulierungen und einer ter-

34 Cherniss (Aristotle's Criticism of Plato, 567f.; Gnomon 31, 1959, 44) machte αὐτογραμμή (statt δυάς) zum Subjekt des Satzes und kam so zu der Auslegung: Xenokrates führt die Linie auf die Dyas zurück, Platon nicht auf die Dyas, sondern einfach auf die Idee der Linie. Diese Interpretation wird dem Zusammenhang des Textes nicht gerecht und kann den begründenden Schlußsatz (1036 b 15–17 ἔνια μὲν γὰρ …) nicht verständlich machen. Sie ist daher besonders von W. Burkert (a.O. 22 f.) mit guten Gründen abgelehnt worden.

35 Daß bei αὐτογραμμή der Artikel fehlt, bei τὸ εἶδος τῆς γραμμῆς dagegen gebraucht ist (obwohl beides gleichermaßen als Prädikat verstanden werden muß), kann damit erklärt werden, daß der erste Ausdruck ein feststehender Terminus ist, der zweite nicht. Vgl. zur Sache auch Metaph. H3, 1043 a 33–34.

minologischen Angleichung (z. B. 1090 b 22 ὕλη für das zweite Prinzip Platons), die man aber unschwer durchschauen kann.

Wenn wir in der knappen Ausdrucksweise des Aristoteles nochmals zusammenfassen, was in dem behandelten Text zum größeren Teil sicher (1090 b 32ff.), zum kleineren Teil mit hoher Wahrscheinlichkeit (in dem problematischen Passus b 20–27) für Platon bezeugt ist, so erhält man eine ganze Reihe von recht bedeutungsvollen Lehrsätzen Platons, von denen in den platonischen Schriften nicht die Rede ist.

1. Es gibt zwei Grundprinzipien: ἕν und μέγα καὶ μικρόν oder ἀόριστος δυάς.

2. Aus diesen beiden Prinzipien werden die Zahlen erzeugt, und zwar zunächst die Ideen-Zahlen.

3. Aus den Ideenzahlen entstehen dann unter Mitwirkung des zweiten Prinzips die Raumdimensionen (Linie–Fläche–Körper, Länge–Breite–Tiefe).

4. Bei der Erzeugung der Raumformen wirkt das zweite Prinzip in anderer Weise als bei den Zahlen (ἐξ ἄλλου δέ τινος μικροῦ καὶ μεγάλου τὰ γὰρ μεγέθη ποιεῖ). Das heißt nach den Parallelstellen in der Metaphysik (A9, 992 a 10–13; M9, 1085 a 9–12; N1, 1089 b 11–14): bei der Erzeugung der Zahlen wirkt das ›Große-und-Kleine‹ als ›Viel-und-Wenig‹, bei der Linie als›Lang-und-Kurz‹ usw.

5. Die Zahlen, die bei der Erzeugung der μεγέθη das erste Prinzip vertreten, sind Zweiheit, Dreiheit und Vierheit. | 46

6. Drei Seinsbereiche werden unterschieden: Ideen (Ideenzahlen), mathematische Gegenstände, Erscheinungen.

7. Schwierigkeiten:

a) Platon hat die Ideen als Zahlen bestimmt, aber die Raumformen (μεγέθη), die aus den Zahlen hervorgehen sollen, keinem der drei Seinsbereiche eindeutig zugeordnet.

b) Ob und wie die mathematischen Zahlen aus den gleichen Prinzipien hervorgehen sollen wie die Ideenzahlen, ist unklar geblieben.

In diesen Sätzen zeichnet sich der Umriß einer mathematisierenden Ontologie und Prinzipienlehre ab. Vor allem sind zwei Wege erkennbar, die von den Prinzipien und Ideenzahlen zu den körperlichen Dingen führen sollten: der eine geht über den Zwischenbereich des Mathematischen zu den Erscheinungen, der andere hält sich an die Dimensionsstufen Linie, Fläche und Körper.

Weiterhin wäre nun zu prüfen, ob Äußerungen in den platonischen Schriften dem entgegenkommen, was hier bei Aristoteles über Platon gesagt wird. Gewiß ist diese Lehre von den Dimensionen, Zahlen und Prinzipien in den Dialogen Platons nirgends ausdrücklich dargestellt. Aber andererseits widerspricht das Referat des Aristoteles Platons literarischem Werk an keiner Stelle. Vielmehr bezeugen die Mitteilungen des Aristoteles für Platons mündliche Lehren eine systematische Zusammenfassung von Strukturen und Bezügen, die auch in den Dialogen verschiedentlich vorkommen. Vor allem an den ›Timaios‹ ist zu erinnern, in dem sowohl bei der Seelenlehre als auch bei der Atomlehre ein dimensionaler Aufriß der Realität sichtbar wird (vgl. u. Seite 238ff.). Aber auch auf andere Dialogstellen wäre zu verweisen, etwa auf die bekannte Feststellung in Nomoi X (894 A), wo es heißt: γένεσις (Entstehung, Seinsentfaltung) geschehe dadurch, daß etwas aus einem Anfang heraus sich in drei Stufen (μεταβάσεις) zum Körperlichen hin entwickle. Damit ist in andeutender Manier, aber doch unverkennbar die ontologische Funktion der Dimensionenfolge beschrieben.[36]

Ebenso stimmen die platonischen Voraussetzungen unseres Metaphysik-Abschnittes (N3) auch mit dem überein, was die Berichte von Platons Περὶ τἀγαθοῦ mitteilen. Denn die Lehre von den μεγέθη, die aus den
47 Ideenzahlen erzeugt | werden sollen, entspricht ja inhaltlich dem Weg der Seinsanalyse, der (umgekehrt) von den körperlichen Dingen über die Dimensionsformen und Zahlen zu den Prinzipien führt.[37]

Dabei ist nun, wie mir scheint, für das platonische Verständnis des Berichts in Metaph. N3 gerade auch das wichtig, was Aristoteles bemängelt: daß nämlich Platon die Folge der μεγέθη nicht in eine klare Beziehung zu einem der drei Seinsbereiche gesetzt hat. Man kann dies doch wohl nur so verstehen – und andere Texte unterstützen diese Auffassung –, daß die dimensionale Abstufung von den Zahlen zu den körperlichen Dingen überhaupt nicht einen besonderen Seinsbereich ausmacht (etwa, wie vermutet wurde, zwischen den Ideen und dem Mathematischen). Vielmehr muß man annehmen, daß in dieser Abfolge die gesamte Realität bis zum Körperlichen herab ein erstes Mal strukturell ausgeprägt wird. Der moderne Ausdruck ›ideale Größen‹ für die μεγέθη Platons, die Aristoteles diskutiert, ist also etwas irreführend. Es handelt sich eher um ein Gerüst, das einen umfassenden Zusammenhang aller Dinge von den Ideen (oder Zahlen) bis zu den körperlichen Gegenständen aufzeigt. Allerdings ist im Bereich des Körperlichen schließlich noch weiter abzustufen von den reinen Körper-Figuren zu den sinnlich-wahrnehmbaren, konkret-körperlichen Dingen, in denen sich offenbar das zweite Prinzip noch stärker auswirkt.[38] Doch ändert

36 Diese im Zusammenhang der systematischen Darstellung der Bewegungsarten gegebene Erklärung der γένεσις darf nicht allzu eng mit dem Satz 896 D (μήκους σωμάτων καὶ πλάτους καὶ βάθους καὶ ῥώμης) verbunden werden. Im einen Fall handelt es sich um eine philosophische Theorie, im anderen um die konventionelle Beschreibung des Körperlich-Stofflichen. Zu Unrecht behauptet daher K.-H. Ilting (Gnomon 37, 1965, 141), Platon habe hier »ausdrücklich die Unzurückführbarkeit des Seelischen auf die Dimensionenfolge festgestellt«. Vielmehr sind körperliche und seelische Struktur in Nomoi X (wie im ›Timaios‹) durchaus analog gesehen. Die genannte Rezension von Ilting besteht auch im übrigen aus einer Reihe haltloser Angaben (vgl. u. Anm. 63, 69, 78). Inzwischen hat Ilting seine eigene Auffassung dargelegt: Platons ›Ungeschriebene Lehren‹, Der Vortrag über das Gute; Phronesis 13, 1968, 1–31. Die Tendenz, den platonischen Vortrag nach Inhalt und Niveau ganz an die Dialoge anzugleichen, macht sich auch hier mehrfach in einer unangemessen einengenden Behandlung der Quellenberichte (besonders bei Aristoteles) bemerkbar.

37 Vgl. bes. Test. Pl. 22 B (Alexander), ebenso Metaph. A9, 992 a 10–13.

diese Differenzierung nichts daran, daß die Abfolge der μεγέθη den ganzen Seinszusammenhang durchzieht.

Daß das Viererschema Zahl–Linie–Fläche–Körper nicht deckungsgleich ist mit dem Dreierschema der Seinsbereiche (Ideen, Mathematisches, Erscheinungen), bedeutet nur scheinbar einen Widerspruch. Es sind eben zwei verschiedene Aspekte: zwei Möglichkeiten des Übergangs zwischen den Erscheinungen und den Prinzipien oder zwei Methoden des abstrahierenden, verinnerlichenden Aufstiegs vom Sinnlich-Wahrnehmbaren zum rein Ideellen. Wahrscheinlich hat Platon aber doch auch eine Möglichkeit gesehen, die beiden Aspekte sachlich miteinander zu verbinden. Das zeigt die Seelenlehre des ›Timaios‹. Denn hier wird die Seele in beiderlei Hinsicht als das Mittlere zwischen dem Körperlichen und den Ideen (oder Zahlen) dargestellt: zum einen als die lineare und flächenhafte Begrenzung des Körpers (Timaios 34 B, 36 E), zum anderen als ein mathematisches Gebilde, das arithmetische, geometrische, musiktheoretische und astronomische Gesetzmäßigkeiten in sich vereinigt (35 A - 36 E).[39] | 48

Wie *Aristoteles* kritisierte, die dimensionale Abstufung stimme nicht mit der Dreiteilung der Seinsbereiche zusammen, so war diese Diskrepanz oder Aspektverschiedenheit wohl auch für *Speusipp* und *Xenokrates* ein Anstoß, die Vorstellungen Platons teilweise aufzugeben und im ganzen zu vereinfachen. Beide haben den uneinheitlich wirkenden, unterschiedliche Seiten aufweisenden Systementwurf Platons gerade so verändert, daß die von Aristoteles hervorgehobene Schwierigkeit beseitigt wurde – wobei

38 Der Bericht des Sextus (Test. Pl. 32, s. u.) unterscheidet so zwischen den αἰσθητὰ σώματα und den στερεὰ σχήματα.

39 Ausführlicher hierüber in meinem Buch Pl.U.L. (bes. 41–66). É. de Strycker bringt in seiner lehrreichen Besprechung (Revue belge de philol. et d'histoire 54, 1967, 116–123) gegen meinen Versuch, die mathematischen Strukturen der platonischen Ontologie herauszuarbeiten, vier Einwände vor, auf die kurz etwa folgendes zu antworten ist. (a) In keinem Text von Platon oder über Platon sei die Seele, so erklärt de Strycker, mit den mittleren Dimensionen (Fläche und Linie) gleichgesetzt. Dagegen ist nochmals auf Timaios 34 B und 36 B–E zu verweisen (Seele als flächenhafte und lineare Begrenzung des Kosmoskörpers); auf keinen Fall aber sollte an eine ›Gleichsetzung‹ gedacht werden, die andere Aspekte ausschließt. (b) Bei der Erklärung der ›idealen Größen‹ Platons habe ich nach der Ansicht des Rezensenten nicht genügend unterschieden zwischen der stereometrischen Körpergestalt und dem sinnlich-wahrnehmbaren, konkreten Körper. Diese ›Größen‹ sind jedoch weder speziell mathematisch noch sinnlich noch auch ideenhaft zu verstehen. Das in der Reihe der »μεγέθη nach den Zahlen« genannte Körperliche ist m. E. die grundlegende Ausprägung der Körperlichkeit überhaupt; alles weitere ist dann eine Frage der Ausdifferenzierung. (c) Mein Vergleich der Beziehung zwischen Idee und Erscheinungen mit der zwischen Quadrat und Rechtecken kann nicht damit angefochten werden, daß das Flächenhafte den körperlichen Erscheinungen übergeordnet ist. Denn natürlich hatte ich keine Identifizierung, sondern eine Entsprechung im Auge: hier wie dort ist das Verhältnis von Peras und Apeiron zu beobachten. (d) Der mathematische Hinweis im ›Politikos‹ (266 A) ist für de Strycker ein bloßes Wortspiel, für mich eine Andeutung der mathematischen Schnittverhältnisse (Logoi) bei der Dihairesis. Freilich ist schwer zu sagen, wie weit die im Dialog scherzhaft vorgebrachte Angabe systematisch verfolgt werden darf. Aber die ganze Vorstellung ist bei Platon nicht absonderlich, zumal wenn man bedenkt, daß in der Musiktheorie damals ähnliche ›Einteilungen‹ üblich waren (vgl. dazu Sophistes 253 B–E).

dann freilich in anderer Hinsicht Unklarheiten und Spannungen auftraten.

Speusipp verstand die Zahlen und Raumformen rein mathematisch, nicht mehr ideenhaft, und setzte für die μεγέθη einen besonderen Seinsbereich zwischen den Zahlen und der Seele an, so daß sich für ihn diese Stufenfolge ergibt:

Eins als Prinzip (Gegensatz: πλῆθος)
Zahlen (mathematisch)
Raumdimensionen (μεγέθη, mathematisch)
Seele (Form und Bewegung hinzubringend)
Körper (sichtbare, qualitativ-stoffliche Erscheinungen)

Xenokrates beseitigte die Unterscheidung des Ideenhaften und des Mathematischen, indem er beides als gleichartig behandelte, und hob die Seele als ›sich selbst bewegende Zahl‹ über alles räumlich Ausgedehnte hinaus. Die grundlegenden μεγέθη sind bei ihm, wenn wir die Fragmente recht verstehen, zunächst rein intelligible Raumformen und danach die Dimen-
49 sionen des uns umgebenden Kosmos: |

unbewegt (ideenhaft = mathematisch):		
Zahl (reiner Nus)		νοητά (transzendent)
Raumformen (μεγέθη)?		
in Bewegung:		
Zahl	Seele (sich selbst bewegend)	δοξαστά (überirdisch)
Länge		
Breite	sichtbarer Kosmos	αἰσθητά (irdisch)
Tiefe		

Es ist also möglich, die Systeme eines Speusipp und Xenokrates als ähnlich motivierte Abwandlungen des platonischen Entwurfs zu erklären, und zwar im wesentlichen aufgrund der aristotelischen Berichte. Diese Möglichkeit, das Fortwirken der platonischen Intentionen entwicklungsgeschichtlich zu verfolgen, ist eine zusätzliche Bestätigung dafür, daß die Theoreme, die Aristoteles – etwa in Metaph. N3 – Platon zuschreibt, tatsächlich von Platon vertreten worden sind. Was uns bei den aristotelischen Berichten von den eigenen Äußerungen Platons trennt, ist die Einseitigkeit und Verengung der stark verkürzenden Referate – nicht mehr, aber freilich auch nicht weniger. Um die knappen Formeln der Prinzipienlehre zu verstehen und mit lebendiger Anschauung zu erfüllen, müssen wir immer wieder zusehen, wie sich die Wirkung dieser Axiome in den Dialogen Platons entfaltet.

IV Aristoteles, De anima I 2, 404 b 16–30

Auch an der Stelle in ›De anima‹, die neuerdings besonders heftig umstritten ist, geht es um die Frage: Platon oder Xenokrates? Aristoteles untersucht im ersten Buch seiner Pragmatie ›Über die Seele‹ die Ansichten der früheren Denker. Die einen haben, wie er sagt, die Seele als κινητικόν (Bewegungsursache) verstanden, die anderen als γνωριστικὸν καὶ αἰσθητικόν (Erkenntnisursache). Für die zweite Richtung nennt Aristoteles zuerst Empedokles, dann geht er über zu Platon (404 b 16ff.).

τὸν αὐτὸν δὲ τρόπον καὶ Πλάτων ἐν τῷ ΤΙΜΑΙΩΙ τὴν ψυχὴν ἐκ τῶν στοιχείων ποιεῖ· γιγνώσκεσθαι γὰρ τῷ ὁμοίῳ τὸ ὅμοιον, τὰ δὲ πράγματα ἐκ τῶν ἀρχῶν εἶναι.
ὁμοίως δὲ καὶ ἐν τοῖς ΠΕΡΙ ΦΙΛΟΣΟΦΙΑΣ λεγομένοις διωρίσθη· αὐτὸ μὲν τὸ ζῷον ἐξ αὐτῆς τῆς τοῦ ἑνὸς ἰδέας καὶ τοῦ πρώτου μήκους καὶ πλάτους καὶ βάθους, τὰ δ᾽ ἄλλα ὁμοιοτρόπως. [b 18–21]
ἔτι δὲ καὶ ἄλλως· νοῦν μὲν τὸ ἕν, ἐπιστήμην δὲ τὰ δύο – μοναχῶς γὰρ ἐφ᾽ ἕν –, τὸν δὲ τοῦ ἐπιπέδου ἀριθμὸν δόξαν, αἴσθησιν δὲ τὸν τοῦ στερεοῦ. οἱ μὲν γὰρ ἀριθμοὶ τὰ εἴδη αὐτά καὶ αἱ ἀρχαὶ ἐλέγοντο; εἰσὶ δ᾽ ἐκ τῶν στοιχείων· κρίνεται δὲ τὰ πράγματα τὰ μὲν νῷ; τὰ δ᾽ ἐπιστήμῃ; τὰ δὲ δόξῃ, τὰ δὲ αἰσθήσει· εἴδη δ οἱ ἀριθμοὶ οὗτοι τῶν πραγμάτων. [b 21–27]
ἐπεὶ δὲ καὶ κινητικὸν ἐδόκει ἡ ψυχὴ εἶναι καὶ γνωριστικόν, οὕτως ἔνιοι συνέπλεξαν ἐξ ἀμφοῖν, ἀποφηνάμενοι τὴν ψυχὴν ἀριθμὸν κινοῦνθ᾽ ἑαυτόν.

In der gleichen Weise (wie Empedokles) macht auch Platon im ›Timaios‹ die Seele aus den Urelementen; denn das Gleiche werde durch das Gleiche erkannt, und die Dinge (Erkenntnisgegenstände) seien aus den Prinzipien.
Ebenso ist es aber auch in den Büchern (in der Schrift) ›Über die Philosophie‹ auseinandergesetzt worden: Das Lebewesen selbst sei aus der Idee selbst des Einen und der ersten Länge und Breite und Tiefe, das andere aber in gleicher Weise.
Ferner (dasselbe) auch. anders: *Vernunft* sei das Eine, *Wissen* die Zwei – denn in einfacher Weise beziehe sie sich auf Eines –, die Zahl der Fläche aber *Meinung, sinnliche Wahrnehmung* die des Körperlichen. Denn die Zahlen wurden als die Ideen selbst und die Prinzipien bezeichnet; sie sind aber (ihrerseits) aus den Urelementen; beurteilt aber werden die Dinge (Erkenntnisgegenstände) teils durch die Vernunft, teils durch das Wissen, teils durch die Meinung, teils durch die sinnliche Wahrnehmung; und diese Zahlen seien die Ideen der Dinge. | 50
Da aber die Seele sowohl Bewegungsursache als auch Erkenntnisursache zu sein schien, haben einige sie in dieser Weise[1] zusammengeflochten, indem sie erklärten, die Seele sei »Zahl, die sich selbst bewegt«.

1 Das Wort οὕτως gehört zum Verbum (συνέπλεξαν), nicht zu dem vorausgehenden γνωριστικόν (vgl. u. Seite 232).

Es wird nun bei diesem Text zweckmäßig sein, zuerst eine sachliche Erklärung zu versuchen und dann erst auf die quellenkritische Frage einzugehen, wie weit hier Gedanken Platons und wie weit die eines anderen referiert werden.

Der Satz über die Seelenlehre des ›Timaios‹ kann von dem uns vorliegenden Dialog Platons aus erläutert werden. Aristoteles interpretiert die Darstellung des ›Timaios‹ stark systematisch. Er nennt στοιχεῖα einfach die Mischungselemente, aus denen die Seele hervorgehen soll (Timaios 35 A):

ἀμέριστον und μεριστόν, ταὐτόν und θάτερον, also je ein Moment der Einheit und ein Moment der Vielheit. Den Grundsatz, daß Gleiches durch Gleiches erkannt wird, findet man im Dialog vor allem etwa an der Stelle (37 BC), wo es heißt, daß die Seele mit dem ταὐτόν und dem θάτερον jeweils das Entsprechende – einheitliches Sein und uneinheitliches – zu erkennen vermöge.

In dem anschließenden, problematischen Abschnitt (b 18–27) darf die Frage, was mit Περὶ φιλοσοφίας gemeint ist, heute als erledigt gelten.[40] Aristoteles verweist auf seinen Dialog ›mit dem Titel‹ (das heißt λεγομένοις) ›Über die Philosophie‹. Nicht so leicht ist zu sagen, ob das Zitat aus dem literarischen Werk des Aristoteles nur den ersten Satz ausmacht (b 18–21) oder ob auch noch der zweite Satz (b 21–27) aus Περὶ φιλοσοφίας stammt. Das läßt sich mit unseren Mitteln kaum entscheiden, ist aber auch nicht besonders wichtig. Wahrscheinlich hatte P. Wilpert recht, wenn er annahm, daß nur der Inhalt des ersten, nicht mehr der des zweiten Satzes durch den Verweis auf den Dialog gedeckt ist.[41]

Sachlich ist in dem ersten Satz (b 18–21) zunächst nicht klar, was mit αὐτὸ τὸ ζῷον gemeint ist. Zwei verschiedene Erklärungen begegnen uns schon in den antiken Kommentaren, und beide sind auch in neuerer Zeit wieder vertreten worden: (a) αὐτὸ τὸ ζῷον = das ideenhafte Gesamtlebewesen, nämlich die Ideenwelt als lebendiger κόσμος νοητός und als Urbild unseres sichtbaren Kosmos; (b) αὐτὸ τὸ ζῷον = Lebewesen allgemein, der umfassende Gattungsbegriff oder die paradigmatische Idee aller einzelnen Lebewesen.

Die weit überwiegende Mehrzahl der antiken und modernen Erklärer hat sich für die erste Ansicht ausgesprochen.[42] Die zweite Auffassung
51 findet sich bei | Philoponos und wieder bei Cherniss.[43] Für die erste Möglichkeit spricht vor allem, daß Platon im ›Timaios‹ den Ideenkosmos tatsächlich als Lebewesen (ζῷον) beschreibt. Er nennt dort das ideale Urbild unseres Kosmos zwar nicht αὐτὸ τὸ ζῷον, aber recht ähnlich ζῷον νοητόν, ζῷον ἀ διον und ζῷον παντελές (Timaios 30 A – 31 B, 37 CD, 92 C). Für die

40 Vgl. Saffrey a.O. 7–11; Theiler, Kommentar z. St. (1959) 93.

41 Wilpert, Die aristotelische Schrift ›Über die Philosophie‹, in: Autour d'Aristote, off. à A. Mansion, Louvain 1955, 109: »Aristoteles beruft sich zunächst auf den Timaios. Dann zitiert er Περὶ φιλοσοφίας wie eine platonische Quelle und fügt schließlich noch ein drittes Argument an, das aus dem mündlichen Unterricht stammen mag«. – Unwahrscheinlich ist die Ansicht von Saffrey (a.O. 50 u.ö.), das Zitat aus dem literarischen Dialog reiche bis 404 b 24 und darauf folge (mit οἱ μὲν γὰρ ἀριθμοὶ …) eine eigene Erklärung des Aristoteles.

42 Simplikios (CAG 11) 29, 16; Themistios (CAG 5, 3) 11, 28; Sophonias (CAG 23, 1) 13, 1 – 14, 1. In neuerer Zeit besonders: L. Robin, La théorie platonicienne des idées et des nombres d'après Aristote, Paris 1908, 304–312; La pensée grecque et les origines de l'esprit scientifique, Paris [2]1948, 255; P. Siwek, Aristotelis tractatus de anima, Rom [4]1965 ([1]1933) 255; C. J. de Vogel, Problems concerning later Platonism, Mnemos. 4 Ser. 2, 1949, 302 (dtsch. Fassung: Probleme der späteren Philosophie Platons, in: Das Problem der Ungeschriebenen Lehre Platons, 1972, 41–87); Saffrey, a.O. 47–49; H.J. Krämer, Geistmetaphysik (1964) 203–207; Theiler, Kommentar z. St. (1959) 93.

43 Philoponos (CAG 15) 77, 5–11 und 79, 13–14. Cherniss, Aristotle's Criticism of Plato, App. IX, 575–578.

zweite Möglichkeit kann dagegen der aristotelische Sprachgebrauch ins Feld geführt werden. Bei Aristoteles bedeutet αὐτὸ ζῷον, ζῷον αὐτό oder αὐτὸ τὸ ζῷον sonst so viel wie ›die allgemeine Gattungsidee von Lebewesen‹.[44]

»Die übrigen Dinge« (τὰ δὲ ἄλλα), die nach dem ›Lebewesen selbst‹ genannt werden, sind im ersten Fall (a) alle Erscheinungen, die dem Ideenkosmos untergeordnet sind, also unsere Welt als sichtbares Lebewesen im ganzen und im einzelnen; bei der anderen Auffassung (b) sind es die in der allgemeinen Gattung beschlossenen Arten und Einzellebewesen oder vielleicht auch (wie Cherniss annahm) die anderen Ideen neben der Idee des Lebewesens.

Wir entscheiden uns mit den meisten Erklärern für die erste Interpretation, die in der Tat alle Wahrscheinlichkeit für sich hat. Der Unterschied zu der anderen Erklärung ist aber nicht sehr groß. Auch wenn man αὐτὸ τὸ ζῷον als ›Idee des Lebewesens‹ faßt, ergibt sich ja im ganzen die Vorstellung: einem idealen Lebewesen sind die anderen Lebewesen und alle Dinge (τὰ δὲ ἄλλα) gleichartig (ὁμοιοτρόπως) zugeordnet und untergeordnet. Daß dabei mit τὰ δὲ ἄλλα auch die anderen Ideen gemeint sein könnten, leuchtet weit weniger ein.[45]

Was wird nun über das intelligible Lebewesen im Text mitgeteilt? Es ist nicht einfach identisch mit dem viergestaltigen Wesen von Einheit, Länge, Breite und Tiefe, sondern ›aus‹ diesen erzeugt; ein solches Abhängigkeitsverhältnis ist mit ἐκ hier durchgehend bezeichnet (ἐκ τῶν ἀρχῶν, ἐκ τῶν στοιχείων). Die genannten Voraussetzungen sind also Grundelemente des ›Lebewesens selbst‹, das in sich natürlich noch viel reicher gegliedert ist.

Die Bezeichnung der Tetraktys kann man verschieden in den Nominativ übersetzen: Ist zu verstehen αὐτὴ ἡ τοῦ ἑνὸς ἰδέα καὶ τὸ πρῶτον μῆκος καὶ (τὸ πρῶτον) πλάτος καὶ (τὸ πρῶτον) βάθος oder: αὐτὴ ἡ τοῦ ἑνὸς ἰδέα καὶ τοῦ πρώτου μήκους καὶ πλάτους καὶ βάθους (ἰδέα)? Und ist im zweiten Fall αὐτὴ ἡ ἰδέα zu jedem einzelnen Begriff zu setzen (wie Themistios 11, 29–30 und Simplikios 29, 17–18 para- | phrasieren), oder ist an eine ἰδέα gedacht, 52
die alle vier Größen zu einer ›Gesamtgestalt‹ vereinigt? Die zuletzt genannte Möglichkeit wird am wahrscheinlichsten, wenn man die Seelendefinition Speusipps sprachlich vergleicht: ἡ ἰδέα τοῦ πάντῃ διαστατοῦ.

Auf jeden Fall kann man sagen – und darüber sind sich die Erklärer ziemlich einig –, daß mit πρῶτον μῆκος, πλάτος und βάθος die Ideenzahlen Zwei, Drei und Vier gemeint sind. Es sind die Urformen, aus denen dann die räumlichen μεγέθη (Linien, Flächen, Körper) hervorgehen sollen. Man

44 Vgl. Cherniss, a.O. 577; Die Ältere Akademie (1966), 112 Anm. 51. Die aristotelischen Belegstellen auch bei Saffrey, a.O. 48 Anm. 1.

45 Ein dritter Erklärungsversuch liegt nahe, ist aber doch nicht durchführbar, nämlich αὐτὸ τὸ ζῷον = das Lebewesen als solches, d. h. als Subjekt; τὰ δὲ ἄλλα = die Dinge außer dem Lebewesen, die Objekte. So wäre in dem Satz unmittelbar von der Entsprechung zwischen Seele und Erkenntnisgegenständen die Rede. Aber ζῷον kann nicht einfach so viel heißen wie erkennendes Subjekt (das Wort bedeutet beseeltes Wesen, nicht Seele).

findet hier also eine sehr ähnliche Vorstellung wie in dem oben besprochenen Abschnitt aus Metaph. N3.

In dem ganzen Satz wird somit aus Περὶ φιλοσοφίας etwa diese Theorie referiert: Das Lebewesen an sich (der Ideenkosmos) ist begründet durch die Tetraktys der Zahlen von Eins bis Vier. Ebenso (ὁμοιοτρόπως) wird auch ›alles andere‹ (d. h. unsere sichtbare Welt mit den einzelnen Lebewesen) von der Tetraktys aus konstituiert. Dabei erscheinen nun aber – so muß man wohl verstehen – die Raumformen nicht mehr in ihrer ›ersten‹, ideenhaften Gestalt als Zahlen, sondern im gewöhnlichen Sinn als räumliche Länge, Breite und Tiefe.

Es bleibt die Frage, inwiefern in dem ersten Satz (b 18–21) überhaupt etwas zu dem Thema gesagt ist, daß die Seele Gleiches durch Gleiches erkennt. Dazu kann man erklären: Das dem ideenhaften Lebewesen entsprechende Welt-Lebewesen hat Seele; diese Seele aber vermag alles zu erkennen, weil sie selbst und alle Dinge letzten Endes aus den gleichen Prinzipien und nach dem gleichen Modell entstanden sind – zuerst der Ideenkosmos, dann unsere sichtbare Welt. Daß der Satz nicht direkt von der Seele spricht, ist nicht befremdlich, wenn in Περὶ φιλοσοφίας der Zusammenhang zwischen dem ›Lebewesen an sich‹ und der Seele genauer erörtert war. Noch einfacher und besser aber ist wohl die Erklärung, daß der Satz gar nicht auf eine ausführlichere und speziellere Darstellung der (platonisch-akademischen) Seelen-Lehre verweist, sondern daß mit dem Zitat allgemeiner die vorausgehende Interpretation des ›Timaios‹ erläutert werden soll. Aristoteles will, wie mir scheint, seine systematische Auslegung der platonischen Seelenlehre im ›Timaios‹ rechtfertigen, indem er auf eine systematische Theorie hinweist, die in Περὶ φιλοσοφίας dargelegt war.

In dem zweiten Satz (b 21–27) soll nun dasselbe auch noch anders gesagt sein. Wieder ist von den Zahlen die Rede, die den Raumformen (Linie, Fläche, Körper) entsprechen. Jetzt aber werden diese Zahlen unmittelbar den vier Erkenntnisvermögen der Seele zugesprochen, ja mit ihnen identifiziert: *Nus* ist Eins, *Episteme* ist Zwei, *Doxa* die Zahl der Fläche (=Drei), *Aisthesis* die Zahl des Körperlichen (= Vier).[46]

Dabei soll auch für den zweiten Satz, wie ausdrücklich gesagt wird, gelten, daß die Zahlen Ideen (εἴδη der πράγματα) sind. Nun ist aber kaum vorstellbar, daß die Zahlen in der Seele zugleich auch die Ideen der Dinge (der Erkenntnisgegenstände) sind.[47] Vielmehr ist zu erwarten, daß die Ide-

46 Daß diese ersten vier Zahlen gemeint sind (und nicht etwa die Zahlen 1 – 2 – 4 – 8), ist deutlich zu sehen, und schon die antiken Kommentare haben den Text einhellig so erklärt. Die Zuordnung von Zahlen und Raumformen erfolgt hier offenbar nach Maßgabe der dimensionalen Ausdehnung: die Zwei entspricht der linearen Erstreckung (μοναχῶς ἐφ' ἕν), beim Flächenhaften und Körperlichen kommt jeweils eine weitere Beziehung hinzu. Daher ist es auch berechtigt, schon in dem ersten Satz (b 18–21) an die Zahlen von Eins bis Vier zu denken.

47 So sucht H. Cherniss (a.O. 578) den Text zu verstehen. Doch hat weder Platon noch Xenokrates etwas Derartiges gelehrt.

en-Zahlen beidem gleichermaßen übergeordnet sind: der Seele sowohl wie auch den Gegenständen der Erkenntnis (πράγματα). Dann wäre die Gleichartigkeit und Entsprechung zwischen Subjekt und Objekt von den Ideen her sinnvoll begründet.

So führt denn auch die Ausdrucksweise des Textes selbst darauf, daß zwischen den Ideen-Zahlen und den Zahlen der Seele ein Unterschied besteht. Die Zahl der Episteme heißt τὰ δύο, nicht δυάς. Die Zahl in der Seele ist also nicht eine ideale Zweiheit, sondern eine (mathematische) Zwei, die aus zwei Einheiten zusammengesetzt ist. Aristoteles pflegt diesen sachlichen Unterschied terminologisch zu beachten. Beispielsweise heißt es an der Stelle Metaph. Z11, 1036 b 12–17 (vgl. o. Seite 220) bei Speusipp, der nur die mathematischen Zahlen anerkannte, τὰ δύο, bei Platon und Xenokrates dagegen ἡ δυάς. Man darf also zu dem Satz in ›De anima‹ feststellen: Im Bereich der Seele tritt die Vierheit der Ideenzahlen in anderer, nämlich mathematisch faßbarer Form auf.

Die Koordinierung oder Identifizierung der seelischen Erkenntnisfunktionen mit den vier Zahlen ist der Sache nach nicht leicht befriedigend zu erläutern. Die antiken Kommentare[48] sagen darüber nicht wesentlich mehr als das, was wir uns selber zurechtlegen können.[49] Der Gesamtsinn der Zählung ist offenbar darin zu suchen, daß jeweils eine Dimension bzw. ein Moment der Mehrdeutigkeit hinzukommt. (a) Der Nus gleicht der Einheit, weil hier Erkennendes und Erkanntes in Eines zusammenfallen: hier geht es um ein unmittelbares ›Berühren‹ und ›Sich-Vereinigen‹ mit der Sache, nicht bloß um eine Beziehung zu ihr.[50] (b) Die Episteme stellt eine einfache Beziehung zum Gegenstand her, wie eine gerade Linie von Punkt zu Punkt (μοναχῶς ἐφ' ἕν).[51] (c) Bei der Doxa ist die Beziehung zum Gegenstand stets mehrdeutig: entweder wahr oder falsch, in der einen Weise richtig und in der anderen Weise ebenso richtig. (d) Die Aisthesis ist Vierheit, weil hier noch ein weiteres Moment der Relativität, Beliebigkeit und perspektivischen Differenz hinzukommt, sei es vom Gegenstand | oder vom wahrneh- 54
menden Subjekt her. Außerdem hat es die sinnliche Wahrnehmung immer mit Eigenschaften von Körpern zu tun.[52]

Der zweite Satz (b 21–27) ist demnach insgesamt etwa so zu verstehen: Die Zahlen von Eins bis Vier sind – zunächst als Ideen – die Ursachen

48 Vgl. außer Themistios, Simplikios und Philoponos (jeweils z. St.) auch Theon Smyrnaeus 98, 1–9 Hiller; Aetius, Doxogr. Gr. 282f. Diels.

49 Vgl. Timaios 27 D–28 A. 37 BC, Parmen. 142 A und Epist. VII 342 CD, dazu auch Ps.-Platon, Def. 414 BC (σοφία – ἐπιστήμη – δόξα – αἴσθησις).

50 Vgl. K. Oehler, Die Lehre vom noetischen und dianoetischen Denken bei Platon und Aristoteles, 1962 (Zetemata 29) 168f., 186ff. und jetzt die Dissertation von G. Jäger, »Nus« in Platons Dialogen, 1967 (Hypomnemata 17), 165 (u ö.). Jäger ermittelt, daß in den platonischen Schriften νοῦς (νοεῖν) regelmäßig eine Erkenntnisart bezeichnet, die auf einem ›unmittelbaren und einheitlichen‹ Einsehen des Gegenstandes beruht.

51 Der Ausdruck ἐφ' ἕν bezeichnet die lineare Erstreckung: Metaph. K3, 1061 a 33–34, De Caelo I 1, 268 a 7 (u.ö.).

52 Vgl. z.B. Nomoi X 894 A 5; Epinomis 991 A 3.

von allem. Sie sind auch in der Seele enthalten, dort aber werden sie mathematisch ausgeformt. Aufgrund der prinzipiellen Gleichheit mit allem Seienden kann die Seele in vierfachem Sinn alle Dinge unterscheiden und erkennen. – Die Zahlen gehen, wie eigens hinzugefügt wird, auf noch höhere στοιχεῖα zurück. Das sind nach der üblichen, sicher richtigen Auffassung die beiden Prinzipien der Einheit (ἕν) und der Vielheit (ἀόριστος δυάς).

Nachdem die zwei schwierigen Sätze so weit einzeln erklärt sind, erhebt sich schließlich noch die Frage, ob sie untereinander übereinstimmen. Im großen und ganzen führen sie zu der gleichen Vorstellung: die ganze Welt soll aus der Zahlen-Tetraktys heraus entstehen bis zum Körperlichen und zum Sinnlich-Wahrnehmbaren herab. Wenn man das, was die beiden Sätze inhaltlich aussagen, nebeneinanderstellt, so zeigt sich ein weitgehend analoger Aufbau: der dimensionalen Entfaltung vom Zahlenhaften zum Körperlichen auf der einen Seite entspricht auf der anderen Seite die vierfache Abstufung der Erkenntnis- und Gegenstandsbereiche (vom Noetischen zum sinnlich Erscheinenden). Zugleich fällt aber auch eine Verschiedenheit ins Auge: in der Mitte zwischen Ideen (oder Zahlen) und körperlichen Gegenständen (bei denen wiederum zu differenzieren wäre zwischen reinen Körperfiguren und sinnlich wahrnehmbaren Dingen) steht auf der einen Seite der Mittelbereich von Linie und Fläche, auf der anderen Seite die Seele mit ihrer mathematischen Struktur.[53]

Trotz der verschiedenen Sicht der Zwischenstufen besteht zwischen den beiden Sätzen aber kein Widerspruch. Eher liegt auch hier eine Aspektverschiedenheit vor, so daß sie sich gegenseitig ergänzen können. Wie bei dem Textabschnitt aus Metaph. N 3 erhält man den Eindruck, daß der Übergang zwischen dem Ideellen (Zahlenhaften) und den Erscheinungen auf verschiedenen Wegen vollzogen werden kann. Zur Frage einer sachlich-systematischen Verbindung zwischen den unterschiedlichen Aspekten kann hier wieder auf die Seelenlehre des ›Timaios‹ verwiesen werden (vgl. o. Seite 222f.). Doch ist es nun zunächst nötig, die eigentlich
55 quellenkritischen Probleme des Textes aufzugreifen. |

*

Stammen die Lehren, die Aristoteles anführt, von Platon oder von Xenokrates – oder von wem sonst? Früher hielten die meisten Erklärer – A. Trendelenburg, E. Zeller, F. Susemihl, J. Bernays, E. Heitz, V. Rose, L. Robin, E. Frank, J. Stenzel – die hier in ›De anima‹ referierte Zahlentheorie für platonisch, weil sie schon von den antiken Kommentatoren Platon zugeschrieben

53 Cherniss (a.O. 578) hat bestritten, daß hier der Seele eine Metaxy-Stellung (zwischen Idee und Körper) zugeschrieben werde. Man kann jedoch den zweiten Satz schwerlich anders verstehen.

wird und weil sie bei Aristoteles selbst nun einmal im Anschluß an den platonischen ›Timaios‹ vorgebracht wird. Dann aber suchte Cherniss (vor allem in seinem Buch von 1944) zu beweisen, daß Aristoteles hier nur Xenokrates, nicht Platon meinen könne. Seitdem besteht, wie ein Überblick über die neueren Äußerungen zeigt, eine allgemeine Unsicherheit; die Stimmen der Erklärer sind geteilt. Für Xenokrates haben sich nach Cherniss auch W. Theiler, G. Vlastos, E.M. Manasse und zuletzt E. Dönt ausgesprochen,[54] für Platon dagegen C.J. de Vogel, Sir David Ross, H.D. Saffrey, È. de Strykker, W. Burkert, H.J. Krämer, M. Untersteiner, J. Mittelstrass, H. Dörrie.[55]

Cherniss hat seine Ansicht zuletzt im Gnomon 1959 (gegen Saffrey) verteidigt. Seitdem wurde die Xenokrates-These durch kein neues Argument mehr gestützt. Vielmehr ist von verschiedenen Seiten (zuerst von Ross, de Strycker und Burkert) nachgewiesen worden, daß Cherniss seine Ansicht keineswegs ausreichend begründet hat.[56] Man muß es also wohl der allgemeinen Autorität des amerikanischen Gelehrten zuschreiben, wenn seine Position immer noch als gültig vorausgesetzt wird.

Es gibt eine ganze Reihe von Beobachtungen, durch die insgesamt entschieden wahrscheinlich wird, daß Aristoteles in dem fraglichen Abschnitt nicht über Xenokrates, sondern über Platons mündliche Lehre berichtet. Die wichtigsten Tatsachen sollen im folgenden erneut vor Augen geführt und für die Quellenfrage ausgewertet werden.

(1) Was die beiden problematischen Sätze am deutlichsten als Platonreferat ausweisen kann, ist der Zusammenhang nach rückwärts und nach vorwärts.

(a) Aristoteles nennt zuerst »Platon im ›Timaios‹«. Wenn er dann fortfährt ὁμοίως δὲ καὶ ἐν τοῖς Περὶ φιλοσοφίας λεγομένοις διωρίσθη, so wird man, falls nicht starke innere Gründe dagegen sprechen, an Platon denken müs-

54 Cherniss, Aristotle's Criticism of Plato (1944), App. IX, 565–580; Die Ältere Akademie (1966), 23–25 m. Anm.; Gnomon 31, 1959, 36–51; Theiler, Kommentar z. St. (1959) 93–95; Vlastos, Gnomon 35, 1963, 648; Theiler, Einheit und unbegrenzte Zweiheit … (1964) 98; Manasse, Amer. Journ. Phil. 86, 1965, 440; Dönt, Platons Spätphilosophie und die Akademie, SB Wien, phil.-hist. Kl. 251, 3, Wien 1967, 71–74.

55 de Vogel, Problems … [s. o. Anm. 42] 301–306 (vgl. auch: Greek Philosophy I, ^{2}1957, 279–80); Ross, Plato's Theory of Ideas, ^{1}1951, 209–215; Saffrey, a.O. (1955); de Strycker, On the first section of fr. 5a of the Protrepticus, in: Aristotle and Plato in the mid-fourth century, Göteborg 1960, 94–95; Ross, Aristotle – De anima, ed. with introd. and commentary, Oxford 1961, 177–179; Burkert, Weisheit und Wissenschaft (1962), 22–25; H.J. Krämer, Retraktationen zum Problem des esoterischen Platon, Mus. Helv. 21, 1964, 161; Geistmetaphysik (1964) 202–207; Untersteiner, Platone – Repubblica libro X, Rom ^{3}1966, 190–91. 198 (vgl. Aristotele – Della filosofia, Rom 1963, 147–162); Mittelstrass, Philos. Rundschau 14, 1966, 32; Dörrie, Artikel ›Xenokrates‹ in: RE Pauly-Wissowa IX A, 2 (1967), 1522. – Unentschieden läßt das Problem I. Düring, Aristoteles, Heidelberg 1966, 186. 199 Anm. 106. 311 Anm. 129. – M. Isnardi Parente versucht jetzt (Per l'interpretazione di Aristotele, De an. 404 b 18 sgg., in: Philomathes. Studies and Essays in Memory of Ph. Merlan, Den Haag 1971, 146–170), statt Platon und Xenokrates den pythagoreisierenden Speusipp ins Spiel zu bringen, was mir jedoch verfehlt zu sein scheint (s.u.).

56 In dem Buch des Verf. (Pl.U.L., 44–51. 345–46. 485–86) sind die Argumente von Ross, de Strycker und Burkert bereits vorausgesetzt.

56 sen. Es wird | ja kein neuer Name genannt und keine andere Person eingeführt, sondern mit Περὶ φιλοσοφίας nur eine neue Quelle angegeben. Daß Aristoteles in seinem Dialog die angeführte Lehre nicht etwa selbst vertreten hat, ist für uns aus den Fragmenten noch deutlich zu ersehen und war den damaligen Hörern seines Lehrvortrags sicher ohne weiteres klar.[57] Folgt man dem Text unbefangen, so wird man verstehen müssen, daß Aristoteles das von Platon im ›Timaios‹ Dargestellte ergänzen will durch Gedanken, die nicht in einer eigenen Schrift Platons nachzulesen sind, weil Platon sich nur mündlich darüber geäußert hat, während Aristoteles auch diese ›ungeschriebenen Lehren‹ Platons in seinem Dialog literarisch behandelte.

Der Zusammenhang mit Platon tritt noch klarer hervor, wenn die oben (S. Seite 228) vorgebrachte Annahme richtig ist, daß der Hinweis auf Περὶ φιλοσοφίας sich nicht eigentlich auf eine dort ausführlich entwickelte Seelenlehre bezieht, sondern die systematische Interpretation des ›Timaios‹ rechtfertigen soll. Die Gleichheit der Prinzipien für die Seele und die πράγματα geht ja aus dem ›Timaios‹ selbst nicht so ausdrücklich hervor, wie es Aristoteles hinstellt. In Περὶ φιλοσοφίας aber war, wie wir auch anderweitig erfahren, gerade von den allgemeinen Prinzipien (ἀρχαί) der ganzen Seinslehre Platons die Rede.

Der anschließende zweite Satz (ἔτι δὲ καὶ ἄλλως ...) bringt immer noch keine neue Person, sondern – bei ungezwungener Auffassung – die gleiche Ansicht in anderer Form oder nach einer noch anderen Quelle. Wenn diese ›andere Formulierung‹, wie ich glaube, nicht mehr in Περὶ φιλοσοφίας ausgeführt war, so stammt sie doch allem Anschein nach ebenfalls aus dem Bereich der mündlichen Lehren Platons.[58]

(b) Daß so weit von Platon und jedenfalls nicht von Xenokrates die Rede war, zeigt schließlich noch deutlicher die Fortsetzung bei 404 b 27 (ἐπεὶ δὲ ...). Hier wird sachlich etwas Neues gebracht: die Verbindung des kinetischen und des gnoseologischen Moments in der Seelenlehre. Und nun tritt mit ἔνιοι auch ein neues Subjekt auf. Gemeint ist hier, wie allgemein zugestanden wird, speziell die Seelenlehre des Xenokrates. Wenn aber – so ist zu folgern – hier erst Xenokrates neu eingeführt wird, so kann schwerlich schon vorher seine Ansicht referiert worden sein.[59]

Die Zäsur vor ἐπεὶ δὲ ... tritt zumal dann in aller Klarheit zutage, wenn man οὕτως (b 28) zum Verbum (συνέπλεξαν) zieht und nicht zu dem vorausgehenden Wort γνωριστικόν. Daß aber diese Beziehung, bei der οὕτως den Neuansatz unterstreicht, richtig ist, zeigt eine schlagende Parallele, auf die Theiler hingewiesen hat: Metaph. A 4, 984 b 32 ff. (ἐπεὶ δὲ καὶ τἀναντία τοῖς ἀγαθοῖς ἐνόντα ἐφαίνετο ἐν τῇ φύσει, καὶ οὐ μόνον τάξις καὶ τὸ καλὸν

57 Vgl. dazu u. Seite 233.

58 Mit einer ähnlichen Wendung bezieht Aristoteles in der Physik (IV 2, 209 b 11–17 = Test. Pl. 54 A) die Darstellung des ›Timaios‹ auf Begriffe der mündlichen Lehre Platons: ἄλλον δὲ τρόπον ... ἐν τοῖς λεγομένοις ἀγράφοις δόγμασιν.

59 So argumentiert auch schon C.J. de Vogel, Problems ... [o. Anm. 42], 304–5.

ἀλλὰ καὶ ἀταξία καὶ τὸ αἰσχρόν ..., οὕτως ἄλλος τις φιλίαν εἰσήνεγκε καὶ νεῖκος ...).[60] | 57

Geht es also hier in ›De anima‹ mit rechten Dingen zu,[61] muß man sagen, daß allein schon der klare Einschnitt vor dem Satz, in dem die Lehre des Xenokrates angeführt wird, die These von Cherniss widerlegen kann.

(2) Ein Indiz für Platon ist auch aus dem zu gewinnen, was wir sonst über den Dialog Περὶ φιλοσοφίας erfahren. Das wörtliche Zitat bei Syrian (Fr. 11, S. 78 Ross) besagt ja, daß im zweiten Buch des Dialogs die Ideenzahlen besprochen wurden, und zwar in ihrer eigentümlich platonischen Form (Ideen als supramathematische Zahlen). Wenn Aristoteles diese Lehre kritisierte, so muß sie, mindestens in kurzem Umriß, auch referiert worden sein. Die Ideenzahlen aber waren in Περὶ φιλοσοφίας nicht etwa als Sonderproblem interessant, sondern kamen zur Sprache unter dem Thema, wie Platon alle Dinge auf höchste Prinzipien zurückzuführen suchte.[62]

Unwahrscheinlich ist dagegen, daß die systematische Theorie, die Aristoteles in ›De anima‹ heranzieht, in Περὶ φιλοσοφίας ein anderer vertreten haben könnte als Platon. (a) Daß Aristoteles selber in seinem Dialog eine derartige Zahlentheorie aufgestellt hätte, ist völlig unglaubhaft; denn er kritisierte hier ja die platonischen Ideenzahlen grundsätzlich und vertrat im letzten Buch eine kosmologische Theologie ganz anderer Art (Fr. 26 Ross). (b) Ebensowenig haben wir einen Anhaltspunkt dafür, daß neben der Lehre Platons die eines anderen Schülers (etwa des Xenokrates) in dem Dialog behandelt worden wäre. Speusipp kommt ohnehin nicht in Betracht, da er ja keine Ideenzahlen anerkannte. Eher könnte man an eine gemeinakademische Doktrin denken, bei der zwischen Platon und seinen Schülern nicht unterschieden wäre. Aber eine solche Vermengung kommt bei Aristoteles sonst in der Regel nicht vor; und die angeführte Lehre ist inhaltlich doch recht eigenartig.[63] (c) Einiges spricht allerdings dafür, daß in Περὶ φιλοσοφίας auch die Lehre der Pythagoreer berücksichtigt war. Das ganz pythagoreisch (nicht platonisch) anmutende Aristoteles-Zitat in Ps.-

60 Theiler, Kommentar (1959) 94. Zu συνέπλεξαν zieht οὕτως jetzt auch A. Iannone in seiner Ausgabe von ›De anima‹ (Paris 1966). Anders (nach Torstrik) z. B. Ross, Text und Kommentar (1961) 179; Cherniss, Aristotle's Criticism (1944), 573–574.

61 Theiler (Kommentar 93–95) bezieht, trotz klarer Erkenntnis des Neuansatzes bei b 27, auch die umstrittenen Sätze auf Xenokrates, indem er annimmt, daß der Text durch die Zusammenfügung von heterogenen Schichten gestört sei: Aristoteles habe eine ursprüngliche Fassung durch Nachträge erweitert. Aber diese Schichtentheorie ist unbeweisbar und schafft neue Schwierigkeiten. Unter denen, die das κινητικόν und das γνωριστικόν verbinden, wird Xenokrates zuerst genannt, weil man an ihn im Zusammenhang mit Platon zunächst denken mag. Der Übergang ist also etwas gleitend, aber nicht unorganisch.

62 Die Frage nach den ἀρχαί war das leitende Thema des Dialogs. Ob Platon selbst als Sprecher auftrat, ist unbekannt.

63 Noch weniger empfiehlt es sich, an irgendeinen unfaßbaren Anonymus zu denken, wie dies K.-H. Ilting (Gnomon 37, 1965, 136) versucht, wenn er behauptet: »Aristoteles spielt in seinem Referat auf eine Lehre an, die zweifellos weit über die platonische Theorie der idealen Größen hinausgeht« und hinzufügt: »In der bisherigen Diskussion über ihre Herkunft (Cherniss, Saffrey, Burkert) ist das nicht bedacht worden.«

Plutarch, De musica (über die Zahlen-Harmonie) gilt wohl nicht zu Unrecht als Fragment aus diesem Dialog (Fr. 25, S. 92–94 Ross). Damit kann man nun
58 aber das dem In- | halt nach wesentlich andere Referat in ›De anima‹ nicht verbinden. Nirgends schreibt Aristoteles den Pythagoreern eine Ideen-Zahlen-Lehre zu, wie sie in ›De anima‹ vorausgesetzt ist.[64] Vielmehr kann man sich am besten vorstellen, daß Aristoteles in seinem Dialog zuerst die pythagoreische Zahlenlehre (unter besonderer Berücksichtigung der Tetraktys), dann anschließend (ähnlich wie in Metaph. A 5 und 6) die Lehre Platons von den Ideen und Prinzipien besprochen hat.

Was uns über den aristotelischen Dialog bekannt ist, kann also nur die Ansicht stützen, daß dort Platons systematische Seinslehre erörtert worden ist.[65]

(3) Schon die antiken Aristoteles-Erklärer haben sich mehrfach zu der Stelle, die uns beschäftigt, geäußert. Erhalten sind uns vor allem die späteren Werke der Kommentatoren-Tradition, während etwa der Kommentar des Alexander von Aphrodisias zu ›De anima‹ verloren ist. Was die antiken Erklärer sagen, ist mit Vorsicht aufzunehmen, weil sie oft kombinieren, ohne eigene Quellenstudien anzustellen. Die uns hier vorliegenden Zeugnisse sind aber doch nicht unwichtig, weil sie möglicherweise auf ältere, besser informierte Gewährsmänner zurückgehen.

Alle antiken Erklärungen nun, die wir kennen, bezeichnen die problematischen Sätze mehr oder weniger ausdrücklich als Referat platonischer Lehren. Worauf sich diese Zuweisung jeweils gründet, ist unsicher. Daher ist ihr Zeugniswert relativ gering. Keinesfalls aber kann man aus dieser Unsicherheit schließen, daß eher das Gegenteil richtig ist.

(a) Im Metaphysik-Kommentar des *Pseudo-Alexander (Michael von Ephesos)* ist zu lesen:[66] »Die einen sagten, daß die Zahlen selbst als die Ideen für die Raumgrößen auftreten, wie die Zweiheit für die Linie, die Dreiheit für die Fläche, die Vierheit für das Körperliche; solches berichtet er (Aristoteles) nämlich in den Büchern Περὶ φιλοσοφίας über Platon ...« Diese Aussage ist an sich eindeutig; nur wissen wir nicht, wie sie zustandegekommen

64 Daran scheitert der Versuch von R. Kucharski, Étude sur la doctrine pythagoricienne de la Tétrade, Paris 1952, der das De-anima-Referat den älteren Pythagoreern zuweisen möchte. Gegen Kucharskis Auffassung z. B. Saffrey, a.O. X–XII.

65 Alexander bemerkt zu Metaph. A 9, 991 a 10–19 (117, 23–118, 1 Hayduck), daß die dimensionale Zurückführung von den körperlichen Erscheinungen zu den Zahlen und Prinzipien ähnlich auch in Περὶ φιλοσοφίας behandelt worden sei. Saffrey (a.O. 14–15) wertet diese Notiz als selbständiges Zeugnis für den aristotelischen Dialog. Doch sagt Alexander nicht, unter welchem Namen dies dort vorgetragen worden sein soll; und es ist nicht ganz auszuschließen, daß er seine Bemerkung lediglich aus der Stelle in ›De anima‹ entnommen hat. – Zu Unrecht hat Cherniss (Gnomon 1959, 48–49) behauptet, zwischen der hier von Alexander besprochenen Theorie und dem, was er später (228, 10–28) ausdrücklich Platon zuschreibt, bestehe ein inhaltlicher Widerspruch (vgl. u. Seite 236).

66 Ps.-Alexander (CAG 1) 777, 17–19; ebenso Syrian (CAG 6, 1) 154, 10–13 (zu Metaph. M 9, 1085 a 7–14).

ist und wieviel Beweiskraft sie also hat. Immerhin ist wahrscheinlich, daß sie aus dem echten Kommentar des Alexander von Aphrodisias stammt.[67] | 59

(b) *Simplikios* und *Philoponos*[68] behaupten zu der Stelle in ›De anima‹ übereinstimmend, Aristoteles erwähne hier die Schrift Περὶ τἀγαθοῦ, in der er über die mündlichen Lehrvorträge Platons berichtet habe, als Περὶ φιλοσοφίας. Das ist in dieser Form unrichtig: Περὶ φιλοσοφίας und Περὶ τἀγαθοῦ sind ja nicht dasselbe. Es war aber eine übertriebene und unmethodische Kritik, die das Zeugnis der beiden Kommentatoren wegen des offenkundigen Irrtums in Bausch und Bogen verwarf.[69] Die wahrscheinlichste Erklärung ist doch die, daß von Simplikios und Philoponos (oder einer ihnen gemeinsamen Zwischenquelle) eine bestimmte Information falsch ausgelegt worden ist: nämlich die Angabe, daß Aristoteles in Περὶ φιλοσοφίας referiere, was auch in Περὶ τἀγαθοῦ stehe, oder daß in Περὶ φιλοσοφίας die mündlichen Lehren Platons referiert würden (von denen man anderweitig wußte, daß sie in Περὶ τἀγαθοῦ zu finden waren), oder daß die Lehren, die in ›De anima‹ erwähnt sind, in Περὶ τἀγαθοῦ ebenfalls vorkämen. Vermutlich war es Alexander, der in seinem De-anima-Kommentar einen derartigen Hinweis gegeben hat. Jedenfalls kann man sagen, daß die Bemerkungen bei Simplikios und Philoponos, so unrichtig sie an sich sind, indirekt[70] doch auf Περὶ τἀγαθοῦ und auf Platons mündliche Lehre führen.

(c) *Themistios* ist der einzige, der Xenokrates hereinzieht.[71] Er bemerkt nach seiner Paraphrase des ersten problematischen Satzes (404 b 18–21): »Dies alles kann man entnehmen aus den Büchern Περὶ φύσεως des Xenokrates«. Damit ist nun aber nicht gesagt, daß die fragliche Theorie von Xenokrates und nicht von Platon vertreten worden ist.

Erstens gilt der Verweis auf Xenokrates, streng genommen, nur für die von Themistios gegebene Erläuterung, nicht ohne weiteres auch für das aristotelische Referat in ›De anima‹ selbst. Und Xenokrates mag sich in Περὶ φύσεως eng an Platon angeschlossen haben; ja er kann, wie schon Trendelenburg (1833) zu bedenken gab, dort einfach die Ansicht Platons doxographisch referiert haben, ähnlich wie Aristoteles in ›De anima‹.[72]

Zweitens – und dies ist entscheidend – bemerkt Themistios zusammenfassend, nachdem er auch den zweiten Satz paraphrasierend erläutert hat: οὕτω μὲν οὖν καὶ ὁ παρὰ Πλάτωνι Τίμαιος καὶ αὐτὸς Πλάτων ἐκ τῆς πρὸς τὰς ἀρχὰς συγγενείας τῇ ψυχῇ τῶν ὄντων τὴν κατάληψιν ἀποδιδόασιν (12, 28–30). Das bedeutet bei ungezwungener Auslegung: Themistios betrachtet die beiden problematischen, auf die Timaios-Exegese folgenden Sätze des Ari-

67 So auch Cherniss, Aristotle's Criticism (1944) 569; Saffrey, a.O. 18–19.

68 Simplikios (CAG 11) 28, 7–9; Philoponos (CAG 15) 75, 34–76, 1. Ebenso in der Suda (s. v. ἀγαθὸς δαίμων), dort aber von Philoponos abhängig, also ohne eigenen Quellenwert.

69 So auch wieder K.-H. Ilting (a.O. 135): »Längst ist bewiesen und anerkannt, daß sie beide weder Περὶ τἀγαθοῦ noch Περὶ φιλοσοφίας kannten und ihre Aussage also (!) wertlos ist.«

70 So Pl.U.L., 44 m. Anm. 39.

71 Themistios (CAG 5, 3) 11, 18–12, 33.

72 Vgl. Saffrey, a.O. 38 Anm. 2.

stoteles (404 b 18–27) als Referat über Lehren Platons. Er selber kann deshalb seinen Hinweis auf Xenokrates nicht so verstanden haben, daß damit die
60 zur Diskussion stehende Lehre Xenokrates zugeschrieben werden soll.[73] |

(d) Schließlich ist noch ein bei Stobaios überliefertes Zitat aus *Jamblich* anzuführen.[74] Es zeigt, daß auch Jamblich die beiden Sätze als einen Bericht des Aristoteles über die Seelenlehre Platons angesehen hat (ὡς δ' Ἀριστοτέλης ἱστορεῖ, Πλάτων ἐκ τῆς τοῦ ἑνὸς ἰδέας ...).

Es ist also die gleiche Auslegung, die wir bei allen antiken Erklärern finden. Hätte sich Aristoteles in Περὶ φιλοσοφίας auf Xenokrates (oder sonst einen anderen als Platon) bezogen, so hätte diese einhellige Auslegung auf Platon hin schwerlich aufkommen können. Wer anders urteilt, hat die antike Tradition gegen sich. Man wird die einzelnen Aussagen der antiken Erklärer teilweise anfechten können, aber es ist nicht möglich, sie ganz zu entkräften oder gar umzukehren.

(4) Cherniss wollte nachweisen, daß der Inhalt der problematischen Stelle in ›De anima‹ dem widerspricht, was Aristoteles an anderen Stellen Platon zuschreibt, und mit dem übereinstimmt, was nach Aristoteles xenokrateische Lehre ist. Dieser Versuch ist jedoch im ganzen mißglückt.

(a) An der oben zuerst besprochenen Stelle in Metaph. N 3 hat sich uns gezeigt, daß Aristoteles eine Tetraktys-Theorie, die dem Inhalt des De-anima-Referats entspricht, sehr wahrscheinlich als Lehre Platons anführt – möglicherweise sogar im Unterschied zu Xenokrates (der andere Zahlen als Eins, Zwei, Drei und Vier zugrundegelegt zu haben scheint).

Die ebenfalls bereits herangezogene Stelle Metaph. Z 11, 1036 b 13–17 (o. Seite 220) läßt erkennen, daß Platon die Dyas (als Idee der Linie) αὐτογραμμή nannte, Xenokrates sie dagegen strenger als Zahl (nicht als ideale Linie) auffaßte. Ist diese Erklärung richtig, so weist die Formulierung πρῶτον μῆκος καὶ πλάτος καὶ βάθος in ›De anima‹ auf Platon, nicht auf Xenokrates.

(b) Cherniss hat sich ferner auf Metaph. B 4, 1001 b 24–25 und den Kommentar Alexanders dazu (228, 10–28 Hayduck) berufen.[75] Nach Alexander hat Platon gelehrt, daß die Zahlen und die μεγέθη aus dem Eins-Prinzip und dem zweiten Prinzip entstehen. Cherniss argumentierte, diese Theorie sei nicht vereinbar mit der Ableitung der μεγέθη aus den Zahlen (der Tetraktys). Aber in Wahrheit besteht hier kein wesentlicher Unterschied. Bei der Ableitung der μεγέθη aus den Zahlen repräsentieren diese eben, als gestaltgebende Faktoren, das Eins-Prinzip. Wenn Aristoteles in Metaph. B 4 sagt, die μεγέθη könnten weder aus dem Eins-Prinzip noch aus den Zahlen entstehen, so hat er hier schwerlich zwei verschiedene Theorien

73 Saffrey (42–43) behält damit gegen Cherniss recht.

74 Stobaios I 49, 32 (I 364 Wachsmuth). Vgl. Saffrey, a.O. 34–37; Cherniss, Gnomon 1959, 43.

75 Cherniss, Gnomon 1959, 49. Vgl. auch Theiler, Einheit und unbegrenzte Zweiheit ... (1964) 98.

im Auge, sondern will wohl nur sagen: Ob man allgemein das erste Prinzip oder (spezieller) die Zahlen angibt, macht für das Problem nichts aus.

(c) Aristoteles bezeugt in der ›Metaphysik‹ mehrfach, daß Platon zwischen Ideenzahlen und mathematischen Zahlen unterschieden habe, Xenokrates nicht. | 61

Eben diese sachliche Unterscheidung aber setzt, wie wir gesehen haben, der De-anima-Bericht voraus. Denn es ist nicht anzunehmen, daß die Zahlen in der Seele mit den Ideen-Zahlen zusammenfallen sollen; und τὰ δύο ist der Ausdruck für die mathematische Zwei, nicht die ideale Zweiheit.

(d) In ›De anima‹ zitiert Aristoteles die besondere Definition des Xenokrates: Seele ist sich selbst bewegende Zahl. Für Platon dagegen war die Seele nicht Zahl, sondern – nach dem ›Timaios‹ zu urteilen – ein zahlenmäßig strukturiertes Gebilde mit räumlicher Ausdehnung. So interpretiert auch Aristoteles, wenn er sagt (De anima 406 b 26–407 b 11): nach Platon (im ›Timaios‹) sei die Seele kreisförmig ausgedehnt. – Zu welcher Ansicht paßt nun die problematische Theorie besser, nach der die vier Erkenntnisvermögen der Seele den ersten Zahlen gleich sind?

Nur scheinbar steht diese Theorie der Definition des Xenokrates näher.[76] Denn für Xenokrates ist ja die Seele im ganzen Zahl. Nach der fraglichen Theorie dagegen sind anscheinend speziell die Erkenntnisvermögen in der Seele zahlenhaft. Zahl ist für diese Theorie das κριτήριον, nicht die Seele überhaupt, zu der doch wohl auch alle anderen Lebensfunktionen gehören: die Willensregungen, Affekte usw. Die Seele im ganzen kann, auch wenn die Erkenntnisfunktionen zahlenhaft gedacht werden, sehr wohl räumlich strukturiert sein.

Auch der erste Satz des Referats (404 b 18–21) führt eher auf die räumliche Seelenvorstellung Platons. Denn wenn die Ideenwelt aus Zahlen besteht, ist ›das andere‹, zu dem dann auch die Seele gehört, entweder nicht mehr Zahl oder eine andere Art von Zahl. Beides wäre nicht xenokrateisch.

Übrigens wird für Xenokrates einmal ausdrücklich (Fr. 5 Heinze, bei Sextus Empiricus) nicht eine Vierheit, sondern eine Dreiheit von Seinsbereichen bezeugt: νοητά – δοξαστά – αἰσθητά. Es ist nicht gerade leicht, dieses Zeugnis mit dem Referat bei Aristoteles in Einklang zu bringen. Dagegen

76 So erklärt Cherniss (571–573). – Er findet weiterhin einen Widerspruch zwischen dem ›Timaios‹ und dem Referat, da dort nicht von einer Kreisbewegung die Rede ist, sondern das ›Wissen‹ als geradlinige Beziehung charakterisiert wird. Aber dies ist gar nicht direkt vergleichbar; im ›Timaios‹ geht es um die Bewegung des Kosmos, die von der Seele verursacht wird, in ›De anima‹ um die Erkenntnisbeziehung zwischen Subjekt und Objekt. Übrigens erklärt Platon in Nomoi X (897 D – 898 B), daß die Kreisbewegung nur bildhaft-sichtbarer Ausdruck für die Wirkungsweise des Nus ist. – Wenn Aristoteles gegen Platon einwendet (De anima 407 a 26–31), das Denken verfahre geradlinig, nicht kreisförmig, so widerspricht auch dies nicht dem vorausgehenden Referat: das eine Mal geht es um Bewegungsarten, das andere Mal um die allgemeine Relation der Seele zu den Erkenntnisgegenständen.

findet sich die Vierheit der Erkenntnisstufen ausdrücklich im platonischen ›Timaios‹ (s. u.).

*

Mit alledem dürfte erwiesen sein, daß Aristoteles an der schwierigen Stelle in ›De anima‹ eigene Lehren Platons im Blick hat. Wer sagt, daß er die Gedanken Platons in der extremen Verkürzung des aristotelischen Referats un-
62 verständ- | lich oder unbedeutend finde, ist nicht leicht anzugreifen.[77] Wer jedoch erklärt, daß sich Aristoteles hier nicht auf Platon, sondern auf einen anderen beziehe, hat die philologischen Kriterien gegen sich.

Dem philosophischen Sinn der bei Aristoteles in ›De anima‹ vorausgesetzten Zahlen- und Prinzipienlehre Platons kommt man am besten auf die Spur, wenn man untersucht, wie diese Theorie mit dem ›Timaios‹ zusammenhängt. Der Inhalt des aristotelischen Referats steht nicht ebenso im ›Timaios‹. Man kann aber beides bruchlos miteinander verbinden. Der Dialog ist im einzelnen unvergleichlich viel reicher, vollständiger und lebendiger. Das aristotelische Referat hingegen gibt zu erkennen, daß zwischen den kosmologischen Aspekten, die im ›Timaios‹ entfaltet werden, systematische Begründungszusammenhänge bestehen, die in der Konsequenz dessen liegen, was der Dialog ausführt, dort aber nicht explizit dargestellt werden.

Auf jeden Fall ist der Versuch erlaubt, zwischen dem Referat in ›De anima‹ und dem ›Timaios‹ sachliche Verbindungslinien zu ziehen.[78] L. Robin, H. Gomperz und E. Frank haben dies mit Recht gefordert, da ja der Textzusammenhang bei Aristoteles selber (ὁμοίως δὲ καὶ ...) diesen Zusammenhang voraussetzt.[79] – Hier sei nur noch ganz kurz auf die Möglichkeit einer Verbindung zwischen dem Zeugnis der indirekten Überlieferung und dem platonischen ›Timaios‹ hingewiesen:

(1) Cherniss bestritt,[80] daß die ›Elemente‹ der Seelenmischung im ›Timaios‹ (35 A) gleichbedeutend sein könnten mit den στοιχεῖα des De-ani-

77 So stellte K. v. Fritz fest (Zur Frage der ›esoterischen‹ Philosophie Platons, Archiv f. Gesch. d. Philos. 49, 1967, 260), es sei eine immer noch ausstehende Aufgabe, »zu zeigen, inwiefern die nur in vagen Andeutungen erhaltenen ontologischen Spekulationen Platons im Anschluß an die Dimensionenfolge auch für uns einsichtig zu machende philosophische Erkenntnisse enthalten.«

78 K.-H. Ilting (a.O. 136) jedoch bezeichnete diesen Versuch als »fragwürdigen Einfall«.

79 Von Robin ist hier besonders wichtig die Abhandlung: Études sur la signification et la place de la physique dans la philosophie de Platon (1918 und 1919, wieder abgedruckt in: La pensée hellénique des origines à Épicure, Paris 1942, 231–336 [dtsch. Übersetzung wesentlicher Auszüge in: Das Problem der Ungeschriebenen Lehre Platons, Wege der Forschung CLXXXVI, Darmstadt 1972, 261–298]). Gomperz erklärte (Platons philosophisches System, Proc. of the Seventh Intern. Congr. of Philos., Oxford 1930, hrsg. v. G. Ryle, 1931, 428 [im NDr. Wege der Forschung CLXXXVI, 162]): »Sicherlich ist die Lehre von der ›Erzeugung‹ der Zahl der einzige Schlüssel zum Verständnis des seltsamen Berichtes über die ›Psychogonie‹ (im Timaios).« Zu Frank und neueren Versuchen: Pl.U.L., 346 Anm. 39.

80 Cherniss, Aristotle's Criticism of Plato ... (1944) 408–410.

ma-Referats. Das ist insofern richtig, als die Prinzipien hier und dort nicht auf der gleichen Abstraktionsstufe gesehen sind. Aber der Gegensatz von ἀμέριστον und μεριστόν wie auch von ταὐτόν und θάτερον läßt sich durchaus auf den Gegensatz von ἕν und ἀόριστος δυάς, der bei Aristoteles gemeint ist, zurückführen.

(2) Ein Beispiel dafür, daß ›alles andere‹ (τὰ δὲ ἄλλα) nach der ersten Einheit, Länge, Breite und Tiefe strukturiert ist, bietet die Atomlehre des ›Timaios‹. Die körperlichen Bestandteile der Dinge, so wird hier erklärt, können auf Flächenformen zurückgeführt werden. Und darüber hinaus soll es noch höhere ἀρχαί geben, die nur Gott kennt und wer ihm lieb ist (Timaios 53 D). Das ist, | wie heute kaum mehr jemand bezweifeln wird, ein 63
Verweis auf die noch einfacheren Dimensionsstufen: das Lineare und das Zahlenhafte.[81]

(3) Vor allem ist es die Beschreibung der Weltseele, bei der man im ›Timaios‹ an die Tetraktys des De-anima-Referats erinnert wird, und zwar unter mehreren Gesichtspunkten. (a) Auch im ›Timaios‹ ist eine Vierheit von Erkenntnisvermögen vorausgesetzt: νόησις – λόγος – δόξα – αἴσθησις (27 D–28 A) oder νοῦς – ἐπιστήμη – δόξα – πίστις (37 BC). Die Übereinstimmung mit dem aristotelischen Zeugnis ist evident. (b) Ein anderer Aspekt der Tetraktys wird sichtbar, wenn es heißt, die Seele sei zusammengesetzt zwischen dem ἀμέριστον einerseits und dem μεριστόν, das im Bereich des Körperlichen gesehen wird (περὶ τὰ σώματα), andererseits (35 A). Das heißt: sie steht zwischen dem absolut Unkörperlichen (Ideellen) und dem Körperlichen. Es bedarf keiner künstlichen Anstrengung, um dabei an die Dimensionsfolge zu denken: an die Gegenüberstellung von körperlichen Erscheinungen und Zahlen, wobei das Linear-Flächenhafte die Mitte bildet. Die Seele wird ja dann auch im Dialog (34 B und 36 B–E) als eine Gestalt beschrieben, die den Kosmos durchspannt (wie eine Diametralebene in der Kugel) und umhüllt (wie eine Oberfläche). (c) Die innere Gliederung der Seele weist nach dem ›Timaios‹ (36 AB) die Folge der Zweier- und Dreierpotenzen auf (1 – 2 – 4 – 8 und 1 – 3 – 9 – 27). Das ist jeweils ein Fortschreiten von der Einheit zur dritten Potenz, die der körperlichen Dimension entspricht. Bei der weiteren Ausgliederung sind die harmonischen Intervalle maßgebend, d. h. die Logoi 2 : 1, 3 : 2 und 4 : 3 – also wieder die Zahlen der Tetraktys.

Die literarische Darstellung Platons legt damit von sich aus die Möglichkeit nahe, die verschiedenen Aspekte der Seelenlehre zusammenzufassen und auf eine gemeinsame Strukturformel zu beziehen. Dieses allgemeine Modell aber kann der Sache nach kaum etwas anderes sein als

81 E. Dönt (a.O. 53–54) meint freilich, die Andeutung im ›Timaios‹ (53 D) sei nicht auf eine mündliche Lehre zu beziehen, sondern finde in Nomoi X (894 A) ihre Erfüllung (im Sinne einer Entwicklung Platons). Aber die Nomoi-Stelle ist ihrerseits auf eine Erläuterung mit Hilfe der aristotelischen Berichte angewiesen, die Dönt selbst denn auch heranzieht.

die Vierheit der Ideen-Zahlen, von der, soviel wir sehen, in ›De anima‹ ebenso wie in Metaphysik N 3 als von einer platonischen Lehre gesprochen wird.

V Sextus Empiricus, Adversus mathematicos 10, 248–284

Der große Bericht bei Sextus über die Prinzipien der ›Pythagoreer‹ (Test. Pl. 32) hat immer wieder den Versuchen, Platons Vorlesung ›Über das Gute‹ zu rekonstruieren, als Grundlage gedient, zumal nachdem ihn Ph. Merlan (1934) mit der Prinzipienlehre Platons und P. Wilpert (1941) besonders mit
64 Platons Περὶ τἀγαθοῦ in Verbindung gebracht hatten.[82] |

Indessen ist bis heute ungeklärt, auf welchem Wege der Bericht von Platon zu Sextus gelangt ist. Solange aber das überlieferungsgeschichtliche Problem so sehr offen ist und die Distanz von 500 Jahren mit bloßen Mutmaßungen überbrückt wird, muß fraglich erscheinen, mit welchem Recht der Bericht überhaupt für Platon in Anspruch genommen wird.[83] Sextus selbst schreibt das ganze Referat ja nicht einmal Platon, sondern den Pythagoreern zu. Könnte nicht ein neupythagoreischer Fälscher oder Eklektiker die ganze Darstellung aus allerlei platonischen und anderen Motiven selbständig zusammengefügt haben? Dazu kommt, daß der erste Teil des Berichts, wie neuerdings W. Theiler gezeigt hat, späthellenistische Einflüsse aufweist, der zweite Teil sich mit stoischer Terminologie berührt (s. u.). Die Basis, auf der man so vieles für Platon aufbauen wollte, scheint also zu wanken.

Die gedankliche Komposition des Berichtes ist leicht zu erfassen. Die Darstellung ist in sich geschlossen und sinnvoll gegliedert:

(A) Einleitung: Die Pythagoreer gehen, um zu den ἀρχαί der Dinge zu gelangen, grundsätzlich weiter als die Atomisten. Die Atomisten nehmen zwar unsichtbare, aber immer noch somatische Elemente an. Die Pythagoreer dringen konsequent vom Körperlichen zum Unkörperlichen vor. [§§ 249–257]

82 Ph. Merlan, Zur Erklärung der dem Aristoteles zugeschriebenen Kategorienschrift (Beiträge zur Geschichte des antiken Platonismus I) Philologus 89, 1934, 35–53; P. Wilpert, Neue Fragmente aus Περὶ τἀγαθοῦ, Hermes 76, 1941, 225–250 [NDr. in: Das Problem der Ungeschriebenen Lehre Platons, 1972, 166–200]; Zwei aristotelische Frühschriften über die Ideenlehre, Regensburg 1949, 128–221.

83 Bedenken äußerte gegenüber Wilperts Auffassung sogleich W. Jaeger (Gnomon 26, 1951, 246–252, jetzt: Scripta minora, II, 419–428): »Die Schrift über die Zahl, die Sextus exzerpiert hat, halte ich für eine individuelle, wenngleich nicht allzu tief gehende Umformung der vom Verfasser benutzten platonischen Elemente« (426). Jaeger wies dabei auf die hellenistisch gefärbte Sprache des Berichtes und auf die monistische Umbiegung des platonischen Prinzipien-Dualismus hin. Neuerdings hat G. Vlastos (Gnomon 35, 1963, 644–648) den Sextus-Bericht als Zeugnis platonischer Lehre wieder radikal angezweifelt. Vgl. jetzt auch E. de Strycker, Revue belge de phil. et d'hist. 45, 1967, 120: »Assurément, on y perçoit des échos d'une ancienne tradition concernant l'ontologie platonicienne; mais il s'y mêle des spéculations récentes qui sont parfois entachées de graves malentendus; et nous fournirons ailleurs la preuve que certaines sections n'ont absolument rien à voir avec Platon et proviennent d'un écrit dont la date ne peut remonter au-delà de la fin du Ier siècle après J.-C.«

(B) Ausführung: Zwei Wege zu den Prinzipien (zur ›Einheit‹ und ›Unbestimmten Zweiheit‹) und Ableitung der Welt aus diesen Prinzipien.

I. *Dimensionale Reduktion*: Rückgang vom Körperlichen über Fläche und Linie zu den Zahlen und zur Einheit (ἕν, μονάς) als erstem Prinzip, dem ein Prinzip der Vielheit (ἀόριστος δυάς) gegenübersteht. [§§ 257–262]

II. *Kategoriale Reduktion*: Einteilung alles Seienden in An-sich-Bestehendes (καθ' αὑτὰ ὄντα), Gegensätzliches (ἐναντία) und Relatives (πρός τι); dann Zurückführung auf Gleich (ἴσον) und Ungleich (ἄνισον) und noch weiter schließlich zum Grundgegensatz von Einheit und Vielheit (ὑπερβολή – ἔλλειψις, ἀόριστος δυάς). [§§ 262–276]

III. *Abstieg von den Prinzipien zu den Erscheinungen:* Aus den Prinzipien werden die Zahlen erzeugt, dann die Raumformen, schließlich der Kosmos im ganzen und die stofflichen Elemente im Kosmos; auch die harmonischen Proportionen, die den Kosmos durchwalten, sind von den Zahlen her begründet.[84] [§§ 276–283] | 65

Die Resultate der folgenden quellenkritischen Untersuchung vorwegnehmend, lege ich nun gleich eine Übersetzung vor, in der einige sekundär hinzugefügte (neupythagoreische) Partien durch Kursivierung und Abstand gekennzeichnet sind.[85]

καλῶς ἔχειν ἡγούμεθα μετὰ τὴν προανυσθεῖσαν ἡμῖν περὶ ἐκείνου [sc. περὶ τοῦ χρόνου] ζήτησιν καὶ τὸν περὶ τούτου [sc. περὶ τοῦ ἀριθμοῦ] διαθέσθαι λόγον, καὶ μάλισθ' ὅτι οἱ ἐπιστημονέστατοι τῶν φυσικῶν οὕτω μεγάλην δύναμιν τοῖς ἀριθμοῖς ἀπένειμαν, ὥστε ἀρχὰς καὶ στοιχεῖα τῶν ὅλων τούτους νομίζειν. οὗτοι δέ εἰσιν οἱ περὶ τὸν Σάμιον Πυθαγόραν.

(249) ἐοικέναι γὰρ λέγουσι τοὺς φιλοσοφοῦντας γνησίως τοῖς περὶ λόγον πονουμένοις. ὡς γὰρ οὗτοι πρῶτον τὰς λέξεις ἐξετάζουσιν [ἐκ λέξεων γὰρ ὁ λόγος), καὶ ἐπεὶ ἐκ συλλαβῶν αἱ λέξεις, πρῶτον σκέπτονται τὰς συλλαβάς, καὶ ἐπεὶ ἐκ συλλαβῶν τὰ στοιχεῖα τῆς ἐγγραμμάτου φωνῆς ἀναλυομένων, περὶ ἐκείνων πρῶτον ἐρευνῶσιν, (250) οὕτω δεῖν φασιν οἱ περὶ Πυθαγόραν τοὺς ὄντως φυσικούς, τὰ περὶ τοῦ παντὸς ἐρευνῶντας, ἐν πρώτοις ἐξετάζειν, εἰς τίνα τὸ πᾶν λαμβάνει τὴν ἀνάλυσιν.

… halten wir es für richtig, nachdem wir zuvor die Untersuchung der Zeit erledigt haben, auch über die Zahl Rechenschaft abzugeben, und zwar vor allem deshalb, weil die verständigsten Erforscher der Natur den Zahlen eine so große Macht zuwiesen, daß sie diese für Prinzipien und Elemente von allem insgesamt hielten; es sind dies aber die Anhänger des Pythagoras von Samos.

(A) Sie sagen nämlich, daß die in echter Weise Philosophierenden denjenigen gleichen, die sich mit der Sprache beschäftigen. Denn wie diese zuerst die Wortarten prüfen – aus Wortarten besteht ja die Sprache –, und da die Wortarten aus Silben bestehen, zuerst die Silben untersuchen, und da aus Silben, wenn man sie auflöst, die Elemente der artikulierten (in Buchstaben gegliederten) Stimme hervorgehen, zuerst diese (Elemente) erkunden, so müssen – sagen die Pythagoreer – die wirklichen Erforscher der Natur, wenn sie das ganze All erkunden, an erster Stelle prüfen, in welche *Elemente* das All sich auflösen läßt.

84 Bei der Erwähnung der harmonischen Intervalle am Schluß (§ 283) darf man der Sache nach an die Weltseele denken, wie sie im ›Timaios‹ (36 AB) beschrieben wird. Sextus verweist auf eine genauere Darstellung in seiner (verlorenen) Schrift Περὶ ψυχῆς (§ 248); und in seinen kürzeren Parallelberichten wird die Seele besonders genannt (Adv. math. 7, 92–100; 6, 2–9).

85 Vgl. zur Erklärung des Sextus-Berichts im ganzen auch Pl.U.L. 73–88 m. Anm. (352–56), wo jedoch die quellenkritischen Fragen noch nicht scharf genug erfaßt sind. Die übliche Textgestaltung (Interpunktion) ist in §§ 260–61 zu ändern, da wahrscheinlich von παρόσον … bis … ἔχεται τῶν δυοῖν ein späterer Zusatz vorliegt (s. u.).

τὸ μὲν οὖν φαινομένην εἶναι λέγειν τὴν τῶν ὅλων ἀρχὴν ἀφύσικόν πως ἐστίν· πᾶν γὰρ τὸ φαινόμενον ἐξ ἀφανῶν ὀφείλει συνίστασθαι, τὸ δ᾽ ἔκ τινων συνεστὼς οὐκ ἔστιν ἀρχή, ἀλλὰ τὸ ἐκείνου αὐτοῦ συστατικόν. (251) ὅθεν καὶ τὰ φαινόμενα οὐ ῥητέον ἀρχὰς εἶναι τῶν ὅλων, ἀλλὰ τὰ συστατικὰ τῶν φαινομένων, ἅπερ οὐκέτι ἦν φαινόμενα. τοίνυν ἀδήλους καὶ ἀφανεῖς ὑπέθεντο τὰς τῶν ὄντων ἀρχάς, καὶ οὐ κοινῶς. (252) οἱ γὰρ ἀτόμους εἰπόντες ἢ ὁμοιομερείας ἢ ὄγκους ἢ κοινῶς νοητὰ σώματα πάντων τῶν ὄντων ἄρχειν πῇ μὲν κατώρθωσαν, πῇ δὲ διέπεσον. ᾗ μὲν γὰρ ἀδήλους εἶναι νομίζουσιν τὰς ἀρχάς, δεόντως ἀναστρέφονται, ᾗ δὲ σωματικὰς ὑποτίθενται ταύτας, διαπίπτουσιν. (253) ὡς γὰρ τῶν αἰσθητῶν σωμάτων προηγεῖται τὰ νοητὰ καὶ ἄδηλα σώματα, οὕτω καὶ τῶν νοητῶν σωμάτων ἄρχειν δεῖ τὰ ἀσώματα. καὶ κατὰ λόγον· ὡς γὰρ τὰ τῆς λέξεως στοιχεῖα οὔκ εἰσι λέξεις, οὕτω καὶ τὰ τῶν σωμάτων στοιχεῖα οὐκ ἔστι σώματα· ἤτοι δὲ σώματα ὀφείλει τυγχάνειν ἢ ἀσώματα· διὸ πάντως ἐστὶν ἀσώματα.

(254) καὶ μὴν οὐδὲ ἔνεστι φάναι, ὅτι αἰωνίους συμβέβηκεν εἶναι τὰς ἀτόμους, καὶ διὰ τοῦτο δύνασθαι σωματικὰς οὔσας τῶν ὅλων ἄρχειν. πρῶτον μὲν γὰρ καὶ οἱ τὰς
66 ὁμοιομερείας καὶ οἱ τοὺς ὄγκους καὶ οἱ τὰ ἐλάχιστα καὶ ἀμερῆ λέγοντες εἶναι στοιχεῖα αἰώνιον ἀπολείπουσι τούτων τὴν ὑπόστασιν, ὥστε μὴ μᾶλλον τὰς ἀτόμους ἢ ταῦτ᾽ εἶναι στοιχεῖα. (255) εἶτα καὶ δεδόσθω ταῖς ἀληθείαις αἰωνίους εἶναι τὰς ἀτόμους· ἀλλ᾽ ὃν τρόπον οἱ ἀγένητον καὶ αἰώνιον ἀπολείποντες τὸν κόσμον οὐδὲν ἧττον πρὸς ἐπίνοιαν ζητοῦσι τὰς πρῶτον συστησαμένας αὐτὸν ἀρχάς, οὕτω καὶ ἡμεῖς, φασὶν οἱ Πυθαγορικοὶ τῶν φυσικῶν φιλοσόφων κατ᾽ ἐπίνοιαν σκεπτόμεθα τὸ ἐκ τίνων τὰ αἰώνια ταῦτα καὶ λόγῳ θεωρητὰ συνέστηκε σώματα. (256) ἤτοι οὖν σώματά ἐστι τὰ συστατικὰ αὐτῶν ἢ ἀσώματα. καὶ σώματα μὲν οὐκ ἂν εἴπαιμεν, ἐπεὶ δεήσει κἀκείνων σώματα λέγειν εἶναι συστατικὰ καὶ οὕτως εἰς ἄπειρον προβαινούσης τῆς ἐπινοίας ἄναρχον γίνεσθαι τὸ πᾶν. (257) λείπεται ἄρα λέγειν

Wenn man nun also sagt, das Prinzip von allem insgesamt sei sichtbar, versteht man nichts von der Natur. Denn alles Sichtbare muß aus Unsichtbarem zusammengesetzt werden; das aus etwas Zusammengesetzte kann aber nicht Prinzip sein, sondern (eher) das jenes Zusammensetzende; daher ist es auch unmöglich zu sagen, die sichtbaren Dinge seien die Prinzipien von allem insgesamt, wohl aber die das Sichtbare zusammensetzenden Dinge, die eben nicht mehr sichtbar sind. Somit kam man zu der Annahme, daß die Prinzipien des Seienden verborgen und unsichtbar sind – allerdings nicht übereinstimmend. *Denn diejenigen, die sagten, Atome oder Homoiomerien oder Masseteilchen oder überhaupt gedanklich-erfaßbare Körper* seien die Prinzipien von allem Seienden, stellten einerseits etwas Richtiges fest, andererseits aber gingen sie in die Irre. Sofern sie nämlich glaubten, daß die Prinzipien verborgen sind, schlugen sie den richtigen Weg ein, sofern sie aber annahmen, daß sie körperlich seien, gingen sie in die Irre. Denn wie den sinnlich-wahrnehmbaren Körpern die gedanklich-erfaßbaren und verborgenen Körper vorausgehen, so müssen den gedanklich-erfaßbaren Körpern die unkörperlichen Dinge vorgeordnet sein – und zwar nach der sinnvollen Entsprechung: wie nämlich die Elemente der Wörter nicht Wörter sind, so sind | auch die Elemente der Körper nicht Körper; nun muß es sich entweder um Körperliches oder um Unkörperliches handeln, also sind sie auf jeden Fall unkörperlich.

Es ist aber auch nicht etwa möglich zu behaupten, daß den Atomen ewige Dauer zukomme und daß sie deshalb, obwohl körperlich, die Prinzipien von allem insgesamt sein können.

Zunächst nämlich: auch diejenigen, welche die Homoiomerien oder die Masseteilchen oder das Kleinste und Teillose als Elemente angeben, lassen deren Wesensbestand ewig dauernd sein, so daß die Atome nicht in höherem Grade Elemente sind als diese. Sodann:

Es sei einmal zugegeben, daß in Wahrheit die Atome ewigdauernd sind. Aber in derselben Weise, wie diejenigen, die den Kosmos ungeworden und ewigdauernd sein lassen, um nichts weniger zur Erkenntnis der ihn ursprünglich zusammensetzenden Prinzipien zu gelangen suchen, ebenso – sagen die Pythagoreer unter den die Natur erforschenden Philosophen – untersuchen wir der Erkenntnis nach, woraus diese ewigdauernden und im Denken erkennbaren Körper zusammengesetzt sind. Entweder ist nun das, was sie zusammensetzt, körperlich oder unkörperlich; daß es Körper sind, dürfen wir wohl nicht sagen, weil man dann notwendigerweise auch von diesen wieder Körper annehmen muß, aus denen sie zusammengesetzt sind, und so, indem das Erkennen ins Unbegrenzte weiterschreitet, das All ἐξ ἀσωμάτων εἶναι τὴν σύστασιν τῶν νοητῶν σωμάτων (ὅπερ καὶ Ἐπίκουρος ὡμολόγησε, φήσας κατὰ ἀθροισμὸν σχήματός τε καὶ μεγέθους καὶ ἀντιτυπίας καὶ βάρους τὸ σῶμα νενοῆσθαι).

Ἀλλ᾽ ὅτι ἀσωμάτους εἶναι δεῖ τὰς ἀρχὰς τῶν λόγῳ θεωρητῶν σωμάτων, ἐκ τῶν εἰρημένων συμφανές. (258) ἤδη δὲ οὐκ εἴ τινα προϋφέστηκε τῶν σωμάτων ἀσώματα, ταῦτ᾽ ἐξ ἀνάγκης στοιχεῖά ἐστι τῶν ὄντων καὶ πρῶταί τινες ἀρχαί. – ἰδοὺ γὰρ καὶ αἱ ἰδέαι ἀσώματοι οὖσαι κατὰ τὸν Πλάτωνα προϋφεστᾶσι τῶν σωμάτων, καὶ ἕκαστον τῶν γινομένων πρὸς αὐτὰς γίνεται· ἀλλ᾽ οὔκ εἰσι τῶν ὄντων ἀρχαί, ἐπείπερ ἑκάστη ἰδέα κατ᾽ ἰδίαν μὲν λαμβανομένη ἓν εἶναι λέγεται, κατὰ σύλληψιν δὲ ἑτέρας ἢ ἄλλων δύο καὶ τρεῖς καὶ τέσσαρες, ὥστε εἶναί τι ἐπαναβεβηκὸς αὐτῶν τῆς ὑποστάσεως, τὸν ἀριθμόν, οὗ κατὰ μετοχὴν τὸ ἓν ἢ τὰ δύο ἢ τὰ τρία ἢ τὰ τούτων ἔτι πλείονα ἐπικατηγορεῖται αὐτῶν. – (259) καὶ τὰ στερεὰ σχήματα προεπινοεῖται τῶν σωμάτων, ἀσώματον ἔχοντα τὴν φύσιν· ἀλλ᾽ ἀνάπαλιν οὐκ ἄρχει τῶν πάντων· προάγει γὰρ καὶ τούτων κατὰ τὴν ἐπίνοιαν τὰ ἐπίπεδα σχήματα διὰ τὸ ἐξ ἐκείνων τὰ στερεὰ συνίστασθαι. (260) ἀλλὰ μὴν οὐδὲ τὰ ἐπίπεδα σχήματα θείη τις ἂν τῶν ὄντων στοιχεῖα· ἕκαστον γὰρ αὐτῶν πάλιν ἐκ προαγόντων συντίθεται τῶν γραμμῶν, καὶ αἱ γραμμαὶ προεπινοουμένους ἔχουσι τοὺς ἀριθμούς – παρόσον τὸ μὲν ἐκ τριῶν γραμμῶν τρίγωνον καλεῖται καὶ τὸ ἐκ τεσσάρων τετράγωνον, καὶ ἐπεὶ ἡ ἁπλῆ γραμμὴ οὐ χωρὶς ἀριθμοῦ νενόηται, ἀλλ᾽ ἀπὸ σημείου ἐπὶ σημεῖον ἀγομένη ἔχεται τῶν δυεῖν, – οἵ τε ἀριθμοὶ πάντες καὶ αὐτοὶ ὑπὸ τὸ ἓν πεπτώκασιν (καὶ γὰρ ἡ δυὰς μία τις ἐστὶ δυάς, καὶ ἡ τριὰς ἕν τι ἐστί, τριάς, καὶ ἡ δεκὰς ἓν ἀριθμοῦ κεφάλαιον), (261) ἔνθεν κινηθεὶς ὁ Πυθαγόρας ἀρχὴν ἔφησεν εἶναι τῶν ὄντων τὴν μονάδα, ἧς κατὰ μετοχὴν ἕκαστον τῶν ὄντων ἓν λέγεται·

καὶ ταύτην κατ᾽ αὐτότητα μὲν ἑαυτῆς

prinziplos wird; es bleibt also nur übrig zu sagen, daß die Zusammensetzung der gedanklich-erfaßbaren Körper aus Unkörperlichem erfolgt.

Dies hat ja auch Epikur zugestanden, wenn er erklärte, gemäß der Zusammenkunft von Gestalt und Größe und Festigkeit und Gewicht werde der Körper gedacht.

(B) I. Daß also die Prinzipien der im Denken erkennbaren Körper *unkörperlich* sein müssen, geht aus dem Gesagten klar hervor. Nun sind aber, wenn gewisse unkörperliche Dinge vor den körperlichen bestehen, diese nicht schon mit Notwendigkeit Elemente des Seienden und erste Prinzipien.

Denn man sieht doch: auch die Ideen, die ja nach Platon unkörperlich sind, bestehen zwar vor den Körpern, und die einzelnen der entstehenden Dinge entstehen aufgrund der Beziehung zu ihnen; trotzdem aber sind sie nicht (erste) Prinzipien des Seienden, da eben jede einzelne Idee für sich genommen als Eines bezeichnet wird, mit einer oder mehreren anderen zusammengenommen als Zwei oder Drei oder Vier, so daß es etwas geben muß, was noch über den Seinsstatus der Ideen hinausgeht: die Zahl, da durch das Teilhaben an dieser das Eins oder Zwei oder Drei oder noch mehr von ihnen ausgesagt wird.

Auch die *dreidimensionalen Figuren* sind vor den Körpern zu erkennen, da sie ihrem Wesen nach nicht körperlich sind; aber sie sind ihrerseits doch (noch) nicht Prinzipien von allen Dingen. Denn ihnen gehen der Erkenntnis nach wieder die *flächenhaften Figuren* voraus, weil aus diesen die dreidimensionalen Figuren zusammengesetzt werden. Aber auch die flächenhaften Figuren könnte man noch nicht als Elemente des Seienden ansetzen; denn jede von ihnen wird wiederum aus noch weiter Vorausgehendem zusammengesetzt: den *Linien*; und die Linien haben dem Erkennen nach die *Zahlen* vor sich, insofern als das, was aus drei Linien besteht, Dreieck genannt wird und das aus vier Linien Viereck, und weil auch | die einfache Linie nicht ohne die Zahl gedacht werden kann,
sondern – von einem Punkt zum anderen gezogen 67
– mit Zwei zusammenhängt, und die Zahlen alle fallen selbst wieder unter *das Eins*: denn auch die Zweiheit ist ›eine‹ Zweiheit und die Dreiheit ist eine, eben Dreiheit, und die Zehn eine einzige Hauptzahl. Von hier aus gelangte Pythagoras somit zu der Behauptung, daß das Prinzip des Seienden die Einheit sei, da durch das Teilhaben an dieser jedes einzelne Seiende als Eines bezeichnet werde.

Diese (Einheit) nun werde, gemäß der Selbigkeit mit sich selbst gedacht, als *Einheit* gedacht, sich νοουμένην μονάδα νοεῖσθαι, ἐπισυντεθεῖσαν δ' ἑαυτῇ καθ' ἑτερότητα ἀποτελεῖν τὴν καλουμένην ἀόριστον δυάδα διὰ τὸ μηδεμίαν τῶν ἀριθμητῶν καὶ ὡρισμένων δυάδων εἶναι τὴν αὐτήν, πάσας δὲ κατὰ μετοχὴν αὐτῆς δυάδας νενοῆσθαι, καθὼς καὶ ἐπὶ τῆς μονάδος ἐλέγχουσιν. (262) δύο οὖν τῶν ὄντων ἀρχαί, ἥ τε πρώτη μονάς, ἧς κατὰ μετοχὴν πᾶσαι αἱ ἀριθμηταὶ μονάδες νοοῦνται μονάδες, καὶ ἡ ἀόριστος δυάς, ἧς κατὰ μετοχὴν αἱ ὡρισμέναι δυάδες εἰσὶ δυάδες.

Καὶ ὅτι ταῖς ἀληθείαις αὗται εἰσι τῶν ὅλων ἀρχαί, ποικίλως οἱ Πυθαγορικοὶ διδάσκουσιν. (263) τῶν γὰρ ὄντων, φασί, τὰ μὲν κατὰ διαφορὰν νοεῖται, τὰ δὲ κατ' ἐναντίωσιν, τὰ δὲ πρός τι. κατὰ διαφορὰν μὲν οὖν εἶναι τὰ καθ' ἑαυτὰ καὶ κατ' ἰδίαν περιγραφὴν ὑποκείμενα, οἷον ἄνθρωπος ἵππος φυτὸν γῆ ὕδωρ ἀὴρ πῦρ· τούτων γὰρ ἕκαστον ἀπολύτως θεωρεῖται καὶ οὐχ ὡς κατὰ τὴν πρὸς ἕτερον σχέσιν· (264) κατ' ἐναντίωσιν δὲ ὑπάρχειν ὅσα ἐξ ἐναντιώσεως ἑτέρου πρὸς ἕτερον θεωρεῖται, οἷον ἀγαθὸν καὶ κακόν, δίκαιον ἄδικον, συμφέρον ἀσύμφορον, ὅσιον ἀνόσιον, εὐσεβὲς ἀσεβές, κινούμενον ἠρεμοῦν, τὰ ἄλλα ὅσα τούτοις ἐμφερῆ. (265) πρός τι δὲ τυγχάνειν τὰ κατὰ τὴν ὡς πρὸς ἕτερον σχέσιν νοούμενα, οἷον δεξιὸν ἀριστερόν, ἄνω κάτω, διπλάσιον ἥμισυ· τό τε γὰρ δεξιὸν νοεῖται κατὰ τὴν ὡς πρὸς τὸ ἀριστερὸν σχέσιν καὶ τὸ ἀριστερὸν κατὰ τὴν ὡς πρὸς τὸ δεξιόν, τό τε κάτω κατὰ τὴν ὡς πρὸς τὸ ἄνω καὶ τὸ ἄνω κατὰ τὴν ὡς πρὸς τὸ κάτω· καὶ ἐπὶ τῶν ἄλλων τὸ παραπλήσιον.

(266) διαφέρειν δέ φασι τὰ κατὰ ἐναντίωσιν νοούμενα τῶν πρός τι. ἐπὶ μὲν γὰρ τῶν ἐναντίων ἡ τοῦ ἑτέρου φθορὰ γένεσίς ἐστι τοῦ ἑτέρου, οἷον ἐπὶ ὑγιείας καὶ νόσου κινήσεώς τε καὶ ἠρεμίας· νόσου τε γὰρ γένεσις ἄρσις ἐστὶν ὑγιείας, ὑγιείας τε γένεσις ἄρσις ἐστὶ νόσου, καὶ κινήσεως μὲν ὑπόστασις φθορὰ στάσεως, γένεσις δὲ στάσεως ἄρσις κινήσεως. ὁ δ' αὐτὸς λόγος καὶ ἐπὶ λύπης καὶ ἀλυπίας ἀγαθοῦ τε καὶ κακοῦ καὶ κοινῶς τῶν ἐναντίαν φύσιν ἐχόντων. (267) τὰ δὲ πρός τι συνύπαρξίν τε καὶ συναναίρεσιν ἀλλήλων περιεῖχεν· οὐδὲν γὰρ δεξιόν ἐστιν, ἐὰν μὴ καὶ ἀριστερὸν ὑπάρχῃ, οὐδὲ διπλάσιον, ἐὰν μὴ καὶ τὸ ἥμισυ προϋποκέηται οὗ διπλάσιόν

selbst hinzugefügt aber gemäß der Andersheit bringe sie die sogenannte *Unbestimmte Zweiheit* zustande – so genannt, weil ihr keine von den zählbaren und begrenzten Zweiheiten gleich ist, alle Zweiheiten aber doch durch das Teilhaben an dieser gedacht werden, so wie sie es auch im Falle der Einheit nachweisen. Es gibt also zwei Prinzipien des Seienden: die erste Einheit, an der teilhabend alle zählbaren Einheiten als Einheiten gedacht werden, und die Unbestimmte Zweiheit, an der teilhabend alle begrenzten Zweiheiten Zweiheiten sind.

II. Und daß in Wahrheit diese beiden die Prinzipien von allem insgesamt sind, das lehren die Pythagoreer auf mannigfache Weise.

Vom Seienden nämlich, sagen sie, wird das eine *›gemäß der Besonderheit‹* gedacht, das andere *›gemäß der Gegensätzlichkeit‹* und noch anderes *›in bezug auf etwas‹*. *›Gemäß der Besonderheit‹* nun sei das, was ›an sich selbst‹ und nach einer ihm eigenen Kennzeichnung vorliegt, wie zum Beispiel Mensch, Pferd, Pflanze, Erde, Wasser, Luft, Feuer. Von diesen wird nämlich jedes einzelne losgelöst (für sich) betrachtet und nicht (wie) gemäß dem Verhältnis zu etwas anderem. *›Gemäß der Gegensätzlichkeit‹* aber liege das vor, was nach einer Gegensätzlichkeit des einen gegenüber dem anderen betrachtet wird, wie z. B. gut und schlecht, gerecht ungerecht, nützlich unnützlich, fromm unfromm, bewegt ruhend, und das andere, was sonst dazu gehört. *›In bezug auf etwas‹* aber sei eben das, was gemäß dem Verhältnis zu etwas anderem gedacht wird, wie z. B. rechts links, oben unten, doppelt halb; denn Rechts wird gedacht gemäß dem Verhältnis zu Links und Links gemäß dem zu Rechts, Unten gemäß dem zu Oben und Oben gemäß dem zu Unten, und in den anderen Fällen ist es ähnlich.

Sie sagen, daß ein Unterschied besteht zwischen dem, was ›gemäß der Gegensätzlichkeit‹ gedacht wird, und dem ›im bezug auf etwas‹. Denn beim Gegensätzlichen ist das Verschwinden des einen die Entstehung des anderen, wie z. B. bei Gesundheit und Krankheit, Bewegung und Ruhe: ist doch Entstehung der Krankheit Wegfallen von Gesundheit und Entstehung von Gesundheit Wegfallen von Krankheit, Aufkommen von Bewegung Verschwinden von Stillstand und Entstehung von Stillstand Wegfallen von Bewegung. Das gleiche Verhältnis gilt bei Schmerz und Schmerzlosigkeit, Gut und Schlecht und überhaupt bei dem, was gegensätzliche Wesensart hat. Das ›in bezug auf etwas‹ aber hat die Eigenschaft des Miteinander-Bestehens und Miteinander-Entfallens; denn nichts ist rechts, wenn nicht auch links besteht, und nichts doppelt, wenn nicht auch das Halbe vorgegeben ist, zu dem es ἐστιν. (268) πρὸς τούτοις ἐπὶ μὲν τῶν ἐναντίων ὡς ἐπίπαν οὐδὲν θεωρεῖται μέσον, καθάπερ εὐθέως ἐπὶ ὑγιείας καὶ νόσου ζωῆς τε καὶ θανάτου κινήσεώς τε καὶ μονῆς· μεταξὺ γὰρ τοῦ ὑγιαίνειν καὶ νοσεῖν οὐδέν ἐστι, καὶ μεταξὺ τοῦ ζῆν καὶ τεθνάναι καὶ ἔτι τοῦ κινεῖσθαι καὶ μένειν. ἐπὶ δὲ τῶν πρός τί πως ἐχόντων ἔστι ⟨τι⟩ μέσον· τοῦ γὰρ μείζονος, εἰ τύχοι, καὶ τοῦ μικροτέρου τῶν πρός τί πως καθεστώτων μεταξὺ γένοιτ' ἂν τὸ ἴσον, ὡσαύτως δὲ καὶ τοῦ πλείονος καὶ ἥττονος τὸ ἱκανόν, ὀξέος τε καὶ βαρέος τὸ σύμφωνον.

(269) ἀλλὰ γὰρ τῶν τριῶν ὄντων γενῶν, τῶν τε καθ' ἑαυτὰ ὑφεστώτων καὶ τῶν κατ' ἐναντιότητα καὶ ἔτι τῶν πρός τι νοουμένων, ὀφείλει κατ' ἀνάγκην καὶ τούτων αὐτῶν ἐπάνω τι γένος τετάχθαι, καὶ πρῶτον ὑπάρχειν διὰ τὸ καὶ πᾶν γένος προυπάρχειν τῶν ὑφ' αὐτὸ τεταγμένων εἰδῶν. ἀναιρουμένου γοῦν αὐτοῦ πάντα τὰ εἴδη συναναιρεῖται, τοῦ δὲ εἴδους ἀναιρεθέντος οὐκέτ' ἀνασκευάζεται τὸ γένος· ἤρτηται γὰρ ἐξ ἐκείνου τοῦτο, καὶ οὐκ ἀνάπαλιν.

(270) καὶ δὴ τῶν μὲν καθ' αὑτὰ νοουμένων γένος ὑπεστήσαντο Πυθαγορικῶν παῖδες, ὡς ἐπαναβεβηκός, τὸ ἕν· καθὰ γὰρ τοῦτο καθ' αὑτό ἐστιν, οὕτω καὶ ἕκαστον τῶν κατὰ διαφορὰν ἕν τέ ἐστι καὶ καθ' ἑαυτὸ θεωρεῖται. (271) τῶν δὲ κατ' ἐναντίωσιν ἔλεξαν ἄρχειν, γένους τάξιν ἐπέχον, τὸ ἴσον καὶ τὸ ἄνισον· ἐν τούτοις γὰρ ἡ πάντων τῶν ἐναντιουμένων θεωρεῖται φύσις, οἷον μονῆς μὲν ἐν ἰσότητι (οὐ γὰρ ἐπιδέχεται τὸ μᾶλλον καὶ τὸ ἧσσον), κινήσεως δὲ ἐν ἀνισότητι (ἐπιδέχεται γὰρ τὸ μᾶλλον καὶ τὸ ἧσσον). (272) ὡσαύτως δὲ τὸ μὲν κατὰ φύσιν ἐν ἰσότητι (ἀκρότης γὰρ ἦν ἀνεπίτατος), τὸ δὲ παρὰ φύσιν ἐν ἀνισότητι (ἐπεδέχετο γὰρ τὸ μᾶλλον καὶ ἧσσον). ὁ δ' αὐτὸς λόγος καὶ ἐπὶ ὑγιείας καὶ νόσου εὐθύτητός τε καὶ στρεβλότητος. (273) τὰ μέντοι γε πρός τι ὑφέστηκε γένει τῇ τε ὑπεροχῇ καὶ τῇ ἐλλείψει· μέγα μὲν γὰρ καὶ μεῖζον πολύ τε καὶ πλεῖον ὑψηλόν τε καὶ ὑψηλότερον καθ' ὑπεροχὴν νοεῖται, μικρὸν δὲ καὶ μικρότερον ὀλίγον τε καὶ ὀλιγώτερον ταπεινόν τε καὶ ταπεινότερον κατ' ἔλλειψιν.

(274) ἀλλ' ἐπεὶ τὰ καθ' αὑτὰ καὶ τὰ κατ' ἐναντίωσιν καὶ τὰ πρός τι, γένη ὄντα, εὕρηται ἄλλοις γένεσιν ὑποταττόμενα, καθάπερ τῷ τε ἑνὶ καὶ τῇ ἰσότητι καὶ ἀνισότητι ὑπεροχῇ τε καὶ ἐλλείψει, σκοπῶμεν, εἰ καὶ

das Doppelte ist. – Weiterhin kommt beim Gegensätzlichen in keinem Fall ein Mittleres in Betracht, wie eben bei Gesundheit und Krankheit, Leben und Tod, Bewegung und Verharrung: denn zwischen dem Gesundsein und dem Kranksein ist nichts, noch zwi- | schen dem Leben und dem Totsein noch auch zwischen dem Bewegtsein und dem Verharren. Dagegen gibt es bei dem, was sich irgendwie ›in bezug auf etwas‹ verhält, *ein Mittleres*: denn wenn man etwa das Größere 68
nimmt und das Kleinere von dem, was irgendwie ›in bezug auf etwas‹ angelegt ist, dürfte dazwischen wohl *das Gleiche* vorkommen, und ebenso auch beim Mehr und Weniger *das Zureichende,* bei Hoch und Tief *das Zusammenstimmende.*

Aber nun muß den drei Gattungen – dem, was ›an sich selbst‹ besteht, und dem, was ›gemäß der Gegensätzlichkeit‹, und dem, was ›in Bezug auf etwas‹ gedacht wird – mit Notwendigkeit wiederum eine höhere Gattung zugeordnet sein; und diese muß zuerst vorhanden sein, weil ja jede Gattung eher als die ihr untergeordneten Arten vorhanden ist. Wenn also die Gattung entfällt, dann entfallen die Arten mit, wenn aber die Art entfällt, dann wird die Gattung nicht ebenso aufgehoben; denn die Art hängt von der Gattung ab und nicht umgekehrt.

Und so setzten die Pythagoreer nun von dem, was ›an sich selbst‹ gedacht wird, als noch weiter hinaufreichende Gattung *das Eine* an. Insofern nämlich als dieses ›an sich selbst‹ ist, ist auch jedes einzelne von dem, was ›gemäß der Besonderheit‹ ist, Eines und wird ›an sich selbst‹ betrachtet. Dem aber, was ›gemäß der Gegensätzlichkeit‹ ist, sagten sie, sei übergeordnet und als Gattung vorgesetzt *das Gleiche und das Ungleiche.* In diesen wird nämlich die Wesensart alles Gegensätzlichen betrachtet, wie z. B. die der Verharrung in der Gleichheit – denn sie (die Verharrung) nimmt das Mehr und das Weniger nicht auf – und die der Bewegung in der Ungleichheit – denn sie (die Bewegung) nimmt das Mehr und das Weniger auf –; ebenso aber das Naturgemäße in der Gleichheit – denn es galt (ihnen) als eine Spitze (ein Höchstwert) ohne Steigerungsmöglichkeit –, das Naturwidrige dagegen in der Ungleichheit – denn es nimmt (wie sie meinten) das Mehr und das Weniger auf. Dasselbe Verhältnis sollte auch bei Gesundheit und Krankheit, Geradheit und Krummheit gelten. Das ›in bezug auf etwas‹ hingegen untersteht als einer Gattung *dem Übertreffen und dem Zurückbleiben.* Denn groß und größer, viel und mehr, hoch und höher wird gemäß dem Übertreffen gedacht, klein und kleiner, wenig und weniger, niedrig und niedriger gemäß dem Zurückbleiben.

ταῦτα τὰ γένη δύναται ἐπ' ἄλλα λαμβάνειν τὴν ἀναπομπήν. (275) οὐκοῦν ἡ μὲν ἰσότης τῷ ἑνὶ ὑπάγεται (τὸ γὰρ ἓν πρώτως αὐτὸ ἑαυτῷ ἐστιν ἴσον), ἡ δὲ ἀνισότης ἐν ὑπεροχῇ τε καὶ ἐλλείψει βλέπεται· ἄνισα γάρ ἐστιν ὧν τὸ μὲν ὑπερέχει τὸ δὲ ὑπερέχεται. ἀλλὰ καὶ ἡ ὑπεροχὴ καὶ ἡ ἔλλειψις κατὰ τὸν τῆς ἀορίστου δυάδος λόγον τέτακται, ἐπειδήπερ ἡ πρώτη ὑπεροχὴ καὶ ἡ ἔλλειψις ἐν δυσίν ἐστι, τῷ τε ὑπερέχοντι καὶ τῷ ὑπερεχομένῳ.

(276) ἀνέκυψαν ἄρα ἀρχαὶ πάντων κατὰ τὸ ἀνωτάτω ἥ τε πρώτη μονὰς καὶ ἡ ἀόριστος δυάς·

ἐξ ὧν γίνεσθαί φασι τό τ' ἐν τοῖς ἀριθμοῖς ἓν καὶ τὴν ἐπὶ τούτοις πάλιν δυάδα, ἀπὸ μὲν τῆς πρώτης μονάδος τὸ ἕν, ἀπὸ δὲ τῆς μονάδος καὶ τῆς ἀορίστου δυάδος τὰ δύο. δὶς γὰρ τὸ ἓν δύο, καὶ μήπω ὑποκειμένου ἐν τοῖς ἀριθμοῖς τοῦ δύο οὐδὲ τὸ δὶς ἦν ἐν τούτοις, ἀλλ' ἐλήφθη ἐκ τῆς ἀορίστου δυάδος, καὶ οὕτως ἐκ ταύτης τε καὶ τῆς μονάδος ἐγένετο ἡ ἐν τοῖς ἀριθμοῖς δυάς. (277) κατὰ ταὐτὰ δὲ καὶ οἱ λοιποὶ ἀριθμοὶ ἐκ τούτων ἀπετελέσθησαν, τοῦ μὲν ἑνὸς ἀεὶ περατοῦντος, τῆς δὲ ἀορίστου δυάδος δύο γεννώσης καὶ εἰς
69 ἄπειρον πλῆθος τοὺς ἀριθμοὺς ἐκτεινούσης.

ὅθεν φασὶν ἐν ταῖς ἀρχαῖς ταύταις τὸν μὲν τοῦ δρῶντος αἰτίου λόγον ἐπέχειν τὴν μονάδα, τὸν δὲ τῆς πασχούσης ὕλης τὴν δυάδα· καὶ ὃν τρόπον τοὺς ἐξ αὐτῶν ὑποστάντας ἀριθμοὺς ἀπετέλεσαν, οὕτω καὶ τὸν κόσμον καὶ πάντα τὰ ἐν κόσμῳ συνεστήσαντο.

(278) εὐθέως γὰρ τὸ σημεῖον κατὰ τὸν τῆς μονάδος λόγον τετάχθαι· ὡς γὰρ ἡ μονὰς ἀδιαίρετόν τι ἐστίν, οὕτω καὶ τὸ σημεῖον, καὶ ὃν τρόπον ἡ μονὰς ἀρχή τις ἐστὶν ἐν ἀριθμοῖς, οὕτως καὶ τὸ σημεῖον ἀρχή τις ἐστὶν ἐν γραμμαῖς. ὥστε τὸ μὲν σημεῖον τὸν τῆς μονάδος εἶχε λόγον, ἡ δὲ γραμμὴ κατὰ τὴν τῆς δυάδος ἰδέαν ἐθεωρεῖτο· κατὰ μετάβασιν γὰρ καὶ ἡ δυὰς καὶ ἡ γραμμὴ νοεῖται. (279) καὶ ἄλλως· τὸ μεταξὺ δυεῖν σημείων νοούμενον ἀπλατὲς μῆκος ἔστι γραμμή. τοίνυν ἔσται κατὰ τὴν δυάδα ἡ γραμμή, τὸ δὲ ἐπίπεδον κατὰ τὴν τριάδα, ὃ μὴ μόνον μῆκος αὐτὸ θεωρεῖται καθὸ ἦν ἡ δυάς, ἀλλὰ καὶ τρίτην προσείληφε διάστασιν τὸ πλάτος.

(280) τιθεμένων δὲ τριῶν σημείων, δυεῖν μὲν ἐξ ἐναντίου διαστήματος, τρίτου δὲ κατὰ

Da aber die Gattungen des ›an sich selbst‹ und des ›gemäß der Gegensätzlichkeit‹ und des ›in bezug auf etwas‹ sich als anderen Gattungen untergeordnet herausgestellt haben, wie eben dem Einen und der Gleichheit und der Ungleichheit sowie dem Übertreffen und dem Zurückbleiben, wollen wir zusehen, ob auch diese Gattungen eine Hinaufführung zu anderem erhalten können. Tatsächlich läßt sich die Gleichheit *dem Einen* zuweisen, denn das Eine ist zuerst mit sich selbst gleich; die Ungleichheit aber wird in Übertreffen und Zurückbleiben erblickt, denn ungleich ist, wovon das eine übertrifft und das andere übertroffen wird. Aber auch das Übertreffen und das Zurückbleiben ist (wiederum) gemäß dem Verhältnis der *Unbestimmten Zweiheit* angeordnet, da nun einmal das erste Übertreffen und das Zurückbleiben in Zweien ist, dem Übertreffenden und dem Übertroffenen.

Es stellten sich also heraus als Prinzipien aller Dinge an höchster Stelle: die erste Einheit und die Unbestimmte Zweiheit.

III. Aus diesen (beiden Prinzipien) entstehen, wie sie sagen, das Eine im Bereich der *Zahlen* und dann auch die zahlenhafte Zweiheit: | von der ersten Einheit das Eine, von der Einheit und der Unbestimmten Zweiheit die Zwei. Denn zweimal das Eine gibt Zwei; und solange im Bereich der Zahlen die Zwei noch nicht vorhanden war, gab es auch noch nicht das Zweimal, es wurde aber von der Unbestimmten Zweiheit her genommen, und so entstand aus dieser und der Einheit die Zweiheit im Bereich der Zahlen. In derselben Weise wurden auch die übrigen Zahlen aus diesen (Prinzipien) zustandegebracht, indem das Eine jeweils begrenzend wirkte und die Unbestimmte Zweiheit immer zwei erzeugte und so die Zahlen zu unendlicher Vielheit ausdehnte.

Daher sagen sie, daß unter diesen Prinzipien die Stelle der aktiv-tätigen Ursache von der Einheit eingenommen werde, die des passiv-aufnehmenden Stoffes dagegen von der Zweiheit. – Und in der Art wie die Prinzipien die ihnen untergeordneten Zahlen zustandegebracht haben, ebenso setzten sie auch den Kosmos und alle Dinge im Kosmos zusammen.

Zunächst sei gleich der *Punkt* in Entsprechung zur Einheit angeordnet; denn wie die Einheit etwas Unteilbares ist, so auch der Punkt; und in der Art, wie die Einheit ein Prinzip ist bei den Zahlen, so ist der Punkt ein Prinzip bei den Linien. Daher erhielt der Punkt die der Einheit entsprechende Stelle; die *Linie* aber wurde als zu der Wesensart der Zweiheit gehörig betrachtet, denn im Sinne eines Übergangs wird sowohl die Zweiheit als auch die Linie gedacht. Oder anders erklärt: die zwischen zwei Punkten gedachte ›Länge ohne Breite‹ ist die Linie; folglich ergibt sich die Linie

μέσον τῆς ἐκ τῶν δυεῖν ἀποτελεσθείσης γραμμῆς, πάλιν ἐξ ἄλλου διαστήματος, ἐπίπεδον ἀποτελεῖται. τὸ δὲ στερεὸν σχῆμα καὶ τὸ σῶμα, καθάπερ τὸ πυραμοειδές, κατὰ τὴν τετράδα τάττεται. τοῖς γὰρ τρισὶ σημείοις, ὡς προεῖπον, κειμένοις ἐπιτεθέντος ἄλλου τινὸς ἄνωθεν σημείου πυραμοειδὲς ἀποτελεῖται σχῆμα στερεοῦ σώματος· ἔχει γὰρ ἤδη τὰς τρεῖς διαστάσεις, μῆκος πλάτος βάθος.
(281) τινὲς δ' ἀπὸ ἑνὸς σημείου τὸ σῶμά φασι συνίστασθαι· τουτὶ γὰρ τὸ σημεῖον ῥυὲν γραμμὴν ἀποτελεῖν, τὴν δὲ γραμμὴν ῥυεῖσαν ἐπίπεδον ποιεῖν, τοῦτο δὲ εἰς βάθος κινηθὲν τὸ σῶμα γεννᾶν τριχῇ διαστατόν. (282) διαφέρει δὲ ἡ τοιαύτη τῶν Πυθαγορικῶν στάσις τῆς τῶν προτέρων. ἐκεῖνοι μὲν γὰρ ἐκ δυεῖν ἀρχῶν, τῆς τε μονάδος καὶ τῆς ἀορίστου δυάδος, ἐποίουν τοὺς ἀριθμούς, εἶτ' ἐκ τῶν ἀριθμῶν τὰ σημεῖα καὶ τὰς γραμμάς τά τε ἐπίπεδα σχήματα καὶ τὰ στερεά· οὗτοι δὲ ἀπὸ ἑνὸς σημείου τὰ πάντα τεκταίνουσιν. ἐξ αὐτοῦ μὲν γὰρ γραμμὴ γίνεται, ἀπὸ γραμμῆς δὲ ἐπιφάνεια, ἀπὸ δὲ ταύτης σῶμα. (283) πλὴν οὕτω μὲν ἀποτελεῖται τὰ στερεὰ σώματα ἡγουμένων τῶν ἀριθμῶν· ἀφ' ὧν λοιπὸν καὶ τὰ αἰσθητὰ συνίσταται, γῆ τε καὶ ὕδωρ καὶ ἀὴρ καὶ πῦρ, καὶ καθόλου ὁ κόσμος, ὅν φασι καθ' ἁρμονίαν διοικεῖσθαι πάλιν ἐχόμενοι τῶν ἀριθμῶν, ἐν οἷς οἱ λόγοι εἰσὶ τῶν συστατικῶν τῆς τελείου ἁρμονίας συμφωνιῶν, τῆς τε διὰ τεσσάρων καὶ τῆς διὰ πέντε καὶ τῆς διὰ πασῶν, ὧν ἡ μὲν ἐν ἐπιτρίτῳ ἔκειτο λόγῳ, ἡ δὲ ἐν ἡμιολίῳ, ἡ δὲ ἐν διπλασίονι. (284) εἴρηται δὲ περὶ τούτων ἀκριβέστερον κἀν τῇ περὶ κριτηρίου σκέψει κἀν τοῖς περὶ ψυχῆς.

gemäß der Zweiheit; die *Fläche* aber gemäß der Dreiheit, da sie nicht nur als reine Länge betrachtet wird, wie es bei der Linie war, sondern noch als eine dritte Distanz die Breite dazugenommen hat: wenn drei Punkte gesetzt werden – zwei in einer Distanz einander gegenüber, ein dritter in der Mitte der von den beiden zustandegebrachten Linie, wieder in einer anderen Distanz –, dann wird die Fläche zustandegebracht. Die *dreidimensionale Figur* und der Körper aber, wie die Pyramidengestalt, wird in Entsprechung zur Vierheit angeordnet; denn wenn die drei Punkte liegen, wie ich es vorher gesagt habe, und ein anderer Punkt hinzugefügt wird von oben her, dann wird die pyramidengestaltige Figur eines dreidimensionalen Körpers zustandegebracht: es sind ja nunmehr alle drei Distanzen (Dimensionen) gegeben: Länge, Breite, Tiefe.

Einige aber behaupten, daß der Körper von einem einzigen Punkt aus zusammengesetzt werde. Denn dieser eine Punkt bringe ›fließend‹ die Linie zustande, die Linie mache ›fließend‹ die Fläche, diese aber erzeuge, in die Tiefe bewegt, den Körper mit seinen drei Dimensionen. Aber diese Partei der Pythagoreer weicht von derjenigen der früheren (Pythagoreer) ab. Jene machten nämlich aus zwei Prinzipien, der Einheit und der Unbestimmten Zweiheit, die Zahlen, dann aus den Zahlen die Punkte, die Linien sowie die flächenhaften und die dreidimensionalen Figuren; die anderen hingegen bauen alles aus einem einzigen Punkt heraus auf, indem aus ihm die Linie entsteht, aus der Linie die Fläche, aus dieser der Körper. Jedenfalls:

So werden die dreidimensionalen Körper zustandegebracht, indem die Zahlen vorangehen; und von diesen Körpern aus werden schließlich auch *die sinnlich-wahrnehmbaren Dinge* zusammengesetzt: Erde, Wasser, Luft und Feuer und überhaupt der ganze *Kosmos*. Von dem sagen sie, er sei nach *harmonischen Gesetzmäßigkeiten* eingerichtet, wobei sie sich wieder an die Zahlen halten, in 70
denen die Verhältnisse der die vollkommene Harmonie zusammensetzenden Zusammenklänge angelegt sind: der Zusammenklang der Quarte, der Quinte und der Oktave, von denen die eine auf | dem Verhältnis 4 : 3, die andere auf dem Verhältnis 3 : 2, die letzte auf dem Verhältnis 2:1 beruht.

(Darüber ist genauer gesprochen worden bei der Untersuchung des Erkenntniskriteriums und in den Büchern ›Über die Seele‹).

Zunächst soll nun kurz resümiert werden, worauf sich die Ansicht stützt, daß der Sextus-Bericht die Prinzipienvorlesung Platons ›Über das Gute‹ widerspiegelt.

(1) Der Bericht gibt den Prinzipien die Namen ἕν und ἀόριστος δυάς, die Aristoteles ausdrücklich Platon zuschreibt, und zwar den zweiten Begriff Platon zum Unterschied von den Pythagoreern (Metaph. A 6, 987 b 26).

(2) Die ›kategoriale Reduktion‹ stimmt in den Hauptzügen mit dem bei Simplikios erhaltenen Zeugnis des Hermodor über die Lehre Platons zusammen (Test. Pl. 31): alles Relative und die negativen Gegensätze (wie ἄνισον, κινούμενον, ἀνάρμοστον) werden dem zweiten Prinzip oder dem Bereich des Nichtseins zugewiesen, das An-sich-Seiende und die positiven Gegensätze fallen also dem Einheits- oder Seinsprinzip zu.[86] – Die ›dimensionale Reduktion‹ ist bei Aristoteles in der ›Metaphysik‹ mehrfach für Platon allgemein, bei Alexander (Test. Pl. 22 B) im besonderen für Περὶ τἀγαθοῦ bezeugt.

(3) Der Hauptteil des Berichts zeigt die Folge von Aufstieg und Abstieg, die nach Theophrast (Test. Pl. 30) den Gesamtduktus der platonischen Prinzipienlehre bestimmte. – Ferner ist die Dreigliederung des ganzen Hauptteiles wichtig. Damit kann man die drei Bücher der aristotelischen Nachschrift von Περὶ τἀγαθοῦ in Verbindung bringen, und zwar umso mehr deshalb, weil wir erfahren (Test. Pl. 39 B, 40 B), daß die Behandlung der Gegensätze, die sachlich notwendig mit der kategorialen Reduktion bei Sextus zusammenhängt, im mittleren (zweiten) dieser drei Bücher enthalten war. Auch in dem Zitat bei Alexander (Test. Pl. 22 B) findet man die beiden Arten der Reduktion nacheinander: zuerst die dimensionale Analyse (55, 20–56, 13 Hayduck), dann die kategoriale Erfassung und Zurückführung der Gegen-
71 sätze (56, 13–21).[87] |

(4) Für den Einleitungsteil (§§ 249–257) fand sich keine Möglichkeit einer speziellen Verklammerung mit Περὶ τἀγαθοῦ. Immerhin erinnert aber

86 Den korrekturbedürftigen Satz in diesem Text (Simplikios, Phys. 248, 11–14 Diels) möchte ich so herstellen: ὥστε αὐτῶν ἀμφοτέρων τῶν συζυγιῶν πᾶν[τα] πλὴν τοῦ ἑνὸς στοιχείου τὸ μᾶλλον καὶ ἧττον δεδεγμένον <ἔχειν>· ὥστε ἄστατον καὶ ἄμορφον καὶ ἄπειρον καὶ οὐκ ὂν τὸ τοιοῦτον λέγεσθαι ... Das heißt: »... so daß von den beiden Syzygien selbst (vom Gegensätzlichen und vom Relativen überhaupt, nachdem vorher einzelne Beispiele davon behandelt wurden) jedes Glied insgesamt (πᾶν στοιχεῖον, vgl. den Begriff ›Systoichia‹) außer dem einen Glied (außer der positiven Gegensatzart, z. B. ἶσον, μένον, ἡρμοσμένον) das Mehr und das Weniger in sich aufgenommen enthält ...«. Vom Eins-Prinzip ist also hier, soweit das Zitat reicht, nicht ausdrücklich die Rede. Ebenso verstand diesen Satz im wesentlichen auch schon R. Heinze, Xenokrates, 1892, 40; anders, als ob τὸ ἓν στοιχεῖον hier das Prinzip selbst bedeute, neuerdings z.B. P. Wilpert, a.O. (1949) 193; H.J. Krämer, Mus. Helv. 21, 1964, 160; W. Theiler, Einheit und unbegrenzte Zweiheit... 93–94.

87 Der dritte Teil (56, 21ff. ἔτι πρῶτος μὲν ἀριθμὸς ἡ δυάς ...) ist am Schluß nur dann sinnvoll, wenn hier die Prinzipien der Zwei als die Prinzipien der Zahlen überhaupt erwiesen werden. Daher kann der letzte Satz (56, 33 ταῦτα ἄρα τῆς δυάδος στοιχεῖα) nicht ganz richtig überliefert sein, wie schon Bonitz bemerkte (vgl. Hayduck, krit. App.: »expectes τῶν ἀριθμῶν, nisi quid exciderit«). Dem Sinne nach ist also etwa zu schreiben: ταῦτα ἄρα τῆς δυάδος <καὶ παντὸς ἀριθμοῦ> στοιχεῖα. Vgl. Simplikios, Phys. 455,2–4 Diels (Test. Pl. 23 B).

auch hier manches an Platon und besonders an eine Stelle im ›Timaios‹ (48 A–C), wo bereits alle Hauptmotive des Sextus-Abschnitts beieinanderstehen: (a) die Kritik der früheren Elementenlehren, die noch nicht weit genug vorgedrungen seien (wobei im ›Timaios‹ an die Atomlehre Demokrits gedacht werden darf); (b) der Vergleich der Seinsanalyse mit der Sprachanalyse (Wort - Silbe - στοιχεῖον); (c) die Begriffe ἀρχή und σύστασις (Tim. 48 A); (d) schließlich wohl auch der Gedanke, daß die eigentlichen ἀρχαί nur durch ein Hinausgehen über alles Körperliche gefunden werden können, worauf die Atomtheorie des ›Timaios‹ im ganzen hinführt, wenngleich im Dialog nur die Richtung, nicht das Ziel selbst beschrieben wird: τὴν μὲν περὶ ἁπάντων εἴτε ἀρχὴν εἴτε ἀρχὰς εἴτε ὅπῃ δοκεῖ τούτων πέρι νῦν οὐ ῥητέον … (48 C, vgl. 53 D).[88]

Insgesamt kann man sich also versucht sehen, nicht nur den Hauptteil, sondern auch den Vorbau des Sextus-Berichtes für Platons Περὶ τἀγαθοῦ in Anspruch zu nehmen. Durch eine Reihe von Tatsachen, auf die man bei genauerer Untersuchung stößt, wird nun aber für den ganzen Bericht der Zusammenhang mit Platon zunächst doch wieder zweifelhaft.

(1) Daß die hier vorgetragene Prinzipienlehre als pythagoreisch und nicht als platonisch hingestellt wird, ist nicht einmal das Bedenklichste. Eine Zuschreibung platonischer Lehren an die Pythagoreer könnte man schon einem ersten Berichterstatter im Schülerkreis Platons grundsätzlich zutrauen (vgl. o. Seite 206). Alarmierend ist aber die Art, wie an einer Stelle bei Sextus (§ 258) doch auch Platon selbst eingeführt wird: Platon habe die Dinge auf Ideen zurückgeführt, die ihrerseits wieder den Zahlen untergeordnet seien. Wilpert und andere Erklärer wollten hier ein Zeugnis für Platons Zurückführung der Ideen auf Zahlen erkennen. Doch weiß der Bericht allem Anschein nach nichts von einer Zahlenlehre Platons (vgl. Sextus 9, 363/4). Vielmehr erscheint die Ideenlehre Platons hier als unzulänglich im Vergleich zu der pythagoreischen Lehre von den Zahl-Prinzipien. Der Bericht hält sich also gegenüber der Lehre Platons in kritischer Distanz.[89]

(2) Ferner ist sehr verdächtig, daß der Einleitungsteil des Berichts eine Entwicklung der materialistischen Atomtheorien voraussetzt, die weit über Platon hinaus in hellenistische Zeit hinabführt. Epikur wird namentlich erwähnt (§ 257), | und man kann zeigen, daß er nicht etwa erst von Sextus hin- 72
zugefügt worden ist, sondern schon in dessen Vorlage stand.[90] Außerdem

88 Außerdem wird die Platonnähe des einleitenden Teils bei Sextus durch einen parallelen Abschnitt im ›Protreptikos‹ des Aristoteles bestätigt, wo es heißt (Fr. 5 b, S. 33 Ross; B 36 Düring): … εἴτε γὰρ πῦρ εἴτ' ἀὴρ εἴτε ἀριθμὸς εἴτε ἄλλαι τινὲς φύσεις αἰτίαι καὶ πρῶται τῶν ἄλλων, ἀδύνατον τῶν ἄλλων τι γιγνώσκειν ἐκείνας ἀγνοοῦντας· πῶς γὰρ ἄν τις ἢ λόγον γνωρίζοι συλλαβὰς ἀγνοῶν, ἢ ταύτας ἐπίσταιτο μηδὲν τῶν στοιχείων εἰδώς; Der Ausdruck ἐγγράμματος φωνή bei Sextus (§ 249) erscheint auch in den ps.-platonischen ›Definitionen‹ (414 D: λόγος, διάλεκτος), ist also wahrscheinlich als altakademisch anzuerkennen.

89 Eher ist also W. Burkert im Recht, wenn er sagt (Weisheit und Wissenschaft, 1962, 48 Anm. 5): »Platons Ideenlehre ist polemisch erwähnt«.

90 Burkert, a.O. 48 Anm. 7 (auf die Parallelstelle Pyrrh. hyp. 3, 152 verweisend).

arbeitet dieser erste Teil des Berichtes – wie vor kurzem W. Theiler nachgewiesen hat – mit einem doxographischen Schema der verschiedenen Atomlehren, das erst in hellenistischer Zeit entstanden sein kann. Aus diesem Befund hat Theiler auch sofort den unabweisbaren Schluß gezogen: »Der Vorbau zur pythagoreischen Zahlenlehre gehört also in der Fassung, wie er bei Sextus 10, 248–262 vorliegt, der hellenistischen, vielleicht ... der späthellenistischen Zeit an.«[91]

(3) Auch an einigen Stellen des dreifach gegliederten Hauptteils wirkt die Terminologie des Sextusberichts hellenistisch, nicht platonisch. Eine vollständige Untersuchung der Sprache des ganzen Textes steht noch aus; ihr Ergebnis kann aber schon im voraus kaum zweifelhaft sein: Der Bericht ist durchgehend von der philosophischen Fachsprache geprägt, die in hellenistischer Zeit aufgekommen ist und sich in allen philosophischen Schulen ausgebreitet hat. Theiler glaubte im besonderen ›stoische Terminologie‹ erkennen zu können, weil die Ausdrücke κατὰ διαφοράν und πρός τί πῶς ἔχοντα (§§ 263 ff.) an die Begriffe der stoischen Kategorienlehre erinnern;[92] aber die anderen Schulen gebrauchen diese Ausdrücke ebenso.[93]

Die Darstellung bei Sextus enthält also zweifellos einiges, was nicht auf Platon, sondern auf einen wesentlich späteren Autor führt. Welchen Anteil hat dieser Spätere, so lautet nun die entscheidende Frage, an dem ganzen Bericht? Hat er den Bericht im wesentlichen selber verfaßt, oder hat er vielleicht eine ältere Darstellung lediglich überarbeitet? Nur wenn die zweite Möglichkeit zutrifft, können wir hoffen, daß das ganze Referat wenigstens indirekt – durch eine Zwischenquelle vermittelt – von Platon herkommt.

Über die möglichen (Zwischen-)Quellen des Sextus-Berichtes sind bisher etliche Vermutungen geäußert worden, die jedoch einer sicheren Begründung entbehren. Einigermaßen sicher ist nur, daß Sextus selbst nichts wesentlich Neues mehr hinzugefügt hat, sondern eine ihm vorliegende Dar-
73 stellung ziemlich unverändert wiedergibt.[94] |

(a) A. Schmekel glaubte einst (noch ohne an die Prinzipienlehre Platons zu denken), den Inhalt des Berichtes auf Antiochos von Askalon und teilweise auch auf Poseidonios zurückführen zu können.[95] (b) Gleichzeitig aber hat R. Heinze, Beobachtungen von Zeller und Susemihl weiterführend,

91 Theiler, Einheit und unbegrenzte Zweiheit ... (1964) 90–91. Genaueres über hellenistische Doxographie im Sextus-Bericht u. Seite 252 – 254.

92 Theiler, a.O. 89–90; Philo von Alexandria u. d. Beginn d. kaiserztl. Platonismus, in: Parusia, Festschr. f. J. Hirschberger, 1965, 199–218 (208).

93 Beobachtungen zur Sprache des Sextus-Berichts vorläufig bei Burkert, Gnomon 39, 1967, 555 (πρὸς τί πῶς ἔχοντα) und Krämer, Geistmetaphysik (1964) 29–30 (Anm. 30). – Theiler hat (Einheit u. unbegr. Zweiheit, 89) an der Stelle bei Sextus, Adv. math. 8, 161, wo die gleichen Kategorienbegriffe vorkommen, zu Unrecht für ἀπὸ τῆς σκέψεως die Konjektur ἀπὸ τῆς Στοᾶς vorgeschlagen. Eine Änderung des überlieferten Wortlauts ist unnötig, weil die von Sextus als ›skeptisch‹ bezeichnete Terminologie nicht Gegenstand, sondern Mittel seiner Kritik ist und von ihm selber noch öfters gebraucht wird (z. B. 8, 37–39) [Hinweis von M. Soreth, Köln].[Dazu Krämer (1971) 98f.]

bereits festgestellt: »... daß wir hier (bei Sextus) eine ausführliche Darstellung der logischen Einteilung vor uns haben, die wir durch Hermodor als platonisch kennen«, daß also »die Pythagoreer des Sextus aus Hermodor oder einem anderen alten Akademiker geschöpft haben«.[96] (c) In neuerer Zeit wollte dann P. Wilpert Sextus von der aristotelischen Nachschrift der Vorlesung Περὶ τἀγαθοῦ abhängig machen.[97] (d) Dem widersprach H.J. Krämer, indem er wieder auf die anderen Nachschriften der platonischen Vorlesung verwies, die es in der Alten Akademie gegeben hat.[98] (e) W. Burkert stellte dann die Möglichkeit zur Diskussion, daß der Inhalt der platonischen ἀκρόασις in der Mittleren (skeptischen) Akademie, als man sich dort von dem dogmatisch erscheinenden Platon der Prinzipienlehre lossagte, den Pythagoreern zugeschrieben worden sein könnte.[99] Diese These hat Anklang gefunden.[100] Aber es ist doch die Frage, ob die Mittlere Akademie als Zwischeninstanz etwas zur Erklärung der Phänomene beiträgt. Die pythagoreische Einkleidung könnte ja auch schon, wie Burkert selbst grundsätzlich gezeigt hat, in der Alten Akademie erfolgt sein. (f) Zuletzt hat Theiler[101] den Versuch von Burkert abgelehnt, indem er stattdessen Eudoros von Alexandrien als Zwischenquelle des Sextus vorschlug. Eudoros (1. Jahrh. v. Chr.) habe die »tolle Zuweisung« der platonischen Vorlesung an die Pythagoreer vorgenommen. Diese These ist nun aber ebenso unsicher wie alle anderen. Der neue Vorschlag zeigt eigentlich nur, daß das Problem mit den bisherigen Beobachtungen noch nicht überzeugend gelöst werden kann.

Es hätte in dieser Situation wenig Sinn, weitere Namen von mögli-

94 Die gleiche Vorlage ist offenbar in starker Verkürzung, also unvollständig an anderer Stelle bei Sextus zu fassen: Pyrrh. hyp. 3, 152–155. Eine weiter entfernte, inhaltlich veränderte Abzweigung von der gleichen Traditionslinie scheinen die beiden untereinander eng verbundenen Parallelberichte Adv. math. 4, 2–9 und 7, 92–109 darzustellen (vgl. F. E. Robbins, Posidonius and the Sources of Pythagorean Arithmology, Class. Philol. 15, 1920, 309–322; W. Burkert, Weisheit und Wissenschaft, 48–50).

95 Schmekel, Die Philosophie der Mittleren Stoa, 1892, 403–439, bes. 437; dazu W. Burkert, a.O. 48 Anm. 6.

96 Heinze, Xenokrates, 1892, 39.

97 Wilpert, Zwei aristotelische Frühschriften ... (1949), 125–26. 128. 183. C.J. de Vogel (Problems concerning Later Platonism), 213 [in der dtsch. Fassung in: Das Problem der Ungeschriebenen Lehre Platons, 1972, 60f.] bemerkte dazu, daß zwischen Aristoteles und Sextus eine pythagoreische Zwischenquelle angesetzt werden müsse.

98 Krämer, Arete bei Platon und Aristoteles (1959) 250 Anm. 11.

99 Burkert, a.O. 48–50. 83; vgl. Gymnasium 72, 1965, 195.

100 Dem Vorschlag Burkerts haben zugestimmt: H.J. Krämer, Mus. Helv. 21, 1964, 157–158 und Geistmetaphysik (1964) 56; J.A. Philip, The »Pythagorean« Theory of the Derivation of Magnitudes, Phoenix 20, 1966, 32–50 (42); ebenso d. Verf., Platons Menon und die Akademie, Archiv f. Gesch. d. Philos. 46, 1964, 250 [im NDr. in: Das Problem der Ungeschriebenen Lehre Platons, 1972, 340 Anm. 18.]. Vorher hatte der Verf. die Vermutung ausgesprochen, der Sextus-Bericht könnte aus dem aristotelischen Dialog Περὶ φιλοσοφίας herstammen (Pl.U.L. 497), was jedoch im ganzen sehr unwahrscheinlich ist.

101 W. Theiler, Philo von Alexandria ... (1965) 208–209. In der Frage nach der ersten Quelle – Bericht des Aristoteles oder eines anderen Platonschülers? – neigt Theiler zu Aristoteles (vgl. auch Einheit und unbegrenzte Zweiheit ... 96, Anm. 1).

74 chen Ver- | mittlern zwischen Platon und Sextus zu nennen. Eher wird man auf einem anderen Weg weiterkommen, nämlich durch die Untersuchung der allgemeinen Entwicklung der philosophischen Terminologie und Doxographie in hellenistischer Zeit. Diese Entwicklung hat ja in dem Bericht bei Sextus einen nachweisbaren Niederschlag gefunden.

Einige wenige Schritte auf dem damit bezeichneten Weg können wir im folgenden schon weitergehen. Sie führen immerhin so weit, daß eine relativ einfache Gesamterklärung des Überlieferungsprozesses vor Sextus im Umriß sichtbar wird. Durch die einzelnen Beobachtungen, die sogleich vorgetragen werden sollen, wird nämlich insgesamt die Hypothese nahegelegt, daß zwischen Platon und Sextus zwei Instanzen anzusetzen sind, die auf den ganzen Bericht Einfluß genommen haben: (a) ein Berichterstatter in der Alten Akademie, (b) ein Neupythagoreer des ersten vor- oder nachchristlichen Jahrhunderts.

(1) Auszugehen ist am besten von der hellenistischen Doxographie. Bei mehreren späteren Autoren sind uns ziemlich übereinstimmende Fassungen eines doxographischen Resümees überliefert, in dem die στοιχεῖα (Elemente) der einzelnen Denker der Reihe nach kurz aufgeführt werden. W. Theiler hat neuerdings auf die einschlägigen Stellen hingewiesen und darauf aufmerksam gemacht, daß im Vorbau des Sextus-Berichts (§§ 252. 254) die gleichen atomistischen Begriffe vorkommen wie in dem philosophiehistorischen Abriß.[102] Die Vergleichbarkeit dieser doxographischen Zusammenstellung mit dem uns interessierenden Text reicht nun aber über den Einleitungsteil des Berichtes hinaus, denn auch im Hauptteil kommen auffallende Berührungen vor.

Eine ziemlich vollständige Fassung des doxographischen Schemas sieht folgendermaßen aus:[103]

Es gibt zwei Richtungen der Lehre von ersten Prinzipien (Elementen). Die einen nehmen körperliche στοιχεῖα an, die anderen unkörperliche.

(a) Zu denen, die körperliche Elemente ansetzen, gehören nach den

102 Theiler, Einheit und unbegrenzte Zweiheit ... (1964) 90. Vgl. H. Diels, Doxographi Graeci (1879) 249–252.

103 Sextus Empiricus, Adv. math. 9, 359–364, hier §§ 363–64 die Atomisten und diejenigen, die unkörperliche Elemente lehren. Damit stimmen am nächsten und vollständigsten überein: Sextus Emp., Pyrrh. hyp. 3, 32 (Demokrit und Epikur, Anaxagoras, Diodoros, Herakleides Pontikos und Asklepiades, Pythagoreer, Mathematiker, Straton) und Galen, Histor. philos. 18, p. 610–11 Diels, Doxogr. Gr. (Demokrit und Epikur, Herakleides Pontikos und Asklepiades, Anaxagoras, Diodoros, Pythagoras, Mathematiker, Straton). An diesen beiden Parallelstellen ist also vor Asklepiades von Bithynien noch Herakleides Pontikos als Vertreter der ἄναρμοι ὄγκοι genannt; und am Schluß steht nicht Platon, sondern Straton mit den ποιότητες als Prinzipien. – Die gleichen Namen und Lehren finden sich ferner auch (in anderer Reihenfolge) bei Ps.-Clemens, Recognitiones 8, 15 (p. 225 Rehm): Pythagoras, Straton ... Anaxagoras, Epikur, Diodoros, Asklepiades, Mathematiker, Demokrit. Dabei fällt auf, daß für Demokrit nicht Atome, sondern ›Formen‹ (ἰδέαι) als Elemente angegeben werden; möglicherweise liegt eine Verwechslung mit der Lehre Platons vor. Bei Diels, Doxogr. Gr. 250–51 ist die πέρατα-Lehre der Mathematiker (die bei Ps.-Clemens γεωμέτραι genannt werden) weggelassen.

frühen Den- | kern (Pherekydes, Thales, Anaximander usw.) die Atomisten. 75
Diese bezeichnen die Elemente verschieden:

Demokrit und Epikur als ἄτομοι,
Anaxagoras als ὁμοιομέρειαι,
Diodoros Kronos als ἐλάχιστα καὶ ἀμερῆ,
Asklepiades von Bithynien als ἄναρμοι ὄγκοι.

(b) Von denen, die unköperliche Elemente lehren, werden ebenfalls verschiedene ἀρχαί angesetzt:

von den Pythagoreern die Zahlen (οἱ ἀριθμοί),
von den Mathematikern die Grenzen des Körperlichen (τὰ πέρατα τῶν σωμάτων),
von Platon die Ideen (αἱ ἰδέαι).

Hält man dieses Schema neben den großen Bericht des Sextus über die Prinzipienlehre der Pythagoreer, so zeigt sich überraschenderweise: Nicht nur die verschiedenen Atomtheorien sind hier berücksichtigt (im Vorbau des Berichtes), sondern auch die Ideenlehre Platons und wahrscheinlich ebenso die Perata-Lehre der ›Mathematiker‹. Die platonischen Ideen werden ja gleich am Anfang des Hauptteils einbezogen (§ 258 ἰδοὺ γὰρ καὶ αἱ ἰδέαι ἀσώματοι οὖσαι κατὰ τὸν Πλάτωνα ...). Die Lehre von den πέρατα τῶν σωμάτων als Prinzipien aber dürfte gleichbedeutend sein mit der ›pythagoreischen‹ Sonderlehre, die am Schluß des Sextus-Berichtes (§§ 281/2) angeführt ist.

Jene πέρατα der ›Mathematiker‹ sind nämlich zweifellos die Flächen, von denen die Körper umgrenzt sind, und wahrscheinlich darüber hinaus Linien und Punkte.[104] Dementsprechend ist für die im Sextus-Bericht erwähnte Sonderlehre kennzeichnend, daß die Dinge nicht aus Zahlen, sondern durch eine fließende Bewegung (ῥύσις) vom Punkt zum Körperlichen erzeugt werden (οὗτοι δὲ ἀπὸ ἑνὸς σημείου τὰ πάντα τεκταίνουσιν· ἐξ αὐτοῦ μὲν γὰρ γραμμὴ γίνεται, ἀπὸ γραμμῆς ἐπιφάνεια, ἀπὸ δὲ ταύτης σῶμα). Hier und dort ist also der Sache nach eine Lehre gemeint, für die die körperlichen Gegenstände von der dimensional einfacheren Begrenzung her konstituiert werden. Überdies führt nun aber auch die bisher nicht eindeutig gelöste historische Frage,[105] wer die ›Mathematiker‹ des doxographischen Schemas und wer die ›jüngeren Pythagoreer‹ des Sextus-Berichtes sind, mit einiger Wahrscheinlichkeit in die gleiche Richtung. Denn mehrere Beobachtungen legen gemeinsam die Annahme nahe, daß hier wie dort der Pythagoreerkreis um Archytas von Tarent gemeint ist.[106] | 76

104 So bei Aristoteles, z. B. Metaph. Z 2, 1028 b 16: τὰ τοῦ σώματος πέρατα, οἷον ἐπιφάνεια καὶ γραμμὴ καὶ στιγμὴ καὶ μονάς.

105 Neuerdings zeigt J.A. Philip (Phoenix 20, 1966, 32–50), daß die Theorie einer Ableitung der Dinge aus den Zahlen und Raumformen erst im Kreis Platons und seiner Schüler aufgekommen sein kann. Wenn er jedoch annimmt, die Theorie der ›fließenden‹ Entstehung der Dimensionen aus dem Punkt sei noch später, da sie jene frühakademische Ableitungstheorie voraussetze (S. 41, 44–46), so ist dies nicht überzeugend.

Insgesamt kann man also sagen, daß in dem Bericht des Sextus, der dem Thema nach über die pythagoreischen Zahl-Prinzipien referiert, außerdem auch die anderen Elementenlehren, die in der doxographischen Übersicht genannt werden, herangezogen sind – und zwar alle, angefangen mit den Atomisten; nur die Theorien der frühen Denker, die mit massiven Elementarstoffen rechnen, sind beiseitegelassen.

(2) Da der doxographische Abriß sicher nicht etwa aus dem großen Bericht über die pythagoreische Zahlenlehre heraus exzerpiert ist, muß umgekehrt angenommen werden, daß der Bericht jene in hellenistischer Zeit abgefaßte Aufstellung berücksichtigt (und zwar nicht nur in seiner Anfangspartie). Die Interpretation des Berichts selbst bestätigt denn auch, daß er von der Doxographie her beeinflußt ist. Alle die kurzen Partien, in denen die anderen Elementenlehren erwähnt werden, lassen sich nämlich aus dem Zusammenhang der pythagoreischen Zahlen-Lehre herauslösen, ohne daß die geringste Lücke im Gedankengang entsteht. Das heißt: es handelt sich bei diesen doxographischen Zutaten allem Anschein nach um spätere, nachträgliche Einsprengsel.

Der sekundäre Charakter der einzelnen philosophiehistorischen Anmerkungen ist leicht zu erkennen. Im Einleitungsteil des Berichts genügt ein allgemeiner Hinweis auf die atomistische Theorie. Die Aufreihung der verschiedenen Varianten (§ 252) ist für den Gedankengang überflüssig. Die Bemerkung, daß die atomistischen Lehren miteinander rivalisieren (§ 254), ist eine Abschweifung. Die Anfügung Epikurs (§ 257) wirkt gedanklich sehr locker. Die Einbeziehung der platonischen Ideenlehre (§ 258) trägt zum Hauptgedanken nichts bei.[107] Ebenso unterbricht die Erwähnung der Son-

106 Bemerkenswert ist hierfür vor allem: (a) dem Bearbeiter des Sextus-Berichtes ist die Theorie der ῥύσις offenbar als pythagoreisch überliefert. Sextus selbst schreibt sie noch öfters den Pythagoreern zu: Pyrrh. hyp. 3, 154; Adv. math. 7, 99; 9, 376. (b) Man kann diese Theorie mit gewisser Wahrscheinlichkeit Archytas zuweisen (vgl. W. Burkert, Weisheit und Wissenschaft, 60–61; Pl.U.L. 355–56 Anm. 65). (c) Der Ausdruck μαθηματικοί kann die wissenschaftlich orientierte, besonders auch durch Archytas vertretene Richtung der Pythagoreer bezeichnen (Burkert, a.O. 192). (d) Aristoteles kennt eine pythagoreische Kosmogonie, nach der das Weltall aus flächenhaften Ursprüngen entsteht (Metaph. N 3, 1091 a 13–18). Und Platon setzt anscheinend im ›Menon‹ eine ähnliche pythagoreische Theorie voraus, nach der das Flächenhafte als πέρας des Körperlichen definiert ist (Verf., Archiv f. Gesch. d. Philos. 46, 1964, 247–48, 253–54 [im NDr. in: Das Problem der Ungeschriebenen Lehre Platons, 1972, 336–338, 343–346 = Seite 358f., 363f. in diesem Band]). Diese beiden Stellen lassen wieder am ehesten an Archytas denken. (e) Bei der von Aristoteles erwähnten pythagoreischen Kosmogonie scheinen die Zahlen erst nach der Erzeugung des Weltganzen (= Eins) aus der flächenhaften Umgrenzung durch eine innere Ausgliederung zu entstehen, so daß in der Tat die Zahlen hier nicht ἀρχαί sind. Bei gewöhnlichen Vertretern der Mathematik hingegen wäre nicht einzusehen, weshalb sie die πέρατα für Prinzipien halten und nicht die Zahlen.

107 Man muß also feststellen, daß der Abschnitt des Berichtes, in dem ausdrücklich von Platon gesprochen wird, den Platon der Dialoge (und der dort zu findenden Ideenlehre), nicht den der ungeschriebenen Zahlen- und Prinzipienlehre voraussetzt. Alle Interpretationen (besonders P. Wilpert, Zwei aristotelische Frühschriften ..., 140ff.), die hier bei Sextus Aufschlüsse über die platonischen Ideenzahlen zu gewinnen hofften, sind hinfällig.

derlehre, nach der alles aus dem Punkt heraus aufgebaut wird (§§ 281–282), den Gedankengang und führt vom Thema ab.

(3) Es ist nun anzunehmen, daß alle diese Zusätze bei einer und derselben Überarbeitung des Pythagoreer-Berichts eingefügt worden sind. Man kann auch unschwer feststellen, von welcher Absicht der Bearbeiter geleitet war. Er wollte | zeigen, daß alle anderen jemals aufgekommenen 77
Elementenlehren – besonders die theoretisch anspruchsvollsten und modernsten – der pythagoreischen Lehre von den Zahlen unterlegen sind, da die Zahlenlehre auf dem Weg vom Körperlichen zum Unkörperlichen am weitesten und konsequentesten vorangeht.

Damit ist auch schon die eigene Einstellung oder Schule des ›Bearbeiters‹ annähernd gekennzeichnet. Er ist nicht Platoniker, da er die platonische Lehre gegenüber der pythagoreischen als ungenügend herabsetzt. Er ist auch nicht Skeptiker, da er die anderen Lehren nicht etwa anführt, um die der Pythagoreer in Frage zu stellen, sondern um deren überragende Bedeutung noch mehr hervorzuheben. Wir werden ihn einfach als ›Neupythagoreer‹ zu bezeichnen haben.

(4) Das wesentliche Ergebnis der bisher vorgebrachten Beobachtungen ist, daß der ›neupythagoreische‹ Autor den Bericht nicht etwa aus allen möglichen Quellen eklektisch zusammengeschrieben hat. Soviel wir sehen, lag ihm bereits ein zusammenhängendes Ganzes vor, das er mit Zutaten bereicherte, aber in der gedanklichen Substanz und Kohärenz nicht zu verändern brauchte.

Wahrscheinlich ist im Zuge eben dieser doxographischen Überarbeitung auch die sprachliche Neugestaltung des ganzen Berichts vorgenommen worden. Die Sprache des bei Sextus vorliegenden Berichtes führt – ebenso wie der doxographische Einschlag[108] – in die Zeit des späten Hellenismus oder der frühen Kaiserzeit (1. Jahrh. vor oder nach Chr.).[109] Beides, die doxographisch-synkritische Ausgestaltung und die sprachliche Modernisierung, diente offenbar dem gleichen Zweck: die Lehre von den Zahlen-Prinzipien sollte aktualisiert werden.

(5) An einer Stelle des Berichts (§ 260) ist ferner ein Zusatz zu erkennen, der eine sachliche Erklärung hinzubringen soll, den Gedankenzusammenhang jedoch stört. Es heißt hier: die Zahlen gehen den Linien voraus, weil drei Linien ein Dreieck, vier Linien ein Viereck ergeben und weil auch die einfache Linie durch die Zweiheit gekennzeichnet ist. Dieser Erläuterungsversuch orientiert sich offenbar an der pythagoreischen Psephos-Me-

108 Der späteste Name in der philosophiehistorischen Übersicht ist Asklepiades von Bithynien, der im 1. Jahrh. n. Chr. gelebt hat. Allerdings werden die ὄγκοι nicht nur ihm, sondern auch dem wesentlich früheren Herakleides Pontikos zugeschrieben, Asklepiades könnte also nachträglich hinzugefügt sein. Diels (Doxographi Graeci 251–52) setzt die doxographische Quelle, die der von uns behandelte Sextus-Bericht voraussetzt, relativ spät an: »quisquis auctor fuit illius compendii, Stoicam disciplinam vel certe artem amplexus est … inter Senecae et Antoninorum aetatem, si quid definire licet, ponendus erit.«

109 Vgl. zur Sprache o. Seite 250.

thode, während er mit der Reduktion von den Dimensionen zu den Zahlen, die den Bericht im übrigen beherrscht, nicht ohne weiteres vereinbar ist.

Wahrscheinlich darf auch dieser kommentierende Zusatz dem neupythagoreischen Bearbeiter zugeschrieben werden. Und es ist damit zu rechnen, daß der Bearbeiter den Gedankengang auch noch an anderen Stel-
78 len von sich aus ver- | ständlicher zu machen suchte, obwohl dies sonst nicht mit der gleichen Sicherheit festgestellt werden kann.

(6) Was übrigbleibt, wenn wir in dem ganzen Bericht die doxographische und kommentierende Anreicherung sowie die hellenistische Sprachgebung in Abzug bringen, ist die gedanklich folgerichtig aufgebaute, zielsichere Darstellung einer Lehre, nach der die Zahlen als Prinzipien anzusehen sind. Diese in sich geschlossene Darstellung läßt sich nun aber, soweit wir sehen, ohne wesentliche Einschränkung der Alten Akademie zuweisen und dort als Referat der platonischen ἀκρόασις ›Über das Gute‹ verstehen.

Der Kern des Sextus-Berichts stimmt, wie erwähnt, nach Inhalt und Aufbau mit dem zusammen, was wir über die Nachschrift des Aristoteles zu Περὶ τἀγαθοῦ erfahren. Von Aristoteles aus wäre aber bei Sextus die Zuschreibung an die Pythagoreer kaum zu erklären. Aristoteles hat ja zwischen Platon und den Pythagoreern klar unterschieden. Nicht so die anderen Schüler Platons wie Speusipp und Xenokrates; sie könnten einen Bericht über Platons Περὶ τἀγαθοῦ sogleich mit dem Etikett »Pythagoreisches« versehen haben. Daß erst der neupythagoreische Bearbeiter die Pythagoreer an die Stelle Platons setzte, ist demgegenüber unwahrscheinlich. Für ihn ist Platon ja der Vertreter der Ideenlehre. Manches spricht dafür, daß eine Darstellung der Lehre Platons durch Xenokrates die ursprüngliche Quelle des Sextus-Berichts war; aber auch andere Mitglieder der Alten Akademie können in Frage kommen.[110]

(7) Zugleich ist wichtig, daß der Bericht in charakteristischen Zügen der Philosophie der maßgeblichen Nachfolger Platons widerspricht und stattdessen mit eigenen Lehren Platons übereinstimmt. (a) Speusipp hat nicht in der Weise, wie es im Sextus-Bericht geschieht, die Raumformen aus den Zahlen hergeleitet; für ihn wirkte der Punkt als maßgebendes Prinzip im Bereich des Räumlichen, nicht die Zahl.[111] Auch hat er das zweite Prinzip nicht als ›Unbestimmte Zweiheit‹ bezeichnet. (b) Xenokrates hat die im Sextus-Bericht positiv verwendete These (§ 269), daß die allgemeine Gattung gegenüber dem spezielleren Eidos einen Seinsvorrang habe, nicht anerkannt.[112]

110 Für einen entsprechenden Bericht des Xenokrates haben wir diese Indizien: die Titel Περὶ τἀγαθοῦ und Πυθαγόρεια (je 1 Buch) im Schriftenverzeichnis (Diog. Laert. 6,13); Fr. 39 Heinze: Darstellung platonischer Lehren in Περὶ φύσεως (vgl. o. Seite 235 und zu der pythagoreischen Färbung des Fragments Saffrey, a.O. 39–40); Fr. 9 Heinze: Xenokrates schrieb die Entdeckung der harmonischen Intervalle dem Pythagoras zu. Vgl. allgemein W. Burkert, Weisheit und Wissenschaft, 57 (u.ö.).

111 Aristoteles, Metaph. M. 9, 1085 a 32–34; dazu Jamblich, De comm. math. sc. 4, p. 16–17 Festa.

Man darf somit annehmen, daß dem Bericht nicht bloß die eigene Doktrin irgendeines Akademiemitglieds zugrundeliegt. Letzten Endes führt uns der Bericht nicht nur bis in den Schülerkreis Platons zurück, sondern wenigstens in den Hauptzügen zu Platon selber.[113] Die dimensionale Methode ist ja durch Aristote- | les-Alexander (Test. Pl. 22 B) und durch 79
mehrere Stellen in der ›Metaphysik‹ des Aristoteles und des Theophrast (Test. Pl. 30) für Platon bezeugt, und sie ist allem Anschein nach an Dialogstellen wie Timaios 53 D und Nomoi X 894 A vorausgesetzt. Ebenso wird die kategoriale Analyse bei Hermodor (Test. Pl. 31) Platon selber zugeschrieben und findet vor allem im ›Philebos‹ starken Anhalt.

(8) Freilich kann auch der Sextus-Bericht nirgends als wörtlich-authentisches Referat des platonischen Vortrages gelten. Für Platon darf der systematische Grundriß und der methodische Aufbau in Anspruch genommen werden. Im übrigen aber ist schon bei der altakademischen Niederschrift oder dann bei der neupythagoreischen Bearbeitung – vielleicht auch durch eine weitere, vorläufig unbekannte Zwischenquelle – in dem Bericht manches depraviert, verkürzt und vereinfacht worden, so daß die platonischen Gedanken nicht mehr überall klar zu erkennen sind.

Die wichtigsten gedanklichen Unklarheiten seien kurz hervorgehoben. (a) Bedenklich ist zunächst, wie das zweite Prinzip aus dem ersten (der Monas) hergeleitet wird (§ 261). Vermutlich liegt hier eine monistische Überformung der ursprünglich stärker dualistisch formulierten Lehre Platons vor.[114] Dem Wesen des zweiten platonischen Prinzips wird es nicht gerecht, wenn die ›Unbestimmtheit‹ hier damit erklärt wird, daß die prinzipielle Zweiheit allen einzelnen Zweiheiten so übergeordnet sei wie die erste Einheit allen sonstigen Einheiten – denn dann müßte ja auch das erste Prinzip ›unbestimmt‹ sein.[115] (b) Der Bericht spricht ferner vom ›Punkt‹,[116] wo Platon (nach Aristoteles, Metaph. A 9, 992 a 20–22) unteilbare

112 Vgl. das neue Xenokrates-Fragment bei S. Pines (o. Anm. 33).

113 So erklärte jüngst wieder M. Isnardi Parente (Studi e discussioni recenti su Platone ..., De homine 22/23, 1967, 233–34, 243–44), daß der Sextus-Bericht nur die Lehre der Platon-Schüler in der Alten Akademie widerspiegle. Vgl. dagegen jedoch auch W. Theiler, der aufgrund eingehender Untersuchung feststellt (Einheit und unbegrenzte Zweiheit ... 101): »Nach allem dürfen wir vermuten, daß die Reihe Zahl – Linie – Fläche – fester Körper und von da zum sinnlichen Körper schon in Περὶ τἀγαθοῦ dargelegt wurde und von da in die Systeme des Xenokrates und Speusipp überging.«

114 Über das Verhältnis zwischen den beiden platonischen Prinzipien – monistische oder dualistische Interpretation – scheinen unter den Schülern Platons von Anfang an verschiedene Meinungen bestanden zu haben, wie etwa die Zeugnisse bei Aristoteles im Vergleich mit Hermodor (Test. Pl. 31) und Speusipp (Test. Pl. 50) zeigen. Vgl. dazu Ph. Merlan, Monismus und Dualismus bei einigen Platonikern, in: Parusia, Festg. f. J. Hirschberger, 1965, 143–153; H. Happ (1971) 141 Anm. 336. – Übrigens ist es auch allzu einseitig, wenn bei Sextus das zweite Prinzip als rein passiv gekennzeichnet wird (§ 277).

115 Im Sinne der platonischen Prinzipienlehre könnte man eher so formulieren: Jede Zahl führt ›in der Identität mit sich selbst‹ gedacht auf das Eine als Prinzip, ›in der Diversität gegenüber anderen (Zahlen)‹ auf die Zweiheit, allgemein auf ein unbegrenztes Mehr-und-Weniger (»Unbestimmte Zweiheit«), weil jede Zahl relativ bald größer und bald kleiner ist.

Linienelemente annahm. Allerdings könnte man leicht erklären, daß diese spezielle Theorie in dem Referat oder schon in der ἀκρόασις Platons der Einfachheit halber beiseite gelassen war.[117] (c) Der Bericht unterscheidet auch nicht zwischen ideenhaften und rein mathematischen Zahlen und Raumgrößen.[118] Überhaupt wird (wenn wir den doxographischen Zusatz in §
80 258 | weglassen) von den Ideen nicht gesprochen – was aber wiederum im Sinne einer Vereinfachung erklärt werden kann. (d) Schließlich ist auch zu fragen, welche Rolle der Begriff des Mittleren (μέσον) hier eigentlich spielt. Wie verhält sich das ἴσον als Mittleres (§ 268) zu dem generellen ἴσον der positiven Gegensätze (§ 270)? Und wie verhalten sich die relativen Abweichungen von der Mitte zu dem generellen Mehr-und-Weniger, das den negativen Gegensätzen zugeschrieben wird? Man erwartet, daß alle positiven Gegensätze als Mitte (μεσότης) zwischen Mehr und Weniger oder Zuviel und Zuwenig dargestellt und so dem normativ Guten zugeordnet werden, doch geht dies aus dem uns vorliegenden Bericht nicht eindeutig hervor.[119]

Es scheint sich also bei Sextus in mehrfacher Hinsicht eine Tendenz der Trivialisierung bemerkbar zu machen. Soviel wir sehen, ist dadurch aber die Hauptlinie der Gedankenführung nicht wesentlich verändert worden.

Fassen wir das Ergebnis der Untersuchung des Sextus-Berichtes zusammen. Die hellenistischen Einflüsse, die das Referat aufweist, bleiben begrenzt auf einzelne, leicht isolierbare Zusätze und auf die sprachlich-terminologische Form. Es handelt sich dabei um eine neupythagoreische Modernisierung. Dem Bearbeiter lag bereits ein ausführlicher und abgerundeter Bericht über die Zahlprinzipien der ›Pythagoreer‹ vor. Diese Darstellung darf – aufgrund von gut bezeugten Parallelen – im großen und ganzen als Referat von Platons Περὶ τἀγαθοῦ gelten. Der erste Berichterstatter ist in

116 § 278. Die Erwähnung des Punktes in § 260 ist ohnehin dem neupythagoreischen Bearbeiter zuzuschreiben.

117 Vgl. dazu C. J. de Vogel, Problems … 307–311 [in der dtsch. Fassung in: Das Problem der Ungeschriebenen Lehre Platons, 1972, 74–79].

118 Die Formulierung εἰς ἄπειρον πλῆθος τοὺς ἀριθμοὺς ἐκτεινούσης (§ 277) läßt eher an die mathematischen Zahlen denken, da die Ideenzahlen Platons anscheinend auf die Dekas begrenzt waren.

119 Daß der Bericht im Sinne der platonischen Mesotes-Lehre interpretiert werden darf, ist immerhin wahrscheinlich. Dem Mittelbegriff des ἱκανόν (§ 268) kann bei Platon eine allgemein maßgebende Bedeutung zukommen (Phaidon 101 E, Philebos 66 B. 67 A). Und selbst ein Gegensatzbegriff wie ›Ruhe‹ (ἠρεμία, στάσις, μονή: 266. 268. 271) kann durchaus als ›richtige Mitte‹ verstanden werden; dies zeigen Stellen wie Aristoteles, E.E. II 3, 1222 a 2–5: διὸ καὶ διορίζονται πάντες προχείρως ἀπάθειαν καὶ ἠρεμίαν περὶ ἡδονὰς καὶ λύπας εἶναι τὰς ἀρετάς, τὰς δὲ κακίας ἐκ τῶν ἐναντίων (vgl. E.E. I 8, 1218 a 21–23 τάξις καὶ ἠρεμία und Ps.-Platon, Def. 412 A 8 ἀνδρεία – ἠρεμία ψυχῆς περὶ τὰ δεινὰ καὶ θαρσαλέα). Im übrigen ist es sicherlich kein Zufall, daß der Wertbegriff des σύμφωνον im zweiten Teil des Referates als Mittleres (μέσον, § 268) bestimmt wird und am Schluß (§ 283) als Manifestation der (ersten) Zahlen und damit des ›begrenzenden‹ Einheits-Prinzips erscheint (vgl. dazu Epinomis 991 AB).

der Alten Akademie zu suchen (Xenokrates?). Schon dort dürfte der Inhalt des Berichtes als ›pythagoreische‹ Lehre ausgegeben worden sein.

Daß weitere Traditionsglieder an der Gestaltung des Berichtes beteiligt waren, bleibt möglich.[120] Doch ist bemerkenswert, daß alle Eigentümlichkeiten der Darstellung schon bei der Annahme von zwei Vermittlern erklärt werden können: eines Platonschülers der Alten Akademie und eines Neupythagoreers in späthellenistischer Zeit. | 81

Auch wenn wir feststellen, daß der Bericht ursprünglich die eigene Lehre Platons wiedergeben wollte, so handelt es sich doch um ein Referat und nicht um wörtlich authentische Aussagen. Das bedeutet, daß von Anfang an gewisse Interpretationen der Berichterstatter mitlaufen. Das Ausmaß der Verformung und Entstellung des Ursprünglichen ist im einzelnen meist nicht mehr genau zu fassen. Aber die beiden Instanzen der Überlieferung, die wir erkennen können, lassen auf eine ziemlich konservative Tradition schließen. Und bei aller kritischen Vorsicht können wir wenigstens die Grundgedanken des Berichtes – den dimensionalen und den kategorialen Aufstieg von den konkreten Dingen zu den Prinzipien und den Abstieg zur Welt der Erscheinungen – Platon selbst zuschreiben. Die Ähnlichkeit mit den eindeutig für Περὶ τἀγαθοῦ bezeugten Texten scheint also nicht getrogen zu haben, wenn sie, zunächst noch ohne quellenkritische Sicherung, im Lauf der Forschungsgeschichte zu der Ansicht führte, daß dem Bericht bei Sextus eine Darstellung des platonischen Vortrags ›Über das Gute‹ zugrundeliegt.

Ist nun aber nicht alles, was sich aus dem Bericht für Platon ergibt, doch noch – so müssen wir wiederum zum Schluß fragen – durch eine Kluft getrennt von dem, was uns aus seinen eigenen Schriften über seine Philosophie bekannt ist? Auf der einen Seite haben wir starr dogmatische, systematische, apodiktische Beweisgänge, auf der anderen lebendig anregende, peirastische, dialektische Gespräche.

In der Tat müssen wir uns, bevor wir den Inhalt eines solchen Berichtes für das Platonverständnis auswerten, noch etwas Wesentliches klar machen: Sofern das Referat streng dogmatisch ist, darf es in seiner methodischen Haltung nicht als platonisch gelten, doch ist der lehrhafte Charakter vielleicht nur eine Folge der schriftlichen Fixierung. Ja, ich möchte behaupten: Es ist durchaus möglich, eine derart dogmatisch erscheinende Darstellung undogmatisch, nämlich als dialektische oder hypothetische Untersuchung zu verstehen, und in diesem Sinne können wir sie dann auch organisch mit den Intentionen des platonischen Schriftwerks verbinden.

Was damit als These formuliert ist, kann folgendermaßen erläutert werden. Platon hat, wie aus dem ›Siebten Brief‹ hervorgeht, die schriftliche Aufzeichnung seiner Grundlehren vor allem deshalb vermieden, weil sie

120 Gut vorstellbar ist, daß der Bericht schon vor Sextus, etwa durch Ainesidem, in die skeptische Tradition aufgenommen worden ist.

durch die Niederschrift herausgelöst werden aus dem lebendigen Zusammenhang der mündlichen Dialektik. In dieser Isolierung sind sie aber mißverständlich und irreführend – jedenfalls dann, wenn sie über die Schule hinaus verbreitet werden.[121] Denn in der abgetrennten Form muß als dogmatische Lehre erscheinen, was bei der mündlichen Erörterung in weitere Problemzusammenhänge einbezogen war und unter bestimmten Vorbehal-
82 ten dargestellt wurde. |

Die Frage nun, ob wir in den Referaten trotz ihrer doxographisch verkrusteten Form noch etwas wahrnehmen können von der ursprünglichen Beweglichkeit einer echten Untersuchung, darf, wie mir scheint, am Beispiel des Sextus-Berichtes positiv beantwortet werden.

Zunächst ist zu bezweifeln, ob Platon strikt und einfach beweisen wollte, daß ›Einheit‹ und ›Unbestimmte Zweiheit‹ die Prinzipien aller Dinge sind. Ein solches Ergebnis wäre an sich wenig interessant; denn daß überall ein Moment der Einheit und ein Moment der Vielheit vorkommen, ist beinahe selbstverständlich. Wesentlicher ist das Problem, inwiefern es sich dabei um eigenständige, elementare Ursachen handelt und wie sie jeweils in den Erscheinungen, die uns umgeben, zusammenwirken und auseinanderstreben. Aristoteles sagt einmal sehr bezeichnend in der ›Nikomachischen Ethik‹:[122] Platon habe stets suchend geforscht und geprüft (ἠπόρει καὶ ἐζήτει), welches der richtige Weg sei – von den Prinzipien her oder zu den Prinzipien hin. Das heißt doch wohl: die Existenz der beiden Prinzipien an sich war weniger problematisch als der Begründungszusammenhang zwischen ihnen und den einzelnen Phänomenen.

Wahrscheinlich diente gerade auch die Argumentation, die sich im Sextus-Bericht niedergeschlagen hat, ursprünglich nicht so sehr dem Aufweis der Prinzipien an sich, sondern mehr dem Erkunden und Erproben von Verbindungswegen zwischen den Phänomenen und den allgemeinsten Elementen. Zur Ermittlung solcher Übergänge gebraucht Platon in den Dialogen öfters das Verfahren der Hypothesis.[123] Bei aller Verschiedenheit der Anwendung meint ›Hypothese‹ hier für Platon stets folgendes: eine Grundlage, die eingeführt wird, ohne bewiesen zu werden, deren nähere Prüfung aber vorbehalten bleibt, oder auch: eine Grundlage, die nicht erster Ursprung ist, wohl aber ein Mittel, das dazu verhelfen kann, eine erste Ursache zu erreichen.[124] Die Hypothesis hat also jeweils eine Mittelstellung: sie wird eingeschoben zwischen die konkreten Einzelfälle und die absolut-elementaren Voraussetzungen, und dann wird geprüft, ob sie tatsächlich eine Vermittlung leistet, d. h. ob sie einerseits die Vielfalt der Erscheinungen um-

121 Daher zielt das Verdikt des ›Siebten Briefes‹ auf Traktate von Außenstehenden und auf die Absicht einer Publikation der Prinzipienlehre, nicht auf die schulinternen ὑπομνήματα eines Aristoteles oder Xenokrates, die den uns überlieferten Textzeugnissen zugrundeliegen.

122 E. N. I 4, 1095 a 30–b 3 (= Test. Pl. 10); vgl. auch Test. Pl. 11 (Vita Marciana): Hinweis auf die menschliche Unzulänglichkeit bei der Apodeixis.

greift und bewahrt, andererseits auf noch einfachere, letzte Ursachen zurückführbar ist. | 83

In diesem methodischen Sinne können wir auch die scheinbar dogmatisch starren Darlegungen des Sextus-Berichtes lebendig machen. Hier ist ja im ganzen die Frage gestellt: aus welchen Elementen bestehen die Erscheinungen unserer Welt? Antwort: das läßt sich nicht direkt sagen, wohl aber kommen wir der Sache auf die Spur, wenn wir Hypothesen einführen. Erste Hypothese: die Dinge um uns herum sind alle körperlich; und das Körperliche als solches läßt sich weiter auflösen. Zweite Hypothese: alle Erscheinungen können nach drei kategorial verschiedenen Typen gruppiert werden; und diese Typen lassen wiederum eine weiterführende Analyse zu.

Die beiden Reduktionen des Sextus-Berichtes setzen also das Seiende zunächst - hypothetisch, wie ich erklären möchte - schon in recht hoher Allgemeinheit an, um es dann auf die allerersten Gründe zurückzuverfolgen. Die Kontrolle zu den einzelnen Phänomenen hin wird nicht eigens vorgenommen, doch ist deutlich, daß die Argumentation nur dann sinnvoll ist, wenn die in der Mitte angesetzten Hypothesen die Erscheinungen ganz umfassen. Die Regeln, durch die der Prozeß der Zurückführung geleitet wird, können in ihrem Geltungsanspruch ebenfalls hypothetisch gewesen sein, nämlich die Sätze, daß Körperliches durch Unkörperliches verursacht sein muß, weil das Begründende nicht wesensgleich sein kann mit dem Begründeten, und daß die allgemeine Gattung ursprünglicher ist als ihre Unterarten, weil diese ›mitaufgehoben werden‹, wenn die Gattung aufgehoben wird.

Die dem Bericht zugrundeliegende Untersuchung endet bezeichnenderweise mit der Rückkehr zur Welt der Erscheinungen. Auch darin zeigt sich, daß das Ziel nicht ein Existenzbeweis für jene beiden Prinzipien an sich war, sondern die Entdeckung struktureller Zusammenhänge, durch die unsere Welt in ihrem Aufbau verstehbar wird. Für die körperlichen Dinge erwies sich der Gegensatz von Begrenzung (Form) und Ausdehnung (Stoff) als konstitutiv, für Wert und Unwert der Gegensatz von Gleichheit (Mittel-

123 Neuere Literatur zum platonischen Hypothesis-Begriff: H. Cherniss, Lustrum 6, 1960, 572–74; Verf., Archiv f. Gesch. d. Philos. 46, 1964, 264–70, 290–91 [im NDr. in: Das Problem der Ungeschriebenen Lehre Platons, 1972, 358–365, 389f. = Seite 373 - 378, Seite 395f. in diesem Band] und Platons Farbenlehre, in: Synusia, Festg. f. W. Schadewaldt, 1965, 173–222. - Im Blick auf die dimensionale Reduktion des Sextus-Berichts ist besonders an den ›Timaios‹ zu erinnern, wo die Einführung der beiden Elementardreiecke als ›hypothetisch‹ bezeichnet wird (53 D). - Auf die Bedeutung des Hypothesis-Verfahrens für die Prinzipien-Dialektik Platons hat auch schon F.M. Cornford aufmerksam gemacht: Mathematics and Dialectic in the Republic VI–VII, Mind 41, 1932, 37–52 und 173–190 (hier ist S. 179–80 auch der Sextusbericht kurz einbezogen). Dazu kommt jetzt die am Hypothesis-Begriff orientierte Interpretation des ›Parmenides‹ von H. Gundert: Dialog und Dialektik - Zur Struktur des platonischen Dialogs, Studium Generale 21, 1968, bes. 388–403 [= Amsterdam 1971 (Studien zur antiken Philosophie 1) 93–109].

124 Vgl. die Formulierungen bei C.J. Classen, Sprachliche Deutung als Triebkraft Platonischen und Sokratischen Philosophierens, Zetemata 22 (1959), 78.

maß) und Mehr-oder-Weniger (Unmaß, Unausgeglichenheit), woran man, wie uns Aristoteles zeigt, die gesamte Ethik orientieren konnte. Überhaupt versteht man die Seinsanalyse, die den Sextus-Bericht beherrscht, sicher nicht in ihrem platonischen Sinn, wenn man dabei an objektive oder gar räumlich abgestufte Realitätsbezirke denkt. Die Architektonik, die hier bloßgelegt wird, ist eigentlich seelischer und geistiger Art. Aufstieg und Abstieg entsprechen den gedanklichen Bewegungen der platonischen Dialektik. Auch ist wichtig, daß die beiden Prinzipien alles gleichermaßen durchwirken und damit die Trennung zwischen Ideenwelt und Sinnenwelt dynamisch überwinden.

Man sieht: wenn der Sextus-Bericht und die verwandten Zeugnisse in dieser Weise beleuchtet werden, rücken sie methodisch und sachlich eng an die literarischen Werke Platons heran. Sie verbinden sich dann unmittelbar mit den dort feststellbaren philosophischen Bestrebungen, etwa mit der Absicht, die dinglich-objektive Auffassung der Ideen durch allgemeinere, dia-
84 lektische Seinskategorien aufzuheben. |

VI Schlußbemerkung

Die Probleme der indirekten Platonüberlieferung sind damit anhand von drei sehr umstrittenen Beispielen neu untersucht worden. Es hat sich gezeigt, daß auch in diesen quellenkritisch besonders unsicheren und schwierigen Fällen die platonische Herkunft bestimmter Gedanken wenigstens wahrscheinlich gemacht werden kann.

Die drei besprochenen Texte sind, wie nochmals unterstrichen werden muß, besonders kontrovers, weil für sie die Zugehörigkeit zum Bereich der (mündlichen) Philosophie Platons nicht ausdrücklich durch die Überlieferung bezeugt ist. Bei der Rekonstruktion der ungeschriebenen Lehre Platons könnte man nun zwar zur Not auf solche zweifelhaften Texte verzichten und sich auf diejenigen Zeugnisse beschränken, die ausdrücklich Platon zugeschrieben werden, also mit größerer Sicherheit für ihn in Anspruch genommen werden können (Aristoteles, Metaphysik A 6; Hermodor bei Simplikios; die Exzerpte aus Περὶ τἀγαθοῦ bei Alexander von Aphrodisias usw.). Man wird aber zugeben müssen, daß es methodisch gerechtfertigt ist, auch die nur wahrscheinlich auf Platon zurückgehenden Berichte mit heranzuziehen und auszuwerten. Eine Platoninterpretation, die solche Wahrscheinlichkeiten mitberücksichtigt, ist historisch besser fundiert als eine Interpretation, die sich in positivistischer Reserve ausschließlich auf sicher Überliefertes stützen zu können glaubt und mit deren Vorstellung von der Philosophie Platons jene Zeugnisse nicht vereinbar sind. Im übrigen ist das Interesse an den hier behandelten Texten deshalb immer wieder besonders groß, weil sie mehr von dem systematischen Gesamtaufriß der Prinzipientheorie Platons zeigen als die meisten sonstigen Testimonien, in denen nur partiell über einzelne Lehrstücke gesprochen wird.

Bei kritischer Sorgfalt können wir durchaus auch den Anteil Platons und den seiner Schüler in den Berichten der Schultradition auseinanderhalten. Die Untersuchung sollte zeigen, daß die Referate der mündlichen Lehre nicht einfach, weil sie Unplatonisches mitführen, als unzuverlässig verworfen werden dürfen, sondern quellengeschichtlich analysiert werden müssen. Dann können wir in den einzelnen Berichten unterscheiden zwischen Platon und den Pythagoreern sowie zwischen Platon und Aristoteles, Xenokrates, Speusipp. Wenn bei den Pythagoreern schon vor Platon jene Tetraktys der Dimensionen und Zahlen eine hervorragende Rolle spielte, so offenbar noch in einem kosmogonisch-physikalischen Sinn. Platon hat dagegen statt der räumlichen und genetischen Vorstellungen andersartige, nämlich mathematisch-logische Abstraktionsprozesse eingeführt. Bei seinen Schülern aber treten alsbald wieder die kosmomorphen und hierarchischen Aspekte stärker hervor, ohne daß die wesentlich andere Funktion der Dialektik und Mathematik bei Platon dadurch ganz verdeckt würde. Eine solche geschichtliche Differenzierung innerhalb der einzelnen Berichte ist möglich, weil uns die eigenen Schriften Platons als Maßstab zur Verfügung stehen.

Plato's enigmatic lecture ›On the Good‹[1] (1980)

Aristotle, we learn from his pupil Aristoxenus, used to tell the story of a lecture by Plato ›On the Good‹. Most members of the audience, according to the story, were thoroughly disappointed by the lecture because Plato treated the Good in terms of mathematics, which they did not understand. Recently, much has been thought and written about this lecture by Plato;[2] but Aristoxenus' account remains a puzzle. The time, place, form and content of Plato's lecture have been variously conjectured by the commentators. The real puzzle, however, lies in the fact that no-one can explain why Plato presented such difficult and demanding ideas to an obviously unsuitable and unprepared audience.

The passage, which comes in Aristoxenus' work on harmonics (Elementa harmonica II 30–31), may be translated as follows:

It is surely better to begin by stating the nature of the inquiry, and what it involves, so that with this foreknowledge we may proceed more easily on our chosen way, and recognize what stage we have reached and not unwittingly deceive ourselves about the matter.

As Aristotle was wont to narrate (ἀεὶ διηγεῖτο), this was what happened to the majority of the people who heard Plato's lecture ›On the Good‹ (τὴν περὶ τἀγαθοῦ ἀκρόασιν). Each came expecting to learn something about the things which are generally considered good for men, such as wealth, good health, physical strength, and altogether a kind of wonderful happiness. But when

1 I am grateful to the British Council and the Universities of London, Cambridge, Leeds and Manchester for the opportunity of presenting this paper in seminar form during a visit to England in October 1978. Participants in the discussion at these Universities sharpened my understanding of the main issues involved; likewise Jonathan Barnes in Oxford offered a number of stimulating comments. The initial stimulus for the interpretation presented here came from a discussion with Ingeborg Schudoma in Tübingen. Subsequently I have discussed the paper with H. J. Krämer and other Tübingen colleagues. I was unable to persuade them that my new theory furthered our common cause, but their criticisms at least helped me to anticipate the possibility of misunderstandings arising from my paper and to try and avoid these by expressing myself more clearly. – W.D. Furley (Cambridge/Tübingen) managed the translation from German into English with great understanding.

2 A bibliography of the more recent contributions to this subject may be found at the end of this paper. – The present contribution is intended primarily to compete with Harold Cherniss' influential book ›The Riddle of the Early Academy‹ (1945), whose first section is entitled ›Plato's Lectures: A Hypothesis for an Enigma‹. Cherniss' hypothesis – that all the evidence for Plato's doctrine of Forms and first principles apart from the dialogues themselves should not be ascribed to Plato – seems to me not to have explained the phenomenon of the lecture on the Good, but to have made it still more of a philosophical and historical puzzle.

the mathematical demonstrations came, including numbers, geometrical figures and astronomy, and finally the statement, Good is One (καὶ τὸ πέρας ὅτι ἀγαθόν ἐστιν ἕν)[3] it all seemed to them, I imagine, utterly unexpected and strange; hence some belittled the matter, while others rejected it (οἱ μὲν ὑποκατεφρόνουν τοῦ πράγματος, οἱ δὲ κατεμέμφοντο).

And what was the reason? They did not know what was coming, but went along, like argumentative people (ἐριστικοί) agog at the mere word. But if someone begins with a summary of his lecture, then, I hold everyone who came to listen is free either to give up,[4] or, if he likes, to stay, with the understanding he has already gained.[5]

Hence Aristotle himself, for these very reasons as he said, used to give his prospective audience a summary of what he intended to say, and in what manner. Likewise it seems to me better, as I said at the beginning, to have foreknowledge.

I will also follow Aristotle's example by stating in advance the course I intend to take in my interpretation of the Aristoxenus passage. I wish to examine the following points: |

1. The current state of research.
2. Later, dubious, descriptions of Plato's lecture.
3. Three comic fragments containing references to Plato's Good.
4. The content of the lecture (that is, the philosophical question).
5. The real riddle, namely the contradiction between the public lecture on the Good and repeated statements in Plato's written work that it is impossible to talk about this matter in a generally comprehensible manner.
6. Previous suggestions to account for the contradiction.
7. The problem of the dating and biographical context of Plato's public lecture.
8. My suggestion for a new way of preserving the existing evidence and solving the riddle.
9. Results and consequences of the investigation.

I

Interpretation of Aristoxenus' story must be based on the observation that Plato's equation of Good with One on the one hand goes beyond all references to the Form of Good in the dialogues but on the other corresponds to what Plato's students wrote on the oral doctrine. Of especial importance here is Aristotle's treatise ›On the Good‹ (Περὶ τἀγαθοῦ). Several fragments

3 The conjecture <τ>ἀγαθόν (Macran and others) is unnecessary. – τὸ πέρας is the subject of the sentence according to C.J. de Vogel, M. Isnardi Parente, W.K.C. Guthrie (1978, 424): »that Limit is the Good, a Unity«. I take τὸ πέρας adverbially with H. Cherniss (1945, 87 n. 2), W.D. Ross, I. Düring, H. J. Krämer, E.N. Tigerstedt, in accordance with a common Greek usage, and as the context requires. Aristoxenus wishes to underline the paradox that Plato could have described something as abstract as ›One‹ as ›Good‹.

4 ἀπεγίνωσκεν ἄν with some Mss., and the editions of Macran and da Rios. The others have ἐπεγίνωσκεν ἄν.

5 εἰλημμένη Marquard (Westphal, da Rios) instead of the Mss.' εἰρημένη.

of this work, which contained a summary of Plato's Agathon-doctrine, have been preserved.[6] As these show, Plato did not treat mathematics and the Good in the same way in his lecture as in dialogues like the Republic. Instead, he gave a straightforward demonstration of his theory of first principles, which remains implicit in the written works.

Just how paradoxical Aristoxenus' account remains, despite all attempts at interpretation, is well shown by a passage of W.K.C. Guthrie's monumental work ›A History of Greek Philosophy‹, V (1978), 424–426:

> This story from a contemporary or near-contemporary certainly leaves some questions unanswered ...Why should Plato (especially in the light of what he said in the Seventh Letter) have taken it into his head to reveal to such an unworthy crowd the esoteric and highly technical mathematical basis of his philosophy of the Good as Limit and Unity? ...

> Now the later commentators offer a considerable amount of information about the content of what they call the unwritten lectures (or instruction) on the Good given by Plato and written down by Aristotle; so much in fact as to lend considerable support to the thesis that they embraced the main points of his Academic teaching, over a period of time, on the first principles of his ontology and axiology. *But can this be said about the unfortunate public lecture of Aristotle's story?* Every- | thing goes to show (to adopt a phrase of our Tübingen colleagues) that the entertaining 6
> tale related by Aristoxenus, if more than *bien trouvé*, refers to an incident unconnected with the regular Academic seminars in which Plato expounded, discussed and developed with his own pupils the mathematical and dialectical basis of his philosophy. Since Aristoxenus gives no hint of the motive for this venture into the light of publicity, which Aristotle considered a failure, we clearly cannot hope to recover it now. The little that can be said of the content of the lecture is repeated as Plato's elsewhere, so we lose nothing if we dismiss the story as a red herring....

This is a clear formulation of the problem in hand. I do not wish to write off Aristoxenus' story as a red herring, but rather to attempt a better understanding of it: above all, a better understanding of the question which Guthrie assumes to be unanswerable from our position: why Plato publicly lectured on what could only be understood by pupils of the Academy. The attempt seems essential to me since lack of clarity at this point is liable to obstruct our correct appraisal of Plato's doctrine of the Good and of his theory of first principles.

For the last twenty years or so in Tübingen, research has been conducted with renewed energy into the oral doctrines of Plato not contained in his own writings. A controversy has developed, and the issue is still hotly contested by the two sides. The dispute centres on the significance attributed to Plato's oral doctrines in his philosophy as a whole. There can be no

6 References to Aristotle's Περὶ τἀγαθοῦ are collected in W.D. Ross, Aristotelis Fragmenta Selecta (Oxford 1955), 111–120. In this work, Aristotle obviously combined a record and a critique of Plato's theory. Cf. J. Brunschwig, ›EE I 8, 1218 a 5-32 et le περὶ τἀγαθοῦ‹ in: Untersuchungen zur Eudemischen Ethik, Berlin 1971 (Peripatoi 1), 197–222. One sentence of criticism has been preserved (p. 113 Ross, fr. 27 Rose), aimed at the excessively high expectations of Platonic theory: »One must remain conscious of being human, not only in happiness, but also in argumentation.« – Philip of Opus gives us another glimpse of Plato's lecture on Good as One: Epinomis 991 D–992 A (introduced by ἀνάγκη τό γε τοσοῦτον φράζειν ...).

doubt that Plato spoke of ultimate ontological principles: one of unity, which he identified with the Good, and an opposite principle of indefinite plurality. The basically indisputable testimony of Plato's pupils – Aristotle in particular (Met. A 6, for example) – refers expressly to them; there are also numerous indications in Plato's own writings which point in the same direction. The real question is this: what significance does the oral doctrine of first principles have for our understanding of his philosophy as a whole and particularly of the dialogues, which have fortunately all been preserved?

(1) On one side stand the Platonists whom one may call the ›Anti-esoterics‹, because they dispute the existence of philosophically important oral doctrines outside the dialogues. This view is maintained in an extreme form by the American scholar Harold Cherniss, and in a somewhat milder form for the most part by his numerous followers (e.g. G. Vlastos, R.E. Allen, M. Isnardi Parente, F.N. Tigerstedt).[7] If Plato had an oral doctrine of first principles, say the Anti-esoterics, it consisted merely of tentative experimentation which he did not consider worthy of literary expression. Anyway, they go on, it is difficult if not impossible to gain a clear picture of the theory, since
8 the reports of Plato's pupils are full of | misunderstandings and distortion arising from deliberate systematization.

(2) On the other side, the ›Esoterics‹ are concentrated at present in Tübingen.[8] We hold the view that Plato intended a systematic synthesis and grounding of his entire thought with this theory of first principles, which is only hinted at in the dialogues.[9] A theory of this kind, with a gradually increasing level of sophistication, seems to us to underlie all the dialogues, from the earliest ones on.[10] As for the evidence of Plato's pupils, we believe that they do provide a reliable basis for the reconstruction of Plato's unwritten doctrine, if subjected to critical appraisal and treated with due caution.

7 Guthrie takes a middle line. He believes the esoteric doctrine of first principles is reliably attested, but that this ›indirect evidence‹ is useless for our understanding of Plato's philosophy: »… (it) will only sow confusion and blur the vivid impression left by the dialogues« (1978, 418).

8 See the works of H.J. Krämer, K. Gaiser, H. Happ and J. Wippern in the bibliography. Recently, the same position has been adopted by Th.A. Szlezák (Dialogform and Esoterik. Zur Deutung des platonischen Dialogs Phaidros, Mus. Helv. 35, 1978, 18–32; Probleme der Platoninterpretation, Göttingische Gelehrte Anzeigen 230, 1978, 1–37). J.N. Findlay (1974, esp. pp. 23, 59, 466) differs in seeing Plato's entire oral philosophy as a series of provisional experiments. In his opinion, the lecture reported by Aristoxenus was also only an introduction to possible lines of further research. – A detailed discussion by H.J. Krämer of new works relating to this whole complex is shortly to appear in ›Philosophische Rundschau‹. [Neues zum Streit um Platons Prinzipientheorie, Philosophische Rundschau 27, 1980, 1–38].

9 The concept of ›system‹ proves time and time again to be misleading, because systematic thinking is equated with rigid dogmatism (E.N. Tigerstedt 1977, 89-91) – as if there was no such thing as an open or dialectical system.

10 Because important developments took place at the oral level, the dialogues need not necessarily reflect the immediate state of Plato's developing thought. On the other hand, there are good reasons for supposing that in the last twenty years or so of Plato's life, the fundaments of his philosophy remained substantially unchanged; see H.J. Krämer 1968, 123f.

The outcome of the controversy hangs on the way in which the surviving texts – the writings of Plato as well as pupils' reports of the oral doctrines – can most satisfactorily be brought into harmonious alignment. One of these texts is Aristoxenus' description of Plato's lecture. Both the Esoterics and the Anti-esoterics have used it in their argument, but so far it has not been satisfactorily understood by either side – hence Guthrie's understandable resignation in dismissing it as a red herring.

Until now, I should add, the Anti-esoterics seem to have been more justified in their recourse to this passage of Aristoxenus. According to the most probable interpretation of the text, Aristoxenus is describing a public lecture and a unique event (see below). It would seem at first sight, therefore, that the doctrine of first principles was in no way an esoteric, inner-school matter and that the lecture was not a part of Plato's regular teaching activities. I admit for my part that we Esoterics have hitherto been guilty of forcibly interpreting the Aristoxenus passage, in order to square it with Plato's inner-school teaching. It has been pointed out with justification that this text has elicited confused and contradictory statements from us.[11] Perhaps I will be able to repair the damage in this paper.

II

Apart from Aristoxenus, several later authors may be thought to provide additional information about the circumstances of Plato's lecture. It is doubtful, however, whether their testimonies can be referred to the event of Aristoxenus' story.

(1) Simplicius wrote in his commentary ›In Aristotelis Physica‹, p. 151, 6-11 Diels:

Alexander (of Aphrodisias) says: ›According to Plato, the first principles of everything, including the Forms themselves, are One (τὸ ἕν) and Indefinite Duality (ἀόριστος δυάς), which he called Large and Small (μέγα καὶ μικρόν), as Aristotle | mentions in his work on the Good.‹ And 9
one might also learn this from Speusippus and Xenocrates and the others who were present at Plato's lecture on the Good (οἱ παρεγένοντο ἐν τῇ Περὶ τἀγαθοῦ Πλάτωνος ἀκροάσει). For they all wrote down and preserved his teachings, and say that he recognized these first principles.

In another passage of his commentary (p. 453, 25–31) we read:

The first principles of sensible objects as well are One and Indefinite Duality, as Plato is said to have held. He also assigned Indefinite Duality to the intelligible world, calling it Unlimited (ἄπειρον); Large and Small he set up as principles and labelled them Unlimited in his discourse on the Good (ἐν τοῖς Περὶ τἀγαθοῦ λόγοις), at which Aristotle, Heraclides (Ponticus), Hestiaeus and other associates of Plato were present. They wrote down what he said just as enigmatically as he said it (ἀνεγράψαντο τὰ ῥηθέντα αἰνιγματωδῶς, ὡς ἐρρήθη).

11 Justified criticism of my former interpretation of the Aristoxenus passage has been made by E.N. Tigerstedt 1977, 70–73, 136–138.

Porphyrius, however, with the stated intention of setting these matters out clearly, wrote the following on this subject in his commentary on the Philebus.

Unfortunately it is not clear whence Simplicius derived the statement that various other pupils of Plato apart from Aristotle had produced written summaries of his lecture.[12] But there is nothing to disprove it; moreover, Xenocrates and Heraclides are accredited with works ›On the Good‹ in ancient bibliographies.[13]

Simplicius (and Porphyrius before him) described the lecture as enigmatic. That need not mean that it had also struck the pupils who recorded it as enigmatic.[14] We may assume that they understood Plato's argumentation without any trouble if he had already discussed the Good in mathematical terms in the Academy.

This brings us to the chief point of uncertainty in both passages of Simplicius. Are Simplicius and his sources referring to the *public* lecture described by Aristoxenus – or do they have in mind an *internal* discourse by Plato intended primarily for his best students? (a) Even if Simplicius *is* referring to the public lecture, it is not certain whether he has correctly interpreted the pupils' ›aide-mémoires‹ on the Good as stemming from this public lecture. There may have been a misunderstanding here. (b) It is equally possible that Simplicius means Plato's teaching in the Academy, on the assumption that he had lectured once or repeatedly on the Good to a small group of students, who used this material for their own records.

(2) The accounts by Themistius and Proclus are definitely descriptions of Plato's public lecture, but may quite possibly derive solely from
10 Aristoxenus. We read in Themistius (oratio 21, 245 CD): |

It did not in the least prevent wise old Plato from being wise on the occasion of his lecture in the Piraeus[15] when people came flocking from all around and assembled together – not only the townspeople from above but also workers from the fields and vineyards and from the silverworks – and when he presented his treatise on the Good (τοὺς Περὶ τἀγαθοῦ διεξῄει λόγους), that the huge crowd became dazed and streamed away from the place until finally the audience was reduced to Plato's trusted followers only (κατέληξεν εἰς τοὺς συνήθεις ὁμιλητὰς τῷ Πλάτωνι μόνους τὸ θέατρον).

Proclus remarks in his commentary on Plato's ›Philebus‹ (p. 688, 4–18 Cousin):

(Interpreters) raise the question whether philosophers should read out their writings before an audience, as Zeno did;[16] and they insist, if one does do so, only to read material suited to the

12 The line of transmission from Aristotle's critical record via Alexander of Aphrodisias (c. 200 A.D.) to Simplicius (6th century A.D.) is clear from both passages of the last author. Porphyrius (3rd century A.D.) appears only to have known a considerably abbreviated version of one of the records; his intermediate source is difficult to identify (Derkylides?).

13 For Xenocrates: Diog. Laert. 4, 13; for Heraclides: id. 5, 87.

14 See also E. N. Tigerstedt 1977, 138f. (n. 87).

15 He uses the words χορός and θέατρον in his account; these could, but need not necessarily, refer to the theatre in the Piraeus.

16 According to Plato's description, Parm. 127 C.

audience so as not to suffer the same fate as Plato when he announced a lecture on the Good (ἀκρόασιν ἐπαγγείλαντα Περὶ τοῦ ἀγαθοῦ). A great throng of all kinds of people assembled; but when he delivered his lecture, they did not understand his argument, and went away one by one until finally they had almost all gone. But Plato knew that this would happen to him, and had told his followers beforehand not to refuse entry to anyone, since the lecture would still only take place before their group (ἔσεσθαι γὰρ ἐπὶ μόνων τῶν γνωρίμων τὴν ἀνάγνωσιν).

One would like to know whether these two late testimonies provide any further historical information on Plato's lecture. That depends on the difficult source-critical question whether the accounts of Themistius and Proclus derive from Aristoxenus alone, or whether they include an independent tradition. In the former case, everything over and above Aristoxenus' description would be mere imaginative invention. In the latter, we could expect additional information, and Themistius' statement that the lecture took place in the Piraeus, for example, might help us understand the historical circumstances better.[17]

It seems to me that these two late descriptions are secondary inasfar as their apologetic bias presupposes an antecedent critical description of the lecture.[18] Themistius and Proclus want to justify Plato's action, by pointing out that he himself anticipated the early, voluntary, departure of unsuitable members of the audience. However, the critical account need not have been that of Aristoxenus, but may have been contained in a work which has not survived to this day. It is not intrinsically impossible, therefore, that this or that detail of the two late descriptions not to be found in Aristoxenus derives from an equally reliable independent source. On the whole though it is more likely that Themistius' and Proclus' accounts are devoid of any new historical information.

(3) Finally, there is an extremely short and therefore unclear passage of the middle-Platonist Albinus (2nd century A.D.).[19] Albinus records Plato's | view that the highest Good is neither easy to find nor plainly 11
communicable to all people (cf. Plato, Tim. 28 C), and he adds: »At any rate, Plato delivered his lecture on the Good only to a few select associates (πάνυ γοῦν ὀλίγοις τῶν γνωρίμων καὶ τοῖς γε προκριθεῖσι τῆς περὶ τἀγαθοῦ ἀκροάσεως μετέδωκε).« I see two ways of taking this passage:

(a) In Themistius and Proclus we have encountered a (later) version which tries to reconcile Plato's public appearance with the restriction of the audience to a handful of pupils. Albinus might therefore represent a somewhat earlier branch of the apologetic tradition than Themistius (4th century A.D.) or Proclus (5th). His would be an extremely condensed version of the

17 Only Ph. Merlan (1968, 706), to date, considers the possibility that Themistius and Proclus are drawing on a source independent of Aristoxenus.

18 The derivative character of Themistius' and Proclus' apologetic accounts is seen above all in their failure to give a clear picture of Plato's intention: *why* did he invite the multitudes to his lecture if he foresaw their disappointment?

19 Albinus, Didascalicus 27, 1, p. 129 Louis.

story according to which the multitude left early enough to allow Plato to address himself to a small band of associates only.

(b) The other possibility is that Albinus represents a quite different tradition, whereby Plato held a lecture on the Good in the Academy without public admission. In that case, Albinus would show that Plato normally discussed his Agathon-doctrine with his students only, and that the public lecture was an exception to this rule. This second possibility seems simpler and more plausible.

I conclude that only the Aristoxenus passage provides reliable evidence of a public lecture by Plato on the Good. The later accounts are probably derived from Aristoxenus alone (Themistius, Proclus) or possibly refer to Plato's intramural teaching (Simplicius).[20] Hence I prefer to leave these later authors aside when interpreting Aristoxenus.

III

Let us now take a look at three comic fragments which mention Plato's Good. It is quite possible that their authors, who were contemporaries or near-contemporaries of Plato, were referring specifically to the lecture on the Good described by Aristoxenus.[21]

(1) In a fragment of Alexis,[22] a Parasite, presumably, or else a hungry guest, says: »(I eat anything everywhere), even if they do not serve it up hot. The good, as Plato says, is good everywhere – if you get me; and what's pleasant is always pleasant, whether here or there.«

(2) One gathers from a fragment of Amphis,[23] that a slave is discouraging his master from marrying a certain girl: »What good you'll get from her, master, I know even less than the Good of Plato.«

(3) For Philippides,[24] Plato's Good is synonymous with the highest
12 human happiness: »I told you, you should remain unmarried and live | happily. The Good of Plato is this, Pheidylus: not to take a wife, and not to risk your luck in still more things.«

These three comic fragments show that the average theatre-goer in Athens had heard of Plato's Good. It was obviously proverbial for some-

20 Albinus' reference is ambivalent. – Themistius and Proclus may have been trying to reconcile Aristoxenus' story with the tradition of Plato's esoteric school treatment of the Agathon-doctrine.

21 Cf. G.J. de Vries 1964, 708f.

22 Alexis fr. 152 (II 353 Kock): κἂν μὴ παραθῶσι θερμά, τἀγαθὸν Πλάτων / ἁπανταχοῦ φησ' ἀγαθὸν εἶναι, μανθάνεις; / τὸ δ' ἡδὺ πάντως ἡδὺ κἀκεῖ κἀνθάδε.

23 Amphis fr. 6 (II 237 Kock): τὸ δ' ἀγαθὸν ὅτι πότ' ἐστιν, οὗ σὺ τυγχάνειν / μέλλεις διὰ ταύτην, ἧττον οἶδα τοῦτ' ἐγώ, / ὦ δέσποτ', ἢ τὸ Πλάτωνος ἀγαθόν.

24 Philippides fr. 6 (II 303 Kock): ἔλεγον ἐγώ σοι μὴ γαμεῖν, ζῆν δ' ἡδέως, / τὸ Πλάτωνος ἀγαθὸν δ' ἐστὶ τοῦτο, Φειδύλε, / μὴ λαμβάνειν γυναῖκα, μηδὲ τῇ τύχῃ / διὰ πλειόνων αὑτὸν παραβάλλειν πραγμάτων. Philippides is perhaps referring to Plato's definition of the Good as One: to stay single is best.

thing of universal importance, but difficult to understand.

What is unclear is how Plato's Good attracted so much attention. There are two possibilities to be considered:

(a) It is conceivable that there was talk of the Platonic Good prior to his public lecture – either as a widespread response to passages in the dialogues, such as the mention of an Idea of the Good in the middle books of the Republic, or through information about the inner-school discussions filtering through to the outside world and rousing curiosity.[25]

(b) But it seems to me more probable that the proverbial phrase in the comic fragments is an echo of Plato's lecture on the Good. If so much had already been said about Plato's strange idea of ›Good‹ before the lecture, the disappointment of the audience would be less explicable. It is easy to imagine on the other hand how, after the event, people would joke about Plato's bad lecture all over Athens, and in the theatre.

If the latter interpretation is correct, the lecture must have been a spectacular event leaving a deep impression behind it. The repercussions seem to have lasted a considerable time, since the comedy of Alexis quoted is datable to the period after Plato's death probably, and that of Philippides certainly.[26]

IV

I wish only to deal briefly with the question of the philosophical interpretation of Plato's doctrine of Good as One. Platonists have long since undertaken the task of collecting the scattered references to Platos oral doctrines; they have been able to clarify the philosophical sense of these to a considerable extent, by comparison first and foremost with Plato's own writings.[27]

The main features of Plato's doctrine of first principles preserved by the doxographers can be summarized as follows. The goodness (ἀρετή) of a thing is shown by its permanence, beauty, and form. These qualities depend on order (τάξις, κόσμος), that is, on a well-proportioned arrangement of parts within the whole. The basis of order therefore is unity, and thence unity or one-ness is the cause of all good, or good in itself. Since the world is not

25 We are poorly informed regarding the distribution and effect of Plato's dialogues during his lifetime. All the same, Aristotle (ap. Themistius or. 23, 295 c–d) said that the ›Gorgias‹ and ›Republic‹ were read outside Athens even.

26 Alexis was twenty-five years old at the most when Plato died, by far the greater part of his long career took place after this event. Philippides was even younger. The date of Amphis' comedy remains uncertain.

27 The equation of Good with One and its mathematical foundation is not explicit in the dialogues. Nevertheless it in no way contradicts the contents of these, and is the objective consequence of many passages in Plato's writings. Recently this has been shown from the point of view of dialectic by H.G. Gadamer, Die Idee des Guten zwischen Plato and Aristoteles, Heidelberg 1978 (Sitzungsber. d. Heidelb. Akad. d. Wiss., Phil.-hiss. Kl. 1978, 3). – A summary of the ›unwritten doctrine‹ may also be found now in Guthrie (1978, 426–442).

all order and goodness, one must reckon with an opposite cause: a cause of
13 non-unity, of indefinite plurality, and thence not-good. |

Everywhere these two principles can be seen acting in combination, with one or other of them dominant. This can be observed most clearly in the field of mathematics. Arithmetic, geometry, harmonics, astronomy, all incorporate and reveal certain rules which show how unity passes into indefinite plurality, wherever the apparent multiplicity of the natural world may be analyzed into quantifiable shapes, forms and numbers.

Arithmetic and geometry can be used to demonstrate the progression that runs from whole numbers, through various types of incommensurable quantities, to the absolutely irrational; harmonics and astronomy to show that there is mathematical order in the sensible world: in other words, that the pleasant sound of harmony is based on numerical relationships, and that the movements of the heavenly bodies are not random, but follow a logical order. In this way, mathematics became the model-world for Plato which showed in the most accurate and general way that all manifestations of Arete depend on order, and order on unity.

The work of modern scientists and philosophers proves that these ideas of Plato were not an abstruse game, but rather that they remain stimulating and relevant to this day. In 1941, Alfred North Whitehead wrote on the theme »Mathematics and the Good«, with express acknowledgement of Plato's lecture on the Good.[28]

Whitehead, like Plato, saw good in the predominance of order, form and structure, and bad in the lack thereof: »The infusion of pattern«, he writes, »into natural occurrences, and the stability of such patterns and the modification of such patterns, is the necessary condition for the realization of the Good. Mathematics is the most powerful technique for the understanding of pattern and for the analysis of the relationships of patterns. Here we reach the fundamental justification for the topic of Plato's lecture.«

V

If the question of the philosophical sense of Plato's lecture on the Good as One has been sufficiently answered, there remains more than ever the question of its historical interpretation: the puzzling thing is why Plato said all this in public. Did he not realize that the lecture was bound to be unintelligible to the greater part of the audience?

The public lecture is even more of a puzzle in the light of repeated statements in his written works to the effect that it is pointless to present a

28 In Germany, the philosopher and physicist C.F. von Weizsäcker has recently treated Plato's doctrine of first principles in: Die Einheit der Natur, München 1971, 113–115; 446–491; Der Garten des Menschlichen, München 1977, 337–339.

subject as demanding as the doctrine of the Good to an untrained public. In order to formulate this paradox as sharply as possible, I wish to point out with more emphasis than hitherto, that there is a discrepancy between | 14
Aristoxenus' report and Plato's own written views on the conditions for philosophical discourse. As long as this discrepancy lacks a plausible explanation, Aristoxenus' description will remain an unsolved mystery.

Plato wrote frequently and consistently that for the understanding of the highest truths one needs not only special ability, but also long experience and training in dialectic. This condition is easily understandable from the nature of the subject, which involved the apprehension of ultimate ontological principles. The universal validity of these principles for all existing things can only be shown by demonstrating in as many different areas as possible the existence of identical structures and norms, which, by repeated comparison and collation, may ultimately be united in an all-inclusive synthesis.[29]

In the crucial passage of the Seventh Letter (341 A–E) we read that Plato himself never wrote a book[30] on the first principles,[31] and would never do so, and that whoever did understood nothing of the subject. For these things are by no means expressible in the same way as other subjects (ῥητὸν γὰρ οὐδαμῶς ἐστιν ὡς ἄλλα μαθήματα),[32] and the apprehension of these things may only be achieved by long familiarity (πολλὴ συνουσία) and an ex-

29 The pseudo-Platonic 2nd Letter (341 A–B) also talks of the long course of dialectic which only arrives at its goal after many years. Another reference to the same thing can be seen in a comparison made by one of Plato's pupils to »frozen words« which only melt and become audible after a long time (Plut. mor. 79A).

30 Plato uses the word σύγγραμμα here (Epist. 7, 341 C) as in the ›Phaedrus‹, where he refuses to give a written account of the highest knowledge. The Anti-esoterics consistently argue that the word refers only to a systematic textbook, not to the literary dialogues (so also Guthrie 1978, 411). But there are contextual objections to this qualification (since Plato is speaking generally here of the risk of causing confusion involved in the public presentation of specialized doctrines among untrained readers or listeners), and linguistic considerations (cf. Th.A. Szlezák, Mus. Helv. 35, 1978, 25f.).

31 The doctrine of first principles is clearly intended by περὶ ὧν ἐγὼ σπουδάζω (341 C), as the synonymous expression τὰ περὶ φύσεως ἄκρα καὶ πρῶτα (344 D) proves.

32 This sentence (341 C) does *not* mean: »They are in no way expressible, as other subjects are«. The negative (οὐδαμῶς) does not refer to the possibility of their being said at all (ῥητόν), but to the *way* they may be uttered compared with other things (ὡς ἄλλα μαθήματα). Thus amongst others, E. Schmalzriedt, Platon. Der Schriftsteller and die Wahrheit, München 1969, 16. Moreover, the negated ῥητόν means *may* as well as *can* not be said, in the sense of not being permissible (cf. ῥητά in Laws 7, 817 D). Plato is exploiting the concept of ἀπόρρητον in the Mystery Religions, signifying that which may not be uttered (but all too easily can). He avoids the word ἀπόρρητον itself (cf. Laws 12, 968 E) because in his case the censure has nothing to do with mysticism, but is based rather on the conditions necessary for the digestion of philosophical truths. The whole line of argumentation in the passage shows not that ultimate knowledge is impossible to say, but that it cannot be dealt with on a par with other doctrines without grave danger of sowing confusion – and therefore should not. This qualitative distinction means that other doctrines may be presented and transmitted through the medium of language without further ado, whereas a corresponding presentation of the first principles would only be meaningful to someone who had been trained in the art of dialectic.

tended period of guided training of the pupil's soul. Therefore it is pointless to publicize these things in writing or by word of mouth (γραφέντα ἢ λεχθέντα), since misunderstanding would be the sole result among unsuitable and unprepared readers or listeners: they would either scornfully dismiss what was incomprehensible to them, or delude themselves into thinking they were the immediate possessors of the highest wisdom.

The reason for esoteric reserve, therefore, lay not in the fact that the theory of first principles was impossible to formulate orally or on paper, but that unprepared persons who were confronted with it would inevitably be confused and misled.

Since the authenticity of the ›Seventh Letter‹ has been doubted, it is important that the same position can be seen in the incontrovertibly authentic dialogues.

As early as in the ›Republic‹ (7, 536 B – 540 C), Plato describes the long course of education which leads to apprehension of the Idea of Good only after decades of mathematical and dialectical training.

Likewise in the ›Parmenides‹ (136 E), truth is said to be attainable only after prolonged education in dialectic – and this fact is not known to the Many.

In the final section of the ›Phaedrus‹ (275 D – 277 A), Plato explains at length that the written word is not suitable for conveying ultimate knowl- | edge, since this can only grow and ripen over a period of time.[33]

Finally, Plato makes the same point at the end of the ›Laws‹, his last work. The passage (12, 968 C–E) runs: precise and universal knowledge is only attainable through prolonged communion (πολλὴ συνουσία) of teacher and pupils. The essential concepts are not ineffable (ἀπόρρητα) in the sense of Mysteries, but are indeed ›unsayable in advance‹ (ἀπρόρρητα); that is, not before the student is able to grasp them for himself, after long practice in dialectic.[34]

These passages tell unanimously against a public lecture on the theory of first principles such as actually took place according to Aristoxenus. For Plato's primary objections to publishing it in a literary form certainly applied also to a public lecture.[35] How to explain the contradiction?

33 The possibility of the much discussed τιμιώτερα (Phaedrus 278 D) referring to a doctrine beyond the dialogues has recently been demonstrated by Th.A. Szlezák with new argumentation: Mus. Helv. 35, 1978, 18-32.

34 As in the ›Seventh Letter‹, Plato assumes here that the highest knowledge can be expressed in a certain way, but that it *should* not, for reasons not of artificial or religious secrecy, but objective necessity.

35 E.N. Tigerstedt rightly remarks (1977, 73f.): »Plato's rejection of writing (in the Seventh letter) applies also to lectures, such as that on the Good.«

VI

First I will outline the previous attempts at explanation and show how none of them is satisfactory.

(1) It does not help to question the reliability of Aristoxenus. Certainly, one has to reckon in the passage with Aristoxenus' hostility towards Plato and his desire to make the anecdote more pointed.[36] But this malignment is apparent only in the way he *judged* the lecture – as if the speaker had failed by not matching his remarks to the audience. The essence of his account must stand as genuine: namely the fact that Plato gave a lecture on the Good which was a disappointment to most of the audience.

(2) Nor does it help to deny the authenticity of the ›Seventh Letter‹ (with Cherniss and many other sceptics[37]). The discrepancy which makes the passage of Aristoxenus so puzzling remains. Even if the Letter was written by somebody else, there can be no doubt that this person was so intimately acquainted with Plato and so thoroughly versed in the historical situation, that the *content* may be taken broadly speaking as authentic. Furthermore, even if one ignores the Letter, it is obvious enough from the dialogues that Plato shunned a public exposure of his doctrine of first principles on the grounds that it was too difficult to communicate.

(3) Again, it is impossible in my opinion to relieve the difficulty by assuming that the subject matter of oral dialectic within the school was distinct from the matters treated in the public lecture. The Anti-esoterics tend to argue that the goal of the oral dialectic described in the Seventh Letter and several passages in the dialogues was an intuitive understanding not describable in words,[38] whereas the lecture had a specific subject and | was 16
therefore comparable to the dialogues. Likewise they are wont to emphasize that the lecture on the Good was only tentative in character, subject to repetition and revision afterwards.[39] »Everything goes to show«, however, that

36 On the malicious tendency of Aristoxenus (cf. fr. 43, 61–68, 131 Wehrli) see the recent remarks of A.S. Riginos 1976, 199; E.N. Tigerstedt 1977, 71. Aristoxenus does not say directly that Plato's lecture was a failure, but insinuates as much by omitting Plato's motives and expectations for the lecture (see below).

37 On the debate about the authenticity of the ›Seventh Letter‹ see below, Section 7.

38 On the problem of the communicability of Plato's Agathon-doctrine, see above n. 32.

39 This line is taken in an unconvincing piece by K.H. Ilting 1968, where he assumes that the lecture and the dialogues represented the same level of thought, and that the lecture remained a fragment of a system, overtaken eventually by the development of Plato's own thought. – G. Watson (1973, 2–5, 12f., 43, 113,128, 132) emphasizes the point that the lecture on the Good had a tentative character, in order to avoid a devaluation of the dialogues relative to the doctrine of first principles. – Julia Annas (Aristotle's Metaphysics, Books M and N, Oxford 1976, 62 also takes Plato's lecture on the Good as an insignificant offshoot in his main development: »The paucity of our evidence for it would be explained by Plato's probable revulsion, during the period of the later dialogues, from the kind of bold speculation apparent in both it and the ›Republic‹«. – If this were so, it is hard to understand why the lecture was of such central importance to Plato's pupils.

the subject was in both cases identical: Plato's theory of ultimate ontological principles. The ›Seventh Letter‹ does indeed say that dialectic is supposed to lead to a kind of intuition, but it also assumes that the object of this intuition can easily (or all too easily) be expressed in words; indeed, that the highest truth can be expressed with extreme brevity (344 E πάντων ἐν βραχυτάτοις κεῖται). What else can these βραχύτατα be if not One and Indefinite Duality?

(4) On the other hand, all attempts to overcome the paradox by assimilating the lecture on the Good described by Aristoxenus with Plato's teaching activities within the School have also failed. Even if one assumes that there were occasional summarizing lectures in the Academy apart from the sessions of dialectic, it is difficult to relate Aristoxenus' story directly to these.

(a) An unbiased reading of the Aristoxenus passage leaves one in no doubt that the lecture was public. Most members of the audience (οἱ πλεῖστοι τῶν ἀκουσάντων) were unprepared and taken by surprise – hence they were obviously not regulars of the Academy. Nor were they mere eaves-droppers who had strayed into the Academy by accident (as was the case in the well-known comic fragment of Epicrates[40]); they had assembled in order to listen to a lecture on a specific topic. The time and subject of the lecture seem therefore to have been known in advance in Athens. It had been announced and was *aimed* at the general public, who were positively invited to attend. Moreover, Aristotle and Aristoxenus were only justified in pointing out the failure of the lecture and the perplexity it caused if it had in actual fact been directed at the general public.[41]

(b) There is almost as little reason to doubt that a single occasion is being described by Aristoxenus.[42] The audience could hardly have come and been disappointed more than once. Cherniss was right to protest against an »expansion of the evidence« and to deny that »regular lectures« could be deduced from Aristoxenus.[43] The recent attempts by the Esoterics to use Aristoxenus as a witness to regular lectures on the Good were, I have to admit, mistaken.[44]

(5) The idea that Plato's lecture was a deliberate ›Peira‹, or test, is also misconceived, in my opinion.[45] Plato had conducted just such an experiment with Dionysius of Syracuse, as we read in the ›Seventh Letter‹ (340 B – 341 B). He explained to Dionysius the full difficulty of the path leading to

40 More on the situation described in the fragment of Epicrates below, Section IX, § 2.

41 Aristotle's and Aristoxenus' comparison of their own lectures with Plato's seems to me inconclusive for the question of its public delivery and length. Nor, incidentally, is it impossible that Aristotle gave occasional lectures to the general public.

42 Most scholars have decided that the lecture was a unique affair for reasons which I now think valid. See esp. G.J. de Vries 1968; Ph. Merlan 1968; W. Theiler, Diotima neuplatonisch, Archiv f. Gesch. d. Philos. 50 (1968), 29–47 (esp. p. 29); E.N. Tigerstedt 1977, 71f. Undecided: J. Wippern 1972, XIII; uninterested: G. Watson 1973, 39.

43 H. Cherniss 1945, esp. p. 2 (against Field, Burnet, Taylor, Robin).

philosophical wisdom, in the belief that if he was suited to philosophy he | 17
would be spurred on thereby, and if not, turned away.[46]

What Plato said in the Peira was obviously quite different from the content of his lecture on the Good: the former consisted of an advance warning about the long and difficult path ahead; the latter of a summary description of the central doctrine itself.[47] Plato intended and achieved with this Peira just what Aristotle accuses him of failing to do as a lecturer: preparing the pupil for what was to come.[48] Conversely, the lecture contained just what the Peira avoided: the undiluted doctrine itself without any introduction.

(6) Finally, the attempts to explain away the paradox by the personal development of Plato are also unsatisfactory. Our sources do not say when in the course of his lifetime Plato gave the lecture. Two diametrically opposed views are held by commentators:

(a) On the one side (particularly among the Anti-esoterics) the tendency is to regard the lecture as ›a lecture in old age‹ (›Altersvorlesung‹); i.e. that shortly before his death, Plato publicized ideas which had not been included in the dialogues and which he had no more time to formulate in a written work. But there is no evidence for the assumption that Plato might have changed his mind about the communicability of the highest philosophical truths towards the end of his life.[49] The final pages of the ›Laws‹,

44 This correction applies only to our view of the lecture reported by Aristoxenus. Whether there were classes on the doctrine of first principles inside the school is a question which must be answered independently. Arguments for the repetition of the lecture described by Aristoxenus may be found in H.J. Krämer 1966 and 1968, 113f. At first Krämer believed that textual considerations in Aristoxenus proved the lecture took place on several occasions. G.J. de Vries 1968 and Ph. Merlan 1968 raised objections showing that the question cannot be decided on textual (linguistic) grounds. Aristoxenus' description remains ambiguous in this respect. In his subsequent treatment, Krämer tried above all to deflate the argument that the audience could only have been surprised and disappointed once. But this argument remains cogent if the lecture was addressed to a large public audience.

45 This is the opinion of H. Gundert 1968, 89f.: »… die abschreckende Wirkung, über die Aristoxenos sich mokiert, würde gerade dem entsprechen, was eine πεῖρα beabsichtigt.« Even less convincing is H. Dörrie's view (1969, 3f.) that Plato had dressed up his central doctrine so thoroughly that the untrained person could never have understood it, and then, in the lecture reported by Aristoxenus, had »die Probe gemacht, ob dieser Schutz wirksam war.«

46 W. Burkert (Weisheit und Wissenschaft, Nürnberg 1962, 17 = Lore and Science in Ancient Pythagoreanism, Cambridge/ Mass. 1972, 18) is right to repudiate the view of the lecture as an experiment, see also E.N. Tigerstedt 1977, 73.

47 Concerning the πεῖρα with Dionysius, Plato says in the ›Seventh Letter‹ (341 AB) that he had not taught the whole of his philosophy, and had omitted the most important part. The lecture on the other hand, with its equation of Good and One, led straight to the heart of the doctrine of first principles.

48 According to the ›Seventh Letter‹ (341 A), the πεῖρα was intended to protect the teacher from the pupil's criticisms on the basis that the latter had only himself to blame after such a warning.

49 O. Wichmann 1966, 647f. suggests that Plato gave his lecture on the Good prompted by approaching death: »… (um) zu der ganzen, ungeheuer umfassenden Frage, die sein Leben bedeutet hatte, schliesslich doch noch eine Antwort wenigstens so zu geben, wie sie ihm möglich war.«

which contain what amounts to Plato's last will and testament, and other more general factors refute this view.

(b) The Esoterics are tempted rather by the view that the lecture could have taken place relatively early (say at the inauguration of the Academy in ? 387 B.C.), and that Plato was persuaded by its failure to limit future discussion of the doctrine of first principles to the closed circle of the Academy.[50] For various reasons this solution also seems untenable. The ›Seventh Letter‹ emphasizes that Plato had always avoided a public airing of these matters. If Aristotle »told time and time again« how Plato fared with this lecture, one might assume that he had been present at the occasion: he entered the Academy in 367 B.C. Plato's earliest dialogues show an extremely well-developed sense of the limits and possibilities of philosophical discourse. Hence it is very unlikely, in my opinion, that Plato ever misjudged the outcome of a public lecture.

VII

The question of the dating and biographical context of the lecture is so important that a closer investigation is required. The view that Aristoxenus is describing a lecture in Plato's old age tends to go with the conviction that
18 | the lecture must therefore have been concerned with a late, specific, and peripheral aspect of Platonic philosophy which need not be taken into serious consideration for the interpretation of the dialogues. H.J. Krämer objected, rightly in my opinion, that the difference between the dialogues and the doctrine of first principles, which formed the subject-matter of Plato's lecture, may not be explained as a chronological development but that they must be considered distinct modes of philosophizing: one written, one oral.

But even if one assumes unbroken synchronization of the dialogues with oral discussion of the first principles, one is still left with the problem of the historico-biographical occasion for Plato's unique public lecture; and in this point, there seems to me to be more evidence for a late than for an early dating of the lecture, as proposed by Krämer.

As far as I can see, there is not a single passage in the dialogues which could settle the matter. More precise criteria for the dating question are only to be had from the ›Seventh Letter‹. It seems to me that the Letter is ignorant

50 H.J. Krämer 1968, 112f. inclines towards a relatively early dating before the ›Republic‹: »Eine relativ frühe Datierung der Vorlesung wird auch durch die Art nahegelegt, wie Platon in der ›Politeia‹ (506 D 8, 509 C 1) das ἀγαθόν behandelt und die mit Erfahrungen des 7. Briefes übereinzustimmen scheint.« It is conceivable that Plato's comments in the ›Republic‹ (also 7, 517 D, 518 AB, 536 B) to the effect that any presentation of the Agathon-doctrine would provoke ridicule, reflect Plato's personal experience of the disappointment caused to both sides by such a lecture. However, passages of this kind seem to me rather to show that Plato's multifarious experiences had persuaded him early on of the pointlessness of public presentation.

of a public lecture and therefore provides an important index for a late dating.

Unfortunately, the authenticity of the Letter has been questioned, and that by a number of competent Platonists.[51] Many others, myself included, are convinced of its authenticity. For the Letter's relationship to the lecture, I think the question of authenticity is relatively unimportant: even if the Letter is not by Plato's hand, the data pertaining to Plato's situation after Dion's death must be considered true in a historical sense. Moreover, if the Letter *is* ignorant of the lecture, as I believe, it provides internal proof of its own authenticity. This line of argument, not pursued by scholars before now, may be elaborated as follows. The Letter is ignorant of the public lecture. Therefore, in all probability, it was written beforehand, since a later writer would certainly have avoided committing Plato to such a contradiction. So the Letter must have been written in Plato's lifetime, soon after Dion's death (354 B.C. – some six years before Plato died) and before the public lecture. In that case Plato must be the author, because it is as good as certain that nobody else would have written the Letter for him as long as he was still alive.[52]

On the question of the Letter's ignorance of the public lecture, 341 DE is the key passage. Plato says: »This much I know, that it (sc. the highest philosophical truth), whether written or spoken, would best be said by myself (βέλτιστ᾽ ἂν λεχθείη, potential) … But if I believed one ought to write and could tell it to the Many in an adequate fashion, what better thing could I have achieved in my life (ἐπέπρακτ᾽ ἄν, unreal condition) than | to write 19
down that which is of great use to people and to have brought to light the nature of things for the benefit of everybody?«

I think these sentences could not have been formulated as they are if Plato had already made an attempt to publicize the doctrine of first principles. This interpretation does not depend solely on a fallible *argumentum e silentio*, since the mention of a failed attempt would have directly furthered the author's purpose: he could then have supported his main contention –

51 Here are just a few, more recent, contributions to the controversy: (a) *Against* authenticity: L. Edelstein, Plato's Seventh Letter, Leiden 1966; G. Müller, Göttingische Gelehrte Anzeigen 221, 1969, 187–211; M. Levison, A.Q. Morton, A.D. Winspear, The Seventh Letter of Plato, Mind 77, 1968, 309–325; S. Michaelson, A.Q. Morton, The authorship and integrity of the Platonic Epistles, Revue Internationale de Philosophie 103, 1973, 3–9; N. Gulley, The authenticity of the Platonic Epistles, in: Pseudepigrapha, Entretiens Hardt 18, Vandoeuvres-Genève 1972, 105–130 (Discussion: 131–143), E.G. Caskey, Again – Plato's Seventh Letter, Class. Philol. 69, 1974, 220–227. (b) *For* authenticity: K. v. Fritz, Die philosophische Stelle im siebten platonischen Brief und die Frage der ›esoterischen‹ Philosophie Platons, Phronesis 11, 1966, 117–153; L. Brandwood, Plato's Seventh Letter, Organisation internationale pour l'étude des langues anciennes par ordinateur: Revue 1969, 4, 1–25; F. Solmsen, Review of L. Edelstein, Plato's Seventh Letter (1966), Gnomon 41, 1969, 29–34, W.K.C. Guthrie 1978, 402.

52 J.B. Skemp nevertheless considers this remote possibility in: Plato, Oxford 1976 (Greece and Rome, New Surveys in the Classics, 10), 10f.

that written and public transmission of the key doctrine is pointless – on the basis of firsthand experience rather than mere inner conviction.

To be in a position to state that public transmission of the doctrine would provoke scorn (καταφρόνησις) or false optimism (ὑψηλὴ καὶ χαύνη ἐλπίς), I do not think Plato needed to have suffered any one particular failure. One should also notice the other passage in the Letter saying how easy it is to appear ridiculous and shamefaced when attempting to give concrete expression to the Forms (343 CD). I think this refers to the debates practised in the Academy in front of other students – and not the situation we find in Aristoxenus.

My conclusion, therefore, is as follows: in all probability the ›Seventh Letter‹ is unaware of the lecture mentioned by Aristoxenus – which, therefore, must have taken place after the Letter's composition, that is, in the years between 355 B.C. and Plato's death (348/47).

Even if the public lecture was late, as I think, there is no reason to revert to the idea of an ›old man's lecture‹, with the attendant concept of the first principles being a last dying breath, as it were, of Plato's philosophy. Rather, in what follows, it will be seen that this lecture in old age can only be explained if Plato had for a long time previously held a doctrine of first principles.

The central problem is not solved by a late dating; if anything, it becomes more acute: why did Plato undertake a venture which he had so recently rejected in the Seventh Letter?

VIII

I have tried to show how previous theories fail to reconcile the gulf between Plato's professed silence on the first principles in his written work and the fact of the public lecture. A better explanation may be sought in Plato's political environment rather than in the man alone. I would guess that the stimulus for Plato's paradoxical public appearance came from the Athenian
20 public to whom the lecture was addressed. I would ask therefore: | was Plato ever faced with a situation in his lifetime in which he might have felt compelled to break his own rule of silence on the first principles? Or more exactly – a situation in which the disadvantages of a public lecture (namely the disappointment and scorn it would cause) were outweighed by the graver consequences of maintaining silence?

I offer the following hypothesis as a possible answer. There seem to have been two external factors which moved Plato to publicize his esoteric doctrine of first principles in the final years of his life.

(1) For many years Plato had avoided airing his doctrine outside the company of his closest pupils. But whiffs of the doctrine still reached the public and excited considerable interest. When Dionysius of Syracuse, and

others who had heard something of the doctrine, wrote on the subject, Plato realized that continued secrecy was pointless and even disadvantageous because the public was being informed about his doctrine from unauthorized and incompetent sources. I believe he decided as a result of this to give the public a genuine version of the doctrine. The intention was to invalidate the spurious accounts of others and combat their circulation.

(2) Plato's esoteric reserve could easily have been construed as artificial secrecy, and have irritated influential members of the Athenian public. The exclusiveness of the Academy rankled particularly when one heard that the protected doctrines concerned knowledge of the Good and the key to happiness. The suspicion might also have arisen that the esoteric dogma of the Academy was kept secret because here was a chance for the wellknown anti-democratic ideas of Plato to be sharpened to a dangerous degree. Plato for his part probably realized the danger of this public antipathy to his school. As a result, he reluctantly decided after all to publicize his doctrine of first principles in the form of a single lecture so as to remove the odium of secrecy. He hoped in this way to deflate the criticisms and suspicions which had arisen through his exclusion of the public. And in so doing he accepted the reverse side of the coin, that many people, through not understanding the lecture, would react with scorn and derision.

How far can this hypothesis be substantiated and verified? First, an objection must be met. It is true that Aristoxenus does not mention any political or other positive motivation behind the lecture. This can easily be explained, however, with reference to Aristoxenus' and Aristotle's shared motive in telling the story and their wish to streamline the anecdote: they both intend a comparison between their own superior teaching-method and Plato's ineffective approach. Hence they only mention the effect of the lecture on new and unsuspecting listeners, not on those already acquainted | 21
with the difficulty of the Agathon-doctrine. Hence also, Aristotle and Aristoxenus ignore Plato's real purpose which would have explained why he neither was able, nor wished, to facilitate matters for the audience.

I wish now to present the evidence which I think supports my case. The ›Seventh Letter‹ is an important item; I know its authenticity is doubted and that my new argument (above) will not convince everybody. Therefore it is only *one* item in the list. More important than the authenticity of the Letter for my purposes is Plato's political situation which *is* no doubt reliably represented in the Letter. My thesis is therefore not dependent on the Letter's authenticity, nor, I hope, will it be unacceptable to those who consider the Letter pseudo-Platonic.

(1) Regarding the publication of the doctrine by incompetent persons, we know from the ›Seventh Letter‹ (341 B) that Dionysius of Syracuse as well as others had composed works on the subject.[53] Even if these did not bear Plato's name, they were bound to be connected by the public with Plato's esoteric doctrine. Hence in the Letter Plato forcefully disowns these ille-

gitimate and misguided treatises, it being impossible to give an adequate account of the doctrine by these means (341 C–E). Plato states: »I know this much, that it (sc. the doctrine of first principles) would best be said by myself either in writing or orally and that, if badly written, would be painful not least to myself« (341 D). From this statement to a public lecture is not too big a step, I think. Plato remained true to his rule of oral communication despite his decision about the lecture. He never took the further step to a written treatise on the doctrine (which is also ruled out for the future in the ›Seventh Letter‹ 341 C: οὐδὲ μήποτε γένηται).

Dionysius' work might have been still more embarassing for Plato in reinforcing the impression that Plato's doctrine was anti-democratic. Even someone who had not read the work might jump to the conclusion that the Syracusan tyrant favoured a doctrine teaching that Good is One since that served his autocratic regime.

In the ›Seventh Letter‹ (341 E), a public presentation of the doctrine of first principles is said to be bound to provoke a false reaction, whether scorn (καταφρόνησις) or false optimism (ἐλπίς). By countering pretentious and erroneous accounts with his own lecture, Plato could not help causing public disappointment and scorn, but could avoid the worse misunderstanding, namely the false impression that ultimate truth is something easy to grasp.

(2) For the second line of argument, we need evidence that Plato had public opinion against him in precisely this matter of the esoteric ex-
22 clusiveness of the Academy. For most of his lifetime Plato seems to have | avoided a head-on confrontation with the ruling powers in Athens.[54] But there are indications of conflicts and estrangements, especially in his last years.

(a) The ›Seventh Letter‹ consists basically of an *apologia* for the events leading to the troubles in Syracuse. Plato obviously wanted to persuade the Athenians by means of the Letter that his friend Dion had intended to introduce a legal and liberal system in Syracuse, and that his own connections with Syracuse had nothing to do with self-interest or lust for power. The Letter as a whole, therefore, shows that Plato had acquired the unfortunate reputation of instigator of the Syracusan revolution as a result of the affair.

Plato carefully states his reasons for withholding the doctrine from the public. As he had often said before: it is pointless publicizing such matters since they can only be understood after years of familiarity (342 A–344 D). This justification permits one the further conclusion that Plato had been criticized for the secrecy surrounding his teaching.

But the Letter would hardly have convinced outsiders on this point.

53 Reports of pupils such as Aristotle, Speusippus, Xenocrates, cannot be intended here: in the Letter they are described as κυριώτεροι κριταί (345 B).

54 C. B. Armstrong 1953, 102: »... largely because of the skill with which he avoided collision with the dominant democrats of fourth-century Athens, suspicions in his day never burst into open hostility.«

The existence of written works by Dionysius and others, mentioned by Plato in the Letter, would have indicated rather that Plato *could* have made everything public had he so wished. Plato says in the Letter that there *was* a secret doctrine which he was reluctant to publicize – an admission which if anything would have increased people's curiosity. Altogether then, the impression would have been reinforced that Plato deliberately denied others the knowledge shared between himself and a select few of Good and human happiness. In this situation I would guess that Plato decided to put an end to the criticism by means of a public lecture.

(b) Equally instructive in this context is the fact that Plato received frequent unflattering attention in contemporary comedy. Seventeen passages have been preserved in which Plato and his school are the target:[55] Aristophon wrote an entire comedy entitled ›Plato‹.[56] Plato probably sensed danger in these attacks. In the ›Apology‹ he attributes a substantial measure of the guilt for the prosecution and conviction of Socrates to Aristophanes' ›Clouds‹.[57]

The secret goings-on in the Academy seem to have been a favorite butt in stage-comedy.[58] A fragment of Alexis (fr. 180) runs: »To talk nonsense with Plato in private (κατὰ μόνας)«.[59] Elsewhere Plato's solemn, not exactly friendly, demeanour is mentioned (Amphis fr. 13). And we hear that members of the Academy were considered arrogant (Ephippus fr. 14; Antiphanes fr. 33).[60]

(c) The possibility of taking objection to the elitist atmosphere sur-
| rounding the Academy is clearly shown in the Antidosis-speech of Iso- 23
crates (or. 15). The orator compares his school with that of Plato (§ 84f.): the Academy claims to possess a Good and a Philosophy unknown to anyone else; I, on the other hand, teach what is generally recognized; the Academy takes in a handful of individuals into its community, whilst I wish to show the path of happiness to the entire Polis. The speech was probably published in 353 or 352; at exactly the time, in my opinion, that Plato was making up his mind to publicize the doctrine of the Good.

55 Bibliography in K. Gaiser, Ein Komödienwitz über Platon, in: Musa Iocosa, Festschrift A. Thierfelder (Hildesheim 1974), 62–67.

56 We possess only a brief quotation from this comedy (Aristophon fr. 8, II 279 Kock): a dig at the ascetic life of philosophers.

57 Even in the ›Laws‹ (11, 934 E – 936 B), Plato condemns all forms of calumny in the theatre.

58 This was clearly a well-worn theme in comedy. Aristophanes (Clouds 140, 143, 254–262) makes Socrates a teacher of secret knowledge available only to privileged pupils. But the reproach – which obviously had an effect on the public – applies much better to Plato than Socrates.

59 Compare the N.T. formulation: Mk 4, 10-12: κατὰ μόνας against τοῖς ἔξω. It is highly doubtful whether the comedy of Alexis fr. 180 was written before Plato's lecture (cf. n. 26 above).

60 The anecdotes handed down also abundantly show that haughtiness (τῦφος) was thought to be a characteristic of Plato: Diog. Laert. 6, 26 (with parallels); 4, 7; 3, 39. – Arrogance seems also to have been the undoing of Dion of Syracuse (Pseudo-Platonic Epist. 4, 321 B, Plut. Vita Dionis 8; 52).

(d) Plato was undoubtedly thought ›undemocratic‹ in Athens. By birth he belonged to the aristocracy of the city. And it was perfectly obvious from the dialogues that he had the gravest reservations about democratic politics. As it happens, we know from a remark in Aristotle's Rhetoric that Plato was not afraid to attack an influential Athenian politician for a contemporary cause.[61] The secrecy surrounding the Agathon-doctrine might likewise have been taken as a facet of his anti-democratic leanings.[62]

Regardless of the question of the authenticity of the ›Seventh Letter‹, it is clear that the unfortunate outcome of Dion's enterprise in Syracuse brought a bad name to the Academy in Athens as well.[63] People must have thought that the school produced »supporters of tyranny and trouble-makers«.[64] Likewise the connection could be made between the Academy and the Macedonian dynasty, and perhaps even the expansionist policies of Philip, which were an increasing danger to Athens.[65] Some Athenians surely began to suspect that these closely-guarded doctrines of Plato were directed against the democracy. If the Good in the Academy was supposed to be an omnipotent unity as one heard, then this could be taken as a programme for monarchical, anti-democratic, policies of more than chance interest to the Syracusan tyrant.[66]

Now such political suspicions could not be totally allayed by publicizing the doctrine of first principles. However, there are various ways of dispelling suspicion and logical refutation is only one. It is my opinion that Plato gave a valid summary of his doctrine in the lecture, but in a highly technical, paradoxical form (αἰνιγματωδῶς). If the people of Athens took his ideas for incomprehensible mumbo jumbo, they would at least cease to regard him as a threat and to prosecute followers of such an abstruse creed. So

61 Aristotle, Rhet. I 15, 1376 a 7–11. The sentence Aristotle quotes belongs to Plato the philosopher rather than Plato the comic poet as has been assumed in the past. Cf. K. Gaiser, Plato comicus or Plato philosophus? B.I.C.S. (London) 1979 [in diesem Band Seite 561ff.].

62 As early as the ›Gorgias‹ (485 DE) it is clear that the privacy of Socrates' philosophical conversations with his pupils (and Plato's even more so) must have been a source of annoyance to Athenian politicians.

63 Callippus, the Athenian who had been responsible for Dion's murder, afterwards addressed an official communique to the city of Athens (Plut. Dion 58, 1). He had fought side by side with Dion, and was also known in Athens to have been attached to Plato's school. In the ›Seventh Letter‹, Plato washes his hands of Callippus and the deed which brought Athens into disrepute (333 D – 334 C; 351 DE).

64 Cf. Athenaeus 9, 508 D: τυραννικοὶ καὶ διάβολοι.

65 In fact, Philip's relations with the Academy seem to have been mixed: good with Aristotle, but somewhat strained with Plato and others (cf. Diog. Laert. 3, 40). Plato's pupil Euphraeus of Oreus, who (according to the ›Fifth Letter‹) had great influence over Perdiccas III, the brother and predecessor of Philip, became a confirmed opponent of Philip (Demosth. 9, 59–62).

66 A different political suspicion hung over Plato's closely-guarded Agathon-doctrine in Syracuse: there, one feared that Plato wished to remove Dionysius from power for the benefit of Dion, by inducing him ἐν Ἀκαδημείᾳ τὸ σιωπώμενον ἀγαθὸν ζητεῖν καὶ διὰ γεωμετρίας εὐδαίμονα γενέσθαι (Plut. Dion 14, 2).

he achieved both objectives: protection of his school and preservation of his secret for those who were able to understand it.

(e) If Plato sensed public opinion against himself and the Academy, he had to take this seriously; for he was well aware of disturbing past cases of philosophers being persecuted.

In Athens[67] there had of course been the conviction of Socrates on | 24
charges of ἀσέβεια and corruption of the Youth. Anaxagoras and Protagoras, according to one story, had also been charged with Asebeia. An important sector of the Athenian public obviously reacted with extreme touchiness to innovations in the sphere of religion.[68] Certainly, there was respect for the silence surrounding such venerable institutions as the Eleusinian Mysteries. But where this prerogative of certain cults was apparently being usurped for political ends, public reaction was correspondingly fiercer (one is reminded, for example, of the political charges raised against Alcibiades for desecrating the Mysteries: Thuc. VI 28; 61, 1).

Most serious from Plato's point of view was the memory of the persecution of Pythagoreans in Southern Italy, since his own doctrine of first principles was unmistakably related to the Pythagorean tradition. In c. 450 B.C. the meeting-house of the Pythagoreans in Croton had been set on fire, killing many. This was followed by repeated incidents of persecution and banishment.[69] According to lamblichus' description (de vita Pythag. 248–264), the main reason for public antipathy was the exclusiveness of Pythagorean society: the excluded became antagonists.[70] Plato may have feared that his own school, which in so many respects resembled that of the Pythagoreans, might meet a similar end to theirs, caused likewise by angering the public with the elitist secrecy of their proceedings.

(f) Various events which followed after Plato's death show that such fears were not completely unfounded. Shortly before or after Plato's death, Aristotle left Athens for reasons which we must assume were political: his good relations with Philip of Macedon made it too dangerous for him in Athens.[71] At all events, there is reliable evidence that Aristotle fled from

67 Demetrius of Phaleron could claim in his ›Apology of Socrates‹ (fr. 91–93 Wehrli) that the Athenians had never got on well with any philosopher.

68 Plato was certainly above suspicion regarding Asebeia or atheism, as it was obvious from his written works how concerned he was about piety. However, some Athenians may have doubted whether the same gods were worshipped in the Academy as in the City; and the old prejudice about scientific explanations – that they are opposed to religion (cf. Laws 12, 966 E – 967 E) – may not have been so easy to overcome.

69 In the mid-fifth century there were further actions against the Pythagoreans in Southern Italy. In Plato's time, the Pythagorean Order had accepted a restricted form of democracy, which brought them into conflict with the tyranny of Dionysius I of Syracuse.

70 Their chief opponent, Cylon of Kroton, was apparently refused admission to the society (lamblichus, de vit. Pyth. 248). Animosity generally arose through people's resentment (φθόνος 254) at being refused admission (252), and at the exclusiveness of Pythagorean society (ἰδιασμός 255, 257). lamblichus was presumably drawing on fourth-century sources. Compare Porphyrius, Vita Pythagorae 54–56.

Athens towards the end of his life (in the year 323), when anti-Macedonian feeling posed a threat to his personal safety.[72] A temporary expulsion of philosophers from Athens followed the downfall of Demetrius of Phaleron in 306 B.C. On that occasion there was discussion in the Assembly about introducing the death-penalty for philosophers who founded a school without the approval of the Council and Assembly.[73]

If one takes these various pointers together,[74] one can easily imagine, in my opinion, how Plato decided to clear himself of charges of undemocratic secrecy by inviting the Athenian populace to an open lecture on the relevant topics. A large number of people might lose interest in his philosophy for the future, but that was still preferable to their hostility towards the school.

Historical and personal experience goes to show that the public always reacts with wariness if not outright animosity to secret societies, and that the best defence against such hostility is to satisfy the curiosity of the opponents.[75] |

71 Vita Aristotelis syriaca II § 9 in I. Düring 1957, 188: »Being frightened by the execution of Socrates, he retired from Athens and stayed near the Hellespontus.« It is well known that Aristotle's father had served as physician to King Amyntas III, Philip's father. Cf. I. Düring 1968, 176f.: »Der Hauptgrund … für seine Abreise war jedenfalls die politische Situation in Athen, die sein Leben gefährdete.«

72 Cf. I. Düring 1968, 180; the most important first-hand evidence is fr. 10 and 11 of Aristotle's letters in: M. Plezia, Aristotelis privatorum scriptorum fragmenta (Leipzig 1977).

73 Demochares spoke for the motion in his speech entitled κατὰ τῶν φιλοσόφων (Aristocles of Messene in Euseb. praep. ev. 15, 2, 6; Athenaeus 13, 610 e–f; Diog. Laert. 5, 38).

74 There are several other minor pieces of evidence: (a) Plato often mentions political threats to the philosopher (Prot. 316 C – 317 C; Rep. 6, 496 C–E; 7, 517 A–D; Epist. 7, 331 D). (b) There is little or no certainty in the stories which describe moments in Plato's life when he had reason to fear sharing the fate of Socrates; such peril was supposed to be the reason why he fled to Megara (Diog. Laert. 2, 106), why his defence of Chabrias was a brave deed (Diog. Laert. 3, 23f.), and why he kept his doctrine secret (Numenius fr. 23 des Places, and various Christian authors). (c) Apuleius (Apologia 27) seems to have heard of suspicion attached to the Platonic Agathon-doctrine, since he comments that Plato's Agathon was as uncanny to the ordinary person as certain religious creeds (e.g. of Pythagoras, Empedocles).

75 The early Christian apologists seem to have been influenced partly by this design. J. Barnes draws my attention (in a letter) to the following example: »In 1649, when the Levellers and Diggers were being attacked, Gerrard Winstanley wrote a pamphlet entitled ›The True Leveller's Standard Advanced, or the State of Community opened and presented to the Sons of Men‹ – a piece designed to show how decent and innocuous the Diggers really were.« See G.H. Sabine (ed.), The Works of Gerrard Winstanley (Ithaca, New York, London 1941). Likewise the Freemasons have sometimes publicized their secrets to allay public suspicion. For example, a book by an anonymous hand in the last century was entitled: ›Die Freimaurer und ihre Stellung zur Gegenwart. Offne Enthüllung der Geschichte and Zwecke des Freimaurerordens, nebst einer Abwehr der jüngsten Angriffe des Adv. E.E. Eckert zu Dresden‹, Leipzig 1852. J. van Ess (Neuere arabisch-sprachige Literatur über die Drusen, in: Die Welt des Islams, N.S. 12, 1969, 111–125) has examined esotericism among the Druse people, and on page 120 reports on an author who broke his sect's rule of silence, giving as reason his view that evil was being said of the Druses because their tenets were not widely known. In University life, we have experience of protests occasioned by private conferences which ceased immediately when these were opened to the public (and found to be boring).

IX

In conclusion I would first reiterate one methodological premise: namely that my suggestion must remain hypothetical, since the evidence as it stands does not amount to a formal proof. On the other hand, it seems to me the only hypothesis at present which offers a plausible solution to the riddle inherent in Aristoxenus. In other words, the only one which offers a coherent explanation of the existing evidence. For this reason I maintain that one will have to use my solution as a working hypothesis until another even simpler solution is found which helps us further towards a full understanding of the facts.

The results and consequences of my investigation are as follows:

(1) On the basis of the hypothesis I suggest, neither the evidence for Plato's public lecture nor Plato's own written remarks stating his intention not to discuss the doctrine of first principles in public need be played down or circumvented.

(2) According to my view, the lecture on the Good was not a typical event for Plato, but rather an exceptional and unique affair. Plato had three usual teaching methods: (a) The literary dialogues introduced the reader to philosophy by showing him aspects of philosophical question and answer. (b) External (›exoteric‹) school exercises for a wider circle of pupils, as shown for instance by the comic fragment of Epicrates,[76] taught the use of certain methods (especially the *dihaeresis*-method) for particular types of subject.[77] (c) The non-public dialectical discussions for an inner circle of pupils were supposed, over an extended period, to lead to a general view of truth which encompassed all individual aspects in a theory of first principles.

The lecture on the Good was exceptional, because here Plato addressed his doctrine of first principles to the public, whereas otherwise he kept it for discussion within the inner circle of his associates. The exception is no longer inexplicable: Plato, as I have tried to show, intended thereby to invalidate spurious written versions of the doctrine and to counter the criticisms incurred by the usually closed-shop activities in the Academy.

(3) As we saw above, it is questionable whether Simplicius means, or is right in saying, that Plato's pupils recorded the contents of the single public lecture. What surely is right is that after Plato had broken his own vow of

76 Epicrates fr. 11 (II 287f. Kock). He describes the scene in the Academy of Plato's pupils, in the presence of curious visitors, engaged together in the analytic definition of a pumpkin. This obviously refers to a preparatory seminar-class, whose form and content should be clearly distinguished from the comprehensive theory of first principles, and from the unique public lecture.

77 Exercises in definition (διαίρεσις) in the Academy are denoted by Aristotle as ἐξωτερικοὶ λόγοι (see below, n. 79).

public silence, his students must have felt more tempted and more justified to make their own written record of the doctrine.

This doctrine had been common knowledge inside the school before
26 the public lecture; summaries of the doctrine were probably not unusual, | interspersed among sessions of dialectic in the school.[78] Therefore it is wrong to say simply that the public lecture on the Good became the main source for further dissemination of Plato's unwritten doctrines. If the pupils were reproducing the contents of this single lecture, they could also have been drawing on similar summaries given by Plato within the school. Other parts of pupils' testimonials to Plato's oral doctrines are certainly derived from his intra-mural lessons (e.g. Aristotle's description of Plato's ideal numbers and the school discussion thereof).

(4) It would be a serious misunderstanding of my position if the reader takes a late dating of the lecture to mean that the *philosophical content* of the lecture was a late development. On the contrary, my interpretation depends on the existence of the key doctrine within the school long prior to the public lecture, which was precipitated by external factors. I think it was precisely the difficulties involved in guarding the doctrine from the public which finally forced Plato out into the open. Hence, the interaction between dialogues and oral philosophy which began no later, and probably earlier, than the ›Republic‹ is corroborated by my interpretation, not called into question.

(5) As a consequence of the interpretation proposed here, I believe that it is entirely relevant and permissible to describe Plato's doctrine of first principles as esoteric.[79] Of course, the word esoteric is ambiguous and distasteful; it is all too easily connected with the idea of artificial secrecy, obscurantism and elitist arrogance. Such a misconception of esoteric in the Platonic sense, is, as we have seen, not limited to modern times, but existed in Plato's own day. It was to avoid and overcome the appearance of wilful elitism, in my opinion, that Plato decided on a public lecture. By esoteric Plato did not mean hidden or mystical; he wished rather to make allowances for the conditions necessary for the transmission and reception of highly specialized philosophical ideas.[80]

(6) That the masses did not understand Plato's lecture was also proof of his contention in the ›Phaedrus‹ and the ›Seventh Letter‹ (repeated,

78 Even if Plato had not given a synopsis of this sort in the school before, one cannot doubt that the doctrine already had systematic characteristics. School dialectic sought connections to and from the first principles in the most diverse areas: this took place within a systematic structure of which pupils were conscious even without an express synopsis.

79 The word ἐσωτερικός appears only in late Greek as the opposite of ἐξωτερικός. However, Aristotle's common expression ἐξωτερικοὶ λόγοι probably comes from the Academy. He does not call the literary dialogues exoteric (as many commentators assume), but rather the exercises for a wider circle of pupils mentioned above. Cf. K. Gaiser, article on exoterisch/esoterisch; in: Historisches Wörterbuch der Philosophie 2 (Basel 1972), 865–867. The word ἐξωτερικός may originally have derived from the meeting-place: Aelian 3, 19 mentions an ἔξω περίπατος in the Academy outside Plato's private property.

presumably after the lecture, at Laws 12, 968 DE) that esotericism in these matters was justified. The rejection by modern-day Anti-esoteric Platonists of the indirect evidence for Plato's oral doctrine reminds me in a certain way of the audience's disappointed dismissal of Plato's enigmatic lecture. The philosophical sense of the Platonic doctrine of first principles was, and is, not to be grasped from a brief summary (even briefer for us owing to the fragmentary state of the evidence).[81]

(7) If I am right, the content of the public lecture must have corresponded to the inner-school doctrine of first principles, though not with its
| didactic method. The correspondence seems to me guaranteed by the fact 27
that Plato could only achieve his political goal if he genuinely presented those doctrines in his lecture which had previously been discussed exclusively in the closed circle of his pupils. It is inconceivable that Plato and his pupils deliberately tricked the public in this respect.

Thus the lecture on the Good contradicts the usual view of the Anti-esoterics, that if there were certain unwritten doctrines behind the literary dialogues, then these were not fully developed theories, but only tentative and provisional experiments not yet ripe for publication. Certainly there had been such in the Academy. But the core of Plato's oral doctrine consisted of a coherent and mature theory of first principles – otherwise it could not have been presented as a whole in the form of a lecture. The fact that they were not treated in the dialogues must therefore be explained by the hermeneutic reasons given by Plato himself in the ›Phaedrus‹ and ›Seventh Letter‹.

(8) If my interpretation of Plato's lecture on the Good is historically and biographically correct, the lecture itself disposes of an argument consistently raised against the position of the Esoterics.[82] The argument goes: the Esoterics' position is discredited by the Seventh Letter, which they are so fond of quoting. For this says: anyone who writes on the theory of first principles understands nothing about it. And when the ›Seventh Letter‹ says that highest knowledge is acquired by intuitive inspiration and may not be spoken about like other matters (ῥητὸν γὰρ οὐδαμῶς ἐστιν ὡς ἄλλα

80 F. Schleiermacher, G.W.F. Hegel, and more recent Anti-esoterics were therefore quite right to object to the idea of Plato artificially keeping an important theory secret, and to explain that the difference between exoteric and esoteric was less a question of the author's manner of presentation than of the relative depth of understanding of the reader. But they were wrong to reject the possibility of a more general and comprehensive unwritten doctrine beyond the dialogues for this reason. The truth is that, in the field of oral dialectic as well as in the dialogues, everything could be both formulated and expressed, the difference between esoteric and exoteric depending chiefly on the receptiveness of the pupil. Plato decided in this situation that he, as a responsible author, should in practice avoid the presentation of specialized doctrines to everyone indiscriminately – so as to avoid misunderstanding – until finally this policy brought him up against public opposition.

81 There is also the other possibility of course – that one decides (like Aristotle) after prolonged study that Plato's doctrine of first principles is a philosophical illusion, on the grounds that any attempt at systematizing reality is misconceived.

82 Cf. H. Cherniss 1945, 13.

μαθήματα 341 C), then this means, they say, that it cannot be expressed in words at all. This argument may now be countered not only by the Seventh Letter itself, but also with reference to the lecture on the Good: for Plato, the doctrine of first principles was not ›inexpressible‹, but could perfectly well be formulated and presented as a theory. The difficulty which Plato had in mind lay in the fact that the theory could not be satisfactorily conveyed by a short, dogmatic, summary, since it needed years of mental preparation. Modern Platonists who try to give a doxographical account of his doctrine of first principles therefore only transgress Plato's convictions if they give the impression, and themselves believe, that philosophical insight can be given or gained in this way.

Plato's first principles, as he himself often said, can only be understood in depth via the long course of oral dialectic. All the same, the pupils' accounts of the lecture on the Good give us an idea of what was aimed at in the dialectic practised in the Academy. And I am convinced that with this idea we are in a better position to understand Plato's dialogues, that is, to understand the author's ultimate intention. For the pupils' reports show
28 | that the references in the dialogues to concepts which are difficult to communicate are not aimed at thin air, but at the School's doctrine of first principles.

X Bibliography

(of more recent work in chronological order)

A.N. Whitehead, Mathematics and the Good, in: The Library of Living Philosophers, Vol. III, Northwestern University Press 1941 = Essays in Science and Philosophy, London 1948, 75–86. = P. A. Schilpp (ed.), The Philosophy of A.N. Whitehead, New York [2]1951, 666–681.

H. Cherniss, Aristotle's Criticism of Plato and the Academy, Baltimore 1944 = New York 1962.

H. Cherniss, The Riddle of the Early Academy, Berkeley and Los Angeles 1945 = New York 1962; German translation: Die Ältere Akademie. Ein historisches Rätsel und seine Lösung. Heidelberg 1966.

Sir David Ross, Plato's Theory of Ideas, Oxford 1951 (p. 147–149, 244).

C. B. Armstrong, Plato's Academy, Proceedings of the Leeds Philosophical and Literary Society, A 7, 1952–1955 (Part 2, 1953), 89–106.

I. Düring, Aristotle in the Ancient Biographical Tradition, Göteborg 1957 (Studia Graeca et Latina Gothoburgensia 5), 357–360.

H.J. Krämer, Arete bei Platon und Aristoteles. Heidelberg 1959 (Abhandl. d. Heidelb. Akad. d. Wiss., Phil.-hist. Kl. 1959, 6).

K. Gaiser, Platons Ungeschriebene Lehre, Stuttgart 1963 ([2]1968).

G. Vlastos, in: Gnomon 35, 1963, 650-652 = G. Vlastos, Platonic Studies, Princeton 1973, 379–398 (On Plato's Oral Doctrine, Review of H. J. Krämer, Arete bei Platon und Aristoteles, 1959).

H.J. Krämer, Retraktationen zum Problem des esoterischen Platon, Mus. Helv. 21, 1964, 137–167.

G.J. de Vries, Marginalia bij een esoterische Plato, Tijdschrift voor Philosophie 26, 1964, 704–719.

H.J. Krämer, Aristoxenos über Platons Περὶ τἀγαθου, Hermes 94, 1966, 111f.

O. Wichmann, Platon, Darmstadt 1966 (p. 645–649).

I. Düring, Aristoteles, in: Realenzyklopädie Pauly-Wissowa (RE), Suppl. 11, 1968, 159–336 (306–309).

K. Gaiser, Quellenkritische Probleme der indirekten Platonüberlieferung, in: Idee und Zahl, Heidelberg 1968 (Abhandl. d. Heidelb. Akad. d. Wiss., Phil.-hist. Kl. 1968, 2), 31–84.

H. Gundert, Zum philosophischen Exkurs im 7. Brief, in: Idee und Zahl, Heidelberg 1968, 85–105.

K.H. Ilting, Platons ›Ungeschriebene Lehren‹: der Vortrag ›Über das Gute‹, Phronesis 13, 1968, 1–31.

H.J. Krämer, Die grundsätzlichen Fragen der indirekten Platonüberlieferung, in: Idee und Zahl, Heidelberg 1968, 106–150.

Ph. Merlan, War Platons Vorlesung »Das Gute« einmalig? Hermes 96, 1968, 705–709 = Kleine Schriften, Hildesheim 1976, 88–92.

G.J. de Vries, Aristoxenos über Περὶ τἀγαθοῦ, Hermes 96, 1968, 124–126.

H. Dörrie, Spätantike Symbolik und Allegorese, Frühmittelalterliche Studien 3, 1969, 1–12.

R.E. Allen, Plato's ›Euthyphro‹ and the Earlier Theory of Forms, London/New York 1970 (p. 142–144).

J.B. Skemp, in: Gnomon 42, 1970, 446f.

E. de Strycker, L'idée du bien dans la ›République‹ de Platon, L'Antiquité Classique 39, 1970, 450–467.

K. v. Fritz, The Philosophical Passage in the Seventh Platonic Letter and the Problem of Plato's ›Esoteric‹ Philosophy, in: Essays in Ancient Greek Philosophy, ed. by J.P. Anton with G.L. Kustas, Albany, N.Y. 1971, 408–447.

H. Happ, Hyle. Studien zum aristotelischen Materie-Begriff, Berlin 1971.

J. Wippern (ed.), Das Problem der ungeschriebenen Lehre Platons, Darmstadt 1972 (Wege der Forschung 186).

G. Watson, Plato's Unwritten Teaching, Dublin 1973.

I.N. Findlay, Plato, The Written and Unwritten Doctrines, London 1974.
M. Isnardi Parente, in: E. Zeller – R. Mondolfo, La filosofia dei Greci nel suo sviluppo storico, Parte II, Volume III/2 Firenze 1974 (p. 732f.).
W.K.C. Guthrie, A History of Greek Philosophy, Vol. IV, Plato: The Man and his Dialogues, Earlier Period, Cambridge 1975 (p. 21f).
A.S. Riginos, Platonica. The Anecdotes concerning the Life and Writings of Plato. Leiden 1976 (Columbia Studies in the Classical Tradition 3).
E.N. Tigerstedt, Interpreting Plato, Stockholm 1977 (p. 70–73. 136–138).
W.K.C. Guthrie, A History of Greek Philosophy, Vol. V, The Later Plato and the Academy, Cambridge 1978 (p. 424–426).

Prinzipientheorie bei Platon (1980)

I

Immer wieder macht man die Erfahrung, daß die Verständigung über Platons Prinzipientheorie durch sprachliche, terminologische Mißverständnisse sehr erschwert wird. Daß der Inhalt dieser Theorie mit sprachlichen Mitteln nur unzulänglich, mehrdeutig und mißverständlich ausgedrückt werden kann, war für Platon offenbar der Hauptgrund dafür, daß er darüber nicht schreiben und nicht öffentlich sprechen wollte. Dieselbe Schwierigkeit besteht bei den Begriffen, mit denen wir diese Theorie im ganzen kennzeichnen können. Um mich vor Mißverständnissen so weit wie möglich zu schützen – ganz wird dies sicherlich nie gelingen –, will ich zunächst kurz erklären, wie die Ausdrücke, mit denen ich Platons Prinzipientheorie allgemein beschreibe, nach meiner Ansicht zu verstehen sind und was sie nicht bedeuten sollen.

(1) Wenn ich hier von ›Theorie‹ oder auch von ›Lehre‹ spreche, so meine ich damit, daß Platon seine Ansichten (δόγματα) zu diesem Problemkomplex zusammenhängend formuliert und als in sich geschlossene Konzeption vorgetragen hat. Nicht gemeint ist jedoch eine Summe von dogmatisch feststehenden, doktrinär vertretenen, autoritär verkündeten Lehrsätzen. Diese Theorie sollte nicht einfach gelehrt und gelernt, sondern kritisch geprüft, mit eigener Erfahrung verbunden, verbessert, weiter ausgestaltet werden.

(2) Wenn den Gegenstand dieser Theorie, wie ich sage, ›die Prinzipien‹ bildeten, so meine ich damit, daß hier die ersten Ursachen (ἀρχαί, αἰτίαι, στοιχεῖα) der gesamten Realität erfaßt werden sollten. Nicht ist jedoch gemeint, daß dabei nur über die Prinzipien selbst gesprochen wurde. Es ging vielmehr darum, die Prinzipien als begründende Voraussetzungen der Realität verständlich zu machen, also die Prinzipien aus den einzelnen Realitätsbereichen heraus zu ermitteln (Reduktion) und die uns umgebende Welt von den Prinzipien her zu erklären (Deduktion). Wichtig waren also die Wege, die methodischen Übergänge zu den Prinzipien hin und von den Prinzipien her. Als instruktivste Modelle fungierten dabei die Strukturen der Mathematik und der Sprache.

(3) Wenn ich diese Prinzipientheorie mit dem bei Aristoteles er-

wähnten Ausdruck ἄγραφα δόγματα als ›ungeschrieben‹ bezeichne, so meine ich damit, daß diese Theorie, die in den literarischen Werken Platons nirgends unmittelbar erörtert wird, ihrem Wesen nach nicht literarisch dargestellt werden sollte, und zwar deswegen, weil Platon unvorbereitete und ungeeignete Leser vor Mißverständnissen bewahren wollte. Nicht gemeint ist, daß die ›ungeschriebene Lehre‹ überhaupt nicht aufgeschrieben werden konnte oder daß das Ungeschriebene zusammenhanglos neben dem Geschriebenen stand. Vielmehr besteht zwischen beidem eine enge und notwendige Verbindung.

(4) Wenn ich Platons Prinzipientheorie (mit einem erst später aufgekommenen Wort) ›esoterisch‹ nenne, so meine ich damit, daß Platon über diese Dinge nur in dem kleinen Kreis der Schulgenossen sprechen wollte, die nach langer, intensiver mathematisch-dialektischer Vorbereitung zu sachgemäßer Aneignung fähig waren. Nicht gemeint ist eine künstliche Geheimhaltung, wie man sie bei religiösen Kultvereinen oder sektiererischen Bünden und elitären Gruppen findet.

(5) Wenn ich diese Theorie ›systematisch‹ nenne, so soll dies heißen, daß hier eine umfassende Zusammenführung, eine universale Synthese, eine synoptische Aufhebung der Einzelerkenntnisse, die auf allen möglichen Sachgebieten ermittelt worden waren, intendiert und geleistet war. Nicht gemeint ist damit jedoch ein starr abgeschlossenes, scholastisches, unbeweglich feststehendes Gefüge von Lehrsätzen. Es gibt ja bis heute in den Einzelwissenschaften und so wohl auch für die Ontologie im ganzen den Typus des dynamisch-lebendigen Systems, das insofern ›offen‹ ist, als es die Realität immer nur hypothetisch und dialektisch zu repräsentieren sucht. Deswegen schließt das platonische System, richtig verstanden, auch eine ständige Weiterenwicklung nicht aus, sondern ein: Auch wenn die Grundkonzeption, wie ein Kristallisationskern, lange Zeit unverändert blieb, waren doch immer wieder neue Einzelerkenntnisse in das Gesamtsystem zu integrieren.

(6) Wenn ich sage, daß diese Theorie auf eine allumfassende ›Zusammenschau‹ (σύνοψις) hinzielte, so meine ich damit, daß die dialektische Erarbeitung allgemeingültiger Grundstrukturen begleitet und verifiziert werden sollte durch eine Erfahrung unmittelbarer, evidenter Gewißheit, eine Erschließung der Wahrheit durch geistige Anschauung (νόησις).

Nicht zu verwechseln ist diese ›Zusammenschau‹, die nur nach vielfältigen mathematisch-dialektischen Studien gelingen konnte, mit einer ekstatischen Intuition oder mystischen Erleuchtung, wie sie durch religiöse Meditation und Versenkung zustandekommen mag.

(7) Wenn ich Platons Prinzipientheorie als ›dialektisch‹ bezeichne, so will ich damit vor allem sagen, daß es wenig Sinn hat, sie auf verkürzte Formeln wie ›monistisch‹ oder ›dualistisch‹ festzulegen, weil die Theorie solche einseitigen Aspekte gerade überwinden wollte. Nicht ist damit jedoch gemeint eine absolute Unbestimmtheit und Unfaßlichkeit, eine Ausweitung

des Horizonts ins Unendliche. Platon konnte sowohl ›dualistisch‹ von einem Gegensatz zweier Prinzipien (Eins und Unbestimmte Zweiheit) sprechen als auch den Vorrang des Prinzips der Einheit ›monistisch‹ betonen. Dies ist keine Widersprüchlichkeit, die zu Zweifeln an der Zuverlässigkeit der Berichte Anlaß geben könnte, sondern der notwendige Ausdruck dafür, daß der Satz des Widerspruchs (oder des ausgeschlossenen Dritten) hier letzten Endes nicht mehr gelten kann, weil dieser Satz selbst durch die Prinzipienerkenntnis begründet wird (und nicht umgekehrt).

(8) Wenn ich sage, daß die Prinzipientheorie den ›Hintergrund der literarischen Dialoge Platons‹ bildete, so meine ich damit durchaus, daß diese Theorie längere Zeit, vielleicht sogar von Anfang an – freilich fortschreitend ausgearbeitet und modifiziert – die Schriftstellerei Platons begleitete, und zwar in dem Sinne, daß die literarischen Werke nach außen hin darstellen und vermitteln, was primär im Bereich des mündlichen Philosophierens erarbeitet wurde. Nicht für richtig halte ich dagegen die Vorstellung, daß die Prinzipientheorie, weil nur mündlich diskutiert, noch nicht zur Reife literarischer Darstellung gelangt gewesen wäre: ein Intermezzo zwischen den literarischen Werken, tastende Versuche noch unterhalb des Niveaus der publizierten Dialoge. Solche vorläufigen, experimentierenden Übungen hat es in der Schule Platons sicher auch gegeben. Aber die Prinzipientheorie war nicht von dieser Art. Ihr philosophischer Rang ist für Platon nicht niedriger, sondern höher als der des Schriftwerks.

II

Zur Geschichte des Problems ist zu sagen, daß die Platon-Interpretation zu allen Zeiten – von der Alten Akademie bis heute – durch die unterschiedliche Berücksichtigung und Beurteilung der ungeschriebenen Prinzipientheorie bestimmt war.

Die ersten Schüler Platons nehmen mehr oder weniger kritisch zu Platons Prinzipientheorie Stellung. Sie setzen aber, so viel wir sehen, übereinstimmend voraus, daß eine solche Theorie das Kernstück der platonischen Philosophie gebildet hat. Wer die Berichte der Schüler anders verstehen will, muß (wie ich nachher unter Punkt V erklären werde) gegen klare und unverdächtige Zeugnisse ankämpfen.

Für die Akademie der hellenistischen Zeit hingegen war die Prinzipientheorie Platons uninteressant. Man neigte nun in der Schule Platons zu einer skeptischen, aporetischen Haltung, die sich eher auf die Dialoge als auf die mündliche Lehre Platons berufen konnte.

Die Vertreter des ›Mittleren Platonismus‹ (seit dem Ende des 1. Jahrhunderts vor Chr.) und des ›Neuplatonismus‹ (besonders Plotin) rechneten wieder mit den ›ungeschriebenen Lehren‹ Platons und schätzten ihre philosophische Bedeutung sehr hoch ein. Sie hatten aber offensichtlich keine wesentlich umfangreichere und genauere Kenntnis mehr von der platonischen Prinzipientheorie, als wir sie noch heute aus den Andeutungen in Platons Schriften und aus den Berichten des Aristoteles und einiger anderer Schüler gewinnen können.[1]

Noch bis ins 19. Jahrhundert hinein versuchte man, in der Tradition des Neuplatonismus den philosophischen Gehalt der platonischen Dialoge mit der vor allem bei Aristoteles erwähnten Prinzipientheorie Platons zu verbinden. Einen entscheidenden, folgenreichen Bruch mit dieser Tradition führte Friedrich Schleiermacher herbei. Er bereicherte und vertiefte das Verständnis der Dialoge, und zugleich bestritt er die philosophische Bedeutung, ja die Existenz einer nicht in den Dialogen enthaltenen Prinzipientheorie Platons.

Die negative Seite der Position Schleiermachers ist in unserem Jahrhundert mit größter Entschiedenheit von dem amerikanischen Gelehrten Harold Cherniss vertreten worden. Nach seiner Ansicht wird uns die Philosophie Platons einzig und allein durch die Dialoge vermittelt. Was Aristoteles und andere Berichterstatter aus der Schule Platons darüber hinaus an platonischen Lehren erwähnen, ist entweder philosophisch unerheblich oder ein Produkt aus Mißverständnissen und willkürlicher Erfindung. Die gleiche Auffassung vertreten bis heute zahlreiche Platonerklärer, wenn auch teilweise etwas abgemildert, so Margherita Isnardi Parente, Gregory Vlastos, E.N. Tigerstedt, W.K.C. Guthrie und andere.

Gegenüber der herrschenden Richtung von Schleiermacher und Cherniss hat es immer eine Opposition gegeben: Einzelne Erklärer wie Karl Friedrich Hermann, Léon Robin, Heinrich Gomperz, Julius Stenzel nahmen die Berichte über eine mündliche Prinzipientheorie Platons ernst und versuchten, die Dialoge in dem weiteren Horizont dieser Berichte zu interpretieren. Diese Opposition ist nun seit etwa zwanzig Jahren durch die Tübinger (Krämer, Gaiser, Happ, Wippern), neuerdings auch durch Th.A. Szlezák in Zürich erheblich verstärkt worden. Wir haben uns bemüht, die Prinzipientheorie Platons aus den Dialogen und aus der indirekten Überlieferung heraus zu rekonstruieren und sie als den zentralen Kern der platonischen Philosophie verständlich zu machen.

Die heutige Lage der Forschung ist nun dadurch gekennzeichnet, daß sich die Anhänger von Cherniss und die Tübinger Gruppe in unentschiedenem Streit gegenüberstehen.[2] Nennen wir die eine Seite – mir fällt keine glücklichere Bezeichnung ein – ›Anti-Esoteriker‹, die andere Seite ›Esoteriker‹.

Der Streit zwischen den Anti-Esoterikern und den Esoterikern beruht, ganz einfach gesagt, darauf, daß sie die Grenze zwischen Platons eige-

1 Für Plotin zeigt dies jetzt Th.A. Szlezák, Platon und Aristoteles in der Nuslehre Plotins, Basel 1979. Nach seinen Interpretationen ist nicht mehr damit zu rechnen, daß sich Plotin bei der Erneuerung der platonischen Prinzipienlehre auf eine uns unbekannte Schultradition stützt.

ner Philosophie und den Theorien seiner Schüler verschieden ziehen. (a) Die Anti-Esoteriker sagen: Was uns in den Berichten der Schüler als Prinzipientheorie Platons überliefert wird, ist ein Produkt der Schule. Die Schüler haben Andeutungen Platons, wie wir sie in den Dialogen lesen, infolge von Mißverständnissen oder bewußt eigenwilligen Umdeutungen in eine systematische Theorie verwandelt.[3] (b) Dagegen wollen die Esoteriker die Grenze so ziehen, daß es auf der einen Seite eine eigene, zuverlässig bezeugte Prinzipientheorie Platons durchaus gegeben hat, während auf der anderen Seite die Lehrsysteme der Schüler stehen, die Platons Theorie nach verschiedenen Richtungen hin kritisch variieren.

In diesem Streit spielen, wohl auf beiden Seiten, eigene, moderne Vorstellungen von dem, was vorbildliche Philosophie ist, unbewußt mit; und deswegen ist auf eine Einigung in diesem Streit kaum zu hoffen. Wenn es eine Entscheidung für die Richtigkeit der einen oder der anderen Ansicht gibt, so kann sie sich nur aus der möglichst vorurteilsfreien Befragung der Textzeugnisse ergeben.

III

In den Dialogen Platons wird die Prinzipientheorie nirgends explizit dargestellt; wohl aber gibt es im Schriftwerk Platons viele Hinweise, die man auf die mündliche Prinzipienlehre beziehen kann. Diese Auslegung ist, wie die Geschichte der Platoninterpretation zeigt, in keinem Fall zwingend; man kann immer auch andere Erklärungen vorschlagen. Immerhin gibt es vier verschiedene Arten von Andeutungen, die über das geschriebene Werk hinausführen und möglicherweise in die gleiche Richtung zielen: 1. Hermeneutische Reflexionen über schriftliche und mündliche Mitteilung; 2. unabgeschlossene Gedankenbewegungen und Argumentationszusammenhänge; 3. ausdrückliche Verweise auf tieferreichende Erkenntnisse, die nicht in das Gespräch einbezogen werden; 4. Beschreibungen der mathematisch-dialektischen Paideia der Philosophenherrscher.

2 Es fehlt nicht an vermittelnden Ansätzen, doch scheint mir keiner von diesen die Konfrontation produktiv aufheben zu können. In England (J. Annas 1976, W.K.C. Guthrie 1978) weicht man neuerdings insofern von dem radikalen Standpunkt, den Cherniss vertritt, ab, als man sich von der Existenz bestimmter ungeschriebener Lehren Platons überzeugt zeigt; man hält aber zugleich deren philosophische Bedeutung, verglichen mit dem Gehalt der Dialoge, für untergeordnet. So kompetente Interpreten wie H.G. Gadamer (1968, 1978) und J.N. Findlay (1974) schätzen zwar das philosophische Gewicht der ungeschriebenen Prinzipientheorie höher ein, bezweifeln aber doch ihre systematische Kohärenz und ihren gegenüber dem Schriftwerk grundsätzlich vorrangigen Erkenntnisanspruch.

3 Man findet diese Ansicht, daß die Systematisierung der Prinzipientheorie, nach verschiedenen Andeutungen bei Platon, erst im Schülerkreis stattgefunden habe, besonders deutlich in den Beiträgen von M. Isnardi Parente (1970, 81, 109, 113, 134, 139, 155–167, 194; zuletzt 1979, 11–13, 96, 100, 102–103).

1

Die weitaus wichtigste Erörterung über schriftliche und mündliche Mitteilung findet sich im Schlußteil des ›Phaidros‹.[4] Sokrates erklärt hier, die schriftliche Darstellung könne immer nur ein unzulängliches, allzu leicht mißverstehbares Abbild des lebendigen, wahrhaft erkenntnisvermittelnden Gesprächs sein. Deswegen werde der Philosoph, auch als Dichter, Gesetzgeber und Redner, das ihm wirklich Wichtige (εφ᾽ οἷς ἐσπούδακεν) nicht der Schrift anvertrauen, sondern beim Schreiben Wertvolleres (τιμιώτερα) zurückhalten, um es im mündlichen Gespräch an geeignete Schüler weiterzugeben.

Platon spricht hier, wie ich meine, besonders auch von seinen eigenen Schriften; und das ›Wertvollere‹, das nicht in ihnen enthalten sein soll, ist die Theorie der Prinzipien, zu denen die mündliche Dialektik hinführt. Dieser Deutung steht nun aber die Ansicht der vielen Erklärer von Schleiermacher bis heute gegenüber, die das im ›Phaidros‹ Ausgeführte so einschränken, daß Platons eigene Dialoge von dieser Kritik literarischer Werke nicht oder nicht wesentlich betroffen sind. Platons Kritik, so wird gesagt, richtet sich nur gegen die bisher üblichen Schriften, nicht aber gegen die eigenen Dialoge, die auch in der literarischen Form die Vorzüge der lebendigen Mündlichkeit realisieren. Wenn es auch gegenüber diesen Dialogen vielleicht noch etwas Wertvolleres gebe, so sei dies nicht in einer inhaltlich weiterführenden Theorie zu suchen, sondern nur in dem graduellen Mehr an Lebendigkeit und Unmittelbarkeit, das im rein mündlichen Gespräch erreichbar sei.

Mir scheint diese Erklärung den Aussagen des ›Phaidros‹ nicht gerecht zu werden. Gewiß hält Platon seine Dialoge für besser als die Werke der bisherigen Dichtung, Gesetzgebung und Redekunst. Aber von der grundsätzlichen Schwäche alles Geschriebenen sind doch auch seine literarischen Dialoge nicht ausgenommen; und besser sind sie, nach seinen Worten, eben deshalb, weil der Autor zur tieferen Begründung des literarisch Vorgebrachten noch ›Wertvolleres‹ zu sagen hat.[5]

2

Eine zweite Möglichkeit sehe ich darin, größere strukturelle Zusammenhänge, die im literarischen Dialog doch nicht vollständig ausgeführt werden, in der Richtung auf die Prinzipientheorie hin zu ergänzen.

4 Phaidr. 274 B–278 E. – Die früheste Äußerung dieser Art steht im ›Protagoras‹ (329 AB, vgl. 347 B–348 C), wo dem lebendigen διαλέγεσθαι die Bücher, die nicht auf Fagen antworten können, gegenübergestellt werden. Zuletzt äußert sich Platon zur Unzulänglichkeit schriftlicher Festlegung nochmals am Schluß der ›Nomoi‹ (12, 958 C–E).

5 Daß es sich bei den τιμιώτερα, auf die der ›Phaidros‹ verweist, um eine tiefere Begründung des literarisch Dargestellten handelt, zeigt überzeugend Th.A. Szlezák, Museum Helveticum 1978.

Diese Möglichkeit bietet sich bei fast allen Dialogen an. Ich denke besonders an die Dialoge, in denen offenbar über fundamental wichtige Gegensatzverhältnisse und die Vermittlung zwischen dem Gegensätzlichen gesprochen wird: also besonders an das ›Symposion‹ (mit dem erotischen Aufstieg vom Unvollkommenen zum vollkommen Schönen), an den ›Parmenides‹ (mit dem dialektischen Gegeneinander von Einheit und Vielheit), an den ›Sophistes‹ (mit den gegensätzlichen Begriffen als allgemeinsten Gattungen), an den ›Politikos‹ (mit dem Gegensatz von Ordnung und Unordnung, Maß und Maßlosigkeit), an den ›Philebos‹ (mit den Ausführungen über πέρας und ἄπειρον und Mittelglieder dazwischen), an den ›Timaios‹ (dessen Kosmologie auf dem Gegensatz von geistiger Geformtheit und richtungsloser Veränderlichkeit beruht) und schließlich auch an mehrere Abschnitte in den ›Nomoi‹ (wo jeweils die allgegenwärtige Spannung von Einheit und Vielheit als Grundproblem sichtbar gemacht wird).

Selbst wenn ich die Zeit hätte, alle diese Dialoge, das literarisch Dargelegte weiterführend, auf die Prinzipientheorie zu beziehen, könnte ich Sie nicht zwingen, diese Auslegung für die einzig richtige, von Platon selbst intendierte zu halten. Weil das literarische Gespräch die systematische Zusammenführung nicht vollzieht, sind dem Leser zwei ganz verschiedene Erklärungen freigestellt. (a) Er kann annehmen, daß Platon die prinzipielle Lösung bewußt zurückhält, weil sie der Leser selbst, den im Dialog gegebenen Hinweisen folgend, suchen und finden soll. (b) Er kann aber auch annehmen, daß der Dialog die wichtigsten Fragen offen läßt, weil Platon selbst eine Antwort noch nicht zu geben wußte, oder gar deshalb, weil Platon eine systematische Lösung grundsätzlich ablehnte.

3

Ferner sind die Stellen in Betracht zu ziehen, an denen der Dialog ausdrücklich über sich hinausweist, und zwar auf fundamental wichtige Erkenntnisse, die so voraussetzungsreich oder schwierig sind, daß sie ›jetzt‹ im Gespräch nicht mitgeteilt werden können. Fast in jedem Dialog Platons findet sich eine solche, auf einen weiteren Begründungshorizont verweisende Andeutung. Freilich gibt es auch bei diesen Hinweisen wieder zwei verschiedene Möglichkeiten der Erklärung. (a) Man kann annehmen, daß Platon an diesen Stellen auf die mündliche Dialektik und Prinzipientheorie der Schule verweisen will. (b) Man kann aber auch vermuten, daß Platon hier jeweils Fragen offen läßt, für die er selbst noch keine Lösung hat. – Besonders interessant ist in diesem Sinne folgendes:[6]

6 Eine umfassende Untersuchung zu den ›Aussparungsstellen‹ in den platonischen Dialogen jetzt bei Th.A. Szlezák, Platon und die Schriftlichkeit der Philosophie, Berlin/New York 1985. – Zu der Stelle im ›Menon‹: K. Gaiser, Platons Menon und die Akademie, 1964 (in diesem Band Seite 353ff.); zu den Abschnitten über das ἀγαθόν in der ›Politeia‹: H.J. Krämer, Über den Zusammenhang von Prinzipienlehre und Dialektik bei Platon. Zur Definition des Dialektikers Politeia 534 B-C, 1966 – beide Beiträge in: J.Wippern (ed.), 1972.

(1) Im ›Charmides‹ (169 A) heißt es: Nur ein großer Mann könnte bei allen Dingen mit genügender Sicherheit unterscheiden, ob es neben den Dingen, die sich auf anderes (πρὸς ἄλλο) beziehen, auch solche gibt, die auf sich selbst (πρὸς ἑαυτό) bezogen sind.

(2) Im ›Euthydemos‹ (290 B – 291 A) wird auffallend künstlich bemerkt, daß die Mathematiker ihre Erkenntnisse den Dialektikern zur Auswertung übergeben müssen.

(3) Im ›Menon‹ (76 E – 77 A) sagt Sokrates zu seinem Gesprächspartner, dieser könnte die Vorzüglichkeit der mathematischen Definition des Gestaltbegriffs (σχῆμα als στερεοῦ πέρας) einsehen, wenn er nicht vor den Mysterien abreise, sondern sich einweihen lasse. Damit ist doch wohl angedeutet, daß die dimensionale Analyse über das Körperliche hinaus bis zu den Zahlen und Zahlprinzipien fortgesetzt werden kann.

(4) Im sechsten Buch der ›Politeia‹ redet Sokrates über das ἀγαθόν nur in Gleichnissen. Er sagt dazu ausdrücklich, er könne über das ἀγαθόν ›jetzt‹ nicht unmittelbar, sondern nur in abbildhaften Andeutungen sprechen (506 DE); und bei der ›jetzigen Gelegenheit‹ müsse er vieles beiseitelassen (509 C). Auch bei der Auslegung des Höhlengleichnisses im siebten Buch bleibt das, was über das Agathon gesagt wird, offenbar vorläufig und unvollständig.

(5) Im ›Politikos‹ (284 CD) taucht die Frage nach einem absolut normativen Maß auf, das die richtige Mitte zwischen dem Zuviel und dem Zuwenig exakt angibt. Die Bestimmung des ›Exakten an sich‹ (αὐτὸ τἀκριβές) wird jedoch, als allzu großes Problem, aus dem jetzt geführten Gespräch ausgeklammert. Es soll genügen, wenn nun für die größere Aufgabe ein brauchbarer Ansatz gewonnen worden ist.

(6) Im ›Timaios‹ sagt der Redner, die Frage nach dem Prinzip oder den Prinzipien aller Dinge solle jetzt nicht erörtert werden, weil sie für eine Untersuchung, die sich am Abbildhaften orientiert, zu schwierig sei (48 C). Eine andere Äußerung dieser Art hört man bei der Beschreibung der Atomformen: Die Körper lassen sich auf Flächen zurückführen; »die noch höheren Prinzipien weiß Gott und von den Menschen, wer ihm lieb ist« (53 D). Hier muß, der Sache nach, wieder an die dimensionale Zurückführung des Körperlichen auf Zahlen und Zahlprinzipien gedacht werden.

4

Schließlich scheinen mir in Platons Dialogen für die Frage, ob die Prinzipientheorie im Hintergrund steht, besonders auch die beiden Partien aufschlußreich zu sein, wo Platon die zur höchsten Erkenntnis führende philosophische Paideia beschreibt. Diese beiden Texte sprechen von einem mathematisch-dialektischen Erziehungsgang, der lange Zeit beansprucht und der offenbar nirgends in den literarischen Werken Platons vollständig vorgeführt wird.

(1) Im siebten Buch der ›Politeia‹ (524 D – 540 C) erklärt Platon be-

kanntlich, der Weg zur Erkenntnis des ἀγαθόν führe über eine jahrzehntelange Ausbildung in den vier mathematischen Wissenschaften und in der darauf aufbauenden Dialektik, bis schließlich, nicht vor dem fünfzigsten Lebensjahr, die Begabtesten das Gute selbst zu schauen vermögen.

(2) Weniger Beachtung hat der Schluß der ›Nomoi‹ (XII 960 Bff.) gefunden, wo die Paideia der Staatslenker ebenfalls als mathematisch-dialektische Schulung beschrieben wird. Auch hier ist von einer umfassenden Zusammenschau (συνθεᾶσθαι, 967 E) und von einem einheitlichen Ziel die Rede. Zugleich betont Platon hier, daß der Inhalt dieser ›exakteren Paideia‹ nicht schriftlich festgelegt werden könne, weil man erst nach langer gemeinsamer Vorbereitung und innerer Aneignung verstehe, worauf es ankommt (968 C–E).

Es scheint mir ziemlich klar zu sein, daß diese beiden Textpartien auf die philosophische Paideia verweisen, die Platon in der Akademie mit den begabtesten seiner Schüler verwirklichen wollte. Ebenso klar ist, meine ich, daß das Ziel dieser Paideia die Erkenntnis der ersten Prinzipien war.

Was ergibt sich nun als Summe, wenn man alle die verschiedenen Andeutungen in den Dialogen zusammennimmt? Zunächst ist negativ festzustellen, daß nirgends eine Prinzipientheorie explizit behandelt wird. Deswegen kann man niemanden zwingen, die Andeutungen auf eine solche Theorie zu beziehen. Wer das, was in den verschiedenen Dialogen zu lesen ist, jeweils für das letzte Wort Platons zur Sache halten will, ist kaum zu widerlegen. Andererseits kann man die Tatsache, daß die Prinzipientheorie in den Dialogen nicht explizit erörtert wird, nicht als Argument gegen ihre Existenz gebrauchen, wenn diese Theorie, wie Platon selbst sagt, aus bestimmten hermeneutischen Gründen ›ungeschrieben‹ bleiben sollte.

Mir scheint, daß die in ihrer Art sehr verschiedenen Hinweise doch der Sache nach in die gleiche Richtung weisen, nämlich auf das Problem einer umfassenden Begründung aller Dinge. Ziemlich klar ist doch wohl auch, daß diese Hinweise auf die mündlichen Diskussionen in der Schule Platons zu beziehen sind. Unsicher bleibt zunächst, ob Platon die Prinzipienfrage auch mündlich als ungelöstes und vielleicht unlösbares Problem behandelt hat, oder ob er versuchte, eine ganz bestimmte Lösung in einer systematischen Theorie zu entfalten. Aber der ›Phaidros‹ scheint mir mit dem Hinweis auf die ungeschriebenen τιμιώτερα doch recht deutlich für die zweite Möglichkeit zu sprechen. Noch gewichtigere Argumente dafür erhalten wir nun aber, wenn wir die indirekte Überlieferung mit den Dialogen verbinden. Der ›Siebte Brief‹ und die Berichte der Schüler geben zu erkennen, daß Platon, spätestens seit der Zeit der ›Politeia‹, in der Schule eine bestimmte Prinzipientheorie vertreten hat.

IV

Im ›Siebenten Brief‹ stehen Sätze, die, wenn man sie unbefangen liest, mit aller Entschiedenheit für eine ungeschriebene Prinzipientheorie Platons sprechen. Instruktiv sind vor allem vier Aussagen des Briefes:

(1) Es gibt Dinge, über die Platon nie eine Schrift (σύγγραμμα) verfaßt hat und über die er grundsätzlich nicht schreiben will (341 C).

(2) Bei diesen Dingen handelt es sich um das, was für die philosophische Erkenntnis von höchster Bedeutung ist: »das Wichtigste« (τὰ μέγιστα, 341 B), »was mich ernsthaft beschäftigt« (περὶ ὧν ἐγὼ σπουδάζω, 341 C), »die höchsten und ersten Dinge der Wirklichkeit« (τὰ περὶ φύσεως ἄκρα καὶ πρῶτα, 344 D), also die Prinzipien.[7]

(3) Um zu erklären, daß darüber nicht geschrieben werden soll, sagt der ›Siebente Brief‹ (341 C–D): »Diese Dinge sind nicht auf die gleiche Weise mitteilbar wie anderes, das man lehren und lernen kann, sondern nach langer gemeinsamer Bemühung um die Sache leuchtet die Erkenntnis in der Seele plötzlich auf wie ein Licht.« Und weiter: »Die Darstellung in literarischer Form hat keinen Wert für die Menschen, außer für ganz wenige, die fähig sind, mit einer kurzgefaßten Anleitung selbst die Wahrheit zu finden; alle anderen aber würden dadurch entweder zur Geringschätzung der Sache oder zu eitler Einbildung verleitet.«

(4) Der ›Siebente Brief‹ macht keinen Unterschied zwischen der Prinzipienlehre Platons zur Zeit der Abfassung des Briefes (354/53 vor Chr.) und den Lehren, die Dionysios bei der dritten Reise Platons, ja auch schon bei der zweiten Reise (366 vor Chr.) hätte hören können. Man darf daraus den Schluß ziehen, daß Platons Prinzipientheorie zum mindesten in den letzten zwanzig Jahren seines Lebens im wesentlichen unverändert geblieben ist.[8]

Die ›Anti-Esoteriker‹ haben nun immer wieder versucht, die recht eindeutigen Aussagen des ›Siebenten Briefes‹ über Platons mündliche Prinzipienlehre zu entwerten. Drei Argumente sind dabei ins Feld geführt worden, von denen mir jedoch keines berechtigt zu sein scheint.

(1) Erstens halten die meisten Anti-Esoteriker – mit Ausnahme von Frau Isnardi Parente – den Brief für unecht. Dagegen ist zu sagen: Es gibt bis jetzt keinen überzeugenden Beweis für die Unechtheit. Aber auch dann, wenn der Brief unecht sein sollte, muß der Verfasser mit Platons Leben und Lehre aus nächster Nähe vertraut gewesen sein, so daß seine Ausführungen über

7 Daß mit τὰ ἄκρα καὶ πρῶτα die Prinzipien gemeint sind, zeigen Parallelstellen: Aristoteles, Protreptikos, Fr. 5 Ross bei Jamblichos, Protreptikos 6, p. 38–39 Pistelli; Theophrast, Metaph. 9 b 10.

8 Zu diesem Ergebnis kam aufgrund des ›Siebenten Briefes‹ (besonders 338 C–E) schon H. Gomperz (1928, 1931), neuerdings wieder in weiterem Zusammenhang H.J. Krämer 1968, 123f.

die ungeschriebene Prinzipientheorie Platons im wesentlichen der historischen Wahrheit entsprechen dürften.

(2) Zweitens haben die Anti-Esoteriker erklärt, im ›Siebenten Brief‹ werde nicht einfach zwischen schriftlicher Veröffentlichung und legitimer mündlicher Lehre unterschieden, sondern der Brief setze auch eine Unterscheidung zwischen zwei Möglichkeiten der literarischen Darstellung voraus: zum einen die literarischen Dialoge Platons, zum anderen systematisch-lehrhafte Traktate. Der Satz, daß Platon das Wichtigste niemals schriftlich darstellen werde, beziehe sich nur auf die Form systematischer Lehrschriften, nicht auf den lebendigen Literaturdialog. Mir scheint diese Auffassung daran zu scheitern, daß der Brief, wo er von der Untauglichkeit der Schrift für die Mitteilung der höchsten Erkenntnis spricht, offenbar ausnahmslos jede Art von literarischer Darstellung meint.[9]

(3) Drittens neigen die Anti-Esoteriker zu der Ansicht, daß die wichtigste Erkenntnis, von der in dem Brief die Rede ist, überhaupt nicht sprachlich ausgedrückt werden könne, sondern Gegenstand einer intuitiven Erleuchtung sei. Sie berufen sich dabei auf den Satz: ῥητὸν γὰρ οὐδαμῶς ἐστιν ὡς ἄλλα μαθήματα (341 C). Aber dies heißt nicht: »Es ist keineswegs mitteilbar…«, sondern: »Es ist nicht in der gleichen Weise mitteilbar wie anderes.« Aus dem Zusammenhang geht klar hervor, daß es nicht etwa unmöglich ist, über die Prinzipien zu sprechen und auch zu schreiben, daß aber eine solche Darstellung allzu leicht Mißverständnisse hervorruft.[10]

V

Ich komme nun zu den Berichten der Schüler über Platons Prinzipienlehre. Diese Berichte sind gewiß nur mit großer Vorsicht für Platon in Anspruch zu nehmen. Denn die eigenen Aussagen Platons sind hier doxographisch verkürzt und möglicherweise einseitig oder verzerrt wiedergegeben. Es ist deswegen methodisch falsch, wenn man überall dort, wo in der Überlieferung von ›Eins‹ und ›Unbestimmter Zweiheit‹ die Rede ist, sogleich Zeugnisse für Platons Prinzipienlehre annimmt, ohne kritisch zu prüfen, wieweit jeweils Platonisches mit Unplatonischem vermischt ist.

Nicht weniger falsch ist aber das methodische Vorgehen von Cherniss und seinen Anhängern. Sie versuchen, den platonischen Gehalt dieser Berichte vollständig zu diskreditieren. Ihr beliebtestes Argument ist dabei, daß diese Berichte nicht mit den Schriften Platons zusammenstimmen und auch einander inhaltlich widersprechen. Sie prüfen dabei nicht genügend, ob es sich bei den angeblichen Widersprüchen vielleicht nur um verschiedene Aspekte ein und derselben Sache handelt. Auf jeden Fall aber ist es ein methodischer Fehler, von der partiellen Unzuverlässigkeit eines Zeugnisses auf seine totale Unglaubwürdigkeit zu schließen. Genauer gesagt: Wenn die Anti-Esoteriker in den Berichten Divergenzen und Widersprüchlichkeiten feststellen, so können sie damit allenfalls die Qualität der Überlieferung in Zweifel ziehen, nicht aber, wie sie behaupten, die Substanz des Überlieferten vollständig eliminieren.

Wenn – um ein Beispiel zu nehmen – Aristoteles sagt: Platon hat Ideen und Zahlen gleichgesetzt, Theophrast dagegen: Platon hat die Ideen

9 Es ist verschiedentlich behauptet worden – besonders von E. Schmalzriedt (Platon. Der Schriftsteller und die Wahrheit, München 1969, 16, 358), M. Isnardi Parente (1970, 150f.), W.K.C. Guthrie (1978, 411) –, daß mit dem Wort σύγγραμμα im Rahmen der Schriftkritik des ›Siebenten Briefes‹ (341 C, 344 C) wie auch des ›Phaidros‹ (277 D, 278 C) nur eine bestimmte Art von Schriften gemeint sei, nämlich die zusammenfassende, kompendiöse, systematische Lehrschrift. Wenn dem so wäre, dann könnte man womöglich – und darauf zielt diese Interpretationsrichtung ab – aus Platons Äußerungen herauslesen, daß er das für ihn Wichtigste zwar nicht in einem systematischen Traktat, aber im mündlichen Gespräch und auch in der Form des literarischen Dialogs dargestellt habe. Diese Ansicht ist jedoch von H.J. Krämer (1964, 144f.; 1968, 122) und Th.A. Szlezák (1978, 25f.; 1979, 360–363) mit guten Gründen zurückgewiesen worden. (a) Es mag noch so viele Stellen geben, an denen σύγγραμμα für einen technisch-lehrhaften Traktat (besonders auch für gesetzgeberische Schriften) verwendet wird, so ist damit doch nicht zu erweisen, daß das Wort diesen speziellen Sinn hat. Es gibt keine Stelle, an der ein Unterschied zwischen σύγγραμμα und Dialogschriften gemacht wird. Dagegen zeigen einige Stellen, daß mit σύγγραμμα die Prosaschrift ganz allgemein, zum Unterschied von Dichtung (ποίημα) bezeichnet wird (z.B. Platon, Lysis 204 D; Nomoi 7, 810 B); und spätere Autoren verwenden das Wort auch für Platons Dialoge (z.B. in dem ps.-platonischen ›Zweiten Brief‹, 314 C). (b) Im Blick auf Platons Schriften sieht man keine klare Grenze zwischen dem eigentlich dialogischen Fragen und Antworten einerseits und lehrhaft zusammenfassenden Partien andererseits (die vor allem im ›Timaios‹ und in den ›Nomoi‹ großen Umfang annehmen). Es ist auch denkbar, daß die Schrift, in der Dionysios die Prinzipienlehre darstellte, die äußere Form eines Dialogs hatte. Auf jeden Fall wird im ›Siebenten Brief‹ (wie im ›Phaidros‹) die Kritik an literarischen Werken auf alles Geschriebene (γεγραμμένα) ausgedehnt: Die grundsätzliche Schwäche der schriftlichen Darstellung gilt allgemein und ohne Ausnahme, also auch für die eigenen Dialoge Platons. Um zu verstehen, in welchem Sinne Platon eine Schrift über die wichtigsten Dinge (d.h. über die Prinzipientheorie) so strikt ablehnt, muß man vor allem fragen – und dies ist aufschlußreicher als die Frage nach der Wortbedeutung von σύγγραμμα –, aus welchem Grund diese Ablehnung erfolgt. Aus dem Text geht hervor, daß Platon eine kurzgefaßte Darstellung des Wichtigsten nicht etwa für unmöglich hält. Er spricht von einer solchen Darstellung im Potentialis: ὑπ᾽ ἐμοῦ βέλτιστ᾽ ἂν λεχθείη (341 D). Gerade bei der Prinzipientheorie ist eine knappe Zusannenfassung durchaus möglich, weil es sich hier der Sache nach um eine systematische Verdichtung handelt (344 E ἐν βραχυτάτοις κεῖται). Abgelehnt wird eine Schrift wie auch eine öffentliche Rede über die Prinzipien vielmehr deshalb, weil sie bei den meisten Lesern oder Hörern verhängnisvolle Mißverständnisse hervorrufen müßte, sei es Geringschätzung oder eitle Einbildung. Die entscheidende Voraussetzung für das Verständnis einer zusammenfassenden Darstellung ist im Falle der Prinzipientheorie (anders als bei gewöhnlichen τέχναι und μαθήματα) die mathematisch-dialektische Vorbereitung, die lange Zeit in Anspruch nimmt und durch nichts zu ersetzen ist. Gerade auch ein grundlegender Gesamtentwurf, der auf anderen Wissensgebieten zur Einführung und Orientierung dienen kann (341 E ἐπιχείρησις, vgl. Nomoi 4, 722 D), muß im Falle der Prinzipientheorie irreführend wirken.

10 Näheres zur bisherigen Diskussion um diesen Punkt bei M. Isnardi Parente (1970, 151–155), die mit Recht die Ansicht, Platon verweise auf etwas absolut Unsagbares, ablehnt. Sie sieht die Schwierigkeit der Mitteilung, von der Platon spricht, in der Unangemessenheit einer systematischen Darstellung (zum Unterschied von der angemessenen Form des Dialogs), während mir diese Schwierigkeit darin begründet zu sein scheint, daß das Wichtigste zwar systematisch zumsammengefaßt werden kann, aber nicht unmittelbar, sondern nur nach langer Vorbereitung verständlich wird und deswegen nicht publiziert werden darf.

auf Zahlen zurückgeführt, so kann man die eine und die andere oder auch beide Aussagen für unzutreffend halten, damit aber nicht die Voraussetzung annullieren, daß Platon irgend eine Beziehung zwischen Ideen und Zahlen hergestellt hat.[11]

Ich bin deswegen der Meinung, daß die Anti-Esoteriker ihr Beweisziel nicht erreicht haben. Mögen sie auch noch so oft in den Berichten über Platons Prinzipientheorie unplatonische Komponenten festgestellt haben, so ist doch ein unverdächtiger, unanfechtbarer Kern übriggeblieben. Ich will mich nun im folgenden auf diesen in meinen Augen ›sicheren Kern‹ beschränken. Ich verstehe darunter hauptsächlich die sechs Kardinalstellen, die Sie in meiner Übersicht finden (Philippos, Hermodor, Aristoteles und Theophrast). Auch in diesen Zeugnissen haben wir nicht Platons eigene Worte vor uns, sondern Referate der Schüler. Es scheint mir aber bei diesen sechs Berichten mit hinlänglicher Sicherheit möglich zu sein, die authentische platonische Substanz, die eigene sachliche Intention Platons zu erkennen.

(1) Die ›Epinomis‹, das 13. Buch der ›Nomoi‹, stammt sicher nicht von Platon, sondern, wie glaubhaft überliefert wird, von seinem Schüler Philippos aus Opus. Gegen Ende dieser Schrift wird die ›Zusammenschau‹, die Platon im 12. Buch der ›Nomoi‹ andeutungsweise erwähnt hatte, immer noch zurückhaltend, aber doch etwas deutlicher erläutert (991 D – 992 A):

Die richtige Art und Weise (der Erfassung der mathematischen Wissenschaften) ist diese – denn es ist notwendig, wenigstens so viel auszusprechen: Bei jeder geometrischen Figur und jeder Zahlenstruktur, bei jedem Verhältnis der musikalischen Harmonie und des Umschwungs der Sterne muß eine einzige Übereinstimmung (ὁμολογία) von allem zusammen aufscheinen demjenigen, der in richtiger Weise lernt; es wird aber so erscheinen, wenn man … richtig auf Eines blickend (εἰς ἓν βλέπων) lernt; denn denjenigen, die es durchdenken, wird ein einziges von Natur bestehendes Band (δεσμὸς εἷς) von alle diesem aufscheinen.

Die Erkenntnis der höchsten ›Einheit‹ ist, wie der Autor anschließend erklärt, zugleich der Grund der menschlichen Eudaimonie und der politischen Ordnung. Philippos von Opus will in der ›Epinomis‹ etwas genauer auslegen, was Platon am Ende der ›Nomoi‹ nur unbestimmt andeutet. Dabei weicht er in spezielleren Fragen durchaus von Platon ab. Ich sehe aber keinen Anlaß, daran zu zweifeln, daß er uns hier, an der zitierten Stelle, über Platons Prinzipientheorie ein wenig mehr mitteilen will und tatsächlich mitteilt, als wir in den eigenen Schriften Platons erfahren.

(2) Von Hermodor, der ebenfalls zum ersten Schülerkreis Platons gehörte, haben wir ein längeres Zitat bei Simplikios (in Aristotelis Physica 247, 30–248, 18 Diels). Der Aristoteles-Kommentator will hier erläutern, wie Platon über das gedacht hat, was Aristoteles Materie (Hyle) nennt. Er zitiert

11 Entsprechendes gilt, wenn Platon nach einem Berichterstatter eine monistische, nach einem anderen eine dualistische Prinzipientheorie verteten hat.

dazu wörtlich Hermodor, der berichtet, in welchem Sinne Platon diesen Grund der Unbestimmtheit und Unbegrenztheit als ›Großes-und-Kleines‹ (als das absolut Relative) bezeichnet hat. Hermodor fügt hinzu, daß dieses ›Große-und-Kleine‹ von sich aus nichts hervorbringe und also nach Platons Meinung nicht als eigentliches, bewirkendes Prinzip gelten dürfe.

Diese Behauptung Hermodors widerspricht nicht den anderen Referaten, in denen von zwei Prinzipien Platons die Rede ist. Hermodor betont eben den monistischen Aspekt der dialektischen Theorie Platons. Man sieht: in den doxographisch kurzen Formulierungen der Schüler wird Platons Theorie jeweils einseitig dargestellt, aber doch so, daß der genuin platonische Kern erkennbar bleibt.

(3) Aristoteles sagt im vierten Buch der ›Physika‹ (IV 2, 209 b 13–15): »Über den aufnehmenden Raum hat Platon in den sogenannten ›ungeschriebenen Lehren‹ anders gesprochen als im ›Timaios‹.« Diese Stelle bezieht sich zweifellos ebenfalls auf das ›Große-und-Kleine‹ in der mündlichen Prinzipientheorie. Aristoteles bezeugt hier also mit klaren Worten, daß es ›ungeschriebene Lehren‹ Platons gegeben hat und daß diese so benannten Lehren die Prinzipien betrafen. Der von Aristoteles erwähnte terminologische Unterschied gegenüber der Behandlung im ›Timaios‹ läßt erkennen, daß die mündliche Lehre einen höheren Grad der Formalisierung erreichte.

(4) Im ersten Buch der ›Metaphysik‹ (A 6) bezeugt Aristoteles für Platon mit aller Deutlichkeit die Annahme von zwei Prinzipien: Platon habe als Ursache des Seins das ›Eine‹, als Ursache der Vervielfachung die ›Zweiheit‹ oder das ›Große-und-Kleine‹ angesehen. Aus diesen Prinzipien habe er zuerst die Zahlen und damit die Ideen erzeugt. Diese Ideen-Zahlen hat Platon, wie aus dem Bericht des Aristoteles hervorgeht, von den mathematischen Zahlen unterschieden: die mathematischen Zahlen und Raumformen gehörten bei Platon einem mittleren Seinsbereich zwischen den Ideen und den Erscheinungen an.[12]

(5) In einem drei Bücher umfassenden Werk hat Aristoteles Platons Prinzipientheorie unter dem Titel ›Über das Gute‹ dargestellt und kritisiert.[13] Wir besitzen aus diesem Werk nur einige kurze Referate bei sehr viel späteren Autoren (Aristoteleis fragmenta selecta ed. W.D. Ross, 1955, 111-120). Es ist unsicher, wie eng sich diese Referate an die Darstellung des Aristoteles anschließen. So viel aber kann man ihnen mit Sicherheit entnehmen: Platon hat das Gute mit dem ›Einen‹ identifiziert und das Gegenprinzip als

12 Aristoteles bezeugt für Platon, und zwar mit ausdrücklicher Nennung seines Namens, auch speziellere Theorien, die in diesen Rahmen, also in den Zusammenhang einer am Modell der Mathematik orientierten Ontologie, gehören: so die ›unteilbaren Linien‹ (ἄτομοι γραμμαί) als Anfang der räumlichen Erstreckung (Metaph. A 9, 992 a 20–22) und die Einschränkung der Ideen-Zahlen auf die Dekas (Physika III 6, 206 b 32).

13 Eine kritische Stellungnahme des Aristoteles zeigt sich in dem Fragment aus der ›Vita Marciana‹ (p. 113 Ross): »Man muß bedenken, daß man nur ein Mensch ist, nicht nur im Glück, sondern auch bei der Beweisführung.«

›Unbestimmte Zweiheit‹ bezeichnet. Um zu beweisen, daß diese beiden Prinzipien überall in der Realität wirksam sind, hat Platon zwei Wege der Reduktion vorgeführt: (a) den mathematischen Weg der Zurückführung des Körperlichen über das Flächenhafte und Lineare auf Zahlen und Zahlprinzipien und (b) den kategorialen Weg, der von der Unterscheidung zwischen dem An-sich-Seienden und dem in verschiedener Weise Gegensätzlichen ausging.[14]

(6) Schließlich möchte ich noch Theophrast als maßgeblichen Zeugen für Platons Prinzipienlehre anführen. Auch wenn nicht sicher ist, daß er selbst noch Platon gehört hat, kannte er doch sicher die Berichte mehrer Platon-Schüler über Platons ἄγραφα δόγματα, nicht nur die Äußerungen des Aristoteles. Wäre die Prinzipienlehre Platons nur eine Erfindung der Schüler Platons gewesen, so hätte Theophrast dies zweifellos erkannt und nicht, wie es in seinem Metaphysik-Traktat geschieht (6 a 23 – b 22), zwischen der Prinzipientheorie Platons und der seiner Schüler – Speusipp, Xenokrates, Hestiaios – unterschieden. Von Platon nun sagt Theophrast, er habe die Erscheinungen auf Ideen, die Ideen auf Zahlen und diese auf die Prinzipien zurückgeführt, danach von den Prinzipien aus die allgemeinen Strukturformen des Kosmos erzeugt (b II–15). Daß auch Theophrast unter den Prinzipien Platons das ἕν und die ἀόριστος δυάς versteht, geht aus dem Kontext dieser Stelle[15] und aus einer weiteren Stelle im Schlußteil des Traktats hervor.[16]

Faßt man inhaltlich zusammen, was allein diese sechs Zeugnisse – meines Erachtens unbedingt vertrauenswürdig und zuverlässig – über Platons Prinzipientheorie sagen, so ergibt sich: (a) Diese Theorie wurde als ›ungeschrieben‹ bezeichnet, weil sie nur mündlich vorgetragen wurde. (b) Platon nahm zwei Prinzipien an, die er ›Eins‹ und ›Unbestimmte Zweiheit‹ oder ›Großes-und-Kleines‹ nannte. In gewisser Hinsicht hatte das erste Prinzip (das Eine als das Gute) einen Vorrang. (c) Die Prinzipien wurde durch Reduktionsprozesse aus der Realität herausgehoben; und danach wurde gezeigt, wie die Realität von diesen Prinzipien aus erzeugt werden

14 Der zweite Weg ist auch in dem Bericht Hermodors zu erkennen.

15 Von entscheidender Bedeutung ist der am Anfang stehende Abschnitt (6 a 24 - b 5) über »diejenigen, die das Eine (ἕν) und die Unbestimmte Zweiheit (ἀόριστος δυάς) als Prinzipien annehmen.« Die Interpretation dieses Abschnittes ist umstritten. Auf der einen Seite ist gesagt worden (zuletzt in eingehender Erörterung von M. Isnardi Parente 1971), der Passus könne sich nicht auf Platon beziehen, weil dieser nachher (b 11) mit Namen genannt werde. Andere Erklärer meinen, daß hier doch in erster Linie an Platon zu denken sei (so zuletzt besonders H. Happ 1971, 244). Mir scheint, daß starke Gründe entschieden für die zweite Ansicht sprechen. Speusipp, Xenokrates und andere Platonschüler können in dem fraglichen Abschnitt nicht gemeint sein, da sie anschließend besonders berücksichtigt werden. Das erwähnte Hauptargument der Gegenseite läßt sich umkehren; denn der Satz, in dem Platon namentlich genannt wird, beginnt mit Πλάτων μὲν οὖν…, wobei οὖν auf eine vorausgegangene Behandlung Platons zurückweist.

16 Theophrast, Metaph. 11 a 26 – b 7.

kann. Die Reduktion erfolgte vor allem auf zwei Wegen: mathematisch und kategorial.

Dieses Minimum des sicher Überlieferten umfaßt viel mehr, als was die Chernissianer für platonisch halten wollen. Wenn diese Basis aber wirklich sicher ist, dann kann man von ihr aus noch erheblich weiter kommen.

(a) Zum einen kann man die Textbasis Schritt für Schritt vorsichtig erweitern, indem man weitere Berichte hinzunimmt, die zwar an sich nicht so zuverlässig für Platon bezeugt sind, inhaltlich aber mit dem sicheren Kern übereinstimmen.[17]

(b) Zum anderen ist es nicht aussichtslos, den philosophischen Sinn der platonischen Prinzipientheorie und ihren Zusammenhang mit dem Schriftwerk Platons von hier aus zu klären. Dabei sprechen die Berichte der Schüler entschieden dafür, daß es sich bei dieser Theorie Platons nicht nur um ein gelegentliches Gedankenexperiment gehandelt hat, sondern um das, was für Platon das eigentlich Wichtige und ›Ernstzunehmende‹ war: eine systematische Zusammenführung seines ganzen Philosophierens. Aus den Berichten geht ja auch deutlich genug hervor, daß Platons Prinzipientheorie kein leerer Formalismus und keine Zahlenspielerei war, sondern daß das ›Eine‹ als das Gute und als Grund der Eudaimonie begriffen werden sollte.

VI

Fragen wir nun noch kurz nach dem organisatorischen und historisch-biographischen Rahmen, in dem wir uns Platons Prinzipientheorie konkret vorzustellen haben.

Nach den Erklärungen im ›Phaidros‹ und im ›Siebenten Brief‹ können wir annehmen, daß Platon diese Theorie nur in einem Kreis von ausgewählten Schülern vorgetragen hat und daß sie insofern als ›esoterisch‹ bezeichnet werden kann. Voraussetzung für die Aufnahme in diesen Kreis

17 Dabei ist es durchaus möglich, die Grenze zwischen Platon und den eigenen, abweichenden Ansichten seiner Schüler zu erkennen. Da uns die eigene Philosophie des Aristoteles genau bekannt ist und wir die Systeme eines Speusipp und Xenokrates wenigstens im Umriß kennen, fehlt es uns nicht an Kriterien. Für Speusipp ist charakteristisch: Verzicht auf die Ideen; πλῆθος statt ἀόριστος δυάς als zweites Prinzip; Trennung des ἀγαθόν vom ἕν, weil das Wertvolle erst in den konkreteren Seinsbereichen auftreten soll. Für Xenokrates: Verbindung der Mathematika und der Ideen in einem Seinsbereich; das erste Prinzip als Monas und Nus bezeichnet, das zweite besonders mit der Weltseele verbunden. Die beiden inhaltlich wichtigsten Stellen dieser Art sind: (a) der umfangreiche Bericht bei Sextus Empiricus, Adversus mathematicos X 248–284 über die Lehre der ›Pythagoreer‹ von den Prinzipien ἕν und ἀόριστος δυάς, (b) das Referat bei Aristoteles, De anima I 2, 404 b 16–30 über eine Theorie, nach der die Seele durch die ersten Raumdimensionen und Zahlen strukturiert ist. In beiden Fällen habe ich versucht, die Berichte im wesentlichen auf Platon selbst zurückzuführen (1968, 63–83 und 49–63 [in diesem Band Seite 240 – 262 und Seite 225 – 240]), während sich andere, besonders M. Isnardi Parente (zuletzt 1979, 78–80, 102 und 31, 153–180), die Entstehung dieser systematischen Theorien in der Schule Platons (Speusipp, Xenokrates) denken.

war offenbar, daß der Schüler mathematische und dialektische Studien erfolgreich absolviert hatte. Wir wissen nicht, wie oft Platon im Lauf der Zeit einen Lehrvortrag über die Prinzipien gehalten hat, dürfen aber vermuten, daß dies mehrfach geschehen ist. Andernfalls hätte man schwerlich den festen Begriff der ἄγραφα δόγματα Platons prägen können.

Ausgestrahlt hat die Prinzipientheorie nicht nur in die literarischen Dialoge hinein. Auch der vorbereitende mündliche Unterricht in der Schule war letzten Endes von dorther bestimmt. Es gab in der Akademie unter Platon Übungen, in denen man vor allem das Unterscheiden und Zusammenführen (διαίρεσις und συναγογή), die beiden Hauptprozeduren der Dialektik, lernen sollte.[18] Was uns an διαίρεσεις aus der Schule Platons überliefert ist, berührt sich zum Teil mit der Prinzipientheorie, aber doch nur im Sinne der elementaren Vorübung.

Nicht leicht ist auch die Frage zu beantworten, zu welcher Zeit Platon die Prinzipientheorie erstmals konzipiert hat und seit wann wir sie im Hintergrund der Dialoge zu denken haben. Immerhin kann man sagen: Nichts spricht für die Ansicht (zu der die Anti-Esoteriker neigen), daß Platon, wenn überhaupt, erst ganz am Schluß seines Lebens eine mathematisierende Prinzipientheorie entworfen habe. Der Tod habe Platon, so meinte man, daran gehindert, diese Gedanken literarisch auszuarbeiten, während die Schüler sie eifrig weiterentwickelten. Viel eher kann man behaupten, daß die Theorie der Prinzipien schon relativ früh aufgekommen und dann mündlich immer feiner ausgearbeitet worden ist. Nach dem ›Siebenten Brief‹ verfügte Platon über eine solche Theorie, wie gesagt, schon zur Zeit der zweiten Reise (366). Hinweise, die man auf die Prinzipientheorie beziehen kann, finden sich aber auch schon in der ›Politeia‹ und in noch früheren Dialogen. Und wenn Platon mit seiner Theorie an die Spekulationen der Pythagoreer und der Eleaten anknüpfte, so ist durchaus wahrscheinlich, daß er diese Anregungen schon in jüngeren Jahren aufnahm.[19] Es ist also keineswegs zu kühn, wenn man Platons Prinzipientheorie schon zur Zeit der Schulgründung nach der ersten Reise (etwa 387) voraussetzt (El. harm. II 30–31).

In den soweit beschriebenen Rahmen läßt sich nun freilich ein wichtiges Zeugnis nur schwer einordnen: der Bericht des Aristoxenos von Platons Vortrag ›Über das Gute‹. Was Aristoxenos vom Inhalt dieses Vortrags kurz erwähnt, entspricht durchaus der Prinzipientheorie Platons: Aufstieg von

18 Einen Eindruck davon vermittelt das bekannte Komödienfragment des Epikrates, wo beschrieben wird, wie sich die Schüler bei Platon um die Definition des Kürbis bemühen.

19 Kenntnis von pythagoreischen Lehren erhielt Platon wohl nicht erst bei seiner ersten Reise nach Unteritalien und Sizilien (388/87). – Was den eleatischen Einfluß betrifft, so ist zu bedenken, daß Platon gleich nach dem Tod des Sokrates (399) bei Eukleides in Megara weilte und daß dieser Eukleides, die Lehre des Parmenides weiterführend, das Eine mit dem Guten gleichsetzte (ἓν τὸ ἀγαθὸν ἀπεφαίνετο…, Diog.Laert. 2, 106). – Wenn Platon, wie Aristoteles berichtet, noch vor dem Anschluß an Sokrates mit dem Herakliteer Kratylos philosophierte, so mag er zugleich auch die Lehren anderer vorsokratischer Denker kennengelernt haben.

den mathematischen Wissenschaften zum Hen als Agathon. Die Schwierigkeit liegt darin, daß der Vortrag, von dem Aristoxenos berichtet, offenbar nicht esoterisch, sondern öffentlich war. Er erzählt ja folgendes:

… So ging es, wie Aristoteles immer wieder erzählte, den meisten von denen, die bei Platon den Vortrag ›Über das Gute‹ hörten. Jeder sei nämlich hingegangen mit der Vorstellung, er werde etwas erfahren von dem, was man allgemein für die menschlichen Güter hält, etwa Reichtum, Gesundheit, Körperkraft und alles in allem eine wunderbare Glückseligkeit. Als nun aber zum Vorschein kamen die Ausführungen über Mathematik, über Zahlen, Geometrie und Astronomie und letzten Endes der Satz ›Gut ist Eins‹, da erschien ihnen dies, meine ich, als etwas gänzlich Unerwartetes; und so dachten die einen geringschätzig über die Sache, die anderen lehnten sie offen ab.

Nimmt man diesen Bericht mit all dem anderen, was wir über Platons Prinzipientheorie erfahren, zusammen, so muß man feststellen, daß Platon das, was er sonst nur im engeren Schülerkreis erörtern wollte, einmal – ausnahmsweise – auch öffentlich vorgetragen hat. Diese Ausnahme ist rätselhaft. Die Lösung des Rätsels wird man am ehesten in einer biographischen Entwicklung Platons suchen müssen. Es gibt in dieser Hinsicht grundsätzlich zwei diametral verschiedene Möglichkeiten, die Ausnahme zu erklären. Für die eine Möglichkeit hat sich mein Kollege Krämer entschieden, die andere halte ich für richtig (woran man sieht, daß auch die Tübinger Esoteriker nicht immer einer Meinung sind).

(1) Nach Krämer hat Platon den öffentlichen Vortrag über die Prinzipientheorie schon früh, vielleicht zur Zeit der Gründung der Akademie gehalten. Dabei hat Platon, meint Krämer, die Erfahrung gemacht, daß das Vorgetragene von den meisten Zuhörern falsch verstanden wurde. Aus dem gescheiterten Versuch habe Platon dann die Konsequenz gezogen, die Prinzipientheorie fortan nur noch innerhalb der Schule zu behandeln und auch jede literarische Darstellung streng zu vermeiden.

(2) Nach meiner Meinung hat der öffentliche Vortrag erst ganz spät, in den letzten Lebensjahren Platons stattgefunden. Nicht als ob ihm die Prinzipientheorie erst in dieser späten Zeit wichtig geworden wäre, oder als ob er seine Ansicht, eine öffentliche Darstellung der Prinzipienlehre sei unzweckmäßig, geändert hätte. Es waren, wie ich meine, äußere Anlässe, die ihn zu dem öffentlichen Auftreten zwangen. Zum einen hatten Dionysios und andere, wie wir aus dem ›Siebten Brief‹ erfahren, literarische Darstellungen einer schlechtverstandenen platonischen Prinzipientheorie veröffentlicht. Um diese ärgerlichen Traktate außer Kurs zu setzen, mußte Platon nun, denke ich, selbst damit an die Öffentlichkeit treten. Zum anderen kann man sich leicht vorstellen, daß gerade die bisherige Geheimhaltung der Theorie im demokratischen Athen Neugierde, Mißgunst und allerlei Verdächtigungen hervorrief. Platon verfolgte mit seinem öffentlichen Vortrag also, wie mir scheint, auch den Zweck, das Odium einer elitären Esoterik zu beseitigen; und er nahm dabei die Enttäuschung der Zuhörer bewußt in Kauf.

Wenn diese meine Erklärung richtig ist, spricht die Spätdatierung des öffentlichen Vortrags nicht dagegen, daß Platon schon längst vorher in der Schule eine Prinzipientheorie vertreten hat. Vielmehr setzt der öffentliche Vortrag, wie ich ihn verstehe, die Existenz einer bis dahin esoterisch behandelten Lehre Platons notwendigerweise voraus.[20]

Damit bin ich am Ende meines Vortrages angelangt; und ich fürchte, daß Sie nun doch, obwohl ich lange gesprochen habe, enttäuscht sind von dem Wenigen, das Sie gehört haben.

Vermutlich sind Sie, obwohl ich es im voraus angekündigt habe, etwas enttäuscht darüber, daß ich nur über die historische Existenz der platonischen Prinzipienlehre gesprochen habe, nicht eigentlich über ihre philosophische Bedeutung. Man kann aber, so möchte ich mich rechtfertigen, den zweiten Schritt nicht vor dem ersten tun; und für den zweiten braucht man in diesem Fall, wie Platon selbst gesagt hat, sehr viel Zeit. Andererseits gebe ich zu, daß die Frage der Existenz hier nicht von der Frage nach dem philosophischen Gehalt zu trennen ist. Wenn das, was uns als Platons Prinzipientheorie überliefert wird, philosophisch ›schlechter‹ ist als das, was wir in seinen Dialogen lesen, dann kann diese Lehre wohl nicht von Platon sein.

Der Eindruck, daß das, was uns in Platons Dialogen so begeistert, philosophisch wertvoller ist als die Formel von der Einheit und Unbestimmten Zweiheit, liegt nahe. Was in den Dialogen Platons steht, so höre ich oft, ist so großartig, daß es etwas ›Wertvolleres‹ darüber hinaus gar nicht geben kann. Dagegen möchte ich zu bedenken geben, daß wir allzu leicht bereit sind, uns mit dem zufrieden zu geben, was wir sofort verstehen, was wir bewundern und lieben.

Das Schriftwerk Platons hat, wie der jahrhundertelange Umgang mit ihm zeigt, so viele Gesichter, daß noch jede Zeit und jede Denkrichtung sich auf Platon berufen konnte. Hier kann jeder leicht wiederfinden, was ihm selbst am Herzen liegt.

Bei der systematischen Prinzipientheorie ist es anders. Das Verständnis dieser Theorie ist nicht leicht zu gewinnen; mit ihr muß man sich auseinandersetzen; sie muß man, wenn man sich nicht zu ihr bekennen will, mit Gründen ablehnen. Was dabei am schwersten zu verstehen ist, ist gerade

20 Die Frühdatierung des öffentlichen Vortrags über die Prinzipien scheint mit, von psychologischen Fragen abgesehen, vor allem auf zwei Schwierigkeiten zu stoßen. (a) Wenn der Vortrag, der eine so starke Resonanz in der Öffentlichkeit hatte, vorausging, wirkt das spätere Zurückhalten und Verschweigen künstlich: Jeder konnte ja dann von dem öffentlichen Vortrag her wissen, worauf sich die Andeutungen in den platonischen Schriften beziehen und was Platon im engsten Schülerkreis über das Agathon zu sagen hatte. (b) Es ist unter dieser Voraussetzung schwer zu verstehen, daß Platon im ›Siebenten Brief‹, wo er von der Schwierigkeit einer Mitteilung dieser Dinge spricht (341 C–E), nicht auf seine einstige Erfahrung hinweist, sondern im Sinne einer Möglichkeit (Potentialis) bemerkt, daß er am besten darüber schreiben oder sprechen könnte (γραφέντα ἢ λεχθέντα ὑπ᾽ ἐμοῦ βέλτιστ᾽ ἂν λεχθείη).

die Behauptung, daß ein so formelhafter Schematismus die krönende Zusammenfassung, das ›Wertvollste‹ der ganzen platonischen Philosophie sein soll.

Deswegen ist mein Plädoyer für die Existenz einer solchen Prinzipienlehre Platons notwendigerweise eine ärgerliche Zumutung oder eine Herausforderung. Die Frage, ob es eine Prinzipientheorie Platons gegeben hat, ist deswegen so heftig umstritten, weil von der Beantwortung dieser Frage Entscheidendes für das Verständnis der Philosophie Platons abhängt, und gerade auch für das Verständnis der Dialoge. Diese Dialoge, die gewiß die Grundlage unserer Platonkenntnis bleiben und die uns immer wieder neu faszinieren und begeistern, wird man anders lesen je nach dem, ob man sie im Horizont der ›ungeschriebenen Lehren‹ liest oder nicht.

VII Bibliographie

Verzeichnis der zitierten Werke zum Problem der Prinzipientheorie Platons

F. Schleiermacher, Einleitung, in: Platons Werke, Bd. I des ersten Teils, Berlin 1804 (1817^2) 3–52; jetzt in: Das Platonbild. Zehn Beiträge zum Platonverständnis, hrsg. v. K. Gaiser, Hildesheim 1969, 1–32.

K.F. Hermann, Über Platons schriftstellerische Motive, in: Gesammelte Abhandlungen und Beiträge zur classischen Literatur und Altertumskunde, Göttingen 1849, 281-305, jetzt in: Das Platonbild, 1969, 33-57.

L. Robin, La théorie platonicienne des idées et des nombres d'après Aristote, Paris 1908.

J. Stenzel, Zahl und Gestalt bei Platon und Aristoteles, Leipzig/Berlin 1924, ^{2}1933 (erweiterte Ausgabe).

H. Gomperz, Platons Selbstbiographie, Berlin/Leipzig 1928.

H. Gomperz, Platons philosophisches System, in: Proceedings of the Seventh International Congress of Philosophy , ed. by G. Ryle, London 1931, 426–431; jetzt in: J. Wippern (Hg.), Das Problem der ungeschriebenen Lehre Platons (1972), 159-165.

H. Cherniss, Aristotle's Criticism of Plato and the Academy, Baltimore 1944 (= New York 1962).

H. Cherniss, The Riddle of the Early Academy, Berkeley and Los Angeles 1945 (= New York 1962).

H.J. Krämer, Arete bei Platon und Aristoteles, Heidelberg 1959 (= Amsterdam 1967).

K. Gaiser, Platons ungeschriebene Lehre, Stuttgart 1963 (^{2}1968).

G. Vlastos, On Plato's Oral Doctrine. Review of H.J. Krämer, Arete bei Platon und Aristoteles (=Gnomon, 35 (1963) 641-655), in: Platonic Studies, Princeton N. J. 1973, 379-398.

E. Berti, Una nuova ricostruzione delle Dottrine non scritte di Platone, Giornale di Metafisica, 19 (1964) 546–557 (vgl. auch E. Berti, Rivista Critica di Storia della Filosofia , 20 (1965) 231-235).

H.J. Krämer, Retraktationen zum Problem des esoterischen Platon, Museum Helveticum, 21 (1964) 137–167.

H. J. Krämer, Die platonische Akademie und das Problem einer systematischen Interpretation der Philosophie Platons, Kantstudien 55 (1964) 69–101; jetzt in: Das Platonbild... 1969, 198–230.

M. Isnardi Parente, Per l'interpretazione della dottrina delle idee nella prima Accademia Platonica, Annali (I) dell'Istituto Italiano per gli Studi Storici, Napoli 1967, 9–33.

M. Isnardi Parente, Studi e discussioni recenti su Platone esoterico, l'Accademia antica e il Neoplatonismo, De Homine 22–23 (1967) 217–244; jetzt in: Filosofia e politica nelle lettere di Platone, Napoli 1970, Kap. IV.

H.-G. Gadamer, Platons ungeschriebene Dialektik, in. Idee und Zahl. Studien zur platonischen Philosophie, Heidelberg 1968 (Abhandl. d. Heidelb. Akad. d. Wiss., Phil.-hist. Kl. 1968, 2), 9–30.

K. Gaiser, Quellenkritische Probleme der indirekten Platonüberlieferung, in: Idee und Zahl... 1968, 31–84.

H.J. Krämer, Die grundsätzlichen Fragen der indirekten Platonüberlieferung, in: Idee und Zahl ... 1968, 106–150.

M. Isnardi Parente, La VII epistola e Platone esoterico, Rivista Critica di Storia della Filosofia 24 (1969) 416–431; jetzt in: Filosofia e politica nelle lettere di Platone, Napoli 1970, Kap. V.

R. E. Allen, Plato's Euthyphro and the Earlier Theory of Forms, London/New York 1970.

M. Isnardi Parente, Filosofia e politica nelle lettere di Platone, Napoli 1970.

H. Happ, Hyle. Studien zum aristotelischen Materiebegriff, Berlin 1971.

M. Isnardi Parente, Théophraste, Metaphysica 6 a 23 ss., Phronesis 16 (1971) 49–64.

M. Isnardi Parente, Per l'interpretazione di Aristotele, De an. 404 b 17 sgg., in: Philomathes. Studies and Essays in the Humanities in Memory of Philip Merlan, Den Haag 1971, 146–170.

J. Wippern, (Hg.), Das Problem der ungeschriebenen Lehre Platons, Darmstadt 1972 (Wege der Forschung 186); mit einer ausführlichen Bibliographie.

J. N. Findlay, Plato. The Written and Unwritten Doctrines, London 1974.

E. Zeller–R. Mondolfo, La filosofia dei Greci nel suo sviluppo storico, parte II, volume III 1. 2, hg. v. M. Isnardi Parente, Firenze 1974 (die zwei Bände enthalten Platone, tomo secondo, und l'Accademia antica).

J. Annas, Aristotle's Metaphysics, Books M and N, translated with introduction and notes, Oxford 1976.

M. Isnardi Parente, Dottrina delle idee e dottrina dei principi nell'Accademia antica, Annali della Scuola Normale Superiore di Pisa III 7, 3 (1977) 1019–1128; revidierte Fassung in: Studi sull'Accademia Platonica antica, Firenze 1979, 11–151.

E.N. Tigerstedt, Interpreting Plato, Stockholm 1977.

H.-G. Gadamer, Die Idee des Guten zwischen Plato und Aristoteles, Heidelberg 1978 (Sitzungsber. d. Heidelb. Akad. d. Wiss., Phil.-hist. Kl., 1978, 3).

W.K.C. Guthrie, A History of Greek Philosophy, V: The Later Plato and the Academy, Cambridge 1978.

Th.A. Szlezák, Dialogform und Esoterik. Zur Deutung des platonischen Dialogs ›Phaidros‹, Museum Helveticum 35 (1978) 18–32.

Th. A. Szlezák, Probleme der Platoninterpretation (J. N. Findlay, 1974, Th. Ebert 1974, G. Watson 1973, L. Tarán, 1975, E. N. Tigerstedt 1974), Göttingische Gelehrte Anzeigen 230 (1978) 1–37.

M. Isnardi Parente, Studi sull' Accademia Platonica antica,Firenze 1979 (Saggi filosofici 1).

Th.A. Szlezák, The Acquiring of Philosophical Knowledge according to Plato's Seventh Letter, in: Arktouros. Hellenic Studies presented to B.M.W. Knox, Berlin 1979, 354–363.

K. Gaiser, Platos enigmatic lecture ›On the Good‹, Phronesis 35 (1980).

H.J. Krämer, Neues zum Streit um Platons Prinzipientheorie, Philosophische Rundschau 27 (1980).

In Vorbereitung:

M. Isnardi Parente, La Scuola di Platone, a cura di M. Gigante, Napoli (Bibliopolis): 1. Speusippo; 2. Senocrate.

Platons esoterische Lehre (1988)

Bei Platon, dem Archegeten aller Philosophen, ist auch das Phänomen der philosophischen Esoterik, das bei Pythagoras noch im Halbdunkel unklarer Überlieferungen liegt, zum ersten Mal genau zu studieren. Freilich ist, wenn man über dieses Thema öffentlich spricht oder schreibt, die Frustration der Hörer und Leser geradezu vorprogrammiert.

Als Platon selbst einmal einen öffentlichen Vortrag über das sonst nur im engeren Kreis der Schule Erörterte hielt, da waren die zahlreich erschienenen Zuhörer enttäuscht. Aristoteles erinnerte an diese Begebenheit des öfteren zu Beginn seiner eigenen Lehrvorträge.[1]

> Jeder sei, so erzählte er, zu Platons Vortrag ›Über das Gute‹ hingegangen mit der Vorstellung, er werde etwas erlangen von dem, was man allgemein für die menschlichen Güter hält, [...] und überhaupt eine wunderbare Glückseligkeit. Als nun aber zum Vorschein kamen die Ausführungen über Mathematik, über Zahlen, Geometrie und Astronomie und letzten Endes der Satz, Gut sei Eins, da erschien ihnen dies als etwas gänzlich Unerwartetes und Sonderbares, und so dachten die einen geringschätzig über die Sache, die anderen lehnten sie offen ab.

Aristoteles bemerkte dazu, es wäre besser gewesen, wenn Platon den Hörern im voraus gesagt hätte, was er darlegen wollte, »damit jeder rechtzeitig wieder weggehen oder aber, wenn es ihm gefiel, dabeibleiben konnte«. Gemäß dieser Devise des Aristoteles möchte ich im voraus erklären: Was mein Beitrag *nicht* leisten wird, ist eine Belehrung, die den Leser instand setzen würde, über die Wahrheit oder Unwahrheit der esoterischen Lehre Platons zu befinden. Ich kann nur versuchen, die Voraussetzungen und Bedingungen der Platonischen Esoterik zu erläutern, also gerade auch die Schwierigkeiten des Mitteilens und Verstehens.

Vielleicht entgehe ich mit dieser Erklärung auch dem vernichtenden Urteil Platons, dem sich jeder, der etwas über Platons esoterische Lehre publiziert, auszusetzen scheint. Platon stellt ja in seinem großen autobiographischen Brief fest (Epist. 7, 341 B): »Soviel kann ich über alle sagen, die das geschrieben haben oder noch schreiben werden, womit es mir wirklich ernst ist [...], daß sie nach meiner Meinung von der Sache überhaupt nichts verstanden haben.« Dieses Verdammungsurteil ist immer wieder den ›Tübingern‹, die Bücher und Aufsätze über diesen Gegenstand veröffentlicht

1 Aristoxenos, Elementa harmonica II 30–31 (= Aristoteles, De bono, Test. 1 Ross).

haben,[2] entgegengehalten worden.[3] Aber es gibt doch auch gute Gründe, die unser Tun rechtfertigen.[4]

(1) Sofern der Einwand voraussetzt, die esoterische Lehre Platons sei nicht schriftlich fixierbar und überhaupt nicht sprachlich formulierbar, sondern eine unaussprechliche irrationale Intuition, ist er unberechtigt. Platon
15 meint, wie gerade auch aus seinem Brief hervorgeht, | daß die Erkenntnis zwar durchaus in einfache Begriffe gefaßt werden kann, auf diese Weise aber »nicht ebenso wie andere Lehrgegenstände mitteilbar« ist.[5]

(2) Wer die esoterische Lehre Platons öffentlich behandelt, fällt tatsächlich dann unter das vernichtende Urteil Platons, wenn er selbst meint oder bei anderen den Eindruck hervorruft, als könne er ohne weiteres ein echtes Wissen vermitteln von dem, was für Platon das eigentlich Wichtige und Ernstzunehmende war. Man verstößt aber dann nicht gegen Platons Verdikt, wenn man sich bewußt ist und deutlich macht, daß hier eine entscheidende Differenz besteht zwischen der intendierten Sache und ihrer wissenschaftlichen Rekonstruktion wie überhaupt ihrer Repräsentation im Medium der Sprache.

(3) In unserer verwissenschaftlichten und verschriftlichten Kultur bedeutet heute Öffentlichkeit des Schreibens und Redens etwas anderes als in der Situation Platons, und wir sind mittlerweile nicht mehr ebenso an Platons historisch bedingte Bevorzugung der Mündlichkeit gebunden. Die moderne Hermeneutik erklärt mit gewissem Recht, daß historisches Verstehen autonom ist und einen Autor der Vergangenheit aufgrund reicherer geschichtlicher Erfahrung sogar besser zu begreifen vermag als er sich selbst. Auch darf man heute fast bei jedermann die Erfahrung voraussetzen, daß es Dinge gibt, die sich durch wissenschaftliche Darstellung allein nicht übermitteln lassen: durch theologische Bücher wird man nicht ohne weiteres

2 Zuerst: H.J. Krämer, Arete bei Platon und Aristoteles. Zum Wesen und zur Geschichte der platonischen Ontologie, Heidelberg 1959 (Amsterdam ^{2}1967); K. Gaiser, Platons ungeschriebene Lehre. Studien zur systematischen und geschichtlichen Begründung der Wissenschaften in der platonischen Schule, Stuttgart 1963 (^{2}1968).

3 Der Einwand findet sich bei H. Cherniss, The riddle of the early Academy (Berkeley/Calif. 1945), deutsch: Die Ältere Akademie. Ein historisches Rätsel und seine Lösung, Heidelberg 1966, S. 22–23; Ph. Merlan, Bemerkungen zum neuen Platonbild, Archiv f. Gesch. d. Philos. 51 (1969), S.111–126 [=Kleine Schriften, Hildesheim 1976, S. 93–108], bes. S. 126; R. Maurer, Platons Staat und die Demokratie, Berlin 1970, S. 227; G. Martin, Platons Ideenlehre, Berlin 1973, S. 250–252; L. Tarán, Gnomon 46, 1974, 545; W.K.C. Guthrie, A History of Greek Philosophy, Vol. IV, Cambridge 1975, S. 1–3; J. Glucker, Antiochus and the Late Academy, Göttingen 1978 (Hypomnemata 56), S. 43.

4 Vgl. H.J. Krämer, Die grundsätzlichen Fragen der indirekten Platonüberlieferung, in: H.-G. Gadamer (u.a.), Idee und Zahl. Studien zur platonischen Philosophie, Heidelberg 1968 (Abhandl. d. Heidelb. Akad. d. Wiss., Phil.-hist. Kl. 1968, 2), S. 106–150, bes. S. 148–149; Platone e i fondamenti della metafisica, Mailand 1982, S.130–132.

5 Epist. 7, 342 C. Platons Verdikt richtet sich gegen den Versuch der öffentlichen Verbreitung, gegen eine literarische Darstellung »für die Vielen« (πρὸς τοὺς πολλούς), gegen ein »Herausziehen ans Licht für alle« (εἰς φῶς πᾶσιν προαγαγεῖν, 341 D).

zum Glauben, durch Literatur über fernöstliche Mystik noch nicht zur Erleuchtung gebracht.

(4) Platon ist, als er jenen Vortrag ›Über das Gute‹ hielt, doch auch einmal selbst mit seiner esoterischen Lehre an die Öffentlichkeit getreten. Einer der Gründe, die ihn dazu nötigten, lag wahrscheinlich darin, daß er falschen Darstellungen durch inkompetente Autoren entgegentreten mußte. Entsprechendes gilt auch heute noch: Es sind genug unzureichende, irreführende Ansichten über Platons Esoterik im Umlauf – auch die Meinung, es habe eine über die Dialoge hinausgehende Lehre Platons gar nicht gegeben – so daß man geradezu verpflichtet ist, nach Möglichkeit das historisch Richtige dagegenzustellen und das authentische Ganze der Platonischen Philosophie sichtbar zu machen. Die Gefahr des Irrtums ist noch größer, wenn man die mündlichen Lehren Platons ignoriert. Und wo es sich um Dinge handelt, die nicht ohne weiteres mitgeteilt werden können, darf doch mindestens dies gesagt werden, warum sie von dieser Art sind.

(5) Einige von Platons vertrautesten Schülern – Aristoteles und andere – haben es für richtig gehalten, im Anschluß an Platons öffentlichen Vortrag seine esoterische Lehre aufzuzeichnen, wenn auch | nicht für die 16
literarische Verbreitung, sondern zum Gebrauch und zur Überlieferung in der Schule. Daran zeigt sich, daß es durchaus möglich war, diese ›Agrapha Dogmata‹ Platons, wie man sie nannte,[6] also diese im literarischen Werk grundsätzlich ›nicht geschriebenen Lehren‹ schriftlich zu formulieren. Nach Platons Tod mußte klar werden, daß anders die authentische Tradition nicht zu gewährleisten war. Dem gleichen Zweck dient heute die wissenschaftliche Erforschung und Darstellung dieser Dinge.

I Geschichtliche Voraussetzungen und Bedingungen

1 *Die pythagoreische Vorgeschichte*

Pythagoras von Samos begründete gegen Ende des 6. Jahrhunderts, also etwa vier Generationen vor Platon, in unteritalischen Städten – Kroton, Metapont, Tarent – so etwas wie einen religiösen Orden, dessen Mitglieder an strenge Regeln der Lebensführung gebunden waren und einen bedeutenden politischen Einfluß ausübten. Dahinter standen bestimmte Lehren: wahrscheinlich die von der Unsterblichkeit der Seele, von der Seelenwanderung, von der in Zahlen faßbaren Geordnetheit der ganzen Welt. Pythagoras hat darüber nichts geschrieben, und die Schüler hielten seine Weisheitslehren geheim. Dies hatte zur Folge, daß nur wenig Authentisches überliefert ist und daß wir die Zuverlässigkeit der Tradition kaum kontrollieren können. Schon früh kam es zu verschiedenen Auslegungen;[7] und bis

6 Aristoteles, Phys. V 2, 209 b 14–15: ἐν τοῖς λεγομένοις »ἀγράφοις δόγμασιν«.

heute hat daher das Bild des Pythagoras unklare Konturen. Wir beobachten hier schon die doppelte Versuchung, die im Umgang mit esoterischen Lehren besteht: Auf der einen Seite wird zu viel hineininterpretiert – bei Pythagoras sind es besonders die mathematisch-wissenschaftlichen Entdeckungen der späteren Zeit. Auf der anderen Seite wird das, was man nicht leicht begreifen kann, rationalistisch trivialisiert.

Bezeichnend war von Anfang an die strenge Unterscheidung zwischen den Mitgliedern des Ordens und den Außenstehenden.[8] Die religiöse Lehre durfte nicht profaniert und sie sollte vor Mißverständnissen geschützt werden. Zu ihrer Aneignung waren lange Vorübungen und eine reinigende Lebensweise nötig. Noch zu Lebzeiten des Pythagoras, und verstärkt dann in der Mitte des 5. Jahrhunderts, kam es in den unteritalischen Städten zu gewaltsamen Verfolgungen und Vertreibungen der Pythagoreer. Die Ursache dafür lag in der persönlichen Eifersucht der Uneingeweihten und Ausgeschlossenen, die sich diskriminiert fühlten,[9] und mehr noch im demokratischen Aufbegehren gegen die oligarchisch or-
17 ganisierte Herrschaft der Pythagoreer. Gerade die | elitäre Abkapselung und aristokratische Denkweise wurden ihnen also zum Verhängnis.

2 *Platon und seine Schule*

Bei Platon ist die Trennung von öffentlichem und nichtöffentlichem Philosophieren seit der Einrichtung der eigenen Schule zu beobachten. Etwa im Jahr 387 v. Chr., nach der Rückkehr von der ersten großen Reise, bei der er auch nähere Bekanntschaft mit den unteritalischen Pythagoreergemeinden gemacht hatte, erwarb – der damals schon über vierzigjährige – Platon ein Grundstück in der Nähe der ›Akademie‹, eines etwa eine halbe Wegstunde von der Stadt entfernt liegenden öffentlichen Parkgeländes mit einer Sportanlage (Gymnasion). Hier wurde ein Haus errichtet, in dem Platon fortan wohnte, und den Musen ein heiliger Bezirk geweiht. Es gab nun zwei Orte der philosophischen Wirksamkeit: zum einen das Akademie-Gymnasion für den öffentlichen, allgemein zugänglichen Unterricht und vielleicht auch

7 Die spätere Überlieferung (Jamblichos, De vita Pythagorica, 70–89) unterscheidet mit mehrdeutigen Begriffen zwei Arten von Pythagoreern: die Akusmatiker oder Exoteriker und die Mathematiker oder Esoteriker. Die ›Akusmatiker‹ waren konservative Anhänger der Lebensweisheit des Pythagoras, die ›Mathematiker‹ dagegen Vertreter einer weitergehenden wissenschaftlichen Forschung. Beides muß bei Pythagoras selbst angelegt gewesen sein, hat sich dann aber auseinanderentwickelt: auf der einen Seite die treue Bewahrung der Worte des Meisters und die Gefahr des starren Dogmatismus, auf der anderen Seite das lebendige, produktive Weiterdenken und die Gefahr der eigenwilligen Veränderung des Ursprünglichen.

8 W. Burkert, Weisheit und Wissenschaft. Studien zu Pythagoras, Philolaos und Platon, Nürnberg 1962 (Lore and Science in Ancient Pythagoreanism, Cambridge/Mass. 1972), Kap. 2. L. Brisson, Usages et fonctions du secret dans le pythagoréisme ancien, in: Le secret. Textes réunis par Ph. Dujardin, Lyon 1987, S. 87–101.

9 Dies betonen die späteren Berichte: Jamblichos, De vita Pythagorica, 248–264; Porphyrios, Vita Pythagorae, 54–56.

für das erste Vorlesen der Dialoge, zum anderen den eigenen ›Garten‹ mit dem ›Museion‹.

Zu der Bezeichnung ›exoterisch‹, die wir zuerst in den Lehrschriften des Aristoteles als festen Terminus fassen können, kam es wahrscheinlich deshalb, weil das Akademie-Gymnasium die ›äußere Wandelhalle‹ (ὁ ἔξω περίπατος) genannt wurde, und zwar im Gegensatz zum eigenen Garten als dem ›inneren‹ Bezirk.[10] ›Exoterisch‹ hießen demnach die propädeutischen, mehr rhetorisch-politisch orientierten Übungen in dem öffentlichen Gymnasium.[11] Der entsprechende Ausdruck ›esoterisch‹ begegnet uns erst wesentlich später (bei Lukian und Galen im 2. Jahrhundert n. Chr.), dem Sinne nach aber muß dem Begriff des ›Exoterischen‹ von Anfang an der Begriff eines ›Inneren‹ oder ›Eigentlichen‹ entsprochen haben, und zwar zur Bezeichnung der streng philosophischen Vorträge und Diskussionen im ›eigenen‹ Bereich der Schule.

Am esoterischen Philosophieren durften nur die dafür Geeigneten teilnehmen: die langjährigen Schulgenossen und Freunde und die besonders verständigen jungen Leute. Auch die Außenstehenden wußten, daß man dort auf dem Wege mathematischer und dialektischer Studien die Prinzipien aller Dinge erforschte und das absolut Gute (Agathón) zu erkennen sucht. In Andeutungen sprechen davon ja auch die Dialoge, etwa die ›Politeia‹. Es ist kaum anzunehmen, daß Platon in seiner Schule von Zeit zu Zeit einen zusammenhängenden Lehrvortrag über seine Prinzipienlehre gehalten hat. Im Kreis der vertrauten Freunde und Schüler war das nicht nötig: jeder sah in den höchsten | Prinzipien das entscheidende Ziel bei allen 18
Untersuchungen auf den verschiedensten Sachgebieten; und es genügten schon kleine Hinweise, um die Aufmerksamkeit in diese Richtung zu lenken.

Man kann sich denken, daß die esoterische Behandlung der Prinzipienlehre den Eindruck der elitären Exklusivität erweckte und daß dies auch bei Platon – wie bei den Pythagoreern – zu Ressentiments der Ausgeschlossenen führte. Warum durfte nicht jeder an der beglückenden Erkenntnis des Guten teilhaben? Geradezu bedrohlich wurde diese Animosität offenbar in den letzten Lebensjahren Platons, als die Furcht der athenischen Demokraten hinzukam, in der Platonischen Schule plane man womöglich einen oligarchischen Umsturz. Dieser Verdacht kam auf, nachdem der mit Platon eng verbundene Dion die mächtige Stadt Syrakus in blutige Wirren gestürzt hatte und als in den Jahren nach 355 die Demokraten in Athen einen so schwachen Stand hatten, daß sie das Aufkommen oligarchischer Tendenzen befürchten und bekämpfen mußten.

Die Schule Platons konnte als Hort oligarchischer Gesinnung erschei-

10 So (nach einer älteren Quelle) bei Ailian, Varia historia 3,19.

11 Ein Beispiel dafür bietet das Komödienfragment des Epikrates (Fr. 10 Kassel-Austin, PCG 5 [= TP 6]): Karikatur einer Dihaíresis-Übung in der Akademie.

nen, weil Platon seine Ablehnung der Demokratie nie verhehlt hatte und zu Monarchen enge Beziehungen unterhielt, aber eben auch wegen der Geheimhaltung seiner Prinzipientheorie. Hängt Platons Lehre von dem einen, überragenden Guten, so konnte man fragen, vielleicht mit antidemokratischen Bestrebungen zusammen? Hatte vielleicht nicht zufällig der Tyrann von Syrakus sich darum bemüht und sogar darüber eine Schrift verfaßt? Angesichts solcher Verdächtigungen scheint Platon für sich und seine Schule das Schicksal jener verfolgten und vertriebenen Pythagoreer befürchtet zu haben. So kündigte er damals, wie ich meine, den öffentlichen Vortrag über die esoterischen Lehren an. Er wollte damit zweierlei erreichen: das Odium der antidemokratischen Exklusivität sollte beseitigt, und die Veröffentlichungen des Dionysios von Syrakus und anderer inkompetenter Leute sollten außer Kurs gesetzt werden.[12]

Statt, wie man erwartet hatte, den Weg zu den von allen erstrebten Glücksgütern zu weisen, sprach er über Mathematisches und zielte darauf hin, daß das Gute in der Einheit bestehe. Die meisten der zahlreich erschienenen Zuhörer wandten sich ernüchtert ab. Man stellte fest, daß der athenischen Demokratie solche weltfremden Theorien nicht gefährlich werden dürften; und man spottete nun, wie uns einige Komödienzitate zeigen,[13] in Athen über das ›Gute‹ Platons: für die normalen Menschen eine absurde
19 Spinnerei. |

II Die Geschichte der Fortwirkung und Verdrängung

Die nachfolgenden Generationen hatten und haben zwei Informationsquellen für die mündlichen Lehren Platons: (a) Zum einen weisen die eigenen Schriften Platons an vielen Stellen, wenn auch zurückhaltend, auf das Problem einer tiefergehenden, letzten Begründung und auf die Schwierigkeit dieser Aufgabe hin. (b) Zum anderen geben die Berichte des Aristoteles und anderer Schüler, auch wenn sie uns nur in knappen Referaten und spärlichen Fragmenten überliefert sind, Auskunft über Platons ›Agrapha Dogmata‹.[14] Mögen diese Zeugnisse auch schematisch verkürzt und teilweise entstellt sein, so bieten sie uns doch, kritisch befragt, eine Menge von zuverlässigen Informationen.

Im Lauf der Wirkungsgeschichte schwankte die Beurteilung der ›Agrapha‹ Platons zwischen Aneignung und Ablehnung. Die ersten Schüler

12 Zu dieser Datierung und Motivierung des Vortrages ›Über das Gute‹ K. Gaiser, Plato's enigmatic lecture ›On the Good‹, Phronesis 25 (1980), S. 5–37 (in diesem Band Seite 265ff.), W. Eder, Die ungeschriebene Lehre Platons: Zur Datierung des Platonischen Vortrags ›Über das Gute‹, in: Studien zur Alten Geschichte, Festschrift S. Lauffer, Rom 1986, Bd. 1, S. 207–235. Für eine relativ frühe Datierung plädiert jedoch H.J. Krämer, Neues zum Streit um Platons Prinzipientheorie, Philos. Rundschau 27 (1980), S. 1–38, bes. S.16–18.

13 Z. B. Amphis, Amphikrates Fr. 6 (II 237 Kock), bei Diog. Laert. 3, 28.

setzen übereinstimmend voraus, daß eine nur mündlich erörterte Theorie der Prinzipien den systematischen Kern der Platonischen Philosophie gebildet hat. Zugleich nehmen sie sich die Freiheit, Platons Theorie in ihren eigenen Systementwürfen mehr oder weniger stark zu modifizieren. Für die Akademie der hellenistischen Zeit wurde die Prinzipientheorie uninteressant. Man neigte dort nun gegenüber dem Dogmatismus der Stoa mehr zu einer skeptischen Haltung, bei der man sich auch auf die sokratischen Dialoge des Schulgründers berufen konnte. Plotin und die anderen Neuplatoniker der Kaiserzeit achteten dagegen wieder besonders auf das, was von Platons Prinzipienlehre in den Dialogen angedeutet und in den Schülerberichten bezeugt war. Auf dieser Grundlage erneuerten sie die systematischen und verstärkten sie die mystischen Züge der Platonischen Esoterik und bestimmten damit fortan das Bild der Platonischen Philosophie.

Einen folgenschweren Bruch mit der neuplatonischen Tradition führte am Beginn des 19. Jahrhunderts Friedrich Schleiermacher herbei. Er förderte unser Verständnis der Dialogform in vieler Hinsicht, bestritt aber zugleich die Existenz einer nicht in den Dialogen enthaltenen esoterischen Lehre und wurde damit weder der indirekten Überlieferung noch auch den Dialogen, die so deutlich über sich hinausweisen, gerecht.[15] In unserem Jahrhundert ist dann die Ansicht, Platons Philosophie sei vollständig durch die Dialoge repräsentiert, besonders entschieden von dem amerikanischen Gelehrten Harold Cherniss vertreten worden: Was Aristoteles und andere Berichterstatter darüber hinaus an Platonischen Lehren erwähnen, sei ein Produkt aus Mißverständnissen und Umdeutungen.[16] Offenbar war und ist die vorwiegend von einem metaphysikfeindlichen Positivismus geprägte Philosophie dem Verständnis der Platonischen Esoterik nicht günstig – sei
es, dass | man Platon als autoritären Dogmatiker ablehnte (wie Nietzsche 19
und Popper) oder daß man, um seine Aktualität zu retten, die transzendierenden Züge seiner Philosophie ignorierte und umdeutete.[17]

Auf der anderen Seite gab es immer wieder einzelne Forscher – wie Karl Friedrich Hermann, Léon Robin, Julius Stenzel –, die Platons Philo-

14 Diese Berichte liegen gesammelt vor bei Gaiser (1963 [o. Anm. 2]), S. 441–557 (Anhang: Testimonia Platonica = TP); J.N. Findlay, Plato. The Written And Unwritten Doctrines, London 1974 (Appendix I: englische Übersetzung ausgewählter Texte); H. Krämer, Platone e i fondamenti della metafisica, Introduzione e traduzione di G. Reale, Mailand 1982 (^{2}1987), S. 335–418 (Documenti fondamentali in edizione bilingue); M.-D. Richard, L'enseignement oral de Platon. Une nouvelle interprétation du platonisme, Paris 1986, S. 243–381 (Témoignages, mit französischer Übersetzung). Eine Ausgabe mit deutscher Übersetzung wird bei Reclam (Stuttgart) erscheinen.

15 F. Schleiermacher, Einleitung zur Platon-Übersetzung (^{1}1804), auch in: K. Gaiser (Hrsg.), Das Platonbild. Zehn Beiträge zum Platonverständnis, Hildesheim 1969, S. 1–32.

16 H. Cherniss, Aristotle's criticism of Plato and the Academy, Baltimore 1944 (New York 1962) und The Riddle of the Early Academy (1945 [o. Anm. 3]). – Im wesentlichen die gleiche Richtung vertreten neuerdings M. Isnardi Parente, G. Vlastos, E.N. Tigerstedt, W.K.C. Guthrie und andere.

17 So neuerdings etwa W. Wieland: Platon und die Formen des Wissens, Göttingen 1982.

sophie in dem weiteren Horizont der Berichte über die esoterische Prinzipienlehre zu interpretieren suchten. Diese Richtung ist dann durch die Arbeiten der ›Tübinger Schule‹, der sich neuerdings Thomas Szlezák, Giovanni Reale und andere angeschlossen haben, verstärkt worden.[18]

Umstritten ist seitdem erneut – in philologischer Hinsicht – die Zuverlässigkeit der Zeugnisse: Die ›Anti-Esoteriker‹ halten das, was als Platons Prinzipientheorie überliefert ist, für das Ergebnis einer systematisierenden Ausgestaltung Platonischer Ansätze durch die Schüler; die ›Esoteriker‹ dagegen glauben, zwischen der eigenen Theorie Platons und den Systemvarianten der Schüler unterscheiden zu können. An der philosophischen Front geht es um die sachliche Beurteilung und Bewertung der indirekt überlieferten Lehren. Die ›Anti-Esoteriker‹ (wie G. Patzig, J. Mittelstraß, W. Wieland) wenden ein, das bei der Rekonstruktion der esoterischen Lehre Zutagetretende sei philosophisch unbedeutend und im Vergleich mit den Dialogen trivial.[19] Auf der anderen Seite werden dagegen vor allem die Selbstzeugnisse Platons (im ›Phaidros‹ und im ›Siebenten Brief‹) ins Feld geführt, die das nur mündlich Mitgeteilte als das Wertvollere und allein Ernstzunehmende bezeichnen.

18 Einen forschungsgeschichtlichen Überblick vermittelt J. Wippern (Hrsg.), Das Problem der ungeschriebenen Lehre Platons. Beiträge zum Verständnis der platonischen Prinzipienphilosophie, Darmstadt 1972 (Wege der Forschung 186). Neuerdings sind dazu erschienen: Findlay (1974 [o. Anm. 14]); W.K.C. Guthrie, A history of Greek philosophy, Vol. V: The later Plato and the Academy, Cambridge 1978 (VIII: Plato's ›unwritten‹ metaphysics); G. Reale, Per una nuova interpretazione di Platone. Rilettura della metafisica dei grandi dialoghi alla luce delle ›Dottrine non stritte‹, Mailand 1984 (^{5}1987); Th.A. Szlezák, Platon und die Schriftlichkeit der Philosophie. Interpretationen zu den frühen und mittleren Dialogen, Berlin 1985; H.J. Krämer, La nuova immagine di Platone, Neapel 1986 (Istituto Italiano per gli Studi Filosofici, Lezioni della Scuola di Studi Superiori in Napoli, 7); Richard (1986 [s. Anm. 14]); C.J. de Vogel, Rethinking Plato and Platonism, Leiden 1986 (Mnemosyne Suppl. 92). – Die eigenwilligen Interpretationen von H. Schmitz, Die Ideenlehre des Aristoteles, II: Platon und Aristoteles, Bonn 1985, sind in wesentlichen Punkten nicht stichhaltig.

19 J. Mittelstraß, Platon, in: O. Höffe (Hrsg.), Klassiker der Philosophie 1, München 1981, S. 38–62, bes. S. 60: »Nun haben die zur Stützung der Annahme einer eigentlich zentralen esoterischen Lehre [...] vorgelegten Systematisierungen der fragmentarischen Überlieferung einen außerordentlich hypothetischen und darüber hinaus spekulativen Charakter. Sie überragen zwar alles, was die Dialoge enthalten, an systematischer Geschlossenheit, doch ist diese Geschlossenheit im Gegensatz zur methodischen Durchsichtigkeit der Lehre der Dialoge durch spekulative Undurchsichtigkeit erkauft. Philosophisch, d. h. gemessen an Platons eigenen Kriterien des dialogischen und methodischen Denkens, stehen diese Systematisierungen daher auch hinter der Lehre der Dialoge weit zurück.« – Ähnlich Wieland (1982 [o. Anm. 17]), S. 42–44: Die Rekonstruktion der ungeschriebenen Lehre führt auf »ein formales Spiel mit Elementen, das in seiner Undifferenziertheit weit unterhalb des Niveaus bleibt, das von Platon in seinem geschriebenen Werk stets eingehalten wird. Es ist kaum wahrscheinlich, daß Platon in einer reflexionslosen Dogmatik von der Art, wie sie durch diese Schematismen repräsentiert wird, das Zentrum seines Denkens und das Ziel seiner Bemühungen gesehen haben könnte.«

III Die Wege und das Ziel der esoterischen Dialektik

Das Ziel der mündlichen Lehren Platons war offenbar die Erkenntnis der Prinzipien oder Ursachen (ἀρχαί, αἰτίαι, αἴτια) aller Dinge. Mit der Erwartung, daß sich die Wirklichkeit aus wenigen Voraussetzungen oder gar nur einer Ursache (ἀρχή) erklären lasse, hatten schon die Vorsokratiker die Natur befragt, und schon die Pythagoreer sahen die begründenden Normen in den Zahlen und den Zahlprinzipien. Man suchte die allgemeingültigen Ursachen in dem, was der unendlichen Vielfalt der Erscheinungen gemeinsam und gleichbleibend zugrunde liegt. So wollte Platon erneut alle Einzelerkenntnisse systematisch zusammenfassen und axiomatisch begründen. Zu erreichen war dies nur durch die Erkundung der Wege, die von den Erscheinungen zu den Prinzipien und von den Prinzipien zu den Erscheinungen führen, also der Zusammenhänge zwischen der uns vertrauten Welt und ihren nor- | mativen Voraussetzungen. Es mußte gezeigt werden, inwiefern 21
die Phänomene durch die Prinzipien verursacht, gestaltet und geordnet sind.

Von diesen Methoden berichten denn auch die überlieferten Zeugnisse: von der aufsteigenden Reduktion zu den Prinzipien und der absteigenden Deduktion zu der uns vertrauten Welt der Erscheinungen. Gewiß sucht auch die Dialektik der Dialoge nach der Vermittlung zwischen Einheit und Vielheit und verfolgt das Ziel, einerseits die Erscheinungen auf die Ideen als begründende Ursachen zurückzuführen, andererseits die uns vertraute Welt von den ideenhaften Normen her theoretisch zu erklären und praktisch zu gestalten.[20] Aber die esoterische Prinzipiendialektik bringt zu Ende, was die Dialoge jeweils nur ein Stück weit verfolgen. Die verschiedenen Strukturaspekte und Wege der Dialektik bleiben in den Dialogen unverbunden, ihr gemeinsames Ziel wird nur unklar angedeutet. Die mündliche Dialektik sollte darüber hinaus die systematische Zusammenfassung leisten und das Ziel selbst, das absolut Eine, in den Blick bringen. Erkannt werden sollten nun nicht mehr nur Einheit und Vielheit in verschiedenen Seinsbereichen, sondern das Eine und Viele an sich. Die innere Übereinstimmung, die grundsätzliche Isomorphie aller speziellen Ordnungen und Gesetzmäßigkeiten und damit ihre prinzipiell einfache Begründung sollten zu voller Evidenz gebracht werden.

1 *Sprache und Mathematik als Modellbereiche*

In den Dialogen ist zu sehen, daß der Dialektiker vornehmlich zwei Strukturbereiche zur Orientierung und Vergewisserung benützt: die Sprache und die Mathematik. Von diesen Modellbereichen aus erkundet er die allgemei-

20 K. Gaiser: Platonische Dialektik – damals und heute, in: H.W. Schmidt, P. Wülfing (Hrsg.): Antikes Denken – moderne Schule, Heidelberg 1988 (Beiheft zum Gymnasium 9), S. 77–107 (in diesem Band Seite 177ff.).

ne Seinsordnung und die Welt der Ideen. Für die esoterische Lehre gilt dasselbe auf höherem Abstraktionsniveau.

Auch die mündliche Dialektik bedient sich der Begriffe und Sätze der gewöhnlichen Sprache, sucht diese aber auf eine allgemeingültige Logik hin zu übersteigen. Berichtet wird uns über eine Reduktion, die zunächst drei generelle Möglichkeiten, Seiendes anzusprechen, unterscheidet (1. An-sich-Seiendes wie Mensch, Pferd, 2. Konträr-Gegensätzliches wie gut und schlecht, gesund und krank, 3. Relativ-Gegensätzliches wie mehr und weniger), und dann diese kategorial verschiedenen Seinsarten auf die allgemeinsten Prinzipien – Einheit und unbestimmte Zweiheit – zurückführt.[21]

Zur Rolle der Mathematik konnte Aristoteles kritisch sagen (Metaph. A 9, 992 a 32–b 1): Platon und seinen Leuten »ist die Philosophie zur Mathe-
22 matik geworden, obwohl sie behaupten, daß man sich um ande- | rer Dinge willen mit der Mathematik beschäftigen müsse«. Wie Aristoteles hier immerhin noch andeutet, hat Platon die Mathematik mit der Ideenlehre oder der allgemeinen Ontologie gerade nicht in einen Topf geworfen, sondern den Gegenständen der Mathematik einen mittleren Seinsbereich zwischen Ideen und Erscheinungen angewiesen. Die Struktur des Ideenbereichs sollte zwar von den Mathematiká aus ermittelt, aber als metamathematisch verstanden werden.[22]

Zu den allgemeinsten Voraussetzungen der mathematischen Wissenschaften sagt Platon in der ›Politeia‹ (6, 510 A – 511 D), daß sie für den Dialektiker nur eine hypothetische Zwischenstufe darstellen. Der Dialektiker soll von dieser Stufe aus noch weiter bis zur höchsten, voraussetzungslosen Ursache aller Dinge aufsteigen. Was im Dialog nur gefordert und angedeutet wird, war offenbar eine der Aufgaben der mündlichen Prinzipiendialektik. Nach der ›Politeia‹ (7, 531 CD; 537 C) müssen auf dem Weg zur Idee des Guten die Ergebnisse der mathematischen Wissenschaften ›synoptisch‹ zusammengefaßt werden. Die esoterische Dialektik bemühte sich intensiv um diese Zusammenschau, bei der das Gemeinsame der mathematischen Gesetzmäßigkeiten und Axiome herausgehoben wurde, und zwar auf der einen Seite das einheitsstiftende, zur Idee des Guten als dem absolut Einen führende Moment der Gleichheit und Regelmäßigkeit, auf

21 Sextus Empiricus, Adv. mathem. 10, 263–275 (= TP 32) und Hermodor bei Simplikios, In Arist. Phys. 247,30–248,15 Diels (= TP 31).

22 Für die Erklärung des Gesamtaufbaus der Realität war die Mathematik in zweierlei Hinsicht besonders instruktiv. (a) Zum einen sah Platon in der Aufeinanderfolge der Raumdimensionen – Länge, Breite und Tiefe – eine Analogie zur Abstufung von den Ideen über den Zwischenbereich des Seelischen zum Körperlichen. An der Dimensionenfolge konnte man sich also die Verbindung (Methexis) zwischen dem Sinnlich-Wahrnehmbaren und dem Geistig-Erkennbaren verdeutlichen. (b) Zum anderen bot auch die Klassifizierung der rationalen und irrationalen Größen – von den zahlenmäßig bestimmten zu den nur quadriert oder in der dritten Potenz kommensurablen und weiter zu den noch komplizierteren irrationalen Verhältnissen – ein Modell für die Klärung des Übergangs von der Einheit der Idee zur unbestimmten Vielheit der Erscheinungen

der anderen das entgegengesetzte Moment der Ungleichheit und Unbestimmtheit.[23]

Der mathematische Zugang zu den Prinzipien zeigt sich in ihrer Benennung – man nannte sie das Eine (ἕν) und die Unbestimmte Zweiheit (ἀόριστος δυάς) oder das Große-und-Kleine (μέγα καὶ μικρόν) – und in der Theorie der ›Ideenzahlen‹. Diese ideenhaften Zahlen galten als erste Produkte des Prinzipiengegensatzes von Einheit und Unbestimmter Zweiheit und als die Urformen für die vielen untergeordneten Ideen und weiter für die gesamte Welt der Erscheinungen.[24] Von den mathematischen Zahlen gibt es unendlich viele, von den Ideenzahlen nur eine ›Zweiheit‹, eine ›Dreiheit‹ und so weiter bis zur ›Zehnheit‹.[25] Zur Eigenart der Ideenzahlen gehörte, wie Aristoteles einmal berichtet,[26] auch, daß sie »nach dem Einen streben«, weil das Eine zugleich das absolut Gute ist.

2 *Synagogé und Dihaíresis nach Gattung und Arten*

Eine besonders wichtige Methode der Platonischen Dialektik ist die Zusammenfassung (Synagogé) der Arten im gemeinsamen Oberbegriff und – umgekehrt – die Einteilung (Dihaíresis) einer Gattung in ihre Unterarten. Die
Dihairesen der Dialoge, wie sie besonders ausführlich | im ›Sophistes‹ und 23
›Politikos‹ dargestellt werden, sind lediglich Vorübungen. Sachlich unbefriedigend ist hier, daß der Ausgangspunkt der Einteilungen nur hypothetisch gewählt, nicht begründet wird und daß die einzelnen Schritte der Zerlegung immer wieder unverbindlich bleiben.

Die esoterische Prinzipiendialektik ging auch hier strenger systematisch vor. Die Logoi der dihairetischen Zerlegung, also die Verhältnisse der Arten zueinander und zur gemeinsamen Gattung, wurden mit Hilfe von geometrischen Schnittverhältnissen exakt definiert. Es macht ja mathematisch einen Unterschied, ob man eine gegebene Strecke nach einem Zahlenverhältnis teilt oder ob man etwa das Schnittverhältnis $1 : \sqrt{2}$ wählt: In

23 K. Gaiser, Platons Zusammenschau der mathematischen Wissenschaften, Antike und Abendland 32 (1986), S. 89–124 (in diesem Band Seite 137ff.).

24 Die zunächst seltsam anmutende Vorstellung von den Ideenzahlen ergibt sich aus der Modellfunktion des Mathematischen. Im Bereich der Mathematiká sind die Zahlen maßgebend; denn auch die räumlichen Figuren und sogar die irrationalen Größen lassen sich – wie die Proportionenlehre des Eudoxos zeigte – durch die Zuordnung zu den ganzen Zahlen systematisch erfassen. Wenn nun die Mathematiká einen repräsentativen Teilbereich der gesamten Realität bilden, muß allem Seienden etwas den mathematischen Zahlen Entsprechendes in ideenhafter Form zugrunde liegen.

25 Bei einer Begrenzung auf die Zehnzahl war offenbar der Gedanke der Konzentration auf wenige Grundformen leitend. Wenn es über die ›Dekas‹ hinaus keine ideale ›Elfheit‹, ›Zwölfheit‹ usw. geben soll, müssen die Ideenzahlen bis zur Dekas als grundlegende und je besondere, unwiederholbare, nach Rang und Eigenschaften charakteristisch verschiedene Normen verstanden worden sein. Ein Versuch, die Zahlen innerhalb der Dekas als maßgebliche Voraussetzungen der einfachsten geometrischen Schnittverhältnisse zu erweisen, bei Gaiser (1963 [o. Anm. 2]), S. 117–123. Anders Schmitz (1985 [o. Anm. 18]), II, S. 360–363.

26 Aristoteles, Eud. . Ethik I 8, 1218 a 15–32; ebenso Theophrast, Metaph. 5 a 23–28.

diesem anderen Fall stehen Gattung und Arten zueinander in einer ›irrationalen‹ Beziehung. Anscheinend wurden in der Schule Platons die verschiedenartigen mathematischen Logoi dazu verwendet, die möglichen Beziehungen zwischen Gattung und Unterart (Genos und Eidos) systematisch zu beschreiben.

3 *Das komplexe Ganze und seine Bestandteile*

Eine andere dialektische Methode besteht in der Auflösung eines komplexen Ganzen in seine elementaren Bestandteile (στοιχεῖα), z. B. eines Lebewesens in seine Glieder und die noch einfacheren Komponenten. Dieser Zergliederung entspricht das konstruktive Verfahren, das den Aufbau des Ganzen aus den Elementen erklärt. Der Modellfall für diese Methode ist die Auflösung des sprachlichen Satzes in Wörter, Silben und Buchstaben oder die Strukturierung der unartikulierten Stimme durch die verschiedenen einzelnen Laute und Lautfamilien (Philebos 16 C – 18 D).

Der Prinzipienerkenntnis dient dabei das Herausarbeiten von Gleichem und Verschiedenem sowie die Beobachtung, daß Einheit und unbestimmte Vielheit in verschiedener Weise auseinandertreten und zusammenwirken: die Elemente sind je einfach und der Art nach begrenzt, aber der Anzahl nach unzählig viele; das komplexe Ganze besteht aus sehr vielen Komponenten, nimmt aber durch die Wirkung des Einheitsprinzips Gestalt und Ordnung an.

4 *Die Struktur der richtigen Mitte*

Eine weitere dialektische Methode, die in den Dialogen eine große Rolle spielt und im Bereich der esoterischen Prinzipienlehre strenger und vollständiger durchgeführt worden ist, besteht im Aufsuchen der richtigen Mitte (μεσότης). Den Ausgleich in der Mitte zwischen den gegensätzlichen
24 Extremen zu finden, ist bei Platon die Voraussetzung für alle | theoretische Erkenntnis und praktische Gestaltung (Politikos 283 C – 285 A). Z. B. sieht er die ethisch-politische Bestform (Areté) im ausgeglichenen Verhältnis zwischen gegensätzlichen Momenten wie Tapferkeit und Besonnenheit, Herrschaft und Freiheit.

Die genauere Begründung geschah auf dem kategorialen wie auf dem mathematischen Wege: (a) In kategorialer Hinsicht wurde festgestellt:[27] Zwischen dem relativen Mehr-oder-Weniger gibt es die richtige Mitte; zwischen dem Konträr-Gegensätzlichen aber gibt es keinen Übergang, weil z. B. das Gesunde den einzigartigen Höchstwert der richtigen Mitte zwischen dem Zuviel und dem Zuwenig des mehr oder weniger Kranken darstellt. Bei der Reduktion jener allgemeinen Seinskategorien auf die Prinzipien wird also auch die Wertstruktur der Mesotes erfaßt und in letzter In-

27 Darüber berichtet Sextus Empiricus, Adv. mathem. 10, 263–275 (= TP 32).

stanz begründet, so daß sie eine universale Verbindlichkeit beanspruchen kann. (b) Bei der Mathematisierung der Mesotes-Struktur konnte man sich daran orientieren, daß die Arithmetische, Harmonische und Geometrische Mitte jeweils den ausgezeichneten Fall des Gleichmaßes zwischen mehr oder weniger stark differierenden Faktoren darstellen.[28]

5 *Der Prinzipien-Gegensatz*

Für die Platonische Konzeption ist charakteristisch, daß hier von *zwei* gegensätzlichen Prinzipien die Rede ist. Zu dem einen Prinzip gelangt man, wenn man in den verschiedensten Gegenstandsbereichen die Momente der Einheit – also Gleichheit, Geordnetheit, Bestimmtheit, Beständigkeit – synoptisch zusammenfaßt. Man muß dabei die verschiedenen Manifestationen der Einheit auf den Begriff bringen, soll das Ergebnis aber nicht nur als gedankliche Abstraktion verstehen, sondern als das in höchstem Grade Seiende. Das absolut Eine kann Platon zugleich als die Idee des Guten verstehen, weil er überall das Geordnete für ›gut‹ hält, Einheit aber die Bedingung für das Zustandekommen von Ordnung ist. Als Grund von Ordnung verstanden, bewirkt das Eine all das, was Platon in der ›Politeia‹ der Idee des Guten zuschreibt: das Beständigsein, das Wertvollsein (die Areté), das Erkennbarsein und die Erkenntnisfähigkeit.

Weil es nun aber auch das Ungeordnete und Schlechte und in gewisser Weise das Nichtseiende (mindestens im Sinne des Anders-Seienden) gibt, deshalb arbeitet Platon auch mit dem Gegenprinzip der ›Unbestimmten Zweiheit‹. Dieses andere Prinzip wirkt schon im Bereich der Ideen differenzierend, im Bereich der Erscheinungen dann immer mehr dissoziierend, relativierend und depravierend. Im Ideenbereich dominiert noch die Einheit, aber hier schon beginnt die Verviel- | fachung in der Diversität der Zah- 25
len und Einzelideen. In der Sinnenwelt zeigt sich andererseits das Gegenprinzip besonders im Hervortreten des Schlechten und in der chaotisch-gestaltlosen Ausdehnung des Raumes, aber noch hier sind formende Spuren des Ordnungsprinzips bemerkbar.[29]

Nun umschreibt freilich die Rede vom Gegensatz oder von der Polarität zweier Prinzipien fundamentale Schwierigkeiten, die sich mit logischen Mitteln nicht befriedigend klären lassen.

Ein solches Problem liegt in der Frage, warum es außer den Prinzipien und Ideen auch eine Welt der körperlichen Erscheinungen gibt, in der das Ungeordnete und Schlechte oder Böse dominiert. Diese ganze Entfaltung ist ja noch nicht ohne weiteres im Prinzip der Zweiheit beschlossen. Die Prinzipien sind die notwendige, aber noch nicht die hinreichende Bedingung für das Zustandekommen der vielen mehr oder weniger defizien-

28 Hinweise darauf im Schlußteil der Epinomis des Philippos von Opús (990 C – 992 A).
29 Zum zweiten Prinzip Platons: H. Happ, Hyle. Studien zum aristotelischen Materie-Begriff, Berlin 1971, S. 82–208 (zur Quellenlage: S. 136–143).

ten Erscheinungen. Platon hat in der bis zum Körperlichen und Zeitlich-Bewegten reichenden und damit zu einem gewissen Abschluß kommenden Dimensionenfolge der Mathematik ein Modell für die gesamte Seinshierarchie gesehen; aber auch an die Dimensionenfolge (Zahl – Linie – Fläche – Körper – Bewegung) ist die Frage zu stellen, warum sie gerade so viele Stufen aufweist.

Dazu kommt die Frage, wie sich die beiden Prinzipien selbst letzten Endes zueinander verhalten, warum und wie sie zusammenwirken. Carl Friedrich von Weizsäcker hat dieses Problem so formuliert:[30] »Ein fundamentales Paradox liegt in der Zwei-Prinzipien-Lehre (Platons). Prinzip heißt Anfang [...]. Mehrere, selbst nur zwei <Anfänge> sind eigentlich überhaupt keine Anfänge, denn sie haben vor sich noch die Fragen: Warum gerade diese zwei? Was ist ihnen gemeinsam [...]? Was unterscheidet sie? Wenn es überhaupt so etwas wie einen Anfang geben kann, so muß es einer sein. Wie aber kann ein Anfang Einer sein, wenn er Vielheit aus sich entläßt?« In den Berichten über die esoterische Lehre Platons findet man unterschiedliche Darstellungen des Verhältnisses der Prinzipien zueinander. Einmal erscheinen sie als gleich mächtig, und so ergibt sich der Eindruck eines prinzipiellen Dualismus. Dann wieder gilt das Einheitsprinzip als die seinsbegründende, werthaft vorrangige, allein positive Ursache, während das zweite Prinzip als passiv und negativ charakterisiert wird; und demnach scheint Platon doch letzten Endes monistisch gedacht zu haben. Im Parmenides-Dialog wird zu der Frage, ob und wie das Eine überhaupt Anfang sein kann, gesagt: Um Anfang des Seienden werden zu können, muß das Eine aus der absoluten Einheit heraustreten und sich mit dem Sein verbinden, und so ergeben sich Zweiheit, Andersheit und alles andere. Soweit
26 wir Seiendes denken können, ist es also heterogen. Was nicht zu denken | und auszusprechen ist, ist das absolut Eine an sich – zumal angesichts der Tatsache, daß es doch nicht allein bleibt, sondern sich mit anderem verbindet. Bei der Suche nach dem absolut Einen stellt sich offenbar heraus, daß es mit dem Logos nicht zu fassen ist.

Man könnte in dem Ausbleiben einer entschiedenen Antwort und in der Unterschiedlichkeit der Darstellungsweisen ein Zeichen dafür sehen, daß Platon das Problem nicht eindeutig gelöst hat. Richtiger ist doch wohl die Auffassung, daß es sich um verschiedene Aspekte einer einheitlichen, aber wegen der Schwäche der Sprache und der Unzulänglichkeiten des gewöhnlichen logischen Denkens nicht widerspruchsfrei formulierbaren Konzeption handelt. Platon war jedenfalls überzeugt, daß sich das Problem bei einer abschließenden, allumfassenden Einsicht klärt; denn sonst hätte er in den Dialogen und im ›Siebenten Brief‹ nicht auf eine solche, alles zu voller Evidenz bringende Erkenntnis hinweisen können. Die Sprache und die Logik (auch so grundlegende logische Sätze wie der vom ausgeschlossenen

30 C.F. v. Weizsäcker, Die Einheit der Natur (Studien), München 1971, S. 475.

Dritten) erweisen sich hier als unzulänglich, weil sie ihrerseits hier allererst konstituiert werden.[31]

Will man auf eine Formulierung der Paradoxie nicht verzichten, so kann man etwa erklären: Als Gegensätze sind das ›Eine‹ und die ›Unbestimmte Zweiheit‹ gleich, dem Sein nach aber sind sie keineswegs gleichrangig, denn das ›Eine‹ ist positiv, das andere insofern negativ, als es sich auflöst in ein unbegrenztes Mehr und Weniger. Noch einfacher mag man es mit Hegels Explikation des Absoluten als ›Identität von Identität und Nichtidentität‹ versuchen und sagen: Platon hat letzten Endes die Einheit von Einheit und Nicht-Einheit gedacht – oder eben, weil hier das logische Denken sich selbst aufhebt, intuitiv geschaut.[32]

IV Die Modalitäten der höchsten Erkenntnis: Erleuchtung und Eudaimonie

1 *Unmittelbarkeit der Evidenz*

Im ›Siebenten Brief‹ wird über die geistige Schau, in die das dialektische Denken einmündet, gesagt (341 CD, vgl. 344 B): »Nach langem gemeinsamem Bemühen um die Sache selbst und aus dem Zusammenleben heraus entsteht es plötzlich – wie ein durch einen Feuerfunken entzündetes Licht – in der Seele und nährt nunmehr sich selbst.« Damit ist ausgedrückt, daß die höchste Einsicht sich als eine unmittelbare, visionär erfahrene geistige Helligkeit einstellt und daß sie eine bleibende Gewißheit schafft. Platon spricht davon in bildhaften Vergleichen, die er zwei Erfahrungsbereichen entnimmt: zum einen dem Bereich der reli- | giösen Mysterien, in denen es 27
Erleuchtungserlebnisse gegeben hat,[33] zum anderen dem Bereich der erotischen Ekstase, wo das Ziel des Strebens das Einswerden mit dem geliebten Wesen ist.

Die Metaphorik darf nicht die Unterschiede verwischen: Bei Platon

31 Aufschlußreich ist vielleicht auch für Platon, was Aristoteles in einem Kapitel der ›Analytica priora‹ (I 3) ausführt: Die letzte Begründung muß durch eine Art indirekten Beweises geleistet werden. Weil das Prinzip seinerseits nicht mehr direkt begründet werden kann, muß man zeigen, daß das Gegenteil widersprüchlich ist, oder man muß es von dem Begründeten, den Derivaten her erfassen, oder man muß es abheben von dem, was ihm nicht zukommt.

32 Mit den Begriffen der Dialektik Hegels nähert sich dem Fundamentalproblem der weder dualistischen noch schlicht monistischen Prinzipientheorie Platons V. Hösle, Wahrheit und Geschichte, Stuttgart-Bad Cannstatt 1984, S. 480–481. Seine Leitgedanken sind die Selbstzerstörung der Negativität und die notwendige Priorität der positiven, Identität begründenden Einheit.

33 Zum Vergleich mit Mysterien in den Dialogen: É. des Places, Platon et la langue des mystères (1964,), jetzt in: É. des Places: Études platoniciennes 1929–1979, Leiden 1981, S. 83–98; A. Lebeck, The Central Myth of Plato's Phaedrus, Greek Roman and Byzantine Studies, 13 (1972), S. 267–290; C. Riedweg, Mysterienterminologie bei Platon, Philon und Clemens von Alexandrien, Berlin 1987.

handelt es sich nicht um ein durch Meditation, Versenkung oder Ekstase zustande kommendes mystisches Erlebnis, sondern das Überspringen des Funkens muß vorbereitet sein durch die lange Zeit dauernde Bemühung der wissenschaftlichen Studien und der dialektischen Übungen. Platons Weg ist der des Denkens, wenn auch die gedanklichen Schritte schließlich in einer plötzlich erreichten Klarheit aufgehen.

Seitdem im 19. Jahrhundert das neuplatonische Paradigma der Platonerklärung in Frage gestellt worden war, hat man die mystisch-ekstatischen Züge der Platonischen Philosophie, die doch auch in den Dialogen deutlich vorhanden sind, mehr oder weniger verdrängt. Auch bei der Wiedererschließung der ›Agrapha‹ Platons in den letzten Jahrzehnten wurde darauf noch nicht genügend geachtet, weil man sich zunächst gegen den Verdacht schützen mußte, hier werde einem irrationalen Mystizismus das Wort geredet, und deshalb betonte, daß die Prinzipienerkenntnis Platons nicht schlechthin ›unsagbar‹, sondern doch sprachlich formulierbar (wenn auch auf diese Weise nicht ohne weiteres mitteilbar) gewesen sei. Es ist jedoch geboten, auch das ernst zu nehmen und historisch zu konkretisieren, was bei Platon auf das unmittelbare Evidentwerden durch eine noetische Schau hinweist.

Die Andeutungen in Platons Schriften und die Sache der Prinzipientheorie führen darauf, daß hier letzten Endes etwas ›einleuchten‹ muß, was durch gedankliche, logische Operationen allein nicht zu fassen ist. Die Lehre läßt sich zwar systematisch darstellen, aber sie hat nur für den Gültigkeit, der einsieht, daß derselbe Begriff auf verschiedenen Seins- und Erkenntnisebenen Verschiedenes bedeutet. Das absolut Eine ist etwas anderes als etwa die mathematische Eins, die jeder kennt. Platon sagt deshalb im ›Siebenten Brief‹ (343 B–E), daß die Rede von den Ideen auf der Ebene der eingleisigen logischen Eristik angreifbar und leicht widerlegbar sei und daß man, um zur Wahrheit der Sache selbst zu gelangen, auf eine höhere Seinsebene aufsteigen müsse, wozu nur wenige fähig seien. Die auf den Wegen der Dialektik erforschten Grundstrukturen, die man als bloße Abstraktionen auffassen könnte, sollten sich dem Erkennenden als reale und normativ gültige Entitäten erweisen. Während für das gewöhnliche Sprechen und Denken das Subjekt und das Objekt des Erkennens getrennt sind, wird bei der Angleichung an den göttlichen Ursprung der erkennende Geist mit dem
28 Erkannten eins. |

Wir wissen nicht, wann und wie oft Platon das Evidenz-Erlebnis gehabt hat, von dem er im ›Siebenten Brief‹ schreibt und das auch bei den Hinweisen auf eine abschließende Erkenntnis in den Dialogen vorausgesetzt ist. Nach den Angaben über den Bildungsgang der Philosophen in der ›Politeia‹ sollen die mathematisch und dialektisch Geschulten und zur Leitung der Polis Berufenen erst mit dem fünfzigsten Lebensjahr zur Schau des absolut Guten geführt werden. Platon selbst muß das Ziel schon früher erreicht haben.

Der ›Siebente Brief‹ spricht von der Unverlierbarkeit der einmal gewonnenen Gewißheit: Wenn der Funke übergesprungen ist, nährt sich das leuchtende Feuer selbst (341 D1); und wer die entscheidende Erkenntnis erreicht hat, kann sie nicht wieder vergessen, denn »sie liegt im Allerknappsten«.[34] Die unmittelbare Schau läßt sich gewiß nicht in jedem beliebigen Augenblick wiederholen, aber die einmal erreichte Klarheit und Sicherheit bleibt fortan ›unauslöschlich‹ bestehen. Das heißt nicht, daß man sich bei dem damit Gewonnenen als einem sicheren Besitz beruhigen könnte. Fruchtbar wird es nur, wenn es nicht das Ende des Philosophierens bedeutet, sondern einen Ansporn zum Weitergehen auf dem Weg der philosophischen Vergewisserung und der Orientierung in immer wieder neuen Erkenntnis- und Lebensbereichen. Platons ›System‹ war offen für die Einbeziehung von neuen Einzelerkenntnissen, die ihrerseits wiederum das Verständnis der Prinzipien selbst modifizierten und bereicherten.

Noch weniger als bei Platon selbst können wir bei den anderen Schulmitgliedern sagen, ob und wie sie zu der von Platon in Aussicht gestellten Erleuchtung gelangt sind. Aristoteles ist ein Beispiel dafür, daß ein Schüler in langen Jahren der gemeinsamen Arbeit sicherlich alles von Platon gehört hat, was es zu sagen gab, sich aber den systematischen Abschluß der Platonischen Lehre nicht zu eigen machte, und zwar eben deshalb nicht, weil er jenes plötzliche Evident- und Gewißwerden nie erlebt hat.

Aufschlußreich sind für das Verständnis Platons die noetischen und ›mystischen‹ Erfahrungen der Neuplatoniker. Bei ihnen tritt freilich – mit Platon selbst verglichen – die streng wissenschaftliche, mathematisch-dialektische Anstrengung zurück. Sie betonen mehr als Platon, daß der Weg zur Erkenntnis des göttlichen Einen ein Weg nach innen ist. Aber sie glaubten doch wohl mit einigem Recht, eben das geschaut zu haben, was schon für Platon das Ziel der Erkenntnisbemühungen war. Von Plotin (gest. 270 n. Chr.) sagt sein Schüler und Biograph Porphyrios, daß er die mystische Schau mehrfach erreicht habe:[35] »So ist denn diesem daimonischen Manne oftmals, wenn er sich hinaufhob zum ersten, jenseitigen Gott mit seinem Denken auf den Wegen, welche | Platon im ›Symposion‹ gewiesen, jener 29
Gott erschienen, welcher keine Gestalt und keine Form hat und oberhalb des Geistes und der ganzen geistigen Welt thront, und von dem ich, Porphy-

34 Epist. 7, 344 DE: … πάντων γὰρ ἐν βραχυτάτοις κεῖται. Mit dem »Allerkürzesten« sind die einfachen Benennungen der Prinzipien gemeint. Merlan (1969 [o. Anm. 3]), S. 121.

35 Porphyrios, Vita Plotini 23, 130–131. Augustin spricht in den ›Confessiones‹ von seiner neuplatonisch-mystischen Gotteserfahrung am genauesten dort, wo er die gemeinsam mit der Mutter bei Ostia erlebte Schau beschreibt (IX 10, 23–26). Allgemeiner sagt er einmal (VII 10, 16): »Ich sah mit dem Auge meiner Seele, so schwach es war, über diesem meinem Seelenauge, über meinem Geist ein unwandelbares Licht. Es war nicht das gewohnte, allem Fleisch sichtbare Licht, auch nicht von seiner Art, nur gewaltiger […]. Nein, so war es nicht, sondern anders, ganz anders als all das. […] Wer die Wahrheit kennt, der kennt es, und wer es kennt, der kennt die Ewigkeit. Die Liebe kennt es.«

rios, bekenne, daß ich ihm nur einmal nahe kommen und mich (mit ihm) einen konnte (ἑνωθῆναι) – und ich stehe im achtundsechzigsten Jahr.«

Auch wer selbst das Gute Platons nie geschaut hat, darf als Historiker erklären, daß Platon eine solche geistige Erfahrung gemacht und daß er dem Gegenstand dieser Erkenntnis die höchste Bedeutung zugemessen hat.[36] Dafür sprechen die vielen Berichte aus älterer und neuerer oder neuester Zeit, nach denen Menschen auf verschiedenen Wegen, etwa durch Meditation, ein plötzliches Lichtwerden erlebt haben. Sicherlich muß man unterscheiden zwischen religiös-mystischen, bildhaften Visionen und der Erleuchtung Platons, die eine disziplinierte mathematisch-dialektische Vorbereitung verlangt und eine streng gedankliche Konzentration voraussetzt. Zugleich darf man aber doch wohl annehmen, daß alle derartigen Erlebnisse einen gemeinsamen psychischen und sachlichen Grund haben und also letztlich dasselbe bezeugen.[37]

2 *»Eine wunderbare Glückseligkeit«*

Die Berichte über solche Erleuchtungen stimmen auch darin zusammen, daß die Erkenntnis als in höchstem Grade beglückend empfunden wird. Dies gilt schon für Platon. Man versprach sich in seiner Schule von jenem ›Einswerden‹ die Eudaimonie, das größte Glück, und zwar womöglich schon in diesem Leben, endgültig aber für das jenseitige Leben der Seele nach dem Tod. In höchstem Maße beglükkend war offenbar die unmittelbare Schau selbst; und diese begründete durch die so gewonnene Gewißheit, daß es jenes absolute Gute gibt, auch eine das weitere Leben bestimmende Eudaimonie.

Die Hörer, die von Platons Vortrag ›Über das Gute‹ Anweisungen für ›eine wunderbare Glückseligkeit‹ erwarteten, waren also nicht so ganz ahnungslos – nur daß sie sich die Eudaimonie anders dachten als Platon. Bei Plutarch (Vita Dionis 14) heißt es einmal ironisch, Platon habe Dionysios verführen wollen, »in der Akademie das geheimgehaltene Gute zu erforschen und durch Geometrie glückselig zu werden«. Platon selbst sagt über seine mündliche Lehre im ›Phaidros‹ (276 E –277 A):

36 Freilich bleibt damit die Frage, ob Platon die Wahrheit erkannt oder sich getäuscht hat, noch offen. Daß aber die Legitimität und Sicherheit der philologisch-historischen Erklärung nicht von der Fähigkeit zur sachlichen Verifizierung abhängig ist, verkennt Merlan, wenn er schreibt (1969 [o. Anm.3], S. 124–125): »Wer glaubt, durch Rekonstruktion des mündlichen Systems Platos sein Geheimnis ergründet zu haben, prüfe sich an der Stelle des Siebenten Briefes. Ist aus dem rekonstruierten System ein Funken auf ihn hinüber gesprungen, und hat dieser Funke dann in ihm ein Feuer entfacht, das nun von selbst weiter brennt? Kann er die Frage nicht bejahen, so sollte er auch die Bedeutung des Systems nicht überschätzen.« Zunächst muß ermittelt werden, welche Bedeutung das System *für Platon* hatte – unabhängig davon, ob der Interpret den Wahrheitsanspruch Platons von sich aus einlösen kann.

37 Von grundsätzlich anderer Art sind die durch Drogen hervorgerufenen Imaginationen und Hochstimmungen, die auf die Dauer nicht realitätserschließend und beglückend, sondern deprimierend sind.

Viel schöner aber (als das Spiel des Schreibens) ist das ernsthafte Bemühen um diese Dinge (= das Gerechte, Schöne und Gute), wenn einer, die dialektische Kunst gebrauchend, eine geeignete Seele nimmt und in sie pflanzt und sät mit Wissen solche Reden [...], die den, | der sie hat, 30
glückselig werden lassen, so weit und so sehr es dem Menschen überhaupt möglich ist.

Einer der Schüler, Philippos von Opús, beschreibt in der ›Epinomis‹ (Nomoi 13) den platonischen Weg zur philosophischen Erkenntnis als Weg zur Eudaimonie, und er hat dabei offenbar das Ziel der esoterischen Lehren Platons vor Augen. Er sagt zu der einheitlichen Zusammenschau der mathematischen Wissenschaften (991 E – 992 D):

Wer aber dies alles auf diese Weise sich angeeignet hat, den allein nenne ich einen ganz und gar weisen Mann; und von ihm versichere ich auch im Spiel (des Schreibens) und zugleich im Ernst (des Lehrens), daß einer von dieser Art, wenn er im Tod sein Schicksal erfüllen wird, fast unmittelbar schon im Sterben dann nicht mehr teilhaben wird an den vielen Sinneswahrnehmungen wie jetzt und daß er [...] aus vielem Einer geworden ist und also glücklich sein wird als Weiser und zugleich als Seliger.

Die Eudaimonie besteht hier also in der durch Erkenntnis gewonnenen Angleichung an die Einheit der Idee oder des Guten. Dieses ›Einswerden‹ soll sich vollenden im Tode, bei der Erlösung aus der Vielheit des Leiblichen. Aussicht auf diese Eudaimonie hat die Seele des Philosophen, der auf dem Weg der mathematisch-dialektischen Studien zur Erkenntnis des Einen gelangt ist. Er wird aus dem Kreislauf der Wiederverkörperungen befreit werden und fortan in der Welt der seligen Geister leben.

V Die Notwendigkeit der esoterischen Zurückhaltung und die gegenwärtige wissenschaftliche Diskussion

1 *Platons Motive*

Wenn so weit die Umrisse der esoterischen Lehre Platons richtig nachgezeichnet sind, läßt sich nun genauer verstehen, warum Platon darüber nichts geschrieben hat und warum er nur mit den wenigen Aufnahmefähigen darüber sprechen wollte. Jener einmalige öffentliche Vortrag ist die Ausnahme, die den Grundsatz bestätigt, weil sich Platon nur wegen äußerer Notwendigkeiten dazu entschloß und weil die unvorbereiteten Zuhörer tatsächlich nichts damit anfangen konnten.

Platons Zurückhaltung war keine künstliche Maßnahme, sondern ergab sich mit sachlicher Notwendigkeit daraus, daß das Verständnis der Prinzipien ungemein voraussetzungsreich ist und daß daher die öffentliche Verbreitung der entsprechenden Lehren unvermeidlicherweise zu Mißverständnissen führt. Zwar läßt sich der Inhalt der esoterischen Theorie in einigen kurzen Formeln darstellen, aber | gerade wegen der äußersten 31
Verdichtung bleiben diese Formeln weit hinter der Sache selbst zurück. Platon erklärt dies deutlich im ›Siebenten Brief‹ (342 DE):

Wenn ich aber dächte, man könne es der Menge hinreichend in der Schrift und in Worten verständlich machen, was hätte ich Schöneres vollbringen können in meinem Leben, als das niederzuschreiben, was den Menschen großen Nutzen gewährt, und das Wesen der Dinge für alle ans Licht zu bringen? Aber ich glaube nicht, daß der Versuch, darüber zu sprechen, für die Menschen etwas Gutes wäre – außer für einige wenige, die imstande sind, es selbst herauszufinden mit Hilfe eines kleinen Hinweises; von den übrigen aber würde es die einen mit unberechtigter Verachtung erfüllen auf keineswegs angemessene Weise und die anderen mit einer hochgespannten und eitlen Einbildung, als ob sie wunder was für großartige Dinge gelernt hätten.

Im Anschluß daran referiert Platon eine hermeneutische Erläuterung, die er schon oft vorgebracht habe (Epist. 7, 342 A – 344 D): Jeder Gegenstand zeige sich uns zunächst undeutlich in abbildhaften Medien: in der Sprache, in sinnlich wahrnehmbaren Erscheinungen, in seelischen und gedanklichen Vorstellungen. Zur Sache selbst gelange nur, wer sich lange Zeit intensiv mit diesen abbildhaften Repräsentationen so beschäftigt habe, daß schließlich die reine Wahrheit aufleuchten könne. Die Schrift gilt hier verständlicherweise als das schwächste, am stärksten entstellende Medium: ihr fehlt die Fähigkeit der lebendigen, mündlichen Sprache, sich dem jeweiligen Partner anzupassen.

Die lange dauernde, anstrengende Vorbereitung ist die Bedingung dafür, daß die Rede von den Prinzipien nicht leeres Gerede ist. Verstehen kann die Aussagen über das ›Eine‹ und die ›Unbestimmte Zweiheit‹ nur derjenige, der sich mit Erfolg um alle die empirischen, mathematischen und dialektischen Erkenntnisse bemüht hat, die in jenen Prinzipien zusammengefaßt sein sollten, und der in der Lage ist, selbsttätig die allgemeinsten Ursachen aus allen möglichen Beobachtungsfeldern herauszuheben und sie wiederum bis in die Welt der Erscheinungen herab zu verfolgen.

Die Gefahr der schriftlichen und damit jedermann zugänglichen Darstellung liegt, genauer gesagt, nicht nur in der Mißverständlichkeit der simplen Formulierungen und systematischen Zusammenfassungen, sondern auch in ihrer scheinbaren Selbstverständlichkeit. Am Schluß der ›Nomoi‹ (12, 968 C–E) erklärt Platon mit einem Wortspiel, die Gegenstände der höchsten Erkenntnis seien keineswegs »unsagbar« (ἀπόρρητα), wohl aber *»vorher* nicht sagbar« (ἀπρόρρητα), nämlich nicht mitzuteilen, bevor der Lernende selbst die Erkenntnis in seiner Seele gewonnen hat. Damit ist gemeint: Wenn
32 die wichtigsten Dinge | vorzeitig erklärt und einfach vorgesagt werden, sind sie vielleicht unverständlich, vielleicht aber auch rein gedanklich nur allzu leicht nachvollziehbar, so daß man damit dem Lernenden die Chance nimmt, das Erstaunliche und Überwältigende der Wahrheit zu erfahren, das einem nur aufgeht, wenn man sich immer wieder vor Aporien gestellt sieht und alle Kraft zusammennehmen muß, um sie zu überwinden.

2 *Moderne Reaktionen*

Bei der neueren Diskussion um die ›Ungeschriebenen Lehren‹ Platons sind nun bezeichnenderweise die Mißverständnisse, die Platon vermeiden wollte, tatsächlich aufgekommen. Auf der einen Seite ist wohl auch die ›eitle Einbildung‹ zu beobachten, als ob die einfachen Formeln der Prinzipientheorie das Wesentliche der Platonischen Philosophie enthüllten und einen Patentschlüssel für alle Interpretationsprobleme an die Hand gäben. Auf der anderen Seite zeigt sich bei den philosophischen Kritikern die ›unangemessene Verachtung‹, wenn sie erklären, die schematischen Begriffe der Prinzipientheorie Platons seien sachlich unergiebig und reichten nicht an das Reflexionsniveau der Dialoge heran. Diese Kritik widerspricht erstaunlich unbekümmert dem, was Platon selbst über die Bedeutung seiner ›Agrapha‹ gesagt hat; sie entspricht aber seiner Erklärung, die ungeschützte Darstellung der esoterischen Lehre führe notwendigerweise zu einer derartigen Ablehnung.

Die Unzufriedenheit der heutigen Philosophen erinnert in gewisser Weise an die Reaktion der damaligen Zuhörer, die von Platons öffentlichem Vortrag ›Über das Gute‹ enttäuscht waren, weil sie ihn nicht auf Anhieb verstehen konnten. Zwei Vorurteile erschweren den neueren Kritikern das angemessene Verständnis: (a) Zum einen erwarten sie von Platon, dem Begründer der Philosophie, die Bestätigung ihres eigenen Philosophiebegriffs. Weil sie selbst Metaphysik für schlechte Philosophie halten, wollen sie die systematischen Züge in den Berichten über Platons esoterische Lehre nicht als echte Überlieferung und nicht als philosophisch bedeutsam anerkennen. Weil sie selbst eine abschließende Erkenntnis der Realität für unerreichbar, für eine Illusion halten, lehnen sie die Berichte, die davon sprechen, ab und ignorieren auch die darauf hinzielenden Andeutungen in den Dialogen. (b) Zum anderen reflektieren sie nicht genügend die doch von Platon selbst so stark betonte Diskrepanz zwischen den Möglichkeiten der sprachlichen Äußerung und der Verifizierung der Sache selbst. Die scheinbar trivialen Begriffe der Prinzipientheorie verführen zu dem Irrtum, als ob es sich um ärmliche Abstraktionen handelte, während nach Platons | 33
Ansicht in ihnen der ganze Reichtum der Einzelerkenntnisse immerhin auf gewisse Weise repräsentiert war. Man kann nun einmal mit sprachlichen Mitteln und mit den Methoden der philologischen Rekonstruktion Platons esoterische Lehre lediglich doxographisch nachzeichnen, nicht adäquat verlebendigen und mitteilen. Was man beschreiben kann, verhält sich zur philosophischen Bedeutung wie ein Skelett oder ein Petrefakt zu dem Lebewesen aus Fleisch und Blut.[38]

Trotz der entstandenen Mißverständnisse wird man kaum bestreiten können, daß sich die neuerdings aufgekommene Diskussion um diese Din-

38 H.-G. Gadamer, Dialektik und Sophistik im siebenten platonischen Brief, Heidelberg 1964 (Sitzungsber. d. Heidelb. Akad. d. Wiss., Phil.-hist. Kl. 1964, 2) S. 31: »Es scheint wie ein dürrer Schematismus, in den Erzeugungsprinzipien der Zahlen, der Eins und der Zwei, die Erzeugungsprinzipien aller Einsicht und das Aufbaugesetz aller sacherschließenden Rede zu erblicken, und es dürfte dieser Schein gewesen sein, der Plato die schriftliche Fixierung dieser Lehre unratsam erscheinen ließ.«

ge gelohnt hat. An der Existenz einer esoterischen Lehre zweifelt mittlerweile kaum mehr jemand; und mögen die Rekonstruktionsversuche bisher so unzulänglich sein, so ist durch sie doch klar genug die Aufgabe gestellt worden, die philosophische Bedeutung des Systems zu begreifen.

VI Aktuelle Aspekte

1 *Die historische Wahrheit*

Die Vergegenwärtigung der esoterischen Lehre Platons lohnt sich zunächst deshalb, weil sie uns der historischen Wahrheit näherbringt. Sie ist unentbehrlich, wenn wir von Platons Dialogen und vom Charakter seiner Philosophie ein geschichtlich richtiges Bild gewinnen wollen.

Die literarischen Dialoge, an deren Verständnis uns vor allem gelegen sein mag, werden im Rahmen des neuen Platonbildes nicht herabgewürdigt, sondern ihr Wert zeigt sich in neuem Licht, und sie werden – im Sinne ihres Autors – besser verständlich. Wir sind auf Platons literarische Darstellung angewiesen, wenn wir heute die bis zum Skelett abgemagerten Berichte über die mündliche Lehre in ihrer philosophischen Bedeutung erfassen und mit Leben erfüllen wollen. Andererseits läßt sich aber auch der philosophische Stellenwert jedes einzelnen Dialogs und des gesamten Schriftwerkes nur dann genau erfassen, wenn man diese Schriften in dem ursprünglichen ›Kontext‹ der mündlichen Lehre zu lesen versucht.

Ignoriert man den esoterischen Hintergrund, werden alle Dialoge um eine entscheidend wichtige Dimension verkürzt. Daß sie alle über sich hinausweisen, ist unbestreitbar; und wohin die nicht ausgezogenen Linien führen, wird nur durch die Mitberücksichtigung der Berichte über die esoterische Lehre klar. Das gesamte Schriftwerk Platons ist, wie neue Interpretationen immer deutlicher herausarbeiten, durch das Zusammenspiel von Mitteilung und Zurückhaltung konstituiert: Der Gesprächspartner und
34 mit ihm der Leser wird je nach seinen | Fähigkeiten ein Stück weit, aber nie ganz zu der überlegenen Einsicht des Philosophen hingeführt.[39]

In dem größeren, die Schule mit einbeziehenden Horizont zeigt sich, daß Platons Philosophie mehr bieten wollte als Aufklärung von Vorurteilen, Anregungen zu methodisch bewußtem Denken und zum Aufschwung aus der Misere oder zur praktischen Verbesserung unseres Lebens. All dies sollte durch eine systematische ›Letztbegründung‹ seine Verbindlichkeit erhalten. Platon erhebt Anspruch auf eine absolut wahre Erkenntnis, deren Charakter man vielleicht mit religiösen Begriffen wie Erleuchtung oder Er-

39 Daß dies auch für die frühen Dialoge bis zur Politeia gilt, hat neuerdings Th.A. Szlezák überzeugend nachgewiesen: in dem Buch von 1985 (o. Anm. 18) und zuletzt in dem Aufsatz über ›Platons ›undemokratische‹ Gespräche‹, Perspektiven der Philosophie 13 (1987), S. 347–368.

lösung umschreiben kann – wenn man dabei nicht vergißt, daß dieses Ziel auf dem Weg der streng gedanklichen Reflexion und Konzentration erreicht werden sollte. Erstrebt wurde eine Zusammenschau aller einzelnen Erkenntnisse und Einsichten, die den Menschen hineinnehmen sollte in den einheitlichen Urgrund aller Dinge.

2 *Die überzeitliche Wahrheit*

Die höchste philosophische Erkenntnis wird von Platon als etwas überaus Anspruchsvolles, Schwieriges und nur wenigen Erreichbares bezeichnet. Trotzdem können wir Platon verstehen, ja uns als Platoniker verstehen, auch wenn wir das höchste und letzte Ziel nicht erreicht haben. Gibt es doch Stufen der Annäherung und durchaus verwandte Erfahrungen, die jedem von uns vertraut sind. Wer etwas lernt, wer wissenschaftlich forscht, wer liebt, wer leidet, erfährt immer wieder, daß ihm etwas lang Gesuchtes ›auf einmal‹ aufgeht und unmittelbar evident wird, daß er eine Sache plötzlich begreift – oder vielleicht von ihr ergriffen wird. Dieser starke Eindruck ist nichts Irrationales, sondern oft gerade das Ergebnis rationaler Anstrengung. Man kann darüber sprechen, und doch entzieht sich die Unmittelbarkeit des Einleuchtens den Möglichkeiten der sprachlichen und logischen Begründung und Mitteilung. Schwieriger wird es gewiß, wenn nicht nur ein einzelner Sachverhalt, sondern das Ganze in den Blick kommen soll. Aber Platoniker ist man doch auch schon dann, wenn man erkennt, daß wir – zunächst unbewußt und dann immer mehr bewußt – von solchen prägenden Einsichten und Lichtblicken leben.

Ob wir Platons Weisheit oder das Wesentliche von ihr – sicher nicht alle Einzelheiten der Lehre – als immer noch und überzeitlich berechtigt anerkennen können, läßt sich mit wissenschaftlichen Kriterien nicht entscheiden. Wie schon in der eigenen Umgebung Platons, so gibt es dazu heute sehr verschiedene Standpunkte der Beur- | teilung. Mit den Worten von Ph. 35
Merlan:[40] »Es wird schon so sein, daß es Weisheitsbeflissene gibt, die in der dünnen Luft der existenzialistischen Systemlosigkeit, und andere, die in der dicken Luft des geschlossenen Systems ersticken.«

Gewiß verfährt auch heute noch jede Wissenschaft im Sinne der von Platon entwickelten Methoden, wenn sie nach einfachen Strukturen, Gesetzmäßigkeiten, Symmetrien sucht. Problematisch ist für uns aber, ob – wie Platon meinte – eine systematische Zusammenfassung nicht nur in einzelnen Sachbereichen, sondern für alles Seiende überhaupt möglich ist. Und wenn eine solche alles übergreifende Summe gedacht werden kann: ob wir damit dem Wahren, dem Seienden, dem Guten auf der Spur sind.

Immerhin berührt sich Platons esoterische Lehre eng mit den heute noch lebendigen und teilweise auch aus ganz anderen Traditionen stammenden Bestrebungen, an der unsichtbaren, aber nicht unwirklichen, geisti-

40 Merlan (1969 [o. Anm. 3]), S. 121.

gen Einheit der Welt Anteil zu gewinnen. Bei aller notwendigen Bejahung des Pluralismus ist auch die Frage nach der Einheit der Natur und der gesamten Realität heute so aktuell wie eh und je.[41] Wahrscheinlich entspricht das Streben nach einer inneren Einheit in der verwirrenden Vielheit der Erscheinungen einem Urbedürfnis des Menschen, wie immer er dieses Eine benennen mag. Ohne eine Ahnung oder ein Wissen davon kann der Mensch wohl auch nicht sich selbst verwirklichen und nicht zu sich selbst finden. Einen direkten Hinweis auf die Realität der umfassenden Einheit kann man darin sehen, daß der Verzicht auf die Frage nach ihr in dem Gefühl der Sinnlosigkeit zu enden pflegt.

Die Antwort auf die Frage nach dem Ganzen und Einen kann, weil der Mensch und die Welt kompliziert sind, nicht leicht sein, und sie muß – wenn sie nicht nur aus einem Gefühl, sondern aus dem Verstand kommen soll – die Form eines Systems annehmen: ›System‹ nicht als totes Dogmengebäude verstanden, sondern als Ausdruck eines produktiven, zu immer weiteren Integrationen fähigen Zusammendenkens. Eine positive Antwort im Sinne Platons wird nur befriedigen, wenn sie nicht als Ergebnis bloß gedanklicher Abstraktion erscheint, sondern Ausdruck eigener, befreiender Realitätserfahrung ist.

Wenn man kein sicheres Wissen von dem Einen besitzt, aber die Suche danach doch nicht für aussichtslos hält, darf man sich die Worte des Platonischen Sokrates zu eigen machen, der im ›Phaidon‹ (114 D) schließlich sagt:

> Dieses nun fest zu behaupten, daß es sich so verhalte, wie ich es durchgegangen bin, das schickt sich nicht für einen vernünftigen Mann. Daß es freilich entweder dieses oder etwas von dieser
> 36 Art wirk- | lich gibt […], das ist, wie mir scheint, angemessen, und es ist des Wagnisses wert, zu glauben, es verhalte sich so – denn schön ist das Wagnis –; und man muß sich derartige Dinge gleichsam wie ein magisches Lied vorsingen, weshalb denn auch ich schon die ganze Zeit die Rede in die Länge ziehe.

41 Einen Überblick vermittelt der von K. Gloy und E. Rudolph herausgegebene Sammelband: Einheit als Grundfrage der Philosophie, Darmstadt 1985.

III Zu einzelnen Dialogen und Dialogstellen

Einleitung zu Platons ›Ion‹[1]

> Wer uns auseinandersetzte, was Männer wie Plato im Ernst, Scherz und Halbscherz, was sie aus Überzeugung oder nur discursive gesagt haben, würde uns einen außerordentlichen Dienst erzeigen und zu unserer Bildung unendlich viel beitragen. J.W.v. Goethe,1796, Weimarer Ausgabe, Bd. 41,2, S.176

Die spielerische Ironie, mit der Sokrates im ›Ion‹, einem der frühesten Werke Platons, den Rhapsoden Ion behandelt, hat manche Erklärer dazu verleitet, den kleinen Dialog nicht ernst zu nehmen. Und doch sind hier schon die Grundlinien der ganzen Philosophie Platons vorgezeichnet. Um dies zu erkennen, bedarf es freilich einer hermeneutischen Kunst, die sich der Voraussetzungen des zu interpretierenden Werkes bewußt ist. Obwohl der ›Ion‹ die Hermeneutik zum Thema hat, haben die neueren Interpreten nicht immer die vom Autor geforderten hermeneutischen Anstrengungen auf sich genommen. Auch dieser Dialog verlangt, wie alle Schriften Platons, eine Auslegung, die folgerichtig von dem *expressis verbis* Gesagten zu dem nur Angedeuteten fortschreitet.

I Entstehungszeit

Platon (427-347 v.Chr.) ist wahrscheinlich erst nach dem Tod des Sokrates als philosophischer Schriftsteller hervorgetreten. Aufgrund von Anspielungen auf Zeitereignisse läßt sich der ›Ion‹ in die Jahre zwischen 394 und 392 datieren: Daß Ephesos unter der Botmäßigkeit Athens war (541 C), trifft nur für diese Jahre zu; Herakleides von Klazomenai (541 D) führt in das Jahr 394. Nah verwandt und also wohl zeitlich benachbart ist der ›Hippias Minor‹ Platons: ein früher Dialog, in dem ebenfalls die sophistische Dichterinterpretation eine zentrale Rolle spielt.

Die fiktive Situation des Gesprächs ist wegen der in die Zeit nach Sokrates' Tod führenden Anachronismen unklar. Phanosthenes (541D) wurde 408/7 in Athen zum Strategen gewählt.

1 Deutsche Originalfassung (1988) der Einleitung zu einer nicht zustandegekommenen italienischen Ausgabe des ›Ion‹.

II Komposition und Inhaltsübersicht

Der ›Ion‹ ist ringkompositorisch angelegt. Auf eine kurze Einleitung folgen drei Hauptteile (I.–III.). Der zentrale Mittelteil mit dem Magnetstein-Gleichnis ist wiederum dreifach gegliedert und ringförmig aufgebaut (II. 1-3).

530 A–D: Szenische Einleitung: Der Rhapsode Ion kommt von den Asklepieen in Epidauros und hofft auf einen Sieg im musischen Agon der Panathenäen (530 AB), Sokrates interessiert sich für die Techne des Rhapsoden, besonders für sein Verständnis der Gedankenweit (διάνοια) Homers (530 B–D).

[I.] 530 D – 533 C: Erste elenktische Untersuchung. Sokrates fragt nach dem Umfang der Techne des Rhapsoden, deren Gegenstandsbereich die Dichtung ist. Ion gibt zu, daß er sich nur bei Homer, nicht bei den anderen Dichtern auskennt (»wach ist«). Homer dichte besser als die anderen. Sokrates weist ihm am Beispiel verschiedener Technai nach, daß der Sachverständige auf seinem Gebiet [a] sich sowohl auf das gut wie auf das schlecht Gesagte versteht und [b] alles vollständig beherrscht. Also hat Ion, wenn er sich nur bei Homer auskennt, keine Techne (von der Dichtung im ganzen).

[ll.] 533 C - 536 D: Mittelteil. [1] Bild: Wie der Magnetstein Eisenringe, unter Umständen eine ganze Kette von Ringen anzieht, erfüllt der Gott (oder die Muse) den Dichter mit Kraft (musischer Dynamis). Er dichtet also nicht durch Techne (Wissen), sondern weil er enthusiastisch ›ergriffen‹ (κατεχόμενοι) ist (533 C - 535 A) [2] Weitergehende Erklärung: Auch der Rhapsode als Interpret des Dichters und auch die Zuschauer sind nicht vernünftig (ἔμφρονες), sondern in enthusiastischer Ekstase. Ion führt allerdings die Affekte (Rührung und Schrecken) absichtsvoll-reflektierend herbei, weil seine finanzielle Belohnung davon abhängt (535 A–E). [3] Nochmals das Bild: Die vom Gott abhängende ›Kette‹ reicht über den Dichter und den Interpreten (Rhapsoden) bis zum Zuhörer und Zuschauer. Ihnen allen wird keine Techne, sondern eine enthusiastische Begeisterung vermittelt (535 E - 536 D).

[III.] 536 D - 541 B: Zweite elenktische Untersuchung. Ion bezweifelt, daß er nur in ekstatischer Ergriffenheit über Homer spreche. Sokrates fragt nun nach dem Inhalt (Sachbereich: ἔργον, πρᾶγμα der Techne des Rhapsoden. Das Wissen der einzelnen Technai beruht auf sachlicher Zuständigkeit für bestimmte Dinge (536 D – 539 D). Aufgefordert, das Gebiet seiner Techne anzugeben, nennt Ion: [a] alles, [b] was zu sagen geziemend ist (ἃ πρέπει, angemessene Ethopoiie) für Mann und Frau, Sklave und Freien, Herrschenden und Untertan, [c] auch die Strategenkunst, die er von Homer gelernt habe (539 D – 541 B).

541 B – 542 B: Schluß. Sokrates stellt fest: Ion ist nicht zum Strategen gewählt worden, und er hat das Sachgebiet seiner Techne (Episteme) nicht überzeugend angegeben. Also ist zweierlei möglich: Entweder er will seine

Techne nicht aufzeigen, sondern täuscht den Gesprächspartner, oder er hat keine Techne, sondern sagt, was er Schönes zu sagen vermag, durch göttliche Eingebung. Ion wählt das zweite.

III Das Thema des Dialogs

Insgesamt erörtert der Dialog die beherrschende Rolle der Dichtung in der griechischen Bildung und Erziehung (Paideia). Dieses Thema ist jedoch dreifach gestaffelt: Es geht erstens am Beispiel des Rhapsoden Ion um die Vermittlung – die Auslegung, Interpretation, wirkungsvolle Darbietung – dichterischer Werke; es geht zweitens am Beispiel Homers um die Voraussetzungen und Wirkungen der Dichtung selbst, und es geht drittens darüber hinaus um die von Sokrates eingenommene kritische Position gegenüber den Dichtern und ihren Interpreten.

Die traditionelle Dichtung bedeutete für Platons Philosophie eine besonders große Herausforderung, weil sie als mächtigste, von der ganzen Polis im öffentlichen und privaten Bereich akzeptierte Autorität etabliert war. Durch ihre Vermittler erhob sie einen universalen Anspruch der Welterklärung und Wirklichkeitsbewältigung. Auch im Unterricht der Sophisten spielte die Dichterauslegung eine erhebliche Rolle. Nach üblicher Auffassung sollten die Werke der Dichter nicht nur erfreuen, sondern auch Wissen vermitteln (so schon Homer, Odyssee 12,186–191 von den Sirenen) und zur ethischen Areté erziehen (›besser machen‹, so z.B. Aristophanes, Frösche 1009). Aus diesen Gründen wurden sie rezitiert, auswendig gelernt und interpretiert.

IV Die Intention Platons

Der ›Ion‹ ist sehr verschieden gedeutet worden. Einerseits sah man Platons Absicht in der spöttischen Bloßstellung des Rhapsoden Ion oder auch in der Kritik an der herkömmlichen Dichtung. Andererseits konnte man aber auch eine Rechtfertigung der Dichtung, der immerhin die göttliche Inspiration zuerkannt wird, aus dem Dialog herauslesen. Beides trifft zu, doch muß darüber hinaus mit einer weitergehenden Absicht Platons gerechnet werden: damit nämlich, daß er indirekt die eigene Philosophie vorstellen und charakterisieren will. Hinter dem kläglich versagenden Rhapsoden steht Homer selbst als Vertreter der großen griechischen Dichtung, und über der herkömmlichen Dichtung erhebt sich das philosophische Wissen samt einer neuen philosophischen Dichtung. Die unzulängliche Dichterauslegung und die inspirierte Dichtung müssen als Kontrafakturen der Philosophie verstanden werden.

Nicht aufrecht zu erhalten ist also die Ansicht, der ›Ion‹ sei im wesentlichen als unterhaltsame Satire zu verstehen. Goethe (1796) hielt den ›Ion‹ für eine Persiflage, bei der Platon nichts über das Wesen der Dichtung sagen, sondern nur diesen Rhapsoden lächerlich machen wollte. Noch W.K.C. Guthrie (1975, 211) meint. unser Dialog sei zur Unterhaltung (»enjoyment«) der Leser bestimmt gewesen. Andere Erklärer haben mit Recht bemerkt, daß der Dialog ernsthaft Kritik üben will, und zwar nicht nur an der Rhapsodenkunst eines Ion, sondern allgemein an der auf die Autorität der Dichter gegründeten Paideia.

Platon zeigt hier, daß der Anspruch der Interpreten, die damals das überlegene Wissen des Dichters vermitteln wollten, nicht berechtigt ist und daß die übliche Erwartung, die Dichter könnten belehren und ethisch besser machen, selbst von einem Homer nicht erfüllt werden kann. Zwar wird die Dichtkunst unter dem Gesichtspunkt des Enthusiasmos (also der von einer übermenschlichen Kraft ausgehenden Inspiration) gerechtfertigt. Aber diese Anerkennung ist eingeschränkt durch die Feststellung des Mangels an echtem Wissen.

Daß Platons Hauptabsicht im ›Ion‹ darüber hinaus die indirekte Darstellung seiner Philosophie ist, hat P. Friedländer II ^{2}1957, 124 im Ansatz richtig gesehen: »Der ›alte Zwist zwischen Philosophie und Dichtung‹, von dem er in der ›Politeia‹ (10, 607 B) spricht, griff durch seine eigene Existenz mitten hindurch, und er mußte Ordnung stiften zwischen diesen bald zusammen-, bald auseinanderstrebenden Kräften, Erkenntnis und Enthusiasmos. So ist seine Hauptabsicht nicht, den Zusammenstoß des Sokrates mit einen eitlen Künstler satirisch zu zeigen, vielmehr hat er hier die herakliteische Spannung seiner eigenen Natur als Denker erfaßt und als Dichter gestaltet.« Man kann wohl behaupten, daß der ›Ion‹ im Scheitern des von Sokrates geprüften Wissensanspruchs indirekt das eigene philosophische Areté-Wissen Platons zum Vorschein bringt: Die Philosophie strebt mit besserem Erfolg als die Dichter und ihre Interpreten nach dem umfassenden Wissen vom Guten und jeweils Angemessenen (πρέπον 54 0 B).

V Die Kunst der sachgemäßen Auslegung dichterischer Werke

Die zu kanonischer Geltung gelangten alten Dichter, vor allem Homer, bedurften der aktualisierenden Darbietung und Deutung. Vermittler wie der Rhapsode Ion und die Sophisten beanspruchten für sich eine besondere hermeneutische Kunst der Auslegung. Sie wollten das, was der Dichter von den Musen empfangen hatte, als ein sachlich begründetes, brauchbares Wissen erweisen. Sokrates möchte daher von Ion etwas über das Denken Homers lernen (530 BC). Ion stimmt dem, was Sokrates über die musische Inspiration der Dichter ausführt, durchaus zu (535 A), wehrt sich aber dagegen, daß auch seine Rhapsodenkunst in diesen Zusammenhang eingeordnet werden soll (536 D). Er glaubt, ein echtes Wissen zu haben, und betont selbst, daß er beim Vortrag die Emotionen der Hörer in bewußter Berechnung seines Vorteils herbeiführe (535 E).

Sokrates prüft also zunächst das angebliche Wissen (die Techne, Epistéme) des Rhapsoden Ion. Mit dem negativen Ergebnis will Platon sicherlich nicht nur eine bestimmte Person oder den Beruf des Rhapsoden treffen, sondern allgemein die damaligen Versuche, die Weisheiten der Dichter für die Paideia fruchtbar zu machen.

Wenn im ›Ion‹ die Dichter als inspirierte ›Dolmetscher der Götter‹ verstanden werden, wird ihren Werken ein gewisser Erkenntnisgehalt zuerkannt, und die Dichter bleiben damit als potentielle Erzieher anerkannt. Ebenso deutlich ist damit aber auch auf die Notwendigkeit hingewiesen, die den Dichtern selbst nicht in der Form bewußten Wissens gegebene Weisheit mit Hilfe eines disziplinierten Wissens auszulegen und zu vermitteln. Und aus dem ganzen Gespräch geht hervor: Zu einer sachverständigen Beurteilung dessen, was die Dichter gut und was sie nicht gut gesagt haben, ist allein der Philosoph imstande.

Damit, daß Ion und andere Dichter-Interpreten die von Sokrates geforderte Sachkompetenz vermissen lassen, ist ja keineswegs ausgeschlossen. daß es ein echtes Wissen, mit dem sich auch die Weisheit der Dichter erfassen läßt, geben kann. Vielmehr läßt Sokrates bei all seiner Ironie deutlich genug erkennen, daß er als Philosoph ein solches Wissen besitzt. Dies aber bedeutet, daß Platon, der Autor des Dialogs, den Anspruch erhebt, selbst ein besserer Ausleger der Dichter zu sein.

Im Lauf des Gesprächs wird das geforderte Wissen folgendermaßen gekennzeichnet: Es bezieht sich [a] auf den gesamten Bereich der Dichtung (ὅλον 532 C), [b] anders als jede spezielle Techne auf das Ganze der Welt (531 C) und alle Dinge (ἅπαντα 539 E) und [c] auf Wertunterschiede, also Gutes und Schlechtes, Angemessenes und Unangemessenes. Ein solches Wissen schreibt Platon, wie seine anderen Dialoge immer deutlicher zeigen, dem wahren Philosophen und damit sich selbst zu. Für die philosophische Erkenntnis gilt, daß sie [a] für das Ganze der Dichtung, Tragödie und Komödie gleichermaßen zuständig ist, [b] daß sie universal ist, weil sie die speziellen Technai einheitlich umfaßt, [c] daß sie zur Unterscheidung des Guten und Schlechten befähigt.

VI Herkömmliche und philosophische Dichtkunst

Die Prüfung der angeblichen Techne des Rhapsoden Ion wird im Lauf des Gesprächs ausgeweitet zu einer Untersuchung des Erkenntnisanspruchs der Dichter selbst. Platon analysiert die Selbsteinschätzung und traditionelle Auffassung der Dichter kritisch, um den Wissensanspruch und damit die erzieherische Kompetenz der traditionellen Dichtung als unbegründet zurückzuweisen und zugleich die Überlegenheit der Philosophie deutlich zu machen. Wir nähern uns dem philosophischen Gehalt des Dialogs in fünf Schritten

[1] Die Prüfung ergibt negativ, daß die herkömmliche Dichtung nicht auf einem bestimmten Wissen beruht, positiv aber, daß die Dichter und ihre Vermittler, wo sie Schönes darbieten, vom Enthusiasmos geleitet, also von göttlicher Kraft erfüllt sind (Magnetstein-Gleichnis).

[2] Sokrates spricht im ›Ion‹ von einer ursprünglichen, göttlichen Kraft (Dynamis), die sich auf das von ihr Abhängige erstreckt. Das Magnet-Gleichnis, das die enthusiastische Wirkung der Poesie beschreibt, hat einen allgemeineren philosophischen Hintergrund. In dem gestuften Wirkungszusammenhang der göttlichen Kraft (Gott/Muse – Dichter – Rhapsode/Schauspieler – Zuschauer/Zuhörer) kündigt sich die Ideenlehre Platons an: Diesem Wirkungszusammenhang entsprechen ontologisch die Abfolge der Realitätsbereiche Ideen → Erscheinungen) und die Entfaltung (Gattung → Arten) im Ideenbereich selbst.

Was in der ›Politeia‹ über eine einheitliche (mit der Sonne vergleichbare) Ursache alles Seienden, über die wirkende Kraft (Dynamis) des Guten (Resp. 6, 508 E 2; 509 B 3, 9) und über die mimetische Abhängigkeit der Erscheinungen von den Ideen und weiter der Kunstwerke von den Erscheinungen (Resp. 10, 596 A – 598 C) gesagt wird, erinnert an das Magnet-Gleichnis des ›Ion‹. Ein ähnliches Verhältnis der Abhängigkeit gilt ferner nach dem ›Phaidros‹ (252 C – 253 C) für die Liebe: Die erotische Wirkung geht aus von dem Gott und ergreift zunächst den Liebenden, der dem Schönen in enthusiastischem Streben folgt, und dann weiter den Geliebten, den der Liebende auf das göttliche Vorbild hin zu erzielen sucht.

[3] Wenn die Götter oder die Musen, von denen die Kraft der enthusiastischen Begeisterung ausgeht, vollgültiges Wissen haben, könne sie dieses Wissen grundsätzlich auch weitergeben. Die Verbindung von Enthusiasmos und bewußtem Wissen ist also nicht unmöglich. Im ›Phaidros‹ wird Platon zeigen, daß der Philosoph die enthusiastische Begeisterung mit wachem, dialektisch diszipliniertem Rechenschaftgeben verbindet.

[4] Wahrscheinlich setzt schon der ›Ion‹ Platons Anspruch voraus, als Philosoph über das umfassende Wissen, das einem Ion und sogar Homer fehlt, zu verfügen. Mit diesem Wissen hat der Philosoph nun aber nicht nur die wichtigste Voraussetzung für die richtig urteilende Interpretation jeglicher Dichtung, sondern auch – wenn sich das Wissen mit dem musischen Enthusiasmos verbindet – für die Hervorbringung einer Dichtung, die in der Erkenntnis des Wahren und Guten begründet ist.

[5] In späteren Dialogen wird von Platon nicht nur eine neue, auf Wissen gegründete Dichtung gefordert, sondern auch klar gemacht, daß seine eigenen Schriften schon als Paradigmen dieser neuen, philosophisch legitimierten Dichtkunst zu verstehen sind. Besonders gilt dies für den Schluß des ›Symposion‹ (223 D), wo von einer Tragisches und Komisches vereini-

genden Dichtkunst die Rede ist, für den ›Phaidros‹ (278 B–E), wo der philosophische, über eine tiefere Begründung des Geschriebenen verfügende Dichter vom gewöhnlichen Dichter unterschieden wird, und für die ›Nomoi‹ (7, 811 C–E), wo ganz ausdrücklich der vorliegende Dialog als Muster einer erzieherisch brauchbaren Dichtung bezeichnet wird. – Diese Einschätzung der eigenen ›Dichtung‹ kündigt sich doch wohl bereits im ›Ion‹ an: Daß der Philosoph einen zur Beurteilung von Dichtung und zum poetischen Schaffen befähigenden Sachverstand hat, ist vielleicht schon im ›Ion‹ nicht nur ein programmatisch vorausweisender Gedanke, sondern durch den Dialog selbst schon unter Beweis gestellt.

Der ›Ion‹ erklärt, worauf Dichtung beruht (auf Enthusiasmos), welches ihre Mittel und Ziele sind und was der bisherigen Dichtung fehlt (das sichere Wissen). Er stellt aber auch schon die Wirkungsweise der Dichtung auf dichterische, nämlich bildhafte Weise dar, denn das Gleichnis vom Magnetstein ist ein poetisches Bild. Der ganze Dialog hat, darüber hinaus, dichterische Qualitäten durch die kunstvoll ausgewogene Symmetrie seiner Komposition, durch die Kraft der Sprache, durch die szenisch-lebendige Darstellung des Gesprächs, durch die ›überzeugende‹ Wirkung auf den Gesprächspartner und auf den Leser.

Vielleicht kann man also behaupten, daß der ›Ion‹ schon ein Beispiel der neuen, philosophischen Dichtung Platons ist und daß sich der Autor dessen bewußt war. Ist dies richtig, so kritisiert Platon hier nicht nur die Dichter und ihre Interpreten und fordert er nicht nur ein der bisherigen Dichtung überlegenes Wissen, sondern er sucht schon hier die agonale Auseinandersetzung mit den Dichtern auf ihrem eigenen Gebiet und zweifelt nicht an der Überlegenheit seiner neuen Art der Dichtkunst. Er erhebt dann schon im ›Ion‹ den Anspruch, der Nachfolger der großen griechischen Dichter zu sein – einen, wie wir rückblickend sagen können, berechtigten Anspruch.

In dem folgenden Abschnitt der ›Politeia‹ beschreibt Platon die erzieherischen Aufgaben der wahrhaft guten Dichtung, die in der philosophischen Erkenntnis der Wahrheit (der überempirischen Ideen) fundiert ist. Seine eigenen literarischen Dialege setzen – als ›philosophische Dichtung‹ – die richtige Paideia auf höherer, zu bewußter Erkenntnis führender Ebene fort (Politeia 3, 401 C 4–402 D 4):

Man muss solche Künstler aufsuchen, die aus guter Veranlagung heraus dem Wesen des wahrhaft Schönen und Wohlgestalteten nachzuspüren vermögen, damit unsere Jugend gleichsam in gesunder Luft wohne und durch alles gefördert werde, wo immer ihren Augen und Ohren durch die schönen Werke etwas entgegentritt – wie ein Hauch, der Gesundheit bringt aus heilsamer Gegend – und sie von klein auf unvermerkt zu Ähnlichkeit, Freundschaft und Einklang mit dem schönen Logos bringt. Die Erziehung durch die musische Kunst ist deswegen so überaus wichtig, weil Rhythmus und Harmonie am tiefsten in die Seele eindringen, sie am stärksten ergreifen und ihr so Wohlgestalt verleihen: Wohlgestaltet macht sie die Seele dessen, der richtig erzogen wird, im anderen Fall bewirkt sie das Gegenteil. Außerdem auch deshalb, weil das, was fehlerhaft hergestellt oder gewachsen ist, am schärfsten derjenige erkennt, der in der musischen

Kunst in gehöriger Weise erzogen ist, und weil er – damit berechtigterweise unzufrieden - voll Freude das Schöne lobt, es in seine Seele aufnimmt und sich davon nährt und dadurch schön und gut wird, das Häßliche aber zu Recht tadelt und ablehnt schon in der Jugend, bevor er den Logos zu erfassen fähig ist. Wenn dann aber der Logos kommt, begrüßt ihn der so Erzogene freudig und erkennt ihn durch die Wesensverwandtschaft am besten.
Beim Schreibenlernen waren wir ja erst dann hinreichend sicher, als uns nicht entging, daß sich die Buchstaben (στοιχεῖα), so wenige es sind, in allem Geschriebenen immer wieder finden, und als wir sie, ob klein oder groß, nicht mißachteten - als ob wir sie nicht wahrzunehmen bräuchten –, sondern sie überall zu erkennen uns bemühten, da wir erst schreibkundig wären, wenn wir uns so verhielten. Und wir werden auch die Abbilder der Buchstaben, im Wasser etwa oder im Spiegel, nicht früher erkennen, ehe wir nicht die Buchstaben selbst (αὐτά) kennen, denn das gehört zur gleichen Kunst und Ausbildung. Ebenso werden wir nun, behaupte ich, auch erst dann musisch gebildet sein – sowohl wir selbst als auch die Wächter, die wir erziehen müssen –, wenn wir die Grundformen (εἴδη) der Besonnenheit, der Tapferkeit, der Freigebigkeit, der Großgesinntheit und alle ihre Geschwister und ihre Gegensätze überall um uns herum erkennen und sie dort, wo sie enthalten sind, innewohnen sehen – sie selbst (αὐτά) und ihre Abbilder – und wenn wir sie weder im Kleinen noch im Großen mißachten, sondern glauben, das gehöre zur gleichen Kunst und Ausbildung.
Wenn nun also die schöne Wesensart, die der Seele innewohnt, und die entsprechende, damit übereinstimmende (anschauliche) Gestalt zusammenfallen, da sie von der gleichen Grundform (τύπος) geprägt sind, dann ist das wohl der schönste Anblick für den, der es zu sehen vermag.

VII Bibliographie

1 *Literaturberichte*

H. Cherniss, Plato 1950–1957: Lustrum 4, 1959 und 5, 1960.

L. Brisson, Platon 1955–1975: Lustrum 20, 1977; Platon 1975-1980: Lustrum 25, 1983.

2 *Textausgaben, Übersetzungen, Kommentare*

Platone, lone. Con introduzione e commento, a cura di U. Albini, Firenze 1954 (I classici della nuovo Italia 42).

Platon, Ion, Griechisch-deutsch. hrsg. von H. Flashar, München 1963 (mit einem Nachwort: S. 47-63).

3 *Zur Interpretation des Dialogs Ion*

J.W. v. Goethe, Plato als Mitgenosse einer christlichen Offenbarung (1796), Weimarer Ausgabe, Bd. 41, 2, S. 169–176; auch in. E. Grumach, Goethe und die Antike, Berlin 1949, II 758–762; H. Flashar, Platon, Ion 1963, 42–46.

M. Delcourt, Socrate, Ion et la poésie, La structure dialectique de l'Ion de Platon, Bulletin Assoc. G. Budé 55, 1937, 4–14.

J. Moreau, Les thèmes platoniciens de l'Ion, Revue das Études Grecques 52, 1939, 419–428.

W.J. Verdenius, L'Ion de Platon, Mnemosyne III 11, 1943, 233–262.

E. Grassi, Von der Dichtung im platonischen Dialog Ion, in: Verteidigung des individuellen Lebens, Bern 1946, 45–56.

L. Roussel, Pan! Sur l'Ion de Platon, Paris 1949.

C. Ladrière, The problem of Plato's Ion, Journal of aesthetics and art criticism 10, 1951, 26–34.

M.S. Ruiperez, Sobre la cronología del Ion de Platón, Aegyptus 33, 1953, 241–246.

A.-A. Roig, L'allégorisme de Platon d'après un passage de l'Ion 530 C –534 C, in: Associaton G.Budé, Congrès de Tour et Poitiers, Paris 1954, 171 - 176.

H. Diller, Probleme des platonischen Ion, Hermes 83, 1955, 171–187; auch in: Kleine Schriften, München 1971, 201–219.

G. Galli, Sullo Ione di Platone, Il saggiatore 5, 1955, 191–209.

P. Friedländer, Ion, in: Platon, Band II, Berlin ^{2}1957, 117–124, 296–298 (^{3}1964, 117–124, 304–307).

H. Flashar, Der Dialog Ion als Zeugnis platonischer Philosophie, Berlin 1955 (Deutsche Akademie der Wissenschaften zu Berlin, Schriften der Sektion für Altertumwissenschaft 14).

E.A. Wyller, Platons Ion, Versuch einer Interpretation. Symbolae Osloenses 34, 1958, 19–38.

A.H. Gilbert, Plato's Ion , comic and serious, in: T.P. Harrison u.a. (edd.), Studies in honor of De Witt T. Starnes, Austin 1967, 259–284.

A.D. Skiadas, Über das Wesen des Dichters im platonischen Ion, Symbolae Osloenses 46, 1971, 80–89.

A.M. Battegazzore, La ›promessa‹ e l'›inganno‹ nel passo conclusivo dello Ione platonico, Atti della Acccademia delle Scienze di Torinn 108, 1973/74, 585–603.

J.D. Moore, The dating of Plato's Ion, Greek, Roman and Byzantine Studies 15, 1974, 421–439.

W.K.C. Guthrie, Ion, in: A history of Greek philosophy IV, Cambridge 1975, 199–212.

E. Pöhlmann, Enthusiasmus und Mimesis. Zum platonischen Ion, Gymnasium 83, 1976, 191–208.

K. Gaiser, Platone come scrittore filosofico. Saggi sull'ermeneutica dei dialoghi platonici. Con una premessa di M. Gigante, Neapel (Bibliopolis) 1984 (Istituto Italiano per gli Studi Filosofici. Lezione della Scuola Superiore in Napoli 2), 103–123 (Platone sulla altrui e la propria poesia: Ione, Repubblica, Leggi).

U. Zimbrich, Mimesis bei Platon. Untersuchungen zu Wortgebrauch, Theorie der dichterischen Darstellung und zur Gestaltung bis zur Politeia, Frankfurt a.M. 1984 (Europäische Hochschulschriften, Reihe 15, Klassische Sprachen und Literaturen, 28).

F. Trabattoni, Sul significato dello Ione platonico, Sandalion 8/9, 1985/86, 2–57.

4 *Neue Arbeiten zu Platons Berurteilung der Dichtung*

J. Dalfen, Polis und Poiesis. Die Auseinandersetzung mit der Dichtung bei Platon und seinen Zeitgenossen, München 1974.

G. Müller, Platons Dichterkritik und seine Dialogkunst, Philos. Jahrbuch 82, 1975, 285–308.

J.A. Elias, Plato's defence of poetry, London/Oxford 1984.

U. Zimbrich. Mimesis bei Platon. Untersuchungen zu Wortgebrauch, Theorie der dichterischen Darstellung und zur Gestaltung bis zur Politeia, Frankfurt a.M. 1984 (Europäische Hochschulschriften, Reihe 15, Klassische Sprachen und Literaturen, 28).

U. Zimbrich, Die mimetische Form des platonischen Dialogs, Antike und Abendland 31, 1985, 35–45.

G.F. Else, Plato and Aristotle on poetry, ed. with introduction and notes by P. Burian, Chapel Hill / London 1966.

Platons ›Menon‹ und die Akademie (1964)

Es ist bekannt, daß Platon im ›Menon‹[1] deutlicher als in den meisten anderen Dialogen auf seine »Schule« hinweist. Wilamowitz wollte diesen Dialog, den er unter dem Thema »Schulgründung« behandelte, geradezu als Werbe- oder Programmschrift der Akademie verstehen. Aber auch die anderen Erklärer fanden im ›Menon‹, wenngleich sie eine solche Sonderstellung dieses einen Dialogs wohl mit Recht nicht anerkannten, bestimmte Anspielungen auf die im Hintergrund stehende Schule Platons: auf ihre philosophischen Probleme, ihren politischen Anspruch, ihre erzieherische und wissenschaftliche Methode.[2] – Da nun neuerdings die Frage nach | 242
dem »akademischen Hintergrund« der platonischen Schriften wieder mit besonderem Interesse diskutiert wird, mag es sich lohnen, auf die entsprechenden Beziehungen im ›Menon‹ noch genauer zu achten, als dies bisher geschehen ist. Vielleicht wird es auf diese Weise möglich, das Gespräch, das Sokrates mit Menon über die Lehrbarkeit der Tugend führt, von innen heraus zu erklären und die Leitmotive der literarischen Darstellung gleichsam

1 Den maßgeblichen Text bietet jetzt die kommentierte Ausgabe von R.S. Bluck, Plato's Meno, Cambridge 1961 (von mir rezensiert in Gymnasium 70, 1963, 440–2).

2 Wilamowitz erklärte: » … so bleibt kein Zweifel, daß Platon den ›Menon‹ schreibt, um zu zeigen, nicht nur, daß man etwas absolut Wahres finden kann, daß es also Wissenschaft gibt, sondern auch, daß er als Lehrer auftreten will oder eben aufgetreten ist und vor der Welt aussprechen will, was er mit seinen Schülern treibt, und wie er es anfängt« (Platon II, 1919, 148f., vgl. überhaupt Bd. I, ^{5}1959, 208ff. [= 1919, 268ff.], Bd. II 144–153). – J. Stenzel hat den ›Menon‹ eingehend behandelt in seinem Buch »Platon der Erzieher« (1928, ^{2}1961, 147ff.). Als einen Hinweis auf die Schule Platons verstand er dort besonders auch die »den Dialog wie so häufig bei Platon hell beleuchtende« Schlußwendung (100 A): »Wir hören den Gründer der Akademie sprechen, dem sich nach der ersten sizilischen Reise bestimmtere Hoffnungen eröffnet haben, Menschen zur Verwirklichung der vollen politischen Arete führen zu können« (a.a.O. 163). Freilich dürfe von einer »Programmschrift« im äußerlichen Sinne nicht die Rede sein, so wenig wie man sich die »Schulgründung« als einen völligen Neuanfang in der Wirksamkeit Platons vorstellen dürfe. Ähnlich urteilte P. Friedländer (Platon II, ^{2}1957, 260f.). Mit besonderer Entschiedenheit vertrat auch E. Grimal (A propos d'un passage du Ménon – une définition »tragique« de la couleur, REG 55, 1942, 1–13, bes. 9 Anm. 1) die Ansicht, der ›Menon‹ stelle eine Art Programm der Akademie dar und deswegen spreche Platon hier so, daß das Interesse nur geweckt, aber nicht befriedigt werde (vgl. u. Anm. 25). Dagegen ist jetzt bei R. S. Bluck (s.o. Anm. 1) der akademische Hintergrund des Dialogs kaum berücksichtigt, nur vermutungsweise heißt es dort (S. 43) zu der Frage nach einem Lehrer des Arete-Wissens am Schluß des Dialogs: »Plato may have seen himself in that rôle, as head of the Academy«.

im Profil sichtbar zu machen, – oder muß sich ein so gewagter Versuch in willkürlichen Mutmaßungen verlieren?

Die Ergebnisse unserer Betrachtung könnten für die Frage nach der »ungeschriebenen« Philosophie Platons insofern besonders wichtig sein, als es sich beim ›Menon‹ um ein verhältnismäßig frühes Werk Platons handelt. Hier zeigt sich vermutlich noch am ehesten, wie wir uns die *Entwicklung* der innerakademischen Lehren Platons vorzustellen haben. So ist vor allem zu fragen, ob schon im ›Menon‹ etwas zu erkennen ist von dem Anschluß der platonischen Philosophie an die *pythagoreischen Lehren über Peras und Apeiron als Weltprinzipien* – von dem Anschluß also, der in der Alten Akademie zu einer förmlichen Eingliederung der platonischen »Prinzipienlehre« in
243 die pythagoreische Tradition geführt zu haben scheint.[3] |

Der hier vorgelegte Beitrag befaßt sich hauptsächlich mit den mathematischen Stellen des Dialogs. Doch treten im ›Menon‹ auch sonst Begriffe und Vorstellungen auf, die man zu nichtliterarischen Lehren, wie sie in den aristotelischen Zeugnissen und späteren Berichten faßbar werden, in Beziehung setzen kann. Mit einigen Beobachtungen hierzu sei die Erklärung der mathematischen Stellen vorbereitet.

Bei den Versuchen, das Wesen der Arete definitorisch zu bestimmen, sucht Sokrates immer wieder das »Eigentliche« vom »Uneigentlichen« abzuheben. Dabei tauchen Begriffe auf, die in der Schule Platons auch zur Bezeichnung und Unterscheidung der allgemeinen Seinsprinzipien dienen konnten. Auf der einen Seite findet man nämlich im ›Menon‹ Ausdrücke wie *Sein (Wesen), Selbigkeit (Gleichheit), Einheit, Ganzheit, An-sich-Sein*, auf der anderen Seite stehen *So-Sein (qualitative Beschaffenheit), Verschiedenheit, Vielheit, Jeweiligkeit*:[4]

3 Zu den Problemen, die mit der Schule und mündlichen Lehre Platons zusammenhängen, liegt jetzt eine Reihe von neuen Untersuchungen und Darstellungen vor: H.J. Krämer, Arete bei Platon und Aristoteles, Abh. Heidelberg 1959, 6; W. Burkert, Weisheit und Wissenschaft – Studien zu Pythagoras, Philolaos und Platon, 1962; K. Gaiser, Platons Ungeschriebene Lehre – Studien zur systematischen und geschichtlichen Begründung der Wissenschaften in der platonischen Schule, 1963; H.J. Krämer, Der Ursprung der Geistmetaphysik – Untersuchungen zur Geschichte des Platonismus zwischen Platon und Plotin, 1964. Die Quellenzeugnisse aus den aristotelischen Lehrschriften und dem Ausstrahlungsbereich der akademischen Schultradition sind zusammengestellt in einem Anhang (Testimonia Platonica) meines soeben genannten Buches (im folgenden = Pl.U.L. und Test. Pl.). – Die Frage nach einer »Entwicklung« der platonischen Philosophie kann, wie schon H.J. Krämer hervorgehoben hat, nicht angemessen gestellt und beantwortet werden, wenn nicht die entscheidende Bedeutung des esoterisch-akademischen Hintergrunds der Dialoge mitberücksichtigt wird. Die hier vorgelegte ›Menon‹-Interpretation soll unter anderem einen Beitrag zu einer neuen Erfassung der platonischen Entwicklung liefern. Da Platon, wie sich zeigen wird, schon im ›Menon‹ innerschulisch behandelte Lehren voraussetzt und bewußt zurückhält, ist damit zu rechnen, daß es den reinen Aporetiker Platon, den sich die moderne Platondeutung eine Zeitlang zu eigen gemacht hat, niemals gegeben hat – auch nicht in der frühen Phase der »aporetischen« Dialoge. Soeben erscheint der Aufsatz von H.J. Krämer, Retraktationen zum Problem des esoterischen Platon, Mus. Helv. 21, 1964, 137–167, in dem auch das Problem der platonischen Entwicklung nochmals grundsätzlich erörtert wird.

οὐσία, τί ἐστιν	ποῖόν τι
ταὐτὸν ἐπὶ πᾶσιν	διαφέροντα, ἐναντία ἀλλήλοις
ἓν κατὰ πάντων, ἓν εἶδος	πολλά
κατὰ ὅλου	πρὸς ἕκαστον
αὐτὸ καθ᾽ αὑτό	ᾧτινι τρόπῳ

Ebenso war die Unterscheidung von »an sich« und»relativ« (καθ᾽ αὑτό und πρὸς ἕτερον, πρὸς ἄλληλα) für Platon, wie einige Stellen in anderen frühen Dialogen zeigen, von Anfang an in terminologisch strenger Weise vorgegeben, und zwar im Bereich der Mathematik. Platon erwähnt an diesen Stellen eine – vielleicht »pythagoreische« – Zahlenlehre oder Logostheorie, die das Wesen der Zahlen »an sich« und »in bezug auf einander« untersuche. Von hier aus haben, wie wir annehmen dürfen, diese Begriffe im Lauf der Zeit die allgemeine Bedeutung gewonnen, die ihnen nach den späteren Zeugnissen im Rahmen der platonischen Ideen- und Prinzipienlehre | zukam.[5] Die 244
Vermutung liegt nahe, daß die angedeutete Entwicklung schon zur Zeit des ›Menon‹ im Gange war.

An zwei Stellen im ›Menon‹ wird das *Verhältnis zwischen »Urbild« und »Abbild«* wichtig. Einmal dort, wo Sokrates die ungesicherten »Meinungen« (δόξαι) mit den Bildern des Daidalos vergleicht, die – wie er sagt – nur dann einen wirklichen Wert haben, wenn sie festgebunden sind und nicht fortlaufen können (97 D – 98 A). Zum anderen am Schluß, wo gesagt wird, der wahre Lehrer, der das echte Arete-Wissen besitze, stehe allen übrigen so gegenüber wie der homerische Teiresias im Hades den Schatten, da er als einziger noch Lebenskraft habe. Zweifellos soll bei diesen beiden Vergleichen die Doxa gegenüber dem echten Wissen als »abbildhaft« charakterisiert werden. Und sicher zielen die Vergleiche damit auf die »Ideenlehre«. Die Gegenstände der Doxa, so muß man Platon hier offenbar verstehen, sind im Verhältnis zur Sache selbst, zum Gegenstand des fest begründeten Wissens,

4 Vgl. Menon 71 B4., 72 A3, B1, C2, 6, E6, 73 A1, B3, D1, 74 D5, 75 A, 77 A, 86 E1, 87 B3, 100 B6. – Für das Begriffspaar τί ἐστιν und ποῖόν τι (*Wesen* selbst und daran auftretende *Eigenschaft*) sind ferner besonders die folgenden Stellen aufschlußreich: Politeia IV 437 Dff., Timaios 41 D – 50 A, Phileb. 37 C, Epist. VII 342 Eff. (dazu Epist. II 313 A).

5 Mathematische Bedeutung des Begriffspaares *an sich* (καθ᾽ αὑτό oder πρὸς αὑτό) und *relativ* (πρὸς ἕτερον, πρὸς ἄλληλα) in den früheren Dialogen: Protag. 356 E – 357 B, Charmides 165 E – 166 B, Gorgias 451 A–C, 453 E; vgl. Aristoteles, Metaph. Γ 2, 1004 b 10–13. – Daß diese »kategoriale« Unterscheidung bei den innerakademischen Lehren Platons eine wichtige Rolle spielte, ist mehrfach bezeugt (vgl. Pl. U. L., bes. 515–28). Ein genaueres Verständnis ist jedoch nur möglich, wenn man unterscheidet zwischen dem eigentlich *autarken An-sich-Sein* (der Ideen) und einer *defizienten Form der Selbständigkeit* (etwa der einzelnen Erscheinung ohne ihren Ordnungszusammenhang), ebenso auch zwischen der *relativen Wechselbeziehung* und der *Beziehung auf eine maßgebende Norm* (Einheit). Die Dialoge zeigen an einer Reihe von Stellen mit zunehmender Deutlichkeit, daß diese Aspektverschiedenheit als Ausdruck für einen gewissen Zusammenhang (ein komplementäres Verhältnis) zwischen den beiden Grundprinzipien verstanden wurde (vgl. bes. Charm.169 A; Theaitet 152 D – 157 C, 186 A–D, 201 E – 206 B; Parmenides 129 DE, 133 C ff., 136 A–C. 158 D; Sophistes 258 AB; Politikos 283 Cff.; Philebos 25 DE).

nur Abbildungen und Schatten.[6] – Daher können wir diese Vergleiche etwa mit dem »Höhlengleichnis« der ›Politeia‹ verbinden. Und mit Recht ist beobachtet worden, daß das Gespräch auch in seinem Gesamtaufbau dem Weg des Höhlengleichnisses folgt: zuerst geschieht, in den Definitionsversuchen, die vorläufige Umwendung von den bloßen »Schatten« zum eigent-
245 | lich Gültigen; dann eröffnet der Mittelteil des Dialogs mit der »Anamnesislehre« und dem Hinweis auf das »Gute« als Grund der Arete (vgl. 87 D) einen Ausblick auf die Wahrheit selbst; und schließlich führt das Gespräch wieder zurück in den Bereich der alltäglichen Erfahrung und der politischen Gegensätze.[7] Eine solche Verbindung von *Aufstieg (Reduktion)* und *Abstieg (Deduktion)* scheint aber auch die Darstellung der Prinzipienlehre in der Akademie bestimmt zu haben.

Platon sucht die Lösung der im ganzen Dialog behandelten Frage, ob die Arete durch Lehren und Lernen (διδακτόν) oder von Natur (φύσει) entsteht, offensichtlich darin, daß echtes *Lernen und Verstehen* im Grunde nichts anderes ist als eine *»Wiedererinnerung« an die allgemeine Ordnung der Physis*, die der Ordnung in der Seele des Einzelnen entspricht. Beides, δίδαξις und φύσις, gehört also – wie besonders J. Stenzel hervorgehoben hat – für Platon untrennbar zusammen: Die Verbindung liegt in der Seinsordnung, die ihren Ursprung im Göttlichen hat.[8] So ist es der Gedanke einer »allgemeinen Verwandtschaft der Dinge« (ἅτε τῆς φύσεως ἁπάσης συγγενοῦς οὔσης 81 D 1), der dem Dialog die Geschlossenheit gibt, die man sonst vermissen könnte. Dieser Gedanke aber zielt deutlich auf eine *möglichst »systematische« Erfassung der Realität*, wie sie in der Schule Platons versucht worden ist. Auf der gleichen Vorstellung beruht wohl auch der im Gespräch anscheinend vor-

6 Die Vorstellung, daß die *Kunstwerke des Daidalos »Abbilder«* des eigentlich Seienden sind, kommt noch deutlicher in der ›Politeia‹ (VII 529 DE) zum Ausdruck. – Wenn im ›Menon‹ gesagt wird, die Bilder müßten »festbleiben« (παραμένει, μόνιμοι), so ist dabei an die vorausgehende Ermittlung einer »bleibenden« Hypothesis zu denken (87 D … μένει ἡμῖν). – Auf die »Ideenlehre« scheint besonders auch die nachdrückliche Feststellung des Sokrates zu verweisen (98 B): Daß zwischen ὀρθὴ δόξα und ἐπιστήμη ein wesentlicher Unterschied besteht, dies wolle er, wenn überhaupt irgend etwas, als sichere Erkenntnis festhalten. Die gleiche Unterscheidung wird nämlich ebenso betont in der ›Politeia‹ (VII 534 BC) und im ›Timaios‹ (51 Cff.) mit dem Verhältnis zwischen Idee und Erscheinung in Zusammenhang gebracht.

7 P. Friedländer, Platon II, ²1957, 271. – Die Situation des in die »Höhle« Zurückgekehrten ist im Schlußteil des Dialogs besonders dadurch spürbar gemacht, daß der Sokrates-Ankläger Anytos ins Gespräch einbezogen wird.

8 J. Stenzel, Platon der Erzieher, 147ff. – Auf den göttlichen Ursprung ist vielleicht auch damit hingewiesen, daß Sokrates die »Anamnesis-Lehre« bei Priestern und »göttlichen Dichtern« findet, sowie dadurch, daß er annimmt, die Arete könne θείᾳ μοίρᾳ entstehen (81 AB, 99 Cff.). – Eine Erläuterung des Gedankens, daß die Seele aufgrund eines allgemeinen Strukturzusammenhangs die gesamte Wahrheit zu erreichen vermag, gibt etwa die wichtige Stelle im ›Theaitet‹ (186 A–D), wo es heißt: die *Seele* kann in sich die *Verbindung* herstellen zwischen *Grundgegensätzen* wie »gleich« und »ungleich« oder »gut« und »schlecht« und gelangt so – durch »Syllogismos« und »Analogismata« – zur Wahrheit. Die genauere mathematische Erklärung blieb jedoch dem nichtliterarischen Bereich vorbehalten (vgl. zu der Vermittlungsfunktion der Logoi in der Seele bes. Test. Pl. 67 b).

ausgesetzte Zusammenhang zwischen dem *mathematischen Wissen* und der *politischen Arete*: Wenn es eine allgemeine Analogie des Seienden gibt, so kann man diese mit Hilfe der Mathematik erforschen, um dann andererseits um so sicherer auch die Normen und Gesetzmäßigkeiten der politischen Ordnung daraus herzuleiten. | 246

Damit stehen wir vor der Frage, welche Funktion den *mathematischen Beispielen* im Gesamtverlauf unseres Dialogs zukommt. Es handelt sich um drei Stellen, wo Sokrates bei der Suche nach dem Wesen der Arete Mathematisches heranzieht: eine Definition des geometrischen Begriffs σχῆμα, dann die Tatsache, daß die Diagonale im Quadrat die Seite des doppelt so großen Quadrats ist, schließlich eine Hypothesis zur Beantwortung der Frage, ob eine gegebene Fläche als Dreieck in einen gegebenen Kreis einbeschrieben werden kann. – Die drei mathematischen Beispiele sind verteilt auf die drei großen Abschnitte des Dialogs; und sie tragen wesentlich dazu bei, das Gespräch *methodisch* zu klären und voranzubringen. Doch soll im folgenden nicht eigentlich die methodische Bedeutung der mathematischen Stellen untersucht werden.[9] Vielmehr sei vor allem danach gefragt, ob sie auch von *sachlicher* Wichtigkeit sind, d.h. besonders, ob ein innerer Zusammenhang besteht zwischen den angeführten mathematischen Beispielen und dem *Problem der Arete*, dem der ganze Dialog gilt. Daß die mathematischen Exempel auch hier nicht bloß aus formal-methodischen Gründen eingeführt werden, sondern sachlich über sich hinausweisen auf das philosophische Thema des Dialogs, ist durchaus zu erwarten. Denn dies entspricht einer bei Platon häufig zu beobachtenden Technik des Vergleichens: in einem scheinbar nebensächlichen, nur methodisch ausgewerteten »Paradeigma« hat man in den platonischen Dialogen öfters einen für die in Frage stehende Sache selbst wesentlichen »Modellfall« zu erkennen.[10]

Wir werden also im Blick auf die drei mathematischen Stellen des Dialogs jeweils zunächst erklären müssen (1), was speziell mathematisch gemeint ist, um dann zu fragen (2), inwiefern das Mathematische etwa auch für das übergeordnete Problem der Arete sachlich bedeutsam ist. | 247

9 Aus den methodischen Hinweisen im ›Menon‹ könnte man eine ziemlich vollständige »Methodenlehre« aufbauen: Definition, Hypothesis, elenktisch-indirekte Beweisführung, verschiedene Formen des Vergleichens (Epagoge; Analogie). An einer Stelle (75 D) wird hier erstmals die »Dialektik« genannt, indem die »dialektische« Art des Fragens und Antwortens der »eristischen« gegenübergestellt wird. Man darf jedoch die Sachbezogenheit des methodischen und psychagogischen Interesses, die im ›Menon‹ durchgehend zu beobachten ist, nicht übersehen.

10 Man denke etwa an das Definitionsbeispiel der Webkunst im ›Politikos‹, der Angelkunst im ›Sophistes‹ (vgl. R. Robinson, Plato's Earlier Dialectic, ²1953, 66); ebenso an die methodischen Exkurse im ›Protagoras‹, ›Theaitet‹, ›Politikos‹, wo mit den Überlegungen zur Art der Gesprächsführung die Reflexion auf den Gegenstand des Gesprächs verbunden ist (vgl. K. Gaiser, Protreptik und Paränese bei Platon, Tüb. Beitr. z. Altertumswiss. 40, 1959, 170ff., 207ff.).

I Definition des Begriffs σχῆμα (75 B – 76 E)

1 *Mathematische Erklärung*

Um an einem Beispiel zu verdeutlichen, was er von einer Begriffsbestimmung erwartet, definiert Sokrates im ersten Teil des Dialogs den Begriff »Gestalt« (σχῆμα), und zwar gibt er hierfür gleich zwei Definitionen. Dazu kommt eine Definition des Begriffs »Farbe« (χρῶμα, χρόα). Zunächst ist wichtig, daß die drei Definitionen eng miteinander zusammenhängen, was freilich von Sokrates im Gespräch nicht besonders hervorgehoben wird.

(a) σχῆμα = Begrenzung des Körperlichen (πέρας στερεοῦ, 76 A),
(b) σχῆμα = Was als einziges Wesen immer mit *Farbe* zusammenhängt (ὃ μόνον τῶν ὄντων τυγχάνει χρώματι ἀεὶ ἑπόμενον, 75 B),
(c) χρῶμα = Dem Sehvermögen angemessener und sinnlich wahrnehmbarer Abfluß (Ausstrahlung) von Gestalten (ἀπορροὴ σχημάτων ὄψει σύμμετρος καὶ αἰσθητός, 76 D).

Einen bestimmten mathematischen Sinn hat vor allem die hier zuerst angegebene Definition. Mit στερεόν ist sicher das Dreidimensional-Körperliche gemeint, und zwar in bewußter Unterscheidung vom Zweidimensional-Flächenhaften, das Sokrates im gleichen Zusammenhang als das »Ebene« (ἐπίπεδον) bezeichnet (76 A1). Der Begriff σχῆμα wird somit definiert als die ein körperliches Gebilde »begrenzende« Struktur. Und man wird dabei an die den Körper einschließende »Oberfläche« denken dürfen.

Eine ähnliche Abgrenzung der Dimensionen gegeneinander ist bei Euklid zu finden, da nämlich in den ›Elementen‹ definiert wird: γραμμῆς πέρατα σημεῖα – ἐπιφανείας πέρατα γραμμαί – στερεοῦ πέρας ἐπιφάνεια (Elem. I def. 3; def. 6; IX def. 2). Wie diese Sätze zeigen, gebraucht Euklid zur Bezeichnung des Flächenhaften den Begriff ἐπιφάνεια. Im ›Menon‹ sehen wir, wie Platon begrifflich genauer unterscheidet zwischen der *rein zweidimensionalen Erstreckung* (ἐπίπεδον) und der *flächenhaften ›Begrenzung‹ eines Körpers* (σχῆμα), die sich, obwohl flächenhaft, als räumliche Form (zumal bei
248 runden Gebilden) dreidimensional erstrecken kann.[11] |

Die dem Wort σχῆμα eigene Bedeutung »Gestalt« ist nun im ›Menon‹ noch stärker dadurch hervorgehoben, daß daneben der Begriff »*Farbe*« defi-

11 Das rein flächenhafte (zweidimensionale) σχῆμα, von dem im ›Menon‹ nicht besonders gesprochen wird, läßt sich leicht als Spezial- oder »Grenzfall« der dreidimensional-körperlichen Gestalt verstehen (z.B. Quadrat: Würfelstruktur, Kreis: Kugeloberfläche). – Über die Bedeutung des Begriffs σχῆμα bei Euklid und in der späteren Tradition (Poseidonios) informiert uns Proklos in seinem Euklid-Kommentar (Proclus, In prim. Eucl. Elem. libr. p. 143 Friedlein). Vgl. auch Ch. Mugler, Dictionnaire historique de la terminologie géométrique des Grecs, 1958, s. v. σχῆμα.

niert wird. Dieses Wort bezeichnet, zum Unterschied von der »Form«, die sichtbare, sinnlich wahrnehmbare Erscheinung. Besonders interessant wird die damit vorgenommene Unterscheidung, wenn man sieht, daß Platon hier einen *pythagoreischen* Ausdruck aufgreift. Die Pythagoreer gebrauchten – wie Aristoteles berichtet – das Wort χροιά, das im Griechischen zugleich »Haut« und »Farbe« bedeuten kann, zur Bezeichnung der geometrischen »Fläche«.[12]

Der Abschnitt im ›Menon‹ zeigt somit im ganzen, daß Platon darauf ausgeht, *in der komplexen, mehrdeutigen Vorstellung des »Flächenhaften« genauere Differenzierungen vorzunehmen.* Er vermeidet den damals bereits gebräuchlichen, aber nicht klar festgelegten Begriff ἐπιφάνεια;[13] und zugleich sucht er das von den Pythagoreern verwendete Wort eindeutig abzugrenzen. An die Stelle der anschaulichen, aber noch vieldeutigen Ausdrücke treten hier bei Platon drei exakte Begriffe, mit denen das Flächenhafte in seinen verschiedenen Manifestationen klar bezeichnet werden kann:[14]

	ἐπίπεδον	=	rein zweidimensionale Erstreckung
ἐπιφάνεια (Fläche)	σχῆμα	=	gestalthafte »Oberfläche« (eines Körpers)
	χρῶμα	=	sichtbare »Außenseite« (eines Körpers)

| Bedenkt man nun ferner, daß das Flächenhafte dabei ausdrücklich auf das 249
Körperliche bezogen wird[15], so ergibt sich allgemein, daß die Definitionen der Absicht dienen, *den Übergang zwischen den Dimensionen begrifflich genau*

12 Aristoteles, De sensu 3, 439 a 30; ebenso Heron, Defin. p. 20sq. Heiberg; Aet. Plac. 1, 15, 2 p. 313 Diels; [Jamblichus] Theol. Arithm. p. 22 de Falco; Aristides Quintil., De mus. III 11 p. 110 Winnington-Ingram. – Vgl. W. Burkert, a.a.O. [o. Anm. 3] 60, 219 Anm. 102; P. Friedländer, a.a.O. 325 Anm. 11f.; Th.L. Heath, A History of Greek Mathematics I, 1921, 166.

13 Mit ἐπιφάνεια ist dem Wortsinne nach einfach das nach außen hin »sichtbar Zutagetretende« bezeichnet (so besonders deutlich bei Demokrit, Fr. B 155 D.-K.).

14 Daß Platon den Begriff ἐπίπεδον (anstelle von ἐπιφάνεια) bevorzugt, um die zweidimensionale Erstreckung zu bezeichnen, läßt sich in den Dialogen feststellen (vgl. Ch. Mugler, Dictionnaire . . ., 198). Damit ist auch die bei Diogenes Laertius III 24 (= Test. Pl. 18 b) überlieferte Notiz zu erklären, Platon habe als erster den Begriff ἐπίπεδος als wissenschaftlichen Terminus gebraucht. Im Text des Diogenes Laertius sind hier ἐπίπεδον und ἐπιφάνειαν umzustellen [Hinweis von W. Haase]: καὶ τῶν περάτων τὴν ἐπιφάνειαν »ἐπίπεδον« (ὠνόμασεν).

zu erfassen. Im besonderen scheint es darauf anzukommen, daß man vom Körperlichen zu der »früheren« Dimension des Zweidimensional-Flächenhaften über die gestalthafte »*Grenze*« des Körpers gelangt, nicht eigentlich über die sichtbar in Erscheinung tretende »Außenfläche«. – Von hier aus wird es nun möglich, auch das besondere philosophische Interesse, das Platon an diesen Begriffsunterscheidungen hat, genauer zu verstehen.

2 *Die philosophischen Zusammenhänge*

Soll hier im ›Menon‹ nur eine Anleitung gegeben werden für das richtige Definieren – vielleicht zugleich als Hinweis auf die Lehrmethode der Akademie? Oder tragen die angeführten Begriffsbestimmungen auch *sachlich* etwas bei für die Frage nach dem Wesen der *Arete*?[16] Ein solcher sachlicher Zusammenhang wird tatsächlich durch den *Peras*-Begriff, der in einer der Definitionen erscheint, greifbar nahegelegt. Dies hat schon P. Friedländer als Vermutung ausgesprochen: »Wird nicht ... an der Gestalt als Begrenzung die Arete selbst anschaulich? Ordnet sich nicht, wenn man an die Ontologie des ›Philebos‹ vorausdenkt, die Arete der Seinsart des Begrenzten unter ..., während die Farbe ... eher dem Reich des Unbestimmten, Grenzenlosen zugehört?«[17]

Die Annahme, daß Platon schon zur Zeit des ›Menon‹ das »Gute« mit dem Begriff Peras zu verbinden und das Wesen der Arete am Beispiel der mathematischen »Begrenzung« zu erläutern suchte, ist entwicklungsgeschichtlich ohne Schwierigkeit möglich. Denn diese ganze Vorstellung konnte Platon von den *Pythagoreern* übernehmen, die schon früher eine Gemeinsamkeit zwischen Peras und Agathon festzustellen und mathematisch zu veranschaulichen pflegten[18]. Andererseits sehen wir dann bei Platon
250 selbst in den späteren | Dialogen und Berichten genauer, wie *das »Gute« als das Bestimmte, Gleichmäßige und Einfache* dem Unbestimmten, Unregelmäßigen und Vielfältig-Wechselnden gegenübertritt. Zur Verdeutlichung dieses Gegensatzverhältnisses eignet sich vor allem die Gegenüberstellung von regelmäßigen und unregelmäßigen *Figuren* (z.B. Quadrat und Rechteck) oder von ungeraden und geraden *Zahlen* oder etwa auch der Hinweis auf die eine, maßgebende Form des rechten *Winkels* gegenüber der unendlichen Vielfalt von spitzen und stumpfen Winkeln. Aber auch in dem Unterschied zwischen *Kreisform* und *Geradlinigkeit*, von dem die Erörterung des σχῆμα-Begriffs im Menon ausgeht (73 Eff. στρογγύλον und εὐθύ) konnte jener allgemeine Grundgegensatz gesehen werden, da die

15 Dabei bezeichnet das griechische Wort στερεόν zunächst durchaus den massivkörperlichen Gegenstand. Wie die konkreten körperlichen Dinge durch Form, räumliche Ausdehnung und Bewegung konstituiert werden, erklärt Platon genauer im ›Timaios‹.

16 Dann wäre die »Übung«, zu der Sokrates hier auffordert, nicht nur methodisch zu verstehen (75 A): πειρῶ εἰπεῖν, ἵνα καὶ γένηταί σοι μελέτη πρὸς τὴν περὶ τῆς ἀρετῆς ἀπόκρισιν.

17 P. Friedländer, Platon II, ^{2}1957, 261.

runde Form stets einheitlich und in sich geschlossen ist, während geradlinig gebildete Figuren in unendlicher Vielgestaltigkeit vorkommen.[19] | 251

Um die eigentlich platonische Bedeutung des im ›Menon‹ erwähnten mathematischen Peras-Begriffs zu verstehen, müssen wir nun freilich noch einmal den *»dimensionalen« Zusammenhang* ins Auge fassen, der die drei Definitionsbeispiele sachlich miteinander verbindet. – Wiederum sind es hauptsächlich die späteren Dialoge und Zeugnisse, die uns klar zu erkennen geben, daß Platon der Dimensionenfolge eine besondere philosophische Wichtigkeit zugemessen hat.[20] In der Aufeinanderfolge der Dimensionen ist offenbar eine Gesetzmäßigkeit der Struktur und Abstufung zu beobachten, an der Platon die zusammenhängende Gliederung (Methexis und Chorismos) der Seinsbereiche von den Ideen bis zu den Erscheinungen wie an einem Modell verdeutlichen konnte. Dazu war es nur nötig, in der *mathematischen* Dimensionalität eine spezielle – ontologisch dem mittleren Seinsbereich der Seele zugeordnete – Ausprägung der *gesamten Seinsstruktur* zu sehen oder *die mathematisch faßbare Spannung zwischen Grenze und Ausdehnung, »früherer« und »späterer« Dimension zu dem Seinsgegensatz von Ideen*

18 Besonders zeigt dies die pythagoreische »Systoichie« bei Aristoteles, Metaph. A 5, 986 a 22: πέρας / ἄπειρον, περιττόν / ἄρτιον, ἕν / πλῆθος, τετράγωνον / ἑτερόμηκες, ἀγαθόν / κακόν. – Ein schwieriges Problem, das wir hier nur streifen können, liegt darin, daß für die vorplatonischen Pythagoreer neben der prinzipiellen Gegenüberstellung von ἕν und πλῆθος auch die Lehre bezeugt ist, das Eine (ἕν, μονάς) umfasse beides, Peras *und* Apeiron (vgl. u. Anm. 22f.). Die gleiche Schwierigkeit zeigt sich dann auch in der platonischen und neupythagoreischen Tradition, wenn dort das zweite Prinzip dem ersten bald selbständig gegenübertritt, bald aus ihm abgeleitet wird. – Besonders wichtig ist für die spätere Tradition der Bericht über die »pythagoreische« Prinzipienlehre bei Sextus Empiricus, Adv. math. X 246–283 (= Test. Pl. 32). Diesen Text hat zuerst P. Wilpert für die Rekonstruktion der platonischen Prinzipienlehre in Anspruch genommen. Zweifel an der platonischen Herkunft hat dagegen zuletzt wieder G. Vlastos (Gnomon 35, 1963, 644–8) ausgesprochen, da die Quellenlage noch nicht geklärt sei. Doch ist inzwischen bereits von W. Burkert (a.a.O. 83) eine quellenkritisch überzeugende Erklärung gegeben worden, die auch der Auffassung günstig ist, daß der Sextus-Bericht im wesentlichen genuin-platonische Lehren enthält. Nach dieser Erklärung stammt der Bericht nämlich aus der skeptisch eingestellten Mittleren Akademie des 2. Jh. v. Chr., in der die systematischen Lehren Platons, da sie sich mit dem damals bevorzugten aporetisch-sokratischen Platonbild nicht vertrugen, als »pythagoreisch« ausgegeben wurden. Ebenso jetzt auch H.J. Krämer, Mus. Helv. 21, 1964, 156–161.

19 Zur mathematischen Veranschaulichung des Prinzipiengegensatzes bei Platon: Test. Pl. 37f. m. Anm. (dazu auch Proclus, In Euclid., p. 136–146. 266 Fr.). Die wichtigsten Beispiele finden sich schon an einer Stelle in der ›Politeia‹ zusammen (VI 510 C): ungerade und gerade *Zahlen*, die drei Arten von *Winkeln*, verschiedene *Figuren* (regelmäßig/ unregelmäßig, wohl auch kreisförmig/ geradlinig). Besonders häufig begegnet in den Dialogen – vom Protagoras (356 Ef.) bis zur Epinomis (981 C, 990 C) – die schon für die Pythagoreer bezeugte Gegenüberstellung von *ungeraden und geraden Zahlen* (d.h. geometrisch Quadrat und Rechteck). Die Gegensätzlichkeit zwischen *Kreisform und Geradlinigkeit* kommt auch im »philosophischen Exkurs« des ›Siebenten Briefs‹ (343 A) zum Ausdruck. Dieser Gegensatz ist besonders für die kosmologische Bewegungslehre wichtig, wobei natürlich die Kreisbewegung dem Göttlichen zugeordnet wird (so schon Alkmaion, Fr. A 1, 12, B 2 D.-K.). Doch findet sich andererseits auch die Gegenüberstellung von geradlinig (εὐθύ) und krumm (καμπύλον), wobei die gerade Linie auf der Seite des Peras steht (so schon vorplatonisch, vgl. Aristot., Metaph. A 5, 986 a 25; ferner Proclus, In Euclid., p. 240 Fr.).

und Erscheinungen in Analogie zu setzen. In diesem Zusammenhang ist vor allem auch die eigenartige Lehre Platons von den »Ideenzahlen« als sinnvoll und notwendig zu verstehen. Die gleiche Gesamtvorstellung ist jedoch etwa auch in der Kosmologie des ›Timaios‹ zu erkennen (Zusammensetzung der
252 Weltseele, Atomlehre).[21] |

Nichts spricht dagegen, daß Platon innerhalb der Schule schon zur Zeit des ›Menon‹ die Dimensionenfolge in dieser Weise ontologisch ausgelegt hat. Vielmehr ist die entsprechende Ansicht, mindestens in den Grundzügen, schon wenig später auch in der ›Politeia‹ zu finden, wenn dort (Buch VII) bei dem Überblick über die mathematischen Wissenschaften, die der philosophisch-dialektischen Seinslehre als Grundlage dienen sollen, besonderer Wert darauf gelegt wird, daß an die *Arithmetik* und die *Planimetrie* die *Stereometrie* systematisch anzuschließen sei: erst wenn im Bereich der Mathematik der Zusammenhang zwischen dem Zahlenhaften und dem Körperlichen vollständig hergestellt ist, läßt sich der »synoptische« Vergleich mit der Seinsordnung umfassend durchführen.

20 An einigen Dialogstellen ist, ähnlich wie im ›Menon‹, die Reihe der Dimensionen durch die »*Farbe« als letztes Glied* ergänzt: Sophistes 235 DE, Philebos 51 CD (vgl. Soph. 251 A, Politeia X 602 C 10, Epist. VII 342 D, Epinomis 981 B). Ausführlich wird im ›Timaios‹ (67 C – 68 D) erklärt, daß die sinnlich wahrnehmbaren Farben auf quantitativ-formale Voraussetzungen zurückzuführen sind. Im einzelnen ist dort zu sehen, daß die mit dem allgemeinen Prinzipiengegensatz gegebenen Beziehungen (größer – gleich – kleiner) auch bei der Farbenlehre die entscheidende Voraussetzung darstellen (ebenso wahrscheinlich Theaitet 156 D – 157 A). Die im ›Menon‹ auftauchende Definition für Farbe (76 D) wird im ›Timaios‹ (67 C) wiederholt. Eine ähnliche Begriffsbestimmung wird bereits Empedokles zugeschrieben (Aristoteles, De sensu 2, 473 b 23; vgl. Empedokles, Fr. A 84, 86, 92, 94 D.-K.). Auf die wissenschaftliche und philosophische Bedeutung der Farbentheorie bei Platon werde ich in einem Aufsatz über »Platons Farbenlehre« an anderer Stelle genauer eingehen [Synusia, Festgabe f. W. Schadewaldt, 1965, 173–222; in diesem Band Seite 451 ff.].

21 In vollem Umfang tritt die beherrschende Bedeutung, die der *Dimensionenfolge* in der platonischen Ontologie zukommt, in den Berichten über die mündliche Lehre Platons hervor; in den Dialogen finden sich immerhin mehrfach Reflexe dieser Vorstellung (z.B. auch Nomoi X 894 A, Epinomis 990 C – 992 A). – Nicht zufällig erscheint die im ›Menon‹ auftauchende Definition des Gestaltbegriffs (σχῆμα = στερεοῦ πέρας) in der späteren platonischen Tradition auch als Begriffsbestimmung für »Seele« (vgl. Pl. U. L. 347); denn die Seele konnte als formgebende »Begrenzung« des Körpers verstanden werden. – Übrigens scheint auch die Art des Abhängigkeitsverhältnisses, das zwischen den Dimensionen besteht, im ›Menon‹ ebenso bewußt formuliert zu sein wie (später) im Bereich der Schule. Denn wenn hier im ›Menon‹ (75 B) über die Beziehung zwischen χρῶμα und σχῆμα gesagt wird, daß das eine (als einziges Wesen) immer auf das andere folge, so heißt dies, daß »Farbe« niemals ohne »Gestalt« vorkommen kann; und darin zeigt sich eine Entsprechung zu dem später häufig begegnenden Ausdruck, das (dimensional) »Spätere« werde durch das »Frühere« (Ursprünglichere) »mit aufgehoben« (συναναιρεῖσθαι, vgl. Test. Pl. 22 m. Anm.).

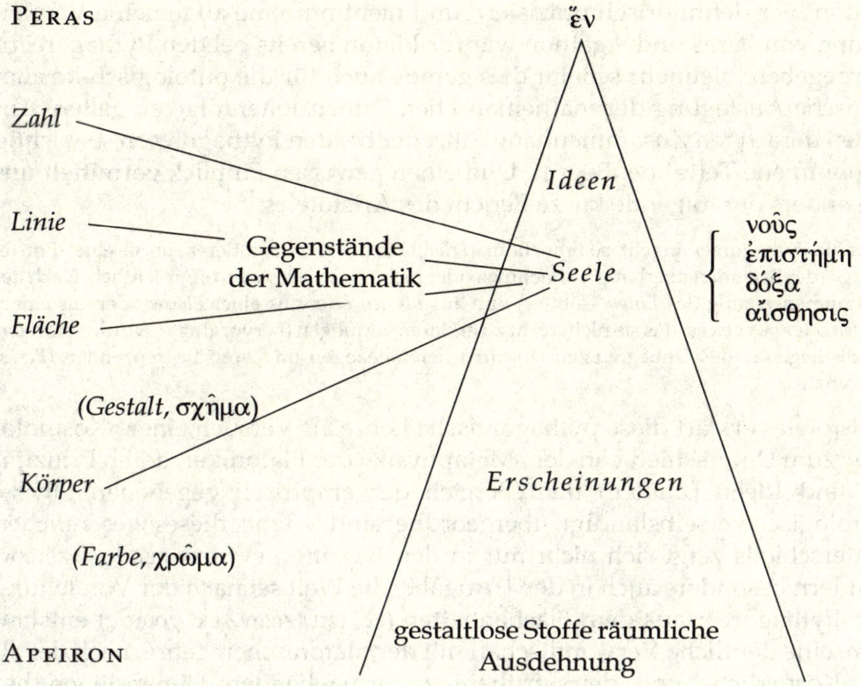

In der ›Politeia‹ ist auch klarer zu erkennen als im ›Menon‹ selbst, was dies alles mit der *Frage nach der Arete* zu tun hat, die das Gespräch zwischen Sokrates und Menon beherrscht. Die dimensionale Reduktion von den körperlichen Erscheinungen zu ihren übersinn- | lichen Voraussetzun- 253
gen (Ideen, Zahlen), die Zurückführung von einer »Grenze« zu der jeweils nächsthöheren muß letzten Endes zu einem *ersten Begrenzenden* gelangen. Dieses aber ist – als höchste, maßgebende *Einheit* – nach platonischer Auffassung nichts anderes als das Gute selbst oder die *Idee des Guten*. Den Sinn und die Berechtigung dieser platonischen Ansicht hat man offenbar darin zu erkennen, daß sich das Prinzip der Einheit überall in der Begründung von »Ordnung« bekundet, »Ordnung« aber wiederum im wesentlichen gleichbedeutend ist mit »Arete«.

Um die Vermutung, daß der Dimensionenfolge für Platon schon zur Zeit des ›Menon‹ eine so allgemeine philosophische Bedeutung zukam, weiter zu sichern, können wir darauf hinweisen, daß auch hierfür eine V*orberei-*

tung bei den Pythagoreern festzustellen ist. Nicht nur der Begriff χροιά, den Platon hier definitorisch präzisiert, und nicht nur eine allgemeine Vergleichung von Peras und Agathon war für Platon bereits bei den Pythagoreern vorgegeben, vielmehr scheint dies gerade auch für die ontologisch-kosmologische Auslegung der mathematischen Dimensionenfolge zu gelten. Auf einen derartigen Zusammenhang führt der bei den Pythagoreern so wichtig genommene Tetraktys-Begriff. Und einen gewissen Einblick vermittelt uns besonders der folgende kurze Bericht des Aristoteles:[22]

> Was die Pythagoreer angeht, so braucht man nicht darüber zu disputieren, ob sie eine »Entstehung« (des Seienden überhaupt) annehmen oder nicht. Denn sie sagen offensichtlich: Nach der Zusammensetzung des *Einen* – ob (es) nun aus *Ebenen* oder aus einer *Fläche* oder aus einem *Samen* oder aus etwas, das sie nicht recht zu erklären vermögen (hervorging) – wurde sofort das Nächstliegende des Unbegrenzten (*Apeiron*) hereingezogen und vom Begrenzenden (*Peras*) begrenzt.

Aristoteles erklärt diese pythagoreische Lehre als Versuch einer »Kosmologie« zum Unterschied von der »Metaphysik« der Platoniker, deren Prinzipien und Ideen (Zahlen) dem Bereich der empirisch gegebenen Physis, ontologisch verselbständigt, übergeordnet sind. – Trotz dieses wesentlichen Unterschieds zeigt sich nicht nur in den Begriffen ἕν und πέρας/ἄπειρον,
254 sondern besonders auch in der | Angabe, die Welt sei nach der Vorstellung der Pythagoreer aus dem Flächenhaften (ἐξ ἐπιπέδων, ἐκ χροιᾶς) entstanden, eine deutliche Verwandtschaft mit der platonischen Lehre, nach der alles Körperliche von den »früheren«, formgebenden Dimensionen her begründet wird. Da nun die bei Aristoteles wiedergegebenen Begriffe einerseits schon *mathematisch* verstanden werden können, andererseits aber anscheinend auf eine ältere, *biologisch* orientierte Gesamtansicht zurückführen, können wir im wesentlichen die folgende Entwicklung von der pythagoreischen Kosmologie zur platonischen Ontologie erschließen.[23]

a) Frühere Pythagoreer: die Weltentstehung wird bildhaft als *Entstehung und Wachstum eines Lebewesens* aufgefaßt; der Urkosmos von einer Hülle oder Haut umgeben (χροιά, vgl. Leukipp Fr. A 1 D.-K. ὑμήν); Ausdehnung und Differenzierung durch Einbeziehen (εἵλκετο) von Atem oder Nahrung aus dem umgebenden Apeiron.

b) Spätere Pythagoreer, noch *vor* Platon (besonders Archytas): *Mathematisierung* dieser Theorie; das Körperliche entsteht durch eine »fließende Bewegung« aus dem Flächenhaften (vgl. dazu W. Burkert, Weisheit und Wissenschaft, 60f.).

c) Platon: noch strengere, systematische Erfassung der mathe-

22 Aristoteles, Metaph. N 3, 1091 a 13–18: Οἱ μὲν οὖν Πυθαγόρειοι πότερον οὐ ποιοῦσιν ἢ ποιοῦσι γένεσιν οὐδὲν δεῖ διστάζειν· φανερῶς γὰρ λέγουσιν ὡς τοῦ ἑνὸς συσταθέντος, εἴτ᾽ ἐξ ἐπιπέδων εἴτ᾽ ἐκ χροιᾶς εἴτ᾽ ἐκ σπέρματος εἴτ᾽ ἐξ ὧν ἀποροῦσιν εἰπεῖν, εὐθὺς τὸ ἔγγιστα τοῦ ἀπείρου ὅτι εἵλκετο καὶ ἐπεραίνετο ὑπὸ τοῦ πέρατος.

23 Vgl. W. Burkert, a.a.O. 33–5; J. Kerschensteiner, Zu Leukippos A 1, Hermes 87, 1959, 441–8; K. v. Fritz, RE Pauly-Wissowa, Bd. 24, 1963, Sp. 250f., 255 (s. v. Pythagoreer).

matischen Dimensionenfolge; konsequente Durchführung der Analogie zur Abstufung der Seinsbereiche (Idee : Seele : körperliche Erscheinungen); Annahme einer *ontologischen Differenz* zwischen den Dimensionen, ebenso zwischen den gegensätzlichen Prinzipien (Peras : Apeiron).

Wie weit man in der Akademie zur Zeit des Menon schon über die pythagoreischen Voraussetzungen hinausgeschritten war, läßt sich nicht genau sagen und ist im einzelnen unwesentlich. Jedenfalls aber berechtigt uns die aus dem aristotelischen Bericht zu entnehmende Tatsache, daß Platon an eine pythagoreische Verbindung von mathematischer Dimensionalität und kosmologischer Entfaltung anknüpfen konnte, dazu, schon in einem verhältnismäßig frühen Stadium der philosophischen Entwicklung Platons mit einer entsprechenden ontologischen Konzeption zu rechnen. In dem besprochenen Abschnitt des Dialogs ›Menon‹ glaubten wir also wohl nicht zu Unrecht, einige Reflexe der systematischen Fortführung pythagoreischer Lehren durch Platon zu erkennen. Wenn wir die scheinbar beliebig | ge- 255
wählten Beispiele des Sokrates in diesem Sinne verstehen, zeigt sich in den schlichten terminologischen Unterscheidungen die weiter reichende philosophische Absicht Platons, die im Seienden insgesamt angelegten Differenzen und Beziehungen so genau wie möglich herauszuarbeiten – und das heißt: mit Hilfe des verfügbaren und sich ständig erweiternden mathematischen Wissens eine umfassende Seinslehre aufzubauen.

*

Daß die besprochenen Definitionsbeispiele im ›Menon‹ sachlich bedeutungsvoll sind, wird schließlich, wenn wir recht sehen, durch eine eigenartige Bemerkung des Sokrates noch besonders bestätigt. Sokrates äußert am Schluß des ganzen Gesprächsabschnittes die Ansicht, »besser« als die angegebene Definition für »Farbe« sei die Definition στερεοῦ πέρας für »Gestalt« (76 E).[24] Und damit verbindet er die merkwürdige Feststellung: auch Menon würde dies einsehen, wenn er nicht, wie er tags zuvor sagte, schon vor den *Mysterien* abreisen müßte, sondern bliebe und *eingeweiht* würde (... εἰ μή,

24 Die Abwertung der für den Begriff »Farbe« gegebenen Definition (sinnlich wahrnehmbarer Abfluß von Gestalten) hat die Erklärer mehrfach beschäftigt (vgl. E. Grimal, a.a.O. [o. Anm. 2]; R.S. Bluck, a.a.O. 252–4 und Mnemosyne, Ser. 4, 14, 1961, 289–295; P. Friedländer, a.a.O. 261). Vielleicht spielt mit, daß die Definition eine bestimmte, von Platon nicht uneingeschränkt anerkannte physikalische Theorie voraussetzt. Und vielleicht meint Sokrates auch, daß die »tragische«, d.h. hochtönend-feierliche Formulierung vom sachlichen Problem ablenken könnte. Entscheidend für Platons Bevorzugung der anderen Definition (σχῆμα = στερεοῦ πέρας) ist aber doch wohl, daß die Farbe in den Bereich der sinnlichen Wahrnehmung gehört, wo die Unsicherheit des Wissens und überhaupt das Moment der Unbestimmtheit größer ist als im Bereich des theoretisch Erfaßbaren, während die andere Definition durch den Peras-Begriff und die Dimensionenfolge auf weiterreichende, zu den übersinnlichen Prinzipien führende Zusammenhänge aufmerksam macht. Die Definition der »Farbe« wird kompliziert durch die notwendige Einbeziehung der Bewegung und des Subjektiven (αἴσθησις); bei der Definition des Gestaltbegriffs spielen diese unklaren Faktoren dagegen keine Rolle.

ὥσπερ χθὲς ἔλεγες, ἀναγκαῖόν σοι ἀπιέναι πρὸ τῶν μυστηρίων, ἀλλ᾽ εἰ περιμείναις τε καὶ μυηθείης). Darauf Menon (77 A): »Ich würde schon bleiben, Sokrates, wenn du mir noch vieles von dieser Art sagen würdest.« Und hierauf antwortet wieder Sokrates ebenso verbindlich wie zurückhaltend: an Bereitwilligkeit werde er es zwar nicht fehlen lassen, aber er wisse nicht, ob er dazu imstande sei (... ἀλλ᾽ ὅπως μὴ οὐχ οἷός τ᾽ ἔσομαι πολλὰ τοιαῦτα λέγειν).

Es ist wohl selbstverständlich, daß Platon hier mit dem *Hinweis auf*
256 *»Mysterien«* nicht etwa nur äußerlich die Zeit des Gesprächs fest- | halten will. Vielmehr muß darin eine Anspielung auf den *Inhalt* des Gesprächs liegen. So haben denn auch die neueren Erklärer gelegentlich mit Recht bemerkt, Platon vergleiche hier das weitere Eindringen in die besprochenen Probleme mit der Einweihung in Mysterien.[25] Der Vergleich mit Mysterien wäre aber immer noch ziemlich ausgefallen, wenn damit nur, wie bisher angenommen wurde, die Methode des Definierens oder das mathematische Denken gemeint wäre.[26] Eigentlich angemessen ist der Hinweis des Sokrates doch wohl nur dann, wenn die als besonders gut bezeichnete Definition irgendwie grundsätzlich wichtig und auf das höchste Ziel des Philosophierens bezogen ist. Zu eben diesem Ergebnis hat nun bereits unsere vorausgehende Untersuchung geführt. Sokrates hebt gerade die Begriffsbestimmung hervor, die den Peras-Begriff enthält und ausdrücklich an der Dimensionenfolge orientiert ist, also die Definition, die besonders deutlich auf das Form-

25 Am weitesten ging E. Grimal, indem sie die Äußerung als direkten Hinweis auf den mathematischen Unterricht in der Akademie verstand (a.a.O. 12): » Il faut entendre ces mots dans un sens très précis comme destinés à donner à Menon un avant-goût de ce qu'il apprendra s'il entre comme élève à l'Académie, et en particulier des ›bienfaits spirituels des mathématiques‹«. – Nach O. Apelt (Übersetzung, 1922, Anm. 16) würde es sich nur um einen »scherzhaften Vergleich« handeln; ähnlich urteilt R. S. Bluck, a.a.O. 254.

26 Freilich kommt der *Mysterien-Vergleich* bei Platon gelegentlich auch vor, ohne daß eine direkte Beziehung auf die höchsten Gegenstände der Philosophie beabsichtigt wäre. Aber es handelt sich bei diesem Vergleich für Platon doch stets darum, auf die – immerhin zum Wesen der Philosophie gehörende – Spannung zwischen den naheliegenden, leicht faßbaren Erscheinungen und der eigentlichen Wahrheit hinzuweisen. In Betracht kommen besonders die folgenden Stellen: Gorgias 497 C: das Verhältnis von »wichtig« und »unwichtig« im Gespräch wird mit dem Unterschied zwischen »großen« und »kleinen« Mysterien verglichen (vgl. Euthyd. 277 D); Theaitet 155 E – 156 A: eine von Sokrates kritisierte Lehre (Protagoras-Demokrit?) wird ironisch-scherzhaft als »Mysterium« behandelt (vielleicht auch, weil grundsätzlich Wichtiges darin tatsächlich enthalten ist?, vgl. 156 A 3 ἀρχή); Symposion 209 E – 212 C: philosophischer Aufstieg zum Urgrund des Schönen als »Einweihung«; Phaidros 249 CD: Philosophie als »Enthusiasmos«. Ferner ist zu erinnern an die platonische Vorstellung, das Philosophieren sei als ein Prozeß der »Reinigung« (κάθαρσις) zu verstehen (Phaidon, Sophistes 266 D), sowie an den häufigen Vergleich mit der magischen »Beschwörung« (ἐπᾴδειν, auch Menon 80 A). – An sich ist der Vergleich zwischen philosophischer Erkenntnis und »mystischer« Einweihung bei Platon nicht neu (vgl. bes. Aristophanes, Wolken 143, 250ff. u.ö. [Hinweis von W. Haase]). Er wird aber im Anschluß an die eigenen Aussagen Platons späterhin üblich zur Kennzeichnung des höchsten Zieles gerade der platonischen und aristotelischen Philosophie (vgl. z.B. Ps. Platon, Epinomis 986 CD; Aristoteles, Eudemos Fr. 10 Ross, De philosophia Fr. 15 Ross). Einen genaueren Überblick bietet die Darstellung von P. Boyancé, Sur les Mystères d'Éleusis, REG 75, 1962, 460–482 (bes. 460–74: L'Époptie Éleusinienne et les Philosophes).

prinzip und damit | auf das Wesen der Arete hinzielt. Im Blick auf diesen 257
weitreichenden Zusammenhang wird voll verständlich, daß Sokrates hier eine »Einweihung in Mysterien« in Aussicht stellt – und zugleich kann man sich denken, weshalb er vorerst, im Rahmen des Gesprächs mit Menon, alle weiteren Aufschlüsse ironisch zurückhält.[27]

II Die Diagonale im Quadrat (82 B – 85 B)

1 *Mathematische Erklärung*

Der mittlere Teil des Dialogs bringt das berühmte Lehrgespräch des Sokrates mit einem jungen Sklaven.[28] Dieser wird Schritt für Schritt zu der Erkenntnis geführt, daß in der Diagonale des Quadrats die Seite des doppelt so großen Quadrats zu sehen ist. Das an sich einfache mathematische Beispiel wird interessant, wenn man der *Inkommensurabilität* zwischen Seite und Diagonale des Quadrats (Verhältnis $1 : \sqrt{2}$) nachgeht. Hierüber wird nun zwar im Dialog nicht besonders gesprochen. Aber durch die Terminologie, die Sokrates bei seinen Fragen unauffällig benützt, ist der entscheidende Sachverhalt für den aufmerksamen Betrachter klar genug bezeichnet.

Sokrates fragt nämlich nur am Anfang, *wie viele* Fuß die gesuchte Strecke messe (πόσοι πόδες, 82 CD), dann aber: *wie groß* oder *wie lang* sie sei (πηλίκη ἐστίν, 82 D 7, 83 E 1). Damit ist offenbar einem bestimmten mathematischen Sprachgebrauch Rechnung getragen, an den sich auch Euklid hält: Der Begriff πόσος ist auf direkt zahlenmäßig faßbare Größen beschränkt, während mit πηλίκη sowohl kommensurable als auch inkommensurable (rationale und | irrationale) Größen bezeichnet werden können.[29] – 258
Den gleichen Sinn hat es, wenn Sokrates mehrmals nicht nach der »Größe«, sondern sozusagen nach der Art der gesuchten Linie fragt (ὁποία ἐστίν, ἀπὸ

27 Eine formal ähnliche Wendung des »Zurückhaltens« findet sich in der ›Politeia‹ (VI 506 D 7), und zwar im Blick auf die »Idee des Guten« (ἀλλ᾽ ὅπως μὴ οὐχ οἷός τ᾽ ἔσομαι, προθυμούμενος δὲ …); vgl. auch Politeia VI 497 DE, VII 533 A. – Vielleicht darf man auch die Begriffe ἕν und πολλά, die hier wie beiläufig im Zusammenhang mit dem Hinweis auf »Mysterien« gebraucht werden, auf die platonischen Prinzipien beziehen: Sokrates bemerkt (77 A), er könne wohl nicht »viel« Derartiges sagen, und fordert dann Menon auf, beim Definieren nicht mehr »Vieles« aus dem »Einen« zu machen (καὶ παῦσαι πολλὰ ποιῶν ἐκ τοῦ ἑνός) [Hinweis von H.J. Krämer]. – Liegt etwa auch eine gewisse Beziehung auf die Akademie in dem Satz, den Sokrates im weiteren Verlauf des Gesprächs einmal vorbringt (89 B): »Wenn die Arete φύσει wäre, sollte man die Begabten einschließen, daß sie nicht verdorben werden« (vgl. Politeia VI 494 Aff.)?

28 Eingehende Interpretation dieses Lehrgesprächs bei J. Stenzel, Platon der Erzieher, 147ff., wo besonders die den ganzen Dialog beherrschende Vorstellung des »Lernens« als eines umfassenden Verständigungsprozesses herausgearbeitet wird. Vgl. zum Sinn des hier postulierten apriorischen Wissens auch O. Becker, Mathematische Existenz, 1927, 679ff.

29 Dies ist bereits ausgesprochen bei J. Stenzel (Zahl und Gestalt …, [3]1959, 167f.), der hier eine Beobachtung von O. Toeplitz wiedergibt.

ποίας; 82 E 5, 83 C 4, D 10). Denn damit wird zum Ausdruck gebracht, daß die fragliche Größe, da sie im Verhältnis zu der zahlenmäßig gegebenen Seite inkommensurabel ist, von anderer »Art« ist als diese.[30] – Und eben dasselbe liegt schließlich auch in der Aufforderung an den Sklaven: »Wenn du die Seite nicht der Zahl nach angeben willst, dann *zeige* doch, von welcher Linie aus das doppelte Quadrat entsteht« (καὶ εἰ μὴ βούλει ἀριθμεῖν, ἀλλὰ δεῖξον ἀπὸ ποίας, 84 A1). Damit ist unverkennbar angedeutet, daß die gesuchte Größe *grundsätzlich* nicht durch »Zählen« bestimmt werden kann.

Dem zuerst gezeichneten Quadrat gibt Sokrates die Seitenlänge 2 (Fuß), also den Flächeninhalt 4. Wahrscheinlich ist diese Größe (und nicht 1) deshalb gewählt, weil dadurch ein weiterer Schritt der *Annäherung an den gesuchten Wert* (Flächeninhalt 8) möglich wird: zuerst die Seitenlänge 4 (Fläche 16), dann 3 (9). Nach diesen beiden Schritten ist klar, daß die gesuchte Strecke *größer* als 2 und *kleiner* als 3 sein muß. Schon nach dem ersten Versuch bemerkt Sokrates in diesem Sinne (83 D), das Gesuchte sei doch wohl *größer* (μείζων) als 2 und *klein*er (ἐλάττων) als 4. Sein Vorgehen erinnert somit an die Methode der fortschreitenden *Einschließung* von irrationalen Größen durch rationale Werte. Dieses Verfahren hat den mathematischen Sinn, daß der von beiden Seiten her eingegrenzte Wert in bestimmten Fällen als irrational erwiesen werden kann, wenn sich zeigt, daß der Prozeß der Approximation unendlich ist. Eine derartige Einschließung findet vor allem bei der sogenannten »Wechselwegnahme« statt, die den Mathematikern zur Zeit Platons dazu diente, die gemeinsame Maßeinheit von zwei Strecken zu er-
259 mitteln oder aber, wo sich | die wechselseitige Abziehung ins Unendliche fortsetzen läßt, die Inkommensurabilität festzustellen: »Mißt, wenn man unter zwei ungleichen Größen abwechselnd immer die *kleinere* von der *größeren* wegnimmt, der Rest niemals genau die vorhergehende Größe, so müssen die Größen inkommensurabel sein« (Euklid, Elem. X 2).[31] – Aller Wahrscheinlichkeit nach kannte Platon, als er den Menon schrieb, bereits das eine oder andere spezielle Verfahren, eine irrationale Größe wie √2 durch die (als unendlich zu erweisende) Einschließung zu bestimmen: etwa das in der ›Politeia‹ erwähnte Verfahren mit den »Seiten- und Diagonalzahlen« oder die Methode, die auf der Einschiebung des arithmetischen und
260 harmonischen Mittels beruht. [32] |

Ferner ist anzunehmen, daß man sich in der Akademie schon damals

30 Vgl. Euklid, Elem.V, def. 3 (nach Eudoxos): Logos ist das »so oder so geartete« Verhältnis zweier homogener Größen in bezug auf ihre Erstreckung (λόγος ἐστὶ δύο μεγεθῶν ὁμογενῶν ἡ κατὰ πηλικότητα ποιὰ σχέσις). Noch deutlicher Heron, Defin. p. 140 Heiberg: Eine rationale Linie ist nach Erstreckung und »Art« (Qualität) bekannt, eine gegebene nur nach Erstreckung und Größe; denn auch irgendwelche irrationalen Linien können gegeben sein (ἡ μὲν ῥητὴ καὶ πηλικότητι καὶ ποιότητι γνωρίμη ἐστίν, ἡ δὲ δοθεῖσα πηλικότητι καὶ μεγέθει μόνον· καὶ γὰρ εἰσί τινες ἄλογοι δεδομέναι). – É. de Strycker vermutet (Gnomon 35, 1963, 146 Anm. 3), auch das Wort μήκει sei hier (84 C 1) schon als mathematisches Fachwort gebraucht, also entsprechend der Terminologie Theaitets (vgl. Theait. 148 B 1) in implizitem Gegensatz zu δυνάμει (quadriert).

mit dem Problem einer genauen und möglichst vollständigen *Klassifizierung der irrationalen Größen* beschäftigte. Vor allem der mit Platon befreundete Mathematiker Theaitet hat sich, wie wir wissen, mit dem Ausbau der Theorie des Irrationalen beschäftigt. Die erhaltenen Zeugnisse sprechen dafür, daß hier *zwei Entwicklungsphasen* zu unterscheiden sind, von denen die erste im ›Menon‹ bereits vorausgesetzt werden darf, während die zweite vermutlich etwas später anzusetzen ist, vielleicht erst in den letzten Lebensjahren Theaitets (also spätestens um 370 v. Chr.).

Über den ersten wichtigen Schritt zur genauen definitorischen Erfassung und Einteilung der irrationalen Größen berichtet Platon bekanntlich selbst in dem Dialog, den er Theaitet gewidmet hat (Theait. 147 D - 148 B). Es handelt sich hier um die dreifache Unterscheidung zwischen direkt zahlenmäßig erfaßbaren, also ohne weiteres (linear) kommensurablen Größen (μήκει σύμμετροι, z.B. 1:2), quadriert (flächenhaft) kommensurablen Größen (δυνάμει σύμμετροι, z.B. 1: √2) und nur in der dritten Potenz (körperlich)

31 Auf diesem Wege kann auch die *Gleichheit von Verhältnissen* (Logoi) festgestellt werden. Denn zwei Verhältnisse sind offenbar dann gleich (a:b = c:d), wenn sich bei beiden die gleiche Art der Wechselwegnahme ergibt. Eine entsprechende Definition ist bei Aristoteles zitiert (Top. VIII 3, 158 b 33–5): Größen haben den gleichen Logos, wenn sie die gleiche Wechselwegnahme haben. Dieser Satz ist mit ziemlicher Sicherheit Theaitet zuzuschreiben (vgl. O. Becker, Eine voreudoxische Proportionenlehre..., Quellen u. Stud. z. Gesch. d. Mathem., B 2, 1933, 311–333). – Auch die allgemeine Definition der Verhältnisgleichheit, auf der Eudoxos seine rühmlich bekannte Proportionenlehre aufbaute, setzt den Grundgedanken voraus, daß die zu bestimmende Proportion durch größere und kleinere rationale Werte eingegrenzt werden kann. Die Definition des Eudoxos lautet bei Euklid (Elem. V, def. 5): »Man sagt, daß Größen in demselben Verhältnis stehen, die erste zur zweiten wie die dritte zur vierten, wenn bei beliebiger Vervielfachung die Gleichvielfachen der ersten und dritten gegenüber den Gleichvielfachen der zweiten und vierten, paarweise entsprechend genommen, entweder zugleich *größer* oder zugleich *gleich* oder zugleich *kleiner* sind.« Denselben Sachverhalt kann man nun, um die Vorstellung des Einschließens noch deutlicher herauszubringen, auch folgendermaßen formulieren: Zwei Verhältnisse sind gleich, wenn gleiche rationale Grenzwerte sie in beliebiger Annäherung einschließen [Hinweis von K. Bartels und L. Huber]. Unter diesem Gesichtspunkt gewinnt die Annahme an Wahrscheinlichkeit, daß zwischen der Proportionenlehre des Eudoxos und dem zweiten Prinzip der platonischen Philosophie (»Unbestimmte Zweiheit« oder »Großes-und-Kleines«) eine enge Beziehung besteht. Platon war sicher ebenso wie Eudoxos interessiert an dem Nachweis, daß jeder Logos in bestimmter Weise gekennzeichnet ist als »gleich« oder als »größer-und-kleiner« in bezug auf das System der ganzen Zahlen, was bedeutet, daß sich die Zahlen als die eigentlich maßgebenden Größen herausstellen.

32 Erläuterung der beiden Approximationsverfahren bei O. Becker, Das mathematische Denken der Antike, 1957, 65, 67f. Während die eine Methode von Platon selbst erwähnt wird (Politeia VIII 546 C 4f.), ist die andere, die mit den drei »Mitteln« arbeitet, in platonischem Zusammenhang nicht ausdrücklich belegbar. Vielleicht ist sie an der mathematischen Stelle in der ›Epinomis‹ vorausgesetzt (990 E - 991 B). Jedenfalls spielt die Theorie der drei »Mittel« bei Platon eine wichtige Rolle (vgl. Test. Pl. 20, 35c m. Anm.). Übrigens darf wohl vermutet werden, daß es mit dem entsprechenden mathematischen Annäherungsverfahren an √2 zusammenhängt, wenn bei der platonischen Ideen-Dihairesis wahrscheinlich (vgl. Pl. U. L. 125ff.) zuerst nach dem *arithmetischen* und dem *harmonischen* Mittel geschnitten wurde, bis schließlich beim Übergang zum »Atomon Eidos« ein irrationales Verhältnis eintrat (nach Politikos 266 A das Verhältnis 1:√2, also das *geometrische* Mittel zwischen 1 und 2, das man durch Einschiebung des arithmetischen und harmonischen Mittels approximativ bestimmen kann).

kommensurablen Größen (z.B. 1: $\sqrt[3]{2}$). Darüber hinaus war sicher zur Zeit des ›Menon‹ auch schon die Existenz von irrationalen Größen noch komplizierterer Art bekannt. Dafür spricht wahrscheinlich eine Stelle im ›Hippias Maior‹, an der höhere (komplexe) irrationale Größen, wie sie etwa bei der »stetigen Teilung« auftreten, erwähnt werden.[33] – Die genaue Abgrenzung dieser komplizierteren Größen ist aber vermutlich erst etwas später gelungen, als Theaitet die irrationalen Linien von der Art der »Mediale«, der »Bi-
261 nomiale« und der »Apotome« systematisch untersuchte und darstellte.[34] |

2 *Die philosophischen Zusammenhänge*

Mit welchem philosophischen Interesse könnte nun Platon den Ausbau der Theorie von den irrationalen Größen verfolgt haben? – Im ›Menon‹ will Sokrates an dem Beispiel der Quadratverdoppelung erklären, worin überhaupt der Vorgang des Lernens und Erkennens besteht: darin nämlich, daß das von Anfang an in der Seele latent vorhandene Wissen ins Bewußtsein gehoben wird. In der Tat ist der Sachverhalt, nach dem Sokrates den Sklaven fragt, nicht eigentlich *empirisch* an der in den Sand gezeichneten Figur abzulesen; man kann ihn nur *theoretisch* wirklich einsehen. Dies gilt jedenfalls um so mehr, je klarer und allgemeiner man das Wesentliche – die Inkommensurabilität von Seite und Diagonale – erfassen will.[35] So ist es auch zu verstehen, daß Sokrates bemerkt, die spezielle mathematische Erkennt-

33 Hippias Maior 303 B (vgl. Pl. U. L. 370f.).

34 Bei dem Versuch, in dem Prozeß der immer weiter ausgreifenden Erfassung der irrationalen Größen einzelne Phasen zu unterscheiden, gilt es in den spärlich erhaltenen Zeugnissen vor allem auf die *Terminologie* zu achten, in der sich die Entwicklung widerzuspiegeln scheint. Ursprünglich wurden die Ausdrücke ἄλογοι und ἄρρητοι wohl einfach auf alle Verhältnisse oder Größen angewandt, die nicht zahlenmäßig zu bestimmen waren. Als dann durch die Unterscheidung von irrationalen Größen bestimmter Art das eigentlich »Verhältnislose« und »Unbestimmbare« gleichsam weiter zurückgedrängt werden konnte, gebrauchte man diese Ausdrücke nicht mehr für die jeweils eindeutig erfaßten Größen. Und hier lassen sich wahrscheinlich noch zwei Hauptschritte erkennen. (a) Zunächst wurden auch die quadriert kommensurablen Größen als ῥηταί bezeichnet; als ἄρρητοι galten folglich nun nur noch die komplizierteren irrationalen Größen (vgl. Theaitet 147 D – 148 B, Hippias Maior 303 B). (b) Als danach Theaitet die »Mediale«, »Binomiale« und »Apotome« bestimmen konnte (bezeugt durch ein Eudemos-Zitat bei Pappos; Test.Pl. 20), wurde die Bezeichnung ἄλογοι auch auf diese nicht mehr angewandt (vgl. Ps.-Aristoteles, De lin. insec. 968 b 19f.). – Euklid allerdings setzt die Grenze zwischen ῥητός und ἄλογος schließlich doch wieder zwischen den quadriert kommensurablen und den komplizierteren Größen an.

35 Daß es zwischen Seite und Diagonale des Quadrats kein gemeinsames Maß gibt, kann man niemals durch sinnliche Wahrnehmung, sondern *nur theoretisch*, mit dem »inneren Auge«, erfassen. Wenn also Sokrates erklärt, die Einsicht des Sklaven beweise, daß man auf ähnlichem Wege auch das zunächst unbekannte Wesen der Arete erkennen könne, so läßt sich dagegen nicht einwenden, das geometrische Beispiel bleibe im Bereich der Anschauung, während die Frage nach der Arete darüber hinausführe. Auch das Bedenken, der Sklave werde durch einen Wissenden zur Erkenntnis geleitet, während sich bei der Frage nach der Arete beide Gesprächspartner in der Aporie befänden, reicht nicht zu. Wenn es die von Sokrates angenommene »Verwandtschaft« aller Dinge gibt, liegt in der Seinsordnung selbst die Möglichkeit, folgerichtig zur Wahrheit fortzuschreiten.

nis müsse durch immer neues, folgerichtig weiterführendes Fragen und Nachdenken ergänzt und befestigt werden.[36] Es kommt also darauf an, den einzelnen Fall mehr und mehr im größeren Ganzen zu sehen. Dies ist möglich, wenn – wie Sokrates sagt (81 D 1) – in der Gesamtordnung der Physis alles mit allem durch eine gewisse »Verwandtschaft« verbunden ist. Damit
ist schon im | ›Menon‹ die Ansicht ausgesprochen, die dann in der ›Poli- 262
teia‹ (VII) ausführlicher entwickelt wird: Der Weg der Erkenntnis führt von der mathematischen Einzelbeobachtung zur Gesamtheit des mathematischen Wissens und zur »Zusammenschau« der verschiedenen mathematischen Disziplinen (Menon 85 E: περὶ πάσης γεωμετρίας ... καὶ τῶν ἄλλων μαθημάτων ἁπάντων) und schließlich von hier aus zu einer alle Dinge einbeziehenden systematischen und noetischen Erkenntnis der höchsten Ursachen.

Gerade auch die an dem Beispiel von Seite und Diagonale des Quadrats zu beobachtende *Inkommensurabilität* hat Platon, wie einige Dialogstellen andeutungsweise zeigen, in diesem großen philosophischen Zusammenhang gesehen. Die verschiedenen Arten von irrationalen Größen scheinen – zusammen mit der Struktur der Dimensionenfolge – in der Akademie eine wichtige Rolle gespielt zu haben bei der Erschließung und Darstellung der im Seinsaufbau geltenden Beziehungen. Die Entfaltung des Seienden zwischen Peras und Apeiron, Ideen und Erscheinungen ließ sich im Blick auf die Abstufung der Logoi von den rationalen zu den in immer höherem Grade irrationalen Größen abbildhaft, aber exakt beschreiben.[37] – Die systematische Ausführung dieser Konzeption können wir freilich mit einiger Sicherheit nur für den späten Platon nachweisen. Aber die Anfänge einer solchen *Verbindung zwischen der mathematischen Logos-Theorie und der dialektischen Seinslehre* haben wir uns doch schon in der Zeit der frühen Schriften zu denken, obgleich es im einzelnen kaum mehr möglich sein wird, die Entwicklung zu verfolgen, die sich hier im engen Wechselverhältnis von Philosophie und Fachmathematik vollzogen haben muß.[38]

Auch in dieser Hinsicht geht Platon offenbar über *pythagoreische Ansätze,*
sätze, die er aufgreifen konnte, entschieden hinaus. Nach wie vor | soll zwar 263
den Zahlen die beherrschende Stellung eingeräumt werden. Aber in der

36 Menon 85 C, dazu 98 A (Festbinden der ἀληθὴς δόξα durch λογισμὸς αἰτίας). Das mathematische Wissen soll nach platonischer Ansicht schließlich auf übermathematische Ursachen zurückgeführt werden. Schon im ›Euthydemos‹ (290 BC) heißt es, die Mathematiker müßten ihre Ergebnisse den Philosophen zur Auswertung übergeben (vgl. bes. Politeia VII 528 C 5).

37 Wichtig war für die philosophisch-systematische Brauchbarkeit der mathematischen Logostheorie sicher der enge Zusammenhang zwischen den verschiedenen Formen der Inkommensurabilität und der Dimensionenfolge (was nicht linear kommensurabel ist, kann quadriert oder körperlich kommensurabel sein). Das besondere Interesse, das Platon am Studium der irrationalen Größen finden mußte, hat zuerst O. Becker klar erkannt: Ihre Klassifizierung war für Platon deshalb so wichtig, »weil sie die Seinsweise dieser Größen herausstellte, in der Abstufung, in der sie sich schrittweise von den rationalen, durch »Zahlen« ausdrückbaren Verhältnissen entfernen« (Mathematische Existenz, 1927, 576).

konsequenten Einbeziehung der irrationalen Größen bekundet sich ebenso wie in der dimensionalen Abstufung zwischen Peras und Apeiron die eigentümlich platonische Absicht, zwischen Ideen (Zahlen) und Erscheinungen (Körpern) ontologisch zu unterscheiden und damit das Problem des Zusammenhangs und Übergangs ins Zentrum der philosophischen Ontologie zu stellen.[39]

Es bleibt noch die Frage zu beantworten, ob vielleicht auch das Beispiel der Quadratverdoppelung, ähnlich wie die Definitionen im ersten Teil des Dialogs, etwas beiträgt zum Hauptproblem des ganzen Gesprächs, zum Verständnis der *Arete*. Diese Vermutung findet in der Tat eine gewisse Bestätigung, wenn man der grundsätzlichen Bedeutung des mathematischen Beispiels nachgeht. Denn aus der Beobachtung der mathematischen Inkommensurabilität ergibt sich mit Notwendigkeit die Frage, inwiefern überhaupt ein allgemeingültiges »Maß« existiere. Platon aber hat, wie aus späteren Dialogstellen ziemlich klar, aus früheren immerhin andeutungsweise hervorgeht, *das »Gute selbst« als das höchste, exakteste »Maß« verstanden* – offenbar wieder in dem Sinne, daß das »Maß«, indem es überall Proportion, Form und Ordnung begründet, zugleich Ursache und Inbegriff aller Arete ist.[40]

In speziell *mathematischer* Hinsicht mußte freilich aus der Entdeckung der Inkommensurabilität die Folgerung gezogen werden, daß es ein ge-
264 meinsames Maß aller Größen nicht geben könne.[41] Im | Rahmen seiner *philosophischen* Prinzipienlehre sucht Platon aber trotzdem an dem Gedanken festzuhalten, daß die ganze Seinsordnung auf ein absolut gültiges, einheitliches »Maß« bezogen sein müsse. Er konnte dies behaupten, ohne mit mathe-

38 In unserem Zusammenhang ist bemerkenswert, daß gerade auch dem im ›Menon‹ behandelten Beispiel der Quadratverdoppelung im Rahmen der (späteren) platonischen Seinslehre eine allgemeinere Bedeutung zukam. Im ›Politikos‹ (266 A) ist zu lesen, ein bestimmter Schnitt bei der Ideendihairesis solle nach dem Verhältnis von Seite und Diagonale ausgeführt werden (vgl. dazu Pl. U. L. 129ff.).

39 Die Pythagoreer kannten, nach der Darstellung des Aristoteles, eine derartige Seinsdifferenzierung nicht. – Unter den ›Philolaos‹-Fragmenten findet sich ein Text (Fr. B 11 D.-K.), in dem eine prinzipielle Unterscheidung und Einordnung der Logos-Arten vorausgesetzt ist. Aber dieses Stück hat als nachplatonisch zu gelten (vgl. W. Burkert, a.a.O. [o. Anm. 3] 252 ff.). Es erinnert auffallend an die platonische Lehre von einer Vermittlung der Seele zwischen Gegensätzen wie Zahl und körperlicher Erscheinung, rational und irrational (vgl. Test. Pl. 67 b).

40 An das Gute als »exaktestes Maß« ist wohl schon im ›Protagoras‹ (356 E – 357 B) gedacht. Deutlich zeigt sich diese Vorstellung dann in der ›Politeia‹ (VI 504 Bff. ἀκρίβεια - μέτρον - ἡ τοῦ ἀγαθοῦ ἰδέα). Die späteren Formulierungen sind gelegentlich höchst prägnant: »Für uns ist *Gott* das *Maß* aller Dinge« (Nomoi IV 716 C) – »Das *Gute* ist das allerexakteste *Maß*« (Aristoteles, Politikos Fr. 2 Ross) – »*Gott mißt* alle Dinge besser, als die *Einheit* die Zahlen mißt« (bei Pappos; Test. Pl. 67 b). Die ganze platonisch-aristotelische »Maß-Ethik« beruht auf diesem Gedanken (vgl. H.J. Krämer, Arete bei Platon und Aristoteles, bes. 547f. mit weiteren Belegstellen).

41 Die mathematische Lehre, rational-meßbare Größen gebe es *an sich* (καθ' αὑτά) nur *konventionell* (θέσει), nämlich je nachdem wie die Maßeinheit gewählt wird, Kommensurabilität und Inkommensurabilität aber seien *als Relation* (πρὸς ἄλληλα) jeweils *sachlich notwendig* (φύσει), wird bei Pappos ausführlich dargelegt (vgl. Pl. U. L. 376 Anm. 139).

matischen Ergebnissen in Konflikt zu geraten, indem er *den Unterschied zwischen rationalen und irrationalen Größen als Seinsunterschied* auffaßte und so jeweils das Maßgebende oder Meßbare als das in höherem Grade Seiende dem Irrationalen und Unbestimmten gegenüberstellte.[42] Auf diese Weise wurde es sogar möglich, die philosophische Ansicht von einem gemeinsamen »Maß« aller Dinge unter ausdrücklicher Berufung auf die mathematische Logos-Theorie zu begründen: die verschiedenen Arten von mathematischer Inkommensurabilität ließen sich auf den allgemeinen philosophischen Prinzipiengegensatz von Peras und Apeiron (Sein und Nichtsein) zurückführen.

III Geometrische Hypothesis zur Einbeschreibung einer Fläche in einen Kreis (86 E – 87 A)

1 *Mathematische Erklärung*

a) Begriff und Methode der Hypothesis

Das Beispiel im dritten Teil des Dialogs erweist sich schon bei der Frage, was speziell mathematisch gemeint ist, als schwierig. Sicher ist, daß hier ein bestimmtes geometrisches Problem unter Zuhilfenahme einer grundlegenden *Voraussetzung* oder *Bedingung* gelöst werden soll, und zwar gilt es, die Frage zu entscheiden, ob eine gegebene Fläche (die etwa als Rechteck oder Quadrat vorgelegt ist) in einen ebenfalls gegebenen Kreis als Dreieck einbeschrieben werden kann oder nicht. Es handelt sich also methodisch um eine *Fallunterscheidung* (griechisch: *Dihorismos*), durch die man instand gesetzt werden soll, verschiedene Möglichkeiten klar voneinander abzugrenzen.[43] Nicht so leicht aber ist zu sagen, wie die im Text angegebene »Voraussetzung« oder »Hypothesis« sachlich verstanden werden muß. | 265

Wir beginnen mit der begriffsgeschichtlichen Vorfrage, was unter einer *Hypothesis* zur Zeit Platons im allgemeinen verstanden worden ist. Zugleich ist zu fragen, ob etwa Platon selbst auf das wissenschaftlich-mathematische Verständnis der Hypothesis-Methode und des Hypothesis-Begriffs eingewirkt hat. Diese Vermutung wird dadurch nahegelegt, daß die spätere, nachplatonische Anwendung des Hypothesis-Begriffs im mathe-

42 Auf dieser Vorstellung beruht besonders auch die platonische Lehre von den »Atom-Linien« (PI. U. L. 158–163, Test. Pl. 36).

43 Daß sich gerade die mit der Akademie Platons in Verbindung stehenden Mathematiker für solche »Fallunterscheidungen« interessierten, ist bezeugt. So durch Eudemos (Fr. 133 Wehrli = Test. Pl. 15) für den Mathematiker Leon (τὸν Λέοντα … διορισμοὺς εὑρεῖν, πότε δυνατόν ἐστι τὸ ζητούμενον πρόβλημα καὶ πότε ἀδύνατον) und in einem ›Philodem‹-Papyrus (Test. Pl. 17), wo mit »Analysis« und »Dihorismos« die unter der Anleitung Platons erzielten Fortschritte auf dem Gebiet der Geometrie gekennzeichnet werden.

matischen Bereich nicht ohne weiteres mit dem übereinstimmt, was sich über den vorplatonischen Sprachgebrauch feststellen läßt.

In den platonischen Dialogen ist zunächst zu sehen, daß Platon die Hypothesis als eine übliche, typische Denkform bei den Mathematikern bereits vorfand.[44] Nach der Darstellung hier im ›Menon‹ und ebenso in der ›Politeia‹ (VI 510 CD) waren nun die ὑποθέσεις der damaligen Mathematik – d.h. die ὑποθέσεις *im vorplatonischen Sinn des Wortes*, sei es daß die früheren Mathematiker selbst den Begriff so gebrauchten oder daß Platon ihn sinngemäß zur Kennzeichnung ihres Vorgehens einführte – *grundlegende, allgemeingültige Voraussetzungen*, die als sicher gelten sollen und selbst nicht eigentlich geprüft oder bewiesen werden. Für das Beispiel im ›Menon‹ wird sich uns zwar bei genauer Betrachtung ergeben, daß die Forderung, auch die Hypothesis selbst zu präzisieren und zu begründen, durch den Zusammenhang nahegelegt wird. Aber für sich genommen zeigt das mathematische Beispiel hier doch die ursprüngliche Auffassung, nach der eine Hypothesis die *feste Grundlage* abgeben soll, von der aus die Lösung des gestellten Problems gefunden werden kann (hier die Entscheidung darüber, ob die Einbeschreibung möglich ist oder nicht). – Im *späteren mathematischen Sprachgebrauch* dagegen ist, wie besonders deutlich bei Pappos dargelegt
266 wird,[45] *die Hypothesis selbst der eigentlich problematische Gegenstand* | *der Untersuchung und Beweisführung*. Nach der später üblichen Methode wird nämlich der fragliche Sachverhalt, sei es ein Theorem oder eine Konstruktion, zunächst »hypothetisch« als richtig oder als vollziehbar hingestellt; und dann wird die Hypothesis – hier also eine *vorläufige Annahme* – auf ihre Voraussetzungen oder Konsequenzen hin untersucht. Führt diese Prüfung zu elementaren Gegebenheiten, die als sicher gelten können, so ist die Hypothesis begründet und das gestellte Problem kann als gelöst betrachtet wer-

44 86 E: ὥσπερ οἱ γεωμέτραι πολλάκις σκοποῦνται. Zwar zeigt die vorsichtige Einführung des Hypothesis-Begriffs selbst (ὥσπερ τινὰ ὑπόθεσιν), daß seine mathematische Bedeutung von Sokrates im Gespräch nicht als geläufig vorausgesetzt wird (vgl. R.S. Bluck, a.a.O. 323); aber dies ist wohl als »Entschuldigung für den Gebrauch eines terminus technicus im gewöhnlichen Gespräch« zu verstehen (so É. de Strycker, Gnomon 35, 1963, 146).

45 Pappus, Coll. VII, praef. 1-3, ed. Hultsch p. 634–6. – Aristoteles verwendet den Begriff ὑπόθεσις noch im Sinne der grundlegenden Voraussetzung (ἀρχή), die man ohne Beweis annimmt; dabei kündigt sich aber die spätere Bedeutung gelegentlich schon stärker an als bei Platon. Neben Anal. Pr. I 44 und Anal. Post. I 10 sind vor allem die folgenden Stellen aus den Ethiken des Aristoteles bemerkenswert: E.E. II 6, 1222 b 24-8: Bei der indirekten Beweisführung werde eine an sich gültige Hypothesis aufgehoben, weil auch der dann folgende Widerspruch Beweiskraft habe (vgl. F. Dirlmeier, Übers. u. Kommentar, 1962, 268). E.N. III 3, 1112 b 12–27; E.E. II 11, 1227 b 25–34: Für den Arzt sei die Gesundheit des Patienten das Ziel, das er (hypothetisch) voraussetze, um dann zu überlegen, wie und unter welchen Bedingungen er dieses Ziel erreichen könne; der Mathematiker analysiere eine (hypothetisch) angenommene Konstruktion auf ihre einfachsten Voraussetzungen hin, um dann bei der Herstellung von diesen auszugehen. E.N. VII 9, 1151 a 15–26: Die ethische Norm lasse sich ebensowenig durch Beweisführung begründen wie die mathematischen ὑποθέσεις; man müsse den richtigen Sinn dafür haben. Die spätere Auffassung (Hypothesis als das, was geprüft und bewiesen werden soll) liegt von hier aus insofern nahe, als für Aristoteles die ὑπόθεσις nicht elementare Bedingung, sondern »Ziel« des Handelns ist.

den; im anderen Fall wird man es mit einem neuen hypothetischen Lösungsvorschlag versuchen. Die Zurückführung der Hypothesis auf ihre primären Voraussetzungen heißt dabei *Analysis;* diese wird in der Regel zum Zweck einer vollständigen Beweisführung durch den umgekehrten Vorgang der *Synthesis* ergänzt.

Wie ist nun die Verschiedenheit der Begriffsbestimmung und Betrachtungsweise zu erklären? Einige Beobachtungen lassen darauf schließen, daß eine philosophische Neuorientierung der Hypothesis-Methode bei Platon nicht unwesentlich zu der allgemeinen Aspektverschiebung beigetragen hat. Im großen und ganzen scheint nämlich die folgende Entwicklung vorzuliegen:

Hypothesis als *Grundlage* zur Lösung eines Problems (so bereits vorplatonisch) – Hypothesis als unbewiesene Voraussetzung, die zwischen dem Gesuchten und den primär gültigen Gegebenheiten *vermittelt* (so bei Platon selbst im ›Menon‹, ›Phaidon‹, ›Staat‹) – Hypothesis als *vorläufige Annahme,* die durch Beweisführung gesichert oder widerlegt werden soll (so später im Sprachgebrauch der Mathematik).[46] | 267

Ein möglicher Übergang von der »grundlegenden« zur »vorläufigen« Hypothese ist freilich ganz einfach auch darin zu sehen, daß sich zuweilen eine Hypothesis, die als Grundlage galt, nachträglich als unhaltbar herausstellt – sofern nämlich die daraus gezogenen Folgerungen einer sonstwie gültigen Erfahrung widersprechen. Zumal bei dem Verfahren der *indirekten Beweisführung* wird ja eine allgemeine Hypothese eigens zu dem Zweck aufgestellt, sie anhand ihrer Konsequenzen als unhaltbar zu erweisen und so die entgegengesetzte Hypothesis indirekt zu stützen. Diese Methode darf als vorplatonisch gelten; Platon selbst schreibt sie jedenfalls, und zwar ausdrücklich mit dem Begriff Hypothesis, den älteren Eleaten zu[47]. Aber von

46 Zum *Hypothesis-Begriff,* besonders bei Platon: R. Robinson, Plato's Earlier Dialectic, ^{2}1953, 93 ff.; K. v. Fritz, Die Archai in der griechischen Mathematik, Archiv f. Begr.-gesch. 1, 1955, 13–103 (bes. 38ff.), mit Ergänzungen von O. Becker, a.a.O. 4, 1959, 210–2; C. J. Classen, Sprachliche Deutung als Triebkraft platonischen und sokratischen Philosophierens, Zetemata 22, 1959 (bes. 72–8); H.P. Stahl, Ansätze zur Satzlogik bei Platon, Hermes 88, 1960, 409–451; Á. Szabó, Anfänge des euklidischen Axiomensystems, Arch. f. Hist. of Exact Sciences 1, 1960, 37–106; R.S. Bluck, a.a.O. 85ff. – Mit Recht ist neuerdings an die Stelle einer entwicklungsgeschichtlichen Betrachtungsweise die Ansicht getreten, daß die etwas verschiedenen Aspekte des Begriffs, die sich bei Platon nachweisen lassen, der Sache nach eng zusammenhängen. Platon sah hier offenbar die Möglichkeit, eine bei spezialwissenschaftlichen Aufgaben erprobte Methode auch für die Erschließung von Seinsbeziehungen und Seinsursachen überhaupt anzuwenden. In dieser Bedeutung, als Mittel zum analytisch-synthetischen Aufweis der höchsten Prinzipien, begegnet die Hypothesis-Methode daher auch später in der platonischen Tradition. Vgl. bes. Albinos (2. Jh. n. Chr.) im ›Didaskalikos‹, p. 157, 32–7 Hermann (= Epitomé, cp. 5, 6, p. 27 ed. P. Louis): ἡ δὲ ἐξ ὑποθέσεως ἀνάλυσίς ἐστι τοιαύτη· ὁ ζητῶν τι ὑποτίθεται αὐτὸ ἐκεῖνο, εἶτα τῷ ὑποτεθέντι σκοπεῖ τί ἀκολουθεῖ, καὶ μετὰ τοῦτο εἰ δέοι λόγον ἀποδιδόναι τῆς ὑποθέσεως, ἄλλην ὑποθέμενος ὑπόθεσιν ζητεῖ, εἰ τὸ πρότερον ὑποτεθὲν πάλιν ἐστὶν ἀκολουθον ἄλλῃ ὑποθέσει, καὶ τοῦτο μέχρις οὗ ἂν ἐπί τινα ἀρχὴν ἀνυπόθετον ἔλθῃ ποιεῖ. Dem entspricht das Verfahren im ›Menon‹: Die Hypothesis *vermittelt* zwischen den Konsequenzen (τί ἀκολουθεῖ) und den unbedingt gültigen Voraussetzungen.

hier aus ist doch immer noch ein entscheidender Schritt nötig bis zu der späteren Ansicht, wonach unter Hypothesis in jedem Fall das zunächst fragliche Beweisziel verstanden werden soll.

Daß nun bei *Platon* das eigentliche Verbindungsglied zwischen der früheren und der späteren Auffassung vorliegt und daß der platonische Einfluß die Wendung zu dem späteren mathematischen Sprachgebrauch herbeigeführt hat, wird vor allem durch die schon erwähnte Stelle in der ›Politeia‹ (VI 510–11) wahrscheinlich gemacht. Hier erklärt Platon, die Hypothesen der Mathematiker bedürften, auch wenn sie in dem speziellen Be-
268 reich der Mathematik als höchste | Voraussetzungen anzusehen seien, doch noch der weiteren Zurückführung auf absolut grundlegende Prinzipien. Das gleiche ist, ohne ausdrückliche Bezugnahme auf die Mathematik, im ›Phaidon‹ (101 DE) ausgesprochen. Eine Hypothesis, so heißt es dort, ist einerseits daraufhin zu überprüfen, ob die aus ihr entspringenden Folgerungen untereinander widerspruchsfrei zusammenstimmen; und andererseits ist sie auf höhere, übergeordnete Hypothesen zurückzuführen, bis man zu einem genügend sicheren Grund gelangt (ἕως ἐπί τι ἱκανὸν ἔλθοις). Man sieht: an diesen platonischen Stellen ist der Hypothesis-Begriff in neuem Sinn gebraucht; Hypothesis ist hiernach eine Voraussetzung, die selbst einer weiteren Prüfung und Begründung zu unterwerfen ist. Damit aber ist offenbar bei Platon die spätere mathematische Verwendung des Begriffs vorbereitet.[48]

47 Vgl. bes. Parmen. 127 DE, 135 Ef. – Auch die Mathematiker haben zweifellos schon vor Platon von der indirekten Beweismethode Gebrauch gemacht (vgl. Á. Szabó, Wie ist die Mathematik zu einer deduktiven Wissenschaft geworden? Acta Antiqua 4, 1956, 109-152; É. de Strycker, Gnomon 35, 1963, 146). Allerdings ist nicht bezeugt, daß dabei der Begriff Hypothesis verwendet wurde.

48 Denkbar wäre freilich auch, daß Platon schon im ›Menon‹ den Hypothesis-Begriff so von den damaligen Mathematikern übernommen hätte, wie er uns in den späteren mathematischen Belegstellen begegnet (Hypothesis als Annahme, die auf ihre Voraussetzungen hin geprüft wird). Man müßte dann weiterhin annehmen, Platon habe (im ›Phaidon‹ und in der ›Politeia‹) von sich aus die andere Bedeutung (Hypothesis als Prämisse) danebengestellt. Dies etwa ist die von H. P. Stahl [s.o. Anm. 46] vertretene Auffassung (vgl. a.a.O. 417–9, 425 444f.). Doch scheint uns eher das Umgekehrte richtig zu sein, da dies gerade auch durch den von H.P. Stahl selbst herausgestellten Doppelaspekt im ›Menon‹ nahegelegt wird: »Vom Grundproblem des Dialogs her gesehen (Was ist Tugend?) folgt das Argument ganz dem – bei späteren Mathematikern überlieferten – Analysis-Verfahren: Das Problem *selbst* wird zur Hypothesis gemacht und an seinen Konsequenzen getestet. Von Menons Frage aus betrachtet (Ist Tugend lehrbar?), wird das Problem zur *Folge* der Hypothesis … In diesem Sinn läßt Sokrates … seinen [!?] Geometer sprechen. Unter diesem Aspekt unterscheidet sich also Platons [?] Verfahren von den uns überlieferten Lösungen geometrischer Aufgaben« (Stahl 419). Dafür, daß mit ὑπόθεσις zunächst die »Grundlage« (für etwas anderes) gemeint war, spricht auch der »etymologische« Wortsinn (vgl. ὑποκεῖσθαι). Anhand einer reichhaltigen Stellensammlung konnte C.J. Classen a.a.O. [o. Anm. 46] nachweisen, daß Platon im Lauf der Zeit die »Vorläufigkeit« der Hypothesis (gegenüber einer echten ἀρχή) immer deutlicher zu Bewußtsein bringt. Platon betont also gewissermaßen das negative Moment, das dem Begriff schon von Anfang an nicht ganz fehlte (*unbewiesene* Grundlage). – Wichtig für die Mittelstellung der Hypothesis bei Platon ist auch Timaios 53 D (vgl. 54 A, 55 E): Annahme von Elementardreiecken zwischen »höheren Prinzipien« (Linie, Zahl) und körperlichen Erscheinungen.

In die gleiche Richtung weisen zwei Zeugnisse der Überlieferung, die davon sprechen, daß *Platon in der Akademie* auf eine bestimmte Anwendung der Hypothesis-Methode hinwirkte. Zum einen handelt es sich um die Notiz, Platon habe dem Mathematiker Leodamas die *Methode der Analysis* empfohlen.[49] Mit »Analysis« dürfte dabei | nichts anderes gemeint sein als jene 269
Zurückführung der Hypothesen auf erste, nicht mehr weiter ableitbare Voraussetzungen. – Zum anderen ist an den Bericht zu erinnern, nach dem es Platon war, der in seiner Schule von den Astronomen eine *»hypothetische« Erklärung der Planetenbewegungen* verlangte.[50] Platon forderte, wie wir hier erfahren, dazu auf, die scheinbar unregelmäßigen Bahnen auf der Grundlage eines Systems von kreisförmigen Bewegungen gesetzmäßig zu erfassen. Auch hier ist nun offenbar mit dem Begriff Hypothesis nicht eine an sich feststehende Voraussetzung bezeichnet, sondern eine vorläufige, durch Prüfung verifizierbare oder korrigierbare Annahme. Denn wenn Platon, wie es heißt, von der hypothetischen Erklärung der Astronomen eine »Rettung der Phänomene« erwartete, so liegt darin doch wohl die Vorstellung, daß die Hypothesis durch den Vergleich ihrer Konsequenzen mit den Ergebnissen der empirischen Beobachtung zu kontrollieren sei; und zugleich war wohl verlangt, die in Betracht gezogene Hypothesis müsse in sich widerspruchsfrei sein und auf noch allgemeinere Grundsätze zurückgeführt werden können.[51]

Zur Ergänzung des damit Festgestellten ist schließlich noch, wenn wir der weiteren Untersuchung vorgreifen wollen, zu bemerken, daß sich auch schon im ›Menon‹ die platonische Neuorientierung des vorgegebenen Hypothesis-Begriffs nachweisen läßt. Das angeführte mathematische Beispiel zeigt zunächst die herkömmliche Auffassung: Hypothesis als Voraussetzung, von der die Entscheidung eines | problematischen Falles abhängig 270
gemacht werden soll. Um so mehr muß dann aber auffallen, daß die Einfüh-

49 Test. Pl. 18a/b (vgl. auch 17).

50 Eudemos, Fr. 148 Wehrli, überliefert bei Simplikios (= Test. Pl. 16): ... τίνων ὑποτεθεισῶν ὁμαλῶν καὶ τεταγμένων κινήσεων διασωθῇ τὰ περὶ τὰς κινήσεις τῶν πλανωμένων φαινόμενα. – Neuerdings hat J. Mittelstrass (Die Rettung der Phänomene – Ursprung und Geschichte eines antiken Forschungsprinzips, 1963) versucht, die Überlieferung, nach der die hier wiedergegebene Aufgabenstellung von Platon stammt, anzufechten (a.a.O. 3f., 133 ff., 150–9), um daraufhin das angeblich phantastisch-spekulative Denken Platons in einen Gegensatz zur neuzeitlichen Naturwissenschaft und ihren antiken Vorläufern (Eudoxos von Knidos u. a.) zu bringen.

51 Gerade das Gespräch im ›Menon‹ zeigt, daß der Gedanke, eine Hypothesis müsse an der *empirischen Erfahrung* kontrolliert werden, an sich nicht unplatonisch ist (s. u. die Interpretation der Arete-Untersuchung im Schlußteil des Dialogs). Dafür spricht auch *Epist.* VII 342 Eff.: Der Mensch vermag nur auf der Grundlage von Begriffen und Bildern der Wahrheit näherzukommen. Ebenso unverkennbar ist freilich, daß eine sichere Begründung der Erkenntnis für Platon aus der Empirie allein nicht möglich ist. Für die Astronomie fordert er daher in der ›Politeia‹ (VII 528 Eff.) eine überempirische Ausrichtung. – Wichtige Bemerkungen zur Anerkennung des empirisch-individuell Gegebenen bei Platon hat neuerdings H. Herter vorgetragen: Die Treffkunst des Arztes in hippokratischer und platonischer Sicht, Sudhoffs Archiv f. Gesch. d. Med. u. d. Naturwiss. 47, 1963, 247–290.

rung von Hypothesen im weiteren Verlauf des Dialogs, bei der Untersuchung des Arete-Problems, eine etwas andere Ansicht verrät. Sokrates zeigt nämlich, wie eine erste hypothetische Aussage (Arete ist ἐπιστήμη) durch Zurückführung auf eine übergeordnete Hypothesis (Arete ist ἀγαθόν) gesichert werden kann; und ebenso prüft er den zuerst aufgestellten Satz auch an seinen empirischen Auswirkungen (gibt es Lehrer und Schüler des Arete-Wissens?). Hier wird also die Hypothesis selbst kritisch untersucht. Es liegt nahe, diese Handhabung des Hypothesis-Begriffs auch auf das vorausgehende mathematische Beispiel zu übertragen, bei dem sich in der Tat ein analoges Verfahren als sachlich sinnvoll erweist. Jedenfalls ist es, wenn man das mathematische Beispiel des ›Menon‹ im platonischen Zusammenhang sieht, auch von hier aus nicht mehr weit bis zu der (späteren) Ansicht, eine mathematische Hypothese sei erst dann sicher begründet, wenn sie widerspruchsfrei auf die in ihr vorausgesetzten Elemente zurückgeführt und wieder synthetisch daraus abgeleitet sei.[52]

b) *Das geometrische Beispiel*

Wie ist nun im besonderen die Hypothesis, die Sokrates als Beispiel anführt, mathematisch zu verstehen? Nicht wenige Erklärungsversuche liegen vor; aber immer wieder scheint sich die Textstelle der zwingenden Deutung entzogen zu haben. – Am bekanntesten ist die Auffassung von S. Butcher (1888) in der von J. Cook Wilson (1903) und Th. L. Heath (1921) verbesserten Form. Sie ist in verschiedenen neueren Darstellungen zu finden, so besonders auch in den Arbeiten von K. v. Fritz und O. Becker. Doch ist diese Auffassung inzwischen auch mehrfach, hauptsächlich von A.S.L. Farquharson (1923) und A. Heijboer (1955) abgelehnt worden. Weil nun aber auch die Ansichten, die Farquharson, Heijboer und andere dagegengestellt haben, anfechtbar sind, hat neuerdings R.S. Bluck (1961) nach einem kritischen Überblick über die
271 bisherigen Bemühungen mit Recht festgestellt, eine wirk- | lich überzeugende, sprachlich wie sachlich befriedigende Interpretation des platonischen Textes sei bisher nicht gelungen.[53] Daher ist es notwendig, erneut von einer genauen Erfassung des Wortlauts der Stelle auszugehen.

52 Die Frage, ob es in und über den Wechselbeziehungen, die mit Hilfe von »Hypothesen« vor allem auch zwischen ursächlichen Voraussetzungen und konkreten Tatsachen erschlossen werden können, etwas absolut Begründendes gibt, wird im ›Menon‹ durch die Lehre von der »Wiedererinnerung« andeutungsweise beantwortet. Denn es geht hier eigentlich darum, ob eine *unmittelbare* Erfahrung des Seienden in seiner »Unverborgenheit« erreichbar ist. Klärend hierzu neuerdings auch E. Heitsch, Wahrheit als Erinnerung, Hermes 91, 1963, 36–52.

53 A. Heijboer, Plato »Meno« 86 E – 87 A, Mnemos. 4. Ser., 8, 1955, 89–122; R.S. Bluck, a.a.O. 441–461 (Appendix). Für die Erklärung von Cook Wilson hat sich zuletzt wieder É. de Strycker ausgesprochen (Gnomon 35, 1963, 146), allerdings nicht uneingeschränkt. Mit Recht stellt jedoch R.S. Bluck fest (a.a.O. 460), daß gegen die schon vor vierzig Jahren von A.S.L. Farquharson vorgeschlagene Erklärung (Sokrates' diagram in the Meno of Plato, Cl. Qu. 17, 1923, 21–26) weniger eingewendet werden kann als gegen die sonstigen bisher unternommenen Deutungsversuche.

Λέγω δὲ τὸ ἐξ ὑποθέσεως ὧδε, ὥσπερ οἱ γεωμέτραι πολλάκις σκοποῦνται, ἐπειδάν τις ἔρηται αὐτούς,	Ich meine aber, wenn ich sage ›von einer Hypothesis [Grundlage, Voraussetzung] aus‹, eine Betrachtungsweise von der Art, wie sie auch die Mathematiker oft anwenden, wenn einer sie etwas fragt,
οἷον περὶ χωρίου, εἰ οἷόν τε ἐς τόνδε τὸν κύκλον τόδε τὸ χωρίον τρίγωνον ἐνταθῆναι,	z.B. über ein Flächenstück: *ob es möglich ist, in diesen* (bestimmt gegebenen) *Kreis dieses* (dem Inhalt nach gegebene) *Flächenstück als Dreieck einzubeschreiben;*
εἴποι ἄν τις ὅτι »Οὔπω οἶδα εἰ ἔστιν τοῦτο τοιοῦτον, ἀλλ᾽ ὥσπερ μέν τινα ὑπόθεσιν προὔργου οἶμαι ἔχειν πρὸς τὸ πρᾶγμα τοιάνδε·	denn darauf wird einer wohl sagen: »Ich weiß noch nicht, ob dieses (Flächenstück) ein solches ist, aber gewissermaßen als eine Hypothesis glaube ich zur Vorbereitung für die Sache folgendes zu haben:
εἰ μέν ἐστιν τοῦτο τὸ χωρίον τοιοῦτον οἷον παρὰ τὴν δοθεῖσαν αὐτοῦ γραμμὴν παρατείναντα ἐλλείπειν τοιούτῳ χωρίῳ οἷον ἂν αὐτὸ τὸ παρατεταμένον ᾖ, |	*wenn dieses Flächenstück ein solches ist, daß einer, der es an seine gegebene Linie anlegt, zurückbleibt um ein ebensolches Flächenstück,wie es das angelegte selbst ist* [oder: Raum übrigläßt für ein ebensolches …, es zurückläßt um ein ebensolches …], |
ἄλλο τι συμβαίνειν μοι δοκεῖ, καὶ ἄλλο αὖ, εἰ ἀδύνατόν ἐστιν ταῦτα παθεῖν.	dann scheint mir 272 etwas anderes zu folgen, als wenn es nicht möglich ist, daß dies mit ihm (mit dem Flächenstück) geschieht.
ὑποθέμενος οὖν ἐθέλω εἰπεῖν σοι τὸ συμβαῖνον περὶ τῆς ἐντάσεως αὐτοῦ εἰς τὸν κύκλον, εἴτε ἀδύνατον εἴτε μή.«	Mit einer Hypothesis also will ich dir sagen, was für seine Einbeschreibung in den Kreis folgt, ob sie unmöglich ist oder nicht.«

Was nun die mathematische Erklärung angeht, so halten wir es für möglich, daß die zuvor erwähnte, von Cook Wilson, Heath, Becker u. a. vertretene Ansicht trotz der dagegen erhobenen Einwände aufrechterhalten werden kann. Allerdings wird es zur Verteidigung dieser Auffassung nötig sein, den Sinn der dabei vorausgesetzten Hypothesis mathematisch genauer zu untersuchen. Es ist nämlich zu bedenken, daß die Hypothesis, die man dem Text entnehmen kann, zur Lösung des gestellten Problems nicht ausreicht; sie muß vielmehr ergänzt werden durch einen weiteren Beweisgang, der erst zu der notwendigen Präzisierung und Eingrenzung führt. Auf diese Weise kann das mathematische Beispiel selbst befriedigend erklärt werden; zugleich aber ergibt sich dabei eine aufschlußreiche Entsprechung zu der im Dialog folgenden Untersuchung des Arete-Problems. Denn auch bei der Anwendung des Hypothesis-Verfahrens auf das Problem der Arete wird die zuerst aufgestellte Hypothesis (Arete ist Wissen) durch eine zweite Hypothesis (Arete ist gut) begründet und gesichert. – Da aber doch gewisse Bedenken bestehenbleiben, ob der platonische Text eindeutig für die zunächst in Betracht gezogene Erklärungsmöglichkeit spricht, soll außerdem eine neue, philologisch wohl weniger anfechtbare Deutung vorgetragen werden. Diese zweite Erklärung führt jedoch, im weiteren Zusammenhang des Dialogs gesehen, zum gleichen Ziel wie die erste.

(1) Nach der ersten, schon seit längerer Zeit gefundenen Erklärungsmöglichkeit ist die im Text beschriebene Hypothesis folgendermaßen zu verstehen (s. Fig. 1). Das gegebene Flächenstück muß, um
273 in den Kreis als Dreieck einbeschrieben[54] werden zu können, | seiner Größe nach so sein, daß man es als Rechteck *an den Durchmesser des Kreises* anlegen (παρατείναντα παρὰ τὴν δοθεῖσαν αὐτοῦ γραμμήν) und dann daneben, an dem übrigbleibenden Rest des Durchmessers, ein geometrisch *ähnliches* Rechteck ergänzen kann. (Wenn die beiden Rechtecke ähnlich sind, liegt Punkt P stets auf der Kreisperipherie; und somit ergibt sich auch stets ein dem angelegten Rechteck der Größe nach gleiches, in den Kreis einbeschriebenes Dreieck.))

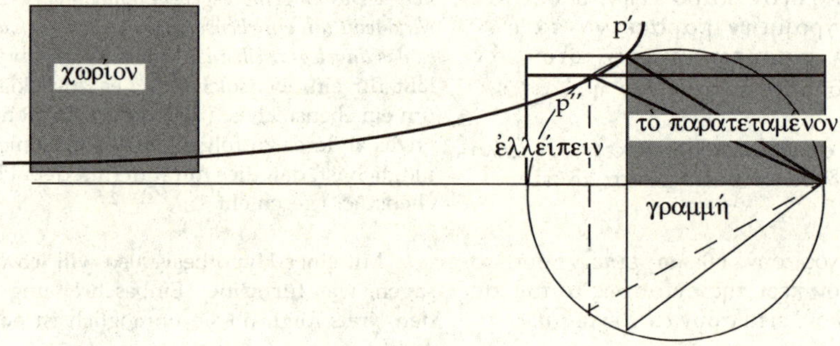

Fig. 1

Das Wort ἐλλείπειν wird also bei dieser Deutung – und dies zweifellos mit Recht – so verstanden, wie es nach dem bei Proklos erhaltenen Eudemos-Zeugnis über die pythagoreische Flächenanlegung schon von den (vorplatonischen) Pythagoreern gebraucht worden ist: Das Rechteck soll in bezug auf die Linie, an die es angelegt wird, um ein bestimmtes Stück »zurückbleiben«.[55] Im übrigen aber bringt die soweit vorgetragene Auffassung einige Unsicherheiten mit sich, die nach Möglichkeit behoben werden müssen.

Zunächst könnte eingewendet werden, daß ein einfacheres, auf den
274 ersten Blick verständliches Beispiel zu erwarten sei. Der Ge- | sprächspart-

54 Der später übliche Ausdruck für »einbeschreiben« ist ἐγγράφειν. Doch findet sich auch ἐντείνειν später noch in diesem Sinne: Plutarch, Platon. quaest. 1004 B; Jamblichus, De vita Pythag. 247; Proclus, In Euclid., p. 79f. Fr.; Schol. in Eucl., p. 276 Heiberg.

ner Menon jedenfalls vermag anscheinend den Worten des Sokrates ohne weiteres zu folgen, was bei dem in Betracht gezogenen, mathematisch nicht ganz einfachen Sachverhalt – auch wenn Sokrates zur Veranschaulichung eine Figur in den Sand zeichnet – etwas zweifelhaft ist. Freilich wird ein solches psychologisches Argument kaum einen entscheidenden Einwand darstellen können.

Schwerer fällt ins Gewicht, daß die für den Ausdruck τοιοῦτον ... οἷον geforderte spezielle Bedeutung der geometrischen »Ähnlichkeit« sonst nicht belegbar ist. Vielmehr ist mit den gleichen Worten kurz vorher eher die quantitative Ausdehnung der Fläche gemeint als ihre Form (εἰ μέν ἐστιν τοῦτο τὸ χωρίον τοιοῦτον, οἷον ...). Doch läßt sich mit dieser Beobachtung nicht ausschließen, daß Platon den Ausdruck τοιοῦτον in einem allgemeinen Sinn verwendet, der sowohl die Gleichheit der Größe (des Inhalts) als auch die Gleichheit der Form umfaßt.

Sprachliche Schwierigkeiten ergeben sich ferner, wenn die Worte παρὰ τὴν δοθεῖσαν αὐτοῦ γραμμὴν auf den *Durchmesser des Kreises* bezogen werden sollen. Zur Rechtfertigung dieser Ansicht läßt sich aber immerhin folgendes anführen. Der übliche Begriff für den Kreisdurchmesser – διάμετρος – wäre an sich nicht weniger mißverständlich, weil er ebensogut die Diagonale eines Rechtecks bezeichnen kann. Und wenn man es für unmöglich hält, daß sich das Wort αὐτοῦ nicht auf das im gleichen Satz genannte χωρίον, sondern auf den vorher erwähnten Kreis bezieht, wird man sich vielleicht dazu entschließen können, statt αὐτοῦ aufgrund einer an sich geringfügigen Textänderung αὖ τού<του> zu schreiben. Danach wäre zu übersetzen: »... wenn diese Fläche eine solche ist, daß einer, der sie an die gegebene Linie jener anderen Figur [nämlich des Kreises] anlegt ...«.[56]

Die größte Bedeutung aber hat schließlich der sachliche Einwand, daß die geometrische Konstruktion, die bei der vorgeschlagenen Textinterpretation verlangt zu werden scheint, *nicht mit Zirkel und Lineal ausführbar* ist. Der jeweils zu bestimmende Punkt P (s. Fig. 1) liegt auf einer Hyperbel (mit dem Kreisdurchmes- | ser und einer Seite des Rechtecks als Asympto- 275

55 Proclus, In Eucl. p. 44/5 Fr. (vgl. Eudemos, Fr. 137 Wehrli): ὅταν γὰρ εὐθείας ἐκκειμένης τὸ δοθὲν χωρίον πάσῃ τῇ εὐθείᾳ συμπαρατείνῃς, τότε »παραβάλλειν« ἐκεῖνο τὸ χωρίον φασίν, ὅταν μεῖζον δὲ ποιήσῃς τοῦ χωρίου τὸ μῆκος αὐτῆς τῆς εὐθείας, τότε »ὑπερβάλλειν«, ὅταν δὲ ἔλασσον ..., τότε »ἐλλείπειν«. Vgl. Politeia VII 527 A, wo τετραγωνίζειν, παρατείνειν und προστιθέναι als typische Maßnahmen der Mathematiker genannt werden. Eine unbedeutende Abweichung von dem bei Proklos angegebenen pythagoreischen Sprachgebrauch ist hier im ›Menon‹ insofern zu bemerken, als dort mit ἐλλείπειν gesagt sein soll, daß die angelegte Fläche in bezug auf die Linie »zurückbleibt« (intransitiv), während hier der Anlegende etwas »übrig läßt« (also ἐλλείπειν eher transitiv gebraucht ist).

56 Mit Recht hat O. Becker bemerkt, daß αὐτοῦ im Text nicht zu halten ist, wenn es sich um den Kreisdurchmesser handeln soll (Das mathematische Denken der Antike, 85 Anm. 20; Archiv f. Begr.-gesch. 4, 1959, 211 Anm. 2). Er schlägt vor, αὐτό zu schreiben, »um dem transitiv zu verstehenden παρατείναντα ein Akkusativ-Objekt zu geben«. Aber das Objekt des Anlegens ergibt sich leicht aus dem Zusammenhang (οἷον ...), während αὐτό syntaktisch kaum annehmbar ist und die Beziehung auf den Kreisdurchmesser ebensowenig ermöglicht (vgl. u. Anm. 63).

ten), die den Kreis schneidet oder berührt, wenn die Einbeschreibung möglich ist. Das Problem führt also, in dieser Weise angefaßt, zu einer Gleichung vierten Grades. Das heißt: die Entscheidung der Frage, ob die Einbeschreibung der gegebenen Fläche möglich ist oder nicht, ist mit den der damaligen Geometrie verfügbaren Mitteln nicht zu erreichen, wenn die Hypothesis in dem oben wiedergegebenen Sinne verstanden werden soll; jedenfalls ist die dabei verlangte Flächenanlegung geometrisch nicht ohne weiteres ausführbar. Da aber andererseits im platonischen Text deutlich gesagt ist, die Hypothesis führe zur Beantwortung der gestellten Frage, scheint die bisher angenommene Erklärung dem Text nicht gerecht zu werden.[57]

Aus dieser Aporie wird man jedoch, wenn wir recht sehen, herausgeführt, sowie man sich daranmacht, das im Text gestellte mathematische Problem genauer zu erfassen. Zunächst ist zu bemerken, daß nicht eigentlich verlangt ist, die vorgelegte Fläche wenn möglich durch geometrische Konstruktion in den Kreis als Dreieck einzubeschreiben; vielmehr soll entschieden werden, *ob* die Einbeschreibung möglich ist oder nicht. Da nun die Möglichkeit der Einbeschreibung selbstverständlich davon abhängt, ob die Fläche größer ist als das größtmögliche Dreieck im Kreis oder nicht, entsteht mit der gestellten Aufgabe die Frage, *welches Dreieck im Kreis das Maximum darstellt.* Wir wissen, daß es das gleichseitige Dreieck ist, das diese Eigenschaft hat. Jeder Mathematiker würde deshalb – damals wohl ebenso wie heute – die vorgelegte Frage der Einbeschreibbarkeit praktisch einfach dadurch entscheiden, daß er die gegebene Fläche mit dem Flächeninhalt des in den gegebenen Kreis einbeschriebenen gleichseitigen Dreiecks vergleichen
276 würde.[58] Hier- | für ist lediglich eine gewöhnliche, leicht zu bewerkstelligen-

57 Vgl. O. Becker, Das mathematische Denken ... 85f.; Th.L. Heath, A History of Greek Mathem., I 298–303. – Daß die Hypothesis (nach dem Verständnis von Heath, Becker u. a.) an sich die Lösung einer biquadratischen Gleichung verlangt und daß die entsprechende Konstruktion mit Zirkel und Lineal nicht ausführbar ist, hat A. Heijboer (a.a.O. 94f.) mit Recht eingewendet. Man kann dieses Bedenken nicht einfach beiseite schieben (so jetzt wieder É. de Strycker, a.a.O. 146); aber der Widerspruch löst sich, wie wir glauben, auf, wenn man beachtet, daß im Text weder gefordert ist, die angegebene Hypothesis müsse schon *allein* und ohne weitere Bestimmung die Entscheidung des Problems ermöglichen, noch auch, die Fläche müsse als gleichschenkliges (oder sonstwie bestimmt geformtes) Dreieck in den Kreis einbeschrieben werden.

58 Daß das gleichseitige Dreieck den für die Entscheidung der im Text formulierten Frage maßgeblichen Fall darstellt, ist natürlich schon öfters ausgesprochen worden (vgl. z.B. S.H. Butcher, Journ. Phil. 17, 1888, 219–25; W. Ettelt, Mathematische Beispiele bei Platon, Gymnas. 68, 1961, 141). Zugleich wurde meist mit Recht festgestellt, daß diese Voraussetzung im platonischen Text nicht selbst zur Hypothesis gemacht werde. Dagegen ging früher F. Dümmler (Akademika, 1889, Anh. IV: Ein mathematischer Lehrsatz in Platons Menon ..., 260–8) von der Annahme aus, im platonischen Text sei vom gleichseitigen Dreieck die Rede. Ebenso neuerdings wieder E. Stamatis (Platon 27/8, 1962, 315–20; engl. Auszug einer schon 1951 in der gleichen Zeitschr. erschienenen Abhandlung), dessen an sich interessante Erklärungen sich mit dem Wortlaut der Stelle nicht direkt verbinden lassen (vgl. R.S. Bluck, a.a.O. 460f.).– Das Richtige hat, wie wir meinen, im Ansatz schon A.S.L. Farquharson (a.a.O. 23) gesehen, wenn er dem Sinne nach sagt: Sokrates beginne mit einer beliebig angenommenen Linie, erwarte aber stillschweigend, daß man dann weiterschließe auf das gleichseitige Dreieck als den eigentlich entscheidenden Fall.

de Flächenanlegung erforderlich (vgl. u. Fig. 4). – Warum ist nun aber davon im Text nicht die Rede? Warum wird dort nicht einfach auf das gleichseitige Dreieck als den entscheidenden Fall hingewiesen?

Eine Erklärung dafür ist unschwer zu finden. Die dem Problem zugrunde gelegte Hypothesis soll offenbar eine unzweifelhaft und sicher gültige Voraussetzung darstellen, während die Annahme, daß das gleichseitige Dreieck das größte im Kreis ist und folglich als der maßgebliche Grenzwert für die Entscheidung der Alternativfrage (ob die Einbeschreibung möglich ist oder nicht) zu gelten hat, zunächst eine bloße Behauptung wäre, die ihrerseits einer genaueren Erläuterung und Beweisführung bedürfte. Die allgemeine Gültigkeit der Hypothesis, die Sokrates im Auge zu haben scheint, ist leicht zu verifizieren; vorausgesetzt ist lediglich der »Satz des Thales« (das Dreieck im Halbkreis ist rechtwinklig) und der »Höhensatz« (die Höhe im rechtwinkligen Dreieck ist die mittlere Proportionale zwischen den Hypotenusenabschnitten). Wesentlich schwieriger ist es dagegen, das gleichseitige Dreieck als das maximale zu erweisen.

War nun zur Zeit des ›Menon‹ oder gar früher – so ist weiter zu fragen – die Tatsache, daß das gleichseitige Dreieck im Kreis das größte ist, schon mathematisch sicher bewiesen? Ganz einfach ist der Beweis nicht zu führen – was wohl auch den Anlaß dazu gegeben hat, zunächst eine allgemeinere Hypothesis aufzustellen.[59] Aber es besteht die Möglichkeit, den Sachverhalt mit gewöhnlichen Mitteln zu beweisen. | 277

Im Sinne einer indirekten Beweisführung könnte man folgendermaßen argumentieren: Bei jedem Dreieck außer dem gleichseitigen läßt sich zeigen, daß es nicht das größte ist. Man kann nämlich sonst in jedem Fall über einer Seite des Dreiecks die ungleichen Schenkel gleich machen (indem man die Dreiecksspitze auf dem Kreis verschiebt) und dabei die Höhe des Dreiecks vergrößern. Nur beim gleichseitigen Dreieck ist diese Vergrößerung der Höhe (und damit des Inhalts) nicht möglich, also ist es selbst das absolut größte.[60] – In noch strengerer Form aber führt der folgende Beweisgang direkt zum gleichen Ziel. Auszugehen ist von einem Satz, der in den ›Elementen‹ Euklids (VI 27) speziell hergeleitet wird: »Von allen Rechtekken, die man an eine feste Strecke so anlegen kann, daß ein Rechteck fehlt, welches einem über ihrer Hälfte gezeichneten ähnlich ist und ähnlich liegt, ist das über der Hälfte angelegte, das selbst dem fehlenden ähnlich ist, das größte.« Dieser Satz läßt sich auf den Fall des größten Dreiecks im Kreis anwenden,[61] wenn man durch den Punkt P des gleichseitigen Dreiecks (s. Fig.

59 Zunächst könnte man meinen, ein Beweis zur Bestimmung des maximalen Dreiecks im Kreis sei mit den damals verfügbaren geometrischen Methoden nicht möglich gewesen. Denn das gleichseitige Dreieck ist als größtes Dreieck im Kreis dadurch ausgezeichnet, daß die entsprechende *Hyperbel* (der geometrische Ort für die Eckpunkte aller flächengleichen Rechtecke) den Kreis nur in *einem* Punkt berührt, während sich bei kleineren Flächen zwei Schnittpunkte ergeben, bei größeren die Kurve außerhalb des Kreises verläuft (vgl. o. Fig. 1).

60 Diesen Beweis erwähnt A.S.L. Farquharson, a.a.O. 23.

2) die Tangente $\overline{AB}$ an den Kreis zeichnet. Die Tangente begrenzt in A und B die verdoppelten Seiten des Rechtecks (schraffiert), das dem gleichseitigen Dreieck der Größe nach entspricht. (Bei jedem anderen Dreieck wäre die Verbindungslinie $\overline{AB}$ zwischen den verdoppelten Seiten des flächenglei-
278 chen Rechtecks keine Tan- | gente, sondern eine den Kreis schneidende Linie.) Nach dem angeführten Satz gilt nun: Wandert der Punkt P auf der Tangente, so werden die Rechtecke nach beiden Seiten hin (zu A und zu B) kleiner. Da nun aber der Kreisbogen *innerhalb* der Tangente verläuft, werden die Rechtecke in noch höherem Grade kleiner, wenn der Punkt P auf der Kreisperipherie wandert. Folglich ist das gleichseitige Dreieck, das so groß ist wie das Rechteck mit dem ursprünglich angenommenen Punkt P, das größte im Kreis.

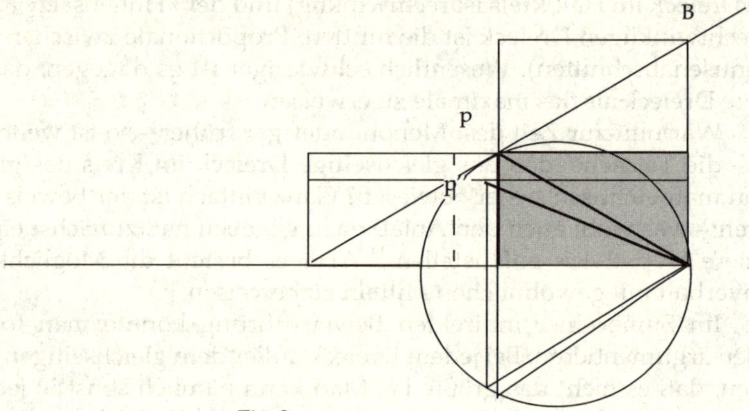

Fig. 2

Wenn also auf diesem Wege zu beweisen ist, daß das gleichseitige Dreieck den entscheidenden, maßgeblichen Vergleichsfall für das im Text gestellte mathematische Problem bildet, ist bemerkenswert, daß die geometrische Konstruktion, die zu dem Beweis erforderlich ist, an die Figur erinnert, die oben (s. Fig. 1) zur Erklärung der im Text beschriebenen Hypothesis dienen sollte. Jedenfalls ist nun klar, wie jene Erklärung gegenüber dem Einwand, daß die so verstandene Hypothesis nicht zur Lösung des gestellten Problems führen könne, sachlich zu rechtfertigen ist.

Die Hypothesis stellt, so wie sie oben nach der üblichen Auffassung erklärt worden ist, nur eine allgemeine Voraussetzung oder Bedingung dar, die noch einer genaueren Eingrenzung bedarf, wenn sie zur Lösung des Problems führen soll. Die Hypothesis, die wir dem Text entnehmen können, bietet eine zweifellos richtige, hinreichende und notwendige Bedingung für

61 Wahrscheinlich erfolgte die Anwendung zuerst bei der noch einfacheren Aufgabe, das Quadrat als das *größte* in den Kreis einbeschreibbare *Rechteck* zu bestimmen.

die Entscheidung des mathematischen Problems, aber sie läßt die Frage nach dem eigentlich bestimmenden Grenzfall noch offen. Die *entscheidende Determinierung* ergibt sich, wenn man fragt, in welchem Fall das an den Kreisdurchmesser angelegte Rechteck ein Maximum bildet. Es ist anzunehmen, daß die Mathematiker, auf die sich Sokrates beruft, zugleich schon an den maßgeblichen Spezialfall des gleichseitigen Dreiecks dachten: die angegebene Hypothesis kann nur als ein erster Schritt, als eine grundlegende, aber noch der genaueren Bestimmung bedürftige Voraussetzung verstanden werden. Eine zweite, speziellere Hypothesis erweist sich als unumgänglich: die gegebene Fläche ist einbeschreibbar, wenn sie nicht größer ist als das gleichseitige Dreieck in dem gegebenen Kreis. Und diese zweite Hypothesis verlangt den *Beweis* dafür, daß das gleichseitige Dreieck in der Tat den entscheidenden Maximalwert darstellt. Der Größenvergleich zwischen der gegebenen Fläche und dem gleichseitigen Dreieck im Kreis ist dann schließlich ohne Schwierigkeit möglich, ebenso die Einbeschreibung selbst (wenn dafür keine bestimmte Form des Dreiecks vorgeschrieben ist). Insgesamt dürfte also wichtig sein, daß | die Lösung des gestellten Problems nur 279
auf dem Umweg über eine weitere Hypothesis und deren Begründung möglich ist, daß dieser vollständige Weg zur Lösung aber durch die angegebene Hypothesis sinnvoll vorgezeichnet wird.

(2) Da jedoch, wie oben gezeigt worden ist, gewisse sprachliche Bedenken, ob die bisher behandelte mathematische Erklärung der Hypothesis dem Text zu entnehmen ist, nicht ganz von der Hand zu weisen sind, soll nun noch eine andere Auslegungsmöglichkeit entwickelt werden, die sich noch enger an den Wortlaut des griechischen Textes hält. Wir können dabei anknüpfen an die Arbeiten von A.S.L. Farquharson (1923, modifiziert von R.S. Bluck, 1961) und A. Heijboer (1955), deren Ergebnisse wir vom Text her noch weiter zu vereinfachen und sachlich zu präzisieren suchen. Kennzeichnend ist für die im folgenden vorgetragene Auslegung, daß sie von vornherein die im Text beschriebene Hypothesis als eine zwar unmittelbar evidente und allgemein gültige, aber nicht völlig bestimmte Voraussetzung versteht.

Im Sinne der beabsichtigten neuen Auslegung ist der fragliche Satz des Textes folgendermaßen wiederzugeben: Die Einbeschreibung der gegebenen Fläche ist möglich, wenn sie an irgendeine in den Kreis gezeichnete Linie (Sehne) so als Rechteck (oder Parallelogramm) angelegt werden kann, daß daneben (an dieser Linie) noch Raum übrigbleibt für ein ebensolches (d.h. ebenso großes) Rechteck (oder Parallelogramm).[62]

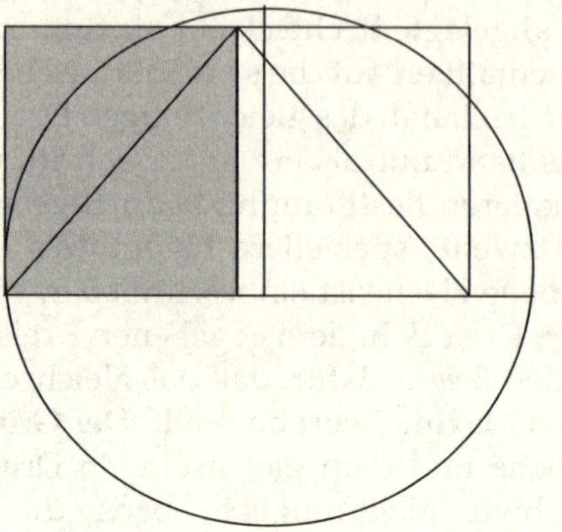

Fig. 3

Mit der Formulierung παρὰ τὴν δοθεῖσαν αὐτοῦ γραμμήν soll also wiederum eine Linie des Kreises bezeichnet sein, nun aber nicht der Durchmes-
280 ser, sondern eine zunächst beliebig angenommene | Sehne. Das Wort αὐτοῦ bleibt auch bei dieser Deutung schwierig, so daß es sich auch hier empfiehlt, die Beziehung auf den Kreis durch die Konjektur αὖ τού<του> klarzustellen.[63] Jedenfalls aber läßt sich behaupten, daß mit einer Wendung wie τὴν δοθεῖσαν γραμμήν nach gewöhnlichem mathematischem Sprachgebrauch trotz des bestimmten Artikels nicht etwas bestimmt Gegebenes, sondern etwas beliebig oder irgendwie Vorgelegtes bezeichnet wird. Da wir diesen Sprachgebrauch, der besonders bei Euklid zu beobachten ist, schon für Platon annehmen können, wird man hier an *»irgendeine«, so oder so gewählte Linie* (im Kreis) denken dürfen.[64] In der entsprechenden Zeichnung (o. Fig. 3)

62 Man kann sachlich ebenso gut verlangen, daß die Fläche an die Hälfte der Sehne anzulegen ist. Die Bedingung für die Einbeschreibbarkeit wäre dann darin zu sehen, daß die der Sehne gegenüberliegende Seite des Rechtecks nicht ganz außerhalb des Kreises verlaufen darf. Das Dreieck kann dann noch leichter eingezeichnet werden, da alle drei Punkte auf dem Kreis mit der Anlegung schon gegeben sind (vgl. u. Fig. 4). Wahrscheinlich ist es erlaubt, den Text sofort in diesem Sinne zu verstehen. Denn es dürfte als selbstverständlich vorausgesetzt sein, daß die Bedingung des »Übrigbleibens« einer ebensogroßen Fläche nur dann sinngemäß erfüllt ist, wenn die Spitze des so konstruierten Dreiecks nicht außerhalb des Kreises liegt.

63 Sprachlich wäre zu fordern, daß sich αὐτοῦ auf das im gleichen Satz genannte χωρίον bezieht. Dann aber kann jedenfalls nicht eine Seite der Fläche in ihrer ursprünglich etwa vorgelegten Form gemeint sein, sondern nur eine *für sie* zum Zweck der Anlegung im Kreis gewählte Linie (vgl. R.S. Bluck, a.a.O. 446, 458f.: »the line given for it«, »the line given in its case«). Da dieser Sinn aus dem Text aber nicht ohne Zwang zu gewinnen ist, muß der Wortlaut der Überlieferung angezweifelt werden. – Oder sollte αὐτοῦ an unserer Stelle (wie öfters bei Platon) in der Bedeutung »hier«, »ebenda« gebraucht sein? Dann wäre einfach zu verstehen: »… wenn man die Fläche an eine *hier* (nämlich im gegebenen Kreis) angenommene Linie anlegt…«.

hat man sich also die Kreissehne, an die das Rechteck angelegt wird, zunächst als nicht eindeutig bestimmt vorzustellen. Nicht näher bestimmt ist auch die andere, zu der Kreissehne senkrechte Seite des Rechtecks. Es ist jedoch leicht zu sehen, daß diese Seite zweckmäßigerweise nicht länger sein darf als die Mittelsenkrechte über der Sehne im Kreis. Freilich ist diese Bedingung im Text nicht besonders zum Ausdruck gebracht. Anscheinend gilt als selbstverständlich, daß die Spitze des konstruierten Dreiecks nicht außerhalb des Kreises liegen darf.

Man kann die Hypothesis, die wir nunmehr im Text ausgedrückt finden, auch folgendermaßen wiedergeben: Die Einbeschreibung ist möglich, *wenn es im Kreis eine Linie (Sehne) gibt*, an die sich die gegebene Fläche (als Rechteck) so anlegen läßt, daß daneben noch Raum bleibt für eine (mindestens) ebenso große Fläche (wobei die zu der Sehne senkrechte Seite des Rechtecks nicht länger sein darf als die Mittelsenkrechte im Kreis). – Diese Formulierung macht klar, daß die Hypothesis, wenn sie so verstanden wird, durchaus eine notwendige und hinreichende Bedingung für die Entscheidung des | gestellten Problems angibt. Zugleich erhebt sich damit aber auch 281
unausweichlich die Frage, wie die Linie im Kreis von Fall zu Fall gewählt werden soll. Nun ist leicht einzusehen, daß eine sichere Entscheidung in jedem Fall nur dann getroffen werden kann, wenn man von der Seitenlinie des größtmöglichen einbeschriebenen Dreiecks ausgeht. Sofern man als bekannt voraussetzen darf, daß das gleichseitige Dreieck das größte ist, ergibt sich von hier aus alles weitere ohne Schwierigkeit: Die Anlegung der gegebenen Fläche (an die im Kreis leicht zu ermittelnde maximale Seitenlinie) geschieht, wie die Darstellung zeigt (Fig. 4), aufgrund des Sachverhalts bei Ergänzungsparallelogrammen – oder, griechisch ausgedrückt, durch den »Gnomon« (vgl. Euklid, Elem. I 43). Am einfachsten werden wir das Rechteck an die Hälfte der Kreissehne anlegen, um dann zu prüfen, ob die gegenüberliegende Rechteckseite (verlängert) den Kreis schneidet oder berührt – was bedeutet, daß die Einbeschreibung möglich ist (s. Fig. 4) – oder ob sie außerhalb des Kreises verläuft, so daß sich die Einbeschreibung als unmöglich erweisen würde.

64 Dies wurde besonders hervorgehoben von O. Becker (Archiv f. Begr.-gesch. 4, 1959, 210f., 222 Anm. 5). Die für uns ungewöhnliche Verwendung des bestimmten Artikels kommt im Griechischen auch im außermathematischen Sprachgebrauch vor, so etwa bei Klearch, Fr. 63 (p. 28, 5 Wehrli): ἀπὸ τοῦ δοθέντος γράμματος = »von einem irgendwie (beliebig) gegebenen Buchstaben aus« (vgl. dazu R. Kassel, Hermes 91, 1963, 58f.).

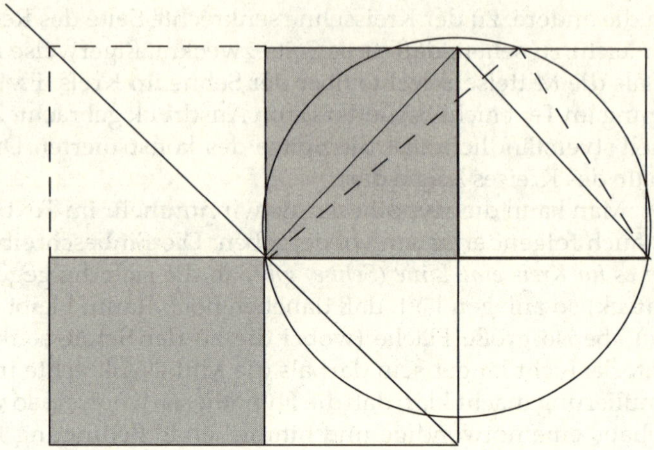

Fig. 4

Freilich ist nun auch hier wieder, ebenso wie bei der zuvor untersuchten Erklärungsmöglichkeit, zu bemerken, daß vom gleichseitigen Dreieck im Text nicht die Rede ist. Die Begründung, die wir dafür schon oben gegeben haben, gilt nicht weniger für die neu vorgeschlagene Auslegung des Textes; und wir kommen so insgesamt zum gleichen Ergebnis wie vorher. Die spezielle Voraussetzung, daß das gleichseitige Dreieck den eigentlich determinierenden Fall zur Lösung des Problems darstellt, wird offenbar deshalb nicht selbst zur Hypothesis gemacht, weil sie ihrerseits erst bewiesen werden muß. Dagegen ist in der Hypothesis, die der Text ausdrücklich formuliert, eine ohne weiteres annehmbare, sicher gültige, grundlegende Bedingung für die Lösung des mathematischen Problems zu erkennen. Und wenn die beschriebene Hypothesis auch den speziellen Sachverhalt, von dem die Entscheidung im besonderen abhängt, nicht ausdrücklich enthält, so führt sie doch, sachgemäß betrachtet, mit Notwendigkeit auf die genauere Determination hin. Die genauere Bestimmung läßt sich als zweite Hypo-
282 thesis hinzufügen und durch einen besonderen Beweisgang sichern. |

Unabhängig davon, welchen von den beiden besprochenen Ansätzen zur Interpretation des Textes man nun bevorzugen wird, wird man wohl das neu gewonnene Gesamtverständnis der im ›Menon‹ beschriebenen mathematischen Aufgabe übernehmen müssen, da es gleichermaßen in der Konsequenz der beiden speziellen Hypothesis-Erklärungen liegt. Dieses Gesamtverständnis des mathematischen Beispiels darf nun auch deshalb als überzeugend gelten, weil es – wie im folgenden ausgeführt werden soll – klar erkennbar macht, daß das mathematische Problem methodisch und sachlich für die weitere Behandlung der Arete aufschlußreich ist. Denn im weiteren Zusammenhang des Dialogs zeigt Sokrates für die Arete, wie eine zunächst noch unbestimmte Hypothesis auf Bedingungen, die in höherem Maße sicher sind, zurückgeführt wird.

2 *Die philosophischen Zusammenhänge*

a) *Das Hypothesis-Verfahren*

Der ganze Schlußteil des Dialogs beruht auf der durch den platonischen Hypothesis-Begriff gekennzeichneten Denkstruktur. Platon versteht unter Hypothesis – wie wir noch einmal zusammenfassend sagen können – eine Voraussetzung des Denkens, die selbst noch als prüfungs- und sicherungsbedürftig zu gelten hat. Eine Prüfung ist nach zwei Seiten hin möglich: nämlich zum einen in Richtung auf einfachste, absolut gültige Ursachen und Elemente (»Weg nach oben«), zum anderen in Richtung auf die konkreten, empirisch feststellbaren Befunde (»Weg nach unten«). Die Hypothesis vermittelt also zwischen den höchsten Prinzipien und den jeweiligen Phänomenen.

Im ›Menon‹ wird nun nach dieser Methode die Frage untersucht, ob die Arete lehrbar ist oder nicht. Die dabei zuerst aufgestellte, zentrale Hypothesis lautet: *Arete ist Wissen* (oder als Bedingung: nur *wenn* Arete Wissen ist, ist sie lehrbar). Als übergeordnete Voraussetzung hierfür wird dann der Satz eingeführt: *Arete ist gut* (oder als Bedingung: wenn Arete gut ist, kommt sie, wie alles Gute und Nützliche, durch Wissen zustande). Auch diese Feststellung gilt als Hypothesis, allerdings als eine in höherem Grade sichere (αὕτη ἡ ὑπόθεσις μένει ἡμῖν, ἀγαθὸν αὐτὸ εἶναι, 87 D 3). Mit dem Begriff des »Guten« ist an der vergleichbaren Stelle in der ›Politeia‹ (VI 510 B ff.) das absolut Höchste, nicht mehr weiter Zurückführbare (ἀνυπόθετον) bezeichnet. Wenn demgegenüber der Satz »Arete ist | gut« im ›Menon‹ als 283
Hypothesis gilt, so bedeutet dies vermutlich, daß dieser Satz hier noch nicht als endgültig sicher, sondern immer noch als vorläufig verstanden werden soll. In der Tat ist zu bemerken, daß hier das *Gute* nur unter dem besonderen Aspekt des *Nützlichen* (ὠφέλιμον) erscheint, so daß eine noch allgemeinere Begründung des hypothetischen Satzes »Arete ist gut« in einem umfassenden Begriff des Gutseins durchaus denkbar ist.

Außerdem wird die Hypothesis »Arete ist Wissen« im Verlauf des Gesprächs auch nach der anderen Seite hin, nämlich an der *empirischen Erfahrung* geprüft. Aus der Hypothesis, so scheint es, muß sich folgerichtig ergeben, daß Lehrer und Schüler des Arete-Wissens vorhanden sind. Da diese Konsequenz aber, wie sich bei einer kritischen Umschau herausstellt, durch die Erfahrung nicht bestätigt wird, soll die Hypothesis selbst als unhaltbar aufgegeben werden. Sokrates kommt so schließlich zu der Ansicht, daß es Arete auch ohne Wissen, aufgrund unbewußt richtiger Meinung (Doxa) geben müsse. Freilich wird dann am Schluß des Dialogs – sehr bedeutungsvoll – auf die Möglichkeit hingewiesen, es könnte vielleicht doch einen *Lehrer des Arete-Wissens* geben (… εἰ μή τις εἴη τοιοῦτος τῶν πολιτικῶν ἀνδρῶν οἷος καὶ ἄλλον ποιῆσαι πολιτικόν, 100 A). In der Tat ist klar, daß die Hypothesis »Arete ist Wissen« noch nicht grundsätzlich widerlegt ist, wenn eben im Augenblick oder unter gewöhnlichem Gesichtspunkt keine Lehrer und Schüler der Arete aufzufinden sind. Vielmehr muß die Hypothesis als berechtigt gelten, sobald doch irgendwo ein echtes Lehren und Lernen des Guten in Erfahrung gebracht wird. Damit verweist der ganze hypothetische Gedankengang deutlich – der Sache nach – auf die Frage, worin ein sicheres Wissen vom Wesen des Guten bestehen könnte, und zugleich – der protreptischen Wirkung nach – auf die »Schule« Platons und ihren Anspruch, die politische Arete auf ein bestimmtes Wissen gründen zu können.

Im Rückblick auf das geometrische Beispiel, mit dem Sokrates die hypothetische Erörterung des Arete-Problems einleitete, muß nun auffallen, daß sich die zur Lösung der mathematischen Aufgabe notwendigen Denkschritte mit den wesentlichen Schritten des Gedankengangs, der dem Arete-Problem gilt, koordinieren lassen. Die Entsprechung läßt sich in einfacher Form durch eine schematische Gegenüberstellung (s. Seite 391) verdeutlichen.

Das mathematische Beispiel und die darauf folgende Behandlung des Arete-Problems stehen also in einem Verhältnis wechselseitiger Erhellung.
285 Eine Ähnlichkeit des Beweisverfahrens läßt sich vor allem | für den »Weg nach oben« aufzeigen. Aber auch bei der Prüfung der Hypothesis n*ach unten* ist eine bezeichnende Übereinstimmung festzustellen. Die Hypothesis »Arete ist Wissen« kann durch die *empirische Erfahrung* nicht bestätigt, aber – wie am Schluß angedeutet wird – auch nicht endgültig widerlegt werden. Bei dem mathematischen Problem entspricht dieser empirischen Kontrolle der Versuch, die geforderte Entscheidung in einem speziellen Fall durch *Ausprobieren anhand einer geometrischen Zeichnung* zu finden. Dabei zeigt sich erstens, daß man die zunächst unbestimmte Hypothesis genauer präzisieren muß, um in jedem Fall zu einer Entscheidung zu gelangen. Zweitens erhebt sich darüber hinaus die Frage, ob die Lösung in jedem Fall durch geometrische Konstruktion gefunden werden kann. Und hier stellt sich nun in mathematischer Hinsicht eine ähnliche Schwierigkeit ein wie bei der empirischen Suche nach dem Arete-Wissen. Man muß einsehen, daß es gerade in dem besonders interessanten Grenzfall der maximalen einbeschreibbaren Fläche unmöglich ist, die Entscheidung durch Ausprobieren an der Figur zu finden.

	DAS MATHEMATISCHE PROBLEM	DAS PROBLEM DER ARETE
unbedingt gültige *Prinzipien*	*Zurückführung auf erste, elementare Voraussetzungen.* Beweis dafür, daß das größte in den Kreis einbeschreibbare Dreieck das gleichseitige ist	Wesen des Guten (Maßgebende Einheit)
zweite, übergeordnete *Hypothesis*	*Bestimmte Determination.* Wie verhält sich die Fläche zum gleichseitigen Dreieck im Kreis? Ist sie größer, kleiner oder gleich groß?	»Arete ist gut« folglich besteht sie in einem Wissen (gut = nützlich)
erste Hypothesis	*Allgemeingültige, hinreichende und notwendige, aber noch nicht genau bestimmte Voraussetzung.* »Wenn man die Fläche an eine Linie im Kreis so anlegen kann, daß …«	»Arete ist Wissen« Wenn dies zutrifft, ist sie lehrbar …
Konsequenz	einbeschreibbar / nicht einbeschreibbar	lehrbar / nicht lehrbar
Empirische *Erfahrung*	Ist die Entscheidung in jedem Fall durch Konstruktion möglich?	Gibt es Lehrer und Schüler der Arete?

Daher könnte man auch bei dem mathematischen Problem von der Empirie aus bezweifeln, ob überhaupt in jedem Fall eine sichere Entscheidung möglich ist und ob die aufgestellte Hypothesis, die dazu dienen soll, zu Recht besteht. Die Schwierigkeit ist hier wie beim Arete-Problem nur zu überwinden, wenn man sich klar macht, daß die eindeutige Entscheidung grundsätzlich nicht im Bereich der Empirie, sondern nur im Bereich der *theoretischen Erkenntnis* fallen kann. Denn was das mathematische Beispiel angeht, so läßt sich nur durch theoretische Überlegung, und zwar durch eine Zurückführung der gegebenen Linien und Flächen auf Zahlen und Zahlenbeziehungen, allgemein klarlegen, daß es ein größtes Dreieck in jedem Kreis gibt und wie sich eine bestimmte Fläche dazu verhält: ob sie größer oder kleiner oder gleich groß ist.

b) *Das Mittlere zwischen dem Größeren und dem Kleineren*

Damit stehen wir schließlich auch hier wieder vor der Frage, ob das geometrische Beispiel vielleicht nicht nur methodisch, sondern auch sachlich für das Arete-Problem aufschlußreich ist. Will Platon auch im Schlußteil des Dialogs durch den angeführten mathematischen Sachverhalt auf eine »maß-

gebende Einheit« hinweisen, in der zugleich das Wesensmerkmal der Arete
286 gesehen werden soll?[65] In | der Tat hat sich uns bei der Gegenüberstellung ergeben, daß dem grundlegenden Satz über die Arete, der auf das *Gute* selbst hinzielt (»Arete ist gut«), die Einführung des *gleichseitigen, regelmäßigen Dreiecks* als der entscheidenden Instanz entspricht. Sollte der damit nahegelegte Vergleich zwischen dem Wesen der Arete und dem einen, ausgezeichneten Sonderfall des geometrischen Problems vielleicht beabsichtigt sein? Wir haben schon bemerkt, daß sich gerade das gleichseitige Dreieck als der entscheidende Grenzfall des Problems durch praktische Konstruktion nicht sicher fassen läßt. Und darin schien uns eine Entsprechung zu liegen zu dem Ergebnis der Arete-Untersuchung, wonach sich auch das echte Arete-Wissen nicht ohne weiteres empirisch feststellen läßt. Dieser vorläufige Eindruck soll nun noch etwas weiter ausgedeutet werden, obwohl uns der vorliegende Text dafür kaum mehr eine Handhabe bietet.

(1) Die in dem mathematischen Beispiel gestellte Frage führt drei Möglichkeiten vor Augen: Die gegebene Fläche kann entweder *größer* sein als das maximale Dreieck im Kreis oder *klein*er oder *gleich groß*. Dabei stellt die »mittlere« Möglichkeit, daß nämlich die fragliche Fläche »gleich« groß ist, den besonders wichtigen »Grenzfall« dar. In diesem Verhältnis zwischen *größer – gleich – kleiner* oder auch *Mehr – Mitte – Weniger* sind nun aber die Begriffe zu erkennen, mit denen Platon das Wesen der Arete zu kennzeichnen pflegt. Denn immer wieder erscheint in den Dialogen und noch deutlicher in den Reflexen der mündlichen Lehre Platons das *Gute als das Mittlere* (μέσον) zwischen den »unbegrenzt« vielen Möglichkeiten zum *Großen* und zum *Kleinen* hin (Zuviel und Zuwenig, ὑπερβολή und ἔλλειψις).

Daß Platon nicht erst später, sondern schon zur Zeit des ›Menon‹ das Wesen der Arete in diesem Sinne verstand und durch mathematische Analogien zu verdeutlichen suchte, zeigt sich an einer Stelle im ›Protagoras‹ (356 E – 357 B). Dort vergleicht Sokrates die für die Wahl des Guten erforderliche *Meßkunst* mit der Lehre von den Zahlen, da es hier wie dort darauf ankomme, über Mehr-und-Weniger sowie besonders auch über das Verhältnis des Relativ-Unbestimmten zur an sich maßgebenden Gleichheit (ὑπερβολή /
287 ἔνδεια und ἰσότης) Bescheid zu wissen.[66] |

65 P. Friedländer läßt die Frage, ob die geometrische Hypothesis auch einen »symbolischen« Sinn habe, offen (Platon, II ^{2}, 326). Die von F. Dümmler [s.o. Anm. 58] geäußerte Ansicht, hier weise Platon auf das noetische Urbild aller Dreiecke hin, konnte freilich nicht befriedigen.

66 Über relative und normbezogene Meßkunst im ›Protagoras‹: H.J. Krämer, Arete bei Platon und Aristoteles, 490f. (u.ö.). Auch an anderen Dialogstellen verweist Platon mit der Beziehung zwischen »groß« und »klein« auf das Prinzip der unbestimmten Relativität im Gegensatz zum Prinzip der Einheit und Gleichheit oder Mitte. So noch deutlicher als im ›Protagoras‹ in der ›Politeia‹ (VII 524 B – 525 A); vielleicht auch bei der Definition des Begriffs »Farbe« im ›Menon‹ (76 D1f., vgl. 83 CD) .– Daß Platon gelegentlich auch von Größe und Kleinheit »an sich« spricht (Phaidon 100 E – 101 B; Parmen. 131 C – 132 B), braucht dieser Vorstellung nicht zu widersprechen. Denn in gewisser Hinsicht tritt das Relative schon im Ideen-Bereich auf, nämlich als »Zweiheit« und »Logos«.

Das Hypothesis-Beispiel im ›Menon‹ scheint demnach insofern für das Verständnis der Arete aufschlußreich zu sein, als hier die gleichseitige, regelmäßige Form das Mittlere und Maßgebende darstellt – so wie nach der platonischen »Wertstruktur« das Gute als die entscheidende »Mitte« und »Grenze« zwischen den unendlich vielfältigen Möglichkeiten des Mehr-oder-Weniger begriffen werden soll.[67]

(2) Sucht man, wie es zur vollständigen mathematischen Klärung des Sachverhalts erforderlich ist, die für das angegebene geometrische Problem wichtigen Größenbeziehungen zahlenmäßig zu erfassen, so stellt sich heraus, daß hier inkommensurable Größen höherer Art vorkommen. Vor allem zeigt sich die entscheidende Funktion des gleichseitigen Dreiecks auf diese Weise mit besonderer Deutlichkeit. Ist nämlich in einem Kreis mit dem Radius = *r* die Seite des einbeschriebenen gleichseitigen Dreiecks = *a* und sein Flächeninhalt = *F*, so gilt:

$$\mathrm{a} = \frac{2}{3}\sqrt{3} \cdot \sqrt[4]{3} \cdot \sqrt{\mathrm{F}}$$

$$\mathrm{r} = \frac{2}{3}\sqrt[4]{3} \cdot \sqrt{\mathrm{F}}$$

Ist also die gegebene Fläche als Rechteck mit *rationalen* Seiten vorgelegt, so muß sich als Seite des entsprechenden regelmäßigen Dreiecks eine *irrationale* Größe von der Form der »Mediale« ergeben. Und weiter: wenn die Seiten des Rechtecks mit dem Radius des Kreises (linear oder quadriert) kommensurabel sind, kann die Fläche keinesfalls als gleichseitiges Dreieck einbeschrieben werden, son- | dern muß entweder kleiner oder größer sein. – Daß 288
also gerade in dem *Grenzfall* des gleichseitigen Dreiecks eine *höhere* Inkommensurabilität auftritt, könnte bedeutungsvoll sein, wenn man sich daran erinnert, daß auch das Gute – als höchstes »Maß« – alle nur relativ erfaßbaren Erscheinungen transzendiert.

(3) Wie schon bei der Erklärung der Definitionen im ersten Teil des Dialogs zu bemerken war, hat Platon wahrscheinlich in dem *Verhältnis zwischen »kreisförmig« und »geradlinig«* ein besonders wichtiges Paradeigma für den Prinzipiengegensatz von Peras und Apeiron gesehen. Auch unter diesem Gesichtspunkt könnte also schließlich die Beziehung zwischen Kreis,

67 Auf diese Grundvorstellung lassen sich jedenfalls die schon oben, bei der Erklärung der σχῆμα-Definition, angegebenen einfachen *mathematischen Beispiele* beziehen: ungerade und gerade Zahlen, Quadrat und Rechteck, die drei Arten von Winkeln (vgl. o. Anm. 19); ebenso der Unterschied zwischen rationalen und irrationalen Größen (Maßgleichheit und Maßverschiedenheit, Einschließung von Größen durch Grenzwerte). Wichtig ist auch, daß die entsprechenden Begriffe für die *Harmonielehre* von Bedeutung sind: die musikalischen Intervalle als »rationale« Verhältnisse zwischen dem irrationalen »Mehr-oder-Weniger« (worauf ich in dem o. Anm. 20 genannten Aufsatz genauer eingehe).

Rechteck und einbeschriebenem Dreieck eine allgemeinere Bedeutung erhalten.

Die Einbeschreibung von Figuren in den Kreis spielte bekanntlich eine wesentliche Rolle bei den Bemühungen um einen Flächenvergleich zwischen Kreis und geradlinig begrenzten Figuren (Problem der Kreisquadratur). Dabei hat sich früher oder später, wahrscheinlich aber schon vor der Abfassungszeit des ›Menon‹, klar herausgestellt, daß die Annäherung an den Kreis durch einbeschriebene Polygone mit immer größerer Eckenzahl auf einen unendlichen Prozeß hinausläuft und daß eben darin eine grundsätzliche Verschiedenheit zwischen Kreisform und Geradlinigkeit zum Vorschein kommt.[68] Die hier zu beobachtende *Inhomogenität* reicht, so mußte man erkennen, in noch größere Tiefen als die Inkommensurabilität
289 etwa von der Art der »Mediale«, die bei bestimmten Schnittver- | hältnissen genau zu erfassen ist. Um so mehr aber konnte Platon in dem Spannungsverhältnis zwischen Kreis und gerader Linie jenen Urgegensatz von *Peras und Apeiron, Einheit und unbestimmter Vielheit* am Werk sehen.

Bei unserer »Zurückführung« der im ›Menon‹ besprochenen Hypothesen sind wir damit zu einem letzten Ausblick gelangt. Denn an dieser Stelle führt die Betrachtung offenbar über den Bereich des nur *So-Seienden* (ποῖόν τί ἐστιν) hinaus zum *Seienden selbst* (αὐτὸ καθ' αὑτὸ τί ποτ' ἔστιν).[69] Hier geht es nicht mehr darum, ob eine vorgelegte Fläche in einen gegebenen Kreis einbeschrieben werden kann oder nicht, sondern um das *Wesen* des Dreiecks, des Rechtecks, des Kreises und letzten Endes um das Runde und das Gerade *selbst*, die – man denke an die Beschränkung der Konstruktionsmittel auf »Zirkel und Lineal« – als einfachste und allgemeinste Voraussetzungen (ἀρχαί) der geometrischen Phänomene verstanden

68 Besonders bemerkenswert ist der *Versuch Brysons*, den Kreis zugleich mit einbeschriebenen und umbeschriebenen Polygonen zu erfassen. Wahrscheinlich sollte dabei grundsätzlich postuliert werden, daß es eine mit dem Kreis flächengleiche geradlinig begrenzte Figur überhaupt gibt (vgl. O. Becker, Quellen u. Stud. z. Gesch. d. Math., B 2, 1933, 369–387 u.ö.). An dieser Fragestellung könnte Platon das Problem der »Stetigkeit« kennengelernt haben (vgl. Parmen. 161 D, 165 A: das »Gleiche« beim Übergang vom Größeren zum Kleineren; dazu wohl auch Epist. VII 343 A: fundamentaler Gegensatz zwischen rund und geradlinig). – Sobald durch derartige Untersuchungen klargeworden war, daß ein direkter Flächenvergleich zwischen Kreis und geradlinig begrenzten Figuren mit gewöhnlichen Mitteln undurchführbar ist, konnte die Forderung aufgestellt werden, nun möglichst alle sonstigen Figuren oder Kurven als »Mischungen« aus dem *Kreis* und der *geraden Linie* als den beiden *Urkurven* herzuleiten. Diese Aufgabenstellung stimmt wohl nicht nur zufällig mit der Absicht Platons überein, die Übergangsstufen zwischen Peras und Apeiron möglichst vollständig zu ermitteln (vgl. Philebos 16 Cff.). Im gleichen Sinne spricht etwa auch Aristoteles von kreisförmiger, geradliniger und »gemischter« Bewegung (De caelo I 2, 268 b 17–20). – Auch diese mathematischen Aspekte werden durch die jetzt vorliegende philosophische Interpretation von H.-G. Gadamer wesentlich erhellt: Dialektik und Sophistik im siebenten platonischen Brief, SB Heidelberg, phil.-hist. Kl.1964, 2, bes. 17-19.

69 Vgl. 71 B, 86 DE, 87 B–D, 100 B. – Es handelt sich also kaum um eine »Nachlässigkeit des Ausdrucks« (H. P. Stahl, a.a.O. 412f.), wenn bei der ersten Hypothesis (Arete ist Wissen) noch von ποῖόν τι und τοιόνδε gesprochen wird (87BC); denn es ist anzunehmen, daß erst die zweite Hypothesis (Arete ist gut) an den Bereich des reinen Seins heranführen soll.

werden können. Und was die Arete betrifft, so geht es an dieser Stelle nicht mehr darum, ob sie lehrbar ist oder nicht, sondern um das Wesen des Guten, auf dem jedes mögliche Wissen von der Arete beruht. Beide Probleme, das mathematische und das ethische, sind also, wenn wir recht sehen, dadurch bestimmt, daß man bei der folgerichtigen Auflösung des zunächst Komplizierten und Unbestimmten schließlich jene maßgebende Einheit erreicht, in der auch für alles Unbegrenzt-Vielfältige der Grund seines Bestehens, seiner Ordnung, seiner Erkennbarkeit gegeben ist.

*

Die Interpretation der drei mathematischen Textstellen hat im ganzen die Erwartung bestätigt, daß dem Dialog ›Menon‹ einiges zu entnehmen ist über die mathematischen Bestrebungen der Akademie – und vor allem: daß für Platon schon damals ein innerer Zusammenhang bestand zwischen der philosophischen Frage nach dem »Guten« und bestimmten mathematischen Vorstellungen.

Die drei in diesem Dialog angeführten Beispiele werfen willkommenes Licht auf den Gesamtbereich des damals verfügbaren mathematischen Wissens: Struktur der Dimensionalität (Zahl – Linie – Fläche – Körper), Logostheorie (Kommensurabilität und Inkom-|mensurabilität), 290
geometrische Fallunterscheidungen und Beweismethoden (Hypothesis, Dihorismos). Zugleich sind damit die Hauptthemen der mathematischen Forschung zur Zeit Platons bezeichnet: Ausbau der Planimetrie und Stereometrie, Proportionenlehre und Klassifizierung der irrationalen Größen, systematische Herleitung der komplizierten Kurven aus den einfachsten Voraussetzungen, Axiomatisierung der Mathematik insgesamt.[70] – Das *philosophische* Interesse, mit dem Platon die mathematischen Untersuchungen verfolgte, wird verständlich, wenn man sieht, daß die verschiedenen Aspekte der mathematischen Problematik eng miteinander zusammenhängen: überall läßt sich eine Spannung zwischen Einheit und Vielheit, Gleichmäßigkeit und Ungleichmäßigkeit, Bestimmtheit und Unbestimmtheit beobachten. Das aber bedeutet, daß die Mathematik für Platon die Möglichkeit bot, das Verhältnis zwischen Peras und Apeiron, das die gesamte Seinsordnung zu begründen scheint, wie an einem Modell zu studieren.

Im Mittelteil des Dialogs spricht Sokrates die Ansicht aus, alle in der Physis vorkommenden Erscheinungen und Gesetzmäßigkeiten müßten sich als *miteinander verwandt* erkennen lassen (81 D1). Was Platon in dieser Über-

70 Besonders deutlich spiegelt sich in den platonischen Dialogen die Entwicklung der *Stereometrie* wider: Menon 76 A (Problem des Übergangs zwischen den Dimensionen); Phaidon 110 B (Erwähnung des Dodekaeders); Politeia VIII 528 A–D (Forderung eines systematischen Ausbaus); VIII 546 BC (»Hochzeitszahl«, vgl. Pl. U.L. 409-12); Theaitet 147 B (Inkommensurabilität bis zur dritten Potenz); ›Timaios‹ (Theaitets genaue Konstruktion der fünf regelmäßigen Körper kosmologisch ausgewertet).

zeugung, daß alles Seiende aus einem *gemeinsamen Ursprung* stammt, und damit auch in der Erwartung, daß alles *im Grunde einheitlich erklärt* werden kann, besonders bestärkt hat, zeigten uns die in das Gespräch eingefügten mathematischen Beispiele. Es ist offenbar die Erkenntnis, daß die *Mathematik* eine systematische Grundlage – wir können auch sagen: einen *Hypothesis-Bereich* – für die Erschließung der ganzen Seinsordnung bereitzustellen vermag.

Durch die im ›Menon‹ vorgeführte Denkform der *Hypothesis* wird offenbar eine systematische Vermittlung zwischen dem Bereich der einzelnen Erscheinungen und den allgemeinen Ideen möglich. Der »Chorismos« zwischen der Welt des Werdens und Vergehens und der Welt des gleichbleibend Seienden kann auf diese Weise sprachlich, mathematisch und dialektisch überbrückt werden. Schon für die Zeit des ›Menon‹ erweist sich
291 damit der gewöhnliche Aspekt der | Ideenlehre (die Idee als die allgemeine Wesenheit gegenüber der Vielheit der Erscheinungen) als bloßer Spezialfall einer umfassenden, durchgehend auf den Prinzipiengegensatz von Einheit und Vielheit bezogenen Seinslehre. Mit dem Hypothesis-Begriff, der im ›Menon‹ auftaucht, ist aber nicht nur auf die Möglichkeit einer systematischen Vermittlung hingewiesen, sondern auch die Verbindlichkeit des systematischen Denkens in bezeichnender Weise eingeschränkt. In einem »System«, das aus einem Geflecht von Hypothesen besteht, ist kein Satz absolut gültig, sondern jeder muß immer wieder daraufhin geprüft werden, ob er mit den Phänomenen einerseits und mit den allgemeinsten Prinzipien andererseits zusammenstimmt.[71] Auch die Art und die Sicherheit des Funktionszusammenhangs zwischen zwei Hypothesen kann, wie schon die besprochenen Beispiele zeigen, sehr verschieden sein; die Begründung der einen durch die andere mag etwa auf dem Wege der Verallgemeinerung, der Spezifizierung, der Ergänzung, der Präzisierung, der Induktion oder der Deduktion geschehen. Und die gleiche Hypothesis kann einerseits als grundlegende Voraussetzung, andererseits als Ziel der Beweisführung fungieren. Ja, gerade bei der Anwendung des Hypothesis-Verfahrens in seinem mehrfachen Richtungssinn – Analysis und Synthesis, Weg hinauf und Weg hinab – mußte sich immer wieder die beunruhigende Frage einstellen, wo denn nun das eigentlich Begründende zu suchen sei: im Allgemeinen oder im Speziellen, im empirisch Vorhandenen oder im theoretisch Erschließba-

71 Es ist also unstatthaft, gegen den *Systembegriff* bei Platon das Moment des *philosophischen Nichtwissens* anzuführen. Die starke und weitgehend verwirklichte Tendenz zur Systembildung widerstreitet bei Platon nicht der Einsicht, daß die Erkenntnismöglichkeiten des Menschen begrenzt sind. Im Gegenteil: gerade weil das menschliche Denken (zum Unterschied vom göttlichen Nus, in dem Subjekt und Objekt der Erkenntnis eins sind) nicht unmittelbar über die Gesamtheit des Seienden verfügt, braucht es einen systematischen Entwurf, an dem es sich wenigstens vorläufig orientieren kann. So verstand Platon den Gesamtbereich der Mathematik wie den der Sprache, aber ebenso auch das umfassende ontologische System der Prinzipienlehre als ein an sich unvollkommenes »Modell«, in dem sich die Realität abbildhaft widerspiegelt und approximativ erfassen läßt.

ren, in den einfachsten Elementen oder im komplexen Ganzen – oder vielleicht in einem noch wesentlich Anderen, das alle diese Gegensätze gleichermaßen überragt? Daher heißt es denn auch bei Aristoteles (E. N. I 4, 1095 a 30 ff.) von Platon nicht nur, er habe sich bemüht, den Zusammenhang zwischen Erscheinungen und Ideen aufsteigend und absteigend zu ermitteln, sondern auch, er habe dabei *immer wieder die Frage gestellt und geprüft*, in welcher Rich- | tung sich die Untersuchung jeweils am besten bewege: »von 292
den Prinzipien her oder zu ihnen hin?«.

Von dem sachlichen Zusammenhang zwischen den mathematischen Beispielen und dem übergeordneten Problem der Arete ist im ›Menon‹ nicht ausdrücklich die Rede. Daß es dennoch statthaft ist, diese Beziehungen hervorzuheben, ergibt sich von selbst, wenn man den *akademischen Hintergrund der literarischen Darstellung* berücksichtigt. Auf die Schule hin konvergieren gleichsam die im Dialog nur angedeuteten, nicht ganz ausgezogenen Linien. Zumal in dem Motiv der »Einweihung« (76 E) und am Schluß des Dialogs, wo nach einem Lehrer der politischen Arete gefragt wird, ist dies unverkennbar. Dort, in der Schule Platons, hat sich die Entwicklung von der pythagoreischen »Prinzipienlehre« und »Kosmologie« zu der systematischen Verbindung von Mathematik und Ontologie, wie sie besonders bei Aristoteles für Platon bezeugt ist, im wesentlichen vollzogen.[72] In den Dialogen spiegelt sich dieser Entwicklungsprozeß nur unvollständig wider; doch scheint sich im Menon immerhin so viel davon zu zeigen, daß wir sagen können: Schon in dieser Zeit war Platon dabei, die pythagoreischen Lehren über Peras und Apeiron wissenschaftlich weiterzuführen und grundsätzlich mit der sokratischen Frage nach dem »Guten« zu verbinden.

72 Die engere Bekanntschaft Platons mit dem Kreis der Pythagoreer reicht sicher bis in die Zeit der frühen Werke zurück; sie bestand auf jeden Fall seit der ersten Reise (etwa 390/88 v. Chr.). – Wenn der zweite »platonische« Brief echt sein sollte (was freilich nicht wahrscheinlich ist), aber auch, wenn er hier sonstwie Zutreffendes berichtet, kann man ihm entnehmen, daß Platons philosophische Lehre *in den Grundsätzen* seit der Mitte der neunziger Jahre nicht wesentlich verändert worden ist; dort wird nämlich aus der Sicht des Jahres 364 festgestellt (Epist. II 314 AB): εἰσὶν γὰρ ἄνθρωποι ταῦτα ἀκηκοότες καὶ πλείους, δυνατοὶ μὲν μαθεῖν, δυνατοὶ δὲ μνημονεῦσαι καὶ βασανίσαντες πάντῃ πάντως κρῖναι, γέροντες ἤδη καὶ οὐκ ἐλάττω τριάκοντα ἐτῶν ἀκηκοότες, οἳ νῦν ἄρτι σφίσι φασὶν τὰ μὲν τότε ἀπιστότατα δόξαντα εἶναι νῦν πιστότατα καὶ ἐναργέστατα φαίνεσθαι, ἃ δὲ τότε πιστότατα, νῦν τοὐναντίον. – Ein weiterer Zusammenhang mit pythagoreischen Lehren zeigt sich im ›Menon‹ bekanntlich bei dem Gedanken der »Seelenwanderung« (81 A–D). Auch hier ist es jedoch – im Sinne der ontologischen Differenzierung Platons – bezeichnend, daß die Pythagoreer, wenn sie von einer Wiedererinnerung an frühere Erlebnisse sprachen, einfach an ein Leben in vergangener Zeit dachten, während Platon eher eine andere, unkörperliche Daseinsweise der Seele meint (vgl. R.S. Bluck, a.a.O. 62–5).

Nachtrag 1968

Der Aufsatz ist hier gegenüber der ursprünglichen Fassung (1964) inhaltlich nicht verändert. Als überholt betrachte ich den Hinweis (o. Anm. 18) auf die Traditionsgeschichte des Sextus-Berichtes; dazu liegt inzwischen eine genauere Untersuchung vor in meinem Beitrag über ›Quellenkritische Probleme der indirekten Platonüberlieferung‹ (in: Idee und Zahl, Abh. Heidelb. Akad. d. Wiss., phil. hist. Kl. 1968, S. 31–84; in diesem Band Seite 205ff.). Zu den Grundfragen der Interpretation des platonischen Schriftwerks im Rahmen der Schule Platons ist erneut kurz Stellung genommen im Nachwort zur zweiten Auflage von ›Platons Ungeschriebene Lehre‹ (1968).

Der vorliegende Beitrag ist rezensiert worden von F. Krafft (Mathematical Review 33, 1967, 210f.) und M. Timpanaro Cardini (Rivista di filol. 94, 1966, 357–60). Die italienische Rezensentin befaßt sich kritisch mit der schwierigen Stelle Menon 86 E – 87 A, zu der sie sich bereits früher geäußert hatte (Sull'ipotesi geometrica del Menone, Parola del Passato 6, 1951, 401–9). Sie stimmt mit mir methodisch darin überein, daß die im platonischen Text angegebene Hypothesis nicht in jedem Fall zur Entscheidung der gestellten Frage ausreicht. Die unterschiedliche Auffassung von αὐτοῦ (Frau Timpanaro Cardini hält die o. Anm. 63 bezweifelte Deutung für möglich) kann man auf sich beruhen lassen. Nicht annehmbar finde ich jedoch den erneut vorgetragenen Erklärungsversuch, als ob mit der im Text beschriebenen Hypothesis nur ein Spezialfall herausgegriffen wäre (die Anlegung eines Quadrates an den halben Durchmesser des Kreises), worauf dann unter Umständen weitere hypothetische Maßnahmen folgen sollten. Dagegen ist zu sagen, was schon R.S. Bluck (Plato's Meno, 1961, 451f.) eingewendet hat. Übrigens treffen die Einwände von Bluck grundsätzlich auch den ähnlichen, aber schon sicherer auf einen allgemeingültigen Satz zielenden Auslegungsversuch von M. Guéroult (Sur le locus mathematicus du Ménon, Bull. de la faculté des lettres de Strasbourg 13, 1935, 173–80, 218–26), der erklärt: Die einzubeschreibende Fläche ist als Quadrat vorgelegt, und die Einbeschreibung ist möglich, wenn beim Anlegen an den Durchmesser des Kreises noch eine quadratische Fläche übrigbleibt. Auch bei dieser Auffassung würde die Hypothesis nur über die Möglichkeit der Einbeschreibung in den Halbkreis, nicht in den Kreis entscheiden.

Der inzwischen erschienene wichtige Kommentar von J. Klein (A Commentary on Plato's Meno, Chapel Hill, University of North Carolina Press, 1965) geht besonders auch auf die mathematischen Aspekte des Dialoges ein, läßt jedoch das Verhältnis zur Schule Platons unbeachtet. Die mathematischen Beispiele sind dementsprechend nur in ihrer methodischen Funktion erfaßt.

Nicht ganz überzeugend sind Kleins Bemerkungen zu den beiden Definitionen von σχῆμα. Die erste Definition (Gestalt ist, was stets mit Farbe zusammenhängt) soll Sokrates gewählt haben, weil er für die Arete die analoge Definition »was stets mit Wissen zusammenhängt« erwarte (S. 60, 70). Daher sei es auch diese Definition und nicht die zweite, streng geometrische, auf die Sokrates besonderen Wert legt (S. 70; ebenso, wenn auch mit anderer Begründung, R. G. Hoerber, Phronesis 5, 1960, 96–7). Gegen diese Ansicht sprechen jedoch sachliche Bedenken sowie die Stelle Menon 79 D (vgl. o. Seite 366 mit Bluck, a.O. 254).

Problematisch ist ferner die Erklärung, an dem oberflächlich argumentierenden Gesprächspartner Menon zeige Platon, daß die Seele für die Anamnesis eine der dritten Dimension entsprechende »Tiefe« brauche (S. 186f., 189f.). Damit verbindet Klein sogar die stereometrischen Abschnitte in Politeia VII und im ›Timaios‹ (S. 192–9). An dem eigentlich platonischen Sinn der Dimensionsbegriffe scheint mir diese Interpretation vorbeizugehen; man sieht, daß auf die Kontrolle durch die Zeugnisse der indirekten Überlieferung nicht verzichtet werden kann.

Zu der geometrischen Hypothesis erklärt Klein, der mathematische Sinn sei bei Platon nicht genau zu erkennen (S. 206–8), es bestünde aber eine vollständige Analogie zum Arete-Problem: Wie die Fläche in den Kreis einbeschrieben werden kann, wenn sie einer anderen Fläche im Kreis gleicht, so kann die Arete in die Seele eingefügt werden, wenn sie etwas anderem in der Seele gleicht - nämlich dem Wissen (S. 208f., vgl. Menon 87 A–C). Freilich handelt es sich bei der geometrischen Hypothesis um zwei Flächen nebeneinander, bei der Arete darum, ob sie selber so etwas wie Wissen ist. Falls jedoch die genaue Entsprechung tatsächlich von Platon beabsichtigt ist, unterstützt dies die Auffassung, daß die mathematischen Beispiele und das Problem der Arete auch sachlich aufeinander bezogen werden sollen.

Das Höhlengleichnis (1985)

I Thema und Variationen von Platon bis Dürrenmatt[1]

»Ich stelle mir nämlich Menschen in einer Höhle vor, Menschen, die von Jugend auf an Schenkeln und Hals in Fesseln eingeschmiedet sind, so daß sie unbeweglich sitzen bleiben und nur vorwärts, auf die Wand der Höhle, zu schauen vermögen.« Das Bild scheint vertraut. Doch wir lesen weiter: »In den Händen halten sie Maschinenpistolen.« Auf der Wand sind menschliche Schatten zu sehen, die ebenfalls Maschinenpistolen haben. In dem Glauben, Feinde vor sich zu sehen, schießen die Gefangenen auf die Schatten, und durch die zurückprallenden Kugeln töten sie sich selbst.

Das verwandelte Höhlengleichnis findet sich in Friedrich Dürrenmatts Erzählung ›Der Winterkrieg in Tibet‹ (1981). Die Höhlensituation ist wie bei Platon beschrieben (im ›Staat‹, zu Anfang des 7. Buches), und wie bei Platon zeigt sie die Befangenheit des Menschen in Irrtümern und Wahnvorstellungen. Während Platon aber durch das Bild verdeutlichen will, daß der Mensch die Täuschungen der Sinnenwelt hinter sich lassen und zur wahren Welt der Ideen aufsteigen soll, wird die Höhle bei Dürrenmatt zu einem Gleichnis für das Beängstigende der heutigen Zeit: für unsere Welt der Aggressivität und der Feindbilder, die zur Selbstzerstörung führen.

1 *Ein Bild der conditio humana*

Platons Höhlengleichnis ist das Sinnbild einer Weltauffassung, die bis heute mächtig weitergewirkt, aber auch entschiedenen Widerspruch hervorgerufen hat. Im Lauf dieser Auseinandersetzung ist gerade auch das Gleichnis von den in der Höhle Gefangenen immer wieder neu gestaltet worden. Das gleichbleibende Thema ist die Aussage, daß der Mensch sich in einer elenden, unglücklichen, unwahren Situation vorfindet. Die Variationen aber halten sich auf der einen Seite an die Überzeugung Platons, daß sich der Mensch durch das Streben nach höherer Erkenntnis aus seinem Gefängnis befreien kann. Bestimmte Aspekte des platonischen Hinausstrebens über die Sinnenwelt konnte sich vor allem die christliche Jenseitshoffnung zu ei-

1 Mit geringfügigen Ergänzungen übernommen aus: Schweizer Monatshefte 65, 1985, Heft 1 (Januar 1985) 55–65.

gen machen. Auf der anderen Seite hat man den Sinn des Bildes stark abgewandelt oder umgekehrt, um eine ganz andere, entgegengesetzte Weltsicht zu verdeutlichen. Entsprechend umgestaltet, ist das Höhlengleichnis auch bewußt gegen die platonische Metaphysik, für ein diesseitiges, realistisches oder gar nihilistisches Weltbild in Anspruch genommen worden, also auch für die resignierende Überzeugung, daß es sinnlos ist, hinter dem, was die Erfahrung zeigt, eine bessere, wahre Welt zu erträumen.

Jede Zeit, jede Weltanschauung hat ihr eigenes Höhlengleichnis, dessen verschiedene Ausprägungen die Paradigmenwechsel sichtbar machen,
22 die den Gang unserer Geistesgeschichte bestimmen. |

2 *Ältere Vorbilder*

Schon in Platons Gleichnis sind Motive früherer Welterklärungen zusammengefaßt und neu gestaltet. Vor ihm hat *Empedokles* von Agrigent, angeregt durch pythagoreische Vorstellungen, unsere Menschenwelt mit einer Höhle verglichen (Fr. 120 und 121 Diels-Kranz). Empedokles gab der alten griechischen Ansicht, daß wir nach dem Tod in das Schattenreich des Hades kommen, eine neue Wendung, indem er erklärte: wir sind *jetzt* in einer Unterwelt und verbüßen *jetzt* eine Strafe für frühere Freveltaten. In die Welt des reinen Lichts kann unsere Seele, wenn sie durch das Erdenleben geläutert ist, später einmal zurückkehren. – Auch das Lehrgedicht des *Parmenides*, in dem die Fahrt eines Jünglings aus der dunklen Welt der Meinungen zur lichtvollen Welt der Wahrheit beschrieben wird (Fr. 1 D.-K.), hat Platon gewiß beeindruckt.

Bei Platon erhält das Höhlengleichnis seinen tieferen Sinn von der Ideenlehre her. Zum Hauptmotiv wird bei ihm der Gedanke, daß in unserer Welt der Erscheinungen alles abbildhaft ist. In seinem Gleichnis der Gleichnishaftigkeit wird also nicht nur das Elend des menschlichen Lebens veranschaulicht, sondern auch erklärt, daß wir in allem, was wir sehen, Symbole der wahren Welt erkennen sollten.

3 *Die Wirklichkeit neu gesehen*

Platons großer Schüler *Aristoteles* hat sich als erster herausgefordert gefühlt, das Höhlengleichnis umzuformen. In dem verlorenen Dialog ›Über die Philosophie‹ war zu lesen, was Cicero (De natura deorum II 37, 95) referiert: Wenn Menschen in einer unterirdischen Höhlenwohnung, die komfortabel eingerichtet ist, aufgewachsen wären und dann plötzlich ins Freie herausträten, müßten sie beim Anblick der wunderbaren Ordnung der Natur an Götter glauben.

Für Aristoteles ist die »wahre Welt« nicht mehr das jenseitige Reich der Ideen, sondern des Kosmos, in dem wir leben. Nur haben wir uns an dessen Schönheit und Regelmäßigkeit allzusehr gewöhnt. Wir sind – so erklärt Aristoteles im Widerspruch zu Platon – nicht in einer Schattenwelt gefangen, sondern befinden uns in der Welt des Lichts, wo wir allerdings lernen müssen, das Staunenswerte und Göttliche um uns wahrzunehmen.

4 *Im Gefängnis der Leidenschaften*

Nicht mehr um das Verständnis der Welt im ganzen, sondern nur noch um die richtige Lebensweise geht es bei *Maximos von Tyros*, einem philosophischen Wanderprediger des 2. Jahrhunderts n. Chr. Er will mit seiner Metamorphose des Höhlengleichnisses (Philosophumena 36, 4) das moralische Ideal der Bedürfnislosigkeit illustrieren: Das gewöhnliche, von Leidenschaften und Begierden umgetriebene Leben gleiche dem Unglück derer, die in einem dunklen Kerker gefangen sind; wer sich dagegen nicht den Lüsten des Augenblicks ausliefere, führe ein Leben in Freiheit.

5 *Ein antiplatonisches Gedankenexperiment*

Um seinen Übertritt zum Christentum glaubhaft zu machen, hat *Arnobius* aus Sicca in Nordafrika zu Beginn des 4. Jahrhunderts sein Werk ›Gegen die Heiden‹ verfaßt. | 23

Überraschenderweise wendet er sich hier (II 20–26) mit einem Höhlengleichnis gegen Platon, wenn auch nicht gegen die platonische Jenseitsvorstellung, sondern gegen die Lehre von der Wiedererinnerung und der natürlichen Unsterblichkeit der Seele. Wenn ein Mensch, so schildert er ausführlich, an einem unterirdischen Ort in völliger Einsamkeit aufwüchse und dann plötzlich ans Tageslicht käme, könnte er nichts erkennen, ja nicht einmal mit den anderen sprechen. Daran sehe man, daß die menschliche Seele kein Wissen mitbringe, sondern sich alles durch Erfahrung und Erziehung aneignen müsse. Die Unsterblichkeit habe sie also nicht ihrer Natur nach; nur durch die Gnade Gottes könne sie ihr zuteil werden.

6 *Der Tod als Befreiung*

Nicht erst bei christlichen Autoren wird das Höhlengleichnis zu einem Bild für den Übergang in ein besseres Leben nach dem Tod. Der römische Stoiker *Seneca* spricht in einem seiner ›Moralischen Briefe‹ (102, 21–30), wo er über den Tod nachdenkt, statt von einer unterirdischen Höhle vom Mutterleib, aus dem man bei der Geburt befreit wird: So wie wir aus dem Dunkel ans Licht dieser Welt kommen, ist vielleicht der Tod eine andere Geburt, bei der wir in das wahre, unvergängliche Licht gelangen.

Ähnlich wie Seneca, aber nun von christlichen Vorstellungen geleitet, sagt der Kirchenvater *Gregor von Nyssa* in Kappadokien (4. Jh.) an einer bildhaften Stelle seiner Schrift ›Über die Toten‹: Unser jetziges Leben gleicht der Gefangenschaft in einem finsteren Verlies; wenn wir uns in diesem Gefängnis wohl fühlen und es nicht verlassen wollen, so nur deshalb, weil wir von der Herrlichkeit des wahren Lebens im Licht nichts wissen.

7 *Das Licht des Mystikers*

Diese neuplatonisch-christliche Tradition erneuernd, hat der um das Jahr 1000 in kleinasiatischen Klöstern lebende Mönch *Symeon* (»der neue Theologe« genannt) auch das Höhlengleichnis im Sinne religiöser Mystik reich ausgestaltet (Ethische Reden I 12). Das Licht, das von draußen in das Dunkel der Höhle dringt, ist nun die Quelle mystischer Erleuchtung und Erhebung. Wenn es plötzlich offenbar wird, bewirkt die Helligkeit zuerst eine ekstatische Erschütterung. Bei längerer Gewöhnung an das Licht weichen Überwältigung und Ergriffenheit dem ruhigen Vertrautsein mit der höheren Wahrheit. Für Symeon ist das Leben im dunklen Gefängnis des Körpers das Schicksal des Menschen, aus dem er erst durch Tod und Auferstehung befreit wird, um dann im vollen göttlichen Licht zu leben. Doch auch jetzt schon können wir durch Buße, Reue und Demut des von der jenseitigen Welt herkommenden Lichtes teilhaftig werden.

8 *Erleuchtung des Herzens als Gemälde*

Seine produktive Kraft beweist das Bild der Höhle nicht weniger in der Neuzeit. Gegen Ende des 16. Jahrhunderts hat der Holländer Hendrik Laurenszoon *Spiegel* ein Lehrgedicht mit dem Titel ›Hertspiegel‹ (›Spiegel des Herzens‹) verfaßt, in dem er auch das Höhlengleichnis neu erzählt (III 70–154). Die Höhle wird hier zu einem Bild des menschlichen Herzens mit sei-
24 nen dunklen Trieben und der Fähigkeit, sich dem Licht | der Vernunft und der Offenbarung zu öffnen. Spiegel hat *Cornelis von Haarlem* inspiriert, die platonische Höhle zu malen. Von dem später verlorengegangenen Gemälde vermittelt uns ein Kupferstich des Holländers Jan Saenredam aus dem Jahr 1604 einen guten Eindruck: Man sieht ein Gewölbe, das in einen dunklen und einen von einer Lampe erhellten Raum geteilt ist (nach dem Gedicht Spiegels die rechte und die linke Herzkammer mit der großen Aorta als Ausgang). Auf der trennenden Mauer stehen Statuen: allegorische Figuren der christlichen Tugenden und der weltlichen Laster. Die im Dunkel sitzenden Menschen blicken auf die Schatten der Allegorien an der Wand. Die von der Lampe beschienenen Männer sind die Vertreter der Wissenschaften und der Philosophie, die zu bestimmten Erkenntnissen, aber noch nicht zur Wahrheit des Glaubens – zum hellen Sonnenlicht im Freien – gelangt sind. Auch die Überschrift verdeutlicht die Transposition dieses *Antrum Platonicum* in die Vorstellungswelt des christlichen Humanismus der Renaissancezeit: »Das Licht ist in die Welt gekommen, und die Menschen haben die Finsternis mehr geliebt als das Licht« (Joh. 3, 19).

9 *Kritik der Trugbilder*

Noch deutlicher spricht das neuzeitliche Denken aus den Höhlengleichnissen, die uns bei den Wegbereitern des wissenschaftlich ›aufgeklärten‹ Weltverständnisses begegnen. Am Anfang steht hier Giordano *Bruno*. Im ersten

Dialog von ›De la causa, principio et uno‹ (1584) und im ersten Buch des Lehrgedichts ›De immenso et innumerabilibus‹ (1591) spricht Bruno von der Befreiung aus einem dunklen Gefängnis und vergleicht dann die verschiedenen Reaktionen der Menschen auf das Licht der Erkenntnis mit dem Verhalten der Tiere beim Aufgehen der Sonne: die einen scheuen das Licht und fliehen zurück ins Dunkel, die anderen begrüßen freudig den anbrechenden Tag. Was Bruno auf diese Weise zum Ausdruck bringt, ist die Befreiung von dem geschlossenen Weltbild der mittelalterlichen Scholastik durch die heliozentrische Theorie des Kopernikus und durch den Gedanken einer unendlichen Weite des Weltalls.

Konnten sich die religiösen Weltdeutungen am platonischen Gleichnis orientieren, so lassen sich die Bestrebungen der wissenschaftlichen Aufklärung eher mit dem aristotelischen Gegenbild veranschaulichen. Die lichtvolle Welt außerhalb der Höhle ist die Welt, in der wir leben, die uns aber zunächst durch unsere Vorurteile und unsere selbstverschuldete Unmündigkeit verschlossen ist. Die kritische Klärung unserer Verstandesmittel soll uns den Blick für eben diese Welt öffnen.

Der philosophierende englische Lordkanzler Francis *Bacon* sieht zu Beginn des 17. Jahrhunderts das Haupthindernis auf dem Weg zu einer methodisch sicheren Naturerkenntnis in den vielen Selbsttäuschungen der Menschen. Die individuellen Irrtümer des Einzelnen nennt er »Trugbilder der Höhle« (*idola specus*). Wie nämlich ein Mensch, so führt er aus, der in der Höhle Trugbilder sieht, beim Heraustreten zunächst törichte und verwirrte Ansichten haben wird, so hindern uns die Vorurteile und falschen Meinungen an der wahren Erkenntnis (De dignitate et augmentis scientiarum V 4).

Bei Aristoteles und Platon wird der Befreite durch das Neue überrascht und geblendet, aber die Täuschungen bleiben in der Höhle zurück. Nach Bacon hingegen bringt der ans Licht Heraustretende seine Trugbilder mit, und sie sind es, die ein angemessenes Verständnis der Welt zunächst verhindern. Was also für Platon ein Aufstieg von den | abbildhaften zu den 25
wahrhaft seienden Objekten ist, bei Aristoteles eine Abkehr von falscher Gewohnheit, wird bei Bacon zu einem Problem der Selbstkritik des Subjekts, das die Voreingenommenheiten, die seinen Verstand korrumpieren, durchschauen sollte.

10 Gläubiges Vertrauen

Doch auch in der Neuzeit ist der Glaube an eine transzendente Welt und einen göttlichen Urgrund aller Dinge mit dem Höhlengleichnis zum Ausdruck gebracht worden. Christoph Martin *Wieland* etwa hat in seinem religiös begeisterten Jugendgedicht ›Die Natur der Dinge‹ (1752) das Gleichnis in seiner aristotelischen Gestalt poetisch nacherzählt, um – ebenso wie Aristoteles – zur Erkenntnis Gottes in der »Wunderuhr der Welt« aufzurufen.

Ein Autor unseres Jahrhunderts, der Cambridger Professor und Romanschriftsteller Clive Staples *Lewis* (1898–1963) hat unter dem Titel ›Transposition‹ eine Pfingstpredigt veröffentlicht, in der er erklärt, daß übernatürliche Offenbarungen uns nur erreichen können, wenn sie in die Welt unserer Erfahrungen »transformiert« werden. Lewis erläutert dies mit einer Geschichte: Eine Frau gebiert im Gefängnis einen Sohn. Als dieser heranwächst, schildert sie ihm die Außenwelt mit Hilfe von Zeichnungen. Eines Tages wird ihr klar, daß der Sohn sich vorstellt, die Welt bestünde aus lauter Bleistiftstrichen. Über seinen Irrtum aufgeklärt, kann er sich die wahre Welt außerhalb des Verlieses überhaupt nicht mehr vorstellen. – Wie Platon will Lewis sagen, daß wir die andere Welt nur abbildhaft erfassen können, daß uns die Unzulänglichkeit der Bilder jedoch nicht hindern soll, in ihnen das Wahre repräsentiert zu finden. Anders als Platon glaubt er, daß wir in die wahre Welt nicht schon hier durch philosophisches Bemühen, sondern erst durch den Tod als Auferstandene gelangen können.

Luise *Rinsers* neues Buch ›Mirjam‹ (Frankfurt a.M. 1983), in dem das Leben Jesu aus der Sicht der Maria Magdalena geschildert wird, endet mit einer Reminiszenz an das platonische Gleichnis, die zeigt, wie anders das menschliche Leiden aus christlicher Sicht zu deuten ist. Die junge Jüdin hörte von einem Griechen das Höhlengleichnis Platons, das ihr besonders gefiel (S. 33). Zum Schluß sagt sie (S. 330–332), daß ihr der auferstandene Herr zum Abschied in einer Höhle, ihrer Zufluchtsstätte, als Licht erschienen sei. Seitdem sieht sie wieder nur Schatten an der Höhlenwand, aber sie glaubt: »Wenn das Dunkel am schwärzesten ist und der Pfad sich verliert, dann ist er nahe, der Gott.«

11 *Negativbilder*

Stärker als gläubige Hoffnung prägen Ernüchterung und Verzweiflung die literarischen Höhlengleichnisse unseres Jahrhunderts.

In Edward Estlin *Cummings'* Kurzdrama ›Anthropos: Die Zukunft der Kunst‹ (1930) wärmen sich in einer Höhle drei inframenschliche Wesen an einem »ehemaligen Feuer«, während ein nackter Mensch ein Mammut an die Wand malt und von draußen die Geräusche der technischen Zivilisation hereindringen. Die Höhle, bei Platon das Bild für den Anfang der geistigen Entwicklung, ist hier als Primitivzustand dargestellt, der jedoch nicht
26 den Beginn, sondern das Ende der Evolution bedeutet. Die Menschen | haben sich aus der Welt des Lichts in die Geborgenheit der Höhle zurückgezogen, denn die Sonne draußen ist nicht mehr Quelle des Lebens, sondern ihre Strahlen zerstören wie mörderische Spieße. Der Fortschritt des aufgeklärten Geistes nötigt zum Rückschritt ins Inframenschliche. Die in die Höhle Zurückgekehrten werden nicht, wie bei Platon, zu Politikern, die andere hinaufführen, sondern zu Demagogen, die den Mob mit Parolen in die Tiefe der Höhle zurückdrängen. Die Wahrheit, die man außerhalb der Höhle gesehen hat, will man nicht verkünden, sondern vergessen. Nur der Künstler ist

Mensch geblieben; er versucht, die Wahrheit der Außenwelt in der Höhle abzubilden, sieht aber nicht, daß die Realität inzwischen denaturiert ist. Immerhin, so mag man Cummings verstehen, ist er der einzige Mensch in un(ter)menschlicher Zeit, der die einstmals gewußte Wahrheit noch in Erinnerung zu bringen vermag.

Ist bei Cummings die Höhle der letzte Trost, weil man zu viel von der Welt draußen gesehen hat, so wird unsere Höhlenwelt bei Samuel *Beckett* trostlos, weil man zu wenig von der Welt draußen erfährt und jede Hoffnung auf einen Ausweg illusorisch ist. In der von Beckett 1970 veröffentlichten Erzählung ›Le dépeupleur‹ (›Der Verwaiser‹) irren nackte menschliche Körper in einem schwach beleuchteten zylindrischen Raum umher. Jeder sucht den, dessen Abwesenheit alles entvölkert, verwaist. Mit Leitern wollen die Menschen Nischen und Tunnel in der oberen Zylinderwand erreichen. Einige sind ständig beim Klettern, andere halten öfters inne, wieder andere haben, ermattet, das Suchen schon ganz aufgegeben. Die Suche wird motiviert durch den Traum von einem Ausweg; aber es gibt diesen Ausweg nicht, oder er ist, im Zenit der Decke, unerreichbar. Einer nach dem anderen läßt von dem vergeblichen Bemühen ab und erstarrt, bis schließlich alles stumm und dunkel wird. – Eine lichtvolle, bessere Welt gibt es bei Beckett also nur noch als Negation in dem unerreichbaren Ziel der Suchenden. Die Höhle, zum Zylinder aus Hartgummi geworden, ist nicht mehr der Ort des Aufbruchs und des Übergangs in eine wahre Welt, sondern ein Ort der Resignation, der Endzeit, des langsamen Verendens.

Auch bei *Dürrenmatt* ist die Höhle der Ort, in dem es mit uns zu Ende geht. In einem unterirdischen Stollengewirr kämpfen nach der Katastrophe eines Atomkrieges Söldner gegen Feinde, die es gar nicht gibt: Feind ist der Mensch sich selbst. Diese Erkenntnis faßt ein Söldner in das Höhlengleichnis, mit dem unser Gang durch die Geschichte des Gleichnisses begonnen hat; und er ritzt seinen Erlebnisbericht in die Stollenwände ein. Schließlich stürzt das ganze Labyrinth in sich zusammen: »Die Söldner müssen es zu sehr ausgehöhlt haben.«

12 *Die Zukunft*

Ist dies das Ende des Höhlengleichnisses? Ist es am Ende ein Bild ohne Zukunft? Die verschiedenen Reprisen des Gleichnisses zeigen, daß der Mensch über die unbefriedigende Wahrheitsferne seines Daseins hinausstrebt und hinausdenkt, auch wenn die Alternative nur Utopie oder Einbildung sein mag. Mit jeder Variation war die Frage verbunden, ob und wie wir uns aus unserem Gefängnis befreien können: jetzt schon mit Hilfe der Philosophie oder Religion, oder erst durch den Tod, oder überhaupt nicht? Zumal dann, wenn der metaphysische Ausblick fehlt und die irdische Welt als die einzig reale erscheint, verdichtet sich die Ungewißheit heute zu der Frage, ob nicht nur der | Einzelne in unglücklicher Selbsttäuschung gefangen ist, sondern 27 auch das ganze Menschengeschlecht mitsamt seiner ›Höhle‹ an menschlicher Ignoranz und Torheit zugrundegeht.

Der Weg, der zur Erkenntnis führt, sei schwer zu begehen, schreibt der Söldner Dürrenmatts; nicht begehbar sei er jedoch ohne das Wagnis von Fiktionen.

13 *Quellennachweise*

Für hilfreiche Mitwirkung bei der Vorbereitung und Abfassung des hier veröffentlichten kurzen Beitrages – beim Recherchieren, Interpretieren und Formulieren – gebührt Frau *Margarita Kranz* (Tübingen) besonderer Dank. Eine ausführlicher dokumentierende Darstellung soll nach Möglichkeit später folgen. Als wichtigste Vorarbeiten zu unserem Versuch sind die Studien zur Metaphorologie von Hans Blumenberg zu nennen, besonders sein Beitrag: Licht als Metapher der Wahrheit. Im Vorfeld der philosophischen Begriffsbildung, Studium Generale 10, 1957, 432–447 (mit einem Exkurs: Die Höhle, S. 437–438).

Die folgende Übersicht beschränkt sich auf solche Variationen des Höhlengleichnisses, in denen das Bild der dunklen Gefängnishöhle beibehalten ist und paradigmatisch zur Veranschaulichung der *conditio humana* dient. Ins Uferlose käme man, wollte man überhaupt das Motiv der Höhle in der Literatur verfolgen oder auch Texte, in denen sonstwie der Gegensatz von Dunkel und Licht bedeutsam gestaltet ist, hinzunehmen. Nicht berücksichtigt sind hier auch die vielen spezielleren Reflexe des platonischen Gleichnisses in der antiken und modernen Literatur. – Die zuvor, im Rahmen unseres vergleichenden Essays, noch nicht erwähnten Textbeispiele sind bei der Numerierung eingeklammert.

1. Empedokles, Fr. B 120. 121 Diels-Kranz (Die Fragmente der Vorsokratiker, Griechisch und deutsch von H. Diels, 6., verb. Aufl., hrsg. von W. Kranz, Berlin 1951, Bd. I, S. 360).

(2.) Platon, Phaidon 108 C – 115 A (Schlußmythos über die Gestalt der Erde: Wir Menschen leben in einer Vertiefung der wahren Erdoberfläche).

3. Platon, Politeia VII 514 A – 519 B (Das Gleichnis und seine Auslegung).

4. Aristoteles, Dialog ›De philosophia‹, Fr. 13 Walzer/Ross, referiert bei Cicero, De natura deorum II 37, 95. Übersetzung in: W. Jaeger, Aristoteles. Grundlegung einer Geschichte seiner Entwicklung, Berlin 1923 (^{2}1955), 167.

5. Lucius Annaeus Seneca (gest. 65 n. Chr.), Epistulae morales ad Lucilium 102, 21–30. Übersetzung in: M. Rosenbach (Hrsg.), Seneca-Studienausgabe, Bd. IV: An Lucilius, Briefe über Ethik 70–124, Darmstadt 1984.

6. Maximos von Tyros (etwa 125–185 n. Chr.), Philosophumena 36, 4 (ed. H. Hobein, Leipzig 1910).

(7.) Flavius Philostratos (um 200 n. Chr.), Das Leben des Apollonios von Tyana VII 26 (Griechisch und deutsch herausgegeben, übersetzt und erläutert von W. Mumprecht, Zürich 1983): Apollonios vergleicht die Bindung der menschlichen Seele an den Körper mit einer Kerkerhaft.

8. Arnobius (um 300), Adversus nationes II 20–26 (ed. C. Marchesi, Turin 1934, ^{2}1953). Übersetzung: F.A. von Besnard, Des Afrikaners Arnobius sieben Bücher wider die Heiden, Landshut 1842. Interpretation: H. Blumenberg, Das dritte Höhlengleichnis, Turin 1961 (Studi e ricerche di storia della filosofia, 39). Zur Rezeption bei M. Mersenne und La Mettrie: P. Krafft, Beiträge zur
28 Wirkungsgeschichte des älteren Arnobius, Wiesbaden 1966 (Klass.-Phil. Studien 32), 161–172. |

9. Gregor von Nyssa (gest. 394), De mortuis p. 37,16–39,3 Heil (Gregorii Nysseni opera, vol. IX, Leiden 1967). Übersetzung und Interpretation: W. Blum, Eine Verbindung der zwei Höhlengleichnisse der heidnischen Antike bei Gregor von Nyssa, Vigiliae Christianae 28, 1974, 43–49.

10. Symeon der junge oder »der neue Theologe« (949–1022), Ethikoi logoi I 12, 319–451 Darrouzès (Syméon le nouveau théologien, Traités théologiques et éthiques, Introduction, texte critique, traduction et notes par J. Darrouzès, I. Paris 1966).

(11.) Abū l-Farağ Alī ibn al-Husain ibn Hindū, Kitāb al-Kalim … (›Das Buch der spirituellen Worte aus griechischer Weisheit geschöpft‹), Ausgabe des arabischen Textes, Kairo 1900, 38,11–40,5: Die Menschen in der Höhle verkaufen und kaufen; erst beim Heraufkommen ans Licht können sie zwischen guten und schlechten Münzen unterscheiden.

(12.) Gregor der Große (540–604), Dialogi IV 1,3 (Grégoire le Grand, Dialogues, Tome III, Texte critique et notes par A. de Vogüé, traduction par P. Antin, Paris 1980, Sources chrétiennes 265, p. 20): Eine Frau beschreibt ihrem im Gefängnis geborenen Sohn die Außenwelt, doch kann sie ihm damit nicht glaubhaft machen, daß es diese Welt gibt. – Interpretation: A. de Vogüé, Un avatar du mythe de la caverne dans les dialogues de Grégoire le Grand, in: Homenaje a Fray Justo Pérez de Urbel, t. II, Silos 1977 (Studia Silensia 4), 19–24.

13. Giordano Bruno (1548–1600), De la causa principio et uno, London 1584 (Le opere italiane di Giordano Bruno, ed. P. de Lagarde, Göttingen 1888, Vol. I, Dialogo primo 1–3, p. 210–211); De immenso et innumerabilibus, Helmstedt/Frankfurt 1591, I 2 (Jordani Bruni Nolani opera latine conscripta, ed. F.. Fiorentino, Vol. 1, Napoli 1879, p. 206–208).

14.. a) Hendrik Laurenszoon Spiegel (1549–1612), Hertspiegel III 70–154. Ausgabe der Bücher I–III: H. L. Spiegel, Hertspiegel I, uitgegeven en taalkundig toegelicht door Albert Cornelis de Jong, Amsterdam 1930.

b) Jan Saenredam, Kupferstich ›Antrum Platonicum‹, 1604 (angeregt durch H. L. Spiegel). Ein Original in Paris, Bibliothèque Nationale. Abbildungen außer in der Textausgabe von A.C. de Jong (o. Nr. 12a) in: P.J. Vinken, H.L. Spiegel's Antrum Platonicum, Oud-Holland 75, 1960, 125–142; Ph. Verdier, Des mystères grecs à l'âge baroque. Commentaires à l'›Antrum Platonicum‹ de J. Saenredam, Festschrift U. Middeldorf, Berlin 1968, 376–391 (Tafel CLXXIV).

(15.) Johann Valentin Andreä (1587–1654), Die alchimistische Hochzeit von Christian Rosenkreuz, Straßburg 1616; hrsg. von A. Rosenberg, München 1957, hier S. 58–61: der Erzähler sieht sich, träumend, in einem finstern Turm, aus dem er ans Licht (der göttlichen Weisheit) heraufgezogen wird.

16. Francis Bacon (1561–1626), ed. Spedding – Ellis – Heath, London 1857–1859. Über die *idola specus*: Novum organum scientiarum (1620), I 42; De dignitate et augmentis scientiarum (1623), V 4 (Bd. 1, S. 645). Interpretation: R.Brandt, Über die vielfältige Bedeutung der Baconschen Idole, Philos. Jahrb. 83, 1976, 42–70.

(17.) René Descartes (1596–1650), Discours de la méthode, Leiden 1637; Übersetzt und herausgegeben von L. Gäbe, Hamburg 1960. Originalausgabe 6. Teil, S. 71 (S. 114–117 Gäbe): Die Scholastiker gleichen einem Blinden, »der, um sich ohne Nachteil mit einem Sehenden schlagen zu können, diesen in die Tiefe einer sehr dunklen Höhle führt…«.

18. Christoph Martin Wieland (1733–1813), Die Natur der Dinge (Lehrgedicht in sechs Büchern, 1752), I 77–164; in: Wielands Werke, I. Band, Poetische Jugendwerke, 1. Teil, hrsg. von F. Homeyer, Berlin 1909, S. 17–19 (= Wielands Gesammelte Schriften, hrsg. von der Preuß. Akad. d. Wiss., Erste Abt.: Werke, Bd. I). | 29

(19.) Jean Paul (Jean Paul Friedrich Richter, 1763–1825), Die unsichtbare Loge (1793), in: Sämtliche Werke, Historisch-kritische Ausgabe, Erste Abt., Bd. II, hrsg. von E. Berend, Weimar 1927.

Hier S. 54–55: Schilderung eines manipulierten Auferstehungserlebnisses. Ein bis zu seinem achten Lebensjahr unterirdisch erzogener Knabe gelangt ans Licht der Sonne und glaubt sich im Himmel.

(20.) Christoph von Schmid (1768–1864), Wie Heinrich von Ehrenfels zur Erkenntnis Gottes kam (Erzählung), in: Gesammelte Schriften, Bd. I, 2. Aufl., Augsburg 1858, 13–74. Umsetzung des aristotelischen Höhlengleichnisses (o. Nr. 4) in eine erbauliche Erzählung für kindliche Gemüter.

(21.) Luigi Pirandello (1867–1936), Ciàula scopre la luna (Ciàula entdeckt den Mond), italienisch (1912) in: Opere, vol. I, Novelle per un anno, Verona 1956; deutsch in: Luigi Pirandello, Novellen für ein Jahr, hrsg. von L. Rüdiger u. a. Zürich 1964/65. Wie ein junger Bergmannsgehilfe, der sich vor dem nächtlichen Dunkel fürchtet, zum ersten Mal den Mond erblickt.

22. Edward Estlin Cummings (1894–1962), Anthropos, The Future of Art, zuerst in: W.S. Hankel (ed.), Wither, Wither, or After Sex, What? A Symposium to End Symposiums, New York 1930; jetzt zugänglich in: E. E. Cummings, Three Plays and a Ballett (ed. by G.J. Firmage), New York 1967; deutsch: Anthropos. Die Zukunft der Kunst, in: W. Höllerer (Hrsg.), Spiele in einem Akt, Frankfurt am Main 1961, 431–435.

23. Clive Staples Lewis (1898–1963), Transposition. A Sermon at Mansfield College, Oxford, in: They Asked for a Paper, London 1962, 166–182, bes. 177–179. Das Motiv des im Gefängnis geborenen Sohnes stammt offenbar von Gregor dem Großen (o. Nr. 12). – Eine märchenhaft erzählte Version des Höhlengleichnisses enthält ein Kinderbuch von C. S. Lewis: The Silver Chair. A Story for Children, 1953 (Puffin Books 1965), Kap. XII.

(24.) Gerd Gaiser (1908–1976), ›Laß dich doch einmal hinauf‹ (Erzählung), ursprünglich als Episode in: Das Schiff im Berg. Aus dem Zettelkasten des Peter Hagmann, München 1955, 104–144; danach mehrfach in Anthologien und Lesebüchern. Ein junger Mann läßt sich in eine Höhle hinab und kann sich nicht mehr befreien.

25. Samuel Beckett (geb. 1906), Le dépeupleur, Paris; Le dépeupleur / Der Verwaiser, französisch und deutsch (übersetzt von E. Tophoven), Frankfurt am Main 1980.

(26.) Zbigniew Herbert (geb. 1924), Die Höhle der Philosophen, deutsch von H. Kunstmann, in: Spectaculum. Hörspiele, Frankfurt am Main 1963, 58–80. Sokrates im Gefängnis vor dem Tod.

(27.) Woody Allen (Allen Stewart Konigsberg, geb. 1935), Nebenwirkungen (englisch: Side Effects, New York 1975, übersetzt von B. Schwarz), München 1981, hier S. 44–51: ›Meine Apologie‹, mit einer Parodie des platonischen Gleichnisses.

28. Friedrich Dürrenmatt (geb. 1921), Der Winterkrieg in Tibet. Stoffe I, in: Stoffe I–III, Zürich 1981; jetzt auch gesondert als Diogenes Taschenbuch, Zürich 1984.

29. Luise Rinser, Mirjam, Frankfurt am Main 1983 (S. 33 und 330–332).

Mit sechs Radierungen hat der Maler Ferdinand Springer das platonische Gleichnis illustriert: Platon, Le mythe de la caverne, traduit par l'abbé Grou (1742), avec 6 burins originaux de Ferdinand Springer, Paris (Editions Pro-Francia) 1948.

Auch in das Medium des Films ist das Höhlengleichnis transponiert worden, wie vor allem zwei Beispiele zeigen:

Andrzej Wajda, Kanal (1956/57). Textbuch: The Wajda Trilogy. Three Films by Andrzej Wajda, New York, 1973.

Bernardo Bertolucci, The Conformist (nach Alberto Moravia, Il conformista); dazu: J. Annas, An Introduction to Plato's Republic, Oxford 1981, 257–258.

Die Rede der Musen über den Grund von Ordnung und Unordnung: Platon, Politeia VIII 545 D–547 A (1974)

I Vorbemerkungen

Überall ist bei Platon der »nicht unmusische Ernst« des Philosophierens »verschwistert mit dem Spiel«; kaum eine Stelle in Platons Werk aber ist durch die Verbindung von παιδιά und σπουδή so rätselhaft geworden und hat seit der Antike eine so ununterbrochene Kette von – recht mannigfaltigen – Erklärungsversuchen hervorgerufen wie die Rede der Musen am Beginn des achten Buches der ›Politeia‹. Wer sich vornimmt, dieses so oft traktierte Interpretationsproblem, von dem sich mancher Verständige gelangweilt und skeptisch abwenden mag, erneut zu behandeln, muß wahrlich die Musen um ihren Beistand anrufen, zumal wenn dieser Versuch einem Manne gewidmet ist, der sich wie kaum ein anderer auf die platonische παιδιά versteht,[1] und wenn der Verfasser damit zugleich eine Palinodie auf einen eigenen früheren Versuch anstimmt.[2]

Im achten Buch der ›Politeia‹ wird zunächst vereinbart, daß nun, nachdem Sokrates im Gespräch den »besten Staat« aufgebaut hat, auch die unvollkommenen, schlechten Staatsformen besprochen werden sollen. Sokrates entwickelt dann die – typologisch zu verstehende – Geschichte des fortschreitenden Verfalls vom Philosophenstaat über Timokratie, Oligarchie und Demokratie zur Tyrannis als dem äußersten Gegenpol. Platons Utopismus ist, wie sich hier zeigt, nicht nur dadurch eingeschränkt, daß der »Idealstaat« in der geschichtlichen Welt lediglich ein Abbild der wahrhaft vollkommenen Polis sein kann, sondern auch dadurch, daß die optimale

1 H. Gundert, Zum Spiel bei Platon, in: Beispiele, Festschr. f. E. Fink, Den Haag 1965, 188–221; Wahrheit und Spiel bei den Griechen, in: Das Spiel. Wirklichkeit und Methode, Freiburger Dies Universitatis 13, 1966, 13–34. – Weitere Literatur hierüber in dem Forschungsbericht zu Platon von H. Cherniss, Lustrum 4, 1959, 244–246; dazu neuerdings: I. Ooms, Παιδιά bei Platon, Diss. Bonn 1956 (masch.-schr.); P. Plass, »Play« and Philosophic Detachment in Plato, Trans. Proc. Amer. Philol. Ass. 98, 1967, 343–364; M. Mader, Das Problem des Lachens und der Komödie bei Platon, Diss. Tübingen 1973.

2 Vgl. u. Seite 422. Für hilfreiche Bemerkungen zu diesem Beitrag danke ich Wolfgang Haase, Ingeborg Schudoma und Jürgen Wippern in Tübingen.

Staatsform, wenn überhaupt, immer nur für eine begrenzte Zeit verwirklicht werden wird. Für jeden Staat, so erklärt Sokrates, ist der Umsturz unausweichlich, sobald die Herrschenden untereinander uneinig sind. Warum aber ist diese Zersetzung auch im »besten Staat« nicht zu vermeiden? Um diese Frage zu beantworten, läßt Sokrates die Musen eine Rede halten.

545 D Wie wird nun, sagte ich, mein Glaukon, die Polis uns unruhig wer-
den, und auf welche Weise werden die Wächter und die Herrscher in
50 Zwietracht geraten | gegeneinander und gegen sich selbst? Meinst
du nicht auch, wir sollten wie Homer die Musen bitten, daß sie uns
E mitteilen, »wie wohl zuerst« die Zwietracht »einfiel« (Il. 15, 112), und
wir sollten annehmen, daß sie im Ton der Tragödie – mit uns wie mit
Kindern spielend und uns neckend, als ob sie im Ernst sprächen – in
hohen Worten zu uns reden?
Wie denn?
546 A Folgendermaßen etwa. Schwer ist es zwar, daß eine so eingerichtete
Polis in Unruhe gerät; da es aber für alles, was entstanden ist, auch einen Untergang gibt, so wird auch eine solche Einrichtung nicht die ganze Zeit dauern, sondern sie wird zerfallen. Der Zerfall aber wird so vor sich gehen: Nicht nur für die Gewächse in der Erde (die Pflanzen), sondern auch für die Lebewesen auf der Erde (die Tiere und Menschen) ergeben sich Fruchtbarkeit und Unfruchtbarkeit von Seele und Körper, sooft die Umschwünge kreisförmige Umläufe mit den einzelnen Wesen verknüpfen, mit den kurzlebigen kurzbahnige, mit den entgegengesetzten entgegengesetzte. Für euer (menschliches) Geschlecht nun werden diejenigen, die ihr zu Führern der Polis erzo-
B gen habt, obwohl sie weise sind, trotzdem die Bedingungen für gute
Zeugung und für Unfruchtbarkeit durch das mit sinnlicher Wahrnehmung verbundene Denken nicht treffen, sondern dies wird ihnen entgehen, und so werden sie einmal Kinder hervorbringen, wann es nicht sein soll.
Es gibt für das Göttlich-Erzeugte (= den Kosmos) einen Umlauf, den eine vollkommene Zahl erfaßt, für das Menschlich-Erzeugte aber eine Zahl, in der als erster die Dimensionen – potenzierend und potenziertwerdend, drei Abstände und vier Grenzen annehmend – mit gleichmachenden und ungleichmachenden, vermehrenden und vermindernden Faktoren alles als (zahlenmäßig) ansprechbar und ratio-
C nal im Verhältnis zueinander zutagetreten lassen; wovon das
Grundverhältnis 4 : 3, mit der 5 zusammengespannt, zwei Fügungen darbietet, wenn es dreifach dimensioniert ist: die eine Fügung gleichmal-gleich (= quadratisch), 100-mal soviel, die andere Fügung zwar gleichlang in dieser Weise (= quadratisch?), aber doch ungleichlang (= rechteckig), und zwar zum einen 100-fach die Zahl vom rationalen Durchmesser der 5, jeweils um 1 vermindert, vom irrationalen

Durchmesser um 2 [das ist 48], zum anderen 100-fach den Würfel (= die dritte Potenz) von 3 [das ist 27].

Diese geometrische Gesamtzahl aber hat die Vollmacht darüber, ob bessere oder schlechtere Nachkommen entstehen. Wenn darüber die
D Wächter bei euch nicht Bescheid wissen und deshalb bei den Hochzeiten Frauen und Männer zu ungünstiger Zeit zusammenführen, so gibt es Kinder, die nicht gut veranlagt und nicht glücklich sind. Von diesen werden dann zwar die Besten durch die vorausgehenden Regenten in die Ämter eingesetzt werden, weil sie aber dennoch nicht dessen würdig sind, werden sie, wenn sie nunmehr die Machtstellung der Väter übernehmen, zuerst damit anfangen, uns (die Musen) zu vernachlässigen in ihrem Wächteramt, indem sie die Musik geringer achten als es sich gehört, | zum zweiten dann die Gymnastik, so 51
daß euch die Jugend unmusischer wird. Daher werden sie auch, als Herrscher eingesetzt, nicht ganz geeignet sein zum Wächterdienst, um die Geschlechter richtig einzuschätzen, die es bei Hesiod (Erga
E 109–201) und bei euch gibt: das goldene, silberne, kupferne und eiserne. Wenn aber Eisen mit Silber und Kupfer mit Gold in eins vermischt
547 A wird,l dann wird eine Ungleichmäßigkeit aufkommen und eine unharmonische Unregelmäßigkeit, die überall dort, wo sie einmal aufgekommen sind, stets Krieg und Feindschaft erzeugen. »Von solcher Abkunft nun« (Il. 6, 211), muß man sagen, ist die Zwietracht, wo immer sie entsteht.

Und wir werden sagen, bemerkte er, daß sie eine richtige Antwort geben. Das muß ja auch, antwortete ich, so sein, da sie doch die Musen sind.

Beachten wir zunächst die hermeneutischen Winke, die Platon hier gibt, die aber ihrerseits voller Ironie und nicht ganz leicht zu verstehen sind. Wenn Platon erklärt, daß die Musen mit uns ein Spiel treiben (545 E), so ist doch auch diese Erklärung wiederum spielerisch, und das Verhältnis von σπουδή und παιδιά kommt in eine Schwebe zwischen gespieltem Ernst und ernstem Spiel.[3] Wo immer Platon etwas als bloßes Spiel hinstellt, ist damit der Hinweis gegeben, daß es sich gerade um eine an sich ernste und große Aufgabe handelt, die freilich nicht mit eindeutiger Sicherheit bewältigt werden kann. Auch bei der Verschlüsselung der »geometrischen Zahl« haben wir es sicher nicht nur mit einer Laune Platons zu tun, sondern mit der adäquaten Darstellungsform für eine schwer faßbare Wahrheit – sei es daß die Schwierigkeit in der Erkenntnis der Sache oder mehr in ihrer Mitteilbarkeit liegt.

In die gleiche Richtung weist das Dichterische der Musenrede, ihr

3 K. Vretska, Platons Demokratenkapitel, Gymnasium 62, 1955, 407–428 (hier 425) will zu Unrecht die Aussage des Textes umkehren: »sie sprechen, als wollten sie mit uns wie mit Kindern spielen, während sie doch irgendwie ernsthaft … zu uns sprechen.«

»tragischer«, das heißt feierlich erhabener Stil.[4] (a) Wo die allwissenden Musen sprechen, ist göttliche Inspiration am Werk, und das Seiende kann als Ganzes in den Blick treten. Sokrates äußert hier eine Weisheit, die über sein eigenes Wissen und wohl gar über jede menschliche Erfahrung hinausgeht. (b) Was die Musen sagen, kann doch nur sinnlich-anschauliche, gleichnishafte Widerspiegelung der Wahrheit sein; womöglich ist es nur ein täuschendes Abbild, das sie uns vorgaukeln. (c) Um die Rede der Musen auf die in ihr liegende Wahrheit hin zu prüfen, müßte man eine überlegene Erkenntnis besitzen, wie sie auf dem Weg der philosophischen Dialektik zu erlangen sein mag. (d) Da es nun aber Platon ist, der hier im philosophischen Gespräch die Musen zu Wort kommen läßt, darf vermutet werden, daß diese Musenrede im Grunde schon von der philosophischen Einsicht her ge-
52 prägt ist.[5] |

In der Tat ist der Gegenstand der Rede ein Problem des Werdens und Vergehens, also der Sinnenwelt, die sich der wissenschaftlichen und dialektischen Behandlung entzieht;[6] andererseits aber geht es nicht nur um die bloße Beschreibung von Phänomenen, sondern um ihre tiefere, allgemeine Begründung. Es soll ja hier die Frage beantwortet werden, woher die Unordnung in der Polis ihren Anfang nimmt; und damit ist offenbar die grundsätzliche Frage nach der Ursache aller Unordnung überhaupt gestellt.

Bei der Interpretation werden wir jedenfalls versuchen müssen, nicht nur den mathematischen Sinn der »geometrischen Zahl« zu ermitteln, sondern auch ihren Wirklichkeitsgehalt – sie soll ja das menschliche Leben periodisch regeln und für die Hochzeiten im Idealstaat maßgeblich sein – sachlich zu begreifen. Erst dann werden wir entscheiden können, ob Platon hier vielleicht »etwas allzusehr von pythagoreischer Phantastik angekränkelt ist.«[7]

II Bisherige Versuche zur Erklärung der »geometrischen Zahl«

Von zentraler Bedeutung für die ganze Rede der Musen ist sicherlich die rätselhafte Beschreibung der »geometrischen Zahl«, die von späteren Autoren wie Plutarch, Nikomachos und Jamblichos »Hochzeitszahl« (γαμικὸς ἀριθμός oder ähnlich) genannt worden ist, weil sie für die Festsetzung der

4 J. Dalfen, Übertragener Gebrauch von τραγικός und τραγῳδεῖν bei Platon und anderen Autoren des 5. und 4. Jahrhunderts, Philol. 116, 1972, 76–92.

5 Für die damit nur angedeuteten komplizierten Zusammenhänge sei verwiesen auf H. Gundert, Enthusiasmos und Logos bei Platon, Lexis 2, 1949, 25–46 (jetzt auch in: Das Platonbild, hrsg. v. K. Gaiser, Hildesheim 1969, 176–197).

6 Damit erklärt I. Ooms, a.O. 97–100, den παιδιά-Charakter der Stelle.

7 Dies meint F.-P. Hager, Die Vernunft und das Problem des Bösen im Rahmen der platonischen Ethik und Metaphysik, Bern 1963 ([2]1970), 155.

Hochzeiten entscheidend wichtig sein soll. Der Text dieses Abschnittes (546 BC) lautet so:[8]

ἔστι δὲ θείῳ μὲν γεννητῷ περίοδος ἣν ἀριθμὸς περιλαμβάνει τέλειος,
ἀνθρωπείῳ δὲ (A) ἐν ᾧ πρώτῳ αὐξήσεις δυνάμεναί τε καὶ δυναστευόμεναι,
τρεῖς ἀποστάσεις τέτταρας δὲ ὅρους λαβοῦσαι, ὁμοιούντων τε καὶ
ἀνομοιούντων καὶ αὐξόντων καὶ φθινόντων, πάντα προσήγορα καὶ ῥητὰ πρὸς
ἄλληλα ἀπέφηναν· (B) ὧν ἐπίτριτος πυθμὴν πεμπάδι συζυγεὶς δύο ἁρμονίας
παρέχεται τρὶς αὐξηθείς, τὴν μὲν ἴσην | ἰσάκις, ἑκατὸν τοσαυτάκις, τὴν δὲ 53
ἰσομήκη μὲν τῇ, προμήκη δέ, ἑκατὸν μὲν ἀριθμῶν ἀπὸ διαμέτρων ῥητῶν
πεμπάδος, δεομένων ἑνὸς ἑκάστων, ἀρρήτων δὲ δυοῖν, ἑκατὸν δὲ κύβων τριάδος.
σύμπας δὲ οὗτος ἀριθμὸς γεωμετρικὸς τοιούτου κύριος ἀμεινόνων τε καὶ
χειρόνων γενέσεων . . .

Mit ihrer sprichwörtlichen Dunkelheit (vgl. Cicero, Epist. ad Atticum VII 13: *numero Platonis obscurius*) hat die »Platonische Zahl« die Jahrhunderte hindurch immer wieder Neugier, Scharfsinn und Gelehrsamkeit berufener wie unberufener Erklärer herausgefordert. Schon allein im Blick auf die Verschiedenheit der vielen angebotenen Lösungen könnte man an der Lösbarkeit des Problems verzweifeln. Doch ist auch auffallend, daß etliche antike und moderne Erklärer unabhängig voneinander zu gleichen Resultaten gelangt sind. Im folgenden beschränke ich mich auf die markantesten Punkte der Erklärungs- und Forschungsgeschichte, zumal die ganze Entwicklung des Problems bereits mehrfach ausführlich nachgezeichnet worden ist.[9]

Die älteste überlieferte Erörterung der Platonstelle ist die des Aristoteles, der sich im Zusammenhang mit politischen Umsturztheorien dafür interessiert (Pol. V 12, 1315 b40 – 1316 a24). Aristoteles bietet freilich keine Erklärung des platonischen Textes – er scheint die authentische Auslegung als bekannt vorauszusetzen –, sondern er kritisiert Platons Ansicht unter sachlichen Gesichtspunkten. Immerhin geht aus seiner kurzen Paraphrase hervor, daß er in den Worten ἐπίτριτος πυθμὴν πεμπάδι συζυγείς eine Figur

8 Zur Erleichterung des Zitierens gliedere ich den Text in einen ersten und einen zweiten Satz: A und B. – Ein textkritisches Problem stellt sich nur in dem zweiten Satz, wo dreimal ἑκατόν vorkommt, das jedoch die ersten beiden Male (546 C 3 und 4) in der Überlieferung mit ἕκαστον variiert. An der ersten Stelle bieten ἑκατόν die Handschriften A^2 und M sowie Proklos, ἕκαστον dagegen A, F und D, an der zweiten Stelle ἑκατόν A^2, M und D, ἕκαστον A und F. Auch ἕκαστον hat Fürsprecher gefunden (R. S. Brumbaugh, Plato' s Mathematical Imagination, Bloomington 1954, 121–123; O. Becker, Gnomon 28, 1956, 226). Aber die Entscheidung für ἑκατόν, den textus receptus der Ausgaben, ist so gut wie sicher: (a) Diese Lesart wird durch die Nebenüberlieferung bei Proklos bestätigt, und zwar nicht nur durch das eine oder andere Textzitat, sondern durch den sachlichen Inhalt mehrerer älterer Erklärungen, die Proklos referiert. (b) Dem einhellig überlieferten ἑκατόν am Schluß muß ein vorausgehendes ἑκατόν korrespondieren (μὲν – δέ). (c) ἕκαστον ist, zumal neben dem eindeutigen ἑκάστων im gleichen Satz, sprachlich und sachlich sinnlos.

9 Besonders reichhaltig ist der Rückblick auf die antike und moderne Problemgeschichte bei A. Diès (1940), 11–130 (s.u. Seite 421). Vgl. daneben J. Dupuis, Le nombre géométrique de Platon, in: Théon de Smyrne, Paris 1892 (Nachdruck Brüssel 1966), 363–400 (hier 388–399) und R.S. Brumbaugh, a.O. (1954), 143–150.

(διάγραμμα) sieht, also ziemlich sicher das Dreieck mit dem Seitenverhältnis 3 : 4 : 5. Ferner gibt er τρὶς αὐξηθείς mit στερεός wieder, versteht darunter also die der körperlichen Dimension entsprechende dritte Potenz – ein unüberwindliches Hindernis für diejenigen neueren Erklärer, die mit der vierten Potenz rechnen.

Aus der Rezeptionsgeschichte der ›Politeia‹-Stelle in den anschließenden Jahrhunderten ist wenig bekannt. Von der Erklärung, die der Aristotelesschüler Klearch dem Problem angedeihen ließ (Fr. 3 Wehrli), ist nichts Konkretes erhalten. Doch ist in die hellenistische Auslegungs- und Wirkungsgeschichte, wie ich meine, ein Passus einzuordnen, der bei Stobaios aus einer Schrift des ›Philolaos‹ zitiert wird (Fr.B 11, I^6 411f. Diels-Kranz). Die Stelle des pythagoreischen Textes, die sich mit Platons Beschreibung der »geometrischen Zahl« berührt, lautet: »Die Zahl macht in der Seele alles, es auf die sinnliche Wahrnehmung abstimmend (ἁρμόζων αἰσθήσει), erkennbar und ansprechbar füreinander (πάντα γνωστὰ καὶ ποτάγορα ἀλλάλοις) nach der Natur des Winkelmaßes, körperlichmachend (σωματῶν) und trennend (σχίζων) die Verhältnisse der Dinge, jeweils gesondert, der grenzelosen und der begrenzenden.«

Alter, Herkunft und Sinn dieses Textes sind umstritten. Ich glaube mit W. Burkert, daß das Fragment am ehesten im Zusammenhang mit pseu-
54 dopythagoreischer helleni- | stischer Literatur zu verstehen ist.[10] Wenn es sich um einen echten Philolaos-Text handeln sollte, wäre er für unser Verständnis der Platon-Stelle noch gewichtiger, aber auch als ein Stück Platonrezeption ist er aufschlußreich genug. Jedenfalls ist die Berührung mit der Musenrede der ›Politeia‹ enger, als man bisher angenommen hat. Von Platon her scheint auch die Bedeutung des seltsamen Wortes σωματῶν erklärlich zu werden.[11]

Platon spricht, wie wir noch genauer sehen werden, in dem ersten Satz von einer viergliedrigen Proportion A : B = B : C = C : D. Bei dieser Proportion ergeben sich dann zahlenmäßige Verhältnisse, wenn die beiden äußeren Größen (A und D) Kubikzahlen oder »ähnliche Körperzahlen« sind (Euklid, Elem. VIII 12. 19. 21), andernfalls sind die mittleren Proportionalen irrational. Es kann also im Blick darauf bei ›Philolaos‹ sehr wohl gesagt werden, daß die Zahl alle Dinge, auch die körperlichen und sinnlich wahrnehmbaren,[12] erkennbar mache und daß sie die Logoi der Dinge nach Peras

10 Für die Echtheit sind noch eingetreten: M. Timpanaro Cardini, Pitagorici. Testimonianze e frammenti II, Florenz 1962, bes. 219–223 (die Formulierung ποτάγορα ἀλλάλοις sei nicht von Platon herzuleiten, eher umgekehrt) und C.J. de Vogel, Les fragments dits de Philolaus (1968), in: Philosophia I. Studies in Greek Philosophy, Assen 1970, 27–77 (bes. 44–50, 76), jedoch ohne Berücksichtigung der mathematischen Implikationen des Textes. Für nachplatonischen Ursprung haben sich ausgesprochen: E. Frank, Plato und die sogenannten Pythagoreer, Halle 1923 (Nachdruck Darmstadt 1962), 313–316 und W. Burkert, Weisheit und Wissenschaft. Studien zu Pythagoras, Philolaos und Platon, Nürnberg 1962, 252–255.

11 Verbesserung von A. Boeckh für σωμάτων. Vgl. W. Burkert, a.O. 252 Anm. 191; C.J. de Vogel, a.O. 50.

(rational) und Apeiron (irrational) unterscheide. Durch den bei ›Philolaos‹ erwähnten Gnomon (»Winkelmaß«) wird dies noch deutlicher. Man hat dabei an die Gnomonfiguren für ungerade und gerade Zahlen gedacht, die insofern den Unterschied von Peras und Apeiron demonstrieren, als bei den ungeraden Zahlen stets Quadrate, bei den geraden Zahlen hingegen Rechtecke mit immer wieder anderem Seitenverhältnis entstehen.[13] Da bei ›Philolaos‹ aber vom Sinnlichwahrnehmbaren und Körperlichen die Rede ist, wird man eher an den geometrisch-stereometrischen Gnomon denken müssen. Wie jedes Rechteck (oder Parallelogramm) durch Anlegen des Gnomons zu einer ähnlichen Flächenfigur ergänzt werden kann, wobei der Gnomon zusammengesetzt ist aus einer weiteren ähnlichen Figur und zwei anderen, untereinander flächengleichen Figuren (Euklid, Elem. II def. 2, prop. 4), so kann auch um eine Körperfigur (Kubus, Quader, Parallelepiped) ein entsprechender Gnomon gelegt werden.[14] Dabei stellen die im Gnomon auftretenden nicht-ähnlichen Figuren | jeweils die mittleren Proportionalen 55
zwischen der Ausgangsfigur und der ihr ähnlichen Figur im Gnomon dar; und es zeigt sich, daß nur bei ähnlichen Flächen- bzw. Körperzahlen die mittleren Werte zahlenmäßig (rational) sind. In diesem Sinne läßt sich sagen, daß »gemäß dem Gnomon« die Verhältnisse im Bereich des Körperlichen zahlenmäßig erkennbar werden und daß die Zahl das Rationale vom Irrationalen trennt. Wenn diese Auslegung richtig ist, stimmt ›Philolaos‹, wie wir sehen werden, mit der platonischen Zahlenbeschreibung überein, denn auch bei Platon ist die Unterscheidung von rationalen und irrationalen Verhältnissen bei Flächen und Körpern intendiert.

Die erste genauere Erklärung des Textes, die wir besitzen, ist die des Derkylides, der im ersten Jahrhundert n. Chr. gelebt hat. Proklos referiert in seinem Kommentar[15] von diesem Platoniker, der seinerseits wahrscheinlich älteren Autoren folgt, zwei Abschnitte einer Interpretation der »geometrischen Zahl«: über den Kreislauf des Kosmos (Proklos 24, 6–15) und über den zweiten Satz Platons (25, 14–26). Demnach hat Derkylides die beiden »Harmonien« des platonischen Textes folgendermaßen erklärt: Wenn man die

12 Bei ›Philolaos‹ ist das Wort σωματῶν mit der Angabe zu verbinden, daß die Zahl alles auf die αἴσθησις abstimme, denn sinnlich wahrnehmbar ist nur das Körperliche. Dementsprechend hat Platon angenommen, in der Tetraktys der ersten Zahlen sei die Entfaltung bis zur Körperlichkeit und damit zur αἴσθησις präformiert (vgl. Nomoi X 894 A; Aristoteles, De anima I 2, 404 b 16–27).

13 Vgl. O. Becker, Quellen u. Stud. z. Gesch. d. Mathem. B. 4, 1938, 159–162. Quellenzeugnisse: Aristoteles, Phys. III 4, 203 a 10–15; Categ. 15 a 30f. (weitere Stellen bei W. Burkert, a.O. 31).

14 Zeichnung für den kubischen Fall bei O. Becker, Das mathematische Denken der Antike, Göttingen 1957, 70 (die drei Quader des Gnomons bestehen aus je zwei Quadern, die die mittleren Proportionalen zwischen dem größeren und dem kleineren Würfel darstellen).

15 Proklos: In Platonis rem publicam commentarii, ed. W. Kroll, II, Leipzig 1901, 1–80 (μέλισσα εἰς τὸν ἐν Πολιτείᾳ λόγον τῶν Μουσῶν). Wir zitieren diesen Kommentar fortan nach den Seiten und Zeilen der Ausgabe von Kroll. Daneben ist jetzt zu benützen: A. J. Festugière, Proclus, Commentaire sur la République. Traduction et notes, Paris 1970, II 105–190.

Zahlen 3 und 4 dreifach steigert, entstehen 100 und 75. Wahrscheinlich meint er 100 als Summe von 64 (= 4 · 4 · 4) und 36 (= 3 · 3 · 4), 75 als Summe von 27 (= 3 · 3 · 3) und 48 (= 3 · 4 · 4).[16] Weiterhin heißt es bei Derkylides: »Unter diesen Zahlen ist die eine der Gleichmäßigkeit freund, die 100, die andere der Ungleichmäßigkeit, die 75. Und die eine führt zu einer weiteren Zahl dieser Art, zu 10000, die andere mit der ersten zusammen zu der ungleichmäßigen Zahl 7500.« So verdächtig die systematisierende Tendenz dieser Auslegung ist - die Zahlen, mit denen Derkylides rechnet, könnten doch exegetisch gut begründet sein: unsere eigene Erklärung wird zu ihnen zurückführen.

Mit denselben Zahlen operiert der Platoniker Kronios (bei Proklos 23, 6–13), der wahrscheinlich ins zweite Jahrhundert n. Chr. zu setzen ist. Er erklärt, 10000 und 7500 verhielten sich zueinander wie das Männliche zum Weiblichen oder auch wie die Seele zum Körper. Der Unterschied zwischen guter und schlechter Nachkommenschaft ergebe sich je nach dem, ob dieses Verhältnis stimmig oder unstimmig sei.

Die gleiche Richtung repräsentieren ein gewisser Nikolaos und dessen Nachfolger Magnos.[17] Sie vertreten im übrigen, wie wir bei Proklos erfahren (25,27–26,14), die interessante Ansicht, die Platonische Zahl bestimme nicht den für die Hochzeitsfeiern günstigen Termin in einem schicksalhaften Zeitablauf, sondern das passende Lebensalter, in dem sich
56 die Hochzeitspartner miteinander verbinden sollten. |

Bemerkenswert ist auch eine Stelle in der Vita Pythagorica des Jamblichos (um 300 n. Chr.). Jamblich schreibt hier (130f.): Nach Pythagoras zeige das Dreieck mit dem Seitenverhältnis 3 : 4 : 5 am Verhältnis der Linien und der ihnen zugeordneten Quadratflächen das beste Bild der politischen Verfassung; Platon aber habe sich den Ruhm dieser Erkenntnis angeeignet, denn er spreche in der ›Politeia‹ ausdrücklich von jenem Grundverhältnis 4 : 3, das mit der 5 verbunden sei und die zwei Harmonien darbiete. Offenbar denkt Jamblich an den Satz des Pythagoras, wonach die beiden Kathetenquadrate dem Hypotenusenquadrat gleich sind: $3^2 + 4^2 = 5^2$. Darin sieht er ein Sinnbild für das Zusammenstimmen und die Ausgewogenheit von verschiedenen Momenten der politischen Ordnung. Für uns dürfte wichtig sein, daß er auch in der zentralen Aussage der platonischen Zahlenbeschreibung eine Anspielung auf eben diesen geometrischen Sachverhalt finden will.

Mit dem Kommentar des Proklos kommen wir ins fünfte Jahrhundert. Seine ›Melissa‹ zu der Rede der Musen ist uns vor allem deswegen

16 So verstand das Derkylides-Referat auch A. Diès (1940), 20–24. Die Zahlen 27 und 48 werden ja für die zweite »Harmonie« im platonischen Text ziemlich klar angegeben. Die bei Derkylides künstlich eingeführte Skala von »ersten« bis zu »vierten« Zahlen dient einem Vergleich mit den vier Generationen von Wächtern, die in der Rede der Musen zu finden seien.

17 Von diesen beiden Personen scheint sonst nirgends etwas überliefert zu sein.

wertvoll, weil sie mancherlei älteres Erklärungsmaterial enthält, z.B. auch die sicher richtige Interpretation des »rationalen und irrationalen Durchmessers der 5« anhand einer Theorie der Seiten- und Diagonalzahlen.[18] Die eigene Erklärungstendenz des Proklos ist gekennzeichnet durch eine neuplatonische Systematisierung, die mit dem Bekenntnis endet (78–80), Ursache alles Guten sei die ὁμοιότης, letztlich das ἕν, Ursache des Schlechten die ἀνομοιότης.

Den platonischen Text sucht Proklos zuerst arithmetisch, dann geometrisch, musiktheoretisch und astrologisch auszulegen - eine Trennung, die sich nicht bewährt. An der Beschreibung Platons orientiert sich eigentlich nur die »arithmetische« Erklärung (36–39), die aber mit figurativen Zahlen und insofern schon mit geometrisch-stereometrischen Beziehungen rechnet.

Proklos setzt die Tradition fort, nach der die erste Harmonie Platons in der Zahl 10000, die zweite in der Zahl 7500 zu sehen ist. Bei ihm ist aber auch ausdrücklich gesagt, wie diese Zahlen zustandekommen sollen. Aus dem ersten Satz der platonischen Beschreibung werden - recht überzeugend - die Körperzahlen 27, 36, 48 und 64 gewonnen. Von diesen ergeben 64 und 36 die Summe 100, 48 und 27 die Summe 75; und 100 mit sich selbst multipliziert (ἴσην ἰσάκις) macht 10000, wiederum 100 (ἰσομήκη μὲν τῇ) mit 75 multipliziert (προμήκη δέ) 7500. Diese Additionen und Multiplikationen wirken etwas willkürlich, weil eine eigentlich geometrische Begründung dafür fehlt. Die »geometrische« Erklärung des Proklos (40–42) berücksichtigt nur lineare Verhältnisse am rechtwinkligen Dreieck, keine Flächen- oder Körperbeziehungen.

Die lange Reihe der neuzeitlichen Erklärer beginnt im 16. Jahrhundert mit Jacques Lefèvre d'Etaples, Jean Bodin, Francesco Barozzi und Kaspar Peucer. Bei diesen Renaissancegelehrten kamen schon die Zahlen auf,
die danach in den Erklärungs- | versuchen mehrfach wiederkehrten: zum ei- 57
nen $(3 + 4 + 5)^3 = 12^3 = 1728$, zum anderen $3^3 + 4^3 + 5^3 = 216$.

Die ›Melissa‹ des Proklos war den Neueren zunächst unbekannt. Erst mit der Ausgabe von R. Schoell trat der lange Zeit verschollene Text im Jahr 1886 - damals immer noch unvollständig - wieder ans Licht.[19] Umso mehr ist hervorzuheben, daß schon vor dem Bekanntwerden des Proklos-Kommentars wieder die Zahlen 10000 für die erste Harmonie und 7500 für die zweite ermittelt worden sind, also die Zahlen, die Proklos für die antike Erklärertradition bezeugt. Nachdem F. Schleiermacher (1828) noch, seine Unsicherheit eingestehend, zögernd die Zahl 216 vorgeschlagen hatte,[20] kam

18 Proklos 24,16–25,13; 27,1–29,4; 38,9–39,3. Zur quellenkritischen Analyse: A. Diès (1940) 28–37. Zur Sache u. Seite 432f.

19 R. Schoell, Procli Commentariorum in rempublicam Platonis partes ineditae, Berlin 1886 (Anecdota varia Graeca et Latina 2). Über die Etappen der Wiederauffindung des Textes berichtet kurz W. Kroll in der Praefatio des zweiten Bandes seiner Ausgabe (1901, VII).

20 F. Schleiermacher, Platons Werke, Teil III Bd. 1, Berlin 1828, 588–596.

zunächst K.F. Hermann (1839) wieder zu den Ergebnissen der antiken Interpreten.[21] Ihm folgten dann F. Susemihl (1857) und E. Zeller.[22] K.F. Hermann erkannte im ersten Satz des platonischen Textes die Proportion $a^3 : a^2b : ab^2 : b^3$ und kam so, indem er diese Struktur durch das Verhältnis 3 : 4 determinierte, wieder zu den Zahlen 27 : 36 : 48 : 64. Im zweiten Satz fand er für die erste Harmonie $100 \cdot 100 = 10000$, für die zweite Harmonie $100 \cdot 75 = 7500$. Hermann hat außerdem gesehen, daß sich die ermittelten Zahlen, als Quadrate genommen, am Dreieck mit dem Seitenverhältnis 3 : 4 : 5 nach dem pythagoreischen Lehrsatz folgendermaßen geometrisch aufzeigen lassen: $27 + 48 = 75$ und $36 + 64 = 100$; aber für ihn war dies eine freie Kombination, die er nicht mit dem Wortlaut des Textes verband. Was die sachliche Auslegung betrifft, so nahm Hermann an, Platon spreche von 10000 Jahren als der Lebensperiode des Kosmos und von 7500 Jahren als der Zeitdauer des besten Staates. Auch darin folgte ihm F. Susemihl, der freilich später (1879) erklärte, 7500 Jahre seien die Lebensdauer der menschlichen Gattung, nicht unbedingt auch des besten Staates.

J. Dupuis, der sich mehrmals (in den Jahren 1881, 1882 und 1892) zu dem Problem äußerte, verwendete den Faktor 100 einmal öfter und gelangte so zu der Zahlensumme $10000 + 100 \cdot (2700 + 4800) = 10000 + 750000 = 760000$.

F. Hultsch war es dann, der bei seiner wiederholten Beschäftigung mit der »geometrischen Zahl« (1882, 1886 in der Proklos-Ausgabe von Schoell, 1901 in der Ausgabe von Kroll) zum ersten Mal die noch höhere Zahl $36^2 \cdot 100^2 = 60^4 = 12960000$ in die Debatte warf. Dieses Resultat hat bald
58 darauf der Engländer J. Adam in seinem | Politeia-Kommentar ausführlich zu begründen versucht.[23] Und ihm haben sich die Erklärer des 20. Jahrhunderts bisher größtenteils angeschlossen.

Aus dem ersten Satz glaubte Adam noch – was die Späteren mit Recht ablehnten – die Zahl 216 herauslesen zu können, die seit langem in der Erklärungsliteratur herumgeisterte und die man als Mindestzahl der Tage für die menschliche Schwangerschaftszeit verstehen zu können glaubte. Im zweiten Satz fand Adam die Zahl 12960000 auf mehrfache Weise beschrieben, nämlich als $(3 \cdot 4 \cdot 5)^4 = 60^4$, als $3600 \cdot 3600$ und als $4800 \cdot 2700$. Gemeint sei von Platon eine Zeit von 12960000 Tagen – das sind etwa 36000 Jahre –,

21 K. F. Hermann, De numero Platonis, in: Marburger Sommerprogramm 1839.

22 F. Susemihl, Die genetische Entwickelung der Platonischen Philosophie, II 1, Leipzig 1857 (Nachdruck Osnabrück 1967), 216–226; später geringfügig modifiziert in: Aristoteles' Politika, griechisch und deutsch, II (Anmerkungen), Leipzig 1879, 369–378. E. Zeller, Die Philosophie der Griechen in ihrer geschichtlichen Entwicklung II 1, Tübingen 1859 (2. Aufl.), 546–548; weiter ausgearbeitet in den späteren Auflagen: 5. Aufl. Leipzig 1922 (= 6. Aufl. Darmstadt 1963), 857–860. – Der Versuch einer subtileren Texterklärung und geometrischen Veranschaulichung von O. Weber, De numero Platonis, Programm des Gymnasiums zu Kassel, 1862, 1–32 bringt keinen wesentlichen Fortschritt.

23 J. Adam, The Republic of Plato. Edited with Critical Notes, Commentary and Appendices II ^{1}1902 (Nachdruck Cambridge 1963), 201–210, 264–312.

also die Dauer einer großen Weltperiode, wie sie etwa im Mythos des ›Politikos‹ geschildert wird.[24] Von der kosmologischen Ausdeutung abgesehen, liegen die Hauptschwächen dieser Interpretation darin, daß συζυγείς im Sinne der Multiplikation verstanden wird (S. 276f.), daß τρὶς αὐξηθείς eine dreimalige Steigerung bis zur vierten Potenz bezeichnen soll, was nun einmal trotz aller Mühe nicht mit dem στερεός der aristotelischen Paraphrase zu vereinbaren ist (S. 278–282, 306–312), und daß die im platonischen Text zuletzt genannten Zahlen 4800 und 2700 nicht addiert, sondern multipliziert werden, was der Text keineswegs fordert.

In der Folgezeit setzte sich die Ansicht durch, daß in den beiden Sätzen des platonischen Textes auf verschiedene Weise nur die eine Zahl 12960000 beschrieben sei.[25] Dies ist auch die Auffassung von A. Diès (1940), der wie schon mancher vor ihm in seiner Deutung den krönenden Abschluß der ganzen bisherigen Problemgeschichte sehen wollte und dies durch eine großangelegte geschichtliche Übersicht zu dokumentieren suchte.[26] Er glaubte, im ersten Satz sei die Faktorenfolge $(3 \cdot 4 \cdot 5)\ (3 \cdot 4 \cdot 5)\ (3 \cdot 4 \cdot 5)\ (3 \cdot 4 \cdot 5) = 12960000$ gemeint und diese Reihe werde dann im zweiten Satz doppelt variiert: $(3 \cdot 4 \cdot 3)\ (3 \cdot 4 \cdot 3)\ (5 \cdot 4 \cdot 5)\ (5 \cdot 4 \cdot 5) = 3600 \cdot 3600$ und $(4 \cdot 3 \cdot 4)\ (5 \cdot 4 \cdot 5)\ (3 \cdot 3 \cdot 3)\ (5 \cdot 4 \cdot 5) = 4800 \cdot 2700$, jeweils $= 12960000$.

Die Interpretation von Diès besticht durch arithmetische Einfachheit, sie fügt aber den philologischen Schwierigkeiten, die sie von Adam übernimmt, noch weitere hinzu. Daß schon in dem ersten Satz das Dreieck mit dem Seitenverhältnis 3 : 4 : 5 eine Rolle spielen soll, ist sehr unsicher.[27] Die speziellen Ausdrücke des ersten Satzes (Abstände, Grenzen, gleichmäßig, ungleichmäßig, wachsend, abnehmend) finden auf | diese Weise keine 59
überzeugende Erklärung. Im zweiten Satz, wo das pythagoreische Dreieck dann tatsächlich eingeführt wird, bleibt es nach Diès ohne mathematische Funktion; und das Wörtchen τῇ muß unterschlagen werden (vgl. die Übersetzung von Diès, S. 2f.).

Die »unitarische« Lösung von Diès suchte M. Denkinger (1955) noch weiter zu verbessern.[28] Er sah richtig, daß Diès den ersten Satz nicht befriedigend erklärt hatte. Sein eigener Vorschlag – er findet hier die Faktorenreihe $3 \cdot 3 \cdot 3$ (ὁμοιούντων) $3 \cdot 4 \cdot 5$ (ἀνομοιούντων) $4 \cdot 4 \cdot 5$ (αὐξόντων) $5 \cdot 5 \cdot 4$

24 J. Adam, a.O. 202, 208, 295–302.

25 G. Kafka, Zu J. Adams Erklärung der Platonischen Zahl, Philol. 73, 1914, 109–121; A. G. Laird, Plato's Geometrical Number and the Comment of Proclus, Madison (Wisc.) 1918 (vgl. das Referat bei Sir Thomas Heath, A History of Greek Mathematics, Oxford 1921, I 306, der selbst noch, Hultsch und Adam folgend, mit den beiden Zahlen 216 und 12960000 rechnet); I. Thomas, Greek Mathematics I, 1939 (Loeb Class. Libr.), 398–401.

26 A. Diès, Le nombre de Platon. Essai d'exégèse et d'histoire, Académie des Inscriptions, Mémoires 14, première partie, Paris 1940, 1–141. Davon ist eine Sonderausgabe bereits 1936 erschienen; und das erste Kapitel ist schon 1933 (Comptes rendus de l'Acad. des Inscriptions 1933, 228–235) publiziert worden.

27 Zu der zweifelhaften Angabe bei Alexander s.u. Seite 427.

28 M. Denkinger, L'énigme du Nombre de Platon et la loi des dispositifs de M. Diès, Rev. Ét. Gr. 63, 1955, 38–76.

(φθινόντων) = 12960000 beschrieben – ist jedoch schon deshalb nicht wesentlich überzeugender, weil er ebenfalls von der unsicheren Voraussetzung ausgeht, bereits in dem ersten Satz sei mittels der Zahlen 3, 4 und 5 die intendierte Gesamtzahl angegeben.

Die Frage, was denn nun die große Zahl im Zusammenhang der Musenrede bedeuten soll, blieb bei Diès offen: Platon wähle hier die Form des Mythos und des Spiels, weil er über die für die menschliche Fortpflanzung entscheidende Zeitperiode nichts Genaues sagen könne oder wolle (a.O. 131–139). Denkinger erklärte sogar (a.O. 67–70), es sei keinerlei sachlicher Sinn beabsichtigt, sondern nur »plaisanterie«, mit der Platon pythagoreische Zahlenspielereien parodieren wollte.[29]

In der Nachfolge von Adam und Diès stehen noch einige weitere Arbeiten, die ebenso wenig als sicher fundiert angesehen werden können. Dies gilt auch für meinen eigenen Versuch aus dem Jahr 1963.[30]

Eine eigenwillige Deutung hat zwischendurch R.S. Brumbaugh (1954) vorgelegt.[31] Er gelangt, um philologische Kriterien wenig besorgt, zu der Zahl 24300.

Bei W. Burkert (1962), der auf eine Errechnung der von Platon gemeinten Zahl verzichtet, zeigt sich ein neues Verständnis für die grundsätzliche Bedeutung der Stelle. Burkert sieht in ihr den Ausdruck für Platons Bemühen um eine Synthese der Realitätsaspekte im Geist der Mathematik. »Die Verschleierung im Rätsel ist Andeutung einer unendlichen Aufgabe –
60 Mythos als Vermutung am Rand des Unsag- | baren: auch im Verfall herrscht nicht Chaos und blindes Ungefähr, sondern eine ewige Vernunftordnung, von der die mathematische Erkenntnis wenigstens ein Stückchen erfassen kann.«[32]

Weniger unvoreingenommen urteilte gerade auch über die »magische Zahl« der bekannte Platonkritiker K. Popper.[33] Er ging auf »die schwie-

29 Die Sachfrage ist von A. Ahlvers, Zahl und Klang bei Platon, Bern 1952, 11–20, der sich in der sprachlich-mathematischen Erklärung ganz an Diès anschloß, mit Recht als ungelöst in den Vordergrund gestellt worden. Aber seine Vermutung, mit 12960000 Tagen = 36000 Jahren sei die »vollkommene Zahl« der Kosmosperiode gemeint und für das menschliche Leben sei dieselbe Zahl nicht im ganzen, sondern durch die in ihr enthaltenen Faktoren von Bedeutung, führt nicht weiter.

30 Verf., Platons Ungeschriebene Lehre, Stuttgart 1963 (^{2}1968), 271–273, 409–412. Neuerdings ebenso auch D. Kurz in Band IV der griechisch-deutschen Ausgabe: Platon. Der Staat, Darmstadt 1971, 647–651 (Anm.) und A.J. Festugière in seiner Übersetzung des Proklos-Kommentars, Paris 1970, II 131f.

31 R.S. Brumbaugh, Plato's Mathematical Imagination, Bloomington 1954, 107–150, bes. 115–136. In seiner Rezension dieses Buches bemerkt O. Becker (Gnomon 28, 1956, 226), Brumbaugh habe das alte Problem jedenfalls nicht gelöst. Das Vorhaben einer eigenen ausführlichen Behandlung hat Becker nicht mehr verwirklichen können. Wichtig ist seine kritische Feststellung, daß so riesige Zahlen, wie sie seit Adam immer wieder genannt werden, die Beziehung zur Wirklichkeit, von der im Kontext die Rede ist, zerschlagen.

32 W. Burkert, Weisheit und Wissenschaft. Studien zu Pythagoras, Philolaos und Platon, Nürnberg 1962 (hier 455). Englische Ausgabe: Lore and Science in Ancient Pythagoreanism, Cambridge (Mass.) 1972.

rige, unentschiedene und vielleicht unentscheidbare Frage der Berechnung der Zahl selbst« nicht ein, nahm aber den ganzen Textabschnitt als Hauptbeweis für Platons »biologischen Naturalismus«, seinen »Mystizismus und Aberglauben« und eine »pseudorationale mathematische Lehre von der Züchtung der Rassen.« Immerhin hat Popper, der gegenüber Adam und Taylor mit Recht auch auf der technisch-eugenischen Bedeutung der Zahl bestand, richtig gesehen, daß Platon den verhängnisvollen Fehler auf die Schwäche der Empirie zurückführt. Er verkannte dabei jedoch, daß bei derartigen praktischen Aufgaben nach platonischer Ansicht rationales Wissen und Empirie notwendigerweise zusammenwirken müssen, so daß selbst die genaueste Kenntnis der Zahl den Fehler nicht vermeidbar macht.

Schließlich ist zu verzeichnen,[34] daß neuerdings zwei Erklärer, die Richtung von Adam und Diès verlassend, wieder auf die alten Zahlen 10000 und 7500 zurückgekommen sind. Sie berufen sich freilich nicht auf die Tradition, sondern stützen sich – im einzelnen nicht gerade überzeugend – auf den platonischen Text.

Frida von Ehrenfels (1962)[35] findet im ersten Satz die Reihe 27 : 36 : 48 : 64, was trotz der zweifelhaften sprachlichen Annahme, αὐξήσεις bezeichne das Fortschreiten in einer Verhältnisreihe (hier 3 : 4), das Richtige treffen mag. Durch die Addition des zweiten und vierten Gliedes ergibt sich 100, durch die des ersten und dritten 75. Multipliziert man die erste Summe mit sich selbst, so erhält man die »quadratische« Harmonie 100 · 100 = 10000, multipliziert man die zweite Summe mit der ersten, die »oblonge« Harmonie 75 · 100 = 7500. Die recht lockere Verbindung dieser mathematischen Deutung mit dem platonischen Text hätte sich enger gestalten lassen, wenn die Verfasserin der Frage nachgegangen wäre, wie sich die von ihr geforderten Operationen an dem von Platon erwähnten Dreieck mit dem Seitenverhältnis 3 : 4 : 5 geometrisch demonstrieren lassen. Dann hätte ihre Bemerkung, »daß die Zahl 5 in der Summierung von je zwei Gliedern der Reihe als realer Faktor der beiden neuentstandenen Summen (100 und 75) sichtbar hervortritt«, einen bestimmten mathematischen Sinn erhalten. Auch die Frage, was die Zahlen im Kontext der Musenrede bedeuten, wird von der Verfasserin nicht gestellt. | 61

Mit den gleichen Zahlen und mathematischen Operationen wie F. v. Ehrenfels rechnet, wenn man von seinen weiter ausgreifenden Spekulationen absieht, G.J. Kayas[36] in einem kürzlich erschienenen, ebenfalls mehr kombinatorisch als exegetisch angelegten Beitrag. Seltsamerweise versteht

33 K. Popper, Die offene Gesellschaft und ihre Feinde. I: Der Zauber Platons, Bern 1957 (^{2}1970), 120–124, 327–332.

34 Der Beitrag von M. Paiow, Die mathematische Staatsstelle I, Archive for History of Exact Sciences 8, 1971/72, 1–8 kann unbeachtet bleiben.

35 F. v. Ehrenfels, Zur Deutung der platonischen Hochzeitszahl, Archiv f. Gesch. d. Philos. 44, 1962, 240–244.

36 G. J. Kayas, Le nombre géométrique de Platon. Essai d'interpretation, Bulletin de l'Association G. Budé 31, 1972, 431–468.

Kayas Platons »Gesamtzahl« (σύμπας . . . ἀριθμὸς γεωμετρικός) nicht als Ergebnis der ganzen Beschreibung, also nicht als irgendeine Zusammenfassung der beiden »Harmonien« (10000 und 7500), sondern er fordert dafür, völlig willkürlich, eine neue Rechnung, nämlich (3 + 4 + 5) · 3 = 36. Nur für die so eruierten 36 Jahre versucht Kayas dann eine sachliche Deutung. Er bezieht diese Zahl auf Platons Angaben über die Zeit der höchsten Leistungsfähigkeit im Leben von Mann und Frau (Politeia V 460 E) – ein an sich interessanter Vergleich, der hier jedoch ins Leere geht, da Platon an der früheren Stelle in der ›Politeia‹ andere Zahlen nennt als 36.

Zusammenfassung

Überblickt man die verschiedenen älteren und neueren Erklärungen, so zeigt sich, daß eine allgemein überzeugende Interpretation nicht vorliegt. Vor allem fehlt es an einer genauen und vollständigen, jede Willkür vermeidenden Auslegung des griechischen Textes. Eine befriedigende Erklärung müßte einerseits alle Angaben des Textes vollständig berücksichtigen und andererseits ohne zusätzliche, dem Text fremde oder gar widersprechende Angaben auskommen. Unter anderem müßte beachtet werden, daß Platon nicht einfach die Zahlen 3, 4 und 5 einführt, sondern das entsprechende Dreieck mit seinen geometrischen Eigenschaften; und es wäre zu fragen, inwiefern der Ausdruck »Harmonien« auf die »quadratische« und die »rechteckige« Verbindung von zwei Zahlen zutrifft.

Die traumwandlerische Leichtigkeit, mit der auch noch die neuesten Erklärungen über den Text hinweggehen, ist nicht nur deshalb bedenklich, weil auf diese Weise keine sicheren Resultate zu erzielen sind, sondern auch deshalb, weil damit die Herleitung und Begründung der »geometrischen Zahl« im dunkeln bleibt. Wahrscheinlich ist aber für Platon nicht nur die Zahl selbst von Wichtigkeit, sondern ebenso auch ihre in mehreren Schritten vollzogene Konstruktion.

Immerhin ragen aus der Vielfalt der Meinungen zwei dominierende Auffassungen hervor. Nach der einen, die schon in der antiken Erklärertradition vorherrscht, aber im 19. Jahrhundert erneut aufgekommen ist und vereinzelt auch gegenwärtig wieder vertreten wird, hat Platon mit den beiden »Harmonien« die Zahlen 10000 und 7500 beschrieben. Nach der anderen, von Hultsch und Adam aufgebrachten Deutung, die in unserem Jahrhundert, besonders durch Diès unitarisch weiterentwickelt, fast zur *communis opinio* geworden ist, hat Platon die Zahl 12960000 intendiert.

Ob man nun aber der einen oder der anderen Auffassung zuneigt, so muß man auf jeden Fall zugeben, daß es bisher nicht gelungen ist, den sach-
62 lichen Sinn der »geo- | metrischen Zahl« im Zusammenhang der Musenrede verständlich zu machen. Die größten Schwierigkeiten bereitet in dieser Hinsicht die alles Menschenmaß übersteigende Zahl von 12960000 Tagen oder 36000 Jahren. Niemand konnte sagen, was die Regenten im Idealstaat mit einer so ungeheuer langen Zeitperiode bei der Festsetzung der Hochzeiten

anfangen sollen. So haben sich denn auch die Vertreter dieser Ansicht, wie J. Adam, zu einer anderen, durch den Kontext nicht gerechtfertigten Ausdeutung gezwungen gesehen,[37] oder sie haben, wie Diès und Denkinger, auf eine positive Beantwortung der Sachfrage überhaupt verzichtet. Nicht wesentlich besser scheint es aber auch mit den etwas kleineren Zahlen 10000 und 7500 zu stehen. Was sich freilich die antiken Erklärer, die mit diesen Zahlen umgingen, dabei dachten, läßt sich den Referaten bei Proklos nicht klar entnehmen. Die modernen Verfechter dieser Deutung haben damit jedenfalls keinen plausiblen Sinn zu verbinden gewußt. Mir ist kein Versuch bekannt, diese Zahlen als Zeitperioden von einer dem menschlichen Leben gemäßen Größenordnung zu erklären.

III Sprachliche Ermittlung des mathematischen Sachverhalts

Die mathematische Terminologie, die Platon bei der Beschreibung der »geometrischen Zahl« verwendet, ist uns nicht ohne weiteres geläufig; wir können aber versuchen, uns mit einiger Umsicht über diesen Sprachgebrauch Klarheit zu verschaffen. Vielleicht gelingt es durch möglichst genaues Beachten der sprachlichen Formulierungen, die Willkür oder Gewaltsamkeit gegenüber dem Text, die man auch bei so sorgfältigen Erklärern wie J. Adam feststellen kann, auszuschließen.

(a) Mit dem »Göttlich-Erzeugten« ist ziemlich sicher, wie schon die antiken Erklärer sagen (z.B. Plutarch, De animae procr. in Tim. 10, 1017 C), der Kosmos gemeint. Die »vollkommene Zahl« bestimmt also die Dauer einer großen Weltperiode. Da hierüber jedoch nichts Genaueres verlautet, ist es aussichtslos, für diese kosmische Zeit irgendeine spezielle Zahl von Tagen oder Jahren ermitteln zu wollen, zumal nicht einmal sicher ist, ob Platon überhaupt eine bestimmte Zahl im Auge hatte.[38]

Die Formulierung legt es nahe, an die im ›Timaios‹ (39 D) erwähnte »vollkommene Zahl« eines »vollkommenen Jahres« zu denken, also an die Zeit, nach deren Ablauf alle Himmelsbewegungen zusammen wieder ihren Ausgangspunkt erreichen. Die | Frage, ob damit irgendwie auch die kosmi- 63

37 J. Adam (a.O. 208f.) denkt an eine kosmische Periode und räumt ein, daß die große Zahl somit ohne Bedeutung für die Zeitwahl der Hochzeiten sei. A.E. Taylor (The Decline and Fall of the State in Republic VIII, Mind 48, 1939, 23–38) rechnet ebenfalls mit 36000 Jahren (der sprachlich-mathematischen Erklärung von Diès folgend), bestreitet aber die kosmologische Auslegung und meint stattdessen, Platon habe damit hoffnungsvoll die mögliche Dauer des Idealstaates angegeben.

38 Proklos (16f.) erklärt, man müsse auf das Suchen nach dieser Zahl verzichten, weil sie das menschliche Erkenntnisvermögen übersteige. Was zuletzt G.J. Kayas, a.O. (1972), 440–446 dazu ausführt, ist reine Spekulation. – Auch die Definition der »vollkommenen Zahl« bei Euklid (Elem. VII def. 22; IX 36) als der Zahl, die der Summe ihrer echten Teiler gleich ist (6, 28, 496, 8128 usw.), muß hier ferngehalten werden.

schen Perioden des Politikos-Mythos oder die Geschichtsperioden des ›Timaios‹ und ›Kritias‹ zu kombinieren sind, muß offen bleiben.[39]

(b) Mit dem »Menschlich-Erzeugten« (ἀνθρώπειον γεννητόν) meinen die Musen wahrscheinlich einfach, wie vorher mit γένος ὑμέτερον (546 A), den Menschen. Die intendierte Zahl gibt also die Dauer einer menschlichen Lebensperiode an.

(c) Für diese Zahl soll gelten, daß »in ihr« (ἐν ᾧ) gewisse Verhältnisse und Bezüge auftreten. Wahrscheinlich ist dies wörtlich zu nehmen: es handelt sich, dem griechischen ἀριθμός-Begriff entsprechend, um einen Zahlenkomplex, »in dem« verschiedene Bestandteile enthalten sind.

(d) Nicht leicht zu verstehen ist πρῶτος, das hier jedenfalls prädikativ gebraucht sein dürfte: »in der als erster ...«. Zwei Erklärungen bieten sich an. (1) Es könnte damit gesagt sein, daß bei der intendierten Zahl als erster die genannten Bedingungen erfüllt sind, daß sie also den ersten, einfachsten Fall dafür darstellt. Man müßte dann zu dem ersten Satz, in dem nur strukturelle Beziehungen angegeben sind, den zweiten hinzunehmen, der mit 3, 4 und 5 eine zahlenmäßige Determinierung einführt. Nun sind zwar arithmetisch noch einfachere Verhältnisse denkbar (nämlich 2 : 3 oder 1 : 2), aber geometrisch repräsentiert »das Grundverhältnis 4 : 3, mit der 5 zusammengespannt« den ersten Fall eines rechtwinkligen Dreiecks mit ganzzahligem Seitenverhältnis. (2) Möglich ist aber wohl auch, daß mit πρῶτος von vornherein die Zahl, auf die die Beschreibung hinzielt, als ursprüngliche Ganzheit gegenüber den in ihr enthaltenen Teilen gekennzeichnet ist. Die Gesamtzahl wäre also zu verstehen als das umfassende »Erste«, in dem dann durch Aufgliederung Teileinheiten »zutagetreten« und »dargeboten werden«.

(e) αὔξησις heißt »Ausdehnung«, »Steigerung«. Platon gebraucht das Wort hier allem Anschein nach gleichbedeutend mit αὔξη, das bei ihm die Dimensionen Länge, Breite und Tiefe bezeichnet: Politeia VII 528 B (Körper haben eine dritte αὔξη); IX 587 D (zweite und dritte αὔξη); Nomoi X 894 A (Hinzukommen von αὔξη als dimensionale Entfaltung).[40]

(f) Die Verbindung von δυνάμεναί τε καὶ δυναστευόμεναι ist eigenartig, aber nicht unerklärlich. Platon gebraucht δύνασθαι im ›Theaitet‹ für lineare Größen, die »die Potenz haben«, Quadrate hervorzubringen (Theait. 148 AB ... ἃ δύνανται). Eine δυναμένη (αὔξησις) ist demnach eine Größe a, die quadriert die Fläche a^2 zu bilden vermag. Die δυναστευομένη ist dann das passive Korrelat dazu, also das Quadrat a^2 gegenüber der Quadratwurzel ($\sqrt{a^2} = a$), die Potenz a^2 gegenüber der Potenzbasis a.

Vielleicht impliziert der Ausdruck auch noch das analoge Weiterschreiten zur dritten Potenz, so wie es an der angeführten Theaitet-Stelle

39 Vgl. dazu u. Seite 439.

40 Vgl. dazu und zu anderen mathematischen Begriffen des Textes das Lexikon von Ch. Mugler, Dictionnaire historique de la terminologie géométrique des Grecs, Paris 1958.

heißt: καὶ περὶ τὰ στερεὰ ἄλλο τοιοῦτον. Mit αὐξήσεις δυνάμεναί τε καὶ δυναστευόμεναι wäre dann | die gesamte durch Potenzierung zustande- 64
kommende dimensionale Entfaltung von der Linie zur Quadratfläche und zum Kubus ($a - a^2 - a^3$) umschrieben.

Auf diese Erklärung sind nicht erst neuere Erklärer gekommen, sondern sie findet sich schon bei Proklos.[41] Etwas anderes ist freilich bei Alexander von Aphrodisias (In Aristot. Metaph. 75, 20–26 Hayduck) zu lesen: Die alten Pythagoreer hätten mit δυναμένη die Hypotenuse, mit δυναστευόμεναι die Katheten des rechtwinkligen Dreiecks, besonders des Dreiecks mit dem Seitenverhältnis 3 : 4 : 5 bezeichnet. Dieser Angabe sind neuerdings Diès und Denkinger gefolgt. Da nun aber die Mitteilung Alexanders von zweifelhafter Zuverlässigkeit ist[42] und in dem Satz der ›Politeia‹ keinen einwandfreien Sinn ergibt, wird es sich empfehlen, die Erklärung des Proklos vorzuziehen.

(g) »Drei Intervalle und vier Terme annehmend« (τρεῖς ἀποστάσεις, τέτταρας δὲ ὅρους λαβοῦσαι) könnte nochmals die dimensionale Entfaltung bis zum Körperlichen hin beschreiben. Die drei »Abstände« wären dann Länge, Breite und Tiefe, die vier »Begrenzungen« Punkt, Linie, Fläche und Körper – einer Terminologie entsprechend, die sich späterhin in der antiken Literatur reich belegen läßt.[43] Wahrscheinlich ist hier aber darüber hinaus gemeint, daß eine Proportion mit drei Intervallen und vier Gliedern gebildet werden soll. Sind nämlich A, B, C und D die vier Glieder, so können sie nach der Proportionsformel A : B = B : C = C : D durch drei Logoi aufeinander bezogen werden. Wenn man sich dabei, den vorhergehenden Angaben gemäß, die Außenglieder (A und D) als durch Potenzierung entstandene kubische Größen (a^3 und b^3) vorstellt, so erhält man eine Folge von vier körperlichen (dreidimensionalen) Größen, nämlich $a \cdot a \cdot a$, $a \cdot a \cdot b$, $a \cdot b \cdot b$ und $b \cdot b \cdot b$. Diese vier Größen sind durch die Proportion $a^3 : a^2b = a^2b : ab^2 = ab^2 : b^3$ miteinander verbunden.

Für diese Erklärung spricht, daß ἀπόστασις bei Platon nicht nur den durch Multiplizierung entstehenden »Abstand« (Politeia IX 587 DE), sondern speziell auch das »Intervall« in einer Proportionenfolge bezeichnet: Im ›Phaidon‹ (111 B) heißt es, zwischen dem Leben auf der wahren Erdoberfläche und dem Leben bei uns bestehe die gleiche ἀπόστασις wie zwischen Äther und Luft oder Luft und Wasser; im ›Timaios‹ (43 D) wird gesagt, daß die Zahlenfolgen 1 : 2 : 4 : 8 und 1 : 3 : 9 : 27 jeweils drei ἀποστάσεις aufweisen. Außerdem ergibt sich von dieser Erklärung aus der beste Zugang zu den folgenden Angaben des Textes.

41 Proklos 36, 9–12; 51,13f.; vgl. auch Proklos, In prim. Eucl. 8, 12–20 Friedlein. Unter den Neueren sind z.B. J. Adam (a.O. 268–270) und O. Becker (Quellen u. Stud. z. Gesch. d. Mathem. B 4, 1938, 187f.) zu nennen.

42 Vgl. W. Burkert, a.O. (1962) 455 Anm. 99: »Ob Alexander echte Tradition bringt oder sekundäre Rekonstruktion, ist schwer zu entscheiden.«

43 Vgl. J. Adam, a.O. 205, 270–272.

(h) Die vier im Genitiv erscheinenden Partizipien ὁμοιούντων, ἀνομοιούντων, αὐξόντων, φθινόντων haben nicht mehr αὐξήσεις zum Subjekt; sie bezeichnen vielmehr gewisse Faktoren, die etwas »gleichmäßig« oder »ungleichmäßig«, »wachsend« oder »schwindend« werden lassen. Nach
65 dem Vorhergehenden hat man dabei doch wohl | an die Konstituentien von dreidimensional-körperlichen Figuren zu denken. Damit kommen wir zu einer plausiblen Erklärung, die schon im Kommentar des Proklos zu finden ist und durch andere antike Autoren terminologisch bestätigt wird.[44] Der platonische Text spricht demnach von »Körperzahlen«, die jeweils aus drei Faktoren gebildet sind. Diese drei Faktoren können gleich sein und so die gleichmäßige Form des Würfels (κύβος) bilden; sie können aber auch ungleich sein, und in diesem Fall kann wiederum bei zwei gleichen Faktoren der dritte größer oder kleiner sein als die beiden gleichen, so daß entweder die Form des »Balkens« (δοκίς) oder die der »Platte« (πλινθίς) entsteht. Es werden also genau die Möglichkeiten beschrieben, die sich, wie wir gesehen haben, bei der viergliedrigen Proportion ergeben, nämlich – wenn b größer ist als a – die Körperzahlen $a \cdot a \cdot a$ (ὁμοιούντων), $a \cdot a \cdot b$ (ἀνομοιούντων, αὐξόντων), $a \cdot b \cdot b$ (ἀνομοιούντων, φθινόντων) und $b \cdot b \cdot b$ (ὁμοιούντων).

Mit ὅμοιον und ἀνόμοιον ist also hier gemeint, daß eine Figur (oder Körperzahl) durch die Gleichheit ihrer Seiten gleichförmig, durch die Ungleichheit der Seiten ungleichförmig wird. Bei Euklid (Elem. VII def. 21) bezeichnen diese Begriffe Flächen und Körperzahlen, die im Verhältnis zueinander »ähnlich« oder »unähnlich« sind.[45] Die Stellen, an denen Platon ὅμοιον oder ἀνόμοιον und verwandte Wörter gebraucht, zeigen, daß bei ihm beide Möglichkeiten geläufig sind.[46]

(i) Die soweit beschriebene viergliedrige Proportion soll, wie es am Schluß des ersten Satzes heißt, »alles als ansprechbar und bestimmbar im Verhältnis zueinander« (πάντα προσήγορα καὶ ῥητὰ πρὸς ἄλληλα) hervortreten lassen. Damit ist zweifellos gemeint, daß alle Glieder und Faktoren in der Proportion zahlenmäßig bestimmt, also rational und im Verhältnis zueinander direkt kommensurabel sind. Wenn vorher die Folge $a \cdot a \cdot a : a \cdot a \cdot b : a \cdot b \cdot b : b \cdot b \cdot b$ strukturell umschrieben worden ist, so wird jetzt noch besonders gefordert, daß a und b ganze Zahlen sind.[47]

Das Wort ῥητόν wird im gleichen Sinne sofort im nächsten Satz wie-

44 Proklos 36f.; ferner Nikomachos, Introd. arithm. II 17, 110–112 Hoche; Theon von Smyrna, Expositio rerum mathematicarum … 41f. Hiller; Jamblichos, In Nicomachi arithm. introd. 93.95 Pistelli; Anonymer Kommentar zu Platons Theaetet, bearb. v. H. Diels u. W. Schubart, Berlin 1905 (Berliner Klassikertexte 2) 29 (Kol. 43).

45 Zu diesem Bedeutungswandel und zur Terminologie der ›Körperzahlen‹ überhaupt: O. Becker, a.O. (1938), bes. 192. Für die Politeia-Stelle übernimmt Becker hier ebenfalls die oben referierte Erklärung des Proklos.

46 (a) Gleichmäßigkeit eines Dinges: Phaidon 109 A; Parmen. 156 B; Timaios 33 B. Die Musen sprechen am Ende der Rede (547 A) von ἀνομοιότης im Sinn von Unausgeglichenheit, Unordnung. (b) Ähnlichkeit, Übereinstimmung des einen mit dem anderen: Timaios 55 A . 57 C (ἑαυτοῖς, ἄλλοις); Epinomis 990 D (ἀλλήλοις).

derkehren, und zwar zusammen mit dem Gegenbegriff ἄρρητον, der die irrationale, zahlenmäßig nicht direkt faßbare Größe bezeichnet.[48] πρὸς ἄλληλα gehört wahrscheinlich nicht weniger zu | προσήγορα als zu ῥητά: 66
beide Ausdrücke besagen, daß alle Größen der Proportionenfolge – Linien, Flächen und Körper – in einem zahlenmäßigen Verhältnis zueinander stehen. Eine sprachliche Parallele hierzu bietet, wie oben (Seite 416) bereits notiert wurde, das Philolaos-Fragment (B 11 Diels-Kranz), in dem von der Zahl gesagt wird: πάντα γνωστὰ καὶ ποτάγορα ἀλλάλοις . . . ἀπεργάζεται. Wenn die oben entwickelte Erklärung des pythagoreischen Textes richtig ist, handelt es sich hier wie dort um den gleichen mathematischen Sachverhalt, nämlich um Körperzahlen, die durch zwei mittlere Proportionalen miteinander verbunden sind, was durch den bei ›Philolaos‹ erwähnten Gnomon stereometrisch veranschaulicht werden kann.

(k) Der zweite Satz ist durch das Relativpronomen mit dem ersten verknüpft: ὧν ἐπίτριτος πυθμὴν ... Die zuvor strukturell beschriebenen Proportionsglieder werden also nun erst arithmetisch determiniert. πυθμήν ist der grundlegende, einfachste Logos, auf dem alle analogen Verhältnisse aufbauen, auf dem »Grundverhältnis 4 : 3« also 8 : 6 und 12 : 9 usw.[49] Legt man der im ersten Satz angegebenen Proportionenfolge $a \cdot a \cdot a : a \cdot a \cdot b : a \cdot b \cdot b : b \cdot b \cdot b$ das Verhältnis 4 : 3 zugrunde, indem man für a und b die Zahlen 3 und 4 einsetzt, so ergibt sich die Folge 27 : 36 : 48 : 64, wobei zwischen diesen vier Körperzahlen jeweils wieder das Verhältnis 4 : 3 auftritt.

(l) Mit πεμπάδι συζυγείς ist unverkennbar auf das pythagoreische Musterdreieck hingewiesen: seine Katheten verhalten sich zueinander wie 3 : 4, und sie sind durch die Hypotenuse »mit der 5 zusammengespannt«.

(m) Was unter den »zwei Harmonien« zu verstehen ist, muß sich aus der Fortsetzung des Textes ergeben. Es wird sich zeigen, daß die beiden mittleren Proportionalen der viergliedrigen Folge nicht gemeint sein können. – Das Wort ἁρμονία bezeichnet das Zusammenstimmen, die richtige Fügung von verschiedenen Größen, und zwar in der Regel von mindestens dreien.[50] Platon will, wie es scheint, sagen, daß die Harmonien durch das Dreieck mit dem Seitenverhältnis 3 : 4 : 5 dargeboten werden. In der Tat tritt an dieser Figur eine Gesetzmäßigkeit auf, die man als »Fügung« bezeichnen

47 In dem zweiten Satz werden wir auf den Fall stoßen, daß zwei (lineare) Größen zwar im Verhältnis zueinander zahlenmäßig kommensurabel, in bezug auf die ihnen zugeordneten Quadratflächen aber doch irrational sind.

48 Zu dem hier vorausgesetzten Stand der Begriffsgeschichte der mathematischen Irrationalität: Ch. Mugler, Dictionnaire ... (1958) s.v. ῥητός; É. de Strycker, Rev. Ét. Gr. 63, 1950, 54–57; Verf., Platons Menon und die Akademie, Archiv f. Gesch. d. Philos. 46, 1964, 241–292, Anm. 34 (auch in: Das Problem der ungeschriebenen Lehre Platons, hrsg. v. J. Wippern, Darmstadt 1972 [Wege der Forschung 186], 329-393[in diesem Band Seite 353ff.).

49 Vgl. Archytas, Fr. A 17 (I^6 429) Diels-Kranz; Nikomachos, Introd. arithm. I 21; II 19 (57.115f.) Hoche; Theon von Smyrna, Expositio ... 80f. Hiller. Weitere Stellen bei J. Adam, a.O. 276.

50 Vgl. z.B. Platon, Politeia IV 443 D; Philolaos, Fr. B 6 (I^6 409) Diels-Kranz (Harmonie = Oktave, Quarte und Quinte umfassend); Ps.-Plutarch, De musica 23, 1139 B–E; Theologumena arithmeticae 16 (19,18) de Falco.

kann: Nach dem Satz des Pythagoras sind am rechtwinkligen Dreieck die beiden Quadrate über den Katheten zusammen gleich groß wie das Quadrat über der Hypotenuse – so wie, was hier vielleicht den Ausdruck »Harmonie« mit zu erklären vermag, Quarte und Quinte zusammen die Oktave ausmachen. Eben diese Gesetzmäßigkeit des rechtwinkligen Dreiecks ist es ja auch, die schon Jamblich, wie wir gesehen haben (o. Seite 418), in dem platonischen Textabschnitt, wo die beiden Harmonien eingeführt werden, be-
67 rücksichtigt gefunden hat. |

(n) τρὶς αὐξηθείς, von dem Grundverhältnis 4 : 3 gesagt, verklammert nochmals den zweiten mit dem ersten Satz. Der Ausdruck bezeichnet ebenso wie vorher αὐξήσεις die Entfaltung bis zur dritten, körperlichen Dimension. Derselbe Sprachgebrauch liegt in der ›Epinomis‹ vor (990 D τρὶς ηὐξημένοι καὶ τῇ στερεᾷ φύσει ὅμοιοι) und ist bei Aristoteles vorausgesetzt, wenn er Platons τρὶς αὐξηθεὶς mit στερεός wiedergibt.

Das Grundverhältnis 4 : 3 in die dritte Dimension zu erheben, kann kaum etwas anderes bedeuten als die Potenzierung zu 3^3 und 4^3, also 27 und 64. Nach dem vorausgehenden Satz ist zugleich an die Einfügung der beiden mittleren proportionalen Zahlen zu denken. Es ergibt sich also erneut die zwischen allen Gliedern das Verhältnis 4 : 3 aufweisende Folge 27 : 36 : 48 : 64.

(o) Mit τὴν μὲν …, τὴν δὲ … werden die beiden Harmonien expliziert. Dabei taucht neu, und zwar bei den beiden Harmonien gleichermaßen, der Faktor 100 auf: sie sollen beide mit 100 multipliziert werden. Es scheint also nicht die Vorstellung zu herrschen, daß dieser Faktor ein Bestandteil der Harmonien ist, sondern eher, daß die beiden Harmonien oder auch alle ihre Glieder 100-fach »dargeboten« werden. Demnach ist nicht zu erwarten, daß die Multiplizierung mit 100, ebenso wie die Form der Harmonien selbst, geometrisch begründet ist, wenngleich die Zahl 100, wie wir sehen werden, für die erste Harmonie als Summe von 36 und 64 geometrisch hergeleitet wird. Vielmehr scheint die Erweiterung der Harmonien durch den Faktor 100 von der zeitlichen Bedeutung der intendierten Zahl her gefordert zu sein.[51]

(p) Die eine Harmonie charakterisiert Platon als ἴσην ἰσάκις, die andere als ἰσομήκη μὲν τῇ, προμήκη δέ. Zur Erläuterung kann die Stelle im ›Theaitet‹ (147 E–148 A) dienen, wo Platon unterscheidet zwischen der in gleiche Faktoren zerlegbaren Quadratzahl (ἴσος ἰσάκις) und der nicht in gleiche Faktoren zerlegbaren Rechteckzahl (προμήκης ἀριθμός). Demnach ist hier die erste Harmonie als »quadratisch«, die zweite als »einerseits gleichlang in dieser Weise, andererseits rechteckig« gekennzeichnet.

Alle mir bekannten Erklärungen beruhen auf der Ansicht, die »qua-

51 Alle Versuche, den Faktor 100 auf die gleiche Weise wie die anderen Zahlen des Textes, also mathematisch-geometrisch herzuleiten, müssen als erfolglos angesehen werden. Vgl. zuletzt G. J. Kayas, a.O. (1972) 452–454.

dratische« Harmonie sei zu verstehen als multiplikative Verbindung von zwei gleichen Zahlen (wie 100 · 100 oder 3600 · 3600), die »rechteckige« Harmonie als Produkt zweier ungleicher Zahlen (wie 75 · 100 oder 4800 · 2700). Dabei kommen jedoch die Angaben des Textes nicht voll zu ihrem Recht. (1) Die Formulierung ἰσομήκη μὲν τῇ kann man schwerlich damit erklären, daß beim Rechteck Längen und Breiten je gleich sind und daß mit τῇ auf den Faktor 100 zurückverwiesen wird. Vielmehr weist der ganze Ausdruck auf ἴσην ἰσάκις zurück. Man muß also verständlich machen, daß die zweite Harmonie zwar rechteckig, aber auch »in dieser Weise«, nämlich als Quadrat genommen, »längengleich« ist. (2) Ferner ist zu fragen, ob der Ausdruck »Harmonie«, der eine Fügung von mehr als zwei Größen zu bezeichnen pflegt, hier wirklich auf eine | Verbindung von zwei Zahlen 68
weist. Muß man nicht annehmen, daß von den einzelnen Gliedern der Harmonie jedes das angegebene Verhältnis der Faktoren aufweist, nämlich bei der ersten Harmonie Gleichheit, bei der zweiten einerseits Gleichheit, andererseits Ungleichheit? (3) Außerdem ist nach den vorher durch den Text gegebenen Informationen zu erwarten, daß die beiden Harmonien mittels der Zahlen 27, 36, 48 und 64 zustandekommen und daß sie nach dem Satz des Pythagoras an dem Dreieck mit dem Seitenverhältnis 3 : 4 : 5 auftreten.

In der damit vorgezeichneten Richtung ist tatsächlich eine widerspruchsfreie, sprachlich und sachlich konsequente Erklärung zu finden. Jede der beiden Harmonien – so ist zu verstehen – beruht darauf, daß die beiden Kathetenquadrate zusammen dem Hypotenusenquadrat gleich sind. Die erste Harmonie lautet in Zahlen 64 + 36 = 100; sie ist rein quadratisch (ἴσην ἰσάκις), weil alle drei Zahlen Quadratzahlen sind. Die andere Harmonie lautet 48 + 27 = 75; sie ist insofern ebenfalls quadratisch, als die drei Zahlen geometrisch als Quadrate über den Seiten des rechtwinkligen Dreiecks dargestellt werden können (ἰσομήκη μὲν τῇ), rechteckig aber insofern, als diese Zahlen nicht in zwei gleiche Faktoren zerlegt werden können (προμήκη δέ). Bei der zweiten Harmonie tritt also der Fall auf, daß die Seiten der drei Quadrate zwar im Verhältnis zueinander zahlenmäßig kommensurabel sind (sie verhalten sich ja wie 3 : 4 : 5), irrational aber, wenn man sie als Quadratseiten nimmt und auf die Quadratinhalte bezieht.

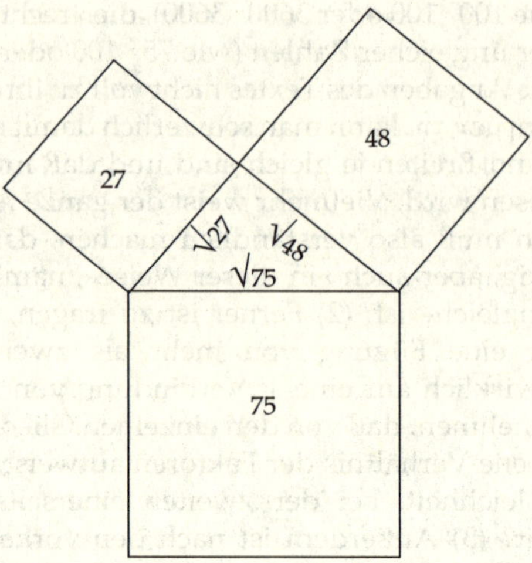

$$\sqrt{27} : \sqrt{48} : \sqrt{75} = 3\sqrt{3} : 4\sqrt{3} : 5\sqrt{3} = 3 : 4 : 5$$

69 | (q) Daß wir mit der ganzen bisherigen Erklärung den richtigen Weg beschritten haben, ist durch den Schluß des zweiten Satzes zu verifizieren, wo die quadratisch-rechteckige Harmonie noch genauer beschrieben wird. Abgesehen von dem Faktor 100 (der nur angibt, wie oft die Harmonien gezählt werden sollen), sind hier immer noch etwas umständlich, aber doch eindeutig die Zahlen 48 und 27 genannt.

Auch die Art und Weise, in der diese beiden Zahlen umschrieben werden, ist nicht willkürlich, sondern beleuchtet nochmals den Gesamtsinn der beiden Sätze. Wenn 27 als »Würfel der 3« bezeichnet wird, so erinnert dies nochmals daran, daß 27 schon vorher als kubische Zahl fungierte. Bei der Beschreibung der Zahl 48 ist, wie die antiken und nach ihnen die modernen Erklärer richtig erkannt haben,[52] eine Theorie vorausgesetzt, die zur approximativen Eingrenzung der irrationalen Größe $\sqrt{2}$ diente.[53] »Durchmesser der 5« ist die Diagonale eines Quadrats mit der Seite 5. Diese Diagonale ist irrational; die ihr zugeordnete Quadratzahl (ἀριθμὸς ἀπὸ …, vgl. Menon 83 C) ist 50. Der »rationale Durchmesser« stellt einen Annäherungswert an $\sqrt{50}$ dar, nämlich $\sqrt{49} = 7$. Man erhält 48, wenn man 49 um 1 und 50 um 2 verringert. Diese merkwürdig indirekte Beschreibung weist nochmals auf eine im Text bereits erwähnte Eigenschaft der Zahl 48 hin: 48

52 Die Theorie der Seiten- und Diagonalzahlen ist erwähnt bei: Theon von Smyrna, Expositio …, 42–44 Hiller; Jamblichos, In Nicom. arithm. introd. 91–93 Pistelli; Proklos 24f., 27–29, 38f..; Proklos, In prim. Eucl. 417–419 Friedlein. Moderne Erklärer: F. Hultsch, Anhang zur Ausgabe des Proklos-Kommentars von Kroll (II 393–400); I. Thomas, Greek Mathematics I, 1939 (Loeb Class. Libr.) 132–139 (mit Texten); O. Becker, Das mathematische Denken der Antike, Göttingen 1957, 67f.; W. Burkert, a.O. (1962) 406f.

53 Beim Quadrat mit der Seite a und der Diagonale d ist $a : d = 1 : \sqrt{2}$ und $d^2 = 2a^2$. Eine rationale Annäherung an d ist in den Fällen gegeben, in denen $2a^2$ nur um 1 von einer Quadratzahl abweicht, also zunächst bei $a = 2$, $a = 5$(!) und $a = 12$.

ist, ebenso wie 50, keine Quadratzahl, sondern eine Rechteckzahl; wenn sie – geometrisch – als Quadrat dargestellt wird, ergeben sich irrationale Seiten.

(r) Erweitert man, wie im Text vorgeschrieben, die beiden Harmonien mit dem Faktor 100, so ergibt sich für die erste Harmonie die Zahl (64 + 36) · 100 = 100 · 100 = 10000, für die zweite Harmonie die Zahl (48 + 27) · 100 = 75 · 100 = 7500.

Ergebnis

Das Resultat der ganzen Beschreibung soll eine »geometrische Gesamtzahl« sein (σύμπας ἀριθμὸς γεωμετρικός). Wie verträgt sich dies mit der Zweiheit der Harmonien, für die wir die Zahlen 10000 und 7500 ermittelt haben? Es ist nicht anzunehmen, daß man diese beiden Zahlen nochmals durch Addition oder Multiplikation zusammenrechnen soll. Wahrscheinlich läßt sich die Frage von den Anfangsworten ἐν ᾧ … her beantworten. Die intendierte Zahl wird als umfassende Ganzheit verstanden, »in der« verschiedene Zahlen und Figuren als Glieder enthalten sind. Als »Gesamtzahl« ist also die Zahl 10000 anzusehen, die nach dem Grundverhältnis 4 : 3 zunächst die Zahl 7500 einschließt. | 70

Die ganze Darstellung erweckt den Eindruck, daß die »Gesamtzahl« nach Maßgabe des Verhältnisses 4 : 3 und nach geometrischen Strukturgesetzen zusammengefügt ist. Grundbestandteile sind die vier in einer Proportion stehenden Körperzahlen 27, 36, 48 und 64. Von diesen werden gemäß der »Fügung« der Quadrate am pythagoreischen Dreieck zweimal zwei zu 100 und 75 zusammengefaßt. Wenn diese beiden Zahlen überdies noch mit 100 multipliziert werden, so ändert dies an dem Grundverhältnis 4 : 3 nichts.

Schritt für Schritt wird die Beschreibung konkreter und spezieller. Im ersten Satz wird nur allgemein die Struktur der vier Körperzahlen entwikkelt, die durch doppelte geometrische Mittelbildung aufeinander bezogen sind ($a^3 : a^2b : ab^2 : b^3$). Im zweiten Satz findet dann durch das Verhältnis 4 : 3 eine arithmetische Determinierung statt, und die vier Zahlen werden, nun als Flächen aufgefaßt, dem rechtwinkligen Dreieck mit den Seiten 3 : 4 : 5 zugeordnet. Erst am Schluß werden, wenigstens indirekt, die zwei Zahlen 48 und 27 angegeben.

Das Ergebnis, wonach Platon die Zahlen 10000 und 7500 im Blick hatte, ist in der Erklärungsgeschichte schon längst antizipiert, ja es berührt sich aufs engste mit der Hauptlinie der antiken Tradition. Für die antiken Erklärer ist jedoch nicht eindeutig überliefert, wie sie ursprünglich zu diesem Ergebnis gelangt sind; und die neueren, die die gleichen Zahlen errechnet haben, konnten sich nur mit zweifelhaftem Recht auf den Wortlaut des Textes berufen. Demgegenüber ist zu hoffen, daß nunmehr durch die vollständige Auswertung der im Text enthaltenen Angaben ein sicherer Weg zu dieser Lösung gefunden ist. Dieser Weg führt nicht nur zu der Zahl selbst, sondern läßt auch die geometrischen Grundlagen ihrer Konstruktion erkennen. Die Zahl 12960000 aber, jener andere Lösungsvorschlag, der in unserem Jahrhundert bisher am meisten Anklang gefunden hat, kann jetzt mit Entschiedenheit abgelehnt werden.

Freilich bleibt gerade auch bei der neuen, in sich geschlossenen Erklärung der »geometrischen Zahl« nun erst recht zu fragen, wie denn diese Zahl im Zusammenhang der Musenrede sachlich zu verstehen ist.

IV Lebensperioden und Geschichtsperioden

Die Musen sagen: Wie das Leben der Pflanzen und Tiere so ist auch das Leben der Menschen von Generation zu Generation bestimmten periodischen Zeitabläufen unterworfen. Aus diesem Zusammenhang geht unzweifelhaft hervor, daß die »geometrische Zahl« die Dauer eines zeitlichen Zyklus angibt, der für Fruchtbarkeit und Unfruchtbarkeit und damit für gute und schlechte Nachkommenschaft des Menschen maßgeblich sein soll. Gedacht ist offensichtlich an die Lebensdauer des Menschen oder auch an Lebensphasen wie Jugend, Reife und Alter, die bei allen Lebewesen durch den Rhythmus der Himmelsbewegungen, besonders der Sonnenbahn, also durch Tag, Monat, Jahr usw. bemessen werden. Dieser alte Gedanke einer Einwirkung der Bewegungen am Himmel auf das periodische Werden und
71 Vergehen der Lebewesen wird | bekanntlich in den naturwissenschaftlichen Schriften des Aristoteles, auf platonischem Hintergrund, genauer ausgeführt.[54]

Nach dem Ergebnis der Textanalyse haben wir mit zwei Zeitperioden zu rechnen, die den Zahlen 10000 und 7500 entsprechen. Denken wir dabei an Jahre, so erhalten wir Perioden von sehr großem, kosmischem Ausmaß. Ist dann vielleicht, so könnte man fragen, die erste Zahl mit der Angabe im ›Phaidros‹ (248 E, vgl. 257 A) zu verbinden, daß der Aufenthalt der Seele im irdischen Bereich 10000 Jahre lang dauert? Aber eine solche Deutung der »geometrischen Zahl« läßt allzu viele Fragen offen. Welchen Sinn hätten neben den 10000 Jahren die 7500 Jahre? Wie sollen sich Fruchtbarkeit und Unfruchtbarkeit des Menschen auf so große Zeiträume verteilen? Wie ist überhaupt vorstellbar, daß sich die Philosophenherrscher bei der Ansetzung der Hochzeiten nach einer derart riesigen Zeitspanne richten?

54 Der Musenrede in der ›Politeia‹ stehen besonders zwei Abschnitte bei Aristoteles nahe: De generatione et corruptione II 10, 336 b 10–26; De generatione animalium IV 10, 777 b 16–778 a 9. Aristoteles erklärt, daß sich Entstehen und Vergehen bei den verschiedenen Arten von Lebewesen, besonders auch die unterschiedliche Dauer der Lebensphasen, nach Himmelsperioden richten: bei manchen sei ein Jahr (Sonnenumlauf), bei anderen eine kürzere oder längere Periode das Zeitmaß. Die Differenzierung ergebe sich aus den verschiedenen Graden materieller Konkretisierung. »Wegen der Unbestimmtheit der Hyle« sei die Wirkung der kosmischen Zeitperioden auf die irdischen Lebensprozesse nicht exakt. Vgl. H. Happ, Hyle. Studien zum aristotelischen Materie-Begriff, Berlin 1971, 505–512 (Die Einwirkung der Sterne auf den sublunaren Bereich).

Ein ganz anderes, viel verständlicheres Bild ergibt sich, wenn man den beiden Zahlen nicht Jahre, sondern Tage zugrundelegt.[55] Damit erhalten die Zahlen eine menschliche Größenordnung: 10000 Tage sind etwa 27,5 Jahre, 7500 Tage etwa 20,5 Jahre.

Es ist nicht schwer, den so verstandenen Zahlen einen plausiblen sachlichen Sinn zuzuschreiben. Denn nun bietet es sich an, die zwei »Harmonien« des Textes, was schon bei den antiken Erklärern gelegentlich gefordert wird,[56] auf den Unterschied der Lebensphasen von Mann und Frau zu beziehen. Es ergibt sich, wie man sieht, die folgende Abmessung von Lebensperioden:

	Erster Zyklus	Zweiter Zyklus	Dritter Zyklus
Mann	bis 10.000 Tage bis etwa 27,5 Jahre	10.000 bis 20.000 Tage etwa 27,5 bis 55 Jahre	20.000 bis 30.000 Tage etwa 55 bis 82,5 Jahre
Frau	bis 7.500 Tage bis etwa 20,5 Jahre	7.500 bis 15.000 Tage etwa 20,5 bis 41 Jahre	15.000 bis 22.500 Tage etwa 41 bis 61,5 Jahre

Die ermittelten Zahlen führen also zu der Vorstellung, daß das menschliche Leben – bei Mann und Frau verschieden – durch einen regelmäßigen zeitlichen Zyklus in drei | (bei der Frau insgesamt wohl vier) 72
Hauptabschnitte eingeteilt wird. Der Sache nach kann man dabei gut annehmen, daß der zweite Abschnitt bei Mann und Frau für die Zeugung von Nachkommen günstig, die Zeit davor und danach ungünstig sein soll.

Diese Deutung findet eine entscheidende Stütze bei Platon selbst. Im fünften Buch der ›Politeia‹ (V 460 D–461 B) hat Sokrates schon vorläufig über das Zeugungsalter von Mann und Frau gesprochen. Es sei sehr wichtig, hieß es dort, daß Kinder nur während der vollen körperlichen und seelischen Reife der Eltern (σώματός τε καὶ φρονήσεως ἀκμή) gezeugt werden. Die günstige Phase daure beim Mann etwa 30, bei der Frau etwa 20 Jahre lang, und zwar beim Mann ungefähr von 25 bis 55, bei der Frau ungefähr von 20 bis 40. Diese Angaben stimmen mit den Zahlen, die wir aus der Musenrede gewonnen haben (27,5 bis 55 für den Mann und 20,5 bis 41 für die Frau), so auffallend überein, daß ein Zufall ausgeschlossen sein dürfte und unsere Interpretation soweit als platonisch gelten kann. Die geringen Unterschiede erklären sich daraus, daß das, was vorher nur vage und empirisch-ungenau behauptet worden war, nun im achten Buch präzisiert und theoretisch begründet wird.

In mehrfacher Hinsicht sind die Zahlen der Musenrede exakter und verbindlicher. (a) Sokrates rechnet grob nach Jahren, die Musen messen

55 Dies liegt auch deswegen nahe, weil die »Tyrannenzahl« im neunten Buch der ›Politeia‹ (IX 587 D–588 A) ebenfalls nach Tagen – genauer: nach Tagen und Nächten – berechnet wird: $9^3 = 729 = 2 \cdot 364{,}5$.

56 Vgl. o. Seite 418 zu Nikolaos und Magnos.

nach Tagen. (b) Die runden Zahlen sind hier und dort anders zu verstehen: Im fünften Buch werden Erfahrungswerte angegeben;[57] im achten Buch sind die Zeiten mit mathematischer Genauigkeit zueinander in Beziehung gesetzt und aus reinen, idealen Gesetzmäßigkeiten hergeleitet. (c) Erst in der Rede der Musen wird klar, daß den Lebensabschnitten ein Zyklus zugrundeliegt: eine bestimmte Periode, die das Leben in gleichmäßige Phasen einteilt. (d) Die 10000 Tage des Mannes sind nach der Zahlenbeschreibung der Musen zusammengesetzt aus 6400 und 3600 Tagen; das sind etwa 17,5 und 10 Jahre. Für die Frau ist eine entsprechende Aufteilung in etwa 12 und 8,5 Jahre vorausgesetzt. Vielleicht kommt auch diesen Teileinheiten eine bestimmte biologische Bedeutung zu.[58]

Da die beiden Harmonien der Musenrede nicht nur zwei verschiedene Zeitperioden für Mann und Frau angeben, sondern besonders auch auf den zwischen ihnen bestehenden Logos (4 : 3) aufmerksam machen, ist ferner zu vermuten, daß die Herrscher bei den Hochzeiten auch die angemessene Altersproportion der jeweiligen Partner beachten müssen. Die Partner sollen doch wohl nicht nur je für sich in dem günstigen Lebensabschnitt stehen, sondern auch – etwa im Verhältnis 4 : 3 – altersmäßig aufeinander abgestimmt sein.[59] Dies würde, streng genommen, bedeuten, daß ein be-
73 |stimmtes Paar nur zu einem einzigen Zeitpunkt in die günstigste Konjunktion eintritt. Doch muß diese Ausdeutung, da der Text über einen solchen individuellen Kairos nichts sagt, hypothetisch bleiben.[60]

Jedenfalls ist als Zwischenergebnis festzuhalten, daß mit der »geometrischen Zahl« die für das Leben von Mann und Frau entscheidenden Zeitperioden angegeben sind. Nun wird aber diese Deutung dem Wortlaut und

57 Das 25. Lebensjahr des Mannes wird nicht direkt genannt, sondern, wie es scheint, mit einem Dichterzitat umschrieben: ἐπειδὰν τὴν ὀξυτάτην δρόμου ἀκμὴν παρῇ (460 E; vgl. J. Adam, Kommentar z.St.).

58 Im ersten Zyklus könnte für den Mann bei 17,5, für die Frau bei 12 Jahren der Beginn der körperlichen Reife angesetzt werden, ein Zeitpunkt, der dann noch um 10 bzw. 8,5 Jahre vom Beginn der vollen Akme getrennt wäre. Bei Hesiod, Erga 698 heißt es in diesem Sinne, die Frau solle im fünften Jahr nach Beginn der Reife heiraten.

59 Andere Bedingungen gelten, wenn die Hochzeitspartner nicht, wie im Idealstaat, wechseln, sondern eine feste eheliche Bindung eingehen, bei der die Akme-Phasen von Mann und Frau nach Möglichkeit zeitlich zusammenfallen sollen. Diese Ansicht ist in Platons ›Nomoi‹ vorausgesetzt und ebenso bei Aristoteles, der sich ausführlich darüber äußert (Pol. VII 16, 1334 b29–a35 und 35 b25–38). Der Unterschied zur ›Politeia‹ ist jedoch nicht groß, wenn in den ›Nomoi‹ gesagt wird, der Mann solle im Alter von 25 (oder 30) bis 35 Jahren, die Frau zwischen 16 (oder 18) und 20 Jahren heiraten (IV 721 B, VI 772 B, 785 B, VIII 833 D), und wenn Aristoteles empfiehlt, die Frau heirate am besten mit etwa 18 Jahren, der Mann erst mit etwa 37, und der Mann solle mit 54 oder 55(!) Jahren aufhören, Kinder zu zeugen.

60 In zwei späteren Werken legt Platon großen Wert darauf, daß zwischen den Ehepartnern eine individuelle »Symmetrie« besteht, die dort freilich nicht zeitlich gemeint ist. Im ›Politikos‹ (310 A–E) und in den ›Nomoi‹ (VI 772 D–774 A) fordert er als entscheidende Bedingung für gute Nachkommenschaft, daß bei der Eheschließung ein proportionaler Ausgleich zwischen gegensätzlichen Eigenschaften wie Wagemut und Besonnenheit, Leidenschaftlichkeit und Nüchternheit herbeigeführt wird.

den sachlichen Intentionen der Musenrede noch nicht ganz gerecht. Manches spricht dafür, daß bei den Hochzeiten nicht nur das individuelle Lebensalter der Partner, sondern auch ein objektiver Zeitpunkt im Ablauf eines naturgegebenen, astronomisch feststellbaren Zyklus beachtet werden soll.

(a) Die Formulierung »wenn Umschwünge kreisförmige Umläufe mit den einzelnen Wesen verknüpfen« (546 A ὅταν περιτροπαὶ ἑκάστοις κύκλων περιφορὰς συνάπτωσιν) besagt doch wohl, daß ein Zusammenhang besteht zwischen den Zyklen am Himmel und den biologischen Zyklen auf der Erde.

(b) Schon aus vorplatonischer Zeit, unter anderem aus dem hippokratischen Schrifttum, sind uns Beobachtungen und Spekulationen über Zusammenhänge zwischen kosmischen und biologischen Zeitperioden bekannt. Die Musenrede Platons steht, worauf hier nur kurz hingewiesen sei, in dieser Tradition.[61]

(c) Im fünften Buch der ›Politeia‹ (V 461 AB) wird mit größtem Nachdruck gefordert, daß die Kinder nicht nur von Eltern stammen, die im richtigen Alter stehen, sondern daß sie auch an den von den Herrschern angeordneten kultischen Festen, an denen die ganze Polis opfert und betet, gezeugt werden.

(d) Bei den Pflanzen und Tieren, von denen die Musen zunächst sprechen (546 A), ist leicht zu sehen, daß der individuelle Lebensablauf in eine objektive kosmische Zeitperiode eingeformt ist, nämlich in den durch die Sonne regulierten Jahreslauf. Eine solche Entsprechung ist der Sache nach auch für den menschlichen Zyklus, der | eine Anzahl von Sonnenjahren 74
umfassen soll, zu erwarten. Die Übereinstimmung kann dabei freilich nicht in der Gleichzeitigkeit des Ablaufs, sondern nur in der Gleichheit des Zeitmaßes liegen – wie dies im kleinen beim monatlichen Zyklus der Frau zu beobachten ist.

(e) Würde es sich nur um die passenden Lebensalter handeln, so wäre nicht zu verstehen, weshalb die Regenten nicht stets fähig sein sollten, diese einfachen Zahlen, die administrativ leicht feststellbar sind (vgl. Politeia V 461 D), praktisch anzuwenden. Die Schwierigkeit, die den Fehler im Lauf der Zeit unvermeidlich macht, liegt offenbar auch nicht in der theoretischen Herleitung der richtigen Zahlen, sondern vor allem in der Unsicherheit der empirischen Wahrnehmung. Nach dem Text Platons bezieht sich die verhängnisvolle Unkenntnis nicht auf die »geometrische Zahl« selbst, sondern

61 Hier sei nur erinnert an die Studie von F. Boll, Die Lebensalter (1913), wieder abgedruckt in: Kleine Schriften zur Sternkunde des Altertums, Leipzig 1950, 156–224, das Buch von Ch. Mugler, Deux thèmes de la cosmologie grecque. Devenir cyclique et pluralité des mondes, Paris 1953 (Études et Commentaires 17) und die reiche Literatur zu der pseudohippokratischen Schrift ›De hebdomadibus‹ (zuletzt J. Mansfeld, The Pseudo-Hippocratic Tract Περὶ ἑβδομάδων Ch. 1–11 and Greek Philosophy, Assen 1971). Auf Aristoteles ist schon o. Seite 434 hingewiesen worden.

auf den Unterschied von »guten und schlechten Zeugungen« (εὐγονίαι τε καὶ ἀφορίαι, ἀμείνονές τε καὶ χείρονες γενέσεις); und ausdrücklich wird gesagt, die Herrschenden könnten das Richtige nicht immer durch das mit sinnlicher Wahrnehmung verbundene Denken (λογισμῷ μετ' αἰσθήσεως) feststellen. Nun sagt Platon öfters in bezug auf die Himmelsbewegungen und andere Phänomene, es sei schwierig oder unmöglich, die allgemeinen Seinsgesetze, deren Gültigkeit rein theoretisch einzusehen ist, im Blick auf die Erscheinungen der Sinnenwelt klar nachzuweisen.[62] Für die »Hochzeitszahl« heißt dies doch wohl: Es ist nicht möglich, die astronomischen Bedingungen, die für die menschlichen Lebenszyklen maßgebend sind, durch Himmelsbeobachtung genau zu ermitteln, weil die Empirie grundsätzlich keine Exaktheit zuläßt.

Welche speziellen Himmelsbewegungen es nach Platons Ansicht sind, nach deren Rhythmus die Hochzeitsfeste im Idealstaat angesetzt werden sollen, läßt sich schwer sagen. Vielleicht wollte er damit nur eine Hypothese aufstellen, deren Verifizierung durch astronomische Untersuchungen zunächst noch ausstand. Vermutlich dachte er im besonderen an den Schaltzyklus, in dem Tage, Monate und Jahre zusammen aufgehen, also an einen Zyklus, wie ihn der Astronom Meton von Athen einigermaßen genau auf 19 Sonnenjahre berechnete (beginnend mit dem Jahr 432 v. Chr., anstelle der unpräzisen Oktaeteris des griechischen Kalenders). Nach dem Zyklus Metons, den spätere Astronomen mit der Annahme längerer Perioden zu verbessern suchten, wird bis heute die kirchliche Osterfestberechnung vorgenommen. In Platons Idealstaat sollten die Herrscher, wenn wir die Musenrede recht verstehen, nach einem derart objektiv gegebenen Zyklus, der auch den Verlauf des menschlichen Lebens periodisch regelt, die Tage für die kultischen Vermählungen festlegen. Weil aber diese Einformung der menschlichen Lebensprozesse in den kosmischen Rahmen wegen der Unzulänglichkeit der empirischen Wahrnehmung nicht mit exakter Präzision geschehen kann, deshalb ist der Idealstaat ungesichert und vergäng-
75 lich. |

Wenn die Erklärung soweit richtig ist, muß man sich jedenfalls nicht mehr den Kopf darüber zerbrechen, wie eine Weltperiode von Tausenden von Jahren für die Hochzeitsfeiern des Philosophenstaates maßgeblich sein kann. Es ist jedoch nicht ganz unberechtigt, wenn die Erklärer seit Aristoteles (Pol. V 12, 1316 a14-17) in der Rede der Musen den Gedanken angedeutet gefunden haben, die Entwicklung der Polis sei von einer großen kosmischen Zeitperiode abhängig. Die Musen sagen ja, daß auch für das »Göttlich-Er-

62 Über die Himmelsbewegungen und die musikalischen Intervalle: Politeia VII 529 B–530 B.531 A-C; über die Mischung und Entmischung der Farben: Timaios 68 B, D; über den postulierten Ausgleich der gegensätzlichen Eigenschaften von Mann und Frau in den Kindern: Nomoi VI 773 DE. – Das System der Himmelbewegungen ist in Politeia X (616 D – 617 C) immerhin so genau beschrieben, daß auf dieser Grundlage beinahe eine Berechnung von Konstellationen und Schaltzyklen möglich ist.

zeugte«, den Kosmos, eine bestimmte »Umlaufszeit« anzunehmen sei. Der Platonleser erinnert sich dabei an die Welt- und Geschichtsperioden, von denen in späteren Dialogen die Rede ist. Im Mythos des ›Politikos‹ (268 D-274E) werden zwei Weltzeitalter, eine Zeit der gleichbleibenden Ordnung und eine Zeit zunehmender Differenzierung einander gegenübergestellt, freilich ohne daß über ihre Dauer etwas gesagt würde. Das »vollkommene Jahr« im ›Timaios‹ (39 D) dürfte mehrere Tausende von Jahren umfassen, doch wird auch hier von Platon keine genaue Zahl genannt.[63] Für die zwischen Urathen und dem gegenwärtigen Athen liegende Zeit werden 9000 Jahre angegeben, die durch drei Flutkatastrophen gegliedert sein sollen, also vielleicht aus kleineren Perioden zu je 3000 Jahren bestehen (Timaios 23 E, Kritias 111A, 112A).

So unsicher eine systematische Koordinierung dieser Angaben sein mag[64] und so unbestimmt die Umlaufszeit oder Lebensperiode des Kosmos bleibt, stellt uns der Hinweis auf das »Göttlich-Erzeugte« in der Ansprache der Musen doch vor eine zweifache Ursache des Polisschicksals, und es ist zu fragen, wie beides zusammenwirkt: auf der einen Seite die alles umfassende Weltentwicklung, auf der anderen Seite das Erkennen und Tun des Menschen, der die richtige Lebensordnung einhält oder verfehlt. Schon die antiken Erklärer[65] haben hier die Antinomie von allgemeiner Schicksalsnotwendigkeit und menschlicher Entscheidungsfreiheit angedeutet gefunden, für die Platon, so oft er sich darauf einläßt, keine logische Auflösung an die Hand gibt.[66]

Zusammenhänge zwischen der Verantwortung des einzelnen Menschen und dem Weltgeschick im großen sind durchaus vorstellbar. So ist einerseits anzunehmen, daß beim Menschen, anders als bei Pflanzen und Tieren, die Sorge um die Nachkommenschaft ein bewußtes Entscheiden verlangt und daß der Mensch im Lauf der geschicht- | lichen Entwicklung 76
die für sein Leben wichtigen Ordnungen allmählich immer klarer und prinzipieller zu erkennen vermag. Andererseits könnte diese Erkenntnis aber auch im Lauf der Zeit immer schwerer zu erreichen sein, wenn nämlich die gesamte Weltordnung, wie dies im Politikos-Mythos geschildert wird, mehr

63 Wahrscheinlich nach Aristoteles (Protreptikos, Fr. 19 Ross) nennt Cicero für das »Große Jahr« die Zahl von 12954 Sonnenjahren. Vgl. L. Zimmermann, Mus. Helv. 30, 1973, 179–183.

64 Grundsätzlich kann man wohl damit rechnen, daß bei Platon die zeitlichen Zyklen des (diesseitigen und jenseitigen) Lebens der Seele, der Polis und des Kosmos systematisch aufeinander bezogen sind. Für den Kreislauf der Seele werden in der ›Politeia‹ (X 615 A) und im ›Phaidros‹ (249 A) 1000 Jahre angegeben. – Neuere Literatur hierzu: Verf., Platons Ungeschriebene Lehre, Stuttgart 1963 (^{2}1968) 205–289 m. Anm.; H.-D. Voigtländer, Archiv f. Gesch. d. Philos. 45, 1963, 75–79; H. Herter, Urathen der Idealstaat, in: Politeia und res publica, Palingenesia 4, Wiesbaden 1969, 108–134; J. Bollack, Mythische Deutung und Deutung des Mythos, in: Terror und Spiel. Probleme der Mythenrezeption, Poetik und Hermeneutik 4, München 1971, 67–119 (bes. 81–93).

65 Vgl. Proklos 9.

66 Dazu jetzt O. Gigon, Der Begriff der Freiheit in der Antike, Gymnasium 80, 1973, 8–56, bes. 38.

und mehr aus den Fugen geriete und eine sichere Orientierung immer weniger zuließe. Aber Platon führt diese Zusammenhänge nicht systematisch aus; und durch solche Überlegungen wird die grundsätzliche Antinomie von Notwendigkeit und Freiheit noch längst nicht aufgehoben.

V Mathematik und Ontologie

Mit allen bisherigen Erläuterungen ist wohl noch nicht ganz einsehbar geworden, weshalb Platon die »geometrische Zahl«, die sich doch genau ermitteln und in ihrem sachlichen Sinn als menschliche Lebensperiode erfassen ließ, auf so geheimnisvolle Weise verschlüsselt und umspielt. Um dies zu verstehen, muß man bedenken, daß Platon in der Rede der Musen eine Frage von prinzipieller Bedeutung behandelt. Die Frage nach dem Anfang des politischen Zerfalls kann ja letztlich nur beantwortet werden, wenn sie auf den Gegensatz von Gut und Schlecht überhaupt, auf die ersten Ursachen von Ordnung und Unordnung zurückverfolgt wird. Demgemäß stellt Platon hier die Zahl, die den menschlichen Lebenszyklus regeln soll, in einen weiterreichenden Begründungszusammenhang. Ja, das Maß dieser Zeitperiode ist ihm, wie es scheint, deshalb so wichtig, weil an diesem Sachverhalt beispielhaft gezeigt werden kann, daß im Grunde die Zahl über alles entscheidet: Man sieht hier, wie durch zeitlich abgezirkelte Bewegungen die Wirkung der Zahl in die Welt der Erscheinungen hinein vermittelt wird, so daß auch die konkreten Lebensprozesse zahlenmäßig geordnet sind.

Durch die Umständlichkeit, mit der die »geometrische Zahl« hergeleitet wird, deutet Platon also an, daß sich in der Periodizität des menschlich-politischen Lebens eine alles umfassende Weltordnung manifestiert, deren Verbindlichkeit nicht durch empirische Erfahrung, sondern nur durch die theoretische Vernunft festgestellt werden kann. Fragt man genauer nach den allgemeingültigen ontologischen Voraussetzungen, die in der Beschreibung der Zahl sichtbar werden, so wird man auf zwei hier vorkommende mathematische Sachverhalte aufmerksam, die bei Platon von modellhafter Bedeutung für die Seinserkenntnis sind: (1) das eine ist die dimensionale Entfaltung bis hin zum Körperlichen, (2) das andere der Gegensatz von Rationalität und Irrationalität.[67] | 77

(1) Mit einigem Recht bemerkt Proklos, hier in der ›Politeia‹ habe Platon das Gemeinsame aller mathematischen Disziplinen umrissen.[68] Durch

67 Daß es sich um so elementare mathematische Phänomene handelt, macht die Stelle für den Mathematikhistoriker ziemlich uninteressant. Vgl. Sir Thomas Heath, A History of Greek Mathematics, Oxford 1921, I 305: »The whole thing is mystic rather than mathematical, and is expressed in rhapsodic language, veiling by fanciful phraseology a few simple mathematical conceptions.« Das Wesentliche ist für Platon in der Tat die ontologische Signifikanz der einfachen mathematischen Sachverhalte.

68 Proklos, In prim. Eucl. 8,12–20 Friedlein; auf dieser Überzeugung beruht auch die Anlage seines Kommentars.

den Zeitaspekt spielt die Astronomie, durch den Begriff der Harmonie und anderes die Musiktheorie mit herein. Am wichtigsten sind aber doch die geometrischen Disziplinen: Planimetrie und Stereometrie.

Im siebenten Buch der ›Politeia‹ hat Platon den Gedanken entwickelt, daß die Mathematik in ihrer Gesamtheit einen Vergewisserungsbereich für die philosophische Dialektik darstellt. Diese Modellfunktion kann die Mathematik aber nur übernehmen, wenn sie selbst systematisch ausgebaut ist. Deshalb fordert Platon so nachdrücklich die Einbeziehung und gründliche Erforschung der Stereometrie als derjenigen Wissenschaft, die sich mit dreidimensional-körperlichen Strukturen befaßt (VII 528 A–C).[69] Während die Mathematiker von sich aus »nicht begründen können, wozu dies nützlich ist«, weiß der Philosoph: ohne die Mitberücksichtigung der Stereometrie wäre die mathematische Grundlegung der allgemeinen Seins- und Prinzipienerkenntnis unvollständig. Nur wenn die Mathematik sämtliche Raumdimensionen erfaßt, kann die Dimensionenfolge mit ihren strukturellen Gesetzmäßigkeiten zu der gesamten Seinsstufung, die bis ins Körperlich-Sichtbare herabreicht, in Analogie gesetzt werden.

Von daher muß es als bedeutsam erscheinen, wenn die »geometrische Zahl«, wie aus dem ersten Satz der Beschreibung hervorgeht, die gesamte dimensionale Struktur von Länge, Breite und Tiefe einschließt und auf einer stereometrischen Proportion beruht. Daran zeigt sich, wenn wir recht sehen, grundsätzlich, daß die Zahlen sich auch noch in den Bereich des Körperlichen hinein ordnungstiftend auswirken.

(2) Der Gegensatz von Rationalität und Irrationalität hängt mit der dimensionalen Entfaltung eng zusammen. Irrationalität manifestiert sich als Inkommensurabilität von Linien, die Flächen und Körper begrenzen. Bei der Beschreibung der »geometrischen Zahl« wird auf dieses fundamentale mathematische Problem mehrfach hingewiesen, im ersten Satz unter stereometrischem, im zweiten unter planimetrischem Gesichtspunkt.

(a) Zunächst wird auf den Fall abgehoben, daß bei vier dreidimensionalen (kubischen und nicht-kubischen) Figuren, die proportional miteinander verbunden sind, in jeder Hinsicht rationale Verhältnisse auftreten (πάντα προσήγορα καὶ ῥητὰ ἀπέφηναν). Dies ist in der Tat nicht selbstverständlich; denn nur zwischen ähnlichen Körperzahlen, also insbesondere auch zwischen zwei Würfeln, gibt es zwei mittlere proportionale Zahlen (Euklid, Elem. VIII 12, 19, 21). Wenn es in jedem Fall möglich wäre, zwischen zwei Körperzahlen zwei mittlere Proportionalen in zahlenmäßiger

69 Platon spricht hier unverkennbar von Problemen, die ihn selbst beschäftigen. Wahrscheinlich sieht er sich selbst in der Rolle des ἐπιστάτης, der die Forschung organisiert und vorantreibt (528 B). Einzelne stereometrische Entdeckungen lagen damals bereits vor; schon Hippokrates von Chios hatte ja das Problem der Würfelverdoppelung auf das Problem der zwei mittleren Proportionalen zurückgeführt. Andererseits ist hier noch nichts zu bemerken von Theaitets systematischer Erfassung der regelmäßigen Körper. Vgl. Verf., a.O. (1963) 302.

78 Form einzufügen, wäre | das Problem der Würfelverdoppelung damals nicht zu einem zentralen Problem der Mathematik geworden.

(b) Das im zweiten Satz eingeführte Dreieck mit dem Seitenverhältnis 3 : 4 : 5 repräsentiert als einfachster Fall die seltene Ausnahme, daß im rechtwinkligen Dreieck alle Seiten bzw. im Rechteck Seiten und Diagonale rational sind. Die Umschreibung von 48 mit dem rationalen und irrationalen »Durchmesser der 5« setzt die Erkenntnis voraus, daß im Quadrat bei rationalen Seiten die Diagonale immer irrational ist und daß man also nur versuchen kann, diese irrationale Größe mit rationalen Annäherungswerten einzugrenzen. Außerdem wird hier auf den Unterschied zwischen Quadrat- und Rechteckzahlen hingewiesen, wobei es darauf ankommt, daß auch die Rechteckzahlen am pythagoreischen Dreieck geometrisch als Quadrate dargestellt und zueinander in Beziehung gesetzt werden können – nur daß dann die Seiten irrational sind. In diesem Sinne werden im ›Theaitet‹ (148AB) die irrationalen Wurzelzahlen als diejenigen Größen definiert, die in quadrierter Form eine Rechteckzahl ergeben. Wenn im ›Theaitet‹ hinzugefügt wird καὶ περὶ τὰ στερεὰ ἄλλο τοιοῦτον, so heißt dies: bei den Körperzahlen ist in gleicher Weise zwischen kubischen und nichtkubischen Fällen zu unterscheiden.

(c) Eigentlich ist es derselbe mathematische Sachverhalt, der dem ersten wie dem zweiten Satz des platonischen Textes zugrundeliegt. Am Beispiel der Zahlenfolge 27 : 36 : 48 : 64 (in der zwei Quadratzahlen und zwei Kubikzahlen vorkommen) wird für Flächen- und für Körperzahlen unterschieden zwischen solchen Zahlen, die sich in gleiche Zahlenfaktoren zerlegen lassen, und solchen, bei denen dies nicht möglich ist. Dieser Unterschied wird insofern als wesentlich angesehen, als in dem einen Fall bei quadratischer bzw. kubischer Darstellung rationale, in dem anderen irrationale Größen zutagetreten: Nicht-quadratische und nicht-kubische Zahlen lassen sich zwar geometrisch in gleichmäßiger Form, d.h. als Quadrate oder Kuben darstellen, aber nur unter Einbeziehung der Irrationalität.

	27	36	48	64
KÖRPERZHLEN (drei Faktoren)	kubisch ὁμοιούντων 3 · 3 · 3	nicht-kubisch ἀνομοιούντων (αὐξόντων) 3 · 3 · 4	nicht-kubisch ἀνομοιούντων (φθινόντων) 3 · 4 · 4	kubisch ὁμοιούντων 4 · 4 · 4
FLÄCHENZAHLEN (zwei Faktoren)	nicht-quadratisch προμήκης (3 · 9)	quadratisch ἴσον ἰσάκις (6 · 6)	nicht-quadratisch προμήκης (6 · 8)	quadratisch ἴσον ἰσάκις (8 · 8)

Der Unterschied zwischen quadratischen und nicht-quadratischen, kubischen und nicht-kubischen Zahlen verweist also auf den Gegensatz zwi-
79 schen Rationalität | und Irrationalität. Dieser Gegensatz bedeutet

allgemein, daß die Wirkung der Zahl auf räumliche Strukturen – Flächen und Körper – mehrfach abgestuft ist: in rationalen Größen manifestiert sich die Zahl direkt, in irrationalen Größen nur noch indirekt und schließlich gar nicht mehr. Eben dadurch aber wird der Gegensatz von Rationalität und Irrationalität für Platon ein wichtiges methodisches Paradigma zur Klärung von Seinsunterschieden. Denn die Nähe und Ferne zur Zahl ist bei Platon das Kriterium, nach dem er das Seiende zu gliedern versucht.

Daß das Problem der Irrationalität, verbunden mit dem der Dimensionenfolge, für Platon von allgemeiner ontologischer Bedeutung war, zeigt sich schon in einem früher als die ›Politeia‹ entstandenen Dialog wie dem ›Menon‹.[70] Später kommt dies besonders aufschlußreich in der ›Epinomis‹ zum Ausdruck, die Philippos von Opus in Platons Geist verfaßt hat. Es heißt dort in dem Abschnitt über die mathematischen Wissenschaften (990 CD): »Das Wichtigste und Erste ist die Wissenschaft von den Zahlen selbst – nicht von den Zahlen, die in Körpern konkretisiert sind, sondern vom Ungeraden und Geraden in seiner ganzen Entfaltung und Wirkung, die es für die Natur des Seienden hat. Ist dies verstanden, so schließt folgerichtig an, was lächerlicherweise als Geometrie (»Landmeßkunst«) bezeichnet wird, während sie doch offensichtlich darin besteht, die ihrer Natur nach zueinander nicht gleichmäßigen Zahlen gleichmäßig zu machen (τῶν οὐκ ὄντων ὁμοίων ἀλλήλοις φύσει ἀριθμῶν ὁμοίωσις) in Bezug auf den Bereich des Flächenhaften. Und dies erweist sich als ein nicht menschliches, sondern göttliches Wunder, wenn man es zu erkennen vermag. Danach hat man solche Zahlen zu studieren, die dreifach ausgedehnt und in ihrer körperlichen Natur gleichmäßig sind (τῇ στερεᾷ φύσει ὅμοιοι); diejenigen aber, die hier wiederum ungleichmäßig sind, macht eine andere Kunst auf diese Weise gleichmäßig (τοὺς ἀνομοίους ἑτέρα τέχνη ὁμοιοῖ ταύτῃ), und zwar diejenige, die von ihren Entdeckern als Stereometrie bezeichnet worden ist.«

Was die ›Epinomis‹ hier in der Aufeinanderfolge der Dimensionen als »wunderbar« hervorhebt, ist die mathematische Möglichkeit, ungleichmäßige Flächen- und Körperzahlen gleichmäßig zu machen. In einem engeren Sinne ist damit das Verfahren gemeint, nicht-quadratische Zahlen durch Auffindung der geometrischen Mitte quadratisch, nicht-kubische durch Konstruktion von zwei mittleren Proportionalen kubisch | darzustellen.[71] 80

70 Hierfür kann verwiesen werden auf: Verf., Platons Menon und die Akademie (1964), jetzt in: Das Problem der ungeschriebenen Lehre Platons, Darmstadt 1972, 329–393, in diesem Band Seite 373 ff. – Im ›Hippias maior‹ (den ich für echt halte) wird zur Verdeutlichung des Methexis-Problems – gesucht ist ein umfassendes καλόν, das die einzelnen καλά so in sich enthält, daß diese »Teile« sowohl an dem »Ganzen« partizipieren als auch wesensmäßig von ihm verschieden sind – darauf hingewiesen, daß zwei Größen je für sich irrational, zusammen aber (συναμφότερα) entweder irrational oder rational sein können (303 BC). Falls dabei an Addition gedacht ist, sind die Glieder der irrationalen Teilung einer rationalen Größe gemeint (z.B. Goldener Schnitt), falls aber an die Logos-Verbindung, muß ein Verhältnis wie $\sqrt{x} : \sqrt{2}$ gemeint sein. Dieser zweite Fall liegt an unserer Stelle in der ›Politeia‹ vor: die je für sich irrationalen Größen $\sqrt{48}$ und $\sqrt{27}$ verhalten sich zueinander wie 4 : 3.

In einem weiteren Sinne, den die Formulierung ὅμοιοι ἀλλήλοις nahelegt, handelt es sich um Zahlen, die im Verhältnis zueinander ähnlich oder unähnlich sind. Wie bei Euklid (Elem. VIII 18–21) zu lesen ist, sind Flächenzahlen nur dann ähnlich, wenn eine mittlere proportionale Zahl dazwischenliegt, Körperzahlen nur dann, wenn zwei mittlere proportionale Zahlen vorhanden sind. Sofern nun aber die Planimetrie und die Stereometrie lehren, zwischen beliebigen zahlenmäßigen Größen eine oder zwei mittlere Proportionalen zu konstruieren, kann man tatsächlich jedes Zahlenpaar, auch wenn es »von Natur« nicht ähnlich ist, durch geometrische Kunst in quadratische oder kubische Form bringen und damit ähnlich machen.[72]

Bei der Herleitung der »geometrischen Zahl« in der ›Politeia‹ wird, wie wir gesehen haben, auf eben diese Probleme angespielt. Zunächst werden hier die zwei gleichmäßigen (kubischen) Körperzahlen 27 und 64 samt den dazwischenliegenden proportionalen Zahlen 36 und 48 beschrieben. Dann erweisen sich diese vier Zahlen, als Flächenzahlen aufgefaßt, teils als ὅμοιοι (nämlich 36 und 64), teils als ἀνόμοιοι (nämlich 27 und 48), wobei die letzteren doch auch in quadratischer Form erscheinen, also auf geometrischem Wege zu ὅμοιοι gemacht sind. Die Frage, ob sich auch Körperzahlen in jedem Fall durch stereometrische Kunst gleichmäßig und ähnlich machen lassen, bleibt hier im Hintergrund. – Der allgemeinen ontologischen Bedeutung dieser mathematischen Denkformen soll im nächsten Abschnitt unter dem Gesichtspunkt der Differenzierung und Gegensätzlichkeit noch weiter nachgegangen werden.

VI Seinsbereiche und Prinzipien

Die ganze Rede läßt eine Abstufung verschiedener Seins- und Lebensbereiche erkennen. Auf allen Stufen wird, wenn wir die Musen recht verstehen, Ordnung durch Zahl, Maß und Proportion, Unordnung dagegen durch Irrationalität, Urimaß und Disproportion gestiftet.

(a) An der Spitze stehen die reinen Zahlen und Raumstrukturen. Schon in diesem Bereich tritt aber der Gegensatz von Rationalität und Irra-

71 Zur Konstruktion der geometrischen Mitte zwischen beliebigen Größen: Euklid, Elem. VI 13; zur Konstruktion der zwei mittleren Proportionalen: die bei I. Thomas, Greek Mathematics I, 1939, 256–309 abgedruckten Texte.

72 Dies ist die von den kompetentesten neueren Erklärem vertretene Interpretation des Epinomis-Textes. Vgl. schon O. Becker, Quellen u. Stud. z. Gesch. d. Mathem. B 4,1938,190–192. – Daß schon in vorplatonischer Zeit ein problemgeschichtlicher Zusammenhang bestand zwischen der Frage nach der einfachen und doppelten mittleren Proportionale, dem Interesse an ähnlichen Flächen und Körperzahlen und der Entdeckung der Irrationalität, betont Á. Szabó, Anfänge der griechischen Mathematik, München 1969, bes. 60–69. 127–130. 229–242 (vgl. dazu die kritische Besprechung von W. Burkert, Erasmus 23, 1971, 102–105).

tionalität auf, in dem das Spannungsverhältnis von Ordnung und Unordnung präformiert ist und mathematisch faßbar wird.

(b) Die durch die »geometrische Zahl« bemessene Zeitperiode macht paradig- | matisch sichtbar, wie die zahlenhaften Strukturen in den Bereich 81
der Erscheinungen hineinwirken. Die Vermittlung geschieht durch Bewegungsabläufe, die einem bestimmten Zeitmaß unterliegen.

(c) Beim Übergang von den reinen Formen zur Welt der Erscheinungen fällt der Seele eine entscheidende Rolle zu. Sie hat durch das Denken (λογισμός) und die sinnliche Wahrnehmung (αἴσθησις) an beiden Welten teil. Die Musen erklären, daß der Umschlag vom Guten in die Richtung zum Schlechten mit der ἄγνοια, der Erkenntnisunfähigkeit des Menschen beginnt, womit sie in bestimmter Weise die Maxime des Sokrates, daß keiner wissentlich Schlechtes tut, bestätigen.

(d) Die Fehlerquelle liegt offenbar weniger in der theoretischen Einsicht als in der Unschärfe der empirischen Wahrnehmung (αἴσθησις). Ihretwegen sind auch bei bester Begabung und Paideia in praktischen Situationen Mißgriffe nicht immer zu vermeiden. Vor allem hat auch das Verfehlen der eugenisch optimalen Zeitmomente verhängnisvolle Folgen.

(e) Die Minderung der Begabungssubstanz und die der Paideia bedingen sich gegenseitig. Die Paideia leidet zunächst darunter, daß die musische, geistige Bildung zu kurz kommt und das Verhältnis von Musik (zu der die Philosophie gehört: 548 B) und Gymnastik nicht mehr richtig ausgewogen ist.

(f) Die Ordnung der ganzen Polis wird erschüttert, wenn die gesellschaftlichen Schichten, die den Begabungsdifferenzen entsprechen müssen, unterschiedslos vermischt und nivelliert werden.

(g) Die auf die Musenrede folgende Darstellung der dekadenten Staats- und Lebensformen zeigt, wie sich die Skala weiter nach unten fortsetzt. Die affekthaften Begierden treten dabei immer stärker hervor, bis schließlich im Tyrannen, dem Prototyp des Unmaßes, das Extrem des Zerfalls sichtbar wird.

Daß die Proportionalität, die Platon als »geometrische Gleichheit« bezeichnet, nicht nur in der Mathematik, sondern überall in der Welt und gerade auch im politischen Leben entscheidend wichtig ist, steht schon im ›Gorgias‹ (508 A), wo Sokrates Kallikles entgegenhält: Die proportionale Ausgeglichenheit und Angemessenheit schaffe überall – bei Göttern und Menschen – Ordnung, Gemeinsamkeit und Freundschaft (κόσμος, κοινωνία, φιλία); wo sie vernachlässigt werde, seien Uneinigkeit und unrechtmäßige Übergriffe die Folge. Wie dies zu verstehen ist, wird in einem Abschnitt der ›Nomoi‹ (VI 756 E–758 A) näher ausgeführt. Platon hebt hier die geometrische Gleichheit von der bloß arithmetischen ab und erklärt: Man muß die richtige Mitte einhalten zwischen der monarchischen und der demokratischen Einseitigkeit, d.h. zwischen unproportionierter Ungleichheit und unproportionierter Gleichheit; die richtige, gerechte Mitte beruht auf der proportionalen Gleichheit von Leistung und Anerkennung, Arete und Macht.

Von dem Gedanken der »wahrsten und besten Gleichheit..., die dem Größeren mehr, dem Minderen weniger zuteilt, indem sie jedem von beiden das Angemessene gibt nach seiner Natur« (Nomoi VI 757 BC), ist die Rede der Musen ganz und gar beherrscht. Die Musen sprechen zunächst davon,
82 daß für jede Art von Pflanzen und | Tieren die Lebensperioden verknüpft, d.h. koordiniert sind mit bestimmten Himmelsumläufen und daß eine Proportion besteht zwischen der Gesamtdauer des Lebens und dem zeitlichen Zyklus, der das Leben periodisch gliedert (546 A βραχυβίοις μὲν βραχυπόρους, ἐναντίοις δὲ ἐναντίας). Dann führen sie die menschlichen Lebenszyklen auf mathematische Proportionen zurück (Grundverhältnis 4 : 3, zwei mittlere Proportionalen in einer Reihe von vier Körperzahlen, harmonische Fügung der Quadrate am rechtwinkligen Dreieck). Sodann muß bei der Paideia die richtige Proportion von Musik und Gymnastik gewahrt bleiben. Und bei der Ständegliederung in der Polis darf, wie die Musen schließlich sagen, die Wertproportion von Gold, Silber, Kupfer und Eisen nicht durcheinandergebracht werden.

Indem hier also Ordnung auf Zahl, Maß und Proportion, Unordnung auf das Gegenteil zurückgeführt wird, erfährt die Wirkungsweise der »Idee des Guten«, die von Sokrates als Ursache des Seins, der Arete und der Erkenntnis aufgezeigt worden war, eine Präzisierung durch mathematische Begriffe; und zugleich wird hier nun die dem Guten entgegengesetzte Ursache des Nichtseins, des Schlechten, des Nichterkennens genauer in den Blick gerückt, von der man bis dahin noch kaum etwas vernommen hat. Die Rede der Musen läßt somit etwas erkennen von Platons Versuchen, die Realität auf zwei gegensätzliche Prinzipien zurückzuführen und diese mit Hilfe der Mathematik exakt und allgemeingültig zu beschreiben.[73]

Freilich taucht damit auch hier das schwierigste Problem der platonischen Philosophie auf, die Frage, wie die beiden Ursachen (von denen in der Schule Platons die eine als ἕν, die andere als ἀόριστος δυάς oder μέγα καὶ μικρόν bezeichnet worden ist) letzten Endes aufeinander bezogen sind. Ist die Unordnung nur eine Folge der Defizienz des Agathon-Prinzips, dessen Wirkung sich nicht überall hin erstreckt, oder gibt es ein eigenständiges, dem Guten aktiv entgegenwirkendes Prinzip der κακία? Es sind dies verschiedene Aspekte, die Platon, soviel wir wissen, nebeneinander stehen

73 So viel läßt sich wohl antworten auf die Frage von H. Gundert (Dialog und Dialektik. Zur Struktur des platonischen Dialogs, Amsterdam 1971, 85), ob anzunehmen sei, »daß der Dialektik der Politeia die Lehre von den beiden Prinzipien »Eins« und »unbestimmte Zweiheit« zugrunde läge.« Das Agathon der ›Politeia‹ hat besonders H. J. Krämer überzeugend vom ἕν-Prinzip der Akademie her erklärt: Über den Zusammenhang von Prinzipienlehre und Dialektik bei Platon. Zur Definition des Dialektikers: Politeia 534 B–C, Philol. 110, 1966, 35–70 (auch in: Das Problem der ungeschriebenen Lehre Platons, Darmstadt 1972, 394–448).

läßt, weil keiner allein dem fundamentalen Problem gerecht wird.[74] Auch hier in der ›Politeia‹ bleibt die Frage in der Schwebe.

(a) Unter monistischem Gesichtspunkt könnte man etwa sagen: Der Einfluß der Zahl, die überall Arete und Ordnung begründet, schwächt sich in mehreren Stufen allmählich ab. Der Anfang der Unordnung ist schon in der mathematischen Irrationalität zu sehen, die aber zunächst immer noch durch Maß und Proportion aufgefangen wird. In der menschlichen Welt geht die zahlenhafte Ordnung vor allem dadurch verloren, daß sie im Blick auf die Erscheinungen nicht mehr klar zu erkennen ist. | 83

(b) Unter dualistischem Gesichtspunkt wäre zu erklären: Alle Erscheinungsweisen der Unordnung – Platon nennt hier (547 A) ἀνομοιότης, ἀνωμαλία ἀνάρμοστος, πόλεμος καὶ ἔχθρα, στάσις – entspringen einem gemeinsamen Urgrund, der dem Prinzip der Einheit dynamisch entgegenwirkt. Ordnung schlägt dort in Unordnung um, und Unordnung wandelt sich dort in Ordnung, wo die Vorherrschaft von dem einen zum anderen Prinzip übergeht. Das »Gegenprinzip« macht sich anfänglich, wo das Ordnungsprinzip noch dominiert, in der dimensionalen Entfaltung und in der geometrischen Irrationalität schon elementar bemerkbar; und es gewinnt dann durch die Zersetzung von Maß und Proportion im Bereich des Werdens und Vergehens, der sinnlichen Wahrnehmung und Begehrlichkeit, der räumlichen und materiellen Körperlichkeit immer mehr Macht.

Die platonische Musenrede erinnert, so verstanden, an die pythagoreische Gegensatztheorie, die Aristoteles im ersten Buch der ›Metaphysik‹ (A 5, 986 a22–26) erwähnt. Nach dieser Theorie verhält sich das Gute zum Schlechten (ἀγαθόν : κακόν) unter anderem wie Begrenztheit zu Unbegrenztheit (πέρας : ἄπειρον), Quadrat zu Rechteck (τετράγωνον : ἑτερόμηκες), Männliches zu Weiblichem (ἄρρεν : θῆλυ). Was etwa das letzte Gegensatzpaar angeht, so ist ja aus unserer Politeia-Stelle zu ersehen, daß das männliche Zeitmaß auf einer gleichmäßigen (quadratischen), das weibliche auf einer ungleichmäßigen (rechteckigen) Fügung beruhen soll und daß also (was ja auch aus anderen Platonstellen hervorgeht) das Ordnungsprinzip in der weiblichen Natur schwächer wirksam sein soll als in der männlichen. Aber für Platon bleiben doch alle einfachen Gegenüberstellungen, wie diese pythagoreische Systoichie, zu grob, weil er nicht so sehr in Antithesen als vielmehr in graduellen Übergängen zwischen polar aufeinander bezogenen Positionen denkt.[75] Für ihn gibt es aufgrund dieses Spannungsverhältnisses eine Stufenfolge des Seienden, in der sich Ordnung immer wieder neu realisieren kann und in der andererseits auch die Unordnung, mindestens als Tendenz, immer schon mit am Werk ist.

74 Vgl. J. Wippern, Einleitung zu: Das Problem der ungeschriebenen Lehre Platons, Darmstadt 1972, XXV–XXVIII.

75 Deswegen ist es auch allzu einseitig, wenn bei den antiken Erklärem zuweilen (vgl. Proklos 21f.; 25, 22–25) die beiden »Harmonien« der Musenrede so unterschieden werden, als ob die eine nur das Gute, die andere nur das Schlechte vertreten und bewirken würde.

VII Zusammenfassende Schlußbemerkung

Die damit zu einem Abschluß gekommene Untersuchung hat die Probleme der Musenrede von engeren in weitere Gesichtskreise hinein verfolgt. Dabei sind im wesentlichen die folgenden Ergebnisse erzielt worden.

(1) Durch eine genaue sprachliche Erklärung des Textes hat sich die »geometrische Zahl« mit, wie ich meine, hinlänglicher Sicherheit ermitteln lassen. Die schon bei den antiken Erklärern begegnenden Zahlen 10000 und 7500 haben sich in dem Sinne als richtig erwiesen, daß Platon insgesamt die Zahl 10000 intendiert und sagen will, daß in dieser Zahl nach bestimmten geometrischen Verhältnissen andere Zahlen – vor allem auch die Zahl 7500
84 – enthalten sind. |

(2) Zugleich ist, wenn ich mich nicht täusche, über den sachlichen Sinn der »geometrischen Zahl« Klarheit erreicht worden. Was schon im fünften Buch der ›Politeia‹ vorläufig skizziert worden war, wird von Platon hier im Rahmen einer allgemeinen Theorie der Lebenszyklen nach bestimmten mathematischen Gesetzmäßigkeiten präzisiert und tiefer fundiert. Die Hochzeitspartner dürfen aus eugenischen Gründen nur während der Akme-Phase ihres Lebens zusammenkommen; die Dauer der Akme ist für Mann und Frau je durch einen bestimmten zeitlichen Zyklus geregelt; und das Zeitmaß der biologischen Zyklen ist durch eine entsprechende Umlaufszeit am Himmel objektiv begründet, nach der wiederum der Kairos für die kultischen Hochzeitsfeiern zu erkunden ist.

(3) Die über diesen einfachen sachlichen Sinn hinausgehenden Angaben zur Struktur der Hochzeitszahl dienen, wie sich uns ergeben hat, nicht einer künstlichen Verschleierung, sondern eröffnen im Zusammenhang der ganzen Musenrede einen weiteren, letzten Problemhorizont. Das Thema der Rede, der Anfang der Entzweiung im Idealstaat, führt mit sachlicher Notwendigkeit auf die Frage nach dem Ursprung von Ordnung und Unordnung überhaupt. Im Hinblick darauf ist es bedeutungsvoll, daß bei der Herleitung der »geometrischen Zahl« schon im Bereich der reinen Raumstrukturen eine Spannung zwischen zahlenmäßiger Proportionalität auf der einen und Irrationalität auf der anderen Seite zum Vorschein gebracht wird. Dies kann so ausgelegt werden, daß in allen Seins- und Lebensbereichen die Zahl als Ursache der Ordnung wirkt, während Unordnung überall dort aufkommt, wo die Zahl von der Disproportion und vom Unmaß verdrängt wird. In der menschlich-politischen Welt nimmt dieser Prozeß dadurch seinen Anfang, daß die zahlenmäßige Bedingtheit der Lebensfunktionen nicht klar genug erkannt wird, was dann Fehlentscheidungen und eine immer weiter um sich greifende Verschlechterung zur Folge hat.

Die Vielfalt der Sachaspekte und die dichte Verflechtung der gedanklichen Motive, die für das Kernproblem der Musenrede in Betracht zu ziehen sind, machen es erklärlich, daß Platon hier σπουδή und παιδιά so unauflöslich zusammenspannt. Unsere Erwartung hat sich bestätigt: auch hier ist das »Spiel« die Ausdrucksform gerade dafür, daß eine Frage von ernstester Bedeutsamkeit erörtert wird. Man kann hier wie sonst bei Platon Ernst und Spiel nicht scharf auseinanderhalten, ohne den Sinn seiner Darstellung zu zerstören. Wahrscheinlich gilt dies, bei graduellen Unterschieden, auch noch für die mündlichen Vorträge und Diskussionen in der Schule.[76] Vielleicht aber läßt sich abschließend noch einmal verdeutlichen, weshalb Platon die Gegenstände höchster philosophischer σπουδή nicht ohne die παιδιά der Musen zur Sprache bringt. | 85

Platon ist gewiß ernsthaft überzeugt, daß die verschiedenen mathematischen Disziplinen auf gemeinsamen Gesetzmäßigkeiten beruhen, die wiederum in der allgemeinen Seinsordnung begründet sind. Er sucht also auf mathematischem Wege nach einer »Weltformel«, in der die Strukturgesetze der einzelnen Gegenstandsbereiche koinzidieren und die Normen für alle Lebensgebiete, auch für die politische Ordnung, beschlossen sind. Aber er will wohl nicht behaupten, die Grundstruktur schon genau zu kennen. Auch muß er die Übereinstimmung der speziell mathematischen Gesetzmäßigkeiten mit der allgemeinen Weltordnung als problematisch angesehen haben, weil ja das Mathematische mit dem Seienden insgesamt nicht identisch ist.

Platon glaubt sicherlich auch, daß die Seinsordnung im Grunde auf Zahlen und Zahlenverhältnissen beruht, die sich ins Zeitliche und Räumliche hinein auswirken. Aber er sieht auch, daß es schwierig, wenn nicht gar unmöglich ist, das Zusammenwirken von Einheit und Vielheit mit zahlenmäßiger Genauigkeit in die empirische Welt und die menschlichen Lebensvorgänge hinein zu verfolgen. Die Gesetzmäßigkeiten, die in reiner Form theoretisch erkennbar sein mögen, lassen sich nach seiner Ansicht im Bereich der wechselnden Erscheinungen nur noch hypothetisch und unexakt wahrnehmen.

Platon ist überzeugt, daß das Gute allgemein als Ordnung, Harmonie und Eintracht – der Seele wie der Polis im ganzen – zu verstehen ist. In der Rede der Musen stellt er dazuhin die Frage nach der Ursache der Unordnung und Zwietracht, also nach dem »Gegenprinzip« zur Idee des Guten. Aber gerade dieses »zweite Prinzip« entzieht sich offenbar einer festen gedanklichen Eingrenzung und läßt sich in seiner Vieldeutigkeit nur indirekt von verschiedenen Seiten her andeuten.[77] Die Frage, ob es eher – monistisch

76 Ziemlich sicher hat Platon die Frage nach dem Nicht-Guten, das Hauptproblem der Musenrede, ebenso wie die »Idee des Guten« schon zur Zeit der ›Politeia‹ innerhalb der Schule mündlich mit größerer methodischer Strenge behandelt (vgl. H. J. Krämer, Ἐπέκεινα τῆς οὐσίας. Zu Platon, Politeia 509 B, Archiv f. Gesch. d. Philos. 51, 1969, 1–30). Es ist bekanntlich auch die Schriftlichkeit der Darstellung, die ihm bei prinzipiellen Problemen im literarischen Dialog eine besondere Zurückhaltung auferlegt. Aber auch im akademischen Unterricht dürfte Platon keine dogmatisch einfachen, definitiven Lösungen vorgetragen haben.

– durch das Nichtsein des Guten oder – dualistisch – als eigenmächtige Geginstanz zu begreifen ist, bleibt unentschieden. In der Antinomie des Prinzipiengegensatzes wurzeln, wie es scheint, auch die existenziellen Probleme, die Platon hier nur umschreibt, etwa das Paradoxon, daß die Notwendigkeit der Weltentwicklung die Freiheit des Menschen zu eigener Entscheidung nicht aufzuheben vermag. – Zu alledem weiß man heute, 2400 Jahre nach Platons Geburt, unendlich viel mehr mit wissenschaftlicher Sicherheit zu sagen. Aber weiß man es wirklich besser?

77 Vgl. dazu jetzt auch H. Gundert, »Perspektivische Täuschung« bei Platon und die Prinzipienlehre, in: Zetesis, Festschr. f. È. de Strycker, Antwerpen - Utrecht 1973, 80–97 (bes. 85f. 97).

Platons Farbenlehre (1965)

I

Die Frage, wie die Farben zu erklären seien, ist mit der Erinnerung an Goethe und Newton in das Bewußtsein der neueren Zeit eingegangen. Für uns Heutige scheint jener Konflikt freilich einigermaßen geschlichtet zu sein. Unter den verschiedenen Ansichten, so wird man etwa sagen, hat jede zu ihrem Teil recht, weil eben das, was wir als Farbe ansprechen, mehrere ganz verschiedene Aspekte aufweist, die denn auch von allen möglichen Wissenschaften nach verschiedenen Methoden behandelt werden. Die exakt-naturwissenschaftliche Erforschung der Farben hat uns, auf der von Newton gewiesenen Bahn weiterschreitend, immer deutlicher gezeigt, daß in den Farben der atomare Aufbau der Dinge sinnlich wahrnehmbar wird. Und ebenso ist heute in technischer, physiologischer, ästhetischer, sprachlicher, psychologischer und symbolischer Hinsicht eine Fülle von Erfahrung und Wissen über die Farben gesammelt – auch in historischem Rückblick auf die Antike.[1] Gerade wegen der Vielfalt der Wissensaspekte und Erlebnismöglichkeiten wird man hier aber auch immer wieder neu vor die beunruhigend schwierige Frage nach einer umfassenden Ordnung und nach dem eigentlichen Wesen der Erscheinungen geführt. Daher gilt das Beispiel der Farbenwelt nach wie vor als ein Musterfall, an dem sich das problematische Verhältnis von Philosophie und Einzelwissenschaften, menschlichem Wissen und Nichtwissen studieren läßt.[2]

1 Im Bereich des Griechischen ist besonders die sprachliche und stilistische Seite des Problems neuerdings mehrfach untersucht worden; vgl. die von H.J. Mette, Lustrum 1, 1956, 34f. verzeichneten Arbeiten und zuletzt: W. Capelle, Farbenbezeichnungen bei Theophrast, Rhein. Mus. 101, 1958, 1–41; R. D'Avino, La visione del colore nella terminologia greca, Ricerche Linguistiche 4, 1958, 99–134; J. Werner, Blauer Himmel bei Homer? Forsch. u. Fortschr. 33, 1959, 311–316; G. Reiter, Die griechischen Bezeichnungen der Farben Weiß, Grau und Braun, 1962 (Commentationes Aenipontanae 16); H. Girrer, Purpur, Glotta 42, 1964, 39–69. Ch. Mugler, Dictionnaire historique de la terminologie optique des Grecs, Paris 1964 (Études et Commentaires, 53).

2 Beispielsweise: H. Conrad-Martius, Farben, Husserl-Festschrift 1929, 339–370 (Ergänzungsband z. Jahrb. f. Philos. u. Phänomenol. Forschung); W. Heisenberg, Die Goethesche und die Newtonsche Farbenlehre im Licht der modernen Physik (Vortrag 1941); C.F. Frh. v. Weizsäcker, Über einige Begriffe aus der Naturwissenschaft Goethes, Festschr. f. R. Böhringer, 1957, 617–711 (auch in: Die Tragweite der Wissenschaft I, 1964, 222–243); E. Heimen-Dahl, Licht und Farbe – Ordnung und Funktion der Farbwelt, 1961.

In diesem Sinne können wir – wie schon Goethe in seiner ›Geschichte der Farbenlehre‹ – das Problem zurückverfolgen bis zu den Griechen und besonders zu Platon. An vielen Stellen in den platonischen Dialogen wird bedeutsam von den Farben gesprochen, sei es in mehr spielerischem Vergleich oder in streng sachlicher Darlegung. Platon hat offenbar, wie ein kurzer Überblick vorläufig zeigen mag, auf die Stellung der Farben im Ganzen der Seinsordnung sehr bewußt geachtet.

Schon im ›Menon‹ (76 DE) erklärt Sokrates, wenn wir seine Andeutungen recht verstehen, man könne wohl – wie Empedokles – die Auffassung vertreten, Farbe sei ein »dem Gesichtssinn angemessener Abfluß von den Dingen«; aber eigentlich begreifbar würden uns die Erscheinungen
174 doch erst durch das Zurück- | führen auf einfache Formen und Gesetzmäßigkeiten, wie es die mathematische Betrachtungsweise ermögliche.[3]

Im ›Phaidon‹ (110 B–E) ist dann bildhaft-mythisch von den Farben die Rede. Wir Menschen leben, heißt es da, in einer unreinen Atmosphäre, in der die Farben nur getrübt zu sehen sind. Über dem Bereich, in dem wir wohnen, gibt es jedoch eine Welt, in der die Farben »leuchtender« und »reiner« sind als bei uns.[4]

Im ›Symposion‹ (211 E) erfährt man: Das Schöne selbst, auf das sich unser Streben letzten Endes richtet, ist rein und unvermischt und ohne das verwirrend wechselhafte Spiel der Farben, das wir vielleicht zunächst als schön empfinden.

In der ›Politeia‹ vergleicht Platon die richtige Ordnung der menschlichen Seele und des Staates mit einem farbigen Gemälde. Wie der Maler im Hinblick auf das reale Vorbild seine Farben mischt und verteilt, so muß auch der nach der Areté strebende Mensch, um die einzelnen Sitten und Gewohnheiten gut »zusammenmischen« zu können, den Blick auf das göttliche Paradeigma in der Ideenwelt richten (VI 500 C – 501 C).

Weiter in der ›Politeia‹. Wie das Auge, um die Farben sehen zu können, des Lichts der Sonne bedarf, so ist die Seele, um das Wahre erkennen zu können, auf eine übergeordnete Ursache angewiesen, die »Idee des Guten« (VI 507 D – 509 A). – Die sinnliche Lust (Hedoné) verhält sich zur rein geistigen wie das bloß gemalte, perspektivisch verzerrte Abbild zum wahrhaft Seienden oder wie die vielfältigbunte Mischung zur reinen Farbe, wie unrei-

3 Die Begriffe χρῶμα und σχῆμα, die bei Platon öfters zusammen vorkommen (Gorg. 474 E, Phaidon 100 D, Politeia V 476 B, VI 501 AB, Krat. 423 D, Theait. 156 E [?], Soph. 235 DE, 251 A, Polit. 277 BC, Phileb. 12 E, 51 CD, Phaidros 247 C, Nomoi II 668 Ef., Epist. VII 342 D) werden im ›Menon‹ definitorisch aufeinander bezogen. Wenn dabei σχῆμα einerseits als notwendige Voraussetzung für χρῶμα und andererseits als πέρας στερεοῦ bestimmt wird, so ist der Begriff χρῶμα hier bereits in den Zusammenhang der Dimensionenreihe gestellt, der im ›Timaios‹ für die Farbentheorie von fundamentaler Bedeutung ist. Vgl. hierzu auch: Verf., Platons Menon und die Akademie, Archiv f. Gesch. d. Philos. 46, 1964, 241–292 (in diesem Band Seite 353ff.).

4 Ähnlich auch Politeia X 616 B: die Himmelsachse als Lichtsäule, vergleichbar dem Regenbogen, nur »leuchtender und reiner«; Phaidros 250 B–D: die überirdische Schönheit (der Ideen) erstrahlt »in reinem Glanz« (aber ohne Farben, 247 C).

nes, vermischtes Weiß zu reinem Weiß (IX 585 B – 586 BC).[5] – Überhaupt ist die sinnliche Wahrnehmung der Farben ein Beispiel dafür, daß wir uns leicht täuschen lassen, wenn wir nicht die Erscheinungen im Denken durch Zählen und Messen auf unveränderliche Normen zurückführen (X 601 A, 602 D–E).

Der ›Kratylos‹ (424 B – 425 B) setzt anscheinend den von Demokrit unternommenen Versuch voraus, die unendlich vielen sichtbaren Farben aus wenigen Grundfarben und diese aus gewissen quantitativ-strukturellen Eigenschaften der Atome herzuleiten. Man kann, sagt Sokrates hier, den Aufbau der Sprache, nämlich das Verhältnis von Buchstaben (Stoicheia), Silben und ganzen Wörtern oder Sätzen, anhand der Unterscheidung von Grundfarben, Mischfarben und bunter Gesamterscheinung verdeutlichen. Die eigentliche Erklärung der Dinge ist freilich, wie auch aus diesem Dialog im ganzen hervorgehen soll, nur im Blick auf übersinnliche Ursachen oder Ideen möglich.

Im ›Theaitet‹ (153 D – 154 B, 156 A – 157 A, 182 AB) erscheint das Beispiel der Farben besonders unter erkenntnistheoretischem Gesichtspunkt, und zwar im Zusammenhang einer »Lehre«, nach der alles von Bewegung (Kinesis) abhängig ist. Farben sind, wie hier erklärt wird, nicht als an sich (καθ᾽ αὑτά) vorhandene Eigenschaften der Dinge zu verstehen; vielmehr entsteht der Eindruck »Weiß« oder »Schwarz« wie jede Sinnesempfindung durch eine kinetische Wechselbeziehung (καθ᾽ αὑτά) zwischen einem Objekt und einem Subjekt oder zwischen einem Aktiv-Einwirkenden und einem Passiv-Erfahrenden. So aber – als Bewegung und | Relation – ist die Farbe 175
immerhin auch, wie Platon zu verstehen gibt, einbezogen in das allgemeine Spannungsverhältnis von Einheit und Vielheit, das mathematisch und dialektisch genauer untersucht werden kann.

Der ›Philebos‹ (51 B–D) führt weiter zu der etwas überraschenden Erklärung, daß es Farben gibt, die nicht nur relativ (πρὸς ἕτερον), sondern an sich (καθ᾽ αὑτά) schön sind und reine Hedoné bereiten.

In der großen Kosmologie des ›Timaios‹ aber wird das Problem der Farben selbst zum Gegenstand einer ausführlichen Untersuchung und Darstellung gemacht (67 C – 68 D). Ist in der Fülle der Farbphänomene, so wird hier gefragt, eine bestimmte Ordnung zu erkennen? Gerade an den Farben –

5 Ein Zusammenhang zwischen der hier erwähnten perspektivischen Illusion in der Malerei (σκιαγραφία) und der Farbmischung ist darin zu erkennen, daß farbliche Abstufung das Mittel für räumliche Effekte ist. Andererseits wechselt auch der Farbeindruck je nach dem Blickwinkel des Betrachters und je nach der Richtung des Lichteinfalls (vgl. Ps.-Aristoteles, De color. 792 a 21ff., 793 b 13ff.: Meer und Vogelfedern). – Vgl. hierzu und über Platons Verhältnis zur Malerei seiner Zeit: B. Schweitzer, Platon und die bildende Kunst der Griechen, 1953 (Die Gestalt, 25), bes. 20, 82–8. Nach der späteren biographischen Überlieferung soll Platon in seiner Jugend auch bei den Malern in die Schule gegangen sein – eine Angabe, die offenbar aus der Stelle über die Farbmischung im ›Timaios‹, auf die sich die Biographen berufen, herausgelesen ist (Olympiodor, In Platon. Alcib., p. 3; Anonymus, Prolegomena, p. 7 Westerink).

dem Hauptbeispiel[6] für den bunten Wechsel, die unbestimmte Vielheit, den täuschenden Schein und Reiz der Sinnenwelt – mußte sich zeigen, wie weit das platonische Programm, überall Gesetz, Maß und Zahl am Werk zu finden und damit dem Göttlichen und Guten auf die Spur zu kommen, durchführbar sei.[7]

Besonders der Abschnitt über die Farben im ›Timaios‹ soll nun in dem hier vorgelegten Beitrag genauer interpretiert werden. Der Inhalt dieses platonischen Textes berührt sich eng mit mehreren von Wolfgang Schadewaldt grundlegend behandelten Themen: Weltmodell der Griechen, Eudoxos von Knidos, Natur und Technik, Geschichte der Humanitätsidee, Goethe und die Antike. Und zugleich kommt ihm auch im Zusammenhang mit einigen Fragen der gegenwärtigen Platonforschung eine bisher noch nicht genügend ausgewertete Bedeutung zu.

Bezeichnenderweise ist die »Farbenlehre« Platons seit Goethe nur noch in speziellem Rahmen beachtet worden.[8] Dies ist einmal damit zu erklären, daß uns die Ansicht Platons über die physikalische Entstehung der Farben etwas ausgefallen vorkommen mag. Und zum anderen scheint gerade der Abschnitt im ›Timaios‹, da sich Platon hier offenbar eng an frühere Denker anlehnt, wenig Eigenes zu bieten. Bei genauerem Zusehen ist es jedoch durchaus möglich, die Eigenart und den Sinn der platonischen Dar-

6 Häufig bezeichnet der Begriff »Farbe« in den platonischen Dialogen den »bloßen Schein«, und zwar unter mehreren Bedeutungsaspekten: optische Sinnestäuschung, verändertes Abbild (Politeia X 602 CD, Soph. 235 DE); verführerischer Reiz (Politeia X 601 AB); oberflächlicher, äußerer Eindruck (Politeia V 476 B, 480 A, X 586 BC, Sympos. 211 E, Politikos 277 C); Unechtheit, künstliche Färbung (Lys. 217 C, Gorg. 465 B, Krat. 394 A, Phaidr. 239 D, Nomoi VIII 847 C) ; Relativität und Subjektivität (Pol. X 585 A, Theait. 153 D - 157 A, 182 AB, Tim. 50 A). – Wahrscheinlich spielt auch mit, daß χρῶμα sprachlich mit »Berührung« und »Befleckung« (χραίνειν, χρῴζειν) zusammenhängt (vgl. Nomoi XI 917 B). – Auf eine signifikante Bedeutung der Farben in der Natur wird dagegen nur ausnahmsweise geachtet, so Politeia X 616 E–617 A: die Farben der Planeten (dazu J. Bidez, Eos ou Platon et l'Orient, 1945, Anh. I, 1–18); Timaios 82 E–83 C: die verschiedenen Arten der Galle (schwarz, rot, grün, gelb).

7 In der Komposition der Timaios-Rede ist der Abschnitt über die Farben auch durch die Stellung hervorgehoben. Er bildet den Schluß des mittleren Teils, in dem vor allem die Lehre von den Atomen entwickelt wird. Unmittelbar darauf folgt eine grundsätzliche Erklärung zum Verhältnis von Nus und Anánke in ihrer Bedeutung für die menschliche Erkenntnis und Eudaimonie (68 E–69 A).

8 C. Prantl, Aristoteles über die Farben – erläutert durch eine Übersicht über die Farbenlehre der Alten, München 1849 (reiche Materialsammlung); E. Veckenstedt, Geschichte der griechischen Farbenlehre, Paderborn 1888 (grundlegend für die sprachlichen Probleme); W. Kranz, Die ältesten Farbenlehren der Griechen, Hermes 47, 1912, 126–140 (zu Empedokles, Demokrit und Platon); H. Lackenbacher, Beiträge zur antiken Optik, Wiener Stud. 35, 1913, 34–61 (bes. 57–61); A.E. Taylor, A Commentary on Plato's Timaeus, 1928, 479–491; F. M. Cornford, Plato's Cosmology, 1937, 276–8 (nicht über Taylor hinausführend). – Die jüngste Erklärung zu der Farbentheorie des ›Timaios‹ stammt von W. Bröcker (Platos Gespräche, 1964, 518): »Aus dem verschiedenen Verhältnis der vom gesehenen Ding ausgehenden Teilchen … sucht Plato die Verschiedenheit der Farben abzuleiten. Das ist im einzelnen ohne philosophische Bedeutung.«

stellung zu erkennen – sowohl im Vergleich mit den sonstigen Farbentheorien der Griechen als auch im größeren Ganzen der platonischen Philosophie.

Zuvor sei noch kurz daran erinnert, daß Goethe, der ja bei seinen Untersuchungen zur Farbenlehre auch die gesamte Geschichte des Problems aufgearbeitet hat, sich hier mit kaum einem anderen Vorgänger so sehr verbunden fühlte wie mit Platon. Was er schon bei Platon klar und richtig ausgesprochen fand, ist zum einen, daß die Farbenvielfalt aus dem Gegensatz von Hell und Dunkel hervorgeht (und nicht etwa, wie Newton erklärte, im weißen Licht enthalten ist), und zum anderen der Gedanke einer wesensmäßigen Übereinstimmung von Auge und Licht oder Subjekt und Objekt des Sehens.[9] So beruft er sich auf Platon etwa auch am Schluß des spielerisch-polemischen Gedichts, wo es heißt:[10] | 176

Einheit ewigen Lichts zu spalten,
Müssen wir für töricht halten,
Wenn euch Irrtum schon genügt.[11]
Hell und Dunkel, Licht und Schatten,
Weiß man klüglich sie zu gatten,
Ist das Farbenreich besiegt.
…
Im eignen Auge schaue mit Lust,
Was Plato von Anbeginn gewußt;

9 Goethe, Schriften zur Farbenlehre, zitiert nach: Gesamtausgabe der Werke und Schriften in zweiundzwanzig Bänden, Cotta (Stuttgart), Bd. 21, 1959 und 22,1 963 (hier = C.A. 21. 22). – über die Vorwegnahme eigener Erkenntnisse bei Platon sagt Goethe: »Meine Farbenlehre ist auch nicht durchaus neu. Plato, Leonardo da Vinci und viele andere Treffliche haben im einzelnen vor mir dasselbige gefunden und gesagt …« (Eckermann, 16.12.1828, Gespräche IV 51). »Es ist viel mehr schon entdeckt als man glaubt. Da die Gegenstände durch die Ansichten der Menschen erst aus dem Nichts hervorgehoben werden, so kehren sie, wenn sich die Ansichten verlieren, auch wieder ins Nichts zurück: Rundung der Erde, Platos Bläue« (Maximen und Reflexionen 1148; dazu speziell C.A. 21, 566: »Aristoteles ... kennt so gut als Plato die Wirkung des trüben Mittels zur Hervorbringung des Blauen«). Zu dem Abschnitt über die Farben im ›Timaios‹ erklärt Goethe (C.A. 21, 564): »Noch willkommener tritt uns bei Plato jede vorige Denkweise gereinigt und erhöht entgegen ... Hier finden wir die Poren, das Innere, das dem Äußeren antwortet, wie beim Empedokles, nur geistiger und mächtiger; aber was vor allem ausdrücklich zu bemerken ist, er kennt den Hauptpunkt der ganzen Farben- und Lichtschattenlehre; denn er sagt uns: durch das Weiße werde das Gesicht entbunden, durch das Schwarze gesammelt. Wir mögen anstatt der griechischen Worte συγκρίνειν und διακρίνειν in anderen Sprachen setzen was wir wollen ..., so finden wir keinen so geistig-körperlichen Ausdruck für das Pulsieren, in welchem sich Leben und Empfinden ausspricht. Übrigens sind die griechischen Ausdrücke Kunstworte, welche bei mehreren Gelegenheiten vorkommen, wodurch sich ihre Bedeutsamkeit jedesmal vermehrt.« Vgl. zu Synkrisis und Diakrisis auch: Max. u. Refl. 1079.

10 Zahme Xenien VI; andere Fassung der Schlußverse in Zahme Xenien VIII (aus dem Nachlaß): »... Betrachte das nur recht mit Lust, / Was Plato von Hell und Dunkel gewußt, / Der, wie uns gegenwärtig klar, / Unter Philosophen keine Katze war.«

11 Goethe meint offenbar, in dem Vorgehen Newtons zeige sich etwas noch übleres als bloß »Irrtum«, wobei er sich mit der Ansicht Platons berührt, der am Schluß des Farbenabschnitts im ›Timaios‹ erklärt, es stehe dem Menschen nicht zu, die göttliche Naturordnung durch irgendwelche Versuche wie auf der Folter zu befragen.

Denn das ist der Natur Gehalt,
Daß außen gilt, was innen galt.

II

Wir zitieren den Textabschnitt über die Farben aus dem ›Timaios‹ (67 C – 68 D) nach der Übersetzung Goethes (die nur, wo es der Gedanke Platons verlangt, gelegentlich ergänzt oder modifiziert ist).[12]

Übrigens gibt es (außer Geschmack, Geruch und Gehör) noch eine vierte Art Empfindbares (γένος αἰσθητικόν), die wir abzuhandeln [einzuteilen, διελέσθαι] haben, welche aus vielen Mannigfaltigkeiten besteht. Diese werden von uns sämtlich ›Farben‹ (χρόαι) genannt, eine Flamme (φλόξ), die von jedem Körper ausfließt (ἀπορρέουσα) und solche Teile hat, die sich zum Sinn des Gesichts (ὄψις) dergestalt verhalten (σύμμετρα), daß sie von ihm empfunden werden können.[13]
Was das Gesicht betrifft, von dessen Ursprung [Entstehungsursachen] haben wir oben (45 B – 47 C) geredet, und nun ziemt es sich auch die Farben kürzlich abzuhandeln [nun dürfte es am meisten angemessen (εἰκός) und geziemend sein (πρέποι ἄν), über die Farben in wohlgemessener Rede (ἐπιεικεῖ λόγῳ) folgendes auszuführen].
Was von jenen Teilchen dergestalt herangebracht wird, daß es ins Gesicht fällt, ist entweder *kleiner* (ἐλάττον) oder *größer* (μείζω) als die Teile des Gesichts [als die eigenen Teilchen des Sehstrahls], oder ihnen völlig gleich (ἴσα). Das Gleiche wird nicht empfunden, deshalb wir es ›durchsichtig‹ (διαφανῆ) nennen. Durch das Kleine(re) hingegen wird das Gesicht entbunden [auseinandergetrennt, διακρίνειν], durch das Größere gesammelt [zusammengefügt, συγκρίνειν],[14] und beide sind mit dem Warmen und Kalten, das auf die Haut, mit dem Sauern, das auf die Zunge wirkt, mit dem Hitzigen, das wir auch ›bitter‹ [scharf] nennen, verschwistert (ἀδελφά). – Durch Weiß (λευκόν) und Schwarz (μέλαν) entstehen eben solche Wirkungen, aber
177 als | Erscheinungen für einen andern Sinn, jedoch aus denselben Ursachen.[15] Daher läßt sich behaupten: durch das Weiße werde das Gesicht entbunden, durch das Schwarze hingegen

12 Goethe, Zur Farbenlehre, Historischer Teil, C.A. 21, 489/91. – Goethe benützte die Ausgabe der ›Societas Bipontina‹, deren neunter Band den ›Timaios‹ enthält (Platonis philosophi quae exstant graece ... cum Marsilii Ficini interpretatione ..., Vol. IX, Biponti 1786). Diesen Band hatte Goethe in den Jahren 1801–1803 aus der Weimarer Bibliothek entliehen. Erhalten ist ein Autographon, das den griechischen Text des übersetzten Abschnitts aus dem ›Timaios‹ in der Handschrift Goethes zeigt (Goethe- und Schiller-Archiv Weimar). Die modernen Ausgaben (Burnet 1902, Rivaud 1925) haben im wesentlichen den gleichen griechischen Text wie die von Goethe benützte, mit lateinischer Übersetzung versehene Bipontina-Edition. Nur an einer Stelle ist die Abweichung für den Sinn wichtig (67 D 2). Goethe las: τὰ φερόμενα ἀπὸ τῶν ἄλλων μορίων … (lateinisch: Quae ab aliis delata partibus …), und übersetzte: »Was von jenen Teilen dergestalt herangebracht wird ...«. Die bessere, heute allgemein angenommene Lesart (cod. A) lautet: τὰ φερόμενα … μορία = die Teilchen (Atome), die sich von den anderen Dingen herbewegen ….

13 Zu πρὸς αἴσθησιν erklärt Ch. Mugler (Rev. Ét. Gr. 69, 1956, 28–4), nach platonischer ›Etymologie‹ (vgl. Tim. 43 C) sei hier an εἴσθησις (von εἰσθέω, eindringen) zu denken (Übersetzung: »afin de pouvoir y entrer«).

14 Bei Goethe versehentlich umgekehrt: »Durch das Kleine wird das Gesicht gesammelt ...«.

15 Oder genauer: »Das Weiße und das Schwarze, die durch die Einwirkung jener (größeren und kleineren Teilchen) zustandekommen, sind also in einem anderen (Wahrnehmungs-) Bereich dasselbe (wie Warm und Kalt), nur daß sie eine andere Erscheinung hervorrufen aufgrund der angegebenen Ursachen (nämlich weil sie nicht für Haut und Zunge, sondern nur für das Sehorgan ›symmetrisch‹ sind).«

gesammelt [was den Sehstrahl auseinandertrennt ist ›weiß‹, das Entgegengesetzte ist ›schwarz‹].
Ein *lebhafter(er) Trieb* [ein rascherer, schärferer Strahl, ὀξυτέρα φορά] aber und eine Art andern Feuers dringt gegen die Augen[16] und entbindet gleichfalls das Gesicht, und indem er die Gänge (διεξόδους) der Augäpfel mit Gewalt durchdringt und schmelzt, wird ein feuriges Wasser (πῦρ καὶ ὕδωρ) häufig [impulsiv] vergossen, das wir ›Träne‹ heißen. Jener Trieb aber ... (trifft, selbst Feuer, von der Gegenrichtung her darauf). Wenn nun das innere Feuer herausstürzt wie ein Blitzstrahl, indem das äußre eindringt und in der Feuchtigkeit verlischt, werden wir durch die bei solcher gegenseitigen Wirkung (ἐν τῇ κυκήσει ταύτῃ) entstandenen Farben (der verschiedensten Art, παντοδαπά) geblendet, und dasjenige, wovon sich die Wirkung herschreibt, nennen wir ›leuchtend‹ (λαμπρόν) oder ›glänzend‹ (στίλβον).
Eine mittlere Art Feuer hingegen, die zu der Augenfeuchte gelangt und sich damit verbindet, bringt zwar keinen Glanz hervor, weil jedoch die Feuchtigkeit sich mit dem Leuchten des Feuers vereinigt, entsteht eine Blutfarbe, welche man ›Rot‹ (ἐρυθρόν) nennt [der durch die Nässe strahlende Schein des beigemischten Feuers weist die Farbe des Blutes auf, und wir geben ihm den Namen ›Rot‹].
Das Leuchtende ferner mit Rot und Weiß vermischt erzeugt das Gelbe (ξανθόν).

Nach welchem Maße aber solches entstehe (ὅσον μέτρον ὅσοις), würde jemand, selbst wenn er es verstünde (εἴ τις εἰδείη) zu sagen (vernünftigerweise) nicht unternehmen (οὐ νοῦν ἔχει τὸ λέγειν), weil er weder das Notwendige [eine strenge Gesetzmäßigkeit] noch das Wahrscheinliche [die abbildhaft-angemessene Erklärung] davon einigermaßen auszuführen im Stande wäre (ὧν μήτε τινὰ ἀνάγκην μήτε τὸν εἰκότα λόγον καὶ μετρίως ἄν τις εἰπεῖν εἴη δυνατός).

Rot mit Schwarz und Weiß vermischt gibt die Purpurfarbe (ἁλουργόν). – Wenn diese Mischung eine Verbrennung erleidet, so daß das Schwarze überwiegend wird, entsteht das Orphi(n)on.[17] – Das Braunrote (πυρρόν) entsteht, wenn Gelb und Grau, das Graue (φαιόν) hingegen, wenn Weiß und Schwarz gemischt werden. – Aus Weiß und Gelb entsteht das Blasse (ὠχρόν). – Wenn das Glänzende mit dem Weißen zusammentritt und auf reines Schwarz fällt, dann wird die (dunkel-)blaue Farbe (κυανοῦν) vollendet. (Dunkel-)Blau mit Weiß macht Hellblau (γλαυκόν). – Braunrot und Schwarz Lauchfarbe [Dunkelgrün, πράσιον]. | 178
Hieraus sind denn auch die übrigen gewissermaßen offenbar und durch was für ähnliche Mischungen sie hervorgebracht werden ...[18] ⟨so daß die abbildhaft-angemessene Darstellung erhalten bleibt (διασῴζοι τὸν εἰκότα μῦθον)⟩.
Wenn aber einer durch Untersuchungen praktisch (ἔργῳ) die Probe darauf machen will (βάσανον λαμβάνοι), so fehlt ihm die Erkenntnis des Unterschieds zwischen der *menschlichen* und *göttlichen* Natur (φύσις). Denn Gott ist reich genug an Wissen und Vermögen, um das Viele zu Einem zusammenzumischen (τὰ πολλὰ εἰς ἓν συγκεραννύναι) und wieder Eines in Vieles aufzulösen (διαλύειν); von den Menschen aber ist keiner zu einem von beidem hinreichend fähig, weder jetzt noch jemals in Zukunft.

Platon beschreibt also zuerst die Entstehung von vier Grundfarben (Weiß, Schwarz, Glänzend, Rot) und dann deren Mischung zu einer Reihe von wei-

16 Goethe: »... dringt von innen gegen die Augen«; daher auch im folgenden Satz: »jener Trieb aber ist ein Feuer, das dem äußern begegnet«.

17 Das Farbwort ὄρφινον läßt sich nicht eindeutig übersetzen. Goethe fügt hinzu: »ein leuchtend feurig Schwarz«. An anderer Stelle bemerkt er (C.A. 21,168): »... eine schöne violette Farbe, welche die Eigenschaften eines Rauchtopases, das Orphninon eines verbrannten Purpurs, wie sich die Alten ausdrücken, dem Auge darstellt.« G. Reiter, a.O. 14 Anm. 1 denkt an ein dunkles Rot. Ähnliche Schwierigkeiten ergeben sich bekanntlich bei fast allen Farbbezeichnungen; z.B. schwankt das hier folgende ὠχρόν für unsere Begriffe zwischen ›gelb‹ und ›bleich‹.

teren Farben (Gelb bis Dunkelgrün). Die Beschreibung der Mischfarben wird unterbrochen und abgeschlossen durch zwei betont ausgesprochene Erklärungen, die offenbar der Absicht dienen, das Vorgetragene methodisch abzugrenzen und mögliche Mißverständnisse fernzuhalten. – Für die Voraussetzung, daß der Sehvorgang allgemein auf einem Zusammenwirken von äußerem und innerem ›Feuer‹ (Lichtstrahl und Sehstrahl) beruht, wird auf eine frühere Stelle des Dialogs (45 B – 47 C) zurückverwiesen.[19]

Stellen wir nun zunächst die Frage, was Platon hier von früheren Denkern übernommen hat. Darüber gibt uns vor allem die doxographische Schrift Theophrasts ›De sensibus‹ (Περὶ αἰσθήσεων) recht genau Auskunft. Schon Theophrast selbst bemerkt bei seinem problemgeschichtlichen Überblick, die Farbenwahrnehmung habe Platon (im ›Timaios‹) ziemlich gleich erklärt wie Empedokles.[20] Denn wenn Platon beim Sehen eine ›Symmetrie‹ zwischen Licht und Gesichtssinn voraussetze, so stimme dies mit der Auffassung des Empedokles überein, der an ein ›Hineinpassen‹ (ἐναρμόττειν) der von den Dingen ausstrahlenden Teilchen in die Gänge des Auges (πόροι) gedacht habe. In der Tat läßt sich sagen, daß Platon einige Vorstellungen mit Empe-

18 Hier endet die Übersetzung Goethes.
Der Erläuterung bedürfen besonders die Worte: αἷς ἂν ἀφομοιούμενα μείξεσιν διασῴζοι τὸν εἰκότα μῦθον. Wahrscheinlich ist nicht nur gemeint, daß die übrigen Farben durch ›ähnliche‹ Mischungen erklärt werden können wie diejenigen, die zum Exempel behandelt worden sind. Vielmehr ist daran zu denken, daß man eine sichtbar in Erscheinung tretende Farbe durch die Angabe ihrer Mischungskomponenten (theoretisch) ›nachahmen‹ kann. Diese ›Abbildung‹ soll – im Sinne des εἰκὼς μῦθος – zwischen den allgemeinen, prinzipiellen Voraussetzungen (Atomstruktur, Ableitung der vier Grundfarben) und den einzelnen, sinnlich wahrnehmbaren Gegebenheiten vermitteln. Die im Logos aufgestellten, grundlegenden ›Hypothesen‹ sollen bei der Einzelerklärung möglichst weitgehend ›durchgehalten‹ werden, indem man von der anderen Seite her die Phänomene darauf bezieht und entsprechend ›nachbildet‹ (s. u. Abschn. VI und u. Anm. 94). Zu vergleichen sind die methodischen Anweisungen in der ps.-aristotelischen Schrift ›De coloribus‹ (792 a 30 – b 32).

19 Dort findet sich auch der Grundsatz: *Gleiches wird durch Gleiches erkannt* (45 C, ὅμοιον πρὸς ὅμοιον, vgl. dazu u. Abschn. III). Vgl. auch Epist. VII 343 E–344 B: συγγένεια von ψυχή und πρᾶγμα, als »Sehvermögen« (Auge-Licht); Politeia VI u. VII. – Dieser Gedanke hat, vermittelt durch Plotin (Enn. I 6,9; dort vielleicht auch Einfluß des Poseidonios, vgl. Sext. Empir. VII 93), Goethe zu dem Gedicht »Wär' nicht das Auge sonnenhaft ...« inspiriert (C.A. 21, 26f.; vgl. L. Weniger, Neue Jahrb. 39, 1917, 238–253; Ueberweg–Prächter I 12–14, 96; C.W. Müller, Gleiches zu Gleichem, Klass. phil. Studien 31, 1965, 6f.). Zu der Vorstellung einer ›Synaugie‹ von äußerem und innerem Licht: A.E. Haas, Antike Lichttheorien, Archiv f. Gesch. d. Philos. 20, NF 13, 1907, 345–86 (bes. 372–5). Auch beim Hören nimmt Platon ein Zusammenwirken von äußeren und inneren Bewegungen an (Timaios 80 AB). Vgl. allgemein auch Theaitet 156 B–D: ὁμόγονον, συγγενές, σύμμετρον. Zu der alten und weit verbreiteten Annahme einer Verwandtschaft zwischen Auge und leuchtendem Gestirn: H. Hommel, Mikrokosmos, Rhein. Mus. 92, 1943, 56–89 (bes. 60–3, 67ff.).

20 Theophrast, De sensibus 91.
Die Schrift Theophrasts ist, soweit erhalten, zusammenhängend herausgegeben von H. Diels, Doxographi Graeci, 1879 (Nachdr. 1958), p. 497–527, und G. M. Stratton, Theophrastus and the Greek physiological psychology before Aristotle, London 1917 (mit Übersetzung und Erklärungen). – Stratton (a.O. 53, 60f.) hat mit Recht bemerkt, daß Theophrasts Kritik besonders gegenüber Platon unzulänglich bleibt.

dokles gemein hat: (a) den Gedanken, daß die von außen kommenden ›Abflüsse‹ mit dem Feuer des Auges zusammenwirken, (b) die Annahme von ›Durchgängen‹ im Auge, (c) Weiß und Schwarz oder Hell und Dunkel als Hauptgegensatz.[21]

Im übrigen aber hält sich Platon offenbar mehr noch an Demokrit, der in einer besonderen Schrift (Περὶ χροῶν) eine atomistische Erklärung der Farben gegeben hatte. Demokrit führte die Verschiedenheit der Farben, wie auch alle anderen Sinnesqualitäten, auf Unterschiede der Form und Lagerung der Atome zurück. Die Empfindung ›*Weiß*‹ (λευκόν), so erklärte er, entsteht dadurch, daß sich die Atome glatt und gleichmäßig zusammenfügen (λεῖον, ὅμοιον): je glatter und gleichmäßiger, um so heller und leuchtender der Eindruck. ›*Schwarz*‹ (μέλαν) dagegen sehe man bei rauher und ungleichmäßiger Zusammensetzung (τραχύ, σκαληνόν, | ἀνόμοιον). Die Wahrneh- 179
mung ›*Rot*‹ (ἐρυθρόν) entstehe, ebenso wie ›Warm‹, bei kugelförmigen, nur locker assoziierenden Atomen, und zwar seien bei ›Rot‹ die Atome oder Atomverbindungen größer und dicker (μεῖζον, παχύτερον), bei ›Warm‹ kleiner und dünner. ›*Grün*‹ (χλωρόν) schließlich ergebe sich aus einer gewissen Beziehung zwischen den Atomen und dem leeren Raum.[22]

Die vier Farben, die er so aus der Atomstruktur herleitete, hielt Demokrit für ›einfache Farben‹ (ἁπλᾶ χρώματα). Alle anderen sollten aus diesen Grundfarben durch Mischung hervorgehen. Acht Beispiele dafür hat Demokrit, wie es scheint, behandelt: χρυσοειδές (Goldfarben), τὸ κάλλιστον χρῶμα, πορφυροῦν (Purpur), ἴσατις (Blau), πράσινον (Dunkelgrün), κυανοῦν (Dunkelblau), καρύινον (Braun?), φλογοειδές (Orangerot?). Im übrigen betonte er, daß es eine unendliche Vielfalt von Mischungsmöglichkeiten gebe, je nach dem Mehr oder Weniger (πλέον ἔλαττον) der einzelnen Anteile.[23]

Es ist demnach unverkennbar, daß Platon bei seiner ganzen Darstellung Demokrit vor Augen hat. (a) Auch Platon nimmt vier Grundfarben an. (Freilich findet sich unter diesen nicht mehr das χλωρόν Demokrits; stattdessen ist ›Glänzend‹ als besondere Farbqualität eingeführt).[24] (b) Die übrigen Farben erklärt Platon ebenfalls als Mischungen aus den Grundfarben (für Purpur z.B. gibt er die gleiche Zusammensetzung an wie Demokrit); und auch er bringt im ganzen (ohne Grau) acht Beispiele. (c) Außerdem dürfte es von Demokrit angeregt sein, der auch die Geschmäcke atomistisch genau

21 Empedokles, Fr. B 84–89 und A 86 D.-K. (Theophr., De sens. 7f., 59). Zur Erklärung. W. J. Verdenius, Empedokles' doctrine of the sight, Studia Vollgraff, Amsterdam 1948, 155–64. Die Zweiheit von Weiß und Schwarz war anscheinend bei Empedokles (wie bei Platon) gelegentlich zu einer Vierheit von Grundfarben erweitert (Fr. A 92 D.-K.: λευκόν, μέλαν, ἐρυθρόν, ὠχρόν).

22 Demokrit, Fr. A 125, 135 D.-K. (Aëtius und Theophr., De sens. 73–6). Bei der letzten der vier Farben wechselt die Überlieferung zwischen χλωρόν und ὠχρόν; gemeint ist wohl ein helles Grün.

23 Theophr., De sens. 76–8.

24 Bei Demokrit ist das Glänzende (λαμπρόν) eine Steigerungsform sowohl des Weißen als auch des Roten (oder Warmen): Theophr., De sens. 73, 75, 79; über den Grund der Änderung Platons s.u. Seite 467.

beschrieben hatte,[25] wenn Platon auf eine Entsprechung zwischen Farben und Geschmäcken besonders hinweist. (d) Und schließlich ist überhaupt die platonische Analyse des Qualitativen auf quantitativ-strukturelle Voraussetzungen hin bei Demokrit schon grundsätzlich angebahnt.[26]

Bei aller Übereinstimmung zwischen Platon und Demokrit gilt es nun aber auch zu beachten, daß Platon in dem Abschnitt über die Farben wie sonst im ›Timaios‹ darauf ausgeht, die ›materialistische‹ Welterklärung Demokrits zu überwinden. Diese Tendenz hat man, sicher nicht zu Unrecht, in dem letzten Satz unseres Textabschnitts gefunden.[27] Platon wendet sich hier mit Nachdruck gegen die Ansicht, man könne die vorgetragene Mischungstheorie durch empirische Untersuchungen oder gar künstliche Experimente nachprüfen. Dazu reiche das dem Menschen zukommende Wissen und Können nicht aus. Es ist durchaus wahrscheinlich, daß Platon mit dieser Schlußbemerkung seine Art der Naturbetrachtung von den Forschungen Demokrits abhebt.[28] Wir erfahren immerhin so viel über konkrete Beispiele, die Demokrit bei seiner Farbenerklärung gebraucht hat, daß wir die platonische Polemik damit erläutern können. So hat sich Demokrit, wie bei Theophrast zu lesen ist, etwa darauf berufen, daß Erwärmung augenscheinlich mit Rotwerden verbunden ist, um daraus zu folgern, daß beide Qualitäten – Rot und Warm – durch gleich geformte (wenn auch verschieden große) Atome verursacht würden. Im besonderen hat Demokrit dabei angeführt,

25 Demokrit, Fr. A 129–135, B 5 g D.–K. (Theophr., De sens. 65–7).

26 Platon hat die Theorie Demokrits noch wesentlich weiter vereinfacht (s.u. Seite 468f.). So hat Demokrit einen kinetischen Faktor bei seiner Farbenerklärung zwar berücksichtigt (Theophr., De sens. 74), die Bewegung aber noch nicht eindeutig auf die anderen Eigenschaften der Atome (Form und Größe) bezogen. Außerdem fehlt bei Demokrit der Gedanke einer wechselseitigen Angemessenheit von Wahrnehmungsorgan (Auge) und Gegenstand (Licht). Der qualitative Eindruck ist für ihn also nur insofern ›subjektiv‹, als er dem Gegenstand an sich nicht zukommt. Bei Platon dagegen ist das Subjekt selbst an der Konstituierung des Wahrnehmungsobjekts beteiligt. Schon Theophrast (De sens. 60f.) konnte daher kritisch bemerken, Demokrit behaupte zwar die Subjektivität der Wahrnehmung (πάθη), komme aber trotzdem zu objektiven Feststellungen (über die atomaren Grundlagen der Sinnesqualitäten); Platon hingegen setze objektiv Seiendes voraus und gebe dann doch der subjektiven Aufnahme entscheidenden Anteil. (Zu Demokrit ähnlich Goethe, C.A. 21, 563).

27 Timaios 68 D. W. Capelle, a.O. 16: »Platon betont dann am Schluß in bewußt fundamentalem Gegensatz zu Demokrit, daß solche Mischung oder Entmischung nur die Gottheit und nicht menschliche Kunst und Wissenschaft bewerkstelligen könnte.«

28 An sich ist nicht klar zu erkennen, worauf die Kritik Platons zielt und welche Versuche er im besonderen ablehnt. Verschiedenes ist denkbar: (a) Abwertung empirisch beobachteter Mischungsergebnisse, da diese nicht an das Grundsätzliche heranführen; (b) Distanzierung von der nicht auf Erkenntnis gerichteten Praxis bei Färbern und Händlern (vgl. F. Solmsen, Aristotle's System of the Physical World, 1960, 376); (c) Ablehnung bestimmter Untersuchungsmethoden, also besonders künstlicher Experimente (βάσανος, vgl. auch Politeia VII 531 AB) oder auch stofflicher Mischungen zum Unterschied von der Betrachtung natürlicher Erscheinungen (wie Verfärbung des Sonnenlichts, Farbe organischer Substanzen); dies würde dem methodischen Standpunkt der ps.-aristotelischen Schrift ›De coloribus‹ entsprechen (792 b 17–33).

daß frisches Holz beim Brennen stärker rot werde als dürres Holz und daß die Glut des Eisens stärker | rot sei, solange die Erhitzung noch nicht die 180
höchsten Grade erreicht habe. Auch bei der Behandlung der Mischfarben scheint sich Demokrit an empirisch vorkommenden Fällen oder technischen Erfahrungen orientiert zu haben.

Es mag uns wohl als Rückschritt gegenüber der Methode Demokrits erscheinen, wenn sich Platon so entschieden gegen die Erwartung wendet, man könne den Gesetzmäßigkeiten der Farbenmischung durch empirisch-praktische Beobachtungen nachspüren. Aber um zu einem begründeten Urteil zu kommen, müssen wir nun erst die eigentlich platonischen Motive in dem vorliegenden Text herausarbeiten.

Zuvor sei gerade auch hierzu das Urteil *Goethes* zitiert. Obwohl Goethe bekanntlich die Empirie außerordentlich hoch eingeschätzt und im Zusammenhang mit seiner Farbenlehre die verschiedensten Experimente angestellt hat,[29] war er doch der Ansicht, *Demokrit* sei noch bei einer mechanischen, rohen und oberflächlichen Erklärung der Phänomene stehengeblieben.[30] Die zum Übersinnlichen und ›Ideellen‹ aufsteigende Betrachtungsweise *Platons* hat er dagegen mit Worten der höchsten Anerkennung gewürdigt. Er bemerkt zu dem Abschnitt über die Farben im ›Timaios‹:[31] »So entzückt uns denn auch in diesem Fall, wie in den übrigen, am Plato die heilige Scheu, womit er sich der Natur nähert, die Vorsicht, womit er sie gleichsam nur umtastet, und bei näherer Bekanntschaft vor ihr so-

29 Goethe hat mehrfach festgestellt, die Bedeutung der Empirie und des Experiments sei in der ganzen Antike unterschätzt worden. »Sehen wir uns nach den eigentlichen Ursachen um, wodurch die Alten in ihren Vorschritten gehindert worden, so finden wir sie darin, daß ihnen die Kunst fehlt, Versuche anzustellen, ja sogar der Sinn dazu. Die Versuche sind Vermittler zwischen Natur und Begriff, zwischen Natur und Idee, zwischen Begriff und Idee ...« (C.A. 21, 568, ähnlich C.A. 21, 817, Max u. Refl. 1366). Vgl. U. v. Wilamowitz-Moellendorff, Platon I, ^{4}1948, 562–6 (zur naturwissenschaftlichen Methode bei Platon und Goethe); W. Schadewaldt, Goethes Beschäftigung mit der Antike, Nachwort zu: E. Grumach, Goethe und die Antike, 1949 (jetzt in: Goethestudien – Natur und Altertum, 1963, 23–126, bes. 94–101).

30 Goethe über Demokrit (C.A. 21, 562f.): »Die Unsicherheit der Sinne wird anerkannt; man findet sich genötigt, nach einer Kontrolle umherzuschauen, die aber nicht gefunden wird. Denn anstatt bei der Verwandtschaft der Sinne nach einem ideellen Sinn aufzublicken, in dem sich alle vereinigten, so wird das Gesehene in ein Getastetes verwandelt, der schärfste Sinn soll sich in den stumpfsten auflösen, uns durch ihn begreiflicher werden. Daher entsteht Ungewißheit anstatt einer Gewißheit.« (Vgl. Aristoteles, De sensu 4, 442 a29–b12).

31 C.A. 21, 565. Ebenso charakterisiert Goethe das platonische Denken in den berühmten Sätzen: »Plato verhält sich zu der Welt wie ein seliger Geist, dem es beliebt, einige Zeit auf ihr zu herbergen ... Was er sich im einzelnen von irdischem Wissen zueignet, schmilzt, ja man kann sagen, verdampft in seiner Methode, in seinem Vortrag« (C.A. 21, 585). – Über den platonischen Gedanken (vgl. Theait. 155 D), daß »wir von Natur zum Staunen berufen sind« (Max. u. Refl. 417), bei Goethe: W. Schadewaldt, a.O. (Goethestudien) bes. 42, 88f., 223f. Vgl. auch in den ›Ergänzungen und Erläuterungen‹ der Leopoldina-Ausgabe, 2. Abt. Bd. 6, 1959, S. 6.

gleich wieder zurücktritt, jenes Erstaunen, das, wie er selbst sagt, den Philosophen so gut kleidet.«

III

Sucht man nach den *eigentümlich platonischen Zügen der Farbendarstellung des ›Timaios‹*, so wird man vor allem nicht übersehen dürfen, daß die Beschreibung der vier Grundfarben durch einige Strukturbegriffe bestimmt ist, die bei Platon häufig vorkommen und dabei öfters in sehr prägnanter Bedeutung gebraucht sind. Da ist zunächst der Begriff σύμμετρον, der besagt, daß zwischen dem Feuer des Auges und dem einfallenden Licht ein Proportionsverhältnis[32] bestehen muß, wenn es zur Wahrnehmung kommen soll. Im Rahmen der damit geforderten allgemeinen Entsprechung zwischen Sehstrahl und Licht werden dann durch die Relationsbegriffe ›größer‹, ›kleiner‹ und ›gleich‹ drei Möglichkeiten unterschieden. Es zeigen sich also zunächst drei (quantitativ verschiedene) Verhältnisse, aus denen (die Qualitäten) ›Durchsichtig‹, ›Schwarz‹ und ›Weiß‹ hervorgehen sollen: ›Durchsichtig‹ im Fall der *Gleichheit*, ›Schwarz‹, wenn *größere* Teilchen das Feuer des Auges zusammendrücken, ›Weiß‹ dagegen, wenn *kleinere* Teilchen sich zwischen die Partikel des Augenfeuers hineinschieben, das Augenfeuer aufspalten und weiter zum Auge vordringen.[33]

So ergibt sich von selbst eine weitere Differenzierung – je nachdem,
181 ob die | kleineren Teilchen bis zum Auge gelangen und mit welcher Intensität sie dort auftreffen und eindringen. Kommt das äußere Feuer bis ins Innere des Auges, so ist nicht nur ein Element (Feuer) an dem ganzen Prozeß beteiligt, sondern es wirken *zwei* verschiedene Elemente (Feuer und Wasser) zusammen, da sich die Teilchen mit dem im Auge enthaltenen Wasser vermischen, sei es in lebhafter Reaktion oder in weniger stürmischem Ausgleich. Auf diese Weise sollen ›Glänzend‹ und ›Rot‹ voneinander und gemeinsam von ›Weiß‹ (und ›Schwarz‹) unterschieden sein.

›Glänzend‹ und ›Rot‹ entstehen somit, wie auch ausdrücklich gesagt wird (67 E ὀξυτέρα φορά), bei rascherer *Bewegung* der von außen herandrängenden Teilchen; und ›Rot‹ scheint dabei zwischen ›Weiß‹ und ›Glänzend‹ zu vermitteln (68 B μεταξύ). Dennoch ist ganz einfach zu sagen, daß es die relative *Größe* ist, nach der sich die Ausgliederung der vier Hauptfarben

32 Mit σύμμετρον ist hier (67 C) nicht speziell die mathematische ›Kommensurabilität‹, sondern allgemein das Verhältnis der ›Proportion‹ bezeichnet; besonders wird man an eine ›Gleichheit der Größenordnung‹ (so Ch. Mugler, Ant. Class. 25, 1956, 21–4) wie auch an eine ›entsprechende‹ Form und Bewegung denken.

33 Die allgemeine Regel, daß das Kleinere ›auflösend‹, das Größere ›versammelnd‹ wirkt, auch Timaios 58 B, 78 A. Auch sonst sind die Begriffe und Vorstellungen des Farben-Abschnitts physikalisch aus dem Gesamtzusammenhang des ›Timaios‹ zu erklären, was hier jedoch im einzelnen zu weit führen würde (z.B. ›Verlöschen‹: 57 B; ›Schmelzen‹: 60 E–61 B; ›dicht‹ Zusammengedrücktes ist ›schwarz‹: 59 B).

durchgehend richtet. Denn an zwei früheren Stellen des Dialogs war zu lesen, *daß die Beweglichkeit (Kínesis) der Atome eine Folge ihrer quantitativen Zusammensetzung ist*: je kleiner Elementarkörperchen sind, um so leichter werden sie sich in einer Mischung mit anderen bewegen.[34] Außerdem ist dargelegt worden, daß bei allen vier Elementen (im Bereich des Feurigen, Luftförmigen, Flüssigen und Festen) die Atomkörper in verschiedener Größe vorkommen und daß so verschiedene Hauptarten (γένη) in jedem Elementbereich entstehen. Die Größe der einzelnen Korpuskeln (Polyeder) aber soll sich aus der Größe der Seitenflächen ergeben, diese wiederum muß der Anzahl der Urdreiecke, die zusammen eine Fläche bilden, entsprechen.[35]

Bei der Herleitung der vier Hauptfarben nun ist von den verschiedenen ›*Arten des Feuers*‹ die Rede.[36] Verstehen wir diese γένη in dem angegebe-

34 Daß zwischen der relativen Größe der Atome und ihrer Mobilität bzw. Stabilität eine direkte Beziehung besteht, wird zunächst für die vier strukturell verschiedenen Atomkörper (Polyeder) festgestellt, die dementsprechend den vier Elementen (Feuer, Luft, Wasser, Erde) zugewiesen werden: Timaios 55 D–56 B (bes. 56 A: εὐκινητότατον = σμικρότατον, ὀξύτατον, ὀλιγίστας βάσεις ἔχον, τμητικώτατον, ἐλαφρότατον). Das gleiche soll aber auch bei jedem Element für die Unterarten gelten, die sich prinzipiell durch die Größe der Atomformen unterscheiden. So wird beim ›Wasser‹ der Unterschied zwischen ὑγρόν (mobile Mischung) und χυτόν (stabile Mischung) auf die relative Größe (sowie auf die Ungleichartigkeit) der Atome zurückgeführt: Timaios 58 DE (... τὸ δὲ ἐκ μεγάλων καὶ ὁμαλῶν στασιμώτερον). Auf diese Belegstellen hat mich Herr stud. phil. R. Klimpe besonders aufmerksam gemacht. – Vgl. zum Funktionszusammenhang zwischen Bewegung und Sinneswahrnehmung auch u. Anm. 39 u. 82.

35 Timaios 57 CD. Genaueres hierzu in: Platons Ungeschriebene Lehre, 1963 [= Pl. U. L.], 146f. sowie E. M. Bruins, La chimie du Timie, Rev. Métaph. et Morale, 56, 1951, 269–82. Aus einer späteren Stelle des Dialogs (73 BC), wo die Herstellung des ›Marks‹ (auch Samensubstanz) beschrieben wird, geht hervor, daß auch die einzelnen Arten von Lebewesen durch verschiedene σχήματα im atomaren Bereich präformiert sein sollen, und zwar zunächst durch eine ›symmetrische‹ Zusammenmischung der zweifach ausgeprägten Dreiecke. Ch. Mugler (Ant. Class. 25, 1956, 24–8) dachte dabei an eine Zusammensetzung der regulären Polyeder zu ›Molekülen‹. Bei dieser Erklärung stört aber noch, daß von den vier Formen nur drei (Feuer, Luft, Wasser) gemeinsame Flächen haben können, eine Kombination mit dem vierten Element (Erde) also nicht ohne weiteres möglich ist. Daher ist zu vermuten, daß (zunächst) ein Polyeder gebildet wird, das sowohl Quadrate als auch gleichseitige Dreiecke als Seitenflächen aufweist. In der Tat lassen sich aus den beiden Dreiecksformen verschiedene (semireguläre) Körper mit dieser Eigenschaft aufbauen. Und da zudem überliefert wird (Archimedes bei Heron, Defin. 104 p.106 Heiberg, vgl. Pl. U. L. 469), *Platon* habe das *Tessareskaidekaeder* gekannt, das aus 8 gleichseitigen Dreiecken und 6 Quadraten zusammengesetzt ist, wird man die Textstelle (Tim. 73 BC) am besten damit in Verbindung bringen. Schon dieser eine Körper kann je nach Größe und molekularer Zusammensetzung verschiedene Gestalten (σχήματα) annehmen. – Im übrigen kann, was die grundsätzliche Bedeutung der platonischen Elementenlehre im ›Timaios‹ angeht, auf den Vortrag von W. Schadewaldt verwiesen werden (Das Weltmodell der Griechen, jetzt in: Hellas und Hesperien, 1960, 426–51).

36 Timaios 67 E, 68 B (γένους πυρὸς ἑτέρου τούτων αὖ μεταξὺ πυρὸς γένος). ›Verschiedenartig‹ sind die von den Dingen herkommenden Feuerpartikel nicht nur in bezug auf das Feuer des Sehstrahls (so A. E. Taylor, a.O. 481f.), sondern zunächst schon untereinander, je nach Größe und Geschwindigkeit. Zuvor sind im ›Timaios‹ (58 C) zwei Hauptgattungen des Feuers unterschieden worden: leuchtendes (φλόξ, φῶς) und wärmendes Feuer. Die erste Gattung wird nun in dem Abschnitt über die Farben noch weiter eingeteilt.

nen Zusammenhang der Atomlehre des ›Timaios‹, so können wir die Farben folgerichtig auf immer einfachere Voraussetzungen zurückführen. Im ganzen haben wir nämlich diese Reduktionskette: Sichtbare Farben (unbestimmt viele Mischungen) → vier *Hauptqualitäten* der Farbwahrnehmung (Schwarz, Weiß, Rot, Glänzend) → Mischung von (verschiedenartigem) Feuer oder von Feuer und Wasser → Bewegung (Geschwindigkeit) der Feuerteilchen → *Größe der Korpuskeln* (Tetraeder) → Ausmaß ihrer Seitenflächen → *Zahl* der zusammengesetzten Elementardreiecke. Dabei ist auf jeder Stufe dem Verhältnis von *Mehr, Weniger und Gleich (Mitte)* eine entscheidende Bedeutung zuzuerkennen.

Im Grunde unterscheiden sich also die vier ersten Farben durch die atomare Zusammensetzung der am Wahrnehmungsprozeß beteiligten Feuerpartikel, und zwar so, daß der Reihe Schwarz – Weiß – Rot – Glänzend eine zahlenmäßig bestimmte Größenabnahme entspricht.

Um die Art der Ausgliederung der vier Hauptfarben klar vor Augen zu führen, muß man eine Darstellung wählen, die das mehrfach abgestufte
182 Auseinanderhalten gegensätzlicher Möglichkeiten im einzelnen aufweist. |

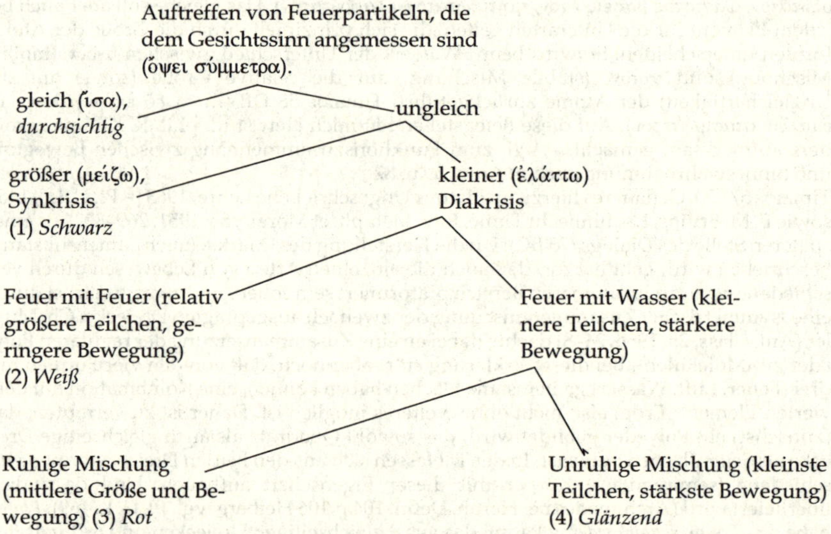

So zeigt sich, daß die vier Grundfarben im ›Timaios‹ nach dem Schema einer typisch platonischen Dihairesis abgeleitet werden (vgl. das Wort διελέσθαι 67 C). Vergleichbar ist besonders die dihairetische Darstellung der Bewegungsarten im zehnten Buch der ›Nomoi‹.[37] Die verschiedenen Ar-

37 Nomoi X 893 B–E. Im ›Timaios‹ selbst werden auf ähnliche Weise die beiden elementaren Dreiecksformen hergeleitet. Aus dem innerakademischen Bereich ist eine derartige Dihairesis für die allgemeinen Seinskategorien Platons überliefert (vgl. Pl. U. L. 175–80, 156, 495f.).

ten der räumlichen Kínesis (Rotation, Translation, Wachstum und Schwund, Formveränderung) werden dort ebenso in strenger Weise aus dem Grundgegensatz von Ruhe und Bewegung herausentwickelt. Offenbar handelt es sich hier im ›Timaios‹ wie dort in den ›Nomoi‹ um einen folgerichtigen Übergang vom Einen zum Vielen: ein Fortschreiten vom Gleichmäßigen zum Ungleichmäßigen, vom Beständigen zum Unbeständigen, vom an sich Bestimmten zum relativen Mehr-oder-Weniger.

Dabei ist die Ausgliederung der vier Farben mit jener Dihairesis in den ›Nomoi‹ nicht nur durch die Gleichheit der Methode und Denkstruktur verbunden, sondern es besteht auch ein sachlicher Zusammenhang. In den ›Nomoi‹ führt die Dihairesis bis zu dem Gegensatz von Trennung (Diakrisis) und Verbindung (Synkrisis). Dieser Gegensatz soll sich in der Veränderung der Größe (Zunehmen und Abnehmen) und Form bemerkbar machen. Darauf sollen dann – wie es heißt (Nomoi X 897 A) – die qualitativen Eigenschaften ›folgen‹, nämlich z.B. Warm und Kalt oder auch Weiß und Schwarz (καὶ τούτοις ἑπομένας θερμότητας ψύξεις ... λευκὸν καὶ μέλαν).

Wie man sich nun dieses ›Folgen‹ des Qualitativen auf das Quantitativ-Strukturelle genauer vorzustellen hat, das wird für die Farben eben in unserem Abschnitt des ›Timaios‹ gezeigt. Denn die Unterscheidung der
Farben beginnt hier | mit dem Begriffspaar Synkrisis und Diakrisis, das in 183
den ›Nomoi‹ aus noch einfacheren Voraussetzungen heraus dihairetisch abgeleitet wird.[38]

Es ergibt sich demnach, daß die Farbenlehre des ›Timaios‹ systematisch mit der platonischen Bewegungslehre, wie sie in den ›Nomoi‹ dargestellt ist, zusammenhängt.[39] In diesem Zusammenhang läßt sich die Unterscheidung der Farben folgerichtig auf den Grundgegensatz von Ruhe und Bewegung zurückverfolgen. Dieser ursprüngliche Gegensatz aber ist für Platon sicher nichts anderes als ein Aspekt des umfassenden Prinzipiengegensatzes von Einheit und Vielheit oder Gleichheit und Ungleichheit, der

38 In den ›Nomoi‹ ist jedoch, anders als im ›Timaios‹, nicht an eine Mischung und Durchdringung vieler Körper (Atome), sondern an das Aufeinandertreffen von zwei Gegenständen gedacht. Daher wird dort (Nomoi X 893 E) der Unterschied von Synkrisis und Diakrisis damit erklärt, daß im ersten Fall zwei gleichermaßen bewegte Körper vereinigt werden, im zweiten Fall ein bewegtes Objekt auf ein ruhendes aufprallt und zerschmettert wird, während hier im ›Timaios‹ die relative Größe der Atome und die Zusammensetzung der Mischung (homogen, inhomogen) ausschlaggebend sein sollen.

39 Die Auffassung, daß alle Sinnesqualitäten und besonders auch die Farben auf einem Bewegungsverhältnis beruhen, ist schon im ›Theaitet‹ vorgetragen worden (φορά, κίνησις, κρᾶσις πρὸς ἄλληλα: 152 D–E, 153 Dff., 156 Aff.). Nach dem ›Timaios‹ (43 Aff.) vollzieht sich besonders auch die Kommunikation zwischen Körper und Seele in einem Zusammentreffen verschiedener Bewegungen; die geordnete Kreisbewegung der Seele soll sich, so wird gefordert, allmählich gegenüber dem regellosen ›Fließen‹ und ›Anbranden‹ der Stoffe durchsetzen. Insbesondere wird die Entstehung aller Sinneseindrücke mit einer Fortpflanzung von Bewegungsimpulsen in einem leicht beweglichen (veränderlichen, εὐκίνητον) Medium erklärt (Timaios 64 A–D). Dies soll vor allem für Gesicht und Gehör gelten, bei denen sich die mobilen Elemente Feuer und Luft entsprechend auswirken (64 C). Vgl. für die Bewegungsvorgänge beim Gehör: 67 BC, 80 AB.

auch noch, wie wir gesehen haben, speziell die Ausgliederung der vier Hauptfarben durchgehend bestimmt.

Von hier aus ist es auch ohne weiteres möglich, die Farbenerklärung des ›Timaios‹ mit den esoterischen Lehren Platons über das ›Eine‹ und das ›Große-und-Kleine‹ zu verbinden. Die Beschreibung der Farben hält sich, zumal im Zusammenhang mit der ganzen Atomlehre des Dialogs gesehen, an die eine Grundstruktur, deren zwei wichtigste Aspekte hier ebenso wie immer wieder in den Berichten über die mündlichen Lehren Platons beherrschend hervortreten. Zum einen ist es die ›Wertstruktur‹ mit der Dreiheit von Mehr, Weniger und Mitte (Zuviel, Zuwenig und Gleichmaß = Areté). Und zum anderen ist es das Abstufungsverhältnis der Dimensionen, das hier bis zur Bewegung und qualitativen Erscheinung herab verfolgt wird (Zahl – Fläche – Körper – Bewegung – Farbe).[40]

Aber auch wenn man von diesem noch weiter reichenden Problemzusammenhang absieht, ist das Wesentliche der Farbentheorie des ›Timaios‹ nunmehr klar zu erkennen. Mit einem Wort können wir sagen: diese Erklärung der Farben ist *dialektisch* konzipiert. Wir haben hier ein instruktives Beispiel dafür, daß Platon auch ein der sinnlichen Wahrnehmung zugeordnetes Problem nach den formalen Regeln der philosophischen Dialektik behandeln kann. Diese hat es also nicht nur mit den besonderen Fragen der ›Ideenlehre‹ zu tun, sondern leitet auf allen Gebieten gleichermaßen dazu an, die zwischen dem Gegensatz von Einheit und unbestimmter Vielheit stattfindende Vermittlung, Mischung und Differenzierung zu erfassen.

Auch die einzelnen Züge der Farbendarstellung des ›Timaios‹ lassen sich so aus dem Ganzen der platonischen Philosophie heraus verständlich machen. Man versteht, weshalb Platon auch in diesem Textabschnitt wiederholt bemerkt, das Vorgetragene sei als εἰκὼς λόγος oder εἰκὼς μῦθος, d. h. als ›abbildhafte Rede‹ aufzufassen. ›Abbildhaft‹ ist die Beschreibung der Farben – wie die ganze Kosmologie des ›Timaios‹ –, weil sie auf den Bereich der Ideen und Prinzipien bezogen ist, in dem die Strukturen, die auch noch den Farbphänomenen zugrundeliegen sollen, in reinerer, einfacherer Form zu erkennen sind.[41] Und im gleichen Sinne sieht man nun deutlich, weshalb Platon betont, daß das Zusammenfügen und Auflösen, das in der Einheit und Vielheit der Farben waltet, über die Einsicht und das Vermögen des Menschen hinausgeht und eigentlich der Gottheit vorbehalten ist.[42] Es han-

40 Vgl. zur ›Wertstruktur‹ H.J. Krämer, Arete bei Platon und Aristoteles, Abh. Akad. Heidelberg 1959, 6; zur ›Dimensionenfolge‹ Pl. U. L. – Zu den verschiedenen Möglichkeiten, das Mittlere als ›Mischung‹ zu verstehen: u. Anm. 43. Unter den optischen Grundqualitäten sind ›Durchsichtig‹ und ›Rot‹ durch ihre Mittelstellung je besonders ausgezeichnet.

41 Vgl. B. Witte, Der Εἰκὼς λόγος in Platos Timaios, Archiv f. Gesch. d. Philos. 46, 1964, 1–16; W. Kamlah, Platons Selbstkritik im Sophistes, Zetemata 33, 1963 (zum Mimesis-Begriff des ›Timaios‹).

42 Ähnlich auch Phileb. 16 Cff., Phaidros 266 B, Nomoi X 903 Eff.

delt sich eben um die universale Gesetzmäßigkeit, nach der alles Seiende sein Leben und seine Wesensart erhält.[43] | 184

Kennzeichnend ist für die dialektische Methode Platons hier ferner das Zusammenspiel theoretisch-formaler und empirischer Bedingungen. Aus der Empirie stammt etwa die Feststellung, daß bei starkem Lichteinfall ein vielfältig-bunter, glitzernder Effekt entsteht (68 A), daß die Farbe Rot bei einem Hindurchscheinen des Lichtes durch ein feuchtes Medium zustandekommt (68 B, vgl. 80 E), oder auch, daß etwas durch Verbrennung schwärzer wird (68 C, vgl. 83 A). Eine ähnliche Rolle wie derartige Erfahrungstatsachen spielen sodann hier wie oft bei Platon die ›Namen‹ der Dinge, also die Einteilungen und Abgrenzungen, die in der Sprache bereits vorliegen, so daß von dieser Grundlage aus eine Vermittlung zwischen der ungeordneten Fülle der Erscheinungen und der streng mathematischdialektisch zu erfassenden allgemeinen Seinsordnung möglich wird.[44]

Schließlich kann man in dem aufgezeigten Zusammenhang, nämlich anhand der Begriffe Mehr – Mitte – Weniger, auch erklären, weshalb Platon als neue Grundfarbe das ›Glänzende‹ (λαμπρόν) einführt. Er will offenbar eine Reihe von elementaren Qualitäten des Farbensinns aufstellen, die notwendig ist nach der Grundvoraussetzung der ›Symmetrie‹. Zwei Werte sollen als Extreme an das Nichtsichtbare grenzen, zwei dazwischen vermitteln. Man weiß heute, daß das Gesamtspektrum der sichtbaren Lichtstrahlung auf der einen Seite zu Infrarot, auf der anderen zu Ultraviolett ins Unsichtbare übergeht. In einem vergleichbaren Sinn setzt Platon auf die Seite zum Noch-nicht-Sichtbaren das Schwarze oder Dunkle, auf die Seite zum Nichtmehr-Sichtbaren das Glänzende, das durch vielfältigen Wechsel wie durch übergroße Intensität des Eindrucks das Auge blenden kann.[45] – Dabei ist das ›Gleiche‹ in der Mitte zwischen dem ›Größeren‹ und dem ›Kleineren‹, da es sich mit dem Augenfeuer unterschiedslos verbindet, ›nicht-wahrnehmbar‹ oder ›durchsichtig‹. Diese Defizienz ist jedoch im Grunde positiv zu verste-

43 Zur Beschreibung des dialektischen Zusammenhangs von Einheit und Vielheit gebraucht Platon in mehrfachem Sinn den Begriff der ›Mischung‹. Im ›Timaios‹ beherrscht dieser Begriff die ganze kosmologische Rede (vgl. bes. 35 AB, 41 D, 47 Ef.). Sprachlich wird die Wortgruppe μίξις in allgemeinem Sinn gebraucht, κρᾶσις bezeichnet prägnant die wertsteigernde, ausgewogene Mischung (in dem Abschnitt über die Farben gehen jedoch beide Ausdrücke durcheinander). Der Sache nach sind folgende Möglichkeiten zu beobachten: (a) *positiv*: Aufhebung des Gegensätzlichen in einer höheren Einheit, so auch bei der seelischen und politischen Areté; das ›Gute‹ liegt also weder im Allgemeinen noch im Speziellen, sondern in der Reinheit und Spannweite der Mischung; (b) *negativ*: Verunreinigung, Unbestimmtheit und Vielheit der Bestandteile; (c) *horizontal*: Mischung von gleichgeordneten Komponenten; (d) *vertikal*: Mischung zwischen an sich Asymmetrischem (Peras und Apeiron), Metaxý zwischen Idee und Erscheinung.

44 Bei der Ableitung der Grundfarben wird 8mal auf die sprachliche Benennung verwiesen. Übrigens ist die im ›Timaios‹ entwickelte Definition der Farbe ›Weiß‹ (λευκόν = διακριτικὸν τῆς ὄψεως) bei Aristoteles Musterbeispiel eines Logos (Top. 107 b 29, 119 a 30, 123 a 2, 149 a 38; Metaph. I 7, 1057 b 6). – Über Onoma und Logos im methodischen ›Exkurs‹ des ›Siebenten Briefes‹ (wo auch das Beispiel der Farbe erwähnt wird: 342 D) jetzt H.-G. Gadamer, Dialektik und Sophistik im siebenten platonischen Brief, SB Heidelberg 1964, 2.

hen. Auch die Idee ist ja unsichtbar und farblos; und ein durchsichtiges Medium ist Voraussetzung für jede optische Wahrnehmung. Der Grundsatz, daß ›Gleiches durch Gleiches erkannt wird‹, muß offenbar je nach dem Seins- und Wahrnehmungsbereich modifiziert werden. Daß in strengem Sinn Gleiches von Gleichem, ja von sich selbst erkannt wird, mag für die Ideen und den Nús gelten, wo Subjekt und Objekt der Erkenntnis schließlich eins sind. Im Bereich der einzelnen Erscheinungen dagegen muß ein Moment der Veränderung (Bewegung) und der Ungleichheit (Verschiedenheit) mitwirken, wenn es zur Wahrnehmung kommen soll (vgl. Timaios 57 A). Hier entzieht sich einerseits das völlig Gleiche (ἴσον), andererseits das völlig Ungleichartige (ἀνόμοιον) dem Wahrnehmungsvorgang; wahrnehmbar bleibt also jeweils nur das zwischen Gleichheit und Ungleichheit liegende Gleichartige, Ähnliche oder Entsprechende (ὅμοιον, σύμμετρον).

1. Einheit (Selbigkeit): *Idee.*
2. Gleichheit (Mitte): ›*durchsichtig*‹.
3. Gleichartigkeit, Ähnlichkeit: *wahrnehmbar (sichtbar)*
   a) größer ⇔ kleiner = dunkel ⇔ hell;
185 Schwarz ⇔ Weiß ⇔ Rot ⇔ Glänzend. |
   b) Verschiedene Mischungen aus den vier Grundfarben: primär, sekundär usw., gleichmäßig und ungleichmäßig, rein und unrein.
4. Ungleichartigkeit (völlige Verschiedenheit): *nicht wahrnehmbar (nicht sichtbar).*

Insgesamt scheinen die Ergebnisse unserer Untersuchung das oben angeführte Urteil Goethes bestätigen zu können. Die Farbentheorie des ›Timaios‹ bringt auch im Vergleich mit Empedokles und Demokrit einen erheblichen Fortschritt der Methode und der Erkenntnis. Wo die Früheren noch mit ungeklärten Begriffen und Anschauungen versuchten, die Erscheinungen an dieser oder jener Stelle zu fassen, geht Platon mit neuer Sicherheit und Bewußtheit daran, die Phänomene auch auf dem besonders schwierigen Gebiet der Farben systematisch zu ordnen und auf einfache Gesetzmäßigkeiten zurückzubeziehen. Und wo Demokrit noch die stofflichen Bestandteile der Dinge, vom Zufall bewegte, harte Atome als das eigentlich

45 So erklärt auch Aristoteles, jede Sinneswahrnehmung müsse sich in einem Mittelbereich abspielen, der zwischen Zuviel und Zuwenig liegt (De anima III 2, 426 a 27– b 7; 4, 429 a 31– b 3; De gen. anim. 780 a 7ff.; Theophrast, De sens. 29, 32f.). In den vier Grundqualitäten Platons kann man auch die Unterscheidung von ›bunten‹ und ›unbunten‹, sowie von ›matten‹ und ›intensiven‹ Farben vorbereitet finden. – Die grundsätzliche Differenzierung zwischen Weiß (λευκόν) und Glänzend (λαμπρόν) ist vom griechischen Sprachgebrauch her besonders einschneidend, da λευκόν oft in der Bedeutung ›hell‹ gebraucht wird (vgl. G. Reiter, a.O. 20–45). Eine direkte Zuordnung der vier Hauptfarben zu den vier Elementen ist nicht beabsichtigt (wahrscheinlich ebensowenig bei Empedokles, vgl. Fr. A 92, B 71 D. –K.), doch dürfte die systematische Voraussetzung der Tetraktys mitspielen. In der ps.-aristotelischen Schrift ›De coloribus‹ (791 a 1ff.) dagegen werden die ›einfachen‹ Farben nach den Eigenschaften der vier Elemente bestimmt.

Seiende anerkennen wollte, stehen bei Platon bestimmte Bewegungsrelationen, reine Formen und Zahlen. Die Auflösung der materialistischen Weltansicht ist damit umfassend und bis ins einzelne vollständig durchgeführt.

IV

Die eine der beiden grundsätzlich-methodischen Bemerkungen, die Platon mit der Erörterung des Farbenproblems verbindet, haben wir bisher noch unberücksichtigt gelassen. Gleich nach dem ersten Beispiel für die aus Grundfarben zusammengesetzten Mischfarben (Gelb als Produkt aus Glänzend, Rot und Weiß) erklärt Platon, es habe keinen Sinn, genau angeben zu wollen, nach welchem Maßverhältnis (μέτρον) die Grundfarben in den verschiedenen Mischungen enthalten sind. In der Tat zeigen sich ja dem Auge in der unendlichen Vielfalt der ineinander übergehenden Farbtöne keine Unterschiede, die man messen könnte.

Zielt nun auch diese kritische Zwischenbemerkung auf einen damals wirklich unternommenen Versuch? Man könnte vermuten, daß sich Platon auch hier von Demokrit distanziert, der über die Mischungsmöglichkeiten recht ins einzelne gehende Angaben gemacht hat. Aber eine genaue Messung oder die Ermittlung exakter Mischungsgesetze scheint Demokrit nicht angestrebt zu haben. Soviel wir sehen, hat er sich darauf beschränkt, ein relatives Mehr oder Weniger der Mischungskomponenten festzustellen, im übrigen aber gerade auf die unbegrenzte Vielfalt der Möglichkeiten hingewiesen.[46] – Ebensowenig läßt sich für Empedokles und Anaxagoras[47] oder für die Pythagoreer[48] eine mit genauen Maßangaben arbeitende Mischungstheorie nachweisen.[49]

Wohl aber ist bei *Aristoteles* eine derartige Farbentheorie überliefert, die wir nun heranziehen wollen, um die kritische Feststellung im ›Timaios‹

46 Theoprast, De sens. 76–8. – Daß sich Platon auch mit der Ablehnung von exakten Mischungsangaben gegen Demokrit wende, hat W. Kranz (a.O. 139) angenommen.

47 Von Empedokles ist immerhin bekannt, daß er die Beschaffenheit der Dinge auf verschiedene Mischungsverhältnisse der Elemente zurückführte (Fr. A 78 D.–K.) und daß er es gelegentlich gewagt hat, eine bestimmte Proportion anzugeben: Knochen = 2 Teile Erde + 2 Teile Wasser + 4 Teile Feuer (Fr. B 96, vgl. B 98 D.–K.). Eine Angabe bestimmter Maßverhältnisse für Farben weiß jedoch Theophrast bei seiner doxographischen Übersicht von Empedokles ebensowenig zu berichten wie von Anaxagoras, der allgemein den jeweils in der Mischung vorherrschenden Bestandteil für wesensbestimmend hielt (Fr. B 6, 10, 12 D.–K.). – Fähigkeiten wie Denken und Wahrnehmen erklärte Empedokles mit der Konsistenz der Mischung des Blutes, ebenso die ethischen Temperamente (träge : rasch), und zwar hielt er die gleichmäßige, ›mittlere‹ Mischung (μέση κρᾶσις) für die beste (Fr. A 86 D.–K. = Theophrast, De sens. 10f.; vgl. Parmenides, Fr. B 16 D.–K.). Auch darin ist ein wichtiger, später weiterwirkender Gedanke zu erkennen, doch hat ihn Empedokles offenbar noch nicht mathematisch präzisiert und noch nicht auf die Lehre von den einzelnen Sinnesqualitäten angewandt. Vgl. zum Mischungsbegriff des Empedokles H.A.T. Reiche, Empedocles' mixture, Eudoxan astronomy and Aristotle's connate pneuma, Amsterdam 1960.

sachlich besser zu verstehen. Aristoteles erklärt in der Schrift ›De sensu‹
186 (Περὶ αἰσθήσεως καὶ | αἰσθητῶν) die Verschiedenheit der Farben mit mathematisch verschiedenen Mischungsverhältnissen (Logoi). Es kommen hauptsächlich zwei Abschnitte aus der aristotelischen Schrift in Betracht. Der erste (De sensu 3, 439 b18–440 a15) spricht von den Arten und den Proportionen der Mischung; in dem zweiten (4, 442 a12–29) werden die Geschmäcke nach der gleichen mathematischen Methode behandelt, und dabei wird zur Farbenlehre eine Skala von sieben Hauptfarben nachgetragen. Diese beiden Textabschnitte lauten – wieder im Anschluß an die Übersetzung Goethes – folgendermaßen.[50]

Von den andern Farben (außer Weiß und Schwarz) ist nun zu handeln, auf wie vielerlei Art sie entstehen. Einmal können sie so entstehen, daß wenn Schwarz und Weiß neben einander liegen (παρ' ἄλληλα τιθέμενα), eins wie das andre aber wegen ihrer Kleinheit unsichtbar sind, dennoch etwas aus ihnen entspringe, welches sichtbar wird. Dieses kann nun weder schwarz, noch auch weiß sein; da es aber doch eine Farbe sein muß ⟨keine von diesen beiden jedoch möglich ist⟩, so muß sie eine gemischte (μεικτόν τι) sein und einen andern Anblick gewähren [eine andere Art bilden, εἶδός τι χρόας ἕτερον].

Auf diese Weise können nun sehr viele Farben, außer dem Weißen und Schwarzen, entstehen. Einige durch ⟨*zahlenmäßig bestimmte*⟩ *Verhältnisse* (τῷ λόγῳ), indem sie wie drei zu zwei (3 : 2), drei zu viere (3 : 4) und so fort in andern Portionen (καὶ κατ' ἄλλους ἀριθμούς) neben einander liegen. Andre hingegen nicht durch Zahlenverhältnisse (κατὰ λόγον μηδένα), sondern *durch ein inkommensurables Plus oder Minus* (καθ' ὑπεροχὴν δέ τινα καὶ ἔλλειψιν ἀσύμμετρον). So können sie sich verhalten wie die Konsonanzen (συμφωνίαι) in der Musik. (I) Daß nämlich die Farben von den leichtesten [einfachsten] Zahlenverhältnissen (τὰ ἐν ἀριθμοῖς εὐλογίστοις), gerade wie die Konsonanzen, als die angenehmsten erscheinen (τὰ ἥδιστα τῶν χρωμάτων εἶναι δοκοῦντα), z.B. Purpur (ἁλουργόν)[51] und Rot (φοινικοῦν) und einige ⟨wenige⟩ andre dergleichen, – daher auch nur wenige Konsonanzen sind. Andre ferner, die nicht in solchen ⟨Zahlen-⟩Verhältnissen bestehen (μὴ ἐν ἀριθμοῖς), würden die übrigen Farben ausmachen. (II) Oder auch, alle Farben beruh-

48 Lediglich durch ein spätes Zeugnis (Aëtius, Doxogr. Gr. p. 313 D.) erfährt man, »die Pythagoreer« hätten vier Hauptfarben angenommen (wie Empedokles und Demokrit) und die Verschiedenheit der Farben mit verschiedenartigen Mischungen der Elemente erklärt. Ob diese Notiz auf ältere, vorplatonische Pythagoreer zu beziehen ist, bleibt zweifelhaft; und jedenfalls besagt sie nichts über eine mathematisch genaue Farbentheorie (vgl. u. Anm. 71). Zu dem pythagoreischen Grundgegensatz μέλαν – λευκόν vgl. u. Anm. 100.

49 Es ist zwar durchaus denkbar, daß sich Platon mit seiner Kritik (auch) gegen eine schon bei früheren Denkern aufgekommene Tendenz wendet, genaue ›Mischungsformeln‹ für irgendwelche Erscheinungen aufzustellen (vgl. F. Solmsen, a.O. 375f.). Doch wird sich uns ergeben (s.u. Seite 485), daß Platon sogar auf dem Gebiet der Farbenlehre nicht die Mathematisierung an sich ablehnt, sondern nur die mißbräuchliche Anwendung exakter Aussagen auf die konkreten Phänomene.

50 Goethe, Zur Farbenlehre, Historischer Teil, C.A. 21, 497f., 500. – Griechischer Text: Aristotle, Parva Naturalia, A revised text with introd. and comment. by W. D. Ross, Oxford 1955. – Zur Interpretation (außer dem Kommentar von Ross): C. Prantl, a.O. 111ff.; O. Bekker, Die eudoxische Lehre von den Ideen und Farben, Quellen u. Stud. z. Gesch. d. Math., Abt. B 3, 1936, 389–410 (bes. 400–4) [= Eudoxos-Studien V]; R. Kucharski, Sur la théorie des couleurs et des saveurs dans le ›De sensu‹ aristotélique, Rev. Ét. Gr. 67, 1954, 355–390.

51 Goethe übersetzte ἁλουργόν hier mit »Violett«. Aristoteles gebraucht das Wort tatsächlich bei der Beschreibung des Regenbogens (Meteor. III 4, 374 b 28–35) für den blau-violetten Randsektor. Im ›Timaios‹ aber ist anscheinend eine stark rote Farbe gemeint, die in der Helligkeit zwischen ἐρυθρόν oder φοινικοῦν und dem dunkleren ὄρφνινον vermittelt (so auch in De color. 792 a 4–29).

ten auf Zahlenverhältnissen … ⟨und zwar die einen als ›geordnete‹ (τεταγμένοις), die anderen als ›ungeordnete‹ (ἄτακτοι); und für eben diese würde gelten, daß sie, wenn sie nicht rein sind, so werden, weil sie nicht auf Zahlenverhältnissen beruhen (καὶ αὐτὰς ταύτας, ὅταν μὴ καθαροὶ ὦσιν, διὰ τὸ μὴ ἐν ἀριθμοῖς εἶναι, τοιαύτας γίγνεσθαι)⟩. – Dies ist nun *eine* Art der Farbenentstehung. Eine andre Art ist, wenn sie *durch einander erscheinen* (φαίνεσθαι δι᾿ ἀλλήλων); wie z.B. die Maler tun, daß sie eine Farbe über eine andre mehr energische (ἐναργεστέραν) herstreichen, wenn sie etwas als in Luft oder Wasser befindlich vorstellen wollen; oder wie die Sonne, die an sich weiß
er- | scheint, durch Nebel und Rauch gesehen aber rot (φοινικοῦν). Auf diese Weise können viele 187
Farben entstehen, daß nämlich eine gegenseitige Bedingung [ein Zahlenverhältnis, λόγος] der oben und der unten befindlichen Farbe stattfindet. Andre können gänzlich ohne dieselbe [ohne zahlenmäßig bestimmte Beziehung, οὐκ ἐν λόγῳ] entstehen ⟨ebenso wie bei der zuvor besprochenen Entstehungsart⟩.

Wie die Farben aus der Mischung des Weißen und Schwarzen entstehen, so auch die *Geschmäcke* (οἱ χυμοί) aus der des Süßen (γλυκύ) und Bittern (πικρόν); und zwar nach Verhältnis des Mehr und Weniger (κατὰ λόγον δὴ τῷ μᾶλλον καὶ ἧττον[52]), es sei *der Zahl nach* (καθ᾿ ἀριθμούς) – ⟨bei der Mischung⟩ oder Bewegung (τῆς μίξεως καὶ κινήσεως) – oder unbestimmt (ἀορίστως). Die angenehmen Geschmäcke (οἱ τὴν ἡδονὴν ποιοῦντες μειγνύμενοι) beruhen auf dem Zahlenverhältnis (ἐν ἀριθμοῖς). Der fette Geschmack (λιπαρόν) gehört zu dem süßen; der salzige (ἁλμυρόν) und bittre sind beinahe eins. Der beißende (δριμύ), herbe (αὐστηρόν), zusammenziehende (στρυφνόν) und saure (ὀξύ) fallen dazwischen.
Schier (σχεδόν) wie die Arten des Geschmacks verhalten sich auch die Spezies der Farben. Denn beider sind *sieben*; wenn man, wie billig, das *Graue* (φαιόν) zum *Schwarzen* rechnet. Daraus folgt, daß das *Gelbe* (ξανθόν) zum *Weißen* gehöre, wie das Fette zum Süßen. Das *Rote* (φοινικοῦν), *Purpurne* (ἁλουργόν), *Grüne* (πράσιμον) und *Blaue* (κυανοῦν) liegt zwischen dem Weißen und Schwarzen. Die übrigen sind aus diesen gemischt.

Aristoteles geht also von zwei Elementarwerten aus: Weiß und Schwarz. Zwischen diesen soll durch Mischung die ganze Reihe der bunten Farben entstehen. Dabei werden, was den physikalischen Vorgang der Mischung betrifft, zwei Möglichkeiten unterschieden. Eine Mischung kann dadurch zustandekommen, daß die minimalen, unsichtbar kleinen Bestandteile des Weißen und des Schwarzen sich ›neben einander legen‹ (παρ᾿ ἄλληλα τιθέμενα). Eine Mischung kann aber auch erfolgen, wo eine Farbe von einer anderen, schwächeren überlagert wird, die hintere also durch die vordere ›hindurchscheint‹ (φαίνεσθαι δι᾿ ἀλλήλων). Beispiele für die zweite Möglichkeit sind der entsprechende Effekt in der Malerei (bei Lasuren) und das Rotwerden des Sonnenlichts beim Hindurchgehen durch eine trübende Luftschicht.[53]

Für beide Arten der Mischung soll nun die gleiche Gesetzmäßigkeit der Differenzierung und Abstufung gelten. Die Farben sollen aus Weiß und Schwarz (Hell und Dunkel) so hervorgehen, daß sie angeordnet werden

52 Das hier (442 a 14) überlieferte δὴ braucht man nicht als δ᾿ ἢ zu verstehen (so Ross nach Thurot). Zwar ist λόγος vorher prägnant im Sinne von ›Zahlenverhältnis‹ gebraucht worden (vgl. Ross, Kommentar 206). Aber der Logos-Begriff kann wohl auch allgemeiner verwendet werden. Oder aber wird man erklären können: die einzelnen Arten sind *im Grunde* je nach dem Mehr oder Weniger der Mischungskomponenten zahlenmäßig bestimmt, sei es, daß das Mischungsverhältnis *rein* (in Zahlen) vorliegt oder *unrein* (und dann nicht bestimmt faßbar). Vgl. u. Anm. 56 zu 440 a 3–6.

können nach gewissen, mathematisch definierbaren Verhältnissen (nach verschiedenen Relationen für das Mehr und Weniger, für ὑπεροχή und ἔλλειψις). Es handelt sich um eine *Stufenfolge, die vom Zahlenmäßigen und Be-*
188 *stimmten zum Inkommensurablen und Unbestimmten führt.* |

Dafür, wie man sich diese Einteilung zu denken hat, gibt Aristoteles wiederum zwei Möglichkeiten an (I und II). Der Unterschied zwischen den beiden Vorschlägen scheint mehr in der mathematischen Theorie als in den zu erklärenden Phänomenen begründet zu sein: er ist von dem mathematischen Modell her zu verstehen, auf das hier die ganze Erklärung der Farben ausgerichtet ist. Aristoteles geht bei dem Versuch, die Entstehung und Anordnung der Farben begreifbar zu machen, von der Musiklehre aus. So kann er die folgende Abstufung von zahlenmäßig bestimmten zu unbestimmten Tonverhältnissen (Intervallen) voraussetzen.[54]

A. Eindeutig determinierte Zahlenverhältnisse.

a) Die harmonischen (symphonen) Intervalle, beruhend auf einfachsten Verhältnissen: Oktave (2: 1), Quinte (3 :2), Quarte (4: 3);

b) die sonstigen systematisch geordneten (emmelischen) Schritte der Tonleiter, je nach den drei Tongeschlechtern (diatonisch, chromatisch, enharmonisch) und ihren Unterarten (Modulationen).

B. Nicht determinierte Zahlenverhältnisse.

Alle übrigen zahlenmäßig bestimmten Intervalle, die sich jedoch nicht einem melodischen System einfügen.

C. *Inkommensurable, irrationale Verhältnisse.*

a) Mathematisch genau bekannte, wenn auch nicht zahlenmäßig faßbare Verhältnisse, z.B. $\sqrt{2} : 1$ bei ›Halbierung‹ der Oktave; ›tempe-

53 Heute würde man von ›additiver‹ und ›subtraktiver‹ Erzeugung der Farben sprechen. – Die beiden Arten der Mischung werden bei Aristoteles öfters erwähnt, ebenso der Unterschied zwischen farbigen Substanzen (Pigmentmischung) und farbiger Lichtstrahlung (vgl. bes. Meteor. I 5, 342 b 5–13, III 2, 372 a 6–11, III 4, 374 a 4ff., 374 b 10f.; De color. 792 b 17ff., 793 b 22ff.). Außerdem ist gelegentlich auch speziell von Farbenentstehung bei gebrochenem oder reflektiertem Licht die Rede (ἀνάκλασις, κλισμός, vgl. Meteor. III 4, 374 b 18ff.; De color. 792 a 20ff.).

54 Vgl. E. Frank, Plato und die sogenannten Pythagoreer, 1923, 150ff.; B. L. Van der Waerden, Die Harmonielehre der Pythagoreer, Hermes 78, 1943, 163–199; W. Burkert, Weisheit und Wissenschaft – Studien zu Pythagoras, Philolaos und Platon, 1962 (bes. 348ff.). Die Abstufung vom Rationalen zum Irrationalen (Zahlenverhältnisse – inkommensurables Mehr/Weniger) ist für die Musiklehre besonders an den folgenden Stellen vorausgesetzt oder genauer beschrieben: Philolaos, Fr. B6 D. –K.; Platon, Phileb. 17 C–E, 26 A (Peras – Apeiron), 51 D (›reine‹ Töne); Aristoxenos, Elem. harm. I 24, p. 30f. Da Rios (Einteilung des Tetrachords: gemeinsame Maßeinheit oder ἀσύμμετρον?), II 46 p. 57 (Problem der Dreiteilung des Tonschritts), III 68f. p. 85–7 (unendlich viele oder eine begrenzte Anzahl von Modulationen?) u.ö. (doch hat bei Aristoxenos der Gegensatz ῥητόν – ἄλογον die Bedeutung ›wahrnehmbar‹ – ›nicht mehr wahrnehmbar‹); Theo Smyrnaeus, Expos. rer. mathem. p. 50sq. Hiller (nach Adrastos, angeblich ›pythagoreische‹ Theorie: erste Zahlenlogoi = σύμφωνοι, weitere Zahlenlogoi = ἡρμοσμένοι, ἄλογοι = ἐκμελεῖς λόγοι); Cleonides, Isag. 5, und Gaudentius, Isag. 1, in: C. Jan, Musici Script. Gr., p. 189, 328 (ῥητόν = größenmäßig bestimmt = ἐμμελές, ἄλογον = unbestimmt größer oder kleiner = ἐκμελές); und ebenso Aristides Quintilianus, De mus. I 7 p. 11 Winnington-Ingram.

rierte Stimmung‹;

b) völlig irrationales, in keiner Weise theoretisch beherrschbares Mehr-oder-Weniger.

Den Unterschied zwischen höheren und tieferen Tönen erklärte man dabei mit der verschiedenen Länge oder Spannung von Saiten, mit der verschieden raschen Fortbewegung des Tons (der Luft) oder mit verschieden rasch aufeinanderfolgenden Anstößen (πληγαί, Schläge, Schwingungen). Daher war es auch eine strittige Frage, ob und wie inkommensurable Tonverhältnisse (C) real vorkommen können. Wenn man die Tonhöhe einfach nach der Zahl der Anschläge bemaß (und den Zeitfaktor unberücksichtigt ließ), konnte man erklären, daß *alle* Töne im Grunde zahlenmäßig bestimmt seien und daß man sie teils nach einfachen, teils nach komplizierteren und variablen Zahlenverhältnissen zu denken habe.[55]

Diese Ergebnisse und Probleme der akustischen Musiklehre sind nun offenbar in ›De sensu‹ auf das Gebiet der Farbentheorie übertragen. Wir können die beiden nun offenbar in Vorschläge (I und II), nach denen man sich dort die Anordnung der Farben denken soll, mit der Abstufung der musikalischen Intervalle koordinieren:[56] | 189

55 Entsprechung zwischen Bewegung (Geschwindigkeit) und Tonhöhe: Archytas Fr. A19 a, B 1 D.-K.; Timaios 67 BC. Ganzzahligkeit aller Tonverhältnisse: ›Euklid‹, Sect. canon., Introd. (p. 148f. Jan); Porphyrius, In Ptol. Harm., p. 32, 30 Düring (Herakleides Pontikos?). Näheres hierzu bei W. Burkert, a.O. 357–61; H. Flashar, Aristoteles – Problemata, Übersetzung und Kommentar, 1962, 595ff. (zu Probl. XIX).

56 Die Beschreibung des zweiten Vorschlags (444 a 3–6) ist nicht leicht zu verstehen. Es ist zu fragen: (a) Bezieht sich καὶ αὐτὰς ταύτας … nur auf das unmittelbar vorausgehende ἀτάκτους oder auf ἀτάκτους und τεταγμένας zusammen? (b) Wird damit lediglich der schon genannte Fall der ›ungeordneten‹ Mischungen expliziert, oder soll eine weitere Möglichkeit bezeichnet sein, die sich mathematisch von den beiden zunächst angegebenen unterscheidet? – O. Bekker (a.O. 401f.) übersetzte (indem er nach τοιαύτας interpungierte): »und diese selbst, sofern sie nicht rein sind, entstehen dadurch, daß sie nicht in solchen ⟨geordneten⟩ Zahlenverhältnissen stehen.« Er verstand also: »Die reinen Farben entsprechen den ›geordneten‹, die nicht reinen dagegen den ›ungeordneten‹ Zahlenverhältnissen.« Diese Deutung wird der von Aristoteles gebrauchten Terminologie nicht gerecht: ›ungeordnete Zahlenverhältnisse‹ sind nicht gleichbedeutend mit nicht-zahlenmäßigen Verhältnissen (μὴ ἐν ἀριθμοῖς, irrational). – R. Kucharski hat dagegen mit Recht angenommen (a.O. 363), daß Aristoteles hier drei Stufen unterscheide (τεταγμένον –ἄτακτον – μὴ ἐν ἀριθμοῖς), meinte aber, nur unter den ἄτακτοι gebe es die Möglichkeit der ›Verunreinigung‹ durch ›inkommensurable‹ Mischung. Wahrscheinlicher ist, daß es für alle reinen Farben, die eindeutig determinierten ebenso wie die undeterminiert-variablen, die Möglichkeit einer Abweichung zum Irrationalen und Unreinen geben soll.

	I	II
A	Einfachste Zahlenverhältnisse (ἐν ἀριθμοῖς εὐλογίστοις), entsprechend den συμφωνίαι der Musik;	1. Bestimmte, gesetzmäßig determinierte Zahlenverhältnisse (τεταγμέναι);
B		2. Nicht-determinierte, ›ungeordnete‹ Zahlenverhältnisse (ἄτακτοι);[57]
C	2. Nicht-zahlenmäßige, inkommensurable Verhältnisse (μὴ ἐν ἀριθμοῖς, ἀσύμμετρον).	3. Irrationale Verhältnisse (μὴ ἐν ἀριθμοῖς).

Die beiden Vorschläge unterscheiden sich also mathematisch im wesentlichen dadurch, daß im zweiten Fall (II) die ›ungeordneten Zahlenverhältnisse besonders berücksichtigt sind.[58] Vielleicht soll also diese Variante nicht nur eine Alternative zur ersten, sondern eine vollständigere, genauer differenzierende Ausführung darstellen.

Nach dem auf diese Weise bereitgestellten mathematischen Gerüst soll nun in ›De sensu‹ das ganze Farbenreich eingeteilt werden. Bei dem *ersten Vorschlag* (I) sieht die Abstufung folgendermaßen aus: 1. die schönsten, reizvollsten Farben: Rot, Purpur und einige weitere (etwa Gelb, Grün und Blau?); 2. die übrigen Farben, also sämtliche Zwischentöne der Farbskala. – Nach dem *zweiten Vorschlag* (II) dagegen würde gelten: 1. die Hauptfarben

57 Vielleicht wird man fragen, ob auch die ›geordneten‹ Zahlenverhältnisse den eigentlich symphonen, die ›ungeordneten‹ den von Tonart zu Tonart wechselnden emmelischen Intervallen entsprechen können. Aber der Begriff der ›Ordnung‹ (τάξις, τάττειν) wird gerade für die verschiedenen, mit Ganz-, Halb- und Vierteltönen variierenden Einteilungen des Tetrachords gebraucht (vgl. die Indices zu Aristoxenos, ed. Da Rios und Jan, Mus. Scr. Gr.). Zahlenmäßig ›ungeordnet‹ sind also in der Musik erst die Intervalle, die sich nicht mehr einer bestimmten Tongattung einfügen lassen; und von solchen ›ekmelischen‹ Zahlenverhältnissen zum Irrationalen führt dann immer noch ein weiterer Schritt. – Eher könnte man vermuten, daß mit den ›geordneten‹ Zahlenverhältnissen die ›überteiligen‹ und ›vielfachen‹ Logoi gemeint sind, die in der Musiktheorie eine besondere Rolle gespielt haben (vgl. ›Euklid‹, Sect. canon., Introd.; Claud. Ptolem., Harm. p. 11 Düring; Theo Smyrn., p. 50 Hiller).

58 An einer anderen Stelle (Metaph. Δ 15, 1020 b 26 –1021 a 13, vgl. Pl. U. L. 507f.) spricht Aristoteles von einer dreifachen Abstufung innerhalb des Bereichs der Zahlen: bestimmte Relationen wie 2 : 1, teilweise unbestimmte wie (n + 1) : 1, absolut unbestimmte wie (n + x) : n. Aber dabei ist gemeint, daß die Verhältnisse ›immer allgemeiner‹ werden, während in ›De sensu‹ gewisse *der Art nach verschiedene* Relationen auseinandergehalten werden sollen, wie es auch die Analogie zur Musiktheorie verlangt.

in reiner Form; 2. die übrigen Farben (Zwischentöne) in reiner Form; 3. alle diese Farben in unreiner Form.

Der sachliche Unterschied zwischen den beiden Einteilungsmöglichkeiten ist also darin zu erkennen, daß bei der dreifachen Abstufung (II) die *Reinheit* oder *Unreinheit* der Farben besonders erklärt werden kann. Hier sollen zunächst alle Farben zahlenmäßig bestimmt sein; und ausdrücklich wird dann gesagt, daß eben diese Farben auch unrein vorkommen können.[59] Der Sprung von den rationalen zu den irrationalen Verhältnissen trennt beim ersten Vorschlag (I) lediglich die Hauptfarben von den Zwischentönen der Farbreihe, beim zweiten Vorschlag (II) dagegen sämtliche reinen Farben von ihren unreinen Erscheinungsformen.

Worin die ›Unreinheit‹ besteht, kann man sich auf mehrfache Weise vorstellen. Bei den Farben wird man etwa daran denken, daß die primär aus Weiß und Schwarz gemischten Farben untereinander weiter vermischt und dabei verunreinigt werden können.[60] Entscheidend ist für das Verständnis aber wohl auch hier das Vorbild der Musiktheorie. Die zweite Variante der Farbenerklärung entspricht nämlich der Ansicht, daß alle Tonintervalle im Grunde ganzzahlig sein müssen, je nach der Zahl der Anschläge oder Schwingungen. ›Unreinheit‹ von Tönen oder Intervallen entsteht unter dieser Voraussetzung entweder dadurch, daß die Abfolge der Luftstöße ungleich rasch geschieht, also irgendwie schwankend und gestört ist,[61] oder – noch strenger genommen – dadurch, daß zwar stets die Summe der Schläge zahlenmäßig bestimmt ist, nicht immer aber das Verhältnis | der entspre- 190
chenden Bewegungen in der Zeit. Auch diese kinetische Erklärung der ›Un-

59 Vgl. o. Anm. 56. Der Gegensatz von ›Reinheit‹ und ›Unreinheit‹ findet sich im Bereich der Töne ebenso wie in dem der Farben. Ein ›reines‹ Melos entsteht dadurch, daß sich verschiedene, je klar bestimmte Töne ›einheitlich‹ zusammenfügen (Philebos 51 D). – Auch der ›Mischungs‹-Begriff wird auf die musikalischen Phänomene häufig angewandt; vgl. bei Platon und Aristoteles z.B. Sympos. 188 A, Soph. 253 B, Tim. 80 B, Nomoi II 665 A; Metaph. H 2, 1043 a 10, De anima I 4, 407 b 30–4, Polit. IV 3, 1290 a 13–29, Problem. 19, 38, 921 a 2–4.

60 Bei der Aufzählung der sieben Hauptfarben wird abschließend bemerkt (442 a 25), die übrigen Farben seien aus diesen gemischt. Vielleicht ist an die Möglichkeit sekundärer und noch komplizierterer Mischungen auch schon bei der Unterscheidung von ›geordneten‹ und ›ungeordneten‹ Zahlenverhältnissen zu denken (so P. Kucharski, a.O. 363). – Der Sache nach ist die weitere Vermischung von gemischten Farben bei Demokrit und im ›Timaios‹ und dann auch in der Schrift ›De coloribus‹ zu finden. Platon kommt bei ›Grün‹ bis zu einem vierten Grad (tertiäre Mischung).

61 Bei dieser Erklärung kann man sich im wesentlichen dem Kommentar Alexanders anschließen: Alexander Aphr., In Aristot. De sensu, p. 54, 22 – 55, 8 Wendland (CAG III 1). Er führt aus, bei den ἄτακτοι sei die Zusammenstellung oder Anordnung undeterminiert (variabel); z.B. könne man 5 und 10 in verschiedener Weise kombinieren. Im Falle der ›Unreinheit‹ sei die Mischung darüber hinaus ›ungleichförmig‹, d. h. es herrsche dann nicht in der ganzen Mischung die gleiche Kombination der Elemente (sondern z.B. 1 : 1, 1 : 2, 1 : 3 in ungeordnetem Gemenge). Alexander sieht also in dem ›nicht zahlenhaften‹ Verhältnis (μὴ ἐν ἀριθμοῖς) eine weitere Steigerung zum Beliebigen und Ungeordneten. Dies ist sachlich sinnvoll, führt aber nicht grundsätzlich über das Zahlenhafte hinaus zum Irrationalen und Inkommensurablen.

reinheit‹ kann von der Akustik auf die optischen Probleme übertragen werden.[62]

Im Zusammenhang mit der Musiktheorie ist es schließlich auch zu verstehen, daß Aristoteles die Zahl der Hauptfarben auf *sieben* festsetzt.[63] Diese Siebenzahl ist natürlich nicht empirisch, sondern systematisch begründet. Und es wird sich schwerlich eine andere Erklärung dafür finden lassen als die, daß man im Bereich einer Oktave sieben Einheiten annahm. (a) Entweder ist nämlich eine siebentönige Skala im Gesamtumfang einer Oktave vorausgesetzt, wie sie wahrscheinlich in der älteren griechischen Musik üblich war. Man hätte dann also etwa an die siebensaitige Leier und an die aus sieben Tönen bestehende ›Harmonia‹ des Philolaos zu denken.[64] (b) Oder es ist vorausgesetzt, daß im Abstand einer Oktave bei arithmetischer Einteilung sieben ganze Zahlen hervortreten: die Zahlen von 6 bis 12. Schon vor Platon hat in der Musiktheorie die Reihe der Zahlen 6 – 8 – 9 – 12 eine besondere Rolle gespielt, da sie das Verhältnis der Oktave (2 : 1), der Quinte (3 : 2) und der Quarte (4 : 3) in einfachster Form ganzzahlig zu erkennen gibt.[65] – Diese beiden Erklärungsmöglichkeiten stimmen im wesentlichen zusammen; und so können wir ziemlich eindeutig rekonstruieren, welche Gesamtskala Aristoteles vor Augen hatte. Er nennt zwischen Weiß

62 Daß die ›Mischung‹ der Farben als kinetischer Prozeß zu verstehen ist, wird ausdrücklich angedeutet (440 a 15ff., 442 a 15). Im ›Timaios‹ (67 BC, 80 AB) wird das Verhältnis von höheren und tieferen Tönen auf ein Bewegungsverhältnis zurückgeführt. Und von der verschiedenen Geschwindigkeit der Töne spricht auch noch Theo Smyrn. (p. 50 Hiller), wo er den Unterschied zwischen rationalen und irrationalen Intervallen behandelt. – Wie man auf Grund des Bewegungsfaktors auch bei atomistischen Voraussetzungen zu inkommensurablen Verhältnissen gelangen kann, wird u. Anm. 82 gezeigt (vgl. dazu auch Aelianus bei Porphyrius, In Ptol. Harm., p. 36f. Düring).

63 Auch von den Geschmäcken (χυμοί) soll es sieben Arten geben (442 a 17ff.): zwischen Süß (γλυκύ) und Bitter (πικρόν) werden fünf weitere aufgezählt. Die gleiche Liste der Geschmäcke erscheint auch bei Theophrast, De caus. plant. VI 4, 1, mit kurzem Hinweis auf die Farben: es gebe sieben Hauptfarben, wenn man Grau zu Schwarz nehme. Später werden die sieben Geschmäcke einmal zusammen mit den zwölf Farben, die Platon im ›Timaios‹ behandelt, für Pythagoras, Platon und Aristoteles in Anspruch genommen: Photius, Bibliotheca Nr. 249, p. 439 a 38 – b 12 Bekker. – Auch in der Suda (Suidae Lexicon IV p. 709f. Adler, s. v. Φαιόν ist die Erklärung der Farbmischung – Mittelstellung des Grauen und der bunten Farben zwischen Weiß und Schwarz – mit der Erklärung der Geschmäcke verbunden. Als platonisch wird hier eine Aufzählung von sieben Geschmäcken ausgegeben: ὀξύ – στρυφνόν – γλυκύ – ἁλμυρόν – πικρόν – δριμύ. Diese Skala (hier auch spekulativ mit den sieben Planeten in Verbindung gebracht) steht wegen der ausdrücklich betonten Mittelstellung des Süßen (γλυκύ) der Beschreibung der Geschmäcke im ›Timaios‹ näher (Tim. 65 B – 66 C) als der Aufzählung in ›De sensu‹. Aber im ganzen zeigt der ›Timaios‹ in dem Kapitel über die Geschmäcke doch ein komplizierteres Bezugssystem, differenziert nach Mehr und Weniger, Synkrisis und Diakrisis.

64 W. Burkert, a.O. 368–372, hat überzeugend dargelegt, daß die ältere siebentönige Skala der griechischen Musik, der die siebensaitige Leier entspricht, wahrscheinlich eine Oktave umfaßte und daß die für Philolaos überlieferte Tonleiter (Fr. B 6 D.–K.) eine ursprüngliche Anordnung zeigt, die innerhalb der Oktavspannung noch einen Ton aussparte: e f g a h d e. – Natürlich besagt die Möglichkeit einer Beziehung zur früheren, pythagoreischen Musiklehre nichts über die Entstehungszeit der mathematischen Farbentheorie. Ein archaisierender Rückgriff war jederzeit möglich.

und Schwarz, offenbar der Helligkeit nach, die Farben Gelb, Rot, Purpur, Dunkelgrün, Dunkelblau. Sicher nicht zufällig ergibt sich bei der Zusammenstellung, daß die Farben Rot und Purpur, die vorher als besonders ›symphone‹ Farben genannt worden sind, die Stelle der Quinte und der Quarte einnehmen.

Farben			Töne			Intervalle
1. *weiß* (λευκόν)	6	12	e *Nete*	1 : 1	2 : 1	Oktave
						Quarte
2. gelb (ξανθόν)			Paranete ⟨c Trite⟩			Quinte
3. *rot* (φοινικοῦν)	8	9	h Paramese	4 : 3	3 : 2	(Arithmet. u. Harmonische Mitte)
4. *purpur* (ἀλουργόν)	9	8	a *Mese*	3 : 2	4 : 3	
						Quinte

65 Zu der Zahlenfolge 6 – 8 – 9 – 12 bei den Pythagoreern: W. Burkert, a.O. 417f.; Á. Szabó, Der Ursprung des ›Euklidischen Verfahrens‹ und die Harmonielehre der Pythagoreer, Mathem. Annalen 150, 1963, 203–17. – Die wichtigsten Belegstellen: Hippasos Fr. 12 D.-K. (VS I 109); Philolaos Fr. B 6 D.-K.; Ps.- Platon, Epinomis 991 AB; Philon, De opif. Mundi 107f.; Ps.-Plutarch, De Mus. 23, 1139 B – 1140 A, dort im Anschluß an eine verlorene Schrift des Aristoteles (entweder an Περὶ φιλοσοφίας oder Περὶ τῶν Πυθαγορείων oder den Dialog des Eudemos. Natürlich hat man allgemein auch an die magisch-symbolische Bedeutung der Siebenzahl (Hebdomás) zu denken. Vgl. dazu und speziell zur Rolle der Siebenerintervalle (7 : 6, 8 : 7 u. a.) in der alten und neuen Musik: M. Vogel, Die Zahl Sieben in der spekulativen Musiktheorie, Diss. Bonn 1955. Um die Siebenzahl der Farben von der Musiktheorie her zu erklären, könnte man auch davon ausgehen, daß eine Oktave aus sieben aneinandergereihten Intervallen (etwa Ganz- und Halbtonschritten) besteht. Doch läßt die Beschreibung in ›De sensu‹ nicht an die aufeinanderfolgenden Strecken (Saitenabschnitte, Zwischenräume) denken, sondern an die zahlenmäßig bestimmten Markierungspunkte der Tonskala. Und Ptolemaios (Harm. p. 10 Düring, ebenso Porphyrius, In Ptol. Harm., p. 84f. Düring und Boethius, Inst. mus. V 5, p. 356f. Friedlein) erklärt, die musikalischen Phänomene habe man nicht mit dem gleitenden Ineinanderübergehen der Farben, wie man es beim Regenbogen sehe, zu vergleichen, sondern mit verschiedenen Farben, die unvermischt nebeneinandergesetzt sind. Ebensowenig können in ›De sensu‹ die sieben Töne der Oktave ohne den Oktavton selbst (e – d) gemeint sein; denn die besondere Bedeutung, die hier den Grenzwerten Weiß und Schwarz (Hell und Dunkel) zukommt, verlangt die Gesamtspannung der Oktave (2 : 1) als Analogie. – Wohl aber sind diese anderen Arten der Zählung und Vorstellung zugrundegelegt, wenn in der Neuzeit, ebenfalls nach dem Muster der musikalischen Einteilung des Monochords, von sieben Farben des Spektrums oder des Regenbogens gesprochen wird. Schon Newton ist so durch den Vergleich mit den Tonintervallen der Oktave wieder auf eine Siebenzahl von Farben gekommen, vgl. J. A. Lohne, Newton's ›Proof‹ of the Sine Law and his Mathematical Principles of Colors, Archive for History of Exact Sciences, 1, 1961, 389–405, bes. 399. Auf Newton folgte z.B. J. J. d' Ortous de Mairan mit der Schrift ›Sur les rapports entre les sept couleurs de prisme et les sept notes de la musique‹, 1720).

Farben			Töne			Intervalle
5. dunkelgrün (πράσινον)			g Lichanos			
6. dunkelblau (κυανοῦν)			f Parhypate			Quarte
7. grau und *schwarz* (φαιόν, μέλαν)	12	6	e *Hypate*	2 : 1	1 : 1	Oktave

191 | Dabei ist noch einmal darauf hinzuweisen, daß die Tonschritte innerhalb eines Tetrachords (also zwischen Nete und Paramese, Mese und Hypate) je nach den verschiedenen Tongeschlechtern der griechischen Musiklehre in Umfang und Anordnung vielfältig variieren können. Das bedeutet für die Farben, daß die einzelnen Werte nicht starr und einheitlich festzuliegen brauchen. Gerade auch die vielen Zwischennuancen der Farbskala lassen sich also nach der Analogie der musikalischen Tonleiter recht gut erklären.

Bei alledem muß besonders beachtet werden, daß Aristoteles nicht versucht, die einzelnen Farben ganz bestimmten mathematischen Verhältnissen zuzuordnen. Vielmehr werden anscheinend zwei Vorschläge unentschieden nebeneinandergestellt. Diese Unsicherheit ist kein Mangel der aristotelischen Darstellung. Offenbar wird die vorgetragene Theorie im ganzen als Hypothese behandelt. Als solche braucht sie die einzelnen Erscheinungen nicht gleich unmittelbar zu erfassen. Zunächst kommt es nur darauf an, ob ein Grundschema entworfen werden kann, das es ermöglicht, die Vielfalt der Erscheinungen grundsätzlich zu ordnen. Ob es möglich ist, den einzelnen Phänomenen einen Platz in dem hypothetisch aufgestellten System anzuweisen, ist eine andere Frage – die dann zur Korrektur und Weiterentwicklung einer solchen Hypothese führen mag.

V

Nach der sachlichen Erklärung bleibt uns noch die Aufgabe, die in ›De sensu‹ vorgetragene Farbentheorie auch quellenkritisch und historisch zu befragen. Es wäre nicht uninteressant zu wissen, *woher diese Theorie stammt*, und besonders: ob etwa Platon im ›Timaios‹ bereits eine Hypothese dieser Art im Auge hat, wenn er einschränkend bemerkt, die Angabe von genauen Mischungsverhältnissen sei nicht möglich.

Zweifellos war ein wechselseitiger, zunächst sprachlich-metaphorischer *Vergleich von Farben und Tönen* schon vor Aristoteles üblich.[66] So hat man schon im fünften Jahrhundert von einer ›Farbigkeit‹ oder ›Buntheit‹ (ποικιλία) in der Musik gesprochen. Insbesondere ist kennzeichnend, daß man eines der Tongeschlechter als das »farbige« (chromatische) ansprach. Es ist dasjenige musikalische Genos, das am leichtesten Übergänge und Variationen zwischen den Tonarten ermöglicht und das in sich die meisten Modulationen aufweist.[67] Ja, man nannte die Modulationen im Tetrachord (also die verschiedenen Intervallzusammenstellungen im Bereich einer Quarte) geradezu »Farben« (χρόαι).[68]

66 Selbst λευκόν und μέλαν werden in akustischem Sinn gebraucht (für ›hoch‹ und ›tief‹, vgl. Aristot., Top. I 15, 106 a 25-32). Daher liegt auch die Zuordnung des ›Weißen‹ zum ›hellen‹, des ›Schwarzen‹ zum ›dunklen‹ Grenzwert der Oktave besonders nahe.

67 Die Bezeichnung »χρωματικὸν γένος« zum Unterschied vom ›diatonischen‹ und ›enharmonischen‹ Tongeschlecht läßt sich bis auf Archytas von Tarent zurückverfolgen: Archytas, Fr. A 16 D.–K.; vgl. W. Burkert, a.O. 365ff.; H. Koller, Die Mimesis in der Antike, 1954, 143f. – Die griechischen Musikschriftsteller erklären den Namen des ›chromatischen‹ Genos mit dem Hinweis darauf, daß es zwischen den beiden anderen Tongattungen (hinsichtlich der Größe der Intervalle) eine Mittelstellung einnehme oder daß es von dem früheren, zunächst allein angewandten (diatonischen) Genos abweiche, also jedenfalls damit, daß es einen ›Wechsel‹ von einer Tonart zur anderen erlaubt: Theo Smyrn., p. 55 Hiller; Aristides Quintilianus I 9, p. 16; II 19, p. 92; III 11, p. 110 Winnington-Ingram; Nicomachus, Enchir., p. 263 Jan; Porphyrius, In Ptolem. Harm. comment., p. 157 Düring (vgl. auch Ptolem., Harm. p. 29, 98 Düring); Boethius, Inst. mus. I 21, p. 213 Friedlein. Worin das eigentliche Vergleichsmoment liegt, ist jedoch unklar: in dem bunten Wechsel von einer Farbe zur anderen (so ausdrücklich Boethius: tractum est autem hoc vocabulum, ut diceretur ›chroma‹, a superficiebus, quae cum permutantur, in alium transeunt colorem), oder im Farbigwerden eines zunächst Farblosen (Farbe = stärkerer sinnlicher Reiz), oder in der Mittelstellung der bunten Farben zwischen Weiß und Schwarz (so Aristides Quintilianus, p. 16 W.-I.)? Sehr wahrscheinlich ist hier jedenfalls die Sprache der Musiker von der Malerei her beeinflußt, in der das Begriffspaar ›Form‹ und ›Farbe‹ (σχῆμα – χρῶμα) seinen natürlichen Geltungsbereich hat (vgl. o. Anm. 3, u. Anm. 68). Außerdem ist bezeichnend, daß das chromatische Genos wegen seiner reichen Modulationsmöglichkeiten als besonders geeignet galt für ›süße‹ Melodik (vgl. Aristoxenos, Elem. harm. I 23, p. 30 Da Rios; Vitruv, De archit. V 4, mir freundlich nachgewiesen von G. Wille). In der neueren Musiklehre ist der Begriff ›Chromatik‹ rein terminologisch aus der Antike übernommen. Doch hat man sich, unabhängig davon, bis heute immer wieder um eine Koordinierung der Farb- und der Tonempfindung bemüht (vgl. A. Wellek, »Farbenhören« und »Farbenmusik« in: Musik in Gesch. u. Gegenw. 3, 1954, Sp. 1804–22).

68 Die Ermittlung der verschiedenen Einteilungsmöglichkeiten des Tetrachords (Tonarten, Modulationen) erscheint schon bei Philolaos und Archytas als wichtigste Aufgabe der Musiktheorie. – Nach Aristoxenos ergibt sich eine Verschiedenheit der ›Gestalt‹ (εἶδος, σχῆμα) aus der verschiedenen Reihenfolge (Anordnung, τάξις) der Tonschritte, also im Bereich einer Quarte je nach der Stellung des kleineren Intervalls (›Halbton‹, ›Viertelton‹): x y y , y x y , y y x . ›*Farben*‹ sind dagegen die Nuancierungen, die je nach der unterschiedlichen Größe der einzelnen Intervalle in den drei Tongeschlechtern möglich sind. Bei Aristoxenos setzt sich die Lehre durch, daß es sechs derartige Modulationen gibt: eines im enharmonischen, zwei im diatonischen und drei im chromatischen Genos. – Der Gebrauch des Begriffs ›Farbe‹ (χρόα, χρῶμα) in diesem speziellen oder ähnlichem musiktheoretischen Sinn kann durch die folgenden Stellen belegt werden: Platon, Nomoi II 655 A (vgl. 669 C); Aristoteles, Top. I 15, 107 b 27–3 2; Aristoxenos, Elem. harm., passim (vgl. den ›Index verborum‹ in der Ausgabe von R. Da Rios: χρῶμα = das chromatische Tongeschlecht, χρώματα = die Modulationen in diesem Genos, χρόαι = die Modulationen in allen drei Gattungen); Antiphanes, Fr. 209 Kock (II 272 Edmonds); Ps.-Plutarch, De mus. 1143 E; Cleonides und Gaudentius, p. 190–3, 329, 331, 416 Jan.

Sprach man also – schon zur Zeit Platons und noch früher – in der Musiklehre von ›farbigem‹ Wechsel, so lag es sehr nahe, auch umgekehrt die Ergebnisse der Musiktheorie auf das wesentlich schwierigere Problem einer gesetzmäßigen Erklärung der Farbphänomene anzuwenden.[69] Im Be-
192 reich der Musik war ja längst | grundsätzlich geklärt, was für die Farben erst noch ermittelt und erwiesen werden mußte: daß sich nämlich die qualitativ verschiedenen Empfindungen auf quantitative, mathematisch faßbare Unterschiede zurückführen lassen.[70]

Der methodische Grundgedanke einer wechselseitigen Betrachtung der Töne und der Farben konnte also leicht schon vor Aristoteles aufkommen. Stammt aber vielleicht doch die Durchführung dieses Gedankens, die ausgearbeitete Farbentheorie in ›De sensu‹, von Aristoteles selbst?[71] – Gegen diese Annahme spricht die Beobachtung, daß die mathematische Theorie in den Zusammenhang der aristotelischen Schrift mehr berichtweise eingefügt ist und daß sie sich mit den eigenen Anschauungen des Aristoteles nicht ganz verträgt.

Aristoteles erkennt zwar bei seiner Stellungnahme den Kern der mathematischen Farbenerklärung an, indem er daran festhält, daß die Verschiedenheit der Farben auf der Verschiedenheit der Mischungsverhältnisse beruht (440 b 18–23). Aber er kritisiert zugleich von seinem eigenen Standpunkt aus die atomistischen Vorstellungen, die in der Theorie, so wie er sie zunächst einmal wiedergibt, noch enthalten sind.[72] Eine vollständige Mischung, so erklärt er (440 a 31–b 18), kommt noch nicht dadurch zustande, daß die unsichtbar kleinen Teilchen verschiedener Substanzen ›neben einander liegen‹, sondern erst dann, wenn aus den verschiedenen Ingredi-

69 Bekannt ist der methodisch vergleichbare Gedanke der ›Sphärenharmonie‹, also die Übertragung musiktheoretischer Erkenntnisse auf die Probleme der Himmelsbewegungen. »Bei den Pythagoreern – und anscheinend nur bei ihnen – ist der allgemeine Gedanke der kosmischen Harmonie fortentwickelt zur Behauptung, daß die verschiedenen Abstände der Himmelskörper und die daraus resultierenden abgestuften Geschwindigkeiten harmonische Töne hervorbringen« (W. Burkert, a.O. 335, der im übrigen jedoch die systematische Ausführung des Gedankens bei den vorplatonischen Pythagoreern bezweifelt).

70 Die verschiedenen musikalischen Tonarten, Harmonien und Klänge konnte man einerseits exakt mathematisch darstellen; andererseits mußte man in der gefühlsmäßig und sogar ethisch verschiedenen Wirkung der Musik qualitative (nicht nur quantitative) Unterschiede anerkennen. Mathematisch ließ sich besonders der Gegensatz von rationalen und irrationalen Verhältnissen in der Musik als Wesens- oder Artverschiedenheit interpretieren. Der qualitative Charakter der verschiedenen musikalischen Intervalle und Tonsysteme wird gelegentlich durch den Vergleich mit den Farben erläutert, so z.B. Porphyrius, In Ptolem. Harm. comment. p. 58f., 62, 65 Düring (= Theophrast, Fr. 89 Wimmer, und Panaitios, Fr. 136 b Van Straaten: zwischen Tonschritten könne man ebensowenig arithmetisch ›halbieren‹ wie zwischen Weiß und Schwarz). – Übrigens wird den Farben eine ethische Wirkung, wie sie der Musik eigen ist, nicht zuerkannt (Ps.-Aristot., Problem. XIX 27, 29). – Vgl. zum ›wissenschaftlichen‹ Charakter der griechischen Musik die Vorträge von J. Lohmann, Die griechische Musik als mathematische Form, und O. Becker, Frühgriechische Mathematik und Musiklehre, Archiv f. Musikwiss. 14, 1957, 147–155 und 156–164. Eine umfassende Darstellung bietet das Werk von E. Moutsopoulos, La musique dans l'œuvre de Platon, Paris 1959 (Bibliothèque de Philosophie Contemporaine, 84).

enzien eine neue, homogene Substanz entsteht.[73] Rechnet man dagegen mit selbständig bleibenden Teilchen, können sich Schwierigkeiten ergeben (440 a 15–31): Nimmt man nämlich außerdem an, daß sich die einzelnen Teilchen je nach ihrer Beschaffenheit verschieden rasch von einem Gegenstand zu uns herbewegen, so folgt daraus, wie Aristoteles scharfsinnig zu bedenken gibt, daß wir ein gemischtfarbiges Objekt nicht streng gleichzeitig und einheitlich wahrnehmen können.[74]

Wenn also zu vermuten ist, daß die mathematische Farbentheorie ursprünglich nicht von Aristoteles selbst aufgestellt wurde – wo könnte sie sonst entstanden sein? Fassen wir ihre wichtigsten Merkmale zusammen – die mathematische Denkweise, das methodische Vorbild der Musiktheorie, die atomistische Mischungsvorstellung, den hypothetischen Charakter der ganzen Erklärung –, so weist dies alles ziemlich deutlich in eine bestimmte Richtung, nämlich auf die *platonische Akademie*. Im besonderen ist auch die Abstufung der mathematischen Logoi vom Zahlenmäßigen zum Irrationalen als platonische Denkform, ja als das platonische Modell für die Analyse des Seinsaufbaus im ganzen nachweisbar.[75]

71 Auf die Frage nach der Herkunft der mathematischen Farbentheorie in ›De sensu‹ sind bisher O. Becker und P. Kucharski genauer eingegangen. Beide nahmen starken ›pythagoreischen‹ Einfluß an (wie auch A.E. Taylor, a.O. 489–91), kamen aber im übrigen zu verschiedenen Ergebnissen. – O. Becker (a.O. 403) glaubte, die beiden oben besprochenen Varianten (I und II) auch quellenkritisch auseinanderhalten zu können: »Die erste Theorie ist die archyteisch-eudoxische …, die zweite die altakademische Betrachtungsweise.« Für eine so genaue historische Analyse fehlt freilich jede Handhabe. Der erste Vorschlag (I) ist zwar etwas einfacher als der zweite (II), aber methodisch gleichartig und durch nichts als zeitlich früher zu erweisen. Von einer älteren pythagoreischen Farbenerklärung ist keine greifbare Spur erhalten (vgl. o. Anm. 48). Richtig dagegen ist wohl der Eindruck, daß die Theorie in ›De sensu‹ insgesamt mehr platonisch-akademische als typisch aristotelische Züge trägt. – P. Kucharski (a.O. 376ff.) fand in ›De sensu‹ pythagoreisierende Tendenzen, wie sie nach Platons Tod in Akademie und Peripatos stärker aufgekommen seien. Wenn die Theorie nicht von Aristoteles selbst stamme, so sei sie wohl schon von Theophrast oder Aristoxenos angeregt. Dagegen ist einzuwenden, daß man sich ›pythagoreische‹ Anregungen auf Aristoteles viel eher verhältnismäßig früh, nämlich während seines Aufenthalts in der Akademie, vorstellen kann als in seiner spätesten Zeit. – Von beiden Ansätzen aus wird man also auf die platonische Schule verwiesen. Wie stark ›pythagoreische‹ Motive schon unter Platon in der Akademie wirksam waren, ist neuerdings mehrfach gezeigt worden (W. Burkert, a.O. 81 u.ö.; für die frühere Zeit Platons vgl. den o. Anm. 3 zitierten Aufsatz über »Platons Menon und die Akademie«). Und der Abschnitt im ›Timaios‹ beweist deutlich genug, daß Platon an einer systematischen Betrachtung der Farben interessiert war.

72 Vor allem der Gedanke eines ›Nebeneinanderliegens‹ der Mischungsbestandteile scheint atomistisch zu sein. Aristoteles kennzeichnet jedenfalls diese Vorstellung als eine von ›anderen‹ vertretene Ansicht (440 b 1 οἴονταί τινες). Der Ausdruck weist auf Demokrit (Theophr., De sens. 73; Alexander, In Aristot. De sensu comm., p. 56, 14sq. Wendland), aber ebenso auch auf Platon: Politeia IX 586 BC ὑπὸ τῆς παρ᾽ ἀλλήλας θέσεως ἀποχραινομέναις, Philebos 41 D ἅμα παρακεῖσθαι λύπας τε καὶ ἡδονὰς καὶ τούτων αἰσθήσεις ἅμα παρ᾽ ἀλλήλας ἐναντίων οὐσῶν γίγνεσθαι.

73 Aristoteles verweist dabei auf eine ausführliche Behandlung des Mischungsproblems (440 b 3 ὥσπερ ἐν τοῖς περὶ μίξεως εἴρηται). Gemeint ist wahrscheinlich De gen. et corr. I 10, II 7 (vgl. F. Solmsen, a.O. 368–378). Später hat die Stoa die verschiedenen Mischungsarten auch begrifflich genau unterschieden (SVF II, Fr. 463–481).

Was Aristoteles angeht, so wird bei der Annahme, daß er die mathematische Farbentheorie von seiner Akademiezeit her kennt, verständlich, daß er sie wie etwas Eigenes in seine Darstellung einbezieht und daß er sie zugleich kritisch modifiziert. In den anderen Schriften des Aristoteles ist die eigenartige Verbindung zwischen der mathematischen Musiktheorie und dem Problem der Farben nirgends zu finden.[76] Nur in dem speziellen Sachzusammenhang der Abhandlung ›De sensu‹ scheint Aristoteles die akademische Hypothese noch einmal aufgegriffen und seinen eigenen Ansichten
193 assimiliert zu haben.[77] Die wohl nicht | lange nach ›De sensu‹ im Peripatos entstandene, wahrscheinlich von Theophrast verfaßte Sonderschrift ›De co-

74 Aristoteles setzt sich hier mit einer Auffassung auseinander, die auch im ›Timaios‹ zu finden ist. Zunächst lehnt er es ab, Farbe als ἀπορροή zu verstehen, und stellt sich damit in Gegensatz zu Empedokles und Platon. Dann gesteht er zu, daß die vorgetragene Mischungstheorie auch unter atomistischen Voraussetzungen weitgehend verteidigt werden könne, meint aber, daß sie im Grunde die Annahme eines ›nicht-wahrnehmbaren Zeitquantums‹ (χρόνος ἀναίσθητος) verlange – eine Annahme, die Aristoteles widerlegen zu können glaubt (De sensu 7, 448 a 1– b 17). Platon rechnet im ›Timaios‹ (80 AB) auf akustischem Gebiet damit, daß die verschieden raschen (= verschieden hohen) Töne einer Konsonanz in der Tat nicht gleichzeitig das Wahrnehmungsorgan erreichen. Daß es ›nicht-wahrnehmbare Zeitdifferenzen‹ gibt, hat dann anscheinend besonders Herakleides Pontikos nachzuweisen gesucht (Porphyrius, In Ptol. Harm. comm., p. 30sq. Düring; ähnlich Ps.-Aristoteles, De audib. 803 b 34ff.), und zwar verglich er dabei die akustischen mit optischen Phänomenen: Einen farbigen Punkt sehen wir auf einem rasch bewegten Kreisel als Linie, einen Strich als Fläche; ebenso empfinden wir einen Ton, obwohl er aus vielen einzelnen Stößen besteht, als kontinuierlich, weil wir die Pausen der intermittierenden Bewegung nicht wahrnehmen.

75 Auch die ›pythagoreisch‹ anmutenden Züge der Theorie dürften durch die platonische Schule vermittelt sein (vgl. o. Anm. 71). – Eine methodische Orientierung an der Musiktheorie ist bei Platon schon im ›Symposion‹ zu beobachten (186 D–188 B: musikalische Harmonie als geordnete ›Mischung‹), dann in Verbindung mit der Ideen-Dialektik im ›Sophistes‹ (253 B–E), mit der Kosmologie im ›Timaios‹ (35 D – 36 D). – Zum *Hypothesis*-Begriff Platons vgl. den o. Anm. 3 genannten Menon-Aufsatz. Als ›hypothetisch‹ bezeichnet Platon z.B. auch die Einführung der beiden Elementardreiecke zur Begründung der Atomlehre (Timaios 53 D, 54 A, 55 E); das hypothetisch Angenommene vermittelt hier wie sonst bei Platon zwischen den »noch höheren Ursachen« und den einzelnen konkreten Erscheinungen. – Zur Bedeutung der mathematischen Logostheorie für die platonische Seinslehre (Ideen-Dihairesis, Atomlehre, Seelenstruktur): Pl. U. L. passim.

76 Während die spezifischen Züge der Theorie in ›De sensu‹ (Verbindung des Farbenproblems mit der mathematischen Musiklehre) sonst bei Aristoteles nicht mehr vorkommen, lassen sich die allgemeineren Vorstellungen, auf denen auch die Darstellung in ›De sensu‹ beruht, öfters nachweisen: (a) Die Annahme verschiedenartiger Mischungsprozesse (s.o. Anm. 53); (b) die Bedeutung von Licht, Dunkel, Durchsichtigem, Bewegung für den Sehvorgang: De anima II 7, 418 a 26–419 b 3, Metaph. Λ 4, 1070 b 18–21; (c) Rot und andere Farben in der Mitte zwischen Weiß (Hell) und Schwarz (Dunkel): Metaph. I 7, 1057 a 21–6, auch 1057 b 13–19 (die Krisis und Synkrisis zwischen Weiss und Schwarz), De insomn. 459 b 11–8 und besonders Meteor. III 2, 371 b 4 – 372 a 11; 4, 374 b 8 – 375 a 28 (die drei Farben des Regenbogens zwischen Hell und Dunkel: φοινικοῦν – πράσινον – ἁλουργόν – wobei Gelb zwischen Rot und Grün als bloße Kontrasterscheinung erklärt wird, vermutlich deswegen, weil ein stetiger Übergang von Hell zu Dunkel gefordert wird); (d) der Gedanke, daß der Logos als ›Mischungsformel‹ für eine Sache bestimmend ist: Metaph. N 5–6, 1092 b 8 – 1093 b 29, bes. 1092 b 17–23 (οὐσία = λόγος μίξεως ἀριθμῶν σωματικῶν) und 1092 b 16, 1093 b 22 (beiläufige Erwähnung der Farbe ›Weiß‹). Vgl. die Übersicht bei E. Veckenstedt, a.O. 16–22.

loribus‹ verzichtet schon ganz auf alles Mathematische zugunsten einer stärker empirischen Einstellung.[78]

Im übrigen wird es freilich kaum mehr möglich sein, den persönlichen Anteil genauer zu bestimmen, den etwa Aristoteles selbst oder ein anderes Mitglied der Akademie an der ersten Entwicklung der mathematischen Farbentheorie gehabt hat. Wir müssen uns mit dem Ergebnis begnügen, daß sie nach methodischen Regeln entworfen ist, die in der Schule Platons allgemein gebräuchlich und anerkannt waren. Manches spricht, wie im letzten Teil dieses Aufsatzes gezeigt werden soll, dafür, daß kein Geringerer als Eudoxos von Knidos an der Ausarbeitung dieser Theorie mitgewirkt hat. Aber auch ihn können wir nicht mit Sicherheit als den eigentlichen Urheber erweisen.

VI

Fast könnte es nun so aussehen, als hätten wir uns durch den Gang der Untersuchung in einen Widerspruch verstrickt. Der Ausblick auf die bei Aristoteles vorliegende Farbentheorie sollte uns ein Beispiel geben für die

77 Ein Bericht bei Ps.-Plutarch, De mus. 1139 B – 1140 B läßt vielleicht darauf schließen, daß Aristoteles auch in einer verlorenen, exoterischen Schrift (manches spricht für den Dialog ›Eudemos‹, vgl. o. Anm. 65) die mathematische Farbentheorie erwähnt hat. Nach diesem Zeugnis (= Aristotelis fragm. sel., p. 92–4 Ross) hat Aristoteles ausgeführt, nicht nur bei der allgemeinen Betrachtung der Zahlenproportionen, sondern auch in den Sinneswahrnehmungen erweise sich die ›göttliche‹ Macht der ›Harmonie‹, und zwar besonders im Bereich des Gesichts und Gehörs, die ›mit Licht und Stimme die Harmonie zur Erscheinung bringen‹. Mit der optisch wahrnehmbaren Harmonie mag Aristoteles dabei hauptsächlich die Ordnung der Himmelssphären gemeint haben (vgl. Platon, Politeia VII 530 D, Timaios 46 E–47 C und noch Ptolem., Harm. 93–5 Düring). Aber es ist gut denkbar, daß auch die in ›De sensu‹ beschriebene Analogie von Tönen und Farben vorausgesetzt ist; die mathematische Farbentheorie ist mit der Harmonie der Sphären und der Harmonie der Töne systematisch verbunden, zumal durch den gemeinsamen Begriff der Kinesis. Den gleichen Zusammenhang zeigt eine Stelle im Philebos (51 B–E) über die ›reinen‹ Sinneswahrnehmungen, wo die schönen Farben neben den melodischen Tönen genannt werden (s.u. Abschn. VII).

78 Zum Problem der Verfasserschaft zuletzt H. B. Gottschalk, The ›De coloribus‹ and its author, Hermes 92, 1964, 59–85: »The book must have been written by Theophrastus or by an unknown pupil who followed his master (Theophr.) so closely that we can no longer detect any traces of an independent mind in his work« (85). – Mit der stärkeren Hinwendung zur Empirie verbindet sich auch noch in dieser peripatetischen Schrift die Ablehnung gewisser Untersuchungsverfahren (s.o. Anm. 28) und die Feststellung, daß wir die Farben immer nur unrein und vielfach vermischt wahrnehmen können (De color. 793 b 12 ff.). Doch ist dies hier anders motiviert als im ›Timaios‹. Dort war es der Gedanke, daß sich die idealen Formen in den Phänomenen nicht sicher erkennen lassen; hier, bei Theophrast, spürt man bereits die aufkommende Skepsis, die allgemein die Möglichkeit eines Hinausgehens über das empirisch Gegebene bezweifelt. – In den methodisch wichtigen Eingangskapiteln der Schrift (De color. 2 u. 3) treten ferner die platonisch-aristotelischen Gegensatz- und Relationsbegriffe noch stark hervor. Die Farben sollen durch ein Zusammenwirken von Hell und Dunkel entstehen; die Reihe der Farben φοινικοῦν – ἁλουργές – ὄρφνινον soll durch abnehmende Helligkeit bestimmt sein (792 a 9–29); das Mischungsverhältnis (ἡ πρὸς ἄλληλα κρᾶσις, μίξις) wird allgemein mit den Begriffen μᾶλλον/ἧττον (792 a 4–28, b 24, 793 a 3–9), λόγος (792 a 32, 793 a 6) und ἐπικρατεῖν (793 b 29) bezeichnet.

Methode, die Platon im ›Timaios‹ ablehnt, wenn er die Angabe von genauen Maßverhältnissen der Farbmischung als unmöglich erklärt (Timaios 68 B). Von dem aristotelischen Text aus aber sind wir jetzt zu dem Resultat gelangt, daß die dort vorgenommene mathematische Klassifizierung der Farben am ehesten aus der Schule Platons stammt. Es handelt sich jedoch nur um einen scheinbaren Widerspruch, wie sich gleich herausstellen wird, wenn wir versuchen, die kritische Zwischenbemerkung im ›Timaios‹ genauer zu verstehen.

Die Mischung der übrigen Farben aus den Grundfarben läßt sich, so heißt es im Timaios,[79] nicht nach exakten Maßverhältnissen bestimmen; denn dafür gibt es weder eine streng mathematische Gesetzmäßigkeit (ἀνάγκη) noch eine deutlich erkennbare ›abbildhafte‹ Ordnung (εἰκὼς λόγος).[80] Es ist zu beachten, daß diese Einschränkung nicht der Darstellung der vier Grundfarben gilt, die zunächst systematisch abgeleitet werden, sondern den unendlich vielfältigen Mischungsmöglichkeiten, nach denen die sichtbaren Farben aus den vier Grundqualitäten hervorgehen. Damit stimmt die mathematische Darstellung in ›De sensu‹ durchaus überein; denn auch dort sind es nicht eigentlich die vielen mehr oder weniger ›unreinen‹ Mischfarben, die systematisch genauer erfaßt werden sollen, sondern einige besonders ausgezeichnete Grundfarben. Auch nach der Theorie in ›De sensu‹ ist anzunehmen, daß sich die aus den Grundfarben zusammengesetzten Mischungen allmählich im Irrationalen, d. h. im Unbestimmten und Nichtmeßbaren verlieren.

Überhaupt geht Platon, wenn wir die einschränkende Bemerkung richtig auffassen, gar nicht darauf aus, eine mathematische Theorie zur Er-
194 klärung der Farben | abzulehnen. Zurückgewiesen wird nur die Vorstellung, man könnte exakte Maßangaben für die empirisch vorkommenden Farben verwenden. So müssen wir es doch wohl verstehen, wenn Platon –

79 Timaios 68 B. – Theophrast, De sens. 86, gibt die folgende Paraphrase: ἐν οἷς δὲ λόγοις, οὐδ' εἴ τις εἰδείη χρῆναι λέγειν φησίν, ὧν οὐκ ἔχομεν εἰκότα λόγον ἢ ἀναγκαίον … Bei seiner kritischen Stellungnahme bemerkt Theophrast dazu (De sens. 91): die Zurückhaltung Platons sei zwar insofern berechtigt, als eine genaue Ermittlung der Ursachen bei den einzelnen Mischfarben nicht möglich sei, aber Platon habe es doch versäumt, seine Angaben wenigstens irgendwie plausibel zu erläutern: τὴν δὲ τῶν ἄλλων μῖξιν [τὸ ἀφαιρεῖν] ὅλως οὐκ ἐνδέχεται ἀποδοῦναι ταῖς αἰτίαις, δεῖται δέ τινος λόγου καὶ πίστεως.

80 Die beiden Ausdrücke ἀνάγκη und εἰκὼς λόγος sind im ›Timaios‹ mehrmals miteinander verbunden (40 E, 53 D, 68 B). Der erste Begriff bezeichnet vorwiegend die streng geregelte Gesetzmäßigkeit eines Seinsbereichs oder Seinsaspekts, noch ohne Beziehung auf die Wertnormen des Schönen und Guten; der zweite zielt auf die ideale Begründung, wobei sich jedoch das menschliche Erkenntnisvermögen mit der vorläufigen Annäherung an die paradeigmatische Vernunft-Ordnung begnügen muß (vgl. bes. 29 CD). – Im Anschluß an den Abschnitt über die Farben ist eine Besinnung auf die beiden verschiedenen Arten der Verursachung, Nus und Anánke, eingefügt: »Die göttliche Ursache (Nûs) muß man überall aufsuchen, um das glückliche Leben (die Eudaimonie) zu erlangen, soweit unsere (menschliche) Natur dazu fähig ist; die notwendige Ursache (Anánke) aber müssen wir um jener anderen willen suchen, indem wir bedenken, daß es ohne sie nicht möglich ist, eben jenes andere, auf das unsere ernsthafte Bemühung gerichtet ist, zu erkennen oder zu erfassen oder sonstwie Anteil daran zu erhalten« (Timaios 69 A).

merkwürdig umständlich – erklärt: selbst dann, wenn einer etwa das Wissen von den Maßverhältnissen besäße (εἴ τις εἰδείη), hätte es keinen Sinn, im gegebenen Zusammenhang darüber zu sprechen. Man kann sehr wohl, scheint Platon sagen zu wollen, eine mathematische Hypothese zur systematischen Erklärung der Farben aufstellen; aber es ist unangemessen (μὴ μετρίως …), eine solche Theorie unmittelbar auf die Phänomene anzuwenden und die einzelnen sichtbaren Farben auf diese Weise zu beschreiben. Dies wäre nur möglich, wenn man das Quantum der Grundfarben in einer konkreten Mischung exakt feststellen könnte oder wenn empirisch eine deutlich begrenzte Anzahl von gleichbleibenden Farbtönen vorkommen würde. Da dies aber nicht der Fall ist, hat es auch keinen Sinn, für einzelne Farbphänomene bestimmte Mischungsformeln wissen zu wollen. Die Farben entziehen sich, so wie sie uns erscheinen, mit der unendlichen Vielfalt und dem dauernden Wechsel ihres Aussehens der Analyse nach Maß und Zahl.

Man erhält also im ganzen den Eindruck, daß Platon mit der methodischen Feststellung im ›Timaios‹ nur die unbedachte Anwendung, nicht die Möglichkeit einer mathematischen Farbentheorie an sich kritisch abweist. Ja, er deutet klar genug an, daß jedenfalls die grundlegenden Voraussetzungen des Wahrnehmungsprozesses nach Zahlen- und Maßverhältnissen bestimmt sind, wenn es auch nicht möglich ist, die exakten Bezüge bis in die einzelnen Erscheinungen hinein zu verfolgen.

Es dürfte demnach sogar erlaubt sein, die mathematische Theorie zur Farbenerklärung, die bei Aristoteles zu lesen ist, nicht nur allgemein für die Akademie, sondern in den Grundlinien auch für Platon selbst in Anspruch zu nehmen. Man muß nur bedenken, daß die beiden Arten der Darstellung sachlich und methodisch nicht den gleichen Geltungsbereich haben, daß sie sich aber umso mehr gegenseitig ergänzen können. Die literarische Darstellung im ›Timaios‹ hält sich an den εἰκὼς λόγος und zeigt auf anschauliche Weise, wie sich zwischen dem speziellen Problem des Farbensinns und der Gesamtordnung des Kosmos gewisse strukturelle Zusammenhänge herausstellen; und überhaupt geht der Dialog mehr auf die konkreten physiologischen Aspekte des Wahrnehmungsprozesses ein. Zurückgehalten wird dagegen die streng mathematische Theorie, die noch einfacher und objektiver die maßgebenden Strukturen herausstellt, sich aber von den Phänomenen weiter entfernt. Im Bereich der Schule konnte Platon jedoch eine solche mathematische Theorie durchaus zur Diskussion stellen und – als Hypothese – akzeptieren. Denn dort waren die fachwissenschaftlichen Voraussetzungen gegeben, und allgemeine Mißverständnisse mußten weniger befürchtet werden. Die kritische Zwischenbemerkung zur Frage der erreichbaren Exaktheit dürfte also zu den auch sonst gerade im ›Timaios‹ gebrauchten Verweisungssätzen gehören, mit denen Platon etwas zurückhält, nicht weil er es der Sache nach für unmöglich oder verfehlt halten würde, sondern weil er einem naheliegenden Mißverständnis und einer un- | ge- 195 rechtfertigten Anwendung des richtig Erkannten mit der nötigen Vorsicht begegnen will.[81]

Um die mathematische Theorie aus ›De sensu‹ im einzelnen mit dem ›Timaios‹ zu verbinden, kann man davon ausgehen, daß sich die ersten vier Farben auch nach dem ›Timaios‹ grundsätzlich wie ganze Zahlen zueinander verhalten müssen, je nach der strukturellen Zusammensetzung der am Wahrnehmungsprozeß beteiligten Atomarten (γένη). Bei den Mischfarben soll dann hier wie dort das Verhältnis der jeweils zusammenwirkenden Grundfarben den Ausschlag geben, nur daß das Mischungsverhältnis im konkreten, empirisch vorkommenden Fall kaum jemals zahlenmäßig ›rein‹, sondern wohl immer irrational-unbestimmt und ›unrein‹ sein wird.[82] – Vielleicht wird man es zunächst als wesentlichen Unterschied ansehen, daß die Theorie in ›De sensu‹ nur zwei Extremwerte (Schwarz und Weiß) voraussetzt, während im ›Timaios‹ vier Grundfarben herausgestellt werden. Aber auch dies läßt sich ohne größere Schwierigkeit vereinbaren. Zum einen rechnet auch die Darstellung in ›De sensu‹ mit zwei weiteren festen Werten zwischen Weiß und Schwarz, entsprechend der Quinte und der Quarte in der Musiktheorie. Und zum anderen hat schon Theophrast erklärt, Platon nehme im ›Timaios‹ zwei Hauptfarben an, nämlich Weiß und

81 Vgl. Timaios 28 C, 48 C, 53 D. – A.E. Taylor (a.O. 485) schrieb zu der einschränkenden Bemerkung Platons, ihre Beziehung auf die ›Schule‹ im Ansatz richtig erkennend: »One cannot help suspecting that speculations of this kind were common among some of his (sc. Timaeus') associates, and that they were put forth with a confidence which Plato, speaking through his mouth, thinks it proper to reprehend. If we knew more, we might perhaps even find that there is just a touch of burlesque underlying the whole passage ...«.

82 Allerdings ist nicht selbstverständlich, daß nach den atomistischen Voraussetzungen des ›Timaios‹ überhaupt irrationale Verhältnisse im streng mathematischen Sinn auftreten können. Wenn die verschiedenen Arten von Feuer-Atomen, die sich bei der Farbwahrnehmung mischen, in einem zahlenmäßigen Größenverhältnis stehen (bedingt durch die Zusammensetzung aus Dreiecksflächen, vgl. o. Abschn. III), müssen sich auch die Mengenanteile in einer Mischung immer rational zueinander verhalten. Etwas anderes ergibt sich jedoch, wenn man die Mischung kinetisch versteht. Dies liegt im ›Timaios‹ um so näher, als dort im ganzen die Sinneswahrnehmungen mit Bewegungsvorgängen erklärt werden (vgl. o. Anm. 39) und als auch bei den vier Grundfarben von der verschiedenen Geschwindigkeit der Korpuskeln gesprochen wird (67 E ὀξυτέρα φορά). – Nach den sonstigen Angaben im ›Timaios‹ ist der Bewegungsgrad proportional der relativen Größe der Atome: je mehr die Bestandteile einer Mischung quantitativ differieren, um so mehr Kinesis wird herrschen, wobei sich die kleinsten Teilchen am schnellsten bewegen (vgl. o. Anm. 34). Nimmt man nun beispielsweise an, daß die Größenrelation (G) dem Quadrat der Kinesis (K) entspricht, so gilt die einfache Funktion: K ist proportional $\sqrt{G}$. Damit kann man für den vorliegenden Fall die folgende Berechnung aufstellen. Größenverhältnis der Tetraeder (Feuer-Atome), je nach der Zusammensetzung aus Dreiecken (vgl. Pl. U. L. 146f.): 1, 4, 9, 16, 36; Größe der Teilchen des Sehstrahls: 16; Ungleichheitsverhältnis der Mischung von äußerem und innerem Feuer: 16/36, 16/9, 16/4, 16/1; entsprechender Bewegungsgrad: 2/3 (Schwarz), 4/3 (Weiß), 2/1 (Rot), 4/1 (Glänzend). Bei weiteren Mischungen ergeben sich nun daraufhin auch irrationale Werte, z.B. für das einfachste Verhältnis von Schwarz und Weiß (1:2) der Bewegungsfaktor $\sqrt{2}$. Freilich ist im konkreten Fall alles noch wesentlich komplizierter, da nicht nur die Größe (und Bewegung) der einzelnen Teilchen, sondern auch das Mengenverhältnis der Mischung mitspielen muß. Um so besser versteht man aber auch, daß bei der Mischung der vielen sichtbaren Farben aus den Grundfarben auf genaue Maßangaben gänzlich verzichtet werden soll.

Schwarz; alle übrigen seien aus diesen abgeleitet, das ›Glänzende‹ z.B. als eine besondere Art des Weißen.[83] In der Tat beruht die ganze Darstellung der Farben im ›Timaios‹, wie sich uns ergeben hat, auf dem einfachen Unterschied von ›Größer‹ und ›Kleiner‹ (oder Synkrisis und Diakrisis), einem ursprünglichen Gegensatz, der vor allem die Zweiheit von Weiß und Schwarz hervorruft.[84]

Die Gemeinsamkeit der Methode und der Gesamtauffassung ist jedenfalls zwischen den beiden Darstellungen – der mehr anschaulich-physiologischen und der rein mathematischen – wesentlich stärker als das Unterschiedliche.[85] Hier wie dort zielt die Untersuchung auf eine dialektisch-dihairetische Ordnung, die das scheinbare Apeiron der Farbenwelt gesetzmäßig faßbar macht; und hier wie dort findet man das

83 Theophrast, De sens. 86: λαμπρὸν δὲ τὸ †ἀερῶδες† λευκόν. Auffallend ist, daß Platons vierte Grundfarbe (Rot) hier nicht erwähnt wird. Wahrscheinlich ist mit einer Textlücke zu rechnen (wie auch G. M. Stratton, a.O. 212f. vermutet). Jedenfalls konnte Theophrast ›Rot‹ ebensogut wie ›Glänzend‹ als eine Art des ›Weißen‹ ausgeben, da sich bei Platon diese beiden Grundfarben vom ›Weißen‹ primär nur durch eine Steigerung zum noch Kleineren und Rascheren unterscheiden sollen und da alle drei zusammen dem ›Schwarzen‹ gegenüberstehen. Statt ἀερῶδες schrieb Diels (Doxogr. Gr., p. 525) πυρῶδες, schwerlich das Richtige treffend. Vielleicht ist zu schreiben: λαμπρὸν δὲ ⟨καὶ ἐρυθρὸν⟩ το *ἀνθῶδες* λευκόν.

84 Ein anderer Unterschied besteht darin, daß in ›De sensu‹ die Mischung der Farben zwischen Weiß und Schwarz ganz objektiv beschrieben wird, während der ›Timaios‹ von einem Wechselverhältnis zwischen Auge (subjektivem Licht) und Gegenstand (objektivem Licht) ausgeht. Aber auch dies bedeutet keinen sachlichen Widerspruch. In den ›Logoi‹ der mathematischen Theorie ist die seelische Adäquatheit mit enthalten. Und wenn im ›Timaios‹ die Relation zum Subjekt stärker hervortritt, so deshalb, weil hier die Phänomene konkreter physiologisch untersucht werden (vgl. auch Timaios 61 CD über die Wechselbeziehung zwischen Sinnesorganen und Sinnesqualitäten; Theophr., De sens. 60f. über den Zusammenhang des subjektiven und objektiven Moments bei Demokrit und Platon). Ferner ist zu beobachten, daß im ›Timaios‹ die Unterscheidung zwischen schönen (lustvollen) und weniger angenehmen Farben keine Rolle spielt, während die Theorie in ›De sensu‹ durch dieses werthafte Kriterium bestimmt wird. Aber Platon konnte durchaus, wie im ›Timaios‹ beim Gehör (80 AB), so anderswo auch bei den Farben nach den besonders reinen, schönen und lustvollen Erscheinungen fragen (s. u. Abschn. VII zu Phileb. 51 CD). Im ›Timaios‹ wird festgestellt, der Sehvorgang an sich sei nicht von Lust oder Unlust begleitet (64 DE); dies soll jedoch offenbar nur für die einfache Synkrisis und Diakrisis des Sehstrahls gelten (also bei Wahrnehmung von Hell und Dunkel; oder bei mechanischer Einwirkung?), während sich bei der Wahrnehmung der bunten Farben im Inneren des Auges auch ›gewaltsame‹ (68 A 1) Prozesse abspielen, die notwendigerweise Lust oder Unlust verursachen.

85 Wenn der hypothetische Charakter beider Darstellungen und die Verschiedenheit des Gesichtspunktes und sachlichen Geltungsbereichs nicht ausreichen sollten, um die Unterschiede im Rahmen des platonischen Denkens zu erklären, kann man selbstverständlich auch eine Entwicklung bei Platon annehmen. So könnte man vermuten, daß die Behandlung des Farbenproblems im ›Timaios‹ zur genaueren Ausarbeitung der mathematischen Hypothese in der Akademie angeregt hat. Ebensogut denkbar ist jedoch, daß die mathematische Theorie, wie sie Aristoteles wiedergibt, im wesentlichen schon vor dem ›Timaios‹ in der Akademie aufgestellt worden ist, Platon im ›Timaios‹ also bereits gewisse Modifizierungen und Einschränkungen anbringt. Daß im ›Philebos‹ (51 CD) eine mathematische Farbentheorie und überhaupt ein enger Zusammenhang zwischen der Proportionenlehre und der allgemeinen Ontologie vorausgesetzt zu sein scheint (s. u. Seite 497f.), hilft in chronologischer Hinsicht nicht weiter, da sich das Zeitverhältnis zwischen ›Timaios‹ und ›Philebos‹ bisher nicht sicher ermitteln ließ.

Auseinanderlegen der komplexen Erscheinungen nach dem Gegensatzverhältnis von Einheit und Vielheit, bestimmter Mitte und unbestimmtem Mehr-oder-Weniger, die Reduktion der qualitativen Eindrücke auf meßbare Einheiten der Größe, der Struktur, der Zahl. Die Darstellung im›Timaios‹ ist, wie wir zu zeigen versuchten, systematisch auf die Ideen- und Prinzipienlehre Platons bezogen. Und die mathematische Theorie in ›De sensu‹, die wir der Herkunft nach für platonisch halten, beruht auf der Proportionenlehre, die für die ganze Ontologie Platons als Strukturmodell gedient zu haben scheint.[86]

Unverkennbar ist besonders auch, daß beide Darstellungen darauf ausgehen, in platonischem Sinne zwischen den allgemeinen Prinzipien und den sinnlich gegebenen Einzelerscheinungen durch die Einführung von Hypothesen zu vermitteln. Dabei ist die abbildhaft-hypothetische Erklärung von ›oben‹ her durch die ersten Prinzipien und absolut grundlegenden
196 Ideen bestimmt. Der analytischen Re- | duktion von den hypothetischen Annahmen zu den einfachsten Prinzipien und Elementen entspricht die synthetische Derivation aus diesen Voraussetzungen. Und ebenso wird die platonische Forderung, der zugrundegelegte Logos sei bei der Beschreibung der Erscheinungen so weit wie möglich ›durchzuhalten‹, sinngemäß ergänzt durch die umgekehrte Forderung einer ›Rettung der Phänomene‹. Da ferner in dem ganzen Zwischenbereich verschiedene Hypothesen durch Analogien miteinander verbunden sind (z.B. die Gesetzmäßigkeiten auf optischem und auf akustisch-musiktheoretischem Gebiet), zeigt sich insgesamt die platonische Absicht, zwischen dem Einfachen und dem Unbestimmt-Vielen durch ein Geflecht von Hypothesen Übergänge und Zusammenhänge zu ermitteln.

86 Wahrscheinlich hat man sich auch die Dihairesis der Ideen, da sie bei Platon nach Art einer linearen Einteilung beschrieben zu werden pflegt (vgl. Pl. U. L. 125ff.), im Vergleich mit der Unterteilung der musikalischen Tonskala vorzustellen. Man findet hier verschiedene Intervalle und Intervallverbindungen. Insbesondere ist auch der Übergang zum Irrationalen an der Tonleiter zu studieren. ›Halbierung‹ eines Tonintervalls ist gleichbedeutend mit der Teilung nach der geometrischen Mitte. Und durch verschiedene zahlenmäßig bestimmte Schritte (besonders durch die wiederholte Einschiebung des Arithmetischen und Harmonischen Mittels) kann man die inkommensurablen Größen eingrenzen. Schließlich ist es wohl für die ›Ideenzahlen‹ selbst aufschlußreich, daß die den Tönen zugeordneten Zahlenverhältnisse – anders als die entsprechenden Strecken auf der Saite – ›nicht addierbar‹ sind (ἀσύμβλητοι); denn die Zusammenfügung von zwei Intervallen verlangt eine Multiplikation, das Abziehen des einen vom anderen die Division ihrer Zahlenverhältnisse. – Unter diesem Gesichtspunkt wäre besonders Sophistes 253 B–E genauer zu untersuchen.

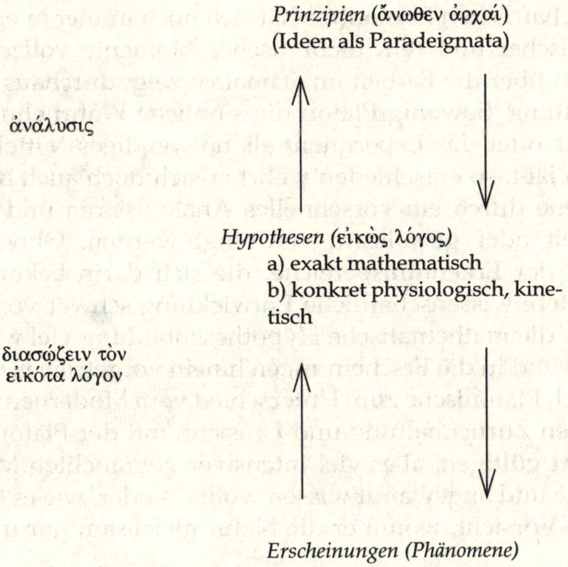

Daß Platon im ›Timaios‹ vor einer unmittelbaren Anwendung der mathematischen Exaktheit auf die Beschreibung der sichtbaren Farben warnt, ist damit zu erklären, daß er überhaupt zwischen dem Bereich der Erscheinungen und dem des Mathematischen bewußt unterscheidet. Der Wert der Mathematik liegt für ihn nicht eigentlich darin, daß sie sich zur Darstellung der konkreten Phänomene anbietet, sondern darin, daß sie einen sicheren Aufstieg von den Erscheinungen zu den Ideen ermöglicht und eine systematisch-hypothetische Grundlage für die philosophische Synopsis bereitstellt. Es ist also im wesentlichen dasselbe beabsichtigt, wenn Platon in der ›Politeia‹ eine Naturbeobachtung ablehnt, die sich an praktische Versuche bindet und sich nicht genügend von der Empirie frei macht, um zur reinen Theorie aufzusteigen, und wenn er im ›Timaios‹ den Gedanken zurückweist, die grundsätzlich gültigen, mathematisch rein darstellbaren Ordnungsbeziehungen könnten ohne weiteres auch zur Erklärung der Phänomene benützt werden.[87]

Wieder stoßen wir damit – wie schon bei der auffallenden Ablehnung empirisch-experimenteller Versuche am Schluß des Abschnitts über die Farben – an die | Grenze, durch die das platonische Denken spürbar vom Geist 197
der neueren Naturwissenschaft und Technik getrennt ist.[88] Wahrscheinlich

87 Politeia VII 530 B, 531 C. Vgl. W. Burkert, a.O. 364. – Nach einer Überlieferung bei Plutarch (vgl. Pl. U. L. 472–4) hat sich Platon auch dem Versuch der Mathematiker, gewisse Probleme auf mechanischem Wege zu lösen, kritisch widersetzt.

liegt aber der Unterschied nicht einmal so sehr in der Methode, denn der Fortschritt der wissenschaftlichen Erkenntnis hat sich noch immer in einem Zusammenspiel empirischer und rein theoretischer Momente vollzogen. Und auch der Abschnitt über die Farben im ›Timaios‹ zeigt durchaus eine ›wissenschaftliche‹ Haltung. Sowenig Platon die sinnliche Wahrnehmung als maßgebliche Instanz oder das Experiment als notwendiges Mittel der Naturerkenntnis gelten läßt, so entschieden wehrt er sich doch auch dagegen, daß die Phänomene durch ein vorschnelles Analogisieren und Mathematisieren überspielt oder gewaltsam verdrängt werden. Ohne die platonische Abstufung der Erkenntnisbereiche, die sich darin bekundet, kann man sich die weitere wissenschaftliche Entwicklung schwer vorstellen, wenn auch seitdem die mathematische Hypothesenbildung viel weiter in das Innere der Natur und in die Erscheinungen hinein vorgetrieben worden ist. Das eigentümlich Platonische zum Unterschied vom Modernen liegt also eher in der größeren Zurückhaltung und Umsicht, mit der Platon die noch heute unverändert gültigen, aber viel intensiver gebrauchten Mittel des Denkens einschätzte und angewandt wissen wollte, – oder, wie es Goethe ausdrückte, in der »Vorsicht, womit er die Natur gleichsam nur umtastet«.

VII

Vielleicht ist es zum Schluß erlaubt, dem bisher Ausgeführten noch einige etwas freiere Kombinationen anzufügen. Wir können die Szenerie der platonisch-akademischen Diskussion um die Probleme der Farbenlehre dadurch noch weiter beleben, daß wir Platon mit einem Gesprächspartner konfrontieren – mit Eudoxos von Knidos, dem großen Mathematiker und Naturforscher, der längere Zeit in der nächsten Umgebung Platons gewirkt und in der Akademie wesentliche Anregungen empfangen wie auch einen bedeutenden Einfluß ausgeübt hat. Vor allem ist es Aristoteles, der uns die große Bedeutung des Eudoxos mehrfach bezeugt.[89]

88 Die platonische Abwertung der Empirie und des Experiments (vgl. bes. auch Politeia VII 529 A–531 D zur Astronomie und Musiklehre) wird seit langem als Unterscheidungsmerkmal gegenüber der neuzeitlichen Wissenschaft angeführt (vgl. zur Stellungnahme Goethes o. Anm. 29). Aber auch bei Platon ist doch das Streben nach dem allgemeinen Begriff und Gesetz aufs stärkste wirksam, das – wie der Vergleich mit den vor- und außergriechischen Kulturen zeigt – nur bei den Griechen zur Begründung des eigentlich wissenschaftlichen Denkens geführt hat. Und auf der anderen Seite ist man sich heute gerade dort, wo wissenschaftlich geforscht wird, der von Platon betonten Unzulänglichkeit des menschlichen Erkenntnis- und Herstellungsvermögens bewußt. Vgl. z.B. S. Moser, Theorie und Erfahrung bei Platon und Aristoteles, Dialectica 6, 1952, 210–221 (wo besonders auch die Beziehungen zur modernen Grundlagenproblematik berücksichtigt sind); O. Becker, Die Aktualität des pythagoreischen Gedankens, in: Die Gegenwart der Griechen …, Festschr. f. H.-G. Gadamer, 1960, 1–30; C. F. v. Weizsäcker, Zum Weltbild der Physik, [10]1963, 169–183 (über das Experiment).

Wir haben zu zeigen versucht, daß für Platon zwischen dem speziell naturwissenschaftlichen Problem der Farben und allgemeineren philosophischen Fragen ein enger Zusammenhang besteht. Aber auch Eudoxos hat, wie Aristoteles einmal erwähnt, eine Entsprechung zwischen dem Sachverhalt der Farbenmischung und den allgemeinen Problemen der platonischen Ideenlehre gesehen. Wir denken an die bekannte Notiz in der aristotelischen ›Metaphysik‹, wo es heißt, Eudoxos habe die Methexis zwischen Idee und Erscheinung, jenes Hauptthema der platonischen Philosophie, am Beispiel der Farbmischung zu erklären versucht. Man könnte vielleicht meinen – sagt Aristoteles – die bestimmende Einwirkung der Ideen auf die | Erschei- 198
nungen sei so zu verstehen, wie es Anaxagoras und Eudoxos im Blick auf die Farbmischung versucht hätten. Demnach wäre »die Idee in dem Sinne Ursache für die Erscheinungen und zugleich in ihnen vorhanden (also immanent und nicht selbständig für sich seiend), wie das beigemischte (reine) Weiß für das (unreine, vermischte) Weiße (das wir sehen)«.[90]

Sicherlich sind wir nicht berechtigt, allein von hier aus eine eigene Lehre des Eudoxos über die Ideen und die Farben zu erschließen. Es mag sich um eine mehr gelegentliche Stellungnahme zu dem platonischen Methexisproblem gehandelt haben. Und das Beispiel der Farbe kann man dabei zunächst in einem ganz alltäglichen Sinn verstehen. Das reine Weiß kommt ja nach unserer Erfahrung nirgends vor (ebensowenig wie die Idee), aber wir können es doch aus den weißen Erscheinungen heraus als wesensbestimmendes Element gleichsam abstrahieren. – Vielleicht dürfen wir nun aber doch weiterreichende und genauere Überlegungen in dem Vergleich des Eudoxos suchen, nachdem sich gezeigt hat, daß Platon selbst das Bei-

89 Die zentrale philosophiegeschichtliche Stellung des Eudoxos hat bekanntlich W. Schadewaldt aufs neue sichtbar gemacht: Eudoxos von Knidos und die Lehre vom unbewegten Beweger, in: Festschr. f. O. Weinreich, 1952, 103–129 (jetzt in: Hellas und Hesperien, 1960, 451–471). – Weitere Literatur zur Beziehung zwischen Platon und Eudoxos verzeichnet H. Cherniss, Lustrum 4, 1959, 41f. Über das Problem der Chronologie zuletzt: Ph. Merlan, Klass. Philol. Stud. 22, 1960, 98–104. Die Zeit, während der sich Eudoxos länger in Athen aufgehalten hat, fällt wahrscheinlich in das Jahrzehnt zwischen 370 und 360; doch ist auch später mit einer andauernden produktiven Beziehung zur platonischen Akademie zu rechnen.

90 Aristoteles, Metaph. A 9, 991 a 13–9 (= M 5, 1079 b 7–23): οὕτω μὲν γὰρ ἴσως αἴτια δόξειεν ἂν εἶναι (τὰ εἴδη τοῖς αἰσθητοῖς) ὡς τὸ λευκὸν μεμειγμένον τῷ λευκῷ. Nach O. Becker, a.O. [Eudoxos-Studien V] 389–93, der das Verständnis des Textes wesentlich gefördert hat, war der Gedanke des Eudoxos: »Die reine Farbe ist der … Grund für alle aus ihr ableitbaren Mischfarben, die sämtlich an ihr ›teilhaben‹, während sie selbst an ihnen nicht ›teilhat‹. … Absolut reine Farben sind niemals unmittelbar mit dem körperlichen Auge zu sehen, aber man kann sie ›herausschauen‹ aus der sichtbaren Mischfarbe« (392). Die von Becker vorgeschlagene Änderung des überlieferten Wortlauts (μεμειγμένῳ statt μεμειγμένον) dürfte jedoch nicht notwendig sein. Anaxagoras jedenfalls hat eher von einem ›beigemischten‹ als von einem ›vermischten‹ Weißen gesprochen. Der überlieferte Text ist kaum anstößig, wenn man den Dativ τῷ λευκῷ auf den Begriff der Ursache bezieht: »Die Idee ist (nach Anaxagoras und Eudoxos) ebenso Ursache für die Erscheinungen wie das beigemischte Weiß für das Weiße«. Das heißt: Der Grund dafür, daß wir etwas als ›Weißes‹ wahrnehmen, liegt in dem entsprechend (dominierend) beigemischten reinen Weiß.

spiel der Farbmischung grundsätzlich wichtig genommen und dialektisch erklärt hat und daß man in der Akademie über einen mathematisch strengen Mischungsbegriff verfügte. Eudoxos hat doch wohl die Ansicht des Anaxagoras nicht unverändert übernommen. Und sein Vergleich wird wesentlich bedeutungsvoller, wenn er eine Erscheinung (wie Weiß) nicht nur mit dem reichlichen Vorhandensein einer entsprechenden Substanz, sondern auch mit dem zwischen den Mischungsbestandteilen herrschenden Logos erklärte. Gerade an den Farben konnte man ja studieren, wie bei einer ›Mischung‹ nicht nur die Grundsubstanzen mehr oder weniger ›unrein‹ sichtbar werden, sondern auch neuartige Qualitäten entstehen.[91]

Nicht weniges spricht zunächst für die Annahme, daß sich Eudoxos die Farbentheorie, die Aristoteles wiedergibt, in der Akademie angeeignet hat, wenn er nicht gar selbst an ihrer Aufstellung maßgeblich beteiligt war. Durch mehrere starke Fäden ist diese Theorie nachweislich mit den eigenen Forschungen des Eudoxos verbunden. (a) Eudoxos hat die mathematische Proportionenlehre, auf der die Farbentheorie in ›De sensu‹ beruht, systematisch weiterentwickelt.[92] (b) Er hat auf dem Gebiet der akustischen Musiklehre das Verhältnis zwischen Tonhöhe und Bewegung untersucht.[93] (e) Seine berühmteste wissenschaftliche Leistung, das astronomische System der homozentrischen Sphären, zeigt als Hypothese das gleiche methodische Vorgehen wie die mathematische Behandlung des Farbenproblems.[94] (d) Schließlich war Eudoxos sicher auch von seiner philosophischen Hauptthese aus – er sah in der Lust (Hedoné) das höchste Wertprinzip (Agathón) – an der Farbmischung interessiert. Denn einerseits konnte, wie auch die Darstellung in ›De sensu‹ zeigt, der Begriff der Hedoné bei der Klassifizierung der Farben eine maßgebliche Rolle spielen;[95] und andererseits verlangte das komplizierte Phänomen der Hedoné selbst eine Klärung des Mischungsbegriffs am Beispiel der Farben, da herkömmlicherweise die Unterscheidung von ›reiner‹ und ›unreiner‹ Lust mit dem Farbenvergleich verbunden war.[96]

Nehmen wir also an, daß die mathematische Hypothese zum Farben-
199 problem in | der Akademie allgemein bekannt war und daß sich auch Platon und Eudoxos auf dieser Grundlage verständigen konnten. Dann gewinnt auf einmal der Vergleich zwischen der Farbenmischung und dem Methexisproblem scharfe und aufschlußreiche Konturen.

Platon konnte zu der mathematischen Farbentheorie, nach der sich die unbegrenzt vielen Farbenerscheinungen auf verschiedenartige Mischungen und wenige Grundfarben zurückführen lassen, etwa folgendermaßen Stellung nehmen. Diese Theorie sei durchaus im Sinne seiner Ideenlehre entworfen, nämlich in der Überzeugung, daß den Erscheinungen einfache Strukturen und Ideen, letzten Endes in Gestalt der Zahlen, zugrundeliegen. Um zu den wahren Ursachen zu gelangen, müsse man hier wie sonst den Blick über die sinnlich wahrnehmbaren Erscheinungen hinaus auf die überall gleichbleibenden Ideen und auf das wesenhaft Gute ausrichten.

Eudoxos aber konnte darauf etwa folgendes erwidern.[97] Zweifellos werden uns die Erscheinungen durch die mathematischen Gesetzmäßigkeiten erst eigentlich faßbar. Aber es ergibt sich eine neue Komplizierung,

91 Aristoteles unterscheidet bei seiner kurzen Notiz nicht zwischen *Anaxagoras* und *Eudoxos*. Bei dem vorsokratischen Denker handelte es sich um die Lehre, daß in allen Dingen kleinste Bestandteile jeder möglichen Eigenschaft enthalten sind (Homoiomerien) und daß die jeweils vorherrschenden Anteile Wesen und Erscheinung einer Sache ausmachen: z.B. sehen wir Weiß, wo die weißen Partikel überwiegen (Anaxagoras, Fr. B 10, vgl. Fr. 12, 21 D.–K.). Eine besondere Farbentheorie war bei Anaxagoras sicher nicht vorausgesetzt (vgl. Theophr., De sens. 27, 59). – Eudoxos dagegen muß, um den Zusammenhang zwischen Idee und Erscheinung verdeutlichen zu können, irgendwie an das Verhältnis zwischen reiner Grundfarbe und mehr oder weniger verunreinigter und qualitativ veränderter Mischfarbe gedacht haben. Dabei besagt die Gedankenverbindung mit Anaxagoras, die Aristoteles festhält, sehr wahrscheinlich, daß Eudoxos nicht die Einwirkung der Idee auf die Erscheinung als ›Mischung‹ bezeichnet hat, sondern das Verhältnis der an sich reinen, ideenhaften Elemente untereinander: durch die Mischung reiner Grundsubstanzen wird die Erscheinung konstituiert. Dies ist auch der nächstliegende Sinn der von Alexander (In Aristot. Metaph., p. 97, 17–9 Hayduck) gebrauchten Formulierung: καὶ Εὔδοξος μίξει τῶν ἰδεῶν ἐν τοῖς πρὸς αὐτὰς τὸ εἶναι ἔχουσιν ἡγεῖται ἕκαστον εἶναι. – Man wird nun aber nicht etwa darüber hinausgehend sagen dürfen, Eudoxos habe die ›Idee‹ eigentlich im Verhältnis der Mischungsbestandteile, also im Logos und nicht in den substanziellen Bestandteilen, gesehen. Denn mit Recht gab demgegenüber schon H. Karpp (Untersuchungen zur Philosophie des Eudoxos von Knidos, 1933, 41 Anm. 23) zu bedenken: »Man darf aber nicht annehmen, der Mathematiker Eudoxos habe die immanente Idee rein als mathematische Maßbestimmtheit, als Proportion gedacht; denn was für einen Grund hätte Aristoteles dann gehabt, bei ihm den Logos des Anaxagoras fortgeführt zu finden?« Nur so weit also hat Eudoxos vermutlich die Ansicht des Anaxagoras weiterentwickelt, daß er die ursächliche Wirkung der Idee auf die Erscheinungen nicht mehr nur mit der bloßen Anwesenheit entsprechend beschaffener Partikel erklärte, sondern mit der zwischen den reinen Substanzen waltenden Beziehung. Mit den ›Ideen‹ hätte er also durchaus die (reinen) Bestandteile der Mischung verglichen, nur daß diese nicht direkt in Erscheinung treten, sondern immer nach Maßgabe ihres Mischungsverhältnisses. Wollte man annehmen, daß Eudoxos die Wirkung der Idee einfach, ähnlich wie Anaxagoras, als das Vorherrschen eines bestimmten Mischungsbestandteils verstanden habe, so bliebe sein Gedanke noch unklar und schwach. K. v. Fritz war daher zu der Ansicht gekommen (Die Ideenlehre des Eudoxos von Knidos und ihr Verhältnis zur platonischen Ideenlehre, Philol. 82, 1927, 1–26), Eudoxos müsse seine These von einer irgendwie raumerfüllenden Idee noch vor dem ›Parmenides‹ aufgestellt haben, da Platon in diesem Dialog deutlich zu verstehen gebe, daß jede räumliche Gebundenheit von dem Begriff der Idee fernzuhalten sei. Nicht wesentlich anders meinte auch noch H. Karpp (a.O. 37f.), Eudoxos habe die ›Idee‹ mit der Gesamtheit des hier und da in den Dingen vorkommenden Weißen verglichen: »Er hält das Allgemeine Platons als Substanz fest, denkt es aber immanent.« Eine solche Erklärung verstößt jedoch allzu grob gegen die Forderung, daß die Idee grundsätzlich nirgends rein sichtbar werden kann. Den so naheliegenden Einwänden konnte Eudoxos jedoch eher entgehen, wenn er eine Erscheinung als solche nicht mit der stofflich-räumlichen Anwesenheit einer im Grunde ebenso aussehenden ›Idee‹ erklärte, sondern mit einer Beziehung zwischen verschiedenen ›Ideen‹. Aufschlußreicher als der von Aristoteles angeführte, auch auf Anaxagoras passende Fall war also für Eudoxos vermutlich, daß durch die ›Beimischung des Weißen (Hellen)‹ unter Umständen Rot, durch Gelb und Blau Grün entstehen kann.

92 O. Becker, Das mathematische Denken der Antike, 1957, 102–8; H. Hasse – H. Scholz, Die Grundlagenkrisis der griechischen Mathematik, 1928.

93 Theo Smyrn., p. 61 Hiller (= Archytas, Fr. A 19 a D.–K.). Ob Eudoxos – anders als Archytas – bei der Proportion zwischen Tonhöhe und Bewegung nicht mehr an die Fortpflanzungsgeschwindigkeit, sondern an die Schwingungszahl (Frequenz der ›Anschläge‹) gedacht hat, läßt sich nicht sicher entscheiden. Platon bleibt bei der Vorstellung von verschiedenen Geschwindigkeiten (Timaios 67 BC, 80 AB). Zum Begriff der Kinesis in der mathematischen Farbentheorie: De sensu 440 a 15ff., 442 a 15.

wenn man annimmt, daß die rein mathematischen und ideenhaften Struk-

94 Die Formulierung des Problems lautet bei Simplikios (In Aristot. De caelo, p. 488 Heiberg): »τίνων ὑποτεθεισῶν ὁμαλῶν καὶ τεταγμένων κινήσεων διασωθῇ τὰ περὶ τῆς κινήσεως τῶν πλανωμένων φαινόμενα«. Simplikios erklärt unter Berufung auf Sosigenes (Fr. 148 Wehrli), *Platon* habe die Aufgabe den Astronomen vorgelegt, und *Eudoxos* habe sie als erster gelöst. Umstritten ist besonders die Entstehung des methodischen Grundsatzes, man müsse »die Erscheinungen bewahren«. Vgl. hierzu W. Kranz, Rhein. Mus. 100, 1957, 124–9 (Herakleides Pontikos als Urheber?); J. Mittelstrass, Die Rettung der Phänomene, 1962 (Eudoxos selbst sei auch der Autor der methodischen Maxime, vgl. bes. 149ff.). Mittelstrass überzeugt mit der Auffassung, daß das Forschungsprinzip »σῴζειν τὰ φαινόμενα«, sofern es die Phänomene als maßgebende Instanz voraussetzt, als das ›*methodische Prinzip*‹ *des Eudoxos* zu gelten hat (so auch schon W. Schadewaldt, a.O., Hellas und Hesperien 453). Er geht jedoch zu weit, wenn er behauptet, dieser Grundsatz sei der platonischen Philosophie »völlig fremd« (158 u.ö.). In Wahrheit ist die ›Rettung der Phänomene‹ methodisch nicht zu trennen vom Hypothesis-Begriff Platons (s.o. Abschn. VI und Anm. 18). Zwar suchte Platon offenbar mehr die Erkenntnis der einfachen Ordnungen (ὁμαλόν, τεταγμένον) als die Erklärung der Phänomene um ihrer selbst willen. Aber wenn Eudoxos dem Grundsatz folgte, die empirisch wahrnehmbaren Phänomene seien zu ›wahren‹, so betonte er damit nur die sachlich notwendige Kehrseite der platonischen Forderung, die Phänomene ›abbildhaft‹, d.h. im Blick auf die Ideen zu erklären und die hypothetisch angenommenen Voraussetzungen (Logoi) so weit wie möglich ›beizubehalten‹ (διασῴζειν τὸν εἰκότα λόγον Timaios 48 A, 56 A, 68 D; vgl. Politeia III 395 B, Theait. 167 D). – Mit den Thesen des Buchs von Mittelstrass gedenke ich mich an anderer Stelle genauer auseinanderzusetzen. Daß die Sphärentheorie des Eudoxos als ›Hypothese‹ konzipiert war, zeigt sich besonders auch daran, daß sie nicht allen Phänomenen gleichermaßen gerecht wird, – so selbst nicht der auffallenden Ungleichheit der Jahreszeiten, während andererseits bei der ›dritten Bewegung der Sonne‹ eine ins System passende, aber empirisch nicht nachweisbare Breitenbewegung der Sonne vorausgesetzt ist.

95 Die Farben, die die reinste und höchste Lust bereiten, können, ebenso wie die Konsonanzen in der Musik, den einfachsten Zahlenverhältnissen zugeordnet werden: Aristot., De sensu 439 b 33 (τὰ ἥδιστα τῶν χρωμάτων). Vgl. 442 a 16 über die Geschmäcke (οἱ τὴν ἡδονὴν ποιοῦντες μειγνυμένοι). Ähnlich auch schon Demokrit: Purpur sei ἡδύ aufgrund seines (ausgewogenen) Mischungsverhältnisses (Theophr., De sens. 77).

96 Der Vergleich zwischen reiner (geistiger) und unreiner (sinnlicher) Lust einerseits, reiner und gemischter oder wechselnder Farbe andererseits kommt nicht erst im ›Philebos‹ vor, sondern bereits im neunten Buch der ›Politeia‹: 583 B (οὐ καθαρά, ἀλλ᾽ ἐσκιαγραφημένη), 585 A (μέλαν – φαιόν – λευκόν), 586 BC (ἐσκιαγραφημέναι, ὑπὸ τῆς παρ᾽ ἀλλήλας θέσεως ἀποχραινόμεναι). Hier aber ist dieser Vergleich, schon aus chronologischen Gründen, unabhängig von Eudoxos. Eher könnte Eudoxos von der hier erwähnten ›Lehre‹ angeregt sein, womöglich durch platonische Vermittlung. Sokrates beruft sich an der ersten der drei genannten Stellen (583 B) auf eine bekannte Lehrmeinung (ὡς ἐγὼ δοκῶ μοι τῶν σοφῶν τινος ἀκηκοέναι), doch ist die Anspielung für uns nicht eindeutig zu entschlüsseln. J. Adam (The Republic of Plato II, 1921, 348f., 360–6, 378–80) dachte an orphisch-pythagoreische Lehren, R. Philippson (Akademische Verhandlungen über die Lustlehre, Hermes 60, 1925, 444–481, bes. 471f.) an Demokrit. Noch mehr spricht jedoch für eine Bezugnahme auf Empedokles. Auf diesen führt außer den Begriffen der ›Reinheit‹ und der ›Mischung‹ (vgl. bes. Fr. B 23 D.–K., Malergleichnis) das breit ausgeführte Motiv des Streits an der Stelle 586 A–C (vgl. Fr. B 115, 14; 121; 122; 136; 137 u.ö.), vielleicht auch der Begriff der ›Abschattung‹ (vgl. Fr. B 94).

97 Eudoxos darf freilich nicht einfach als ›Gegner‹ Platons verstanden werden, sowenig er andererseits bloß ›Schüler‹ oder orthodoxes Mitglied der Akademie war. Das Gegensätzliche ist zu stark betont bei E. Frank, Die Begründung der mathematischen Naturwissenschaft durch Eudoxus (in: Wissen, Wollen, Glauben, 1955, 134–157). – Die aristotelische Notiz über die Stellungnahme des Eudoxos zum platonischen Ideenproblem zeigt, »daß Aristoteles in Eudoxos einen Anhänger der Ideen Platons sah, der nicht die Ideenlehre beseitigen wollte, sondern eine noch ungelöste Schwierigkeit in ihr erörterte und zu lösen versuchte« (H. Karpp, a.O. 34, ähnlich schon K. v. Fritz, a.O. 19).

turen selbständig existieren, also dem Sein nach von den Erscheinungen getrennt sind. Einfacher ist es, sich diese Formen immanent zu denken.[98] So wird doch z.B. auch bei den Farben das sichtbare Weiße, wie Anaxagoras erklärt hat, durch das darin enthaltene reine Weiß bestimmt. Dabei meinte Anaxagoras allerdings nur, daß der jeweils in der Mischung vorherrschende Anteil die Erscheinung bestimme. Aber ein untrennbares Enthaltensein (ἐνυπάρχειν) der Wesensursachen in den Dingen wird man auch dann annehmen müssen, wenn man die mathematische Mischungstheorie zugrundelegt und also im Verhältnis (Logos) der Bestandteile die für ein Phänomen ausschlaggebende Voraussetzung erkennt. Denn auch dabei wird man am besten sagen, daß der Logos, der z.B. für eine Farberscheinung konstitutiv ist, nicht etwa unabhängig von der konkreten Mischung besteht, sondern daß er jeweils stoffgebunden in dem Verhältnis der Mischungskomponenten realisiert wird.[99] Ja, Ursachen oder ›Ideen‹ der Erscheinungen sind auch noch bei dieser Erklärung die an sich reinen, in der Mischung mehr oder weniger ausgeglichen verbundenen Grundsubstanzen. Im Falle der Farbphänomene sind es die in den Mischfarben enthaltenen reinen Grundfarben, die wir freilich nie an sich wahrnehmen, sondern immer nur in der Qualität, die sich aus dem jeweiligen Mischungsverhältnis ergibt.[100]

Der Gedankenaustausch zwischen Platon und Eudoxos scheint sich besonders auch in einem platonischen Dialog widerzuspiegeln, für den man schon immer eine im Hintergrund mitspielende Bezugnahme auf Eudoxos vermutet hat – im ›Philebos‹.[101] Hier wird der Zusammenhang zwischen der

98 Die Auffassung, daß die Gegenstände der Mathematik real sind, aber immanent in den sinnlich wahrnehmbaren Dingen vorliegen, wird von Aristoteles in der Metaphysik (B 2, 998 a 7–19) erwähnt. Wahrscheinlich bezieht man diese Stelle mit Recht auf Eudoxos (vgl. H. Karpp, a.O. 41 Anm. 23; W. Jaeger, krit. App. der Textausgabe, 1957). – Die astronomische Sphärentheorie des Eudoxos kann zeigen, daß er die mathematische Form der Erscheinungen nicht substantiell verselbständigte. Indem Aristoteles die eudoxische Theorie physikalisch-gegenständlich auslegte und konkret-körperliche Sphären annahm, mußte er seine rückläufigen Sphären zusätzlich einführen (H. Karpp, a.O. 45 Anm. 11). – Im ganzen scheint Eudoxos zu dem Problem, welche Seinsweise den Ideen und mathematischen Gegenständen zukommt, eine Stellung eingenommen zu haben, die etwa in der Mitte zwischen der platonischen und der aristotelischen Ansicht liegt. Aber vgl. Krämer, Geistmetaphysik 182f., der für Eudoxos doch transzendente Ideen annimmt.

99 Ähnlich sagt Aristoteles, der Logos oder die Maßbeziehung der Mischungsbestandteile mache das Wesen (die οὐσία) einer Sache aus, so jedoch, daß der Logos an die stofflichen Bestandteile unlösbar gebunden ist (Metaph. N 5–6, 1092 b 14 ff.). Während also Aristoteles im Anschluß an Platon, wenn auch ohne die platonische Verselbständigung der Idee, den Logos als wesensbestimmendes Eidos erklären kann, scheint Eudoxos die ›Ideen‹ in den reinen Bestandteilen der Mischung, nicht im Logosverhältnis gesehen zu haben. – Um den gleichen Sachverhalt geht es auch bei dem wichtigen Problem, dessen Behandlung sich von Platons ›Phaidon‹ über den aristotelischen Dialog ›Eudemos‹ bis zu der Lehrschrift ›De anima‹ verfolgen läßt: ob nämlich die Seele, das formgebende Prinzip des Körpers, als Logos oder ›Harmonie‹ der somatischen Teile und Kräfte verstanden werden kann (Phaidon 85 E–86 D, 91 D–95 A; Aristot., Eudemos Fr. 7 p. 19–22 Ross). Platon lehnt diese Erklärung für die Seele ab, sofern die ›Harmonie‹ an das stoffliche Substrat gebunden ist; er schließt damit aber nicht aus, daß es Formen und Zahlen gibt, die dem Sein nach von den körperlichen Erscheinungen unabhängig sind.

Einheit der Idee und der Vielheit der Erscheinungen als das entscheidende Problem bezeichnet, von dem jegliche ›Aporie‹ und ›Euporie‹ des Denkens abhänge (15 BC). Und der ganze Dialog gilt der Frage, ob die Hedoné, also das Wertprinzip des Eudoxos, oder die reine Erkenntnis den Vorrang hat.
200 Die Untersuchung geht davon aus, daß | die gesamte Weltordnung zwischen ›Peras‹ und ›Apeiron‹ als etwas Mittleres ›zusammengemischt‹ ist (23 C – 27 B). Man ist sich offenbar von vornherein auch darüber einig, daß das Reine und Bestimmte überall vor dem Unreinen und Unbestimmten den Vorzug erhalten muß. Von da aus aber führt das Gespräch zu dem Ergebnis, daß die Hedoné, die in sich kein Maß aufweist, nicht als höchstes Agathon gelten kann. Sie muß vielmehr durch ein übergeordnetes Prinzip reguliert werden, das über reine und unreine, gute und schädliche Lust entscheidet. So ergibt sich am Schluß des Dialogs (66 A–C) eine Rangordnung, in der die Erkenntnis höher steht als das Streben nach Lust: auf das μέτρον und μέτριον (das Prinzip der Einheit) soll zunächst das σύμμετρον (die Idee) folgen, dann im Bereich der Seele zuerst νοῦς und φρόνησις, und danach erst werden dann auch die verschiedenen Arten der Hedoné eingestuft.[102]

Der Vergleich mit den Farben taucht nun im ›Philebos‹ einmal dort auf, wo Sokrates erklärt, wenig reine Hedoné sei mehr wert als viel unreine Hedoné, ebenso wie wenig reines Weiß bei weitem ›schöner und wahrer‹ sei als viel unreines, vermischtes Weiß.[103] – An einer anderen Stelle des Dialogs aber scheint sich außerdem zu zeigen, daß Platon eine mathematische Betrachtung der Farben voraussetzt. Sokrates nennt hier (51 BD) dreierlei Gegenstände, deren Wahrnehmung oder Erkenntnis reine, nicht mit Unlust vermischte Freude bereite: die schönen Gestalten, Farben und Töne.[104] Was

100 Denkt man bei dem Vergleich zwischen Ideen und Farben an die mathematische Farbmischungstheorie, so ergeben sich auch im einzelnen interessante Entsprechungen. Das dialektische Verhältnis der Ideen untereinander entspricht den ersten Verbindungen (Mischungen zu reinen Farben), also ganzzahligen Verhältnissen. Der Übergang von den Ideen zu den Erscheinungen entspricht der Abstufung von den reinen zu den unreinen Farben, also mathematisch dem Schritt von den zahlenhaft-rationalen zu den irrationalen Verhältnissen (s.o. zu ›De sensu‹, Hypothese II der Farbentheorie: nur die reinen Farben sind zahlenmäßig faßbar). – Vor allem aber lassen sich so auch die beiden Grundprinzipien Platons (Eins und Unbestimmte Zweiheit) mit dem Gegensatz von Hell (Weiß) und Dunkel (Schwarz), und d. h. mathematisch mit dem Verhältnis der Oktave (2 : 1) vergleichen. Eine prinzipielle Bedeutung hat der Gegensatz von Licht (Feuer, Flamme) und Dunkel (Schatten, Nacht) schon vor Platon bei den Pythagoreern (Diog. Laert. 8,34 und Jambl. Pyth. 153, 155; vgl. die pythagoreische Prinzipien-Systoichie, Aristoteles, Metaph. A 5, 986 a 25) und bei Parmenides (Fr. A 8, 53ff., 9, 12 D.–K.; die Welt der Doxa als Mischung aus Licht und Nacht). Bei Platon selbst ist besonders an das Sonnen- und Höhlengleichnis der ›Politeia‹ zu erinnern: die ›Idee des Guten‹ (= Prinzip der Einheit) soll, dort dem Licht entsprechen, das uns die Wahrnehmung der Farben ermöglicht (vgl. bes. Politeia VI 507 D – 509 A).

101 Die Ansicht, Platon habe im ›Philebos‹ die eudoxische Lustlehre berücksichtigt – was nicht heißt, daß Eudoxos im Dialog unmittelbar zu Wort kommen soll oder daß Platon ihn als eigentlichen ›Gegner‹ behandelt –, ist von Usener, Wilamowitz und Jaeger vertreten worden, danach besonders auch von: R. Philippson, a.O. (mit Einschränkung); O. Becker, a.O. [Eudoxos-Studien V] 392f., 410; R. Hackforth, Plato's examination of pleasure, 1945 (Nachdr. 1958) 4–6; G. Lieberg, Geist und Lust – Untersuchungen zu Demokrit, Platon, Xenokrates und Herakleides Pontikos, 1959, 24f., 31f.

die Gestalten (σχήματα) angeht, soll man dabei nicht an irgendwelche Lebewesen oder Bilder denken, sondern an ›Geradliniges‹ und ›Kreisrundes‹ (εὐθύ, περιφερές) und allgemein an regelmäßig geformte Flächen und Körper (ἐπίπεδα, στερεά).[105] Bei den Tönen (φθόγγοι) sind die gleichmäßig und klar vernehmbaren Klänge (λεῖαι καὶ λαμπραί) gemeint, die sich zu einer ›einheitlichen‹ und ›reinen‹ Tonfolge zusammenschließen (ἕν τι καὶ καθαρὸν μέλος). Entsprechendes soll auch für die Farben gelten.[106] Obwohl dies nun nicht weiter ausgeführt wird, darf man annehmen, daß Platon die Farben nicht so einfach in den angegebenen Zusammenhang einbezogen hätte, wenn nicht auch für sie – ebenso wie für die geometrischen Figuren und die musikalischen Intervalle – eine theoretische Erklärung bereits als grundsätzlich denkbar erwiesen worden wäre. Der ganze Dialog und besonders auch die Stelle über die schönen Figuren, Farben und Töne ist beherrscht von dem Gedanken, daß das Reine und Unvermischte aus dem Unreinen, das Einheitliche und Maßbestimmte aus dem unbestimmt Vielfältigen, das An-sich-Seiende aus dem relativen Mehr-oder-Weniger[107] herausgehoben

102 Der ganze Dialog ist beherrscht von dem Gedanken einer Abstufung zwischen dem Prinzip der Bestimmtheit (Peras, Metron, Hen) und dem der Unbestimmtheit (Apeiron). Dieser Gedanke hängt mit der mathematischen Proportionenlehre eng zusammen. Besonders wichtig sind die Stellen: 15 AB (Chorismós-Problem, Einheit der Idee / Vielheit der Erscheinungen); 16 Dff. (Zwischenstufen zwischen Peras und Apeiron, die musikalischen Intervalle als Beispiel); 23 Cff. (das Mittlere zwischen Mehr-und-Weniger); 44 Dff. und 55 Cff. (Untersuchung der Lustarten und der Wissensarten nach ›Reinheit‹ und ›Unreinheit‹); 64 Dff. (Angemessenheit – μετριότης, συμμετρία als Kennzeichen des Guten und Geordneten). Eine Beziehung zu Eudoxos hat E. Hoffmann (Methexis und Metaxy bei Platon, 1919, jetzt in: Drei Schriften zur griech. Philosophie, 1964, 76 Anm. 32) auch für die Vorstellung der γένεσις εἰς οὐσίαν (26 D) vermutet, da bei der geometrischen Exhaustionsmethode des Eudoxos ein ähnliches ›Werden‹ zu beobachten sei. – Über den mathematischen Sinn der im ›Philebos‹ vorkommenden Strukturbegriffe handeln auch P. Kucharski, La musique et la conception du réel dans le ›Philèbe‹, Rev. Philosophique 141, 1951, 39–60, Ders., Le ›Philèbe‹ et les ›Éléments harmoniques‹ d'Aristoxène, Rev. Philos. 49, 1959, 41–72, und Z. Markovic, La théorie de Platon sur l'Un et la Dyade indéfinie et ses traces dans la mathématique grecque, Rev. d'histoire des sciences 8, 1955, 189–297; über den Zusammenhang mit der platonischen Prinzipienlehre (Wertstruktur): H. J. Krämer, a.O. 178–194.

103 Phileb. 53 AB, wiederholt 58 CD. Derselbe Vergleich schon Politeia IX 5 85A.

104 Die Gerüche (ὀσμαί) werden nur mit Einschränkung hinzugefügt; die Geschmäcke fehlen ganz. Die mathematische Behandlung der Geschmäcke in ›De sensu‹ scheint also über die platonischen Ansätze hinauszugehen.

105 Wahrscheinlich denkt Platon speziell an die Figuren, die mit Zirkel und Lineal zu konstruieren sind und somit theoretisch erfaßt werden können (vgl. O. Becker, a.O. [Eudoxos-Studien V] 404).

106 Phileb. 51 CD: Der Text ist korrekturbedürftig. Vermutlich genügt schon die folgende, einfache Verbesserung: καὶ χρώματα δὴ τοῦτον τὸν τύπον ἔχοντα καλὰ καὶ ἡδονάς ἄλλ⟨ας⟩ ἆρα μανθάνομεν, ἢ πῶς; Übersetzung: »Und daß es Farben gibt von dieser Art, die schön sind, und (damit) weitere Freuden (von dieser Art), das verstehen wir doch, oder wie?« (Für ἀλλ' ἆρα müßte man hier eine sonst nicht übliche Bedeutung annehmen, vgl. J. Denniston, The Greek Particles ²1954, 50) – Andere Korrekturvorschläge: καλὰ καὶ ἡδονάς secl. Stallbaum (Burnet); καθ' ἃ ἡδονάς Apelt (Becker); καθαρὰς ἡδονάς Bury; Umstellung von ἔχοντα nach ἡδονάς Richards (danach A. Diès: »belles aussi les couleurs de ce type, et source de plaisirs«).

107 Phileb. 51 CD καλὰ καθ' αὑτά, οὐ πρὸς ἕτερον / πρός τι καλά.

werden kann. Nach dem gleichen Ordnungsbegriff aber ist auch die mathematische Farbentheorie konzipiert, die uns in der aristotelischen Schrift ›De sensu‹ erhalten ist.

Nach der einseitigen Auslese der Textüberlieferung ist Eudoxos vor unseren Augen nur unzulänglich vertreten.[108] Für uns behält in dem akademischen Disput um die Farben und Ideen zunächst Platon das letzte Wort, sei es daß wir den ›Philebos‹ oder den ›Timaios› für das spätere Werk halten.
201 Erst viel später ha- | ben dann auch die Neueren die ganze Schwierigkeit und Tragweite des Problems wieder erkannt. Wir werden die im Kreis der Freunde und Schüler geführten Gespräche nicht mehr im einzelnen sicher rekonstruieren können. Aber wir können annehmen, daß auch damals die Gemeinsamkeit der Fragen, die uns noch heute bewegen, wichtiger war als die Verschiedenheit der einzelnen Lehrmeinungen. Über ein Problem wie das der Farben sprach man – im literarischen Dialog oder in streng wissenschaftlicher Untersuchung – hypothetisch, nicht dogmatisch. Und vermutlich war sich Platon auch mit einem Eudoxos oder Aristoteles einig, wenn er im ›Timaios‹ bei der Behandlung der Farben schrieb, daß bei dem Versuch, die theoretisch erkennbaren Ordnungen in der Sinnenwelt wiederzufinden, die menschliche Unzulänglichkeit nie ganz zu überwinden sei.

Es ist nicht schwer, die beiden Hauptaspekte der platonischen Farbenlehre mit modernen Erkenntnissen und Erfahrungen zu verbinden. Wie sich das Eine zum Vielen verhält, kann man heute auf den verschiedensten Gebieten recht genau sagen und systematisch darstellen. Andererseits ist auch umso deutlicher zu erkennen, daß das allgemeine Seinsgesetz der Mischung und Entmischung im ganzen die ›abbildhafte‹ Erkenntnisfähigkeit des Menschen übersteigt und daß es durch kein Experiment jemals völlig in seine Verfügungsgewalt gebracht werden kann. Damit bestätigt sich uns aber wohl auch das Wort Goethes (Maximen und Reflexionen 664): »Um

108 Es wäre verlockend, im Blick auf die Probleme der Farbentheorie auch die Frage aufzugreifen und weiter zu verfolgen, wie bei Eudoxos die exakt-naturwissenschaftliche Forschung mit der Lehre von der Hedoné zusammenhing. Die Überlieferung bietet hierfür keinen ausdrücklichen Anhaltspunkt. Doch ist, wie W. Schadewaldt gezeigt hat (a.O., Hellas und Hesperien 454ff.), das ›missing link‹ in der Hedoné des unbewegten Bewegers bei Aristoteles deutlich zu erkennen: hier koinzidieren speziell astronomische und philosophische Motive, die gleichermaßen für Eudoxos charakteristisch sind. – Ein weiteres Verbindungsglied könnte man nun auch in dem Hedonébegriff vermuten, der bei der Klassifizierung der Farben in ›De sensu‹ und im ›Philebos‹ (51 CD) eine maßgebliche Rolle spielt, ebenso wie in der Musiklehre: die schönsten, lustvollsten Farben und Töne sind zugleich die mathematisch einfachsten. Man kann hier also nicht nur zeigen (was E. Frank, a.O. [s.o. Anm. 97] 156, noch als offene Frage empfand), wie Eudoxos möglicherweise »seine mathematischen Anschauungen vom Infinitesimalen und Irrationalen mit seinem Seinsbegriff (Immanenz der Idee) verbunden hat«; sondern hier liegt außerdem eine klare Beziehung zwischen mathematischer Ordnung (τάξις) und Hedoné vor: die von Hedoné begleiteten Sinneswahrnehmungen beruhen auf den im höchsten Maße ›geordneten‹ Zahlenverhältnissen, und von der sinnlichen Lust führt hier ein gerader Weg zu der reinen Hedoné der theoretischen Erkenntnis, die im Grunde göttlich ist.

sich aus der grenzenlosen Vielfachheit, Zerstückelung und Verwickelung der modernen Naturlehre wieder ins Einfache zu retten, muß man sich immer die Frage vorlegen: wie würde sich Plato gegen die Natur, wie sie uns jetzt in ihrer größeren Mannigfaltigkeit, bei aller gründlichen Einheit, erscheinen mag, verhalten haben?«

Das Gold der Weisheit (1989)

Zum Gebet des Philosophen am Schluß des ›Phaidros‹

Hildebrecht Hommel nonagenario 19.5.1989

ΦΑΙΔΡΟΣ ἀλλὰ ἴωμεν, ἐπειδὴ καὶ τὸ πνῖγος ἠπιώτερον γέγονεν.
ΣΩΚΡΑΤΗΣ οὐκοῦν εὐξαμένῳ πρέπει τοῖσδε πορεύεσθαι;
ΦΑΙΔΡΟΣ τί μήν;
ΣΩΚΡΑΤΗΣ ὦ φίλε Πάν τε καὶ ἄλλοι ὅσοι τῇδε θεοί,
[1] δοίητέ μοι καλῷ γενέσθαι τἄνδοθεν,
[2] ἔξωθεν δὲ ὅσα ἔχω τοῖς ἐντὸς εἶναί μοι φίλια
[3] πλούσιον δὲ νομίζοιμι τὸν σοφόν,
[4] τὸ δὲ χρυσοῦ πλῆθος εἴη μοι ὅσον μήτε φέρειν μήτε ἄγειν
δύναιτο ἄλλος ἢ ὁ σώφρων.
ἔτ᾽ ἄλλου του δεόμεθα, ὦ Φαῖδρε; ἐμοὶ μὲν γὰρ μετρίως ηὖκται.
ΦΑΙΔΡΟΣ καί ἐμοὶ ταῦτα συνεύχου· κοινὰ γὰρ τὰ τῶν φίλων.
ΣΩΚΡΑΤΗΣ ἴωμεν. | 106

PHAIDROS Laß uns nun gehen, da ja auch die drückende Hitze nachgelassen hat.
SOKRATES Gehört es sich nicht, erst nach einem Gebet an diese (Götter) hier fortzugehen?
PHAIDROS Ja, natürlich.
SOKRATES Lieber Pan und ihr anderen Götter alle an diesem Ort!
[1] Gebt mir, daß ich schön werde im Inneren,
[2] und daß alles, was ich an Äußerem habe, mir dem Inneren freund sei!
[3] Als reich möge mir der Weise gelten,
[4] und die Menge Goldes sei mir so groß, wie sie nicht wegtragen
noch wegführen kann ein anderer als der Besonnene!
Brauchen wir noch etwas anderes, mein Phaidros? Mir nämlich reicht aus, was ich erbeten habe.
PHAIDROS Schließe auch mich in dieses Gebet ein! Gemeinsam ist ja Freundesgut.
SOKRATES Gehen wir! | 107

Bei Johann Gottfried Herder lesen wir über Platon:[1] »Sein Schönes (…) war das Bleibende der Dinge selbst, ihre innere Gestalt, von welcher die äußere nur ein veränderliches Traumbild sei. In menschlichen Seelen war ihm das Gerechte, Schöne und Gute eins; er tadelte, als Sophistenkunst, wenn man sie trennte. Immer, ihr Freunde, soll uns sein Gespräch mit Phädrus wert, der Ahorn am Ilyssus, unter welchem es gehalten ward, ein heiliger Baum und Sokrates' Gebet zu Ende der Unterredung unser Gebet bleiben. ›Guter Pan und ihr andern Götter dieses heiligen Ortes, gewährt mir, daß mein Inneres schön, und mein Äußeres dem Inneren harmonisch sei. Reich ist nur der Weise. Geldes sei mir nur so viel beschert, als dem Mäßigen genüget‹.«

Bevor wir uns in das Gebet, das Sokrates unter der Platane und dem Keuschbaum am Ilissos sprach, einschließen lassen, müssen wir fragen, ob wir recht verstehen, was hier von den Göttern erbeten wird. Die Erklärer haben immer gespürt, daß das Gebet des Sokrates von allgemeinerer philosophischer Bedeutung ist,[2] aber sie haben es doch sehr verschieden aufgefaßt. Besonders problematisch ist die vierte und letzte Bitte des Sokrates. Wünscht er sich wirklich ein bescheidenes Maß an Gold oder Geld?

Sokrates ist offenbar der Ansicht, daß er mit seinem Gebet nicht um
108 wenig bittet. Wenn er nämlich zu Phaidros noch sagt, er | glaube, daß man nicht mehr benötige als das jetzt angemessen und hinlänglich Erbetene, so heißt dies, daß man damit vollkommen glücklich werden kann. Für einen Griechen beruht die Eudaimonie darauf, daß man sämtliche Güter, die äußeren und die inneren, besitzt und in diesem Zustand der Autarkie nichts mehr dazubenötigt.[3] Daß Phaidros seine Wünsche in das Gebet mit eingeschlossen wissen will, zeigt an, daß Sokrates nun den jungen Mann für den philosophischen Weg zur Eudaimonie gewonnen hat.[4]

Schon längst vor Platon war den Griechen – wie zumal bei Herodot (1, 30–33) aus dem Gespräch Solons mit Kroisos hervorgeht – bewußt ge-

1 J.G. v. Herder, Kalligone (1800), in: Sämmtliche Werke. Zur Philosophie und Geschichte, 18. Teil, Stuttgart und Tübingen 1830, S. 109–110.

2 E. Bickel 1908, 543; 545 [siehe das Literaturverzeichnis am Ende des Beitrags] kam zu dem Ergebnis, hier sei in der Form eines ›Mustergebets‹ das Lebensideal Platons und seiner Schule dargestellt. B.D. Jackson 1971 erklärte, daß den anderen Gebeten in den Platonischen Dialogen nur biographisch-literarische, denen im ›Phaidros‹ auch philosophische Bedeutung zukomme. – E. Norden, Antike Kunstprosa, Leipzig ^{2}1909, I 113, bemerkte: »Das *literarische* Gebet der Christen wurde geformt nach den eine Welt der Schönheit und Frömmigkeit umfassenden Schlußworten des Phaidros«, doch bieten dafür die von Norden nachgewiesenen Anklänge am Schluß zweier christlicher Dialoge (im ›Theophrastos‹ des Aineias von Gaza und im ›Ammonios‹ des Zacharias von Mytilene) noch keine ausreichenden Belege. – Form und Bedeutung eines anderen Philosophischen Gebetes hat H. Hommel erklärt: Ciceros Gebetshymnus an die Philosophie, Tusculanen V 5, Heidelberg 1968 (Sitzungsber. d. Heidelb. Akad. d. Wiss., Phil.-hist. KI. 1968, 3).

3 Z.B. Platon, Gorgias 492 E (οἱ μηδενὸς δεόμενοι εὐδαίμονες); Aristoteles, Eth. Nic. IX 9, 1169 b 3–7; Aristoteles, Politica VII 1, 1323 a 24–27 (»Niemand wird … bestreiten, daß es drei Arten von Gütern gibt, nämlich die äußeren, die im Körper und die in der Seele, und daß daher über diese alle verfügen muß, wer glückselig sein soll«).

4 Th.A. Szlezák 1985, 24; D. Babut 1987, 281.

worden, daß die Eudaimonie eigentlich nicht auf Reichtum und Macht beruht, sondern auf persönlichen Tugenden und Einsichten, das heißt: nicht auf äußeren, sondern auf inneren Werten. In der sokratischen Literatur hören wir, daß man im Gebet nicht um Gold und Silber oder Herrschermacht bitten soll, sondern einfach um das Gute, das die Götter selbst am besten kennen.[5] Platon will am Ende des ›Phaidros‹, meine ich, in der Form des Gebets rekapitulieren, was der Philosoph unter dem Guten versteht.

Im ›Phaidros‹ war zu lesen, eine gut gemachte Rede sei in ihrem Aufbau nicht willkürlich, sondern Anfang, Mitte und Ende müßten wie bei einem lebendigen Organismus aufeinander und auf das Ganze abgestimmt sein.[6] Dieser Forderung soll gewiß auch dieser Dialog selbst gehorchen. Die Stellung des Phaidros-Gebetes am Schluß des Ganzen scheint mir also zu verlangen, daß wir das scheinbar ›schlichte Gebet‹[7] nicht isolieren, sondern versuchen, darin eine Abrundung des ganzen Dialogs zu sehen.[8] Daß am | 109
Schluß des Dialogs in scheinbar schlichter, ja in etwas rätselhafter Weise die Hauptmotive des ganzen Gesprächs zusammengefasst werden, beobachten wir auch im ›Phaidon‹ und im ›Symposion‹: Das letzte Wort des sterbenden Sokrates (Phaidon 118 A), die Aufforderung, dem Heilgott Asklepios einen Hahn zu opfern, hat sicherlich die tiefere Bedeutung, daß der Tod für Sokrates eine Heilung von der ›Krankheit‹ des irdischen Daseins ist. Das Schlußthema des ›Symposions‹ (223 D) – daß Tragödie und Komödie auf dem gleichen dichterischen Wissen beruhen – erhält seinen eigentlichen Sinn nur dann, wenn man bedenkt, daß der Philosoph in diesem Dialog den Sieg über den Tragödiendichter Agathon und den Komödiendichter Aristophanes davongetragen hat und daß Platon hier wie überhaupt mit seiner Schriftstellerei eine neue, Tragödie und Komödie gemeinsam aufhebende Art der Dichtung zu begründen beansprucht.[9]

Im Falle des ›Phaidros‹ findet, wie ich meine, das oft behandelte Problem der ›Einheit‹ in der Themenvielfalt[10] darin seine Lösung, daß der ganze Dialog – unter dem werbenden Aspekt des Eros – einfach die Philosophie Platons zur Darstellung bringt. Demgemäß scheint mir das Schlußgebet zusammenzufassen, was den Philosophen ausmacht. Freilich ist dieser Schluß

5 Xenophon, Memor. 1, 3, 2; Ps.-Platon, Alcibiades minor, bes. 142 E – 143 A. Ebenso Valerius Maximus 7, 2 ext. 1 über Sokrates, Diodor 10, 9, 8 über Pythagoras. Leider ist non Aristoteles' Dialog ›Über das Gebet‹ (Περὶ εὐχῆς) nur wenig bekannt (dazu jetzt: R. Laurenti, Aristotele, I Frammenti dei dialoghi, Traduzione, introduzione e commento, Napoli 1987, II, 693–740).

6 264 B–E: μέσα τε ἔχειν καὶ ἄκρα, πρέποντα ἀλλήλοις καὶ τῷ ὅλῳ γεγραμμένα 264 C, ebenso von einer gut komponierten Tragödie 268 D.

7 So W. Buchwald 1964, 161.

8 In diesem Sinne bemerkte etwa G. E. Mueller 1958, 34: »The prayer to Pan (…) is like a musical coda in a symphony. But at the same time it is also a brief philosophical and religious restatement of the unity of the theme of the whole Phaedrus.« Ch.L. Griswold 1986, 226 erklärt (ohne dies freilich überzeugend zu explizieren): »The prayer summarizes, in an extremely compact form, the major themes of the dialogue.«

9 K. Gaiser, Platone come scrittore filosofico, Neapel 1984, 55–76.

bei oberflächlicher Betrachtung[11] an das philosophische Gespräch nur lokker angehängt und ohne tiefere Bedeutung. Aber dies entspricht eben der Art Platons, es dem Leser nicht bequem zu machen. Hier stellt er den Leser gleichsam auf die Probe: Nur wer das Gebet als integralen Bestandteil des Ganzen begreift, hat den Dialog verstanden. Dies entspricht auch der im ›Phaidros‹ vorausgegangenen Schriftkritik, nach der philosophische Literatur stets hintergründig ist. Das Gebet, in dem Äußeres und Inneres aus-
110 | drücklich unterschieden und aufeinander bezogen werden, ist auch in seiner Textform so angelegt, daß der mitdenkende Leser angeregt wird, vom äußeren, nächstliegenden zum eigentlichen Sinn vorzudringen, und daß er so »sich zu einem wahren Hörer des Inneren erhebt«.[12]

I Inneres und Äußeres

Das Gebet, mit dem Platon das Gespräch über die Redekunst und den Eros zum Abschluß bringt, besteht aus vier Bitten. Mit W. Kranz 1941, 332 kann man zwei Hauptteile feststellen, von denen jeder wiederum zweigeteilt ist. Zuerst wird der inneren Schönheit das Äußere gegenübergestellt (1–2), dann geht es um den wahren Reichtum (3–4). Der Anschein, daß in der dritten und vierten Bitte noch einmal Inneres (Weisheit) und Äußeres (Gold, materielle Güter) unterschieden werden, wird sich allerdings bei genauerem Zusehen nicht bewahrheiten. Wir wenden uns zunächst den ersten beiden Bitten zu, um zu zeigen, daß das ›Innere und Äußere‹ nicht nur im nächstliegenden Sinne zu verstehen ist, sondern im Kontext des ganzen Dialogs eine weitere Bedeutung erhält.

1 *Die Stufen der Werteordnung*

Unter dem inneren Schönsein, um das Sokrates zuerst bittet, versteht man sicherlich mit Recht die Tugenden der Seele,[13] also die ethischen Aretai und die vernünftige Einsicht (Phronesis, Nus). Schon im ›Protagoras‹ (309 CD) und in der ›Politeia‹ (4, 444 DE) war die Weisheit oder die Arete der Seele als die wahre Schönheit bestimmt worden.[14] Was Sokrates unter Arete und Ver-

10 Zusammenstellung der Literatur zu diesem Problem bei D. Babut 1987, 256–257. Babut selbst betont überzeugend die Zusammengehörigkeit der beiden Sokrates-Reden über den Eros und die den ganzen Dialog beherrschende Verbindung der Erotik mit der Rhetorik, und als das eigentliche Thema des Dialogs bezeichnet er den Lobpreis der Philosophie als der gemeinsamen Suche nach der Wahrheit.

11 Extrem engherzig schrieb R. Hackforth 1952, 169: »The closing prayer has no special connexion with the context of the dialogue, but is eminently characteristic of the real Socrates and his depreciation of external and bodily goods as compared with the goods of the spirit.«

12 F. Schleiermacher, Einleitung zu ›Platons Werke‹, ^{2}1817, 17.

13 Die Seele ist das Innere (ἐντός): Resp. 9, 588 D, 589 A.

14 Diese beiden Stellen bringt Clemens von Alexandrien, Stromateis V 14, 97, 2–5 (p. 390 Stählin), mit dem Phaidros-Gebet in Verbindung.

nunft versteht, ergibt sich genauer aus dem vorhergegangenen Gespräch, besonders der großen Eros-Rede des Sokrates, und aus anderen Dialogen. Er meint nicht nur die καλοκἀγαθία, die sich jeder griechische Bürger wünscht, sondern die innere Schönheit des sich am wahrhaft Guten und Schönen orientierenden Philosophen. | 111

Bei dem ›Äußeren‹, das dem Inneren freund sein soll, wird man zunächst an die leiblichen und die materiellen Güter denken, die den seelischen Werten untergeordnet sein sollen. So versteht das ›Äußere‹ schon die einzige antike Auslegung des Gebets, die wir kennen: der Kommentar des Hermeias (oder seines Lehrers Syrianos) aus dem 5. Jahrh. n. Chr.[15] Die neueren Erklärer schließen sich dieser Auffassung weitgehend an. Wilamowitz dachte besonders auch an die unvernünftigen Seelenkräfte im Verhältnis zur Vernunft: »Der Leib soll der Seele gehorchen, die Rosse Wille und Begierde ihrem Lenker, der Vernunft.«[16]

Mit der zweiten Bitte will Sokrates das, was er an Äußerem hat (leibliche und materielle Güter, überhaupt die äußeren Lebensbedingungen), nicht einfach herabsetzen; es soll vielmehr dem Inneren ›freund‹ und ›lieb‹,[17] also mit dem Wertvolleren verträglich sein, sich ihm anpassen und ihm nicht etwa den Vorrang streitig machen. Die relative Unwichtigkeit des Äußeren zeigt sich auch darin, daß Sokrates nicht um mehr davon bittet, sondern nur um die richtige Zuordnung dessen, was er hat (ὅσα ἔχω).

In den ersten beiden Bitten spiegelt sich also insgesamt eine mehrstufige Rangordnung: (a) das Schöne an sich oder der göttliche Ursprung alles Schönen; (b) die Schönheit in der menschlichen Seele; (c) das Äußere, sofern es dem Inneren ›freund‹ ist und dadurch einen gewissen Wert erhält; (d) das Äußere, dem die rechte Übereinstimmung mit dem Inneren fehlt und das deshalb nicht wünschenswert ist.

Die dritte Bitte, die den wahren Reichtum als Weisheit (σοφία) bestimmt, entspricht dem an vielen Stellen in der griechischen Literatur und auch sonst bei Platon geäußerten Gedanken, daß die Erkenntnis der größte Reichtum und Weisheit wertvoller als Geld und Gut ist.[18] Mit der Weisheit wird offenbar die Haupt- | 112
komponente der ›inneren Schönheit‹ aufgegriffen; und mit dem Satz, daß nur der Weise ›reich‹ ist, wird noch einmal der Wert der äußeren Güter relativiert. Worin σοφία für Sokrates besteht, kann der Leser dem ganzen vorangegangenen Gespräch entnehmen.

Da die dritte Bitte auf den Reichtum eingeht, kann man sagen, daß das ganze Gebet die damals übliche Dreistufung der Werte (Güter) voraussetzt: (a) seelische, innere Werte, (b) leibliche Vorzüge wie Gesundheit und

15 Hermeias kommentiert (p. 266 Couvreur): πάντα τὰ ἐκτὸς καὶ σώματα καὶ χρήματα ἁρμοδίως τῇ ψυχῇ συντάττεσθαι βούλεται καὶ σύμμετρα εἶναι τοῖς ἔνδον, ἵνα μήτε ὑπέρογκα ᾖ καὶ ἀσχολῆται περὶ τὰ ἐκτός, μήτε διὰ τὸ ἐλλείπειν αὐτὰ διαφθείρηται.

16 U. v. Wilamowitz-Moellendorff, Platon, Bd. I, Berlin [5]1959 ([1]1919), 383.

17 Sokrates gebraucht, meine ich, das Wort φίλια weil dieses die Wechselseitigkeit der Übereinstimmung zwischen Äußerem und Innerem zum Ausdruck bringt.

sichtbare Schönheit, (c) materielle Güter, also Geld und Besitz. – Diese Dreiteilung findet sich oft bei Platon (und dann auch bei Aristoteles) in dem Sinne, daß man sich um die Arete der Seele weit mehr bemühen muß als um das Leibliche und die äußeren Güter.[19] In der ersten Sokratesrede des ›Phaidros‹ werden zuerst die inneren Werte (zu denen die philosophische Bildung gehört), dann die körperlichen Vorzüge und schließlich die
113 Besitztümer wie Gold und Silber behandelt (239 A – 240 A). |

2 *Weitere Bedeutungsaspekte*

Im vorhergegangenen Gespräch war immer wieder in bedeutungsvoller Weise Äußeres und Inneres unterschieden worden. Diese Motivlinien münden, wie es scheint, in das Schlußgebet ein.

Schon im Einleitungsgespräch stellt Sokrates die landschaftliche Natur außerhalb der Mauer (ἔξω τείχους 227 A 3, 230 D 2) dem gegenüber, was er in der Stadt von den Menschen lernen kann. Besonders erklärt er, daß ihn die mit dem Ort verbundenen traditionellen mythischen Vorstellungen wie auch deren rationalistisch-allegorische Auslegung weniger interessieren als das, was in seinem Inneren ist – Tierisches oder Göttliches – und was er um der Selbsterkenntnis willen verstehen möchte (229 E – 230 A). So ist schon im Prooimion des Dialogs gesagt, daß das Innere (Seelische) wichtiger ist als

18 Schon Empedokles (VS 31 B 129, 132 Diels-Kranz) spricht vom geistigen Reichtum (des Pythagoras) und vom Reichtum der Gotteserkenntnis. Bei Herodot (1, 30–33) wird dem Reichtum des Kroisos das Lebensideal Solons als wertvoller gegenübergestellt. Später bringt Diodor 9, 27 (Ephoros folgend?) die Weisheit Solons auf die Begriffe: Wahrer Reichtum besteht nicht in großem Besitz, sondern in der Phronesis; und die wahren Güter sind nicht ›bei‹ einem Menschen, sondern ›in‹ ihm. In einem Tragödien-Fragment (TrGF 2, F 130) hören wir einen Betenden, der sich mehr die σοφία wünscht als Gold oder Macht. Bei Xenophon (Sympos. 4, 34–45) erklärt Antisthenes, die Menschen hätten Reichtum und Armut nicht in ihrem Haus, sondern in ihrer Seele. – Bei Platon selbst ist oft zu lesen, der wahre Reichtum liege nicht im Gold, sondern in einem guten und vernünftigen Leben (Resp. 3, 416 E – 417 A; 7, 521 A; vgl. Nomoi 5, 742 E – 743 C), und wertvoller als Besitz von Geld sei das Wissen, das den rechten Umgang damit gewährleistet (Euthyd. 288 E – 289 A; 299 DE; vgl. Ps.-Platon, Kleit. 407 BC; Eryxias 394 A). – Auch im ›Protreptikos‹ des Aristoteles Fr. 12, p. 47 Ross; Fr. 73, 63 Gigon) wird gesagt, Erkenntnis sei mehr wert als viel Geld. Für den Stoiker ist materieller Reichtum, verglichen mit den inneren Werten, überhaupt kein ›Gut‹ (Cicero, Stoicorum Paradoxa 6).

19 So die Ermahnung des Sokrates in der Apologie 29 D – 30 B. Ferner zur Unterordnung des materiellen Besitzes unter die seelischen Werte: Res p. 7, 521 A (οἱ τῷ ὄντι πλούσιοι, οὐ χρυσίου ἀλλ᾽ οὗ δεῖ τὸν εὐδαίμονα πλουτεῖν, ζωῆς ἀγαθῆς τε καὶ ἔμφρονος; 9, 591 DE; Kritias 121 AB; Philebos 40 AB (viel Geld, mit dem man sich Freuden verschaffen kann, ist ein üblicher, aber bei schlechten Menschen trügerischer Wunsch); Nomoi 1, 631 B–D (den ›göttlichen‹ Gütern, nämlich den Tugenden der Seele – Phronesis, Sophrosyne, Dikaiosyne, Andreia – sind die ›menschlichen‹, nämlich Gesundheit, leibliche Schönheit, Kraft und Reichtum unterzuordnen); 3, 697 B; 5, 728 E – 729 A; 742 E – 743 C; 743 DE; Epist. 8, 355 BC. – Aristoteles, Politica VII 1, 1323 a 21 – b 36. – Plutarch, Vita Demetrii 22, 5 überliefert als Ausspruch Platons das Wort: wer wirklich reich sein wolle, müsse nicht sein Vermögen vergrößern, sondern seine Unersättlichkeit verringern. In gnomologischer Tradition begegnet dieses Apophthegma (Ioannes Lydus, De mensibus IV, p. 134, 140 Wünsch): ὁ Πλάτων μηδένα γίγνεσθαι μεγίσθου πλούτου κύριόν φησιν, εἰ μὴ τὸν προεζημιωμένον τὴν ψυχήν.

das Äußere und daß dieses durch die Beziehung auf das Innere seinen Sinn erhält.

Um den Vorrang des Seelischen geht es auch, wenn Sokrates, zum Beweis für die Unsterblichkeit der Seele, erklärt (245 E), es gebe nicht nur die von außen (ἔξωθεν) verursachten körperlichen Bewegungen, sondern auch die von innen (ἔνδοθεν) kommende Selbstbewegung.

Die Reden über den Eros unterscheiden die äußere, leibliche Schönheit von der eigentlichen, idealen Schönheit. Die Seele soll durch die körperliche Schönheit an das wahrhaft Schöne erinnert werden und sich an diesem orientieren. Schon am Ende seiner großen Eros-Rede hatte Sokrates von dem Gott Eros erbeten, daß ihm noch mehr von der erotischen Wirkung zuteil werde (257 A). ›Schön zu sein‹ bedeutet also doch wohl auch noch im Schlußgebet, erotisch wirkungsmächtig zu sein; und die Bitte um *innere* Schönheit hebt noch einmal hervor, daß der Eros des Philosophen auf die seelisch-geistigen Werte gerichtet ist.[20]

3 *Schriftliche und mündliche Logoi*

Dazuhin ergibt sich noch eine andere Erklärungsmöglichkeit aus dem unmittelbar vorausgegangenen Gespräch über den Unterschied von Innerem (Wesentlichem) und Äußerem (Unwesentlichem) in den mündlichen und schriftlichen Logoi: Das Geschriebene, erklärte Sokrates, ist, verglichen mit
dem ›inneren‹ Wissen | (ἔνδοθεν), eine bloß ›äußerliche‹ Gedächtnisstütze 114
(ἔξωθεν 275 AB),[21] und es bewirkt somit nicht wahres, sondern vermeintliches Wissen. Einige Erklärer haben die ersten beiden Bitten des Schlußgebets besonders unter diesem Gesichtspunkt ausgelegt.

Schon G. Stallbaum 1832, 193 erklärte: »Quod enim orat, ut intus in pectore gerat pulcritudinem, eique concordent externa bona, si quae possideat, id significat, nisi fallor, non externum splendorem inanemque speciem captari oportere, sed veram animi virtutem esse comparandam. Quo ipso carpitur Lysias, quem antea iudicavit inanem artis oratoriae laudem aucupari, vera sapientia esse destitutum.«

L. Robin 1930, LVI–LVII (= 1985, LXX–LXXI) ging bei seiner Erklärung des Gebetes davon aus, daß der Gott Pan, den Sokrates anruft, nach Platons ›Kratylos‹ (408 B–D) durch seinen Vater Hermes mit der ›Gesamtheit‹ (τὸ πᾶν) des – wahren und falschen – Logos zu tun hat[22] und daß Sokrates und seine Logoi im ›Symposion‹ (215 A–222 A) mit den Silenfiguren verglichen werden, die häßlich aussehen, innen aber von göttlicher Schönheit erfüllt sind. Daher sei wohl mit dem Inneren und Äußeren des Phaid-

20 Die Verbindung des Gebets mit dem Eros-Thema sieht auch D. Babut 1987, 268.

21 Auch Nomoi 12, 968 DE wird das Geschriebene dem echten Wissen als einem Inneren (ἐντὸς τῆς ψυχῆς) gegenübergestellt.

22 Die Kratylos-Stelle wird schon von Hermeias (p. 265 Couvreur) zur Erklärung des Gebets herangezogen, ebenso dann von mehreren neueren Interpreten (z.B. auch von D. Clay 1979, 347–348).

ros-Gebets der höhere und der niedere Eros gemeint, ebenso aber auch die wahre und die gemeine Redekunst: »Socrate semble demander à un dieu de la rhétorique de lui épargner la dégradation à laquelle est exposé dans son discours quiconque méconnaît l'idéal de la parole.«

Noch entschiedener bezog T.G. Rosenmeyer 1962 das Äußere und Innere in dem Gebet des Sokrates auf den vorher besprochenen Unterschied bei den Logoi, die einerseits ›in die Seele geschrieben‹, andererseits aber nach außen hin veröffentlicht werden können. Demgemäß sei das Äußere im Schlußgebet die literarische Darstellung oder das öffentliche Sprechen des Philosophen. Diese Form der Mitteilung sei zwar unerläßlich, »but care must be taken that the writing and the mass communication remain in tune with and faithful to the knowledge and the convictions which are the original
115 nal fruit of the philosophic discussion in the Academy.«[23] |

In der Tat liegt es nach dem im Dialog Vorausgegangenen nahe, unter dem ›Inneren‹ das in der Seele entstandene und bewahrte Wissen zu verstehen, unter dem ›Äußeren‹ dagegen die rhetorische Kunst der erfolgreichen Darstellung und besonders auch die literarische Wirksamkeit. Das Gespräch galt der Frage, wie man »schön« (καλῶς) redet und schreibt (258 D, 259 E, 274 A). Das gefällige Reden der Menschen ist für den Vernünftigen nur ein ›Nebenzweck‹ (πάρεργον) gegenüber dem Hauptzweck, sich in den Dienst des göttlichen Guten zu stellen (274 A). Die mündliche Dialektik sei, erklärt Sokrates, »viel schöner« als das schöne Spiel der philosophischen Schriftstellerei (276 E). Das Geschriebene sei nur ein statisches Abbild (εἴδωλον) des lebendigen Gesprächs (275 D, 276 A). Das Geschriebene und Publizierte könne sich nicht gegen Angriffe wehren (275 E); das mündliche Gespräch hingegen vermöge echtes Wissen in die Seele (ἐν ψυχῇ) des Partners ›einzupflanzen‹ (276 E – 277 A) und durch ›Wertvolleres‹ (τιμιώτερα) den Grund für die Defizienz des Geschriebenen aufzuzeigen (278 CD). Die Ausführungen über den Unterschied zwischen Schriften und mündlichen Lehrgesprächen faßte Sokrates in dem Gebetswunsch zusammen, daß er und Phaidros zu denen gehören mögen, die den mündlichen, in der Seele (ἐν ψυχῇ, ἐν αὐτῷ) wirkenden und ganz ernst zu nehmenden Logoi den Vorzug geben vor dem Spiel der geschriebenen Werke (278 AB).

Man darf also wohl bei der Bitte des Sokrates, das Äußere möge der inneren Schönheit ›freund‹ sein, auch an das Wirken des Philosophen mit Logoi denken. Die nach außen gerichteten Reden sollen der inneren Erkenntnis entsprechen. Spezieller noch mag das Geschriebene mit dem ›Äußeren‹ gemeint sein: Die literarischen Werke des Philosophen sind zwar nur ein Spiel, sie sollen aber kein unverbindliches Spiel sein, sondern durch den

23 T.G. Rosenmeyer 1962, 42. In diese Richtung geht auch R. Burger 1980, 107: »Socrates' contentment with inner beauty and his indifference to external possession belong together with his disdain for the practice of writing.« Ebenso scheinen M.C. Nussbaum 1982 = 1986, 233, 477 und P. Vicaire 1985, 91 die Interpretation von Rosenmeyer gutzuheißen. Abgelehnt wurde Rosenmeyers Versuch von G.J. de Vries 1969, 265.

Bezug auf das Gerechte, Schöne und Gute (276 C, E) der Wahrheitserkenntnis dienen. Alles Geschriebene bleibt, mit der lebendigen Erkenntnis in der Seele verglichen, ›äußerlich‹, aber die Schriften des Philosophen sind (zum Unterschied von den Werken der gewöhnlichen Dichter, Redner und Gesetzgeber) dem Inneren ›freund‹, weil sie eine tiefere Begründung bewußt voraussetzen (278 C–E).

Nicht überzeugen kann nun aber der Versuch, auf dieser Linie auch die vierte Bitte zu erklären, also anzunehmen, mit der | erbetenen ›Menge 116
Goldes‹ seien im Gegensatz zur inneren Weisheit die literarischen Darstellungen gemeint. T.G. Rosenmeyer (1962, 44) las auch aus der letzten Bitte den Wunsch heraus, das als wahr Erkannte anderen Menschen auf die richtige Weise zugänglich zu machen: »Though the philosopher is not rich [wie der Gott, der allein über die volle σοφία verfügt], he has some modest means to show for his efforts. It is this limited quantity of gold which Plato wants to be distributed in an appropriate fashion.« Kann man also vielleicht aus der letzten Bitte heraushören, daß der Autor von Schriften und (da von der ›Aneignung‹ die Rede ist) mehr noch der Leser diese ›äußerliche‹ Darstellung nicht überbewerten, sondern im Bewußtsein ihrer vorläufigen, dienenden Bedeutung angemessen benützen soll? Meint Sokrates, der σώφρων wisse, daß in den Schriften gerade das Wichtigste nicht ausdrücklich enthalten ist?

Eine solche Auslegung ist vor allem deswegen abzulehnen, weil φέρειν καὶ ἄγειν nirgends (auch nicht an der Stelle Nomoi 7, 817 A, auf die sich Rosenmeyer beruft) im Sinne von ›handhaben‹, ›in Umsatz bringen‹, ›mitteilen‹ gebraucht wird, sondern immer die ›Aneignung‹, das ›Erbeuten‹ und ›Wegschleppen‹ bezeichnet.[24] Genau genommen spricht die vierte Bitte, wie sich zeigen wird, von einer möglichst großen Menge, und der Gedanke an eine ›Erbeutung‹ möglichst vieler literarischer Werke wäre absurd.[25]

4 *Ein bescheidenes Maß an äußerem Reichtum?*

Mit der letzten, vierten Bitte ist auf jeden Fall gesagt, daß nur der Besonnene (σώφρων) fähig ist, sich das Gold im richtigen Maß anzueignen (φέρειν καὶ ἄγειν). Die Quantität des Goldes soll offenbar durch eine Qualität bemessen werden. Aber was ist hier mit ›Gold‹ gemeint, und wie wird die Menge des Goldes durch die σωφροσύνη bestimmt?

Die meisten Übersetzer und Erklärer meinten, daß Sokrates dem inneren Reichtum des Weisen den äußeren Besitz als ›Gold‹ | gegenüberstelle 117
und sich mit einer bescheidenen Menge davon begnügen wolle. Diesen Ein-

24 Vgl. u. Anm. 41.

25 Man könnte behaupten, das bildhafte Verständnis des ›Goldes‹ im Sinne der literarischen Werke sei dadurch vorbereitet, daß Sokrates das Niederschreiben non Erkenntnissen als ein ›Aufspeichern‹ von Schätzen oder Vorräten (θησαυριζόμενος) zur späteren Erinnerung (276 D) bezeichnet hatte. Aber die Metaphorik der Schlußbitte selbst paßt nicht zum philosophischen Umgang mit Schriften.

druck vermitteln mehr oder weniger klar[26] fast alle modernen Übersetzungen,[27] so auch die eingangs zitierte von Herder.

Schon der antike Kommentar des Hermeias erklärte die Bitte des Sokrates mit dem Gedanken, daß ein Übermaß des Reichtums schädlich sei.[28] Eine ganze Reihe von neueren Interpreten folgt ihm mit der Erklärung, daß Sokrates zum Schluß ein bescheidenes Maß an äußeren Gütern erbitte.[29] Am
118 feinsten differenziert dabei | W. Thompson 1868, 148, der dem Gebetswunsch einen Doppelaspekt zuschreibt: »The last clause of the prayer is ambiguous, for the temperate man, the man of wellregulated mind, can ›bear and carry‹ more gold than another without injury to his moral being: he can also dispense with money and money's worth better than others. And this ambiguity seems intentional, implying that Socrates neither prays for wealth with the worldling, nor deprecates it with the Cynic.«

26 Nicht eindeutig sind die wörtlichen Übersetzungen, bei denen es, auch wenn sich der Übersetzer selbst dessen nicht bewußt war, immerhin möglich ist, unter dem ›Gold‹ auch die vorher genannte Weisheit zu verstehen. So übersetzt Marsilio Ficino (1532): tantum vero mihi sit auri, quantum nec ferre nec ducere queat alius, nisi vir temperans; F. Schleiermacher (1817, 170): »Für reich möge ich den Weisen halten, und solche Menge Goldes besitzen als ein anderer als der Mäßige gar nicht tragen und führen könnte«. Ähnlich unbestimmt sind die Übersetzungen von K. Prantl, Stuttgart 1855, N. Fowler, London 1914 (»such wealth as only…«) und W. Buchwald 1964, 153 (»Für reich möge mir der Weise gelten; an Gold aber soll mir eine Menge gehören, wie sie niemand als der Besonnene tragen und mit sich führen könnte«).

27 Fr. Leopold Graf zu Stolberg (1796); L. Georgii (1853); E. Zeller (1877); B. Jowett (1892); C. Ritter (1914); R. Kassner (1922); L. Robin (1930: »ma fortune«); R. Hackforth (1952: »and as for gold…«); R. Rufener (1958: »eine solche Menge Geld«); O. Wichmann (Platon. Ideelle Gesamtdarstellung und Studienwerk, Darmstadt 1966, 235: »Geldesgut mög mir nur soviel werden, wie ein Besonnener tragen und brauchen kann!«); P. Vicaire (1985, 90–91: »Que l'aie juste autant d'or…«).

28 Hermeias, p. 266 Couvreur: ὁ γὰρ ὑπέρογκος πλοῦτος καὶ ἐξυβρίζειν ποιεῖ καὶ ἀπασχολεῖ τῆς θεωρίας.

29 E. Bickel 1908, 543 erklärte, Platon mache hier den Wert des äußeren Besitzes von der ethischen Gesinnung beim Erwerb abhängig, denn die Bitte des Sokrates enthalte »den Wunsch nach materiellem Besitz, soweit soziale Mäßigung ihn verstatte«. R. Hackforth 1952, 165: »…spiritual riches together with such material wealth, but only such, as befits the wise and temperate.« P. Friedländer (^{2}1960, 222): »Zuletzt wird der so natürlichen Bitte um Reichtum – nachdem schon Solon in seiner Musenelegie sie geadelt hatte – nicht ihr Recht, wohl aber ihr Eigenrecht genommen: das, was dem Menschen gehört, wird untergeordnet dem Menschen selbst (Alkib. 131 Aff.) und empfängt Wert und Grenze durch Weisheit und inneres Maß.« J. Bollack 1963, 153: »Gemeint ist das wirkliche Gold, das zum inneren Reichtum der Weisheit hinzukommt in gleicher Harmonie wie das minder geachtete Äußere des Körpers zum schönen Inneren (der Seele). Weise ist man in der inneren Kontemplation, besonnen aber in der weisen Handhabung der äußeren Güter.« G.J. de Vries 1969, 266: »With true πλοῦτος, possession of gold is contrasted; not in order to despise it (…), but to postulate a controlled use of it.« Ebenso B.D. Jackson 1971, 29: »External possessions are fine if possessed temperately.« W.K.C. Guthrie 1975, 411 paraphrasiert: »May he count the wise man rich, and possess no more wealth than befits a sober man.« C.J. Rowe (1986) übersetzt (133): »and may my pile of gold be of a size which only a man of moderate desires could bear or carry«; und er erläutert die Bitte im Sinne des Maßhaltens (217): »The ordinary man would pray for more gold than he can carry (…).« In dieselbe Richtung scheint auch die Erklärung von G. Rodis-Lewis 1975, 33 zu gehen: »Aspirant à la sagesse divine (*sophos*), la seule riche en plenitude, elle (= la prière) lui associe la *modération* et ce clôt sur la juste *mesure*.«

Jedenfalls scheint die letzte Bitte, wenn man an das Gold im Sinn von Geld und Gut denkt, einen philosophischen Sinn dadurch zu erhalten, daß Sokrates nicht etwa um möglichst viel Gold bittet, sondern den äußeren Besitz von der σωφροσύνη abhängig macht. Der Wunsch, eine große Menge Gold zu erhalten, gehört in den Bereich des Märchens und volkstümlicher Vorstellungen, nicht aber in ein frommes Gebet. Der König Midas, der sich von dem gefangenen Silen nichts als Gold wünscht,[30] galt als ein Beispiel verderblichen Unverstands. Mag man in früheren Zeiten von den Göttern einfach Reichtum und Wohlstand (πλοῦτος, ὄλβος) erbeten haben, so wurde dieser Wunsch doch in der ›Musenelegie‹ Solons eindrücklich modifiziert: Nur solchen Reichtum soll man von den Göttern erbitten, der gerecht und ehrlich erworben, also ohne Schuld und ohne Schaden ist.[31] Das Gewinnstreben war fortan durch moralische und soziale Bedenken gebrochen.[32] Pindar überläßt die Bitte um Gold und Besitz den anderen (Nem. 8, 37–38). Von Sokrates berichtet Xenophon (Memor. 1, 3, 2), er habe die Götter nicht etwa um Gold oder Silber, sondern nur allgemein um ›das Gute‹ bitten wollen.[33] Platon fordert | immer wieder eine vernünftige Begrenzung des 119
Reichtums und des äußeren Besitzes, dem nach den seelischen und den körperlichen Gütern nur der dritte Platz zukommen soll.[34] Die letzte Bitte im ›Phaidros‹ scheint sich also mit dem schlichten Wunsch zu berühren: »Ihr Götter, gebt mir, wenig zu besitzen und genügsam zu sein!« (Philostrat, Vita Apollonii 1, 33).

Nun zielt aber die Bitte des Sokrates, genau genommen, nicht auf ein bescheidenes Maß. Die Formulierung »eine so große Menge, wie sie kein anderer zu erbeuten und wegzuführen vermag ...« kann sich nicht einfach auf ein Minimum beziehen. Der Ausdruck φέρειν καὶ ἄγειν bezeichnet eigentlich das gewaltsame Wegschleppen einer großen Beute.[35]

Wenn man an gewöhnliches Gold denken wollte, wären die Worte des Sokrates geradezu schalkhaft: Entweder hätte man eine witzige Ironie des Bittenden anzunehmen, der scheinbar möglichst viel wünscht, aber doch mit wenig zufrieden sein will. Oder man müßte glauben, daß Sokrates so verschmitzt und schlau ist, sich die Voraussetzung für großen Reichtum zu wünschen: Es gibt ja durchaus Situationen, in denen der Maßvolle und

30 Ovid, Metamorph. 11, 85–145; Hygin 191.

31 Solon, Fr. 1, 7–13 Diehl = 13, 7–13 West (vgl. auch Fr. 4, 9–12 D = 15 West: Arete vor Plutos). Dazu K. Alt, Solons Gebet zu den Musen, Hermes 1979, 389–406 (mit Hinweis auf das Phaidros-Gebet, S. 406); A. Spira, Solons Musenelegie, in: Gnomosyne, Festschr. f. W. Marg, München 1981, 177–196, bes. 187–188; G. Maurach, Über den Stand der Forschung zu Solons ›Musenelegie‹, Gött. Gel. Anz. 235, 1983, 16–33. – In dem attischen Skolion Nr. 7 Diehl = 890 Page (zitiert bei G.J. de Vries 1969, 265) lautet der Wunsch: πλουτεῖν ἀδόλως.

32 Stellen aus der vorplatonischen Dichtung, in denen der Reichtum anderen Werten untergeordnet wird, bei A.J. Festugière, Les trois vies, Acta Congressus Madvigiani II 1, Kopenhagen 1958, 131–178, bes. 133–137.

33 Vgl. K. v. Fritz 1945, 34–36.

34 Vgl. o. Anm. 19.

35 Belege u. Anm. 41.

Bescheidene einen größeren Gewinn davonträgt als der Unbeherrschte; und der σώφρων wird den Gefahren des Reichtums weniger erliegen als ein anderer. Ja, im ›Kritias‹ (121 AB) wird gerade dies gesagt, daß sehr großen Reichtum nur der Nüchterne und Tugendhafte wie eine schwere Last zu tragen vermag, während der Unbesonnene daran zugrundegeht.[36]

Insgesamt befriedigt die erste Erklärung einfach deswegen nicht, weil es gar zu paradox und unpassend wäre, wenn der Philosoph am Ende dieses Dialogs um gewöhnliches Gold bitten würde – auch nicht, wenn er nur ein bescheidenes Maß davon haben wollte,[37] und schon gar nicht, wenn er um eine möglichst große Menge bäte (wie man der Formulierung eigentlich
120 entneh- | men muß). Auf die freiwillige Armut des Sokrates wird auch in unserem Dialog (227 C 9) angespielt. Und Platon wird nicht müde, die äußeren Güter gegenüber den inneren Werten herabzusetzen.[38]

Die Paradoxie – daß Sokrates überhaupt um Gold bittet und daß die Bitte um möglichst viel Gold mit der Tugend des Mäßigen nicht vereinbar ist – verlangt nach einer Auflösung. Die Erklärung, daß nur der Mäßige den Reichtum ertragen könnte, überspielt den Widerspruch, statt ihn produktiv aufzuheben. Man wird also nach einer besseren Erklärung der letzten Bitte suchen müssen, indem man fragt: Wird hier etwa – metaphorisch – von dem wahrhaft ›Wertvollen‹ und ›Wertvolleren‹ gesprochen, auf das im Verlauf des Gesprächs immer wieder hingewiesen wurde (πλείονος ἄξια 235 B 4–5, 236 B 2; 6 ἄξιον σπουδῆς 278 A 5; τιμιώτερα 278 D 8)?

II Der Philosoph bittet um ein Höchstmaß an Weisheit

1 *Bisherige Ansätze zu dieser Erklärung*

Auf den richtigen Weg führen, meine ich, die Erklärungsversuche, nach denen mit dem ›Gold‹ nicht der äußere Reichtum dem inneren gegenübergestellt, sondern eben dieser wahre Reichtum, die Weisheit (σοφία), symbolisch bezeichnet wird. In dem letzten Satz wird, so gesehen, das richtige Maß dieses Reichtums expliziert. Der Ton liegt auf πλῆθος: Nachdem gesagt worden ist, worin der wahre Reichtum bestehen soll (nämlich in der σοφία), wird nun noch erklärt, *wie viel* davon der Betende zu eigen haben möchte.

Einige Übersetzer und Erklärer haben den Zusammenhang zwischen

36 Kritias 121 A: ῥᾳδίως ἔφερον οἷον ἄχθος τὸν τοῦ χρυσοῦ (…) ὄγκον (…), νήφοντες δὲ ὀξὺ καθεώρων, ὅτι καὶ ταῦτα πάντα ἐκ φιλίας τῆς κοινῆς μετ᾽ ἀρετῆς αὐξάνεται.

37 Unpassend scheint mir auch der Gedanke an das Lehrgeld zu sein, der immerhin wegen des Gegensatzes zu dem unmittelbar vorher genannten Isokrates erwogen werden könnte. Isokrates hat ein nicht geringes Honorar von seinen Schülern genommen (or. 13, 3–4; 15, 155–156), der platonische Sokrates und Platon selbst lehnen dies strikt ab. Diese Ablehnung könnte man aus der letzten Bitte nur dann herauslesen, wenn der Satz bedeuten könnte, daß Sokrates Gold *überhaupt nicht* haben will.

38 Vgl. o. Anm. 19. – In unserem Dialog bemerkt Phaidros zu Beginn, er wolle lieber die von Lysias geschriebene Rede auswendig können als viel Gold (πολὺ χρυσίον) besitzen (228 A).

der dritten und der vierten Bitte so aufgefaßt. Schon Hieronymus Müller (1854) zielte in diese Richtung, wenn er übersetzte: »Für reich möge mir der Weise gelten, des Goldes aber soviel mir zuteil werden, als der | Genügsa- 121
me gar nicht führen noch haben möchte« (S. 162) und dazu bemerkte (S. 182): »Wir haben hier die Worte ἄλλος ἤ weglassen zu müssen geglaubt (...). Behalten wir sie bei, so lautet die Übersetzung: ›als ein Andrer als der Genügsame‹, worin eine Beschränkung liegt, während doch Sokrates sich die größtmögliche Fülle des Goldes, d. h. dessen, worein er den wahren Reichtum setzt, der Weisheit, wünscht.« So wenig der Eingriff in den Text überzeugt, hat doch H. Müller den Weg zu der anderen Deutung gewiesen und das Problem des Satzes genau eingegrenzt: Wie ist zu verstehen, daß sich der Wunsch des Sokrates auf eine möglichst große Menge des Weisheits-Goldes richtet und nur der σώφρων dieses Höchstmaß erreichen kann?

Unter dem Gold verstanden ebenfalls die Weisheit die Übersetzer K. Lehrs (1869, 74–75) und E. Salin (1963, 90), da sie präzisierend »dieses Gold« sagten. K. Mras (1915, 115) hat die vielen Allegorien im ›Phaidros‹ herausgearbeitet und auch das ›Gold‹ allegorisch verstanden: »Gemeint ist: Wissen ist Gold – ein Gedanke, der hier am Schlusse des Gesprächs sehr am Platze ist, nachdem Plato im letzten Teile desselben den Wert des Wissens unablässig hervorgehoben hat.« W. Kranz 1941, 332–333 hat diese Auffassung so begründet: »Mit dem Gold aber, das sich Sokrates wünscht, kann nicht irdisches gemeint sein: er rühmt sich ja seiner ›zehntausendfältigen Armut‹ (Apol. 23 C)! Auch die Wächter des Staates besitzen statt des realen Goldes ›Seelengold‹ (Resp. 3, 416 E). Vielmehr ist der letzte Satz voll sokratischer Ironie: Eine solche Menge Goldes wünscht er sich, wie kein anderer beim Beutemachen davonzuschleppen oder mit sich zu führen vermag (...) als – man erwartet der ›Starke‹, wie beim schweren, materiellen Gold, dafür aber tritt überraschend ein ›der Maßvoll-Besonnene‹, der dem Weisen des vorangehenden Satzgliedes entspricht.« Ebenso erklärte K. Hildebrandt (1953, 222):[39] »Sokrates kann niemals um ein Vermögen in Gold beten; er betet um das Gold der Weisheit.«

Wenn die Erklärungen von W. Kranz und K. Hildebrandt nicht allgemein überzeugend gewirkt haben,[40] so wohl deswegen, weil damit der über die dritte Bitte hinausführende Sinn der letzten Bitte doch noch nicht genau erfaßt war. Der σώφρων des letzten Satzes darf nicht so einfach mit dem σοφός gleichgesetzt werden.

Auch D. Clay (1979) versteht unter dem ›Gold‹ einen inneren Reichtum, doch gibt er der Bitte des Sokrates eine gar zu originelle | Wendung: 122
Aus der letzten Bitte des Sokrates spreche die Einsicht, daß man den irdi-

39 K. Hildebrandt 1953, 190 konjizierte οἷον statt ὅσον, um übersetzen zu können: »die Art des Goldes sei mir in Fülle, die weder bringen noch nehmen kann ein anderer als der Besonnene.«

40 Ablehnend äußerte sich zu W. Kranz etwa W.J. Verdenius 1955, 289, der sich der Erklärung von W.H. Thompson anschließt.

schen Reichtum nicht mitnehmen kann in das jenseitige Leben. »The philosopher is a stranger, or better, a metic in this world. His wealth is his wisdom. He can make off [φέρειν καὶ ἄγειν] with none of the gold of this world, since it has no value in another« (S. 353). Clay hat richtig gespürt, daß die Bitte des Sokrates mehr enthält als den Gedanken der Mäßigung im Umgang mit Geld und materiellem Besitz. Aber seine Erklärung stößt doch auf unüberwindliche Hindernisse: Ein Hinweis auf die jenseitige Heimat der Seele ist im Text nicht zu finden; die konkrete Bedeutung von φέρειν καὶ ἄγειν (Rauben, Plündern, Beutemachen) kann nicht auf den Vorgang, daß man etwas im Tode mit sich nimmt, bezogen werden: und außerdem ist im Text von der richtigen Menge des Goldes, nicht von der erforderlichen Art die Rede.

Der Erklärung von D. Clay schließt sich Ch.L. Griswold (1986, 226, 289) an; und er erklärt zur Methode der Interpretation: »The prayer needs to be read an both literal and metaphorical levels, and in this it resembles many other passages in the dialogue. Possibly the ›wealth‹ and ›gold‹ Socrates refers to, for example, may be taken literally; but surely they also refer to spiritual riches.« Mir scheint, daß man sich im Falle des ›Goldes‹ für die metaphorische Bedeutung entscheiden muß, die hier mit der nicht-metaphorischen Auffassung unvereinbar ist.

2 *Sprachliche Beobachtungen*

Die Formulierung der letzten Bitte macht auch durch sprachliche Signale darauf aufmerksam, daß an das Gold der Weisheit gedacht werden soll. Der Anschluß der vierten Bitte an die dritte legt es durchaus nahe, daß in dem letzten Satz das ›Gold‹ symbolisch den inneren Reichtum, die σοφία, bedeutet und daß nun von der erwünschten Menge dieses wahren Reichtums die Rede ist. Sokrates wünschte sich zunächst, daß er von der rechten Überzeugung, wirklich reich sei nur der Weise, geleitet werde (νομίζοιμι), daß er also das wahrhaft Reichmachende und Gute zu erkennen vermöge. Die Frage, wie und in welchem Umfang er in den Besitz der Weisheit gelangen möchte, ist danach noch offen. Dies zu präzisieren ist geradezu notwendig, weil im Dialog zuvor in recht verschiedenem Sinn und mit recht verschiedener Wertung von σοφια die Rede war. Bezeichnenderweise ist denn auch in dem
123 Ausdruck τὸ δὲ χρυσοῦ πλῆθος der Artikel nicht zu ›Gold‹, son- | dern zu ›Menge‹ gesetzt, so daß nicht das Gold dem wahren Reichtum gegenübergestellt, sondern dessen Menge genauer angegeben wird.

Der Doppelausdruck φέρειν καὶ ἄγειν ist bildhaft: Er bezeichnet üblicherweise das Wegschleppen und Mit-sich-Führen von Beute oder Diebesgut.[41] Die Bildhaftigkeit kann man hier schwerlich allein mit dem poetisch-feierlichen Stil des Gebetes erklären. Wahrscheinlicher ist, daß Platon durch den bildhaften Ausdruck auf eine tiefere, ungewöhnliche Bedeutung des ›Goldes‹ aufmerksam machen will. Der metaphorische Ausdruck des ›Beutemachens und Wegschleppens‹ erhält in der Tat einen Sinn, wenn man daran denkt, daß der Mensch sich die σοφία nur durch eine mühevolle Anstrengung zu eigen machen kann.

Nach der Formulierung des Satzes ist anzunehmen, daß sich Sokrates eher ein Maximum als ein bescheidenes Maß des ›Goldes‹ wünscht: so viel, wie sich kein anderer als der σώφρων aneignen kann. Dies ist keine Paradoxie oder Ironie, wenn es sich um das Gold der Weisheit handelt, von dem der Philosoph so viel, wie einem Menschen nur irgend möglich ist, erlangen will.

Das Wort ›Gold‹ wird bei Platon nicht selten in bildhaftem Sinne verwendet. Es bezeichnet mehrfach das wahrhaft Wertvolle in der Seele, die Arete und die Vernunft: so im Metallmythos der ›Politeia‹ (3, 415 A; 416 E; 8,
547 B); im ›Symposion‹, wo Alkibiades | für Sokrates und seine Logoi den 124
Vergleich mit den Silenfiguren gebraucht, die innen Goldenes enthalten (216 E), und wo Sokrates das Verhältnis von innerer und äußerer Schönheit mit dem Homerwort »Goldenes gegen Erzenes« kennzeichnet (218 E); bei der Erklärung des ›goldenen Geschlechts‹ im ›Kratylos‹ (398 A); beim Vergleich des Logos mit dem goldenen Faden der Marionette in den ›Nomoi‹ (1, 645 A). Besonders setzt auch der bei Platon sehr häufige Vergleich mit dem Prüfen (βασανίζειν) des Goldes durch den ›Prüfstein‹ (ἡ βάσανος) oder durch das reinigende Feuer voraus, daß die Wahrheit bildhaft als ›Gold‹ angesehen wird.[42] Der pseudo-platonische zweite Brief verwendet im Blick auf Platons höchste Erkenntnis diese Metapher: »Wenn es oft gesagt und gehört wird in vielen Jahren, dann wird es wie Gold herausgeläutert mit viel Mühe und Anstrengung« Epist. 2, 314 A 5–7; vgl. B 1 βασανίσαντες).

41 Belegstellen bei LSJ s. v. ἄγω I 3 (φέρειν kann *vor* ἄγειν stehen Herodot 3, 39, 4 u. ö.; die betont negative Formulierung μήτε φέρειν μήτε ἄγειν auch Nomoi 9, 884 A: τῶν ἀλλοτρίων μηδένα μηδὲν φέρειν μηδὲ ἄγειν). Die richtige Eklärung geben W. Kranz 1941, 333; D. Clay 1979, 352; P. Vicaire 1985, 91. Bei LSJ s. v. ἄγω I 3 hätte die bildhaft formulierte Phaidros-Stelle unter der normalen Bedeutung »carry off as captives or booty« aufgeführt werden sollen, nicht unter der Rubrik »φέρειν καὶ ἄγειν sometimes means simply *bear and carry, bring together*.« Nicht allzu weit von der üblichen Bedeutung entfernen sich Stellen wie Platon, Nomoi 7, 817 A; Xenophon, Kyrup. 3, 3, 2, wo man ›herbeibringen‹ übersetzen kann, aber doch ebenfalls ein ›Mit-sich-Führen‹ (nach Art des Transportierens von Kriegsbeute) gemeint ist. – Ähnlich wie T.G. Rosenmeyer (s.o.) glaubte schon W.H. Thompson 1868, 148 mit der Bedeutung ›manage‹, ›administer‹ rechnen zu dürfen (unter Verweis auf Plutarch, Mor. 486 e). G.J. de Vries 1969, 266 folgt Hackforth und plädiert für die Bedeutung »to bear and carry with him«, wobei der Aspekt des Beute-Machens (der Aneignung) verloren geht. – L. Robin 1930, 96 hielt es für möglich, daß hier nicht der übliche Doppelausdruck für ›Plünderung‹ vorliegt, sondern die beiden Wörter verschiedenes bedeuten: »Les deux temps du pillage; ou en supposant un double sens, *porter* sur soi tous son bien, n'être point en peine de le *gérer*«. Dieser nicht überzeugenden Ansicht scheint C.J. Rowe (Kommentar 1986, 217) zu folgen, wenn er bemerkt, in φέρειν liege der Doppelsinn von ›wegtragen‹ (›carry‹) und ›ertragen‹ (›put up with‹).

42 Sprechend sind vor allem die folgenden Stellen: Gorgias 486 D – 487 A und 487 E (Sokrates sieht in Kallikles einen Prüfstein zur Auffindung der Wahrheit); Resp. 3, 413 E 1 (βασανίζοντας πολὺ μᾶλλον ἢ χρυσὸν ἐν πυρί); 5, 503 A; 7, 537 D (τῇ τοῦ διαλέγεσθαι δυνάμει βασανίζοντα); Politikos 303 D – 304 A (der wahre Politiker soll wie reines Gold aus den Beimengungen herausgeläutert werden); Epin. 991 C (die dialektische Prüfung als schönste und erste βάσανος).

III Die Besonnenheit als Bedingung der größten Weisheit

In der Bitte, daß dem Philosophen die größtmögliche σοφία zuteil werden möge, sind, soviel ich sehe, zwei Leitmotive des Dialogs miteinander verbunden, deren Sinn und Zweck es ist, das philosophische Wissen genau zu bestimmen.

1 *Die Stellung der Philosophie zwischen göttlicher Weisheit und menschlicher Scheinweisheit*

Daß Sokrates eine möglichst große Menge des Weisheitsgoldes von der σωφροσύνη erhofft, wird zunächst dadurch verständlich, daß die erbetene σοφία auf diese Weise (a) der absolut überlegenen göttlichen Weisheit untergeordnet und zugleich (b) von der sophistischen Scheinweisheit abgehoben wird.

(a) Kurz vor dem Schlußgebet hatte Sokrates festgestellt (278 D), σοφός dürfe eigentlich nur Gott genannt werden; für den um die Wahrheit bemühten
125 Menschen sei dieser Anspruch zu groß | (μέγα); ihm gezieme eher die Bezeichnung eines Liebhabers der Weisheit, eines φιλό-σοφος.[43] Der ›Philosoph‹ bleibt hinter der vollen göttlichen Weisheit zurück, auch wenn er sich ihr strebend anzunähern vermag.

Schon die Tatsache, daß Sokrates schließlich zu den Göttern betet, zeigt, daß der Philosoph nicht selbstherrlich glaubt, von sich aus die Arete und die Wahrheit erreichen zu können, sondern sich bewußt ist, auf die Gunst und die Hilfe höherer Mächte angewiesen zu sein. Die konventionelle Form des Betens wird hier zum Ausdruck dafür, daß der Philosoph seine menschliche Begrenztheit und Bedürftigkeit einsieht. Wenn sein Wünschen von Selbsterkenntnis geleitet ist, wird der Philosoph nicht um die vollkommene Weisheit bitten, die nur dem Gott zusteht, sondern eben um das Maß an Weisheit, das durch die Besonnenheit (σωφροσύνη) bestimmt wird.

Mit der Bitte um diejenige ›Menge‹ an Weisheit, die kein anderer außer dem Besonnenen zu gewinnen vermag, wünscht der Philosoph nun aber doch nicht etwa nur einen bescheidenen Anteil, sondern das Höchstmaß, das der Mensch erreichen kann: die größtmögliche Annäherung an die göttliche σοφία. Der Besonnene, der die menschlichen Grenzen kennt, erlangt gerade durch diese Selbsterkenntnis die dem Menschen erreichbare σοφία im höchsten Grade.[44] Wer weiß, daß er die Fülle der göttlichen Weisheit nicht hat, und sich nicht einbildet, vollkommen weise zu sein, der erhält

43 Diese Auslegung des ›Philosophie‹-Begriffs auch Sympos. 204 AB; Lysis 218 A.

44 Noch ohne Bezug auf bestimmte Inhalte sagt der Sokrates der ›Apologie‹ (23 AB): Wenn der Gott in Delphi erklärt, ich sei der Weiseste, so will er damit sagen, daß derjenige von den Menschen am weisesten ist, der, so wie ich, erkannt hat, daß er in Wahrheit nichts wert ist gegenüber der göttlichen Weisheit.

am ehesten die Möglichkeit, von dem unerschöpflichen göttlichen Reichtum soviel wie nur möglich davonzutragen.

In unserem Dialog (273 E – 274 A) hatte Sokrates erklärt, daß sich der Besonnene in der Dialektik übe, nicht um den Menschen zu gefallen, sondern um den Göttern zu dienen und sich am wahrhaft Guten zu orientieren. Wenn der σώφρων, wie es hier heißt, große Anstrengung auf sich nimmt, um die mit der dialektischen Kunst zu gewinnenden Erkenntnisse zu ›erwerben‹ und mit dem Göttlichen und Guten in Verbindung zu kommen, dann verfolgt er damit gerade kein bescheidenes Ziel, sondern auf einem weiten Umweg erstrebt er ›Großes‹ (274 A 3 μεγάλα), nämlich das Reden und Handeln aus der Erkenntnis des göttlichen Guten. Gewiß | wird kein Mensch 126
im gegenwärtigen Leben diese Vollkommenheit endgültig erreichen, aber der Philosoph vermag sich ihr mit Hilfe des Eros und der Dialektik zielbewußt zu nähern: Er wird, wie es im Zusammenhang mit dem Gleichnis vom fruchtbringenden Wachsen heißt, solche Logoi, die begründete Wahrheit enthalten, ›besitzen‹ (ἔχειν) und die größte Glückseligkeit erlangen, die ein Mensch erreichen kann (εὐδαιμονεῖν … εἰς ὅσον ἀνθρώπῳ δυνατὸν μάλιστα 277 A).

(b) Durch den ganzen Dialog hindurch ist eine Motivlinie zu verfolgen, mit der die echte σοφία des Philosophen von der eitlen Scheinweisheit der sophistischen Redner unterschieden wird. Unter diesem Gesichtspunkt wird die zum Schluß erbetene σοφία, die von ›oben‹ her durch die volle göttliche Weisheit ihr Maß erhält, von ›unten‹ her bestimmt als die dem äußerlichen, unechten Wissen der Sophisten entgegengesetzte höhere und echte Weisheit. Diese wahre Weisheit ist auch dem Umfang nach groß: Die Seele des Philosophen hat ›am meisten‹ von der Ideenwelt gesehen und kann sich an vieles erinnern (248 D 2 πλεῖστα ἰδοῦσα, 251 A 2 πολυθεάμων); und der Dialektiker bemüht sich um Großes (μεγάλα 274 A 3).

[1] Schon im Einleitungsgespräch macht Sokrates klar (229 C – 230 A), daß er die rationalistische Mythenallegorese der »σοφοί« gering schätzt, weil es ihm vielmehr um die Selbsterkenntnis zu tun ist, also um eine σοφία, die auf σωφροσύνη beruht.

[2] Sodann gilt Lysias zwar, weil er als Redner zu beeindrucken vermag, als σοφός (236 B 7; 237 B 1); aber im Vergleich mit der Weisheit des Sokrates erweist sich seine σοφία als oberflächliche Scheinweisheit. Sokrates ist bescheiden genug, die Erkenntnis der Wahrheit nicht für sich selbst in Anspruch zu nehmen. Er hat von weisen Männern und Frauen (σοφοί), die sich wirklich auf die Liebe verstehen, Besseres als von Lysias gehört (235 B–D). Er weiß zwar nicht mehr, woher ihm die Brust davon ›voll‹ ist (235 C 5, D 1); aber er ist überzeugt, daß Eros etwas Gottgegebenes ist; und dies glauben nicht die allzu Klugen (δεινοί), wohl aber die (wahren) σοφοί (245 C 1–2).

[3] Die theoretische Untersuchung der zweiten Dialoghälfte geht aus (257 E – 258 C) von dem ehrgeizigen Redner und Politiker, der seine σοφία

(258 A 8) durch Schriften stolz (ἰσόθεον ἡγεῖται αὐτός τε αὐτὸν ἔτι ζῶν 258 C) den Zeitgenossen und der Nachwelt demonstrieren will. Ihm wird dann der Philosoph gegenübergestellt, dem es nicht um den Ruhm bei den Men-
127 schen, sondern | um die Wahrheit zu tun ist und der beim Schreiben das Wertvollste zurückhält.

[4] Der Dialektiker ist dem gewöhnlichen Redner grundsätzlich überlegen (259 E – 274 A): Die Redner gelten als σοφοί (260 A 6, 267 A 5, 267 B 6, 273 B 2), und sie lassen sich ›königlich‹ belohnen (266 C), aber sie glauben zu Unrecht, zum Überreden genüge die ›Wahrscheinlichkeit‹ (πιθανόν, εἰκός) der Doxa. Sie verstehen sich nicht auf die wesentlichen Voraussetzungen auch der echten Redekunst: die Wahrheit, die Erkenntnis des Ganzen, die dialektische Methode. Der Dialektiker begnügt sich nicht mit den Spezialitäten der bisherigen Redelehrer, sondern fordert eine Erkenntnis größten Umfangs: das Wissen von der Natur der Seele und darüber hinaus von der Natur der gesamten Realität (269 D – 271 B).[45] Die σοφία, nach der sich der Dialektiker richtet (273 E 9), beruht auf der σωφροσύνη, die sich nicht an menschlichen Zwecken, sondern an der Wahrheit selbst und am Guten als dem Göttlichen orientiert (273 D – 274 A).

[5] Die ›scheinbar Weisen‹ (δοξόσοφοι), die sich auf geschriebenes, äußerliches Wissen verlassen und sich etwas darauf einbilden, sind unverständig und unverträglich. Sie haben nicht die wahre σοφία derer, die über ein lebendiges, inneres Wissen verfügen (274 E – 275 B). – Für die neumodischen »σοφοί« ist wichtig, wer etwas gesagt hat, für den Philosophen nur, ob es, unabhängig von der Autorität des Sprechers, wahr ist (275 BC).

[6] In den mündlichen Gesprächen, die zur Eudaimonie führen, bedient sich der Lehrende der dialektischen Kunst, deren Hauptmethode, wie immer wieder gesagt wird (265 C – 266 B, 273 DE, 277 B), das dihairetische Einteilen und das synagogische Zusammenfassen ist. Darauf verstehen sich die gewöhnlichen Redner, Dichter und Gesetzgeber nicht (278 B–E). Das
128 ›Wertvollere‹ | des mündlichen Gesprächs gegenüber allem Geschriebenen (τὰ τιμιώτερα) wird schließlich auf eigenartige Weise zur Dialektik in Beziehung gesetzt: Es ist, sagt Sokrates, wertvoller als das, was einer »verfaßt und schreibt, es auf und ab (oder hin und her) wendend in der Zeit, es aneinander klebend und voneinander trennend«. Gemeint ist hier beim Schriftstel-

45 Die ›Natur des Ganzen‹ (ἡ τοῦ ὅλου φύσις, 270 C), deren methodische Berücksichtigung dem Hippokrates im somatischen Bereich zuerkannt und vom Dialektiker für die Erkenntnis der Seele gefordert wird, meint nicht nur das jeweilige Ganze, sondern bei der Medizin die Gesamtnatur der Umwelt und des kosmischen Universums, bei der dialektischen Psychologie darüber hinaus das gesamtontologische Bezugssystem von Einheit und Vielheit, Wirken und Erleiden. Dies haben A. Hellwig 1973, 182–216; H. Herter, The problematic mention of Hippocrates in Plato's Phaedrus, Illinois Classical Studies 1, 1976, 22–42; J. Mansfeld, Plato and the method of Hippokrates, Greek Roman and Byzantine Studies 21, 1980, 341–362; Th.A. Szlezák 1985, 39–40 überzeugend dargelegt (anders urteilt W.J. Verdenius, Mnemosyne IV 35, 1982, 333–335; für E. Heitsch 1987, 18 lehrt die bisherige Diskussion, »daß die Frage möglicherweise nicht eindeutig zu beantworten ist«).

ler, der mit der Buchrolle umgeht, das Auf und Ab oder Hin und Her und das Zusammenkleben und Trennen. Indirekt wird damit aber an das ›aufwärts‹ führende Verbinden (συναγωγή) und das ›abwärts‹ führende Trennen (διαίρεσις) der dialektischen Untersuchungen erinnert.[46] Nicht daß das ›Wertvollere‹ einfach die Dialektik wäre, aber die Dialektik verhilft dazu. Die umstrittene Frage, was mit dem ›Wertvolleren‹ gemeint ist, findet also, wie ich meine, ihre richtige Antwort im Blick auf das Besondere, das nur die mündliche Dialektik zu geben vermag, und das ist – wie seit der ›Politeia‹ klar sein muß – die Erkenntnis der Ideen, letztlich der Idee des Guten.[47]
Aber der philosophische Autor hält dieses ›Wertvollere‹ zurück | und be- 129
weist damit eine Besonnenheit, die dem gewöhnlichen Schriftsteller fehlt.

[7] Von Isokrates wird gesagt, ein ›göttlicherer Antrieb‹ (ὁρμὴ θειοτέρα) könne ihn zu ›Größerem‹ (ἐπὶ μείζω) führen, denn eine Art ›Philosophie‹ sei von Natur in seiner Denkweise (279 A). Dabei ist mit dem ›göttlicheren Antrieb‹ der enthusiastisch motivierte Aufschwung der Dialektik gemeint,[48] der zur Erkenntnis der μεγάλα (274 A 3) und τιμιώτερα (278 D 8) führt.[49] Der Philosophiebegriff des Isokrates ist, zum Unterschied von dem

46 Zum ἄνω-κάτω der dialektischen Logoi: Phaedr. 272 B 8; Epist. 7, 343 E 1; Hipparch. 228 A 9. – Das ›Aneinanderkleben‹ beim Erarbeiten eines Manuskripts erwähnt auch Platon, Menex. 236 B (Hinweis von C.W. Müller).

47 Daß die wichtigsten und wertvollsten der inhaltlich weiterführenden Erkenntnisse des Philosophen wegen der Schwäche der Schrift grundsätzlich nicht literarisch dargestellt werden sollen, wird im ›Siebenten Brief‹ ausdrücklich gesagt, aber auch im ›Phaidros‹ ist es dem Text zu entnehmen. Die Entscheidung in dieser neuerdings so umstrittenen Frage hängt vom Verständnis der Ausdrücke ›Wahres‹ und ›Deutliches‹ (ὕπαρ, ἐναργές 277 D 10; 278 A 4), ›Ernstzunehmendes‹ (ἐφ' οἷς ἐσπούδακεν 276 B 6; 278 D 1, ἄξιον σπουδῆς 278 A 5) und ›Wertvolleres‹ (τιμιώτερα D 8) ab, die den Vorzug der philosophischen Gespräche gegenüber dem literarischen ›Spiel‹ kennzeichnen. Die Auffassung, daß damit etwas inhaltlich Besonderes gemeint ist, das letztlich über alles in Platons Dialogen Dargelegte hinausgeht, scheint mir dem Textsinn am besten gerecht zu werden: [a] Der Ausdruck ›Wertvolleres‹ bezeichnet wie der des ›Ernstzunehmenden‹ etwas sachlich und objektiv, nicht nur methodisch Vorrangiges. [b] Das ›Wertvollere‹ wird nicht nur von dem jeweils Geschriebenen, sondern von allem Geschriebenen, vom Literarischen als solchem abgehoben. [c] Das mündliche philosophische Gespräch ist ein vom Dialektiker geführtes Gespräch (276 E 5–6). Die Platonische Dialektik aber hat letztlich die ›Idee des Guten‹ zum Ziel, wie gerade auch aus dem ›Phaidros‹ hervorgeht, wo es heißt, daß der Dialektiker auf ›Eines‹, auch wenn es in sich vielfach gegliedert ist, hinzublicken vermag (266 B), daß er eigentlich dem Göttlichen als dem wahrhaft Guten gehorcht und »um großer Dinge willen« (μεγάλων ἕνεκα) einen langen Umweg auf sich nimmt (273 E – 274 A) und daß die Dialektik zur Eudaimonie führt (277 A). Was das Gute selbst ist, wird nun aber in den Dialogen Platons immer nur zurückhaltend angedeutet. [d] Genau dort, wo sich die Dialoge auf Andeutungen beschränken, fügen sich die Berichte der Schüler über die mündlichen Lehren ein, nach denen Platon das Gute mit Hilfe mathematischer Denkformen als das Prinzip der Einheit erklärt hat.

48 Parm. 135 D wird der Eifer des Sokrates für die Logoi der Dialektik als καλὴ καὶ θεία ὁρμή bezeichnet. Phaidros 246 A heißt es, jetzt solle die Seele nur gleichnishaft beschrieben werden, die Erklärung ihrer Wesenseigenschaften sei Aufgabe einer πάντη πάντως θεία καὶ μακρὰ διήγησις, womit die Dialektik gemeint sein dürfte. – Die Einweihung in ein ›höheres‹ Wissen, die dem Isokrates fehlt, soll Perikles durch Anaxagoras erhalten haben: 269 E–270 A (dazu D. Babut 1987, 275–276).

49 Vgl. Politikos 285 E – 286 A: Die Erkenntnis der μέγιστα καὶ τιμιώτατα, nämlich der unkörperlichen Ideen, ist das eigentliche Ziel der Dialektik.

Platons, charakterisiert durch die Ablehnung der Möglichkeit eines sicheren theoretischen Wissens vom Guten. Gerade die Beschränkung des Isokrates auf eine praxisnahe Vernünftigkeit reicht aber nach Platons Auffassung nicht aus: Seine Philosophie beansprucht dagegen eine umfassende theoretische (und damit Praxis begründende) Erkenntnis. Platon will hier im ›Phaidros‹ gewiß *ex eventu* sagen, daß Isokrates das ›Größere‹ nicht mehr erreicht hat und ihm also gerade das fehlt, was den wahren Philosophen ausmacht. Es genügt nicht, zum philosophischen Denken von Natur (φύσει) begabt zu sein; man muß diese Veranlagung auch auf dem langen Weg der Dialektik zur Entfaltung bringen. Isokrates bleibt im bloß Menschlichen befangen und schwingt sich nicht zur Orientierung am Göttlichen auf (vgl. 273 E – 274 A). Der Zweck der Äußerung im ›Phaidros‹ ist nicht eigentlich lobende Anerkennung oder ironischer Spott,[50] sondern die sachliche Verdeutlichung des Abstandes, der die wahrhaft philosophische Redekunst auch noch von der sonst optimalen, auf bester Begabung und Moral (φύσις, ἦθος) beruhenden Rhetorik trennt. Der Vergleich mit der Differenz zwischen Kind und erwachsenem Mann (πλέον ἢ παίδων διενέγκοι) führt weiter vom Menschlichen zum ›Göttlicheren‹, so daß sich insgesamt die Heraklitische
130 Proportion (Fr. B 79 Diels– | Kranz) ergibt: Wie das Kind zum Mann und der Mann zur Gottheit verhalten sich die Logoi der gewöhnlichen Redner zu den Logoi des Isokrates und diese zu den nach dem Göttlichen strebenden philosophischen Logos Platons.

2 *Die besonnene Aneignung des durch Enthusiasmos Gewonnenen*

Noch aufschlußreicher ist ein anderer Aspekt der Bitte um das Gold der Weisheit. Er zeigt sich darin, daß Sokrates das Erbetene wie eine reiche Beute ›wegzuschaffen‹, es sich also mühevoll anzueignen gedenkt.

Die große Eros-Rede des Sokrates hat verdeutlicht, daß der Mensch an der göttlichen Weisheit durch den Enthusiasmos, besonders durch die musische Inspiration und den erotischen Aufschwung Anteil gewinnen kann. Aus der Rede und dem anschließenden Gespräch geht aber auch hervor, daß der Mensch zur wirklichen Aneignung dieser Weisheitsfülle der σωφροσύνη bedarf. Die enthusiastische Begeisterung und Inspiration führt nur dann zu echter Erkenntnis, wenn sie sowohl mit ethischer Besonnenheit verbunden ist als auch durch das disziplinierte Denken der Dialektik zu sicherem, eigenem Besitz gemacht wird. Den ganzen Dialog beherrscht der Gedanke der notwendigen Verbindung von Enthusiasmos und Logos:[51] Der Philosoph soll sich zwar der überlegenen göttlichen Weisheit, die er im Enthusiasmos empfängt, hingeben; nur so viel davon aber wird für ihn wirklich zu eigener σοφία, wie er mit dem vernünftigen Logos der phi-

50 Für diese persönliche Alternative hat sich die bisherige Diskussion allzusehr interessiert. Mit Recht betont dagegen D. Babut 1987, 281–282 (bisherige Literatur 258–259) den sachlichen Gehalt der Charakterisierung des Isokrates.

losophischen Dialektik denkerisch begreift. Die höhere, göttliche Weisheit bleibt für den Menschen ›äußerlich‹, solange er sie sich nicht mit der ihm eigenen σωφροσύνη ›innerlich‹ aneignet.

Ähnlich erklärt Platon im ›Timaios‹ (71 D – 72 B): Die mantische Wahrheitsschau geschieht im Zustand der Unvernunft (ἀφρο- | σύνη), sei es 131
im Traum oder in enthusiastischer Ekstase. Zur Erkenntnis kommt es nur, wenn das so Geschaute mit σωφροσύνη geprüft und beurteilt wird. Nur der σώφρων, der das Seinige und sich selbst erkennt, vermag die göttliche Weisheit wirklich auszuwerten.

Im ›Phaidros‹ führen verschiedene Motivlinien des Dialogs zu dieser Deutung des letzten Gebetswunsches: daß die größtmögliche menschliche σοφία auf einer die reichen Eingebungen des Enthusiasmos bewältigenden und aneignenden σωφροσύνη beruht.

(a) [1] Die Götter ›hier‹, an die sich Sokrates mit seinem Gebet wendet, sind zunächst die Götter des Ortes (ἐντόπιοι θεοί 262 D 3),[52] also Pan (263 D), Pans Vater Hermes (263 D), der Flußgott Acheloos (230 B, 263 D), vor allem aber auch die Nymphen (230 B, 238 CD, 241 E, 263 D, 278 B) und vielleicht die Platane (236 DE). Die Nymphen haben mit ihrer Kraft, Menschen zu bezaubern und in Entzücken zu versetzen, auch Sokrates zu seinen Reden inspiriert (238 CD, 241 E, 263 D). Die Natur außerhalb der Stadt, in der diese Götter wirken, ist für Sokrates ein Bereich der religiösen Inspiration. Sokrates, nicht Phaidros ist es, der das Heilige und Gotterfüllte des Ortes wahrnimmt und für den Enthusiasmos von Anfang an empfänglich ist.

Zu den ›Göttern hier‹ gehören ferner die Musen und Eros. Die Musen verbindet Sokrates mit den Nymphen, wenn er schließlich den Ort des Gesprächs als den »Quell und das Musenheiligtum (μουσεῖον) der Nymphen« bezeichnet (278 B 9).[53] Die Musen hatte Sokrates schon am Beginn seiner ersten Rede angerufen (237 A); und von ihnen fühlte er sich bei seinen philosophischen Reden inspiriert (259 B–D, 278 B). Die Nähe der Musen wird durch die Zikaden, ihre Vermittler und ›Propheten‹, unmittelbar wahr-

51 Dies war das Thema der Phaidros-Interpretation von H. Gundert 1949, der jedoch nicht genügend beachtet, daß die philosophische Erkenntnis nicht selbst enthusiastisch ist, sondern eher im Widerstreit mit dem Enthusiasmos gewonnen wird. Den Gegensatz betonte H.W. Meyer 1956. W.J. Verdenius 1962 erklärte: »Das Resultat ist eine eigentümliche Spannung zwischen Eros und Logos, Ekstase und Besinnung, Inspiration und Aspiration, Gott und Mensch« (148). »Wer sich der Mania völlig preisgibt, gewinnt einen direkten und intensiven, aber keinen dauerhaften Kontakt mit der Gottheit. Er verliert seine Selbständigkeit und ist der göttlichen Hilfe nicht mehr wert. Andererseits ist ein dauerhaftes Wissen nicht ohne diese sich in der Mania offenbarende Hilfe möglich« (149).

52 Die Archäologie hat uns eine gewisse Anschauung von diesen Göttern gegeben. G. Rodenwaldt (Pan am Ilissos, Athenische Mitteilungen 37, 1912, 141–150) brachte ein dort gefundenes Felsrelief mit dem Berliner Weihrelief in Verbindung, auf dem »in einer flachen Höhle Hermes und die Nymphen, links Acheloos, rechts der flötenblasende Pan« (S. 148) zu sehen sind. Vgl. D. Clay 1979, 346–347. Abbildungen in: J. Travlos, Bildlexikon zur Topographie des antiken Athen, Tübingen 1971, Nr. 387, 382.

53 Zur Verwandtschaft von Nymphen und Musen: W.H. Thompson 1868, 144.

nehmbar (259 BC, 262 D). Den göttlichen Eros rief Sokrates am Schluß seiner
132 Palinodie an und bat ihn, er möge ihm | die Liebe zur Philosophie erhalten und sie dem Lysias wie auch dem Phaidros eingeben (257 AB).

Die ›Götter hier‹ sind also die Gottheiten, denen Inspiration und enthusiastische Ekstase verdankt werden. Das gilt auch für Pan. Wenn Platon im ›Kratylos‹ (408 B–D) dem Gott Pan etymologisierend den Logos zuspricht, der »das Ganze – Wahres und Falsches – bezeichnet« (τὸ πᾶν σημαίνει), so ist doch gerade auch damit, recht verstanden, der Logos der Dichtung gemeint, nicht der Logos des philosophischen Rechenschaftgebens.

Daß nun Sokrates die innere Schönheit und die wahre, durch Sophrosyne zu gewinnende Weisheit gerade von den Gottheiten des Enthusiasmos erbittet, läßt sich auf zweifache Weise verstehen: Wenn für die ἐντόπιοι θεοί bis zum Schluß die Gabe der Inspiration kennzeichnend ist, erwartet Sokrates das Erbetene nicht eigentlich als Geschenk von diesen Göttern: Sie sollen ihm nur ›gewähren‹, daß er es erlangt. Vielleicht muß man beachten, daß sich Sokrates mit dem Gebet von den Göttern des Ortes verabschiedet, deren Einflußbereich er nun bewußt verläßt. Er will weggehen – ἴωμεν ist das letzte Wort des Dialogs –, nachdem er zu den ›Göttern hier‹ gebetet hat. Er geht nun von ›draußen‹ (ἔξω τείχους 227 A 3, 230 D 2), wo er den ihm ungewohnten Göttern begegnet und von ihnen ergriffen worden ist, wieder nach ›drinnen‹ (ἐν τῷ ἄστει), wo er im nüchternen Gespräch mit den Menschen etwas zu lernen hofft (230 D). Von den Göttern des Ortes hat er durch die Inspiration Weisheit empfangen; aber er will das reichlich Empfangene ›mitnehmen‹ und sich zu eigen machen, wozu nur der Besonnene fähig ist. Gewiß hat eine innere Aneignung auch schon in dem Gespräch mit Phaidros stattgefunden, aber eben dadurch, daß Sokrates sich bemühte, über das enthusiastisch Vernommene im dialektischen Gespräch Rechenschaft zu geben. Das Gebet bringt zum Ausdruck, daß dies auch weiterhin geschehen soll, wenn nun die von diesen Göttern stammende Weisheit dem Lysias, dem Isokrates und den anderen in der Stadt mitgeteilt wird (278 B 8–9, 279 B 1–3).

Legitim ist aber wohl auch die Erklärung, daß Sokrates keinen Widerspruch zwischen den ›Göttern des Ortes‹ und der σωφροσύνη sieht, da er das Wirken dieser Götter neu deutet und in ihrem Wesen die ganze Spannung zwischen Enthusiasmos und Logos angelegt findet. Hat er doch vorher schon die Musen um Weisheit (σοφία) gebeten (237 AB) und erklärt, daß den Musen und den Zikaden nicht nur die Fähigkeit zur Bezauberung eigen,
133 sondern besonders auch der Logos des philosophischen Gesprächs | und der Wissenschaft lieb ist und daß sie ihm Wahres eingegeben haben.[54] Der Eros des philosophischen Strebens verbindet die enthusiastische Begeiste-

54 Phaidros 259 B–D, 262 D; vgl. 178 B 9. Mehrfach bezeichnet Platon die Philosophie als höchste μουσική, z.B. Phaidon 61 A; Resp. 8, 548 B; Phil. 67 B.

rung mit vernünftiger Besonnenheit. Und Pan könnte von seinem Vater Hermes mit der Fähigkeit zur Inspiration auch die Gabe der erkenntnisvermittelnden Rede erhalten haben (263 D).

Der Leser sollte bei der Schilderung des ländlichen Ortes außerhalb der Stadt doch wohl daran denken, daß Platon sich für seine Schule einen solchen Ort gewählt hatte. Zumal die Erwähnungen der Musen, die den Philosophen inspirieren, spielen sicherlich auf das ›Museion‹ (vgl. 278 B 9 μουσεῖον) an, das Platon in der Nähe des Gymnasions der Akademie gegründet hatte.[55] Spätere Leser assoziierten denn auch das Sokrates-Gespräch unter der Platane am Ilissos mit Platons Unterredungen in der Akademie.[56]

[2] Das Schlußgebet steht in einer Reihe mit drei vorausgegangenen Gebeten, in denen die richtige Verbindung von Enthusiasmos und philosophischer Erkenntnis immer klarer hervortritt:

In dem Musenanruf vor der ersten Sokratesrede (237 AB) wünscht sich Sokrates, vor Phaidros als weise (σοφός) zu erscheinen (δοκεῖν). Hier ist noch nicht die philosophische Musenkunst und noch nicht die echte Weisheit im Blick. Am Schluß der Palinodie hingegen ist mit der erbetenen Gunst des Eros besonders auch die Freude an den philosophischen Logoi gemeint (257 AB μετὰ φιλοσόφων λόγων). Kurz vor dem Schlußgebet hatte Sokrates erklärt: Er und Phaidros müßten sich die Einsicht wünschen (εὐξαίμεθ᾽ ἄν), daß nicht die literarischen, auf dichterische Weise | bloß gefühlsmäßig 134
überredenden Werke, sondern allein die ›in die Seele geschriebenen‹ mündlichen Logoi wirklich wertvoll sind (278 B).

Die in diesen drei Gebetswünschen mit zunehmender Deutlichkeit zum Ausdruck kommende Bedingung für die Fruchtbarkeit des musischen und erotischen Enthusiasmos, nämlich die philosophische Fähigkeit des Prüfens, Bewußtmachens und Rechenschaftgebens, gibt am Ende auch der letzten Bitte des Schlußgebets ihren tieferen Sinn.

(b) [1] Die σωφροσύνη ist in der Rede des Lysias und in der ersten Sokrates-Rede die nüchterne Beherrschtheit im Gegensatz zur sinnlichen Begierde, die zweckmäßige ›Vernünftigkeit‹ gegenüber der krankhaften Leidenschaft

55 Diogenes Laertios 4, 1. Der ›Garten‹ Platons befand sich außerhalb der öffentlichen Anlagen der Akademie. Wahrscheinlich werden deshalb zu Beginn des ›Phaidros‹ (227 A) die περίπατοι in der freien Natur von denen in den Wandelgängen des Gymnasions (δρόμοι) unterschieden. Von den δρόμοι der Akademie sprechen auch Eupolis, Fr. 36 Kassel–Austin, und Plutarch, Vita Cimonis 13, 7.

56 Timon von Phleius (Fr. 30 Diels = Supplementum Hellenisticum 804, bei Diogenes Laertios 3, 7) wird Platon verspotten, indem er den Zikaden-Vergleich nach Homer, Ilias 3, 150–152, aber auch nach dem ›Phaidros‹ auf Platon selbst anwendet: τῶν πάντων δ᾽ ἡγεῖτο πλατίστατος, ἀλλ᾽ ἀγορητής / ἡδυεπής, τέττιξιν ἰσογράφος, οἵ τ᾽ Ἑκαδήμου / δένδρει ἐφεζόμενοι ὄπα λειρίεσσαν ἱεῖσιν. »Alle führte der ›Breiteste‹ (›Platteste‹ [Wortspiel mit dem Namen ›Platon‹]) an, jedoch ein Redner süßer Worte, den Zikaden gleichend beim Schreiben, die auf dem Baum des Hekademos sitzen und ihre zarte Stimme ertönen lassen«. Ferner Themistios, Oratio 21, II p. 21 Downey–Norman.

(231 D, 237 E). In der zweiten, großen Sokrates-Rede über den Eros als gottgegebene μανία (243 E – 257 B) wird dann die sterbliche σωφροσύνη (256 E) als rational vorgehende Techne verstanden und gegenüber dem inspirierten, enthusiastischen ›Wahnsinn‹ des von Apollon, Dionysos, den Musen oder Eros Begeisterten als unzulänglich erwiesen: Sie allein vermag nicht zur Wahrheit und zur Eudaimonie zu führen (244 AB, 245 A). Die gleiche Rede des Sokrates bringt aber auch eine überirdische, wahre σωφροσύνη in den Blick. Im ›überhimmlischen‹ Reich der Ideen sieht die Seele auch diese reine, ideale Besonnenheit, von der alle Beispiele menschlicher Besonnenheit nur einen schwachen Abglanz vermitteln (250 B) und die zusammen mit dem Wesen der Schönheit auf heiligem Grund feststeht (254 B).

Zur Erkenntnis der Wahrheit gelangt der Mensch durch die ›Wiedererinnerung‹ (ἀνάμνησις) an die einmal geschauten Ideen (249 B – 250 A). Bei diesem Prozeß wirken Enthusiasmos und dialektischer Logos aufs engste zusammen, denn von der Erinnerung begeistert und ›beflügelt‹ muß der Philosoph die vielen Erscheinungen im Denken auf das Eine hin zusammenführen (249 BC).

Bei der Zuwendung der Vernunft zur Ideenerkenntnis vermag, wie Sokrates mit dem Gleichnis vom Wagenlenker und den beiden Pferden erklärt, die muthafte Kraft in der Seele »mit Besonnenheit und Ehrfurcht« (μετὰ σωφροσύνης τε καὶ αἰδοῦς 253 D) der Vernunft beizustehen und der zum Körperlichen hinstrebenden Sinnlichkeit entgegenzuwirken. Die σωφροσύνη, die ohne den erotischen Enthusiasmos unfruchtbar ist (244 B – 245 A, 256 E), bietet also doch eine entscheidende Hilfe dafür, daß der Eros
135 nicht | abirrt, sondern dem lenkenden Nus folgt. Ohne sie wäre der philosophische Aufschwung nicht möglich, der zur Erkenntnis und zur Eudaimonie verhilft: Sophrosyne und Mania zusammen beschaffen uns das größte Gut (256 AB).

Die Besonnenheit der menschlichen Seele steht hier also neben dem gottgegebenen Wahnsinn des Eros als Ursache des philosophischen Lebens. Beide müssen zusammenwirken, wenn das Ziel erreicht werden soll; denn der Aufstieg der Seele zur Ideenerkenntnis kann nur dem σώφρων gelingen, dessen Besonnenheit den sinnlich-begehrenden Seelenteil zwingt, sich der Vernunft zu fügen.

[2] Schon in der ersten, von enthusiastischer Stimmung getragenen Hälfte des Dialogs gibt Sokrates zu verstehen, daß Begeisterung und nüchterne Besonnenheit komplementär zusammengehören. Den Reichtum der göttlichen Mitteilungen kann sich nur derjenige aneignen, der mit dem Logos Rechenschaft über die Wahrheit der so gewonnenen Einsichten zu geben vermag. Die anderen Personen des Dialogs sind dadurch gekennzeichnet, daß sie den Enthusiasmos und die Besonnenheit nicht in der geforderten Weise miteinander verbinden, während Sokrates die Fähigkeit zu dieser Synthese beweist.

Gleich im Einleitungsgespräch verbindet Sokrates die Begeisterung über die gotterfüllte Schönheit des Ortes mit gedanklicher Nüchternheit. Freilich ist seine Besonnenheit nicht etwa die der banalen sophistischen Mythenerklärung, die sich das Göttliche nicht innerlich aneignet, sondern es rationalistisch auflöst (229 C–E). Sokrates will vielmehr ›sich selbst erkennen‹ (229 E - 230 A). Um etwas zu ›lernen‹ und zu philosophieren, braucht er die Menschen, mit denen er Gespräche führen kann (230 D). Der Redner Lysias erscheint als Meister der nüchternen, kalkulierenden Virtuosität, dem es an echter Begeisterung fehlt. Seine Eros-Rede folgt nicht erotischer Leidenschaft, sondern rationalem Zweckdenken (230 E - 234 C). Der junge Phaidros will sich die Rede des Lysias mit unverständiger Begeisterung aneignen; und Sokrates nimmt ironisch daran teil (228 B 7 συγκορυβαντιῶντα, 234 D συνεβάκχευσα). Darin zeigt sich eine äußerliche Faszination, die nicht durch den vernünftigen Logos kontrolliert ist und daher keine Erkenntnis bringt. Sokrates macht dann klar, daß man eine Rede, um etwas durch sie zu gewinnen, nicht begeistert auswendig lernen, sondern kritisch prüfen muß und daß die wahre Rhetorik in der philosophischen Dialektik begründet ist.

Die eigenen Reden des Sokrates über den Eros geben sich als | inspi- 136
rierte Dichtung: Sie beginnen mit einem Musenanruf (237 A), und Sokrates spürt, daß er, von den Nymphen ergriffen, beinahe dithyrambisch redet (238 CD, 241 E, 257 A, 262 D, 263 D). Aber sein Enthusiasmos ist mit wachem Bewußtsein und nüchternem Denken verbunden. Bei seiner ersten Eros-Rede, die inhaltlich unwahr ist, spürt Sokrates den von den Nymphen bewirkten Enthusiasmos, aber dieser ist ihm eher unheimlich, so daß er den Ort verlassen will (241 E). Dagegen bejaht er den Enthusiasmos seiner zweiten Rede,[57] und zwar offenbar deswegen, weil diese Rede zugleich von philosophisch begründeter Einsicht geleitet ist. Sokrates vermag von seiner Rede gedanklich Rechenschaft zu geben und sich so ihres Wahrheitsgehalts zu versichern, während die gewöhnlichen Dichter, die nur Medien einer göttlichen Kraft sind, weit unter dem Philosophen stehen (248 E 1, 278 C–E). So sehr er die Begeisterung für das Schöne rühmt, erkennt er der denkenden Vernunft (φρόνησις) eine noch größere Bedeutung zu (250 D).

(c) [1] In der zweiten Hälfte des Dialogs zeigt sich noch genauer, wie die Begeisterung des wahrhaft göttlichen Wahnsinns mit der disziplinierten Gedankenarbeit der philosophischen Dialektik verbunden werden soll. Besonders bedeutungsvoll ist gleich die Stelle beim Übergang zur dialektischen Untersuchung, wo Sokrates sagt, man dürfe in der Mittagshitze sich nicht vom bezaubernden Gezirpe der Zikaden wie von den Sirenen ein-

57 Sokrates beschreibt hier die göttliche Herkunft der mantisch-apollinischen, der kathartisch-dionysischen, der dichterisch-musischen und der erotischen ›Mania‹ (244 A - 245 C); und zugleich ist seine Rede durch alle diese Arten des Enthusiasmos geprägt: außer durch die musische (257 A 5) und die erotische auch durch die mantische, da er seine Verfehlung erkennt (242 C 4) und da er um das zukünftige Schicksal der Seelen weiß, und durch die kathartische, da er sich mit der ›Palinodie‹ von seiner Verfehlung reinigt (242 C 3, 243 A 3).

schläfern lassen, sondern müsse wach bleiben und Gespräche führen (258 E 6 – 259 D 8):

»Muße haben wir ja, wie es scheint; und zugleich kommt es mir so vor, als ob in der Mittagshitze über unserem Haupt die Zikaden singend und sich miteinander unterredend (διαλεγόμενοι) auch auf uns herunterschauten. Wenn sie nun auch uns beide wie die vielen anderen sehen würden, daß wir, statt uns zu unterreden (διαλεγουμένους), uns von ihnen einschläfern und bezaubern ließen aus Denkfaulheit, dann würden sie uns mit Recht verlachen und meinen, irgendwelche Sklaven seien zu ihnen in die Herberge gekommen, um wie Schafe an der Quelle Mittag zu halten und
137 zu schlafen. Wenn | sie aber sehen, wie wir uns unterreden und an ihnen wie an den Sirenen vorbeifahren, ohne ihrem Zauber zu verfallen, dann werden sie vielleicht das, was sie von den Göttern als Geschenk für die Menschen erhalten haben, uns geben, weil sie von uns beeindruckt sind. (…) Man erzählt, daß die Zikaden einstmals Menschen waren, bevor die Musen zur Welt kamen. Als aber die Musen geboren wurden und der Gesang zum Vorschein kam, da waren nun einige von den damaligen Menschen so erschüttert vor Freude, daß sie über dem Singen zu essen und zu trinken vergaßen und unversehens starben. Aus diesen entstand danach das Geschlecht der Zikaden, welches von den Musen dies als Geschenk erhielt, von Geburt an keiner Nahrung zu bedürfen, sondern ohne Essen und Trinken sogleich zu singen, bis es stirbt, und dann zu den Musen kommt, um zu melden, wer von den hienieden Lebenden eine bestimmte Muse ehrt. Der Terpsichora also melden sie diejenigen, welche diese Muse mit den Chören verehrt haben, und bewirken, daß sie ihnen gegenüber noch freundlicher gesinnt ist, der Erato die mit den Liebesdingen und den anderen Musen ebenso je nach der besonderen Art der Verehrung. Der ältesten und ehrwürdigsten aber, der Kalliope, und der nach ihr kommenden, der Urania, melden sie die, welche ihr Leben mit Philosophie verbringen und die Kunst dieser Musen ehren, die ja unter den Musen am meisten mit dem Himmel und den göttlichen und menschlichen Reden zu tun haben (περί τε οὐρανὸν καὶ λόγους οὖσαι θείους τε καὶ ἀνθρωπίνους) und so die schönste Stimme von sich geben.«

Mit der möglichen Bezauberung durch die Zikaden, der man nicht erliegen soll, ist sicherlich gemeint, daß Dichtung und Redekunst unsere Seelen dann gleichsam in Schlaf versetzen, wenn wir uns nicht bemühen, das Gehörte mit dem Logos zu prüfen.[58] Sokrates will also sagen, daß man nach dem Willen der Musen sich nicht einfach dem zauberhaften ›Gesang‹ hingeben, sondern das enthusiastisch Vernommene mit wachem, nüchternem Bewußtsein im dialektischen Gespräch gedanklich klären soll. Das göttliche Geschenk (γέρας) der Zikaden an die Menschen (259 B 1, C 3, 262 D 5) besteht darin, daß man nicht nur zuhört, sondern selbst schöne, der Wahr-

58 Vgl. G.R.F. Ferrari 1987, bes. 25–34.

heitserkenntnis dienende Reden hervorbringt: philosophische Logoi, die den ehrwürdigsten Musen – Kalliope und Urania[59] – als die schönste Musik gelten.[60]

[2] Der ganze Dialog bestimmt die Dialektik als die Kunst, auf allen Gebieten das Verhältnis von Einheit und Vielheit dihaire- | tisch und synop- 138
tisch zu klären. Der Dialektiker »vermag auf das Eine, auch wenn es von Natur vielfältig beschaffen ist, zu blicken« (δυνατὸς εἰς ἓν καὶ ἐπὶ πολλὰ πεφυκὸς ὁρᾶν 266 B).[61] Deshalb mag zum Schluß der Gedanke, die Menge und Vielheit (πλῆθος) des Weisheitsgoldes könne nur unter einer einzigen Bedingung (»kein anderer als der σώφρων«) bewältigt werden, auch noch einmal an die Dialektik erinnern, die das Viele einheitlich erfaßt.[62]

[3] Sokrates, der sich gleich am Anfang als λόγων ἐραστής bezeichnet hatte (228 C), bekennt später (266 B), ein Liebhaber (ἐραστής) der Dialektik zu sein[63] und jedem, der sich darauf verstehe, wie einer Gottheit zu folgen.[64] Er ist also erotisch begeistert, aber sein Streben richtet sich auf das Göttliche und ist somit in höchstem Grad vernünftig. Diese Motivlinie kulminiert in der Erklärung, daß der wahrhaft Besonnene sich nicht am Erfolg bei den Menschen, sondern am Göttlichen und Guten orientiert (273 E – 274 A). Was hier mit Betonung ausgesprochen wird, daß man sich nämlich das umfassende dialektische Wissen mit viel Arbeit ›erwerben‹ und einen weiten Umweg ›um großer Dinge willen‹ gehen müsse, scheint mir zum Schluß in der Bitte um die große Weisheitsfülle, die sich nur der Besonnene aneignen kann, wiederzukehren. | 139

59 Kalliope ist schon bei Hesiod, Theog. 79–80 die ehrwürdigste, den Königen zugeordnete Muse.

60 Die Musen Urania und Kalliope sollen doch wohl, wie ihr Name sagt, für die Logoi (Proportionen) der Astronomie und der Harmonielehre, die für Platon eng verwandt sind (Resp. 7, 528 E – 531 C, Tim. 35 B – 36 D), zuständig sein. Darüber hinaus sind aber mit den »göttlichen und menschlichen Logoi« sicherlich überhaupt die vernünftigen Reden des Philosophen gemeint. Schon 248 D 3–4 wird der Philosoph als φιλόκαλος und μουσικός bezeichnet.

61 An einer Reihe von weiteren zentralen Stellen wird das dialektische Grundverhältnis von Einheit und Vielheit thematisiert: 230 A (vorläufig über Einheit und Vielfalt der Seele); 249 B (Zusammenfassung der vielen Erscheinungen zu der einen Idee: ἐκ πολλῶν αἰσθήσεων εἰς ἓν λογισμῷ συναιρούμενον); 265 D (Zusammenfassung des vielfach Zerstreuten zu einer Idee: εἰς μίαν ἰδέαν συνορῶντα ἄγειν τὰ πολλαχῇ διεσπαρμένα); 270 D – 271 A (Einheit und Vielgestaltigkeit der Seele: ἁπλοῦν, ἕν, ὅμοιον, πολυειδές); 273 E (Erfassen der vielen einzelnen Dinge mit einer Idee: μιᾷ ἰδέᾳ καθ᾽ ἓν ἕκαστον περιλαμβάνειν).

62 Ist vielleicht sogar der merkwürdig starke Ausdruck μήτε φέρειν μήτε ἄγειν im Blick auf die Methode des Dialektikers gewählt, der die Vielheit (πολλά, πλῆθος) der Dinge dem Einen ›gesammelt zuführt‹ (συνάγει, ἀνάγει, προσάγει)? Vgl. Phaedr. 265 D 3 (εἰς μίαν ἰδέαν συνορῶντα ἄγειν τὰ πολλαχῇ διεσπαρμένα); 266 B 4 (συναγωγαί); 272 D (ἀνάγειν ἄνω μακρὰν περιβαλλομένους); ferner z.B. Resp. 7, 537 C (τὰ χύδην μαθήματα … συνακτέον εἰς σύνοψιν …); Philippos von Opus, Epin. 991 C (τὸ καθ᾽ ἓν τῷ κατ᾽ εἴδη προσακτέον); Theophrast, Metaph. 13, 6 b 11 (Πλάτων μὲν οὖν ἐν τῷ ἀνάγειν εἰς τάς ἀρχὰς …).

63 Ähnlich Phil. 16 B.

64 Das hier (266 B) gebrauchte Homerzitat erinnert an Odysseus und Kalypso (Od. 5, 193), an Telemachos und Athene (Od. 2, 406) und an Odysseus und Athene (Od. 7, 38).

IV Ergebnis

Die Interpretation hat ergeben, daß das Schlußgebet seinen vollen Sinn nur dann zu erkennen gibt, wenn man es im Kontext des ganzen Gesprächs betrachtet. Platon nimmt hier die Hauptgedanken des Dialogs noch einmal auf: Es geht um das Wesen der Philosophie, die den Menschen zur Arete, zur Erkenntnis, zur Eudaimonie führt. Die Pointe des Gebets liegt in der Bitte um das Gold der Weisheit. Diese letzte Bitte ist so formuliert, daß sie zu einem Prüfstein dafür wird, ob der Leser – je nach dem, ob er dem philosophischen Duktus des Gesprächs gefolgt ist oder nicht – die Metaphorik und Paradoxie des Ausdrucks zu durchschauen vermag.

Für das ›Äußere und Innere‹ haben sich verschiedene legitime Erklärungsmöglichkeiten ergeben, die einander ergänzen: vor allem die Ansicht, daß hier allgemein die seelischen Aretai den leiblichen und materiellen Gütern gegenübergestellt sind, aber auch der speziellere Aspekt, wonach sich das ›Äußere‹ auf die öffentlich wirksame Redekunst und besonders die geschriebenen Logoi bezieht, das ›Innere‹ auf das mündliche Gespräch und das lebendige Wissen in der Seele.

Bei der letzten Bitte hat sich gezeigt, daß die vielen Interpreten, die hier den Gedanken an ein bescheidenes Maß von Geld und Gut finden wollten, Platons Intention verfehlten. Der aufmerksame Leser muß erkennen, daß von ›Gold‹ nicht im gewöhnlichen, sondern im übertragenen Sinne die Rede ist. Platon spricht hier nicht vom materiellen Besitz (und auch nicht etwa vom Wert der Schriften im Gegensatz zur wahren σοφία), sondern er bestimmt hier das dem Menschen erreichbare Höchstmaß der σοφία, und zwar folgendermaßen: Die erbetene ›Menge Goldes‹ besteht im Wissen des φιλόσοφος, der dank seiner besonnenen Selbsterkenntnis sich einerseits der absoluten göttlichen Weisheit unterordnet und der andererseits über die sophistische Scheinweisheit hoch erhaben ist; und zustandekommen soll das philosophische Wissen dadurch, daß man sich den Reichtum der enthusiastischen Eingebungen mit der Besonnenheit des nüchtern reflektierenden Logos aneignet.

Die letzte Bitte enthält damit so etwas wie eine Definition des φιλόσοφος, die zeigt, daß der Philosoph im Sinne Platons sich nicht mit ewig unerfülltem Streben zufrieden gibt, sondern sich vom Gold der Weisheit so
140 viel wie irgend möglich aneignen | möchte:[65] Er hat zwar nicht die volle,
göttliche σοφία, aber er erhebt sich weit über die gewöhnliche Doxa. Er begnügt sich keineswegs mit dem Wissen des Nichtwissens oder mit bloßem Suchen, sondern er erbittet so viel von der σοφία, wie ein Mensch nur errei-

65 Zur Korrektur moderner Verkürzungen des Platonischen Philosophiebegriffs auch: K. Gaiser, Platonische Dialektik – damals und heute, in: H.W. Schmidt und P. Wülfing (Hrsg.), Antikes Denken – Moderne Schule, Heidelberg 1988 (Beiheft zum Gymnasium 9), 77–107, hier in diesem Band Seite 177 ff.

chen kann. Dieses Höchstmaß gewinnt allein der Besonnene, der nach dem größten, wertvollsten Wissen verlangt und sich am Göttlich-Vollkommenen orientiert und der die Fülle des durch Inspiration Gewonnenen mit dem Rechenschaft gebenden Logos zu sichern vermag.

Es ist bedeutsam, daß der Schlußakzent des Dialogs, nachdem vorher so viel zugunsten der leidenschaftlichen enthusiastischen Begeisterung gesagt worden war, auf der Besonnenheit (σωφροσύνη) liegt.[66] Sokrates meint damit natürlich nicht die uninspirierte, bloß menschliche Nüchternheit, sondern das ›gesunde Denken‹ des Philosophen, der das reiche Potential der Inspiration vernünftig auswertet und fruchtbar macht. Inspiration und erotische ›Mania‹ werden im ›Phaidros‹ zwar positiv bewertet, doch darf sich der Philosoph nicht einfach dem Enthusiasmos ausliefern, sondern muß im wachen dialektischen Gespräch seiner Muse dienen (259 A–D). Mit nur menschlicher Verständigkeit kommt man nicht weit, mit völliger Selbstaufgabe vor dem Gott aber auch nicht. Man muß vielmehr dem göttlichen Einfluß, der einen durchströmt, das eigene, sichere Wissen durch philosophische Besonnenheit abgewinnen.

In diesem Sinne *soll uns immer, ihr Freunde, Platos Gespräch mit Phaedrus wert (...) und Sokrates' Gebet zu Ende der Unterredung unser Gebet bleiben.*

*

Verzeichnis der zitierten Literatur zu Platons ›Phaidros‹. *Neueste Textausgabe*: Platon, Phèdre, Notice de L. Robin, Texte établi par C. Moreschini et traduit par P. Vicaire, Paris 1985 (Platon. Oeuvres complètes, Tome IV 3). *Übersetzungen*: Marsilio Ficino [1433–1499]: Omnia divini Platonis opera tralatione Marsilii Ficini, Basel (Froben) 1532; Platonis opera omnia graece et latine, Frankfurt a. M. 1602. – Fr. Leopold Graf zu Stolberg, Auserlesene Gespräche des Platon, 1. Teil, Königsberg 1796. – F. Schleiermacher, Platons Werke, Bd. 1 des ersten Teils, Berlin (³1855). – L. Georgii, Stuttgart 1853 (auch in: Platon, Sämtliche Werke, Heidelberg, Verlag Lambert Schneider, Bd. II, 409–481). – H. Müller, Platons sämtliche Werke, Bd. IV, Leipzig 1854. – H. Prantl, Platos Ausgewählte Werke, Bd. III, Stuttgart 1855. – K. Lehrs, Platos Phädrus und Gastmahl, Leipzig 1869. – B. Jowett, The dialogues of Plato, Oxford ³1892, Bd. 1, 391–489. – H.N. Fowler, London 1914 (Loeb Classical Library). – C. Ritter 1914 (→Kommentare). – R. Kassner, Platons Phaidros, Jena 1922. – L. Robin 1930 (→Kommentare). – R. Hackforth 1952 (→Kommentare). – K. Hildebrandt, Kiel 1953; Stuttgart 1957. – R. Rufener, Platons Werke, Bd. III, Zürich 1958. – E. Salin, Platon. Phaidros, Frankfurt a. M. 1963. – W. Buchwald, Platon, Phaidros, herausgegeben und übersetzt, München 1964. – P. Vicaire, Paris 1985 (→Textausgabe). – C.J. Rowe 1986 (→Kommentare). – *Kommentare*: Hermias Alexandrinus (5. Jh. n. Chr.), In Platonis Phaedrum scholia, ed. P. Couvreur, Paris 1901. – Marsilio Ficino, Commentaria in Platonem, Florenz 1496; Opera omnia, Basel 1576 (Nachdruck Turin 1959, 1983). – G. Stallbaum, Platonis opera IV 1, Gotha und Erfurt 1832. – W.H. Thompson, The Phaedrus of Plato, London 1868. – C. Ritter, Platons Dialog Phaidros, Leipzig 1914 (²1922). – R. Hackforth, Plato's Phaedrus, Cambridge1952. – G.J. de Vries, A commentary on the Phaedrus of Plato, Amsterdam 1969. – C.J. Rowe, Plato: Phaedrus, Warminster 1986. – *Beiträge zur Interpretation*: E. Bickel, Platonisches Gebetsleben, AGPh 21

66 Im Banne der großen Eros-Rede des Sokrates verteilen manche Erklärer die Gewichte so einseitig wie beispielsweise K. Hildebrandt, Platon. Logos und Mythos, Berlin 1933, 1959, 274: »Es könnte scheinen, als ob erotische Mania und logische Methode um den Preis stritten. Wer das Werk in seiner Ganzheit sieht, kann nicht im Zweifel sein. Konnte Platon deutlicher sagen, daß die logische Untersuchung nur Abebben nach dem mythischen Aufschwung ist?«

(N.F. 14), 1908, 535–554. – K. Mras, Platos Phaedrus und die Rhetorik, WSt 36, 1914, 295–319; 37, 1915, 88–117. – L. Robin, Notice zu: Phèdre, in: Platon. Oeuvres complètes, Tome IV 3, Paris 1930 (I–CLXXXV). – W. Kranz, Platonica 1, Philologus 94 (N.F. 48), 1941, 332–333. – K. v. Fritz, Greek prayers, Review of Religion 10, 1945, 5–39. – H. Gundert, Enthusiasmos und Logos bei Platon (1949), jetzt in: K. Gaiser (Hrsg.), Das Platonbild, Hildesheim 1969, 176–197, und in: H. Gundert, Platonstudien, Amsterdam 1977, 1–22. – W.J. Verdenius, Notes on Plato's Phaedrus, Mnemosyne IV 8, 1955, 265–289. – H.W. Meyer, Das Verhältnis von Enthusiasmos und Philosophie bei Platon im Hinblick auf seinen Phaidros, Archiv für Philosophie 6, 1956, 262–277. – G.E. Mueller, Unity of the Phaedrus, Classical Bulletin 33, 1957, 50–53; 63–65 = The unity of the Phaidros, Sophia 26, 1958, 25–34. – P. Friedländer, Platon, Bd. III, Berlin ^{2}1960; ^{3}1975, Kap. 25. – J. Pieper, Begeisterung und göttlicher Wahnsinn. Über den platonischen Dialog Phaidros, München 1962. – T.G. Rosenmeyer, Plato's prayer to Pan (Phaedrus 279 B 8 – C 3), Hermes 90, 1962, 34–44. – W.J. Verdenius, Der Begriff der Mania in Platons Phaidros, AGPh 44, 1962, 132–150. – J. Bollack, in: Platon. Phaidros, Deutsch von E. Salin, Frankfurt a. M. 1963, 97–161. – P. Plass, The unity of the Phaedrus, SO 43, 1968, 7–38; auch in: K.V. Erickson (ed.) 1979, 193–221. – K.V. Erickson (ed.), Plato. True and sophistic rhetoric, Amsterdam 1979. – B. D. Jackson, The prayers of Socrates, Phronesis 16, 1971, 14–37. – W.K.C. Guthrie, A history of Greek Philosophy, Vol. 4: Plato, Cambridge 1975, 56–65; 396–433. – G. Rodis-Lewis, L'articulation des thèmes du Phèdre, Rev. philos. 165, 1975, 3–34. – Th.A. Szlezák, Dialogform und Esoterik. Zur Deutung des platonischen Dialogs Phaidros, Mus. Helv. 35, 1978, 18–32. – D. Clay, Socrates' prayer to Pan, in: Arktouros, Hellenic studies presented to B.M.W. Knox, Berlin 1979, 344–353. – R. Burger, Plato's Phaedrus, A defence of the philosophic art of writing, Alabama 1980. – M.C. Nussbaum, Poetry, goodness and understanding in Plato's Phaedrus, in: J. Moravcsik – P. Temko (edd.), Plato on beauty, wisdom and arts, Totowa, N. J. 1982, 79–124 [= Madness, reason, and recantation, in: M.C. Nussbaum, The fragility of goodness. Luck and ethics in Greek tragedy and philosophy, Cambridge 1986, 200–233]. – Th.A. Szlezák, Platon und die Schriftlichkeit der Philosophie, Berlin 1985, bes. 7–48. – Ch.L. Griswold, Jr., Self-knowledge in Plato's Phaedrus, New Haven / London 1986. – C.J. Rowe, The argument and structure of Plato's Phaedrus, Proc. Cambr. Philol. Soc. 212, 1986, 106–125. – D. Babut, Sur quelques énigmes du Phèdre, BAGB 1987, 256–284. – E. Heitsch, Platon über die rechte Art zu reden und zu schreiben, Stuttgart 1987 (Abh. Mainz, Geistes- und Sozialwiss. Kl. 1987, 4). – G.R.F. Ferrari, Listening to the cicadas. A study of Plato's Phaedrus, Cambridge 1987.

Rezension zu
Raymond Weil, L' »Archéologie« de Platon

Paris: Klincksieck 1959. 171 S. 18 NF. (Études et Commentaires. 32.) (1961)

Der Titel des Buches läßt nicht ohne weiteres erkennen, daß es einen wichtigen Aspekt der platonischen Geschichtsphilosophie behandelt.[1] W. untersucht hauptsächlich, wie sich die Geschichtsdarstellung im dritten Buch der ›Nomoi‹ Platons zu den vergleichbaren Darstellungen bei den griechischen Historikern verhält. Der Titel ›L'»Archéologie« de Platon‹ ist deshalb gewählt worden, weil es W. besonders auf den Vergleich mit der sogenannten Archäologie am Beginn des Thukydideischen Geschichtswerkes ankommt.

Im Aufbau und in der Zielsetzung entspricht die ganze Abhandlung weitgehend der aus der Schule Julius Stenzels stammenden Dissertation von G. Rohr über ›Platons Stellung zur Geschichte‹ (1931): auch W. verbindet die Behandlung der Grundzüge des platonischen Geschichtsdenkens (vor den ›Nomoi‹ S. 13–33, in den ›Nomoi‹ 34–54) mit einem philologisch-historischen Kommentar zum dritten Buch der ›Nomoi‹ (55–164).[2] Die besondere Leistung Rohrs, die komplizierte philosophische Problematik der platonischen Geschichtsdeutung im Zusammenhang mit der ganzen Seins- und Erkenntnislehre Platons sichtbar zu machen, hat W. nicht übertroffen. Es ist aber verdienstvoll genug, daß er das Thema, dessen zentrale Bedeutung für das Verständnis der platonischen Philosophie noch kaum genügend erkannt ist, von einer ganz bestimmten, aufschlußreichen Seite her gründlich in Angriff genommen hat. Er fragt nämlich vor allem nach der Methode der platonischen Geschichtsbetrachtung: nach der eigenartigen

1 Den problematischen Begriff der »Geschichtsphilosophie« vermeidet W. vorsichtigerweise. Über die Möglichkeit seiner Anwendung auf das platonische Denken hat sich der Rez. in einem Vortrag geäußert (›Platon und die Geschichte‹, Stuttgart: Fromann-Holzboog 1961).

2 Die ebenfalls ähnlich angelegte Arbeit von G.J.D. Aalders, Het derde boek van Plato's Leges (1. Teil, Prolegomena, Amsterdam 1943; 2. Teil, Kommentar, noch nicht erschienen) ist bei W. nicht erwähnt. In einem besonderen Abschnitt über »Mythos und Geschichte« (vgl. bes. S. 67–73) machte auch Aalders auf den lehrhaften und auf den hypothetischen Charakter der platonischen Geschichtsdarstellung aufmerksam. Im übrigen behandelte Aalders mehr das politische Denken Platons als das geschichtliche oder geschichtsphilosophische. Dies gilt auch für das umfangreiche Werk von G.R. Morrow, Plato's Cretan City; a historical interpretation of the Laws, Princeton 1960.

345 platonischen Verbindung von Mythos und Historie, | Dichtung und Empirie – oder wie sich die so schwer zu analysierende Vereinigung von παιδιά und σπουδή hier sonst noch bemerkbar macht.[3]

Das wichtigste allgemeine Ergebnis der Untersuchung ist, daß Platon die strenge Methode der historischen Kritik, die besonders klar ausgeprägt bei Thukydides zu finden ist, bewußt voraussetzt und auch selbst durchaus beherrscht, daß ihm aber an dieser Art der empirischen Geschichtsbetrachtung nicht viel gelegen ist: es geht Platon gerade auch bei der Darstellung geschichtlicher Ereignisse und Zusammenhänge offenbar darum, allgemeinere philosophische Wahrheiten und Forderungen anschaulich aufzuzeigen, und in dieser Absicht fühlt er sich zur konstruktiven Behandlung geschichtlich gegebener Stoffe berechtigt.

Andere Aspekte des platonischen Geschichtsdenkens werden bei W. weniger oder gar nicht berücksichtigt. So wird auf die ontologische Einordnung und Begründung des geschichtlichen Werdens und Vergehens bei Platon nicht weiter geachtet – obgleich es nur in diesem grundsätzlichen Zusammenhang möglich wäre, die besondere Erkenntnis- und Mitteilungsart, die nach platonischer Auffassung der Geschichtserfahrung zugeordnet ist, genauer zu bestimmen und die platonischen Vorstellungen vom Gesamtverlauf der Geschichte einheitlich zu erklären. Vor allem bleibt die Frage nach der geschichtlichen Stellung der platonischen Philosophie außerhalb der Untersuchung. Es wird nicht danach gefragt, ob und wie Platon auch die eigene Philosophie geschichtlich sieht und in den Verlauf der Kulturentwicklung einordnet.[4] Und auch die tatsächliche Stellung der platonischen Philosophie in der Geschichte – Platons Verhältnis zur Tradition überhaupt und die Wirkung seiner Philosophie auf das geschichtliche Leben – wird nicht erörtert.

Im folgenden seien die wichtigsten Feststellungen aus den beiden Abschnitten des allgemeinen Teils der Abhandlung in Kürze wiedergegeben.

1. Mit der Theorie von der periodischen Vernichtung der menschlichen Kultur durch Naturkatastrophen (Politikos-Mythos, ›Timaios‹ und ›Kritias‹) erklärt Platon die Tatsache, daß das geschichtliche Wissen der Menschen begrenzt ist (13–15). Überhaupt sieht Platon als erster diese Tatsache im Zusammenhang mit der kosmischen Gesamtentwicklung: nach dem Politikos-Mythos nimmt auch im Weltganzen das »Vergessen« immer mehr zu (17f.). Daß Platon die Methode der kritischen Geschichtsforschung

3 Gerade in dieser Hinsicht können auch die Andeutungen bei G. Rohr nicht befriedigen, etwa die Bemerkung, »daß Platon die methodische, wissenschaftsbildende Kraft dieser Thukydideischen Geschichtsschreibung doch nicht in ihrer ganzen Bedeutung erkannt zu haben braucht, ja vielleicht kaum erkannt haben kann ...« (119, vgl. 111f., 107f.).

4 Ein schwacher Ansatz zu dieser Fragestellung findet sich 16f.: Wenn Platon darauf hinweist, daß sich die Menschen zunächst um das Lebensnotwendige kümmerten und erst später auf die allgemeineren Zusammenhänge achteten, so habe er dabei vielleicht auch an den Weg von Sokrates zu den eigenen grundsätzlicheren Untersuchungen gedacht.

anzuwenden versteht, zeigt der Bericht über Ur-Athen und At- | lantis (im ›Timaios‹ und ›Kritias‹): auf die Herkunft des Berichts und auf die Überlieferung, auf mögliche Analogien und Beweise wird bewußt geachtet (18ff.). 346
Das formale Ziel ist dabei, die Fakten und Indizien zu erklären; daher gelten – wie bei Thukydides und bei den Rednern – Glaubhaftigkeit, Wahrscheinlichkeit und Verstehbarkeit (εἰκός und πιθανόν) als Kriterien (23f.). Im ganzen ist jedoch diese Erzählung – trotz echt historischer Elemente und Denkformen – ebenso fiktiv und spielerisch gestaltet wie die sonstigen Mythen Platons (28–31). Platon verfolgt auch hier vor allem die Absicht, seine philosophischen Erkenntnisse pädagogisch wirksam darzustellen (31f., vgl. 89). –

Diese allgemeinen Beobachtungen dürfen als zutreffend gelten. Im einzelnen bleibt jedoch manches dabei unsicher.

Mit Recht bemerkt W. zwar, daß das Interesse an der Geschichte im Gesamtwerk Platons immer mehr zunimmt. Ob es sich dabei aber um eine eigentliche Entwicklung Platons vom Mythischen (›Menexenos‹) zum wirklich Geschichtlichen (›Nomoi‹) handelt (11, 32f.), ist eine andere Frage. Wahrscheinlich sind hier auch die Unterschiede der Darstellungs-Form von Wichtigkeit. Die entsprechende Hinwendung Platons zum empirisch Wahrnehmbaren auf dem Gebiet der Naturwissenschaft zieht W. nur gelegentlich zum Vergleich heran (46, 59). – Der Versuch W.s, einige Fälle mythisch-spielerischer Darstellung bei Platon ziemlich eindeutig der παιδιά zuzuordnen, leuchtet nicht ganz ein. Auch im ›Menexenos‹ (27) hat Platon die »ernsthafte« Absicht, das Gute und Wesentliche an einem geschichtlichen Paradeigma sichtbar zu machen.[5] Und an der »Hochzeitszahl« in der ›Politeia‹ ist, bei allem Spiel (vgl. 28 »arbitraire«), doch zum mindesten dies »ernst« gemeint, daß der Rhythmus des menschlichen Lebens und der politischen Entwicklung mit dem kosmischen Geschehen in Zusammenhang steht.[6]

Was die Erzählung von Ur-Athen und Atlantis angeht, so betont W. mit Recht das Moment der παιδιά. Der Bericht darf nicht historisch-faktisch ausgelegt werden, da es sich für Platon hier darum handelt, die Konzeption des Idealstaates zu exemplifizieren. Aber die Darstellung ist doch nicht pseudo-historisch zu nennen (so W. 32). H. Herter hat gezeigt, daß im Politikos-Mythos der zeitliche Verlauf nicht als bloß formales Mittel der Darstellung aufgefaßt werden darf.[7] Entsprechendes gilt für die Atlantis-Erzählung. Die Verbindung von Kreislauf (Wiederholung) und fortschrei-

5 Vgl. I. v. Loewenclau, Der platonische Menexenos, Stuttgart 1961 (Tübinger Beitr. z. Altertumswiss. 41).

6 Vgl. R.G. Bury, Plato and History, ClQu 45, N.S. 1, 1951, 86–93. – Auch sonst sind die scheinbar nur scherzhaft gemeinten Zahlenangaben Platons (W. 27f.) doch Ausdruck der Überzeugung, daß die Welt im Grunde nach einfachen, letztlich zahlenmäßig faßbaren Proportionen aufgebaut ist.

7 H. Herter, Gott und Welt bei Platon. Eine Studie zum Mythos des Politikos, BonnJbb 158, 1958, 109–117.

tender Entwicklung (vor allem im Sinne der Dekadenz, aber nicht ohne ein entgegengesetztes Moment der positiven Kulturentwicklung) ist auch hier geschichtsphilosophisch »ernst« zu nehmen. Zu Unrecht nimmt W. an (32, vgl. 43f.), daß Zerfall und Aufstieg in der geschichtlichen Entwicklung bei Platon nicht aufeinander bezogen und nur »mythisch« begründet seien.

2. Im dritten Buch der ›Nomoi‹ behandelt Platon – obgleich auch hier Mythos und Geschichte noch nicht scharf voneinander getrennt sind – sogar die »Vorgeschichte« wissenschaftlich-kritisch: die vorhandenen Indizien werden von Platon planmäßig ausgewertet und sinnvoll interpretiert (34–36). Daran, daß die Form des Gesprächs gewählt wird (zum Unterschied etwa von der Redeform im ›Menexenos‹), zeigt sich die Wichtigkeit des Moments der Plausibilität (εἰκός, 37f., 42, vgl. 44). Als Quellen der platonischen Geschichtsdarstellung lassen sich vor allem Herodot und Thukydides ermitteln (45). Platon bezieht aber die Geschichte (ähnlich wie die Mathematik und die Naturwissenschaft) »synoptisch« in das Ganze der Philosophie ein (46).

In dem Bemühen, das geschichtliche Geschehen »verstehbar« zu machen, gelangt Platon zu einer mathematisch-formalen Rhythmisierung und Schematisierung der geschichtlichen Entwicklung. Er hebt die Analogien hervor, durch die verschiedene geschichtliche Erscheinungen untereinander verbunden sind, macht überhaupt Gesetzmäßigkeiten und Ordnungen sichtbar. So ergeben sich aus der Darstellung des geschichtlichen Geschehens Hinweise auf die wahre, ideale Ordnung der Welt im ganzen (47–49). Ferner ist die platonische Geschichtsdarstellung »psychologisch« und »moralisch«, denn Platon betont, daß die innere Ordnung wichtiger ist als die äußere Macht (dies besonders auch im Blick auf die Frage des Panhellenismus; 49–52, vgl. 121). Platon ist also, im ganzen, einerseits Historiker (da er nämlich über die Methoden des Historikers verfügt), andererseits aber auch wieder nicht, weil ihm das geschichtliche Geschehen nur insofern wichtig ist, als darin Reflexe der idealen Ordnung aufgezeigt werden können (52–54). –

Auch diese Ergebnisse können uneingeschränkt anerkannt werden. Es ist sicher richtig, daß Platon streng historisch zu denken vermag (Prüfung von Zeugnissen, Rekonstruktion nach Maßgabe der Wahrscheinlichkeit), daß er aber das geschichtlich Gegebene nicht an sich wichtig nimmt, weil es ihm um eine Wahrheit geht, die von der empirisch-historischen Faktizität verschieden ist. So sind für Platon nicht nur die geschichtlichen Erscheinungen allenfalls »Beispiele« für das wahrhaft Seiende, sondern zugleich wird auch die historische Methode zu einem bloßen Ausdruck oder vorläufigen Spezialfall der eigentlichen, philosophisch-dialektischen Wahrheitsfindung.

W. hebt mit Recht zwei Motive der platonischen Geschichtsdarstellung hervor. Zum einen sollen die Phänomene und Dokumente durch eine vernünftig-wahrscheinliche Erklärung verstehbar werden. Zum anderen

gibt Platon das geschichtliche Geschehen so wieder, daß bestimmte Lehren und Forderungen daraus abgeleitet und daran verdeutlicht werden können. Der Zusammenhang zwischen diesen beiden Absichten Platons wird allerdings bei W. nicht ganz klar. Jedenfalls ist es sicher nicht so, wie man zunächst meinen könnte, daß nämlich das erste (»wissenschaftliche«) Motiv dem zweiten (ethisch-didaktischen) untergeordnet wäre. Es kommt vielmehr darauf an, zu erkennen, daß Platon gerade auch dort streng methodisch und »wissenschaftlich« vorgeht, wo er die geschichtlichen Erscheinungen auf allgemeinere Gesetzmäßigkeiten und Ideen zurückführt, wo er die Phänomene mathematisch koordiniert und systematisch einordnet. Denn eine wirkliche Erkenntnis vermittelt, wie Platon auf diese | 348
Weise zu zeigen versucht, noch nicht die kritische Sichtung des Überlieferten, sondern erst die Aufdeckung allgemeinerer Bezüge und Gründe im empirisch Vorhandenen. Dabei ist die Frage nach dem »Guten« nicht eigentlich moralisch zu verstehen, denn für Platon ist das Gute letztlich nichts anderes als das umfassende Seinsprinzip der Einheit und Beständigkeit. Der hypothetische Charakter der platonischen Geschichtsdarstellung, den W. mehrmals hervorhebt, ergibt sich für Platon in diesem Zusammenhang mit Notwendigkeit aus der defizienten Seinsweise der geschichtlichen Erscheinungen.

Für den Kommentar zum dritten Buch der ›Nomoi‹ hat sich W. hauptsächlich das Ziel gesetzt (vgl. 46), die Elemente in der platonischen Darstellung zu bestimmen, die aus der historiographischen Überlieferung stammen, und so die eigentümlich platonische Umbiegung und Einschmelzung des vorgegebenen Materials sowie den Anteil der von Platon selbst herrührenden Faktoren festzustellen. Besonders Herodot und Thukydides, aber auch Isokrates, Xenophon und Aristoteles[8] werden zu diesem Zweck häufig herangezogen. Auf Demokrit, dessen Einfluß kaum zu bestreiten ist, wird nicht hingewiesen.[9]

Bei dem Vergleich mit den Historikern zeigt sich in mehreren Fällen ziemlich sicher: Platon wählt – ähnlich wie der Tragödiendichter aus dem vorgegebenen Mythos – aus der geschichtlichen Überlieferung die Version aus, die zu seiner philosophischen Absicht am besten paßt, wenn er nicht gar einiges ganz von sich aus erfindet (86, 123, 138, 163 u. ö.). W. hebt besonders hervor, daß Platon die Furcht (φόβος) als Motiv der historischen Entwicklung und als Kriterium für die Bewertung geschichtlicher Erscheinungen einführe: es komme Platon hier in den ›Nomoi‹ darauf an, den Unterschied zwischen der guten, nützlichen Furcht (vor dem Gesetz)

8 Über das politische Denken des Aristoteles und seine geschichtlichen Voraussetzungen hat der Verf. jetzt eine selbständige Untersuchung veröffentlicht; R. Weil, Aristote et l'histoire; Essai sur la ›Politique‹, Paris 1960.

9 Vgl. Uxkull-Gyllenband, Griechische Kultur-Entstehungslehren, Berlin 1924, 28f., und G. Rohr a. O. 62f.

und der falschen, schädlichen Furcht aufzuzeigen (63, 80f., 88, 99f., 145f., 154, 157).

Der Kommentar behandelt auch zahlreiche Fragen textkritischer, sprachlicher und historisch-sachlicher Art, die mit der Hauptfrage nicht zusammenhängen. Auf diese Einzelprobleme kann hier nicht eingegangen werden.

An der schwierigen, noch nicht befriedigend erklärten Stelle 677 D1 ist die Entscheidung W.s nicht stichhaltig, zumal sie zu bedenklichen allgemeinen Folgerungen führt. W. nimmt an (mit England, gegen Ritter), daß sich hier die Bemerkung über eine sehr lange Zeitdauer, μυριάκις μύρια ἔτη, auf die Zeit nach der letzten Überschwemmung bezieht (61f.). So ergibt sich für ihn, daß es Platon mit chronologischen Angaben nicht genau nehme (vgl. 59, 79, 87). Nun ist aber viel wahrscheinlicher, daß dieser Hinweis auf eine unbestimmt lange Zeit für die gesamte Vergangenheit vor der letzten Flut gelten soll. Man wird die ganze Stelle am besten folgendermaßen
349 |verstehen und übersetzen können: »Dies (wollen wir sagen), daß Myriaden und Abermyriaden von Jahren (d. h. die Geschehnisse während dieser langen Zeit) den damaligen Menschen (nach der Flut) zunächst verborgen blieben, tausend Jahre aber nachdem sie (die Flut!) sich ereignet hatte oder zweimal so viele Jahre danach wurde einiges durch Daidalos entdeckt, anderes durch Orpheus ...« Ist diese Auffassung richtig, so wird es auch möglich, die Angaben in den ›Nomoi‹ mit dem Bericht über die Naturkatastrophen im ›Timaios‹ und ›Kritias‹ zu verbinden. Dort ist nicht gesagt, wie W. annimmt (59), daß seit der letzten Flut (zur Zeit Deukalions) annähernd 9000 Jahre vergangen seien; vielmehr ist dem Text zu entnehmen (vgl. bes. Kritias 112 A), daß während dieser Zeit von 9000 Jahren drei Flutkatastrophen stattgefunden haben und also seit der letzten Flut wahrscheinlich kaum 3000 Jahre vergangen sind.

Das Hauptergebnis der Untersuchung sollte bald als ein nicht unwesentlicher Zug in das allgemeine Platonbild aufgenommen werden: die Feststellung nämlich, daß Platon die Methode der streng empirischen historischen Kritik sehr wohl beherrscht, daß er diese Methode aber doch, aus philosophischen Gründen, als etwas nur Vorläufiges betrachtet und sie deshalb nicht mit vollem Ernst handhabt.

Rezension zu
H. Görgemanns, Beiträge zur Interpretation von Platons Nomoi

München 1960. Zetemata 25 (urspr. Diss. Würzburg 1959). (1960)

Die Grundthese der Arbeit von G. ist einfach und an sich nicht neu. Es handelt sich darum, daß die ›Nomoi‹ Platons für ein breites (weniger philosophisch als politisch interessiertes) Publikum bestimmt waren und daß sie daher als »populäres«, nicht eigentlich philosophisches Werk verstanden werden müssen. Diese Tatsache ist jedoch bisher nicht konsequent genug für die Erklärung des Werks ausgewertet worden, so daß die Ansicht aufkommen konnte, in den ›Nomoi‹ sei die platonische Philosophie innerlich gebrochen, widersprüchlich und im Verfall begriffen. Gegenüber einer solchen Kritik, mit der sich G. gewissenhaft auseinandersetzt, wirkt die Frage nach der Absicht und Funktion des Werks geradezu befreiend: diese Fragestellung ermöglicht es, auch hier der wichtigsten Bedingung des Platonverständnisses gerecht zu werden, nämlich die literarische Form und den gedanklichen Inhalt der platonischen Darstellung als notwendige Einheit zu erfassen.

G. untersucht zunächst von verschiedenen Seiten her den literarischen Charakter der ›Nomoi‹, dann die dem Werk zugrundeliegende, aber wegen der »volkstümlichen« Zielsetzung nicht unmittelbar zum Ausdruck kommende Philosophie. Alle Beobachtungen führen in die gleiche Richtung. – Platon selbst weist darauf hin (VII 811 C ff.), daß die ›Nomoi‹ oder jedenfalls eine Auswahl aus dieser »Materialsammlung« (vgl. S. 89 Anm. 1) als Schulbuch für die Jugend verwendet werden sollen. Darüber hinaus wendet sich das Werk offenbar mit dem Anspruch normativer Gültigkeit an die literarische Öffentlichkeit überhaupt und an die gesamte Bürgerschaft der Polis; dabei setzt es Verhältnisse voraus, wie sie in Athen gegeben waren. Besonders charakteristisch sind die ›Prooemien‹: ihre Funktion ist ›Peitho‹, ihre Form daher von der Rhetorik und Dichtung her zu verstehen. – Daß auch die grundsätzlichen Erörterungen über den Sinn der Gesetzgebung »popularphilosophisch« gehalten sind, zeigt schon die Wahl der Gesprächspartner Megillos und Kleinias, die offenbar nicht philosophisch gebildet sind. Zur Begründung der Religion (im 10. Buch) muß zwar

ein philosophischer ›Beweis‹ gegeben werden, da die atheistische Aufklärung in Athen auch schon unter dem Volk verbreitet ist; doch wird der philosophische Gedankengang hier in einfacher, leicht verständlicher Form vorgetragen. – Wenn also Abweichungen von den anderen platonischen Schriften zu beobachten sind, so ist dies zunächst auf das »niedrigere Niveau« der ›Nomoi‹ zurückzuführen. Für die vielfältigen Probleme der
101 Ethik bedeutet dies im ganzen, daß Platon in den ›Nomoi‹ versucht, | »eine neue Tugendeinheit aufzubauen, die nicht mehr auf dem Weg über die philosophische Einsicht erreicht wird, sondern durch die Konstituierung einer ›bürgerlichen‹ Tugend, deren wesentliche Bestimmung der ›Einklang‹ zwischen Einsicht und Gesetz einerseits und den Trieben andererseits ist« (S. 155). Dieser Versuch, die Ethik mit konventionell anmutenden Mitteln aufzubauen, bedeutet keineswegs, daß die ›Ideenlehre‹ in den Nomoi aufgegeben wäre. Im 10. und 12. Buch finden sich genug Andeutungen, die auf den transzendenten Bereich des eigentlich Seienden und Göttlichen hinweisen. »Die Ideenlehre bildet die Voraussetzung des gesamten Gebäudes, aber sie ist bewußt zurückgedrängt und macht einem kosmischen System Platz, das nach Möglichkeit so gestaltet ist, daß es aus sich selbst verständlich ist und nur selten einen Blick auf das dahinterstehende höhere Sein erlaubt« (S. 217).

Diese allgemeinen Ergebnisse gewinnt G. durch gründliche Einzeluntersuchungen zum Text, zur Form und Komposition und zu sachlichen Problemen oder Begriffen (z. B. Peitho 49ff., Hedone 165ff., Phronesis 150ff., Nus 201–206). Von einer oberflächlich-harmonisierenden Betrachtungsweise ist nichts zu spüren; manche Schwierigkeiten sind fast überscharf hervorgehoben (z.B. S. 66ff. zu VII 817 B). Um so mehr überzeugt das im Grunde einheitliche Verständnis der ›Nomoi‹, das sich aus der Interpretation ergibt. Was das Verhältnis zu den anderen, früheren platonischen Dialogen angeht, so führt die Frage G.s nach der literarischen Eigenart offensichtlich weiter als die herkömmliche Frage nach der ›Entwicklung‹. Freilich wird bei G. der »populäre« Charakter der Nomoi gelegentlich so sehr in einem »Gegensatz« zu den anderen platonischen Dialogen, etwa zur ›Politeia‹ (S. 70) gesehen, daß die Gefahr eines Mißverständnisses naheliegt. Auch die anderen platonischen Schriften sind ja doch wohl nicht für den »engeren Kreis der Schüler« (vgl. S. 70, 81, 108) bestimmt, in dem sich das philosophische Denken »frei und mit all seinen Konsequenzen entfalten« könnte. G. hebt mit Recht die platonischen Äußerungen hervor, nach denen philosophische Diskussionen nicht für alle Menschen zuträglich sind und also nicht schriftlich veröffentlicht werden dürfen, woraus folgt, daß ein literarisches Werk kein eigentlich philosophisches Werk sein kann (26–28. 101–104). Dies gilt nun aber für alle anderen Dialoge Platons ebenso wie für die ›Nomoi‹. Sie alle sollen im Sinne einer philosophisch bestimmten ›Peitho‹ wirken. So kann man die »staatsmännische Rhetorik« der ›Nomoi‹ schon im ›Menexenos‹ angewandt finden (vgl. S. 56–59, 113, dazu jetzt I. v.

Loewenclau, Der platonische Menexenos, Tüb. Beitr. 41, 1961). Und zutreffend schreibt G. den früheren platonischen Dialogen die Funktion zu, »den Leser in das philosophische Gespräch hineinzuziehen, protreptisch zu wirken, zur Entscheidung zu zwingen« (S. 106). Oder zu einem späten Dialog wie dem ›Timaios‹: »Das weniger Ernste, das was sich nur auf die sinnliche Wirklichkeit bezieht – im Timaios auf die Natur, in den Nomoi auf die staatliche Wirklichkeit – fügt sich der schriftlichen Fixierung« (S. 103). Die systematische Begründung oder ›Zusammenschau‹, das ›höhere Wissen‹, das in den ›Nomoi‹ für die Herrscher gefordert, im übrigen aber nur angedeutet wird (vgl. S. 21, 155, 218–226), ist eben auch in den anderen Dialogen Platons nicht unmittelbar dargestellt (noch nicht einmal in der ›Epinomis‹, vgl. 991 E 1, dazu S. 223 Anm. 1), sondern offenbar bewußt »zurückgehalten« (vgl. H.J. Krämer, Arete bei Platon und Aristoteles, Abh. Akad. Heidelberg 1959). Über die mathematisierende Ontologie, auf die auch in den ›Nomoi‹ angespielt wird (besonders X 894 A), erfährt man mehr aus den aristotelischen Zeugnissen zur mündlichen Lehre Platons als aus den Dialogen. Es dürfte daher in der Konsequenz der Ergebnisse G.s liegen, daß der systematische »Hintergrund« der ›Nomoi‹ im Bereich der platonischen Schule zu suchen ist. Gegenüber diesem »eigentlich philosophischen« Bereich erweisen sich alle platonischen Schriften als grundsätzlich literarisch-exoterisch, und den ›Nomoi‹ kommt, so gesehen, nur eine relative Sonderstellung zu. Doch behält der Nachweis einer besonderen »Volkstümlichkeit« oder »Öffentlichkeit« der ›Nomoi‹ innerhalb dieses gemeinsamen | Rahmens seine volle Gültigkeit. Mehr als die anderen platonischen 102
Schriften lassen die ›Nomoi‹ die Absicht erkennen, unmittelbar und praktisch auf das gesamte Leben der Polis einzuwirken und die Forderung, daß der Philosoph in die ›Höhle‹ zurückkehren müsse, zu erfüllen.

Man darf erwarten, daß sich nun, nachdem ein sicherer Zugang zur Gesamtinterpretation der ›Nomoi‹ eröffnet worden ist, die Erschließung des Werks und seine Auswertung für das Verständnis der platonischen und aristotelischen Philosophie folgerichtig weiterführen läßt. Dabei wird die Arbeit von G. auf lange Zeit hinaus als Grundlage dienen können.

IV Zur Biographie und Doxographie Platons

Die Platon-Referate des Alkimos bei Diogenes Laertios (III 9–17) (1973)

Diogenes Laertios bringt in seiner Platon-Biographie, wo er über Vorgänger und Vorbilder Platons berichtet, einen längeren Abschnitt aus der Schrift eines Alkimos ›An Amyntas‹ (Πρὸς ᾿Αμύνταν) (III 9–17). Von dem Werk des Alkimos, das vier Bücher umfaßt hat, wissen wir nur, was Diogenes Laertios hier mitteilt: Alkimos wollte die Abhängigkeit Platons von dem Komödiendichter Epicharm nachweisen und konfrontierte zu diesem Zweck Epicharm-Stellen mit platonischen Lehren. Drei solche Gegenüberstellungen sind bei Diogenes Laertios erhalten. Die Schrift des Alkimos verdient schon deswegen einige Aufmerksamkeit, weil sie, wenn nicht mehr zu Lebzeiten Platons, so doch bald nach seinem Tod entstanden sein muß. Es geht hier also um eine Beurteilung Platons aus zeitgenössischer Sicht.

Der vorliegende Beitrag[1] beschränkt sich auf eine Untersuchung der drei in diesem Zusammenhang überlieferten Referate platonischer Lehren. Dabei können wir die offene Frage übergehen, auf welchem Wege – etwa durch den Peripatetiker Satyros in der zweiten Hälfte des 3. Jahrh. v. Chr. – der Text des Alkimos an Diogenes Laertios vermittelt worden ist. Ebensowenig brauchen wir uns bei den Problemen der Epicharm-Zitate aufzuhalten. Die Echtheit dieser Verse ist umstritten.[2] Für uns genügen zwei Feststellungen : *a.* Auch dann, wenn diese Komödienzitate aus vorplatonischer Zeit und gar von Epicharm selbst stammen, ist es ganz unwahrscheinlich, daß Platon davon abhängig ist. Denn zwischen den von Alkimos miteinander verglichenen Texten besteht keinerlei spezielle Gemeinsamkeit. Soweit überhaupt eine inhaltlich-gedankliche Übereinstimmung besteht, kann man sie am besten damit erklären, daß sich in den Komödienpartien theoretische Diskussionen widerspiegeln, von denen auf anderem Wege auch Platon Kenntnis erhalten hat.[3] *b.* Aus der | Tatsache, 62
daß die Berührung zwischen den Komödienstellen und den Platon-Referaten so oberflächlich und locker ist, läßt sich folgern, daß Alkimos sei-

1 Wertvolle kritische Anregungen verdankt der Verf. W. Haase, R. Kannicht, H.-J. Krämer und J. Wippern in Tübingen sowie H. Schaefer in Bochum.

2 Hierzu Sir Arthur Pickard-Cambridge, Dithyramb Tragedy and Comedy, Oxford [2]1962 (revised by T.B.L. Webster), 246–255; M. Gigante, Epicarmo, Pseudo-Epicarmo e Platone, Parola del Passato 8, 1953, 161–175.

ne doxographischen Angaben über Platon nicht etwa ad hoc - zugunsten seiner These der Epicharm-Abhängigkeit Platons - zurechtgemacht hat. Die drei Referate als solche scheinen nicht tendenziös gefärbt zu sein, sondern einigermaßen objektiv wiederzugeben, was Alkimos aus dieser oder jener Quelle als platonische Lehre entnehmen konnte. Subjektiv bedingt ist, wie es scheint, nur die Auswahl der angeführten doxographischen Stellen.[4]

Woher stammen nun aber diese Berichte des Alkimos über Platons Lehren? In den modernen Ausgaben des Diogenes Laertios - in der Basler Edition des dritten Buches (1907) sowie bei H.S. Long (1964) - werden dazu allerlei Parallelen aus Platons Dialogen angegeben. Aber die meisten dieser Belege aus den Dialogen sind so andersartig, daß sie als unmittelbare Quellenstellen für die Referate des Alkimos nicht in Betracht kommen können. Für den dritten Abschnitt jedenfalls, in dem ein »Ideenbeweis« angeführt wird (§ 15), ist heute allgemein - auch von H. Cherniss - anerkannt, daß er aus dem Bereich der Schule Platons, nicht aus den literarischen Dialogen stammt. Schon allein deshalb ist die von G.C. Field vertretene Ansicht, die Referate seien allesamt aus keiner anderen Quelle genommen als aus Platons Dialogen, nicht aufrecht zu erhalten.[5]

Im folgenden soll nun der Abschnitt mit dem akademischen Ideenbeweis (§ 15), der bisher, wie es scheint, durch eine Textkorruptel nicht recht zu erklären war, besser verständlich gemacht werden. Darüber hinaus sei dann der Nachweis versucht, daß auch die anderen beiden Platon-Referate (§§9f. und 12f.) mündliche oder schulmäßige Lehren Platons voraussetzen: bei der doxographischen Formulierung scheinen bestimmte systematische Theorien, die für Platons mündliche Lehrvorträge bezeugt sind, mitberück-
63 sichtigt worden zu sein.[6] |

Bevor wir uns dem Text zuwenden, muß noch erklärt werden, was wir über Alkimos und über den Adressaten seiner Schrift wissen.[7]

3 Pickard-Cambridge, a.O. 247: »the fragments, when carefully studied, do not seem to be really parallel to Plato at all.« U. v. Wilamowitz-Moellendorff, Platon II, ^{3}1962 (^{1}1919), 28 hatte angenommen, Alkimos habe Komödien benützt, die unter dem Kollektivnamen Epicharm verbreitet waren, aber bereits platonische Gedanken enthielten. - Die Erwähnungen Epicharms in Platons Dialogen führen hier nicht weiter (vgl. M. Gigante, a.O. 162-166): Theaitet 152 E (Epicharm als Vertreter der Flußlehre), Gorgias 505 E (Zitat von Fr. 253 Kaibel), Euthydemos 297 C (Anspielung auf Fr. 180 Kaibel).

4 So bemerkt auch F. Jacoby, FGrHist 560, 111 b Noten, 306: »Jedenfalls ist das Referat objektiv, die Lehre nicht zu polemischen Zwecken zurechtgerückt.«

5 G.C. Field, Plato and his Contemporaries, London ^{3}1967 (^{1}1930) 234. Zu dem Ideenbeweis in § 15 meint Field, hier sei Platons Anamnesis-Lehre in entstellter Form wiedergegeben, was ganz unwahrscheinlich ist (s.u. Anm. 24).

6 Die innerakademischen, von den Schülern festgehaltenen mündlichen Äußerungen Platons sind in letzter Zeit vielfach untersucht worden (wobei jedoch die Alkimos-Texte noch nicht die ihnen zukommende Beachtung gefunden haben). Über diesen ganzen Problemkomplex informiert jetzt der von J. Wippern herausgegebene Sammelband: Das Problem der ungeschriebenen Lehre Platons, Darmstadt 1972 (Wege der Forschung 186, mit umfassender Bibliographie).

7 Die für diese Fragen relevanten Textstellen finden sich bei F. Jacoby, FGrHist 560, III b Kommentar 518, Noten 306; M. Gigante, a.O. 167f.

Alkimos wird heute ziemlich allgemein identifiziert mit einem Mann dieses Namens, der als Schüler des Megarikers Stilpon und als berühmter Redner bezeichnet wird (Diog. Laert. II 114).[8] Eine polemische Tendenz gegen Platon kann man diesem Alkimos zutrauen, da auch schon sein Lehrer Stilpon die Ideenlehre kritisiert hat (Diog. Laert. II 119). Vor allem aber ist gut denkbar, daß sich dieser Alkimos im Namen der von Platon so heftig angegriffenen Rhetorik mit dem Philosophen auseinandersetzte.

In Betracht kommt aber auch der Geschichtsschreiber Alkimos aus Sizilien (FGrHist 560).[9] Bei dem Sizilianer wäre besonders gut zu erklären, daß er Epicharm gegen Platon auszuspielen versucht; und er könnte auch als Verteidiger der alten sizilischen Redekunst (Empedokles und Gorgias, Korax und Teisias) gegen Platon aufgetreten sein. So erhält insgesamt die Ansicht einige Wahrscheinlichkeit, daß wir in dem Schüler Stilpons und dem sizilischen Geschichtsschreiber ein und denselben Alkimos vor uns haben und daß dieser Alkimos mit dem Verfasser unserer Schrift identisch ist.[10]

Amyntas, an den oder gegen den die Schrift gerichtet ist (die Formulierung Πρὸς ᾿Αμύνταν kann beides bedeuten), gilt sämtlichen Erklärern mit Ausnahme von F. Jacoby als der Platon-Schüler Amyntas aus Herakleia. Dieser Amyntas, der vor allem als Mathematiker hervorgetreten ist, wird bei Philodem (Acad. philos. index Hercul. 33 Mekler) genannt und erscheint wohl auch – mit anderer Schreibung des Namens – bei Proklos (In prim. Eucl. 67 Friedlein) nach Eudemos (Fr. 133, p. 55, 22 Wehrli) sowie bei Diogenes Laertios (III 46 und IX 40) und bei Ailian (Var. hist. III 19).

Jacoby meint, ein Platon-Schüler komme als Adressat nicht in Betracht, weil das Werk *gegen* Platon gerichtet gewesen sei. Er denkt stattdessen an den 336/35 von Alexander getöteten Amyntas, Sohn des Perdikkas. Aber gerade dann, wenn man davon ausgeht, daß das Werk des Alkimos eine Tendenz | gegen Platon hatte,[11] ist gut erklärlich, daß es sich im Titel an 64
(oder gegen) einen Schüler Platons wandte. Eine Parallele dazu bietet die Schrift des Kephisodoros, eines Anhängers des Isokrates, Πρὸς ᾿Αριστοτέλην.[12] Dort wie hier scheint es sich um die Schrift eines Redners zu handeln, der sich gegen Platons Kritik an der Rhetorik zur Wehr setzte und

8 Für die Identifizierung mit dem Megariker Alkimos sprechen sich aus : U.v. Wilamowitz-Moellendorff, a.O.; H. Diels und W. Kranz, Vorsokratiker I ^{8}1951 (= ^{5}1934) 193; H. Cherniss, Aristotle's Criticism of Plato and the Academy, Baltimore 1944 (= New York 1962) 498; H.-J. Krämer, Platonismus und hellenistische Philosophie, Berlin 1971, 73.

9 An diesen denken E. Schwartz, Alkimos (18) in : RE I 2 (1894) 1543f. und M. Gigante, a.O. 167.

10 Die Gleichsetzung vertreten : H. Diels, Vorsokratiker 1 ^{4}1922, 115; Pickard-Cambridge, a.O. 247. – Unentschieden läßt diese Frage F. Jacoby (III b Kommentar 518).

11 Weit weniger wahrscheinlich ist die Ansicht von M. Gigante, a.O. 171f., 175, Alkimos habe nicht polemisierend den Vorwurf des Plagiats gegen Platon erhoben, sondern lediglich – aus Bewunderung für Epicharm wie für Platon – zeigen wollen, wie viele fruchtbare Anregungen der Philosoph von dem Dichter übernommen habe.

der einen Schüler Platons damit attackierte, daß er Platons Lehren herabsetzte.

Ist die Schrift des Alkimos an einen unmittelbaren Schüler Platons gerichtet (und also zur Zeit des späten Platon oder nicht lange nach seinem Tod, jedenfalls in der zweiten Hälfte des vierten Jahrhunderts entstanden), so verstärkt sich der Eindruck, daß Alkimos sich die Platon-Referate nicht etwa nach eigenem Belieben zurechtgemacht hat. Auch wenn er sich mit seiner Schrift nicht so sehr an die Akademie als vielmehr an eine breitere Öffentlichkeit wandte, war ja seine Absicht, die Originalität Platons zu bestreiten, nur sinnvoll, wenn die zum Beweis vorgelegten platonischen Lehren als authentisch anerkannt werden mußten.

Daß diese Referate, wie sich im folgenden zeigen wird, nicht nur die Dialoge Platons, sondern auch schulmäßige Lehrgespräche berücksichtigen, ist von vornherein nicht verwunderlich. Denn wo solche mündlichen Äußerungen Platons in lebendiger Erinnerung oder durch zuverlässige Aufzeichnungen bekannt waren, mußten sie als die authentischen Lehren Platons gelten, da er ja in den Dialogen immer nur durch literarische Personen, nie im eigenen Namen spricht. Außerdem konnten die Lehrvorträge Platons wohl am ehesten eine systematische Grundlage für die doxographische Zusammenfassung seiner Hauptgedanken bieten.

Wir geben nun die drei Platon-Referate im Wortlaut wieder, wie sie bei Diogenes Laertios erscheinen. Die Textausgaben führen keine nennenswerten Varianten an.[13] Es wird jedoch zu zeigen sein, daß der Text des dritten Abschnittes (der als erster besprochen werden soll) an mindestens einer
65 Stelle korrekturbedürftig ist. |

§ 9/10 *Die Bedeutung der Zahl für die Seinsgliederung*

ὁ Πλάτων φησὶν αἰσθητὸν μὲν εἶναι τὸ μηδέποτε ἐν τῷ ποιῷ μηδὲ ποσῷ διαμένον ἀλλ᾽ ἀεὶ ῥέον καὶ μεταβάλλον, ὡς ἐξ ὧν ἄν τις ἀνέλῃ τὸν ἀριθμόν, τούτων οὔτε ἴσων οὔτε τινῶν οὔτε ποσῶν οὔτε ποιῶν ὄντων. ταῦτα δ᾽ ἐστὶν ὧν ἀεὶ γένεσις, οὐσία δὲ μηδέποτε πέφυκε. νοητὸν δὲ ἐξ οὗ μηδὲν ἀπογίνεται μηδὲ προσγίνεται. τοῦτο δ᾽ ἐστὶν ἡ τῶν ἀϊδίων φύσις, ἣν ὁμοίαν τε καὶ τὴν αὐτὴν ἀεὶ συμβέβηκεν εἶναι.

§ 12/13 *Die Ideen und Prinzipien des Seienden*

Πλάτων ἔλεγεν ὅτι δεῖ τοὺς συνιδεῖν τὰς τοῦ παντὸς ἀρχὰς ἐπιθυμοῦντας πρῶτον μὲν αὐτὰς καθ᾽ αὑτὰς διελέσθαι τὰς ἰδέας, οἷον ὁμοιότητα καὶ μονάδα καὶ πλῆθος καὶ μέγεθος καὶ στάσιν καὶ κίνησιν· δεύτερον αὐτὸ καθ᾽ αὑτὸ τὸ καλὸν καὶ ἀγαθὸν καὶ δίκαιον καὶ τὰ τοιαῦτα ὑποθέσθαι· τρίτον τῶν ἰδεῶν συνιδεῖν ὅσαι πρὸς ἀλλήλας εἰσίν,

12 Zu der Schrift des Kephisodoros: I. Düring, Aristotle in the Ancient Biographical Tradition, Göteborg 1957, 379f., 389–391; zu der vielfältigen zeitgenössischen Platon-Kritik auch: I. Düring, Herodicus the Cratetean. A Study in Anti-Platonic Tradition, Stockholm 1941, bes. 143–146.

13 Diogenis Laertii Vita Platonis, edd. H. Breitenbach, F. Buddenhagen, A. Debrunner, P. von der Mühl, Basel 1907; Diogenes Laertius, ed. H.S. Long, Oxford 1964; Epicharm, Fr. B 1–6 Diels-Kranz (I^6 196–199); Epicharm, Fr. 170–173 Kaibel (Com.Graec.Fr. I 121–124); Alkimos, FGrHist 560, F 6 Jacoby (III B 571–573).

οἷον ἐπιστήμην ἢ μέγεθος ἢ δεσποτείαν – ἐνθυμουμένους ὅτι τὰ παρ᾽ἡμῖν διὰ τὸ μετέχειν ἐκείνων ὁμώνυμα ἐκείνοις ὑπάρχει· λέγω δὲ οἷον δίκαια μὲν ὅσα τοῦ δικαίου, καλὰ δὲ ὅσα τοῦ καλοῦ. ἔστι δὲ τῶν εἰδῶν ἓν ἕκαστον ἀΐδιόν τε καὶ νόημα καὶ πρὸς τούτοις ἀπαθές. διὸ καὶ φησιν ἐν τῇ φύσει τὰς ἰδέας ἑστάναι καθάπερ παραδείγματα, τὰ δ᾽ ἄλλα ταύταις ἐοικέναι τούτων ὁμοιώματα καθεστῶτα.

§ 15 *Ideenbeweis aufgrund des Erinerungsvermögens*

Πλάτων ἐν τῇ περὶ τῶν ἰδεῶν ὑπολήψει φησίν, εἴπερ ἐστὶ μνήμη, τὰς ἰδέας ἐν τοῖς οὖσιν ὑπάρχειν διὰ τὸ τὴν μνήμην ἠρεμοῦντός τινος καὶ μένοντος εἶναι· μένειν δὲ οὐδὲν ἕτερον ἢ τὰς ἰδέας. τίνα γὰρ ἂν τρόπον, φησί, διεσῴζετο τὰ ζῷα μὴ τῆς ἰδέας ἐφαπτόμενα καὶ πρὸς τοῦτο τὸν νοῦν φυσικῶς εἰληφότα; νῦν δὲ μνημονεύει τῆς ὁμοιότητός τε καὶ τροφῆς, ὁποία τις ἐστὶν αὐτοῖς, ἐνδεικνύμενα διότι πᾶσι τοῖς ζῴοις ἔμφυτόν ἐστιν ἡ τῆς ὁμοιότητος θεωρία· διὸ καὶ τῶν ὁμοφύλων αἰσθάνεται.

I Ideenbeweis aufgrund des Erinnerungsvermögens

Im dritten Abschnitt (§ 15) referiert Alkimos eine Argumentation, die in Platons Dialogen keine Entsprechung hat. Die Erklärer sind sich daher im wesentlichen darüber einig, daß Alkimos hier einen Ideenbeweis der Akademie – sei es von Platon selbst oder aus dem Kreis seiner Schüler – zitiert.[14] | 66

An einer Stelle des Textes wird der überlieferte Wortlaut seit langem angezweifelt. In der Formulierung μνημονεύει τῆς ὁμοιότητός τε καὶ τροφῆς scheint der allgemeine Begriff der Gleichheit oder Ähnlichkeit mit dem konkreten Begriff Nahrung unpassend zusammengespannt zu sein.[15] Aber wahrscheinlich ist dies doch nicht zu beanstanden. Denn einerseits kann mit ὁμοιότης zunächst die spezielle Gleichheit (zwischen Lebewesen der gleichen Familie, Rasse, Art) bezeichnet sein, andererseits umfaßt das Wort τροφή den ganzen Bereich der Ernährung und Aufzucht [τροφή = Lebensweise].

Wirkliche Schwierigkeiten bereitet bei genauerem Zusehen der Satz, den man, wenn man sich an den überlieferten Text hält, sprachlich so auffassen muß, wie ihn die Übersetzer stets wiedergeben:[16] »Denn auf welche Weise, sagt er, könnten die Lebewesen sich erhalten (bewahrt werden),

14 E. Schwartz, a.O. 1544; O. Apelt, Diogenes Laertius (Übersetzung mit Erläuterungen), Leipzig 1921, 322 (nicht übernommen in die Neuausgaben von 1955 und 1967); H. Cherniss, a.O. 498f.; E. Hoffmann, Platon, Zürich 1950 = Hamburg 1961, 71 m. Anm.; K. Gaiser, Platons ungeschriebene Lehre 1963 (^{2}1968) 544 (Test. Plat. 65); H.-J. Krämer, a.O. (1971) 72–74 (unter dem Gesichtspunkt der Fortwirkung der Ideenargumente in der Älteren Akademie). – Cherniss äußert starke Zweifel an der Zuverlässigkeit des Berichterstatters Alkimos. Sein Hauptargument – daß Alkimos in § 13 eine These als Platons Lehre ausgebe, die zwar im ›Parmenides‹ stehe, dort aber zurückgewiesen werde – ist jedoch nicht zwingend, weil es von dem Vorurteil der alleinigen Maßgeblichkeit der Dialoge Platons ausgeht.

15 H. Diels nahm deshalb den Ausfall eines Wortes an und schlug vor: τῆς ὁμοιότητος ›γενέσεώς‹ τε καὶ τροφῆς. O. Apelt übersetzte: »... der Gleichheit von Getränk und Nahrung«. Eher könnte man m.E. erwägen, ob statt ὁμοιότητος etwa οἰκειότητος (Verwandtschaft, Familienzugehörigkeit) zu schreiben ist.

wenn sie nicht in Berührung stünden mit der Idee und dafür von der Natur die Vernunft (den Nus) empfangen hätten?« Dieser Satz wäre folgendermaßen zu explizieren: Die Lebewesen können sich je einzeln und in ihrer Art und Gattung am Leben erhalten, und zwar durch Nahrungsaufnahme, Paarung sowie sonstiges zweckmäßiges Verhalten; dazu aber sind sie nur imstande, weil sie irgendwie vernünftig sind, also über den Nus verfügen und auf diese Weise die Idee erfassen können.

Nun stößt jedoch ein solcher Deutungsversuch auf zwei, wie es scheint, unüberwindliche Hindernisse. *a.* Will man die so verstandene rhetorische Frage in den Gedankenzusammenhang einbeziehen, so muß man annehmen, daß hier die Fähigkeit, mit dem Nus die Idee zu erfassen, im wesentlichen gleichbedeutend sein soll mit dem Erinnerungsvermögen (μνήμη), von dem der ganze Abschnitt handelt. Dadurch aber wird der Argumentationszusammenhang höchst unklar. Wie könnte denn der νοῦς mit der μνήμη so einfach in einen Topf geworfen werden? Soll denn die μνήμη, die sich auf Ruhendes und Festbleibendes bezieht und Gleichartig-
67 keit wahrzunehmen vermag, damit auch | ohne Einschränkung zum Erfassen der Idee befähigen?[17] *b.* Der überlieferte Text besagt der Sache nach, daß alle Lebewesen, auch die Tiere, mittels des Nus die Idee zu erfassen vermögen. Dies aber ist eine gänzlich unplatonische Ansicht: bei Platon ist die Fähigkeit zur noetischen Ideenberührung ein Vorzug des Menschen gegenüber den Tieren, und auch von den Menschen bringen es nur wenige zur vollen Entfaltung des Nus.[18] Ja, auch sonst wird in der griechischen Literatur seit dem 4. Jahrhundert kaum mehr irgendwo den Tieren der Nus zugesprochen,[19] und schon gar nicht der Nus als Organ der Ideenerfassung;

16 Man vergleiche die Übersetzungen bei O. Apelt (a.O.), E. Hoffmann (a.O.), R.H. Hicks (Diogenes Laertius, Loeb Class. Libr., 1925), Pickard-Cambridge (a.O. 253f.). – Eine Abweichung ist nur in der Diogenes-Laertius-Übersetzung von M. Gigante (Diogene Laerzio, Vite dei filosofi, Bari 1962, 128) festzustellen, der πρὸς τοῦτο nicht mit »hierfür«, sondern mit »überdies« (inoltre) wiedergibt. Aber damit wird der schwierige Satz nur noch unverständlicher.

17 Eine Abschwächung oder Verallgemeinerung kann weder aus ἐφαπτόμενα noch aus φυσικῶς herausgelesen werden. ἐφάπτεσθαι bezeichnet den unmittelbaren Kontakt mit der Idee (vgl. Phaidon 79 D, Politeia VI 484 B, 490 B, 511 B). Mit φυσικῶς ist nicht eine uneigentliche, naturhafte Form des Nus-Besitzes gemeint, sondern die wesensgemäß vorhandene Fähigkeit, den Nus in sich zu entwickeln (vgl. Timaios 37 A–C, 90 BC).

18 Vgl. G. Jäger, »Nus« in Platons Dialogen, Göttingen 1967 (Hypomnemata 17). – Wo Platon in den Dialogen gelegentlich die Vernünftigkeit bestimmter Tiere erwähnt, bleibt er im Rahmen populärer Vorstellungen und ist weit davon entfernt, den Tieren den Nus und damit die Fähigkeit zur Ideenschau zuzuschreiben: Politeia II 375 D – 376 B (die »philosophische« Veranlagung des Hundes), Phaidon 85 B (Schwäne), Politikos 263 D(Kraniche).

19 Ausnahmen kommen nur ganz vereinzelt vor, wo nämlich Nus nicht als geistiges Vermögen, sondern als eine Art Sinneswahrnehmung verstanden wird: so zweimal in pythagoreischer Tradition (Diog. Laert. VIII 30; Aetios V 20, 4 = Doxogr. Gr. 432 Diels), wo noch der vorsokratische Sprachgebrauch nachwirkt, und bei Straton (Fr. 48 Wehrli), wo eine eigenwillige psychologische Theorie zugrundeliegt. Vgl. dazu W. Burkert, Weisheit und Wissenschaft, Erlangen 1962, 66 (mit Lit.) und K.v. Fritz, Grundprobleme der antiken Wissenschaft, Berlin 1971, 340f. (Anm.).

wo das vernünftige Verhalten der Tiere behandelt wird, ist meist von Phronesis oder Logos die Rede.[20]

Diese doppelte Schwierigkeit läßt an der Richtigkeit des überlieferten Textes zweifeln. Ich vermute, daß nach ζῷα der Artikel τὰ ausgefallen ist (ob zeitlich vor, bei oder nach Diogenes Laertios, läßt sich nicht sagen), der Satz also ursprünglich lautete: τίνα γὰρ ἂν τρόπον, φησί, διεσῴζετο τὰ ζῷα τὰ μὴ τῆς ἰδέας ἐφαπτόμενα (...); Liest man den Satz so, ergibt sich ein wesentlich anderer Sinn, der sich organisch in den Gedankenzusammenhang einfügt. Der ganze Textabschnitt ist damit folgendermaßen zu übersetzen: | 68

Platon sagt im Rahmen der Ideenlehre: Wenn es Erinnerung gebe, dann seien die Ideen als etwas Seiendes vorhanden; denn die Erinnerung beziehe sich auf Ruhendes und Beständiges; beständig aber sei nichts anderes als die Ideen. Auf welche Weise könnten nämlich sonst, sagt er, diejenigen Lebewesen sich am Leben erhalten, die nicht mit der Idee in Berührung sind und hierfür ihrer Natur nach die Vernunft (den Nus) erhalten haben? Nun haben sie aber Erinnerung an die Artgleichheit und Lebensweise, wie sie ihnen zukommt, und tun damit kund, daß alle Lebewesen zur Betrachtung der Gleichartigkeit von Natur fähig sind. Daher können sie auch ihre Artgenossen (als solche) wahrnehmen.

Ist die vorgeschlagene Konjektur richtig, so sind die mit μὴ negierten Partizipien nicht mehr prädikativ (adverbial) zu verstehen, sondern attributiv. Es wird dann hier von den Lebewesen gesprochen, sofern sie nicht die Fähigkeit haben, mit dem Nus die Ideen zu erfassen. Gemeint sind also die Tiere, die nicht, wie der Mensch, am Nus teilhaben, die aber mit der μνήμη Gleichartiges wahrzunehmen vermögen. Diese Unterscheidung ist im Kontext des ganzen »Ideenbeweises« sprachlich und sachlich durchaus passend. *a.* Die Protasis der irreal-kondizionalen Frage (»Auf welche Weise könnten sich die Lebewesen am Leben erhalten?«) ist nun nicht mehr in den mit μὴ negierten Partizipien zu sehen (»wenn sie nicht die Ideenberührung und hierfür den Nus hätten«). Vielmehr ist die Protasis dem Sinne nach aus dem Vorhergehenden zu ergänzen – eine im Griechischen häufige sprachliche Erscheinung.[21] Wir waren also bei der deutschen Übersetzung berechtigt, ein »sonst« oder »andernfalls« einzufügen, womit gemeint ist: »wenn nicht mit der μνήμη«. Die Korruptel des Textes (Ausfall des Artikels) ist

20 Einige Stellen zu diesem Thema im Kommentar zu Test. Plat. 65. Vgl. darüber hinaus Sophokles, El. 1058; Aristoteles, Hist. anim. 488 b 15, 611 a 16, 614 b 18, 618 a 26, Part.anim. 648 a 5–11, Gen. anim. 753 a 12, Eth. Nic. 1141 a 26–28, Oec. 1343 b 16; Porphyrios, De abstin. III (bes. III 6, Opusc. sel. ^{2}1886, 195 Nauck: Aristoteles, Platon, Empedokles, Pythagoras, Demokrit hätten den Tieren Anteil am Logos zuerkannt); ferner die einschlägigen Schriften von Theophrast (Περὶ ζῴων φρονήσεως καὶ ἤθους und Περὶ τῶν ζῴων ὅσα λέγεται φθονεῖν) und Plutarch (De sollertia animalium, Bruta ratione uti); zur Stoa: M. Pohlenz, Tierische und menschliche Intelligenz bei Poseidonios, Hermes 76, 1941, 1–13. Einige weitere Hinweise bei R. Walzer, New Light on Galen's Moral Philosophy, Class. Quart. 43, 1949, 82–96 (hier 89).

21 Kühner-Gerth, Grammatik d. griech. Spr. II 483f. (3): »Oft ist der Vordersatz aus dem Vorhergehenden zu entnehmen.« Dazu einige Beispielsätze, die deutsch nicht ohne hinzugefügtes »sonst« wiedergegeben werden können. [Denniston^{2}, 62f. (γὰρ = »for otherwise«); Platon, Politikos 277 D2.]

wahrscheinlich eben damit zu erklären, daß die Ellipse der Protasis nicht erkannt wurde. *b.* Das bei Alkimos für den Vergleich mit Epicharm wichtige Motiv, daß den Tieren von Natur ein vernünftiger Sinn innewohnt, findet in dem Platon-Referat schon an dem Gedanken ausreichenden Anhalt, daß allen Lebewesen die μνήμη als ein »theoretischer« Sinn für Gleichheit eigen ist. *c.* Der problematische Satz hebt besonders hervor, daß die Lebewesen nicht erst auf der Stufe des bewußt erkennenden Verstehens (ἐπιστήμη, νοῦς), sondern auch schon auf der Stufe der μνήμη Gleichartigkeit zu erfassen vermögen. Dabei ist anzunehmen, daß die μνήμη das Gleichbleibende und damit die Idee in anderer Weise erfaßt als der νοῦς. Bei der noetischen Ideenschau kommt es zu einer unmittelbaren »Berührung«; die Beziehung der μνήμη zur Idee ist nicht von derselben Unmittelbarkeit und klaren Be-
69 wußtheit. |

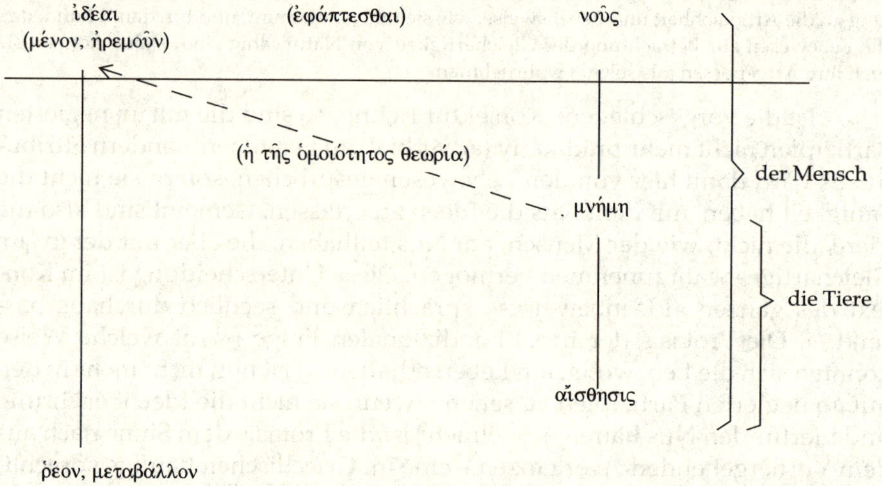

Die von Alkimos referierte platonische These hat damit einen einleuchtenden Sinn erhalten. Das Erinnerungsvermögen (μνήμη) – so wird hier argumentiert – bezieht sich auf Beständiges; es transzendiert also den sinnlich gegebenen, fließend-veränderlichen Augenblickseindruck und zielt letzten Endes auf die Idee als das eigentlich Beständige. Was dabei zunächst nur behauptet wird, daß sich nämlich die μνήμη auf Gleichbleibendes richtet, wird dann im Blick auf das Verhalten der Tiere erläutert und verifiziert:[22] Auch solche Lebewesen, die nicht wie der Mensch durch den Nus in unmittelbarem Kontakt mit der Idee zu stehen vermögen, haben offenbar – wie könnten sie sonst all das vollbringen, was zu ihrer Erhaltung erforder-

22 Während Aristoteles (z.B. Metaph. A 1, 980 a 29) zwischen Lebewesen mit und ohne μνήμη unterscheidet, wird in dem Platon-Referat allen Lebewesen eine mehr oder minder ausgeprägte Form der μνήμη zuerkannt.

lich ist?[23] – die Fähigkeit, in ihrer Umwelt das je und je Gleichartige, also im Grunde das ideenhaft Gleichbleibende wahrzunehmen.[24] | 70

Nach unserer Erklärung ist es nicht mehr nötig, die Erläuterung des Ideenbeweises, die auf das Beispiel der Tiere verweist, Platon abzusprechen und etwa Xenokrates oder Speusipp zuzuschreiben.[25] Allem Anschein nach haben wir hier einen genuin platonischen Gedankengang vor uns, der recht getreu wiedergegeben ist.[26]

Weniger klar ist zu sehen, woher das Referat des Alkimos stammt. Auf keinen Fall kommt eine Dialogstelle als Quelle in Betracht. Zwar wird in Platons Dialogen gelegentlich angedeutet, daß die μνήμη, ein gegenüber dem sicheren Wissen und Erkennen untergeordnetes Vermögen, sich bereits an dem jeweils Gleichbleibenden orientiert.[27] Aber nirgends ist dabei ein Zusammenhang mit den Ideen hergestellt oder der Gedanke ausgesprochen, daß die Tiere mittels der μνήμη Gleichartiges wahrnehmen können.

Wohl aber gibt es Anzeichen dafür, daß der »Beweis aufgrund des Erinnerungsvermögens« bei den Diskussionen um die Ideenlehre in der Schule Platons eine Rolle gespielt hat. In kürzester Form findet sich derselbe Ideenbeweis wie in dem Referat des Alkimos auch bei Alexander von Aphrodisias (In Aristot. Metaph. 78, 15 Hayduck). Alexander hat ihn vermutlich zusammen mit anderen derartigen Argumenten (am nächsten vergleichbar: In Aristot. Metaph. 81, 25–82, 1 Hayduck) aus der aristotelischen Schrift Περὶ ἰδεῶν entnommen. Daß das Referat des Alkimos ebenfalls aus dieser Schrift des Aristoteles herzuleiten sei, ist freilich eine wenig wahrscheinliche Annahme.[28] Mit ziemlicher Sicherheit aber läßt sich sagen, daß Alkimos das von ihm wiedergegebene platonische Lehrstück in einer der

23 Da wahrscheinlich nicht nur an die begrenzte Lebenserhaltung des einzelnen ζῷον gedacht ist, sondern gerade auch an die Paarung und Fortpflanzung gleichartiger Partner, liegt der platonische Gedanke nicht fern, daß die Lebewesen durch Nachkommenschaft ihre Art (ihr Eidos) unsterblich erhalten (Sympos. 207 D – 208 B, Nomoi IV 721 BC). Ja, in dem doxographischen Referat wird die Bedingung der Möglichkeit einer solchen relativen Unsterblichkeit präzisiert durch den Hinweis, daß alle Lebewesen, wenn nicht durch den Nus, so doch durch die μνήμη das Ideenhafte zu schauen vermögen. Vgl. J. Wippern, Eros und Unsterblichkeit im Symposion, in: Synusia, Festgabe f. Wolfgang Schadewaldt, Pfullingen 1965, 123–159 (bes. 132–134 m. Anm.).

24 Die ganze Argumentation impliziert keineswegs die im ›Menon‹, ›Phaidon‹ und ›Phaidros‹ erörterte metaphysische Anamnesislehre. Man könnte allenfalls sagen, daß die hier beschriebene Funktion der tierischen μνήμη auf niederer Stufe ein empirisch feststellbares, allgemein bekanntes Analogon darstellt zu dem Vorgang, der sich auf höherer, noetischer Stufe bei der zur Ideenerkenntnis führenden Anamnesis ereignet (vgl. bes. Phaidros 249 BC über die dem Menschen, nicht dem Tier, mögliche Ideenschau aufgrund der Anamnesis).

25 H.-J. Krämer, a.O. 73: »Diese unplatonische Lehre vom Nus der Tiere weist auf Xenokrates...«. Auch bei Xenokrates, Fr.21 Heinze, ist diese Lehre nicht zu finden.

26 Die kurze, kommentierende Schlußbemerkung allerdings (»deshalb können sie auch ihre Artgenossen wahrnehmen«) unterliegt dem Verdacht, als Überleitung zu Epicharm von Alkimos selbst angefügt zu sein.

27 Vgl. Phaidon 96 B, Symp. 208 A, Krat. 437 B, Theait. 191 D, 194 CD, Phileb. 34 A, 35 A–D, 38 B, 39 A.

28 Dies hat I. Düring, Aristoteles, Heidelberg 1966 (345 Anm. 5, 247 Anm. 15) vermutet.

(doxographischen) Schriften über Platon vorgefunden hat, die es zur Zeit der Alten Akademie, von verschiedenen Platonschülern verfaßt, gegeben
71 haben muß.[29] |

II Die Bedeutung der Zahl für die Seinsgliederung

»Platon sagt, sinnlich wahrnehmbar sei, was niemals qualitativ noch quantitativ festbleibe, sondern immer fließe und sich verändere. Denn das, woraus man die Zahl wegnehme, sei weder »gleich« noch »etwas« noch »quantitativ-« noch »qualitativ-seiend«. Es ist dies dasjenige, dem immer nur Werden, niemals aber Sein wesensgemäß zukommt. Geistig erkennbar ist dagegen, was nicht abnimmt und nicht zunimmt. Dies aber ist das Wesen der ewigdauernden Dinge, das die Eigenschaft hat, stets von gleicher Art und dasselbe (mit sich selbst identisch) zu sein«.

In diesem ersten der drei Platon-Referate des Alkimos (§ 9f.) wird das eigentlich Seiende charakterisiert als beständig und bestimmt in jeder Hinsicht. Dem wird gegenübergestellt der Bereich des Nichtseins oder der Seinsdefizienz, gekennzeichnet durch fließendes Werden und Vergehen und Unbestimmtheit in jeder Hinsicht. Eine solche Gegenüberstellung ist mehrfach in Platons Dialogen zu finden; nah vergleichbar sind Phaidon 83 B, Politeia VI 509 D, Timaios 27 D – 28 A, 52 A. Von zentraler Bedeutung sind aber in dem Referat zwei Theoreme, die in den Dialogen nicht ebenso nachzuweisen sind : 1. Die Zahl wird als universal seinsbegründendes Prinzip verstanden; 2. das Seiende weist eine unter kategorialen Gesichtspunkten beschriebene Gliederung auf (ἴσα – τινά – ποσά – ποιά).

1. Daß die Zahl die Ursache des Seins ist, liest man in den Dialogen nirgends so ausdrücklich, auch wenn dort oft von der Wichtigkeit der Zahl die Rede ist, etwa in der ›Politeia‹, wo die Umkehrung der Seele vom Veränderlichen zum Wahren und Seienden als Wirkung der Zahl beschrieben ist (VII 524 D – 526 A). Am ehesten berührt sich mit den Angaben des Alkimos noch die grundsätzliche Erörterung von Peras und Apeiron im ›Philebos‹ (16 C – 19 B, 23 C – 26 D). Es heißt hier, man müsse, um eine Sache zu erkennen, jeweils zwischen Einheit und Vielheit die genaue Zahl der Mittelglieder feststellen (16 DE). Dies wird exemplifiziert an der zahlenmäßig faßbaren Quantität und Qualität der Buchstaben (17 B, 18 A–D) sowie der musikalischen Intervalle und Rhythmen (17 C–E). Dann wird dem unbestimmt relativen Mehr und Weniger das quantitativ Bestimmte (ποσόν) und

29 Die altakademischen Schriften über Platon haben, wie uns vereinzelte Zitate zeigen, Biographie und Doxographie miteinander verbunden. Dies gilt für die Schrift des Xenokrates Περὶ τοῦ Πλάτωνος βίου (Fr. 53 Heinze) und die des Hermodor Περὶ Πλάτωνος (Test. Plat. 31), wahrscheinlich auch für das Werk Περὶ Πλάτωνος des Philippos von Opus sowie für die Ἀπομνημονεύματα (oder Ὑπομνημονεύματα) Πλάτωνος des Erastos und des Asklepiades (Philodem, Acad. Philos. index Hercul. 35, 10–12 Mekler).

Angemessene (μέτριον) gegenübergestellt (24 CD), und zwar in dreifacher Abstufung (25 AB): als das Gleiche (ἴσον), das Zahlenmäßige (ἀριθμὸς πρὸς ἀριθμόν) und das Maßbestimmte überhaupt (μέτρον πρὸς μέτρον). Schließlich (25 DE): bei der Mischung von Peras und Apeiron bewirke das Peras, als Prinzip der Gleichheit und zahlenmäßigen Bestimmtheit, überall Symmetrie und Symphonie, indem es in das Relativ-Gegensätzliche »Zahl einfüge« (ἐνθεῖσα ἀριθμόν).

Wenn dies in manchem an die Gegenüberstellung des Fluktuierenden und des durch die Zahl Gleichbleibenden im Alkimos-Bericht erinnert, so sind doch | auch Unterschiede zu beobachten. Im ›Philebos‹ fehlt der on- 72
tologische Aspekt, die Differenzierung zwischen Sein und Nichtsein. Und vor allem ist die Funktion der Zahl anders dargestellt. In dem Dialog erscheint die Zahl als strukturbildender Faktor; sie vermittelt durch genaue Gliederung zwischen Einheit und unbestimmter Vielheit, und sie konstituiert zwischen dem Zuviel und dem Zuwenig die ausgeglichene, feststehende Mitte. In dem Bericht des Alkimos hingegen ist die Zahl der Seinsgrund für alles: sie soll alle Dinge in dem, was sie sind und wie sie es sind, begründen.

Läßt das Referat also nicht eher an die Ideen-Zahlen denken, die in der Schule, wie etwa die Kritik des Aristoteles zeigt, als primäre Seinsursachen eine große Rolle spielten? Wenn es richtig sein sollte, daß der Bericht des Alkimos auch hier eine schulmäßige Theorie Platons berücksichtigt, wird man die Berührungen zwischen dem Referat und dem ›Philebos‹ damit erklären können, daß die Erörterungen des Dialogs, wie verschiedentlich nachgewiesen worden ist, auch ihrerseits auf die systematischen Grundlagen der mündlichen Prinzipienlehre Platons bezogen sind.

Über die platonische Ansicht von der seinsbegründenden Funktion der Zahl berichtet Aristoteles einmal mit folgenden Worten (Metaph. D 8, 1017 b 17–21): »Manche erklären, mit der Fläche werde der Körper aufgehoben und mit der Linie die Fläche; und im ganzen scheint ihnen die Zahl diese Eigenschaft zu haben: denn wenn sie aufgehoben werde, sei nichts mehr, und sie begrenze alles« (... καὶ ὅλως ὁ ἀριθμὸς δοκεῖ εἶναί τισι τοιοῦτος· ἀναιρουμένου τε γὰρ οὐδὲν εἶναι καὶ ὁρίζειν πάντα). Aristoteles spricht hier über die Schule Platons, sehr wahrscheinlich auch von Platon selbst. Auf jeden Fall können wir mit der Angabe des Aristoteles, daß nach platonischer Theorie die Zahl alles »begrenze«, das Alkimos-Referat sachlich erläutern. Auch bei Alkimos dürfte die Ansicht vorausgesetzt sein, die Zahl vermöge im Fluktuierend-Wechselnden dadurch Seiendes zu konstituieren, daß sie den Dingen eine bestimmte Begrenzung verleihe; und umgekehrt gehe den Dingen jegliches Sein verloren, wenn ihnen die begrenzende Wirkung der Zahl fehle.

Die angeführte Aristoteles-Stelle zeigt den Ausdruck des »Aufgehobenwerdens« (ἀναιρεῖσθαι) in dem terminologischen Sinn, wie er auch sonst mehrfach für Platons mündliche Lehre bezeugt wird: wenn das Ursprüngli-

chere, Begründende »aufgehoben« wird, wird jeweils das Abhängige oder Nachgeordnete »mit aufgehoben«.[30] Diese Terminologie scheint in dem Re-
73 ferat des Alkimos | anzuklingen, wo es heißt: »Wenn man aus etwas die Zahl wegnimmt (aufhebt), so verliert es demzufolge das Sein in jeder Hinsicht« (ἐξ ὧν ἄν τις ἀνέλῃ τὸν ἀριθμόν ...).[31]

2. Alkimos nennt vier Modi des Seins, die durch die Zahl begründet werden sollen: das Gleich-Sein (ἴσα), das Was-Sein (τινά), das quantitative Sein (ποσά) und das qualitative Sein (ποιά). Es scheint dabei an eine kategoriale Entfaltung des Seienden gedacht zu sein.[32] Inwiefern auch das Was-Sein der Dinge durch die Zahl begründet werden soll, kann man sich etwa am Beispiel eines mathematischen Körpers klarmachen: je nach der Anzahl und dem Zahlenverhältnis der gleichen oder ungleichen Begrenzungslinien und -flächen handelt es sich um Pyramide, Kubus, Quader usw. Daß auch die Qualitäten auf strukturellen und damit letztlich auf zahlenmäßigen Voraussetzungen beruhen, zeigt grundsätzlich die Atomlehre des ›Timaios‹.

In der Reihenfolge der bei Alkimos aufgeführten Seinsweisen waltet, wie es scheint, ein systematischer Sinn. Zuerst wird das Einfache, Eindeutige, mit sich Identische genannt (was »gleich« ist und was »etwa« ist). Die anderen beiden Kategorien reichen in die Welt der sinnlich wahrnehmbaren Erscheinungen herein, in der es vielfältige Variationen durch relatives Mehr und Weniger gibt (προσγίνεται – ἀπογίνεται). Die Zahl bewirkt aber auch hinsichtlich des Quantitativen und Qualitativen, daß das Fließende und Unbeständige (τὸ μηδέποτε ἐν τῷ ποιῷ μηδὲ ποσῷ διαμένον) begrenzt wird und damit am Sein teilhat.

EINHEIT	(1) ἴσον	(2) τί ἐστιν	durch die Zahl begrenzt = seiend
VIELHEIT (relatives Mehr und Weniger)	(3) quantitativ bestimmt (ποσόν)	(4) qualitativ bestimmt (ποιόν)	
	quantitativ unbestimmt	qualitativ unbestimmt	unbegrenzt = nicht-seiend

30 Vgl. K. Gaiser, a.O. 504 (zu Test. Plat. 33). É. De Strycker (On the first section of fr.5a of the Protreptikos, in: Aristotle and Plato in the mid-fourth century, Göteborg 1960, 76–104, hier 93) hat diesen methodischen Grundsatz Platons auch in einem Fragment des aristotelischen ›Protreptikos‹ (p. 32 Ross; p. 60 Düring; Test. Plat. 34) erkannt und dazu bemerkt: »This technical use of ἀναιρεῖν and συναναιρεῖν (»suppress«) is not to be found in the dialogues, but it was regular in Plato's oral teaching.«

31 Freilich ist der prägnante akademische Sprachgebrauch – das Mitaufgehobenwerden des einen mit dem anderen – hier nicht unmittelbar zu fassen, zumal ἀναιρεῖσθαι und ἐξαιρεῖσθαι auch in weniger strengem Sinne verwendet wird (vgl. z. B. Epinomis 977 C, E).

32 Ein Einfluß der aristotelischen Kategorienlehre ist hier umso weniger anzunehmen, als diese ihrerseits auf platonisch-akademischem Boden erwachsen ist.

Zu den kategorialen Bestimmungen, die bei Alkimos genannt wer-
den, findet man in den platonischen Dialogen gewisse Entsprechungen, die
jedoch nur partieller Art sind. *a.* Im Schriftwerk Platons wird öfters unter-
schieden zwischen dem eigentlichen Sein oder Wesen einer Sache (τί ἐστιν,
οὐσία) und ihren (wechselnden) Eigenschaften (ποιόν τι). Dabei ist der Be-
griff des ποιόν meist so allgemein gebraucht, daß er sowohl qualitative als
auch quantitative Eigenschaften umfaßt.[33] *b.* Mehrfach wird in den Dialo-
gen aber auch zwi- | schen Quantität (ποσόν, ὁπόσα, τόσα) und Qualität 74
(ποιόν, ὁποῖα, τοῖα) begrifflich unterschieden.[34] Und gelegentlich ist eine
noch weiter gehende kategoriale Entfaltung zu beobachten,[35] die sich teil-
weise mit den vier Seinsmodi im Referat des Alkimos berührt.[36]

Da die Vierheit der bei Alkimos genannten Seinsaspekte in den Dialogen nirgends ebenso zu finden ist, ist wiederum zu fragen, ob sich das doxographische Referat auf schulmäßige Voraussetzungen stützt. Diese Frage muß offen bleiben, weil die bei Alkimos vorliegende vierfache Einteilung auch in den Berichten über die platonische Schule nicht nachzuweisen ist. Immerhin aber erinnert die Abstufung von der Einheit (Identität) zur Vielheit (Relativität), die für die Aufzählung bei Alkimos maßgeblich zu sein scheint, an die beiden Prinzipien der mündlichen Lehre Platons. Und die Tatsache, daß bei Alkimos das ἴσον an erster Stelle (noch vor dem τί ἐστιν) genannt wird, kann man doch wohl am besten mit der hervorragenden Bedeutung des ἴσον im Rahmen der platonischen Prinzipienlehre erklären. Die beiden wichtigsten Berichte über Platons systematische Seinsanalyse[37] lassen erkennen, daß Platon mit dem ἴσον als universaler Seinskategorie operiert hat: das ἴσον umfaßt im Rahmen dieser platonischen Analyse, das Prinzip der Einheit repräsentierend, alle Arten des Ausgeglichenen, Feststehenden und An-sich-Seienden.

33 Vgl. etwa Politeia IV 437 D – 439 A, Phileb. 37 C, Epist. VII 342 E, 343 B. Die umfassende Bedeutung des ποιόν ist nicht zuletzt damit zu erklären, daß der bei Platon vorherrschende Gesichtspunkt der Form eine genaue Abgrenzung zwischen Quantitativem und Qualitativem nicht zuläßt.

34 Menon 82 B – 84 A (πόσος πηλίκος ποῖος, Phaidros 271 D (τόσα – τοῖα bei der Dihairesis), Philebos 17 BC, 19 B (ὁπόσα – ὁποῖα), Nomoi II 667 D, 668 B (τοσοῦτον – τοιοῦτον).

35 Von den zehn Kategorien des Aristoteles werden schon bei Platon zuweilen einige nebeneinander erwähnt, jedoch ohne erkennbare systematische Intention: Politeia IV 437 D – 439 A, Timaios 37 AB (vgl. D. Mannsperger, Physis bei Platon, Berlin 1969, 279 Anm.), Nomoi X 893 B – 897 B.

36 Besonders nahekommend ist eine Stelle in den ›Nomoi‹ (II 668 DE), wo es heißt: um bei der Mimesis die richtige Gleichheit (668 A ἴσον, σύμμετρον) von Vorbild und Abbild zu erreichen, müsse man beachten, *a.* was der Gegenstand ist (τί ἐστιν, οὐσία), *b.* die Anzahl der Teile (ἀριθμοί, ὅσοι), *c.* die Beschaffenheit der Teile (ὁποῖα), ihre Anordnung (θέσις, τάξις), *d.* die Farben und Formen des Ganzen (χρώματα καὶ σχήματα, vgl. Epist. VII 342 D).

37 *a.* Das bei Alexander von Aphrodisias überlieferte Referat aus Aristoteles' Schrift Περὶ τἀγαθοῦ (p. 113–115 Ross, Test. Plat. 22b); *b.* die bei Sextus Empiricus überlieferte, ursprünglich altakademische Darstellung (Test. Plat. 32, bes. §§ 271–275). Ferner Aristoteles, Metaph. Λ 10, 1075 a 33; N 1, 1087 b4–11.

III Die Ideen und Prinzipien des Seienden

Platon sagte, wer die Ursprünge (Prinzipien) des Alls zusammenschauend zu erkennen begehre, der müsse (1) erstens die Ideen an sich selbst voneinander unterscheiden, also etwa Gleichheit und Einheit und Vielheit und Größe, Stillstand und Bewegung; (2) zweitens müsse er als an-sich-seiend das Schöne, das Gute, das Gerechte und derartiges mehr zugrundelegen;
75 (3) drittens müsse er | von den Ideen alle diejenigen zusammenschauen, die in einem Bezugsverhältnis zueinander stehen, also etwa Wissen (von etwas) oder Größe (relativ zu etwas) oder Herrschaft (über etwas). – Und dabei müsse man bedenken, daß die Dinge-bei-uns durch Teilhabe an jenen als gleichnamig mit ihnen existieren: ich meine etwa als »gerecht« alles, was am Gerechten, als »schön« alles, was am Schönen teilhat. – Es ist aber von den Ideen jede einzelne ewig-dauernd und ein Gedanke (νόημα) und außerdem nicht-affizierbar. Daher sagt er auch, daß die Ideen in der Natur feststünden wie Vorbilder und daß die anderen Dinge ihnen ähnlich seien, weil sie als Nachbildungen von ihnen zustandekämen.

Dieses zweite der Platon-Referate des Alkimos (§ 12/13) besteht weitgehend aus einem Konglomerat von Formulierungen, die dem ›Parmenides‹ entnommen sind. Zu jedem Abschnitt des Referats lassen sich in dem Gespräch über die Ideen, das den ersten Hauptteil des Dialogs einnimmt, fast wörtliche Parallelen finden. Zum ersten Abschnitt: (1) ἐὰν δέ τις […] πρῶτον μὲν διαιρῆται χωρὶς αὐτὰ καθ᾽ αὑτὰ τὰ εἴδη, οἷον ὁμοιότητά τε καὶ ἀνομοιότητα καὶ πλῆθος καὶ τὸ ἓν καὶ στάσιν καὶ κίνησιν καὶ πάντα τὰ τοιαῦτα […] (Parm. 129 DE); (2) […] οἷον δικαίου τι εἶδος αὐτὸ καθ᾽ αὑτὸ καὶ ἀγαθτοῦ καὶ πάντων αὖ τῶν τοιούτων (Parm. 130 B); (3) […] ὅσαι τῶν ἰδεῶν πρὸς ἀλλήλας εἰσὶν αἵ εἰσιν […] [δεσποτεία – δουλεία, ἐπιστήμη – ἀλήθεια] (Parm. 133 C – 134 A); zum zweiten Abschnitt: τὰ δὲ παρ᾽ ἡμῖν ὁμώνυμα ὄντα ἐκείνοις […] (Parm. 133 D, vgl. 130 E – 131 A); zum dritten Abschnitt: τὰ μὲν εἴδη ταῦτα ὥσπερ παραδείγματα ἑστάναι ἐν τῇ φύσει, τὰ δὲ ἄλλα τούτοις ἐοικέναι καὶ εἶναι ὁμοιώματα (132 D). Auch die Bezeichnung der Idee als ἀ διον, als νόημα und als ἀπαθές ist mit entsprechenden Formulierungen in einem Passus des ›Parmenides‹ (132 BC) zu vergleichen und ziemlich sicher von dorther übernommen.

Gerade im Vergleich mit den Originalstellen im ›Parmenides‹ lassen sich jedoch auch bestimmte Änderungen und eigene Intentionen bei Alkimos erkennen.

Zweimal ist in dem Referat der Begriff »Größe« (μέγεθος) hinzugefügt. *a.* Bei Alkimos lautet zunächst die Reihe der Gegensatzpaare etwas anders, nämlich ὁμοιότης und μονάς / πλῆθος und μέγεθος, στάσις / κίνησις. Hier fehlt also (gegenüber Parmenides 129 D) der Begriff der ἀνομοιότης, der sich wohl von selbst versteht, während μέγεθος hinzugesetzt ist, was wohl damit zusammenhängt, daß für das ἓν hier die μονάς erscheint: der Gegensatz zur zahlenmäßigen Einheit (μονάς) soll offenbar doppelt ausgedrückt werden; denn während πλῆθος die Vielzahl bezeichnet, gibt μέγεθος die kontinuierliche Ausdehnung an.[38] *b.* Sodann erscheint μέγεθος zusätzlich auch unter den Beispielen für Korrelativa. In der Tat stellt »Größe« den signifikantesten Fall für Relativität dar, da etwas immer nur in bezug auf etwas anderes groß oder klein ist. | 76

Nun ist dieser Begriff des μέγεθος ebenfalls im ›Parmenides‹, wenn auch im zweiten Teil des Dialogs (149 D – 151 D), zu finden. Die beiden Zufügungen mögen also durch die Kenntnis dieses Dialogs angeregt sein. Nicht aus dem ›Parmenides‹ oder einem anderen Dialog scheint aber das gedankliche Schema zu stammen, das im ersten Abschnitt des Referats die aus dem ›Parmenides‹ entnommenen Sätze zusammenhält.

Es werden hier, als Voraussetzung für die synoptische Erfassung der Seinsprinzipien, drei gedankliche Operationen gefordert. 1. Grundlegende Gegensätze sollen unterschieden und je für sich auseinandergelegt werden. 2. Das Schöne, das Gute, das Gerechte usw. soll als etwas An-sich-Bestehendes zugrundegelegt werden. 3. Die relativen oder korrelativen Begriffe sollen zusammengeschaut, d.h. in ihrer Gemeinsamkeit erfaßt werden. Die drei methodischen Schritte bringen drei verschiedene Klassen von »Ideen« in den Blick: allgemeine Gegensätze, ethische Werte, relative Begriffe. Das eigentlich Bemerkenswerte aber dürfte der systematische Zusammenhang sein, der zwischen den drei Gruppen besteht. Die Gegensätze, die zuerst auseinandergelegt werden sollen (1), bilden zwei heterogene Gattungen, die sich zueinander verhalten wie Einheit und unbestimmte Vielheit. Wenn dann beim nächsten Schritt das An-sich-Seiende als solches umrissen wird (2),[39] so ordnet sich dieses Selbständig-Seiende offensichtlich der ersten Gattung zu, während schließlich das Relative (3) der Sache nach unter die andere Gattung fällt.

Dihairesis

Einheit	unbestimmte Vielheit
ὁμοιότης	⟨ἀνομοιότης⟩
ἀνομοιότης	πλῆθος, μέγεθος
στάσις	κίνησις
An-sich-Seiendes (καθ' αὑτό)	Relatives (πρὸς ἄλληλα)
καλόν	ἐπιστήμη
ἀγαθόν	μέγεθος
δίκαιον	δεσποτεία

So gesehen, erinnert das Referat an die in der Schule Platons unter prinzipiellem Gesichtspunkt aufgestellten Systoichien, besonders an die hierbei

38 Vgl. Politeia X 614 A, Parm. 151 D, Nomoi V 733 B, IX 860 B, Vgl. Ch. Mugler, Antiquité class. 25, 1956, 28–31.

39 Während bei der Beschreibung des ersten Schrittes mit αὐτὰς καθ' αὑτάς nur die Sonderung der gegensätzlichen Begriffe gemeint ist, dürfte beim zweiten Schritt der Ausdruck αὐτὸ καθ' αὑτὸ […] ὑποθέσθαι darauf zielen, daß das An-sich-Seiende in seiner ontologischen Eigenart erfaßt werden soll.

77 wichtige | platonische Unterscheidung des An-sich-Seienden (καθ᾽ αὑτὰ ὄντα) und des Relativen (πρός τι, πρὸς ἕτερα, πρὸς ἄλληλα, ἀντικείμενα).[40] Von daher könnte dann auch die zweimalige Hinzufügung des Begriffs μέγεθος motiviert sein. Denn Größe (und Kleinheit) ist auch im Rahmen der Prinzipientheorie Platons das Musterbeispiel für Relativität.[41]

Vor allem aber ist nun erst klar zu sehen, inwiefern die drei beschriebenen methodischen Operationen insgesamt zur Synopsis der alles begründenden Prinzipien (συνιδεῖν τὰς τοῦ παντὸς ἀρχάς) dienen sollen. Mit dieser Formulierung sind nicht irgendwelche Ideen bezeichnet, sondern die höchsten Seinsprinzipien (wie Politeia VI 511 B, wo jedoch nur von einem Prinzip die Rede ist). In der Tat führen die drei Schritte, wie wir gesehen haben, im Grunde zu einem einfachen Gegensatz: zum Einheitlichen und Bestimmten auf der einen Seite, zum Unbestimmt-Vielfältigen auf der anderen Seite. Die »Zusammenschau« führt damit letztlich auf den Prinzipiengegensatz, der das Hauptthema der mündlichen Lehre gebildet hat.

Im ganzen ergibt sich also der Eindruck, daß in dem Referat des Alkimos die »Ideenlehre« Platons in den umfassenden Rahmen der »Prinzipienlehre« gestellt ist. Einige Sätze aus dem ›Parmenides‹ über die Ideen sind zu diesem Zweck in ein systematisches Schema einbezogen, das an den Berichten über Platons mündliche Lehre seinen nächsten Anhalt findet. Es ist unwahrscheinlich, daß Alkimos selbst die Parmenides-Zitate in diese übergreifende Ordnung gebracht hat. Er hat diese Zusammenstellung doch wohl in einer doxographischen Quellenschrift vorgefunden.

IV Ergebnis der Untersuchung

Die Referate des Alkimos über Platons Lehre fußen, wie sich uns ergeben hat, nicht nur auf dem Schriftwerk Platons, sondern sie setzen auch – und zwar alle drei mehr oder weniger – die Kenntnis mündlicher, schulmäßiger Dogmata voraus. So zeigen uns diese Referate einmal mehr, daß man damals bei der Diskussion um Platons Philosophie nicht nur die literarischen Dialoge heranzog, sondern sich auch auf nicht-veröffentlichte innerakademische Lehren stützte. Diese von Platon in der Schule vertretenen Theorien mußten sich gerade für die Zwecke einer doxographischen Darstellung besonders anbieten, weil sie eine systematische Zusammenfassung ermöglich-
78 ten und auch als Kriterium | dienen konnten bei der Frage, was in den Dialogen als die eigene, verbindliche Ansicht Platons zu gelten habe.

40 Für Platon ist diese Unterscheidung durch Hermodor (Test. Plat. 31), Aristoteles (Test. Plat. 22 b) u.a. bezeugt. Zu der daran anschließenden Kategorienlehre der Alten Akademie jetzt H.-J. Krämer, a.O. 75–107.

41 Zur Erläuterung des mit μέγα καὶ μικρόν bezeichneten zweiten Prinzips wird überliefert (Test. Plat. 23b): in einer Größe (μέγεθος πεπερασμένον) sei, wie sich bei fortschreitender Teilung zeige, ein unendlich vielfaches Mehr und Weniger enthalten.

Inhaltlich bringen die Berichte des Alkimos nicht viel Neues gegenüber anderen Zeugnissen. Immerhin ist der Gedanke, daß die μνήμη bei den Tieren als Sinn für Gleichartigkeit fungiert, sonst nicht für Platon zu belegen (und durch unsere Texterklärung jetzt wohl für Platon gesichert). Dazu kommt die vierfache kategoriale Gliederung des Seienden, die in dieser Form ohne Parallele ist.

Die eigenartige Verbindung von Dialogzitaten mit schulmäßigen Reminiszenzen läßt es als kaum möglich erscheinen, daß Alkimos selbst, der Außenstehende, die Referate verfaßt hat. Er muß eine schulinterne doxographische Quelle benützt haben – wenn nicht mehrere derartige Quellen, was aber weniger plausibel ist. Wir haben dabei also sehr wahrscheinlich an das eine oder andere der zahlreichen Werke über Platon zu denken, die es in der Alten Akademie gegeben hat. Alkimos hat aus einer solchen Vorlage einfach diejenigen Stellen exzerpiert, die ihm für den Vergleich mit Epicharm geeignet zu sein schienen. Die drei Exzerpte lassen wohl noch etwas von dem Aufbau jener Vorlage erkennen, denn sie sind nicht ohne inhaltlichen Zusammenhang: Unterscheidung der zwei Welten (Sein und Erscheinung, Zahl als Seinsprinzip) – die Ideen als Grundlage der Prinzipienerkenntnis und als Urbilder der Erscheinungen – Ideenbeweise.

Es ist möglich, aber durch nichts zu beweisen, daß Alkimos eine von Amyntas, dem Adressaten seiner Schrift, verfaßte Platon-Darstellung vor Augen hatte. Jedenfalls lassen die Referate des Alkimos keine spezielle Berührung erkennen mit einem der uns sonstwie bekannten Berichte über Platons Lehre. Wir erfahren durch Alkimos also wahrscheinlich etwas aus einer altakademischen Schrift über Platon, von der wir sonst nichts wissen. Die Überlieferung dieser Referate verläuft, wie es scheint, von ihrem Ursprung an selbständig neben der sonstigen doxographischen Platon-Überlieferung.

Man kann sich im Blick auf die Texte bei Alkimos freilich auch klarmachen, daß die Quellenschriften, aus denen die auf uns gekommenen innerakademischen Lehren Platons stammen, von sehr verschiedener Art waren. Neben den von einigen Schülern angefertigten Nachschriften der Lehrvorträge ›Über das Gute‹ stehen Schriften über Platon – wie etwa das Werk Hermodors – mit sowohl biographischem als auch doxographischem Inhalt. Wie die Doxographie in einer solchen Platon-Darstellung ausgesehen hat, kann man sich am Beispiel der Alkimos-Referate ungefähr verdeutlichen: Zitate oder Paraphrasen von Dialogstellen waren wohl in der Regel mit hypomnematischen Notizen aus der Schuldiskussion vermischt, wobei die stärker systematischen schulinternen Theorien den ordnenden Rahmen abgeben konnten.

Unter den uns bekannten oder erschließbaren Quellen und Traditionswegen | der indirekten Platonüberlieferung hat man demnach auch den 79
Referaten des Alkimos einen Platz zuzuweisen. Wie verschiedenartig die Quellenschriften und die Überlieferungsträger sind, kann die folgende Zusammenstellung nochmals zeigen.[42]

1. Doxographisch-kritische Schriften des Aristoteles über Platon[43]
   a. Περὶ τἀγαθοῦ → Alexander (Test. Plat. 22 B) → Simplikios (Test. Pl. 23 B)
   b. Περὶ ἰδεῶν → Alexander
2. Erwähnungen platonischer Lehren in den Pragmatien des Aristoteles (oder auch in einem Dialog wie Περὶ φιλοσοφίας)
3. Erwähnungen in der ›Metaphysik‹ Theophrasts[44]
4. Altakademischer Bericht über die Prinzipienlehre → Neupythagoreische Bearbeitung → Sextus Empiricus (Test. Pl. 32)
5. Hermodor, ›Über Platon‹ → Derkylides → Porphyrios → Simplikios (Test. Pl. 31)
6. Xenokrates, Über das Leben Platons → Simplikios (Test. Pl. 70)
7. Altakademische Schrift über Platon(?) → verwendet von Alkimos, ›An Amyntas‹ → Satyros(?) → Diogenes Laertios.

42 Vgl. dazu Verf., Quellenkritische Probleme der indirekten Platonüberlieferung, in: Idee und Zahl, Abh.d.Heidelb.Akad.d.Wiss., phil.-hist.Kl. 1968, 2, 31–84 (bes. die Aufstellung S. 38; in diesem Band Seite 205ff.) und o. Anm. 29. – Daß die Quellenschriften nach Zweck und Inhalt so sehr verschieden waren, muß auch bei der Frage bedacht werden, wie weit sie von Platons Verdikt gegen die schriftliche Aufzeichnung (und Verbreitung) seiner mündlich vorgetragenen Hauptlehren (Epist. VII 341 B–E) betroffen wurden.

43 Daß Aristoteles in Περὶ τἀγαθοῦ, ebenso wie in Περὶ ἰδεῶν nicht nur eine Darstellung der platonischen Prinzipienlehre, sondern auch eine kritische Stellungnahme dazu gegeben hat, ist von J. Brunschwig wahrscheinlich gemacht worden (EE I 8, 1218 a 15–32 et le ›Περὶ τἀγαθοῦ‹, in: Untersuchungen zur Eudemischen Ethik, Berlin 1971 [Peripatoi 1], 197–222, bes. 217–222).

44 Theophrast spricht über die platonischen Zahlen und Prinzipien besonders an drei Stellen: Metaph. 5 a 23–28; 6 a 15–b 22; 11 a 26–b 7. Daß Theophrast hier nicht einfach von Aristoteles abhängig sein dürfte, sondern sich wohl auch bei anderen Schülern Platons informiert hat, wird neuerdings von H. Happ (Hyle. Studien zum aristotelischen Materie-Begriff, Berlin 1971, 137) mit Recht betont.

Plato Comicus Or Plato Philosophus?

(Aristotle, Ars Rhetorica I 15, 1376 a 7–11) (1979)

In Aristotle's Ars Rhetorica there is a quotation from Plato which has never been satisfactorily explained. The first question it poses is: which Plato is intended, the philosopher or the comic poet? By far the majority of interpreters have decided on the comic poet, without supporting their conclusion, however. In order to secure criteria for resolving the issue, it is necessary to comprehend both the meaning of the quotation and the situation in which it was said. The fruits of this approach would seem to me no less interesting historically than for the question of authorship. The interpretation suggested in the following pages, which aims at illuminating the passage in Aristotle from various angles, has benefited from comments by A. Dihle (Heidelberg) and H.J. Wolff (Freiburg i.Br.), to whom I express my thanks. W.D. Furley (Cambridge/Tübingen) was responsible for the translation into English.

I

In the wider context of the passage in question, Aristotle is discussing the various types of μάρτυρες which concern an orator, particularly in legal proceedings (Rhet. I 15, 1375 b 26–1376 a 33). Under μάρτυς he understands not only witnesses in the technical sense but also more generally any person who can contribute towards a ruling on the issue. Aristotle distinguishes two sub-categories: (1) μάρτυρες παλαιοί, ancient authorities, who may be quoted in the form of lines of poetry or proverbial sayings; (2) μάρτυρες πρόσφατοι, contemporaries, whose testimony is still »fresh«. Again, Aristotle divides the latter into: (a) μάρτυρες of this kind who are directly involved in the case and whose participation brings with it the risk of punishment (μετέχοντες τοῦ κινδύνου) should they be exposed as perjurers; (b) others who have nothing to do with the dispute in hand (ἐκτός, ἄπωθεν), but who are capable of supplying a weighty argument or decisive factor in judging the case. Aristotle qualifies this distinction with the remark that witnesses involved in the case may only testify to what did or did not happen (purely factual information, that is) whilst the independent witness may give his opinion of what is right or wrong, desirable or undesirable (= evaluation of the facts).

Now Plato appears here as a μάρτυς of the last type (2b). His testimony could be adduced as precedent in a current trial. The text runs as follows (1376 a 7–11):

πρόσφατοι δ' ὅσοι γνώριμοί τι κεκρίκασιν· χρήσιμοι γὰρ αἱ τούτων κρίσεις τοῖς περὶ τῶν αὐτῶν ἀμφισβητοῦσιν· οἷον Εὔβουλος ἐν τοῖς δικαστηρίοις ἐχρήσατο κατὰ Χάρητος ᾧ Πλάτων εἶπε πρὸς ᾿Αρχέβιον, ὅτι ἐπιδέδωκεν ἐν τῇ πόλει τὸ ὁμολογεῖν πονηροὺς ὄντας.

Contemporary witnesses (are) any famous people who have pronounced judgement (on something). Their judgements are useful to those disputing the same matters. For example, Eubulus in his lawsuit against Chares employed the words Plato had addressed to Archebius: (that) it has
52 become more popular in the Polis to admit one's own wickedness. |

The Greek text printed here is that to be found in R. Kassel's edition (Aristotelis Ars rhetorica, Berlin 1976), and may be taken as reliable. The form ᾿Αρχέβιος occurs in later manuscripts (Co, La and Tu, XV/XVI saec.) whilst the earliest texts have ἀρτίβιος (cod. A) or ἀρχίβιος (cod. A after later correction and cod. F). The variation Archebius/Archibius (both names are well attested in other contexts, see R.E. [= Pauly-Wissowa] II 1, 1895, 437f., 466) may be attributed simply to variant spellings, and is therefore not crucial for the identification of this person.

II

The text itself offers some immediate help in understanding the passage. The dispute between the two Athenians Eubulus and Chares (the well-known politician and the general respectively) was a legal action before a jury. The plural ἐν τοῖς δικαστηρίοις is unusual (which led L. Spengel to consider ἐν τοῖς δικασταῖς) but not impossible. As the preposition κατὰ shows, Eubulus was the plaintiff and Chares the accused. The subject of the dispute involving Archebius (whose identity we will leave open until section VIII) must have closely resembled the charges made against Chares (περὶ τῶν αὐτῶν). Formally, however, the precedent case of Plato/Archebius does not seem quite to have matched the slightly later lawsuit. Aristotle joins ἐν τοῖς δικαστηρίοις so closely with Eubulus' name that one must conclude: Plato's utterance was not made in a court of law, perhaps not even in connection with a lawsuit of any kind. We will see (in section VIII) that the context may rather have been a meeting of the Athenian Assembly. The difference of expression between κατά and πρός indicates that Plato was not acting like Eubulus as prosecutor, and that his argument was not so much directed at Archebius personally as at the position he represented (see J.H. Lipsius, Das attische Recht und Rechtsverfahren, I–III, Leipzig 1905–1915, 246–248).

The sense of Plato's dictum can only partially be determined from the words alone. These do not say that the admission of wickedness is worse than its concealment or denial – even if this is certainly intended. Rather, the sentence refers to an escalation in admissions of this kind. This increase in ὁμολογεῖν may be understood quantitatively with reference to the plural πονηροί: more and more people admit openly to being wicked. It could also however entail a qualitative aspect, in that leading or influential citizens began contributing to it. It is not immediately clear what position is taken on this development: the word ἐπιδιδόναι which is usually positive but sometimes neutral or negative (as for example in Plato, Epist. 7, 325 D, Laws 3, 676 A), does not specify whether the tendency is to be welcomed or deplored.

The point at issue in both cases is also an unknown quantity. To determine this one must examine more closely what the quotation signifies and how it could be taken as a decisive argument (sections Vand VI).

III

The question of Plato's identity cannot be answered on the basis of the late and scanty evidence preserved from antiquity (see below, section Va). As far as we can tell, there was no doubt about the answer in antiquity – which might suggest that the name Plato was automatically associated with its most famous bearer, the philosopher.

Today, the *communis opinio* favours the comic poet. David Ruhnke pioneered this position in his comment on the Aristotle passage (Historia critica oratorum Graecorum, p. LXVII, which precedes Ruhnke's edition of Rutilius Rufus, Leiden 1768; also in: J.J. Reiske, Oratores Graeci, vol. VIII, Leipzig 1773, 147): »...ubi Victorinus perperam Platonem, philosophum, intellegit, cum comicus sit intelligendus, e cuius dicto si syllabam, quae abundat, cum Valckenario nostro sustuleris, finis senarii erit ἐπιδέδωκε τῇ πόλει.« Ruhnke(nius) was followed willingly by editors of the Greek comic fragments who attributed the sentence in Aristotle to Plato Comicus: A. Meineke, vol. I, 1839, p. 161 and vol. II 2, 1840, p. 692 (frg. 41); Th. Kock, vol. I, 1880, p. 660 (frg. 219); J.M. Edmonds, vol. I, 1957, p. 558f. (frg. 219). The same view is found in | historiographical works (such as A. Schaefer, Demosthenes und 53
seine Zeit, vol. I, Leipzig [2]1885, 196) and above all in Aristotelian scholarship: in his ›Index Aristotelicus‹ (1870), H. Bonitz lists our passage all by itself under Plato Comicus; E.M. Cope and J.E. Sandys write in their commentary on the ›Ars Rhetorica‹ (1877, p. 278) »Plato, the Comic poet«, J.H. Freese in the Loeb edition (1926, p. 157) »probably the comic poet«, and M. Dufour in the edition of the Collection des Universités de France ([2]1960 p. 138) »le poète comique«; R. Kassel's edition (1976) does not take sides on our passage (although his tabulation of *all* Platonic passages under one heading could be taken as a vote for Plato Philosophus here). As far as I can see, L. Spengel in his commentary to the Ars Rhetorica (vol. II, Leipzig 1867, p. 197)

provides the one exception with his remark: »De philosopho hoc dictum esse noli dubitare.«

Not one of the commentators supports his attribution of the quotation to Plato Comicus or Philosophus. The choice of Plato Comicus seems to have been prompted by the difficulty of crediting an otherwise undocumented dispute between Archebius and the philosopher.

IV

A scrutiny of Aristotle's text reveals two factors which point clearly towards Plato the philosopher.

(a) Aristotle never cites the comic poet elsewhere in his surviving works, but he does the philosopher on innumerable occasions. This also holds true for quotations from conversations (as for example in Probl. 30, 6, 956 a 11–14: »Plato replied to Neocles that man is the only living creature who knows how to count«). If, then, Aristotle had meant the comic poet on this occasion, would he not have had to make this abundantly clear, particularly when Plato here represents a »well-known« person (γνώριμος), which is more applicable to the philosopher than to the comic poet? Aristotle once (Probl. 953 a 27f.) designates Empedocles, Plato and Socrates as γνώριμοι.

(b) We learn nothing about the date of either dispute from Aristotle or other sources. Leaving aside for the moment the hypothetical reconstruction which will be examined below (section VIII), we can say this much about dating: the lawsuit between Eubulus and Chares took place at the earliest in the sixties but more probably in the fifties of the fourth century. Plato must have made his remark against Archebius shortly beforehand – at the most a few years. This is required by the concept of a »recent argument« (πρόσφατος), and by the sense of Plato's utterance: it contains an assertion about a particular trend in the Polis; hence it can only serve as an argument in another case if conditions in the Polis are still roughly comparable. Now the philosopher Plato lived through the whole period under consideration (until 348/7). The productive era of the comic poet on the other hand can be followed only up to the year 387, and his lifespan cannot have extended more than a few years beyond this date. So it is highly doubtful whether the poet could ever have served as a μάρτυς πρόσφατος in Eubulus' case.

Conversely, there is nothing in Aristotle's text which points to the comic poet Plato.

(a) The quotation is unmetrical. Alterations are necessary to make it even partially into a comic verse (attempted by L.C. Valckenaer). These have to be of a drastic nature; hence it is unlikely that the quotation from Plato was part of a comedy. Nor does A. Meineke (vol. II, p. 692) help matters by suggesting that the transmitted name Archebius should be replaced by that of the poet Archinus, who features in a fragment of Plato Comicus.

(b) The wording of Πλάτων εἶπε πρὸς ᾿Αρχέβιον also tells against the assumption that the sentence was spoken by a comic actor on the stage. Quoting a passage from a play by Aristophanes directed against Cleon, for example, Aristotle could not simply have said: »Aristophanes said against Cleon...«.

(c) Now whilst it is *conceivable* that the comic poet Plato publicly attacked Archebius off-stage, it is hardly likely. Hermippus is the only recorded example of a comic poet acting in this way; he was the prosecutor in a lawsuit against Aspasia (Plutarch, Pericles 32, 1; Demetrius' rebukes of Clinias, mentioned by Plautus in Bacch. 911f., probably do not refer to a lawsuit conducted by the comic poet Demetrius; see | Philologus 114 [1970] 54
81 f.). It may still have been common, however, in the period of Middle Comedy for a playwright to be prosecuted by a politician on charges of libel (as Aristophanes was by Cleon). But in that case, the poet would have been expected to defend himself on stage; and according to Aristotle, Plato's argument was offensive, not defensive.

(d) One might be prepared for Plato Comicus in the Aristotle passage if the Eubulus in question was the comic poet, not the politician. As an exponent of Middle Comedy, the former probably lived until the mid-fourth century and is, therefore, a possible candidate chronologically at least. The context, however, makes Eubulus the politician much more likely. It is intrinsically implausible that the playwright Eubulus ever appeared in court against (κατά) Chares. Nor has any commentator on the passage suggested anyone except the famous politician Eubulus.

On the whole then, the quotation in Aristotle suggests that it is neither a line from comedy nor part of a quarrel conducted offstage between the playwright Plato and a political opponent. The text makes it far more likely that the philosopher Plato is intended. One would need strong extraneous reasons for not following the logic of the text.

V

Let us now turn to the quotation itself. What does the sentence ἐπιδέδωκεν ἐν τῇ πόλει τὸ ὁμολογεῖν πονηροὺς ὄντας mean?

One might think that the development recognised by Plato is to be understood as a positive step. If a person is no good, it is at least a sign of honest self-criticism to admit this openly. Admission of the fault paves the way to self-improvement.

But another interpretation is far more likely. It was recognised by Jacob Burckhardt, who remarked (Griechische Kulturgeschichte vol. IV, Basel 1902, p. 280 = Darmstadt 1957, p. 264) that Plato's utterance was reminiscent of the Italians of Machiavelli's era, explaining: »Gab man in generali zu: ›Ja, wir taugen alle nichts‹? oder sagte der einzelne stolz von sich: ›Ich bin ein πονηρός‹? Das Wort bezeichnet nicht gerade den Taugenichts, sondern eher den begabten Frevler.« And in point of fact, admission of one's own wickedness here must be taken as a sign of brash audacity (ἀναισχυντία, ἀναίδεια). If it is bad to be wicked, it is even worse to admit this unashamedly: the moral and legal order of the Polis is thrown into question and rocked by such unprincipled behaviour. The following observations may be offered in support of this interpretation of the quotation.

(a) Two notices from antiquity agree in their interpretation of the saying in terms of effrontery. The first is in Proclus (schol. ad Hesiodi Opera et Dies 198 in: Poetae minores Graeci, ed. Th. Gaisford ²II, Leipzig 1823, p. 154): »Plato gave a good answer to the question of what had happened to the men of his time: they were not ashamed of being bad (μὴ αἰσχύνεσθαι κακοὺς ὄντας).« Th. Gaisford was surely right to refer this passage to our quotation in Aristotle. In the second, the quotation is paraphrased in a scholion of cod. A (saec. X) of the Ars Rhetorica (noted by L. Spengel 1867, p. 198) as follows: »Doing ill openly and without blushing (ἀναφανδὸν καὶ ἀνερυθριάστως πράττοντες τὰ κακά).«

(b) The word πονηρός sometimes (and especially with regard to physical characteristics) has the sense of »no-good«, »useless«. For this reason and because being (εἶναι) bad rather than doing something bad is the subject of the sentence, one might want to take it as meaning that more and more people admit their inadequacy – whether in praiseworthy recognition of their own limits or with the intention of avoiding political duties (although one would expect προσποιεῖσθαι instead of ὁμολογεῖν in that case). But where πονηρός describes a person as a whole, it is regularly used, as Jacob Burckhardt correctly pointed out, for someone who acts immorally, that is, wickedly, reprehensibly, basely. Now open admission of this kind of πονηρία is not a sign of perceptiveness but of cynical shamelessness: the person who feels shame (αἰδούμενος, αἰσχυνόμενος) is afraid of appearing
55 wicked (δόξαν πονηρίας, Plato, Euthyphro 12B). |

(c) It is true that there are also instances in Greek literature where αἰδώς is said to be harmful (Hesiod, Works and Days 317f.; Euripides, Hippolytus 385f.), and that one should not always feel ashamed. Plato cites Croesus' oracle in the ›Republic‹ (8, 566 C, see Herodotus I 55) according to which the sensible man will run in order to save his life, without fear of being called a coward (οὐδ' αἰδεῖται κακὸς εἶναι). The philosopher wishes to make the point that one must seek refuge from a dangerous demagogue before it is too late. Where injustice rules, the demands of αἰδώς cannot operate in the same way as under normal social conditions. But this is the exception. As a rule, Greek ethics in all periods demanded that the perpetrator of evil should at least feel ashamed and not boast about it. Hence it is sheer impudence (ἀναίδεια) when Cleon in Aristophanes' ›Knights‹ (296 compare 277, 385, 398, 409) says: ὁμολογῶ κλέπτειν, σὺ δ' οὐχί. Lysias (or. 14, 2; 25; 42) demonstrates the alarming extent of a defendant's wickedness (κακία, πονηρία) by saying: instead of regretting (αἰσχύνεσθαι) his base conduct, he even compliments himself on it (φιλοτιμεῖσθαι). In pseudo-Demosthenes (or. 25, 88–89), the general principle is stated: if one breaks a rule and offends others, the least one can do is to try to keep the matter a decent secret, or to show one's wish for discretion; harmonious relations between citizens of the Polis depend on this principle of shame (αἰσχύνεσθαι). Aristotle himself devotes a whole chapter of the ›Ars Rhetorica‹ (II 6) to αἰσχύνη, in which he defines ἀναισχυντία as disregard for the ill repute (ἀδοξία) resulting from wickedness (κακία).

VI

What was the context and purpose of Plato's remark about increasing shamelessness? If one leaves aside for the moment the persons involved (Archebius, Eubulus, Chares) there are three points in Aristotle's text which help us toward an answer: (a) the sentence quoted served as a decisive argument (κρίσις) in a dispute (ἀμφισβήτησις). (b) Plato's words, understood as a precedent, were used in a trial by the plaintiff against the defendant. (c) The statement was not aimed at establishing a fact, but at the evaluation of a deed or act.

Subject to these conditions, I see three possible interpretations, of which the first strikes me as being highly unsatisfactory, whereas the third seems quite plausible.

(1) Assuming that the playwright Plato is intended, one might hypothesize as follows: he was charged with libel following satirical or polemical lines spoken on stage. His answer may have been: why should I not be allowed to portray people's wickedness on stage when there is a growing fashion for boasting about one's own wickedness? This interpretation does not carry conviction in view of the unlikelihood of Eubulus ever facing charges of libel – unless the Eubulus in question was the comic poet and not the politician, which is very unlikely (above, section IV). The chief objection however is that Plato's dictum was obviously used as an argument of prosecution rather than defence. I know of no instance in legal phraseology where κατά τινος refers not to the proceedings against the defendant but to a counter-argument used by the defendant against the prosecution's case.

(2) A somewhat better reconstruction might be the following: the plaintiff points out, in order to secure the defendant's conviction, that the latter had once plainly admitted to the misdemeanour of which he is now accused. The accused replies that he would never have made such a self-incriminating statement; then the prosecutor counters with: in view of the trend towards shamelessness in the Polis, he is quite likely to have confessed openly to his crime. This would involve not only a statement of fact, but also its evaluation, that is, whether a given thing was advantageous or disadvan-

tageous (εἰ συμφέρον ἢ ἀσύμφορον, Rhet. I 15, 1376 a 15), for in this case the culprit contends that the admission in question would have been damaging to himself, whilst the plaintiff counters with the argument: people could now afford to admit their guilt without disadvantage and without incurring the censure of public opinion. A weakness in this interpretation however is that one is forced to posit elaborate preliminary stages of the argument be-
56 fore Plato's statement makes any sense. |

(3) The best way of taking the quotation, in my opinion, is as follows. Let us assume that, in order to avoid sentence, the defendant argues like this: he had committed the crime of which he was accused but could not be blamed on this account; such behaviour had become universal and was tolerated, endorsed even, by public opinion. This could have been met by the prosecution: the case before the court shows once again that citizens of the Polis no longer feel compunction about their ill deeds, but admit them openly. Respect for law and order has dwindled to such an extent nowadays that no one any longer need conceal his unjust dealings. All the more necessary, therefore, to combat this trend with the full force of the law. One should consider not only the limited harm caused by the defendant, but also the danger of corruption spreading within the legal and moral structure of society. How far this process has already advanced is shown by the shamelessness with which people admit their misdeeds without fear of punishment. No further concessions should be made in this direction; instead, one should introduce tough counter-measures as a deterrent, and thus restore respect for law and order.

If this interpretation fits the case, parallels to the quotation from Plato can be found wherever it is argued that a case should be judged strictly according to the law regardless of any mitigating circumstances, since otherwise the situation would worsen until people were free to flaunt their offences and thus undermine the rule of law. Orestes used this line of argument in Euripides' play (Or. 566–571) to justify matricide: it would deter future wives from wantonly killing their husbands. In forensic oratory we often hear it urged that the offence should be punished according to the law without leniency, so as to discourage others from similar aberrations (e.g. Lysias or. 1, 36; 14, 22; 27, 6).

VII

Let us now investigate the characters mentioned by Aristotle apart from Plato. We start with Eubulus and Chares. Do they throw any light on the subject of the two parallel disputes?

A. Schaefer (op.cit. ^{2}1885, p. 196) has already suggested that Eubulus had accused Chares of embezzling public money. There is some factual evidence that this – namely κλοπὴ δημοσίων χρημάτων (see J.H. Lipsius, op.cit. 1905–1915, 398–401) – was the point at issue in the trial.

(a) For a period around 350 B.C. Eubulus was in charge of the entire financial administration of Athens. An important part of his fund-raising activities was the reclamation of moneys properly belonging to the State. It is easy to imagine, therefore, that Eubulus, who exposed other cases of embezzlement (by Aristophon, Moirocles, Cephisophon), might have prosecuted Chares on the same charges. Unfortunately, no other record of the trial has been preserved apart from Aristotle.

(b) Chares is the famous Athenian general and leader of mercenary forces whose name appears in connection with numerous military ventures after 366 B.C. A commentary on the ›Ars Rhetorica‹ written probably in the twelfth century remarks on our passage (Anonymi in Aristotelis Artem rhetoricam commentarium, ed. H. Rabe; Commentaria in Aristotelem Graeca XXI 2, p. 81): ὁ Χάρης ψευδομάρτυς ἦν. In all probability, however, this comment is untrustworthy. It may have been fabricated from the surrounding context where Aristotle discusses the ψεύδεσθαι of μάρτυρες.

Two passages of the historian Theopompus, quoted by Athenaeus XII 532 c–e, make it plain that Chares was open to charges of embezzlement. The first (FGrHist 115 F 213) runs as follows: Chares spent some of the money raised for the war-effort on female musicians and prostitutes whom he took with him on his campaigns; he also left a sum behind in Athens as payment for those who spoke in the Assembly (on his behalf), drew up motions of national policy, or conducted private lawsuits. The Athenian public did not object; indeed this action increased his popularity. His conduct matched the current life-style of the Athenians, who allowed themselves all manner of extravagances in their private lives and in public cared more for banquets than civil duties. From the second passage of Theopompus (FGrHist F 249) we learn that Chares spent sixty talents on a lavish public banquet in the Agora to celebrate his victory over Philip's | mercenaries. It 57
is easy to understand why the general public was not averse to Chares' largesse with public funds, and likewise why Eubulus repeated Plato's remark against Chares, if I am right to take this as meaning that law and order in Athens was in such a poor state of repair that citizens could be quite open about their misdemeanours. Eubulus seems to have insisted that Chares should be punished so as to put a stop to the spread of malpractice.

(c) If the quotation adopted by Eubulus stemmed from the philosopher Plato, this is no reason for supposing any closer ties between Eubulus and Plato. One searches in vain for Plato's philosophical and political ideals in Eubulus (see A. Schaefer op.cit. ^{2}1885, 186–215 on his politics). What one can imagine is that Eubulus had recourse to the Plato quotation for rhetorical reasons, to underline the moral rectitude of his stance against Chares. It enabled him to argue that he was not concerned about isolated examples, or a certain sum of money, but with the prevention of further moral decay and the restoration of respect before the law.

VIII

If this conjecture of the charges raised against Chares is correct, one is entitled to argue back to the precedent case: Archebius too must have been accused of embezzlement. This possibility can be substantiated historically for a particular Archebius and a particular period: we seem thereby to have tracked down the dispute involving Archebius which Aristotle mentions.

The name Archebius recurs repeatedly in inscriptions. Of the five Archebii listed in J. Kirchner's Prosopographia Attica (vol. I, Berlin 1901, p. 157), only one comes chronologically into consideration (n. 2308). Inscriptions show that this man was Trierarch in the years 373/2 and again in c. 342 B.C. He is probably the same Archebius as we meet in Demosthenes or. 24 (see J. Kirchner loc.cit.).

Demosthenes' speech against Timocrates (or. 24, 11–13) includes the following information about Archebius (see A. Schaefer op.cit. ^{2}1885, 365–68). Archebius and another rich Athenian called Lysitheides had in their capacity as trierarchs fitted out a warship which sailed in 355 B.C. with three Athenian envoys on board (Androtion, Melanopus, Glaucetes), bound for the Carian dynast Mausolus. On the way, their ship met with an Egyptian cargo-boat loaded with goods belonging to merchants of Naucratis. The Athenians seized the ship and sold the cargo for nine-and-a-half talents. The robbed merchants came to Athens and demanded reimbursement for their losses. The Athenian Assembly refused their request, giving as reason that the ship's cargo was to be treated as enemy property because the Egyptians were engaged in a revolution against the same High King to whom the Athenians were favourably disposed. Nothing more was said of the money from the sale until Euctemon reported to a commission of inquiry (ζητηταί) whose duty it was to recover embezzled public finances that Archebius and Lysitheides were in unlawful possession of the captured money. The commission handed the case over to the Council, which passed it to the Assembly. It was decided to adopt the case, and, as Demosthenes says (§ 9), there followed a debate lasting the whole day. Euctemon read out the laws stating that moneys obtained in this way belonged to the State, and demanded that the two trierarchs be forced to repay the money to the public treasury (§ 12). The three envoys who had been on board the ship protested.They exonerated the trierarchs by admitting that they had the money (ἔχειν ὡμολόγουν) and that the inquiry should address itself to them (παρ' ἑαυτοῖς ζητεῖν). Obviously they felt relatively sure of their ground, there being no legal hold on them, only on the trierarchs. The Assembly decided in the end that the money was to be repaid by the trierarchs (who were legally responsible for the plunder), and that they in turn should levy it from the envoys by legal action if necessary (§ 13). The envoys, who had admitted possession of the money, subsequently appealed against the illegality of Euctemon's motion passed by the Assembly. Their appeal was thrown out of court, however, and Androtion and his accomplices were now obliged to pay double the original sum to the state treasury (§ 14). Timocrates subsequently tried to pass a law to their benefit, which was opposed by this very speech of Demosthenes in the year 353 or 352 B.C. | 58

The information provided by Demosthenes allows a plausible reconstruction. The Archebius addressed by Plato is, I would like to think, one and the same as Archebius the trierarch; moreover, Plato's remark was aimed at just this dispute over the nine-and-a-half talents which were owed to the State. This hypothesis may be elaborated as follows.

(a) Euctemon's suit placed the responsibility on the two trierarchs Archebius and Lysitheides. It is conceivable, however, that Archebius was the more important of the two in Plato's eyes, or that Aristotle simplified matters by naming only one of the pair, Archebius. I would add that Euctemon's quarrel was less with the trierarchs than with the three envoys who were holding the money; he was a personal enemy of one of these, Androtion (Demosthenes § 7). One may assume therefore that Plato's declaration was not aimed solely at Archebius, but at the whole band of people who wanted to cheat the State of its rightful property.

(b) As to the question of the timing of Plato's declaration within the sequence of events in Demosthenes, the first meeting of the Assembly, when the petition of the merchants of Naucratis was discussed, is out of the question: for here it was decided that the capture of the ship had been justifiable. An argument »against Archebius« would have been overruled (and Eubulus would hardly have revived an unsuccessful argument). Likewise, the subsequent appeal against Euctemon's suit cannot have been the occasion, since it was moved by the three envoys and not by Archebius and Lysitheides. A good possibility, on the other hand, is that meeting of the Assembly which saw the two trierarchs compelled to reimburse the money. The Assembly's decision on that occasion, as recorded in detail by Demosthenes (§ 13), was to serve a writ of execution on the trierarchs, who in turn would have the opportunity to demonstrate the real guilt of the three envoys; should the latter deny responsibility, a legal inquiry would be set up to establish who was really in possession of the money and on whom the writ should ultimately be served.

(c) Plato's denunciation of Archebius was a strong argument (in the sense of the interpretation given in section VI 3 above) if it was motivated within the context of the debate in the Assembly that day as follows. The trierarchs' offence seems harmless enough, particularly after the envoys had admitted that they and not the trierarchs were holding the money. This could well have been rigged beforehand. It was hard not to suspect Archebius and Lysitheides of being in league with the envoys as a way of circumventing the letter of the law; or at least that they had deliberately given the money to the envoys, on whom there was no legal hold. The case presented a danger, then, that the rightful interests of the State could not be upheld against scheming by private individuals. As I see it, Plato's critical remark about the growth of shamelessness carried the following implications: the law must be strictly enforced in this case and the trierarchs made to pay up, so that profiteering at the expense of the State ceases to be regarded as a venial offence, or even as a mark of especial cunning. It is not a question of any one particular case but of the underlying principle; namely that contempt of the law and, worse, pride in this contempt, can no longer be tolerated. A blatant example of such effrontery has just been provided by the envoys who proclaim that they have the money, knowing full well that it may not be reclaimed from them.

Does not Plato's ὁμολογεῖν πονηροὺς ὄντας correspond to the ὁμολογεῖν of the envoys who openly admit possession of the money (ὡμολόγουν ἔχειν, Demosthenes § 13)? Of course, Plato's remark according to this interpretation is aimed just as much at the envoys as at Archebius (and Lysitheides). It could nevertheless be taken as a criticism of Archebius (πρὸς ᾿Αρχέβιον) and cited as such, since it was in fact designed to establish the trierarchs' legal obligation, and also because these were unquestionably party to embezzlement from the State.

IX

The inquest against Archebius described by Demosthenes took place with reasonable certainty in 354 B.C. If the connection we have hypothesized between the Plato quotation in Aristotle and this inquest is correct, it enables us to exclude the comic poet Plato once and for all from consideration, since he was most certainly dead by then. That leaves only the philosopher Pla-
59 to. |

But how is one actually to envisage Plato's public appearance against Archebius? Is it possible that he spoke at that meeting of the Assembly when he was already over seventy years old? There are two feasible alternatives, in my opinion.

(a) I see no objection to the view that in this period Plato not only taught in the Academy and wrote dialogues but also occasionally stayed in town and participated in meetings of the Assembly. To be sure, he had long since retired from active politics, as is shown by passages in the dialogues (such as Gorgias 485 C – E; Republic 6, 496 C – 497 A; Theaetetus 172 C – 177 C), the ›Seventh Letter‹ (325C – 326B; 330D – 331D) and works by other authors (Epist. 5, 322 AB; Aelian, Varia historia II 10; Diog. Laert. III 23). But his withdrawal from Athenian politics meant only that he occupied no office and steered clear of party-political disputes. Hence he could hardly have been a member of the Council which examined the case of Archebius and Lysitheides. Participation at the Assembly is another matter. Why should not Plato have taken the floor occasionally when it seemed to him that respect for the law was at stake? According to one anecdote (Diog. Laert. III 23–24), he even spoke in defence of the general Chabrias before a jury.

(b) Anyone who is dissatisfied with this explanation might prefer to believe that Plato gave his verdict on the case outside the official hearing, but that it nevertheless reached the public ear. This might have happened after the meeting of the Assembly in which the trierarchs were ordered to pay compensation, especially when the public ruling was subsequently challenged and the case not brought to a close. Plato would then have been in a position to include special reference to the envoys' impudence in front of the Assembly.

X

Both consideration of Aristotle's text and investigation into the historical background have led us to conclude that Aristotle means Plato the philosopher, not the comic poet. This position will be reinforced if we conclude by asking whether there are correspondences in Plato's writings with the sentiment expressed against Archebius.

Not a few passages in the Platonic dialogues refer to the dangerous tendency whereby respect for law and order gives way to shamelessness (ἀναισχυντία, ἀναίδεια). Plato distinguishes various stages in this process.

(a) In a well-ordered political community, people still respect the existing moral and legal norms even when they are in fact overstepped. The ›Protagoras‹ (323 B) states the following position: since harmonious relations between men depend on αἰδώς and δίκη, each person, including offenders, must pledge himself to justice. One would be insane not to want to conceal one's misdemeanours but to declare them openly. In the ›Republic‹ (2, 358 A - 367 E) Glaucon and Adeimantus portray an offender who succeeds in creating the impression of justice and by this outward compliance with the existing ethical code manages to enjoy all possible benefits. Elsewhere in Plato one also reads that it is not the done thing to declare one's inferiority (e.g. Phaedrus 273 C: ... οὐκ ἐρεῖ δὴ τὴν ἑαυτοῦ κάκην).

(b) When the moral and legal fabric of a society breaks down, values and ethical terms become confused. Bad deeds become an index of virtue (Arete). In the ›Theaetetus‹ (176 D) Plato depicts orators who achieve their successes in lawcourts and elsewhere by underhand methods, as follows: they are proud of the accusation that they will stop at nothing (δεινοὶ ὑπὸ πανουργίας) and are convinced of their own excellence by their invariable success in furthering their own cause; but they have no concept of true Are-

te. Callicles in the ›Gorgias‹ (482 C – 484 C) is extremely outspoken: for him, observance of the common standards of justice is a sign of morbid decency (αἰσχύνη). He does not, however, confess to πονηρία, but to a species of Arete corresponding to the natural order, the right of the stronger. Plato often argues (like Thucydides before him: III 82, 4–5) that the ethical concepts of speech become distorted when the political system breaks down: to be counted honourable despite their immoral actions, people use good words for
60 bad deeds | and vice versa. In the ›Republic‹ (8, 560 D – 561A, compare 6, 493 BC; 9, 572 E), the democratic way of life is said to involve the following: sober moderation is attacked as simple-minded, effeminate and petty whilst immoderate and shameless conduct (ὕβρις, ἀναρχία, ἀσωτία, ἀναίδεια) passes as true freedom (εὐπαιδευσία, ἐλευθερία, μεγαλοπρέπεια, ἀνδρεία).

(c) The last stage leads to totally unbridled shamelessness which no longer tries to disguise wickedness but admits it unguardedly. This stage is reached according to Plato's analysis in the ›Republic‹ and ›Laws‹ when democratic freedom degenerates into anarchy and »tyrannical« licentiousness. In Book 9 of the ›Republic‹ (571 CD, 573 B), a characteristic of »tyrannical« people is said to be that their sense of decency and insight (αἰσχύνη καὶ φρόνησις) dwindle, giving way to senselessness and audacity (ἄνοια, ἀναισχυντία). If this development takes hold, at first there are only a few tyrannical characters, but then an ever-increasing number of citizens becomes infected by the lawless goings-on around them, and this majority finally produces that one tyrant who sets himself up over everyone (575 A – D). Plato gives a similar description of the collapse of democratic freedom in Book 3 of the ›Laws‹ (710 AB): the process ends in complete lawlessness (παρανομία) and lack of authority. This condition is characterized by the disappearance of fear and awe (φόβος, δέος), by unprincipled depravity (πονηρὰ ἀναισχυντία διὰ δή τινος ἐλευθερίας λίαν ἀποτετολμημένης) and finally by »Titanic« lust for power (701 C).

It is manifest that Plato's descriptions of the collapse of democracy in Republic VIII–IX and Laws III reflect current developments in Athens. The direction which he sensed there also determined his personal decision not to take an active part in Athenian politics. In the ›Seventh Letter‹ (which, if authentic, was written only a year or so after Archebius' hearing) he justifies this decision on the ground that the erosion of law and order was already far advanced (325D): τά τε τῶν νόμων γράμματα καὶ ἔθη διεφθείρετο καὶ ἐπεδίδου θαυμαστὸν ὅσον.

If we combine the Plato quotation in Aristotle with these passages in Platonic writings, the former implies that the decay of democratic freedom in Athens towards anarchy and a possible dictatorial coup was already well under way. The unashamed admission of πονηρία which Plato had spoken of in connection with the Archebius affair leads, in his opinion, to the breakdown of both moral and legal codes in the Polis: as such it represents a development which can be stopped only by strict observance and enforcement of the law.

XI

The results of our inquiry can be summarized as follows.

(l) By itself, Aristotle's text gives the impression that he means the philosopher and not the comic poet in this passage (section IV). The impression is strengthened when one examines the historical background (8) and thematic correspondences in Plato's own work (10). One may conclude with reasonable certainty, therefore, that the Aristotle passage belongs not in a collection of comic fragments but to the *testimonia* of Plato Philosophus.

(2) The question of the historical circumstances and political intention behind Plato's remark against Archebius has been given a hypothetical answer. According to this, the context was the affair described by Demosthenes or. 24, 11–13: sometime between 355 and 353 B.C. Archebius together with Lysitheides was ordered by popular vote to repay a sum of money which rightfully belonged to the State. One can easily see how this dispute might have served as a precedent for an action by Eubulus against Chares. The Chares case, which more than likely concerned the embezzlement of public funds, seems therefore to have taken place soon after 354, perhaps in the year 353. In addition, if the passage of Aristotle refers to the events of 354/3, we also obtain a *terminus post quem* for the ›Ars Rhetorica‹ (Books I and II; see I. Düring, Aristoteles, Heidelberg 1966, 118–121 with an unconvincing earlier dating).

(3) The question was left open whether Plato appeared in person at the meeting of the Assembly in 354 (which I consider thoroughly possible) or whether he pronounced on the Archebius affair at a more private | gath- 61
ering. In either case, one may deduce two facts from the quotation in Aristotle about Plato's current standing in Athens. First, Eubulus' redeployment of Plato's argument shows that his word carried authority, at least in questions of morality. Secondly, one notices the way Plato keenly followed political events in Athens and felt compelled to speak out on what he saw as the gradual collapse of legal standards – a tendency which he believed might end in tyranny ousting democracy. The objective motive for Plato's utterance was found to be his conviction that one is obliged to defend the welfare of the community against the self-interest of single persons.

Incidentally, if we have understood it correctly, Plato's view exposes a political tendency which remains dangerous to this day: Laxity in law enforcement can eventually destroy democratic freedom.

Postscriptum

William M.A. Grimaldi's forthcoming book (Aristotle, Rhetoric I. A Commentary, Fordham University Press 1979 or 1980) leaves my question unanswered (p. 382): »If we had some idea of the identity of Archibius we might be able to determine whether this is Plato the philosopher, or Plato Comicus.« I am obliged to the author for supplying this information.

Platon als Kolax in einem fingierten Brief (Epist. 13)[1]

I

Von den dreizehn Briefen, die im Corpus Platonicum überliefert sind, ist der letzte besonders reizvoll, weil Platon hier mit dem Tyrannen Dionysios II. von Syrakus nicht über Politik und Philosophie spricht, sondern über Geldangelegenheiten und andere persönliche Dinge. Wenn wir uns den Inhalt dieses Briefes vor Augen führen, werden wir Zeugen des folgenden Geschehens: Im Frühling des Jahres 364 v. Chr. fährt ein Schiff von Athen nach Syrakus. Es befördert drei Männer – Helikon, Leptines und Iatrokles –, die Platon dem Tyrannen in verschiedener Hinsicht empfehlen will. Sie bringen einige Sachen mit – philosophische Schriften, eine Apollon-Statue und anderes, das Platon, der im Herbst des vorigen Jahres von Syrakus zurückgekehrt war, inzwischen für Dionysios besorgt hat. Der Begleitbrief gibt Erläuterungen zu alledem und enthält darüber hinaus eine Reihe von persönlichen Mitteilungen, Ratschlägen und Wünschen.

Haben wir hier einen echten Brief Platons vor uns, der uns etwas verrät vom privaten, alltäglichen Leben und vom menschlichen Charakter des großen Philosophen? Oder ist der Brief unecht? Dann müßte man, um ihn zu verstehen, vor allem fragen, welche Absicht der Fälscher verfolgt hat.

II

Eine Sammlung von platonischen Briefen ist uns schon für die Ausgabe des Aristophanes von Byzanz, der um 200 v. Chr. in Alexandrien gewirkt hat, bezeugt (Diog. Laert. 3, 62), doch ist ungewiß, ob diese Sammlung auch schon unseren dreizehnten Brief enthielt. Mit Sicherheit waren die uns überlieferten dreizehn | Briefe ein Bestandteil der Platon-Ausgabe des Thrasyl- 72
los am Anfang des 1. Jahrh. n. Chr. (Diog.Laert. 3, 61). Daß der 13. Brief am Schluß steht – noch nach dem 12. Brief, dessen Echtheit durch eine antike

1 Dieser Beitrag ist den Kollegen an der Universität in Genua gewidmet, mit denen ich im Februar 1980 Gespräche über die griechische Komödie und über Platon führen durfte.

Notiz als zweifelhaft bezeichnet wird –, darf wahrscheinlich als Indiz dafür gelten, daß er nachträglich in die Briefsammlung aufgenommen wurde, vielleicht auch dafür, daß seine platonische Herkunft für die antiken Kritiker nicht feststand.[2]

Plutarch hat den Brief als echt angesehen. Er erwähnt die Stelle, die sich auf Dion bezieht (362 E), in seiner Vita Dions (21) mit den Worten: »Als Platon nun nach Athen zurückkam [...], schrieb er an den Tyrannen einen Brief, der ansonsten für alle klar ist, sich in diesem einen Punkt (der die Ehe Dions betrifft) aber nur für den Empfänger klar ausdrückt.« Ferner zitiert er aus unserem Brief dreimal die Sentenz über den Menschen als wechselhaftes Lebewesen (360 D).[3] Andere Einzelheiten des Briefes tauchen in der romanhaften Briefliteratur der Kaiserzeit wieder auf: so die Großnichten Platons (361 DE) im 10. Brief des Chion von Herakleia (S. 199f. Hercher), die lokrischen Jünglinge (360 A) in den Sokratiker-Briefen 10 und 11 (S. 618 Hercher).

Der neuzeitliche Streit um die Echtheit der platonischen Briefe begann damit, daß Marsilio Ficino unseren 13. Brief unübersetzt ließ – offenbar deswegen, weil er ihn als unecht verwarf. Als Verteidiger der Echtheit des Briefes trat kein Geringerer als Richard Bentley auf (Remarks upon a late discourse of free thinking, London 1713, cp. 46), der doch andere Erzeugnisse der antiken Epistolographie so scharfsinnig als Fälschungen erkannte. Gegen die philologischen Kritiker, die mit immer feineren Argumenten die Unechtheit gerade auch des 13. Briefes zu beweisen suchten,[4] wandten sich bis in unsere Zeit immer wieder andere, die dem Verdacht der Fälschung
73 widersprachen.[5] Im | Rückblick auf die gesamte neuere Diskussion zählte W.K.C. Guthrie (A History of Greek Philosophy, vol. V, Cambridge 1978, 401) etwa gleich viele Stimmen für (14) und gegen (15) die Echtheit. Heute tendiert wohl die Mehrheit der Platonerklärer zur Unechtheit, doch kann das Problem für den 13. wie für die meisten anderen platonischen Briefe noch nicht als gelöst gelten.

2 Vgl. G. Pasquali, Le Lettere di Platone, Firenze 1938 (2. Aufl. 1967), 197f.

3 Plutarch, De cohib. ira 16, 463 C; De tranqu. an. 16, 474 E; De vit. pud. 11, 533 BC. Die letzte Stelle zeigt, daß Plutarch den Brief nicht genau im Kopf hatte, da er sagt, das zitierte Wort stehe am Schluß des Briefes.

4 Hervorgehoben sei die gründliche Analyse von C. Ritter, Neue Untersuchungen über Platon, München 1910, 328–372.

5 Als Interpreten, die mindestens geneigt waren, den Brief für echt zu halten, seien genannt: W. Christ, Platonische Studien, Abhandl. d. bayer. Akad. d. Wiss., philos.-philol. Kl. 17, 1886, 477–481; H. Raeder, Über die Echtheit der platonischen Briefe, Rhein.Mus. 61, 1906, 512–515; R. Hackforth, The Authorship of the Platonic Epistles, Manchester 1913, 166–187; O. Apelt, Platons Briefe, übersetzt und erläutert, Leipzig ^{2}1921 (^{1}1918), 145–148; F. Novotny, Platonis epistulae commentariis illustratae, Brno 1930, 285–306; H. Leisegang, Platon, in: RE Pauly-Wissowa XX 2, 1950, 2534f.; G.R. Morrow, Plato's Epistles. A Translation with Critical Essays and Notes, Indianapolis ^{2}1962 (^{1}1935), 100–109.

III

Unter den Verdachtsmomenten, die von den bisherigen Kritikern zusammengetragen worden sind,[6] ist keines geeignet, die Echtheitsfrage wirklich zu entscheiden. Gewiß hat man den Eindruck, daß sich der Platon dieses Briefes auf gar zu kleinliche Weise um Geldfragen kümmert. Aber kennen wir Platon gut genug, um sagen zu können, daß er über solche Dinge erhaben war? Mehr Gewicht haben zwei andere Beobachtungen. Zum einen fällt auf, daß sich Platon hier mehr auf die Seite des Dionysios stellt als auf die Dions (362 E), was mit der Darstellung der Beziehungen im ›Siebenten Brief‹ schwer zu vereinbaren ist. Zum anderen ist der Brief wohl allzusehr mit seiner eigenen Glaubwürdigkeit befaßt: Bei den vielen konkreten Einzelheiten, die erwähnt werden, muß man sich doch fragen, ob sie der Absicht dienen, Echtheit vorzutäuschen; ein Kennzeichen der Echtheit steht gleich am Anfang, am Schluß die Aufforderung, den Brief aufzubewahren. Aber auch diese Bedenken sind mehr subjektiver Art.

Die Frage nach der möglichen Absicht eines Fälschers ist von mehreren Erklärern dahingehend beantwortet worden, daß der Brief von einem Platon-Gegner stamme, der Platon anschwärzen und verleumden wolle. U.v. Wilamowitz-Moellendorff (Platon I, Berlin 1919, 638) meinte, der Brief, der Platon als Agenten des syrakusanischen Tyrannen darstellten sollte, sei schon zu | Lebzeiten Platons (etwa 359/8) im Kreis um Dionysios II. ent- 73
standen. Dies hat G. Pasquali (1938, 213) mit Recht als unwahrscheinlich zurückgewiesen; aber auch er glaubt – und neuere Stimmen schließen sich dieser Ansicht an[7] –, daß Platon hier absichtlich in ungünstigem Licht gezeigt werde: als Höfling, der dem Tyrannen eifrig zu Diensten ist, und als Egoist, der stets seinen eigenen Vorteil im Auge hat.

Dem steht die Tatsache gegenüber, daß die angebliche verleumderische Absicht von den vielen Lesern, die den Brief in Antike und Neuzeit für echt hielten, nicht wahrgenommen wurde. Konnte doch z.B. noch G.R. Morrow (1962, 104f.) erklären: »The Plato of this letter really asks nothing for himself, and there is a noticeable absence of purely personal motives.« Vielleicht können wir in der Diagnose des Briefes eine etwas größere Sicherheit gewinnen, wenn wir fragen, was die auf den ersten Blick disparat erscheinenden Abschnitte innerlich zusammenhält. Mir scheint, daß man dem einheitlichen Thema des Briefes auf die Spur kommt, wenn man sieht, daß sich der Platon dieses Briefes, nimmt man alle Äußerungen zusammen, als das erweist, was die Griechen einen Kolax (Parasiten, Schmeichler) nannten. Dabei kann zunächst offen bleiben, ob Platon hier sich selbst als Kolax verrät oder ob ein Fälscher ihn als Kolax zeichnen wollte.

6 Vgl. G. Pasquali, a.O. (1938) 198–212; A. Maddalena, Platone: Lettere, Bari 1948, 378–380.

7 J. Souilhé, Platon: Œuvres complètes, Tome XIII 1, Lettres, Paris 1949, LXXIII; W. Neumann – J. Kerschensteiner, Platon: Briefe, München 1969, 227.

IV

Über die Gestalt des Kolax und die Untugend der Kolakeia, die im gesellschaftlichen Leben wie in der Literatur der Griechen eine wichtige Rolle spielten, informiert immer noch am besten die Arbeit von O. Ribbeck.[8] Kennzeichnend ist für jeden κόλαξ die Absicht, durch Schmeichelei und andere Gefälligkeiten von einem wohlhabenden Gönner zu profitieren. Verschiedene Spielarten ergeben sich je nach dem, ob der Kolax es mehr auf das Geld oder auf das Essen abgesehen hat und ob er sich einem Polisbürger oder einem Fürsten anschließt. Vom 4. Jahrhundert an konkurriert das Wort
75 κόλαξ mit dem Wort παράσιτος. Athenaios, der die beiden Stichworte | nacheinander behandelt (6, 234 c – 248 c und 248 c – 262 a), erklärt dabei (248 d), Kolax und Parasitos seien eng miteinander verwandt.

Bekanntlich war der Kolax (oder Parasit) eine typische Figur der Komödie von Epicharm bis zur attischen Nea und römischen *fabula palliata*. Neben dem eßgierigen Schmarotzer kam gelegentlich auch der geschäftstüchtige Typus auf die Bühne, der sich durch eine Intrige Geld zu verschaffen weiß.[9] Es gab aber auch historische und charakterologische Traktate über die Kolakeia. Vollständig erhalten ist uns die Schrift Plutarchs Πῶς ἄν τις διακρίνειε τὸν κόλακα τοῦ φίλου (De adulatore et amico), dazu eine Rede des Maximus Tyrius über das gleiche Thema (or. 14). Nur durch wenige Fragmente kennen wir die grundlegenden Schriften aus der Schule des Aristoteles. Von Theophrasts Buch Περὶ κολακείας gibt uns vielleicht die kurze Darstellung des Kolax in den Charakteren (Nr. 2) eine Ahnung. Vermutlich hat Theophrast in diesem Werk, das auch Anekdotisches enthielt (Athenaios 6, 254 d), über die Schmeichler am Hof des jüngeren Dionysios geschrieben und dabei für sie den Ausdruck Διονυσοκόλακες gebraucht.[10] Eine Studie des Klearch von Soloi behandelte das Thema Kolakeia offenbar mehr im Blick auf die geschichtliche Entwicklung (Fr. 19–20 Wehrli).

V

Was Platon angeht, so findet sich an vielen Stellen der griechischen und lateinischen Literatur[11] die unfreundliche Behauptung, er habe sich als Kolax

8 O. Ribbeck, Kolax. Eine ethologische Studie, Abhandl. d. kgl. sächs. Ges. d. Wiss., phil.-hist.Kl. 9, 1883, 1–113. Instruktiv ist auch: E. Wüst, Parasitos, in: RE Pauly-Wissowa XVIII 4, 1949, 1381–1397.

9 Die zweite Spielart repräsentieren der Parasit Phormio bei Terenz (nach Apollodor von Karystos) und der Parasit Strobilos in der ›Hydria‹ Menanders (vgl. K. Gaiser, Menanders ›Hydria‹, Heidelberg 1977, 286–288).

10 Athenaios 10, 435 E; inhaltlich parallel (ohne Nennung Theophrasts): Athenaios 6, 249 F und Plutarch, De adul. et am. 53 F.

11 10 Belege bei A.S. Riginos, Platonica. The Anecdotes concerning the Life and Writings of Plato, Leiden 1976 (Columbia Studies in the Classical Tradition 3), 70–72.

am Tyrannenhof von Syrakus aufgehalten, genauer: er sei zuerst zum älte-
ren und dann zweimal zum jüngeren Dionysios gefahren, um sich zu berei-
chern oder um die Feinheiten der sizilischen Kochkunst zu genießen. Im 4.
Jahrh. n. Chr. sagt Themistios (or. 23, 285 C): »Beschimpft man nicht Platon
bis heute, daß er | dreimal nach Sizilien gefahren sei wegen Geld und gu- 76
tem Essen?« Die eine Seite des Vorwurfs, die angebliche Genußsucht Pla-
tons, können wir jetzt übergehen, weil sie in unserem Brief keine
Entsprechung hat. Umso wichtiger aber ist für das Verständnis des Briefes,
wie ich meine, die Behauptung, Platon sei vom Reichtum des Tyrannen an-
gelockt worden.

Schon zu Lebzeiten Platons scheint ein solcher Vorwurf erhoben worden zu sein. Wenn Platon im ›Siebenten Brief‹ (328 C) sagt, er sei nicht aus dem Grund, den manche annahmen (οὐχ ᾗ τινες ἐδόξαζον), zum jüngeren Dionysios gereist, so verteidigt er sich wahrscheinlich gegen ein Gerede, er habe ebenso wie andere von dem Geld des Tyrannen profitieren wollen.[12]

Danach begegnet uns die polemische Behauptung zuerst bei dem Aristoteles-Schüler Aristoxenos von Tarent (Fr. 62 Wehrli). Lukian (De parasito 34, 861) berichtet mit rhetorischer Zuspitzung, schon bei Aristoxenos könne man lesen, daß zwei Versuche Platons, sich am Hof des Dionysios als Parasit niederzulassen, wegen Ungeschicklichkeit gescheitert seien. Aristoxenos hat also die Entzweiung zwischen Platon und dem jüngeren Dionysios so gedeutet, als ob Platon bei der Bemühung um die Gunst des Tyrannen weniger erfolgreich gewesen wäre als andere Kolakes.

Sodann hören wir von dem enttäuschten Epikurschüler Timokrates
(Diog. Laert. 10, 8): Epikur, der über alle möglichen Leute schlecht geredet
habe, habe die Platoniker »Dionysos-Kolakes« (Διονυσοκόλακες) und Platon
selbst »goldig« (χρυσοῦς) genannt. Das Wort ›Dionysokolakes‹, mit dem
man zunächst die Techniten der dionysischen Spiele bezeichnete (Ari-
stoteles, Rhet. III 2, 1405 a 23), hat auch Theophrast auf die Schmeichler am
Hof des Dionysios angewendet (s.o. Anm. 9). Zu diesen rechnete Epikur
also auch Platon und seine Begleiter. In die gleiche Richtung zielt das Wort
χρυσοῦς, das Timokrates nicht zitiert hätte, wenn darin nicht eine Bosheit
ge- | gen Platon stecken würde. Sicherlich spielte Epikur damit auf den Vor- 77
wurf an, Platon habe sich an dem Geld des Dionysios bereichert.[13]

Im 1. Jahrh. nach Chr. ist diese Polemik gegen Platon so bekannt, daß der Homerverteidiger ›Herakleitos‹ Platon ohne nähere Erläuterung als Kolax bezeichnen kann: Πλάτων ὁ κόλαξ καὶ Ὁμήρου συκοφάντης (Allegoriae 4, 1; vgl. 76, 1).

Spätere Autoren wiederholen den Vorwurf.[14] Nicht zu trennen ist da-

12 Im gleichen Brief (7, 333 D) bemerkt Platon, Dionysios habe ihn nicht durch Ehren und nicht durch Geld auf seine Seite ziehen können. – Vgl. G. Pasquali, Poscritto alle lettere platoniche, Studi ital. di filol. class., N.S. 18, 1941, 151–159.

13 Auf formal ähnliche, wenn auch freundliche Weise spielt Platon im ›Phaidros‹, 235 E, mit dem Wort.

von auch die häufig begegnende, wahrscheinlich ebenfalls auf Aristoxenos zurückgehende Erzählung,[15] Platon habe mit dem Geld des Dionysios oder durch Dion die bis dahin geheimgehaltenen Bücher des Philolaos erworben und schamlos ausgeschrieben. So sagt Tzetzes, Chiliades 11, 38–40, diese Tradition zusammenfassend, über Platon: καὶ κόλαξ ἦν καὶ μάγειρος, καὶ πάντας δὲ συνώθει / αὐτῷ διδόναι χρήματα ὠνεῖσθαί τε βιβλία / μνῶν ἑκατὸν πλειόνων τε …

Die platonfreundliche Tradition hielt es für nötig, den Vorwurf, Platon habe von Dionysios Geld genommen, zurückzuweisen. Die apologetische Tendenz findet sich in den pseudo-platonischen Briefen 1 (309 C: Platon gibt das Reisegeld zurück) und 2 (312 C). Plutarch betont, Platon sei in Syrakus gegenüber Dionysios kein Schmeichler gewesen (De adul. et am. 7, 53 F). Und in der Vita Dions (19) erzählt er die Anekdote: Als Dionysios Platon viel Geld schenken wollte, dieser es aber mehrmals ablehnte, sagte Aristipp, Dionysios sei auf sichere Weise großzügig, denn ihm, der mehr wünsche, gebe er wenig, Platon aber, der nichts nehme, viel.

VI

Es soll nun gezeigt werden, daß Platon im 13. Brief durchgehend – zuerst
78 kaum merklich, | dann immer deutlicher – als Kolax in Erscheinung tritt. Mit fast allem, was dieser Platon sagt, umschmeichelt er übereifrig den Tyrannen, und zugleich hat er sehr wohl seinen eigenen Vorteil im Auge.

1 *Das Erkennungszeichen (360 AB)*

Durch ein an den Anfang gestelltes σύμβολον soll Dionysios erkennen, daß der Brief von Platon kommt. Gemeint ist damit die zu Beginn kurz geschilderte Szene bei einem Gastmahl in Syrakus.[16] Dionysios sei, so erzählt Platon, zu seinem Platz herübergekommen und habe ihm mit freundlicher Zuwendung ein treffliches Wort (εὖ τι ῥῆμα ἔχον) gesagt.

Auch ein neben ihm zu Tische liegender schöner Jüngling habe das Wort gut gefunden. Dieser Jüngling habe zu Dionysios gesagt: Du profi-

14 Seneca, De vita beata 27,5; Diog.Laert. 3, 9 (nach Onetor); 6, 67; Philostrat, Vita Apollonii I 35; Gregor von Nazianz, Contra Iulianum I 44 (Migne, P.G. 35, p. 568). – Vorausgesetzt ist die angebliche Kolakeia Platons auch in einigen Anekdoten, die aus kynischer Sicht von Platon und Diogenes erzählen: Aelian, Var. hist. 14, 33; Diog. Laert. 6, 40. 58.

15 Belegstellen bei A.S. Riginos, a.O. (1976) 169–174. Zu Aristoxenos als Quelle der späteren Versionen: F. Wehrli, Die Schule des Aristoteles, Heft 2: Aristoxenos, Basel 1945, 67.

16 Die meisten Erklärer haben das Symbolon auf die Grußformel εὖ πράττειν bezogen (vgl. Epist. 3, 315 B; Diog. Laert. 3, 61). Daß jedoch die Schilderung der syrakusanischen Gelageszene gemeint ist, hat H.C. Youtie (Σημεῖον in the papyri and its significance for Plato Epistle 13, 360a-b, Zeitschr. f. Papyr. u. Epigr. 6, 1970, 112–114) zusätzlich gesichert, indem er anhand einiger Papyrusbriefe (aus späterer Zeit) nachwies, daß es üblich war, Briefe mit einer derartigen, die Echtheit garantierenden Erinnerung zu beginnen.

tierst offenbar viel an Weisheit durch Platon. Dionysios habe geantwortet: es sei für ihn schon ein Gewinn, daß es ihm gelungen sei, Platon nach Syrakus zu holen.

Die Erklärer haben sich darüber gewundert, daß das ›treffliche Wort‹ des Dionysios nicht mitgeteilt werde.[17] Sie meinten, in dem Hinweis auf die von Platon zu lernende Weisheit (σοφία) liege die anerkennende Resonanz des Jünglings auf das ›treffliche Wort‹ des Dionysios. Es wäre jedoch wenig sinnvoll, wenn der Jüngling auf ein geistreich formuliertes Kompliment des Tyrannen für Platon so reagiert hätte. Daher möchte ich annehmen, daß das ›treffliche Wort‹ in der Äußerung besteht, mit der Dionysios auf die Bemerkung des Jünglings antwortet. Die Antwort des Tyrannen ist nun zwar nicht besonders geistreich, aber sie könnte trotzdem hier von Platon so zitiert werden – wenn dieser Platon ein Schmeichler ist.

Auf jeden Fall kommt es dem Briefschreiber darauf an, das doppelte Kompliment – für Platon und für Dionysios – in der anerkennenden Bemerkung des Jünglings in Erinnerung zu rufen und dem Empfänger | des 79
Briefes etwas Angenehmes zu sagen. Man kann also schon durch das Erkennungs-Symbolon den Eindruck gewinnen, daß diesem Platon Kolakeia nicht fremd ist. Eine Haupteigenschaft des Kolax besteht ja darin, daß er bei allem, was sein Gönner sagt, zustimmt und applaudiert.[18]

Der Briefschreiber wählt als Symbolon gerade diese Geschichte, weil er damit zugleich sein Verhältnis zu Dionysios auf den Begriff bringen kann: Es soll eine Beziehung des gegenseitigen Nutzens sein (ἡ ἀπ᾽ ἀλλήλων ὠφελία). Dionysios gewinnt, wie er selbst gesagt hat, von Platon nicht nur Weisheit, sondern auch Ehre. Seine Äußerung, daß schon die bloße Anwesenheit Platons für ihn von Vorteil sei, bedeutet ja, daß Platons Aufenthalt in Syrakus dem Tyrannen zur Ehre gereicht; und daß für Dionysios das ›gute Ansehen‹ von höchstem Wert ist, geht auch aus anderen Stellen des Briefes hervor.[19] Welchen Nutzen Platon von Dionysios hat, wird erst im weiteren Verlauf des Briefes klar, wo von finanziellen und anderen materiellen Zuwendungen des Herrschers für Platon die Rede ist.

Es gehört, wie etwa die Definition des Aristoteles zeigt, zum Wesen der Kolakeia, daß der Schmeichler einen äußeren Vorteil (ὠφελία) erstrebt.[20] Diesen Zweck kann der Kolax natürlich nur erreichen, wenn er sich bei dem Gönner auf andere Weise nützlich macht.

17 Vgl. G. Pasquali, a.O. (1938), 199.

18 Z.B. erklärt der Parasit im ›Eunuchus‹ des Terenz (nach Menanders ›Kolax‹), seine Kunst beruhe auf dem Grundsatz, alles zu loben, was der andere sagt (251–253); und einen abgedroschenen Witz seines Gönners quittiert er mit: facete, lepide, laute, nil supra! (427). Theophrast sagt über den Kolax (Charaktere 2, 4): Wenn der Gönner etwas sagt, fordert er die anderen auf zu schweigen, lobt den Sprechenden, wenn dieser es hört, und am Ende der Rede ruft er: »Wie richtig;« – Weitere Textzeugnisse bei O. Ribbeck, a.O. 43–44.

19 360 E (ἵνα εὐδοξῇς), 361 B (εὐσχημονέστατα), 362 A (αἰσχρόν), 362 D (πρὸς δόξαν).

20 Aristoteles, E.N. II 7, 1108 a 29; IV 12, 1127 a 8–10. Ebenso definiert Theophrast, Char. 2: ὁμιλία αἰσχρά, συμφέρουσα δὲ τῷ κολακεύοντι.

2 *Philosophische Schriften für Dionysios (360 B)*

Die Aufzählung der nützlichen Dinge, die Platon dem Tyrannen zusendet, beginnt mit »etwas von den pythagoreischen Dingen und von den Einteilungen« (τῶν τε Πυθαγορείων καὶ τῶν διαιρέσεων). Dies sind nicht etwa Dialoge Platons, sondern Schriften, die weniger leicht zugänglich waren. Bei den Dihaireseis hat man an die klassifizierenden Untersuchungen der
80 Akademie zu denken, deren Ergebnisse | in schriftlichen Hypomnemata festgehalten wurden.[21] Mit den Πυθαγόρεια sind doch wohl Bücher pythagoreischer Herkunft (nicht nur pythagoreischen Inhalts) gemeint. Man wird hier also an die (späteren) Erzählungen erinnert, nach denen Platon – sei es mit dem Geld des Dionysios oder durch die Vermittlung Dions[22] – pythagoreische Bücher gekauft hat. Jedenfalls ist klar, daß sich Platon hier dem Tyrannen mit Schriften gefällig erweist, die nicht literarisch veröffentlicht waren und die daher als besonders wertvoll gelten konnten.

3 *Empfehlung des Philosophen Helikon (360 B–E)*

Als vielseitig gebildeten Lehrer, wie ihn Dionysios wünschte, schickt Platon den Helikon nach Syrakus. Dieser Mann aus Kyzikos wird damit empfohlen, daß er, abgesehen von seinem Studium bei Platon, Schüler des Mathematikers Eudoxos war und außerdem die Redekunst des Isokrates sowie die sophistisch-megarische Eristik eines Polyxenos und Bryson gelernt hat.[23] Dazuhin hat er, wie besonders hervorgehoben wird, den seltenen Vorzug, daß er bei aller Gelehrsamkeit auch noch ein angenehmer, umgänglicher Gesellschafter ist und einen guten Charakter hat (χαρίεις, ἐλαφρός, εὐήθης).

Auf der anderen Seite schränkt Platon seine Empfehlung stark ein, indem er erklärt: Keinem Menschen könne man ganz vertrauen, denn der Mensch sei zwar kein schlechtes,[24] aber ein sehr wechselhaftes Lebewesen (οὐ φαύλου ζῴου ἀλλ᾽ εὐμεταβόλου).[25] Obwohl Platon die Zuverlässigkeit
81 des Helikon sorgfältig, auch durch Erkundigungen bei | seinen Landsleuten, geprüft hat und nichts Nachteiliges in Erfahrung bringen konnte,

21 Platonische Dihaireseis werden bei Aristoteles zitiert (vgl. etwa De gen. et corr. II 3, 330 b 15–17) und sind, durch die Schule des Aristoteles vermittelt, bei Diog. Laert. 3, 80–109 überliefert. Offensichtlich handelt es sich um die Resultate gemeinschaftlicher Arbeit in der platonischen Schule.

22 Die eine Version bei Diog. Laert. 8, 85 und 2, 81, die andere bei Gellius III 17, 1–2; Diog. Laert. 3, 9; 8, 15; 8, 84; Jamblichos, De vita Pythagorica 31, 199.

23 Die Textzeugnisse zu Bryson und seinem Schüler Polyxenos jetzt bei K. Döring, Die Megariker. Kommentierte Sammlung der Testimonien, Amsterdam 1972 (Studien zur antiken Philosophie 2), Fr. 202–220.

24 Erwägenswert ist die Ansicht von F. Novotny, a.O. 290f., φαῦλον bedeute hier nicht ›schlecht‹, sondern ›einfach‹ (›schlicht‹).

25 M. Landmann (Ursprungsbild und Schöpfertat. Zum platonisch-biblischen Gespräch, München 1966, 28–31) hat wohl richtig gesehen, daß hier eine ältere anthropologische Erkenntnis – die höhere Flexibilität und Anpassungsfähigkeit des Menschen im Vergleich mit den Tieren – ins Moralische umgebogen wird.

mahnt er den Herrscher, dem neuen Mann nicht unbesehen zu vertrauen, sondern auf der Hut zu sein. Aus diesen Worten spricht ein Mißtrauen, das man mit manchem verbinden kann, was Platon in seinen philosophischen Schriften über die Unsicherheit alles Menschlichen sagt, das aber doch erheblich darüber hinausgeht: So äußert sich jemand, der übermäßig vorsichtig ist und sich scheut, Verantwortung zu übernehmen. Der Platon unseres Briefes will sich offenbar für den Fall absichern, daß der Tyrann mit dem empfohlenen Mann doch nicht ganz zufrieden sein sollte.

4 *Besorgungen für Dionysios und seine Familie (361 AB)*

Platon hat im Auftrag des Dionysios eine Apollon-Statue bei dem athenischen Bildhauer Leochares gekauft. Daß der Herrscher einen Apollon wünschte, kann damit erklärt werden, daß er sich diesem Gott besonders zugehörig fühlte.[26] Es muß nicht als unwürdige Schmeichelei verstanden werden, wenn Platon diese Ambition des Tyrannen mit einem Kunstwerk aus Athen unterstützt. Ein recht eindeutiges Zeichen von Kolakeia ist es aber, wenn er hier hinzufügt, er schicke ein anderes Werk des Leochares, das ihm gefallen habe, als Geschenk für die Gemahlin des Herrschers mit, ferner zwölf Krüglein mit Wein[27] und zwei mit Honig für die Kinder. Ein Kolax sucht sich durch solche Aufmerksamkeiten bei seinem Gönner beliebt zu machen. Theophrast schreibt (Char. 2, 6): »Den Kindern kauft er Äpfel und Birnen, bringt sie mit und übergibt sie vor den Augen seines Gönners.« Der Platon unseres Briefes ist offenbar so frei, die ›Geschenke‹ dem Empfänger auf die Rechnung zu setzen (361 B 4, C 1). | 82

Platon wollte außerdem Feigen und Myrtenbeeren nach Syrakus schicken, doch ist ihm dies nun nicht möglich, weil es bei der Rückkehr nach Athen schon zu spät war, um Feigen zum Trocknen wegzulegen, und die Beeren bei der Aufbewahrung verfault sind. Offensichtlich ist an selbstgeerntete Früchte gedacht, denn andernfalls wäre es ja wohl nicht schwer, sie in Athen zu beschaffen. Was Platon schicken kann, sind Pflanzen, zu denen Leptines Näheres sagen wird: doch wohl Setzlinge aus Platons Garten, sei es von Gemüse oder seien es Ableger von den berühmten Ölbäumen der Akademie.

Platon selbst hat, wie wir hören, gern Feigen gegessen.[28] Das einfache, vegetarische Essen, das in Platons Schule üblich war, wurde von den Komödiendichtern gelegentlich verspottet,[29] in anderen, platonfreundlichen Darstellungen gepriesen.[30]

Daß Platon dem Tyrannen Feigen, Myrtenbeeren[31] und Pflanzensetz-

26 Plutarch, De Alex. fort. II 5, 338 B und Sokratiker-Brief 35, 2. 4: Dionysios sieht sich sogar als Sohn Apollons. Vgl. ferner den Anfang des 3. platonischen Briefes (315 BC).

27 In den Nomoi (2, 666 A) vertritt Platon die Ansicht, Kinder sollten keinen Wein trinken.

28 Man nannte Platon φιλόσυκος: Plutarch, Quaest. conviv. 668 A; Athenaios 7, 276 F. Vorausgesetzt ist diese Neigung Platons auch in Anekdoten: Diog.Laert. 6, 25; 26.

29 Anaxandrides, Fr. 19; Aristophon, Fr. 8 Kock.

linge zugedacht hat, zeigt, wie eifrig er sich um seinen fürstlichen Gönner bemüht: sogar seinen Speisezettel möchte er bereichern. Freilich kann er mit den Delikatessen der sizilischen Küche, die er selbst in Syrakus genossen hat, nicht konkurrieren; aber dafür schickt er dem Tyrannen Selbstgezogenes aus dem eigenen Garten.

5 *Was Dionysios bezahlen soll (361 B-E)*

Platon geht nun zum Thema Geld über, das im Mittelteil des Briefes breiten Raum einnimmt. Zunächst spricht er von 16 Minen, die Leptines vorgeschossen hat. Dieses Geld sei für die Waren, die Dionysios mit dem Brief erhält, und für gewisse Abgaben an die Stadt Athen verwendet wor-
83 den. Platon | hat diesen Betrag von Leptines im Namen des Dionysios geliehen, indem er sagte, was den besten Eindruck machte und auch der Wahrheit entsprach (λέγων ἅ μοι ἐδόκει εὐσχημονέστατα ἡμῖν εἶναι καὶ ἀληθῆ λέγειν): es handle sich um die für das Schiff ›Leukadia‹ aufgewendeten Mittel. Diese Angabe bezieht sich wahrscheinlich auf eine Leiturgie, nämlich auf die Beteiligung an der Ausrüstung eines athenischen Staatsschiffes.[32] Dionysios hat sicherlich auf Repräsentation solcher Art in Athen Wert gelegt.[33] Im übrigen ist nicht klar und verschieden ausgelegt worden, in welchem Sinn Platon, um Leptines zu der Zahlung von 16 Minen zu bewegen, auf die Kosten für die ›Leukadia‹ hinweist. Da er bemerkt, er habe den schicklichsten Grund angegeben, hat er offenbar Leptines zwar nicht belogen, ihm aber auch nicht alles über die getätigten Ausgaben mitgeteilt. Mir scheint, daß er lieber den einleuchtenden und noblen Zahlungszweck angeben wollte, statt die verschiedenen kleineren Beträge für Einkäufe vorzurechnen. Das heißt: er hat die Ausgabe für die ›Leukadia‹ so aufgerundet, daß die kleineren Beträge in dieser Summe mit enthalten waren (wenn nicht gar der Betrag für die Leiturgie von Dionysios schon bezahlt war, Platon aber gegenüber Leptines, um nicht auf die weniger schicklichen Kleinigkeiten eingehen zu müssen, seine Forderungen an Dionysios mit dieser ehrenvollen Verpflichtung begründete).

Dann erklärt Platon, er wolle das Geld des Dionysios für eigene Bedürfnisse nur in dringenden Fällen und so sparsam wie möglich beanspru-

30 Diog. Laert. 6, 25 (Platon habe auch in Sizilien hauptsächlich Oliven gegessen); Plutarch, Quaest. conviv. 6 prooem. 686 ab (mit zahlreichen Parallelen: A. S. Riginos, a.O. 123f.); Athenaios 4, 137 F –138 A. – Iohannes Chrysostomos (Adv. oppugn. vitae monast. II 5: Migne, P.G. 47, p. 339) faßt das Bild, das man von Platon hatte, so zusammen: »Platon lebte im Garten der Akademie, wo er sich mit Gießen und Pflanzen beschäftigte, Oliven aß und einfache Mahlzeiten auftischte.«

31 Myrtenbeeren ißt, wer einfach und gesund leben will: Platon, Resp. 3, 372 C; vgl. Athenaios 3, 75 c, 44 d.

32 Vgl. C. Ritter, a.O. 338f. – Vielleicht schickten die Athener die ›Leukadia‹ regelmäßig zum Tempel des Apollon auf Leukas, so wie sie jedes Jahr ein Schiff zum Apollonheiligtum auf Delos entsandten (Platon, Phaidon 58 A – C).

33 Vgl. 362 A: χορηγίαν ἤ τι τοιοῦτον. Dionysios war samt seinem Vater (Dionysios I.) im Jahr 369/8 Ehrenbürger der Stadt Athen geworden (Dittenberger, Sylloge^3 159 = IG II^2 103).

chen, zwei Ausgaben seien jedoch nicht zu umgehen: »30 Minen, nicht mehr« für die Ausstattung einer vor der Heirat stehenden Großnichte und »10 Minen, nicht mehr« für das Grab seiner alten Mutter. Daß diese Beträge für athenische Verhältnisse nicht zu hoch sind, wird man zugeben müssen.[34]
Trotzdem sind die beiden Wünsche befremdlich. Ihre Begründung wirkt | 84
einerseits pedantisch, andererseits verfolgt sie recht geschickt das Ziel, bei dem reichen Gönner Geld locker zu machen.

Platon spricht umständlich nicht nur von der einen Großnichte, für die er jetzt Geld benötigt, sondern auch von drei weiteren Großnichten: Diese stünden noch nicht im Heiratsalter – die jüngste ist noch nicht einmal ein Jahr alt –, und für sie müsse er nur dann eine Mitgift bezahlen, wenn er die Zeit ihrer Verheiratung erlebe und wenn dann die Väter der Mädchen ärmer seien als er selbst. Die Mütter der Mädchen seien damals gestorben, »als ich mich (beim Gelage in Syrakus) nicht bekränzen wollte und du mich dazu auffordertest« – eine offenbar rührende Erinnerung –; und schon diese Mütter, seine Nichten, habe Platon ausgestattet, damals mit der Hilfe Dions – hinter dem Dionysios nun doch sicher nicht zurückstehen will. Ebenso wird sich der Gönner wohl von der pietätvollen Forderung für das Grab der Mutter Platons, obwohl die alte Frau noch lebt, sicherlich überzeugen lassen. Wahrscheinlich weiß der Tyrann in Syrakus nicht so genau, daß Platons Mutter Periktione eine zweite Ehe mit dem wohlhabenden Athener Pyrilampes geschlossen und ihm einen Sohn geboren hat (Platon, Parm. 126 A), so daß jetzt, auch wenn Pyrilampes längst gestorben ist, diese andere Familie für das Begräbnis der Periktione aufkommen muß.

Mich erinnern die beiden Geldforderungen Platons an die Taktik des Parasiten Phormio in der Komödie des Terenz (Szene IV 3, 643–671). Er entlockt seinen Gegenspielern Geld, indem er sie zunächst mit einer hohen Forderung erschreckt, so daß sie geradezu erleichtert sind, wenn sie doch nicht ganz so viel zahlen müssen. Was er verlangt, kann man nicht gut abschlagen: die Entschädigung für eine kleine Mitgift, die ihm entgeht, dazu 10 Minen für einen verpfändeten Acker, 10 weitere für ein verpfändetes Häuschen und noch 10 für eine Magd, für Hausrat und für die Hochzeitsfeier.

6 *Ratschläge für größere Ausgaben (362 A–D)*

Keiner der Geschäftspartner des Dionysios in Athen und Umgebung sei, so klagt Platon, bereit, für den Herrscher Geld vorzustrecken, wenn eine größere Summe, etwa für eine Choregie, erforderlich sei. Dionysios müsse also, um Nachteile und Schande für sich zu vermeiden, im voraus das nötige Geld zur Verfügung stellen. Dieser | Rat ist an sich vernünftig, er dient aber 85

34 Maßgeblich ist hier die Realität des damaligen Lebens, nicht etwa das, was Platon in den Nomoi (6, 774 D; 12, 959 D) in dieser Hinsicht für einen nach philosophischen Grundsätzen geordneten Staat fordert. Vgl. R. Hackforth, a.O. 176; G. Pasquali, a.O. (1938) 203f.

mindestens ebenso dem Vorteil des Ratgebers, der im Namen seines Gönners größere Ausgaben tätigen will.

Es fällt uns schwer, sich Dionysios, den Regenten des mächtigsten und reichsten Staates der damaligen Welt, so vorzustellen, wie er hier erscheint: als zahlungsunwilligen Mann, dem niemand einen größeren Kredit geben will. Der Platon unseres Briefes erklärt dies damit, daß der Herrscher sich nicht persönlich um seine Zahlungsverpflichtungen kümmert, sondern dies anderen überläßt. Er gibt ihm daher den weiteren Rat, er solle denen, die Geld für ihn ausgeben, keine Unannehmlichkeiten bereiten und sich selbst um die rasche Bezahlung kümmern. Auch dieser Rat dient nicht nur dem Ansehen des Herrschers, sondern ebnet auch Platon den Weg für weitere Geldforderungen.

Es klingt vertrauenerweckend, wenn Platon seinen Rat mit der Bemerkung einleitet, er wolle mit dem Herrscher »ein offenes Wort reden« (ἐγῴ σοι παρρησιάσομαι). Die freimütige Rede ist zunächst ein Zeichen freundschaftlicher Beziehung. Aber es gibt auch die falsche, geheuchelte παρρησία, mit der sich der Kolax das Vertrauen seines Gönners erschleicht. Plutarch befaßt sich in drei Kapiteln seiner Schrift über den Unterschied zwischen Kolakeia und Philia (17–19, vgl. schon 5, 51cd) mit diesem Phänomen und erklärt, vor der vorgetäuschten παρρησία des Kolax müsse man besonders auf der Hut sein.

7 *Spitzeldienste Platons für Dionysios (362 C, E)*

Schon bei der Empfehlung des Helikon ist uns aufgefallen, daß Platon seine Aussagen über den Mann auf genaue Beobachtungen und Recherchen gründet (360 D). Im Zusammenhang mit den Geldangelegenheiten berichtet er sodann, daß Andromedes von Aigina nicht bereit war, für den Tyrannen ein größeres Darlehen zu geben, während dies Leptines, der dem Herrscher
86 auch sonst treu ergeben sei, gern getan habe.[35] Platon fügt hinzu, er sehe | überhaupt seine Pflicht darin, Dionysios anzuzeigen (ἀπαγγέλλειν), ob die einzelnen Leute positiv oder negativ zu ihm eingestellt seien (362 C).

Es folgt der Abschnitt, der bei den neueren Erklärern Anstoß erregt hat, weil sich Platon hier mehr auf die Seite des Dionysios als auf die seines Freundes Dion stellt (362 E). Er habe, so berichtet Platon dem Tyrannen, im Gespräch mit dem verbannten Dion über das Vorhaben des Herrschers, ohne dieses zu verraten, gesprochen und dabei in Erfahrung gebracht, daß Dion die Ausführung nicht ruhig hinnehmen werde.

35 Das Lob des Leptines wird besonders dann fragwürdig, wenn der Leser des Briefes in ihm den Leptines erkennt, der später bei den Kämpfen gegen Dionysios hervortrat, indem er zusammen mit Kallippos die Stadt Rhegion von der Herrschaft des Dionysios befreite (Diodor XVI 45, 9).

Was damit gemeint ist, erfahren wir bei Plutarch (Vita Dionis 21), der, aus einer anderen Informationsquelle schöpfend, erklärt, es handle sich um den Plan, Dions Frau in Syrakus mit einem anderen Mann zu verheiraten.

Platon fügt in unserem Brief hinzu, in allem anderen zeige sich Dion gegenüber Dionysios maßvoll. Er erwartet briefliche Mitteilungen von Dionysios, um mit Dion weiter verhandeln zu können. Die Vermittlerrolle, die Platon hier spielt, ist an sich unanfechtbar; man erhält aber, zumal wenn man die im Brief vorausgehende allgemeine Äußerung (362 C) hinzunimmt, doch den Eindruck, daß dieser Platon sehr bereitwillig dem Informations- und Sicherheitsbedürfnis des Tyrannen dient, indem er die Gesinnung von Leuten, mit denen Dionysios zu tun hat, sondiert und ihm darüber berichtet. Er betätigt sich also, grob gesprochen, als Sykophant oder Spitzel, und damit übernimmt er einen besonders wichtigen von den Diensten, die ein Kolax seinem Gönner erweisen kann. Die Tyrannen in Syrakus von Hieron bis Dionysios II. waren besonders bekannt dafür, daß sie Denunzianten und Spione für sich arbeiten ließen.[36] Der Peripatetiker Klearch (Fr. 19 Wehrli: Athenaios 6, 256 A) erzählte von den Kolakes auf Kypros, daß sie sich als Spitzel unters Volk mischten und den Herrschern jeden Tag berichteten, was sie hörten. Der Platon unseres Briefes ist von dieser Form der Kolakeia nicht weit entfernt.

8 *Platon versteht es, sich Freunde zu machen (363 A–C)*

(1) Der anschließende Abschnitt des Briefes (363 A) zeigt, daß Platon sich bei Freunden beliebt machen will, die Kosten dafür aber | Dionysios überläßt. 87
Schon bei den Geschenken für Frau und Kinder des Herrschers war es so, daß er sie diesem auf die Rechnung setzte (361 AB). Nun bittet Platon um einen Hoplitenpanzer für Kratinos, den Bruder des Strategen Timotheos, und um drei Kleider aus sizilischem Stoff für die Töchter des Kebes. Das Geschenk für Kratinos soll sicherlich Platons Verbindung mit Timotheos, der damals einer der einflußreichsten Männer in Athen war, festigen.[37]

(2) Sodann bemerkt Platon (363 B), daß er von vielen Leuten um Empfehlungsschreiben an den Hof von Syrakus gebeten werde, und daß es nicht leicht sei, solche Bittsteller offen abzuweisen. Daher erinnert er Dionysios an eine in Syrakus getroffene Verabredung: Von den Empfehlungsschreiben Platons beginnen diejenigen, die der Herrscher ernst nehmen soll, mit θεός, die anderen mit θεοί.

Platon spielt also die Rolle eines Vermittlers zwischen Dionysios und

36 Aristoteles, Pol. V 11, 1313 b 11–16; Plutarch, Vita Dionis 38; De curios. 16, 522 F – 523 A.

37 Die Anekdotenüberlieferung bringt Platon mit Timotheos in Verbindung; vgl. A.S. Riginos, a.O. 123f. – Weniger leicht ist zu sagen, was sich Platon von einer Gefälligkeit gegenüber Kebes verspricht. Vielleicht kann ihm der Pythagoreer Kebes (Phaidon 61 DE) Πυθαγόρεια vermitteln? Übrigens hat Dionysios I. von Syrakus, wie Plutarch berichtet (Vita Lysandri 2), dem Spartaner Lysander ein ähnliches Geschenk gemacht, indem er ihm sizilische Kleider für die Töchter schickte.

den vielen, die sich etwas von der Gunst des Tyrannen versprechen. Aber er spielt diese Rolle nicht ganz ehrlich, da er sich mit beiden Seiten gut stellen will. Die Bittsteller sollen glauben, daß Platon ihnen hilft, auch wenn dies nicht geschieht. Dionysios andererseits soll diejenigen, die Platon nicht für empfehlenswert hält, erkennen können. Man darf wohl sagen, daß die Absprache mit Dionysios gegenüber denen, die unechte Empfehlungsschreiben erhalten, feige und unredlich ist. Die Schamlosigkeit wird dadurch noch peinlicher, daß in geradezu blasphemischer Weise der Unterschied zwischen ›Gott‹ und ›Göttern‹ – ein ernstes Problem der platonischen Philosophie – zur Ermöglichung der perfiden Manipulation benützt wird.

(3) Als Überbringer von Sendungen des Dionysios empfiehlt Platon einen gewissen Terillos, der häufig zwischen Syrakus und Athen unterwegs ist (363 C). Dieser Mann darf als zuverlässig gelten, weil er einerseits durch seine philosophischen Neigungen mit Platon in Verbindung steht, anderer-
88 seits mit Teison, der das Vertrauen des Tyrannen hat, verwandt ist. |

9 *Andere loben Dionysios (363 BC)*

Daß ein Dritter sich anerkennend über Dionysios (und zugleich über Platon) ausgesprochen hat, haben wir schon zu Beginn des Briefes gehört, wo es heißt, daß der schöne Jüngling von dem ›trefflichen Wort‹ des Tyrannen sehr beeindruckt war. In die gleiche Richtung geht es, wenn Platon nun gegen Ende des Briefes bemerkt, daß er Grüße von Gesandten (die aus Syrakus nach Athen kamen) zu bestellen habe und daß diese Leute Rühmliches über Dionysios wie auch über Platon erzählen. Ein anderer Mann namens Philaides, so fügt er hinzu, kam vom Großkönig aus Persien zurück[38] und hatte vieles über Dionysios zu sagen, das diesem, damit der Brief nicht zu lang wird, von Leptines mündlich berichtet werden soll. Offenbar hat sich auch Philaides anerkennend über Dionysios geäußert, und da er den Herrscher von Syrakus mit dem Perserkönig vergleichen konnte, wiegt sein Lob besonders schwer.

Hier ist die Kolakeia unverkennbar. Es ist ja eine besonders wirkungsvolle Taktik des Schmeichlers, den anderen nicht nur von sich aus zu loben, sondern ihm zu berichten, wie sehr ihn andere Leute schätzen und rühmen. Bei Theophrast lesen wir (Char. 2, 3): Wenn der Kolax seinen Gönner begleitet, sagt er zu ihm: »Merkst du, wie die Leute dich bewundern? Solche Ehre hat sonst niemand in der ganzen Stadt! Gestern hat man dich hoch gerühmt ...!« Ebenso erklärt Plutarch (De adul. et am. 13, 57 B), der Schmeichler pflege zu erwähnen, was andere, angesehene Männer zum Lob des Gönners gesagt haben. In der Eingangsszene des plautinischen ›Miles

38 Philaides ist sonst unbekannt, doch klingt glaubhaft, daß damals ein Diplomat von Persien zurückkehrte, denn zu dieser Zeit wurde in Susa über den 364 v. Chr. verkündeten Frieden verhandelt. Vgl. E. Cavaignac, La date des lettres 13 et 2 de Platon, Rev. Et. Gr. 39, 1926/27, 247–248; G. Pasquali, a.O. (1938) 204f.

gloriosus‹ (65–71) erfindet der schmeichlerische Parasit ein Gespräch mit Frauen, die für die Schönheit des Soldaten schwärmen.

10 *Platons enge Verbindung mit Dionysios (363 C–E)*

Am Ende des Briefes stehen verschiedene Ratschläge und Bitten, die alle zusammen den Eindruck verstärken, daß Platon größten | Wert auf gute 89
Beziehungen zu Dionysios legt. Von der Philosophie ist dabei jedoch auch hier nur recht beiläufig die Rede.

Dionysios soll philosophieren und auch die Jüngeren dazu anhalten. Er soll die Ballspielfreunde in Syrakus grüßen.[39] Vor allem aber soll er dafür sorgen, daß ihm Sendungen von Platon »so schnell wie möglich« zu Gesicht gebracht werden, damit er sich sofort um Platons Wünsche kümmern kann. »Möglichst schnell« soll er jetzt Leptines das Geld zurückgeben, damit andere im Blick auf dieses Beispiel umso eifriger bereit sind, für Dionysios und Platon einzutreten. Eine letzte Empfehlung wird hinzugefügt: Iatrokles, den Platon in Syrakus (als Kriegsgefangenen? mit dem Geld des Dionysios?) freigelassen und dann mitgenommen hat, kehrt nun zurück, und Dionysios soll ihm eine Stellung verschaffen, von der er leben kann. Platon darf von diesem Mann hoffen, daß er nicht nur Dionysios gute Dienste leisten, sondern auch ihm selbst treu ergeben bleiben wird. Der Schlußsatz lautet: »Den Brief selbst oder einen Auszug daraus bewahre auf, und bleibe so, wie du bist!« Damit wird nochmals unterstrichen, wie wichtig es Platon mit allen einzelnen Ratschlägen und Wünschen dieses Briefes ist – obwohl sie sich nicht auf die Philosophie, sondern auf Geschäftliches und Persönliches beziehen –, und dass er auf ein Fortbestehen des guten Verhältnisses zu Dionysios hofft.[40]

VII

Bei der Interpretation hat sich ergeben, daß Platon in diesem Brief vom Anfang bis zum Ende – zuerst unauffällig, dann deutlicher und unverhohlener – als Kolax des Tyrannen erscheint: Er bemüht sich eifrig um ein gutes persönliches Verhältnis zu Dionysios, und zwar offenbar deswegen, weil er sich davon äußere Vorteile verspricht.

Was nun die Verfasserschaft angeht, so hat man die Wahl zwischen

39 G.R. Morrow, a.O. 269 hat die Vermutung geäußert, mit συσφαιρισταί könnten scherzhaft diejenigen bezeichnet sein, die mit Platon die Himmelskugel studierten. Der Gedanke an auserwählte Freunde des Tyrannen, die mit ihm Ball spielen dürfen, liegt jedoch näher (Plutarch, Alexander 73: νεανίσκοι σφαιρίξοντες bei Alexander). Bei Petron (Satiricon 27) ist zu lesen, daß der reiche Trimalchio vor dem Essen Ball zu spielen pflegt.

40 Ebenso befremdlich wie hier die Bitte, den Brief aufzubewahren, sind die Aufforderung im 2.Brief (314 C), das Geschriebene auswendig zu lernen und dann zu verbrennen, und die Ermahnung im 6.Brief (323 C), Platons Botschaft immer wieder und wieder zu lesen.

90 zwei | Möglichkeiten. (a) Wenn es sich um einen echten Brief Platons handelt, so war der Philosoph gegenüber Dionysios nicht frei von Kolakeia, und der spätere Vorwurf, er sei einer der Διονυοκόλακες gewesen, erweist sich hier als begründet. (b) Wenn der Brief jedoch gefälscht ist, dann weiß der Verfasser, daß jener Vorwurf gegen Platon erhoben worden ist, und er hat sich mit dem Brief eben dies vorgenommen, Platon als Kolax des Dionysios darzustellen.

Nach meiner Ansicht ist kaum zu bezweifeln, daß die zweite Möglichkeit zutrifft, der Brief also von einem Fälscher stammt. Es gibt für diese Ansicht zwar keinen strikten Beweis, aber doch die folgenden Gründe:

(1) Berücksichtigt man alles, was wir sonst von Platon wissen, so ist kaum vorstellbar, daß er zu so unaufrichtiger, auf Profit bedachter Kolakeia, wie sie der Brief zeigt, fähig war. Gewiß mag Platon mit Dionysios auch über geschäftliche Dinge gesprochen haben; es ist aber nicht anzunehmen, daß dabei jemals die Philosophie so sehr in den Hintergrund trat, wie es hier der Fall ist. Hier geht es nicht um philosophische Bildung als Voraussetzung guter Politik, sondern um gegenseitigen persönlichen Nutzen: Ehre für Dionysios und finanzielle Unterstützung für Platon. Im ›Siebenten Brief‹ (344 E) dagegen gilt es als Hauptfehler des Dionysios, daß er mehr nach Ruhm als nach philosophischer Erkenntnis strebte. Richtiger als in unserem Brief scheint mir Platons Verhältnis zu Dionysios auch in der Anekdote wiedergegeben zu sein, die über den Abschied von Syrakus folgendes erzählt: Als Dionysios besorgt sagte, Platon werde wohl in Athen viel Schlechtes über ihn reden, antwortete dieser, es werde in der Akademie hoffentlich nie ein solcher Mangel an Gesprächsthemen eintreten, daß man über Dionysios sprechen müsse.[41]

(2) Daß die Kolakeia Platons in dem Brief nirgends ganz offen zutageliegt, wohl aber im Blick auf den Gesamtzusammenhang der Äußerungen wahrnehmbar wird, erklärt sich am besten aus der Absicht des Fälschers, einerseits einen echten Brief Platons vorzutäuschen, andererseits
91 Platon möglichst wirkungsvoll als Kolax zu denunzieren. | Aus dem einen Grund wird die Kolakeia Platons nicht aufdringlich dargestellt, sondern immer nur angedeutet. Dem anderen Zweck dient der immer deutlicher hervortretende Eindruck, daß sich dieser Platon übereifrig um die Gunst des reichen Herrschers bemüht. Der Brief ist in planvoller Technik so angelegt, daß Platon immer mehr sich selbst als Kolax entlarvt: Kann der Leser zunächst noch annehmen, daß er Zeuge einer harmlosen Vertraulichkeit werde, so muß er doch mehr und mehr die Züge einer schamlosen Anbiederung bemerken, zumal wenn er erfährt, daß sich Platon hinter dem Rücken Dions und der auf eine Empfehlung hoffenden Bittsteller mit dem Tyrannen verständigt.

41 Plutarch, Vita Dionis 20; Stobaios III 13, 56 (III p. 465 Hense); Gnomologium Vaticanum 440 (p. 164–165 Sternbach).

(3) Nicht zuletzt sprechen für die Unechtheit gerade auch die vielen konkreten Einzelheiten, die auf den ersten Blick so unverdächtig und ›echt‹ wirken: alle die Namen von gemeinsamen Bekannten und Freunden und alle die persönlichen Erinnerungen, angefangen mit dem Gespräch beim Gelage bis hin zu Kebes, den Dionysios aus dem Dialog ›Über die Seele‹ kennt (363 A), Philagros, der damals eine kranke Hand hatte (363 B), Terillos, den Schwager des syrakusanischen Stadtverwalters Teison (363 C), und zuletzt noch Iatrokles und Myronides. Mit diesen scheinbar beiläufig eingestreuten Hinweisen erreicht der Brieffälscher, wie ich meine, beim Leser auf raffinierte Weise dreierlei: (a) Zum einen suggeriert er dem Leser, daß ein Brief, der so viel Intimes enthält, echt sein müsse. (b) Zum anderen zeigt er ihm damit einen Platon, der ein enger Freund und Gesinnungsgenosse des Tyrannen ist. In das Vertrauensverhältnis werden auf beiden Seiten die Angehörigen und Freunde mit einbezogen. (c) Zum dritten vermittelt er dem Leser den Eindruck, daß sich Platon dem Tyrannen mit gar zu plumper, naiver Vertraulichkeit aufdrängt. Damit erreicht er, daß die bekannte Tatsache der zunehmenden Uneinigkeit zwischen Platon und Dionysios den Verdacht der Kolakeia Platons nicht zu entkräften vermag: Platon bemühte sich, so sollte der Leser verstehen, derart forciert um die Gunst des Tyrannen, daß er eben deswegen sein Ziel verfehlte.

VIII

Es ist schwierig, die Motive des Brieffälschers noch genauer zu bestimmen und ihn womöglich einer | bestimmten Schulrichtung zuzuordnen. Viel- 92
leicht gibt aber doch die Beobachtung, daß er Platon speziell als Kolax des Tyrannen darstellt, hierfür einige Fingerzeige.

(1) Gewisse Absichten, die allgemein denkbar sind, reichen in diesem Fall zur Erklärung des fingierten Briefes nicht aus. (a) Hätte der Fälscher einen typischen Platonbrief verfassen wollen, um ihn für möglichst teures Geld zu verkaufen, so hätte er dafür schwerlich eine so spezielle thematische Ausrichtung gewählt. (b) Unwahrscheinlich ist auch, daß der Brief ursprünglich ein literarisches Paignion war: ein Spiel zur Unterhaltung und Erheiterung des Lesers oder Hörers. Manches in unserem Brief berührt sich zwar mit der Philosophenverspottung und mit der Darstellung des Kolax in der Mittleren und Neuen Komödie.[42] Die belustigende Wirkung des Briefes ist aber doch nicht stark genug, um eine solche Deutung zu rechtfertigen. Eine Platon-Parodie müßte deutlichere, witzigere Anspielungen enthalten.[43]

(c) Eher könnte man annehmen, daß der Autor des gefälschten Briefes einfach das auch bei den Griechen weit verbreitete Bedürfnis, einen berühmten Mann in seiner gewöhnlichen, privaten Menschlichkeit zu sehen, befriedigen wollte.[44] Er hätte also nichts zu dem Streit um Platon und seine

Philosophie beitragen, sondern nur zeigen wollen, daß auch der große Philosoph Alltagssorgen und menschliche Schwächen hatte. Aber auch damit kann man den Brief nicht recht erklären. Wäre es dem Verfasser um solche
93 Indiskre- | tionen gegangen, hätte er sich schwerlich so auf das Thema der Kolakeia konzentriert. Auch ist die Liebedienerei gegenüber einem reichen Tyrannen nicht als allgemein menschliche, harmlose Schwäche zu verstehen.

(2) Die Hauptabsicht des Brieffälschers wird man also doch darin suchen müssen, daß er Platon herabsetzen und verunglimpfen wollte, indem er für den Vorwurf, Platon sei einer der ›Dionysokolakes‹ gewesen, den enthüllenden ›Beweis‹ lieferte. Daß ein gefälschter Brief dem Zweck der Anschwärzung dienen konnte, zeigt der Fall des Stoikers Diodotos, der mit Epikur verfeindet war und fünfzig gefälschte Epikurbriefe unzüchtigen Inhaltes in Umlauf setzte.[45] Gewiß ist in unserem Brief die platonfeindliche Tendenz nicht auf den ersten Blick zu erkennen, aber die zurückhaltende Darstellung der Kolakeia beweist keineswegs, daß dem Autor eine Verleumdung Platons fernlag. Vielmehr beruht gerade darauf die Wirkung des Briefes, daß der Leser den Eindruck erhält, ein echtes und glaubwürdiges Zeugnis vor sich zu haben, durch das Platon selbst sich ungewollt als Kolax verrät.

(3) Als Zeit der Entstehung des Briefes kommt am ehesten das 3. Jahrh. v. Chr. in Betracht. Einerseits wird der Brief am besten verständlich, wenn die Rede von Platons anrüchiger Tyrannenfreunschaft schon allgemein verbreitet war. Er setzt also wahrscheinlich im besonderen die Schrift des Aristoteles-Schülers Aristoxenos voraus, in der zu lesen war, daß Platon zu den Parasiten des Dionysios gehören wollte und pythagoreische Schriften ausbeutete (s.o. Abschn. V). Andererseits läßt sich die Aufnahme des Briefes in eine Platon-Ausgabe der hellenistischen Zeit umso leichter erklären, je früher der Brief verfaßt und veröffentlicht wurde.

(4) In welcher Umgebung der Autor des Briefes gewirkt hat, können

42 Dies gilt, wie gezeigt, etwa für die Feigen und Myrtenbeeren, die Platon nicht schicken kann, ebenso wohl auch für die Mitgift der Großnichte und das Grab der Mutter. – Bei den Schriften, die Dionysios von Platon erhält, darf man daran denken, daß der Platonschüler Hermodor – ursprünglich wohl in einer Komödie – mit dem Vers λόγοισιν ʽΕρμόδωρος ἐμπορεύεται verspottet wurde, weil er philosophische Schriften (platonische Dialoge oder ebenfalls Schulschriften?) wie Handelsware nach Sizilien beförderte (Cicero, Ad Atticum XIII 21, 4; Zenobius V 6 = Paroem. Gr. I 116). Verspottet wurden besonders auch die (botanischen) Dihäresen der Akademie: Epikrates, Fr. 11 Kock; Sokratiker-Brief 36, p. 635 Hercher; Alexis, Fr. 1 Kock. In einer Komödie des Ephippos, Fr. 14 Kock (Athenaios 11, 509 b-c) erschienen Platon und seine Schulgenossen als Sykophanten, die sich mit ihrer Redekunst bereichern wollen.

43 Ein Beispiel erheiternder Philosophensatire haben wir in der bei Eusebios, Praep. ev. XIV 7, 1–15 (nach Numenios, Fr. 26 des Places) angeführten Erzählung über den Akademiker Lakydes und seine Sklaven.

44 So beurteilt den 13. Brief E. Howald, Die Briefe Platons, Zürich 1923, 15f.

45 Diog. Laert. 10, 3, wo wir auch erfahren, daß es noch andere von gegnerischer Seite gefälschte Epikur-Briefe gab.

wir allenfalls vermuten.[46] Manches könnte dafür sprechen, ihn in einer Rhetorenschule zu suchen. Bei einem Vertreter der Rhetorik ist die Gegnerschaft zu Platon verständlich, und bei ihm mag das Thema der Kolakeia
dadurch nahegelegt worden sein, | daß Platon im ›Gorgias‹ die Redekunst 94
als Kolakeia angegriffen hatte. Vielleicht wollte ein Redner diesen Angriff erwidern, indem er zeigte, wie Platon selbst gegenüber Dionysios in den Fehler der Kolakeia verfiel.

Noch mehr aber spricht, wie mir scheint, dafür – und diese Annahme läßt sich mit der Vermutung, daß der Autor rhetorisch gebildet war, durchaus verbinden –, daß er dem nacharistotelischen Peripatos nahestand oder angehörte. In der Schule des Aristoteles ist das Thema Kolakeia durch Theophrast und Klearch literarisch behandelt worden (s.o. Abschn. IV). Hier übte man sich auch in der rhetorisch-poetischen Kunst, menschliche Charaktertypen darzustellen: Beispiele dafür haben wir nicht nur von Theophrast, sondern auch von dem in der Mitte des 3. Jahrh. v. Chr. den Peripatos leitenden Lykon und von dessen Freund Ariston von Keos. Vor allem aber scheint der Briefschreiber den Angriff des Aristotelikers Aristoxenos auf Platon als Parasiten in anderer Form zu wiederholen, und zwar unter dem gleichen speziellen Gesichtspunkt. Aristoxenos hatte erklärt, daß Platon sich zwar eifrig um die Gunst des Dionysios bemühte, aber zu ungeschickt war, um dies mit Erfolg zu tun (Fr. 62 Wehrli). Ebenso wirkt die Kolakeia, die aus unserem Brief spricht, nicht raffiniert, sondern eher plumpaufdringlich und allzu beflissen. Dem Leser des Briefes wird also zugleich auch eine Erklärung dafür nahegelegt, daß der Herrscher mit Platon auf die Dauer nicht gut auskommen konnte.

(5) Schwerlich hatte der Philologe, der den Brief in seine Platon-Ausgabe aufnahm, so viel Humor, daß er dies tat, obwohl er die gegen Platon gerichtete Tendenz des Briefes und damit seine Unechtheit erkannte. Wir müssen also annehmen, daß es ihn nicht störte, hier einem eifrig um die Gunst des Tyrannen werbenden Platon zu begegnen. Dies ist erklärlich, wenn es ein alexandrinischer Philologe – also vielleicht doch schon Aristophanes von Byzanz – war, der den Brief akzeptierte. In Alexandrien lebten und blühten die Wissenschaften durch die Gunst der Könige. Hier empfand man es daher nicht so leicht als anrüchig, wenn sich auch Platon von einem reichen Herrscher bezahlen ließ und eine enge persönliche Verbindung zu ihm suchte. Uns Heutigen sollte es weniger schwer fallen, die verleumderische Absicht des Briefautors zu durchschauen.

46 Mit keinem der anderen pseudoplatonischen Briefe scheint mir der 13. Brief so eng verwandt zu sein, daß auf eine gemeinsame Herkunft geschlossen werden könnte. C. Ritter, a.O. 366–374 nahm an, unser Brief stamme vom gleichen Verfasser wie der 2. und 6., vielleicht auch der 12. Brief. G. Pasquali, a.O. (1938) 214–220 glaubte an eine gemeinsame Entstehung des 13. und 2. Briefes und suchte ihren Autor im Umkreis des Aristoxenos von Tarent.

Der Ruhm des Annikeris (1983)

I

Annikeris wäre gänzlich unbekannt, wenn er nicht zufällig die Gelegenheit gehabt hätte, etwas für Platon zu tun. So sagen schon einige antike Autoren. Auch noch die modernen Platon-Biographien erzählen die Geschichte dieses Annikeris von Kyrene immer wieder nach: Als Platon bei der Rückfahrt von seiner ersten Sizilien-Reise den mit Athen verfeindeten Ägineten in die Hände fiel und diese ihn in die Sklaverei verkauften, schenkte ihm Annikeris die Freiheit.

Wenn wir uns die bekannten, in der antiken Überlieferung begegnenden Fassungen der Annikeris-Erzählung vor Augen führen, ist leicht festzustellen, daß sie im Lauf der Zeit recht verschiedene Züge angenommen hat.

Schon bei Aristoteles kann man eine Anspielung auf diese Geschichte finden. Aristoteles sagt, um an einem Beispiel zu verdeutlichen, was eine Zufallsfügung ist (Physica II 8, 199 b 20–22):

> … wie wir etwa sagen, daß der Fremde (ὁ ξένος) zufällig (ἀπὸ τύχης) kam und, nachdem er befreit hatte (λυσάμενος), wegging.

Der Kommentator Philoponos erklärt zu dieser Stelle, sie beziehe sich auf Platon und Annikeris (s.u.); und mehrere moderne Erklärer halten diese Interpretation für richtig.[1] In der Tat ist anzunehmen, daß Aristoteles hier auf ein Ereignis anspielt, das in seiner Schule jedem bekannt war, wie man es sich von dem Freikauf Platons auf Ägina gut vorstellen kann.[2]

Die angeführte Stelle in der ›Physik‹ berührt sich merkwürdig mit einem Passus im fünften Buch der ›Metaphysik‹ (Delta 30, 1025 a 25–27), wo Aristoteles die Zufälligkeit eines Geschehnisses (τὸ συμβεβηκός) damit ex-

1 Nach H. Diels (1882) neuerdings: Sir David Ross, Aristotle's Physics, Oxford 1936, 530; W.K.C. Guthrie, A History of Greek Philosophy IV, Cambridge 1975, 19. – Skeptisch hingegen A.S. Riginos, Platonica. The Anecdotes concerning the Life and Writings of Plato, Leiden 1976, 87 (vgl. Gnomon 51, 1979, 108).

2 Etwas verwunderlich ist, daß Simplikios bei seiner Erklärung (In Aristotelis Physica 384, 14 Diels) nicht auf die Annikeris-Geschichte, sondern auf eine Komödie Menanders, in der Demeas die Krateia freigekauft hat, verweist. Dies bezieht sich auf Menanders ›Misumenos‹ (vgl. A.W. Gomme and F.H. Sandbach, Menander. A Commentary, Oxford 1973, 438f.). Vermutlich war in der Kommentatorentradition das literarische Beispiel neben die biographische Interpretation getreten, und Simplikios beschränkte sich auf diese eine Auslegung.

emplifiziert, daß jemand nach Ägina kommt, nicht weil er dorthin unterwegs war, sondern vom Sturm verschlagen oder von Räubern gefangen.

Während der hellenistischen Zeit muß die Geschichte mit Annikeris einen festen Platz in der biographischen Platonüberlieferung eingenommen haben; denn nur so ist zu erklären, daß uns diese Geschichte vom 1. Jahrhundert n. Chr. an mehrfach begegnet. Daß Seneca in seinen (verlorenen) ›Exhortationes‹ darüber gesprochen hat (L. Annaei Senecae opera, ed. F. Haase, III 1872, 422f., Fr. 23), geht aus einer Stelle bei Laktanz hervor (Divinae institutiones III 25, 16; CSEL 19, 259):

Ein gewisser Annikeris hat Platon, wie überliefert wird, mit achttausend Sesterzen freigekauft (*redemisse*). Daher beschimpfte und schmähte Seneca diesen Befreier, weil er den Wert Platons so gering eingeschätzt habe.[3]

Kurz wird etwa zur gleichen Zeit auch in dem Werk des Homerverteidigers ›Herakleitos‹ (Quaestiones Homericae 78) erwähnt, daß Platon von dem
112 Spartaner Pollis verkauft | und durch den Libyer Annikeris gerettet wurde – eine Erniedrigung, die hier als gerechte Strafe für Platons Kritik an Homer angesehen wird:

Obwohl Platon ein freier Mann war, mußte er das Geschick eines Sklaven erdulden bis hin zum Verkauftwerden. Denn jeder kennt doch den Spartaner Pollis, und jeder weiß, daß Platon dank libyschem Mitleid gerettet worden ist, und daß man ihn wie einen billigen Sklaven auf einen Wert von zwanzig Minen schätzte.

Einen etwas genaueren Einblick in den Motivbestand der Erzählung ermöglicht uns der Redner Aristeides (2. Jahrh. n. Chr.), dem es ebenfalls darauf ankommt, Platon herabzusetzen (Oratio 46, p. 307 Dindorf):

Als dich, Platon, (der Spartaner) Pollis verkaufte, da kaufte dich nicht einer von den Griechen – so sehr waren alle von deinen Lehren gebannt –, sondern ein Libyer mit Namen Annikeris, den kein Mensch kennen würde, wenn er nicht deine Notlage ausgenützt hätte: nun aber kaufte er nicht Platon, sondern für sich dies, daß er berühmt wurde und man ihn kennt. Daraufhin erst erwies sich auch Dion (von Syrakus) als erstaunlich gnädig, indem er dem Libyer das Lösegeld (τὰ λύτρα) schickte. Aber jener Annikeris ließ sich von Dion nicht zurücksetzen, sondern gab dich frei, ohne Geld anzunehmen – er, der dich doch niemals früher gesehen hatte noch mit dir irgendwo zusammen war, weder auf einer Insel (wie Ägina) noch auf dem Festland.

Sodann begegnet uns eine bestimmte Fassung der Annikeris-Geschichte bei zwei zeitlich weit auseinanderliegenden Autoren, die offensichtlich aus dem gleichen Quellbereich der biographischen Platontradition schöpfen: bei Diogenes Laertius (dessen Werk über das Leben der Philosophen wohl um 200 nach Chr. entstanden ist) und arabisch bei Ibn al-Qifṭī (1172–1248). Diogenes Laertius erzählt die Geschichte vom Verkauf Platons auf Ägina mit verschiedenen Variationen (III 19–21); man sieht hier also – auch wenn wir die Quellen des Diogenes nicht genauer erkennen können[4] –, daß diese

3 Zu den Einzelheiten: M. Lausberg, Untersuchungen zu Senecas Fragmenten, Berlin 1970 (Untersuchungen zur antiken Literatur und Geschichte 7), 127. Dort auch die Erläuterung: »Offenbar spielt Seneca mit der doppelten Bedeutung von *parvo aestimare* in wörtlichem und übertragenem Sinn und will den unschätzbaren Wert Platons betonen.«

Erzählung schon vorher weit verbreitet war. Zu der Platon-Vita in dem Werk des Ibn al-Qiftī (Ta'rīh al-ḥukamā', ed. Julius Lippert, Leipzig 1903, p. 17–27) erklärt R. Walzer (Aflāṭūn = Platon, in: Encyclopedia of Islam, ²1960, 234–236): »Ibn al-Kifti based his long and detailed life (17–27) on the *Fihrist*, on Theo of Smyrna (17–19) and on an unidentified Greek source (19 line 16 – 25 line 3).« Die uns interessierende Verkaufsgeschichte gehört zu der »nichtidentifizierten Quelle«, von der wir immerhin sagen können, daß sie letzten Endes mit einer der Vorlagen des Diogenes Laertius identisch war.[5]

Bei Diogenes Laertius lautet die Erzählung, soweit sie Annikeris betrifft, folgendermaßen (Vitae philosophorum III 19–20, kurze Erwähnung auch II 86):

Der Tyrann (Dionysios I. von Syrakus) übergab Platon dem Spartaner Pollis, der gerade recht zu dieser Zeit wegen einer Gesandtschaft dorthin gekommen war, daß er ihn fortschaffe und verkaufe. Dieser nahm ihn mit nach Ägina und verkaufte ihn dort. … Die Ägineten beschlossen zwar nicht, Platon zu töten, sie faßten aber den Beschluß, ihn zu verkaufen, wie man es mit Kriegsgefangenen zu tun pflegte. Doch gab ihm die Freiheit (λυτροῦται) Annikeris von Kyrene, der zufällig gerade dort war (κατὰ τύχην παρών) für ein Lösegeld von zwanzig Minen – andere sagen: von dreißig Minen – und sandte ihn nach Athen zurück zu seinen Freunden. Diese schickten sofort das Geld (an Annikeris), aber dieser nahm es nicht an, indem er sagte, nicht nur sie seien würdig, für Platon zu sorgen. | Einige aber berichten, Dion (von Syrakus) habe das 113
Geld geschickt und Annikeris habe es nicht angenommen, vielmehr habe er damit für Platon das kleine Grundstück in der Akademie gekauft (Δίωνα ἀποστεῖλαί φασι τὸ ἀργύριον καὶ τὸν μὴ προσέσθαι, ἀλλὰ καὶ κηπίδιον αὐτῷ τὸ ἐν ᾿Ακαδημείᾳ πρίασθαι).

Von der Platon-Vita des Ibn al-Qiftī ist bis jetzt keine zuverlässige Übersetzung vorhanden.[6] Den Abschnitt über den Verkauf Platons auf Ägina hat J. van Ess (Tübingen) dankenswerterweise für die Veröffentlichung an dieser Stelle übersetzt (Seite 22, Zeile 7–21 Lippert):

… (Dionysios) ließ ihn an Polidos (= Pollis[7]), einen Spartaner, ausliefern, der als Gesandter zu diesem Tyrannen gekommen war, um über einen Waffenstillstand für sein Land mit ihm zu verhandeln. Der Tyrann befahl ihm, Platon zu töten. Da nahm ihn Polidos mit in seine Heimatstadt Ägina und ließ ihn am Leben, tötete ihn also nicht. <Stattdessen> verkaufte er ihn an einen Mann aus Kyrene mit Namen Annikeris; der liebte Platon und nahm ihn sich zum moralischen Vorbild (wörtlich: glich sich seinen Sitten an), obgleich er ihn nie zuvor gesehen, sondern nur von ihm erzählen gehört hatte. Der Preis, um den er ihn kaufte, waren dreißig Minen Silber. Nun hatte der Tyrann Dionysios einen angeheirateten Verwandten namens Dion, der auf Sizilien die Lehrvorträge Platons besucht und seiner Rede gelauscht hatte; er neigte ihm von ganzem Herzen zu. Als er hörte, was Platon zugestoßen war, tat es ihm sehr leid. <Aber> er konnte den Tyrannen nicht offen kritisieren. Darum schickte er heimlich den Preis, <der> für Platon <gezahlt worden war>, also dreißig Minen, an seinen Käufer aus Kyrene mit der Bitte, ihn ihm

4 Zu den Voraussetzungen des Diogenes jetzt umfassend: J. Mejer, Diogenes Laertius and his Hellenistic Background, Wiesbaden 1978 (Hermes Einzelschriften 40).

5 Zu Ibn al-Qiftī und seinen Quellen auch A.S. Riginos 1976, 217f.

6 Die lateinische Übertragung von G. Roeper (Lectiones Abulpharagianae alterae: De Honaini Vita Platonis, Programm F.W. Engelhardt, Danzig 1866, 12) gibt den Text nicht genau und nicht vollständig wieder.

7 Im Arabischen ist die Endung *(-dos* oder *-des)* nicht eindeutig. Ziemlich sicher liegt ein Casus obliquus von Πόλλις (Πόλλιδι?) zugrunde.

zu verkaufen. Der Mann aus Kyrene tat dies aber nicht und sagte: »Das ist ein Weiser, der aus sich selbst frei<gelassen> ist (d. h. wohl: der seine Freiheit aus sich selbst hat). Ich hatte das Geld nur gewogen (bezahlt), um ihn aus der Gefangenschaft zu erretten. Er wird wohlbehalten und heil in sein Land zurückkehren.« Als Dion, der Verwandte des Tyrannen, dies hörte, forderte er den Kaufpreis zurück und schickte ihn der Akademie; er kaufte dort damit Gärten und schenkte sie Platon. Dieser bezog daraus zeit seines Lebens seinen Unterhalt.

Vergleicht man die arabische Version mit der des Diogenes Laertius, so ist klar, daß der arabische Text die gemeinsame griechische Vorlage gelegentlich etwas freier (Zuneigung des Annikeris und Dion zu Platon) oder auch unrichtig (Ägina als Heimatstadt des Pollis) wiedergibt. Im ganzen aber repräsentiert der arabische Text die gemeinsame Vorlage offenbar vollständiger als der kürzere (und daneben noch andere Fassungen berücksichtigende) Bericht des Diogenes. In einem nicht unwichtigen Punkt verhilft uns daher die arabische Überlieferung zum besseren Verständnis. Aus dem letzten Satz des Abschnitts bei Diogenes Laertius scheint hervorzugehen, daß Annikeris (und nicht Dion) mit dem von Dion geschickten Lösegeld das Akademie-Grundstück kaufte; und so wird die Sache denn auch in der neueren Platonliteratur allgemein dargestellt (z. B. bei E. Zeller, Die Philosophie der Griechen II 1, ^{5}1922, 414f., 419). Die arabische Fassung, nach der Dion das Grundstück kaufte, ist jedoch folgerichtiger. Man versteht, daß Annikeris das Geld an Dion zurückgibt; und bei Dion ist viel besser als bei dem Fremden aus Kyrene motiviert, daß er etwas für Platon und seine Schule – der Kauf des Akademie-Gartens ist ja von der Schulgründung nicht zu trennen – tun will. Es ist also anzunehmen, daß die Erzählung bei Diogenes Laertius infolge der Verkürzung mindestens mißverständlich geworden
114 ist. |

Auch bei dem Kirchenvater Gregor von Nazianz (4. Jahrh.) ist unsere Erzählung zu finden; und sie dient hier wieder dazu, den Philosophen herabzusetzen. Zweimal sagt Gregor (Contra Iulianum I 72, Patr. Gr. 35, 596 und Carmina I 2, 10, 313–318, Patr. Gr. 37, 703), keiner seiner Schüler und kein Grieche habe Platon freigekauft, nur ein Libyer, »der um einen geringen Preis Ruhm erwarb.«

Ferner fassen wir die Geschichte im 6. Jahrhundert bei Iohannes Philoponos und Olympiodor, den Schülern des Neuplatonikers Ammonios in Alexandrien. Die Erklärung des Philoponos zu der schon oben angeführten Stelle in der ›Physik‹ des Aristoteles lautet folgendermaßen (In Aristotelis Physica 324, 17–23 Vitelli):

(Aristoteles meint den Fall,) daß etwa jemand in eine Stadt kommt, dort einen Gefangenen findet und diesen dann freikauft (λυτρώσηται). Wir sagen nämlich in solchen Fällen, daß er kam, um ihn freizukaufen. Er ist jedoch nicht zu diesem Zweck gekommen, sondern das Ergebnis war so, wie wenn er zu dem Zweck, dies zu tun, gekommen wäre. Denn er war (aus seiner Heimat) abgereist, um in Olympia zu kämpfen, fand in Ägina Platon gefangen und erkaufte ihm die Freiheit, wobei er sagte, daß er viele Siege in Olympia nicht gegen diese Tat eingetauscht hätte.

Olympiodor bringt die Geschichte zweimal: (1) in der Platon-Vita, die dem ›Alkibiades‹-Kommentar vorausgeschickt ist (In Platonis Alcibiadem

2, 122–127, p. 5 Westerink), und (2) im Kommentar zum ›Gorgias‹ (41, 8, p. 213, 11–17 Westerink):

(1) Pollis brachte Platon nach Ägina und traf dort Annikeris den Libyer an, der im Begriff war, nach Elis zu fahren, um mit dem Viergespann am Wettkampf (in Olympia) teilzunehmen. Indem Annikeris nun zufällig mit Pollis zusammenkam (περιτυχών), kaufte er von ihm Platon, womit er größeren Ruhm gewann als mit jedem Sieg im Wagenrennen. Über diesen Annikeris sagt auch Aristeides, daß niemand den Annikeris kennen würde, wenn er nicht Platon gekauft hätte.

(2) Zu dieser Zeit hatte dort (in Ägina) ein gewisser Annikeris Station gemacht, der nach Olympia reisen wollte, um an den Wettkämpfen teilzunehmen. Als er Platon sah und erfuhr, wer er sei, zahlte er zwanzig Minen und befreite ihn aus den Fesseln zu seiner großen Ehre. Später wollte Platon ihm die zwanzig Minen wiedergeben, und Annikeris wollte sie nicht annehmen, indem er sagte: »Für größer hielt ich den Ruhm, dein Befreier zu sein, als den, der durch den Wettkampf in Olympia zu gewinnen ist.«

Nichts Neues bringen die Nachklänge dieser Tradition bei Autoren der byzantinischen Zeit.[8]

II

Fragt man nach dem Gemeinsamen in den verschiedenen Fassungen der Annikeris-Geschichte, so zeigt sich dieses in dem Grundmotiv der zufälligen Gelegenheit, berühmt zu werden.

Der Aspekt der Zufälligkeit (τύχη) tritt ausdrücklich bei Aristoteles, Diogenes Laertius und Olympiodor hervor. Schon bei Aristoteles scheint die Geschichte deswegen interessant zu sein, weil Platon und Annikeris durch den Zufall zusammengeführt wurden. Ob man allerdings außer der Stelle in der ›Physik‹ auch noch die in der ›Metaphysik‹ – wo es heißt, daß man auch durch einen Sturm oder durch Piraten und somit zufällig nach
Ägina | kommen kann – auf Annikeris beziehen darf, hängt davon ab, ob 115
die Zufälligkeit des Geschehens nur darin zu sehen ist, daß er, aus irgend einem ganz anderen Grund nach Ägina gekommen, dort Platon begegnet, oder auch schon darin, daß er eigentlich gar nicht nach Ägina kommen wollte. Mir scheint durch die zweite Erklärung das Zufallsmotiv unnötig verdoppelt zu werden.

Das Motiv des Ruhms (δόξα, τιμή, εὔκλεια) kommt in fast allen Versionen zur Sprache. Dabei ist recht klar zu sehen, daß dieses Motiv im Lauf der Zeit immer stärker ausgestaltet worden ist. Annikeris, so wird immer deutlicher gesagt, ist nur bekannt, weil er Platon eine Wohltat erwiesen hat, aber gerade auf diese Weise konnte er sich eine dauernde Berühmtheit verschaffen.

Obgleich wir sicher nur einen ganz kleinen Teil der in der antiken Literatur verbreiteten Fassungen unserer Geschichte besitzen, können wir

8 Georgius Syncellus, Chronographia 259 A-C (p. 492–493 Dindorf); Suda, s. v. Πλάτων (IV 141, 17-18 Adler); s.v. Ἀρίστιππος Ἀριτάδου (I 355, 1–2 Adler).

doch feststellen, daß vor allem zwei speziellere Komponenten von der Ausgestaltung und Variierung betroffen waren.

(1) Verschiedenes erzählte man offenbar von dem Lösegeld, das Annikeris für Platon zahlte. Es werden zum einen 20 Minen (›Herakleitos‹, Diogenes Laertius, dementsprechend auch die 8000 Sesterzen bei Seneca/Laktanz), zum anderen 30 Minen genannt. Von verschiedenen Freunden Platons wird gesagt, daß sie Annikeris das Geld zurückerstatten wollten. Am weitesten geht die Angabe (in der Quelle des Diogenes Laertius und der arabischen Version), schließlich habe Dion von Syrakus mit dem Geld ein Grundstück für Platon gekauft. Die Summe von 30 Minen gehört offenbar zu der Fassung mit dem Kauf des Akademie-Grundstücks; den gleichen Preis für dieses Stück Land nennt auch Plutarch (De exilio 10, 603 BC).

(2) Einen anderen Anlaß zur Ausschmückung bot, wie es scheint, die Frage, aus welchem Grund Annikeris damals auf Ägina weilte. Wie einige Erklärer richtig gesehen haben,[9] muß man vermuten, daß Annikeris erst nachträglich zum Olympiakämpfer gemacht wurde. Gewiß kann man sich vorstellen, daß er tatsächlich auf dem Weg nach Olympia war und dabei nur zufällig (vielleicht doch durch einen Sturm?) nach Ägina kam und daß er dort die ganz andere Gelegenheit fand, Ruhm zu gewinnen. Aber einige Verdachtsmomente führen doch eher zu der Ansicht, daß das Olympia-Motiv einen späten Seitentrieb der Tradition darstellt. (a) Die Reise nach Olympia findet sich erst in den spätesten Texten (Philoponos und Olympiodor); zunächst hören wir nur, Annikeris sei zufällig dort gewesen. (b) Ägina ist bei realistischer Betrachtung keine Station auf dem Weg von Kyrene nach Olympia; und es spricht nichts dafür, daß Annikeris irgendwie vom Weg abgekommen war. Das Tyche-Motiv bezieht sich, wenn ich recht sehe, nur darauf, daß Annikeris auf Ägina etwas so Sinnvolles tun konnte, obgleich er aus einem ganz anderen Grund dort war. (c) Annikeris hat einen nichtgriechischen Namen, und er wird mehrfach als Libyer bezeichnet. War er also, wie zu vermuten ist, tatsächlich kein Grieche, so konnte er auch nicht an den Spielen in Olympia teilnehmen. Andererseits war die Heimat des Annikeris, Kyrene, bekannt wegen Pferdezucht und Wagenlenkerkunst, so daß man leicht dazu kommen konnte, ihn sich als Wagenlenker vorzustellen, wie wir dies gleich (u. Abschn. III) in einer anderen Erzählung über ihn sehen werden. (d) Das Olympia-Motiv bot sich an, wenn man das Thema des Ruhms durch einen Vergleich konkretisieren wollte. Den Gedanken, daß durch die Philosophie auch wahrer Ruhm zu gewinnen sei,[10] konkretisiert der platoni-

9 So bemerkt U. v. Wilamowitz-Moellendorff, Platon II [3]1962, 82 zur Verbindung des Annikeris mit Olympia: »Das klingt ansprechend, wenn nicht der Kanal so sehr trübe wäre, der die Notiz bietet (Philoponos, Olympiodor), und ein κατὰ τύχην παρών, wie es bei Diogenes III 20 heißt, auch ausgeschmückt werden konnte.« A. S. Riginos a.O. (1976), 89 gibt die Vermutung wieder, daß die platonfreundliche Tradition den Kyrenäer, der als nichtgriechischer Libyer an den Spielen nicht hätte teilnehmen dürfen, auf diese Weise aufwerten wollte.

sche Sokrates (Apologie 36 DE) mit der Bemerkung, er habe wie die Olympia-Sieger die Speisung im Prytaneion verdient. Ebenso konnte auch der Wert | des Ruhmes, der dem Retter Platons zuteil wird, durch nichts stärker 116
hervorgehoben werden als durch die Feststellung, daß dieser Ruhm selbst olympische Ehren überstrahlte.[11]

III

Von Annikeris und Platon ist auch noch eine ganz andere Geschichte erzählt worden. Sie wird zweimal überliefert: (1) Älian (2. Jahrh. n. Chr.) bringt sie in seiner ›Varia historia‹ (II 27); (2) danach verwendet ein Nachahmer Lukians die gleiche Geschichte zu einem hübschen Vergleich (Ps.-Lukian, Demosthenis encomium 23):

(1) Annikeris von Kyrene war sehr stolz auf seine Meisterschaft im Pferderennen und Wagenlenken. Daher wollte er einmal auch Platon seine Kunst vorführen. Mit einem Wagengespann fuhr er also bei der Akademie zahlreiche Bahnen in der Runde, wobei er die Linie der Bahn so genau einhielt, daß er nicht von der Wagenspur abwich, sondern immer in derselben Spur blieb. Die anderen alle waren nun, wie zu erwarten ist, stark davon beeindruckt. Platon aber kritisierte seinen übertriebenen Eifer mit den Worten: »Es ist unmöglich, daß einer, der auf eine so kleine und bedeutungslose Sache so viel Sorgfalt verwendet, sich um wirklich Großes eifrig bemüht. Denn wenn er sein ganzes Denken dorthin verlegt hat, muß er notwendigerweise das, was wirklich Bewunderung verdient, gering achten.«
(2) Ich habe mir das Gegenteil von dem vorgenommen, womit Annikeris der Kyrenäer vor Platon und dessen Schulgenossen seinen Ehrgeiz bewiesen haben soll. Dieser Mann soll die Wagenlenkerkunst der Kyrenäer demonstriert haben, indem er viele Rundfahrten um die Akademie fuhr, die alle in der gleichen Radspur verliefen, ohne abzuweichen, so daß er nur die Spur einer einzigen Rundfahrt auf der Erde hinterließ. Ich dagegen bemühe mich um das Gegenteil: die ausgefahrenen Geleise zu vermeiden.

Offensichtlich handelt es sich hier und bei den Erzählungen vom Freikauf Platons auf Ägina um den gleichen Annikeris. Die beiden Geschichten berühren sich in dem Motiv des Ruhmes oder Ehrgeizes und allgemein darin, daß sich der reiche Mann aus Kyrene um Platon bemüht, ohne von seiner Philosophie ergriffen zu sein.

Nicht leicht ist zu sagen, wie alt die Erzählung von der Wagenfahrt ist und wie sie sich zu der Ägina-Erzählung verhält. (1) Das Element der Wagenlenkerkunst dürfte ursprünglich in die Geschichte von der Vorführung

10 Theophrast soll am Schluß seines Lebens gesagt haben, wirklich großer Ruhm sei durch die Philosophie zu gewinnen (Diogenes Laertius V 40–41). Im pseudo-platonischen zweiten Brief (310 D – 312 C) wird ausgeführt: Dionysios kann durch Platon berühmt werden, denn der echte Ruhm kommt von der Philosophie.

11 R. Muth hat am Schluß seiner reichen Studie ›Olympia – Idee und Wirklichkeit‹ (Serta Philologica Aenipontana III, Innsbruck 1979 = Innsbrucker Beiträge zur Kulturwissenschaft 20, 161–202) auch auf die antiken Stimmen hingewiesen, die den Ruhm des Olympiasiegers relativieren und einschränken. Der Vergleich, mit dem Philoponos und Olympiodor die Annikeris-Geschichte pointieren, gehört in diesen Zusammenhang.

in der Akademie gehören. Zwar ist auch vorstellbar, daß Annikeris zuerst in der Ägina-Geschichte als Olympiakämpfer erschien und daß dadurch die andere Erzählung angeregt wurde. Wahrscheinlich muß man aber umgekehrt annehmen, daß die Wagenfahrt-Anekdote auf die Überlieferung von der Rettungstat abfärbte, indem Annikeris dort zum olympischen Wagenlenker gemacht wurde.

(2) Im ganzen jedoch scheint die Geschichte von der Wagenfahrt jünger zu sein als die vom Freikauf auf Ägina. *(a)* Die Erzählung vom Freikauf Platons ist, zumal wenn sie schon bei Aristoteles vorausgesetzt ist, früher zu belegen. *(b)* Die auf Ägina spielende Geschichte ist unabhängig von der anderen verständlich. Dagegen muß man sich bei dem Besuch des Wagenlenkers Annikeris in der Akademie doch wohl daran erinnern, daß dieser
117 | Mann seit der Begegnung auf Ägina mit Platon bekannt ist. *(c)* Das Motiv des Ehrgeizes konnte aus der Erzählung von der rühmlichen Rettertat herausentwickelt werden; der umgekehrte Vorgang ist kaum denkbar. *(d)* Während die Verkaufsgeschichte im Kern als historische Überlieferung verstanden werden kann, vermittelt die Wagenfahrtgeschichte den Eindruck der Fiktion. Diese Anekdote ist vom gleichen Typus, dem auch die Apophthegmata angehören, in denen ein Philosoph den Stolz eines Spezialisten kritisiert: Aristipp soll einem Taucher und einem Vieltrinker (Diog. Laert. II 73), Sokrates einem Taucher (Gnomologium Vaticanum, Nr. 494 Sternbach) die Bewunderung verweigert haben.

IV

Eine weitere Fassung der Geschichte vom Freikauf Platons auf Ägina besitzen wir in einem herculanensischen Papyrus. Daß es sich auch hier um die Annikeris-Erzählung handelt, ist bisher verborgen geblieben. Gemeint ist eine Seite (Kolumne 3) des Papyrus (Nr. 1021), der eine biographische Darstellung der Akademie enthält, sehr wahrscheinlich einen Teil der Philosophiegeschichte (Σύνταξις τῶν φιλοσόφων) Philodems. Die maßgebliche Edition stammt von S. Mekler : Index Academicorum philosophorum Herculanensis, Berlin 1902. Die bisherige wissenschaftliche Literatur zu diesem Papyrus findet man jetzt zusammengestellt in dem ungemein nützlichen, unter der Leitung von M. Gigante entstandenen ›Catalogo dei Papiri Ercolanesi‹, Neapel 1979, 231–233. Genauer als Mekler orientiert in mehrfacher Hinsicht W. Crönert, Die Überlieferung des Index Academicorum, Hermes 38, 1903, 357–405. Zu danken habe ich besonders David Sedley (Cambridge) für die briefliche Mitteilung neuer Lesungen in der mich interessierenden Textkolumne, ebenso Tiziano Dorandi, der eine Neuausgabe des ›Index Academicorum‹ vorbereitet und mir im Februar 1980 in der Neapler ›Officina dei Papiri Ercolanesi‹ mit geübtem Auge geholfen hat, die fragliche Textseite zu studieren. Bekanntlich sieht man auf einem solchen, schon vor längerer Zeit aufgerollten Papyrus heute einerseits weniger als damals, weil durch fortschreitendes Abbröckeln Verluste eingetreten sind, andererseits mehr, weil bessere Mikroskope zur Verfügung stehen.

Platons Verkauf auf Ägina wird im ›Index Academicorum‹ auch an einer anderen, früheren Stelle erwähnt: Kol. X 17–24, S. 8 f. Mekler. Daß auch in Kol. 3 von diesem Ereignis die Rede ist, haben Th. Gomperz und F. Buecheler vermutet; und S. Mekler (1902) hat diese Ansicht mit Recht akzeptiert. Offenbar wird die Ägina-Geschichte bei Philodem zuerst (Kol. X) im Zusammenhang mit Platons Reisen nur ganz kurz erwähnt, später (Kol. 3) ausführlich geschildert.

Daß in Kol. 3 wenigstens die erste Hälfte der bekannten Annikeris-Geschichte zu lesen ist, ist bisher nicht wahrgenommen worden, weil der inhaltlich wichtige Schluß fehlt, weil die Geschichte hier wesentlich detailreicher erzählt wird als sonst und weil die Ausgabe von Mekler irreführende Fehldeutungen enthält.[12] Aus Zeile 4 schien hervorzugehen, daß Platon »einem allzu armen Manne« verkauft wurde; aus Zeile 10/11, daß Platon »Öl« anzubieten hatte – was auf ganz andere Voraussetzungen führen würde.[13] Aber unter dem »gar zu armen Mann« ist Platon selbst zu verstehen; und anstelle von ἔλαι/ον hat D. Sedley den Namen Ἀρχέλα/ον erkannt.

Die auf die Rettung durch Annikeris hinzielende Erzählung dürfte kurz vor der ersten | Zeile der Kolumne begonnen haben. 16 Zeilen sind 118
fast vollständig zu lesen und zu rekonstruieren. Darauf folgen (S. 13 Mekler) 19 Zeilen, von denen nur einige ganz kurze Buchstabenfolgen gelesen werden konnten. In Zeile 36 ist zu sehen, daß eine neue Geschichte begonnen hat. Die Annikeris-Erzählung hat hier also maximal den doppelten Umfang dessen gehabt, was in den Zeilen 1–16 vorliegt.

Zunächst stelle ich nun den von mir ermittelten und vorgeschlagenen Text der bei Mekler gebotenen Fassung gegenüber, um danach die neuen Lesungen und Ergänzungen im einzelnen zu begründen.

Papyrus Herculanensis 1021 (Philodemus, Σύνταξις τῶν φιλοσόφων), Kol. III, 1–16 (Academicorum philosophorum index Herculanensis, ed. S. Mekler 1902, p. 12)

12 Den bei Mekler vorliegenden Mißverständnissen erlag zuletzt auch wieder A. S. Riginos a.0. (1976) 87. 89.

13 Das Wort »Öl« schien durch die Angabe bei Plutarch (Vita Solonis 2, 4), wonach Platon in Ägypten sein Reisegeld durch den Verkauf eines gewissen Öls gewonnen hat, gestützt zu werden. Die Herkunft dieses Motivs ist unklar. Die Stelle bei Gregor von Nazianz, Carmina I 2, 10, 309–312 (Patr. Gr. 37, 702–703), wo von einem mit Öl handelnden Philosophen die Rede ist, bezieht sich offenbar nicht auf Platon (wie A. S. Riginos a.O. 68 meint), sondern auf Speusipp.

Mekler	Neufassung
[τῶν Αἰγινητῶν ψηφισα-	μένων̣ καὶ πωλούν̣τ[ων
μένω[ν] καὶ πωλούν[των	τοὺς Ἀθην̣αίους, ἐπράθη ὁ̣
τοὺς Ἀθην̣αίους ἐπράθ̣[η	Πλ̣άτων ἄδηλος ὢν ο̣[ἷός
Π̣[λ]άτων ἄδηλος ὢν [ὅστις	ἐστιν ἀνδρὶ λίαν πέν[ητι
ἐστὶν ἀνδρὶ λίαν πέν[ητι·	ἶσος]. λ̣ύ̣τρ̣ον δὲ τῶν Λα̣-
....ντ̣ων δὲ τῶν Λ[α-	κώνων ὅτ<ο>ι̣σιν ἑάλων
κώνων ἅ τ[ε] συνεάλω	σπευδόντων λαβεῖν, ἐν
σπευδόντων λαβεῖν ἐν	νῶι θέμ[εν]ος [σκέπ]τ̣εται
νῶι θέμ[εν]ος .... εται	»καὶ τί δώ̣[σω] γ̣ε δόντ̣ι [ἄ]ν; δε-
καὶ τηδα ... εδον τ̣ί [οὖ]ν δέ-	διεὼς τὸ [δὴ]πρὸς Ἀρχ̣έλα-
διε ὥστε̣ ..προσαι.ς ἔλαι-	ον. ἐμην[υ]σε δὲ πρὸς τὸν ἐ-
ον ἐμήν[υ]σε[ν] πρὸς τὸν ἐ-	ωνημέν̣ον ἑαυτόν, καὶ
ωνημέν̣ο̣ν ἑαυτὸν καὶ	σώσαντα χάρι̣ν ἀ̣πο̣τείσειν
σώσαντα, χ̣άρ[ιν] δ̣' ἀ̣[π]ο̣[τ]εί[σ]ειν	ὑ̣πισχνεῖτ[ο π]ολλήν̣, ο̣ὔ τι μ̣ὲν
ὑ̣πισχνεῖτ[αι εἰ] ..η..ου τ[ύ]χο̣[ι·?	ἐκπλαγέντα [
ἐκπλαγέντα .....απ...	
θε..τες καὶ μ...αλ..	

119 | Übersetzung des neukonstituierten Textes:

… und als sie (= die Spartaner) die Athener verkauften, wurde Platon zum Verkauf gebracht, ohne daß man seine große Bedeutung erkannte, da er einem gar zu armen Manne (oder: gar zu sehr einem armen Manne) gleich war. Weil die Lakedämonier sich eifrig bemühten, für alle, die gefangen worden waren, Lösegeld zu erhalten, stellte er im Geist die Überlegung an: »Und was soll ich geben, wenn es einer (für mich) gibt?« Denn er fürchtete das, was in dem bekannten Wort zu Archelaos gesagt ist. Er offenbarte sich jedoch dem, der ihn gekauft hatte, und versprach, seinem Retter werde er großen Dank erweisen, wobei er in keiner Weise erschüttert war …

Daß am Anfang der Kolumne 3 von den Spartanern gesprochen wird, ergibt sich aus dem bisher nicht erkannten, aber, wie ich meine, evident richtigen Anschluß dieser Kolumne an Kolumne 2, wo in den Schlußzeilen folgendes zu lesen und zu ergänzen ist (2, 41–42, S. 22 Mekler): Σπ̣[α]ρτιατῶν / [πλ]ωτή[ρω]ν τ̣ινῶ̣ν ἀ[φικο (»Als einige spartanische Seefahrer – in Ägina – ankamen und …«).

Nach οὐ … ἐκπλαγέντα (15), das sich nicht auf die Reaktion des Käufers, sondern auf Platons unerschütterliche Seelenruhe während des ganzen Geschehens beziehen dürfte, wird der Text sehr spärlich und unsicher; doch ist anzunehmen, daß der Käufer sich nun als der edle Mann erwies, der kein Geld nötig hatte, aber die Gelegenheit ergreifen wollte, durch eine Wohltat

Ruhm zu gewinnen.

Die folgenden Einzelbemerkungen zu den Zeilen 1–16 beziehen sich auf die bei Mekler verzeichneten Abschriften: das ›Apographon Oxoniense‹ (O) und den ersten Band der ›Herculanensium voluminum collectio altera‹, Neapel 1862 (N), ferner auf die von Mekler selbst vertretenen Lesungen (PM), sowie auf die Lesungen von D. Sedley (1979) und T. Dorandi (1980).

1: Von ν̣ und τ̣ [sind ausreichende Spuren sichtbar (Sedley, Dorandi).
2: Am Schluß ist ο noch erkennbar (Sedley, Dorandi).
3: ο̣ [noch sichtbar (Sedley, Dorandi). Für die Ergänzung ὅ[στις ist der Raum zu knapp; ο[ἷος ist wohl auch dem Sinne nach besser.
4: ΠΕΙ[(O), ΠΣΝΙ[(PM). πικρ[ῶι (Crönert a.O. 1903, 376) ist vom Papyrus her unmöglich, πον[ηρῶι inhaltlich unpassend.
4/5: ἴσος füllt die Lücke genau aus. Der Verfasser des ›Index Academicorum‹ (Philodem) vermeidet den Hiat (W. Crönert, a.O. 1903, 389–392), doch dürfte die Verbindung πένητι ἴσος trotzdem legitim sein, weil der Anschluß von ἴσος an die Dativendung -ι seit Homer (z. B. δαίμονι ἶσος ungemein geläufig war, und weil Hiatvermeidung nicht auch für die von Philodem zitierte Quellenschrift angenommen werden muß.
5: λ̣ύ̣τ̣ρ̣ο̣ν gewinne ich aus ΝΤΣ- Ν (O), ΝΤ ̣ ̣ Ν (N). Heute ist nur noch das -ν am Wortende vorhanden, davor immerhin noch der Rest eines runden Buchstabens. λύτρον λαμβάνειν ist der übliche Ausdruck für »Lösegeld erhalten«. Zu λύτρον mit Dativ: Pindar, Isthm. 8, 1–2.
6: ὅτ<ο>ι̣σιν gewinne ich aus ΑΤΙΩΝ (O), Ο..ΟΙΝ (N), Α ̄.ΣΥΝ (PM) . Am Anfang ist ο- | zu lesen (Sedley, Dorandi). ὅτ[ι] συνεάλων ergibt kei- 120
nen Sinn. ἑάλων muß bei meiner Auffassung in ἑάλω<σα>ν geändert werden.
8: νω̣ιθεμ̣[von Sedley und Dorandi bestätigt; ἐν/νοηθεὶς ist also ausgeschlossen. Ich kenne keine Parallelstelle für ἐν νῷ τίθεσθαι (= sich etwas im Geist zurechtlegen?). – Von dem Buchstaben]τ̣ hat O den oberen Strich.
9: Die Spuren vor und nach der Lücke reichen zur Bestätigung (oder Widerlegung) von δῴ̣[σω] γ̣ε nicht aus. δόντι [ἄ]ν nach ΔΟΝΙΙ Ν (O).
9/10: δε/δι[[ε]]ὼς Sedley.
10: δὴ kennzeichnet den Zitatcharakter des Hinweises auf Archelaos; vgl. J.D. Denniston, Greek Particles, Oxford [2]1954, 234f.
10/11: Ἀρ[χ]έλα/ον Sedley, Ἀρχ̣έλα/ον Dorandi. Die Erklärung des Archelaos-Beispiels folgt unten.
11: δὲ Sedley, Dorandi.
13/14: σώσαντα χάριν̣ ἀπ̣ο[τ]είσειν/ὑπ̣ισχνεῖτ[ο π]ολλὴν̣ nach Sedley. ἀποτίνειν wird nicht mit doppeltem Akkusativ gebraucht; σώσαντα ist also irregulär und vermutlich in σώσαντι zu verbessern. Der

Schreiber dieses Papyrus hat sich relativ oft verschrieben und selbst verbessert (W. Crönert, a.O. 1903, 366, 379).

14: ọὔ τι ṃὲν nach ΣΥΤΙΧΕ (O), ΟΥΤ[(N), Ο̣ΥΠ Ε̣Ν (Sedley).

Auf das Problem der Ergänzung des Textes ab Zeile 16 werde ich im Zusammenhang einer Quellenanalyse und Textausgabe der gesamten Platonica Philodems (Index Academicorum p. 3–37 Mekler) eingehen.

V

Wenngleich bei Philodem der erhaltene Text vor der namentlichen Nennung des Retters, der Platon die Freiheit schenkte, abbricht, sehe ich es als ziemlich sicher an, daß hier – in breiterer Form – die Erzählung von Annikeris vorliegt, die uns von so vielen anderen Stellen in der antiken Literatur her bekannt ist. Mehrere Motive in der vorhandenen ersten Hälfte der Geschichte weisen auf diesen Zusammenhang: der Verkauf der Athener (was für Ägina als Schauplatz spricht); die Anwesenheit der Spartaner; das erforderliche Lösegeld (λύτρον); die Armut, deretwegen sich Platon nicht aus eigenen Mitteln die Freiheit verschaffen kann; das Beispiel des Archelaos (das wohl den Auftritt eines reichen Mannes, womöglich eines Nichtgriechen vorbereitet); der Gedanke des großen Dankes (χάριν πολλήν), mit dem Platon die Rettungstat vergelten will.

Recht klar ist, wie man sich hier den äußeren Ablauf des Geschehens vorstellen soll: Mit anderen gefangenen Athenern wird auch Platon von Spartanern auf Ägina verkauft. Die Feststellung, daß er wie ein armer Mann aussah, erklärt, daß er nicht als der berühmte Philosoph erkannt wurde. Zugleich wird mit dem Hinweis auf die Armut die Schwierigkeit der Lösegeldbeschaffung vorbereitet, die dann in dem Selbstgespräch Platons zum Ausdruck kommt. Diese Schwierigkeit ist auch der Grund dafür, daß Platon sich nicht gleich zu erkennen gab: er wollte nicht, daß man bei ihm, der in Athen wie in Syrakus wohlhabende Freunde hatte, auf ein hohes Lösegeld
121 spekulierte. Dem Mann, der ihn für | wenig Geld gekauft hatte, gab er sich schließlich doch zu erkennen, indem er ihm klar machte, daß er kein Lösegeld aufbringen könne oder wolle. Der Käufer, der daraufhin den Philosophen freigab, verzichtete damit auf die Möglichkeit, ein hohes Lösegeld zu erpressen, und er schenkte Platon auch noch den geringen Betrag, den er für ihn bezahlt hatte. Der Name des großzügigen Mannes wird zwar im erhaltenen Text nicht genannt, doch war dieser Name – Annikeris – vermutlich im letzten Teil der Erzählung zu lesen, wo die Geschichte irgendwie auf die Pointe hinauslief, daß dieser Mann durch seine Freilassung Platons zwar Geld verlor, sich aber bleibenden Ruhm erwarb.

Daß Platon arm (πένης) war, sagen auch spätantike Autoren,[14] indem sie betonen, daß er als einzigen Besitz das Grundstück in der Akademie hatte. Platons Testament – überliefert bei Diogenes Laertius III 41–43 – beweist freilich, daß er nicht ganz unvermögend war. Aber die ›Armut‹ Platons ist auch deswegen ein bedeutungsvolles Motiv, weil damit der oft erhobene Vorwurf, Platon habe von dem reichen Tyrannen Dionysios Geld genommen, zurückgewiesen werden konnte.[15]

Es bleibt die Frage, wie der Hinweis auf Archelaos (Z. 10/11) zu verstehen ist. Die Aporie Platons, der nicht weiß, wie er Lösegeld zurückzahlen könnte, wird kommentiert mit der Bemerkung: δεδιὼς τὸ (δὴ) πρὸς ᾽Αρχέλαον. Gemeint ist damit sicherlich ein bekannter ›Ausspruch zu Archelaos‹.[16] Dieser Ausspruch, ein Wort des Sokrates, ist auch uns nicht unbekannt.

Archelaos ist der Makedonenkönig, der die Herrschaft gewaltsam usurpierte (413 v. Chr.), wovon schon Platon im ›Gorgias‹ (470 D – 471 D) spricht. Er wurde zum Prototyp des aus kleinen Verhältnissen aufgestiegenen, barbarischen, aber reichen und auf kulturelle Repräsentation bedachten Herrschers. Bekanntlich hat er hoch angesehene Dichter – Euripides, Agathon, Timotheos, Choirilos – an seinen Hof gezogen und seinen Palast in Pella von keinem Geringeren als Zeuxis ausmalen lassen. Mehr als andere Tyrannen hatte es Archelaos offenbar nötig, seiner Herrschaft auf diese Weise Anerkennung und Glanz zu verleihen. Die Befürchtung Platons dürfte also darin bestehen, daß er nicht durch die Annahme von Lösegeld in Abhängigkeit von einem reichen Mann geraten will – so wie jene Dichter und Künstler sich durch das Geld des Archelaos an seinen Hof binden ließen.

Daß diese Erklärung richtig ist, beweisen drei Textstellen, die in apophthegmatisch-anekdotischer Form über die Beziehung des Sokrates zu Archelaos berichten. Dabei geht es eben um das Problem, ob man die Wohltat eines Reichen annehmen soll, wenn man das Empfangene nicht zurückzahlen kann. Schon in der ›Rhetorik‹ des Aristoteles (II 23, 1398 a 24–26) und danach ebenso bei Seneca (De beneficiis V 6, 2) und Marc Aurel (XI 25, wo statt Archelaos Perdikkas genannt wird) ist überliefert, daß Sokrates die Einladung, nach Makedonien zu kommen, mit einem Ausspruch beantwortet habe, der sinngemäß so lautet: »Man soll nicht eine Wohltat annehmen, wenn man sie nicht erwidern kann.« Bei Philodem ist also zweifellos gemeint, daß Platon es ebenso wie Sokrates für gefährlich hielt, sich von einem Reichen etwas geben zu lassen, wenn man selbst arm ist. Der Philosoph sucht zu vermeiden, daß er dem Reichen und Mächtigen verpflichtet ist, zumal wenn

14 Damascius, Vitae Isidori reliquiae, ed. C. Zintzen, Hildesheim 1967, S. 212f. (Fr. 265 = Suda, s. v. Platon, IV 142, 3–4 Adler; Fr. 158 = Photius, bibl. cod. 242, 346 a 32–37).

15 Der Vorwurf zuerst bei Aristoxenos, Fr. 62 Wehrli (Lukian, De parasito 34) und Epikur (Diog. Laert. X 8) greifbar, indirekt auch im 13. (fingierten) Platonbrief; die apologetische Reaktion schon bei Platon, Epist. 7, 333 D, 328 C 4, danach in der biographischen Tradition (besonders Plutarch, Vita Dionis 19).

16 Vgl. sprachlich Menander, Kolax, Fr. 3 Körte/Sandbach (dazu Terenz, Eun. 498): γελῶ τὸ πρὸς τὸν Κύπριον ἐννοούμενος (»Ich lache, weil ich an das denke, was du zu dem Kyprier gesagt hast«).

befürchtet werden muß, daß der Reiche den Glanz der Philosophie nur zu seinem eigenen Ruhm mißbrauchen will.

Ist damit der unmittelbare Sinn des Archelaos-Beispiels erklärt, so ist seine Bedeutung damit doch noch nicht ganz ausgeschöpft. Der Gedanke
122 liegt nahe, daß sich Platon einem | Wohltäter auf andere Weise als mit der Rückzahlung des Geldes erkenntlich zeigen könnte, nämlich etwa dadurch, daß er ihm an seiner philosophischen Bildung teilgibt. In der Tat scheint dieser Gedanke den Fortgang der Erzählung bei Philodem zu bestimmen; denn in diesem Sinne muß man es doch wohl verstehen, wenn Platon hier sagt: er werde dem, der ihn rette, die Wohltat mit großem Dank vergelten. Die Vermittlung philosophischer Erkenntnis ist jedenfalls die wertvollste χάρις, die Platon zu bieten vermag.

Daß das Archelaos-Beispiel auch diesen weiterführenden Aspekt aufweist, zeigen wiederum Textstellen über Sokrates und Archelaos. Mehrfach wird gesagt, daß Sokrates dem Reichtum des Archelaos eigentlich etwas viel Wertvolleres entgegensetzen konnte: nämlich Paideia. (a) Schon in Platons ›Gorgias‹ (470 E) sagt Sokrates: ob Archelaos (oder der Großkönig) glücklich sei, hänge von seiner Paideia und Gerechtigkeit ab. (b) Seneca (De beneficiis V 6) erklärt zu dem ablehnenden Ausspruch des Sokrates: Dies war eine ironische Antwort, denn Sokrates hätte dem König etwas viel Besseres als Gold und Silber bieten können: Einsicht in die Erfordernisse des menschlichen Lebens und in das Naturgeschehen. (c) Dion Chrysostomos (Oratio 13, 30, p. 187 v. Arnim) verweist, wo er von der Notwendigkeit einer besseren Erziehung spricht, auf Sokrates und sagt: »Archelaos, der Makedonenkönig, der vieles wußte und mit vielen weisen Männern verkehrte, lud Sokrates zu sich ein und versprach ihm lohnende Geschenke, um im Gespräch mit ihm selbst diese Gedanken (über die Paideia) zu hören.« (d) Auch der fingierte Brief, in dem Sokrates die Ablehnung der Einladung des Archelaos begründet (Nr. 1 der Sammlung der Sokrates- und Sokratikerbriefe, S. 609–611 Hercher, S. 8–13 Köhler), beginnt damit, daß Sokrates dem Geld des Herrschers seine Paideia gegenüberstellt (§§ 1–4). (e) Iohannes Chrysostomos (Adv. oppugnatores vitae monast. II, 5, Patr. Gr. 47, 338) bringt unter dem Gesichtspunkt, daß das einfache, bescheidene Leben mehr Ruhm verspricht als das der Reichen und Mächtigen, diese doppelte Gegenüberstellung: Platon ist berühmter als Dionysios von Syrakus (und es gereichte ihm sogar zur Ehre, daß er verkauft wurde), und Sokrates ist berühmter als Archelaos.

Die Geschichte vom Freikauf Platons endet nun freilich, wie aus allen anderen überlieferten Fassungen übereinstimmend hervorgeht, nicht damit, daß sich der Wohltäter in die Schule Platons begibt, um zu philosophieren. Was er von Platon gewinnt, ist nicht philosophische Erkenntnis, sondern ein Abglanz von der Berühmtheit des großen Philosophen. So führt unsere Erzählung im ganzen ein Zusammenspiel der drei bekannten Lebenswerte vor Augen: Der Käufer Platons (Annikeris) verzichtet auf den niedrigsten Wert, das Geld, und gewinnt dafür Ruhm und Ehre; die tiefere philosophische Einsicht zeigt sich in der Haltung Platons.

VI

Vergleicht man die Annikeris-Geschichte, wie und soweit sie uns bei Philodem entgegentritt, mit den anderen überlieferten Fassungen, so ist unter formalem und inhaltlichem Gesichtspunkt vor allem folgendes zu beobachten:

(a) Die Erzählung Philodems ist die bei weitem ausführlichste, die wir kennen. Hier ist die Situation, in der sich Platon befindet, wirkungsvoll ausgestaltet; die Handlung wird spannungsvoll dargestellt. Ein kurzes Selbstgespräch Platons und eine Aussage von ihm geben dem Geschehen gedankliche Tiefe. | 123

(b) Die Vorgeschichte des Verkaufs auf Ägina ist hier offenbar nicht dieselbe wie etwa bei Diogenes Laertius, wo der Spartaner Pollis von Dionysios den Auftrag erhält, Platon zu beseitigen, und ihn dann nach Ägina bringt. Hier wird Platon von den Spartanern, die ihn gefangen genommen haben, nicht erkannt; und daran sieht man, daß an einen Zusammenhang mit Platons Aufenthalt in Syrakus hier nicht gedacht ist.

(c) In keiner anderen Fassung ist das dramatische Spannungsmoment wiedergegeben, daß Platon unerkannt gekauft wird und sich dann seinem Käufer zu erkennen gibt – als der ebenso berühmte wie arme Philosoph. Das Geschehen wird durch Platons Verhalten vorangetrieben. Seine ›Unerschütterlichkeit‹ scheint schließlich die Aufmerksamkeit des Retters zu erregen. Deutlicher als in den anderen Fassungen ist der Skopos der Geschichte hier die Überlegenheit der Philosophie. Selbst in einer Situation tiefster Erniedrigung erweist sich der Philosoph Platon als die beherrschende Gestalt. Die gleiche positive Tendenz[17] ist bei Philodem in der unmittelbar anschließenden Erzählung von Platon und dem Chaldäer zu erkennen (S. 13f. Mekler): Der Chaldäer, der bei dem alten Platon zu Gast ist, muß die höhere Begabung der Griechen anerkennen.

(d) Bei ›Herakleitos‹, Aristeides und Gregor von Nazianz dient die Geschichte umgekehrt dazu, Platon in einem ungünstigen Licht zu zeigen: Er habe es nötig gehabt, sich von einem ansonsten gänzlich unbekannten Libyer retten zu lassen. Diese negative Sicht war in der Erzählung von Anfang an durch das Zufallsmotiv potentiell angelegt: Platon verdankt seine Rettung der zufälligen Anwesenheit eines Mannes, der nicht durch die Philoso-

17 I. Düring, Herodicus the Cratetean. A Study in Anti-Platonic Tradition, Stockholm 1941, 168 sagt zu der Annikeris-Geschichte: »probably of Aristoxenean origin«. Dies gilt aber schwerlich für die ›platonfreundliche‹ Version, die bei Philodem vorliegt.

phie mit ihm verbunden ist. Aber natürlich kann man diesen Umstand nur bei böswilliger Tendenz zur Herabsetzung Platons verwenden.

(e) Obwohl wir in dem Philodem-Papyrus den Schlußteil der Erzählung nicht lesen können, läßt sich doch sagen, daß hier auch die Gestalt des Annikeris positiv dargestellt war. Er wird zwar nicht von der Philosophie ergriffen, aber seine großzügige Hilfeleistung verdient uneingeschränkte Anerkennung. In diese Richtung weist auch das Archelaos-Motiv. Platon befürchtet, er könnte durch das Lösegeld von einem Mann abhängig werden, der sich damit eitlen Ruhm erkaufen will. Annikeris erweist sich dagegen als der großzügige Retter, der den eigenen Ruhm nicht sucht und umso sicherer gewinnt.

VII

Die Erzählung Philodems ist nicht nur die ausführlichste, sondern auch – von der nicht ganz sicheren Anspielung bei Aristoteles abgesehen – die weitaus früheste Fassung, die wir besitzen. Wir können sie von Philodem aus auf recht alte und zuverlässige Berichterstatter zurückführen. In Kolumne 2, 36–41 (S. 21–22 Mekler) heißt es, bevor unsere Erzählung beginnt: »Neanthes aber sagt, er habe von Philiskos aus Ägina gehört, daß Platon von seinen Angehörigen so genannt wurde wegen der Breite seiner Stirn, und daß, als spartanische Seeleute …« Die Geschichte von Platons Verkauf auf Ägina wurde also bei Neanthes mit Berufung auf einen äginetischen Gewährsmann erzählt.

Neanthes ist hier, wie R. Laqueur (RE XVI 2, 1935, 2108–2110) überzeugend erklärt hat, der ältere Neanthes aus Kyzikos, der um 300 v. Chr. gelebt und in einem Werk περὶ ἐνδόξων ἀνδρῶν auch über Platon geschrieben
124 hat, nicht der jüngere, um 200 v. Chr. | lebende Autor gleichen Namens und gleicher Herkunft, dem F. Jacoby (FGrHist 84 F 20–23 mit Kommentar S. 144–145) alle unter dem Namen Neanthes überlieferten Äußerungen zu Platon geben möchte. Den hier genannten Philiskos aus Ägina können wir nicht sicher identifizieren. Die Ägineten dieses Namens, die gelegentlich erwähnt werden – der Sohn eines Onesikritos (wohl kaum des berühmten Alexanderhistorikers) und Anhänger des Kynikers Diogenes (Diog. Laert. 6, 75; 80) und ein Lehrer Alexanders d. Gr. (Suda s. v. Φίλισκος Αἰγινήτης vgl. Älian, Var. hist. 14, 11) –, kommen in Betracht, ebenso aber andere, die uns sonst nicht begegnen. Sicher ist, daß Philiskos deswegen von Neanthes als Zeuge angeführt wurde, weil dieser Mann durch äginetische Lokaltradition – daß er selbst die Begebenheit des Jahres 387 v. Chr. miterlebte, ist nicht wahrscheinlich – glaubhaft über den Vorfall berichten konnte.

VIII

Was ergibt sich aus unserem Überblick schließlich für die Frage, ob die Erzählung von Platons Gefangennahme und Befreiung auf Ägina historisch glaubwürdig ist oder als frei erfundene Legende zu gelten hat? Durch die Entdeckung der relativ frühen, nach Neanthes von Kyzikos zitierten Darstellung bei Philodem wird neues Licht auf dieses Problem geworfen.

Selbstverständlich kann Historizität allenfalls für den faktischen Kern der Erzählungen angenommen werden, nicht für die stark divergierenden Einzelheiten der Darstellung. Von diesem Kern aber ist nur schwer vorstellbar, daß er erdichtet worden wäre. Daß der Philosoph als Sklave verkauft wird, ist zunächst kein literarischer Topos. Wenn dieses Motiv dann auch in Erzählungen über den Kyniker Diogenes vorkommt, so ist es dort wahrscheinlich schon von der Platonbiographie abhängig.[18] Daß Platon selbst in seinen Schriften den Vorfall, der ihn bei der Rückfahrt von der ersten Reise in Gefahr brachte, nirgends erwähnt, spricht nicht gegen die historische Realität. Auch im ›Siebenten Brief‹ hatte er keine Veranlassung, über dieses persönliche Erlebnis zu sprechen.

Die Meinung der neueren Erklärer ist geteilt. Auf der einen Seite ist mehrfach gesagt worden, daß in der Überlieferung von Platons Gefangennahme, Verkauf und Befreiung etwas vorausgesetzt sei, was sich am Ende der ersten großen Reise Platons tatsächlich abgespielt hat.[19] Auf der anderen Seite gibt es aber bis heute auch Stimmen, die einen solchen historischen Kern in der offenbar stark wuchernden Tradition bezweifeln.[20]

U.v. Wilamowitz-Moellendorff hat sich sogar noch ein wenig an der Ausmalung der Geschichte beteiligt. Im ersten Band seines Platon-Werkes sagt er (I ^{2}1920, 253f.): »Ein Kyrenäer mit dem libyschen Namen Annikeris war zufällig auf Aigina anwesend, erkannte den Gefangenen und kaufte ihn los …«; und im zweiten Band erläutert er (II ^{3}1962, 82): daß ein Kyrenäer Pla-

18 Vom Verkauf des Diogenes von Sinope, den Piraten gefangen genommen und auf Kreta oder in Korinth versklavt haben sollen, wird an folgenden Stellen erzählt: Philo, Quod omn. prob. 18, 121–124 (VI 34–36 Cohn-Reiter); Plutarch, An vitio sit 499 B; Musonius bei Stobaeus III 40, 9 (III 754 f. Hense); Diogenes Laertius VI 29–31; 74–75; Clemens Alexandrinus, Paedagogus III 3, p. 245 Stählin; Stobaeus III 3, 52 (III 210 Hense); Suda, s. v. Diogenes (II 101 Adler).

19 Zuletzt: K. F. Stroheker, Dionysios I. Gestalt und Geschichte des Tyrannen von Syrakus, Wiesbaden 1958, 22, 105 (m. Anm. S. 191, 217); E. Mensching, Favorin von Arelate: Der erste Teil der Fragmente, Berlin 1963, 70. Sehr vorsichtig W.K.C. Guthrie, A History of Greek Philosophy IV, Cambridge 1975, 18f. Zu weit geht in der Verteidigung der Historizität des Überlieferten jetzt M. Sordi, Dionigi I e Platone, in: Φιλίας χάριν, Miscellanea di studi classici in onore di E. Manni, Rom 1980, 2015–2022; hält sie doch auch die Angabe, der Verkauf Platons auf Ägina sei durch Dionysios von Syrakus veranlaßt worden, für geschichtlich zutreffend, indem sie weiter kombiniert, Dionysios sei nicht so sehr über Äußerungen Platons, sondern mehr über Tendenzen der athenischen Politik verärgert gewesen.

20 Zuletzt: A.S. Riginos, a.O. (1976), 89 (dort S. 86-92 eine Zusammenstellung sämtlicher Zeugnisse zu dem vielfältigen Überlieferungskomplex von Platons Verkauf in die Sklaverei).

ton erkannte, sei ein Beweis für die Richtigkeit der Überlieferung von einer Reise Platons nach Kyrene.[21] Diese Kombination ist haltlos, weil in keiner der überlieferten Fassungen gesagt wird, daß der Mann aus Kyrene Platon wiedererkannte.

Die skeptische Richtung ist am stärksten von U. Kahrstedt in seinem Beitrag ›Platons Verkauf in die Sklaverei‹ (Würzburger Jahrb. f. d. Alter-
125 tumswiss. 2, 1947, 295– | 300) vertreten worden. Die Stelle in der ›Physik‹ des Aristoteles, so erklärt Kahrstedt (S. 299f.), habe nichts mit Platon zu tun. Weil man von einem Zusammenstoß Platons mit Dionysios I. wußte, habe man von hier aus die gefährliche Situation auf Ägina erfunden, ebenso die Befreiung aus der Gefahr (S. 299): »Da nun Platon notorisch frei weiterlebte, mußte ein Freikauf eintreten, wobei der Retter bei den einen Annikeris getauft wurde, bei den anderen anders hieß oder anonym blieb. Das Motiv für jene Namensgebung ist nicht erkennbar.« Annikeris könne kein alter Bestandteil der Überlieferung sein, weil die Geschichte von seiner Befreiungstat bei Philodem fehle (S. 296f.).

Wenn oben der Papyrustext Philodems richtig interpretiert worden ist, kann man von hier aus Kahrstedts destruktive Argumentation direkt widerlegen. Zwar ist in dem halbzerstörten Text des ›Index Academicorum‹ der Name des Annikeris nicht erhalten, aber es ist kaum zu bezweifeln, daß die Erzählung Philodems auf die Rettungstat des Libyers hinweist – von dem wir nirgends einen anderen Namen hören als »Annikeris«. Allem Anschein nach ist die Erzählung bei Philodem noch nicht mit dem Tyrannen Dionysios verbunden: der Spartaner Pollis spielt hier noch keine Rolle. Im ganzen kann man von der neuen Erklärung des Philodem-Textes aus sagen: Die Geschichte von Platons Verkauf auf Ägina und vom Lösegeld des Annikeris gehört zu den frühen und gut bezeugten Bestandteilen der biographischen Platonüberlieferung. Die Zweifel an einem historisch-faktischen Anlaß zu dieser Erzählung sind unbegründet. Dagegen muß das bunte Detail, mit dem das Geschehen im Lauf der literarischen Tradition erzählt wird, größtenteils der Legendenbildung und effektvolleren Ausgestaltung zugeschrieben werden. Dies gilt vor allem für die Zurückführung der Gefahr auf einen Zwist Platons mit Dionysios I. und für die Rolle des Spartaners Pollis, dem Dionysios den Auftrag zur Beseitigung Platons gegeben haben soll; ebenso wohl auch für die Vorstellung vom kyrenischen Wagenlenker und Olympiakämpfer Annikeris.

Ist die Annikeris-Erzählung mit Hilfe des Philodem-Textes als alter und im Grunde historisch glaubhafter Bestandteil der Platonbiographie erwiesen, so kann uns diese Erzählung helfen, einen Vorgang von größerer

21 In diesem Sinne äußert sich Wilamowitz auch brieflich gegenüber J. Stenzel am 8. 1. 1928 (ediert von W.M. Calder III, Antike und Abendland 25, 1979, 93): »Verwundert hat mich ..., daß Sie [Platon der Erzieher, 1928, S. 91] die Reise nach Kyrene bezweifeln, die doch allein erklärt, daß ihn ein Kyreneer loskaufte. Ich habe in Kyrene mich gefreut, auf einem Boden zu stehen, wo er einmal geschritten ist.«

Wichtigkeit zu datieren: die Gründung der platonischen Akademie. Was wir ohne die Geschichte vom Verkauf in Ägina über die Zeit der Schulgründung Platons sagen können, ist recht wenig: Platon erklärt im ›Siebenten Brief‹ (324 A), daß er bei seiner ersten Ankunft in Syrakus fast vierzig Jahre alt war, was etwa auf das Jahr 388 führt; und bei Diogenes Laertius (III 7) wird gesagt, daß Platon nach der Rückkehr von der ersten Reise in der Akademie philosophierte. Nimmt man nun die Überlieferung von der Episode auf Ägina und besonders von Annikeris hinzu, so kann man die nach der ersten Reise erfolgte Schulgründung noch etwas präziser fassen, und zwar in zwei Schritten:

(a) Was die Chronologie betrifft, so wird der äginetische Zwischenfall von der Überlieferung recht einhellig (mit Ausnahme von Olympiodor, In Platonis Alcibiadem, p. 5 Westerink, wo es sich um die zweite Reise handelt) mit der Rückfahrt nach dem ersten Aufenthalt in Syrakus verbunden. Der Verkauf eines Atheners auf Ägina kommt nur für die Zeit vor dem Königsfrieden des Jahres 386 in Betracht, genauer: nur für die Zeit zwischen dem Spätsommer 389 und dem Frühjahr 387, als Spartaner auf der Insel stationiert waren und verschiedentlich Kampfhandlungen im Saronischen Meerbusen stattfanden (Xenophon, Hellenica V 1–24). – Die Zeit der Rückreise Platons wäre noch genauer zu datieren, wenn Annikeris damals tatsächlich auf dem Weg zu den Olympischen | Spielen gewesen wäre; denn dann 126
könnte man mit den Spielen des Jahres 388 rechnen (vgl. H. Leisegang, Platon, in: RE 20, 2, 1950, 2349). Da wir aber diesen Zug der Erzählung der späteren Ausgestaltung zuschreiben mußten, bleibt hier nur die vage Möglichkeit, daß man bei dieser Ausmalung auf die zeitlichen Umstände des Geschehens Rücksicht genommen hat.

(b) Ein Indiz für die Schulgründung ergibt sich aus der Angabe, Dion von Syrakus habe mit dem Lösegeld, das Annikeris nicht zurückerstattet haben wollte, für Platon ein Grundstück in der Akademie gekauft (Quelle des Diogenes Laertius und des Ibn al-Qifṭī). Der Grundstückskauf hängt ja doch wohl bei Platon, ebenso wie bei Epikur (Diog. Laert. X 11), eng mit der förmlichen Gründung der Schule zusammen.[22] Nun mag freilich gerade auch die Kombination zwischen Lösegeld und Grundstückskauf spätere Erfindung sein; aber selbst dann setzt die Fiktion doch eine Erinnerung daran voraus, daß jenes Akademiegrundstück tatsächlich bald nach Platons Rückkehr von der ersten Reise erworben wurde. So können wir die Akademiegründung durch die Annikeris-Erzählung mit einiger Zuversicht auf diese Zeit (etwa 387 v. Chr.) datieren.

Mag nun Annikeris von Kyrene mit seinem Edelmut zur Gründung

22 Zu dem Problemkomplex von Grundstückskauf und Schulgründung jetzt J. Glucker, Antiochus and the Late Academy (Hypomnemata 56), Göttingen 1978, Kap. 5; dort (S. 227) auch der Hinweis, daß Plutarch (De exilio 10, 603 B), wenn er für das Akademiegrundstück den Preis von 3000 Drachmen nennt, wahrscheinlich die Annikeris-Geschichte voraussetzt.

der platonischen Akademie beigetragen haben oder nicht, und mag auch das meiste, was von ihm überliefert wird, der Legendenbildung angehören – auf jeden Fall wird dieser Mann mit der Lebensgeschichte Platons weiterhin untrennbar verbunden bleiben. Und so mag er uns denn in dem Sinne denkwürdig bleiben, wie ihn schon die Antike verstanden hat: als Paradigma der vom Zufall begünstigten und von der Größe eines anderen abgeleiteten, geliehenen Berühmtheit. Vielleicht sollten gerade wir Philologen diesen Annikeris zu unserem Schutzpatron wählen. Auch wir beziehen unseren Ruhm ja von dem dauerhaften Glanz der Großen, mit denen wir uns beschäftigen. Möge uns Annikeris dabei nur auch vor dem ehrgeizigen Perfektionismus bewahren, den Platon an ihm getadelt hat!

V Aischines, Aristoteles, Kleanthes

Rezension zu Barbara Ehlers, Eine vorplatonische Deutung des sokratischen Eros – Der Dialog ›Aspasia‹ des Sokratikers Aischines,

München 1966 (Zetemata 41). (1969)

Der Aspasia-Dialog des Aischines hat, so fragmentarisch und vieldeutig die erhaltenen Zeugnisse sind, immer wieder das Interesse der Philologen und Philosophen erregt. Unter den früheren Erklärern findet man bekannte Namen: K.F. Hermann, P. Natorp, A.E. Taylor. Eine maßgebliche Sammlung und Interpretation der Textzeugnisse zu Aischines überhaupt hat im Jahr 1912 H. Dittmar vorgelegt (Aischines von Sphettos, Philol. Unters. 21). Das hier zu besprechende Buch von B. Ehlers – ursprünglich eine in der Schule von H. Patzer entstandene Frankfurter Dissertation – bleibt der grundlegenden Arbeit von Dittmar in vielem verpflichtet, es führt aber auch einen guten, ja entscheidenden Schritt über die bisherige Forschung hinaus, da es der Verf. gelingt, den Grundgedanken des ganzen Dialogs neu sichtbar zu machen.

Bisher sah man die ›Aspasia‹ des Aischines im Zusammenhang mit den »Debatten über die Frauenfrage im alten Athen« (Dittmar 50) und | nahm an, daß der Dialog thematisch »von der Ebenbürtigkeit der Frau mit 201
dem Manne als Ratgeberin im politischen wie im privaten Bereiche« gehandelt habe (so zuletzt O. Gigon, Lex. d. Alten Welt, 1965, s. v. ›Aischines‹). Die Verf. hat die Überlieferungsreste nochmals mit philologischer Genauigkeit und konstruktiver Phantasie durchgearbeitet und ist dabei zu einer neuen Zusammenschau des sehr disparat aussehenden Materials gelangt. Nach ihrem überzeugenden Ergebnis war das einheitliche Thema des Dialogs: der Eros in seiner Bedeutung als ›Triebkraft‹ zur Arete.

Merkwürdig ist, daß der erzieherische, sokratische Eros von Aischines an einem so provozierenden Paradigma dargestellt wurde: an der Hetären- und Kupplerkunst der berühmt-berüchtigten Aspasia. Wenn Sokrates sich zu ihr als seiner Lehrerin bekennt, so liegt darin sicher Ironie. Der damit gestellten Frage, wie die ironische Spiegelung des sokratischen Eros zu erklären ist, kann man noch etwas weiter nachgehen, als es die Verf. getan hat.

Die Untersuchung der Verf. ist stets von wachem methodischem Bewußtsein begleitet und in klarer Sprache dargestellt. Gegliedert ist das Buch in vier Hauptabschnitte: I. Der Dialog ›Alkibiades‹ des Aischines (unter besonderer Berücksichtigung des Eros-Motivs); II. Das literarische Bild der Aspasia vor dem aischineischen Dialog (in der Komödie und bei dem Sokratiker Antisthenes); III. Der Dialog ›Aspasia‹; IV. Reflexe der ›Aspasia‹ des Aischines bei Xenophon (Mem. II 6, 36 – Oikon. 3, 14 – Mem. III 11 – ›Symposion‹) und bei Platon (›Menexenos‹, ›Symposion‹). Im letzten Kapitel zeigt sich, daß die Arbeit, indem sie ein verlorenes Stück der sokratischen Literatur rekonstruiert, zugleich eine Voraussetzung für das Verständnis Xenophons und Platons wieder in den Blick rückt.

Vom Verlauf des Aspasia-Dialogs zeichnet die Verf., die Ergebnisse von Dittmar im einzelnen modifizierend und alle Quellentexte durch das Leitmotiv des paideutischen Eros aufeinander beziehend, im großen und ganzen das folgende Bild. Sokrates ist im Gespräch mit Kallias. Dieser fragt – eine typische Ausgangssituation für den sokratischen Dialog – zu welchem Lehrer er seinen Sohn schicken solle, damit er ein tüchtiger Politiker werde. Die Antwort des Sokrates ist schockierend: am besten, so rät er, gehe der Sohn des Kallias zu Aspasia in die Lehre. Natürlich muß dieser Vorschlag nun näher begründet werden. Und so bringt Sokrates auf Befragen des Kallias ein Beispiel nach dem anderen vor, um zu erklären, daß gerade eine Frau, die etwas von der Liebe versteht, für die Unterweisung in der politischen Arete geeignet ist. Er erzählt die Geschichte von der persischen Königin Rhodogyne, die nicht nur sehr schön, sondern auch tapfer war, und die Geschichte von der ionischen Hetäre Thargelia, die in Thessalien zur Königin aufstieg und der selbst der Großkönig mit Respekt begegnete. Dann zu Aspasia selbst: Perikles habe seine politische Größe und zumal seine Re-
202 dekunst dem Umgang | mit ihr verdankt; und nach Perikles' Tod habe sie aus dem Schafhändler Lysikles einen einflußreichen Politiker gemacht.[1] Ferner erzählte Sokrates ein privates Gespräch, das Aspasia mit Xenophon und seiner Frau geführt haben soll (Cicero, De inv. I 31, 51f. = fr. 31 Dittmar): durch geschickte Fragen habe sie den beiden klar gemacht, daß der Wunsch, den besten Ehepartner zu haben, nur dann erfüllt werde, wenn jeder sich vor allem um die eigene Arete bemühe.

Auch schon Dittmar (a. O. 35–41, 50f.) hat durchaus gesehen, daß die ›Aspasia‹ des Aischines etwas von einem Eros weiß, der die Menschen besser macht. Er hat diesen Eindruck aber nicht entschieden genug festgehalten, wenn er als Thema des Dialogs dann doch »die intellektuelle und moralische Leistungsfähigkeit der Frau« angab. Demgegenüber kann die Verf. zeigen, daß das ganze Werk den Zusammenhang von Eros und Arete entwickelt. Die Eingangsfrage des Dialogs, wie man zur politischen Arete gelangt, wird insgesamt damit beantwortet, daß der Eros den Weg dazu

1 In dem Abschnitt über Lysikles hat die Verf. (S. 75–7) einen syrischen Text neu zum Aspasia-Dialog des Aischines in Beziehung gesetzt.

weise. Aspasia, die empfohlene Lehrerin, erscheint als Hetäre und Kupplerin, die in anderen Liebe hervorrufen kann und es versteht, sie durch Liebe aneinander zu binden, – nun aber so, daß der Eros auf die Arete zielt, zum Guten anleitet, echte Gemeinschaft begründet.

Dieses Hauptergebnis der Verf. wird man uneingeschränkt übernehmen können. Doch sind damit auch neue Fragen gegeben, die sich nicht leicht beantworten lassen. Vor allem ist, wie schon erwähnt, nicht leicht zu sagen, welchen Anteil die παιδιά – als Ironie, Scherz oder Spiel – an der Darstellung der Aspasia bei Aischines hat. Die Verf. hat dieses Problem nur gestreift. Sie bemerkt mit Recht, daß die Empfehlung der Aspasia durch Sokrates ›ironisch‹ wirke (S. 41), und sie vermutet auch in der rühmenden Beschreibung ihrer Erziehungskunst ›sokratische Ironie‹ (S. 73). Wenn die Verf. dies jedoch als bloße Möglichkeit hinstellt und erklärt, man müsse sich hier angesichts der fragmentarischen Überlieferungslage Zurückhaltung auferlegen, so ist sie allzu vorsichtig. Es scheint mir so gut wie sicher zu sein, daß der ganze Dialog ein starkes Moment der Ironie enthielt. Wirklich ernst kann es Sokrates ja nicht sein, wenn er Aspasia als Lehrerin der politischen Arete anpreist. Ebenso sicher ist freilich auch, daß Aischines in der Form der παιδιά auf etwas an sich Ernstzunehmendes hinweisen wollte.

Für die ironisch-spielerische Darstellungsart des Aischines haben wir ein ausdrückliches Zeugnis, das sich allerdings nicht direkt auf die Aspasia, sondern auf den Dialog ›Telauges‹ bezieht, aber wohl allgemeinere Gültigkeit hat: πᾶσα γὰρ σχεδὸν ἡ περὶ τὸν Τηλαυγῆ διήγησις ἀπορίαν παράσχοι ἄν, εἴτε θαυμασμὸς εἴτε χλευασμός ἐστι· τὸ δὲ τοιοῦτον εἶδος ἀμφίβολον, καίτοι
εἰρωνεία οὐκ ὂν ἔχει τινὰ ὅμως καὶ εἰρωνείας ἔμ- | φασιν (Demetrios, Rhet. 203
Graeci III 324 Spengel = fr. 48 Dittmar).[2] Wir können also damit rechnen, daß Aischines gerade auch in der ›Aspasia‹ Wesentliches bewußt in der Schwebe ließ. Deshalb ist es wohl nur vorläufig richtig, wenn die Verf. erklärt (S. 90): »In der Sicht des Aischines dürfen wir wohl sagen, daß Aspasia allein diesen Weg (zur Arete) weiß ...«. Warum aber nimmt Aischines die ironische Verschiebung vor, durch die Aspasia zur Repräsentantin des erzieherischen Eros, Sokrates aber zu ihrem Schüler wird, der von sich aus nichts über die politische Arete zu sagen weiß? Anscheinend glaubt Aischines, das Wesen des sokratischen Eros am besten nicht in direktem Zugriff erfassen und mitteilen zu können.

Damit hängt eine sachliche Schwierigkeit des Verständnisses zusammen. Die Verf. sieht, daß Aischines den Eros als ›Mittel‹, ›Weg‹, ›Triebkraft‹ oder ›Helfer‹ zur Arete verstand. Der Eros wird also von der Arete selbst unterschieden. Und in der Tat scheint der Eros für Aischines eine emotionale, irrationale Kraft zu sein, während zur Arete ein überragendes Wissen gehört. Nun geht aber aus den Texten nicht klar hervor, worin für Aischines

2 Die sokratische Ironie in den Dialogen des Aischines wird auch erwähnt bei Cicero, Brutus 292 und Theod. Metochita p. 265 Dittmar.

die Arete selbst eigentlich besteht. Die Verf. nimmt daher an, Aischines habe diese Frage unbestimmt gelassen: »Hier liegt der wesentliche Unterschied zu Platon. Aischines fragt nicht danach, was die ἀρετή sei. Wir brauchen deswegen nicht anzunehmen, daß er diese Frage nicht begriffen hätte …, sie mag ihm aber für sein Grundanliegen nicht eigentlich relevant gewesen sein« (S. 93).

Man wird zugeben müssen, daß Aischines in der literarischen Darstellung des Dialogs die Frage, was die Arete selbst ist, nicht direkt erörtert und beantwortet hat. Aber er hatte doch wohl eine klare Vorstellung darüber und wollte die Überlegungen des Lesers in eine bestimmte Richtung lenken. Nun können wir uns gewiß nicht mehr in die Situation des Lesers versetzen, der nach der Lektüre des Werkes sich ein Urteil bilden sollte und konnte. Aber die Frage muß doch gestellt werden, wie Aischines im Zusammenhang mit dem Eros die Arete und das Arete-Wissen zu bestimmen suchte.

Es ist – wenn man dazu eine Vermutung wagen will – gut denkbar, daß der Eros, wie ihn Aischines verstand, nicht nur ein Mittel zur Erlangung der Arete ist, sondern eine Komponente der Arete selbst darstellt. Möglicherweise sah Aischines die Arete in einem ›Gemeinsinn‹ (ὁμόνοια), einer Form der Erkenntnis, die nicht ohne Eros oder Philia bestehen kann. Darin ist ja gerade die Techne des Politikers, die in dem Dialog des Aischines gesucht wird, auf die Kraft des Eros angewiesen, daß der Politiker die Aufgabe
204 hat, die Menschen zur Eintracht und Gemeinschaft zu führen. |

Wenn Aischines den zur politischen Arete erziehenden Eros ausgerechnet auf Aspasia projiziert, so will er damit doch wohl sagen: Die Kunst einer Hetäre und Kupplerin, die Kunst der Freundschaft und die Kunst der Politik, sie gehören im Grunde zusammen. Auf allen Stufen sind Liebe und Arete nicht voneinander zu trennen. Und was zuerst als elementares, individuelles Bedürfnis (ἐπιθυμία) auftritt, kann sich steigern zu einer wissenden Einsicht, eben zu der Erkenntnis der Wechselwirkung von Eros und Arete.

Der ›Alkibiades‹ des Aischines stellt uns, sicher nicht bloß zufällig, vor die gleichen Probleme. Die Verf. hat erkannt, daß dieser Dialog mit der ›Aspasia‹ durch das Thema ›Eros und Arete‹ verbunden ist, und sie hat die beiden Werke in aufschlußreicher Weise miteinander verglichen, soweit es die Fragmente erlauben. Schließlich aber vermißt sie auch im ›Alkibiades‹, und hier sogar noch mehr als in der ›Aspasia‹, eine klare Auskunft über die Arete.

Über den Inhalt und Verlauf des Alkibiades-Dialogs ist im wesentlichen Folgendes bekannt. Der junge Alkibiades erklärte im Gespräch mit Sokrates, er wolle ein berühmter Politiker werden. Dabei glaubte er, dieses Ziel ohne besondere Vorbereitung erreichen zu können. Sokrates zeigte ihm, daß er niemals an sein großes Vorbild, Themistokles, heranreichen werde, wenn er sich nicht besonders um das für den Politiker nötige Wissen bemühe. Themistokles habe seine Überlegenheit nur durch hervorragendes Wissen (ἐπιστήμη, nicht τύχη) gewonnen; und nicht einmal ihm sei es gelungen, immer erfolgreich zu bleiben, da er schließlich von seinen Mitbürgern verbannt worden sei. Um wieviel mehr also müsse Alkibiades bei seiner Unwissenheit unterliegen (fr. 7–9 Dittmar). Weinend warf sich Alkibiades vor Sokrates nieder und bat um seine Hilfe (fr. 9–10). Am Schluß des Dialoges – wo mehrere Sätze wörtlich erhalten sind (fr. 11) – resümiert Sokrates, daß er Alkibiades ›besser machen‹ konnte (βελτίω ποιῆσαι), obwohl er über kein lehrbares Wissen (τέχνη, μάθημα) verfügte. Wenn er dennoch für Alkibiades nützlich gewesen sei (ὀφελῆσαι, ὀνῆσαι, συμφέρειν), so durch eine göttliche Einwirkung (θείᾳ μοίρᾳ), durch einen emotionalen Antrieb (ἐπιθυμία), durch seinen Eros (διὰ τὸν ἔρωτα).

Wie soll man sich nun aber dieses durch den Eros ermöglichte ›Bessermachen‹ des Sokrates genauer vorstellen? Und wie verhält sich, so ist vor allem zu fragen, die erzieherische Tätigkeit des Sokrates zu dem besonderen Wissen, das nicht einmal Themistokles in ausreichendem Maße hatte? Zunächst kann man antworten, daß Sokrates für Alkibiades schon insofern nützlich ist, als er ihm sein Nichtwissen zu Bewußtsein bringt. Auf diese Weise wird bereits im elenktisch-protreptischen Gespräch ein wichtiger Schritt zur Arete vollzogen: Alkibiades wird von seinem Dünkel befreit und kommt zu einer gewissen Selbsterkenntnis. | 205

Soweit kann die Verf. (S. 20) die vor einigen Jahren vom Rez. gegebene Erklärung übernehmen.[3]

Mit der Destruktion des Scheinwissens allein ist es aber wohl noch nicht getan: dadurch wird man noch kein guter Politiker. Deshalb hat die Verf. wahrscheinlich recht, wenn sie – gegen die frühere Ansicht des Rez. – ausführt, die von Sokrates bewirkte Selbsterkenntnis sei nicht einfach mit dem politischen Arete-Wissen gleichzusetzen (S. 17–8). Der platonische ›Gorgias‹ bestärkt sie in der überzeugenden Erklärung: Da Themistokles schließlich verbannt worden ist, hat er es an der sittlichen Erziehung der Bürger fehlen lassen, die ihn vor ihrer Undankbarkeit bewahrt hätte (S. 15).

Wo aber soll Alkibiades die Kunst, die Mitbürger ethisch besser zu machen, lernen, wenn Sokrates nur den Eros hat und kein lehrbares Wissen? Die Bemerkung der Verf., man müsse »den zukünftigen, auf dem ἔρως basierenden Umgang des Sokrates mit Alkibiades mit einrechnen« ist noch keine ausreichende Erklärung (S. 24), zumal wenn für den Dialog des Aischines wirklich auch der andere Satz gelten sollte: »Auch Sokrates besitzt selbst das höchste Wissen, auf das alles ankommt, nicht« (S. 23, vgl. S. 90).

Vielleicht darf man auch hier den Weg, den die Verf. eingeschlagen hat, noch einen Schritt weitergehen. Der Eros des Sokrates könnte nämlich mit dem politischen Arete-Wissen enger zusammenhängen, als es zunächst

3 Protreptik und Paränese bei Platon, 1959 (Tüb. Beitr. z. Altertumswiss. 40). Vgl. zur Rolle der Selbsterkenntnis bei Aischines auch fr. 49 Dittmar (Plutarch, De curios. 2, 516 C).

aussieht. Wenn es Themistokles versäumte, sich die Zuneigung und Dankbarkeit seiner Mitbürger zu erhalten, so heißt dies doch wohl, daß auf beiden Seiten so etwas wie ›Liebe‹ gefehlt hat. In der Polis-Gemeinschaft müssen Herrschende und Beherrschte durch eine Art Philia miteinander verbunden sein. Das politische Wissen besteht somit wohl in der Erkenntnis der wechselseitigen Wirkung von Liebe (Eros, Philia) und Arete: wer Liebe erwecken will, muß zuerst selbst gut sein, und indem der Gute geliebt wird, kann er durch sein Vorbild die anderen zur Arete führen.[4]

Der ›bessermachende Eros‹ des Sokrates zu Alkibiades kann also verstanden werden als eine persönliche Ausprägung jener umfassenden politischen Philia. Und wenn dieser sokratische Eros auch selbst kein lehr- und lernbares Wissen ist, so ist er doch von einer tieferen Einsicht getragen und zielt auf Erkenntnis hin. Durch seinen Eros ruft Sokrates ja in Alkibiades eine entsprechende Wirkung hervor. Nicht nur, daß Alkibiades eine Er-
206 schütterung erlebt, die ihn stärker beeinflußt als jedes | technische Wissen, und daß er sich zu Sokrates hingezogen fühlt. Es wird in ihm durch Sokrates auch eine ἐπιθυμία geweckt, die nach dem Arete-Wissen strebt.[5] Der Eros ist demnach, richtig verstanden, nicht nur eine ›Triebkraft‹ zur Arete, sondern auch zur ἐπιστήμη.

In diesem Sinne kann man die gedanklichen Linien, die in den einzelnen Textzeugnissen zu erkennen sind, weiter ausziehen bis zu einem Punkt, wo sie sich treffen. Damit geht man freilich nicht nur über die erhaltenen Texte, sondern wahrscheinlich auch über das hinaus, was Aischines im Dialog ausdrücklich dargelegt hat. Dennoch ist eine solche Deutung legitim, weil sie versucht, der ironischen Darstellungsart des Aischines gerecht zu werden. Mit der Verf. teile ich also den Eindruck, »daß die Sokrates-Darstellung des ›Alkibiades‹ nicht das letzte Wort des Aischines sein kann« und »daß das im ›Alkibiades‹ angeschnittene Thema mit diesem Dialog noch nicht erschöpfend behandelt ist« (S. 24–5). Ich möchte dies aber nicht entwicklungsgeschichtlich verstehen, als ob Aischines im ›Alkibiades‹ seine Gedanken über den Eros noch nicht so weit geklärt oder noch nicht so klar ausgedrückt hätte wie später in der ›Aspasia‹ (S. 93–5). In beiden Dialogen blieb es, wie ich meine, dem Leser überlassen, sich selbst eine Vorstellung von der Arete zu bilden, die Sokrates meint. Der Zusammenhang von Eros und Arete, über den im Dialog gesprochen wird, deutet immerhin in eine bestimmte Richtung. Wahrscheinlich soll man verstehen, daß auch noch die

4 In diesen Zusammenhang gehören bei Xenophon Stellen wie Mem. II 6, 13 (Themistokles und Perikles haben es erreicht, daß die Stadt sie liebte, φιλεῖν) und ›Symposion‹ IV 64. VIII 41/3 (die politischen können mit erotischen Bindungen verglichen werden).

5 Die Verf. bemerkt gut (S. 20 Anm. 27), daß in fr. 11 b das Stichwort ἐπιθυμία nicht nur für Sokrates gilt, sondern auch auf Alkibiades bezogen werden kann, der gleichsam krank ist und als Folge des Gesprächs mit Sokrates instinktiv nach dem verlangt, was ihn gesund macht.

höchste politische Arete und das entsprechende politische Wissen eine ›erotische‹ Kraft als Wesenselement brauchen.

Was den Einfluß des Aischines auf Xenophon angeht, so ist unbestreitbar, daß die von der Verf. interpretierten Stellen in den xenophontischen Sokratesschriften auf die Aspasia des Aischines Bezug nehmen. Man kann diese Reflexe daher mit der nötigen Vorsicht auch umgekehrt zur Erhellung des verlorenen Dialogs verwerten.

Besonders wichtig ist diese Beziehung für das xenophontische ›Symposion‹, wie auch schon Dittmar (a.O. 36–7) hervorgehoben hat. Wenn der xenophontische Sokrates sich hier seiner ›Kupplerkunst‹ rühmt und sich bei der Beratung des Kallias dementsprechend betätigt, so ist das nur von dem Dialog des Aischines aus ganz zu verstehen. Man sieht an diesem Beispiel, daß es für das Verständnis der sokratischen Schriften Xenophons unerläßlich ist, das ganze, vielfältige Spektrum der damals schon vorliegenden sokratischen Literatur wenigstens hypothetisch zu berücksichtigen.

Die Verf. nimmt von ihrem Gesichtspunkt aus zu dem immer noch sehr verschieden beurteilten Problem der schriftstellerischen Arbeits- | wei- 207
se und Selbständigkeit Xenophons in einleuchtender Weise Stellung (S. 105, 110, 112, 118, 122–3). Sie betont zu Recht, daß Xenophon zwar in weitem Umfang literarische Vorlagen auswertet, dabei aber nicht einfach abhängig ist, sondern jeweils das Material so auswählt und wieder neu gestaltet, wie es seiner eigenen Absicht entspricht. Ich glaube sogar, daß es Xenophon bei der Benützung von anderen Sokratesdarstellungen oft gerade darauf ankam, die einzelnen Züge umzudeuten und mit neuem Sinn zu versehen, weil er so das Sokratesbild, das er dort vorfand, implizit korrigieren konnte.

Wahrscheinlich gehören, neben den frühen Dialogen Platons, besonders auch Werke wie der ›Alkibiades‹ und die ›Aspasia‹ des Aischines zu den Schriften, von denen Xenophon in den ›Memorabilien‹ (I 4, 1) programmatisch sagt, daß sie ein mißverständliches und irreführendes Bild von Sokrates zeichneten, indem sie ihn nur als Protreptiker darstellten, anstatt auch zu zeigen, daß Sokrates seine Schüler durch positive moralische Unterweisungen bessermachen konnte. An den Dialogen des Aischines dürfte ihn zumal die ironische Art der παιδιά irritiert haben. Wo bei Xenophon παιδιά und σπουδή miteinander verbunden sind, wie besonders in seinem ›Symposion‹, da ist doch die παιδιά in ihrer pädagogischen Bedeutung eindeutig zu verstehen.

Nebenbei stellt auch die Verf. (S. 112 Anm. 26) die Frage: »Was versteht Xenophon aber, genau gesagt, unter Scherz?« Dieser Frage sollte man einmal gründlich nachgehen. Ich denke, daß man damit den besten Schlüssel zum Verständnis des xenophontischen ›Symposions‹ hätte. Xenophon wußte, wie mir scheint, mit der sokratischen Ironie, durch die der Leser bei Platon und Aischines schließlich seinem eigenen Nachdenken überlassen wird, nicht viel anzufangen. Für ihn ist die παιδιά kein Mittel, um auf tieferliegende Sachverhalte aufmerksam zu machen, sondern ein persönlicher Faktor der Erziehung und Menschenbehandlung.[6]

Bei Platon wird Aspasia im ›Menexenos‹ ausdrücklich erwähnt. Sokrates will den Epitaphios, den er vorträgt, bei ihr gelernt haben. Die Verf. erkannte, daß damit von Aischines her ein positiver Hinweis gegeben ist, der den Sinn der rätselhaften Schrift Platons zu verstehen hilft. Der Name Aspasia steht, wenn man an Aischines denkt, für die Frage, wie die politische Arete verwirklicht werden kann. Ja, der Zusammenhang erweist sich als noch konkreter, wenn man bedenkt, daß der Epitaphios eine ›Lobrede‹ ist und daß bei der Vermittlungskunst der Aspasia das verpflichtende, zum Guten anspornende ›Loben‹ eine wesentliche Rolle gespielt hat (vgl. Xenophon,
208 Mem. II 6, 36). | Im ›Symposion‹ Platons stellt Diotima zweifellos, wenn man es auch bei der großen dichterischen Gestaltungskraft Platons leicht übersehen kann, ein Gegenbild zu Aspasia dar. Wie Aspasia, so ist auch Diotima eine Frau, von der Sokrates sagt, daß sie ihn über das Wesen des Eros belehrt habe. Dabei hat Platon, wie man mit der Verf. sagen darf, die Gedanken des Aischines philosophisch überwunden. Eros wird nun ein universaler Mittler, der über den Bereich der menschlichen Beziehungen und auch über den der politischen Ordnung hinausführt in die Welt der Ideen.

Für die Chronologie ergibt sich, daß die ›Aspasia‹ des Aischines vor Platons ›Menexenos‹ und ›Symposion‹ entstanden ist, erst recht auch vor den sokratischen Schriften Xenophons. Plausibel ist es auch, wenn die Verf. (30–4) gegen Dittmar die Ansicht vertritt, die aischineische ›Aspasia‹ setze den gleichnamigen Dialog des Sokratikers Antisthenes voraus, nicht umgekehrt. Problematisch bleibt dagegen das Zeitverhältnis zwischen ›Aspasia‹ und ›Alkibiades‹. Die von der Verf. angenommene Entwicklung läßt sich jedenfalls nicht beweisen, da auch (noch) in der ›Aspasia‹ wesentliche Fragen ironisch in der Schwebe blieben. Ganz unsicher ist schließlich die Annahme (S. 15, 95, ebenso Dittmar 113, 158–9), der ›Alkibiades‹ setze den platonischen ›Gorgias‹ voraus. Ein verläßlicher *terminus post quem* für die beiden Aischines-Dialoge fehlt uns.

Auf die komplizierte und letzten Endes unlösbare Frage, wie viel vom ›historischen Sokrates‹ in der Darstellung des sokratischen Eros bei Aischines enthalten ist, läßt sich die Verf. berechtigterweise nicht näher ein (vgl. S. 24). Einigermaßen sicher feststellbar ist nur, daß wir bei Aischines eine ›vorplatonische‹ Deutung des sokratischen Eros vor uns haben. Die Verf. betont, daß Aischines als erster unter den Sokratikern über den Eros

6 Die philosophisch-sachliche Bedeutung der παιδιά bei Platon ist neuerdings besonders von H. Gundert ins Licht gerückt worden: Zum Spiel bei Platon, Beispiele, Festschr. f. E. Fink, 1965, 188ff.; Wahrheit und Spiel bei den Griechen, Freiburger Dies Universitatis 13 (1966) 13–34.

reflektiert habe: »Die von ihm gesehene und begründete Verbindung von ἔρως und ἀρετή bleibt seine originale Leistung« (S. 137).

Aischines zeigt sich uns, wenn wir der Verf. folgen, als Schriftsteller in einem etwas anderen Licht als bisher. Er hat, wie wir nun sehen, nicht nur lebensnahe Erinnerungen an Sokrates aufgezeichnet oder beliebige Themen in literarisch gefälliger Form dargestellt. Vielmehr scheint auch er in seinen Schriften von dem eigentümlich sokratisch-philosophischen Impuls bewegt zu sein. In den beiden Dialogen, von denen wir eine etwas klarere Vorstellung erhalten, hat er immerhin, wenn auch tastend, den Versuch unternommen, das Wesen der politischen Arete und die Eigenart des ethischen Wissens vom Eros aus zu beleuchten. Wie die anderen Sokratiker, so scheint auch er ein Wissen zu suchen, das nicht als Machtinstrument mißbraucht werden kann, sondern an das Gute gebunden ist und Gemeinschaft begründet. Auch bei ihm ist der sophistische Gedanke einer rhetorisch-technischen Ausbildung zur Arete durchbrochen, da er dem gewöhnlichen Wissen ein emotionales und kommunikatives Prinzip gegenüberstellt, ohne das die Arete nicht möglich sein soll. Aischines | nennt dieses Moment Eros, wäh- 209
rend Antisthenes etwa von πόνος und ἐπιμέλεια spricht und Platon dann noch weiter vordringt zu der gemeinsamen Grundlage von Eros und Wissen im Agathon.

Es ist der Verf. sicherlich nicht als Fehler anzurechnen, wenn sie die philosophisch-gedanklichen Linien zunächst nicht viel weiter verfolgt hat, als es die erhaltenen Textzeugnisse unmittelbar zulassen. Sie hat ihre Untersuchung erfolgreich bis zu dem Punkt geführt, der die einheitliche Thematik der ›Aspasia‹ des Aischines wie auch seines ›Alkibiades‹ deutlich zu erkennen gibt und der zugleich auf die Beziehungen zu Xenophon und Platon einen instruktiven Ausblick gewährt. Wenn es überhaupt möglich ist, auf dem von der Verf. untersuchten, durch die Überlieferungslage begrenzten und schwankenden Gebiet noch weiterführende Schritte zu tun, dann nur deshalb, weil uns die vorliegende Arbeit einen zielsicheren und aussichtsreichen Weg gebahnt hat.

Zwei Protreptikos-Zitate in der Eudemischen Ethik des Aristoteles (1961)

An zwei Stellen der ›Eudemischen Ethik‹ (EE) bezieht sich Aristoteles auf einen »geschriebenen Logos« – allem Anschein nach auf ein eigenes Werk: τὸ ἐν τῷ λόγῳ γεγραμμένον (EE I 8, 1218 a 36), ὥσπερ ἐν τῷ λόγῳ γέγραπται (VII 12, 1244 b 30). Es ist jedoch nicht leicht zu sagen, was für eine ›Schrift‹ hier zitiert wird: ist auf ein literarisches Werk, etwa den ›Protreptikos‹, verwiesen, wie W. Jaeger und I. Düring mit freilich unsicherer Begründung angenommen haben, oder meint Aristoteles, wie neuerdings F. Dirlmeier nachzuweisen suchte, ein handbuchartiges Sammelwerk der Schule?[1] | 315

Der sprachliche Ausdruck der Zitatformel läßt keine eindeutige Entscheidung zu. Dies zeigt die gründliche Untersuchung Dirlmeiers, deren erster Teil überhaupt dem Problem der ›Mündlichkeit und Schriftlichkeit bei Platon und Aristoteles‹ gewidmet ist.

Auf der einen Seite zitiert Aristoteles, wie Dirlmeier selbst feststellt, mit ähnlichen Wendungen die Dialoge Platons als literarische Werke: τὸ τῷ Φαίδωνι γεγραμμένον (Meteor. II 2, 355 b 32), ὥσπερ ἐν τῷ Τιμαίῳ γέγραφεν (Phys. IV 2, 210 a 2, De gen. et. corr. I 8, 325 b 24), ὥσπερ ὁ Καλλικλῆς ἐν τῷ Γοργίᾳ γέγραπται λέγων (Top. IX 12, 173 a8).[2] Ferner möchten wir anneh-

1 W. Jaeger, Aristoteles – Grundlegung einer Geschichte seiner Entwicklung, 1923 (^{2}1955) (hier = Jaeger), 268f.; I. Düring, Aristotle's Protrepticus – an attempt at reconstruction, 1961 (Studia Graeca et Latina Gothoburgensia 12 (= Düring), 242–4; F. Dirlmeier, Aristoteles – Eudemische Ethik (Übersetzung und Kommentar), 1961 (= Dirlmeier, E.E.), 209–11 und 459–62; Merkwürdige Zitate in der Eudemischen Ethik der Aristoteles, 1962 (Sitzungsber. d. Heidelb. Akad. d. Wiss., phil.-hist. Kl. 1962, 2. Abh.) (= Dirlmeier, M.Z.).
Ferner werden hier die folgenden Arbeiten nur mit Verfassernamen zitiert. Zur EE: J. Solomon, Ethica Eudemia (Übersetzung m. Anm.), in: The works of Aristotle, transl. under the editorship of W.D. Ross, IX, ^{1}1915 ; H. Rackham, Aristotle – The Eudemian Ethics (Ausgabe und Übersetzung, Loeb Classical Library), 1952. – Zum ›Protreptikos‹ seit Düring, (1961): E. Berti, La filosofia del primo Aristotele, 1962 (Univ. Padova, Publ. d. Fac. d. Lett. e Filos. 38), 453-543; R. Stark, Rezension zu: Düring, Aristotle's Protrepticus, Gött. Gel. Anz. 217, 1965, 55-68; H. Flashar, Platon und Aristoteles im Protreptikos des Jamblichos, Archiv f. Gesch. d. Philos. 47, 1965, 53-79; C.J. de Vogel, Did Aristotle ever accept Plato's theory of transcendent ideas? Problems around a new edition of the Protrepticus, Archiv f. Gesch. d. Philos. 47, 1965, 261–98. – In seinem neuen Hauptwerk geht I. Düring auf das Problem der beiden Zitate nicht ein: Aristoteles – Darstellung und Interpretation seines Denkens, Heidelberg 1966.

2 Dirlmeier (M.Z. 19) verweist außerdem auf Polit. 1261 a 9; 1264 b 27 (vgl. auch 1266 b 5).

men, daß mit der Bezeichnung αἱ γεγραμμέναι διαιρέσεις, die Aristoteles einmal bei der kritischen Erörterung der platonischen Dihairesis-Methode gebraucht (De part. anim. I 2, 642 b 12), die im platonischen ›Sophistes‹ und ›Politikos‹ literarisch dargestellten Dihairesen gemeint sind – zum Unterschied von den Diaireseis der Schule.[3] Und auch der Ausdruck οἱ
316 γεγραμμένοι | λόγοι in der ›Topik‹ (I 14, 105 b 127) scheint in diese Richtung zu weisen. Denn er bedeutet doch wohl so viel wie ›die vorliegende Literatur‹.[4]

Auf der anderen Seite aber zitiert Aristoteles, wie Dirlmeier hervorgehoben hat, auch seine Tierkunde (Historia animalium) als »geschriebenes« Werk: z. B. καθάπερ ἐν ταῖς ἱστορίαις γέγραπται περὶ αὐτῶν (De gen. anim. III 1, 750 b 31). Er behandelt also nicht nur die förmlich publizierte Literatur, sondern auch ein fachwissenschaftliches ›Nachschlagewerk‹ der Schule als Buch.[5]

Eine genaue Parallele für den Ausdruck ὁ γεγραμμένος λόγος ist in keinem Fall nachweisbar. Wenn man der Formulierung jedoch ein erstes Präjudiz abgewinnen will, kann man vielleicht vermuten: die einfache Bezeichnung ὁ λόγος läßt weniger an ein Sammelwerk denken als an eine zusammenhängende Darstellung, unter den literarischen Werken aber, wenn diese gemeint sein sollten, weniger an einen (mehrere Reden enthaltenden) Dialog als an den Logos Protreptikos.[6]

3 So erklärte dieses Zitat – auf Platon, Soph. 220 AB und Pol. 264 DE hinweisend – F. Überweg, Untersuchungen über die Echtheit und Zeitfolge Platonischer Schriften, 1861, 153–6, 160–2. Die nur innerhalb der Schule bekannten, ›ungeschriebenen‹ Diaireseis Platons erwähnt Aristoteles in De gen. et corr. II 3, 330 b 16 (vgl. auch Metaph. XII 7, 1072 b 2). – Anders verstehen die »geschriebenen Diaireseis« A. Diès (Platon, Le Politique, Œuvres IX, 1950, XXVII), der an »tableaux muraux« in der Akademie denkt (ebenso P. Louis, Aristote - Les parties des animaux, 1956, 171), und Dirlmeier (M.Z. 30), der das Zitat auf ein Handbuch der Akademie bezieht.

4 Anders Dirlmeier, E.E. 211 und M.Z. 31: Dihairesen-Buch der Schule. Vgl. jetzt I. Düring, Aristoteles, 1966, 226f. (»Bücher«) und 607 (»Schriften der Vorgänger«). In der ›Topik‹ selbst haben wir eine Stelle (I 4,166 b 1–3), wo ἄνευ γραφῆς und ἐν τοῖς γεγραμμένοις einander gegenübergestellt sind in der Bedeutung ›mündlich‹ und ›literarisch‹.

5 Dirlmeier (M.Z. 20–2) führt sieben Belegstellen aus ›De respir.‹ und ›De gener. anim.‹ an. – Von einem darstellenden Werk wie der ›Tierkunde‹ sind die ebenfalls für den Schulgebrauch bestimmten schematischen Aufzeichnungen zu unterscheiden, die Aristoteles als dia-graphai bezeichnet. Dazu gehören die dihairetischen Aufstellungen in der EE (vgl. Dirlmeier, E.E. 323f.) und das Metaph. X 3, 1054 a 30 zitierte Dihairesen-Buch (ὥσπερ ἐν τῇ διαιρέσει τῶν ἐναντίων διεγράψαμεν). Dihairesen führt Aristoteles in der verschiedensten Form an, mehrmals auch aus dem Bereich der ἐξωτερικοὶ λόγοι und einmal unter dem Begriff ἀπηλλαγμένοι (λόγοι) (s. dazu u. S. 335, Anm. 41). Nirgends erscheinen Dihairesen jedoch ausdrücklich als »geschriebenes« Werk.

6 Den drei Bücher umfassenden Dialog Περὶ φιλοσοφίας zitiert Aristoteles pluralisch: ἐν τοῖς Περὶ φιλοσοφίας (Phys. II 2, 194 a 36; De an. I 2, 404 b 18). Mehrere Bücher umfassen auch die Diaireseis in den antiken Schriftenverzeichnissen zu Aristoteles.

I

In EE I 8 kritisiert Aristoteles die platonische Lehre von einer »Idee des Guten«.[7] Er bestreitet zunächst deren Exi- | stenz, um dann zu erklären, daß sie 317
auch, abgesehen von ihrer zweifelhaften Realität, im praktischen Leben nichts nützen könne.

1 *EE I 8, 1218 a 33-38: Die platonische Idee des Guten hat keinen praktischen Nutzen*

ὅτι μὲν οὖν οὐκ ἔστιν αὐτό τι ἀγαθόν, ἔχει ἀπορίας τοιαύτας.	Daß es also ein »Gutes selbst« nicht gibt, zeigt sich in derartigen Aporien.
καὶ ὅτι οὐ χρήσιμον τῇ πολιτικῇ, ἀλλ᾽ ἴδιόν τι ἀγαθόν, ὥσπερ καὶ ταῖς ἄλλαις, οἷον γυμναστικῇ εὐεξία.	Und auch, daß es nicht nützlich wäre für die Politik. Vielmehr hat diese ein besonderes (eigenes) Gutes, wie auch die anderen Technai, z. B. die Gymnastik den guten Körperzustand.
ἔτι καὶ τὸ ἐν τῷ λόγῳ γεγραμμένον· ἢ γὰρ οὐδεμιᾷ χρήσιμον αὐτὸ τὸ τοῦ ἀγαθοῦ εἶδος ἢ πάσαις ὁμοίως·	Ferner gilt auch *was in dem Buch geschrieben ist*: entweder ist das dem Guten eigene Wesen an sich für *keine* Techne nützlich, oder für *alle* in gleicher (ähnlicher) Weise.
ἔτι οὐ πρακτόν.	Ferner gilt: es kann nicht Ziel des Handelns sein.

Dirlmeier hat sicher mit Recht festgestellt, daß die ihm vorliegenden Deutungen des aristotelischen Zitates – Jaeger dachte an den Dialog Περὶ Φιλοσοφίας, Düring beiläufig und unbestimmt an den ›Protreptikos‹ – auf schwachen Füßen stehen.[8] Aber auch seine eigene Erklärung ist nicht frei von Bedenken. | 318

Dirlmeier nimmt an, daß Aristoteles in einem Dihairesen-Werk die Unterscheidung ›entweder in keinem Fall – oder in allen Fällen‹ aufgeführt habe und diese Distinktion hier in der EE konkret anwende. Der problematische Satz würde also besagen. »Und ferner gilt nach der im Handbuch verzeichneten Dihairese ›alle – keine‹, daß die Idee entweder keiner Techne nützt oder allen«.[9] Es ist jedoch nicht ganz einzusehen, weshalb Aristoteles wegen einer solchen rein formalen Unterscheidung ein besonderes Werk

7 Vgl. zu dem ganzen Kapitel jetzt H. Flashar, Die Kritik der platonischen Ideenlehre in der Ethik des Aristoteles, in: Synusia, Festg. f. W. Schadewaldt, 1965, 223/46.

8 Dirlmeier, E.E. 210 und M.Z. 27. – Die Erklärung von Jaeger (268) hat R. Walzer akzeptiert (Magna Moralia und aristotelische Ethik, Neue Phil. Unters. 7, 1929, 38). Für einen Zusammenhang mit Περὶ φιλοσοφίας könnte jedoch lediglich sprechen, daß dieser Dialog eine Kritik an der platonischen Form der Ideenlehre enthielt. - Düring (243f.) erklärt, die Beziehung auf den ›Protreptikos‹ sei möglich; er weist jedoch keine konkrete Entsprechung nach. Düring zweifelt sogar daran, daß die inhaltlich angegebene Doppelthese (ἢ γὰρ οὐδεμιᾷ … ἢ πάσαις) zu dem Zitat gehört, während Jaeger glaubte, daß auch noch die darauf folgenden Argumente aus dem zitierten Logos stammen. – Dirlmeier (E.E. 211 und M.Z. 28) zeigt außerdem überzeugend, daß eine ideenkritische Sonderschrift nicht in Frage kommen kann, weil sich Aristoteles nur für ein spezielles Problem (die Nützlichkeit der platonischen Idee) auf den zitierten Logos beruft.

herangezogen haben sollte. Auch entspricht die Alternative ›alle – keine‹ nicht dem Inhalt der platonisch-aristotelischen Diaireseis, soweit sie uns bekannt sind: sie scheinen nicht methodische Regeln, sondern gegenständlich bestimmte Klassifikationen geboten zu haben.[10] Was an unserer Stelle in der EE offen bleibt und nur bei genauerer Explikation klar werden kann, ist denn auch das Sachliche: inwiefern das Eidos des Guten entweder für keine Techne nützlich ist oder für alle gleicherweise. Es ist also zu erwarten, daß davon in dem zitierten Logos ausführlicher die Rede war.

Nun ist jedoch bisher noch nicht wirklich geprüft worden, wie sich die summarische Angabe der EE zu den Fragmenten des ›Protreptikos‹ verhält. Die Erklärer scheinen am ›Protreptikos‹ deswegen vorbeigesehen zu haben, weil dort in der Tat nicht – wie in EE I 8 – die platonische »Idee«, sondern allgemeiner der Wert des Philosophierens zur Debatte stand. Sieht man aber genauer zu, so zeigt sich: das Zitat spricht nicht von der »Idee des Guten« (ἰδέα τοῦ ἀγαθοῦ) und nicht vom »Guten an sich« (αὐτὸ τὸ ἀγαθόν), sondern – mit bezeichnendem Wechsel des Ausdrucks – von der »Wesensart des Guten« (αὐτὸ τὸ τοῦ ἀγαθοῦ εἶδος). Damit dürfte nicht speziell die
319 platonische Idee gemeint sein.[11] |

Die Frage, worin das Gute seinem Wesen nach besteht, ist im ›Protreptikos‹ des Aristoteles zweifellos behandelt worden. Und ebenso sicher bildete die Frage der ›Nützlichkeit für die Praxis‹ dort ein zentrales Thema. Dabei ist für uns besonders wichtig, daß in den Protreptikos-Fragmenten dieses Problem gerade unter dem Doppelaspekt begegnet, den das kurze Referat der EE wiedergibt: zum einen überhaupt nicht nützlich – zum anderen für alle Technai in gleicher Weise.

Überblickt man die allgemein dem aristotelischen ›Protreptikos‹ zugewiesenen Kapitel im ›Protreptikos‹ Jamblichs, so zeigt sich, daß die doppelte Thematik, die in dem Zitat der EE kurz referiert ist, die Folge der aristotelischen Exzerpte bei Jamblich in weitem, durchgehendem Zusammenhang bestimmt und in einem größeren Abschnitt (fr. 12 + 13 W./R.) grundsätzlich behandelt wird.

Zunächst ist in einer offenbar vorläufig-programmatischen Partie (Jambl., Protr. p. 37,22 – 41,5 Pist. = fr. 5 W./R. = B 31-40, 53-57 Düring) zu le-

9 Dirlmeier E.E. 211 und M.Z. 28-30. Mehrere Stellen sind nachweisbar, an denen Aristoteles – jedoch ohne Zitat – mit dieser Unterscheidung arbeitet (vgl. auch Platon, Parmen. 160 B u.ö.).

10 Dies zeigen die erhaltenen ›Divisiones Aristoteleae‹ (ed. Mutschmann 1906). Ebenso sind uns aber auch zu einem 26 Bücher umfassenden Dihairesen-Werk der aristotelischen Schule inhaltliche Angaben überliefert (durch das arabisch erhaltene Schriftenverzeichnis des Ptolemaios; bei I. Düring, Aristotle in the ancient biograpbical tradition, 1957 [Studia Graeca et Latina Gothoburgensia 5] 226): »The classification of time, the soul, the passions, the agent – the passive – the process of acting, friendship, the classes of good …«.

11 Aristoteles nennt oft die platonischen Ideen im Plural τὰ εἴδη, nirgends gebraucht er aber, soviel ich sehe, den Singular εἶδος im gleichen Sinne. – Rackham übersetzt: »the Classform of the good is in itself useful…«; Solomon dagegen: »the Idea itself of good…«; Dirlmeier: »das Eidos des höchsten Gutes selber…«.

sen, daß die Aneignung des philosophischen Wissens möglich, überaus nützlich (ὠφελιμώτατον) und relativ leicht ist.[12] Dann folgen zwei summarische Sätze, die den Inhalt aller folgenden Ausführungen zusammenfassend vorwegnehmen.[13] Der erste Satz, der den Inhalt der Kapitel VII-X (fr. 6, 7, 9, 10(?), 11, 12, 13 W./R.) umreißt, lautet: τὸ φρονεῖν καὶ τὸ γιγνώσκειν ἐστὶν αἱρετὸν καθ' αὑτὸ τοῖς ἀνθρώποις – οὐδὲ γὰρ ζῆν δυνατὸν ὡς ἀνθρώποις ἄνευ τούτων –, χρήσιμόν τε εἰς τὸν βίον ὑπάρχει – οὐδὲν γὰρ ἡμῖν ἀγαθὸν παραγίγνεται, ὅ τι μὴ λογισαμένοις καὶ κατὰ φρόνησιν ἐνεργήσασιν τελειοῦται (p. 41, 7-11 Pist.).

Dementsprechend wird in den anschließenden Kapiteln bei Jamblich (VII-IX) dargelegt, daß die höchste Arete des Menschen in der Erkenntnis, und zwar in der theoretisch-betrachtenden Form des Erkennens besteht. Insbesondere heißt | es schon in fr. 6 W./R. (p. 42/3 Pist.), daß die eigentli- 320
che Arete nicht für etwas anderes (μὴ πρός τι), sondern an sich selbst (καθ' αὑτό) gut ist und daß so auch das höchste Wissen nicht zur Herstellung von etwas dient (ἐπιστήμη ποιητική), sondern sich in der Erkenntnis selbst erfüllt (ἐπιστήμη θεωρητική). Diese Ausführungen gipfeln in den wirkungsvollen Sätzen und Bildern des Fragments 12 (W./R.). Hier wird das wahrhaft Gute dem bloß Nützlichen betont entgegengesetzt. Das Gute (ἀγαθόν), so heißt es, ist zum Unterschied vom äußerlich Notwendigen (ἀναγκαῖον) an sich selbst wertvoll, nicht nur für etwas anderes vorteilhaft. Daher ist es lächerlich, überall nach einem Nutzen zu fragen (τί χρήσιμον;) . Die philosophische Phronesis ist nicht eigentlich nützlich (χρησίμη) für einen praktischen Zweck, sondern an sich gut (ἀγαθή). Und in diesem Sinne erinnert Aristoteles hier an die Vorstellung von den Inseln der Seligen, wo das Leben über alles bloß Nützliche erhaben ist, und an die Festschau in Olympia, wo es den Besuchern nicht auf irgendeinen Nutzen, sondern auf die θεωρία um ihrer selbst willen ankommt.[14]

Nachdem damit festgestellt ist, daß das Gute, zu dem die Philosophie hinführt, seinen Wert in sich selbst hat, wird nun aber in dem folgenden Kapitel X (= fr. 13 W./R.) auch die andere Seite hervorgehoben: die Philosophie ist zugleich in höchstem Maße brauchbar für das menschliche Leben.

12 Die dreifache Fragestellung (δυνατόν, ὠφέλιμον, ῥᾴδιον) gehört zum traditionellen, topischen Programm eines Logos Protreptikos; vgl. Aristoteles, Rhet. II 23, 1399 b 36 und Verf., Protreptik und Paränese bei Platon, 1959 (Tübinger Beitr. z. Altertumswiss. 40).

13 Düring (B 41) bezweifelt die aristotelische Herkunft des ersten Satzes nicht und hält nur den zweiten Satz für eine jamblichische Formulierung. Walzer hatte dagegen beide Sätze als Überleitung Jamblichs aufgefaßt und eingeklammert (fr. 6 Anfang), bei Ross sind sie ganz weggelassen.

14 Diesen Ausführungen des ›Proteptikos‹ entspricht inhaltlich Metaph. I 2, 982 b 11 – 983 a 11: die höchste Art des Wissens ist nicht nur nützlich für etwas anderes, sondern Selbstzweck (vgl. auch Polit. VII 1, 1323 b 11f.). – Dagegen stammt der entsprechende Gedanke in Kapitel V des jamblichischen Werks wahrscheinlich nicht aus dem aristotelischen ›Protreptikos‹, sondern indirekt aus dem Dialog ›Eudemos‹ (Jambl., Protr. 14,72 - 35,14 Pist. = B 25/7 Düring; hier wird betont, daß das auf den äußeren Nutzen gerichtete Wissen an das Körperliche gebunden ist). Vgl. E. Berti 517f. und H. Flashar 62–5.

Dies soll sich besonders im Blick auf die Technai zeigen (εὑρήσει τις ῥᾳδίως ἀπὸ τῶν τεχνῶν), die alle in ähnlicher Weise auf das an sich Gute hin ausgerichtet sind. Davon war schon vorher in fr. 11 W./R. die Rede, wo die Hinordnung auf das Gute, die für das technische Tun ebenso bestimmend ist wie für die Werke der Natur, ausführlich dargestellt wurde. Die Technai, so hieß es dort, folgen mimetisch der Physis, indem sie alle auf das Gute als Telos hinzielen (P. 49/50 Pist. = B 11/3 Düring).

In fr. 13 W./R. nun wird deutlich gemacht, daß der allgemeinen teleo-
321 logischen Zielgerichtetheit eine Abhängigkeit des | praktischen Lebens von der Erkenntnis an sich gültiger Normen entspricht. Wie derjenige, der ein guter Arzt oder Gymnastiker sein will, die Physis des menschlichen Körpers und seine Arete kennen muß, so müssen sich die guten Gesetzgeber auf die wahre Arete der Seele und die Eudaimonie der Polis verstehen. Und wie in den handwerklichen Technai die besten Meßwerkzeuge und Regeln von der Natur her gewonnen werden – da sich z. B. ein guter Baumeister nicht nach schon bestehenden Bauwerken richten wird, sondern nach den naturgegebenen Gesetzmäßigkeiten selbst –, so wird auch der gute Gesetzgeber auf die Naturordnung selbst blicken, nicht auf einzelne Erscheinungen. Für den Politiker aber liegt das Maßgebende, nach dem er beurteilen muß, was gerecht, gut und zuträglich ist, nicht wie bei den handwerklichen Technai im Bereich der Empirie, sondern im Bereich der Theorie.

Es ist daher mit dem philosophisch-theoretischen Wissen, so kann Aristoteles abschließend sagen, wie mit dem Sehvermögen, das selbst nichts herstellt und doch für jede Verrichtung erforderlich ist. Die philosophische Erkenntnis ist zwar ihrem Wesen nach rein theoretisch, stellt aber zugleich auch die Grundlage dar für die richtigen Entscheidungen im praktischen Leben (p. 56, 2-12 = B 51 Düring) : ἔστιν μὲν οὖν θεωρητικὴ ἥδε ἡ ἐπιστήμη, παρέχει δʼ ἡμῖν τὸ δημιουργεῖν κατʼ αὐτὴν ἅπαντα ....[15]

Die Übereinstimmung zwischen dem Zitat in der EE und den Fragmenten bei Jamblich (besonders fr. 12 + 13 W./R.) ist, wie man sieht, vollständig. Der Unterschied, daß in der EE von einem Entweder-Oder gesprochen wird, während es sich im ›Protreptikos‹ offenbar mehr um ein Einerseits-Andererseits gehandelt hat, ist unerheblich, da er sich leicht aus
322 dem Argumentationszweck der EE erklären läßt.[16] |

15 Vgl. zu fr. 13 W./R., dessen Zugehörigkeit zum aristotelischen ›Protreptikos‹ neuerdings nicht ganz unbestritten ist, auch u. S. 341. Schon in Kap. VI des Jamblich (p. 39, 11-20 Pist.; B 38f. Düring) wurde erklärt, das Philosophieren sei deswegen nützlich, weil man mit der philosophischen Phronesis die rechte Norm (κανών, ὅρος ἀκριβής, νόμος) für ›gut‹ und ›schlecht‹ erhalte; doch fehlt hier noch der Blick auf die Technai. – Verwandt und vielleicht vom ›Protreptikos‹ her konzipiert ist wiederum ein Stück aus der Einleitung zur ›Metaphysik‹ (I 2, 982 b 2–10), wo es heißt: durch das Prinzipienwissen kennt man das höchste Gute (τὸ ἄριστον) in der gesamten Seinsordnung (Physis) und damit auch das Gute in jedem einzelnen praktischen Fall (τἀγαθὸν ἑκάστου).

16 Doch kann die erste, negative These (für keine Techne nützlich) im ›Protreptikos‹ auch als selbständige Auffassung der Philosophie-Gegner eingeführt worden sein; vgl. u. S. 340.

Man versteht auch, inwiefern Aristoteles in der EE gegen die platonische »Idee des Guten« ausspielen kann, was er in seinem ›Protreptikos‹ zur Frage der praktischen Nützlichkeit der philosophischen Theorie ausgeführt hatte. (1.) Sieht man darauf, daß das wahrhaft Gute an sich selbst wertvoll, nicht nur für etwas anderes nützlich ist (fr. 12 W./R.), so ergibt sich erst recht auch für das »Gute an sich«, von dem Platon gesprochen hatte, daß es über jede praktische Nützlichkeit erhaben ist und seinen Zweck in sich selbst hat. (2.) Ebenso aber kann Aristoteles auch an die zweite These des ›Protreptikos‹ (fr. 13 W./R.) erinnern, wenn er die Brauchbarkeit der platonischen »Idee des Guten« für die einzelnen Technai in Zweifel ziehen will. Im ›Protreptikos‹ war nicht nur zu lesen, daß alle Technai das Gute zum Ziel haben und sich zu diesem Zweck nach dem wahrhaft Maßgeblichen richten müssen. Zugleich war dort klar ausgesprochen, daß die Technai hierbei in einem Mimesis-Verhältnis zur Natur stehen und daß das von Natur Vollkommene einfach in der Arete der Dinge und Lebewesen zu sehen ist. Und nicht weniger deutlich war gesagt, daß das normative Gute für die einzelnen Technai in verschiedenen Bereichen liegt: die handwerklichen Technai finden es in der Exaktheit der stofflichen Natur, der Arzt oder Gymnastiker findet es in der Arete des menschlichen Körpers, der Politiker schließlich in der nur auf theoretischem Wege erfaßbaren Ordnung der Seele und der Polis. Dies stimmt genau mit dem überein, was Aristoteles in der EE unmittelbar vor dem Zitat erklärt: Jedes Ding und jede Techne hat ein ἴδιον ἀγαθόν als besonderes Wertziel.[17] Auch die EE nennt als Beispiel neben dem Politiker den Gymnastiker.

Im ganzen will Aristoteles hier also – gegen Platon – sagen: Alle Technai sind gleicherweise (ὁμοίως) auf das Gute angewiesen, aber jede Techne hat dabei – wie schon im ›Protreptikos‹ dargelegt wurde – ihr eigenes ἀγαθόν, das in jedem Fall als immanente, in der Natur angelegte Wesensform und maßgebliches Wertziel (Telos) verstanden werden kann. Dies aber bedeutet, daß das Gute überall auch ohne besondere ›Ideenschau‹ wirksam und erreichbar ist; die Technai sind offenbar nicht auf eine über allen Erscheinungen oder gar über allem Seienden stehende »Idee des Guten« angewiesen. | 323

Damit hat das erste der beiden Zitate in der EE vom ›Protreptikos‹ her seine Erklärung gefunden. – Auf die weitere, komplizierte Frage, ob die in der EE zitierten Ausführungen vielleicht auch schon im ›Protreptikos‹ eine kritische Spitze gegen die platonische Ideenlehre enthielten, kommen wir zum Schluß zurück.

17 EE I 8, 1128 a 30–6. Parallelstellen: EN I 4, 1096 b 32–1097 a 13; MM I 1, 1183 a7–32; vgl. Dirlmeier, M.Z. 25f.

II

Thema des Kapitels VII 12 der EE ist das problematische Verhältnis von Philia und Autarkie. Aristoteles zeigt, daß der Mensch, um die ihm erreichbare (relative) Autarkie zu verwirklichen, des Freundes bedarf. Da das Sich-selbst-Erkennen zur höchsten Lebensform gehört, wir uns aber nur durch den Freund, das andere Ich, selbst erkennen können, ist die Freundschaft für unsere Arete und Eudaimonie notwendig. Als Grundlage dieser ganzen Darlegung gibt Aristoteles einen besonderen Beweis dafür, daß das Sich-selbst-Erkennen ein höchster Wert ist. – In diesem Beweisgang wird der »geschriebene Logos« zitiert, und zwar gleich doppelt: ὥσπερ ἐν τῷ λόγῳ γέγραπται (1244 b 30) wird mit ἐν τῷ λόγῳ (b 35) nochmals aufgenommen.[18]

1 *EE VII 12, 1244 b 21 -1245 a 10: Die Selbsterkenntnis als höchster Wert*[19]

περὶ δὲ τῆς ἀπορίας ταύτης σκεπτέον, μή ποτε τὸ μέν τι λέγεται καλῶς, τὸ δὲ λανθάνει
324 διὰ τὴν παραβολήν.
δῆλον δὲ λαβοῦσι τί τὸ ζῆν τὸ κατ' ἐνέργειαν καὶ ὡς τέλος. φανερὸν οὖν ὅτι τὸ αἰσθάνεσθαι καὶ τὸ γνωρίζειν, ὥστε καὶ τὸ συζῆν τὸ συναισθάνεσθαι καὶ τὸ συγγνωρίζειν ἐστίν. ἔστι δὲ αὐτὸ τὸ (τὸ αὐτὸ codd.) αἰσθάνεσθαι καὶ αὐτὸ τὸ (τὸ αὐτὸ codd.) γνωρίζειν αἱρετώτατον ἑκάστῳ, καὶ διὰ τοῦτο τοῦ ζῆν πᾶσιν ἔμφυτος ἡ ὄρεξις· τὸ γὰρ ζῆν δεῖ τιθέναι γνῶσίν τινα. εἰ οὖν τις ἀποτέμοι καὶ ποιήσειε τὸ γινώσκειν αὐτὸ καθ' αὐτὸ καὶ μὴ <ἅμα> – ἀλλὰ τοῦτο μὲν λανθάνει ὥσπερ ἐν τῷ λόγῳ γέγραπται, τῷ μέντοι πράγματι ἔστι μὴ λανθάνειν –, οὐθὲν ἂν διαφέροι ἢ τὸ γινώσκειν ἄλλον ἀνθ' αὐτοῦ· τὸ δ' ὅμοιον τοῦ ζῆν ἀνθ' αὐτοῦ ἄλλον. εὐλόγως δὴ τὸ ἑαυτοῦ αἰσθάνεσθαι καὶ γνωρίζειν αἱρετώτερον.

Was nun diese Schwierigkeit (das Verhältnis von Autarkie und Philia) angeht, so muß man zusehen, ob wir nicht vielleicht einerseits richtig argumentieren, andererseits aber das Richtige unbemerkt bleibt wegen des Vergleichs (mit der absoluten,göttlichen Autarkie). |

(a) Die Sache wird aber klar, wenn wir erfassen, was Leben ist, und zwar Leben in der höchsten Verwirklichung und Vollendung.
Nun ist Leben offenbar Wahrnehmen und Erkennen, so daß auch das Miteinanderleben dasselbe ist wie das Miteinanderwahrnehmen und das Miteinandererkennen. Es ist aber das Wahrnehmen selbst und das Erkennen selbst für jedes Wesen überaus wertvoll (erstrebenswert); und deshalb ist das Streben nach dem Leben allen Wesen von Natur eigen. Denn man muß das Leben als eine Art von Erkenntnis bestimmen.

(b) Wenn nun einer doch eine Trennung (zwischen Leben und Erkennen) vornehmen wollte und das Erkennen für sich selbst ansetzen würde und nicht <zusammen > (mit dem Leben) – aber diese (eine) Möglichkeit bleibt unbemerkt *so wie es in dem Buch geschrieben ist*, während sie der Sache nach nicht unbemerkt zu bleiben braucht –, so würde es keinen Unterschied machen, ob ein anderer erkennt statt einem selbst; das aber ist ähnlich wie wenn ein anderer lebt statt einem selbst. Mit gutem Grund gilt jedoch das Sich-selbst-Wahrnehmen und -Erkennen als wertvoller.

18 Mit ἐν τῷ λόγῳ könnte an sich auch die vorliegende Untersuchung gemeint sein (vgl. in der EE: 1225 b 19; 1244 a 8; 1245 a 27; b 12). Doch ist hier die Zusammengehörigkeit der aufeinanderfolgenden Zitatformeln kaum zu bezweifeln.

19 Die einzelnen textkritischen und interpretatorischen Entscheidungen, die in der folgenden Textwiedergabe und Übersetzung vorweggenommen sind, sollen im weiteren Verlauf der Untersuchung begründet werden. Der Nachweis, daß das Zitat mit dem ›Protreptikos‹ zu verbinden ist, bleibt jedoch in der Hauptsache unabhängig von den überlieferungsbedingten Korruptelen und Konjekturen.

δεῖ γὰρ ἅμα συνθεῖναι δύο ἐν τῷ λόγῳ· ὅτι τε τὸ ζῆν [καὶ] αἱρετόν καὶ ὅτι τὸ ἀγαθόν, καὶ ἐκ τούτων ὅτι τὸ αὐτῷ [τοῖς] ὑπάρχειν τὴν τοιαύτην φύσιν.
εἰ οὖν ἐστιν ἀεὶ τῆς τοιαύτης συστοιχίας ἡ ἑτέρα ἐν τῇ τοῦ αἱρετοῦ τάξει, καὶ τὸ γνωστὸν καὶ τὸ αἰσθητόν ἐστιν ὡς ὅλως εἰπεῖν τῷ (τὸ codd.) κοινωνεῖν τῆς ὡρισμένης φύσεως· ὥστε τὸ αὑτοῦ βούλεσθαι αἰσθάνεσθαι τὸ αὑτὸν εἶναι τοιονδὶ βούλεσθαί ἐστιν. ἐπεὶ [οὖν] οὐ κατ' αὑτούς ἐσμεν ἕκαστον τούτων, ἀλλὰ κατὰ μετάληψιν τῶν δυνάμεων ἐν τῷ αἰσθάνεσθαι ἢ γνωρίζειν· αἰσθανόμενος μὲν γὰρ αἰσθητὸς γίγνεται ταύτῃ καὶ κατὰ τοῦτο, καθὰ πρότερον αἰσθάνεται, καὶ ᾗ καὶ οὗ, γνωστὸς δὲ γιγνώσκων·
ὥστε διὰ τοῦτο καὶ ζῆν ἀεὶ βούλεται, ὅτι βούλεται ἀεὶ γνωρίζειν, τοῦτο δὲ ὅτι αὐτὸς εἶναι τὸ γνωστόν

Man muß nämlich zugleich zwei Aussagen *in dem Buch* | 325
zusammennehmen: (1.) daß das Leben wertvoll ist und (2.) daß das Gute (wertvoll ist); und aus diesen (Aussagen folgt), daß (wertvoll ist,) wenn einem selbst diese Seinsart (= das Gute) zukommt.
(c) Wenn nun bei der so angelegten Zusammenstellung des Gegensätzlichen (nach gut und schlecht) immer die eine Seite dem Wertvollen zugeordnet ist, so ist auch das Erkennbare und das Wahrnehmbare aufs ganze gesehen (in seinem Wesen) bestimmt durch die Zugehörigkeit zur Seinsart des Begrenzten (= Guten). Folglich ist der Wunsch, sich selbst wahrzunehmen, gleichbedeutend mit dem Wunsch, ein solcher (= wahrnehmbar, erkennbar, gut) selbst zu sein. Denn wir sind nicht gleich von uns aus dies alles, sondern nur durch die Teilhabe an den (dies vermögenden) Kräften im Vollzug des Wahrnehmens und Erkennens: wird man doch, indem man wahrnimmt, (selbst) wahrnehmbar auf die Weise und in der Hinsicht, in der man zuvor wahrnimmt, sowie auch dem Weg und dem Gegenstand des Wahrnehmens entsprechend; und ebenso wird der Erkennende (selbst) erkennbar.
Folglich ist dafür, daß man immer leben will, der Grund: daß man immer erkennen will, dafür aber: daß man selbst das Erkennbare sein will. | 326

Zuerst (a) stellt Aristoteles also fest, daß Leben im wesentlichen Wahrnehmen und Erkennen ist. Wir wollen eigentlich deswegen am Leben sein, weil wir das Wahrnehmen und Erkennen an sich (αὐτὸ τὸ αἰσθάνεσθαι καὶ αὐτὸ τὸ γνωρίζειν)[20] für gut halten. – Dann (b) führt eine analytische Überlegung zu dem Ergebnis, daß wir das Erkennen und Leben für uns selbst, nicht nur an sich oder etwa für einen anderen, erstreben. Trennt man nämlich das Erkennen vom (eigenen) Leben und läßt beides nicht zusammen (καὶ μὴ ἅμα),[21] so geht das eigentlich Erstrebenswerte verloren: daß man sich des eigenen Daseins und Erkennens bewußt ist. Dies aber ist, wie sich leicht zeigen läßt, deshalb erstrebenswert, weil jeder will, das Gute möge ihm selbst zukommen (αὐτῷ ὑπάρχειν).[22] – Schließlich (c) wird | gezeigt, daß wir mit 327
dem Guten zugleich auch die Erkennbarkeit für uns selbst wollen, da beides prinzipiell zusammengehört. Wenn wir uns selbst wahrnehmen und erkennen wollen, so bedeutet dies nichts anderes, als daß wir danach streben, wahrnehmbar und erkennbar zu sein.[23] – Im ganzen stellt sich also dieses

20 Vom Wert des Sich-selbst-Wahrnehmns und -Erkennens kann hier (1244 b 26f.) nicht unvermittelt die Rede sein, weil Aristoteles dazu erst schrittweise hinführen will, und zwar aufgrund der Voraussetzung, daß Wahrnehmen und Erkennen an sich wertvoll sind. Das unverständliche τὸ αὑτὸ der Überlieferung ist also mit Solomon (und Rackham) durch Umstellung (αὐτὸ τὸ) zu korrigieren, nicht mit Bonitz (sowie Susemihl und Dirlmeier) in τὸ αὑτοῦ zu verändern.

Abhängigkeitsverhältnis heraus: leben → erkennen → selbst erkennen und des eigenen Daseins bewußt sein → selbst erkennbar sein. Und immer deutlicher kommt dabei das Wesen der Selbsterkenntnis zum Vorschein: Selbsterkenntnis ist im Grunde höchste Arete.

III

Was nun den in Parenthese eingefügten Verweis auf den »geschriebenen Logos« angeht, so haben hier bereits Jaeger und Düring auf eine Berührung des Gedankengangs der EE mit den Protreptikos-Exzerpten bei Jamblich aufmerksam gemacht und damit – wie sich uns ergeben wird – die richtige
328 Spur erkannt.[24] |

Weniger spricht von vornherein für die Erklärung Dirlmeiers, der wiederum an ein Dihairesen-Buch der aristotelischen Schule dachte. Die Unterscheidung von Leben und Erkennen, für die der Logos offenbar zitiert

21 Bei καὶ μὴ (1244 b 30) kommt man ohne die Annahme einer Textlücke nicht aus. Die Erklärer haben mit ihren Konjekturen zwei Richtungen eingeschlagen. Auf der einen Seite versuchte man es seit Wilson mit der einfachen Ergänzung καὶ <τὸ> μή. Solomon verstand dementsprechend »mere knowledge and its opposite«, Rackham »… and its negation«. Aber der Gedanke an das ›Nicht-Erkennen‹ hat hier im Argumentationszusammenhang keine ersichtliche Berechtigung. Man wird also der anderen Auffassung folgen müssen, die in καὶ μὴ den Gegensatz zu der beschriebenen Isolierung des Erkennens (ποιήσειε αὐτὸ καθ᾽ αὑτό) sehen möchte. Diese Ansicht hat zuletzt durch die paläographisch glänzende Konjektur Dirlmeiers (E.E. 460) καὶ μὴ <ἅμα>, eine Bestätigung erhalten: vor ΑΛΛΑ kann ΑΜΑ leicht ausgefallen sein.
Die Korrektur des überlieferten τοῦ (1244 b 33) zu τῷ (Solomon, Rackham, Dirlmeier) ist ratsam, aber nicht unbedingt notwendig.

22 Der überlieferte Wortlaut ist bei 1244 b 36 korrupt (το αυτο τοις ὑπάρχειν). Nachdem zuvor die Konjektur von Brandis (τὸ αὑτοῖς ὑπάρχειν) akzeptiert worden war (von Susemihl, Solomon und Rackham), hat Dirlmeier (E.E. 462) τὸ αὐτοῖς ὑπάρχειν vorgeschlagen. Er verstand: »…daß sie (das Leben und das Gute) wählenswert sind, weil ihnen jene bekannte Werthaftigkeit eigen ist«. Aber im Zusammenhang scheint uns nur die eine Feststellung ganz sinnvoll zu sein, daß jeder das Gute sich selbst zu eigen haben will. Die Konjektur von Brandis gibt diesen Sinn her. Solomon übersetzte: »that it is desirable that such a nature should belong to oneself« (ähnlich Rackham). Da Aristoteles jedoch in dem ganzen Beweisgang den Singular des Reflexivpronomens gebraucht, ist eher τὸ αὑτῷ ὑπάρχειν zu erwarten. Man vergleiche den entsprechenden Ausdruck βούλεται αὑτῷ τἀγαθά EN IX 4, 1166 a 14ff.; 8, 1169 a 17; EE VII 6, 1240 b 4; VIII 9, 1159 a 12. – Die Verderbnis kann man also paläographisch folgendermaßen erklären: αυτωι wurde verschrieben zu αυτο, dies sinngemäß richtig korrigiert durch ein hinzugesetztes -τοις (= αὐτοῖς oder αὑτοῖς), das dann unrichtig in den Text einbezogen worden ist.

23 Der Gedanke, daß wir nicht nur einfach uns selbst erkennen, sondern damit zugleich erkennbar werden wollen, folgt daraus, daß die Erkennbarkeit zur Wesensart des Guten (ἀγαθόν, ὡρισμένη φύσις) gehört, die jeder für sich selbst erstrebt. Eine weitere Erklärung hierzu gibt der anschließende, mit ἐπεί beginnende Satz. Wer sich selbst erkennen will, will selbst erkennbar sein, weil (ἐπεί) wir durch die Betätigung unseres Erkenntnisvermögens zugleich erkennbar werden, und zwar entsprechend dem Gegenstand, auf den unser Erkennen gerichtet ist. Der begründende ἐπεί-Satz ist also eng mit der vorausgehenden Feststellung zu verbinden. Das irreführende οὖν (a 5), das vor οὐ leicht versehentlich eindringen konnte, ist auszuscheiden, die Interpunktion in diesem Sinne gegenüber den Textausgaben zu verbessern.

wird, ist als förmliche Dihairese im platonisch-aristotelischen Sinn schwer vorstellbar.[25]

Auch in diesem Fall ist es ein längerer, zusammenhängender Abschnitt bei Jamblich, der dem Zitat der EE entspricht: Jambl., Protr. p. 44, 9 - 46, 7 Pist. (= fr. 7 + 9 W./R. = B 73–77, 97–101 Düring). Im ›Protreptikos‹ des Aristoteles war demnach folgendes ausgeführt. Leben ist Wahrnehmen; denn ohne Wahrnehmung (ταύτης ἐξαιρομένης) ist das Leben nicht lebenswert. Alles Wahrnehmen zielt auf die Erkenntnis. Also lieben wir das Leben eigentlich deshalb, weil wir die Erkenntnis lieben. In der Tat will niemand leben, wenn ihm Erkennen und waches Bewußtsein (Phronesis) fehlen. Denn niemand würde ein Leben wählen, das er im Zustand des Wahnsinns, des Rausches, des Schlafens und Träumens oder der kindlichen Unwissenheit dahinbringen müßte, selbst wenn dies mit der größten körperlichen Lust verbunden wäre.[26]

Diese Gedanken finden sich sehr ähnlich in dem Beweisgang der EE. Daß sich damit das Zitat erklären läßt, kann nun | aber erst dann als erwie- 329
sen gelten, wenn sich auf diesem Wege auch die sprachlichen Formulierungen der Stelle in der EE im einzelnen erhellen und sicher interpretieren lassen.[27]

Zunächst ist zu fragen: besagt die Parenthese in der EE »daß dies nicht klar ist, steht in dem Buch« (so Dirlmeier), oder »dies ist in der Form, wie es in dem Buch steht, unklar« (so Düring)? Etwas wahrscheinlicher wird die zweite Möglichkeit, wenn man sieht, daß sie nicht auf eine ›Selbstkritik‹

24 Jaeger 269; Düring 242–4. An Jaeger hat sich R.Walzer angeschlossen (a.a.O. 229f.), an Düring A.-H. Chroust, Aristotle - Protrepticus, a reconstruction, Notre Dame (Indiana) 1964, 89 und E.Berti 504. Walzer vermutete zusätzlich, Aristoteles bekämpfe in EE VII 12 seine im ›Protreptikos‹ entwickelte Ansicht über die menschliche Autarkie, da er sich inzwischen von dem dort eingenommenen platonischen Standpunkt entfernt habe.

25 Dirlmeier M.Z. 33; E.E. 460f.; zustimmend die Rezension von E. Braun, Anz. f. d. Altertumswiss. 17, 1964, 93–6 und H.J. Krämer, Der Ursprung der Geistmetaphysik, 1964, 154 Anm. 92. – Dirlmeier interpretiert folgendermaßen: »Offenbar war in dem Buche erstens Leben und Erkennen getrennt und zweitens war dazu eine Art Anmerkung notiert, etwa so, daß diese Trennung schwierig sei, nicht offen auf der Hand liege (λανθάνει). Und dazu bemerkt Aristoteles jetzt in EE: tatsächlich aber braucht man nicht zu resignieren…«. Diese Erklärung ist jedoch auch deswegen nicht ganz befriedigend, weil das Zitat so nichts zum Gedankengang der EE beitrüge, sondern lediglich eine Schwierigkeit an anderer, nicht eben authentischer Stelle in Erinnerung riefe.

26 Der Zustand eines Lebens ohne Erkenntnis und Wahrnehmung wird ähnlich wie hier (Protreptikos, fr. 7 + 9 W./R.) in einem Abschnitt der EE behandelt: EE I 5, 1215 b 15-1216 a 10. Dort ist jedoch weniger eine Abhängigkeit vom ›Protreptikos‹ als ein Anschluß an den Dialog ›Eudemos‹ zu beobachten (vgl. Dirlmeier, E.E. 170f.), wo wahrscheinlich ebenso wie in EE I 5 ausgeführt worden ist, daß das menschliche Leben elend ist und nur durch das Erkenntnisvermögen einen Wert besitzt. – Von diesen Ausführungen des Dialogs ›Eudemos‹ ist vermutlich der entsprechende kurze Abschnitt im 5. Kapitel des Jamblich-Protreptikos (indirekt) herzuleiten (Jambl., 35, 14-18; vgl. Flashar 62–5, Berti 517f.). Bei Düring erscheint freilich auch dieser Abschnitt unter den Fragmenten des aristotelischen ›Protreptikos‹ (B 28); doch ist er neben fr. 7 + 9 W./R. gerade wegen der weitgehenden Ähnlichkeit des Inhalts kaum vorstellbar. – Aus dem ›Eudemos‹ stammt wahrscheinlich auch Protr. Fr. 16 W./R. (Sardanapal).

des Aristoteles in der EE hinausläuft. Der Ausdruck λανθάνει bezeichnet wohl nicht eine ›Unklarheit‹ der früheren Darstellung, sondern bedeutet hier wie oft bei Aristoteles, daß, indem eine Sache unter einem bestimmten Aspekt behandelt wird, eine andere Seite »unberücksichtigt« bleibt und der Aufmerksamkeit zu entgehen droht.[28]

Halten wir uns also an die sprachlich am nächsten liegende Auffassung des problematischen Satzes (ἀλλὰ τοῦτο μὲν λανθάνει), so stehen wir nun vor der speziellen Frage: Was ist bei der Darstellung in dem literarischen Werk [= ›Protreptikos‹] unberücksichtigt oder unbedacht geblieben und soll hier in der EE besonders ins Auge gefaßt werden?

Diese Frage läßt sich exakt beantworten. Der zum Vergleich herangezogene Protreptikos-Text bei Jamblich (fr. 7 + 9 W./R.) stimmt zunächst im wesentlichen mit dem Gedankengang der EE überein. Hier wie dort wird zuerst das Leben als Wahrnehmen und Erkennen bestimmt (ζῆν = φρονεῖν, γιγνώσκειν, fr. 7 W./R.).[29] Und dann wird hier wie dort dort die Gegenprobe
330 | gemacht: trennt man Leben und Erkennen (εἰ οὖν τις ἀποτέμοι…),[30] so ergibt sich ein Zustand, der nicht erstrebenswert ist. Doch sind dabei nun grundsätzlich zwei Möglichkeiten denkbar: Leben ohne Erkennen und Erkennen ohne Leben. Der ›Protreptikos‹ behandelt nur den einen Fall: es wird gezeigt, daß ein Leben ohne Erkennen (nämlich ein Dahinvegetieren im Wahnsinn, Rausch oder Schlaf) keinen Wert hat (fr. 9 W./R.). In der EE dagegen wird die andere Seite der Sache besprochen: auch ein Erkennen ohne eigenes, persönliches Leben ist minderwertig, weil in diesem Fall nicht wirklich ich selbst der Erkennende bin.

Der Text der EE wird also durch den Vergleich mit dem ›Protreptikos‹ völlig klar. Besteht die vollkommene Daseinsform (Telos, Energeia) in der Vereinigung von Leben und Erkennen, so gibt es davon zwei defiziente Modi. Der eine Fall, der jetzt in der EE behandelt wird, weil es hier auf das

27 Diese Aufgabe haben Jaeger und Düring noch nicht wirklich erfüllt. – Jaeger meinte sogar, ein dem Zitat entsprechender Protreptikos-Text sei nicht direkt nachweisbar: »Die Stelle ist im Protreptikos nicht erhalten, stand aber zweifellos darin…«. Seine Paraphrase des Abschnittes der EE ist so ungenau, daß die Übereinstimmung allerdings verlorengeht. – Düring, der zum Unterschied von Jaeger auf den Wortlaut der Parenthese (ἀλλὰ τοῦτο μὲν λανθάνει …) einging, kam zu der Ansicht, daß die EE hier eine ›Unklarheit‹ des ›Protreptikos‹ aufgreife, um sie zu beheben: »In EE he qualifies this statement (= if sense-perception is taken away, life is not worth living) in order to avoid possible misunderstanding …«. Es ist jedoch nicht zu sehen, inwiefern der an sich klare Gedanke des Protreptikos-Fragments durch die EE verdeutlicht werden könnte.

28 In diesem Sinn (λανθάνει = bleibt unbeachtet) wird das Wort auch wenige Zeilen zuvor in der EE gebraucht (1244 b 23; vgl. außerdem in der EE: 1214 b 23; 1215 a 8; 1222 a 41). Solomon übersetzte: »this passes unnoticed in the argument as we have given it«.

29 Auf den Anschluß an den ›Protreptikos‹ weist Aristoteles nicht ausdrücklich hin, da seine Zuhörer sich wohl der Übereinstimmung selbstverständlich bewußt waren. Besonders notiert wird nur die Ergänzung, mit der die EE die Darstellung des literarischen Werks weiterführt.

30 Der Ausdruck des Trennens fällt schon in fr. 7 des ›Protreptikos‹ (P. 44, 11/2 Pist.: ταύτης ἐξαιρουμένης; vgl. auch p . 41, 9: ἄνευ τούτων. Zu ἀποτέμνειν Platon, Pol. 262 D (falsches Auseinandernehmen bei der Dihairesis) und 304 A (ἀπομερίζειν καθ᾽ αὑτό).

Selbst-Erkennen ankommt, ist bei der auf den anderen Fall gerichteten Betrachtung im ›Protreptikos‹ unberücksichtigt geblieben.

Von hier aus können wir schließlich noch einen letzten Schritt versuchen. Aristoteles sagt nicht einfach: der jetzt interessierende Fall ist damals im ›Protreptikos‹ ignoriert worden. Er scheint vielmehr allgemein sagen zu wollen: diese Seite des Tatbestands bleibt unbemerkt, wenn man die Sache so betrachtet, wie es im ›Protreptikos‹ geschehen ist. Und daß ein bestimmter Sachverhalt gemeint ist, wird deutlich, wenn er fortfährt mit der Bemerkung: der Sache nach brauche die zunächst verborgen bleibende Möglichkeit nicht unbemerkt zu bleiben (τῷ μέντοι πράγματι ἔστι μὴ λανθάνειν).

Jedenfalls ist die Frage nicht zu umgehen, ob Aristoteles annimmt, daß es ein ›Erkennen ohne Leben‹ de facto gibt, und wie er sich diesen – nicht ohne weiteres zutage liegenden – Zustand »der Sache nach« vorstellt. Es müßte sich um eine Form des Wahrnehmens und Erkennens handeln, bei der das persönliche Ich unwesentlich ist. Es kommt also, zumal nach griechischem Verständnis, kaum etwas anderes in Betracht, als ein Erkennen im Zustand der Ekstase oder des Traumes, in dem | der Mensch gleichsam aus 331
sich selbst heraustritt oder als bloß aufnehmendes Medium einer ihm nicht persönlich gehörenden Wahrheit erscheint.[31] So hat auch Aristoteles in der Tat gelegentlich erklärt, daß die Seele im Traum sogar Geschehnisse vorherzusehen vermöge. Derartige Wahrträume hält er gerade bei Menschen für möglich, die ›leer‹ sind von eigenen Gedanken, so daß sie von außen kommende Einflüsse besonders rein aufnehmen können. Vor allem erzählte er bekanntlich in seinem Dialog ›Eudemos‹ von einem Traumgesicht, das zukünftige Ereignisse richtig voraussagte (fr. 1 Ross). Und in der EE selbst wird an späterer Stelle (VIII 2, 1248 a 25–b 3) ausgeführt, daß Menschen zuweilen ohne vernünftiges Denken (durch Träume, Mantik, Enthusiasmos) das Richtige um so besser treffen, wenn sie nämlich einer göttlichen Anregung folgen: der göttliche Ursprung könne noch stärker wirken, wenn der menschliche Logos fehle.[32]

Dürfen wir also damit rechnen, daß Aristoteles in der EE an solche Phänomene denkt, erhält die ohnehin evidente Verbindung mit dem ›Protreptikos‹ eine letzte Bestätigung. Bei dem Leben ohne Erkennen ('Protreptikos‹) und bei dem Erkennen ohne Leben (EE) scheint es sich für Aristoteles um den gleichen | Sachverhalt zu handeln, der nach zwei Seiten hin ausge- 332
legt werden kann: nämlich um defiziente Daseinsformen wie Rausch,

31 Diese Auffassung zeigt der Abschnitt des ›Timaios‹ (71 D–72 B) über die Mantik als ein Erfassen der Wahrheit in Schlaf, Wahnsinn oder enthusiastischer Ekstase. Es heißt bei Platon, daß derjenige, der die Wahrheit auf mantische Weise erfahrt, die Erkenntnis nicht wirklich selbst gewinnt: er ist ohne φρόνησις und vermag so τά τε αὑτοῦ καὶ ἑαυτόν nicht zu erkennen, sondern braucht einen anderen, der die Auslegung übernimmt. Schon Platon hat also die defiziente Form der Erkenntnis in Traum und Ekstase der Selbsterkenntnis gegenübergestellt. Vgl. auch Ion 534 B-D: die Dichter und Seher reden nicht selbst, sondern der Gott redet durch sie.

Wahnsinn oder Traum. Der ›Protreptikos‹ sah in einem solchen Zustand ein bloßes Leben ohne bewußt erkennende Phronesis. Von den Träumen hieß es dort ausdrücklich und allgemein: sie vermitteln allesamt nicht Wahrheit, sondern Trug (ψεῦδος).[33] Die EE hebt dagegen die andere, weniger augenfällige Seite hervor: es mag sein, daß wir gerade auch im Traum Wahres und womöglich Zukünftiges erfahren;[34] aber in einem solchen Zustand sind wir es nicht wirklich selbst, die etwas erleben und erkennen.

IV

Vom Selbst-Erkennen oder Selbst-Erleben war im ›Protreptikos‹ anscheinend nicht besonders die Rede.[35] Es ist daher verständlich, daß Aristoteles in dem anschließenden Satz der EE (δεῖ γὰρ ἅμα συνθεῖναι δύο ἐν τῷ λόγῳ …) darangeht, den neuen, für den ganzen Beweisgang tragenden Gedanken noch ausdrücklich von den Voraussetzungen des ›Protreptikos‹ herzuleiten und zugleich tiefer zu begründen.

Aus der Verknüpfung von zwei Voraussetzungen soll sich das Resultat ergeben: Jeder will, daß das Gute ihm selbst zukommt (τὸ αὑτῷ ὑπάρχειν τὴν τοιαύτην φύσιν). Welche beiden Grundsätze gemeint sind, wird aus den Protreptikos-Fragmenten klar ersichtlich. Erstens handelt es sich um das in
333 den Gedan- | kengang der EE bereits aufgenommene Leitmotiv: Leben ist er-

32 Vgl. die aristotelische Sonderabhandlung Περὶ τῆς καθ᾽ ὕπνον μαντικῆς (Parva naturalia 462 b 12–464 b 18, bes. 464 a 17–24); Περὶ φιλοσοφίας fr. 12 a W./R. (im Schlaf kommt die Seele zu sich selbst und kann so zuweilen auf mantisch-enthusiastische Weise das Zukünftige voraussehen); Eudemos fr. 11 Ross, englische Übers. des arabischen Textes in: The Works of Aristotle, XII, 1952, 23 (Erzählung von der Jenseitsschau eines griechischen Königs, dessen Seele mehrere Tage lang den Körper verlassen hatte). – Den Zweifeln von C.J. de Vogel (a.a.O. 278f.) an der aristotelischen Herkunft des arabischen Textes kann ich mich nicht anschließen, ebensowenig dem Gedanken, Περὶ φιλοσοφίας müsse früher verfaßt worden sein als der ›Protreptikos‹, weil dort mantische Träume noch anerkannt würden, während im ›Protreptikos‹ alle Träume als ψεῦδος gelten (293). - Auch bei den Schülern des Aristoteles zeigt sich ein auffallendes Interesse für die Möglichkeit einer Erkenntnis im Zustand des Schlafs oder des Scheintodes: Herakleides Pontikos, fr. 76–89; Klearchos von Soloi, fr. 5–10 Wehrli.

33 Jamblich, Protr. 46, 2–7 Pist. (B 101 Düring). Auch sonst versteht Aristoteles den Traum als Täuschung (Metaph. V 1024 b 23), den Schlaf als Zustand verminderten Daseins (vgl. aus dem ›Protreptikos‹: Jambl. p. 56, 25–57,6 und 57, 20; 59,4 Pist.; ferner mehrere Stellen in den Ethiken bei Dirlmeier, Kommentar zu den MM, 1958, 470). In einen solchen Zusammenhang gehört wohl auch Eudemos fr. 9 Ross (Bericht von einer Frau, die jedes Jahr zwei Monate lang im Schlafzustand ist).

34 Ähnlich, wenn auch mit etwas anderer Bewertung stellt schon Platon, Politeia IX 571 C–572 B zwei Arten von Träumen einander gegenüber: Herrscht im Menschen das ἐπιθυμητικόν, so sind die Träume voller ἄνοια, herrscht dagegen das λογιστικόν, so kann er im Traum die ἀλήθεια erfahren. Vgl. bei Platon auch Theait. 157 E–158 D, Nomoi X 910 A.

35 Immerhin war dort gesagt (Jambl., Protr. 42, 1-4 Pist. = B 62 Düring), daß im erkennenden Teil der Seele unser eigentliches Selbst liegt: ὡς ἤτοι μόνον ἢ μάλιστα ἡμεῖς ἐσμεν τὸ μόριον τοῦτο).Doch zeigen die Fragmente nichts von einer Ausführung des Gedankens, daß das Streben nach dem Guten und nach der Erkenntnis im Grunde auf das wahre Selbst gerichtet ist.

strebenswert (ὅτι τὸ ζῆν αἱρετόν, Protreptikos fr. 7 W./R.). Zweitens soll damit der Satz verbunden werden, daß das Gute erstrebenswert ist (ὅτι τὸ ζῆν αἱρετόν). Diesen Gedanken enthält vor allem das Protreptikos-Fragment 12 W./R. (Jambl., Protr. 52, 16 – 53, 2 Pist. = B 42 Düring), das wir schon für das Zitat in EE I 8 heranzuziehen hatten. Es heißt hier, daß man das Gute um seiner selbst willen erstrebt, nicht nur als Mittel für etwas anderes.

Nimmt man beides zusammen, so ergibt sich tatsächlich, daß wir das Gute nicht nur objektiv bejahen, sondern es stets für uns selbst haben wollen.[36] Gilt doch der Trieb zum Leben (Selbsterhaltungstrieb), der im Grunde mit dem Streben nach dem Guten zusammentrifft, nicht irgendeinem Leben, sondern dem eigenen Selbst.

Damit dürfte insgesamt sicher erwiesen sein, daß unter dem »geschriebenen Logos« auch in EE VII 12 der ›Protreptikos‹ zu verstehen ist.[37] | 334

Im letzten Abschnitt des Beweisganges entwickelt Aristoteles vollends, daß man nicht nur einfach sich selbst erkennen will, wie man gerade ist, sondern daß man dabei selbst erkennbar und gut werden möchte. Auch in diesem Abschnitt finden sich noch Berührungen mit dem ›Protreptikos‹. Dort war ebenfalls davon die Rede, daß das Gute und Erkennbare seinem Wesen nach ›begrenzt‹ (ὡρισμένον) ist.[38] Aber das pythagoreisch-akademische Modell der Gegensatz-Systoichie, durch das Aristoteles hier in der EE

36 Der Gedanke, der hier aus den Voraussetzungen des ›Protreptikos‹ heraus entwickelt wird, findet sich auch in den Ethik-Kapiteln über die Selbst-Liebe ausgesprochen: EE VII 6; EN IX 4 + 8; MM II 11, 1211 a 16–b 3 (vgl. auch EN VIII 9, 1159 a 5–12; X 7,1178 a 2–8). Er läßt sich jedoch im ganzen auf Platon zurückführen, für dessen Lehre vom Eros (als Streben nach dem Guten, nach dem eigenen Leben, nach der Erkenntnis) er eine fundamentale Bedeutung hat: im ›Symposion‹ (204 Ef., 206 A, 207 A) wird der Eros bestimmt als ἔρως τοῦ τὸ ἀγαθὸν αὑτῷ εἶναι ἀεί, und auf dieser Wesensbestimmung beruht die ganze Eros-Lehre des ›Symposion‹.

37 Dirlmeier hat auch den Satz δεῖ γὰρ ἅμα συνθεῖναι … wesentlich anders erklärt, da er nicht an den ›Protreptikos‹, sondern an ein schulmäßiges Dihairesen-Buch dachte (M.Z. 33f., E.E. 461). Er übersetzt: »Man muß nämlich zwei in dem Buch enthaltene Dinge vereinigen: (a) daß das Leben und daß das Gute wählenswert ist, und (b) – was daraus folgt – daß sie wählenswert sind, weil ihnen jene bekannte Werthaftigkeit eigen ist« (τῷ αὑτοῖς ὑπάρχειν τὴν τοιαύτην φύσιν). Dies ist nach Dirlmeier eng mit dem anschließenden Satz zu verbinden, in dem das Wahrnehmbare und Erkennbare der Seinsart des Guten oder Begrenzten zugeordnet wird. »In dem Buch nun gab es offenbar zwei Begriffskolumnen: in der linken standen ζῆν und ἀγαθόν, zwei αἱρετά, in der rechten αἰσθητόν und γνωστόν, ebenfalls zwei αἱρετά … Das Getrennte läßt sich vereinigen, weil die beiden Kolumnen … unter einem Oberbegriff stehen, nämlich dem der ὡρισμένη φύσις.« - Diese Deutung enthält jedoch einige Unsicherheitsmomente. Mit καὶ ἐκ τούτων scheint nicht die zweite der zu verbindenden Angaben des Logos, sondern eher das Resultat der Verbindung ausgedrückt zu sein. Außerdem geht es hier im Gedankenzusammenhang nicht allgemein um die Begründung von Leben und Erkennen, sondern speziell um die Wichtigkeit des Selbst-Erkennens. Die Gegenüberstellung von Leben und Erkennbarkeit in Kolumnen ist ferner im Sinne einer platonischen Systoichie ebensowenig verständlich wie als Dihairesis. Auch läßt sich dem Text nicht entnehmen, daß die Systoichie (mit dem Prinzip der ὡρισμένη φύσις) in dem zitierten Logos zu finden war. Eher erhält man den Eindruck, daß aus dem Logos nur die einzelnen Motive genommen sind, die dann hier in der EE nach dem Muster der pythagoreisch-platonischen Systoichie zusammengeordnet werden.

38 Jambl., Protr. 38, 5-10 Pist. (fr. 5 p. 32 Ross; B 33 Düring).

das prinzipiell Zusammengehörige (Leben, Gut-sein, Erkennbar-sein) miteinander verbindet, hat er im ›Protreptikos‹ kaum explizit verwendet. In der Ethik-Vorlesung kann er diese platonische Denkform bei seinen Zuhörern ohne weiteres als bekannt voraussetzen.[39] Sie dient ihm hier dazu, die zunächst in engem Anschluß an den ›Protreptikos‹ eingeführten Motive systematisch zusammenzufassen und die einzelnen Elemente – Leben und Erkennen – auf das Gute als das wahrhaft begründende Selbst zu beziehen.

V

In seinen Ausführungen zum Thema ›Mündlichkeit und Schriftlichkeit bei Platon und Aristoteles‹ hat Dirlmeier grundsätzlich klar gemacht, wie die platonische Unterscheidung des Literarischen und Nichtliterarischen auch noch für Aristoteles bestimmend ist.[40] Auf der einen Seite stehen bei beiden Philosophen die publizierten Werke (Dialoge), auf der anderen die Vorträge, Diskussionen und fachwissenschaftlichen Untersuchungen der Schule. Zwar hat die Grenze zwischen den zwei Bereichen für Aristoteles offenbar
335 nicht mehr die gleiche Be- | deutung wie für Platon. Er hat »nicht mehr wie Platon einen Raum für ἄγραφα ausgespart«, sondern in seinen ›Lehrschriften‹ auch »die gesamte interne Lehre schriftlich fixiert«. Aber er spricht in diesen Pragmatien doch so, »daß der Hörer oder Leser unmittelbar hineingerissen wird in den inneren Dialog, den der Philosoph zuvor mit sich selbst gesprochen hatte«. Und er zitiert seine Lehrvorträge, wenngleich sie in schriftlicher Form verfügbar gewesen sein mögen, nicht als Bücher, sondern als mündliche Reden (»wir sagen«, »es ist davon gesprochen worden« u.ä.).

Diese Feststellungen Dirlmeiers erhalten durch unser Ergebnis, daß Aristoteles mit dem Ausdruck ὁ γεγραμμένος λόγος ein literarisches Werk bezeichnet, eine direkte Bestätigung. Freilich müssen wir mit Ausnahmen von der Regel, nach der die Schule als ein Bereich der Mündlichkeit verstanden wurde, durchaus rechnen. Dirlmeier hat in der ›Tierkunde‹, die Aristoteles als Buch zitiert, eine solche Ausnahme erkannt und überzeugend erklärt. Dieses deskriptive wissenschaftliche Werk des Aristoteles hat schon so sehr den Charakter eines Handbuchs, daß wir verstehen, weshalb hier auch nicht einmal mehr die Fiktion der Mündlichkeit aufrecht erhalten wird. Doch ist das der einzige nachweisbare Fall dieser Art.[41] Die beiden besprochenen Zitate in der EE sind – nach dem Resultat unserer Untersuchung – nicht der an sich verständlichen Ausnahme zuzuordnen, sondern entsprechen der generell gültigen Unterscheidung: als »geschrieben« im eigentli-

39 Vgl. Metaph. XII 7, 1072 a 5; Phys. III 2, 201 b 25 (weitere Belegstellen bei Bonitz, Index Aristotelicus s.v. συστοιχία); außerdem EN IX 9, bes. 1170 a 19–25; X 2 1173 a 15f..

40 Dirlmeier, M.Z. 5–24 (bes. 9–17). Vgl. auch Dirlmeier, Zum gegenwärtigen Stand der Aristoteles-Forschung, Wiener Stud. 76, 1963, 52–67 (bes. 54f.).

chen Sinne galten bei Aristoteles wie bei Platon die literarisch publizierten Werke, zu denen auch der ›Protreptikos‹ gehörte. | 336

Eine andere Frage, die durch die neu festgestellten Protreptikos-Zitate nahegelegt wird, soll hier nur kurz angeschnitten werden: Welche Konsequenzen ergeben sich für die EE selbst, besonders für das Verhältnis der EE zu den beiden anderen Ethiken, von denen die ›Magna Moralia‹ (MM) in ihrer Echtheit und zeitlichen Datierung immer noch stark umstritten sind?

Das Zitat in EE I 8 ist in den beiden anderen Ethiken nicht zu erwarten, da dort bei der Ideenkritik das Problem der praktischen Nützlichkeit nicht eigens behandelt wird. Daß sich hierin EN und MM gemeinsam von der EE unterscheiden, braucht nicht viel zu besagen.

Wichtiger ist das Zitat in dem Beweis für den Wert der Selbsterkenntnis, da die drei Kapitel, in denen die drei Ethiken das Problem ›Autarkie und Philia‹ behandeln (EE VII 12; EN IX 9 ; MM II 15), ohnehin zu einem Vergleich herausfordern.[42]

Die stark konzentrierte Darstellung in dem Kapitel der EN gibt sich im ganzen gegenüber der EE als spätere, reifere, abgeklärte Fassung zu erkennen. So ist auch ohne weiteres zu verstehen, daß Aristoteles in der (nach allgemeiner Ansicht) spät entstandenen EN nicht mehr, wie noch in der früheren und dem ›Protreptikos‹ zeitlich näher stehenden EE, ausdrücklich auf das literarische Werk bezugnimmt.[43] – Wir erhalten also zunächst die klare Aufeinanderfolge: Platon → ›Protreptikos‹ → EE → EN.

In dem entsprechenden Kapitel der MM (II 15, 1212 b 33–1213 a 26) fehlt nun nicht nur das ausdrückliche Zitat, sondern auch der ganze Gedankenzusammenhang, durch den die EE – wie auch noch die EN – mit dem ›Protreptikos‹ verbunden ist: die sachliche Verknüpfung von Leben, Erkennen und Gut-Sein. In MM II 15 wird ohne jede Begründung konstatiert, daß die auch von den Weisen geforderte Selbsterkenntnis ἡδύ sei. Zugleich ver-

41 Dirlmeier (M.Z. 35–40; vgl. Zum gegenwärtigen Stand… 65) hat auch hinter dem eigenartigen Zitat ἡ διαίρεσις εν τοῖς απηλλαγμένοις (EE II 2, 1220 b 20) ein handbuchartiges Dihairesen-Werk vermutet. Er hat überzeugend nachgewiesen, daß ἀπηλλαγμένος hier soviel heißt wie »erledigt«, »abgeschlossen« (M.Z. 39). Dies braucht jedoch nicht gleichbedeutend zu sein mit »schriftlich fixiert«. Auch mündliche Untersuchungen oder Übungen können »abgeschlossen« oder »absolviert« sein und »zu einem bestimmten Ergebnis geführt haben«.
Auf das immer noch beunruhigende, von Dirlmeier (M.Z. 8f.; Zum gegenwärtigen Stand… 54) mit großer Umsicht behandelte Problem der ἐξωτερικοὶ λόγοι braucht hier nicht näher eingegangen zu werden. Wenn es erlaubt ist, eine vorläufig unbegründete Ansicht zu äußern, können wir sagen, daß Aristoteles an allen 9 Stellen, wo er ἐξωτερικοὶ λόγοι zitiert, wahrscheinlich nicht primär seine literarischen Werke im Auge hat, sondern Dihairesen und aporetisch-gegensätzliche Thesen, die im mündlichen Unterricht der Schule behandelt wurden.

42 Vgl. R. Walzer, a.a.O. 228–32 und die Kommentare zu den drei Ethiken von Dirlmeier (bes. zur ›Nikomachischen Ethik‹, ^{1}1956, 555). Eine neue vergleichende Untersuchung der drei Kapitel hat G. Widmann in Tübingen übernommen.

43 Der ›Protreptikos‹ mag kurz vor 350 in der Akademie, die EE etwa fünf Jahre später in Assos, die EN mehr als zwanzig Jahre später in Athen entstanden sein.

mißt man in dem Kapitel der MM, wenn man es mit den Parallelkapiteln der EE und EN vergleicht, die von Platon stammende Zuordnung des Guten
337 zum ›Begrenzten‹ | (ὡρισμένον). Es ist daher schwierig, für die MM – oder jedenfalls für das Kapitel II 15 – innerhalb der oben angegebenen Reihe eine plausible Stellung zu ermitteln.

Eher ergibt sich der Eindruck, daß in dem Kapitel der MM die am weitesten von Platon und vom ›Protreptikos‹ entfernte Fassung vorliegt. Die EE unternimmt es, den Wert der Selbsterkenntnis in einem besonderen Beweisgang aus den einfacheren Gedanken des ›Protreptikos‹ heraus zu entwickeln und mit Hilfe platonischer Denkformen zu begründen. Die EN verzichtet auf einen ausführlichen Beweis und auf die Anlehnung an den ›Protreptikos‹, hält aber die in der EE entwickelten sachlichen Zusammenhänge fest. In dem Kapitel der MM bleibt schließlich die allgemeinere Begründung gänzlich beiseite.

Für diese Reihenfolge spricht auch die eigenartige Stellungnahme der MM zu dem Gedanken, daß das Sich-selbst-Erkennen die Seinsweise der Gottheit ist. In der EE erfährt man, daß der Mensch den an sich göttlichen Zustand nicht unmittelbar, sondern durch den Freund auf indirekte, relative Weise zu erreichen vermag. Die EN geht auf den theologischen Vergleich nicht ein.[44] In dem Kapitel der MM aber wird anscheinend nicht nur die Vergleichbarkeit zwischen göttlicher und menschlicher Selbsterkenntnis in Frage gestellt, sondern ausdrücklich offen gelassen, ob die Autarkie der Gottheit überhaupt in der Selbsterkenntnis besteht.[45]

Wahrscheinlich wird man also sagen können, daß in MM II 15 schon die skeptische Haltung des nacharistotelischen Peripatos zu Worte kommt.
338 In der Entfernung von Platon und vom | ›Protreptikos‹ ist hier ein weiterer Schritt über die EE und die EN hinaus vollzogen; die ontologischen und theologischen Zusammenhänge treten zurück gegenüber den menschlich-konkreten Aspekten.[46]

Wichtiger aber ist nun noch, nachdem die beiden Verweise in der EE als Protreptikos-Zitate erklärt sind, die umgekehrte Frage, was die beiden

44 Dabei muß freilich Dirlmeiers Feststellung (Kommentar zur EN, 555) beachtet werden, daß Aristoteles das Gottesargument in EN IX 9 nur ausgespart hat, um es im letzten Buch (bes. X 8, 1178 b 7–23) wirkungsvoll einzubauen.

45 MM II 15, 1212 b 31 – 1213 a 7. – Der Vergleich mit der Autarkie Gottes soll in gewissen Logoi üblich gewesen sein (ἡ ἐν τοῖς λόγοις εἰωθυῖα ὁμοιότης). Die Frage, welche Logoi gemeint sind, ist nicht sicher zu beantworten. Walzer (a.a.0. 230) dachte an eine literarische Schrift, den ›Protreptikos‹; Dirlmeier (Kommentar zu den MM, 1958, 468f.), dem sich Düring anschloß (vgl. jetzt Aristoteles, 1966, 193), an Diskussionen in der Akademie. Ebensogut können jedoch auch die Disputationsthesen des exoterischen Unterrichts der aristotelischen Schule gemeint sein. Ähnliche, ebenso schwer festzulegende Verweise: MM II 6, 1201 a 17 (συμβαίνει ἐκ τῶν λόγων) ; EE VII 6, 1240 a 23 (ἐν τοῖς λόγοις ἐπισκοπεῖν εἰώθαμεν) und VII 11, 1244 a 20 (οἱ ἐν τοῖς λόγοις ὅροι τῆς φιλίας). Dabei ist bemerkenswert, daß die Verweise in der EE dem in der MM angeführten Vergleich auch inhaltlich nahestehen: alle Arten der Philia sind zurückzuführen auf die Philia des Guten zu sich selbst (EE VII 6, 1240 b 3–34).

Stellen der EE für unsere Kenntnis des ›Protreptikos‹ bedeuten. Ein künftiger Herausgeber der Aristoteles-Fragmente wird kaum ein zu großes Wagnis eingehen, wenn er die beiden Zitate der EE als Zeugnisse für den ›Protreptikos‹ anführt. Es sind die einzigen Selbstzitate des Aristoteles, die sich mit hinlänglicher Sicherheit auf dieses frühe literarische Werk beziehen lassen.

Freilich bringen die beiden kurzen Referate für das verlorene Werk nichts substanziell Neues. Wir waren ja bei unserer | Untersuchung metho- 339
disch auf die bekannten und allgemein anerkannten Fragmente des ›Protreptikos‹ angewiesen und konnten die beiden Zitate nur deshalb als Protreptikos-Zitate erweisen, weil sie mit solchen Fragmenten inhaltlich klar übereinstimmen. Doch ergeben sich von den beiden EE-Stellen aus immerhin zu einigen in der Protreptikos-Forschung umstrittenen Problemen – wenn nicht entscheidende, so doch unterstützende Argumente.

(a) Was die Form des verlorenen Werkes betrifft, so spricht der Singular ὁ λόγος eher für eine zusammenhängende Rede als für einen Dialog.[47] Doch hängt an diesem Unterschied nicht viel, weil sich auch in der Form der Rede eine Auseinandersetzung mit bestimmten gegnerischen Ansichten abspielen konnte.

(b) Das Zitat in EE I 8 stellt die doppelte Antwort, die Aristoteles im ›Protreptikos‹ auf die Frage nach der praktischen Brauchbarkeit der Philosophie gegeben hat, scharf vor Augen: Entweder kann man sagen, daß das

46 Der neuerdings von Dirlmeier und Düring (Aristoteles, 1966, 438–44) verfochtenen Frühdatierung widersprechen auch – ebenfalls besonders im Blick auf das Gottesargument in MM II 15 – Ph. Merlan, Studies in Epicurus and Aristotle, 1960 (Klassisch-Philologische Studien 32) 83–92 und K. Oehler, Die Lehre vom noetischen und dianoetischen Denken bei Platon und Aristoteles, 1962 (Zetemata 29) 209f. – Bei dem Versuch, die aporetische Behandlung der göttlichen Selbsterkenntnis an der Stelle der MM aus der Situation des frühen Aristoteles (vor der EE) zu erklären, kann man zwei Wege einschlagen. Entweder muß man annehmen, daß Aristoteles die MM verfaßte, bevor er die göttliche Vollkommenheit so als Selbst-Erkennen verstand, wie es in Metaph. XII 7 und EE VII 12 dargestellt ist (so H. von Arnim, Eudemische Ethik und Metaphysik, SB Wien, phil.-hist. Kl. 207, 5, 1928, bes. 11–7; vgl. Dirlmeier, Kommentar zu den MM, 468f.). Dagegen spricht jedoch, daß dann die Linien, die sonst direkt von Platon zu dieser Lehre des Aristoteles hinführen, durch die MM unterbrochen würden. Oder man muß annehmen, daß die Argumentation in den MM nicht eigentlich die Lehre von der Selbsterkenntnis der Gottheit in Frage stellen, sondern nur den unmittelbaren Vergleich zwischen menschlicher und göttlicher Autarkie ad absurdum führen soll durch den Nachweis, daß die göttliche Erkenntnis jedenfalls nichts mit der Selbstbespiegelung eines Menschen gemein hat. In diese Richtung zielt P. Aubenque, La prudence chez Aristote, 1963, 182f. Und eine ähnliche Lösung schlägt Düring vor, wenn er erklärt (jetzt Aristoteles, 1966, 193): Aristoteles wolle sagen, daß der Vergleich zwischen Göttern und Menschen nach beiden Seiten hin unbrauchbar sei und dieser Gedanke beherrsche den ganzen Zusammenhang. – In der Tat scheint der Verfasser der MM mit dem zitierten Logos feststellen zu wollen, daß man auch umgekehrt in eine Aporie gerät, wenn man (unstatthafterweise) das autarke Sein der Gottheit von menschlichen Bedingungen her zu erklären sucht. Dabei knüpft er aber eher an peripatetische (Dikaiarch?) als an akademische Diskussionen an; und das theologische Problem scheint er bewußt unentschieden zu lassen. Vgl. MM I 1, 1182 b 3–5; II 5, 1200 b 14–15; II 11, 1208 b 26–35.

47 Die einzelnen Vertreter der beiden unterschiedlichen Ansichten nennt E. Berti, 458.

eigentlich Gute überhaupt nicht nützlich ist, oder aber, daß alle Technai auf das maßgebliche Gute angewiesen sind, das die Philosophie mit theoretischen Mitteln am reinsten erfaßt. Diese Thematik erinnert an die Frontstellung des Aristoteles gegen Isokrates, die man schon immer in den Fragmenten des ›Protreptikos‹ und in der Antidosis-Rede des Isokrates (bes. §§ 84f., 258–69) angedeutet gefunden hat.[48] Umstritten ist jedoch das zeitliche Verhältnis zwischen ›Protreptikos‹ und Antidosis-Rede. Hier scheint uns nun gerade das entschiedene Einerseits-Andererseits des ›Protreptikos‹ eher dafür zu sprechen, daß Aristoteles die Kritik der akademischen Philosophie in der Rede des Isokrates bereits voraussetzt.[49] Auch Isokrates sucht das Problem von zwei Seiten zu sehen: einerseits bestreitet er, daß das Studium der exakten Wissenschaften den hohen Wert hat, von dem die Platoniker sprechen; andererseits könne man der akademischen Art des Philosophierens aber doch nicht jeden Nutzen absprechen, da sie wenigstens als zeitweiliges Geistestraining für junge Leute brauchbar sei. So
340 scheinen ihm beide Seiten, die Anhänger und | die Gegner der platonischen Philosophie, zum Teil im Recht zu sein (§ 263): οἵ τε νομίζοντες μηδὲν χρησίμην εἶναι τὴν παιδείαν ταύτην πρὸς τὰς πράξεις ὀρθῶς μοι δοκοῦσιν γιγνώσκειν, οἵ τ᾽ επαινοῦντες αὐτὴν ἀληθῆ λέγειν. Kann Isokrates, wenn er einen so schlichten Kompromiß vorträgt, wirklich den aristotelischen ›Protreptikos‹ mit seinen radikalen Thesen im Blick gehabt haben? Eher lässt sich denken, daß Aristoteles den Vermittlungsversuch des Isokrates von beiden Seiten her aufheben wollte, indem er feststellte: erstens geht es bei der Philosophie nicht um das Nützliche, sondern um das Gute, und zweitens ist die philosophische Theorie auch für das praktisch-politische Leben von höchster Bedeutung.

(c) In diesem Zusammenhang ist auch die schwierige Frage zu sehen, ob das aus Jamblichs Schrift ›De communi mathematica scientia‹ (cp. 26) genommene Fragment 5 b Walzer (5 a Ross) in den aristotelischen ›Protreptikos‹ gehört oder nicht. Dem Inhalt nach handelt es sich um eine ausführliche Argumentation gegen die Nützlichkeit der mathematisch-theoretischen Wissenschaften im praktischen Leben. Düring hat die Ansicht vertreten, daß sich dieser Text nicht in den uns bekannten Rahmen des ›Protreptikos‹ einfügen lasse.[50] Wir können uns dieser Auffassung jedoch nicht anschließen. Die doppelte These des Aristoteles, daß die philosophische Theorie nicht auf das Nützliche ausgeht und doch im höchsten Grade nützlich ist, wirkt um so kräftiger, wenn zuvor die gegnerische Ansicht von der Nutzlosigkeit der Theorie ausdrücklich wiedergegeben worden ist. Wenn Aristoteles darlegt (fr. 11 und fr. 13 W./R.), daß sich jede Techne nach einem von Natur maßgeblichen ἀγαθόν richten muß, so läßt sich dies sehr

48 Vgl. dazu E. Berti 519–31.

49 Für die Priorität der Rede des Isokrates hat sich auch Düring in seiner Protreptikos-Ausgabe (33–5, 284) entschieden; vgl. jetzt Düring, Aristoteles, 1966, 404–6, 433.

gut als Antwort auf jene Einwände der ›Praktiker‹ verstehen. Aristoteles bestreitet nicht, daß die gewöhnlichen Technai dem Bereich der Empirie verhaftet sind und ohne | philosophische Theorie auskommen. Alle Technai 341
aber, so betont er, richten sich nicht nach einzelnen Erscheinungen, sondern nach dem für sie Normativen in der Physis. Sie lassen also eine allgemeine Tendenz erkennen, die in der philosophischen Theorie ihr höchstes Ziel erreicht; und der Politiker jedenfalls ist durchaus auf eine theoretische Erkenntnis der Seinsordnung angewiesen.[51]

(d) Während sich von dem Zitat in EE I 8 aus zu dem Fragment 5 b W. nur indirekte Beziehungen herstellen lassen, ergibt sich für das Fragment 13 W./R. eine entscheidende Stütze. Die Protreptikos-Zugehörigkeit dieses Textes, der seit Jaeger vor allem aus inhaltlichen Gründen eine wesentliche Rolle in der Forschung spielt, ist in letzter Zeit durch G. Müller und H. Flashar in Zweifel gezogen worden.[52] Verweist nun | aber das Zitat in EE I 8 auf 342
den ›Protreptikos‹, so haben wir guten Grund, besonders das Fragment 13 als integrierenden Bestandteil dieses Werkes anzusehen. Denn hier – und nur hier – wird die in der EE zitierte These, daß das Gute für alle Technai nützlich ist, im einzelnen entwickelt.

(e) Was den Aufbau des verlorenen Werkes angeht, so bestätigen die beiden Zitate zu ihrem Teil den Eindruck, daß die Exzerptfolge bei Jamblich im großen und ganzen sinnvoll ist und dem ursprünglichen, aristotelischen Gedankengang weitgehend entspricht. Durch das Zitat in EE VII 12 wird deutlich, daß die (bei Jamblich aufeinanderfolgenden) Fragmente 12 und 13 W./R. zusammengehören (so auch bei Düring: B 42 - 51). Mit fr. 12 ist aber wiederum das bei Jamblich vorausgehende fr. 11 sinnvoll verbunden. Durch das Zitat in EE I 8 erweisen sich ebenso die (bei Jamblich zusammenhängenden) Fragmente 7 und 9 W./R. als gedankliche Einheit (bei Düring getrennt); und mit fr. 7 hängt das vorausgehende fr. 6 eng zusammen (so

50 Düring 31, 207–9, vgl. 224f. Ein kurzes Teilstück (Jambl., De comm. math. sc. 26, p. 79, 15-80, 1 Festa) hat Düring, nicht eben konsequent, doch als fr. B 52 dem ›Protreptikos‹ zugewiesen.
Der ganze Abschnitt wird schon bei Rose (1886) unter den Fragmenten des ›Protreptikos‹ aufgeführt (fr. 52). Zweifel hat vor Düring W.G. Rabinowitz auch gegenüber diesem Fragment geäußert (Aristotle's Protrepticus and the sources of its reconstruction, 1957, 74–92). Daß das Problem jedoch durch Rabinowitz und Düring nicht negativ entschieden wurde, ist inzwischen mehrmals festgestellt worden: W. Spoerri, Gnomon 32, 1960, 23f.; R. Stark, 59f., 63f., 66f.; H. Flashar, 66f. Vgl. auch G. Müller, Probleme der aristotelischen Eudaimonielehre, Mus. Helv. 17, 1960, 121–143, bes. 140; T. Orlandi, Il primo Aristotele nel De communi mathematica scientia di Jamblico, Riv. crit. di stor. della filos. 18, 1963, 592–8, bes. 595f.

51 Mit einzelnen Änderungen des aristotelischen Textes durch Jamblich ist auf jeden Fall zu rechnen, zumal da Jamblich nicht von der philosophischen Theorie allgemein, sondern spezieller von den mathematischen Wissenschaften sprechen wollte. Aus dem gleichen Grund verwendete Jamblich in De comm. math. sc. 26 (p. 81, 5 - 83, 2 Festa) als Antwort auf die Rede der Theorie-Gegner ein Stück aus dem aristotelischen ›Protreptikos‹ (~ Jambl. Protr. 38, 3 - 41, 2 = fr. 5 p. 32–4 Ross), das eine wichtige mathematische Vorstellung, den Vergleich der Seinsfolge mit der Dimensionenfolge enthält. In den anderen Fragmenten erinnert nur der Begriff der Exaktheit (ἀκρίβεια) an den mathematischen Charakter der akademischen Philosophie.

auch bei Düring: B 59 - 77). In den bei Jamblich aufeinanderfolgenden Fragmenten 6 - 7 - 9 - 11 - 12 - 13 scheint also für den Hauptteil des aristotelischen ›Protreptikos‹ noch der ursprüngliche Gedankengang bewahrt zu sein.[53] Nimmt man dazu ferner die Fragmente 4/5 und 14/15 W./R., die - wie bei Jamblich - als Einleitung und Schluß verstanden werden können, so ergibt sich ein Gesamtrahmen, in den sich auch das aus De communi mathe-
343 matica scientia 26 stammende Fragment 5 b W. sinnvoll | einordnen läßt:[54] (1.) fr. 4 + 5 W./R.: einleitende, allgemeine Empfehlung der Philosophie; (2.) fr. 5 b W.: Einwand von gegnerischer Seite - Isokrates -, das theoretische Wissen sei im praktischen Leben nutzlos; (3.) fr. 6 ... 13: die philosophische Erkenntnis ist an sich selbst wertvoll, zugleich aber auch die beste Voraussetzung für das praktische Handeln; (4.) fr. 14 + 15: durch die Philosophie erlangt man auch die höchste Freude.

(f) Geben die Zitate der EE, so wird man schließlich noch fragen, vielleicht auch etwas aus für die seit Jaeger nicht mehr zur Ruhe gekommene Diskussion um das Problem, wie sich der Aristoteles des ›Protreptikos‹ zu

52 G. Müller, a.a.0. [o. Anm. 50] 134–6 sah in fr. 13 W./R. eine neuplatonische Klitterung aus verschiedenen platonischen und aristotelischen Elementen. Diese Auffassung beruht jedoch auf der allzu einseitigen Ansicht, daß im ›Protreptikos‹ das Ideal des theoretischen Lebens - stärker noch als bei Platon - von den Erfordernissen der Praxis getrennt worden sei. - H. Flashar nahm an (73–8), daß das Fragment mit größerer Wahrscheinlichkeit aus dem aristotelischen ›Politikos‹ stamme (so vermutungsweise auch O. Gigon, Aristoteles - Einleitungsschriften, 1961, 99), uns freilich in einer jamblichischen Verkürzung und Kontamination vorliege. Er hat dabei (75) kritisch hervorgehoben, daß der Text bei Jamblich die theoretische Phronesis, die der Politiker braucht, einerseits den handwerklichen Technai gegenüberstellt (oder entschieden überordnet), andererseits zu diesen Technai in Analogie setzt, da sich auch sie nach der Physis richten sollen. Aber dies beides schließt sich nicht gegenseitig aus. Das Zitat in EE I 8 kann zusätzlich beleuchten, wie Aristoteles den Zusammenhang sieht. Alle Technai richten sich gleicherweise (ὁμοίως) nach dem wesenhaft Guten, aber jede Techne doch in ihrem Bereich nach einem ἴδιον ἀγαθόν. Dabei zielt die ganze Argumentation des fr. 13 insofern eindeutig auf den Wert des theoretischen Wissens, als gerade die vornehme Techne des Politikers, die für den angesprochenen Leser allein in Betracht kommt, auf die philosophische Theorie angewiesen sein soll. Die anderen Technai zeigen auf analoge Weise im Ansatz, daß überall nach dem primär Maßgeblichen gefragt werden muß.
Einen gewissen Bruch innerhalb des Fragments, nämlich vor ἔστι μὲν οὖν θεωρητικὴ ἥδε ἡ ἐπιστήμη ... (p. 56, 2 Pist.), hat auch Düring (223) festgestellt, ohne jedoch die Herkunft aus dem ›Protreptikos‹ zu bezweifeln.

53 Trotz des jetzt von C.J. de Vogel (a.a.O. 289) erhobenen Einspruchs nehme ich (mit H. Flashar u. a.) an, daß das Fragment 10 W. /R. (Jambl., Protr. p. 47f. Pist.), das deutlich aus diesem Rahmen herausfällt, nicht aus dem aristotelischen ›Protreptikos‹, sondern eher aus dem Dialog ›Eudemos‹ stammt. Das gleiche gilt wahrscheinlich auch für den Schluß des Fragments 15 W./R., wo ebenfalls das menschliche Leben stark abgewertet wird gegenüber dem Zustand der vom Körper befreiten Seele nach dem Tode. *Korrekturzusatz.* Seit dem Abschluß des Manuskripts ist die ergebnisreiche Münchener Dissertation von G. Schneeweiß erschienen: Der Protreptikos des Aristoteles (1966). Sch. versucht, den Gedankengang des aristotelischen Werks zu ermitteln, indem er die Exzerptfolge bei Jamblich weitgehend auflöst und umgruppiert. Zu Recht kritisiert er einen früheren Vorschlag des Verf. (Protreptik und Paränese ... 219f.) und die Reihenfolge der Fragmente bei Düring. Gegen seine eigene Rekonstruktion ist jedoch einzuwenden, daß der Zusammenhang bei Jamblich eine gedankliche Kohärenz zeigt, die im wesentlichen von Aristoteles herstammen dürfte.

Platon verhält? In dem Hin und Her der verschiedenen Auffassungen scheint sich allmählich eine vermittelnde Ansicht herauszubilden.[55] Danach enthielt | der ›Protreptikos‹ wesentliche Denkformen der platonischen Phi- 344 losophie, aber kein Bekenntnis zur Ideenlehre; er zeigte eine echte Begeisterung für das philosophische Lebensideal der Akademie, aber auch schon die eigenen Positionen und Methoden des Aristoteles in klaren Ansätzen; er verfocht den überragenden Wert der reinen Theorie und zugleich den Anspruch, daß das praktisch-politische Leben nur mit Hilfe der Philosophie zu meistern ist. – Einer solchen mittleren Lösung werden wir auch von den beiden Zitaten der EE aus zuneigen. Auf jeden Fall aber sprechen die beiden neu hinzukommenden Zeugnisse deutlich gegen die Auffassung, als ob Aristoteles im ›Protreptikos‹ speziell die Ideenphilosophie Platons vertreten hätte, also gegen die Erklärung Jaegers, die heute ohnehin von der Forschung widerlegt oder stark erschüttert ist.

Die Protreptikos-Berührung in EE VII 12 zeigt, daß Aristoteles die im ›Protreptikos‹ entwickelten Gedanken über Leben und Erkennen bruchlos

54 Sehr gut läßt sich auch das ebenfalls aus Kapitel 26 der jamblichischen Schrift ›De communi mathematica scientia‹ genommene Fragment 8W./R. einbeziehen. Hier ist von der geschichtlichen Höherentwicklung des menschlichen Wissens die Rede: nach den für die Lebenserhaltung »notwendigen« Technai entstanden die der Annehmlichkeit (ἡδονή) dienenden Künste, die Erkenntnisse der Philosophie aber wurden erst am Schluß in raschem Fortschritt gewonnen. Die ganze Entwicklung entspricht dem Gesetz, daß das dem Wesen nach Wichtigste der Entstehung nach das Späteste ist (τὸ γὰρ τῇ γενέσει ὕστερον οὐσίᾳ καὶ τελειότητι προηγεῖται). Diese Betrachtung kann zwischen fr. 11 und fr. 12 (W./R.) in die Exzerptfolge des jamblichischen ›Protreptikos‹ organisch eingeführt werden, also bei p. 52, 6-16 Pist. (= B 20f. Düring; wahrscheinlich ein von Jamblich gestaltetes Überleitungsstück). In fr. 11 W./R. ist ausgeführt worden, daß die Technai das von der Natur Vernachlässigte ergänzen und daß insbesondere der Mensch zur Erhaltung seines Lebens dieser Unterstützung bedarf (p. 50, 8-12 Pist. = B 13 Düring); außerdem wird dort jenes Entwicklungsgesetz am einzelmenschlichen Leben aufgezeigt: τέλος δὲ κατὰ φύσιν τοῦτο ἐστιν ὃ κατὰ τὴν γένεσιν πέφυκεν ὕστατον ἐπιμελεῖσθαι περαινομένης τῆς γενέσεως συνεχῶς, ... πρῶτον μὲν τὰ κατὰ τὸ σῶμα τῶν ἀνθρώπων λαμβάνει τέλος, ὕστερον δὲ τα κατὰ τὴν ψυχήν ... (p. 51, 16ff. Pist. = B 17 Düring). Daran könnte sich gut der gesamtgeschichtliche Überblick angeschlossen haben. Und nach der anderen Seite hin wäre dieser Abschnitt dann mit der Unterscheidung des Guten vom bloß Notwendigen und Nützlichen in fr. 12 W./R. inhaltlich eng verknüpft. – Übereinstimmungen mit dem Fragment 8 W./R. weisen die Einleitungskapitel der ›Metaphysik‹ (I 1f.) auf. Ferner scheint davon die bei Philoponos überlieferte Entwicklungsgeschichte der σοφία abhängig zu sein, die Ross als Fragment des Dialogs Περὶ φιλοσοφίας aufführt (p. 76f. Ross). Daß dieser Text nur indirekt mit Aristoteles zusammenhängt und nicht als wörtliches Fragment behandelt werden darf, zeigt jetzt W. Haase in einer noch ungedruckten Arbeit (Studien zu Aristoteles, Aristokles von Messene und Johannes Philoponos).

55 Vgl. die oben [Anm. 1] angeführten neuen Beiträge von I. Düring, E. Berti, H. Flashar und C.J. de Vogel. Zuletzt hat C.J. de Vogel in überzeugender Weise gezeigt, wie eine Vermittlung zwischen den am weitesten auseinanderliegenden Positionen von Jaeger und Düring möglich ist. Sie stimmt dabei, sicher mit Recht, Düring so weit zu, daß im ›Protreptikos‹ keine Erwähnung der platonischen Ideen anzuerkennen sei. Mit Ausdrücken wie αὐτὰ τὰ πρῶτα (fr. 13 W./R.) sind überempirische Wesensformen, aber nicht Ideen im Sinne Platons gemeint. – Über den Zusammenhang des theoretischen und des praktischen Wissens besonders: S. Mansion, Contemplation and action in the Protrepticus, in: Aristotle and Plato in the mid-fourth century, Göteborg 1960, 56-75; J.D. Monan, La connaissance morale dans le Protreptique d'Aristote, Revue philos. de Louvain 58, 1960, 185-219.

in die ethische Pragmatie einbeziehen kann. Auch in der Bemerkung, daß eine bestimmte Seite der Sache bei der literarischen Darstellung »unbeachtet« geblieben sei, liegt wohl keine Selbstkritik, sondern nur ein ergänzender Hinweis zur Sache.

Noch interessanter ist, daß auch das in EE I 8 – im Rahmen der Ideenkritik – gebrauchte Zitat keinen Abstand der EE gegenüber dem ›Protreptikos‹ erkennen läßt, sondern daß Aristoteles hier ohne weiteres seine frühere literarische Darstellung gegen die platonische Idee des Guten ins Feld führt. Natürlich ist denkbar, daß die EE die Ausführungen des ›Protreptikos‹ ›uminterpretiert‹. Aber wahrscheinlich müssen wir doch damit rechnen, daß Aristoteles schon im ›Protreptikos‹ unter dem Guten, zu dem die Philosophie hinführt, nicht speziell die platonische Idee des Guten verstanden hat, sondern allgemeiner das εἶδος τοῦ ἀγαθοῦ, von dem die EE spricht.

Dies gilt zunächst für die eine Hauptthese, daß das Gute nicht eigentlich für etwas anderes nützlich, sondern an sich | selbst wertvoll ist. Schon im ›Protreptikos‹ war dabei offenbar an die höchste, geistige Arete des Menschen und der ganzen Naturordnung gedacht, aber nicht an eine transzendente Idee.[56] Und vor allem müssen wir so nun auch die zweite These interpretieren, die in den Fragmenten 11 und 13 W./R. behandelt wird: Alle Technai sind auf das Gute angewiesen – nun aber nicht auf ein »Gutes an sich«, sondern einfach auf die immanenten Wesensformen und Gesetzmäßigkeiten, die jeder Techne auf besondere Weise in der Natur vorgezeichnet sind.

345

Aristoteles hat im ›Protreptikos‹ – wie das Fragment 13 W./R. in Verbindung mit Fragment 5 b W. zeigen kann – den Verächtern der philosophischen Theorie zugestanden, daß die praktisch handwerklichen Technai ihr ἀγαθόν in der Empirie finden. Aber für alle Technai wollte er nachweisen, daß sie sich innerhalb ihres Sachbereichs nach primären, naturgegebenen Gesetzmäßigkeiten richten müssen. Er zeigt, daß alles technisch richtige Tun einbezogen ist in ein die ganze Natur durchwaltendes Streben nach dem Guten. Und er erklärt, daß dabei die noetisch-psychische Arete der somatischen, die theoretische Erkenntnis der nur sinnlichen übergeordnet ist. Nichts aber spricht hier für eine Idee des Guten als selbständige Seinsursache. Wenn wir uns an den Zitatzusammenhang in EE I 8 halten, müssen wir vielmehr annehmen, daß die Rede von einem Guten, das sich in allen Lebensbereichen ›ähnlich‹ auswirkt, nicht erst in der ethischen Pragmatie,

56 Im übrigen ist es schwierig, die These, daß das Gute seinem Wesen nach für keine Techne nützlich ist, in ihrem Verhältnis zu Platon genauer festzulegen. Denn einerseits kann sich Aristoteles schon im ›Protreptikos‹ mit einer besonderen Betonung des Eigenwertes der Theorie von Platon entfernt haben, für den die ›Ideenschau‹ immer der menschlich-politischen Arete dienen sollte; und andererseits ist noch in der EE fraglich, inwiefern Aristoteles mit der Behauptung, die platonische Idee sei praktisch nutzlos, in einem echten Widerspruch zu Platon steht, der selbst mehrfach den rein theoretischen Charakter der Ideenerkenntnis hervorgehoben hat (z. B. Philebos 55 B-58 D).

sondern schon im ›Protreptikos‹ unausgesprochen eine kritische Distanz gegenüber der platonischen Ideenlehre erkennen ließ.

Das zweifache Telos bei Aristoteles (1969)

An fünf Stellen im Corpus Aristotelicum wird gesagt, das ›Worumwillen‹ habe eine zweifache Bedeutung (διχῶς τὸ οὗ ἕνεκα): Met. Lambda 7, 1072 b 1–3; EE VIII 3, 1249 b 15; De an. II 4, 415 b 2–3; De an. II 4, 415 b 20–21; Phys. II 2, 194 a 35–36. An der Stelle in der ›Physik‹ verweist Aristoteles auf seinen Dialog Περὶ φιλοσοφίας, wo die Unterscheidung genauer erläutert worden zu sein scheint (fr. 30 Walzer, fr. 28 Ross). – Weitere Belegstellen für die zwei Arten des οὗ ἕνεκα haben sich bei Aristoteles nicht nachweisen lassen. Wenn Aristoteles, wie häufig auch schon Platon,[1] davon spricht, daß ein vorläufiges Telos ein höheres Ziel über sich hat, so ist dies eine andere Unterscheidung.[2] Der Sache nach gehört wohl noch am ehesten der Abschnitt DC II 12, 292 a 18 – b 15 hierher, in dem verschiedene Möglichkeiten, das οὗ ἕνεκα zu erreichen, voneinander abgegrenzt werden; doch ist auch dabei nicht ausdrücklich von dem zweifachen Sinn des οὗ ἕνεκα die Rede.

Da die Distinktion in mehreren, thematisch verschiedenen Pragmatien vorkommt, ist anzunehmen, daß sie bei Aristoteles eine allgemeinere Wichtigkeit hat. So erklärte schon Jacob Bernays: »Jeder, der sich die Wichtigkeit vergegenwärtigt, welche in dem durch und durch teleologischen System des Aristoteles der Zweckbegriff besitzt, wird alsbald den Einfluß ermessen, den eine Zerlegung desselben in zwei Unterarten auf die einzelnen Disziplinen und die einzelnen Lehrstücke gewinnen muß; die Kategorie des Zweckes ist gleichsam das Zentralorgan der aristotelischen Philosophie, dessen kleinste Modifikationen nicht ohne die durchgreifendsten Wirkungen für den gesamten Organismus | erfolgen können.«[3] – Im Rahmen des 98
hier vorgelegten Beitrages beschränke ich mich jedoch darauf, nach Möglichkeit den unmittelbaren Sinn der genannten Stellen zu klären.[4] Beson-

1 Platon, Lysis 218 D – 220 A; Gorgias 467 C – 468 A; Politeia II 357 A – D (u.ö.).

2 Auch Met. Alpha 2, 982 b 26 und GA II 6, 742 a 22 sind anders orientiert, wie schon J. Bernays richtig gesehen hat (Die Dialoge des Aristoteles in ihrem Verhältnis zu seinen übrigen Werken, 1863, 169).
Bei Philoponos, De an. 269, 28-30 scheint das zweifache οὗ ἕνεκα auch für Poet. und für GC oder GA bezeugt zu werden (ὅπερ καὶ ἐν τῇ ποιητικῇ καὶ ἐν τῇ περὶ γενέσεως εἶπεν); doch ist hier der Text als korrupt anzusehen. Vermutlich war gemeint, daß Aristoteles die Begriffsunterscheidung sowohl auf die herstellende Techne als auch auf natürliche Entwicklungsvorgänge anwandte.

3 J. Bernays, a.O. 108.

ders problematisch ist die Stelle in der ›Physik‹, die deswegen am ausführlichsten behandelt werden muß.

Zuerst soll gefragt werden, was sich allgemein – noch ohne Rücksicht auf den inhaltlichen Zusammenhang der fünf Stellen – über die Intention der aristotelischen Unterscheidung ermitteln läßt.

In Met. Lambda und De an. ist angegeben, daß das οὗ ἕνεκα differenziert werden soll nach τινός (οὗ) und τινί (ᾧ). Hier ist schon unklar, wie der Genetiv und der Dativ sprachlich mit οὗ ἕνεκα zusammenhängen und was die Formulierung wörtlich bedeutet. H. von Arnim meinte,[5] mit dem Genetiv sei angegeben, wer oder was nach dem Telos strebt. Er erklärte: »der erste Beweger ist … οὗ ἕνεκά τινος, nämlich τοῦ κόσμου.« Aber diese Ansicht stößt auf Schwierigkeiten, zumal wenn man den Dativ sprachlich analog verstehen will (= Ziel für etwas?). Man findet bei Aristoteles denn auch nirgends die Verbindung οὗ ἕνεκά τινος oder οὗ ἕνεκά τινι. Vielmehr sind der Genetiv und der Dativ anscheinend so hinzugefügt, daß man zu verstehen hat: »οὗ ἕνεκα im Sinne von οὗ«, »οὗ ἕνεκα im Sinne von ᾧ«. So ist die Formel auch schon von den antiken Kommentatoren aufgefaßt worden, und zwar verstanden sie τινός (οὗ) einfach als die Wiederholung des Genetivs, den οὗ ἕνεκα ohnehin bei sich hat. Nach dieser Erklärung ist also das Wer oder Was, das mit dem Genetiv bzw. Dativ angegeben ist, selbst das Telos: der Charakter des Telos selbst wird durch die Unterscheidung modifiziert.

Mit der Wiederholung des Genetivs ist demnach das reine, einfache, direkte οὗ ἕνεκα bezeichnet. Und zum Unterschied davon scheint mit dem Dativ ein relativiertes, je nach dem Subjekt wechselndes Ziel gemeint zu
99 sein.[6] | Dabei liegt es nahe, τινί als *dativus commodi* aufzufassen, so daß mit der zweiten Art des οὗ ἕνεκα ein Subjekt bezeichnet wäre, dem etwas zugutekommt oder in dessen Interesse etwas geschieht.

So verstanden, kann das Sprachliche auf den allgemeinen Sinn der Unterscheidung hinführen, über den sich die Erklärer ziemlich einig sind: mit dem Genetiv (τινός) ist anscheinend das objektive und normative Ziel

4 Über die allgemeine Bedeutung der Teleologie des Aristoteles informieren die folgenden Arbeiten: D.M. Balme, Aristotle's use of the teleological explanation, London 1965 (Inaugural Lecture); K. Bartels, Der Begriff Techne bei Aristoteles, in: Synusia, Festg. f. W. Schadewaldt, 1965, 275–287; A. Mansion, Introduction à la Physique Aristotelicienne, Louvain-Paris ²1946 (251–281); H. Meyer, Natur und Kunst bei Aristoteles, Paderborn 1919 (85–127); M. Schramm, Die Bedeutung der Bewegungslehre des Aristoteles für seine beiden Lösungen der zenonischen Paradoxie, Frankfurt a. M. 1962 (149–244); F. Solmsen, Aristotle's System of the Physical World, 1960 (102–117); W. Theiler, Zur Geschichte der teleologischen Naturbetrachtung bis auf Aristoteles, 1925, ²1965; Ch. Werner, La finalité d' après Aristote, Revue de théol. et de philos. 19, 1931, 5-16; W. Wieland, Die aristotelische Physik, Göttingen 1962 (254–277).

5 H. von Arnim, Zu W. Jaegers Grundlegung der Entwicklungsgeschichte des Aristoteles, Wiener Studien 46, 1928, 7f.

6 Rein sprachlich kann man die aristotelische Unterscheidung zwischen ἀγαθὸν ἁπλῶς und ἀγαθόν τινι vergleichen (EE III 1, 1228 b 18–30; VII 2, 1235 b 30 – 1236 a 15; EN V 2, 1129 b 3; VII 13, 1152 b 26–33). Jedenfalls ist hier mit dem Dativ (τινί) bezeichnet, daß etwas nur relativ, in einer besonderen Hinsicht gut ist (z.B. für den Kranken).

gemeint, mit dem Dativ (τινί) dagegen das einzelne Subjekt, für das irgendetwas zweckmäßig sein soll.

Bereits die antiken Kommentatoren haben mehrfach versucht, den Sinn der aristotelischen Dichotomie zu erläutern.[7] Dabei vermißt man schon bei ihnen die Kenntnis der eigenen Erklärung des Aristoteles in dem Dialog Περὶ φιλοσοφίας, die an den fünf Stellen in den Pragmatien jeweils als bekannt vorausgesetzt ist.[8] – Im ganzen stellen die Kommentatoren übereinstimmend fest: οὗ ἕνεκα mit Genetiv (τινός) bezeichnet das an sich Vollkommene, die zu erstrebende Vollkommenheit, z.B. die Gesundheit oder letzten Endes die Eudaimonie überhaupt; οὗ ἕνεκα mit Dativ (τινί) bezeichnet das Einzelwesen, dem das Gute zuteil werden soll, für das etwas nützlich ist, z.B. den Patienten, für den die Arznei und die Arztkunst da sind.

Die modernen Erklärer haben dies übernommen[9] und nach zwei Seiten hin entfaltet. (a) Zum einen wird öfters gesagt, das erste οὗ ἕνεκα bezeichne die objektive, das zweite die subjektive, einer Vorstellung entsprechende Zielsetzung.[10] (b) Zum anderen sucht man den Dativ im Sinne der Nützlichkeitsbeziehung (*dativus commodi*) zu verstehen, indem man diese Art des οὗ ἕνεκα folgendermaßen erklärt: Zweck im Sinne von zugunsten von etwas (I. Düring) ; the thing is good for some conscious being (Sir David Ross); l'être au profit duquel une chose est faite ou existe (A. Mansion); colui a vantaggio del quale | avviene un mutamento (E. Berti).[11] 100
Dagegen ist dann die erste Art des οὗ ἕνεκα (τινός) das an sich Vollkommene, dem nichts fehlt und also nichts eigentlich zugutekommen kann.

Die beiden Aspekte lassen sich leicht miteinander verbinden. Zur sinngemäßen Ergänzung wird man noch hinzufügen dürfen, daß das objektive, an sich vollkommene Telos in der Regel einen überindividuellen Wert

7 Ps.-Alexander, Met. 695; Simplikios, Phys. 303f.; De an. 110, 111f.; Philoponos, Phys. 237; De an. 269–71 (danach Suda-Lexikon s.v. τέλος); De an. 274; Themistios, De an. 50, 11–9.

8 Seltsamerweise beziehen die Kommentatoren (Simplikios, Phys. 304, 2; Philoponos, Phys. 237, 26; Themistios, Phys. 43, 9; De an. 50, 12) das Zitat in der ›Physik‹ (εἴρηται δ' ἐν τοῖς περὶ φιλοσοφίας) auf die Ethik des Aristoteles, Simplikios sogar speziell auf die EN.

9 Noch ganz im Rahmen der antiken Auslegung bleibt A. Schwegler, Die Metaph. d. Arist. IV (1848) 263: »der Arzt ist tätig einerseits um der Gesundheit willen, andererseits um des Kranken willen; der Mensch ist tätig einerseits um der Glückseligkeit willen, andererseits um seiner selbst willen.«

10 So schon J. Bernays, a. O. 108, 109f.: »daß der Begriff des Zwecks nach subjektiver und objektiver Seite gespalten wird«; »an sich ist der unbewegte Gott objektiver Zweck, insofern ihm alle Wesen der Welt zustreben ...«. Ähnlich H. v. Arnim, a.O.: »der Dativ bedeutet den subjektiven (vorgestellten) Zweck, der Genitiv den objektiven, der durch die teleologische Naturordnung jedem Dinge gesetzt ist.« Vgl. auch H. Cherniss, Aristotle's Criticism of Plato and the Academy, I, 1944, 595, wo der aristotelische Gott als »the objective final cause« beschrieben wird.

11 I. Düring, Aristoteles. Darstellung und Interpretation seines Denkens, Heidelberg 1966, 185f., 211, 259, 365 Anm. 124; Ross, Kommentar zur ›Metaphysik‹ (1924) II 376f.; Kommentar zur ›Physik‹ (1936) 509; Kommentar zu ›De an.‹ (1961) 228; A. Mansion a. O. 259; Berti, La filosofia del primo Aristotele, Padova 1962, 355f. Vgl. Auch W. Theiler, Mus. Helv. 15, 1958, 86, 99; Kommentar zu ›De anima‹ (1959) 114.

darstellt, während man sich das subjektive Telos, dem anderes dienen soll, als konkretes Einzelwesen zu denken hat.

Wir können also nunmehr hypothetisch die folgende Unterscheidung vornehmen und davon bei der Interpretation ausgehen. Die Frage wird sein, ob sich dieses Vorverständnis jeweils im Textzusammenhang verifizieren läßt.

οὗ ἕνεκα

τινός	τινί
objektiv gegebener Zweck	subjektiv angenommener Zweck
übergeordnetes Ziel, das durch seine Vollkommenheit wirkt, ohne für sich selbst etwas nötig zu haben	Ziel ist ein Subjekt, das ein eigenes Interesse hat und anderes für sich braucht
normatives, absolut gültiges Ziel	relativ, jeweils verschieden
überindividuelles Ideal	individuelles Einzelwesen

Bevor wir uns den einzelnen aristotelischen Textstellen zuwenden, ist noch darauf hinzuweisen, daß die Unterscheidung des οὗ ἕνεκα bei Platon vorbereitet ist. Es handelt sich offenbar um den üblichen Fall, daß Aristoteles der Sache nach an Platon anknüpft, während die feste terminologische Fassung und ihre konsequente Anwendung ihm selbst zuzuschreiben sind.

1. Schon das Dilemma der Untersuchung im platonischen ›Lysis‹ scheint auf eine solche Unterscheidung hinzudeuten. Einerseits erweist sich im Gespräch das ἀγαθόν als maßgebliches, zu erstrebendes φίλον; andererseits aber zeigt sich auch, daß das an sich bedürftige Wesen die Ursache des Strebens ist, da es etwas für sich haben will.[12]

2. Vor allem ist an die umfassende Teleologie der Eros-Lehre des ›Symposion‹ zu erinnern. Diotima bezeichnet das Schöne selbst (αὐτὸ τὸ καλόν) als das göttliche Ziel, nach dem alle einzelnen Wesen letzten Endes streben und um dessentwillen jede Liebesmühe geschieht (210 E). Sie geht
101 jedoch davon aus, | daß jedes Wesen das Schöne und Gute für sich selbst haben will (γενέσθαι αὐτῷ, 204 D - 205 A). Das verbindende Moment zwischen diesen beiden Ansätzen liegt darin, daß jedes Einzelwesen mit dem Schönen und Guten die ewige Dauer erstrebt und so über das individuelle, vergängliche Selbst hinaustendiert. Dennoch besteht hier eine Spannung. Und in dieser Dialektik zwischen dem Trieb zur Selbstverwirklichung des Einzelnen und dem Streben nach dem überindividuellen Schönen an sich scheint die aristotelische Distinktion des οὗ ἕνεκα zu wurzeln. Jedenfalls sind die betreffenden Stellen bei Aristoteles, besonders der erste Abschnitt in ›De an.‹, mit der Eros-Lehre des ›Symposion‹ auch inhaltlich verbunden: hier wie dort wird gesagt, daß sich das Streben nach dem göttlichen Ziel in der leiblichen Fortpflanzung bekundet, durch die nicht das Individuum, aber die Art dauernd am Leben erhalten bleibt.

12 Lysis 218 D - 220B, 220 B - 222 A.

3. Manches spricht auch dafür, daß bei der aristotelischen Unterscheidung die platonische Lehre vom Guten als dem höchsten Prinzip der Einheit vorausgesetzt ist. Zu der Stelle in Met. Lambda ist bei Ps.-Alexander (695, 27-28) zu lesen: mit der Diairesis des οὗ ἕνεκα meine Aristoteles eine Zurückführung des Gegensätzlichen auf zwei Prinzipien, wie es in der Schrift Περὶ τἀγαθοῦ dargestellt worden sei. In der Tat wäre ein Zusammenhang mit der platonischen Prinzipientheorie denkbar. Für Platon ist das Eins-Prinzip Ziel eines allumfassenden Strebens, das zuerst die Ideen[13] und dann auch alles andere ergreift. Ferner könnte die eine Art des οὗ ἕνεκα der normativen Funktion des ersten platonischen Prinzips, die andere Art (τινί) dem zweiten Prinzip als der Ursache der Relativierung und Individualisierung zugeordnet werden. Trotzdem bleibt die Verbindung mit Περὶ τἀγαθοῦ zweifelhaft. Ps.-Alexander selbst scheint nicht sagen zu wollen, daß dort die Unterscheidung des οὗ ἕνεκα vorkam, sondern nur, daß ähnliche Diaireseis dort durchgeführt waren. Seine Bemerkung könnte lediglich durch das Stichwort ›Diairesis‹ veranlaßt sein. Somit ist dem antiken Kommentar nicht mehr zu entnehmen als dem aristotelischen Text selbst, der deutlich erkennen läßt, daß Aristoteles mit der Unterscheidung des normativen und des subjektiv-relativen οὗ ἕνεκα platonische Gedanken aufgreift. In die gleiche Richtung führt auch eine bestimmte Aporie des ἀγαθόν-Begriffs, von der Aristoteles an zwei anderen Stellen der ›Metaphysik‹ spricht.[14] | 102

a) Met. Lambda 7, 1072 b 1–4

Um den ›unbewegten Beweger‹ zu charakterisieren, führt Aristoteles hier der Reihe nach die Wertbegriffe der positiven Systoichie an: ὀρεκτόν, νοητόν, ὄν, ἁπλοῦν, καλόν, δι' αὑτὸ αἱρετόν, um schließlich festzustellen: ὅτι δ' ἔστι τὸ οὗ ἕνεκα ἐν τοῖς ἀκινήτοις, ἡ διαίρεσις δηλοῖ· ἔστι γὰρ τινὶ τὸ οὗ ἕνεκα <καὶ> τινός, ὧν τὸ μὲν ἔστι, τὸ δ' οὐκ ἔστι. κινεῖ δὲ ὡς ἐρώμενον, κινουμένῳ δὲ τἆλλα κινεῖ. Dem Bereich des Unbewegten, so wird sicher mit Recht erklärt, will Aristoteles das οὗ ἕνεκα im Sinne von τινός, dem Bereich der Bewegung und Veränderung das οὗ ἕνεκα im Sinne von τινί zuweisen.[15] Dies

13 Vgl. bes. EE I 8, 1218 a 24–33: die Zahlen streben nach dem Einen oder nach dem Guten an sich. An anderer Stelle werde ich den Nachweis versuchen, daß hier in erster Linie Platon, nicht Xenokrates gemeint ist.

14 Met. Beta 2, 996 a 21–36; Kappa 1, 1059 a 34–38. Das ἀγαθόν ist Ziel des praktischen Handelns, also wirksam im Bereich der Bewegung und Veränderung; wie aber kann es dann – so lautet die aporetische Frage – ein selbst unbewegtes ἀγαθόν geben? Seine Lösung findet dieses Problem eben in der Unterscheidung des οὗ ἕνεκα. Das normative Telos braucht sich selbst nicht zu bewegen, denn gerade durch seine in sich ruhende Vollkommenheit wirkt es auf anderes. Vgl. dazu bei Platon selbst auch Philebos 53 D - 54 D.

15 Umgekehrt, aber sicher falsch erklärte einst A. Schwegler, a. O. 263: »Von diesen beiden Umdessentwillen ist das eine existierend, das andere nicht; das eine soll erst verwirklicht werden (Gesundheit, Glückseligkeit), das andere (das Subject) ist schon. In der letztern Weise nun, nicht in der erstern, ist Gott οὗ ἕνεκα.« Diese Erklärung hat leider H. Meyer, a.O. 122 übernommen.

läßt sich folgendermaßen erläutern. Der ›unbewegte Beweger‹ ist reines, normatives Telos. Er ist selbst vollkommen, und ohne eigene Veränderung stellt er das Ziel des Strebens für anderes dar. Gerade durch seine Vollkommenheit zieht er anderes an. Er bewegt also »wie das Geliebte«, nach dem das Liebende verlangt. Das je einzelne οὗ ἕνεκα (τινί) dagegen bewegt sich, weil es anderes nötig hat. Wo etwas ›zugunsten‹ oder ›im Interesse‹ eines Subjekts geschieht, unterliegt das Telos selbst der Veränderung: gerade indem eine zweckhafte Beziehung um seinetwillen wirksam wird, erfährt es eine Wandlung oder Bewegung.

b) EE VIII 3, 1249 b 9–19

Aristoteles spricht hier, am Schluß der EE, von der göttlichen Instanz, die für das menschliche Leben maßgebend sein soll: es ist das θεωρητικόν in der Seele, das mit der Wesensart des Göttlichen selbst übereinstimmt. Er unterscheidet zunächst zwischen der bewirkenden (oder anordnenden) Ursache (z.B. Arztkunst) und der Telos-Ursache (z.B. Gesundheit). Dann fährt er fort: οὕτω δ᾽ ἔχει κατὰ τὸ θεωρητικόν· οὐ γὰρ ἐπιτακτικῶς ἄρχων ὁ θεός, ἀλλ᾽ οὗ ἕνεκα ἡ φρόνησις ἐπιτάττει. διττὸν δὲ τὸ οὗ ἕνεκα (διώρισται δ᾽ ἐν ἄλλοις), ἐπεὶ ἐκεῖνός γε οὐθενὸς δεῖται. ἥτις οὖν αἵρεσις καὶ κτῆσις τῶν φύσει ἀγαθῶν ποιήσει μάλιστα τὴν τοῦ θεοῦ θεωρίαν …, αὕτη ἀρίστη καὶ οὗτος ὁ ὅρος κάλλιστος. Der für uns entscheidende Satz lautet: »Zweifach aber ist das Worumwillen, denn der Gott bedarf ja keiner Güter.« Allerdings hebt sich der Satz so nur dann heraus, wenn wir eine andere Interpunktion wählen als die bisherigen Herausgeber und Übersetzer.[16] Doch wird, wie mir
103 scheint, der Gedankenzusammenhang nur auf diese Weise ganz klar. |

Der Text muß, soviel ich sehe, folgendermaßen verstanden werden. Nachdem Aristoteles das göttliche θεωρητικόν als Telos-Ursache bestimmt hat, bemerkt er, das οὗ ἕνεκα habe einen zweifachen Sinn. Er will feststellen, daß Gott nur in der einen Bedeutung des Begriffes als ein οὗ ἕνεκα gelten kann und daß es daneben noch eine andere Art von Telos gibt. Zur Erklärung wird gesagt, daß Gott ja für sich ›nichts benötigt‹. Die eine Art des οὗ ἕνεκα ist demnach allgemein dadurch charakterisiert, daß dem Telos selbst nichts zu seiner Vollkommenheit fehlt. Wie in Met. Lambda darf man daran denken, daß Gott als οὗ ἕνεκα gerade durch seine eigene Vollkommenheit auf anderes wirkt. – Damit ist nun aber indirekt auch die andere Bedeutung des οὗ ἕνεκα angegeben. Für das andere οὗ ἕνεκα dürfte, *e contrario*, gelten, daß das Telos etwas für sich selbst braucht. Es ist selbst nicht autark, son-

16 Susemihl (Teubner 1884) und Rackham (Loeb 1935) setzen διττὸν … ἐν ἄλλοις durch runde Klammern als Zwischenbemerkung ab, so daß der Satz οὐ γὰρ ἐπιτακτικῶς mit ἐπεὶ ἐκεῖνός γε οὐθενὸς δεῖται fortgeführt wird. Ebenso F. Dirlmeier, Übersetzung und Kommentar zur EE (1962) 105. Demgegenüber setze ich nach ἐπιτάττει einen Punkt und nehme an, daß ἐπεὶ ἐκεῖνός γε οὐθενὸς δεῖται unmittelbar an die Distinktion des οὗ ἕνεκα anschließt. Nur διώρισται δ᾽ ἐν ἄλλοις ist Parenthese.

dern sucht mit Hilfe von verschiedenen Gütern eine relative Vollkommenheit zu erreichen.

Dazu stimmt die Fortsetzung des Gedankenganges. Aristoteles erklärt (mit anschließendem οὖν), daß der Mensch einzelne Güter wie Geldmittel, körperliche Gesundheit, Freunde usw. benötigt; ohne dies kann er am Göttlichen nicht teilhaben.

Der Abschnitt in der EE ist, wie man sieht, insofern besonders aufschlußreich, als hier die eine Bedeutung des οὗ ἕνεκα (und damit indirekt auch die andere) inhaltlich expliziert wird. Der Gedanke an das Göttliche als übergeordnetes, normatives Telos steht dabei im Vordergrund. Der Mensch soll sich in allem nach diesem Ziel richten: was der θεωρία dient, ist für ihn wahrhaft gut, was von diesem Zweck abführt, ist schlecht. Der Hinweis auf die zweifache Bedeutung des οὗ ἕνεκα soll nun aber nicht nur das göttliche Telos an sich charakterisieren. Er soll vielmehr auf den Unterschied aufmerksam machen, der zwischen der Gottheit selbst und der menschlichen Teilhabe am Göttlichen besteht. Der Mensch vermag das höchste Telos nur annäherungsweise zu erreichen, weil er nicht ohne ein bestimmtes Maß von anderen Gütern auskommt. Indem er diese Dinge für sich benützt, ist er nicht normatives Telos, wohl aber ein οὗ ἕνεκα im Sinne von τινί.

c) De anima II 4, 415 a 26 – b 7

Die Lebewesen, so heißt es hier, erreichen durch die Zeugung von Nachkommenschaft, daß die Art erhalten bleibt. Dies gilt als Zeichen dafür, daß die einzelnen sterblichen Individuen, jedes in seiner Weise, nach der göttlichen Vollkommenheit streben. Sie alle bringen ihresgleichen hervor, ἵνα τοῦ ἀεὶ καὶ τοῦ θείου μετεχῶσιν ᾗ δύνανται· πάντα γὰρ ἐκείνου ὀρέγεται, καὶ ἐκείνου ἕνεκα πράττει ὅσα πράττει κατὰ φύσιν. τὸ δ' οὗ ἕνεκα διττόν, τὸ μὲν οὗ, τὸ δὲ ᾧ. ἐπεὶ οὖν κιονω- | νεῖν ἀδυνατεῖ τοῦ ἀεὶ καὶ τοῦ θείου τῇ συνεχείᾳ, 104
. . ., ᾗ δύναται μετέχειν ἕκαστον, κοινωνεῖ ταύτῃ, τὸ μὲν μᾶλλον τὸ δ' ἧττον ....

Auch hier ist es also wieder das Göttliche, das als οὗ ἕνεκα bezeichnet wird. Und mit dem Hinweis auf den doppelten Sinn dieses Begriffes soll anscheinend wieder darauf aufmerksam gemacht werden, daß Gott nicht in dem Sinne Worumwillen ist, daß das, was ›um seinetwillen‹ geschieht, für ihn nötig und nützlich wäre. Gott zieht vielmehr durch seine Vollkommenheit das Unvollkommene an. So ist es zu verstehen, daß die Lebewesen nicht nur für das individuelle Ich sorgen, sondern sich alle mehr oder weniger dem allgemeinen, göttlichen Ziel hingeben.

Außerdem ist wieder zu beobachten, daß der Nachdruck nicht allein auf der ersten, normativen Bedeutung des οὗ ἕνεκα liegt, sondern ebenso oder noch mehr auf der zweiten (τινί). Aristoteles betont im Anschluß an die begriffliche Distinktion, daß das Einzelwesen (ἕκαστον) je nach den ihm gegebenen Möglichkeiten zur göttlichen Vollkommenheit hinstrebt. Das heißt: die Annäherung an das Ziel erfolgt nach Maßgabe der besonderen Beschaffenheit jedes Lebewesens; sie ist je nach der Art und den individuellen Lebensbedingungen verschieden. Darin zeigt sich das Moment des τινί. Im Rahmen der allgemeinen Zuordnung zum göttlichen οὗ ἕνεκα wird doch jedes Lebewesen sich selbst und seine eigene Art zu verwirklichen und zu erhalten suchen. Neben der allgemeinen Zielstrebigkeit nach ›oben‹ wirkt sich also immer auch eine relative, auf das einzelne Subjekt gerichtete Zwecktätigkeit aus.[17]

d) De anima II 4, 415 b 15-21

Aristoteles stellt hier fest, daß die Seele Ursache auch in teleologischer Hinsicht ist (als οὗ ἕνεκα), und führt dies folgendermaßen aus: ὥσπερ γὰρ ὁ νοῦς ἕνεκά του ποιεῖ, τὸν αὐτὸν τρόπον καὶ ἡ φύσις, καὶ τοῦτ᾽ ἔστιν αὐτῆς τέλος. τοιοῦτον δ᾽ ἐν τοῖς ζῴοις ἡ ψυχὴ κατὰ φύσιν· πάντα γὰρ τὰ φυσικὰ σώματα τῆς ψυχῆς ὄργανα, καὶ καθάπερ τὰ τῶν ζῴων, οὕτω καὶ τὰ τῶν φυτῶν, ὡς ἕνεκα τῆς ψυχῆς ὄντα. διττῶς δὲ τὸ οὗ ἕνεκα, τό τε οὗ καὶ τὸ ᾧ.

Dem Hinweis auf das doppelte οὗ ἕνεκα geht hier also der Gedanke voraus, daß bei den Lebewesen die körperlichen Bestandteile dazu da sind, der Seele als ›Organe‹ zu dienen. In diesem Sinne ist die Seele das Telos des Körperlichen, und zwar, wie ausdrücklich gesagt wird, nicht nur bei den Menschen und Tieren, sondern auch bei den Pflanzen.

Soll nun aber die Seele als οὗ ἕνεκα im normativen Sinne (οὗ) oder im subjektiv-relativen Sinne (ᾧ) verstanden werden? Philoponos (De an. 274) hat schon beide Möglichkeiten erwogen. Nimmt man, so erklärte er, für die Seele die erste Bedeutung an, dann kommt für die τινί-Beziehung das einzelne Lebe-
105 | wesen in Betracht. Man kann aber auch – wie Philoponos es möchte – annehmen, daß das Körperliche für die Seele nützlich ist (τινί); dann zeigt sich das reine τινός in dem allgemeinen Streben nach dem Guten und Ewigen.

Wahrscheinlich ist an beiden Ansichten etwas Richtiges. Aristoteles scheint gerade dies sagen zu wollen, daß die Seele in zweifacher Hinsicht οὗ ἕνεκα ist.[18] (1) Zum einen meint er doch wohl, daß die Seele in der Naturordnung ein objektiv maßgebendes Ziel darstellt. Sie wird nicht eigentlich durch die körperlichen Elemente und Organe konstituiert, sondern ist selbst der ursprüngliche Grund des Lebens. Wenn sich das Körperliche nach der Seele richtet, so geschieht dies im Zuge eines allgemeinen Strebens nach dem höheren Wert des Lebendigen, Geformten und Guten. (2) Zum anderen aber will Aristoteles anscheinend bemerken, daß die Seele in den verschiedenen Lebewesen – Menschen, Tieren und Pflanzen – auf je besondere Weise οὗ ἕνεκα ist. Sie braucht je nach den Lebensbedingungen ganz verschiedene körperliche Organe. In der natürlichen Vielfalt der Lebewesen

17 Der Interpretation der beiden De-anima-Stellen bei A. Mansion, a.O. 259f., wo nur an die Nützlichkeitsbeziehung gedacht ist, kann ich nicht folgen.

18 Auch PA I 1, 641 a 14–32; 5, 645 b 14–20 wird die Seele als Telos (οὗ ἕνεκα) bezeichnet, jedoch ohne Hinweis auf die Doppelbedeutung des Begriffs.

zeigt sich also ein differenzierendes Moment, das jedoch ebenfalls teleologisch zu deuten ist. Es ist das οὗ ἕνεκα im Sinne von τινί, sofern nämlich jedes Lebewesen den Körper nach einem eigenen seelischen Telos formt.

Bei der Interpretation der bisher behandelten Stellen hat sich uns das zuerst allgemein entworfene Vorverständnis im wesentlichen bestätigt. Allerdings scheint Aristoteles bei der zweiten Bedeutung des οὗ ἕνεκα (τινί) nicht so sehr an die subjektive Vorstellung oder an die Nützlichkeitsbeziehung gedacht zu haben, sondern vor allem an die je eigene Wesensbestimmtheit der von Natur verschiedenen Organismen. Außerdem ist nun deutlicher zu sehen, wie die beiden Arten des οὗ ἕνεκα funktional miteinander zusammenhängen. Alle Lebewesen sind auf ein höchstes, göttliches Telos bezogen, dem sie möglichst nahe kommen wollen; sie müssen zu diesem Zweck aber immer ihre eigene Wesensform so gut wie möglich verwirklichen. Das Verhältnis läßt sich schematisch etwa folgendermaßen darstellen:

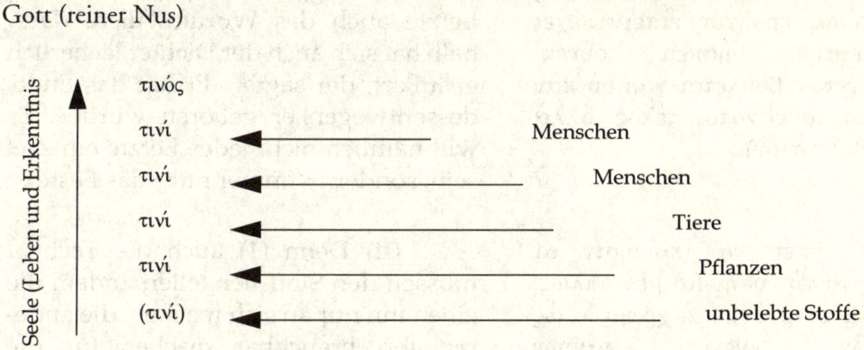

e) | *Phys. II 2, 194 a 27 - b 8* 106

Bei der Stelle in der ›Physik‹ ist es nötig, den weiteren Textzusammenhang mit einzubeziehen. In dem ganzen Textabschnitt will Aristoteles erklären, daß die φυσικὴ ἐπιστήμη sich mit beidem befassen muß: sowohl mit dem Telos oder οὗ ἕνεκα (a) als auch mit den stofflichen Voraussetzungen, die für die Verwirklichung des Zieles erforderlich sind (b). Zuerst wird festgestellt, daß die Natur überall zweckmäßig verfährt und das Beste (τὸ βέλτιστον) zum Ziel hat (I). Dann ist von der besonderen Zwecktätigkeit des Menschen die Rede, wobei vor allem an die Techne zu denken ist (II). Zweierlei Vorgänge kommen hier in Betracht. Zum einen ist es das technische Herstellen (1): es hat sein Telos im fertigen Werk (a) und ist dafür immer auf Stoffe angewiesen (b). Zum anderen ist es das Benützen oder Gebrauchen (2): hier ist der Mensch mit seinen Bedürfnissen das Ziel (a), er verwertet für sich die einzelnen Dinge (b).

Zu welcher von diesen Unterscheidungen gehört nun der Hinweis auf das zweifache Worumwillen? Man könnte die begriffliche Distinktion darauf beziehen, daß das Telos beim Herstellen und beim Gebrauchen von verschiedener Art ist. Wahrscheinlich knüpft Aristoteles jedoch an die erste Feststellung an, nach der die Natur als Telos zu gelten hat. So ergibt sich vorläufig der Eindruck: in der Natur zeigt sich zunächst die eine Bedeutung des οὗ ἕνεκα, sofern nämlich die Natur immer das Beste erreichen will (É); im menschlichen Tun, vor allem im Bereich der Techne, findet man dann besonders auch die zweite Art des οὗ ἕνεκα (II)

ἔτι τὸ οὗ ἕνεκε καὶ τὸ τέλος τῆς αὐτῆς καὶ ὅσα τούτων ἕνεκα· ἡ δὲ φύσις τέλος καὶ οὗ ἕνεκα· ὧν γὰρ συνεχοῦς τῆς κινήσεως οὔσης ἔστι τι τέλος, τοῦτο <τὸ> ἔσχατον καὶ τὸ οὗ ἕνεκα (διὸ καὶ ὁ ποιητὴς γελοίως προήχθη εἰπεῖν »ἔχει τελευτήν, ἧσπερ οὕνεκ' ἐγένετο«· βούλεται γὰρ οὐ πᾶν εἶναι τὸ ἔσχατον τέλος, ἀλλὰ τὸ βέλτιστον).

Ferner ist die gleiche (Wissenschaft) zuständig (a) für das Worumwillen oder das Ziel und (b) für die Mittel zum Ziel. (I) Die Natur aber ist Ziel und Worumwillen. Wenn nämlich etwas bei kontinuierlicher Bewegung (Veränderung) ein Ziel hat, da ist dieses Letzte auch das Worumwillen. (Deshalb hat sich auch der Dichter lächerlich geäußert, der sagte: »Er hat das Ende, dessentwegen er geboren wurde«. Es will nämlich nicht jedes Letzte ein Ziel sein, sondern <immer nur> das Beste).

ἐπεὶ καὶ ποιοῦσιν αἱ τέχναι τὴν ὕλην (αἱ μὲν ἁπλῶς, αἱ δὲ εὐεργόν), καὶ χρώμεθα ὡς ἡμῶν ἕνεκα πάντων ὑπαρχόντων – ἐσμὲν γάρ πως καὶ ἡμεῖς τέλος· διχῶς γὰρ τὸ οὗ ἕνεκα (εἴρηται δ' ἐν τοῖς Περὶ φιλοσοφίας).

(II) Denn (1) auch die Technai müssen den Stoff herstellen, indem die einen ihn nur an sich machen, die anderen ihn brauchbar machen für die Bearbeitung; und (2) wir *gebrauchen* alles wie etwas um unseretwillen Vorhandenes. In gewisser Weise sind nämlich auch wir <Menschen> Ziel; denn zweifach ist das Worumwillen, wie in der Schrift ›Über die Philosophie‹
107 ausgeführt worden ist. |

δύο δὴ[19] αἱ ἄρχουσαι τῆς ὕλης καὶ γνωρίζουσαι τέχναι, ἥ τε χρωμένη καὶ τῆς ποιητικῆς ἡ ἀρχιτεκτονική. διὸ καὶ ἡ χρωμένη ἀρχιτεκτονική πως, διαφέρει δὲ ᾗ ἡ μὲν τοῦ εἴδους γνωριστικὴ [ἡ] ἀρχιτεκτονική,[20] ἡ δὲ ὡς ποιητικὴ τῆς ὕλης· ὁ μὲν γὰρ κυβερνήτης ποῖόν τι τὸ εἶδος τοῦ πηδαλίου γνωρίζει καὶ ἐπιτάττει, ὁ δ' ἐκ ποίου ξύλου καὶ ποίων κινήσεων ἔσται.

Zweierlei Technai gibt es also, die den Stoff beherrschen und kennen: die das Gebrauchen bestimmende Techne (2) und die beim Herstellen maßgeblich-wirkende Techne (1). Deshalb ist auch die gebrauchende Techne in gewisser Weise maßgeblich-wirkend; der Unterschied liegt aber darin, daß die eine <= die gebrauchende> maßgeblich-wirkend ist, indem sie die Form kennt, die andere, eben als herstellende, indem sie den Stoff kennt. Denn der Steuermann weiß, wie beschaffen die Form des Ruders sein muß und gibt entsprechende Anweisungen, der andere aber <der das Ruder herstellt> weiß, aus welchem Holz und durch welche Arbeitsgänge es gemacht wird.

ἐν μὲν οὖν τοῖς κατὰ τέχνην ἡμεῖς ποιοῦμεν τὴν ὕλην τοῦ ἔργου ἕνεκα, ἐν δὲ τοῖς φυσικοῖς ὑπάρχει οὖσα.

Bei dem nun, was durch Techne geschieht, müssen wir den Stoff erst herstellen um des Werkes willen <um der gewünschten Funktion willen>; bei dem, was von Natur ist, ist der Stoff schon vorhanden.

Problematisch ist besonders der Satz: »auch wir sind ja in gewisser Weise Telos«. Seit den antiken Kommentatoren gilt hier ›wir‹ als Worumwillen im Sinne von ›für ein bestimmtes Subjekt‹ (τινί). Aus dem Text geht dies jedoch nicht eindeutig hervor. So konnte H. von Arnim die umgekehrte Ansicht vertreten. Er erklärte: »In der Physikstelle … sind wir, d.h. der Mensch, als objektiver Naturzweck angesehen, so daß der Mensch berechtigt sei, alle übrigen Naturwesen als Stoff für seine Zwecke zu gebrauchen.«[21] Demnach wäre also gemeint, daß der Mensch normatives Telos der ihm untergeord-

19 Der Gedankenzusammenhang verlangt 194 b 1 δύο δὴ…, nicht δέ, wie Ross schreibt. Vier Varianten sind hier überliefert: δέ (drei codd.), δή (zwei codd.), δὲ καί (Philoponos) und δὴ καί (cod. F). Mit Recht nahmen auch Bekker, Prantl (Teubner 1879), Carteron (Budé 1926) und Cornford (Loeb 1929) δή auf. Mit καί wäre gesagt, dass die zwei Arten des technischen Wissens der zweifachen Bedeutung des οὗ ἕνεκα entsprechen (διχῶς – δύο), was Aristoteles jedoch nicht sagen will.

20 Hier ist der Sinn klar, aber der Text korrekturbedürftig. Mein Vorschlag, allein den Artikel ἡ auszuscheiden, der übrigens in cod. E nachträglich eingesetzt ist (sup. lin.), ist paläographisch am einfachsten. Doch kann man auch wie Ross u.a. (vgl. Cornford, a.O. 124) ἡ ἀρχιτεκτονική athetieren oder Prantl folgend ἡ <δὲ> ἀρχιτεκτονικὴ [ἡ δὲ] ὡς ποιητικὴ … schreiben.

21 H. v. Arnim, a.O. 8. Ähnlich schon H. Meyer, a.O. 87. P. Gohlke übersetzt (Physikalische Vorlesung, Paderborn 1956, 64f.): »Wir sind auch in gewissem Sinne ein Zweck der Natur.«

neten Lebewesen und Dinge ist, so wie letzten Endes alles in der Gottheit
108 sein höchstes Telos hat. |

Für diese Auffassung läßt sich immerhin einiges ins Feld führen, auch wenn man im ganzen doch der anderen, üblichen Erklärung den Vorzug geben wird.[22] Aristoteles kann in der Tat, wie besonders eine Stelle in der Politik zeigt, sagen, daß die Natur alles um des Menschen willen hervorgebracht hat: die übrigen irdischen Lebewesen sind um des Menschen willen da.[23] Wenn der Mensch also ein derartiges Telos in der Physis darstellt, gilt dies erst recht auch für den ganzen Bereich der Techne, die in unserem Textzusammenhang stark berücksichtigt wird. Denn der Mensch, der die einzelnen technischen Erzeugnisse gebraucht, kann als maßgebliches Telos des Herstellens wie des Benützens verstanden werden. Bei dieser Deutung wäre mit dem Satz ὡς ἡμῶν ἕνεκα πάντων ὑπαρχόντων nicht gemeint, daß wir alles künstlich auf uns beziehen, als ob es um unseretwillen da wäre (während es von Natur in einer anderen Ordnung steht), sondern man müßte erklären: wir stellen alles in unseren Dienst, weil wir wissen, daß es in Wahrheit eigentlich um unseretwillen da ist. Der Mensch wäre also nicht als der bedürftige Einzelne gesehen, der anderes für sich braucht, sondern als das Lebewesen, das von Natur vollkommen ist und darum normativ wirkt. Dies läßt sich für die ganze irdische Natur behaupten, ganz besonders aber für die Techne: die einzelnen Produkte sind zunächst ambivalent; es kommt darauf an, daß sie der Mensch zu seinem Besten gebraucht.

Schwierig wird diese ganze Erklärung indessen, wenn man weiterfragt, ob auch die andere Art des οὗ ἕνεκα (τινί) im Text vorkommt. Ein anderes Telos, das neben dem Menschen hier erscheint, ist das Produkt der technischen Herstellung und seine optimale Leistung: das ›Werk‹, um dessentwegen der Stoff vorhanden sein muß (194 b 8). Nun könnte man zwar (im Sinne des Aristoteles) erklären, daß das Material jeweils notwendig ist ›für das Werk‹: für das Ruder muß Holz da sein, für die Säge Eisen usw.[24] Aber es fällt doch schwer, diese Beziehung zwischen Hyle und fertigem Artefakt als ein Worumwillen im Sinne von τινί zu interpretieren. Und vor allem ist einzuwenden, daß der Satz »auch wir sind in gewisser Weise Telos« wahrscheinlich nicht einen Unterschied gegenüber dem Telos der herstellenden Techne, sondern einen Unterschied gegenüber dem allgemeinen,
109 normativen Telos der Natur hervorheben soll. |

22 Beim mündlichen Referat in Göteborg habe ich noch die Auffassung H. v. Arnims als die wahrscheinlichere verfochten. Durch dankenswerte Diskussionsbeiträge von O. Gigon, S. Mansion, F. Solmsen, W.J. Verdenius, C.J. de Vogel und H. Wagner bin ich überzeugt worden, daß die andere, gewöhnliche Erklärung im ganzen doch mehr für sich hat.

23 Pol. I 8, 1256 b 15–26; vgl. auch EN VI 7, 1141 a 33f..

24 Von dieser hypothetischen Notwendigkeit spricht Aristoteles mehrmals: Phys. II 9; PA I 1, 639 b 23–30; GA II 6, 742 a 22–36; Meteor. IV 12, 389 b 38 – 390 b 2. Die Dinge, die der Mensch für sich benützt, müssen nicht ebenso notwendig gegeben sein, damit der Mensch als solcher da sein kann.

Die Schwierigkeiten lassen sich auflösen, wenn wir uns an die schon von den antiken Kommentatoren vertretene Ansicht halten, daß hier der Mensch (»wir«) als relatives, subjektives οὗ ἕνεκα (τινί) verstanden werden soll. Der ganze Gedankengang ist dann folgendermaßen zu erklären. Aristoteles behauptet, daß alle naturgemäßen Vorgänge auf ein Telos gerichtet sind. Ein Lebewesen wächst heran, bis es sein Telos so weit wie möglich verwirklicht.[25] Das natürliche Telos ist nicht irgendein Ende, wo etwas aufhört, wie z.B. beim Tod, sondern es ist die Stufe der Vollendung, auf der ein Wesen seine Arete erreicht. Aristoteles scheint soweit ein objektiv und normativ gültiges Telos vor Augen zu haben.

Der Vergleich mit der Techne soll dann zeigen, daß bei selbstverständlich zweckgerichteten Prozessen (vgl. vorher II 1, 192 a 30 - b 3; 2, 194 a19-27) nicht nur ein Wissen vom Ziel, sondern auch die Kenntnis der Hyle wichtig ist. Im Bereich der Techne muß sogar der Stoff, der zum fertigen Gegenstand verarbeitet werden soll, zuvor erst selbst hergestellt werden. So gibt es Technai, die Rohstoffe bereitstellen, z.B. durch Holzfällen oder Ziegelbrennen, und andere machen den Stoff tauglich für den technischen Zweck, z.B. durch das Schmelzen des Eisens.[26] Vom Telos des Herstellens wird nicht ausdrücklich gesprochen. Es versteht sich, daß das fertige Produkt ein Ziel darstellt; zugleich ist aber auch deutlich, daß der teleologische Zusammenhang weiter reicht - bis zu dem speziellen oder allgemeinen Zweck, dem der hergestellte Gegenstand dienen soll. Von diesem weiteren Zusammenhang wird dann offenbar gesprochen, wenn es heißt, daß der Mensch alle Dinge in seinem eigenen Interesse benützt und daß er insofern selbst Telos ist. Man kann dabei an das von Natur Vorhandene denken, das der Mensch etwa als Baumaterial oder zur Nahrung benützt; nicht weniger aber sind sicher die Erzeugnisse der Techne gemeint, die ja alle dem Menschen dienen sollen.

Ohne weiteres ist dabei zu verstehen, daß ›wir Menschen‹ Telos im Sinne von τινί sind. Die einzelnen Dinge sind ›für uns‹ zweckmäßig; sie helfen uns, die eigene Unvollkommenheit zu beheben. Indem der Mensch alles zu seinem Vorteil auswertet, lenkt er auch das, was von Natur zunächst in anderen Zweckbeziehungen steht, mehr oder weniger künstlich auf sich als subjektives Telos hin. Ein Unterschied zwischen der herstellenden und der gebrauchenden Techne scheint in dieser Hinsicht nicht zu bestehen: sie beide sind auf den Menschen als Telos bezogen.

Es folgt schließlich eine vergleichende Analyse des ›herstellenden‹ und des ›gebrauchenden‹ Wissens im Bereich der Techne, also eine speziel-

25 Man denkt am besten an das εἶδος des Menschen, des Pferdes usw., dem das Individuum immer nur approximativ entspricht. Ebenso gibt es für die Techne allgemeine Grundformen (Vorstellungen), nach denen sich der Sachverständige im Einzelfall richtet. Vgl. M. Schramm, a.O. 221f., 240f.

26 Diese und ähnliche Beispiele auch bei Simplikios, 303, 3–5; Philoponos, 238, 11; Themistios 43, 4–5.

110 lere Aus- | legung des zuvor schon eingeführten Unterschiedes. Die zweifache Bedeutung des οὗ ἕνεκα spielt dabei keine Rolle mehr.[27] Dem Thema des ganzen Abschnittes entsprechend soll hier, am Beispiel der Technai, gezeigt werden, daß Hyle und Telos notwendig zusammenhängen. Die herstellende Techne, die auf das fertige Produkt und seine Leistungsfähigkeit hinarbeitet, und die gebrauchende Techne, die das Hergestellte direkt auf den Menschen anwendet, sie beide müssen nicht nur ihr Ziel kennen, sondern auch über die stofflichen Voraussetzungen und die sonstigen Mittel und Wege zum Ziel genau Bescheid wissen.

Daß der Mensch relativer Zweck ist (τινί), läßt sich besonders an seinem technischen Tun studieren. Doch ist dabei, wenn wir Aristoteles richtig verstehen, durchaus die natürliche Veranlagung des Menschen am Werk. Überhaupt wird man nicht fehlgehen, wenn man rückblickend feststellt, daß die Natur, die immer ›das Beste‹ will, zugleich beide Arten des οὗ ἕνεκα verfolgt. Sie ordnet alles auf Gott zu, der das höchste, absolut gute Telos darstellt; sie lenkt aber auch die einzelnen Lebewesen zu der ihnen besonders gemäßen, jeweils bestmöglichen Endform.

f) Περὶ φιλοσοφίας

Welche Rolle spielte nun die Unterscheidung des οὗ ἕνεκα, so sei zum Schluß noch gefragt, in dem Dialog Περὶ φιλοσοφίας, auf den die ›Physik‹ verweist?[28] Aufgrund unserer Textinterpretationen können wir versuchen, diese Frage zu beantworten.

An drei von den fünf Belegstellen in den Pragmatien (Met. Lambda, EE, De an.) spricht Aristoteles, wo er die zweifache Bedeutung des Begriffes
111 er- | wähnt, von der Gottheit als höchster Zweckursache. Er versteht Gott als das Telos, das durch seine Vollkommenheit die Welt in eine strebende Bewegung versetzt. Gott ist auf diese Weise zugleich oberste Final- und erste Bewegungsursache. Nicht ohne Grund wird daher allgemein angenommen, daß die Unterscheidung in dem verlorenen Dialog die Funktion hatte, Gott

27 Es wäre auch störend, wenn dem herstellenden Wissen das normative, dem gebrauchenden das relative οὗ ἕνεκα zugeordnet würde. Denn bei Platon und Aristoteles hat das Gebrauchen einen Vorrang vor dem Herstellen (vgl. z.B. Platon, Kratylos 390 D; Aristoteles, Protrept. 4 Walzer/Ross = B 7-9 Düring). Wenn es zum Schluß heißt, der Stoff müsse τοῦ ἔργου ἕνεκα da sein, so ist nicht nur an den hergestellten Gegenstand zu denken, sondern auch an seine Leistung und Nützlichkeit für den Menschen, dem die herstellende und die gebrauchende Techne gemeinsam dienen. Für beide Arten von Technai ist der Mensch das οὗ ἕνεκα im Sinne von τινί. Sofern jedoch beim Gebrauchen das wahrhaft Gute maßgebend ist, sind die Technai auch auf das normative Telos bezogen. – Mit τῆς ποιητικῆς ἡ ἀρχιτεκτονική (wörtlich: von den herstellenden Technai die leitende) wird eine Differenzierung unter den herstellenden Technai vorgenommen. Die einen stellen, wie vorher bemerkt worden ist, nur den Stoff her, die anderen führen den Herstellungsprozeß zu seinem Ziel.

28 Auf Περὶ φιλοσοφίας verweist nicht nur die Physik-Stelle, sondern wahrscheinlich auch die EE mit der Zwischenbemerkung διώρισται δ᾽ ἐν ἄλλοις. Anders H. v. Arnim, der annimmt, in der EE werde Met. Lambda zitiert (Eudemische Ethik und Metaphysik, SB Wien 1928, 26).

als absolut normatives οὗ ἕνεκα zu charakterisieren.[29] Aristoteles hat, so kann man vermuten, in dem literarischen Werk ausgeführt, daß Gott Telos ist in dem Sinne des reinen Erstrebtwerdens (τινός), nicht etwa in dem Sinne, daß er etwas anderes für sich bräuchte (τινί).

Dabei ist möglich, wenn auch keineswegs sicher, daß die Abgrenzung des reinen οὗ ἕνεκα (τινός) schon in Περὶ φιλοσοφίας dazu diente, die Wirkungsweise des ›unbewegten Bewegers‹ zu erklären. Wenn Gott gerade durch seine in sich ruhende Vollkommenheit anderes in Bewegung setzt, da er im Unvollkommenen ein Streben zu sich hin hervorruft, wird verständlich, daß er Ursprung der Bewegung ist, ohne selbst bewegt zu sein. Primär wirkt Gott in dieser Weise, wie Met. Lambda zeigt, auf den Gesamtkosmos, der in eine gleichmäßige Kreisbewegung versetzt wird. Aristoteles ist aber darüber hinaus zweifellos der Ansicht, daß die Wirkung des göttlichen Telos sich indirekt auch auf die innerkosmischen Prozesse und bis in den sublunaren Bereich hinein erstreckt. Dies zeigt besonders die erste der beiden Stellen in ›De anima‹, die sich inhaltlich mit den Ausführungen in Περὶ φιλοσοφίας berühren mag.

Bei unserer Interpretation der Belegstellen in den Lehrschriften hat sich nun aber ergeben, daß dort mit der Unterscheidung des οὗ ἕνεκα nicht einseitig auf das rein normative Telos (τινός) abgehoben wird. Der Nachdruck liegt ebenso darauf, daß es neben dem übergeordneten οὗ ἕνεκα auch ein οὗ ἕνεκα im Sinne von τινί gibt, nämlich eine relative Zweckbestimmung je nach der besonderen Beschaffenheit des Subjekts (wir Menschen, die Tiere, die Pflanzen). Diese doppelte Akzentuierung ist bisher noch nicht genügend beachtet worden. Für Περὶ φιλοσοφίας ergibt sich von hier aus die Frage: Sollte in dem Dialog mit der Begriffszerlegung vielleicht nicht nur das göttliche Telos bestimmt werden, sondern lag ein ebenso großes Gewicht auf der Bedeutung des οὗ ἕνεκα im Sinne von τινί? Wollte Aristoteles also in dem verlorenen Werk damit begrifflich feststellen, daß sich die teleologische Ordnung einerseits in dem universalen Streben nach dem Göttlichen manifestiert, andererseits aber auch auf mehrfach abgestufte Weise in der je besonderen Vollkommenheit und Zweckmäßigkeit der einzelnen Lebewesen? | 112

In diese Richtung führen auch die Texte, die in der Fragmentsammlung von R. Walzer unter Nr. 31 zu Περὶ φιλοσοφίας gestellt sind. Ist die Zurückführung dieser Texte auf den Dialog richtig, und die Wahrscheinlichkeit spricht durchaus dafür, so hat Aristoteles dort dargelegt: Den sterblichen Individuen kann nicht die volle Unsterblichkeit Gottes

29 Vgl. bes. H. Cherniss, a.O. 595; P. Wilpert, Die aristotelische Schrift Über die Philosophie, in: Autour d'Aristote, off. à A. Mansion, Louvain 1955, 99–116 (bes. 113); M. Untersteiner, Aristotele. Della Filosofia, Roma 1963, 284f. Eine andere Auffassung vertrat O. Rieth (Gnomon 10, 1934, 131): Aristoteles habe in dem Dialog »auseinandergesetzt, daß die natürliche Materie τοῦ ἔργου ἕνεκα ist; Ziel ist für sie das, weswegen sie von Natur ist.« Rieth läßt sich damit aber wohl zu stark vom Textzusammenhang in Phys. II 2 leiten.

zuteilwerden; aber durch die Fortpflanzung bleibt wenigstens die Art dauernd am Leben. So hat das Sterbliche doch in seiner Weise am Ewigen teil; und nach diesem Prinzip ist die ganze Natur von der Gottheit her in sinnvoller Abstufung geordnet und ›ausgefüllt‹.[30]

Von hier aus wird ferner das schwierige Fragment 16 Walzer/Ross neu interessant. Es ist das kurze Referat des Epikureers bei Cicero (De nat. deor. I 13, 33) über die aristotelische Theologie in Περὶ φιλοσοφίας. Dabei heißt es: *alium quendam <deum> praeficit <Aristoteles> mundo, eique eas partes tribuit ut replicatione quadam mundi motum regat tueatur.* Der Ausdruck *replicatione quadam* ist hier bis heute rätselhaft geblieben. Das Problem und die vorliegenden Erklärungsversuche hat neuerdings E. Berti instruktiv besprochen.[31] Zwei Deutungen sind hauptsächlich vertreten worden: zum einen dachte man an die rückläufige Bewegung der Planeten gegenüber der Fixsternsphäre; zum anderen wurde die ἀνείλιξις des Kosmos nach dem Mythos des platonischen Staatsmann in Betracht gezogen.[32] Berti stellt mit Recht fest, daß diese beiden Interpretationen nicht befriedigen. Er bemerkt überzeugend, daß der Sache nach die einfache, gleichmäßige Kreisbewegung des Kosmos gemeint sein muß, denn diese wird in erster Linie durch das Streben nach der Einheit des göttlichen Nus hervorgerufen. So bleibt nur die Frage, warum nicht ein gewöhnliches Wort für die Rotation, sondern der umschreibende Ausdruck *replicatio quaedam* gewählt wird. Dies wird erklärbar, wenn man annimmt, daß schon Aristoteles eine allgemeinere Formulierung gebraucht hat, und zwar deswegen, weil er nicht nur die Kreisdrehung des Himmels von der göttlichen Ursache herleiten wollte, sondern darüber hinaus zugleich auch alle zyklisch-periodischen Vorgänge innerhalb des Kosmos. Der entsprechende aristotelische Begriff ist ἀνάκαμψις, ἀνακάμπτειν. In den Schlußkapiteln der Schrift ›De generatione et corruptione‹ (II 10f.) spricht Aristoteles eingehend von der ›Zurückwendung‹ der Naturprozesse in die Kreisform: man findet sie zuerst in der Rotation des Gesamtkosmos und in den Kreisbahnen der Gestirne, dann auch im Kreislauf der Jahreszeiten, in der dauernden Erneuerung und Selbsterhaltung des Lebens durch die Fortpflanzung und schließlich in der Um-
113 |wandlung der Elementarstoffe.[33] Dabei versteht Aristoteles die ›Umwendung‹ zum Anfang als ein Streben nach dem Vollkommenen: durch die Kreisbewegung verwirklicht sich in jedem Bereich so weit wie möglich die gleichbleibende Einheit des göttlichen Prinzips.[34]

Insgesamt können wir also annehmen, daß Aristoteles in Περὶ

30 Vgl. GC II 10, 336 b 31; Düring, Aristoteles 381; R. Harder, Ocellus Lucanus, Neue Philol. Unters. 1, 1926, 122–125. Eine inhaltlich verwandte Erörterung findet sich auch in DC II 12, 292 a 18 - b 25.

31 E. Berti, a.O. 379–383.

32 Die erste Deutung vertrat H. v. Arnim, die zweite besonders W. Theiler und zuletzt wieder H.J. Krämer, Der Ursprung der Geistmetaphysik, Amsterdam 1964, 134.

33 Der Begriff ἀνακάμπτειν selbst begegnet GC II 10, 337 a 6; II 338 b 5, 8f., 12f., 17. Vgl. ferner De an. I 3, 407 a 28–30; Aristotelis fragm. sel., p. 88, 6 Ross.

φιλοσοφίας die Bewegung der Himmelssphären und die periodischen Prozesse im sublunaren Bereich als Wirkung des höchsten, göttlichen οὗ ἕνεκα erklärt hat. Gott ist das normative οὗ ἕνεκα (τινός), in dem die ganze Naturordnung ihr Ziel findet. Mit der begrifflichen Zerlegung konnte dabei unterstrichen werden, daß Gott autark ist und nichts anderes für sich braucht. Wahrscheinlich kam aber auch die andere Bedeutung des Begriffs (τινί) positiv zur Geltung. Bei den einzelnen Bewegungen und Entwicklungen im Kosmos – so scheint Aristoteles in dem Dialog ausgeführt zu haben – realisiert sich die Beziehung zum Telos doch sehr verschieden. Zwar haben alle Lebewesen (und sogar die unbelebten Stoffe) die Einheit des Göttlichen zum Vorbild, was darin zu sehen ist, daß sich ihre Veränderungen stets zur Kreisform zurückwenden. Dies geschieht jedoch in den verschiedenen Bereichen und bei den einzelnen Wesen am Himmel oder bei den verschiedenen Arten von irdischen Lebewesen – auf je besondere Weise. Denn die Natur folgt nicht nur dem allgemeinen, göttlichen Telos, sondern zugleich auch der besonderen Bestimmung, die dem Einzelwesen eigen ist.

34 Die Kreisbewegung, besonders die ständige Erneuerung des Lebens, als Nachahmung des göttlichen Seins: GC II 10, 336 b 27ff.; 337 a 17ff.; GA ÉÉ 1, 731 b 18 - 732 a 1. Vgl. H. Happ, Kosmologie und Metaphysik bei Aristoteles, in: Parusia, Festg. f. J. Hirschberger, 1965, 155–187, bes. 168–70.

Ein Gespräch mit König Philipp: Zum ›Eudemos‹ des Aristoteles (1985)

Paul Moraux hat aus einer Stelle in der ›Rhetorik‹ Philodems (I p. 215–216 Sudhaus) erschlossen, daß im aristotelischen Dialog ›Gryllos‹ eine Unterredung zwischen Aristoteles und dem Redner Anaximenes von Lampsakos stattfand.[1] Außerdem kennen wir den kyprischen Fürsten Themison als Adressaten des ›Protreptikos‹ (Fr. 1 Walzer/Ross). Aber von keinem der übrigen literarischen Werke des Aristoteles wissen wir, wer neben Aristoteles, der in der Regel sich selbst als Gesprächsführer darstellte[2], als Dialogpartner auftrat: »nous ne connaissons … aucun des autres personnages qui donnaient la réplique à Aristote dans ses dialogues« (P. Moraux). – In dem hier vorgelegten Beitrag sollen die Hauptpersonen des Dialogs ›Eudemos‹ ermittelt werden. Dabei werden wir auch eine Stelle in der ›Rhetorik‹ Philodems auswerten, also den von P. Moraux für den ›Gryllos‹ beschrittenen Weg einschlagen.

1 *Eudemos, fr. 6 Walzer/Ross: König Midas und der Silen*

Das in der pseudo-plutarchischen Trostschrift an Apollonios überlieferte Fragment mit dem umfangreichen wörtlichen Zitat aus dem ›Eudemos‹ übersetze ich folgendermaßen (Consolatio ad Apollonium 27, 115 B–E = Aristoteles, Eudemos Fr. 44 Rose = Fr. 6 W./R.):[3] | 458

Viele weise Männer haben nämlich, wie Krantor (in seiner Trostschrift) sagt, nicht erst jetzt, sondern schon vor langer Zeit die menschlichen Dinge beklagt, da sie glaubten, eine Strafe sei das menschliche Leben und ›überhaupt‹ sei es, wenn ein Mensch geboren wird, das größte Unglück

1 P. Moraux, Deux témoignages de Philodème sur Aristote, in: Rev. d. Ét. Gr. 92 (1979) 400–412 (bes. 405–412).

2 Cicero, Ad Att. XIII 19, 3–4: *sermo ita inducitur ceterorum, ut penes ipsum sit principatus.*

3 Außer an den folgenden Stellen schließe ich mich der Textausgabe von Paton-Wegehaupt (Leipzig 1925) an: (a) Die Lesart O [O = codd. omnes praeter citatos] ἀρχὴν τὸ γενέσθαι ἄνθρωπον συμφορὰν τὴν μεγίστην ist vorzuziehen, weil die Formulierung offenbar an den Vers ἀρχὴν μὲν μὴ φῦναι … (Alkidamas bei Stobaios IV 52, 22 mit Parallelen) anklingen soll. (b) Wie schon H. Sauppe, in: Philologus 19 (1863) 579–580 vorschlug, schreibe ich νομίζομεν (mit den codd.) und tilge ἡγούμεθα. Von νομίζομεν ist einerseits μακαρίους εἶναι, andererseits οὐχ ὅσιον (εἶναι) abhängig. – Dem von Paton-Wegehaupt gebotenen Text folgt an diesen Stellen jetzt wieder H.J. Mette, Zwei Akademiker heute: Krantor von Soloi und Arkesilaos von Pitane, in: Lustrum 26 (1984) 7–94; Krantor, Fr. 5 (S. 21–22). Zur Quellenfrage Aristoteles/Krantor äußert sich Mette hier S. 35–36.

(ἀρχὴν τὸ γενέσθαι ἄνθρωπον συμφορὰν τὴν μεγίστην). Dies soll, wie Aristoteles sagt, auch der gefangene Silen dem (König) Midas erklärt haben. Es ist aber besser, die wörtlichen Formulierungen des Philosophen herzusetzen. Er sagt ja doch in der Schrift mit dem Titel ›Eudemos oder über die Seele‹ folgendes:
»Deshalb, du Tüchtigster (Mächtigster) von allen und am meisten glücklich zu Preisender (ὦ κράτιστε πάντων καὶ μακαριστότατε), glauben wir außer dem, daß die Verstorbenen selig und glücklich sind (πρὸς τῷ μακαρίους ... εἶναι ... νομίζομεν), auch, es sei unfromm, etwas über sie zu lügen oder zu lästern, weil sich dies gegen schon besser und mächtiger gewordene Wesen richten würde (ὡς κατὰ βελτιόνων [ἡγούμεθα] καὶ κρειττόνων ἤδη γεγονότων). Und dies ist bei uns (παρ' ἡμῖν) schon seit so langer und alter Zeit dauernd Sitte, daß überhaupt keiner den Anfang der Zeit weiß noch denjenigen, der die Sitte zuerst begründet hat, sondern seit unendlicher Zeitdauer besteht nun eben diese Sitte ununterbrochen.
Außerdem siehst du auch, daß seit vielen Jahren im Munde der Menschen der vielzitierte Satz ist –« »Welcher?« fragte er. Und jener fuhr fort: »– daß nicht geboren zu sein das Beste von allem ist, das Totsein aber vorzüglicher als das Leben. Und vielen ist es so von der Gottheit bezeugt worden. Zum einen (τοῦτο μὲν) sagt man ja doch, daß jenem Midas, als er nach der Jagd, bei der er den Silen gefangen hatte, forschte und sich erkundigte, was wohl das Beste für den Menschen und was das Wünschenswerteste von allem ist, dieser zuerst nichts sagen wollte, sondern in ungebrochenem Schweigen verharrte. Nachdem er aber durch Anwendung aller möglichen Mittel ihn schließlich mit Mühe dazu gebracht hatte, ihm etwas verlauten zu lassen, da habe er, derart gezwungen, gesagt: »Eines mühebeladenen Daimon und einer schlimmen Tyche Saat, dem Wechsel des Tages unterworfen (ἐφήμερον σπέρμα), warum zwingt ihr mich zu sagen, was ihr besser nicht wüßtet? Denn in der Unkenntnis der eigenen Übel ist das Leben immer noch am schmerzlosesten. Den Menschen aber ist es überhaupt nicht möglich, daß ihnen das Beste von allem geschieht und daß sie teilhaben an der Natur des Besten. Denn am besten ist es für alle Männer und Frauen, nicht geboren zu sein. Das Danachkommende und das Erste unter dem für
459 Menschen Erreichbaren, | aber doch nur das Zweitbeste (δεύτερον δέ), ist es, wenn man geboren ist, so schnell wie möglich zu sterben.«
Es ist also klar, daß er (= der Silen) in der Überzeugung, daß der Aufenthalt im Gestorbensein vorzüglicher ist als der im Leben, sich so geäußert hat (δῆλον οὖν <ὅτι> ὡς οὔσης κρείττονος τῆς ἐν τῷ τεθνάναι διαγωγῆς ἢ τῆς ἐν τῷ ζῆν, οὕτως ἀπεφήνατο).«

Wer wird hier als κράτιστος πάντων καὶ μακαριστότατος angeredet, und wer ist der andere, der ihn über das Glück der Verstorbenen belehrt? O. Gigon[4], dessen Ansicht jetzt von H. Flashar[5] gebilligt wird, hat erklärt, der ›Eudemos‹-Dialog habe mit einem Mythos geschlossen,[6] und aus diesem Mythos stamme unser Fragment, »in welchem ein Mensch einem übermenschlichen Wesen ... Auskunft über die Zustände in der Menschenwelt
460 erteilt«. |

Mit einem »übermenschlichen Fabelwesen« sind jedoch zwei Angaben des Textes kaum vereinbar. (a) Die Anrede ὦ κράτιστε πάντων hebt

4 O. Gigon, Die Dialoge des Aristoteles, in: Jahrb. d. Philos. Fakultät d. Universität Athen 24 (1973–1974, Athen 1975) 178–205, bes. 202–203; ebenso schon früher: O. Gigon, Aristoteles, Vom Himmel, Von der Seele, Von der Dichtkunst, Eingeleitet und neu übertragen, Zürich 1950, 205; O. Gigon, Prolegomena to an Edition of the Eudemos, in: I. Düring–G.E.L. Owen (edd.), Aristotle and Plato in the midfourth century, Göteborg 1960, 19–33, bes. 25–26.

5 H. Flashar, Aristoteles, in: Ueberweg (Grundriß der Geschichte der Philosophie), Die Philosophie der Antike, Band 3, Zürich/Stuttgart 1983, 281. – Abwegig war die Ansicht von G. Méautis, L'orphisme dans l'›Eudème‹ d'Aristote (1955), in: Thucydide et l'impérialisme athénien, Neuchâtel/Paris 1964, 92, der so feierlich Angeredete sei der verstorbene Eudemos. Dieser hat ja doch keine Belehrung über die Eudaimonie im jenseitigen Leben nötig.

den Angesprochenen über »alle«, und das heißt alle mit ihm Vergleichbaren, Gleichartigen hinaus. Unter den Göttern wäre dabei an Zeus zu denken. Die vielen halbgöttlichen, daimonischen Zwischenwesen aber sind kaum in dieser Weise zusammenzufassen. Also handelt es sich um einen Menschen, der über »alle« gewöhnlichen Menschen oder alle in seinem Volk, seiner Stadt hinausragt. (b) »Du siehst im Munde der Menschen den vielzitierten Satz«, kann nicht zu einem übermenschlichen Wesen, das über die Verhältnisse in der Menschenwelt informiert werden muß, gesagt werden. Der Sprecher meint, wenn er »wir« oder »bei uns« sagt, doch wohl die lebenden Menschen (zum Unterschied von den Verstorbenen), und es scheint, daß er dabei den Angeredeten mit einbezieht.[7] Nach dem gesamten Text des Fragments wird der Angesprochene nicht über etwas belehrt, das er nicht kennt, sondern ihm wird die tiefere Bedeutung von allgemein bekannten Bräuchen und Überlieferungen erklärt.

Ungewöhnlich sind allerdings die beiden superlativischen Prädikationen, für die keine genaue Parallele nachzuweisen ist. Aber sie lassen sich doch als bewußte Übersteigerungen von üblichen, gegenüber Menschen gebrauchten Anredeformen verstehen. (a) Der Vokativ κράτιστε war offenbar bei respektvoller Anrede nicht unüblich. Der ἄρεσκος Theophrasts (Char. 5,2) begrüßt sogar jeden, dem er begegnet, als ἀνὴρ κράτιστος.[8] Durch die Hinzufügung von πάντων wird die Macht oder Tüchtigkeit des Angesprochenen zusätzlich hervorgehoben. (b) Während die Anrede ὦ μακάριε etwa in den platonischen Dialogen oft vorkommt und also recht geläufig ge-
| wesen zu sein scheint, ist ὦ μακαριστέ eine seltene, gewählte, poetische 461
Anredeform (bei Theokrit 7, 83); und der superlativische Vokativ μακαριστότατε ist, so viel ich sehe, singulär. – Die Übersteigerungen haben hier nun aber gerade dann einen guten Sinn, wenn der so Angesprochene ein Mensch ist. Die beiden Prädikate κράτιστος und μακαριστότατος korrespondieren doch wohl nicht zufällig mit dem, was den Verstorbenen zuge-

6 Weil das Mythologem von dem auf einer fernen Insel lebenden und die Gedanken des Zeus träumenden Kronos für Aristoteles bezeugt ist (Textstellen u. Anm. 40), meint O. Gigon, op. cit. (1975) 203: »Der aristotelische Mythos muß von einer Reise in den fernsten Nordwesten der Oikumene berichtet haben; sie führte zur Insel, auf der Kronos, umsorgt von dienenden Daimonen, in ewigem Schlafe ruht, und da werden wohl dem Reisenden Belehrungen über Wesen und Schicksal der Seele zuteil geworden sein.« Ebensogut oder besser wird man jedoch annehmen können, daß das mythische Beispiel des Kronos bei einer sachlichen Erklärung des Phänomens der mantischen Träume angeführt wurde.

7 Weniger wahrscheinlich ist, daß der Sprecher »wir Griechen« oder etwa »wir Athener« sagen will. Das Verbot, über die Toten zu lügen oder zu lästern, das hier als uralter (ungeschriebener) Nomos bezeichnet wird, galt in Athen als Gesetz Solons (Plutarch, Solon 21,1; Demosthenes, or. 20,104). Die Betonung des unbekannten Ursprungs läßt an einen bei allen Menschen gültigen Brauch denken. Ähnlich über das in unbekannte Vergangenheit zurückreichende Alter der allgemeingültigen göttlichen oder ungeschriebenen Gesetze: Sophokles, Antigone 456–457; Lysias, or. 6,10.

8 Mehrfach ist diese Prädikation in Widmungsanreden nachzuweisen: Dionysius Halicarn., De orat. ant. 1 (ὦ κράτιστε Ἀμμαῖε); Ev. Luc. 1, 3 (κράτιστε Θεόφιλε); Josephus, Antiqu. VI 430 (κράτιστε ἀνδρῶν Ἐπαφρόδιτε).

sprochen wird: sie sollen κρείττονες und μακάριοι sein. Wäre der Angeredete ein unsterbliches Wesen, so hätte diese Entsprechung keinen rechten Sinn. Ist er hingegen ein Mensch, so wird die überschwengliche Anredeform durch das, was über die Verstorbenen gesagt wird, relativiert und vielleicht ironisiert: Wahrhaft höhere und glückselige Wesen sind die Verstorbenen; ein Lebender hat diese Eigenschaften allenfalls im Vergleich mit den anderen Lebenden und nach dem gewöhnlichen Urteil.

Das Gesprächsfragment gewinnt also, wie mir scheint, den besten Sinn, wenn man annimmt, daß der Angeredete ein mächtiger Herrscher ist, dem ein philosophischer Dialogpartner zu verstehen gibt, worin die wahre Eudaimonie besteht. Damit rückt das Fragment in die Nähe eines bekannten Typus von Erzählungen: In mehreren griechischen Novellen oder Anekdoten gibt ein Weiser (oder Philosoph) einem königlichen Herrscher eine paradoxe Auskunft, und besonders typisch ist für diese Gespräche das Thema der Eudaimonie. Am bekanntesten ist die Geschichte von Kroisos und Solon bei Herodot (I 30–33).[9] Dort gibt Solon auf die Frage nach der Eudaimonie die Antwort, keiner sei vor seinem Tod glücklich zu preisen. Der Sprecher des Aristoteles-Fragments überbietet, meine ich, diese Ansicht, indem er dem so mächtig und glücklich erscheinenden Herrscher erklärt, daß wir Menschen erst in einem »besseren Leben« nach dem Tod glücklich werden können.

Die Beispielgeschichte mit Midas und dem Silen eignet sich be-
462 sonders gut für ein Gespräch zwischen einem Weisen und einem | Herrscher, weil sich das Verhältnis zwischen den Gesprächspartnern in dieser exemplarischen Begebenheit spiegelt.[10]

Können wir nun vielleicht auch die Namen der beiden Personen des aristotelischen Textes angeben? Ein unscheinbares Indiz in dem Referat aus

9 In ähnlicher Weise werden einander gegenübergestellt: der Fürst von Phleius (oder Sikyon) und Pythagoras bei Herakleides Pontikos (Fr. 87–88 Wehrli; Jamblich, Vita Pythagorae 58–59); Hieron von Syrakus und der Dichter Simonides bei Xenophon (›Hieron‹); Dionysios I. von Syrakus und Platon in biographischer Oberlieferung (Philodem, Index Academicorum, col. X 12–17, p. 7–8 Mekler nach älterer Quelle; Olympiodor, In Platonis Alcibiadem 2, 99–113 Westerink; In Platonis Gorgiam 41,7, p. 212 Westerink).

10 In einem fingierten, der kaiserzeitlichen Rhetorik entstammenden Brief schreibt Dionysios II. von Syrakus an Speusipp (Sokratiker-Brief 34/36): »Ich sehe schon mit Freude der Zeit (nach deinem Tod) entgegen, wenn du … nicht (mehr) die Weisheit der Satyrn verkündest, die du mir gegenüber einmal bei einem Trinkgelage in Unteritalien vertreten hast …« (μηδὲ καταδείξῃς τὴν τῶν σατύρων σοφίαν, ἣν πρὸς ἐμέ ποτε συμπίνων ἐν ᾿Ιταλίᾳ ἐπηγγέλλου). Da der Autor durchgehend ältere Quellen verwendet, ist anzunehmen, daß in einem literarischen Symposion Speusipp dem syrakusanischen Tyrannen die »Weisheit der Satyrn« vorhielt. Mit dieser Weisheit dürfte gemeint sein, was der Silen (der als Satyr bezeichnet werden kann: Platon, Sympos. 215 AB; Philostrat, Apollonius VI 27, Imagines I 22) dem König Midas bei Aristoteles erzählt: daß nicht geboren zu sein das Beste ist. Wenn dies richtig ist, wird man trotzdem nicht auf den Gedanken verfallen, die Briefstelle zeige einen direkten Reflex aus dem aristotelischen ›Eudemos‹ und die Gesprächspartner des Fragments 6 W./R. seien Speusipp und Dionysios von Syrakus. Wohl aber kann der Brief bestätigen, daß sich die Geschichte von Midas und dem Silen für ein paränetisches Gespräch mit einem König eignete.

dem Eudemos-Dialog, das bei Cicero zu lesen ist, kann uns, wie mir scheint, auf die richtige Spur führen (Cicero, De divinatione I 25, 53 = Aristoteles, Eudemos Fr. 1 W./R.):

Aristoteles schreibt, Eudemos von Kypros, sein Freund (Schulgenosse) sei auf einer Reise nach Makedonien (*iter in Macedoniam facientem*) nach Pherai gekommen, einer damals ansehnlichen Stadt in Thessalien, die von dem Tyrannen Alexander jedoch in grausamer Knechtschaft gehalten wurde. In dieser Stadt also sei Eudemos so schwer krank geworden, daß alle Ärzte ihn schon aufgaben. Da schien ihm im Schlaf, als verkünde ihm ein Jüngling von hervorragender Gestalt (oder: mit ungewöhnlich schönem Antlitz): er werde in ganz kurzer Zeit wieder gesund werden, in wenigen Tagen werde der Tyrann Alexander umkommen, er selbst aber, Eudemos, werde im fünften Jahre danach in die Heimat zurückkehren. Gerade so seien die ersten Vorhersagen, schreibt Aristoteles, auch gleich eingetroffen: Eudemos sei gesund geworden, der Tyrann durch die Brüder seiner Frau ums Leben gekommen. Als aber das fünfte Jahr zu Ende ging und aufgrund jenes Traumes die Hoffnung bestand, er werde nun nach Kypros aus Sizilien zurückkehren, da sei er im Kampf bei Syrakus gefallen. Daher sei der Traum so gedeutet worden, daß Eudemos offenbar dann, als seine Seele den Körper verließ, in seine Heimat zurückkehrte. | 463

Die Reise des Eudemos nach Makedonien ist, da sie zeitlich mit dem Tod des Alexander von Pherai zusammenfiel, ins Jahr 358 v. Chr. zu datieren.[11] In Makedonien war ein Jahr vorher (359) Philipp II. an die Macht gekommen. Man hat nun längst vermutet, daß die Reise des Eudemos den Zweck verfolgte, die Verbindungen der Akademie zum makedonischen Hof zu festigen und für das von Platons Freund Dion geplante Unternehmen gegen Dionysios II. von Syrakus bei Philipp um Verständnis und Unterstützung zu werben.[12] Ein Jahr nach der Reise war Eudemos dann unter denen, die mit Dion nach Syrakus aufbrachen (Plutarch, Dion 22, 3), wo er schließlich, bald nach der Ermordung Dions (354), im Kampf fallen sollte (354 oder 353). Die platonische Akademie stand bereits mit Philipps Bruder und Vorgänger in enger Verbindung: Am Hof des Perdikkas III. wirkte der Platoniker Euphraios von Oreos, von dem wir erfahren, daß er sich bemühte, dem Herrscher philosophische Bildung zu vermitteln,[13] und daß durch ihn auch schon die Grundlage für Philipps Machtergreifung gelegt worden sei.[14]

Cicero sagt zwar nicht ausdrücklich, daß Eudemos auf seiner Reise

11 Zu den chronologischen Problemen genauer: W. Spoerri, Prosopographica, in: Mus. Helv. 23 (1966) 44–57; K. Gaiser, Die Elegie des Aristoteles an Eudemos, in: Mus. Helv. 23 (1966) 84–106 (bes. 102).

12 Vgl. J. Bernays, Die Dialoge des Aristoteles, Berlin 1863, 21; W. Spoerri, op. cit. 46.

13 Ps.-Platon, Epist. 5; Athenaios XI 508 D–E.

14 Dies steht in Briefen Speusipps: Sokratiker-Brief 30, 12; Athenaios XI 506 E–F (nach Karystios von Pergamon). In dem Zitat bei Athenaios heißt es: »… als ob nicht alle Menschen wüßten, daß Philippos sogar den Anfang seiner Herrschaft durch Platon erhalten hat. Denn Platon sandte Euphraios von Oreos zu Perdikkas, und Euphraios überredet diesen, ein Stück Land dem Philippos zuzuteilen. Philipp aber baute dort eine Heeresmacht auf, und als Perdikkas starb, übernahm er sofort, aus der bereits vorhandenen Machtstellung heraus, die Staatsangelegenheiten.« Weiteres zu Euphraios bei A. Wörle, Die politische Tätigkeit der Schüler Platons, Lauterburg 1981 (Göppinger Akademische Beiträge 112), 115–120.

bis nach Makedonien kam; aber die Worte *iter in Macedoniam facientem* sind doch wohl so zu verstehen. Dann aber darf man annehmen, daß der Dialog des Aristoteles eine Begegnung zwischen Philippos und Eudemos voraussetzt. Ich wage also, die Fragmente 1 und 6 W./R. kombinierend, die Vermutung, daß der Dialog ein Gespräch zwischen Eudemos und dem Makedonenkönig wiedergab.

Die Einzelheiten des Fragments 6 werden unter diesem Gesichts-
464 punkt gut verständlich. Der Philosoph redet den damals etwa | fünfundzwanzigjährigen Herrscher im Blick auf seine königliche Macht[15] mit etwas übertriebenem Respekt an, indem er ihm zugleich vor Augen führt, daß alle irdische Macht und Eudaimonie unvollkommen und vorläufig ist. Er erklärt dem jungen König, daß die bekannten Überzeugungen und Überlieferungen der Menschen, wenn man ihren tieferen Sinn erkennt, auf die Unsterblichkeit der Seele und die Eudaimonie der Verstorbenen weisen.

Besonders geschickt ist in einem Gespräch mit Philipp die Geschichte von Midas und dem Silen gewählt, die als erstes Beispiel für den göttlichen Ursprung jener Weisheit ausführlich erzählt wird.[16] Diese Geschichte spielt nämlich nach vorherrschender Tradition in Makedonien.[17] Schon bei Herodot (VIII 138,3) wird über die sogenannten Midas-Gärten in Makedonien gesagt: »In diesen Gärten wurde auch Silenos gefangen, wie die Makedonen erzählen.« Und auch bei Theopomp spielt die Begegnung zwischen Midas und dem Silen in Makedonien: τὰ περὶ Σιληνοῦ τοῦ φανέντος ἐν Μακεδονίᾳ (Dionysius Halicarnassensis, Ad Pomp. 6 = Theopomp, FGrHist 115 F 74
465 b). |

2 *Philodem über Aristoteles und Philipp*

Die Vermutung, daß die in dem ›Eudemos‹-Fragment 6 W./R. miteinander sprechenden Personen Eudemos und König Philipp sind, bliebe allzu unsi-

15 Es steht nicht fest, wann Philipp von der makedonischen Heeresversammlung offiziell die Würde eines Königs erhielt. Während in der früheren Forschung die Auffassung vorherrschte, dies sei erst ein paar Jahre nach der Übernahme der Macht (359) geschehen (etwa 355) und bis dahin habe Philipp als Vormund seines Neffen Amyntas regiert, vertritt neuerdings G.T. Griffith mit beachtlichen Gründen die Ansicht, Philipp habe sogleich im Jahr 359 den Königstitel erhalten (N.G.L. Hammond–G.T. Griffith, A History of Macedonia, II, 550–336 B.C., Oxford 1979, 208–209, 702–704). Ich schließe mich Griffith an, wenn ich sage, daß Eudemos im Jahr 358 mit König Philipp gesprochen habe. Doch wäre diese Formulierung auch dann gerechtfertigt, wenn Philipp damals noch nicht offiziell den Titel eines Königs gehabt hätte: Zur Zeit der Abfassung des Dialogs war Philipp aus der Sicht des Aristoteles und seiner Leser selbstverständlich der König der Makedonen.

16 Da die Erzählung mit τοῦτο μὲν … eingeleitet wird, folgte mindestens ein weiteres Beispiel. In Betracht kommen dafür die Geschichten von Kleobis und Biton (Herodot I 31) und von Trophonios und Agamedes (Pindar, Fr. 159 Schroeder/Snell). Diese beiden Beispiele findet man zusammen bei Ps.-Platon, Axiochos 367 BC; Cicero, Tusc. disp. I 113–114; Ps.-Plutarch, Consolatio ad Apollonium 14, 108 E–109 B (Cicero hat als drittes Beispiel die Silen-Geschichte).

17 E. Rohde, Der griechische Roman, Leipzig ^{3}1914, 219 Anm. 4; dort auch über andere Lokalisierungen der Sage.

cher, wenn sie nicht durch eine Stelle bei Philodem eine Bestätigung erhielte. In dem mehrere Kolumnen umfassenden Text der philodemischen ›Rhetorik‹, der eine Auseinandersetzung des Epikureers mit Aristoteles enthält (II p. 50–63 Sudhaus), wird eine Beziehung zwischen Aristoteles und Philipp erwähnt. In Betracht zu ziehen ist hierfür der Abschnitt, der von den letzten Zeilen der Kolumne 44 des P. Herc. 832 (untere Kolumnenteile) über Kol. LVI des P. Herc. 1015 (obere Kolumnenteile) bis Kol. 45 des P. Herc. 832 reicht. Ich gebe diesen Textabschnitt in der folgenden, gegenüber Sudhaus (Philodemus, Rhetorica, II p. 61–62) verbesserten Fassung wieder, wobei ich mich auf eine Neukollationierung der Papyri stütze, die ich der Freundlichkeit von Frau Prof. Francesca Longo Auricchio (Neapel) verdanke:[18] | 466

Philodemus, Rhetorica, P. Herc. 1015 / 832, col. 44, 13 – LVI – 45, 9

col. 44 13 εἰ [δὲ] μὴ
14 πρό[τ]ερον ἐ[ξ]ελύ[θη] κα-
LVI (1) [κοῦ φιλοσοφῶν, αὐτὸν]
2 [λάβ]οις ἄ[ν] π[ρ]ά̣τ̣τεσθαι
[κατ' ἄ]λλ[α τ]ἐ[λ]η. τί ἄ[ρ' ἂ]ν
4 [εἶχε] προ̣[κρ]ῖν[αι]; διὸ
[τότ']ἐπ[ι]λαβ[όμ]ενος
(6) [τῆς τῶν θείων καὶ οὐρα]-
νίων [θεωρίας εἶπε πε]-
8 [ρὶ] ἀνθρω[πίνων] πρα-
[γμ]άτων [ἐπιμέ]λει-
10 αν, οὐδὲ γυναῖκα τῶν

18 Der hier vorgelegte Text unterscheidet sich von dem bisher maßgeblichen (Philodemus, Volumina rhetorica, ed. S. Sudhaus, II, Leipzig 1896, 61–62) an den folgenden Stellen: Kol. 44, 14 ἐξελύθη bis LVI 8 πε/ρὶ von mir ergänzt, οὐρα/νίων 6/7 jedoch schon bei Sudhaus. LVI 2 π[.]λατειθαι Sudhaus, π[ρ]ά̣τ̣τεσθαι im Anschluß an die neue Lesung von F. Longo Auricchio (erstes τ unsicher, aber nicht α); vgl. Kol. LIII 10 οἰκεία πραγματεία. LVI 3 [τ]έ[λ]η, von τ und λ unsichere Spuren (F. Longo Auricchio); vgl. Kol. 41, 4–5 τοῖς φυσικοῖς τέλεσιν. LVI 4]ιτρε[Sudhaus, προ̣[nach F. Longo Auricchio (ο ist unsicher). LVI 5–8 Sudhaus schrieb [...]ετ[..]λαβ[όμ]ενο[ς / δὲ οὐ μόνον οὐκ οὐρα]/ νίων [εἴδησιν ἀλλ' οὐ / δὲ] ἀνθρω[πίνων] ... LVI 13 ὡς τὸ Sudhaus; ὥστε, da -ε von F. Longo Auricchio gelesen. LVI 15 Paragraphos sowie Spatium vor καὶ von F. Longo Auricchio erkannt. LVI 19/20 Sudhaus schrieb ἐγκρα/τούντω[ς δ]έ, διότι μι (danach ἐγκρατούντως in LSJ s.v. ἐγκρατής, einziger Beleg dieser Adverbform). Von ὤφ[ελ]ε ist φ unsicher: der nur in der Oxforder Abschrift greifbare Buchstabe sieht aus wie ein Teil von ε. LVI 21/22 Zwei fehlende Zeilen – wie von Sudhaus jeweils vorher und nachher zwischen dem oberen Teil (P. Herc. 1015) und dem unteren Teil (P. Herc. 832) der Kolumne angenommen – von mir ergänzt. 45, 1/2 ἀ]χρή[στ]ως Sudhaus. 45, 3 -τικὸ[ς] Sudhaus, -κοῦ bestätigt von F. Longo Auricchio. τύχο[ι], ὧν Sudhaus 1893 (S. Sudhaus, Aristoteles in der Beurteilung des Epikur und Philodem, in: Rhein. Mus. 48 (1893) 552–564), τύχο[ι] ὧν Sudhaus 1896; τυχὸ̣ν von mir, weil der Papyrus eher ν als ι hat und weil so der Hiat vermieden wird. 45, 4 εἰ bei Sudhaus athetiert. 45, 5 πονηρ[ῶς Sudhaus, -ο̣ι̣ liest F. Longo Auricchio. 45, 6 προστατουντασαισ Neapler Abschrift, προστατοῦντ(ο)ς, αἷς Sudhaus. πά̣σαις von F. Longo Auricchio als gut möglich bestätigt. πάσαις δὲ ... sprachlich = αἷς δὲ πάσαις ... (vgl. Kühner-Gerth II 432). 45, 9 δυνα[μέ]νου (σ getilgt) Sudhaus.

ποητῶν φασκόντων
12 οὕτως ἀγαθοῦ νοῦ κα-
θυστερεῖν, »ὥστε χέρει-
14 ον ἑλέσθαι ἀμεινοτέ-
ρων παρεόντων.« – καὶ
16 διότι σχεδὸν ἐκ βασι-
λείας παρεκάλει [Φ]ίλιπ-
18 πον τότε, καὶ τῆς Περσι-
κῆς διαδοχῆς ἐπικρα-
20 τοῦντ' ὤφ[ελ]ε. διὸ τιμι-
(21) [ώτερα μαθὼν δοκεῖ]
(22) [προελέσθαι τέχνας]
45 1 δευτέρας καὶ τρίτ[ας]
2 χρη[στ]ῶς ἄγοντος πολι-
τικοῦ τυχόν, ὧν οὐδὲν
4 ὄφελος ἦν εἰ τῶν περι-
κειμένων πονηροὶ
6 προ<υ>στάτουν, πάσαις
δ' οὐκ εἶχεν χορηγῆσαι
8 καλῶς ἐπιμεληθῆναι
9 δυνα[μ]ένους.–

Wenn er (= Aristoteles) aber nicht zuvor schon vom Übel befreit worden wäre durch das Philosophieren, dann könnte man wohl begreifen, daß er seine Beschäftigung nach anderen Zielen
467 ausrichtete. Was denn | hätte er (der Philosophie) vorziehen können? Deshalb hat er damals, indem er sich mit der Betrachtung der göttlichen und himmlischen Dinge befaßte, über die Besorgung der menschlichen Angelegenheiten gesagt, nicht einmal eine Frau bleibe, wie die Dichter erklären, so weit hinter der guten Einsicht zurück, »daß sie Schlechteres wählt, wo Besseres wäre erreichbar«. – Und weil er beinahe von der Königsherrschaft hinweg Philippos damals (zum Philosophieren) zu überreden suchte, hätte er es auch bei einem sich der persischen Thronfolge Bemächtigenden (= Alexander) tun sollen. Deswegen ist es anscheinend so, daß er Wertvolleres kennengelernt hatte und doch Künste bevorzugte, die nur zweiten und dritten Ranges sein konnten bei einem vielleicht einmal ordentlich führenden Politiker, die zu gar nichts nütze waren, wenn über den Gefolgsleuten schlechte Befehlshaber standen, und mit denen allen er solchen nichts (zusätzlich) zu bieten hatte, die (ohnehin) zu förderlicher Regierung fähig waren.

Die am Anfang (bis Kol. LVI 7) *exempli gratia* vorgeschlagenen Ergänzungen sind, wie man sieht, unsicher. Danach bewegen wir uns auf verläßlichem Grund und haben uns mehr mit Problemen der Interpretation als der Textherstellung zu befassen.

Der Gesamtsinn des aus zwei Teilen bestehenden Abschnittes ist im wesentlichen klar. Philodem – und »Philodem« steht hier immer für die epikureische Quellenschrift, der er folgt – hat in den vorangegangenen Ausführungen (seit Kol. XLVIII 21, II p. 50 Sudhaus) Aristoteles kritisiert, weil dieser die echte, theoretische Philosophie zugunsten der Beschäftigung mit Rhetorik und Politik aufgegeben habe. Aristoteles habe, so lesen wir (II p. 57

Sudhaus), die Verbindung mit den »gottgleichen Philosophen« (womit vor allem Platon gemeint sein dürfte) und die protreptische Ermahnung der Jugend (προτροπὴ τῶν νεωτέρων, womit auf den ›Protreptikos‹ angespielt wird) aufgegeben, und er sei der philosophischen Forschung entlaufen (ἀπεπήδα τῆς οἰκείας πραγματείας), um sich der Rhetorik und anderen empirisch-praktischen Interessen zuzuwenden. Die Gegenüberstellung der wahren Philosophie, die Aristoteles zunächst vertreten hat, und seiner unphilosophischen Betätigung in späterer Zeit bestimmt auch unseren Textabschnitt. Mit den zweit- und drittrangigen Künsten (Kol. 45, 1) müssen wiederum die rhetorische und die politische Techne gemeint sein. Sie führen von der echten Philosophie weg und sind auch für den Politiker nur von untergeordnetem | Wert (wenn er tüchtig ist) oder ganz unnütz (wenn er schlecht ist). 468

Im ersten Teil unseres Textes (Kol. 44, 13–LVI 15) scheint zunächst von einer unglücklichen Lage gesprochen zu werden, aus der Aristoteles »befreit« wurde (Kol. 44, 14–LVI 1). Davon gibt uns doch wohl der Brief Epikurs eine genauere Vorstellung, in dem gesagt wird, der junge Aristoteles habe das väterliche Vermögen durchgebracht, dann sei er unter die Soldaten gegangen, was ihm schlecht bekam, so daß er sich auf den Handel mit Pharmaka verlegte, und dann erst habe er sich Platon angeschlossen und sei Philosoph geworden.[19]

Mit ἀνθρωπίνων πραγμάτων ἐπιμέλεια ist offenbar die praktisch-politische Beschäftigung gemeint. Ihr stehen die »göttlichen und himmlischen« Dinge der philosophischen Theorie gegenüber. Diesen Gegensatz hat Aristoteles einmal, so scheint es, mit dem Dichterzitat verdeutlicht, nach dem selbst eine Frau das Bessere dem Schlechteren vorzuziehen weiß. Das Zitat aus einer hexametrischen Dichtung begegnet auch in ›De philosophia‹, Fr. 19 c W./R., dort allerdings im Blick auf die Gottheit, die der Welt die vernünftigste, bestmögliche Ordnung gegeben hat. Zu unserer Philodem-Stelle ist bisher erklärt worden, der Epikureer habe das Dichterzitat in ›De philosophia‹ gefunden und er wende es hier ironisch und polemisch auf Aristoteles an, der es nicht verstanden habe, dem Besseren den Vorzug zu geben.[20] Der Infinitiv καθυστερεῖν führt jedoch auf abhängige Rede; und daher ist anzunehmen, daß hier die Ansicht des früheren Aristoteles wiedergegeben wird. Allerdings könnte der Infinitiv auch von φασκόντων abhängig sein. Aristoteles hat also den Dichterspruch ein anderes Mal zur Begründung dafür zitiert, daß die Entscheidung für die philosophische Theorie die eindeutig beste Lebenswahl ist.

Woher stammen nun diese Angaben über den frühen Aristoteles: über seine durch das Dichterzitat verdeutlichte Bevorzugung der göttlichen und himmlischen vor den menschlichen Dingen? Sehr wahrscheinlich war

19 Epikur, Fr. 171 Usener; I. Düring, Aristotle in the ancient biographical tradition, Göteborg 1957, 373, 376–377 (T 58 b, 59).

20 S. Sudhaus, op. cit. 1893 (o. Anm. 18) 559; E. Bignone, L'Aristotele perduto e la formazione filosofica di Epicuro, Florenz ^{2}1973 (^{1}1936) I 116; I. Düring, op. cit. 309.

dies in einem literarischen Werk des Aristoteles zu lesen; und am ehesten
469 kommt dafür der ›Protreptikos‹ in Be- | tracht. Den ›Protreptikos‹ hatte Philodem schon vorher (Kol. LIII 1, II p. 57 Sudhaus) als kennzeichnend für die philosophische Anfangszeit des Aristoteles, vor der Abwendung zur Rhetorik, erwähnt. Auch nach der allgemeinen Ansicht der modernen Erklärer ist der ›Protreptikos‹ schon während der Akademiezeit des Aristoteles (etwa 353) entstanden. Der Gedanke, daß man sich um die göttlichen Dinge mehr kümmern muß als um das Menschliche, findet sich bei Aristoteles auch sonst;[21] im ›Protreptikos‹ aber wird der geringere Wert des menschlichen Lebens[22] sowie die »Schau des Himmels und der Gestirne« als das einzig Sinnvolle[23] besonders stark herausgestellt, und das »Wählen« (αἱρεῖσθαι) des richtigen Lebens ist ein Leitmotiv dieser Schrift.

Im zweiten Teil des Textes (Kol. LVI 15–45, 9) ist der Satz über Philipp, der uns besonders interessieren soll, bisher so verstanden worden, als ob Aristoteles den Makedonen davon abgehalten hätte, die Nachfolge des persischen Großkönigs zu erstreben.[24] Diese Interpretation ist jedoch aus verschiedenen Gründen unhaltbar. (a) Die neue Kollation des Papyrustextes hat ergeben, daß mit καὶ διότι ... ein Satz, ja ein Unterabschnitt anfängt. Also kann καὶ τῆς Περσικῆς διαδοχῆς nicht an ἐκ βασιλείας anschließen (und damit eine Art Hendiadyoin bilden), sondern mit diesen Worten beginnt der auf den begründenden Nebensatz (διότι ...) folgende Hauptsatz. (b) Mit παρεκάλει (eher konatives als iteratives Imperfekt) muß der Versuch
470 gemeint sein, Philipp positiv zu etwas zu überreden; und | nach dem Sinnzusammenhang des Textes muß dabei an die werbende Aufforderung zum Philosophieren gedacht werden. (c) Der Kontext verlangt auch, daß unter τότε die relativ frühe Zeit des Aristoteles zu verstehen ist: Er soll sich also damals, bevor er von der Philosophie zur Rhetorik und Politik überging, um Philipp bemüht haben. Zu jener Zeit aber lag für Philipp der Gedanke, gegen die Perser zu ziehen, den er wohl später hegte und am Ende seines Lebens verwirklichen wollte (336), noch in weiter Ferne. (d) Philippos hat schwerlich jemals die Nachfolge der persischen Großkönige (was mit Περσικὴ διαδοχή gemeint sein muß) angestrebt, geschweige denn tatsächlich übernommen. Wenn ihn Isokrates im Jahr 346 dazu auffordert, über die Ma-

21 Metaph. A 2, 982 b 28–983 a 10; EN X 7, 1177 b 26–1178 a 2. Ähnlich auch schon Platon (oftmals, etwa Phaedr. 273 E–274 A) und Philipp von Opus (Epin. 988 AB).

22 Protreptikos, Fr. 10 a–c W./R. über das Elend des irdischen Lebens und über den Nus als das Göttliche in uns. Diese Partien aus dem ›Protreptikos‹ des Jamblich (mit Parallelen) werden freilich von mehreren Erklärern (J. Brunschwig, H. Flashar, A. Grilli, W.K.C. Guthrie) ganz oder teilweise dem ›Eudemos‹ zugesprochen, doch geschieht dies, wie ich meine, ohne zureichende Gründe.

23 Protreptikos, Fr. 11 W./R. (p. 44–45 Ross), mit Berufung auf Pythagoras und Anaxagoras.

24 Zuerst S. Sudhaus, op. cit. 1893 (o. Anm. 18); dann u.a. A. Momigliano, Filippo il Macedone, Florenz 1934, 167; I. Düring, op. cit. (o. Anm. 19) 309–310 (mit weiteren Literaturangaben). H.M. Hubbel, The Rhetorica of Philodemus, Translation and Commentary, New Haven, Conn. 1920 (Transactions of the Connecticut Academy of Arts and Sciences 23, 1920) 331 »übersetzt«: »He urged Philip not to aspire to be king of Persia.«

kedonen König zu sein und über möglichst viele Barbaren zu herrschen (... τῶν δὲ βαρβάρων ὡς πλείστων ἄρχειν, or. 5, 154), so ist dies immer noch etwas anderes. Bei der Sukzession auf dem Thron der persischen Großkönige kann nur an Alexander gedacht werden.[25]

Richtig verstanden besagt der Satz Philodems, daß Aristoteles in der frühen Phase seiner Entwicklung (τότε) König Philipp zum Philosophieren aufforderte, dies später jedoch gegenüber Alexander versäumte, weil er sich inzwischen selbst von der Philosophie abgekehrt und rhetorisch-politischen Interessen zugewandt hatte. Das Versäumnis läßt sich literarisch konkretisieren; denn es ist doch wohl an die Sendschreiben ›Περὶ βασιλείας‹ und ›Ἀλέξανδρος ἢ ὑπὲρ ἀποίκων‹ gedacht, die Aristoteles für Alexander verfaßte und in denen er den Welteroberer nicht zum Philosophieren, sondern zu einer bestimmten politischen Handlungsweise aufforderte (Aristoteles fragmenta selecta, ed. W. D. Ross, p. 61–63). Ja, in der Schrift ›Über das Königtum‹ (Fr. 2 Ross) hat Aristoteles erklärt, das eigene Philosophieren sei für einen König eher hinderlich, er müsse nur auf philosophische Ratgeber hören. Bei Tertullian (Apologeticum 46, 15) wird Aristoteles vorgeworfen, er habe Alexander, statt ihn zu lenken, auf schimpfliche Weise umschmeichelt.

Philodem macht durch σχεδόν und das konative Imperfektum (παρεκάλει) klar, daß nicht an eine wirkliche Bekehrung Philipps | »von der 471
Königsherrschaft«[26] zur Philosophie gedacht werden kann: Aristoteles hat dies nur beinahe versucht. Was ernsthaft behauptet werden soll, ist offenbar dies, daß Aristoteles damals noch gegenüber Philipp erklärte, die Philosophie sei mehr wert als Macht und Reichtum eines Königs.

Es bleibt die Frage, was Philodem hier voraussetzt. An eine persönliche Unterredung zwischen Aristoteles und Philipp, die biographisch-anekdotisch überliefert worden wäre, ist schwerlich zu denken. Während der Zeit vor Platons Tod, die Philodem im Blick hat, ist Aristoteles, so viel wir wissen, nie mit Philipp zusammengekommen. Wohl aber kommt wiederum ein literarisches Werk des Aristoteles als Quelle in Betracht. Diese Quelle kann allerdings nicht nochmals der ›Protreptikos‹ sein, weil diese Schrift an den kyprischen Fürsten (βασιλεύς) Themison gerichtet war (Fr. 1 W./R.). Andere Werke wie etwa der Dialog ›De philosophia‹ sind nicht auszuschließen. Zwei Gründe sprechen aber besonders für den ›Eudemos‹: Dieser Dialog ist sehr wahrscheinlich bald nach dem Tod des Eudemos (354/53), also noch während der Akademiezeit des Aristoteles entstanden; und dieser Dialog enthielt sicherlich eine Aufforderung zum Philosophieren, weil die Lehre von der Un-

25 Der Artikel fehlt vor ἐπικρατοῦντα wohl deswegen, weil Philodem eine Verallgemeinerung intendiert (vgl. Kühner-Gerth I 608–609): Alexander soll hier nicht nur als Person in den Blick treten, sondern seine enorme Machterweiterung soll als ein Fall erscheinen, der erst recht die Aufforderung zum Philosophieren verlangt hätte.

26 Mit ἐκ muß hier »von ... hinweg« gemeint sein. Bei παρακαλεῖν kann ἐκ auch die Begründung angeben (so bei Isokrates, or. 5, 90), doch hat dies hier keinen Sinn (trotz Protreptikos, Fr. 1 W./R.: Reichtum und Macht als gute Voraussetzungen für das Philosophieren). Ebensowenig ist hier dem Sinne nach und sprachlich an ein zeitliches ἐκ zu denken.

sterblichkeit der Seele doch wohl mit der paränetischen Erklärung verbunden war, daß die Philosophie zur Eudaimonie im jenseitigen Leben verhilft.

Hier bietet es sich nun an, den Satz Philodems mit dem Ergebnis unserer Interpretation des Eudemos-Fragments 6 W./R. zu verbinden. Nimmt man die beiden Texte zusammen, so ergibt sich, wie ich meine, eine ausreichende Basis für die These, daß im ›Eudemos‹ ein protreptisches Gespräch zwischen Eudemos und König Philipp dargestellt war. Der Einwand, daß nach der Bemerkung Philodems nicht Eudemos, sondern Aristoteles mit Philipp gesprochen hat, ist leicht zu entkräften, wenn in dem Dialog – was als wahrscheinlich gelten darf – durch Eudemos die Ansicht und Absicht
472 des Autors Aristoteles zur Sprache kam.[27] |

3 *Entstehungszeit, Intention, Wirkung*

Für die Abfassungszeit des ›Eudemos‹ ist der Tod des Kypriers im Jahr 354 oder 353 ein sicherer *terminus post quem*. Die meisten Erklärer nehmen an, daß Aristoteles den Dialog bald nach diesem Ereignis, vom Schmerz um den toten Freund bewegt, geschrieben hat. Verschiedentlich ist jedoch auch bemerkt worden, die Entstehungszeit sei unbestimmt, weil ein *terminus ante quem* fehle und ein größerer Abstand vom Tod des Eudemos – wie im Fall des ›Phaidon‹ vom Tod des Sokrates – immerhin denkbar sei.[28]

Die übliche Annahme der relativ frühen Entstehungszeit wird nun bestätigt, wenn sich Philodems Satz über Aristoteles und Philipp auf den ›Eudemos‹ bezieht. Philodem setzt ja die Ermahnung Philipps wie auch den ›Protretpikos‹ in die Zeit vor dem Rhetorikunterricht, den Aristoteles in der Akademie aufnahm, um Isokrates den Rang abzulaufen. Wenn wir Philodem folgen, erhalten wir diese Entwicklungsdaten: ›Protreptikos‹ (um 353?), ›Eudemos‹ bald nach 354/53, dann Aufnahme des Rhetorikunterrichts,[29] Platons Tod 347.

Daß Aristoteles in einem damals – sagen wir: um 352 – entstandenen Dialog Philippos als Gesprächspartner einführte, mag zunächst befremdlich sein. Die Expansionspolitik Philipps (357 Einnahme von Amphipolis) hatte in Athen starke antimakedonische Reaktionen ausgelöst. Demosthenes bemerkte in der ersten Philippischen Rede (or. 4, 18) um das Jahr 350, es gebe in Athen Leute, die für Philipp spionierten. Aristoteles scheint wegen seiner

27 So kann man etwa auch sagen, daß Platon in der ›Apologie‹ die Anklage des Anytos und Meletos widerlegt, daß der ›Phaidros‹ das Urteil Platons über Isokrates enthält oder daß Platon im ›Phaidon‹ Simmias und andere damalige Vertreter der Harmonie-These eines Besseren zu belehren sucht.

28 F. Egermann, Platonische Spätphilosophie und Platonismus bei Aristoteles, in: Hermes 87 (1959) 133–142, bes. 139–142; O. Gigon, op.cit. (o. Anm. 4) 1960, 22; 1975, 201–202; I. Düring, Aristoteles, Darstellung und Interpretation seines Denkens, Heidelberg 1966, 558; H. Flashar, op. cit. (o. Anm. 5) 280.

29 Daß nach den Angaben Philodems der Rhetorikunterricht des Aristoteles relativ spät, nämlich erst in den letzten Lebensjahren Platons, anzusetzen ist, bemerkt auch E. Bignone, op. cit. ^{2}1973, I 114–115.

Verbindungen zum makedonischen Hof verdächtigt und angefeindet worden zu sein; denn vermutlich hat er vor allem aus diesem Grund nach Platons Tod Athen verlassen.[30] Aber gerade der Argwohn, mit dem man damals in Athen die Beziehungen Philipps zu Aristoteles und | zur platoni- 473
schen Akademie überhaupt betrachtete,[31] macht verständlich, daß und wie Aristoteles den Makedonenkönig im ›Eudemos‹ darstellte. Weil das Gespräch des Platonschülers Eudemos mit Philipp ein rein philosophisches Problem – die Unsterblichkeit der Seele – zum Thema hatte, war der Dialog geeignet, den Vorwurf, daß die Akademie mit Philipp politisch konspiriere, zu entkräften. Philodem sagt sogar, Aristoteles habe beinahe versucht, den König zur Philosophie zu bekehren. Dies ist eine bewußte Übertreibung, die aber doch wohl noch etwas von der ursprünglichen Intention erkennen läßt, die Beziehungen der Akademie zu Philipp als politisch unbedenklich zu erweisen.

Im ganzen fällt damit neues Licht auf die Absichten, die Aristoteles mit dem Eudemos-Dialog verfolgte. (a) Die oft behauptete, aber auch bestrittene Absicht der Tröstung nach dem Tod des Freundes, die den ›Eudemos‹ als eine *Consolatio* erscheinen läßt, ist ebenso möglich wie unbeweisbar. (b) Unwahrscheinlich ist, daß Aristoteles in dem literarischen Werk einen genuin philosophischen Beitrag zur Frage der Unsterblichkeit der Seele leisten wollte – einem Problem, über das seit dem ›Phaidon‹ in Platons Dialogen und in der Akademie mit neuen Argumenten weiter diskutiert worden war. (c) Die Hauptintention des Dialogs ist doch wohl in einer für die politische Öffentlichkeit bestimmten protreptischen Darstellung der akademischen Philosophie zu sehen. Wie der ›Protreptikos‹ dem kyprischen Potentaten Themison gewidmet war, zugleich aber bei allen Lesern für die Philosophie werben sollte, so hat der ›Eudemos‹, wie ich meine, Philippos als Gesprächspartner eingeführt und angesprochen, und doch sollte auch diese Schrift vor allem in der breiteren Öffentlichkeit wirken. Mit der protreptisch werbenden verband sich offen- | bar eine apologetische Ten- 474
denz. Darin ist der ›Eudemos‹ mit dem etwa gleichzeitig entstandenen ›Siebenten Brief‹ Platons verwandt, der sowohl für die Freunde Dions als auch für das athenische und gesamtgriechische Publikum bestimmt war. Anscheinend war der Akademie nach der unglücklichen Entwicklung in Syra-

30 So jetzt auch H. Flashar, op. cit. (o. Anm. 5) 231.

31 Über die Verbindungen Platons zu Perdikkas III. und Philipp: o. Anm. 14. Vermutlich haben die Beziehungen der Akademie zum makedonischen Herrscherhaus den durch die Ereignisse in Syrakus akut gewordenen Verdacht, Platons politische Aktivitäten seien gegen die athenische Demokratie gerichtet, noch verstärkt. Nach dem Scheitern der sizilischen Unternehmung scheint die Schule Platons in Athen angefeindet worden zu sein. Unter diesem politischen Druck hat sich Platon damals, wie ich glaube, entschlossen, die bis dahin geheimgehaltene und deswegen in Athen beargwöhnte Prinzipientheorie öffentlich vorzutragen (vgl. dazu jetzt W. Eder, Die ungeschriebene Lehre Platons: Zur Datierung des platonischen Vortrags ›Über das Gute‹, in: Studien zur alten Geschichte, Festschrift S. Lauffer, Rom 1984 oder 1985).

kus daran gelegen, öffentlich zu erklären, was sie mit ihrer Philosophie in der Politik und über alle speziell politischen Interessen hinaus zu erreichen suchte. (d) Eine Nebenabsicht des ›Eudemos‹ lag wohl darin, daß der makedonische König sich gewiß nicht ungern im Gespräch mit einem Philosophen dargestellt sah. Warum sollte Philipp weniger Wert darauf gelegt haben, von den Vertretern des geistigen Lebens in Athen beachtet zu werden, als sein Bruder Perdikkas, der sich von dem Platonschüler Euphraios unterweisen ließ, oder vorher schon der Makedonenkönig Archelaos, der die bedeutendsten griechischen Künstler an sich zog und auch Sokrates zu sich einlud? Da die Beziehungen zwischen Aristoteles und Philipp, wie man weiß, im Lauf der Zeit immer enger wurden,[32] darf man vermuten, daß Philipp schon den frühen Dialog günstig aufgenommen hat.

Enthielt der ›Eudemos‹-Dialog ein Gespräch mit Philipp, so werden wohl auch zwei Spuren einer Wirkung dieser aristotelischen Schrift in der Literatur jener Zeit neu sichtbar.

(1) Daß Isokrates den Dialog des Aristoteles aufmerksam las, ist zu erwarten.[33] Im Jahr 346 veröffentlichte Isokrates ein Sendschreiben an Philipp (or. 5), in dem er den König aufforderte, die Griechen miteinander auszusöhnen und zum Kampf gegen Persien zu führen. Der Redner erklärt dabei ausführlich (5, 68–71. 133–135), Philipp werde durch große Taten zu un-
475 sterblichem Ruhm und damit zur | höchstmöglichen Eudaimonie gelangen. Wahrscheinlich ging Isokrates hier auf das Thema der Unsterblichkeit und Eudaimonie deshalb so ausführlich ein, weil er der Ansicht, die Aristoteles in dem literarischen Gespräch zwischen Eudemos und Philipp vertreten hatte, seine Meinung gegenüberstellen wollte: Nicht ein besseres Leben der Seele nach dem Tod, sondern die Unsterblichkeit im Ruhm muß das Ziel des Handelns sein.

(2) Um die gleiche Zeit hat der Historiker Theopomp, wie sein Lehrer Isokrates ein Gegner der platonischen Schule, eine Abhandlung über ›wunderbare Dinge‹ (θαυμάσια) verfaßt, die er in die Bücher VIII/IX seiner ›Geschichte Philipps‹ einfügte (FGrHist 115, Fr. 64–77).[34] Anlaß zu einem Exkurs über ›Wunderbares‹ gab dort die Darstellung von Philipps Einmarsch und Sieg in Thessalien. Die Digression sollte zeigen, daß sich er-

32 G.T. Griffith, op.cit. (o. Anm.15) 517–522. – Während der Jahre in Assos (347–345) spielte Aristoteles wahrscheinlich eine Vermittlerrolle für das politische Bündnis zwischen Philipp und Hermias von Atarneus (doch ist diese politische Funktion stark übertrieben dargestellt bei A.-H. Chroust, Aristotle's sojourn in Assos, in: Historia 21 (1972) 170–176). Im Jahr 343/42 erfolgte dann die Berufung des Aristoteles zum Erzieher des jungen Alexander.

33 Aristoteles war ein Wortführer der platonischen Schule bei den Auseinandersetzungen mit Isokrates, weshalb auch der Isokrates-Schüler Kephisodoros besonders ihn angriff. Schon der ›Gryllos‹ des Aristoteles wandte sich gegen die Redekunst des Isokrates. Danach sollte der Rhetorikunterricht des Aristoteles die Konkurrenzfähigkeit der Akademie auf rednerischem Gebiet beweisen. Auch im ›Protreptikos‹ spiegelt sich die Rivalität mit Isokrates. Nach Platons Tod wetteiferten die beiden Schulen (Speusipp und Theopomp) um die Gunst Philipps.

staunliche Begebenheiten nicht nur im Wunderland Thessalien, sondern auch an anderen Orten zugetragen hatten. Besonders breiten Raum nahm dabei nun die Geschichte von Midas und dem Silen ein (Fr. 74–75). Die Ausführlichkeit ist wohl nicht nur damit zu erklären, daß hier etwas aus Philipps eigenem Land, aus Makedonien erzählt wurde. Es kommt, wie ich meine, hinzu, daß Theopomp die Silen-Geschichte des ›Eudemos‹ zumal Aristoteles sie in einem Gespräch mit Philippos vorbrachte, überbieten wollte. Bei Theopomp offenbart der Silen dem Midas viel mehr als bei Aristoteles. Durch Älian (Fr. 75) ist uns auszugsweise überliefert, was der Silen über das transozeanische Land Meropis mitteilt. Da die Rede des Silens ›auch noch viel anderes‹ enthielt, »ist nicht unwahrscheinlich, daß er auch bei Theopomp mit jener pessimistischen Äußerung … begann, die bei Aristoteles ... das einzige ist, was er von sich gibt«.[35] So viel wir sehen, hat Theopomp von Aristoteles als Leitmotiv des Silen-Midas-Gesprächs die Frage, worin angesichts der Sterblichkeit des Menschen die Eudaimonie besteht, übernommen, diese Frage aber wesentlich anders beantwortet. | 476

4 *Die Gesamtkomposition des Dialogs über die Unsterblichkeit der Seele*

Das Gespräch zwischen Eudemos und König Philipp, das wir aus den Indizien dreier Texte (Fr. 1, Fr. 6 W./R., Philodem) für den Eudemos-Dialog erschlossen haben, muß ein wesentlicher Bestandteil des Werkes gewesen sein, zumal wenn bei Philodem vorausgesetzt ist, daß sich der protreptische Appell dieses Dialogs an Philipp richtete. Der ›Eudemos‹ bestand aus e i n e m Buch; er war also nicht sehr umfangreich. Bisher konnte zur Komposition nur gesagt werden, daß am Anfang wahrscheinlich ein Prooimion des Autors stand, in dem Aristoteles über das Schicksal seines Freundes berichtete (wie es das Referat bei Cicero zeigt: Fr. 1 W./R.), und daß dann über das Thema der Unsterblichkeit der Seele gesprochen wurde.[36]

Im Blick auf die Textzeugnisse (Fragmente) sind für den Dialog ›Über die Seele‹ sieben Einzelthemen zu erkennen:

(1) In Fragment 6 W./R. geht es um Beweise oder Indizien für die These, daß sich die Verstorbenen in einem besseren, glücklicheren Zustand

34 Nach F. Jacoby, Kommentar zu FGrHist 115, S. 358 fällt die Abfassung der betreffenden Bücher der ›Philippika‹ Theopomps in die Jahre zwischen 346 und 340. Einzelne Teile können natürlich schon früher entstanden sein. Durch Speusipps im Jahr 342 an Philipp geschriebenen Brief (Sokratiker-Briefe 30, 12) erfahren wir, daß Theopomp am makedonischen Hof gegen Platon und seine Schule polemisierte. Später rivalisierten Theopomp und Aristoteles mit symbuleutischen Reden an Alexander (Aristoteles, Περὶ βασιλείας Test. 1 Ross).

35 F. Jacoby, Kommentar, S. 367; ebenso schon E. Rohde, op. cit. (o. Anm. 17) 220.

36 Aus Fr. 6 W./R. hat W. Jaeger, Aristoteles. Grundlegung einer Geschichte seiner Entwicklung, Berlin 1923 (^{2}1955) 29 die Folgerung gezogen, daß im ›Eudemos‹ (noch) nicht die für die (späteren) Dialoge des Aristoteles typische Form der Gegenüberstellung von längeren Diskussionsbeiträgen (These und Gegenthese) gewählt war, sondern die Form des sokratischen Gesprächs mit Frage und Antwort.

befinden als die Lebenden. Drei Argumente wurden vorgebracht: (a) Schon vor Beginn des zitierten Textes, der mit διόπερ einsetzt, war offenbar gesagt worden: Wir (alle) halten die Verstorbenen für glücklich, und deswegen darf angenommen werden, daß sie ein ›besseres Leben‹ führen. In der Tat sprach man bei den Griechen allgemein von den ›glücklichen Toten‹, wobei man daran dachte, daß sie das Elend des Lebens und Sterbens hinter sich haben.[37] Der Sprecher – Eudemos – deutet diese Ansicht tiefer im Sinne des Weiterlebens nach dem Tod. (b) Dasselbe soll sich an dem uralten Nomos zeigen, nach dem man über die Verstorbenen nichts Falsches und nichts Schlechtes sagen darf – weil sie zu höheren Wesen geworden sind. (c) Drittens werden göttliche Offenbarungen angeführt, zuerst die Weisheit des Si-
477 lens. Wiederum ist zu beobachten, | daß der Sprecher dem allgemein Bekannten einen tieferen Sinn verleiht: aus dem pessimistischen Spruch wird ein Argument für das bessere Leben nach dem Tod; volkstümliche Überlieferung wird gemäß der platonischen Überzeugung umgedeutet.[38]

(2) Eudemos hat sicherlich im weiteren Verlauf des Gesprächs – ebenso wie Sokrates im ›Phaidon‹ – mit dem Nachweis der Möglichkeit eines glücklichen Lebens der Verstorbenen die Erklärung verbunden, daß nur diejenigen im jenseitigen Leben glücklich werden, die sich jetzt um die Arete und die Wahrheitserkenntnis bemühen, und daß dazu die Philosophie verhilft. Unter diesem Gesichtspunkt ergab sich aus der Erörterung der Unsterblichkeitsfrage die Aufforderung zum Philosophieren, von der bei Philodem die Rede ist.

(3) Der Dialog enthielt ferner Argumente für die Unsterblichkeit der Seele, also für das Weiterexistieren der Verstorbenen. Bezeugt ist in Fr. 3 W./R. (bei Elias) der endoxe Wahrscheinlichkeitsbeweis: Alle Menschen bringen den Verstorbenen Opfergaben dar, also wird allgemein geglaubt, daß sie noch existieren.[39]

(4) Wie in Platons ›Phaidon‹, so wurde auch im ›Eudemos‹ der These widersprochen, daß die Seele nur die Harmonie der körperlichen Bestandteile des Menschen sei und also mit der Auflösung des Körpers untergehe (Fr. 7 W./R.).

(5) Der aristotelische Dialog enthielt weiterhin Ausführungen, die in mythischen Bildern und im Anschluß an platonische Lehren von der Wanderung der Seele zwischen dem jenseitigen Leben und dem irdischen, körpergebundenen Dasein sprachen: nämlich davon, daß die Seele in dieses

37 Besonders sprechend: Aristophanes, Tagenistai, Fr. 488 = 504 Kassel-Austin (PCG III 2, 265–266; dort auch weitere Literatur); vgl. ferner Menander, Fr. 871 K.-Th.; Aristoteles, EN I 11, 1100 a 15–17.

38 Dazu W. Jaeger, op. cit. 47.

39 P. Moraux, Zu Aristoteles' Eudem, Fr. 3 Walzer, in: ZPE 29 (1978) 37–39 hat Reminiszenzen des von den Totenspenden ausgehenden Beweises bei Johannes Philoponos nachgewiesen. Das in Fr. 3 W./R. ebenfalls als allgemein menschliche Sitte erscheinende Schwören bei den Verstorbenen muß auf einem Mißverständnis der Überlieferung beruhen, weil es eine solche Sitte bei den Griechen nicht gab (D. Krömer, in: ZPE 26, 1977, 65–72).

Leben ›herabsteigt‹ (Fr. 4 W./R.) und daß sie beim Eintritt in dieses Leben, das einem Krankheitszustand gleicht, die jenseitigen Schaunisse vergißt, während sie sich nach dem Tod an die irdischen Widerfahrnisse erinnert (Fr. 5 W./R.).

(6) Im ›Eudemos‹ muß auch mehr oder weniger ausführlich über mantische (prophetische) Träume gesprochen worden sein. Hierauf führt die bei Tertullian für Aristoteles bezeugte Geschichte von Kro- | nos, der im 478
Traum die Ratschlüsse des Zeus sieht und daher Weissagungen vermitteln kann.[40] Die Traumfrage ist auf zweifache Weise mit dem Hauptthema des Dialogs verbunden. (a) Zum einen hatte Eudemos, wie erzählt wurde (Fr. 1 W./R.), einen prophetischen Traum; und daß sich die Vorhersage seiner ›Heimkehr‹, durch den Tod erfüllt, wurde als Hinweis darauf verstanden, daß der Mensch beim Tod in ein jenseitiges Leben zurückkehrt. (b) Zum anderen konnte aber auch die Tatsache der mantischen Träume als Beweis für die Unsterblichkeit der Seele dienen. Die Möglichkeit solcher Träume wurde im ›Eudemos‹ offenbar damit erklärt, daß sich die Seele im Schlaf weitgehend vom Körper lösen kann und daß sie in diesem Zustand nicht an die Grenzen von Raum und Zeit gebunden ist.[41] Diese Verselbständigung der träumenden Seele aber legt den Schluß nahe, daß sie erst recht nach dem Tod unabhängig vom Körper zu existieren vermag.

(7) Dazu kommt schließlich das Phänomen des Schamanismus, das am Beispiel eines Mannes, der über Jenseitsvisionen berichtet hatte, vorgeführt wurde. Überliefert ist dies nur arabisch. Der Text bei al-Kindī ist folgendermaßen zu übersetzen:[42] | 479

Aristoteles erzählt von dem griechischen König, dessen Seele in den Himmel aufgenommen wurde und der viele Tage in diesem Zustand blieb: weder lebend noch tot. Jedesmal, wenn er

40 Tertullian, De anima 46, 10. Weitere Erwähnungen des Mythos (ohne Nennung des Aristoteles): Plutarch, Mor. 941 F–942 A und 420 A. – J. H. Waszink (Traces of Aristotle's lost dialogues in Tertullian, in: Vigiliae Christianae 1, 1947, 137–149) hat zuerst erkannt, daß der träumende Kronos in einem literarischen Werk des Aristoteles (er dachte an den ›Protreptikos‹) vorkam; daß das Motiv am besten in den ›Eudemos‹ paßt, erklärte mit Recht O. Gigon, dessen Rekonstruktion eines Schlußmythus dieses Dialogs allerdings zweifelhaft ist (s.o. Anm. 4).

41 Erklärung der Kronos-Träume in diesem Sinn bei Plutarch, Mor. 941 F–942 A. Die entsprechende Traumtheorie findet sich auch bei Aristoteles, De philosophia Fr. 12 a W./R. und schon bei Platon, Resp. IX, 571 D–572 A (vgl. K. Gaiser, in: Gnomon 55 (1983) 484–485).

42 Italienische Übersetzung des ganzen Traktats von al-Kindî bei G. Furlani, Una risâlah di al-Kindî sull'anima, in: Rivista trimestrale di studi filosofici e religiosi 3 (1922) 50–63, des Aristoteles-Fragments bei R.Walzer, Un frammento nuovo di Aristotele, in: Studi Italiani di Filologia Classica 14 (1937) 127–137, jetzt in: R. Walzer, Greek into Arabic, Oxford 1962 (Oriental Series 1) 38–47; danach englisch bei W. D. Ross, The Works of Aristotle, Translated into English, Vol. XII: Select Fragments, Oxford 1952, 23. Die hier vorgelegte deutsche Übersetzung beruht auf Auskünften, die mir J. van Ess (Tübingen) freundlich gewährt hat. – Die gleiche Geschichte begegnet, ebenfalls Aristoteles zugeschrieben, arabisch auch in gnomologischer Überlieferung: D. Gutas, Greek Wisdom Literature in Arabic Translation. A Study of the Graeco-Arabic Gnomologia, New Haven, Conn. 1975, 195–196, 414. Diese Fassung ist jedoch wahrscheinlich gegenüber al-Kindî sekundär und liefert also keine zusätzlichen Anhaltspunkte für die ursprüngliche, aristotelische Fassung (J. van Ess).

wieder zu Kräften kam, erzählte er den Leuten seiner Umgebung von verschiedenen Dingen in der unsichtbaren Welt und berichtete, was er gesehen hatte: Seelen, Formen (Ideen) und Götter. Er gab den Beweis dafür, indem er den Leuten seiner Umgebung insgesamt voraussagte, wie lange jeder einzelne von ihnen leben würde. Alles, was er sagte, bestätigte sich; und keiner überschritt die Spanne des Lebens, die er angegeben hatte. Er prophezeite auch, daß nach einem Jahr ein Erdspalt (eine Bodensenkung) eintreten würde im Land Elis(?) und daß nach zwei Jahren eine Flut sich ereignen würde an einem anderen Ort; und alles traf ein, wie er es gesagt hatte. Aristoteles behauptet, der Grund hierfür sei der gewesen, daß seine Seele dieses Wissen erworben habe, weil sie eben nahe daran war, seinen Körper zu verlassen und schon in gewisser Weise von ihm getrennt war und so gesehen hatte, was sie gesehen hatte. Wie denn erst, wenn sie wirklich den Körper verlassen hätte? Dann hätte sie die Wunder des höchsten Himmelreiches gesehen.

Was hier Aristoteles zugeschrieben wird, stammt doch wohl, wie heute allgemein angenommen wird, aus dem Dialog ›Eudemos‹; und ziemlich sicher ist es der Schamane Hermotimos von Klazomenai, über den Aristoteles berichtete.[43] Das Beispiel des Hermotimos, das uns in der griechischen Über-
480 lieferung des öfteren begegnet,[44] ist in |der für Aristoteles bezeugten Fassung ebenfalls zweifach mit dem Unsterblichkeitsthema des Eudemos-Dialogs verbunden. (a) Zum einen fällt auf, daß der Schamane hier den Todeszeitpunkt bestimmter Menschen voraussagen kann. Dieses Motiv fehlt in den anderen Berichten über Hermotimos, und es läßt sich nicht als arabische Zutat erklären. Wohl aber berührt sich dieses Motiv damit, daß der Traum des Eudemos zwei solche Voraussagen enthielt, da er den baldigen Tod des Alexander von Pherai und – als verhüllte Todesweissagung – die spätere ›Heimkehr‹ des Eudemos ankündigte. (b) Zum anderen konnte wie bei den mantischen Träumen so auch bei den Jenseitsvisionen des Schamanen erklärt werden, hier sei eine zeitweilige Lösung der Seele vom Körper anzunehmen und dies spreche für die Möglichkeit einer völligen Verselbständigung der Seele nach dem Tode.[45] Daß es in dem aristotelischen Dialog auf den Nachweis der möglichen Selbständigkeit der Seele ankam, ist daran zu sehen, daß Plutarch und Tertullian eben diese Ansicht, die sie doch wohl bei Aristoteles vorgefunden haben, zurückweisen und den Fall des Hermotimos anders erklären.[46]

43 J. H. Waszink, op.cit. (o. Anm.40) 143–144; B. Effe, Studien zur Kosmologie und Theologie der Aristotelischen Schrift »Über die Philosophie«, München 1970 (Zetemata 50) 88. Daß der Schamane bei al-Kindī als König bezeichnet wird, paßt allerdings nicht zu Hermotimos und muß der arabischen Version zugeschrieben werden. In dem Traktat des al-Kindī heißt es vorher, der Mensch, in dem die Geisteskraft dominiert, gleiche einem König (G. Furlani, op.cit. 53).

44 Über den Schamanismus des Hermotimos von Klazomenai berichten: Herakleides Pontikos, Fr. 89 Wehrli (Seelenwanderung); Plinius, Nat.hist. VII 52 (174); Plutarch, De genio Socratis 22, 592 D–E; Apollonios, Histor. mirab. 3 (Rerum naturalium scriptores Graeci minores, I. ed. O. Keller, Leipzig 1877, 45); Lukian, Muscae encomium 7; Tertullian, De anima 2, 3; 44; Origenes, Contra Celsum III 32. – Bei Aristoteles, Metaph. A 3, 984 b 15–20 (vgl. Protrept. Fr. 10 c W./R.) wird eine Tradition erwähnt, nach der die Erkenntnis, daß der Nus die Ursache der Weltordnung ist, von Hermotimos herrührt.

45 In diese Richtung weist auch der Schlußsatz des arabischen Berichts, doch ist nicht sicher, daß dieser Satz von Aristoteles stammt.

Die Frage nun, welche dieser sieben Einzelthemen außer dem ersten und zweiten in dem Gespräch zwischen Eudemos und König Philipp behandelt wurden, ist nicht sicher zu beantworten. Die wahrscheinlichste Hypothese ist aber, wie ich meine, die, daß sie alle in dieses Gespräch gehören und daß also der aristotelische Dialog im | wesentlichen aus der Unterre- 481
dung zwischen dem Platonschüler und dem makedonischen König bestand.

Denkbar ist freilich auch, daß einige der genannten Themen in einem philosophischen Gespräch zwischen Aristoteles und einem Dialogpartner, den wir nicht benennen können, erörtert wurden. Diese Unterredung hätte nach dem Tod des Eudemos stattgefunden, und sie wäre, wie man vermuten kann, davon ausgegangen, daß sich jene Prophezeiung der ›Heimkehr‹ des Eudemos mit seinem Tod so bedeutungsvoll bewahrheitet hatte. Im Anschluß an eine solche philosophische Disputation hätte dann die Erinnerung an das Gespräch in Makedonien zeigen können, daß Eudemos selbst von der Unsterblichkeit der Seele überzeugt war. Wenn die Unterredung des Eudemos mit Philipp in dieser Weise auf ein Gespräch unter Philosophen folgte, so hat sie vielleicht auf ein niedrigeres Argumentationsniveau herabgeführt, insgesamt aber doch auch eine Steigerung bringen können: Eudemos konnte – wie dies in den Schlußmythen einiger platonischer Dialoge geschieht – auf den religiösen Glauben und auf alte Überlieferungen eingehen und so der paränetischen Aufforderung zum Philosophieren besonderen Nachdruck geben.

Ein wenig plausibler ist, wie mir scheint, die Annahme, daß der Dialog aus zwei ungleichen Teilen bestand: aus einem kurzen Prooimion oder Rahmengespräch,[47] in dem Aristoteles über das Schicksal des Eudemos berichtete, und einem ausführlichen Gespräch zwischen Eudemos und Phil-

46 Plutarch, De genio Socratis 592 D–E erklärt, Hermotimos habe das außerordentliche Wissen nicht erlangt, weil sich seine Seele zeitweilig vom Körper löste, sondern weil er in besonderer Weise auf seinen Daimon hörte. Tertullian, De anima 44 wendet ein, die Visionen des Hermotimos seien als Träume in besonders tiefem Schlaf zu verstehen und könnten keineswegs die Selbständigkeit der Seele gegenüber dem Körper beweisen. – Die Rede des Thebaners Simmias in Plutarchs ›De genio Socratis‹ (20–23, 588 B–592 F) enthält außer dem Hermotimos-Beispiel weitere auffallende Berührungen mit Themen und Motiven des aristotelischen ›Eudemos‹: Simmias trägt eine Theorie der mantischen Träume vor (588 D ff.: diese Träume seien durch den göttlichen Nus eingegeben, der jeden Menschen während dieses Lebens als Daimon begleitet), und er berichtet von dem jungen Timarchos, dem eine Jenseitsvision zuteil wurde und der, ähnlich wie Eudemos, eine verhüllte Todesweissagung erhielt: »nach drei Monaten wirst du es genauer wissen« (592 E). Es ist kaum zu bezweifeln, daß Plutarch hier den Eudemos-Dialog vor Augen hat.

47 Falls ein Rahmengespräch die Einleitung bildete, ist mit (mindestens) einem Gesprächspartner des Aristoteles zu rechnen, der uns jedoch unbekannt bleibt. In Betracht käme etwa der Pythagoreer Simmias aus Theben, da er schon in Platons ›Phaidon‹ eine wichtige Rolle spielte, im ›Phaidros‹ (242 AB) als besonders anregender Gesprächspartner erwähnt wird, bei Plutarch verschiedene Themen des ›Eudemos‹ aufgreift (s. o. Anm. 46) und nach einer Legende den Traum des sterbenden Platon gedeutet haben soll (Olympiodor, In Plat. Alc. 2, 156–164 Westerink). – Unschwer läßt sich ausdenken, daß Aristoteles im Prooimion oder Rahmengespräch angab, er habe gehört, was Eudemos in Makedonien mit Philipp gesprochen habe, und wolle dies nun mitteilen.

ipp über die Unsterblichkeit der Seele. Dazu gibt es nah Vergleichbares bei Platon. Im ›Phaidon‹ folgt auf das kurze Rahmengespräch zwischen Phaidon und Echekrates, das einige Zeit nach dem Tod des Sokrates stattfindet (57 A–59 C), der große Bericht über das Gespräch, in dem Sokrates die Unsterblichkeit der Seele glaubhaft zu machen versuchte. Im ›Theaitet‹ un-
482 terhal- | ten sich zuerst Eukleides und Terpsion über Theaitet, der im Krieg ums Leben kam, und über seine von Sokrates einst prophezeite Berühmtheit (142 A–143 C), und darauf folgt die ausführliche Darstellung des schon vor längerer Zeit geführten Gesprächs, an dem Theaitet selbst teilgenommen hatte.

In dem Prooimion oder kurzen Rahmengespräch war sicherlich außer dem Bericht über das Leben und den Tod des Eudemos auch die platonische Erklärung der unerwarteten Traumerfüllung zu lesen: die Überzeugung, daß die Seele des Eudemos in die jenseitige Heimat zurückgekehrt war (gemäß der Nacherzählung bei Cicero: Fr. 1 W./R.).

Das Fragment 6 W./R., in dem Eudemos über das bessere und glücklichere Leben der Verstorbenen spricht, stand vermutlich im Anfangsteil der Unterredung mit Philipp; denn die Frage, wer wahrhaft glücklich ist, eignet sich (wie etwa die Solon-Kroisos-Geschichte zeigt) besonders gut dazu, ein Gespräch zwischen einem Philosophen und einem mächtigen Herrscher, der als außerordentlich vom Glück begünstigt gilt (ὦ … μακαριστότατε), in Gang zu bringen.

Die Frage, ob es überhaupt ein Weiterleben nach dem Tod gibt, und die anderen Einzelthemen konnten sich daran anschließen. Auch die philosophisch etwas anspruchsvolleren Argumente sind in dem Gespräch mit König Philipp durchaus vorstellbar. Aristoteles konnte voraussetzen, daß der junge Philipp, als er sich in Theben aufhielt (wahrscheinlich von 368 bis 365), nicht nur an militärischen und politischen Fragen interessiert war. Bei Diodor (XVI 2, 2–3) liest man sogar, Philipp sei damals zusammen mit Epameinondas in den Lehren der Pythagoreer erzogen worden. Dies ist sicherlich eine Legende. Aber etwas von dieser Erfindung ist vielleicht doch so alt wie der Dialog des Aristoteles. Jedenfalls gab es im Blick auf die thebanischen Jahre Philipps sogar für die Frage, ob die Seele nur die Harmonie des Körpers ist (Fr. 7 W./R.) – die These des Thebaners Simmias im ›Phai-
483 don‹ –, bei dem makedonischen König einen Anknüpfungspunkt.[48] |

Auch über mantische Träume und über die Jenseitsvisionen des Hermotimos konnte Eudemos mit Philipp sprechen. Das Phänomen der prophetischen Träume, das die Unabhängigkeit der Seele vom Körper

48 Eines der beiden Argumente gegen die Harmonie-These wird bei Philoponos (Eudemos Fr. 7, p. 20 Ross) mit dem φημί des Dialogsprechers zitiert. Die Kommentatoren schreiben das Argument dem Aristoteles zu. Dies schließt jedoch die Möglichkeit nicht aus, daß im Dialog ein anderer, Eudemos, so argumentiert hat: Die Lehren des Eudemos konnten ebenso dem Autor Aristoteles zugeschrieben werden wie etwa die Unsterblichkeitsbeweise des Sokrates im ›Phaidon‹ dem Autor Platon.

glaubhaft machen kann, war damit zu konkretisieren, daß sich zwei Voraussagen in dem eigenen Traum des Eudemos bereits erfüllt hatten: die Genesung des Eudemos selbst und der Tod des Tyrannen von Pherai.

Die Geschichte von Hermotimos und seinen Visionen mag, nach Art der Jenseitsmythen in einigen Dialogen Platons (›Gorgias‹, ›Phaidon‹, ›Politeia‹), den Schluß des ganzen Dialogs gebildet haben. Die Seele des Pamphyliers Er, der in der ›Politeia‹ über die jenseitige Welt berichtet, trennte sich ähnlich vom Körper, wie es bei Hermotimos der Fall war (Platon, Resp. X, 614 B). Die Hauptsache in den Berichten des Hermotimos war ja doch, was er über die »Seelen, Ideen und Götter« in der »unsichtbaren Welt« zu sagen hatte; und dies dürfte bei Aristoteles ausführlicher dargestellt worden sein als in der arabischen Fassung. Ebenso wie die ersten beiden, alsbald erfüllten Prophezeiungen im Traum des Eudemos letztlich dazu dienen, die Wahrheit seiner ›Heimkehr‹ (in die jenseitige Heimat) zu bekräftigen, dienen die Prophezeiungen des Hermotimos über die Todeszeit von Menschen und über Naturereignisse, weil ihre Richtigkeit nachprüfbar war, zur Beglaubigung des eigentlich Wichtigen: der Wahrheit der Angaben über die jenseitige Welt und ihre Herrlichkeit.[49]

Bestand, wie ich meine, die gesamte Unterredung über die Unsterblichkeit der Seele in einem Gespräch mit König Philipp, so ist gut zu verstehen, daß Aristoteles im Eudemos-Dialog, wie wir erfahren (Fr. 3 W./R.), nicht streng philosophisch argumentierte, sondern sich mit Wahrscheinlichkeitsgründen endoxer Art begnügte. Ebenso gut erklärt sich damit auch die Unsicherheit nicht erst der modernen, sondern schon der antiken Erklärer (die den ganzen Dialog kannten) bei der Frage, ob und inwiefern Aristoteles im ›Eude- | mos‹ den platonischen Glauben an eine un- 484
sterbliche Seele jedes Menschen als seine eigene Meinung zum Ausdruck bringt – einen Glauben, den er doch in der Lehrschrift ›De anima‹ ablehnt. Ist in dem Dialog die Unsterblichkeitslehre durch Eudemos vorgetragen worden, so konnte der Leser aus dessen Rede leicht das eigene Bekenntnis des Autors Aristoteles, der ein Freund und Schulgenosse des Eudemos war, heraushören. Es blieb dann aber andererseits eine gewisse Unverbindlichkeit bestehen, wie auch bei den platonischen Dialogen oft nicht sicher zu sagen ist, ob Sokrates die Ansicht des Autors Platon vorbringt. Daher konnten sich in dieser Frage schon die antiken Aristoteles-Kommentatoren auf verschiedene Standpunkte stellen: Die einen nahmen den im ›Eudemos‹ verkündeten Unsterblichkeitsglauben für Aristoteles in Anspruch; Alexander von Aphrodisias hingegen vertrat die Auffassung, daß Aristoteles in der Pragmatie ›De anima‹ die eigene Überzeugung, in dem literarischen Dialog eine fremde Meinung wiedergebe.[50] Die Frage, was Aristoteles persönlich

49 Womöglich kam durch Hermotimos im Dialog auch die Erkenntnis zur Sprache, die Aristoteles in der ›Metaphysik‹ (A 3, 984 b 15–20) auf ihn zurückführt: daß der Nus die Ursache der ganzen Weltordnung ist.

geglaubt hat, können wir natürlich mit unseren Mitteln nicht sicher entscheiden, aber wahrscheinlich kann man sagen, daß das Richtige zwischen jenen extremen Positionen liegt. Aristoteles hat im ›Eudemos‹ für die Philosophie als den Weg zur Eudaimonie sicher aus eigener Überzeugung geworben, aber er hat in dem exoterischen Dialog auch platonische und altüberlieferte Vorstellungen zur Sprache gebracht, die er als Philosoph bezweifelte. Wie er den Zweifel an der platonischen Ideentheorie, den er doch wohl von Anfang an hegte, im ›Eudemos‹ und im ›Protreptikos‹, die er als Mitglied der Akademie zu Lebzeiten Platons veröffentlichte, noch nicht zum Ausdruck brachte, so spricht in diesen beiden Werken wahrscheinlich auch aus dem Plädoyer für den Unsterblichkeitsglauben mehr die Solidarität mit der platonischen Schule als das persönliche Bekenntnis.

50 Die Texte, in denen sich die antike Diskussion spiegelt, bei I. Düring, op.cit. (o. Anm. 19) 437–439; zur Interpretation auch I. Düring, op. cit. 1966 (o. Anm. 28) 556–557.

Das besondere μίμημα des Menschen bei Kleanthes (1968)

Der Stoiker Kleanthes begründet in seinem Zeus-Hymnus die Aufgabe, Gott zu preisen, damit, daß wir göttlichen Geschlechtes sind, und dies soll anscheinend erläutert werden durch die Feststellung, daß wir als einzige von allen irdischen Lebewesen eine ›Ähnlichkeit‹ mit dem Göttlichen haben (v. 4f.):

ἐκ σοῦ γὰρ γένος ἐσμέν, †ἤχου† μίμημα λαχόντες
μοῦνοι, ὅσα ζώει τε καὶ ἕρπει θνήτ᾽ ἐπὶ γαῖαν

Die bekannte Korruptel bleibt vermutlich auf das unverständliche Wort begrenzt, vielleicht sogar auf den einen Buchstaben η, der das Metrum stört.

Vor kurzem hat in dieser Zeitschrift (Hermes 94, 1966, 245-50) M. Marcovich die Stelle erneut behandelt und dabei eine sehr nützliche Übersicht über die bisherigen Verbesserungsversuche vorgelegt. Er kommt zu dem Ergebnis, daß keine der bisherigen Konjekturen befriedigend sei. Nicht ganz überzeugend ist aber auch der eigene, zwanzigste Vorschlag, den Marcovich entwickelt: ἴσου τίμημα λαχόντες. Es ist zu bezweifeln, ob man jemals diesen Worten (»wir haben die Ehrengabe des Gleichen erhalten«) den Sinn abgewinnen konnte, den Marcovich verlangt, nämlich: wir sind als einzige mit der Gerechtigkeit ausgezeichnet, deren Grundbestandteil die Gleichheit ist. Der Abstand zwischen ἴσον und δικαιοσύνη ist ohne klare Parallelstellen nicht zu überbrücken.

Marcovich (a.O. 248) übernimmt von G. Zuntz (Harv. Stud. Class. Phil. 63, 1958, 294) die Ansicht, »daß mit μίμημα nichts Überzeugendes anzufangen ist«. Vielleicht ist aber durch diese Behauptung der richtige Weg doch zu rasch abgeschnitten worden.

Von μίμημα aus haben mehrere Erklärer in dem Vers des Kleanthes den Mikrokosmos-Gedanken gesucht. Als Mikrokosmos, so hätte der Stoiker dann sagen wollen, ist der Mensch dem göttlichen Ganzen ähnlich, und darin bekundet sich seine Herkunft von Zeus. J.D. Meerwaldt (Mnemos. 4, 1954, 58) und Zuntz (a.O. 293, 306) haben dagegen den Einwand erhoben, der Mikrokosmos-Gedanke werde durch das Verbum λαχόντες ausgeschlossen: man könne allenfalls sagen, daß der Mensch ein Abbild des Gesamtkosmos ist, nicht daß er es erhalten hat. Der Einwand ist nicht unberechtigt; er trifft aber nur diejenige Ausprägung der Idee vom Mikrokosmos, wonach der Mensch im ganzen durch die vollständig in ihm vereinigten Elemente und Kräfte ein wesensgleicher Bestandteil des Gesamtkosmos ist.

Nun gibt es jedoch auch die Vorstellung, dass dem Menschen ein solches Abbild ›zuteil geworden ist‹, wenn man nämlich an das runde, zum Himmel erhobene Haupt des Menschen denkt. Ein Abbild des Göttlichen ist dieser Teil des Menschen durch die Kugelgestalt, die der Form des Alls gleicht. Damit ist eng die Ansicht verbunden, dass nur beim Menschen wie im Kosmos das Wichtigste oben ist, während bei den Tieren und Pflanzen der entsprechende Teil nach unten zur Erde hängt. Beide Motive lassen sich gerade auch in stoischer Tradition nachweisen.

(1) Auf die Analogie zwischen dem Himmelsgewölbe und dem menschlichen Haupt hat H. Hommel in seinem Mikrokosmos-Aufsatz (Rhein. Mus. 92, 1943, 56-89) besonders geachtet. Die verwandten Vorstel-
244 lungen im alten Orient | zieht auch A. Olerud heran (L'Idée de Macrocosmos et de Microcosmos dans le Timée de Platon, 1951, 154-6).

Am wichtigsten ist für diese Vorstellung zweifellos der platonische ›Timaios‹. Dort wird ausführlich dargelegt, daß das runde, der Form des Himmels gleichende Haupt die Verwandtschaft des Menschen mit dem Göttlichen beweist und daß er sich dadurch von allen anderen irdischen Lebewesen unterscheidet. – In diesen Teil des Körpers werden die Kreisbewegungen des Himmels eingeformt: τὰς μὲν δὴ θείας περιόδους δύο οὔσας, τὸ τοῦ παντὸς σχῆμα ἀπομιμησάμενοι περιφερὲς ὄν, εἰς σφαιροειδὲς σῶμα ἐνέδησαν, τοῦτο ὃ νῦν κεφαλὴν ἐπονομάζομεν, ὃ θειότατόν τέ ἐστιν καὶ τῶν ἐν ἡμῖν πάντων δεσποτοῦν (Tim. 44 D; vgl. 69 C, 73 CD über die Form des Gehirns). Der übrige Körper ist dazu da, das Haupt nach oben zu heben: τὴν τοῦ θειοτάτου καὶ ἱερωτάτου φέρον ὄικησιν ἐπάνωθεν ἡμῶν (44 Ef.). Das zum Himmel erhobene Haupt, in dem das Erkenntnisvermögen wohnt, zeigt die Herkunft und Verwandtschaft des Menschen an: τοῦτο ὃ δή φαμεν οἰκεῖν μὲν ἡμῶν ἐπ' ἄκρῳ τῷ σώματι, πρὸς δὲ τὴν ἐν οὐρανῷ συγγένειαν ἀπὸ γῆς ἡμᾶς αἴρειν ὡς ὄντας φυτὸν οὐκ ἔγγειον ἀλλὰ οὐράνιον, ὀρθότατα λέγοντες· ἐκεῖθεν γάρ, ὅθεν ἡ πρώτη τῆς ψυχῆς γένεσις ἔφυ, τὸ θεῖον τὴν κεφαλὴν καὶ ῥίζαν ἡμῶν ἀνακρεμαννὺν ὀρθοῖ πᾶν τὸ σῶμα (90 A). Die Tiere sind dagegen zur Erde geneigt, mit der sie mehr verwandt sind (τὰς κεφαλὰς εἰς γῆν ἑλκόμενα ὑπὸ συγγενείας); und ihr Kopf ist nicht kugelgestaltig, sondern vielfältig deformiert: προμήκεις τε καὶ παντοίας ἔσχον τὰς κορυφάς, ὅπῃ συνεθλίφθησαν ὑπὸ ἀργίας ἑκάστων αἱ περιφοραί (90 E).

Außer dem unten anzuführenden Stoiker-Fragment (SVF II 836) ist mir als weiterer Beleg für diese Vorstellung gegenwärtig nur noch Macrobius, Comm. in Somn. Scip. 1, 14, 9f. bekannt, wo es heißt: der Mensch allein habe am göttlichen Geist Anteil, wie sich auch an der Gestalt seines Körpers zeige, »quia et sola videntur erecta (humana corpora) … et sola caelum facile tamquam semper erecta suspiciunt, solique inest vel in capite sphaerae similitudo, quam formam diximus solam mentis capacem; soli ergo homini rationem, id est vim mentis infudit, cui sedes in capite est.« Dazu Macrobius, Sat. 7, 9, 17: »anima = sphaeralis natura ... partem in homine et altam et sphaeralem tenuit.«

Weiter verbreitet scheint die entsprechende makrokosmische Vorstellung zu sein, daß das Himmelsgewölbe das Haupt der Gottheit ist (vgl. Hommel, a.O. 59f.). Doch braucht Kleanthes, wenn er wirklich an das Haupt des Menschen dachte, dieses nicht speziell mit dem Haupt des Zeus verglichen zu haben.

(2) Die aufrechte Haltung des Menschen, die der ›Timaios‹ mit der ›Verwurzelung‹ im Himmel begründet, wird in der antiken Literatur ungemein häufig als besonderes Merkmal des Menschen genannt. Meist soll damit bewiesen werden, daß der Mensch die Fähigkeit und Aufgabe hat, das Göttliche zu erkennen. Oft wird, wie im ›Timaios‹, zugleich erklärt, daß sich in der Ausrichtung nach oben die Verwandtschaft mit dem Himmel bekunde, so z. B. auch bei Cicero, De leg. 1, 9, 26: »Nam cum ceteras animantis abiecisset ad pastum, solum hominem erexit et ad caeli quasi cognationis domiciliique pristini conspectum excitavit.«

Die zahlreichen Belegstellen sind (angefangen mit Platon, Politeia 9, 586 AB und Xenophon, Mem. 1, 4, 11) gesammelt bei S.O. Dickerman, De argumentis quibusdam e structura hominis et animalium petitis, Diss. Halle 1909 (bes. 92 – 101) und A.S. Pease im Kommentar zu Ciceros ›De nat. deor.‹ (2, 140), II, 1958, 914f. | 245

Gelegentlich wird von der aufrechten Haltung des Menschen so gesprochen, daß auch darin eine Analogie zum Gesamtkosmos hervortritt. Aristoteles sagt an drei Stellen, beim Menschen als einzigem Lebewesen sei der Teil oben, der auch im Kosmos oben ist: τὸ τούτου ἄνω πρὸς τὸ τοῦ ὅλου ἔχει ἄνω (De part. anim. 656 a 12; De iuvent. 468 a 7f.; De respir. 477 a 21/2). Im Gegensatz zu der allein naturgemäßen Haltung des Menschen, so erklärt Aristoteles, sind die Tiere sozusagen vornübergekippt, und bei den Pflanzen ist es ganz umgekehrt: φυτόν, ἔχον τὰ μὲν ἄνω κάτω τὰ δὲ κάτω ἄνω (De part. anim. 686b 25–687 a 5; vgl. De anima 416a 2-5). Aristoteles denkt dabei nicht nur an die Lage des zur Nahrungsaufnahme bestimmten Organs, sondern an die Verbindung des Menschen mit dem Göttlichen durch das Denken und Erkennen (μόνον μετέχει τοῦ θείου De Part. anim. 656a7f.; ὀρθὸν μὲν γάρ ἐστι μόνον τῶν ζῴων διὰ τὸ τὴν φύσιν αὐτοῦ καὶ τὴν οὐσίαν εἶναι θείαν· ἔργον δὲ τοῦ θειοτάτου τὸ νοεῖν καὶ φρονεῖν 686a 25-31).

In anderem und allgemeinerem Sinn wird später Augustin sagen, daß in der aufrechten Haltung etwas von der Gottebenbildlichkeit des Menschen zu sehen ist: »quod ad intuendum caelum figura humani corporis erecta est, valet aliquid etiam ut corpus ipsum ad similitudinem Dei factum credatur« (Patr. Lat. 34, 243f. vgl. 34, 187 und 40, 33).

(3) Daß Kleanthes das menschliche Haupt als besonderes Zeichen der

göttlichen Herkunft des Menschen angesehen hat, wird man nur dann annehmen dürfen, wenn nach seiner Auffassung der Logos, durch den der Mensch innerlich mit Gott verbunden ist, seinen Sitz im Kopf hat. Hat dieses Hegemonikon nun aber nach der Lehre der Stoa seinen Ort nicht im Herzen? So lehrten in der Tat Zenon und Chrysipp. Aber andere Stoiker haben, wie wir erfahren (SVF III p. 217, fr. 33), das Hegemonikon im Kopf lokalisiert. Und anscheinend war es gerade Kleanthes, der in der Stoa diese unorthodoxe Lehre vertrat. Sie wird einmal sogar als allgemein-stoische Lehre ausgegeben, dürfte also auf einen bedeutenden Vertreter der Schule zurückgehen: οἱ Στωϊκοί φασιν ... αὐτὸ τὸ ἡγεμονικὸν ὥσπερ ἐν κόσμῳ κατοικεῖ ἐν τῇ ἡμετέρᾳ σφαιροειδεῖ κεφαλῇ (SVF II 836, nach Aetios). Seit H. Diels (Doxogr. Gr. p. 411) pflegt man in diesen Satz ergänzend die Sonne einzufügen: ὥσπερ ἐν κόσμῳ <ἥλιος>. Ist dies richtig, läßt sich mit Sicherheit sagen, daß jene Sonderlehre von Kleanthes vertreten worden ist, der das Hegemonikon des Kosmos in der Sonne sah (fr. 499). So urteilt auch M. Pohlenz, Die Stoa, II ^{2}1959, 52. Nun ist freilich die Ergänzung vielleicht nur dem Sinne nach richtig oder unnötig, weil einfach – wie im ›Timaios‹ – der runde Kopf mit der Kugelgestalt des Kosmos verglichen sein könnte, ὥσπερ ἐν κόσμῳ also unmittelbar zu dem Begriff σφαιροειδής gehören mag. Aber auch bei dieser Erklärung des doxographischen Textes bleibt wahrscheinlich, daß es Kleanthes war, der zwischen Zenon und Chrysipp Platons Ansicht vom Kopf als Sitz des wichtigsten Seelenteils übernahm. Chrysipp scheint sich mit den Worten »ἀκούω δέ τινας λέγειν« (SVF II 908) in schonender Ausdrucksweise gegen seinen Vorgänger Kleanthes zu wenden.

Auf charakteristische Züge seiner eigenen Lehre hat Kleanthes auch sonst in dem Zeus-Hymnus angespielt, so wenn er auf die Sonne hinweist (v. 13), die bei ihm eine besondere Vorrangstellung hat (fr. 499-504, 510, 538), oder wenn er von den Blitzschlägen des Zeus spricht (v. 10/11), unter denen nach seiner Auslegung (fr. 563) der τόνος zu verstehen ist (vgl. Zuntz,
246 a.O. 295). |

Im ganzen spricht also manches dafür, daß Kleanthes mit dem besonderen μίμημα des Menschen dessen Haupt meinte, das die runde Gestalt des Himmels hat. Läßt sich nun von hier aus sagen, welches Wort statt ἤχου eingesetzt werden muß?

Der alte Vorschlag von Th. Bergk und J. Bernays, den sich auch Wilamowitz und E. Neustadt zu eigen gemacht haben, wird von der hier vorgeschlagenen Erklärung aus erneut sehr erwägenswert: ὅλου μίμημα. Allerdings ist der Einwand von Mewaldt (a.O.) und Zuntz (a.O. 306), daß ὅλου den Artikel nicht entbehren könne, nicht ganz leicht zu entkräften. Aber τὸ ὅλον in der Bedeutung ›Kosmos‹ ist doch zur Zeit des Kleanthes nicht mehr so neu (Wilamowitz, Hellenistische Dichtung II 1924, 259 verweist auf Platon, Nomoi 10, 903 B), daß das Weglassen des Artikels unmöglich wäre. Und an den oben zitierten Aristoteles-Stellen kommt τὸ ὅλον auch in inhaltlich verwandtem Zusammenhang vor. Ohne Artikel rückt das Wort ὅλον in die Nähe der emphatisch gebrauchten Begriffe wie φύσις, νόμος, θεός, die in unserem Gedicht ohne Artikel erscheinen.

Weniger wahrscheinlich ist das vom Sinn her naheliegende Wort πόλος (vgl. v. 16), das eine weitere Textänderung notwendig machen würde (etwa: ἐκ σοῦ γὰρ γένος εἰσί, μίμημα λαχόντες).

Unter dem neu gewonnenen Gesichtspunkt kommt jedoch auch die allererste und paläographisch allereinfachste Konjektur von Scaliger (1573 bei H. Stephanus) wieder in Betracht, nämlich ὄχου μίμημα. Das Wort ὄχος bezeichnet ein Gefährt, sei es ein Wagen oder ein Schiff, und zwar so, daß man dabei besonders an die Schalenform des ›Behälters‹ zu denken hat. In dem ganzen ersten Teil des Gedichts aber ist Zeus als Lenker gezeichnet, der den Kosmos wie ein Gefährt leitet: ἀρχηγός, πάντα κυβερνῶν (v. 2), σοὶ γὰρ πᾶς ὅδε κόσμος ἑλισσόμενος περὶ γαῖαν/πείθεται ᾗ κεν ἄγῃς (v. 7f.). Alles führt er nach seinem Sinn ἀνικήτοις μετὰ χερσίν (v. 9). Für die Vorstellung, daß die gewölbte und ständig im Kreis bewegte Himmelsschale ein göttliches ›Gefährt‹ ist, kann man wieder auf den platonischen ›Timaios‹ verweisen. Dort heißt es (41 E), Gott habe die einzelnen Seelen zuerst auf die Fixsternsphäre verteilt und ihnen wie in einem Fahrzeug die Natur des Alls gezeigt: ἐμβιβάσας ὡς ἐς ὄχημα τὴν τοῦ παντὸς φύσιν ἔδειξεν. Hier ist nicht ganz klar, ob mit ὄχημα, wie die modernen Erklärer meinen, das je einzelne Gestirn bezeichnet ist, oder ob – dem Singular entsprechend – an den Himmel im ganzen gedacht werden soll, in dem die einzelnen Gestirnseelen wie in einem großen Wagen oder Schiff ihren Sitz erhalten. Die zweite Vorstellung scheint mir im ›Timaios‹ besser zu passen (vgl. auch Politeia 10, 616 C, die Milchstraße ein Band οἷον τὰ ὑποζώματα τῶν τριήρων). Und die gleiche Anschauung ist auch in dem bekannten Philolaos-Fragment 44 B 12 D.–K. zu finden, wo gemeint sein dürfte, daß die Ätherregion des Kosmos wie ein kugeliges Lastschiff (τᾶς σφαίρας ὁλκάς) die ganze Welt mit sich führt.

Ferner wird in der griechischen Dichtung oft gesagt, und zwar gerade auch in der Form des Gebets, daß Zeus durch das Rund des Ätherbereichs die ganze Erde ›trägt‹ oder ›umgibt‹ (etwa bei Euripides, Tro. 884-8 ὄχημα, fr. 593, 841 πέριξ ἔχων). Dabei spielt stets die bekannte mythische Beziehung des Himmelsgottes zur Erde und zu den irdischen Lebewesen herein. In unserem Vers könnte daher das Wort ὄχος auch an dieses zeugende ›Umfassen‹ erinnern.

Der Ausdruck ὄχου μίμημα läßt sich nicht adäquat übersetzen, weil ὄχος nicht nur das Fahrende ist, sondern zugleich auch das, was etwas ›erfaßt‹ | und ›hält‹ (ἔχει) Man wird den Begriff also etwa folgendermaßen 247
umschreiben müssen: »Denn wir sind aus deinem Geschlecht, haben wir doch von dem Umfassenden, das alles kreisend umgibt, ein Abbild erhalten als einzige unter allen sterblichen Wesen, die leben und sich regen auf Erden.«

Ob man nun das geläufigere Wort ὅλου herstellt, oder ob man, bei minimaler Änderung, vielleicht doch das schwierigere ὄχου zu schreiben wagt

– auf jeden Fall fügt sich der Gedanke an das runde Haupt des Menschen als Abbild der Himmelsschale in den anschaulichen Zusammenhang der Gedichtverse gut ein. Wenn Zuntz (a.O. 306) bemerkte, der Mikrokosmos-Gedanke passe nicht in den Zusammenhang, so war dies für die gewöhnliche Vorstellung vom Menschen als Mikrokosmos zutreffend, läßt sich aber gegen die nunmehr entwickelte Erklärung nicht einwenden. Zuntz (a.O. 294) verlangte an der korrupten Stelle eine Bezeichnung des Logos in vorläufiger, indirekter Ausdrucksweise: »Das Wort selbst (Logos) dürfte Kleanthes hier schwerlich gebraucht haben; damit hätte er der folgenden, ausführlichen Behandlung dieses zentralen Begriffs (v. 12-21) vorgegriffen.« In der Tat ist anzunehmen, daß Kleanthes mit ἐκ σοῦ γὰρ γένος ἐσμέν im Grunde die Logos-Gemeinschaft zwischen Gott und Mensch meinte. Aber er will die ›Verwandtschaft‹, dem Stil des Gedichtes entsprechend, bildhaft-konkret vor Augen führen, und so verweist er – wenn unsere Erklärung richtig ist – auf die sichtbare körperliche Auszeichnung, an der sich die besondere Übereinstimmung des Menschen mit der Kosmos-Gottheit erkennen läßt. Er spricht nicht vom Logos selbst, sondern von dem beherrschenden Ort des Logos im All und im Menschen. Nicht anders verfährt der Dichter, wenn er den feurigen Blitz des Zeus beschreibt (v. 10f.) und dabei an den unsichtbaren τόνος erinnern will.

Auf das Motiv der συγγένεια zwischen Mensch und Gott gesehen, ergibt sich aus der hier versuchten Interpretation, daß der Vers des Kleanthes wahrscheinlich eine Brücke schlägt zwischen dem ›Timaios‹ Platons und späteren Stoikern, bei denen der Mensch einfach μίμημα θεοῦ genannt werden kann (Musonius, p. 90, 4 H.) und sich sogar als υἱὸς θεοῦ fühlen darf (Epiktet 1, 3, 2; 9, 6; 13, 3; 19, 9).

VI Zur griechischen Geistesgeschichte

Die Treue des Prexaspes (Herodot III 74–75) (1984)

Verehrter Antonio Tovar! Da Sie sich auf so vielen Gebieten umgetan haben, werden Sie es sich hoffentlich gefallen lassen, wenn ich hier einmal ein wenig über die Grenzen meiner gräzistischen Wissenschaft hinausgehe. Gerade weil die Fragen, die sich dabei ergeben, von mir nicht bündig beantwortet werden können, sollen sie hier zur Diskussion gestellt werden.[1]

I

Unter den Novellen Herodots bleibt die Geschichte vom Tod des Persers Prexaspes denkwürdig, wenn sie auch in der antiken und neueren Literatur nicht so stark fortgewirkt hat wie andere Erzählungen Herodots. Der Historiker hat diese Geschichte in seine Darstellung des Mager-Aufstandes und des Übergangs von der Regierung des Kambyses zu der des Dareios eingeflochten. Davon, daß Dareios im Jahr 522 v.Chr. den Mager Gaumāta (bei Herodot: den falschen Smerdis) tötete und die Königsherrschaft übernahm, hören wir auch in seinem eigenen Tatsachenbericht durch die Inschrift von Bīsutūn; und in anderer Form berichtet über diese Ereignisse auch Ktesias von Knidos (FGrHist 688, F 13).[2] Von Prexaspes jedoch erzählt nur Herodot; und an seine Darstellung wollen wir uns im folgenden halten.

Eine der Wahnsinnstaten, die Kambyses, der Sohn des Kyros, während seines Aufenthaltes in Ägypten verübte, war die, daß er seinen Bruder, da er sich nach einem Traum vor ihm fürchtete, töten ließ. Er schickte seinen nächsten Vertrauten, Prexaspes, nach Persien, und dieser brachte den Smerdis eigenhändig um (III 30). Gleich hier hören wir, daß Prexaspes der treue-

1 Für hilfreiche Hinweise bei der Entstehung dieses Beitrages danke ich den theologischen Gesprächspartnern Otto Betz, Martin Hengel, Klaus Müller, Gottfried Rau und Folker Siegert sowie Stephen Gerö, Wolfgang Haase, Thomas Heck, Monika Rappenecker und Ingeborg Schudoma.

2 Neuere Literatur hierzu: F. Gschnitzer, Die sieben Perser und das Königtum des Dareios. Ein Beitrag zur Achämenidengeschichte und zur Herodotanalyse, Heidelberg 1977 (SB Heid. Akad. d.Wiss., Phil.-hist. Kl. 1977, 3); E.J. Bickermann – H. Tadmor, Darius I, Pseudo-Smerdis, and the Magi, Athenaeum (Pavia), N.S. 56, 1978, 239–261; J. Wiesehöfer, Der Aufstand Gaumatas und die Anfänge Dareios' I., Bonn 1978; A. Köhnken, Herodots falscher Smerdis, Würzb. Jahrb., N.F. 6a, 1980, 39–50.

ste (πιστότατος) Gefolgsmann seines Herrn war. Sodann erzählt Herodot, daß Kambyses dem Prexaspes, der ihm von Zweifeln an seinem gesunden Verstand Mitteilung gemacht hatte, einen grausamen Gegenbeweis lieferte: mit sicherer Hand schoß er dem Sohn des Prexaspes einen Pfeil durchs Herz (III 34–35). Aus Furcht um sein Leben reagierte der Vater darauf nur mit dem Wort: »Herr, ich glaube, Gott selbst könnte nicht so gut schießen.«

In Persien wurde der Tod des Smerdis geheimgehalten; und so konnte ein Mager (der bei Herodot den gleichen Namen hat) sich als Sohn des
134 Kyros ausgeben und die Macht bean- | spruchen (III 61). Kambyses wollte nach Persien zurückkehren, um den falschen Smerdis vom Thron zu stoßen, aber er starb unterwegs in Syrien (III 64–66). Vor seinem Tod bekannte sich Kambyses öffentlich dazu, daß er durch Prexaspes seinen Bruder Smerdis getötet habe, und er forderte seine Getreuen auf, den Usurpator zu beseitigen und dem Achämenidengeschlecht die Herrschaft zurückzugeben (65).

Durch die Enthüllung in der Vermächtnisrede des Kambyses mußte sich Prexaspes verraten und preisgegeben fühlen. Denn er, der Mörder des Smerdis, hatte nun einerseits die Blutrache der Achämeniden zu befürchten, und andererseits drohte ihm, da er als einziger den falschen Smerdis entlarven konnte, auch von den Magern Gefahr. Daher leugnete er nun den Mord (67).

Hier schließt sich die Erzählung vom Tod des Prexaspes an (III 74–75). Die Mager wollen Prexaspes auf ihre Seite ziehen, um mit ihm dem Verdacht der Unechtheit des Königs entgegenzutreten. Prexaspes widersteht schließlich der Versuchung, auf diese Weise sein Leben zu retten. Höchst eindrucksvoll deckt er die Wahrheit auf und beschwört die Perser, den Usurpator zu beseitigen. Dies geschieht dann durch Dareios und seine Helfer. Ihre Tat wird durch das Zeugnis des Prexaspes vor allem Volk legitimiert. Die Erzählung vom Wahrheitsbekenntnis und Tod des Prexaspes hat ihren Sinn aber auch im Blick auf diesen Mann selbst, der sich damit erst recht als der Treueste erweist und seine Ehre wiederherstellt. – Der Text ist folgendermaßen zu übersetzen (III 74–75):

Die Mager beschlossen, als sie mit sich berieten, Prexaspes zu einem der Ihren zu machen; denn dieser hatte von Kambyses, der ihm den Sohn mit einem Pfeil getötet hatte, Ungeheures erlitten, und er wußte als einziger von dem Tod des Kyrossohnes Smerdis, den er eigenhändig getötet hatte, und außerdem stand Prexaspes in höchstem Ansehen bei den Persern. Aus diesen Gründen riefen sie ihn zu sich und machten ihn zu ihrem Verbündeten, indem sie ihm unter Eid das Versprechen abnahmen, daß er für sich behalte und keinem Menschen verrate, welcher Betrug von ihnen gegenüber den Persern geschehen war, und indem sie ihm versprachen, daß sie ihm alles tausendfach mit Geschenken vergelten würden.

Als Prexaspes zugesagt hatte, dies so zu tun, wie es die Mager ihm beigebracht hatten, da traten sie zum zweiten Mal an ihn heran und sagten, sie würden alle Perser zusammenrufen unter die Mauer des Königspalastes; ihm aber befahlen sie, auf den Turm hinaufzusteigen und eine Rede zu halten, daß die Perser von dem Kyrossohn Smerdis beherrscht würden und von keinem anderen. Dies trugen sie ihm in dieser Weise auf, weil er ja doch der Glaubwürdigste (πιστότατος) war bei den Persern und weil er oft die Auffassung vertreten hatte, daß Smerdis, der Sohn des Kyros noch lebe, und weil er den Mord an ihm abstritt.

Als Prexaspes erklärte, er sei auch dazu bereit, riefen die Mager die Perser zusammen, hießen ihn auf den Turm hinaufsteigen und befahlen ihm, die Rede zu halten. Prexaspes aber vergaß absichtlich, was sie von ihm verlangt hatten, und stattdessen erklärte er, mit Achaimenes anfangend, die Geschichte von den Vorfahren des Kyros, und danach, als er zu ihm kam, sagte er schließlich, wie viel Gutes Kyros für die Perser getan habe, und nachdem er dies dargelegt hatte, enthüllte er die Wahrheit, indem er erklärte, früher habe er die Wahrheit verborgen – denn es sei für ihn nicht ohne Gefahr, das wirkliche Geschehen zu sagen –, im gegenwärtigen Augenblick aber zwinge ihn eine Notwendigkeit, es ans Licht zu bringen (ἐν δὲ τῷ παρεόντι ἀναγκαίην μιν καταλαμβάνειν φαίνειν). Und er sagte, daß er selbst den Kyrossohn Smerdis, von Kambyses dazu gezwungen, getötet habe und daß die Mager die Königsherrschaft ausübten. Über die Perser aber sprach er viele Verwünschungen aus für den Fall, daß sie nicht die Herrschaft zurückgewännen und an den Magern Rache nähmen. Dann stürzte er sich selbst kopfüber vom Turm in die Tiefe.

Prexaspes nun, der die ganze Zeit über ein achtbarer Mann (ἀνὴρ δόκιμος) gewesen war, kam so zu Tode. | 135

Der Aufbau dieser Erzählung ist durch wirkungsvolle Spannungskurven bestimmt. Zunächst scheint alles darauf hinzuführen, daß der Trug der Mager gelingt: sie haben Prexaspes in der Hand. Dann folgt die überraschende Wendung: Prexaspes hält sich nicht an die Vereinbarung. Die Aufdeckung der Wahrheit geschieht in planvoller Steigerung: Prexaspes spricht zunächst über die Geschichte des Herrscherhauses bis hin zu Kyros; dann erst enthüllt er mit seinem Bekenntnis die Täuschung der Mager und ruft das Volk zum Handeln auf. Seinen Beitrag zur Wiederherstellung der legitimen Herrschaft, das Wahrheitszeugnis, besiegelt er mit dem Tod.

Die innere Spannung der Geschichte beruht auf dem Konflikt, in den Prexaspes gestellt ist. Auf der einen Seite ist er in der Versuchung, sein Leben zu retten und zu sichern und die Gunst der Mächtigen zu genießen. Die Lüge, mit der er dies alles erreichen kann, könnte er beinahe damit rechtfertigen, daß er von seinem früheren Herrn, Kambyses, mißhandelt und verraten worden ist. Auf der anderen Seite steht für ihn die Pflicht zur Wahrheit und zur Treue gegenüber dem rechtmäßigen Herrscherhaus. Eben dies hatte auch der sterbende Kambyses gefordert, als er seine Gefolgsleute ermahnte, dem falschen Smerdis die Herrschaft zu entreißen und sie dem achämenidischen Königshaus zurückzugeben (III 65).

Prexaspes wählt trotz allem den Weg der Wahrheit und Ehrlichkeit, obwohl damit das Opfer seines Lebens verbunden ist. Er spricht von einem Zwang (ἀναγκαίη), der jetzt von ihm verlange, die Wahrheit ans Licht zu bringen. Worin besteht diese Notwendigkeit? Sie wirkt auf Prexaspes in dem Augenblick, in dem er sich aktiv an dem Betrug der Mager beteiligen soll und in dem er zugleich die Möglichkeit hat, durch seine öffentliche Enthüllung der Wahrheit höchst wirkungsvoll zur Wiederherstellung der legitimen Königsherrschaft aufzurufen. Nicht von einer äußeren, sondern von einer inneren Notwendigkeit wird Prexaspes offenbar ›ergriffen‹. Was ihn ›zwingt‹, ist das normative Ideal seiner Lebensordnung: die Treue zu dem Herrscherhaus, in dessen Dienst er sich gestellt hatte. So verstanden, ist die Notwendigkeit, der Prexaspes jetzt folgt, nicht wesentlich verschieden von dem im nächsten Satz erwähnten Zwang (ἀναγκαζόμενος), unter dem Prexaspes stand, als er im Auftrag des Kambyses den Smerdis tötete. Die Treue gegenüber dem König verlangt nach dem hier geltenden Ehrenkodex bedingungslosen Gehorsam. Aus dieser Treue ergibt sich die Vertrauensstellung und die Ehre (τιμή) des Vasallen. Prexaspes sühnt mit seinem Bekenntnis zu dem angestammten Herrscherhaus, da er damit zugleich sein Leben opfert, die Untreue, zu der er sich zwischendurch verleiten ließ; und er stellt auf diese Weise seine Ehre wieder her.

Die Notwendigkeit, unter der Prexaspes steht, ist nicht ›tragisch‹ im Sinne der griechischen Tragödie (und Tragödientheorie), wenngleich Herodots Werk ansonsten reich ist an derartigen tragischen Gestaltungsmomenten. Prexaspes steht nicht zwei je berechtigten, aber einander widerstreitenden Forderungen gegenüber – wie sich etwa der Xerxes einer herodoteischen Novelle (IX 108–113) zwischen die Bindung an Schwur und Brauch einerseits und das moralisch Gebotene andererseits gestellt sieht. Prexaspes begibt sich auch nicht durch wohlmeinendes und kluges Verhalten umso sicherer auf den Weg des Unglücks – wie man es in der Geschichte vom Tod des Kroisossohnes Adrastos sieht (I 34–35).

Eher erinnert Prexaspes, der sein Leben für das Ideal der Treue opfert und so seine Bestimmung erfüllt, an die Helden moderner Charaktertragödien. In Tragödien der neueren Literatur kann etwa gezeigt werden, wie ein Mensch zu sich selbst kommt, indem er für das Ideal der Freiheit stirbt. Auch die geschichtliche Überlieferung der neueren und neuesten Zeit weiß von Menschen, die der Versuchung, ihr Leben durch die Anpassung an die bestehenden Machtverhältnisse zu retten, widerstanden und sich zu einem Wert bekannten, der höher steht als das Leben des Einzelnen. Ein moderner Dramatiker könnte uns das Schicksal des Prexaspes etwa folgendermaßen vergegenwärtigen: Ein Diktator – so ließe sich denken – zwingt einen hoch
136 angesehenen Mann, der die Verbrechen des Machthabers | kennt und auch selbst nicht ohne Schuld ist, dazu, sich an der Propaganda für das Regime zu beteiligen; dieser Mann aber ergreift bei einem öffentlichen Auftritt die Gelegenheit, die Wahrheit zu sagen und zum Umsturz aufzufordern – was sein sicherer Tod ist. So fremd uns die Vasallentreue des Prexaspes geworden ist, so nah berührt uns doch immer noch das Schicksal dessen, der todesmutig für ein überpersönliches Ideal eintritt.

Karl Reinhardt hat also in seinem Aufsatz über ›Herodots Persergeschichten‹[3] mit Recht gesagt: »Das Außerordentliche an Prexaspes ist, daß sich in ihm allein, in allen diesen persischen Geschichten, eine tragische Gestalt in unserem Sinne darstellt.« Reinhardt beschreibt den Konflikt des Prexaspes so: Durch die Entdeckungsrede des Kambyses, in der dieser den

3 K. Reinhardt, Herodots Persergeschichten (1940), in: Von Werken und Formen, Godesberg 1948, 163–224, und in: Vermächtnis der Antike, Göttingen 1960, 133–174, und in: W. Marg (Hrsg.), Herodot. Eine Auswahl aus der neueren Forschung, Darmstadt 1962 (Wege der Forschung 26), 320–368. Zu Prexaspes: 1960, 153–156.

Mord an seinem Bruder Smerdis gesteht, wird »die Situation geschaffen, in der Prexaspes sich selbst untreu und zum tragisch Schuldigen wird. Er leugnet seine Tat, …, um sich zu sichern … Durch sein Leugnen liefert sich der Treue in die Hände der Betrüger … Doch da gewinnt, zum Äußersten getrieben, der sich selbst verloren hat, sich wieder … Mit seinem Tode sühnt er seine Lüge.«

II

Ist also Prexaspes ein Beispiel edler Gefolgschaftstreue, da er nach einer Verirrung schließlich doch für das Ideal der Treue stirbt und damit seine Ehre bewahrt, so ist diese Gestalt nicht nur unter den persischen Geschichten Herodots, sondern in seinem ganzen Werk, ja in der griechischen Literatur überhaupt einzigartig. Zur Erklärung dieser Besonderheit sagt K. Reinhardt (a.O.): »Möglich ist diese Geschichte nur in einer halbwegs noch heroisch empfindenden Zeit.« Reinhardt hat in diesem Fall wohl auch recht mit seiner Ansicht, daß sich in der herodoteischen Novelle die persische Adelsethik widerspiegelt und daß die Erzählung aus persischer Quelle stammt: »Um die Schwere des Konflikts noch über Herodot hinaus ganz zu ermessen, nehme man hinzu, als welche Sünde in der zarathustrischen Adelsmoral die ›Lüge‹ gilt.«

Auch wenn Herodot hier eine persische Erzählung wiedergibt, dürfen wir doch die wirkungsvolle Gestaltung der Novelle ihm selbst zuschreiben. Herodot war es wohl, der den Konflikt des Prexaspes so eindrücklich verstärkte, indem er zeigte, daß dieser Mann gute Gründe zur Untreue hatte, nachdem sein Herr (Kambyses) seine Treue mißbraucht und verraten hatte. Auf jeden Fall aber wollte Herodot an der Treue des Prexaspes etwas eigentümlich Persisches zeigen, indem er dafür ein extremes und prekäres Beispiel wählte. Für Prexaspes war die Vasallentreue schon in Frage gestellt und er war schon auf den Weg der Untreue und Unwahrheit geraten. Aber er findet dann doch wieder zu dem Ethos des treuen Gefolgsmannes zurück. Er beruft sich in seiner entscheidenden Rede nicht auf Kambyses, sondern auf Kyros, genauer: auf die guten Taten dieses Herrschers. Die Treue ist hier also begründet in der besonderen Tüchtigkeit (Arete) des für seine Untertanen sorgenden Königs. In diesem Sinne ist Kyros noch bei Xenophon das Vorbild einer berechtigten Herrscherautorität, die freiwilligen Gehorsam hervorruft (Kyrupädie I 1).

Bei den Griechen hat sich allerdings, wie man selbst bei Xenophon sieht, das Ideal der Gefolgschaftstreue entscheidend gewandelt. Schon in der ›Ilias‹ spielt diese Treuebindung eine geringere Rolle als die frei gewählte Partnerschaft. An die Stelle der alten, im Orient noch lange hochgehaltenen Vasallentreue tritt für die Griechen immer mehr die Zuverlässigkeit einer Freundschaft (Philia), die auf gemeinsamen sachlichen Zielen beruht.

Wenn in der durch Philia bestimmten Gemeinschaft einer die Führung beansprucht, so muß er diesen Anspruch mit überlegener Erkenntnis (Episteme) begründen. Was für den Orien- | talen die – letzlich religiös motivierte – Treue gegenüber dem König ist, wird bei den Griechen zum Gehorsam gegenüber dem Gesetz, dem alle gleichermaßen verpflichtet sind (Herodot VII 102–104), oder zur Bindung an Wertnormen, die nicht durch Tradition geheiligt sind, sondern durch eigene Einsicht anerkannt werden.[4]

137

Schon die Griechen zur Zeit Herodots sahen also wohl in der Treue des Prexaspes etwas Fremdes: ein Beispiel persischer, nicht griechischer Tugend.

III

Wie die Geschichte des Prexaspes zurückweist auf die Wertewelt der alten Adelsgesellschaft und des orientalischen Königtums, so weist sie andererseits auch voraus auf spätere Treuebekenntnisse. Da Prexaspes mit seiner Bezeugung der Wahrheit den Tod auf sich nimmt, können wir ihn mit den jüdischen und christlichen Märtyrern vergleichen. Gewiß sind dabei wesentliche Unterschiede zu beachten, da die späteren Martyrien rein religiös begründet sind. Aber schon bei Prexaspes sind doch in dem Zwang, der ihn zu dem mutigen Bekenntnis treibt, politische mit religiösen Motiven verbunden, sofern nämlich die Treue zum rechtmäßigen König für ihn von Gott gewollt ist; und noch die jüdischen und christlichen Märtyrer sterben nicht für ein unpersönliches Ideal, sondern sie gehorchen dem Gott ihres Volkes und ihrem Herrn und Erlöser.

Es scheint mir daher bezeichnend zu sein, daß eine der ältesten christlichen Märtyrer-Geschichten in ihrer dramatischen Gestaltung der Prexaspes-Novelle recht ähnlich ist: die Geschichte vom Martyrium des Herrenbruders Jakobus, wie sie in der Kirchengeschichte des Eusebius (II 23, 4–18) erzählt wird und seitdem immer wieder nacherzählt worden ist (z.B. auch in der ›Legenda aurea‹ des Johannes von Voragine). Eusebius folgt hier einer älteren Quelle: dem fünften Buch der ›Hypomnemata‹ des Hegesippos, der, aus dem Osten stammend, um das Jahr 180 in Rom gelebt und dort wohl auch seine Berichte über die Anfänge des Christentums niedergeschrieben hat.

Die Geschichte vom Tod des Jakobus ist, so viel ich sehe, bisher nicht mit der Herodot-Novelle in Verbindung gebracht worden. In der Tat liegt es viel näher, die Märtyrer-Erzählung von ihrem jüdisch-christlichen Hintergrund her zu erklären; und es soll im folgenden nicht behauptet werden, daß He-

4 Dazu allgemein: R. Harder, Eigenart der Griechen (1949), in: Kleine Schriften, hrsg. v. W. Marg, München 1960, 1–38; K. Gaiser, Autorität und Liberalität in den Erziehungstheorien der Antike, Humanistische Bildung 2, 1976, 1–96 (in diesem Band ff.).

gesippos irgendwie von Herodot abhängig sein müsse. Merkwürdig ist aber doch auch, daß die Jakobus-Geschichte bei Eusebius einige Unklarheiten enthält, auf die von der Herodot-Novelle her etwas Licht zu fallen scheint.

Eusebius berichtet (nach Hegesippos) zunächst, daß Jakobus, der wegen seiner Frömmigkeit ›der Gerechte‹ genannt wurde, unter den Juden den Glauben an die Auferstehung und Wiederkunft Jesu verbreitete (Hist. eccl. II 23, 4–9). Dann fährt er fort (10–15):

Da nun viele auch von den Oberen glaubten, gab es Unruhe unter den Juden, besonders den Schriftgelehrten und Pharisäern, die sagten, es sei zu befürchten, daß das ganze Volk auf Jesus als Christus hoffe. Sie trafen sich nun mit Jakobus und sagten: »Wir bitten dich, halte das Volk an, da es in die Irre geführt worden ist zu Jesus, als ob er der Christus wäre. Wir bitten dich, alle zu überzeugen, die zum Tag des Passahfestes kommen, wie es mit Jesus steht; denn von dir lassen wir uns alle überzeugen. Wir bekennen dir nämlich ebenso wie das ganze Volk, daß du gerecht bist und daß du dich nicht vom Ansehen einer Person beeindrucken läßt. Überzeuge nun du das Volk, daß es sich nicht wegen Jesus verwirren läßt. Denn das ganze Volk und wir glauben dir. Stelle dich also auf die Zinne des Tempels, damit du oben gut sichtbar bist und deine Worte gut hörbar sind für das ganze Volk. Denn wegen des Passahfestes sind alle Stämme samt den Heiden zusammengekommen.« So stellten die genannten Schriftge- | lehrten und 138
Pharisäer den Jakobus auf die Zinne des Tempels und riefen ihm zu und sprachen: »Du Gerechter, dem wir alle glauben müssen! Das Volk geht in die Irre hinter Jesus dem Gekreuzigten her. Berichte du uns also, was ist ›die Tür Jesu‹?« Und er antwortete mit lauter Stimme: »Was fragt ihr mich nach dem Menschensohn, der im Himmel sitzt zur Rechten der großen Macht und wiederkommen wird auf den Wolken des Himmels?«

Weil viele (dadurch) Gewißheit erlangt hatten und dem Bekenntnis (Zeugnis, μαρτυρία) des Jakobus glaubten und »Hosianna dem Sohn Davids!« riefen, sprachen wiederum dieselben Schriftgelehrten und Pharisäer zueinander: »Wir haben schlecht daran getan, ein solches Bekenntnis (Zeugnis) für Jesus darzubieten. Laßt uns aber hinaufsteigen und ihn hinabstürzen, damit sie erschrecken und ihm nicht glauben!«... Und sie stiegen hinauf und stürzten den Gerechten hinab.

Danach erzählt Eusebius weiter (16–18), daß Jakobus, weil der Sturz vom Tempel nicht tödlich war, anschließend gesteinigt und zuletzt mit einem Walkerholz erschlagen wurde.

Die Erklärer[5] dieser Geschichte vom Märtyrertod des Jakobus haben

5 E. Schwartz, Zu Eusebs Kirchengeschichte, I. Das Martyrium Jakobus des Gerechten, Zeitschr. f. Neutest. Wiss. 4, 1903, 48–61 (von E. Schwartz stammt auch die maßgebliche Textausgabe: Eusebius, Kirchengeschichte, Kleine Ausgabe, Berlin/Leipzig ^{5}1952, hier S. 68–70); H.-W. Surkau, Martyrien in jüdischer und frühchristlicher Zeit, Göttingen 1938, 119–126; E. Hennecke – W. Schneemelcher, Neutestamentliche Apokryphen, I. Band: Evangelien, Tübingen ^{4}1968, 313–314; N. Hyldahl, Hegesipps Hypomnemata, Studia Theologica 14, 1960, 70–113; N. Brox, Zeuge und Märtyrer. Untersuchungen zur frühchristlichen Märtyrer-Terminologie, München 1961, bes. 228; A. Böhlig, Zum Martyrium des Jakobus, Novum Testamentum 5, 1962, 207–213 (auch in: Mysterion und Wahrheit. Gesammelte Beiträge zur spätantiken Religionsgeschichte von A. Böhlig, Leiden 1968 [Arbeiten zur Geschichte des späteren Judentums und des Urchristentums 6], 112–118; K. Beyschlag, Das Jakobusmartyrium und seine Verwandten in der frühchristlichen Literatur, Zeitschr. f. Neutest. Wiss. 56, 1965, 149–178; R.W. Ward, James of Jerusalem, Restoration Quarterly 16, 1973, 174–190; Die zweite Apokalypse des Jakobus aus Nag-Hammadi-Codex V, neu herausgegeben, übersetzt und erklärt von W.-P. Funke, Berlin 1976 (Texte und Untersuchungen zur Geschichte der altchristlichen Literatur 119).

den Text analysiert und mit vergleichbaren Texten in Verbindung gebracht sowie die einzelnen Motive der Erzählung aus einer Menge jüdischer und christlicher Parallelen erläutert. Trotz dieser Bemühungen sind jedoch erhebliche Unklarheiten bestehen geblieben, und man muß wohl auch heute noch sagen, »daß verschiedene Traditionen im Bericht nebeneinander und durcheinander gehen, während andererseits völlig ungewiß ist, ob schon Hegesipp einen so verdorbenen Bericht las oder selber durch Interpolationen verdarb, den dann Euseb zitiert hätte« (H.-W. Surkau 1938, 121–122).

Neben der bei Eusebius wiedergegebenen Darstellung Hegesipps stehen einige mehr oder weniger ähnliche Fassungen des Jakobus-Martyriums:

(a) Den Sturz von der Zinne (des Tempels) und die Tötung mit dem Walkerholz kennt auch Clemens von Alexandrien in seinen ›Hypotyposeis‹ (zitiert bei Eusebius II 1, 3–5; II 23, 3). Nicht bekannt ist uns, was hier dem Märtyrertod vorausging und ob Clemens von Hegesippos oder vielleicht einer gemeinsamen Quelle abhängig ist.

(b) Bei Josephus, Antiquitates Iudaicae XX 9, 1 (zitiert bei Eusebius II 23, 20–24) erfahren wir, daß Jakobus von dem Hohenpriester Ananos wegen Gesetzesfrevel vor das Synedrium gestellt und nach der Verurteilung gesteinigt wurde. Das hier vorausgesetzte Gerichtsverfahren verträgt sich offenbar nicht mit der Darstellung Hegesipps.

(c) Die zweite Jakobus-Apokalypse von Nag Hammadi kennt sowohl den Sturz von der Tempelhöhe als auch die Steinigung, nicht jedoch das öffentliche Bekenntnis von der Zinne des Tempels herab (p. 61, 15–29 = S. 44–45 Funk):

> Und sie erhoben sich und sprachen: »Wohlan! Laßt uns diesen Menschen töten, damit er aus
> 139 unserer Mitte entfernt werde! Denn er wird uns in keiner Weise nützlich sein.« |
> Und sie waren da und fanden ihn bei der Zinne des Tempels stehend, bei dem starken Eckstein. Und sie beschlossen, ihn von der Höhe hinabzustürzen. Und sie stürzten ihn hinab. (Als) sie (ihm) aber (nach)bl(ickten,) merkten sie, (daß er noch lebte.) Sie machten sich (auf und gingen hinunter) …[6]

Der Vergleich dieser Martyriumsszene mit der Erzählung Hegesipps (den W.-P. Funk 1976, 172–178 durchführt) zeigt unter anderem, daß nach beiden Darstellungen, wenn man sie realistisch deutet, Jakobus von der ›Zinne‹ der Außenmauer des Tempelbezirks ins Kidrontal hinabgestürzt wurde.

(d) Euseb bringt in seiner eigenen Einleitung des Kapitels über Jakobus (II 23, 2) zuerst das unerwartete Bekenntnis des Jakobus zu Jesus vor allem Volk, dann die Tötung durch die Juden zu dem Zeitpunkt, als nach dem Tod des Prokurators Festus dessen Nachfolger Albinos noch nicht einge-

6 Es folgt die genaue Beschreibung der Steinigung. Englische Übersetzung in: The Nag Hammadi Library in English. Translated by Members of the Coptic Gnostic Library Project of the Institute for Antiquity and Christianity (Director: James M. Robinson), Leiden 1977, 254–255.

troffen war. Die erste Situation stimmt mit der Darstellung Hegesipps überein, die zweite mit der des Josephus; und man darf wohl annehmen, daß Euseb hier diese beiden Quellen kontaminiert; aber man sieht hier doch auch, daß die Szene des überraschenden öffentlichen Bekenntnisses nicht so eng mit der Tötung zusammenhängen muß, wie es bei Hegesipp dargestellt ist.

(e) In den Ps.-Clementinen, Recognitiones I 43–71 wird ein Beinahe-Martyrium des Jakobus beschrieben: ein Tumult im Tempel, wobei Jakobus die Tempeltreppe hinabgestoßen wird und wie tot liegen bleibt.

Wir können hier auf den wenig aussichtsreichen Versuch, die zwischen diesen anderen Texten und der Hegesipp-Erzählung bestehenden Beziehungen quellenkritisch aufzuhellen, verzichten, weil es uns im wesentlichen auf das eine Thema ankommt, das nur bei Hegesipp zu finden ist: das überraschende Bekenntnis des Märtyrers statt der erwarteten Verleugnung bei einem öffentlichen Auftritt vor allem Volk.

Die bei Hegesipp zentrale Szene des öffentlichen Bekenntnisses läßt, wie schon E. Schwartz (1903, 57–58) und H.-W. Surkau (1938, 121–126) im einzelnen nachgewiesen haben, die Absicht erkennen, das Martyrium des Jakobus an die Passion Jesu wie auch an den Märtyrertod des Stephanus anzugleichen. Vom Dach des Tempels aus sollte sich nach jüdischer Erwartung der Messias offenbaren (Pesiqtha Rabbathi 36; 132a); und so wurde Jesus, wie die Evangelien erzählen (Matth. 4, 1–11; Luk. 4, 1–13), auf die Zinne des Tempels geführt, als ihn der Versucher auf den Weg der Herrschaft verleiten wollte.

In die Zeit des Passahfestes fiel auch der Tod Jesu. Die Antwort des Jakobus ist als Ausspruch Jesu vor dem Hohenpriester bekannt (Mk. 14, 62; Matth. 26, 64). – Mit einem provozierenden Bekenntnis hat auch der Märtyrer Stephanus den Zorn seiner Verfolger auf sich gezogen (Acta 7, 54–58).

Nicht so leicht zu erklären ist, weshalb dem Jakobus die Frage nach der ›Tür Jesu‹ (τίς ἡ θύρα τοῦ Ἰησοῦ;) gestellt wird (vgl. K. Beyschlag 1965, 167; W.P. Funk 1976, 143–146). Er beantwortet die zuerst von einzelnen Juden (Eusebius II 23, 8), dann in aller Öffentlichkeit von den Schriftgelehrten und Pharisäern gestellte Frage (II 23, 12–13) jeweils mit einem Bekenntnis zu Jesus als dem Erlöser (σωτήρ, vgl. Matth. 1, 21) und als dem wiederkommenden himmlischen Herrn. Unklar ist, ob ein Zusammenhang mit der Stelle in der zweiten Jakobus-Apokalypse von Nag Hammadi besteht, wo es heißt (p. 55, 6–14 = S. 23–33 Funk): »Und sie öffnen die gute Tür durch dich – diejenigen, die hineingehen wollen; und sie kehren um, damit sie auf dem Weg wandeln, der vor diese Tür führt …«. Vorausgesetzt ist bei Hegesippos wohl, außer Psalm 118, 20, Jesu Wort: »Ich bin die Tür« Joh. 10, 7; 9). So
hängt das Bild der Tür hier auch mit der Vorstellung vom ›irrenden‹ und | 140
›verführten‹ Volk (ἐπλανήθη, πλανᾶται) zusammen, das der Messias als der von Gott erwählte königliche Hirte sammelt, schützt und zur guten Weide führt. Die Schriftgelehrten und Pharisäer erwarten offenbar, daß der from-

me und ›gerechte‹ Jakobus sich nicht öffentlich zu der Ansicht, der Gekreuzigte sei die Tür zum Heil, bekennen würde, da die Kreuzigung mit der jüdischen Messiasvorstellung nicht vereinbar ist: erklärt doch schon das Gesetz Moses (Deuteronomium 21, 23): »Ein (ans Holz) Gehängter ist von Gott verflucht.«

Mit allen diesen Parallelen ist nun aber, wie mir scheint, gerade das Hauptmotiv der Hegesipp-Erzählung nicht zu erklären, nämlich die Überraschung, daß der Zeuge nicht so spricht, wie es die Auftraggeber erwarten, sondern das Gegenteil verkündet. Während ich zu diesem Kern der Jakobus-Legende sonst keine Motivparallele kenne,[7] ist er der Novelle vom Tod des Prexaspes recht ähnlich. Als gemeinsame Grundfigur beider Erzählungen ist folgendes anzusehen: Ein besonders respektierter Mann wird von denen, die an der Macht sind, zu einem öffentlichen Auftritt veranlaßt, weil sie glauben, er werde dabei (notgedrungen) die Rechtmäßigkeit ihrer Position propagieren, doch benützt dieser Mann dann die Gelegenheit, um in aller Öffentlichkeit ein wirkungsvolles Bekenntnis abzulegen, das sich gegen die Machthaber richtet; und damit opfert er sein Leben. Den Sturz vom Turm oder von der Stadtmauer – eine sehr übliche Form des Mordes oder Selbstmordes – wird man nicht als signifikante Parallele betrachten wollen.

Für die Beantwortung der Frage, wie die Ähnlichkeit der beiden Geschichten zu erklären ist, muß in Rechnung gestellt werden, daß die bei Eusebius referierte Erzählung (Hegesipps) erhebliche Unklarheiten aufweist:

(a) Vor allem ist kaum verständlich, daß die Schriftgelehrten und Pharisäer erwarten, Jakobus werde auf der Zinne des Tempels Jesus öffentlich verleugnen, und daß sie überrascht sind, als er sein Bekenntnis zu Jesus ablegt. Dies wäre nur dann klar motiviert, wenn sie Jakobus für ihren Gesinnungsgenossen oder für erpreßbar hielten. Bei Jakobus, dem Haupt der Jerusalemer Christengemeinde, ist jedoch beides nicht vorstellbar. Nach der Erzählung bei Eusebius (Hegesipp) ist ja das ganze Geschehen dadurch ausgelöst, daß Jakobus den Glauben an Jesus als den Erlöser verbreitet. Gewiß kann man psychologisch vermuten, daß die Anführer der Juden meinten, Jakobus werde unter dem Druck der Öffentlichkeit eingeschüchtert werden und die orthodoxe Ansicht vertreten, nach der das Gesetz, die Thora, die Tür zum Heil ist. Aber es bleibt doch zweifelhaft, ob der Text so ausgedeutet werden soll.

7 Entfernt vergleichbar ist vielleicht Numeri 22–24: Bileam wird von Balak geholt, daß er Israel verfluche; aber Bileam tut das Gegenteil, da ihm der Herr eingibt, Israel zu segnen. – Eine ebenso entfernte Ähnlichkeit weist die Geschichte von M. Atilius Regulus auf, wie sie bei Cicero (De off. 3, 99–100) und späteren Autoren erzählt wird: Als Regulus in karthagische Gefangenschaft geraten war (250 v. Chr.), entsandten ihn die Karthager nach Rom, wo er den Austausch der Gefangenen herbeiführen sollte. Regulus hatte geschworen, für den Fall des Scheiterns seiner Mission nach Karthago zurückzukehren. Trotzdem sprach er nun im Senat gegen den Austausch und kehrte nach Karthago zurück, wo er unter Martern getötet wurde. H. Hengel weist mich auf zwei weitere Texte hin: Babylon. Talmud, Baba Bathra 3 b (nach Worten, die Herodes belasten, stürzt sich Mariamne vom Dach); Josephus, Ant. 14, 22–26 (der gerechte Onias wird gesteinigt, weil er im Gebet die Feinde nicht verflucht).

(b) Ebensowenig ist aus dem Text zu ersehen, weshalb Jakobus die Aufforderung, vor dem Volk zu sprechen, annimmt. Will er die einzigartige Gelegenheit zu einem missionarischen Zeugnis nutzen? Weiß er, daß er damit die Strafe, die den Verführer des Volkes erwartet (Deuteronomium 13), auf sich zieht?

Zur Erklärung der Ähnlichkeit der Prexaspes- und der Jakobus-Geschichte kann man nun zwei verschiedene Wege einschlagen, wenn man nicht gleich eine dritte, mittlere Möglichkeit vorzieht. | 141

(1) Zum einen ist denkbar, daß es in verschiedenen Kulturen und Zeiten doch immer wieder zu ähnlichen Vorstellungen kam, hier also zu der so ähnlichen Gestaltung einer Märtyrersituation. Die Versuchung zum Abfall, die Standhaftigkeit und die Todesbereitschaft sind typische Komponenten von Märtyrerszenen, wie man etwa auch an den Martyrien des Eleazar und der sieben Brüder in Makkabäer II 6–7 und IV 5–12 sehen kann. Im Fall der Jakobus-Geschichte könnte das Übliche einmal so dramatisiert worden sein, wie wir es bei Eusebius lesen.

Um die Unklarheiten und Widersprüchlichkeiten der Erzählung des Hegesippos verständlich zu machen, müßte man dann freilich außerdem annehmen, daß hier heterogene Elemente zusammengefügt worden sind.[8] Die nicht zusammenpassenden Motive, so wäre zu vermuten, waren ursprünglich selbstständig und sind erst von Hegesippos (oder seiner Quelle) zusammengefügt worden, nämlich (a) die Ausbreitung des Glaubens an Jesus durch Jakobus und (b) die Aufforderung zu einer von der Zinne herab gesprochenen öffentlichen Stellungnahme, bei der sich dann Jakobus überraschenderweise zu Jesus bekennt.

(2) Zum anderen scheint mir nicht ausgeschlossen zu sein, daß Hegesippos (oder ein früherer Erzähler, dem Hegesippos folgt) das Martyrium des Jakobus nach dem Vorbild der eindrucksvollen Prexaspes-Szene gestaltet hat. Dabei müßte nicht unbedingt Herodot-Lektüre vorausgesetzt werden, weil die Novelle auch in anderem Zusammenhang, etwa als moralisches Exempel, weitergewirkt haben könnte. Vergleicht man den wesentlich anderen Bericht bei Josephus mit dem des Hegesipp, so bietet das Modell der Prexaspes-Novelle eine mögliche Erklärung für die dramatische und erbauliche Ausgestaltung der Überlieferung vom Tod des Jakobus.

Die Unstimmigkeiten in der Darstellung Hegesipps wären dann damit zu erklären, daß Risse und Sprünge unvermeidlich waren, wenn ein doch wesentlich anderer Stoff nach dem Muster der Prexaspes-Geschichte gestaltet werden sollte. Jedenfalls ist das, was in der Jakobus-Erzählung unbestimmt und unstimmig ist, bei Herodot klar motiviert: Die Mager haben

8 Eine solche Analyse ist auch dann geboten, wenn man mit E. Schwartz (a.O. 1903, 58) sieht, daß hier eine Legende erzählt wird, die symbolisch, nicht historisch verstanden werden will: »Ihre Tatsachen sind alle nur ein Gleichnis, von keinem Pragmatismus zu fassen« (weil das Geschick des Jakobus als Wiederholung der Passion Jesu verstanden werden sollte).

allen Grund zu der Annahme, daß Prexaspes in ihrem Sinne reden würde. Prexaspes folgt einer erkennbaren Notwendigkeit. Sein Sturz vom Turm ist als unmittelbare Folge des Bekenntnisses verständlich.

Wenn also vielleicht doch – was ich für nicht beweisbar, aber doch für möglich halte – die Novelle Herodots bei der Ausgestaltung des christlichen Martyriumsberichts mitgespielt hat, kann man sagen, daß die Prexaspes-Geschichte, die in der griechischen Literatur nicht weitergewirkt zu haben scheint, in dem Augenblick wieder lebendig wurde, in dem die Tugend der Treue, nun freilich unter wesentlich anderen Voraussetzungen, erneut zu höchster Bedeutung gelangte.

(3) Zwischen den beiden ganz verschiedenen Möglichkeiten gibt es nun freilich auch noch eine mittlere Lösung, die wohl als die plausibelste gelten darf. Sie rechnet einerseits damit, daß die Jakobus-Legende als dramatischen Kern ein vorgegebenes Motiv übernommen hat: den Zeugen, der überraschenderweise, statt die erwartete Propagandarede zu halten, die Wahrheit bekennt und damit sein Leben verwirkt. Andererseits verzichtet sie auf die allzu unsichere Annahme der Einwirkung der Herodot-Novelle. Die vermittelnde Erklärung besagt, daß beide Erzählungen aus einem gemeinsamen Quellgrund hervorgegangen sind, d.h. daß jenes Motiv in mündlichen orientalischen Erzählungen einst viel weiter verbreitet war, als
142 wir es anhand der literarischen Überlieferung feststellen können. |

IV

In dem Buch von Chr. Dahm, Millionen in Rußland glauben an Gott, Jestetten 1972 (^{4}1974), 177–178 wird unter Berufung auf einen in der Zeitschrift ›Arizona News‹ veröffentlichten Augenzeugenbericht folgendes erzählt:

Im Moskauer Staatstheater sollte die Premiere des seit langem angekündigten Stückes ›Christus im Frack‹ stattfinden. Schulen, Komsomolzen und Jungarbeiter waren aufgefordert worden, das Stück in ihr Kulturprogramm aufzunehmen und zu diskutieren. … Für die Hauptrolle des Christus war der berühmte Schauspieler und Kommunist Alexander Rostowzew vorgesehen. Kein Wunder, daß das Theater bis auf den letzten Platz ausverkauft war. Auf der Bühne hatte man einen mit Schnaps- und Bierflaschen übersäten ›Altar‹ aufgebaut und in eine Bartheke umgemodelt, um den sich betrunkene und grölende Popen, Nonnen und Mönche bewegten. Zu Beginn des zweiten Aktes betritt Rostowzew die Bühne, in seinen Händen hält er die Heilige Schrift, aus der er die beiden ersten Verse der Bergpredigt vorzulesen hat. Laut Regieanweisung hatte er mit Witzen und Clownereien die Zuschauer zu Lachstürmen hinzureißen … Nach Verlesen der beiden Verse sollte der Schauspieler in den Ruf ausbrechen: ›Reicht mir Frack und Zylinder!‹ Rostowzew beginnt und liest die Verse aus der Heiligen Schrift: ›Selig sind die Armen im Geiste, denn ihrer ist das Himmelreich. Selig sind die Sanftmütigen, denn sie werden das Land besitzen.‹ … Jetzt müßte der Schauspieler Buch und Obergewand wegwerfen und nach Frack und Zylinder rufen. Aber Rostowzew liest weiter: ›Selig sind die Trauernden, denn sie werden getröstet werden.‹ Und dann schweigt er. Das Publikum rührt sich nicht. … Der Staatsschauspieler tritt mit der Heiligen Schrift an die Rampe, schaut wie gebannt in das Buch und liest – und liest alle 48 Verse des 5. Kapitels des Matthäus-Evangeliums. Niemand unterbricht ihn. … Rostowzew schließt das Buch, und es sieht so aus, als tue er damit auch für sein Leben etwas Endgültiges.

Er bekreuzigt sich nach orthodoxer Art und spricht laut und vernehmbar die Worte des Schächers am Kreuz: ›Herr, gedenke meiner, wenn Du in Dein Reich kommst!‹
Was als Spiel des Hohns und der Verspottung Christi gedacht war, wurde zu einer Predigt und zu einem Glaubensbekenntnis eines Mannes, der auf der Höhe seines Ruhmes vom Mut der Märtyrer überwältigt wurde. Niemand schrie oder pfiff oder protestierte, stumm verließen alle das Theater. … Das Stück kam nie zur Aufführung, und Rostowzew war nach jenem Premierenabend für immer verschwunden.

V

In neuester Zeit hat Peter Hacks das ganze Geschehen um Prexaspes, wie es im dritten Buch Herodots zu lesen ist, zu einem Schauspiel in fünf Akten geformt.[9] Auch dieser moderne Prexaspes begeht auftragsgemäß den Mord am Bruder des Königs; auch er muß mit ansehen, wie der König mutwillig den Sohn mit einem Pfeilschuß tötet; auch er läßt sich auf die Seite des unrechtmäßigen Thronfolgers ziehen. Ganz anders als Herodot gestaltet Hacks aber gerade die Enthüllung der Wahrheit am Schluß. Der Prexaspes des neuen Dramas ringt sich nicht etwa selbst zur Wahrheit durch, sondern er leugnet beharrlich die Ermordung des Smerdis. Kambyses ist es hier, der als Sterbender noch nach Susa kommt, um die Wahrheit zu sagen. Prexaspes, der auf dem Turm steht, ist zu einem Geständnis nicht bereit. Durch die Aussagen des Kambyses in die Enge getrieben, stürzt er sich schließlich in den Tod. Sein unrühmliches Ende wird mit den Worten quittiert:

Prexaspes fiel vom Turm. Die Schande ist heraus.
Der Lügenmeister Fall nur streicht die Lügen aus. | 143

Bei Peter Hacks ist Prexaspes also kein edler, ›respektabler‹ Mann, der seine Ehre zu verlieren droht und sie schließlich auf tragische Weise durch das todesmutige Wahrheitsbekenntnis wiederherstellt. Dieser moderne Prexaspes ist der Untertan, der es stets mit den Mächtigen gehalten hat und so auch unwürdig zugrundegeht. Man kann aus diesem Schauspiel die Lehre ziehen, daß es für die Dienenden kein sinnvolles Leben und Sterben gibt, solange die Herrschenden mit Gewalt und Willkür regieren.

Ein Essay von Peter Hacks, in dem sein Prexaspes-Drama als Beamtentragödie erklärt wird, enthält zu der Treue dieses Mannes die folgenden Bemerkungen:[10]

Der Beamte ist der Obrigkeit, der er unterstellt ist, treu, weil er weiß, daß kein anderer Auftraggeber eine Person von seiner Unfähigkeit beschäftigen würde. Es ist also müßig, ihn zu tadeln, wenn er seinen Staat in dem Augenblick verrät; wo derselbe durch einen anderen ersetzt wird;

9 Peter Hacks, Prexaspes, in: Sechs Dramen, Berlin und Weimar (Aufbau-Verlag) 1978.

10 P. Hacks, Die Maßgaben der Kunst. Gesammelte Aufsätze, Düsseldorf 1977, 353–366 (Die deutschen Alexandriner. Zu »Prexaspes«), hier bes. S. 359. Ich danke Jürgen Schröder für freundliche Unterrichtung.

im Gegenteil: seine Verfügbarkeit für jede beliebige Macht ist das Verläßliche an ihm, und in Verwirrung gerät er nur in Fällen, wo die Machtverhältnisse unklar sind oder eine Macht auftritt, die keine Verwendung für ihn hat. Er dient einer einzigen Idee: dem Dienst. Seine einzige Überzeugung ist die von seiner Hilflosigkeit außerhalb des schäbigen Geborgenseins, das er im Staub seiner Regale oder Computer gefunden hat. So wie der Widerspruch zwischen Bewahren und Hemmen sein Handeln formt, begründet der Widerspruch zwischen Nichtswürdigkeit und Treue die Beschaffenheit seiner Seele.

Die negative Wendung, die Peter Hacks dem Thema des Prexaspes-Stoffes gibt, ist eine verständliche Folge der Tatsache, daß uns Heutigen so viele und schreckliche Beispiele mißbrauchter Treue und fehlgeleiteten Gehorsams vor Augen stehen. Die Darstellung Herodots ist nur dort positiv rezipierbar, wo es eine Ehre gibt, die auf unbedingt treuem Gehorsam beruht. Eine solche Ehre gibt es in der von Hacks geschilderten Welt nicht. Mächtige wie Unterdrückte sind hier von gemeinen Egoismen geleitet. Die Herrschenden sind hier ohne Würde und die Untergebenen nur noch Erniedrigte.

Die Griechen schon haben, wie gesagt, den Wert des Gehorsams von der Bindung an Personen gelöst und damit das Ethos der Vasallentreue überwunden. In der christlichen Welt gab es dann erneut die nun religiöse Bindung an den persönlichen und in menschlicher Gestalt erschienenen Gott. Die neuzeitliche Auflösung ging nochmals den Weg der griechischen Aufklärung, war aber bei der Kritik an tradierten Autoritäten von einem bis dahin unerhörten Freiheitsdrang angetrieben. Die Beamten- und die Offiziersehre sind wohl die letzten Relikte der herkömmlichen Treuevorstellung; doch gilt heute auch das Ethos des Staatsdieners als fragwürdig. Die Treue wird im Grunde, wie das Stück von Peter Hacks zeigt, durch das freie Spiel der Kräfte und den Kampf der Interessen zu einem obsoleten Begriff.

Oder sollen wir aus allen Erfahrungen doch eher die Lehre ziehen, daß die Tugend der Treue, wo sie mißbraucht wurde und Unheil stiftete, nur falsch begründet war? Es käme dann darauf an, die Bedingungen, unter denen Treue immer noch ihren Wert hat, neu und genauer zu erkennen. Schon Herodot war weit davon entfernt, die Treuepflicht für eine absolute Notwendigkeit zu halten; und trotzdem hielt er den Zwang, dem Prexaspes gehorchte, nicht für einen leeren Wahn, sondern bezeichnete das Ende dieses Mannes als rühmlich.

Das Staatsmodell des Thukydides (1975)

Zur Rede des Perikles für die Gefallenen

Vorwort und Widmung

Dieses Bändchen sei dem Gedenken an den Interpreten, Übersetzer und Lehrer

Wolfgang Schadewaldt

gewidmet, der am 10. November 1974, vier Monate vor der Vollendung seines fünfundsiebzigsten Lebensjahres, gestorben ist.

Daß seine Übertragung der Rede des Perikles dem neuen Erklärungsversuch vorangestellt ist, mag auch als Zeichen dafür verstanden werden, daß dieser Versuch, der die alten Worte sachgemäß deuten und vernehmlich machen will, der Art Schadewaldts, mit antiken Texten umzugehen, Entscheidendes verdankt. Eine wichtige Voraussetzung für die hier vorgelegte Interpretation war Hellmut Flashars provozierende These zum ›Epitaphios‹. Die Auseinandersetzung mit seiner Ansicht geschieht im Geist des freundschaftlichen und offenen Gesprächs, das unter den Schülern Schadewaldts stets üblich war. Herrn Dr. Bruno Mariacher vom Artemis-Verlag in Zürich sei für die Genehmigung zum Wiederabdruck der in Schadewaldts Gesammelten Schriften erschienenen Epitaphios-Übersetzung herzlich gedankt.

K. G.

7 I Die Rede des Perikles für die Gefallenen Thukydides II 34–46 *deutsch von Wolfgang Schadewaldt*[1]

[34] In dem gleichen Winter begingen die Athener nach dem Brauch der Väter mit allem Volk die Bestattung der ersten Gefallenen des Krieges. Der Brauch ist dieser: Drei Tage lang stellen sie die Gebeine der Hingeschiedenen auf einem Gerüst, das sie dazu aufschlagen, zur Schau, und jedermann bringt für den Seinen herbei, was ihm beliebt. Wenn dann der Tag der Bestattung gekommen ist, werden auf Wagen Särge von Zypressenholz hinausgefahren, einer für jeden Stamm; darin sind die Gebeine je nach dem Stamm, von dem der Tote war. Und eine leere, verdeckte Bahre wird für die Vermißten mitgeführt, die bei der Totenbergung nicht gefunden wurden. Im Zuge folgt wer will, ob Bürger oder Fremder; und auch die Frauen von der Verwandtschaft finden sich am Grab zur Totenklage ein. Beigesetzt werden sie in der staatlichen Grabstätte, die in der schönsten Vorstadt Athens gelegen ist und in der sie von jeher ihre Gefallenen begraben, ausgenommen die von Marathon, denn ihnen gab man, weil ihre Tat glanzvoll über alles erschien, ihr Grab am Orte selber, wo sie fielen. Wenn man sie dann in die Erde gesenkt hat, spricht ein vom Volk erwählter Mann, der in dem Ruf ho-
8 her Einsicht steht und ein überragendes Ansehen | genießt, den geziemenden Lobpreis für die Toten; und darauf gehen sie von dannen. So begraben sie ihre Gefallenen. Und während des ganzen Krieges, so oft es dazu kam, taten sie nach diesem Brauch. Für die ersten aber wurde Perikles, Xanthippos' Sohn, zu reden erwählt. Und als es an der Zeit war, trat er vom Grabmal nach vorn auf eine hoch erbaute Bühne, damit er möglichst weit im Volk zu hören wäre, und begann so:

[35] »Die meisten, die früher hier gesprochen haben, preisen den Mann, der zu unsern Totenbräuchen noch diese Rede hinzugefügt hat, denn sie finden es würdig und schön, daß für die im Kriege Gefallenen vor dem Volke so geredet werde. Ich aber dächte, daß es genug sein sollte, Männern, die durch die Tat zu Helden wurden, auch durch die Tat die Ehren zu bezeigen, so wie ihr dies auch jetzt vom Staat für dies Begräbnis ausgerichtet seht; und nicht von einem einzelnen Manne sollte es abhängen, ob die Großtaten Vieler anerkannt werden, je nachdem er gut oder minder gut spricht. Denn es hält schwer, dort das rechte Wort zu treffen, wo auch ein festes Bild davon, wie es wirklich gewesen ist, kaum besteht. Dem Hörer, der mit dabei war und der dem Gepriesenen wohlwill, wird die Darstellung leicht zu schwach vorkommen, gemessen an dem, was er wünscht und weiß. Der Fernstehende wird manches übertrieben finden aus Neid, wenn er von Dingen hört, die über seine Kräfte gehen. Denn der Mensch erträgt fremdes Lob

1 Zuletzt in: Wolfgang Schadewaldt, Hellas und Hesperien / Gesammelte Schriften zur Antike und zur neueren Literatur, Zürich ^{2}1970, I. 593–600.

nur soweit, als er sich selber imstande fühlt, das eine und andere von dem, was er da hörte, zu vollbringen. Geht etwas darüber hinaus, so regt sich mit dem Neid flugs auch der Zweifel. Indessen haben unsere Altvordern es so für gut befunden, und so muß auch ich, dem Brauche folgend, versuchen, dem was ein jeder unter euch wünscht und was ihm vorschwebt, nachzukommen, so gut ich kann.

[36] Zuallererst will ich mit unseren Vorfahren beginnen. Denn sie haben darauf Anspruch, und es entspricht auch | dieser Stunde, daß ihnen 9
bei dieser Gelegenheit diese Ehre der ersten Erwähnung gegeben werde. Von jeher haben sie unverändert dieses Land von Geschlecht zu Geschlecht bewohnt und es durch ihre Tüchtigkeit den Nachkommen als freies Land bis heute überliefert. Doch wenn die Vorfahren unser Lob verdienen: unsere Väter tun es noch mehr. Zu dem, was sie ererbten, haben sie das Reich, wie wir es besitzen, hinzuerrungen, nicht ohne Mühe, und es zusammen mit dem alten Erbe uns Heutigen hinterlassen. Am stärksten aber haben wir selber hier, die wir jetzt noch so ziemlich in den besten Jahren stehen, es ausgebaut und die Stadt in allen Stücken so gerüstet, daß sie im Frieden wie im Kriege gänzlich auf sich selber steht. Von den Kriegstaten nun, durch die das einzelne errungen wurde – ob wir nun selber oder unsere Väter dem hereinbrechenden Kriege von Barbaren oder Hellenen unerschrocken trotzten –: davon mag ich nicht groß reden unter Wissenden und will es lassen. Die Lebensführung jedoch, die uns dazu gebracht hat, die Form unseres staatlichen Daseins sowie die uns eigene Wesensart, die die Wurzeln unserer Größe wurden, dies will ich schildern und alsdann zum Lobe dieser Toten schreiten. Denn es gehört doch wohl hierher, daß davon gesprochen werde, und allem Volke hier, Einheimischen wie Fremden, wird es von Nutzen sein, davon zu hören.

[37] Wir leben in einer Staatsform, die die Einrichtungen anderer nicht nachahmt; eher dienen wir selber manchem zum Vorbild, als daß wir andere uns zum Muster nähmen. Mit Namen wird sie, weil wir uns nicht auf eine Minderheit, sondern auf die Mehrheit im Volke stützen, Volksherrschaft genannt. Und es genießen auch alle für ihre eigenen Angelegenheiten vor den Gesetzen gleiches Recht; in der öffentlichen Bewertung jedoch fragt man allein nach dem Ansehen, das sich jemand auf irgendeinem Felde erworben hat, und nicht die Zugehörigkeit zu einem bestimmten Volksteil, sondern allein die persönliche Tüchtigkeit verleiht im | öffentlichen Leben 10
einen Vorzug; auch wird bei Armut keiner, der doch dem Volke Gutes zu leisten vermöchte, um der Unansehnlichkeit seines Standes willen ausgeschlossen. Ein freier Geist herrscht in unserem Staatsleben und wirkt auch im täglichen Leben und Treiben aller gegenseitigen Beargwöhnung entgegen. So nehmen wir es unserem Mitmenschen auch nicht übel, wenn er sich einiges zu seinem Vergnügen leistet, und legen uns keine engherzigen Beschränkungen auf, die zwar kein Schade, aber doch ein unerquicklicher Anblick sind. Und wie wir im persönlichen Umgang unbeschwert miteinander

verkehren, so meiden wir im öffentlichen Leben schon aus innerer Scheu Verstöße gegen Recht und Sitte, den Männern gehorsam, die jeweils an der Spitze stehen, wie auch den Gesetzen und unter ihnen zumal denjenigen, die zum Schutz der Verfolgten gegeben sind, sowie den ungeschriebenen, deren Bruch in aller Augen verächtlich macht. [38] Auch für mancherlei Erholung des Geistes von allen Anstrengungen ist bei uns gesorgt, teils durch Pflege von Spielen und Festen während des ganzen Jahrs, teils durch gefällige, jedem einzelnen offenstehende Anlagen, deren täglicher Genuß den Mißmut vertreibt. Zudem kommt bei der Größe unserer Stadt aus allen Teilen der Erde alles herein, und ebenso wie unsere heimischen Güter können wir die Erzeugnisse der ganzen Welt im eignen Haus genießen.

[39] Auch in der Pflege unseres Kriegswesens unterscheiden wir uns von unseren Gegnern, und zwar darin: Jedermann hat freien Zutritt in unserer Stadt, und wir denken nicht daran, es einem durch Ausweisungen zu verwehren, sich bei uns über Dinge zu unterrichten oder sie sich anzuschauen, die, nicht geheimgehalten, vielleicht manchem unserer Feinde nützlich werden könnten. Statt auf die üblichen Vorkehrungen und Schliche verlassen wir uns lieber auf die in uns selber liegende Entschlossenheit zur Tat. Und mögen in der Erziehung des Kindes die da drüben durch harten Drill
11 |schon von zarter Jugend an mannhaften Geist zu erzeugen suchen: wir führen ein Leben ohne Zwang und stellen im Ernstfall doch nicht schlechter unseren Mann. Beweis: nie fallen unsere Gegner einzeln, sondern stets mit ihrer gesamten Bundesmacht in unser Land; wir aber ziehen ganz für uns allein gegen den andern ins Feld und werden selbst in Feindesland im Kampf meist mühelos mit denen fertig, die doch um Haus und Habe kämpfen müssen. Dabei hat es noch kein Feind bisher mit unserer versammelten Macht zu tun bekommen, weil wir auch noch für unsere Flotte Sorge tragen und zu Lande die Unsrigen nach vielen Punkten hin verschicken müssen. Allein, sie mögen irgendwo auf irgendeine Abteilung von uns gestoßen sein und einige der Unsern aus dem Feld geschlagen haben, so prahlen sie, daß sie unsere gesamte Streitmacht überwältigt hätten, und wurden sie geworfen, so wollen sie unserer ganzen Macht gewichen sein. Nun denn, wenn wir es vorziehen, lieber leichten Herzens statt unter mühseligem Drill und weniger mit einer Tapferkeit nach Vorschrift als einer frei aus dem Leben erwachsenen zu streiten, so haben wir dabei so viel voraus, daß künftige Not uns nicht im voraus plagt, und wenn sie kommt, uns doch nicht weniger kühn als die ewig sich Abmühenden findet – weshalb unser Volk denn auch hierin Bewunderung verdient, nicht minder aber noch in anderem.

[40] Wir lieben das Schöne in Schlichtheit, lieben Wissen und Bildung frei von Weichlichkeit.

Reichtum ist bei uns zum Gebrauch in der rechten Weise, nicht zum Geprahl mit Worten da. Armut einzugestehen bringt keinem Schande, sondern nicht tätig aus ihr fortzustreben, ist schlimmere Schande. In derselben Männer Hand ruht die Sorge für ihre häuslichen wie auch die öffentlichen

Angelegenheiten, aber auch den andern, die sich ganz ihrer Arbeit widmen, fehlt es doch nicht an Blick für die politischen Dinge. Bei uns allein nämlich heißt einer, der dem gänzlich fernsteht, nicht »ungeschäftig«, sondern »unnütz«, | und selber hat unser Volk in den Fragen der Staatsführung minde- 12
stens ein Urteil, wo nicht gar richtige eigene Gedanken. Denn nicht im Rat sehen wir eine Gefahr für die Tat, sondern vielmehr darin, sich nicht vorher in Beratungen zu belehren, ehe man das, was nottut, mit der Tat in Angriff nimmt. Auch dieses nämlich zeichnet uns vor anderen aus, daß letzte Kühnheit und klarste Berechnung dessen, was wir unternehmen wollen, sich in uns vereinigt finden, während sonst in der Welt nur Ahnungslosigkeit den Wagemut und Überlegung Unentschlossenheit erzeugt. Stärkste Seelenkraft spricht man mit Recht aber doch denen zu, die von dem Furchtbaren wie von dem Angenehmen die genaueste Kenntnis haben, und sich deswegen doch keiner Gefahr entziehen.

Auch mit dem Wohltun halten wir es gerade umgekehrt als die meisten. Denn nicht so sehr auf empfangene, als auf erwiesene Wohltaten gründen wir unsere Beziehungen. Zuverlässiger nämlich ist der, der die Gefälligkeit erweist: er wird durch Wohlwollen gegen den Beschenkten sich die ihm geschuldete Dankbarkeit zu erhalten trachten. Der Schuldner andererseits ist lauer, denn er sagt sich, daß man ihm seine Dienste nicht als Gefälligkeit, sondern lediglich als Abtrag seiner Schuld anrechnen wird. Und so vermögen denn nur wir allein, aus keinerlei Berechnung unseres Vorteils, sondern mit dem Vertrauen des freien Mannes, wem es auch sei, unbedenklich unsere Hilfe zu leihen.

[41] Mit einem Wort also sage ich: unsere Stadt ist im Ganzen die hohe Schule Griechenlands; im Einzelnen aber will mir scheinen, daß jeder sich bei uns gleichzeitig auf den verschiedensten Gebieten in Anmut und mit vollendeter Sicherheit als ganzer, auf sich selbst gestellter Mann erweisen mag.

Daß dieses aber nicht nur ein gelegentliches Wortgepränge, sondern der Dinge wahres Abbild sei, dafür gibt die Macht der Stadt, die wir aus diesem Geiste uns errungen haben, selber den Beweis. Sie allein unter den heutigen Städten tritt mit einer Macht, die stärker als alles Erhörte ist, | zur 13
Probe an. Sie allein gibt keinem andringenden Feinde Grund zu murren, von was für Menschen er geschlagen wird, und keinem Unterworfenen Anlaß zur Beschwerde, daß Unwürdige über ihn gebieten. Mit großen Beweisen und wahrlich nicht unbezeugt haben wir unsere Macht den heutigen wie den kommenden Geschlechtern zur Bewunderung dargetan. Wir brauchen keinen Homer zum Lobredner, oder wer sonst mit Versen dem Ergötzen des Tages dient und dessen Darstellung der Ereignisse dann doch die Wahrheit zuschanden macht. Überall hin haben wir Meer und Land gezwungen, unserem Wagemut Wege zu bereiten, und dabei allerorts die Male des Bösen wie Guten für alle Zeiten aufgerichtet.

Das ist die Art der Stadt, für welche diese Männer, entschlossen, sie

sich nicht rauben zu lassen, tapfer kämpften und starben, und für die auch von den Überlebenden gewiß jedermann gewillt ist sich zu opfern. [42] Und das ist es nun auch, weshalb ich so umständlich von den Dingen der Stadt gehandelt habe; ich wollte die Lehre geben, daß es in diesem Kampf für uns um Höheres geht als für andere, die nichts von alledem so wie wir besitzen, wollte zugleich das Lob dieser Toten, auf die ich jetzt spreche, zwingend auf Beweise gründen. Doch ist das Größte davon schon gesagt. Weswegen ich die Stadt gepriesen habe: die Taten dieser Männer und ihresgleichen haben es gekrönt, und nicht bei vielen unter den Hellenen wird so wie hier das Werk dem Wort die Waage halten. Doch scheint ein Ende, so wie jetzt das ihre, mir wirklich höchsten Manneswert zu offenbaren, sei es als erstes Zeugnis oder als letzte Besiegelung. Selbst bei Männern, die sonst nicht eben die Besten waren, soll man den Heldengeist ins Licht rücken, den sie in den Kriegen für ihr Land bewiesen haben: sie haben mit Gutem das Schlimme ausgelöscht und also dem Ganzen mehr genützt, als sie zu ihrem Teil geschadet haben. Unter diesen Toten hier aber hat keiner feig es vorgezogen, weiter seines Reichtums zu genießen, keiner in der Hoffnung der Bedürftig-
14 keit, daß er | aus seiner Armut noch zu Wohlstand kommen werde, es aufgeschoben, sich dem Drohenden zu stellen. Die Züchtigung des Feindes schien ihnen begehrenswerter als diese Dinge, hier sahen sie die herrlichste Bewährung, und also trieb es sie, in diesem Kampf den Feind zu züchtigen und damit zugleich auch jene Güter zu erlangen. Die Ungewißheit des Erfolges überließen sie dabei der Hoffnung; im Handeln aber, angesichts des schon klar Gegebenen, wagten sie es, auf sich selbst zu bauen; und da in alledem Kampf und Tod ihnen für edler als Flucht und Rettung galt, sind sie dem Schimpf der Nachrede entronnen, haben ihr Werk bestanden mit ihrem Leben und in einem kurzen Augenblick, auf ihres Schicksals scharfer Schneide, zwar ihre Zukunft, doch ihre Ehre nicht dahingegeben.

[43] So waren, würdig ihrer Stadt, hier diese Toten. Ihr Überlebenden aber mögt immerhin euch wünschen, daß eure Gesinnung gegen den Feind nicht das Äußerste von euch fordern möge, doch sollt ihr nimmermehr eine minder tapfere haben wollen – sollt nicht etwa bloß in Reden den Nutzen überschlagen, worüber euch einer Langes und Breites, euch allbekannt, erzählen könnte: wie viele Vorteile es mit sich bringt, dem Feind zu wehren; sondern sollt Tag für Tag die Macht der Stadt in ihrer Wirklichkeit mit Augen schauen und sie wie Liebende betrachten und, wenn euch aufgegangen ist, wie groß sie ist, dann daran denken, wie dieses alles Männer errungen haben, die etwas wagten, und wußten was sein muß, und taten wie die Ehre ihnen gebot, und wenn wirklich ein Unternehmen ihnen einmal fehlschlug, nun nicht der Stadt alsbald ihre Kraft zu entziehen für richtig hielten, sondern sie ihr als schönsten Beitrag spendeten. Indem sie für ihr Volk ihr Leben gaben, errangen sie sich selber unsterblichen Ruhm und ein Grab mit ragendem Mal – nicht dieses nur, in dem sie ruhn, sondern jenes andere, in dem ihr Bild bei jedermann, dem es einmal begegnete, so oft es zu reden

oder handeln gilt, in immer | frischen Erinnerungen weiterdauert. Hoher 15
Menschen Grab ist die ganze Erde, und nicht allein die Schrift der Säulen in der Heimat nennt sie; auch in der Fremde lebt ungeschrieben in jedes Menschen Herz das Gedächtnis ihrer Gesinnungen tiefer noch als ihrer Taten. Ihnen strebt nach von dieser Stunde an! Und in dem Glauben, daß höchstes Leben Freiheit, und Freiheit Beherztheit sei, blickt den Gefahren des Krieges ohne Bangigkeit entgegen! Nicht der Unglückliche, dem keine Hoffnung auf Besseres mehr geblieben ist, hat ernstere Ursache, sein Leben dranzusetzen, sondern der, dem im Leben noch der umgekehrte Umschwung droht und für den es ein ganz großer Absturz ist, wenn er einmal scheitern sollte. Denn schmerzlicher trifft einen Menschen mit Stolz die Erniedrigung durch eine feige Tat als der im Gefühl der Kraft und gemeinsamen Zuversicht nahende, nicht gespürte Tod.

[44] Darum will ich auch die Eltern dieser Toten, euch, die ihr hier zugegen seid, nicht beklagen, sondern will sie trösten. Unter wechselvollen Schicksalen wissen sie sich herangewachsen. Das aber heißt doch Glück, wenn einem Menschen das rühmlichste Ende, wie jetzt diesen Toten, beschieden ist oder, so wie euch, die rühmlichste Trauer, und wenn das Leben ihm so zugemessen ward, daß es in der höchsten Vollendung auch sein Ende fand. Wohl fällt es schwer, ich weiß, mir das zu glauben, wo oft genug doch die Bilder eurer Toten vor euch treten werden, wenn ihr andere in dem Glück seht, in dem auch ihr einst prangtet. Nicht der Raub eines Gutes, das wir niemals schmeckten, tut ja weh, sondern wenn uns etwas entrissen wird, mit dem wir wie verwachsen waren. Allein, ermannen sollten sich besonders in der Hoffnung auf neue Kinder alle, die in dem Alter sind, daß sie noch Kinder haben können. Die Nachwachsenden werden im eigenen Hause manchen Eltern die ersetzen, die nicht mehr sind; dem Volk aber wird es doppelt zum Heil gedeihn: daß es nicht aussterbe und nicht bange um seine
| Sicherheit; denn unmöglich kann einer nach Gleichheit oder Gerechtigkeit 16
seinen Rat erteilen, wenn er nicht, wie jeder andere, Kinder dranzugeben gewärtigen muß. Ihr andern aber, die ihr über dieses Alter hinausgeschritten seid, seid froh, daß ihr den längsten Teil eures Lebens glücklich wart; was euch noch bleibt, wird bald vorüber sein, und richtet euch an dem Ruhme dieser Toten auf! Einzig die Liebe zur Ehre altert nicht, und was in den Jahren, wo man zu nichts mehr nutze ist, am meisten freut, ist nicht ein voller Kasten, wie es heißt, sondern der Genuß der Ehre.

[45] Euch Söhnen oder Brüdern aber, die ihr hier zur Stelle seid, sehe ich einen großen Wettstreit voraus; ein jeder rühmt den, der nicht mehr ist, und kaum werdet ihr es auch durch Wunder von Tapferkeit dahin bringen, daß ihr in den Augen der Menschen diesen Toten – nicht gleich –, nein auch nur nahekommt. Denn den Lebenden verfolgt der Neid, je mehr man in ihm den Nebenbuhler spürt. Doch was nicht mehr im Wege steht, dem gibt man mit einem durch keine Gegnerschaft gehemmten guten Willen gern die Ehre. Soll ich der Weibespflicht der Frauen noch gedenken, die nun im Wit-

wenstande leben sollen, so sei mit kurzem Mahnwort alles gesagt: Nicht hinter dem zurückzubleiben, was eures Geschlechts ist, sei euer ganzer Stolz; die Beste wird die sein, von der am wenigsten unter Männern in Lob und Tadel die Rede ist.

[46] So habe denn auch ich mit Worten nach dem Brauch gesagt, was ich Geeignetes zu sagen hatte. Mit Werken sind die Bestatteten schon geehrt. Doch wird überdies die Stadt auf öffentliche Kosten ihnen die Söhne von nun an bis zur Mündigkeit erziehen und setzt damit für solchen Wettstreit einen lohnenden Ehrenkranz den Toten wie den Überlebenden aus. Denn in dem Volk, in dem der höchste Preis dem Manneswerte gilt, müssen auch die besten Männer wirken.

Und nun erhebt die letzte Klage, ein jeder über den Seinen; dann geht!«

II Interpretation 17

1 *Methodische Vorbemerkungen*

a)

Es ist nicht schwer, im Rückblick auf die neueren Interpretationen der Gefallenenrede (›Epitaphios‹) im Werk des Thukydides zu erkennen, daß bei den Erklärungsversuchen immer wieder subjektive und zeitbedingte Tendenzen eine Rolle gespielt haben. Der ›Epitaphios‹ des Perikles – eine Grabrede und mehr noch Hymnos auf die Größe Athens – wirkt umso ergreifender, wenn man bei den zu Beginn des Peloponnesischen Krieges gesprochenen Worten bedenkt, daß der große Krieg die Macht Athens schließlich zunichte gemacht hat. So kann man es verstehen, daß nach dem ersten Weltkrieg Eduard Schwartz und Eduard Meyer ihren eigenen schmerzerfüllten Patriotismus, ihre trotzige Begeisterung für das besiegte deutsche Reich in die Rede des Perikles hineingelesen haben.[2]

Nach dem zweiten Weltkrieg, als der Faschismus jedes nationale Machtstreben unglaubwürdig gemacht hatte, kam eine wesentlich andere Deutung des thukydideischen ›Epitaphios‹ auf. Hermann Strasburger schrieb (1958):[3] »Eigentlich hat der Epitaphios etwas Gespenstisches … Auch diese Rede hat die Funktion der Enthüllung … Statt der Phrasen von panhellenischer Nächstenliebe, die sonst von den Lippen athenischer Redner troffen, werden die echten Antriebe der athenischen Tatkraft gezeigt: der berauschende Selbstgenuß der eigenen Kraft …, für die Außenwelt aber: Härte, Hochmut, Hohn, Feindschaft in ihrer ganzen Pracht.« Eine solche Deutung verträgt sich mit der Ansicht von einer im ganzen trostlos pessimistischen Geschichtsauffassung des Thukydides.[4]

Bestärkt durch das Buch von H.-P. Stahl (1966), das die illusionslose Sicht des Menschen im Werk des Thukydides | energisch hervorkehrt,[5] ist 18
neuerdings Hellmut Flashar (1969) noch einen Schritt weiter gegangen.[6] Schon der Titel seiner Abhandlung – ›Der Epitaphios des Perikles: seine Funktion im Geschichtswerk des Thukydides‹ – läßt erkennen, daß Flashar zwischen der Idealisierung Athens in der Rede des Perikles und dem histo-

2 E. Schwartz (1919) 144–153; E. Meyer (1919 = 1924) 544–555. Über die Zeitbedingtheit dieser und anderer patriotischer oder parteipolitischer Deutungen: H.-P. Stahl (1966) 20–26; H. Flashar (1969) 47. 55f.; G.P. Landmann (1974) 94. – Ebenfalls nach dem ersten Weltkrieg zog der Genfer Archäologe W. Déonna (1922) eine Parallele zwischen dem besiegten deutschen Reich und dem an seinem aggressiven Imperialismus scheiternden Athen. Im Athenlob des ›Epitaphios‹ freilich findet Déonna (28f.) eher die Nationaleigenschaften der Franzosen wieder.

3 H. Strasburger (1958 = WdF 1968) 523. Der ›Epitaphios‹ enthalte, so erklärte Strasburger, noch Trümmer der idealisierenden Propaganda, mit der die Athener als Repräsentanten der Gottesfurcht, Gerechtigkeit und Freiheit Anspruch auf panhellenische Führung erhoben. Thukydides zeige hier die Überschätzung der eigenen Möglichkeiten, die ›Pracht königlicher Raubtiere‹, die Tragödie des Mächtigen, dem die Tugend der σωφροσύνη fehle.

rischen Urteil des Thukydides streng unterscheiden will. Im ›Epitaphios‹ findet er eine verhängnisvolle imperialistische Machtideologie; Thukydides aber wolle dieses Machtdenken im Zusammenhang des ganzen Werkes als gefährliche Illusion bloßstellen. Die eigene Anteilnahme des Geschichtsschreibers gelte nicht einem derartigen politischen Programm, sondern »nur denen, die leidend vom Krieg betroffen sind«.

In unserer schnellebigen Zeit läßt sich jetzt schon feststellen, daß auch die Interpretation Flashars als zeitbedingte Deutung in die Geschichte der Epitaphios-Erklärungen eingehen wird – nämlich als ein Beitrag aus den späten Sechziger Jahren mit ihren weltweiten Protesten gegen den Krieg der Amerikaner in Vietnam und überhaupt der Auflehnung der jungen Generation gegen Imperialismus, Militarismus und Staatsgewalt.[7]

Ebenso wird auch mein Interpretationsversuch von subjektiven, mir selbst im Augenblick nicht klar genug bewußten Bedingungen beeinflußt sein. Der ›Epitaphios‹ des Thukydides gehört nun einmal zu den antiken Texten, die uns immer wieder neu zu einem Dialog herausfordern, in den notwendigerweise unsere eigenen Standpunkte und Interessen mit eingehen.[8] Freilich kann man dabei durch methodische Sorgfalt grobe Verzerrungen vermeiden und erreichen, daß auch unerwartete Aussagen des Dialogpartners, die das uns allzu Selbstverständliche in Frage stellen, zur Geltung kommen.[9] Dies läßt sich gewiß auch bei der Behandlung des ›Epita-

4 Neuerdings hat H. Strasburger (1966) 57–65, 71–76, 95f. wieder (nach 1954 = WdF 1968) höchst eindrucksvoll von der Beschränkung der thukydideischen Geschichtsdarstellung auf das Politisch-Militärische, auf Machtfragen, auf das Leiden und die emotionalen Faktoren der menschlichen Natur (Furcht, Habsucht, Geltungstrieb) gesprochen. Dabei wird der ›Epitaphios‹ nicht erwähnt, dessen angemessene Berücksichtigung m.E. die Ansicht von einer einseitig pessimistisch-tragischen Geschichtsdeutung des Thukydides stark modifizieren muß. Auch H. Patzer, Die Entstehung der wissenschaftlichen Politik bei den Griechen, Wiesbaden 1966 (SB Frankfurt a. M. 4, 1965, 2) 36–38 scheint den ›Epitaphios‹ zu übersehen oder zu unterschätzen, wenn er erklärt, das Denken des Thukydides sei nur an der Empirie orientiert (noch nicht an der Frage nach der Norm des Staates) und mache den Naturtrieb des Egoismus zur alleinigen politischen Triebfeder.

5 H.-P. Stahl (1966) wandte sich allgemein gegen die Vorstellung von einem engagierten Patriotismus des Thukydides und hob hervor, daß nach der thukydideischen Geschichtsdarstellung irrationale Affekte wie der Machttrieb die entscheidenden Faktoren des Geschehens sind. Zu Flashars Deutung des ›Epitaphios‹ bahnte er insofern den Weg, als er in der Athenerrede des ersten Buches (173–178) »eine mit Arroganz vorgetragene Darstellung athenischer Macht« sah (53) und von hier aus die außenpolitischen Sätze der Gefallenenrede in Frage stellte (50–53). Auch von der Pestschilderung her suchte er das ideale Athenbild des ›Epitaphios‹ in Zweifel zu ziehen (77–81).

6 H. Flashar (1969) bes. 33, 39, 56 (Zitat).

7 G.P. Landmann (1974) geht in seiner Kritik an Flashar allerdings zu weit, wenn er sagt: »So wird Perikles zu Hitler« (94).

8 Zur Frage der aktualisierenden Aneignung klassischer Texte jetzt W. Jens, Antiquierte Antike? Perspektiven eines neuen Humanismus, Münsterdorf o. J. [1972] (mit der Besprechung von P.-R. Schulz, Gymnasium 80, 1973, 565–567); R. Kannicht, Philologia perennis? (1971) in: R. Nickel (Hrsg.), Didaktik des altsprachlichen Unterrichts, Darmstadt 1974 (Wege der Forschung 461) 353–385; E. Heitsch, Klassische Philologie zwischen Anpassung und Widerspruch, Gymnasium 81, 1974, 369–382.

phios‹ im Griechisch-, Geschichts- oder Politikunterricht der Schule erproben.[10] | 19

b)

Überblickt man die neueren Beiträge zur Erklärung des ›Epitaphios‹, so lassen sich bei typisierender Betrachtungsweise drei Richtungen unterscheiden.

(1) Mehrere Erklärer vertreten die Ansicht, der ›Epitaphios‹ diene der Verherrlichung Athens, er sei der Ausdruck patriotischer Gefühle und Erinnerungen des Thukydides und solle die Politik des Perikles rechtfertigen.[11]

(2) Ganz anders die von Strasburger und Flashar vorgebrachte Auffassung: Der ›Epitaphios‹ ist Ausdruck imperialistischer Machtideologie und hohler Propaganda; im Rahmen des Gesamtwerkes wird die Darstellung des Redners von Thukydides als schöner Schein dekuvriert.[12]

(3) Von diesen beiden konträren Erklärungsmöglichkeiten unterscheidet sich ein dritter, bisher noch nicht mit voller Deutlichkeit formulierter Ansatz. Danach enthält der ›Epitaphios‹ durchaus die positive Schilderung eines Idealzustandes, aber nicht nur mit dem Ziel einer Verherrlichung oder Rechtfertigung des Vergangenen, sondern als allgemein-

9 Wenngleich es eine völlig ›objektive‹ Interpretation nie geben kann (dazu im Blick auf Thukydides, O. Regenbogen, 1933 = WdF 1968, 23f.), ist es doch die Aufgabe des Interpreten, in dem Prozeß der wechselseitigen Erhellung, den H.-G. Gadamer (Wahrheit und Methode, Tübingen 1960, ^{3}1972) als ›Horizontverschmelzung‹ beschrieben hat, auf die eigenen Erwartungen und Vorurteile zu reflektieren und damit auf eine vorurteilsfreiere Sicht des Textes hinzuarbeiten. Nur dadurch wird zugleich die wahre Aktualität des Textes möglich, wenn nicht im Sinne einer Bestätigung eigener Meinungen, so umso fruchtbarer im Sinne des Kontrasts, der Alternative, der kritischen Distanz. Wo die Vorurteilsstruktur des Interpretierens nicht durchschaut ist, kann das perfekteste philologische Instrumentarium zu falschen, die ursprünglichen Aussagen verzerrenden Deutungen führen.

10 Vgl. dazu S. Heß (1972), über den ›Epitaphios‹ 102.

11 E. Schwartz (1919) 151: »Aus dieser bitteren Stimmung (nach der Niederlage Athens) heraus hielt er einer trüben und dunklen Gegenwart ein Bild der attischen Demokratie vor, wie es ihm jetzt, am lichten Horizont der Vergangenheit, aufleuchtete.« E. Meyer (1919 = 1924) 551: »Das Herz schlägt ihm höher, wenn er an die Herrlichkeit seiner Vaterstadt und die nun versunkene Machtstellung ihres Reiches denkt.« J. Th. Kakridis (1961) 113: »Es war der greise Thukydides selbst, der zu dem nunmehr vergangenen Athen aufblickte, es bewundernd betrachtete und zuletzt sein ἐραστής wurde …« Ähnlich W. Schmid (1948) 23, 49, 52–61, 74f., 203.

12 H, Strasburger (1958 = WdF 1968) 517f.: »Es ist, als habe Thukydides hier absichtlich einige unheimliche Trümmer der von ihm zerstörten Propagandaschicht lose im Raum stehen lassen, aber damit auch durch sie kein gutgläubiger Leser irregeführt werden könnte, zermalmt er auch sie noch mit dem Übergewicht entgegenstehender Aussagen.« H. Flashar (1969) 33f.: »Der Epitaphios enthüllt das Denken des Perikles als ein Machtdenken…. Überhaupt wird im Epitaphios weniger idealisiert als vielmehr in gewissem Sinne ›manipuliert‹ insofern, als nicht nur Einzelheiten einseitig dargestellt werden, sondern auch die Situation des Epitaphios im ganzen unter dem Deckmantel von Brauch und Sitte für das Staatsinteresse ausgenutzt wird…. Daß dieses teils brutale, teils verführerische Bild der Auffassung des Thukydides entspricht, läßt sich aus der Rede selbst an keiner Stelle wahrscheinlich machen.«

gültige, paradigmatische Beschreibung der bestmöglichen menschlich-politischen Lebensordnung. Der englische Philosoph A.N. Whitehead etwa verstand den ›Epitaphios‹ als Musterbild der Freiheit und Toleranz überhaupt.[13]

Für richtig halte ich den dritten Weg, auf dem ich im folgenden weiterzugehen versuche. Die beiden anderen Erklärungsrichtungen sind, wie ich meine, allzu einseitig.

Die Vertreter der zuerst angeführten Auffassung mögen darin Recht behalten, daß sie die Athenschilderung des ›Epitaphios‹ als makelloses Idealbild verstehen. Sie dringen aber nicht bis zum sachlichen Kern der Periklesrede vor, wenn sie die Idealisierung Athens auf persönliche Gefühle des Geschichtsschreibers – seine patriotische Liebe, seine wehmütige Erinnerung an die vergangene Größe der Vaterstadt – zurückführen. Es ist un-
20 wahrscheinlich, daß für den ›Epitaphios‹ solche emotio- | nalen Regungen ausschlaggebend waren, wo der Historiker doch sonst die inneren Ursachen der geschichtlichen Vorgänge so schonungslos kritisch aufdeckt. Auch im ›Epitaphios‹ will er, wie ich meine, nicht nur die Großartigkeit Athens preisen, sondern – im Bilde Athens – allgemein das Wesen des besten Staates und der menschlichen Eudaimonie sichtbar machen.

Die zweite Ansicht hat für sich, daß sie dem sachlichen Erkenntnisanspruch des Historikers eher gerecht wird und daß sie überhaupt versucht, den ›Epitaphios‹ als Bestandteil des thukydideischen Werkes zu begreifen. Es ist denkbar, daß Thukydides seine Leser dazu anleiten wollte, ideologische und propagandistische Aussagen des Redners zu durchschauen. Ich sehe jedoch in einer solchen Interpretation des ›Epitaphios‹ bestenfalls die Überbetonung eines untergeordneten Teilaspektes. Das Werk des Thukydides ist so beziehungsreich, daß in bestimmter Hinsicht auch der Eindruck entsteht und dem Autor bewußt gewesen sein mag, den Strasbur-

13 A.N. Whitehead, Abenteuer der Ideen, Frankfurt 1971, 148f. (urspr.: Adventures of Ideas, 1933). »In der Totenrede des Perikles finden wir das Bild eines wohlgeordneten Gemeinwesens, dem es gelungen ist, die Freiheit des Einzelnen zu bewahren.... Die Zivilisiertheit seiner Rede beruht auf dem Nachdruck, den er auf den ästhetischen Zweck allen Handelns legt. Der Barbar spricht in Begriffen, die es mit der Macht zu tun haben.... Im Perikleischen Ideal verwebt sich das Handeln zu einem Geflecht von überzeugender Schönheit, das mit den delikaten Strukturen der Natur vergleichbar ist.« W. Jaeger (1934 = 1959) 512: das perikleische Staatsbild hat den »Charakter der Norm«; D. Grene, Man in his Pride, Chicago 1950, 92: »a model of human society, tolerant and gracious«; R. Reimer (1961) 118–120: eine Darstellung der wohlgefügten politischen Ordnung (Eunomie); F. Broemser (1966) 48: »exemplarisch für Hoch-Zeiten in der Geschichte überhaupt«; H. Erbse (1969) 411: »Der Epitaphios verleiht der thukydideischen Überzeugung Ausdruck, daß Größe und Macht des Staates für das Bestehen menschlicher Gemeinschaft höhere Bedeutung besitzen als kriegerische Gesinnung und nationale Begeisterung«; A. Lesky (^{3}1971) 520: »... das Bild des athenischen Staates, wie Perikles ihn formen wollte und wie er dem Thukydides selbst mehr als Zielbild denn als erreichte Wirklichkeit vor Augen stand«; H. Herter (1972) 133: »... das Idealbild eines Staates, der sich zwar auch in den Gefahren dieser Welt zu behaupten hat, aber der Versuchung der Macht nicht blindlings erliegt«; G.P. Landmann (1974) 68, 79: »ein Staatsbild von überzeitlicher Bedeutung«.

ger und Flashar vermitteln. Aber die Hauptansicht der Rede scheint mir das Bild eines normativ guten, sinnvoll geordneten Gemeinwesens zu zeigen.

Gelegentlich ist bemerkt worden, daß sich der Inhalt des thukydideischen ›Epitaphios‹ mit zeitgenössischen Theorien über den besten Staat (ἀρίστη πολιτεία) oder mit den damaligen Verfassungsbeschreibungen (Politien) vergleichen ließe.[14] Im Lauf unserer Untersuchung wird sich erweisen, daß dieser Gesichtspunkt sehr berechtigt und aufschlußreich ist. Die Rede des Perikles endet doch wohl nicht zufällig mit den Worten ἄριστοι πολιτεύουσιν (46). Damit scheint wie mit einer Sphragis der ›beste Staat‹ als Thema der ganzen Rede festgehalten zu sein.

c)

Um das vom thukydideischen Perikles beschriebene Musterbild der Polis in seiner Funktion zu verdeutlichen, bieten sich drei Begriffe an: Ideal, Modell
und Utopie. | 21

Spricht man von I d e a l, so ist damit hier wohl richtig getroffen, daß der ›Epitaphios‹ ein höchstes Ziel des Strebens vor Augen führt. Es handelt sich jedoch sicher nicht um ein bloß erdachtes, erträumtes, über der Wirklichkeit schwebendes Wunschbild oder um unverbindliche Theorie, sondern um die sachlich relevante Norm, die zwar nirgends konkret greifbar, aber doch überall in den Erscheinungen wirksam ist. Auch bleibt die ideale Norm hier insofern der Wirklichkeit verhaftet, als sie das Menschenmögliche keineswegs übersteigt, sondern auf die Bedingungen des Menschseins Rücksicht nimmt.

Umso besser eignet sich für den ›Epitaphios‹ der Begriff des Modells. Diesen Begriff hat Wolfgang Schadewaldt mit gutem Grund auf die griechische Welt- und Lebensgestaltung überhaupt angewendet, wobei er hervorhob, daß das Modell – griechisch Parádeigma – nicht kopiert werden soll, sondern in einfacherer Form Anweisungen gibt für die weitere Ausgestaltung. Zur Gefallenenrede des Perikles hat er in diesem Zusammenhang bemerkt, daß Athen hier als Parádeigma (37,1) und Erziehungsvorbild (41,1) von Hellas bezeichnet, der Athener als autarke Person (41,1) und damit als »das Modell des freien, selbst-ständigen Menschen« beschrieben ist.[15]

Daneben verwende ich, um bestimmte Züge des ›Epitaphios‹ zu ver-

14 Zum ersten Hauptteil der Periklesrede (37–41,1) hat schon K. Oppenheimer (1933) 12 bemerkt: »Eine solche Darstellung des attischen Lebens ist sichtlich nichts anderes als eine Ἀθηναίων πολιτεία. Verstehen wir sie als solche, so rückt dieser Teil des Epitaphios in unmittelbaren Zusammenhang mit der Reihe jener politischen Schriften, die, wie der Epitaphios selbst um die Wende des fünften Jahrhunderts verfaßt, die Verherrlichung, Verteidigung und Kritik, die Vergleichung und produktive Umbildung bestehender Politien zum Thema haben.« Neuerdings O. Luschnat (1970) 1247: »Ist vielleicht auch literarische *aemulatio* im Spiel, so, daß das Werk, um innerlich vollständig zu sein, diese ἀρίστη πολιτεία nötig hatte?« H. Patzer, Der Tyrann Kritias und die Sophistik, in: Studia Platonica, Festschr. H. Gundert, Amsterdam 1974; 3–19, hier 10: »Die Leichenrede des Perikles bei Thukydides ist in ihrem Hauptteil eine ›Politie der Athener‹ in dem weiten Sinne der zeitgenössischen Politien.«

deutlichen, den modernen Begriff der Utopie. Gewiß ist dieses Wort im heutigen Sprachgebrauch sehr vieldeutig.[16] Aber einige Merkmale des Utopischen scheinen mir geeignet zu sein, die Eigenart des ›Epitaphios‹ zu verdeutlichen:

(1) »Als Utopie bezeichnen wir ein solches Werk, in dem der Traum von einer menschlichen Gesellschaft, von einem zunächst nicht als verwirklicht angesehenen Staatswesen mit all seinen Einrichtungen, literarische Gestalt gewonnen hat.« So lautet eine den gewöhnlichen modernen Wortgebrauch umschreibende Definition.[17] Die idealisierende Athendarstellung des ›Epitaphios‹ kann demgemäß insofern utopisch genannt werden, als sie ein in dieser idealen Form nicht verwirklichtes Staatswesen
22 schildert. Wenn ferner der Utopie-Begriff auf die | Totalität der menschlichen Lebensgestaltung zielt, so kann er die Tatsache beleuchten, daß die Rede des Perikles umrißhaft ein Universalbild des gesellschaftlichen Lebens mit seinem spannungsreichen Zusammenspiel der Kräfte entwirft.

(2) Während das Wort ›Modell‹ an die strukturelle Einfachheit und sachliche Distanz des Parádeigmas denken läßt, ist mit ›Utopie‹ auch der lebendige, begeisternde Schwung der Darstellung erfaßt. Perikles will ja eine geradezu erotische Begeisterung (43,1) für die von ihm gepriesene Polis erwecken.

(3) ›Utopisch‹ nennt man vorzugsweise das verpflichtende, der theoretischen wie praktischen Orientierung dienende Modell. Andererseits kann wohl auch ein illusionäres, verführerisches Scheinbild oder ein phantastischer Wunschtraum als ›utopisch‹ bezeichnet werden; und in dieser an-

15 W. Schadewaldt, Das Welt-Modell der Griechen (1957), jetzt in: Hellas und Hesperien, Gesammelte Schriften; Zürich ^{2}1970, I, 601–625 (zu Thukydides 619). Zum thukydideischen Begriff der autarken Persönlichkeit auch: Das Bild des griechischen Menschen (1968); Hellas und Hesperien I, 657–669 (hier 665); Sinn und Wert der humanistischen Bildung im Leben unserer Zeit (1956); Hellas und Hesperien II, 528–535 (hier 534); Gedanken zu Ziel und Gestaltung des Unterrichts in den alten Sprachen ... (1956); Hellas und Hesperien II, 544–566 (hier 553f.).

16 Zur Orientierung auf dem Gebiet der neuzeitlichen Utopien und der modernen Utopie-Diskussion: (a) Textsammlungen: G. Negley – J.M. Patrick; The Quest for Utopia, An Anthology of Imaginary Societies, New York 1962 (^{1}1952); K.J. Heinisch, Der utopische Staat, Reinbek bei Hamburg 1960 (Rowohlts Klass. d. Lit. u. d. Wiss. 68/69; enthält die Werke von Thomas Morus, Tommaso Campanella und Francis Bacon); H. Swoboda, Der Traum vom besten Staat, Texte aus Utopien von Platon bis Morris, München 1972 (dtv Wissensch. Reihe). (b) Neuere Standardliteratur: E. Bloch, Freiheit und Ordnung, Abriß der Sozialutopien (1946), jetzt in: Das Prinzip Hoffnung; Frankfurt 1959 (Bd. V 1 der Gesamtausgabe) und als Taschenbuch, Reinbek bei Hamburg 1969 (rowohlts deutsche enzyklopädie); M. Buber, Pfade in Utopia (1950), jetzt in: Der utopische Sozialismus, Köln 1967; R. Tillich, Die politische Bedeutung der Utopie im Leben der Völker, Berlin 1951; A. Neusüss, Utopie, Begriff und Phänomen des Utopischen, Neuwied 1968 (Luchterhand, Soziologische Texte 44; enthält eine Auswahl moderner Texte zur Frage des utopischen Denkens); A. Villgradter – F. Krey, Der utopische Roman, Darmstadt 1972 (eine Sammlung von interpretierenden Essays).

17 Aus: G.H. Huntemann, Utopisches Menschenbild und utopistisches Bewußtsein im 19. und 20. Jahrhundert, Geschichte der Utopien von Cabet bis Orwell, Diss. Erlangen 1953 (masch. schr.).

deren Bedeutung berührt sich der Utopie-Begriff mit dem der Ideologie.[18] Die Spannweite des Begriffs kann also darauf aufmerksam machen, daß im Falle des ›Epitaphios‹ grundsätzlich mit beiden Möglichkeiten zu rechnen ist: mit einer das menschliche Erkennen und Handeln zum Guten hinleitenden und mit einer das maßgebliche Ziel verfehlenden, falschen Utopie. Unsere Interpretation der Periklesrede wird ergeben, daß hier nur die erste Möglichkeit zutrifft, ja daß sich die Rede von bloß erdichteten, unwahren Utopien absetzt.

(4) Die Utopie ist nicht an eine bestimmte literarische Form gebunden. Utopische Vorstellungen können die Form der Zukunftsvision, der mythischen Erinnerung, des Reiseromans, des philosophischen Traktats oder Lehrgesprächs, des politischen Programms annehmen. Während die modernen Utopien meist von einer geschichtlichen Dynamik ausgehen und eine zukünftige Entwicklung vorwegnehmen, ist für die antiken Utopien die Zeitdimension weniger wichtig, da sie auf das dauernd Gültige zielen. Die rhetorisch-literarische Form der Gefallenenrede schließt also keineswegs aus, daß hier im Bild Athens eine Utopie gestaltet ist; und wir können versuchen, den ›Epitaphios‹ nach Inhalt und Absicht in die Nähe der grie-
| chischen Staatsutopien zu rücken, auch wenn er der Form nach wenig mit 23
ihnen gemein hat.

Allerdings läßt sich der Utopie-Begriff nicht uneingeschränkt auf den ›Epitaphios‹ anwenden; und daher ist es einigermaßen erklärbar, daß die Periklesrede, so viel man in neuerer Zeit über das utopische Denken der Griechen geschrieben hat, noch nie als die erste unter den griechischen Staatsutopien gewürdigt worden ist.[19] In zweierlei Hinsicht entspricht die Athenschilderung des ›Epitaphios‹ nicht ganz dem, was wir mit Utopie bezeichnen. Zum einen hat das Staatsmodell des ›Epitaphios‹ historische Individualität und Wirklichkeitsnähe, da es nicht in einen fernen Raum oder eine ferne Zeit projiziert und überhaupt nicht in einem fiktiven Nirgendwo angesiedelt, sondern am konkreten Beispiel des athenischen Staates der Periklesära exemplifiziert wird. Zum anderen wird hier nicht einfach ein Glückszustand geschildert, wie man ihn sich nur wünschen kann, sondern eine Lebensordnung, die der realen Situation des Menschen Rechnung

18 Den Unterschied zwischen ideologischem und utopischem Denken wird man immer noch mit K. Mannheims Buch (Ideologie und Utopie, Bonn 1929, ^{4}1965) am besten so fassen: Ideologie ist wirklichkeitsverdeckend, sie verabsolutiert eine Teilwahrheit (etwa den Gedanken der Macht) und entspricht den Interessen der Herrschenden; utopisches Denken dagegen ist wirklichkeitssprengend und drängt zur Realisierung des noch nicht Bestehenden. – Über bloße Ideologiekritik geht das utopische Denken dadurch hinaus, daß es neue, positive Zielvorstellungen entwirft.

19 Bibliographische Angaben zu neueren Arbeiten über die griechischen Utopien u. Anm. 112. – Thukydides wird, soweit ich sehe, nur bei W. Plenio (1973) 156–158 mitberücksichtigt, der kurz bemerkt, daß die Idee des selbständigen, Denken und Tat vereinigenden Menschen im ›Epitaphios‹ utopische Züge trägt.

trägt. Daher verbinden sich hier, wie im letzten Abschnitt unserer Untersuchung gezeigt werden soll, utopische mit durchaus utopiekritischen Zügen.

2 *Form und Inhalt der Rede*

Durch die methodischen Überlegungen dürfte klar geworden sein, wo das Kernproblem der Epitaphios-Interpretation liegt. Die Hauptfrage muß lauten: Wie ist die vom Redner vorgenommene Idealisierung Athens zu verstehen? Dieser Frage nachgehend untersuchen wir die Athen-Idealisierung des ›Epitaphios‹ von verschiedenen Gesichtspunkten aus, die uns gleichsam immer weitere, umfassendere Horizonte des Verständnisses erschließen: zunächst die Aussagen des Redners für sich, dann ihr Verhältnis zur historischen Wirklichkeit, ihre Bedeutung im Gesamtwerk des Thukydides und
24 ihre Beziehung zu anderen griechischen Idealvorstellungen. |

Wenn wir uns jetzt der immanenten Interpretation der Rede selbst zuwenden, sei von vornherein betont, daß der Text dabei künstlich isoliert wird. Der Sache nach lassen sich die weiterreichenden Zusammenhänge nicht ignorieren. Die immanente Erklärung kann also, wenngleich sie methodisch legitim und notwendig ist, nur zu vorläufigen Ergebnissen führen.

a)

Der Rede geht ein Kapitel voraus (II 34), in dem Thukydides die Situation der ersten öffentlichen Gefallenenbestattung des Krieges (im Winter 431/30) und den athenischen Brauch der Leichenrede erläutert. Mit dieser szenischen Vorbereitung nimmt der Geschichtsschreiber auf ein großes, auch zukünftiges Publikum Rücksicht; und so trägt dieses Kapitel dazu bei, den Leser auf die weitreichende Bedeutung der Periklesrede besonders aufmerksam zu machen.[20]

Was die kompositorische Gliederung der Rede selbst angeht, so scheint es mir besonders wichtig zu sein, zwischen den beiden großen Hauptteilen ein kürzeres Mittelstück (41, 2–4) abzugrenzen, das gleichsam die Symmetrieachse des Ganzen bildet.[21] Demnach ist der Aufbau der Rede folgendermaßen zu sehen:

35: Proömium

Erster Hauptteil: Die Grundlagen der Größe Athens

36: Einleitung (kurzer Rückblick auf die Vergangenheit, Hervorhebung der Gegenwart)

37–41, 1: Darstellung der athenischen Staats- und Lebensordnung

20 Einzelne Erklärungen zu II 34 bei A.W. Gomme II (1956) 94–103; G.P. Landmann (1974) 69–71.

21 Bei dieser klaren Einteilung haben die beiden Hauptteile fast genau den gleichen Umfang. Etwas anders sieht das quantitative Gleichgewicht G.P. Landmann (1974) 87. Gute Einzelbeobachtungen zur Gliederung der Rede bei K. Oppenheimer (1933) 19–21.

41, 2–4: Mittelstück (die Macht der Polis) | 25

ZWEITER HAUPTTEIL: Lob der Toten und Ermahnung der Lebenden
41,5–42: Ruhm der Gefallenen
43: Zuspruch an die Bürger allgemein
44: an die Eltern der Gefallenen
45: an die Söhne und Brüder, an die Frauen

46: Epilog

Der Mittelabschnitt, in dem Beweise für die Wahrheit der Rede vorgebracht werden, korrespondiert mit dem Proömium, wo der Redner von der Schwierigkeit seiner Aufgabe spricht, und mit dem Epilog, in dem nochmals der Gegensatz von rednerischem Wort und beweiskräftiger Tat thematisiert wird.

Die Disposition der ganzen Rede, besonders die Aufeinanderfolge von rühmendem Lob (Enkomion der Stadt und der Gefallenen) und Ermahnung (Paränese) entspricht der festen rhetorischen Form des Epitaphios, die sich schon im 5. Jahrhundert herausgebildet hat.[22] Der Vergleich mit den sonst überlieferten Epitaphien macht allerdings sofort auch eine Besonderheit der thukydideischen Rede sichtbar: Perikles läßt die Taten der Vergangenheit gegenüber der erklärenden Darstellung des Gegenwärtigen und die Totenklage gegenüber der Ermahnung der Lebenden zurücktreten. Eine derartige Akzentverschiebung ist auch in Platons ›Menexenos‹ zu beobachten (u. Seite 773f.).

b)

Welche Funktion hat, vom Redner aus betrachtet, das Proömium (35)? Es setzt ein erstaunlich differenziertes Bewußtsein von den Bedingungen rhetorischer Überzeugungskunst voraus. Wenn ein Redner, wie es hier geschieht, einleitend sagt, er habe sich nur aus Pflichtgefühl zu seinem Auftritt entschlossen, seine Aufgabe sei schwierig und er könne die Erwartungen der Zuhörer schwerlich befriedigen, so beabsichtigt | er allgemein eine *captatio benevolentiae*. Der thukydideische Perikles aber versteht es, die üblichen Topoi äußerst wirkungsvoll zu präzisieren.[23] 26

Zunächst betont der Redner mit der Gegenüberstellung von sicheren Tatsachen (ἔργα) und weniger sicherer Rede (λόγος), daß ihm Fakten wichtiger sind als Worte und daß er sich nach Möglichkeit um objektive Wahrheit

22 Die gewöhnliche Form des Epitaphios ist uns durch die sonst erhaltenen Reden – des Gorgias, Lysias, Platon (im Dialog ›Menexenos‹), Demosthenes und Hypereides – einigermaßen bekannt. Über den thukydideischen ›Epitaphios‹ im Rahmen der rhetorischen Tradition: E. Schwartz (1919) 144f.; H. Flashar (1969) 11–13; G.P. Landmann (1974) 72f., 76–78.

bemühen wird. Schon damit bekräftigt er die Glaubwürdigkeit seiner Ausführungen.

Wenn ein Redner die verschiedenen Erwartungen des Publikums so ausdrücklich exponiert und die Schwierigkeit, es allen Zuhörern recht zu machen, so offen ausspricht, unterstreicht er gerade damit seine Bemühung um Sachlichkeit. Gewiß muß auch ein Redner, der täuschen will, die Vorstellungen seiner Hörer berücksichtigen; aber er wird kaum in dieser Weise Rechenschaft darüber geben. Indem Perikles so ausführlich auf die Erwartungen der Zuhörer eingeht, erhöht er seine Glaubwürdigkeit. Er macht klar, daß es eine vom Erwartungshorizont des Auditoriums unabhängige Vermittlung von Tatsachen gar nicht geben kann, ja daß sich der gute Redner umso mehr auf die Erwartungen und Vorurteile der Hörer einstellen wird, je mehr es ihm auf ein sachgemäßes Überzeugen ankommt und je weniger er sich irgendwelchen Mißverständnissen aussetzen will.

Perikles entwickelt genau, daß sein Lob der Gefallenen den Kundigen und Wohlwollenden zu gering (ἐνδεεστέρως), den Unkundigen und Neidischen zu hoch (πλεονάζεσθαι, ὑπερβάλλειν) erscheinen müsse. Er will, wie er schließlich sagt, versuchen, sowohl den Wünschen der einen (βούλησις) als auch der Ansicht der anderen (δόξα) einigermaßen gerecht zu werden. Das heißt zunächst: er wird einen Mittelweg gehen müssen. Damit ist nun allerdings das rechte Maß des Redens (εὖ, μετρίως εἰπεῖν) nicht allein von den Tatsachen her, sondern auch nach den Erwartungen der Zuhörer bestimmt. Der Sache nach könnte ja nur das Wissen derer, die aus eigenem Miterleben
27 von den zu preisenden Taten wissen, maßgeblich sein. Wenn aber Perikles | ankündigt, er wolle auch die Meinung der anderen – der Mißtrauischen und Scheelsüchtigen – berücksichtigen, so gibt er zu verstehen, daß er bei seiner rühmenden Darstellung eher abschwächen als übertreiben wird; und damit erhöht er wiederum die Glaubhaftigkeit seiner Rede.

Der Fortgang der Rede zeigt dann, daß Perikles die verschiedenen Erwartungen nicht nur dadurch berücksichtigt, daß er einen derartigen Kompromiß schließt. Unerwarteterweise erfüllt er die Erwartungen damit, daß er die Ehrung der Gefallenen in einem Lobpreis der Polis aufgehen läßt, für die sie gestorben sind. Er verzichtet also auf eine Schilderung der einzelnen rühmlichen Taten und versucht stattdessen, den Tod der Gefallenen von der

23 H. Flashar (1969) 13f. meint, aus dem letzten Satz des Proömiums gehe hervor, daß der Redner darauf verzichtet, eine sachangemessene, von den Erwartungen der Hörer unabhängige Darstellung zu finden, und einer »idealisierenden Tendenz« zuliebe »durch einen rhetorischen Kunstgriff Neid und Mißgunst eines Teiles der Hörerschaft beiseiteschiebt«. Richtig ist eher das Gegenteil. G.P. Landmann (1974) 74–76 erklärt das Proömium aus der Situation des historischen Perikles – zweifellos richtiger als J.Th. Kakridis (1961) 5 u. 9, der davon ausging, daß sich Thukydides hier gegen die Zweifler nach der Katastrophe von 404 wende. Die sachliche Funktion des Proömiums berührt Landmann (75) mit der Bemerkung: »Wenn also Perikles hier mit der Scheelsucht rechnet, als einem Widerstand gegen seine Rede, so ist damit bereits etwas gesagt über die Höhe dessen, was er zu preisen hat.«

idealen, sinngebenden Norm des menschlich-politischen Lebens her zu rechtfertigen.

In dem kurzen Epilog der Rede (46) stellt Perikles nochmals abschließend seinen Worten die Tat als das eigentlich Entscheidende gegenüber. Nun sind es nicht mehr die Heldentaten der Gefallenen, sondern die den Lebenden aufgegebenen Taten, die den Sinn der Rede gewährleisten sollen. Die Söhne der Gefallenen sind auf Staatskosten zu erziehen. Durch einen solchen Lohn für die von den Toten bewiesene Areté (Bestheit) wird – so erklärt Perikles ganz allgemein – der Polis die beste Ordnung gegeben. Der Redner erinnert hier also nochmals an die maßgeblichen Werte, denen seine Worte dienen sollen, und macht seine Rede damit umso verbindlicher und wirksamer.

c)

Auch der mittlere Abschnitt zwischen den beiden Hauptteilen (41, 2–4) ist von dem Motiv der tatsächlichen Wahrheit der Rede (ἔργων ἀλήθεια) beherrscht. Man muß, um den zentralen Passus richtig zu verstehen, genau darauf achten, wie hier das Wahrheitsmotiv mit dem Thema der Macht (δύναμις) verbunden ist. | 28

Hier wird von der überragenden Macht Athens gesprochen, von besiegten und unterworfenen Feinden, von einer Expansion, die sich überallhin Zugang erzwang. Das klingt rücksichtslos und imperialistisch. So hat denn auch H. Flashar (1969) 25–29 diesen Abschnitt als »Schlüssel zum Verständnis des Epitaphios« bezeichnet und vor allem von hier aus seine Ansicht begründet, der Redner demonstriere ein selbstherrliches, ja brutales Machtdenken, das dann durch die schließliche Niederlage Athens als brüchige Propaganda erwiesen werde.

Genau genommen kann man aber, wie ich meine, hier nicht von Machtideologie sprechen, was ja heißen würde: Verabsolutierung des Machtprinzips, Verherrlichung der Macht um ihrer selbst willen. Gewiß gehört das Machtstreben für Thukydides zur Natur des Menschen; mehrfach erklärt er, daß von Natur überall der Stärkere über den Schwächeren herrscht (z. B. I 76,2; V 105,2).[24] Thukydides unterscheidet auf dieser Grundlage aber – wie die Untersuchungen von J. Vogt (1950), H. Herter (1950), R. Reimer (1961), A.G. Woodhead (1970) und anderen ergeben haben – durchaus zwischen hemmungsloser Pleonexie (Mehrhabenwollen, Imperialismus, Machtideologie) und einem Machtstreben, das von Einsicht (ξύνεσις, γνώμη) und besonnener Mäßigung (σωφροσύνη) gesteuert wird.[25] Am Beispiel des Perikles exemplifiziert Thukydides die maßvolle und damit erfolgreiche Ausübung der Macht. Und gerade der ›Epitaphios‹ macht ein ethisches Prinzip des politischen Handelns sichtbar, das dem Machtstreben

24 Zur Diskussion des Machtprinzips im Umkreis des Thukydides: F. Kiechle (1963).

nicht unversöhnlich gegenübersteht, sondern mit berechtigter, nutzbringender Machtausübung konvergiert.[26]

Aus moderner Sicht verbindet man mit dem Wort ›Macht‹ leicht einen peiorativen oder gar dämonisch abgründigen Sinn. Reines Machtdenken ist auch schon zur Zeit des Thukydides dort zu finden, wo das Recht des Stärkeren oder der Kampf um die Macht als verbindliches Naturgesetz propagiert wird. Bei Thukydides selbst ist Macht (δύναμις) an sich wertneutral
29 oder ambivalent. Sie kann, ihrer eigenen Maßlosigkeit überlassen, | zerstörerisch wirken. Im ›Epitaphios‹ aber erscheint sie als Mittel zu dem Zweck, ein möglichst gutes Leben für alle zu gewährleisten. Besonders in dem Mittelabschnitt der Rede verherrlicht Perikles gerade nicht die Macht als Selbstzweck, sondern die auf Areté beruhende und damit begrenzte Macht.[27]

(1) Die Macht Athens wird hier nicht um ihrer selbst willen gepriesen, sondern sie wird als Zeichen und Zeugnis (σημεῖον) dafür vorgebracht, daß dem Lobpreis der athenischen Areté tatsächliche Wahrheit zukommt. Die faktische Machtausübung der Athener soll zum Beweis für ihre innere, ethische Überlegenheit dienen. Dieser Schluß muß nicht zynisch sein. Er beruht einfach auf dem Gedanken, daß dauernde, beständige, weitreichende Macht nur auf der Grundlage von Areté möglich ist. Somit verrät sich hier kein imperialistisches Machtdenken, sondern eher die Überzeugung, daß man, um wirklich mächtig zu sein, auf eine Mäßigung oder »Diätetik der Macht« angewiesen ist.[28]

25 J. Vogt (1950 = WdF 1968) 292–296; H. Herter (1950 = WdF 1968) 276–278 (im ›Epitaphios‹ wird die Machtpolitik durch die ethische, kulturelle und soziale Leistung der Athener gerechtfertigt); R. Reimer (1961) bes. 118–120 (der ›Epitaphios‹ ein Gegenbild zu hemmungsloser Pleonexie); A.G. Woodhead (1970) bes. 17 (im ›Epitaphios‹ ein Bekenntnis zur moralischen Grundlage der Macht: » … a ›morality of pride‹ which, in the vehicle of the Funeral Speech, he evidently accepts himself; … a code of morals in which keeping one's word, being generous, and acting according to the virtue of justice are higher in the scale of values than life, wealth, or any of the material good things which the possessor of power may command«).

26 In etwas anderer Weise wird die Ansicht Flashars bei H. R. Immerwahr (1973) 26–28 eingeschränkt. Er findet im ›Epitaphios‹ eine erotisch-irrationale Verherrlichung der Macht (»emotional commitment to power«), will diese aber von Thukydides her nicht als ironisch, sondern als heroisch verstehen. Ähnlich wandte sich schon H. Diller (1962 = WdF 1968) 657f. gegen H. Strasburger (1958): »Gewiß wird diese Politik (des Perikles im ›Epitaphios‹) als Machtpolitik gesehen und erklärt; was aber Thukydides letzten Endes fasziniert, ist eine Haltung, die mit dieser Macht souverän umzugehen weiß, statt ihr das Menschliche zu unterwerfen.«

27 Instruktiv ist die Diskussion zwischen J. Vogt und G. Ritter um die ›Dämonie der Macht‹ (in: WdF 1968). Neue Stellungnahmen zum ›Epitaphios‹: G.P. Landmann (1974) 68 (»Die Tragik der Macht ist die ihr innewohnende Maßlosigkeit … Aber nicht Macht an sich ist Hybris. Auch für Macht gilt, wie für jeden andern Lebenstrieb, das Gesetz von Maß und Mitte, das heißt ihre Umgrenzung durch die übrigen Ansprüche des menschlichen Lebens«); K.-H. Volkmann-Schluck (1974) 64, 66–77 (die Periklesrede zeige das politische Ethos der Freiheit, durch das die Macht gebunden und begrenzt sein muß, wenn sie nicht maßlos und zerstörerisch werden soll).

28 »Diätetik der Macht« nach J. Vogt (1950 = WdF 1968) 295. H. Görgemanns (1972) 6–8 sieht die – durchaus thukydideische – Grundkonzeption des ›Epitaphios‹ in dem »Zusammenhang von sozialen Lebensformen und politischer Macht«.

(2) Obwohl es heißt, die athenische Macht erstrecke sich auf »alles Meer und Land«, ist sie nicht als quantitativ grenzenlose, sondern als qualitativ bestimmte Macht verstanden: eine Macht, wie sie sich aus den zuvor geschilderten Eigenschaften der Athener, also aus überlegener menschlich-politischer Areté ergibt. Mit der ›Größe‹ der Stadt und ihrer Machtbeweise (36,4; 38,2; 41,4; 43,1) ist nicht die äußere Expansion, sondern die überragende Großartigkeit gemeint (vgl. II 64,3).

(3) Daß ein Gegner, der diese Stadt angreift (ἐπελθόντι), von ihr besiegt und beherrscht wird, zeugt nicht von hemmungslosem Machtstreben, sondern entspricht der Vorstellung, daß der Bessere über den Schlechteren herrschen soll, weil dies zum Wohl beider dient. Von diesem Grundsatz, der allerdings menschliche Ungleichheit voraussetzt, hat sich auch die griechische Philosophie nie getrennt. Selbst die vieldiskutierte Formulierung »Denkmäler des Schlimmen wie des Guten« (μνημεῖα κακῶν τε κἀγαθῶν), die brutal klingt, ist moralisch zu rechtfertigen.[29] Die κακά sind Niederlagen
der Feinde (vgl. 41,3 | κακοπαθεῖν = eine Niederlage erleiden). Somit bleibt 30
die Aussage im Rahmen der griechischen Maxime, daß man den Freunden Gutes und den Feinden Schlimmes antun soll. Die Anwendung dieses Grundsatzes darf im Falle des von Perikles geschilderten Athen als ethisch einwandfrei gelten, weil eine solche Polis aufgrund ihrer Areté berechtigt, ja verpflichtet ist, ihre Gegner niederzuwerfen. Wenn Platon im ersten Buch der ›Politeia‹ jene Maxime in Frage stellt, so ist doch auch er von der Überzeugung geleitet, daß dem Besseren die Macht über den Schlechteren zusteht.

(4) Wichtiger als die Macht selbst ist dem Redner der Ruhm, der die Größe Athens verkündet. Er spricht daher von sichtbaren Zeichen (σημεῖα), Bezeugung (οὐκ ἀμάρτυρον), Bewunderung (θαυμασθησόμεθα), dauerndem Gedächtnis (μνημεῖα ἀίδια). Selbst die Unterworfenen, so betont er, müssen die Überlegenheit Athens anerkennen. Athen bedürfe keines rühmenden Dichters, weil der Ruhm der Stadt viel sicherer als auf Worten auf unbestreitbaren Taten beruhe.

Kurz: die Macht, von der Perikles hier spricht, ist als Wirkung oder gleichsam Ausstrahlung der besten politischen Ordnung zu verstehen. Es ist eine Macht, die nicht gewaltsam auf alle anderen einwirkt, sondern sich unwiderstehlich durchsetzt, weil diese Polis durch ihre Größe und Schönheit – ähnlich dem unbewegten Beweger des Aristoteles – Liebe und freiwillige Anerkennung hervorruft. Daher kann die Machtentfaltung auch umgekehrt als Beweis für das Vorhandensein jener ethisch-politischen Areté dienen.

29 Andere Erklärungen zu μνημεῖα κακῶν τε κἀγαθῶν (41,4) bei A.W. Gomme II (1956) 128f. Für die Textänderung καλῶν (statt κακῶν) wieder: F. Müller, Die blonde Bestie und Thukydides, Harv. Stud. in Class. Philol. 63, 1958 (Festschr. W. Jaeger) 171–178. Aber das Mißverständnis Nietzsches, als ob Thukydides oder Perikles hier ein jenseits der Moral liegendes Recht des Stärkeren verkünde, ist anders zu korrigieren: Eine solche Polis, wie sie Perikles hier beschreibt, hat die moralische Aufgabe, ihre Gegner niederzuwerfen.

d)

Im ersten Hauptteil der Rede beschreibt Perikles nach einer Einleitung (36), in der gegenüber der Vergangenheit die besondere Bedeutung der Gegenwart hervorgehoben wird, die gegenwärtige Gesamtverfassung der Po-
31 lis und die Lebensweise ihrer Bürger (37–41,1). |

Die Beschreibung hält sich im großen und ganzen an die Themenfolge: Gesellschaftsordnung – kriegerische Tüchtigkeit – menschliche Fähigkeiten. Wichtiger ist eine durch das Ganze hindurchreichende Steigerung: die Überlegenheit Athens wird in immer größer werdendem Rahmen gezeigt. Zuerst ist nur von dieser Polis selbst die Rede, die allerdings ein Musterbild (Parádeigma 37,1) für andere sein soll; dann wird sie mit Sparta verglichen, dann in ihrer Bedeutung für ganz Griechenland betrachtet (παίδευσις τῆς Ἑλλάδος 41,1); und in dem anschließenden Mittelabschnitt (41, 2–4) weitet sich der Blick noch mehr aus – auf alle Meere und Länder, auf die Zeitgenossen und die Nachwelt.

Am einfachsten und besten können wir uns die wesentlichen Züge dieser Athen-Schilderung klarmachen, wenn wir uns an die Form der Prädikationen halten, die durchgehend zu beobachten ist. In allen einzelnen Aussagen liegt eine Antithese oder Polarität.[30] Es handelt sich jeweils um zwei divergierende, aber positive Momente, die, während sie sonst auseinanderstreben und nur einseitig verwirklicht sind, in Athen eine spannungsvolle Einheit bilden. Die ganze Beschreibung hat daher die Struktur des Sowohl-Als-auch, Einerseits-Andererseits, Zwar-Jedoch. Die Vorzüge erscheinen hier ohne ihre negativen Kehrseiten; die Zusammenfassung gegensätzlicher Komponenten führt hier nicht zu einer Schwächung, sondern zu einer Steigerung der Werte.[31]

In Athen – so führt Perikles aus – herrscht demokratische Gleichheit der Rechte und Chancen (Isonomie). Aber es wird doch auch der Areté ein Vorzug zuerkannt, und es gibt Unterschiede je nach der persönlichen Leistung.[32] Freiheitlichkeit und Unbeschwertheit im privaten Bereich schließen

30 Über die antithetische Struktur der Prädikationen im einzelnen: K. Oppenheimer (1933) 14–16; W. Schmid (1948) 57f.; J.Th. Kakridis (1961) 33. 58f. Vgl. jetzt auch G.P. Landmann (1974) 80–91.

31 W. Jaeger (1934 = 1959) 512: der Staat des ›Epitaphios‹ ist »eine Art heraklitischer Harmonie grundständiger und naturnotwendiger Gegensätze, und er behauptet sein Dasein in ihrer Spannung und in ihrem Gleichgewicht«. K. Reinhardt (1960) 201: »Immer wird etwas, was jene Tauglichkeit (zur Herrschaft) in Frage stellen könnte, ja bei allen anderen notwendig gefährden müßte, in Athen entweder Zeichen eines Überschusses oder, dank der eigentümlichen Verschlingung der Motive, noch ein Ansporn zur Sicherung des politischen Erfolges.« G.P. Landmann (1974) 91: »Die Mitte, wie Thukydides sie sieht, ist die Vereinigung von Tugenden, die sich sonst ausschließen und die, vereinzelt, zu Fehlern, nämlich zu menschlicher Einseitigkeit führen.«

32 Die Verbindung demokratischer und aristokratischer Elemente in II 37,1 ist gut beschrieben bei H. Vretska (1966), der jedoch meint, Thukydides wolle damit nur die historische Besonderheit der Machtstellung des Perikles charakterisieren.

hier nicht aus, daß die geschriebenen und ungeschriebenen Gesetze respektiert werden und daß man die Autorität der Amtsträger achtet (37).

Anstrengungen wechseln hier mit vielfältiger Erholung, Ent- | span- 32
nung und Freude. Die Polis hat einen großen Bedarf an Gütern; aber gerade durch ihre Großartigkeit verfügt sie über alles Erforderliche: auch die auswärtigen Produkte fließen ihr wie von selbst zu (38).

Athen verzichtet, im Gegensatz zu Sparta, auf Abkapselung, Drill, dauernde Strapazen und strenge Vorschriften zugunsten von Freizügigkeit und Freiwilligkeit, Unbekümmertheit und Spontaneität. Aber im entscheidenden Augenblick sind die Athener doch zu entschlossener Kraft und Tapferkeit fähig und den anderen sogar kämpferisch überlegen (39).

Hier gibt es Liebe zum Schönen mit Schlichtheit, Liebe zur Weisheit ohne Verweichlichung; Reichtum - nicht zur Protzerei, sondern zu tätiger Anwendung, Armut - nicht als einen der Verachtung preisgegebenen Zustand, sondern als Ansporn zur Aktivität (40,1). Man sorgt für die persönliche Lebensgestaltung, aber auch für das gemeinsame Ganze. Vorausschauendes Planen und Denken hindert nicht daran, kühne Taten zu vollbringen und Gefahren zu bestehen (40, 2f.).[33]

Die Stadt erweist den Freunden und Verbündeten uneigennützig Wohltaten und rechnet nicht auf Gegenleistungen der anderen. Darunter leidet aber die Zuverlässigkeit des Bündnisses nicht: die Polis ist so überlegen, daß sie es sich furchtlos leisten kann, die Beziehung zu den anderen auf die eigene Festigkeit und auf Freiheitlichkeit zu gründen (40, 4).[34]

Mit der antithetisch-synthetischen Form der Prädikationen soll offensichtlich ein allumfassendes, universal gültiges Ideal beschrieben werden. Der Redner will auf diese Weise deutlich machen, daß die gegensätzlichen Werte, die sich sonst ausschließen oder einschränken, in Athen einheitlich verbunden und zu einer idealen Höchstform potenziert sind.[35]

33 Zum Textverständnis von II 40,2: H. Herter (1955). – Tüchtig zu sein im Reden wie im Handeln ist ein altes Ideal: Homer, Il. 9, 443; 13, 726–734; Euenos, Fr. 4 Diehl; Euripides, Fr. 552 Nauck^2.

34 J.T. Hooker (1974) betont bei seiner Interpretation des Abschnitts II 40,4f., daß hier von der überlegenen Machtposition Athens, nicht von Moral gesprochen werde. Mit βεβαιότερος ist jedoch auch eine innere Zuverlässigkeit gemeint. Die Polis bindet sich selbst durch die Wohltaten, die sie den anderen erweist, an die Gemeinschaft. Jedenfalls soll die einseitige Überlegenheit Athens für die anderen, wenn sie auch keine gleichberechtigten Partner sind, vorteilhaft sein.

35 W. Schmid (1948) 57: »Die Verbindung der Gegensätze ist hier als deren gesonderte Koexistenz in heraklitischem Sinn gemeint, nicht als ein dritter (Misch-)Zustand des Ausgleichs der μεσότης, die weder den einen noch den anderen Teil der Antithese in Reinzucht enthält.« Auch G.J.D. Aalders, Die Theorie der gemischten Verfassung im Altertum, Amsterdam 1968, 29 wendet sich mit Recht gegen die (z. B. von J.H. Oliver, Praise of Periclean Athens as a Mixed Constitution, Rhein. Mus. 98, 1955, 37–40 vertretene) Auffassung, im ›Epitaphios‹ werde die Verfassung Athens als Mischverfassung gepriesen. – Um einen praktischen Kompromiß handelt es sich dagegen bei dem Ausgleich (μετρία ξύγκρασις) zwischen den Wenigen und den Vielen, den Thukydides (VIII 97,2) an der gemäßigt oligarchischen Verfassung der 5000 anerkennend hervorhebt.

Zur Bezeichnung des überragenden Wertes selbst, in dem die bloß relativen Wertmomente positiv aufgehoben sind, verwendet Perikles den Begriff der Autarkie.[36] Das Wort αὔταρκες, das in der Einleitung (36, 3) und
33 in der Zusammenfassung | (41,1) vorkommt, ist bei Thukydides wie bei Herodot (u. Seite 768f.) keineswegs auf das Ökonomisch-Politische beschränkt, und es ist hier noch weit entfernt von der späteren Bedeutung der Genügsamkeit. Es bezeichnet vielmehr ein hohes Ideal: ›autark‹ ist derjenige, der ›allein ausreichend‹, selbständig, überlegen und frei ist, weil er über alles Erstrebenswerte von sich aus verfügt. Daher ist dieses Wort hier geeignet, eben dies zu kennzeichnen, was die Beschreibung Athens im ganzen sagen soll: daß sich in dieser Polis alle die sonst auseinanderfallenden Werte zu einem Zustand der Areté und Eudaimonie vereinigen.[37]

Im Einleitungskapitel sagt Perikles programmatisch (36,3): »Unsere Generation hat die Stadt in allem für Krieg und Frieden am meisten autark gemacht.« Diese Behauptung wird dann in den anschließenden Kapiteln entfaltet und begründet. Und abschließend wird die beschriebene Lebensordnung Athens nochmals, nun im Blick auf den Einzelnen, mit dem Wort ›autark‹ auf eine knappe Formel gebracht (41,1):

> Zusammenfassend sage ich, daß die Stadt insgesamt die Erzieherin Griechenlands ist und daß auch, auf den Einzelnen gesehen, wie ich meine, ein und derselbe Mann sich bei uns durch vielfältigste Betätigung und mit gewinnender Anmut höchst gewandt wohl als autarke Person (σῶμα αὔταρκες) erweist.

In diesem abrundenden Satz bildet das Prädikat αὔταρκες gleichsam den Schlußstein, der die antithetischen Züge der gesamten vorausgegangenen Darstellung trägt.

Es muß allerdings auch auffallen, daß die Autarkie, die Perikles den Athenern zuerkennt, kein sicheres, unangreifbares Ruhen in sich selbst ist (wie die absolute Autarkie der Gottheit), sondern sich paradoxerweise aus vielseitig-aktiver Wendigkeit ergibt (ἐπὶ πλεῖστ᾽ ἂν εἴδη καὶ μετὰ χαρίτων μάλιστ᾽ ἂν εὐτραπέλως). Die Autarkie der Athener besteht nicht in

36 Daß die antithetischen Prädikationen auf die Idee des σῶμα αὔταρκες im Sinne einer universalen Zusammenfassung der Gegensätze hinzielen, hat schon K. Oppenheimer (1933) 17–19 gesehen. Wenn man ›Freiheit‹ im Sinne der griechischen Autarkie versteht, ist es auch richtig zu sagen, daß Freiheit das Grundprinzip des von Perikles beschriebenen Staates ist. So A.N. Whitehead (o. Anm. 13); O. Regenbogen (1933 = WdF 1968) 44; H. Diller (1962 = WdF 1968) 655f.; F. Broemser (1966) 38f., 42f.; K. -H. Volkmann-Schluck (1974) 72.

37 Der griechische Begriff der Autarkie ist verschiedentlich behandelt worden, bedarf jedoch einer noch eingehenderen Untersuchung (vgl. einen Vortragsbericht des Verf. in: Acta philologica Aenipontana 3, 1974/75). Einstweilen: A. J. Festugière, Autarcie et communauté dans la Grèce antique, in: Liberté et civilisation chez les Grecs, Paris 1947, 109–126; R. Wilpert, ›Autarkie‹, in: Reallex. f. Antike u. Christentum 1, 1950, 1039–1050; J. Ferguson, Moral Values in the Ancient World, London 1958, 133–158 (The Triumph of Autarcy); R. Schottlaender, Menanders Dyskolos und der Zusammenbruch der ›Autarkie‹, in: Menanders Dyskolos als Zeugnis seiner Epoche, hrsg. v. F. Zucker, Berlin 1965, 33–42; W. Warnach, ›Autarkie‹ (antik), in: Hist. Wörterb. d. Philos., Bd. 1 (Basel 1971) 685–690; O. Gigon, Der Begriff der Freiheit in der Antike, Gymnasium 80, 1973, 8–56, bes. 11–16.

unbeschränktem Reichtum oder in völliger Bedürfnislosigkeit, sondern sie kommt durch besondere Fähigkeiten und Leistungen zustande; sie ist keine starre Ordnung, sondern ein lebendiges Wechsel- | spiel glücklich ausbalan- 34
cierter Bedingungen wie Freiheit (ἐλευθερία) auf der einen und Gesetz (νόμος) auf der anderen Seite. Recht klar ist diese relative, indirekte Autarkie auch in dem Abschnitt zu erkennen, der die wirtschaftliche Lage Athens berührt (38,2). In Athen kommen, so sagt Perikles, wegen der Großartigkeit der Stadt alle auswärtigen Güter zusammen, so daß man diese hier nicht weniger genießen kann als die einheimischen. Athen ist also, wie jede Stadt, nicht absolut unabhängig; wohl aber ist sie indirekt autark, weil ihr alles, was das attische Land nicht selbst hervorbringt, ebenso leicht und sicher erreichbar ist wie das Selbsterzeugte.[38]

Beim Vergleich mit Herodot werden wir später (u. Seite 770ff.) den thukydideischen Grundgedanken, daß menschliche Autarkie auf vielfältiger Kommunikation und Flexibilität beruht, noch genauer fassen können.

e)

Im zweiten Hauptteil der Rede (41,5–45) verbindet sich mit dem Lobpreis der Areté Athens, den der erste Hauptteil vorträgt, der paränetisch-symbuleutische Zuspruch. Beides gehört aufs engste zusammen. Wegen der Großartigkeit der Stadt war, wie Perikles nun erklärt, das Opfer der Gefallenen gerechtfertigt, und sie haben durch ihre Opferbereitschaft die Größe der Stadt unter Beweis gestellt. Die Lebenden aber sollen angesichts des Wertes der Stadt, die von ihren Bürgern mit Liebe bewundert zu werden verdient, zur gleichen Hingabe bereit sein.

H. Flashar (1969) 29–31 findet auch in diesem Teil der Rede manches suspekt: eine Verherrlichung des Soldatentodes und eine bedenkliche Unterordnung der persönlichen Interessen unter das Staatsinteresse. Er erklärt: »Areté heißt hier ›Brauchbarkeit‹ im materiellen Sinne, Menschenmaterial, das für das Vaterland hingegeben wird.« Dabei ist jedoch die moderne Beurteilung nicht klar genug von dem geschieden, was der thukydideische Text selbst aussagt.[39] | 35

Auch wenn man berücksichtigt, daß der moderne, unpersönliche Begriff des Staates andere Assoziationen weckt als das griechische Wort Polis,

38 In einem ungünstigen Licht erscheint die Art der Athener, alles Ausländische zusammenzutragen, bei Ps. Xenophon, Ἀθηναίων πολιτεία II 7f. Aufschlußreich sind auch die ›Importkataloge‹ der Alten Komödie (z.B. Hermippos, Fr. 63 = I 243 Kock). Isokrates, Panegyrikos (4) 42 bemerkt, die Nicht-Autarkie der einzelnen Länder werde durch Athen als ›Handelsplatz inmitten von Hellas‹ ausgeglichen. Platon, Politeia III 370 E – 371 D spricht von der Notwendigkeit des Handels für jede Polis.

39 Der Rat an die Eltern der Gefallenen, wenn möglich wieder Kinder zu zeugen (44,3), wird nicht, wie H. Flashar (1969) 30 sagt, »ganz offen mit dem Nutzen des Staates begründet, der diese (Kinder) dann dereinst erneut opfern kann«, sondern mit dem persönlichen Trost für die Eltern, mit der drohenden Entvölkerung der Stadt und damit, daß derjenige, der Kinder hat, bei politischen Beratungen ein verantwortungsbewußteres Urteil abgibt. Vgl. dazu auch G.P. Landmann (1974) 94.

das die Lebensgemeinschaft der Menschen bezeichnet,[40] mag man vom modernen Standpunkt aus bei Thukydides ein ungebührliches Übergewicht des Kollektivinteresses gegenüber dem Individuum feststellen. Von der historischen Situation des Thukydides aus wird man jedoch anerkennen müssen, daß die im ›Epitaphios‹ geschilderte Ordnung besonders darauf hinzielt, die Interessen des Einzelnen und die der Gemeinschaft in ein optimales Gleichgewicht zu bringen, das gerade auch für den Einzelnen ein Höchstmaß an Freiheit und Selbstverwirklichung gewährleistet. Jedenfalls wird der individuellen Freiheit im ›Epitaphios‹ viel mehr Raum gegeben als etwa im Idealstaat Platons.

Was den Soldatentod angeht, so sagt Perikles nicht einfach, daß man sich für den Staat aufopfern soll, wohl aber, daß das Opfer auch des Lebens für eine solche Polis, wie er sie beschrieben hat (περὶ τοιαύτης οὖν πόλεως 41,5), gerechtfertigt und ruhmvoll ist, weil diese Polis ihrerseits den Bürgern ein sinnvolles Leben ermöglicht. Man wird also aus der Rede nicht die Ansicht herauslesen können, daß jeder Staat im Notfall die äußerste Opferbereitschaft seiner Bürger beanspruchen kann; denn dies wird hier nur für den Fall legitimiert, daß es für den Bestand der bestmöglichen politischen Ordnung erforderlich ist. Den Gedanken, daß unter solchen Voraussetzungen das Opfer des Lebens für die Gemeinschaft eine sinnvolle Tat ist, wird man aber auch heute nicht einfach ablehnen können – es sei denn, man wollte auch das Opfer verwerfen, das Menschen für das Ideal des Rechts und der Freiheit gebracht haben und noch zu bringen bereit sind.

Perikles spricht im zweiten Hauptteil der Rede noch deutlicher als im ersten von menschlichen Unzulänglichkeiten, unvermeidlichen Rückschlägen, notwendigem Leiden. Er will offenbar sagen, daß die menschlichen
36 Schwächen unbedeutend | werden, wenn das gemeinsame Ideal in den Gedanken der Menschen so lebt, daß sie sogar dafür zu sterben bereit sind. Darin liegt keine Verachtung des einzelnen Menschen und seines Lebensrechts, sondern die Erkenntnis, daß die menschliche Unvollkommenheit am ehesten durch die Bejahung überindividueller Ziele aufgehoben werden kann.

Wie der erste Teil der Rede durch den Gedanken einer Synthese gegensätzlicher Wertmomente so scheint mir auch der zweite Hauptteil durch eine einfache gedankliche Grundstruktur bestimmt zu sein. Sie läßt sich folgendermaßen umschreiben: Die Areté der Polis und des Einzelnen kann nur aus den besonderen Bedingungen des Menschseins erwachsen, nämlich aus der menschlichen Hinfälligkeit, Bedrohtheit, Vergänglichkeit. Durch bewußte Anstrengung kann und muß die Unvollkommenheit der menschlichen Natur ausgeglichen und überwunden werden. Der Mensch hat die Aufgabe, den Versuchungen, die sich aus seiner Schwachheit und Ausge-

40 Vgl. die Studie zum Demokratie- und Politeiabegriff von Chr. Meier, in: Entstehung des Begriffs ›Demokratie‹, Vier Prolegomena zu einer historischen Theorie, Frankfurt 1970.

setztheit ergeben, zu widerstehen und so gerade aus seinen Nöten Tugenden zu machen. Nicht daß Mühen und Opfer an sich schon wertvoll wären; sie werden es dann, wenn der Mensch um der politischen Gemeinschaft willen, die sein Leben sinnvoll macht, freiwillig dazu bereit ist. Unter dieser Voraussetzung verschwinden die Unzulänglichkeiten des Einzelnen gegenüber dem Ideal, für das er sich einsetzt – ähnlich wie bei der von Perikles beschriebenen Polisordnung die negativen Kehrseiten der verschiedenen Werte unwirksam werden.

Vor allem ist es die Sterblichkeit des Menschen, die zur Bedingung wahrer Areté werden kann, wenn die Todesfurcht durch Tapferkeit und Opfermut überwunden wird und der Ruhm das zeitliche Ende überstrahlt. In allen Abschnitten des zweiten Hauptteils der Rede kehrt der Gedanke wieder, daß der Mensch die Möglichkeit hat, seine Schwäche auf diese Weise auszugleichen und so für sich selbst und für die Polis Areté und Eudaimonie zu erlangen.[41] | 37

DIE MENSCHLICHE SITUATION (Schwäche, Unvollkommenheit)	BEDINGUNGEN DER ARETÉ (Möglichkeiten des Ausgleichs)
42 Abbruch des Lebens (καταστροφή)	Bestätigung der Areté
Fehlerhaftigkeit und Unzulänglichkeit im persönlichen Leben	bei weitem wettgemacht durch tapferes Verhalten um der Gemeinschaft willen
Versuchung zu egoistischer Feigheit (μαλακία): zum Genuß vorhandenen oder zur Erwartung künftigen Reichtums	freiwilliges Aufsichnehmen der ›schönen Gefahr‹; Abwehr der Feinde
Versuchung, sich durch Nachgeben zu retten	persönlicher Einsatz; Bejahung auch des Leidens
Schicksalsentscheidung in einem kurzen Augenblick (καιρός, τύχη); subjektive Erwartung (δόξα)	Überwindung der Todesfurcht durch das Ehrgefühl (δέος)
43 Ungewißheit des Davonkommens	Tapferkeit gegenüber den Feinden
Notwendigkeit der Verteidigung	der eigentliche Wert: die Polis, die mit Liebe zu betrachten ist
die Größe der Stadt besteht nicht von selbst	sie beruht auf Mut, Pflichtgefühl, Verantwortungsbereitschaft der Bürger

41 In dem schwierigen Schlußsatz von II 42,4 bereitet, wie A.W. Gomme II (1956) 133–135 gezeigt hat, die Gliederung δι' ἐλαχίστου καιροῦ τύχης – ἅμα ἀκμῇ τῆς μᾶλλον ἢ τοῦ δέους – ἀπηλλάγησαν Schwierigkeiten. Gomme erklärt überzeugend, daß τύχης ἅμα ἀκμῇ zusammenzunehmen ist, und macht den ziemlich verzweifelten Vorschlag, τῆς δόξης mit τοῦ δέους zu vertauschen. Ich folge der Schadewaldts Übersetzung zugrundeliegenden Auffassung, daß hier δόξα im Sinn von subjektiver Zukunftserwartung, δέος im Sinn von Ehrfurcht (vgl. II 37, 3) zu verstehen ist.

ein Unternehmen kann scheitern	trotzdem soll man, um der Polis willen, in der Bemühung um die Areté nicht nachlassen
leibliche Vergänglichkeit	Ausbreitung des Ruhms, fortdauernde Erinnerung an die Taten und an die Gesinnung der Gefallenen
38 Bedrohung durch die Feinde	Tapferkeit → Freiheit → Eudaimonie
Glück kann durch einen Fehltritt in Unglück umschlagen	daher muß gerade der Glückliche den Tod als geringeres Übel ansehen
Versuchung zur Feigheit	Tatkraft und gemeinsame Hoffnung machen den Tod leicht
44 vielerlei Schicksalswendungen des menschlichen Lebens; Trauer um verlorene Angehörige	Glück ist: ein rühmliches Ende und Wohlbefinden während des Lebens (auch wenn es nur kurze Zeit dauert)
Schmerz über den Verlust von Kindern	Standhaftigkeit, Hoffnung auf neue Kinder
Streben nach sicherem Besitz im Alter	man muß zufrieden sein, wenn der größere Teil des Lebens glücklich war; am erfreulichsten und beständigsten ist die Ehre
45 die Lebenden stehen im Schatten des Ruhmes der Toten; sie haben noch gegen den Neid der Mitlebenden zu kämpfen	daher muß man sich im Wettkampf um die Areté desto mehr anstrengen
die Frauen sind ihrer Natur nach schwächer	sie können gerade dadurch Ruhm gewinnen, daß von ihnen nicht viel geredet wird

39 *f)* |

Die immanente Interpretation der Rede hat uns nirgends auf selbstherrliches, illusionäres Machtdenken geführt. Der ›Epitaphios‹ entwirft vielmehr das Musterbild der bestmöglichen Polisordnung: ein Parádeigma des sinnerfüllten menschlichen Lebens, ein ideales Ziel der strebenden Nachahmung (μίμησις, παίδευσις). Perikles versucht nicht, die bestehende Wirklichkeit Athens im einzelnen abzubilden, sondern er lenkt den Blick auf das Wesentliche, auf die Wahrheit, die sich – der platonische Erkenntnisbegriff liegt nicht allzu fern – nur dem Liebenden ganz erschließt.

Daß uns im Lauf der Geschichte die Lebensordnung, die der ›Epitaphios‹ beschreibt, bis heute in immer wieder anderen Perversionen und kaum jemals in ihrer normativen Gestalt begegnet ist, sollte uns nicht hindern, in der Periklesrede zunächst einmal die Darstellung eines Zustandes höchster Areté zu sehen.

Wenn Thukydides dennoch diese Rede auch als Ausdruck fragwürdiger Machtideologie verstanden wissen wollte, so kann dies nicht aus der Rede selbst entnommen werden, sondern allenfalls einem weiterreichenden Zusammenhang, der es erlaubt, die Worte des Redners vergleichend zu beurteilen. Fragen wir in dieser Absicht nun, ob die Athendarstellung des Perikles vielleicht durch die geschichtliche Realität Lügen gestraft wird.

3 *Die Diskrepanz zwischen Idealbild und historischer Wirklichkeit*

a)

Sobald man über den ›Epitaphios‹ hinausblickt und ihn mit der damaligen Wirklichkeit Athens konfrontiert, wird klar, daß Perikles ein Idealbild malt, das mit den geschichtlichen Tatsachen nicht übereinstimmt. Schon Jacob Burckhardt[42] hat, | fast im Stil Nietzsches, auf die düstere Kehrseite der 40
Rede hingewiesen und von einem »Optimismus« gesprochen, »dessen Parfum bei näherem Zusehen bedenklich verduften dürfte«. Burckhardt wollte sich freilich dem Optimismus der Darstellung nicht ganz entziehen: »Wir dürfen ja trotz allem zugeben, daß wir hier die Athener doch kennenlernen. Der Mensch ist nicht bloß, was er ist, sondern auch, was er sich zum Ideale gesetzt hat, und auch wenn er diesem nicht völlig entspricht, wird durch das bloße Wollen auch ein Teil seines Wesens bezeichnet.« Die neueren Erklärer haben die Diskrepanz der Rede zur Wirklichkeit zuweilen wieder verharmlost oder aber – so Strasburger und Flashar – von hier aus den ›Epitaphios‹ radikal in Frage gestellt.

Andere antike Quellen, aber auch andere Partien im Geschichtswerk des Thukydides selbst zeichnen ein wesentlich anderes Bild vom perikleischen Athen als der ›Epitaphios‹.[43] Daher hat zumal J. Vogt (1956) auf verhängnisvolle Schwächen der Politik des Perikles hinweisen können und

42 J. Burckhardt, Griechische Kulturgeschichte IV (hrsg. v. J. Oeri 1902), in: Gesammelte Werke, Darmstadt 1962, VIII, 175f. Vgl. auch die kritischen Bemerkungen zum ›Epitaphios‹ bei R. v. Pöhlmann, Geschichte der sozialen Frage und des Sozialismus in der antiken Welt, München ^{3}1925, I, 214ff., der das hohe Ideal der politischen Freiheit an der Tatsache der ökonomischen Unfreiheit breiter Bevölkerungsschichten mißt.

43 Zum zeitgenössischen Periklesbild: V. Ehrenberg, Sophokles und Perikles, München 1956 (urspr. englisch, Oxford 1954); J. Schwarze, Die Beurteilung des Perikles durch die attische Komödie und ihre historische und historiographische Bedeutung, München 1971 (Zetemata 51). Schwarze resümiert (186): »Perikles, der Führer der suspekten Demokratie, wurde von seinen Gegnern bis zum äußersten diffamiert. Der Komödienspott dieser Jahre, der ihn als τύραννος und Staatsstreichpolitiker hinstellt …, gibt ohne Zweifel ungefähr die oligarchische Parteiagitation wieder.« Vgl. dazu auch die differenzierenden Bemerkungen in der Rezension von Ch. Eucken, Gnomon 46, 1974, 569–574.

festgestellt, es sei befremdlich, daß Thukydides diese Politik kritiklos bewundere.[44]

Im ›Epitaphios‹ heißt es, bei den Athenern werde der persönlichen Areté gebührende Anerkennung zuteil (37,1) und man lebe hier frei von gegenseitigen Verdächtigungen (37,2). Dem widerspricht die Tatsache des Sykophantenunwesens und des Parteihaders. Perikles selbst war, wie etwa die zeitgenössische Komödie zeigt, ständig in Zwistigkeiten verwickelt und hatte, was auch Thukydides selbst andeutet, dauernd mit der Mißgunst der Menge und allen möglichen Anfeindungen – man denke nur an die Prozesse gegen Anaxagoras, Pheidias und Aspasia – zu kämpfen. Bedenklich ist wohl auch, daß die von Perikles gepriesene Verfassung Athens, wie Thukydides selbst hervorhebt, bald nach Perikles' Tod durch Demagogen wie Kleon korrumpiert werden konnte.[45]

Im ›Epitaphios‹ wird gesagt, die Athener stünden ihren Bun-
41 desgenossen uneigennützig bei (40,5) und die von ihnen Be-|herrschten hätten keinen Grund zur Unzufriedenheit (41,3). Aber die politische Aktivität des perikleischen Athen war keineswegs frei von imperialistischen Nützlichkeitserwägungen; und der später immer rücksichtsloser werdende Mißbrauch der Macht kündigt sich doch schon früher an (bei Thukydides etwa in der Athenerrede des ersten Buches: I 73–78).[46]

Wenn es im ›Epitaphios‹ heißt, die Athener verfügten über die Güter aus aller Herren Länder wie über ihre eigenen (38,2), so wird man auch an die nicht immer gewaltlos eingetriebenen Tribute denken müssen und nicht vergessen dürfen, daß das Zusammenströmen fremder Waren viele Risiken für die Stadt mit sich brachte, zumal sie, um ihre Bürger ernähren zu können, ständig von Getreidelieferungen des Auslandes abhängig war.

Ohne Zweifel führt der ›Epitaphios‹ also ein verklärtes Bild der Wirklichkeit vor Augen. Nicht ohne Grund fühlt man sich bei der Lektüre der Rede an die großartigen Figuren des Parthenonfrieses erinnert. Der thukydideische Perikles beschreibt nicht einfach die demokratische Verfassung Athens und auch nicht nur den aristokratisch-monarchischen Zuschnitt, den sie unter seiner Führung erhalten hat, sondern ein ideales Modell.[47] Unter Beseitigung der negativen Züge werden hier aus der geschichtlichen Realität die positiven, preiswürdigen Elemente herauskristallisiert und zu einem Parádeigma vereinigt.

44 J. Vogt (1956 = 1960); einzelne Beobachtungen vorher bei E. Bayer (1948 = WdF 1968).

45 H, Flashar (1969) 14, 17–19; G.P. Landmann (1974) 82.

46 H. Flashar (1969) 24f. Über die Unzufriedenheit der Bundesgenossen auch T. J. Quinn, Thukydides and the Unpopularity of the Athenian Empire, Historia 13, 1964, 257–266.

47 Daß der ›Epitaphios‹ nicht einfach die Verfassungswirklichkeit der perikleischen Polis beschreibt, geht auch daraus hervor, daß Thukydides sagen kann (VIII 97,2), zu seinen Lebzeiten hätten die Athener kaum eine bessere Verfassung gehabt als die der 5000 im Jahr 411. Nach Familienherkunft und Überzeugung ist Thukydides wohl Oligarch gewesen; vgl. E. Meyer, Forschungen zur Alten Geschichte, II, 1899, 396f; M.F. McGregor, The Politics of the Historian Thukydides, Phoenix 10, 1956, 93–102.

b)

Die Frage, was der Historiker mit seiner über die geschichtlichen Tatsachen hinausgehenden Schilderung beabsichtigt hat, spitzt sich provozierend zu, wenn man sieht, daß der Redner die tatsächliche Wahrheit seiner Darstellung ausdrücklich behauptet. Gleich im Proömium stellt er ja, wie wir hervorgehoben haben, in Aussicht, daß er den Mund nicht zu voll nehmen und sich um objektive Wahrheit bemühen werde. Und in dem zentralen Mittelstück (41, 2–4) will er die faktische Richtigkeit (ἔργων ἀλήθεια) seiner Lobrede durch Beweise erhärten, | wobei er zugleich den Dichtern wie Ho- 42
mer vorwirft, daß ihre rühmenden Schilderungen dem Kriterium der Wahrheit nicht standhalten.

Ein Stück weit läßt sich der Wahrheitsanspruch des Redners aus den Erfordernissen der Rhetorik erklären. Perikles muß, um psychagogisch zweckmäßig zu sprechen, seine Darstellung Athens als wahr erscheinen lassen, auch wenn er die geschichtlichen Tatsachen verklärend oder gar verschleiernd überhöht.

(1) Zu den Aufgaben einer Lobrede – und der ›Epitaphios‹ ist weitgehend ein ἔπαινος[48] – gehört es nicht nur, daß der Redner an seinem Gegenstand einseitig das Gute hervorhebt, sondern er muß seine Lobpreisungen auch als Wahrheit hinstellen. Kein Lobredner darf durchblicken lassen, daß er übertreibt oder beschönigt. Der Anspruch, die Wahrheit zu sagen, ist umso notwendiger, je mehr sich der Redner von der allgemein bekannten Wirklichkeit entfernt und Erstaunliches vorbringt. Noch stärker wird die Veranlassung, die Wahrheit der Aussagen zu betonen, wenn der Redner wie Perikles einem festen rednerischen Brauch (νόμος) folgt (35,3; 46) und wenn er vorgegebene Topoi einer rhetorischen Gattung übernimmt.

(2) Perikles muß in der Situation, in der ihn Thukydides auftreten läßt, die Zuhörer davon überzeugen, daß der Kampf um den Fortbestand ihrer Polis und ihres Bündnissystems sich lohne und daß das Opfer der Gefallenen gerechtfertigt sei. Dieser Zweck der Rede ist nur zu erreichen, wenn der Redner glaubhaft machen kann, daß die Stadt wirklich überlegen ist und die gepriesenen Taten wirklich geschehen sind.

Es bleibt dabei aber doch die Frage, ob man den Wahrheitsanspruch, den Perikles für seine Rede erhebt, von der Rhetorik her zureichend erklären kann.[49] Die rhetorische Notwendigkeit liegt nur darin, daß der Redner seine Darstellung als wahr erscheinen läßt. Die ausdrückliche Reflexion über den Wahrheitsgehalt der Aussagen geht über das rhetorisch Gebotene hinaus und ist letztlich nicht vom Redner, sondern von der | Absicht des 43

48 Der Redner selbst bezeichnet den Lobpreis (ἔπαινος) der Polis und der Gefallenen als seine Aufgabe: 34,6; 36,4; vgl. 41,4 (ἐπαινέτης); 42,2 (τὴν πόλιν ὕμνησα).

49 E. Schwartz (1919) 150f.: »Das Stilgesetz des Enkomions machte es ihm (dem Thukydides) zur Pflicht, keine Schatten zu sehen …; aber wie immer bei Thukydides bleibt die Form letzthin doch nur das Mittel, um einen Zweck zu erreichen, der durch das von ihr unabhängige Denken und Wollen des Politikers und Geschichtsschreibers gesetzt ist.«

Geschichtsschreibers her zu erklären. Will man aber das Wahrheitsmotiv von Thukydides her verständlich machen, so kommen zunächst wieder die typischen Interpretationsansätze ins Spiel.

(1) Man kann vermuten, die Wahrheit des idealisierten Athenbildes werde deshalb ausdrücklich bekräftigt, weil Thukydides nach der Niederlage seiner Vaterstadt den Zweifelnden und Verzweifelnden die ehemalige Größe recht einprägsam vor Augen stellen wollte.

(2) Man kann auch umgekehrt annehmen, daß Thukydides selbst den Wahrheitsanspruch des Redners Perikles desavouiere. Möglicherweise soll der Leser den Eindruck gewinnen, daß die Versicherung des Redners, er sage die Wahrheit, ein raffinierter rhetorischer Kunstgriff ist und daß er damit seinen Zuhörern eine Illusion suggeriert.

(3) Keiner dieser beiden Erklärungsversuche ist ganz befriedigend. Um zu einer Lösung des Problems zu kommen, muß man wohl noch entschiedener als bisher den sachlichen Sinn der Rede bedenken. Dieser Gesichtspunkt dürfte auch aus dem Dilemma herausführen, daß der sonst so unerbittlich nüchterne Thukydides die Politik des Perikles kritiklos zu bewundern scheint. Möglicherweise stellt er Perikles nicht aus persönlicher Voreingenommenheit, sondern deshalb so uneingeschränkt positiv dar, weil er am Beispiel des Perikles ein Musterbild vernünftiger Politik entwerfen will (s. u.). Versuchen wir, zunächst allgemein, dem sachlichen Sinn des rednerischen Wahrheitsanspruches unter den folgenden drei Gesichtspunkten näherzukommen.

(a) Thukydides kann durch das Pochen des Redners auf die Wahrheit seiner Ausführungen gerade die Diskrepanz zur geschichtlichen Realität spürbar machen. Die nachdrückliche Behauptung, das hier vorgeführte großartige Bild von Athen sei tatsächlich wahr, läßt erst recht daran denken, daß die Wirklichkeit anders aussah und die Rede sich in einer Idealsphäre bewegt.

44 (b) Andererseits kann der Wahrheitsanspruch des Perikles darauf aufmerksam machen, daß das Staatsideal des ›Epitaphios‹ keine abstrakte Theorie, keine dichterische Fiktion, kein utopischer Wunschtraum ist. Durch die Konkretisierung dieses Ideals am Beispiel des geschichtlichen Athen wird deutlich, daß es im Rahmen des historisch Möglichen bleibt und unter bestimmten Umständen der Verwirklichung fähig ist.[50]

(c) Vor allem aber wird durch die Spannung zur Realität, wie ich meine, die dem Wahrheitsbegriff eigene Tiefendimension sichtbar gemacht. Mit dem Motiv der Wahrheit (ἀλήθεια) kann Thukydides andeuten, daß der Redner sich nicht nur auf die Tatsachen im Sinne der historischen Faktizität bezieht, sondern auch auf eine ›höhere‹ Wahrheit. Das Idealbild darf, wenn

50 H. Herter (1960 = WdF 1968) 277f.: Der ›Epitaphios‹ umreißt ein Ideal, hinter dem die Wirklichkeit des athenischen Lebens zurückblieb, »aber insofern er es als erfüllt hinstellt, soll es auch als erfüllbar gelten; es ist der Verwirklichung fähig, weil es schon einmal wirklich war.«

es die Bestform der menschlich-politischen Lebensordnung sachgemäß repräsentiert, sachliche Richtigkeit beanspruchen. So verstanden ist nicht das historisch Gegebene der Maßstab für die Wahrheit der Rede, sondern die Rede enthält ihrerseits den wahrhaft normativen Maßstab für die wertende Beurteilung der Realität. Die Wahrheit der Rede liegt dann nicht darin, daß sie sämtliche im perikleischen Athen bestehenden Verhältnisse zutreffend wiedergibt, sondern darin, daß der vom Redner gepriesene Zusammenhang zwischen Areté und Macht einer richtigen Einsicht entspricht. Vom griechischen Begriff der ἀλήθεια aus ist dies keine künstliche Differenzierung. Das ›Wahre‹ sieht der Grieche schon immer nicht nur in den sich aufdrängenden Erscheinungen, sondern eher in den normativen Grundlagen und allgemeingültigen Gesetzmäßigkeiten, die zwar hier oder dort zum Vorschein kommen, aber doch – ohne bloß erdacht zu sein – nur mit dem Denken unverhüllt ›geschaut‹ werden können. Bei Thukydides selbst ist dieser Wahrheitsbegriff auch dort zu beobachten, wo er von einer nicht offen zutageliegenden, aber umso wahreren Ursache des Geschehens spricht (ἀληθεστάτη πρόφασις I 23,6; VI 6,1).[51] | 45

c)

Im ganzen wird durch die Frage nach der historischen Wirklichkeit klar, daß das im ›Epitaphios‹ gezeichnete Bild Athens idealisierend über die tatsächlichen Zustände hinausgeht. Von daher kann die Rede – unausgesprochen – Gefahren spürbar machen, die in der Spannung zwischen Wirklichkeit und Ideal lauern. Eine solche Gefahr zeigt sich besonders in der möglichen Versuchung des Redners und seiner Zuhörer zur Selbsttäuschung, als ob das ideale Ziel schon ganz erreicht wäre. Eine derartige Täuschung müßte zu Überheblichkeit und Maßlosigkeit führen; und je weniger der Herrschaftsanspruch Athens in Wirklichkeit begründet ist, umso unvermeidlicher ist ein Aufbegehren der Beherrschten.

Schon in der spannungsreichen Harmonie der beschriebenen Ordnung selbst zeigt sich auch die Gefahr der Auflösung: die gegensätzlichen Elemente können nur allzu leicht auseinanderfallen.[52] Man spürt, daß schon durch eine geringe Verschiebung im Gleichgewicht der Kräfte aus dem normativen Parádeigma ein Zerrbild der Machtpolitik würde.

Es war also interpretatorisch legitim, auf die mit dem von Perikles

51 Im Methodenkapitel (I 22,1) scheint ἀληθῶς das faktisch, nicht das normativ Richtige zu bezeichnen. Vgl. G. Wille (1965 = WdF 1968) 709.

52 H. Gundert (1940 = WdF 1968) 127 spricht von einer »bewußt gesehenen inneren Gefahr« in der »Spannung von Freiheit und Bindung, Lebenslust und Einsatzwillen, Geist und Tat, wie keine andere Polis sie ertragen könnte«. Ebenso sieht F. Broemser (1966) 44 die Fragilität des geschilderten Idealzustandes und wendet sich zugleich (63) gegen Strasburgers (1958) Annahme einer »ungebrochenen Amoralität« im ›Epitaphios‹. Das im ›Epitaphios‹ dargestellte perikleische Ideal einer Harmonie der Gegensätze vergleicht mit der weniger idealen Wirklichkeit auch F. R. Adrados, Pericles y la democracia de su época, Estudios Clasicos 6, 1961/62, 333–403.

entworfenen Idealbild untrennbar verbundenen Gefahren hinzuweisen. Aber damit ist doch keineswegs das Wesentliche dieses Bildes getroffen. Die Ambivalenz bedeutet nicht, daß Licht und Schatten nicht mehr klar zu unterscheiden wären. Daß die beschriebene Polisordnung auf einer Balance beruht, die jeden Augenblick aus dem Gleichgewicht geraten kann, macht diese Ordnung an sich nicht fragwürdig. Es bleibt dabei, daß in der Periklesrede ein positives Parádeigma politischer Areté und Eudaimonie dargestellt
46 wird. |

4 *Zum Erkenntniswert der Geschichtsschreibung*

Wenn man nach der Absicht fragt, die Thukydides mit einem bestimmten Teil seines Geschichtswerkes verfolgt, wird man auch auf das programmatische Methodenkapitel (I 22) zurückgreifen müssen, in dem der Historiker selbst erklärt, wie der Wahrheitsgehalt und der Wert seiner Darstellung zu beurteilen ist.[53]

a)

Im ersten Satz des Methodenkapitels (I 22,1)[54] stellt Thukydides fest, daß für die in das Werk eingefügten Reden (λόγοι) ein anderer Maßstab gilt als für die Geschehensabläufe (ἔργα), die er so genau und wirklichkeitsgetreu wie möglich wiedergeben will. Die Reden sollen nicht den genauen Inhalt und Gedankengang dessen, was jeweils wirklich gesagt worden ist, dokumentarisch reproduzieren. Vielmehr läßt der Geschichtsschreiber die Redner so sprechen, wie sie nach seiner eigenen Auffassung (ὡς ἂν ἐμοὶ ἐδόκουν) in der jeweiligen Situation (περὶ τῶν ἀεὶ παρόντων) am ehesten das Erforderliche dargelegt hätten (τὰ δέοντα μάλιστ᾽ εἰπεῖν). Dabei hält er sich an die politische Gesamteinstellung (ξύμπασα γνώμη), wie sie in den tatsächlichen Äußerungen der Politiker (vielleicht bei verschiedenen Gelegenheiten) zum Ausdruck gekommen ist (τῶν ἀληθῶς λεχθέντων).[55]

Demgemäß hat Thukydides, wie die Erklärer im allgemeinen mit Recht annehmen, die Reden in seinem Werk ziemlich frei gestaltet; und auch Perikles führt in der Gefallenenrede das aus, was nach der Ansicht des Historikers der gegebenen Situation am besten gerecht wird.[56]

Worin sah Thukydides im Falle des ›Epitaphios‹ das Erforderliche (τὰ

53 Die wichtigsten neueren Beiträge zum Methodenkapitel: H. Erbse (1953 = WdF 1968) 336–343; G. Wille (1965 = WdF 1968); K. v. Fritz (1967) I, 618–623; II, 281–284; F. Egermann (1972).

54 Das Methodenkapitel ist im Kontext (von I 21, 2 her) durch den Zweifel an der Zuverlässigkeit der λόγοι gegenüber den ἔργα motiviert (vgl. H. Erbse, 1970, bes. 65). Der Historiker überwindet diese Unzuverlässigkeit, indem er bewußt auf objektiv genaue Wiedergabe verzichtet und die Reden von sich aus so formt, daß sie geeignet sind, das geschichtliche Geschehen zu erhellen.

55 Mit der Auslegung des ›Reden-Satzes‹ (I 22,1) folge ich im wesentlichen der neuen Erklärung von F. Egermann (1972) 575–586, der freilich mit früheren Interpreten unnötig scharf abrechnet. Zu Egermann wiederum O. Luschnat (1974) 764–768.

δέοντα)? Er läßt Perikles selbst sagen, seine Rede sei in der gegebenen Lage nicht unangemessen (ἐπὶ τῷ παρόντι οὐκ ἂν ἀπρεπῆ λεχθῆναι) und für die anwesenden Zuhörer von Nutzen (36,4). Man wird dies zunächst in dem Sinne verstehen können, daß es für den Staatsmann bei der ersten Totenehrung | des Krieges zweckmäßig war, die Athener und ihre Bundesgenossen 47
davon zu überzeugen, daß die Polis hohe Werte zu verteidigen hat und daß sich die bisherigen wie auch weitere Opfer lohnen. Daher, so kann man erklären, verlagert der Redner das Schwergewicht seiner Ausführungen von der Vergangenheit auf die Gegenwart und von der Totenklage auf die Paränese; daher rühmt er die Vorbildlichkeit und Überlegenheit der Stadt.

Man hat jedoch schon immer mehr oder weniger deutlich gesehen, daß sich die Wirkung der Periklesrede nicht in dem unmittelbaren Zweck, die Zuhörer mutig und opferbereit zu machen, erschöpft. Mindestens ist zu fragen, ob diese situationsbedingte propagandistische Tendenz durch die Gesamtdarstellung des Historikers gerechtfertigt oder vielleicht kritisch beleuchtet wird. Vor allem ist anzunehmen, daß die Rede ihrerseits, über die augenblickliche psychagogische Absicht des Redners hinaus, auf das Gesamtgeschehen des Krieges ein Licht wirft. Mit allen Reden in seinem Werk verfolgt ja Thukydides die Absicht, die Ereignisse auf die inneren Motive und wesentlichen Zusammenhänge hin transparent zu machen. Sie zielen, mit H. Erbse (1953) zu sprechen, auf die »ideale Wirklichkeit«, die Thukydides in seiner Geschichtsdarstellung zum Vorschein bringen will.[57]

In einem größeren Horizont sieht man ›das Erforderliche‹ der Rede, wenn man erklärt, daß Perikles hier die Eigenart Athens im Unterschied zu Sparta verdeutlicht und damit die Kriegsgründe, -ziele und -aussichten der beiden Staaten besser verständlich macht.[58] Aber der Erkenntniswert der Rede reicht wohl noch wesentlich weiter.

b)

Im letzten Satz des Methodenkapitels (I 22,4) spricht Thukydides ausdrück-

56 Allgemein über die Reden als frei komponierte »Schöpfungen des Thukydides« jetzt F. Egermann (1972) 580; zum ›Epitaphios‹: W. Schadewaldt (1929 = 1971) 25; A. Grosskinsky (1936) 99; W. Schmid (1948) 53; G.P. Landmann (1974) 71. Der Zweifel daran, ob Perikles überhaupt wie im Jahr 439 (nach dem Samischen Krieg) so auch 431/30 die Gefallenenrede gehalten hat, geht allerdings zu weit. – Mit unzulänglichen Argumenten plädieren für die historische Echtheit der Grundgedanken aller thukydideischen Reden K. Rohrer, Über die Authentizität der Reden bei Thukydides, Wiener Studien 72, 1959, 36–53; F.E. Adcock (1963) 27–35, 120–122.

57 Über die Funktion der Reden im Werk des Thukydides nach der grundlegenden Studie von E. Meyer (Forschungen zur Alten Geschichte II, 1899, 379–400) : O. Regenbogen (1933 = WdF 1968) 24–31 (die Reden werden zum »Organ der prinzipiellen Durchleuchtung des historisch-politischen Geschehens«); A. Grosskinsky (1936) 88–91; J.H. Finley (1947) 94–104. 293–299; W. Schmid (1948) 161–181; H. Erbse (1953 = WdF 1968) 334f.; H. Strasburger (1954 = WdF 1968) 443–446. Eine Reihe von neuen Interpretationen jetzt in dem von Ph.A. Stadter (1973) herausgegebenen Sammelband.

58 Über die Auseinandersetzung mit Sparta im ›Epitaphios‹: O. Regenbogen (1933 = WdF 1968) 42; H. Gundert (1940 = WdF 1968) 123–127; H.D. Westlake (1968) 34f.

lich über den Nutzen seines ganzen, λόγοι und ἔργα enthaltenden Werkes. Er setzt sich hier – an die Dichter und vor allem an Herodot denkend – von
48 solchen Geschichts- | erzählungen ab, die den Hörer unterhalten und ergötzen, aber keine sachgemäße Klarheit vermitteln:

Für das Anhören mag mein Werk (αὐτά), weil es auf erzählerische Ausgestaltung verzichtet, einen weniger erfreulichen Eindruck machen. Daß aber alle diejenigen, die das Vergangene klar erkennen wollen (τὸ σαφὲς σκοπεῖν) und ebenso das, was in Zukunft wieder – gemäß den Bedingungen des Menschseins (κατὰ τὸ ἀνθρώπινον) – so oder ähnlich sein wird, es als nützlich beurteilen (ὠφέλιμα κρίνειν αὐτά), das wird völlig genügen (ἀρκούντως ἕξει). Es soll mehr ein Besitzstück zu immer neuem Gebrauch (κτῆμα ἐς ἀεί) als nur ein Prunkstück zu vorübergehendem Genuß des Hörers sein.

Es soll also ›völlig genügen‹, wenn das Werk denjenigen dient, die sichere politisch-historische Erkenntnisse gewinnen wollen. Darin liegt nicht nur stolze Bescheidenheit des Autors (der mit der Zustimmung weniger zufrieden sein will), sondern auch die sachliche Aussage, daß der Hauptzweck des Geschichtswerkes erreicht ist, wenn es diesen Nutzen – sichere Erkenntnisse – bringt, und daß demgegenüber andere Zwecke wie etwa die Unterhaltung des Lesers unwesentlich sind.[59]

Der Schlußsatz des Methodenkapitels berührt sich mit zwei Formulierungen im ›Epitaphios‹. Zum einen sagt der Redner, es sei ›nutzbringend‹, wenn die ganze Menge von Bürgern und Fremden seine Ausführungen über die Grundlagen der Größe Athens anhöre (36,4 ξύμφορον, vgl. 46 πρόσφορα). Zum anderen erklärt er (41,4), seine Darstellung sei nicht nur für den Augenblick erfreulich (τὸ αὐτίκα τέρψει) wie die Verse Homers oder eines anderen Dichters, sondern sie entspräche der tatsächlichen Wahrheit. Sicherlich darf man diese Bemerkungen über den Zuhörerkreis des Perikles hinaus auf das Lesepublikum des Thukydides beziehen. Die Parallelität der Formulierungen legt jedenfalls nahe, daß Thukydides den Erkenntniswert, den er seinem Werk im ganzen zuschreibt, im
49 besonderen auch für den ›Epitaphios‹ beansprucht. |

Es ist viel darüber diskutiert worden, worin die ›Nützlichkeit‹ des thukydideischen Werkes, vom Autor selbst her gesehen, liegen soll. Die Meinungen gehen auseinander: teils denkt man mehr an die Vermittlung praktisch-politischer Erfahrungen, teils mehr an theoretische oder allgemein menschliche Einsichten.[60]

Am Anfang der großen Pestschilderung erklärt Thukydides, er wolle alles genau berichten, damit man, wenn sich dasselbe wieder einmal ereigne, ein Vorwissen habe und nicht in Unkenntnis sei (II 48,3 ἀφ᾽ ὧν ἄν τις

59 Ch. Lichtenthaeler, Thucydide et Hippocrate, Genf 1965, 234 meint, mit der Bemerkung »et cela suffira« stelle Thukydides sein Werk als an sich genügend in eine Distanz gegenüber allen Hörern und Lesern. Die Worte ἀρκούντως ἕξει (vgl. Euripides, ›Hekabe‹ 318 κεἰ σμίκρ᾽ ἔχοιμι, πάντ᾽ ἂν ἀρκούντως ἔχοι) besagen jedoch eher, daß das Werk für den Leser zwar nur den Wert der Erkenntnisvermittlung hat, daß darin aber alles Wesentliche eingeschlossen ist.

σκοπῶν … μάλιστ' ἂν ἔχοι τι προειδὼς μὴ ἀγνοεῖν). Im Blick auf diese Stelle ist mehrfach vermutet worden, auch im Methodenkapitel spiele die Beziehung des Thukydides zur Medizin (s. u. Seite 763--766) eine Rolle und der programmatische Anspruch einer Nützlichkeit des Geschichtswerkes sei am besten vom Wert der ärztlichen Prognostik her zu verstehen. Doch hat sich auch damit das Problem nicht eindeutig entscheiden lassen. Während etwa K. Weidauer und H. Herter an einen praktisch-prognostischen Wert des thukydideischen Werkes denken, betonen H. Diller und Ch. Lichtenthaeler mehr das Interesse des Historikers an theoretischer Erkenntnis.[61]

Sicher ist, daß das Methodenkapitel von einem Nutzen des Werkes für die Erkenntnis (τὸ σαφὲς σκοπεῖν) des Vergangenen wie des Zukünftigen spricht. Damit beansprucht Thukydides eine gewisse Allgemeingültigkeit seiner Darstellung. Das für die Erkenntnis Brauchbare sieht er offenbar in dem, was in den wechselnden Ereignissen typisch ist und regelmäßig wiederkehrt. Die Notwendigkeit der Wiederkehr ergibt sich aus dem Gleichbleiben des Menschlichen (τὸ ἀνθρώπινον).

Ebenso sicher ist, daß Thukydides das Allgemeingültige nicht als abstrakte Gesetzmäßigkeit darstellt, sondern an einzelnen geschichtlichen Beispielen aufzeigt.[62] Die Konstanz der Menschennatur sieht er ja vor allem in einer ständigen Variabilität. Schon allein deshalb kann er keine einfachen Regeln oder Rezepte an die Hand geben, sondern nur Modellfälle beschrei-
| ben, die zur Diagnostizierung analoger Vorkommnisse dienen mögen. 50

Und ziemlich sicher ist schließlich auch, daß die modellhaften Beispiele, je nach der Situation, bald mehr von praktischem und bald mehr von theoretischem Wert sind.[63] Zuweilen wird es möglich sein, Schwierigkeiten durch historische Erfahrung praktisch zu bewältigen; doch lehrt die Ge-

60 Literatur zur Frage der ›Nützlichkeit‹ des thukydideischen Werkes: W. Schadewaldt (1929 = 1971) 28f., 66; E. Kapp (zu Schadewaldt), Gnomon 6, 1930, 92–95 (= Ausgew. Schr., Berlin 1968, 22–24); O. Regenbogen (1933 = WdF 1968) 224, 239, 245; W. Jaeger (1934 = 1959) 486–489; A. Grosskinsky (1936) 60–73; J. de Romilly (1956b und 1965); F.E. Adcock (1963) 12f., 49; H.-P. Stahl (1966) 14–19, 101f.; H. Herter (1968) 8; H. Erbse (1969); O. Luschnat (1970) 1249. – Die Probleme, die der Anspruch des Thukydides, seine Geschichtsdarstellung werde auch noch in Zukunft von Wert sein, bei philosophischer Betrachtung aufgibt, entfaltet A.C. Danto, Analytische Philosophie der Geschichte, Frankfurt 1974, 39ff. (urspr.: Analytical Philosophy of History, Cambridge 1965).

61 K. Weidauer, Thukydides und die Hippokratischen Schriften, Heidelberg 1954, 75: »Das Verlangen nach Sicherheit, nach der Möglichkeit, sich gegen ein mächtiges Geschehen zu wehren, ist beiden (Thukydides und der Arztkunst) gemeinsam.« H. Herter (1972) 133: »Wie der künftige Staatsmann sich aufgrund solcher Kenntnis im konkreten Falle verhalten wird, muß ihm wie auch dem Arzte anheimgegeben werden. Er muß die menschliche Natur berücksichtigen und der Tyche so wenig Spielraum lassen wie irgend möglich … «. Auf der anderen Seite: H. Diller (zu Weidauer), Gnomon 27, 1955, 9–14; Ch. Lichtenthaeler, a.O. (o. Anm. 59) 218.

62 Das ›rationale‹ Element in der Geschichtsdarstellung des Thukydides hat besonders J. de Romilly (1956a) untersucht. Sie zeigt, daß Thukydides den historischen Stoff überall interpretierend gestaltet, um ihn gedanklich faßbar zu machen, daß er jedoch nirgends die Geschichte in abstrakte Gesetzmäßigkeiten auflöst. – Angekündigt ist: Ch. Schneider, Information und Absicht bei Thukydides, Göttingen 1974 (Hypomnemata 41).

schichte ebenso, daß man sich auf Ereignisse gefaßt machen muß, denen der Mensch hilflos gegenübersteht und die er nur wissend auf sich nehmen kann.

c)

Inwiefern vermittelt nun der ›Epitaphios‹ eine Einsicht, die, solange ›das Menschliche‹ gleichbleibt, noch späteren Generationen zur Orientierung dienen kann?

Wenn die Periklesrede eine patriotische Herzensangelegenheit des Thukydides wäre, ließe sich der Satz des Methodenkapitels, der von einem dauernden Erkenntniswert des Werkes spricht, kaum auf den ›Epitaphios‹ anwenden. Viel eher könnte man bei der Deutung von Strasburger und Flashar sagen, daß die Rede dem Leser zu besserer Erkenntnis verhilft, sofern sie ihn nämlich dazu anleitet, die vordergründige Verherrlichung der athenischen Macht ideologiekritisch zu durchschauen und sich die Gefährlichkeit eines überspannten Machtdenkens bewußt zu machen.

Mit ganz besonderem Recht aber läßt sich sagen, daß aus der Periklesrede eine nützliche Erkenntnis zu gewinnen ist, wenn Perikles am Beispiel Athens ein ideales Modell politischer Ordnung überhaupt vor Augen führt. Eine derart paradigmatische Darstellung kann ja Klarheit stiften über die Grundlagen, auf denen jede gute Polisordnung der Sache nach beruht.

In diese Richtung gehend hat H. Erbse (1969) 410f. bemerkt, das Werk des Thukydides enthalte viele abschreckende Exempla, mit dem ›Epitaphios‹ aber auch ein Beispiel vorbildlicher Leistung: »Zwar sollte man in der
51 Rede nicht ein ›Bil- | dungsideal‹ suchen, wohl aber den Maßstab, an dem die späteren Verzerrungen des staatlichen Lebens Athens gemessen werden. Der Epitaphios ist gewissermaßen ein ideales Korrektiv, dessen Umrisse immer deutlicher hervortreten, je weiter sich die athenischen Politiker von den Grundsätzen des Perikles entfernen.«

Diesen Gedanken darf man wohl noch weiter präzisieren und verallgemeinern. Die Hauptabsicht, die Thukydides mit dem ›Epitaphios‹ verfolgt, ist, wie ich meine, die, daß an dieser einen Stelle des Werkes grundsätzlich gezeigt werden soll, worin menschlich-politische Areté und Eudaimonie besteht. Die rhetorischen Erfordernisse der Gefallenenrede, die Zweckmäßigkeit in der augenblicklichen Situation, die patriotische Verklärung der einstigen Größe Athens, die Entlarvung illusionärer Machtpolitik – all dies ist von untergeordneter Bedeutung gegenüber der sachlichen

63 H. Erbse (1969) hat überzeugend erklärt, daß Thukydides im historischen Geschehen weder abstrakte Regeln noch allein irrationale Faktoren sieht, sondern ebenso konkrete wie politisch lehrreiche Beispiele. Ähnlich H. Herter (1972) 129f., 133. O. Luschnat (1974) 771f. sucht jetzt noch ausgewogenere und vorsichtigere Formulierungen, die zwischen dem Gesichtspunkt der praktisch-politischen Nützlichkeit und dem einer mehr künstlerischen Art der Weltbewältigung vermitteln sollen.

Intention, das Parádeigma der bestmöglichen Ordnung des gesellschaftlichen Lebens zu umreißen.

Die beinahe utopische Unwirklichkeit des Idealbildes hindert hier wie auch sonst nicht, daß es einen hohen Erkenntniswert hat und der theoretischen wie praktisch-politischen Orientierung zu dienen vermag. Das Idealbild macht die allgemeingültige Norm am besten sichtbar, die für jede konkrete Entscheidung maßgeblich ist.

Im ›Epitaphios‹ hat Thukydides einmal die Norm des Guten – gleichsam das Bild der Gesundheit – beschrieben, an der gemessen die Ereignisse des ganzen Krieges erst recht als Symptome einer ungeheuren Zersetzung, eines immer weiter um sich greifenden Krankheitsprozesses erkennbar werden. Sein Modell der politischen ›Gesundheit‹ ist aber so allgemeingültig, daß er annehmen kann, es werde noch dem künftigen Politiker helfen, richtige Entscheidungen zu treffen – selbst wenn das ideale Ziel niemals ganz zu realisieren sein wird.

Man wird so weit gehen können zu sagen: Das Interesse des Thukydides richtet sich hier nicht nur auf Athen, und er will nicht nur seine Vaterstadt verherrlichen oder die Politik des | Perikles rechtfertigen, sondern er 52
zielt auf das allgemein und wesenhaft Menschliche. Während er sonst vorwiegend die Anfälligkeit, Ausgesetztheit und Unvernunft des Menschen sichtbar macht, ergänzt er diese Sicht hier im ›Epitaphios‹ durch die Darstellung der höchsten dem Menschen erreichbaren Areté und Eudaimonie.[64]

Die Gedanken des Thukydides, die den ›Epitaphios‹ prägen, könnten bei einem Philosophen vielleicht die Form einer Idealstaatstheorie annehmen. Aber nicht umsonst besteht ein Unterschied zwischen dem exemplarischen Modell des Thukydides und theoretisch konstruierten Utopien oder Analysen der Philosophen. Thukydides trennt nicht zwischen empirischer Wirklichkeit und Idee. Sein Modell ist keine Abstraktion und nicht rein gedanklich deduziert, sondern es macht die allgemeine Grundstruktur am geschichtlichen Phänomen, am Beispiel Athens, sichtbar. Diese Konkretheit ist nicht bloße Einkleidung, sondern sachlich aufschlußreich; sie macht gerade den Vorzug des thukydideischen Staatsmodells aus.[65]

64 Hierzu E. Topitsch (1943/48), der zeigt, daß für Thukydides die ›menschliche Natur‹ durch Pleonexie und andere zerstörerische Triebe bestimmt ist, daß umso mehr aber auch der ethischen Areté politische Bedeutung zukommt, was Thukydides besonders durch den ›Epitaphios‹ zum Ausdruck bringt (59f., 64f., 67).

65 S. Heß (1972) 105: »Der Vorzug der thukydideischen Darstellung dieser politisch-historischen Themen (Verhältnis von Freiheit und Engagement, Einzelnem und Masse) besteht darin, daß sie nie theoretisch-abstrakt, sondern immer im Zusammenhang historischer Abläufe und Entscheidungssituationen und in Beziehung zu den handelnden und sich entscheidenden Personen vorgetragen werden.« A.W. Gomme (1954) 138: »I cannot follow Collingwood in his belief that Thukydides was not, like Herodotus, interested in facts, but, like Plato, in general laws, and so was unhistorical, as Plato was. In his ›History‹ . . . Thukydides is more recorder than philosopher, even though we may feel certain that he was always thinking in general laws – but thinking about them rather than formulating them and giving them to the world.«

Dadurch daß Thukydides sein politisches Parádeigma an das perikleische Athen bindet, gibt er zu verstehen, daß das Ideal nur unter bestimmten geschichtlichen Voraussetzungen und auch dann nicht vollkommen zu verwirklichen ist.[66] Andererseits wird auf diese Weise deutlich, daß das Wesentliche nur mittels geschichtlicher Erfahrung zu erkennen ist und daß die so gewonnene Erkenntnis der allgemeinen Normen des politischen Lebens wiederum für die Bewältigung von geschichtlichen Situationen von Wert ist.

5 *Stellung und Funktion des ›Epitaphios‹ im Gesamtwerk*

a)

Im Aufbau des thukydideischen Werkes markiert der ›Epitaphios‹ den Punkt der höchsten Machtentfaltung Athens am Beginn des großen Krieges
53 (31,2 ἀκμαζούσης ἔτι τῆς πόλεως καὶ | οὔπω νενοσηκυίας). Die vorausgehenden Abschnitte des ersten und zweiten Buches führen vorbereitend auf diesen Höhepunkt hin. Was auf den ›Epitaphios‹ folgt, ist ein ununterbrochener, zuweilen beschleunigter und dann wieder verzögerter Prozeß des Niedergangs bis zur schließlichen Katastrophe Athens.[67] Die Rede nimmt also kompositorisch eine gewisse Sonderstellung ein, die es richtig zu deuten gilt.[68]

Die Richtung der allgemeinen Zerrüttung und Auflösung wird unmittelbar nach dem ›Epitaphios‹ durch die Pestschilderung (II 47–54) aufs deutlichste angezeigt. Die übrigen Abschnitte des Werkes fügen sich dem Gesamtbild der unaufhaltsamen Dekadenz meist recht klar ein.[69] Ganz ausdrücklich kennzeichnet die sogenannte ›Pathologie des Krieges‹ im dritten Buch (III 82–84) den Verlauf des Geschehens als einen alles erfassenden

66 G.P. Landmann (1974) 71, 78, 95 betont die überzeitliche Gültigkeit des im ›Epitaphios‹ beschriebenen Staatsideals, zugleich aber auch den »einmaligen Volkscharakter« der Athener und den »einmaligen Augenblick« der perikleischen Klassik. Das Neue des Thukydides sei »die Erkenntnis, daß hinter aller bunten Vielfalt der Ereignisse (wie sie noch Herodot gibt) sich doch gewisse Konstanten abzeichnen; eine von diesen ist der Volkscharakter, der den Stil der Politik bestimmt«.

67 W. Schmid (1948) 54: »Dieses Bild wie einen Scheidegruß des großen Staatsmannes und zugleich als ein den ganzen tragischen Verlauf des Krieges überstrahlendes Symbol der Höhe, von der Athen herabgestürzt ist, an eine Tonstelle, an den Anfang des Krieges zu setzen, war ein genialer Gedanke…«

68 Durch den geschichtlichen Anlaß, eine relativ unbedeutende Bestattungsfeier, ist die große Rede nicht genügend motiviert, wie schon Dionysios von Halikarnaß (›De Thucydide‹ 18) bemerkt hat. Seine Erklärung, Thukydides benütze hier die letzte Gelegenheit, Perikles noch einmal zu Wort kommen zu lassen, ist nicht ganz befriedigend.

69 Verschiedentlich ist beobachtet worden (z.B. von K. Reinhardt, 1960, 203–205), daß die Rede Kleons III 37–40 und die des Alkibiades VI 16–18 im Sinne einer absteigenden Tendenz mit dem ›Epitaphios‹ korrespondieren: der Vergleich zeige, wie der Glaube an die Polis und die Bereitschaft zu Opfern immer mehr abnehmen. H.D. Westlake (1968) 225 sieht besonders die Alkibiadesrede in Sparta VI 89–92 als Gegenstück zum ›Epitaphios‹ an. R. Reimer (1961) 112f., 139 interpretiert im gleichen Sinne die ›Pathologie‹ III 82–84. Vgl. auch K.-H. Volkmann-Schluck (1974) 78–95: ›Der Verfall des politischen Ethos‹.

Krankheitsprozeß. Mit besonderer sinnbildlicher Kraft macht der Melier-Dialog (V 85–113) die Krise Athens deutlich. Schon immer hat man bemerkt, daß Thukydides den Melier-Dialog mit Absicht vor die Schilderung der für Athen verhängnisvollen Sizilischen Expedition (VI und VII) gestellt hat: er will hier klarmachen, wie fragwürdig die politischen Maßnahmen und die Siegesaussichten Athens sind.[70]

Das letzte, achte Buch des unvollendeten Werkes reicht bis zum Jahr 411/10. Wahrscheinlich hätte der nicht mehr ausgeführte Schluß bis zum Kriegsende (404) dem Umfang von etwa zwei Büchern entsprochen (unsere Bucheinteilung ist nicht authentisch). Demnach hat Thukydides den Melier-Dialog, der – auch in seiner dialogischen Form – den Wendepunkt darstellt, genau in die Mitte des ganzen Werkes gestellt.[71] Die Katastrophe Athens am Ende des Krieges, die Thukydides nicht mehr darzustellen vermochte, hätte den stärksten Kontrast zum ›Epitaphios‹ bilden müssen. In der Pestschilderung wird aber dieses dunkle Gegenbild gewissermaßen schon vorweggenommen. | 54

Man nimmt ziemlich allgemein an, Thukydides habe den ›Epitaphios‹ erst 55
nach der Niederlage Athens, also nach 404 verfaßt.[72] H. Flashar interpretiert den Text ebenso unter diesem Gesichtspunkt wie einst E. Schwartz. Ein Beweis für die späte Datierung der Periklesrede ist freilich bisher nicht erbracht worden;[73] und einige Erklärer konnten annehmen, Thukydides habe die Rede schon früh, noch ganz im Banne der Persönlichkeit des Perikles, niedergeschrieben.[74] Wie dem auch sei – der späte Ansatz darf mindestens in dem Sinne als richtig gelten, daß der Historiker bei der endgültigen Konzeption des Gesamtwerks nach 404 die Rede an ihren Ort, und das heißt an den Anfang der auf die Katastrophe zutreibenden Entwicklung gestellt hat. Die Frage ist, was diese Perspektive für das Verständnis des ›Epitaphios‹ bedeutet.

70 Die von Thukydides beabsichtigte Wirkung des Melier-Dialogs ist jetzt am besten bei H. Strasburger (1966) 73–75 erklärt. Hier auch Literatur zu der von M. Treu angeregten Diskussion um die Frage, ob Melos im Jahr 416 schon tributpflichtig war und also von Athen mit gewissem Recht als unbotmäßig angesehen werden konnte – was Thukydides bewußt verschwiegen hätte, um die tieferen Gründe der Auseinandersetzung zwischen der athenischen Übermacht und der kleinen Inselgemeinde desto wirksamer zum Ausdruck zu bringen. Vgl. auch K.-H. Volkmann-Schluck (1974) 57–66 über die Beziehung zu der anschließenden Schilderung der Sizilischen Expedition: »Das Denken, das sich die Machtsicherung ausschließlich zum Ziel genommen hat, erliegt, zur bloßen Funktion der Macht geworden, ihrem Fortriß ins Mehr und Mehr … « (65).

71 Von der kompositorisch zentralen Stellung des Melier-Dialogs spricht, nach anderen, auch F.M. Wassermann (1947) 36.

72 Für die späte Entstehung des ›Epitaphios‹: E. Schwartz (1919) 144–153; M. Pohlenz, Thukydidesstudien (1919), jetzt in: Kleine Schriften, Hildesheim 1965, II, 210–253 (hier 240); J. de Romilly (1947) 128–130; J.Th. Kakridis (1961) 5f.; H. Flashar (1969) 7, 27f.; G.P. Landmann (1974) 70.

73 Bemerkungen wie die von J.Th. Kakridis (1961) 8,86 (vgl. 74, 109), bei der Erwähnung der mißtrauischen Zuhörer (35,2) und der hoffentlich sicherer davonkommenden Überlebenden (43,1) denke Thukydides an die Nachkriegsgeneration, beweisen nichts.

74 Für die frühe Datierung: W. Schmid (1948) 54, 74f., 123, 138; F.E. Adcock (1963) 36–38. Zweifel an der Spätdatierung äußert jetzt auch O. Luschnat (1974) 768–771.

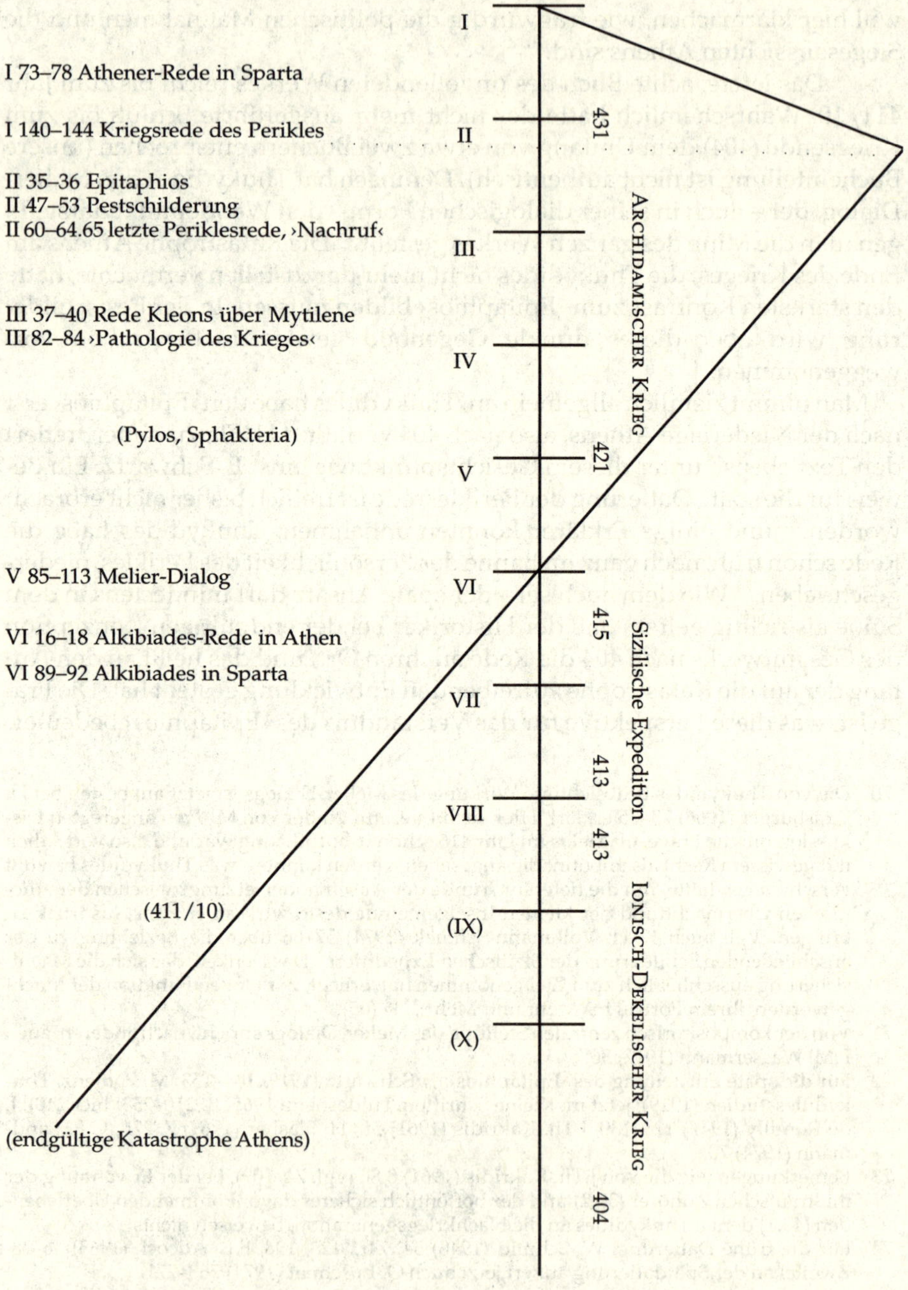
I
I 73–78 Athener-Rede in Sparta
431
I 140–144 Kriegsrede des Perikles
II
II 35–36 Epitaphios
II 47–53 Pestschilderung
II 60–64.65 letzte Periklesrede, ›Nachruf‹
Archidamischer Krieg
III
III 37–40 Rede Kleons über Mytilene
III 82–84 ›Pathologie des Krieges‹
IV
(Pylos, Sphakteria)
421
V
V 85–113 Melier-Dialog
VI
415
VI 16–18 Alkibiades-Rede in Athen
VI 89–92 Alkibiades in Sparta
Sizilische Expedition
VII
413
VIII
413
(411/10)
(IX)
Ionisch-Dekelischer Krieg
(X)
(endgültige Katastrophe Athens)
404

(1) Eine Erklärungsmöglichkeit ist die, daß von dem katastrophalen Ende her die vergangene Größe Athens in umso hellerem Licht erstrahlen soll. Mehrere Interpreten haben angenommen, Thukydides schildere angesichts der traurigen Nachkriegsgegenwart im ›Epitaphios‹ die einstige Herrlichkeit Athens mit umso stärkerer Leidenschaft.[75]

Eduard Schwartz,[76] der diese Auffassung vertrat, kam damit freilich zu einem zwiespältigen Bild von Thukydides, »der sich zunächst, unbeirrt von persönlichen Schicksalen, die Erkenntnis der wirklichen politischen und geschichtlichen Kräfte zum ausschließlichen Ziel setzt und im Alter den Mut findet, eine versinkende Größe im Erinnerungsbilde festzuhalten und zu steigern«. Der Widerspruch löst sich auf, wenn man die Athenidealisierung des ›Epitaphios‹ nicht persönlich, sondern sachlich zu verstehen sucht.

(2) Auf der anderen Seite kann man vermuten, daß sich durch die Tatsache des schließlichen Zusammenbruchs die Athenschilderung des ›Epitaphios‹ verdüstern soll und daß Thukydides die Worte des Perikles als Ausdruck eines trügerischen, verhängnisvollen, von vornherein zum Scheitern verurteilten Machtstrebens verstanden wissen wollte. So schreibt | H. 56
Flashar (1969) 34: »Legt man … die Perspektive von 404 an die Rede an, so ergibt sich eine beziehungsreiche Spannung zwischen Aussage und Wirklichkeit. Denn dann hat ja Thukydides die im ›Epitaphios‹ zutage tretende selbstherrliche Machteinschätzung dem Perikles in den Mund gelegt, als die Machtpolitik Athens gescheitert war. Daher klingen die auf Macht gegründeten ›Beweise‹ für die Gesinnung der Athener hohl, der Ausblick auf Mit- und Nachwelt fast gespenstisch, weist die durchgehende Diskrepanz der Darstellung zur Wirklichkeit nicht nur auf eine Distanzierung durch Thukydides, sondern zum Teil auf geradezu bittere Ironie.«

Daß vom tatsächlichen Verlauf des Krieges her ein Schatten auf den ›Epitaphios‹ zurückfällt und daß Thukydides eben dies intendiert hat, ist gewiß eine hermeneutisch erwägenswerte Möglichkeit. Doch ist diese Deutung weder selbstverständlich noch strikt beweisbar. Auf keinen Fall kann sie ausschließen, daß Thukydides mit dem ›Epitaphios‹ hauptsächlich

75 E. Schwartz (1919) z. B. 147: Des Thukydides »Gedanken drehen sich, wie es im Alter nach einem übermächtigen Erleben nicht anders sein kann, um einen Mittelpunkt, um die Verteidigung des gefallenen Athen, dessen Größe darum nicht geringer wird, daß sie dem Los alles Menschlichen anheimgefallen ist … «. Ahnlich E. Meyer (1919 = 1924) bes. 551; M. Pohlenz, a. O. (o. Anm. 72) 240–244; K. Oppenheimer (1933) 25; J.Th. Kakridis (1961) bes. 113f.

76 E. Schwartz (1919) 151. Der gleiche innere Widerspruch klingt schon früher bei E. Meyer an (Forschungen zur Alten Geschichte, II, 1899, 397) : »Ihm wird das Herz warm, wenn er an das denkt, was Athen gewesen ist und was es in seiner besten Zeit und in seinen besten Männern gewollt hat, mag auch noch so oft sein Verstand dem skeptisch gegenüberstehen.« Ebenso J.Th. Kakridis (1961) 114: »Dieser kaltblütige Realist vermochte zu gleicher Zeit ein so warmes Herz zu bewahren, daß er es wagte, mitten in einer realistischen Kriegsbeschreibung einen hohen Mythos aufblühen zu lassen.«

beabsichtigte, dem Leser vor dem Beginn des Auflösungsprozesses ein Idealbild der Ordnung, ein Parádeigma des Guten zu zeigen.

b)

Die Frage, wie sich das Athenbild des ›Epitaphios‹ von der schließlichen Niederlage her ausnimmt, ist nicht zu trennen von der Frage, wie Thukydides den Politiker Perikles insgesamt beurteilt.

Seit Eduard Schwartz haben nicht wenige Thukydides-Interpreten angenommen, der ›Epitaphios‹ solle die idealen und vernünftigen Ziele der perikleischen Kriegspolitik darlegen: Thukydides wolle hier und sonst Perikles gegenüber dem Vorwurf rechtfertigen, er habe die Katastrophe Athens verschuldet.[77]

Hellmut Flashar hat auch diesen Gedanken einer ›Periklesapologie‹ geradezu umgekehrt, nachdem ihn vorher schon H.-P. Stahl kritisch in Fra-
57 ge gestellt hatte.[78] Flashar meint, | Thukydides distanziere sich überall
mehr oder weniger stark von Perikles, indem er ihn stets als ›Strategen der Macht‹ und ›Inkarnation der Machtidee‹ zeichne.

Für Flashars Auffassung scheint der Satz in der letzten Rede des Perikles zu sprechen: die Athener könnten ihre Herrschaft (über die Bundesgenossen) nicht mehr aufgeben, denn sie sei »wie eine Tyrannis, die zu ergreifen als ungerecht, loszulassen aber als gefährlich gilt« (II 63,2f.). Man kann aber auch diesen Satz noch als Ausdruck einer relativ maßvollen Machtpolitik interpretieren.[79] Und selbst dann, wenn hier und in den anderen Reden des Perikles Anzeichen von rücksichtslosem Machtdenken zu beobachten wären, müßte dies nicht ebenso für den ›Epitaphios‹ gelten. Es ist gut vorstellbar, daß der ›Epitaphios‹ eine Sonderstellung einnimmt.

Im ganzen läßt sich ein Vorbehalt des Thukydides gegenüber der Politik des Perikles schwerlich irgendwo nachweisen.[80] In dem sogenannten Nachruf (II 65) wird Perikles uneingeschränkt positiv gewürdigt.[81] Die Schuld an der Niederlage Athens gibt Thukydides hier den Nachfolgern des

77 Wie J. de Romilly schon in ihrem ersten Thukydides-Buch (1947) 116–124 im ›Epitaphios‹ eine Verteidigung des Perikles und seiner – gemäßigt imperialistischen – Politik sah, so betonte sie auch neuerdings (1965) wieder, indem sie sich von H. Strasburgers Interpretation distanzierte (574), die uneingeschränkt positive Anerkennung der perikleischen Politik im ›Epitaphios‹ wie in dem ›Nachruf‹ II 65. Ähnlich die o. Anm. 75 genannten Arbeiten sowie O. Regenbogen (1933 = WdF 1968) 55f.

78 H.-P. Stahl (1966) 20–35; H. Flashar (1969) 39–43.

79 Virginia Hunter, Athens Tyrannis. A New Approach to Thucydides, Class. Journal 69, 1973/74, 120–126 zeigt, daß zwischen Perikles' Ausspruch ὡς τυραννίδα γὰρ ἤδη ἔχετε αὐτήν (II 63,2) und der Resonanz darauf in Kleons Rede (III 37,2) für Thukydides die entscheidende Entwicklung von gemäßigtem Herrschaftsanspruch zu gewaltsamem Imperialismus (Pleonexie) stattfindet. Über die Ambivalenz der Begriffe Tyrannis und Freiheit bei Thukydides insgesamt H. Diller (1962 = WdF 1968), der bemerkt, daß Thukydides mit ›Tyrannis‹ auch »eine hohe, aber aufs äußerste gefährdete Weise menschlichen Lebens und Verhaltens« (660) bezeichnet.

80 Zuletzt hat wieder J.T. Hooker (1974) mit Recht erklärt, daß sich Thukydides nicht von Perikles distanziere, sondern dessen Machtstreben durchaus bejahe.

Perikles, die sich von anderen, egoistisch-ehrgeizigen Zielen leiten ließen. Perikles hatte, wie hier hervorgehoben wird (65,13), einen solchen ›Überschuß‹ in seiner Planung, daß Athen auch unvorhersehbaren Belastungen gewachsen war. Selbst nach Rückschlägen wie der Pest hätte es zu einem Sieg Athens kommen müssen, wenn nur Perikles am Leben geblieben wäre und die Führung behalten hätte.[82] Darin, daß Perikles vielleicht nicht genügend mit seinem baldigen Tod gerechnet und sich nicht rechtzeitig um einen geeigneten Nachfolger bemüht hat, sieht Thukydides wahrscheinlich kein Versäumnis des Politikers, sondern die Unberechenbarkeit der Tyche, gegen die auch der beste Staatsmann unter Umständen nicht aufkommt. Sicher will Thuykdides nicht sagen, daß dieses letztlich unvermeidbare Risiko einen Menschen wie Perikles davon abhalten sollte, großangelegte Pläne zu verfolgen.

Es bleibt die Frage, weshalb Thukydides gewisse mensch- | liche 58
Schwächen und politische Fehler des Perikles, auf die moderne Forscher mit Recht hingewiesen haben (s. o. Seite 745), verschwiegen oder beschönigt hat. Mit persönlicher Bewunderung oder gar kritikloser Parteinahme des Thukydides wird man dies schwerlich erklären können. Mir scheint, daß der Geschichtsschreiber am Beispiel des Perikles grundsätzlich zeigen wollte, worin gute, umsichtig planende, vernünftig mit der Macht umgehende Politik besteht.[83] Wie er die idealisierende Tendenz der üblichen Gefallenenreden in seinem ›Epitaphios‹ sachlich vertiefte, so hätte Thukydides also die ganze Darstellung der perikleischen Politik zu einem sachlich-instruktiven, rein positiven Musterbild geformt.

c)

In einem engeren Rahmen läßt sich die Spannung zwischen dem Athenbild des ›Epitaphios‹ und dem Zusammenbruch der Stadt bei Kriegsende an dem Verhältnis der Periklesrede zu der unmittelbar anschließenden Pestschilderung (II 47–53) studieren. Die nüchtern analysierende, aber umso mehr ergreifende Beschreibung der im nächsten Sommer ausgebrochenen Krankheit stellt dem Idealbild sofort die furchtbarste Wirklichkeit gegenüber.[84]

Ohne Zweifel wollte Thukydides mit der Pestschilderung, die zum

81 Zu II 65 neben anderen H. Herter (1950 = WdF 1968) 267–270 und (1972) 131–133; H.D. Westlake (1958) 40–42; J. de Romilly (1965).

82 Mit der Zwischenbemerkung in der letzten Perikles-Rede πάντα γὰρ πέφυκε καὶ ἐλασσοῦσθαι (II 64,3) ist nicht gemeint, daß Athen eines Tages unterliegen müsse, sondern der Redner denkt an Schwankungen und Rückschläge, die wieder überwunden werden können (vgl. F.E. Adcock, 1963, 125f.). In der Fähigkeit, mit einer unglücklichen Entwicklung fertig zu werden, zeigt sich erst recht die Kunst des Staatsmannes.

83 Vgl. E. Bayer (1948 = WdF 1968) 239–259 über den thukydideischen Perikles als Verkörperung des vorbildlichen Staatsmannes.

84 Zur Pestschilderung jetzt besonders H. Herter (1972); A. Gervais, À propos de la ›Peste‹ d'Athènes,Thucydide et la littérature de l'épidémie, Bull. Ass. G. Bude 1972, 395–429.

›Epitaphios‹ den denkbar stärksten Kontrast bildet, auf die Worte des Perikles eine Art ›Gegenrede‹ folgen lassen.[85] Die Beschreibung der Seuche zeigt Zug um Zug die Auflösung der in der Periklesrede dargestellten Lebensordnung. Das gesamte menschlich-politische Leben wird von der Zersetzung erfaßt: mit der körperlichen Gesundheit werden auch die seelischen, ethischen, religiösen Bindungen zerrüttet. Auf die Situation der feierlichen, gemeinsam veranstalteten Gefallenenehrung folgt nun das Gegenbild eines sinnlosen Sterbens und eines wirren Durcheinanders bei den Leichenverbrennungen. Während vorher die Möglichkeit des freudigen Lebensgenus-
59 ses gepriesen worden war, | wird nun gezeigt, wie die Menschen nur noch nach den animalischen Lüsten des Augenblicks trachten. Verzweiflung tritt an die Stelle der Zuversicht. Der Glückszustand der Eunomia verkehrt sich ins Gegenteil (ἀνομία II 53,1).

Eine Einzelentsprechung, auf die auch H. Flashar (1969) 35 hinweist, sei besonders hervorgehoben. Die Formulierung σῶμα αὔταρκες, in der das Athenlob des ›Epitaphios‹ gipfelt (41,1), kehrt in der Pestschilderung wieder (51,2f.): »Man starb dahin, die einen aus Mangel an Fürsorge, die anderen auch bei aller Pflege. Kein einziges Heilmittel, kann man sagen, hat sich herausgestellt, dessen Anwendung verläßlich geholfen hätte; denn was dem einen nützlich war, das schadete einem anderen. Und keiner hat sich für seine Person als ausreichend widerstandsfähig erwiesen (σῶμά τε αὔταρκες ὂν οὐδὲν διεφάνη) gegenüber der Seuche hinsichtlich seiner Stärke oder Schwäche, sondern sie raffte alle dahin, auch diejenigen, die sämtliche Regeln der Gesundheitspflege befolgten.« Mit σῶμα ist hier, wie zuvor im ›Epitaphios‹, nicht nur der Körper, sondern die Person im ganzen gemeint. ›Autark‹ wäre derjenige gewesen, dessen eigene Widerstandskraft ausgereicht hätte, ihn zu schützen und am Leben zu erhalten. Die Pest macht klar, daß keiner – auch nicht, wenn er sich darum bemüht hat – vollständige Autarkie besitzt.

Was bedeutet der ganze Kontrast für das Verständnis des ›Epitaphios‹? H. Flashar (1969) 35f. erklärte, die Periklesrede werde auf diese Weise »relativiert« und »entlarvt«. Das von Perikles gezeichnete »offizielle Bild des athenischen Staates« beginne in der Pestschilderung zu zerfallen. »Dieser Zerfallsprozeß stellt sich aber dar als eine durch die Stunde der Not erzwungene Entlarvung des wahren Wesens der sich im Grunde gleichbleibenden Menschennatur, das der Epitaphienredner durch schöne Worte zu verbrämen versucht.«

Sieht man von der nicht beweisbaren ideologiekritischen Intention ab, wird man, etwas vorsichtiger, sagen können: Durch die Pestschilderung
60 betont Thukydides selbst die Dis- | krepanz zwischen dem Idealbild, das der Redner entwirft, und dem Elend der Wirklichkeit. Der scharfe Kontrast ver-

85 Eindrucksvoll hat K. Reinhardt (1960) 212–215 die Pest als Gegenspieler des Perikles beschrieben. Vgl. auch H.-P. Stahl (1966) 77–81.

deutlicht die Spannung zwischen dem Ideal und der Schwachheit der menschlichen Natur, die bei ernsten Bedrohungen unvernünftig und zerstörerisch reagiert. Die Pestschilderung kennzeichnet damit den Inhalt des ›Epitaphios‹ in dem Sinne als Utopie, daß der von Perikles gepriesene Zustand zwar unbedingt positiv, aber nicht völlig und nicht dauerhaft verwirklicht ist.[86] Durch die Pestschilderung wird also, wie ich meine, die Idealität der im ›Epitaphios‹ beschriebenen Lebensordnung keineswegs in Frage gestellt; wohl aber wird auf diese Weise deutlich, daß Perikles von einer normativen Zielvorstellung gesprochen hat, die in der geschichtlichen Welt des Menschen, in der die Tyche und andere irrationale Faktoren herrschen, niemals für längere Zeit und überhaupt niemals vollständig zu realisieren sein wird.

6 *Griechische Idealvorstellungen im Umkreis des Thukydides*

Die bisherige Untersuchung hat ergeben, daß Thukydides im ›Epitaphios‹ ein Musterbild der politischen Areté und der menschlichen Eudaimonie darstellt. Wir können dieses Ergebnis auf eine noch breitere Grundlage stellen, indem wir fragen, wie sonst von den Griechen Idealvorstellungen literarisch formuliert worden sind. Ich beschränke mich im folgenden auf wenige Beispiele, die Thukydides zeitlich und sachlich nahestehen.

a)

Weil Thukydides dem ›Epitaphios‹ die Pestschilderung gegenüberstellt und überhaupt den ganzen Krieg als eine Art Krankheitsprozeß beschreibt, liegt es nahe, in dem von Perikles gepriesenen Idealzustand gleichsam ein Bild der Gesundheit des politischen Organismus zu sehen. Dieser Vergleich ist | bei Thukydides mehr als nur eine beliebige Illustration. Denn die Denk- 61
formen des Thukydides sind in mancher Hinsicht denen der zeitgenössischen griechischen Medizin ähnlich; und er ist wahrscheinlich mehr oder weniger direkt von medizinischer Methodenlehre und Sachkunde beeinflußt.[87] Nicht ohne Grund hat man die Absicht der thukydideischen Historiographie mit der ärztlichen Prognostik vergleichen können (s. o. Seite 753). Aber auch dann, wenn zwischen der damaligen Medizin und Thukydides keine engere Berührung bestehen sollte,[88] ist es gewiß aufschlußreich zu sehen, daß in der hippokratischen Literatur der Zustand der Gesundheit ähnlich beschrieben werden kann wie die ideale politische Ordnung im ›Epitaphios‹.

Die Gesundheit ist wie die ideale Polisordnung empirisch nirgends in

86 W. Plenio (1973) 158: »Daß diese Erfüllung der Polis eine – wenn auch konkrete – Utopie war, enthüllte zuerst die Pest mit ihrer demoralisierenden Wirkung.«

87 Besonders die hippokratischen ›Epidemiai‹ (Buch I und III) und das ›Prognostikon‹ wurden zum Vergleich mit Thukydides herangezogen. Neuere Literatur über Thukydides und die Medizin seiner Zeit o. Anm. 61 sowie H. Herter (1972); T.B.L. Webster, Athenian Culture and Society, London 1973, 232–235.

reiner Form zu fassen. Die griechischen Ärzte haben sich jedoch darum bemüht, den optimalen Grenzfall gedanklich zu bestimmen. Sie waren überzeugt, daß man Krankheiten umso eher erkennen und korrigieren kann, je mehr man von der Norm der Gesundheit weiß. Für den Vergleich mit dem ›Epitaphios‹ ist bemerkenswert, daß die griechische Medizin Gesundheit grundsätzlich als richtigen Ausgleich gegensätzlicher Kräfte und Säfte, Krankheit als Abweichung von der gleichmäßigen Mischung verstanden hat (z. B. Alkmaion, Fr. B 4 Diels-Kranz). Diese Vorstellung erinnert an die Struktur der Prädikationen zum Preis Athens in der Periklesrede (o. Seite 738f.).

Eine besondere Verwandtschaft mit der gedanklichen Grundstruktur der Periklesrede zeigt die pseudo-hippokratische Schrift περὶ διαίτης (De victu, VI 466–663 Littré). Der anonyme Verfasser der wahrscheinlich um 400 v. Chr. entstandenen Schrift steht vermutlich der koischen Ärzteschule nahe und will die Diätetik in kosmischem Zusammenhang begründen, womit er sehr systematisch die Methode befolgt, die Platon im ›Phaidros‹ (270 C) dem Hippokrates zuschreibt.[89] Schwerlich war dem Thukydides diese Schrift bekannt; aber die medizinischen Vorstellungen, die uns hier begegnen, dürf-
62 |ten so oder ähnlich zur Zeit des Thukydides verbreitet gewesen sein, so daß sie der Historiker wohl auf diese oder jene Weise kennengelernt hat.

Schon die früheren Ärzte haben, so führt der Verfasser unserer diätetischen Schrift aus, die Bedingungen der Gesundheit und Krankheit im wesentlichen erkannt. Die allein entscheidenden Bedingungen sind Nahrung (σῖτα, τροφή) und Bewegung (πόνοι, κίνησις). Gesund ist der Mensch, wenn beides in einem richtigen, symmetrischen Verhältnis zusammenwirkt;

88 Skeptisch einschränkend äußern sich H.-P. Stahl (1966) 14–19 und A. Rivier, Pronostic et prevision chez Thucydide, Mus. Helv. 26, 1969, 129–145 (zu Ch. Lichtenthaeler). Zurückhaltend A. Lesky (^{3}1971) 539: »Daß zwischen Thukydides und dem Geiste der gleichzeitigen Wissenschaft, was vor allem heißt der Medizin, Beziehungen bestehen, die bis ins Sprachliche gehen, hat man längst beobachtet. Dabei wird man eher an Konvergenzen verschiedener Entwicklungslinien als an direkte Abhängigkeit des Historikers zu denken haben. Es ist eine neue Weise des Fragens, die aus den Phänomenen an der Oberfläche der Dinge nach den in ihrer Tiefe wirkenden Ursachen forscht.«

89 Neue Textausgabe von Περὶ διαίτης: Du regime, Texte établi et traduit par R. Joly, Paris 1967. Forschungsliteratur: J.-H. Kühn, System und Methodenprobleme im Corpus Hippocraticum, Wiesbaden 1956 (Hermes Einzelschr. 11) 75–84; H. Diller, Der innere Zusammenhang der hippokratischen Schrift De victu, Hermes 87, 1959, 39–56; H.W. Miller, The Concept of Dynamis in De Victu, Trans. Proc. Am. Philol. Ass. 90, 1959, 147–164; R. Joly, Recherches sur le traité pseudo-hippocratique Du régime, Paris 1960; J. Jouanna, La théorie de l'intelligence et de l'âme dans le traité hippocratique Du régime, Rev. Ét. Gr. 79, 1966, XV–XVIII (Résumé). – Umfassende Bibliographie auch zu den anderen hippokratischen Schriften von H. Flashar in: Antike Medizin, Darmstadt 1971 (Wege der Forschung 221) 469–525. –Was die Datierung von Περὶ διαίτης angeht, so kehrt die neuere Forschung wieder zu dem Ansatz um 400 zurück (vgl. R. Joly, a.O. 1960, 203–209), nachdem W. Jaeger und andere das Werk weit ins 4. Jahrhundert herabrücken wollten. – Der unbekannte Autor geht insofern über die im ›Phaidros‹ (270 C) beschriebene Forderung des Hippokrates hinaus, als dort mit τὸ ὅλον nicht der Kosmos, sondern das jeweils Ganze von Körper oder Seele gemeint ist.

krank ist er, wenn der eine oder der andere Faktor durch ein Mehr oder Weniger die angemessene Mischungsproportion aufhebt (I 2). Es ist allerdings schwierig, die Symmetrie und ihre Störung im Einzelfall exakt festzustellen, weil das ausgeglichene Verhältnis bei den einzelnen Menschen je nach den individuellen Umständen des Alters, des Landes, des Klimas, der Jahreszeit, der Ernährungsweise variiert (I 2; III 67).[90]

Die Balance der gegenstrebigen Komponenten bezeichnet der medizinische Autor als ›autarken‹ Zustand. Er entwickelt die Theorie, daß in der ganzen Welt alle Erscheinungen aus zwei gegensätzlich-komplementären Elementen entstehen, die sich vielfältig mischen und differenzieren: aus Feuer (= warm und trocken) und Wasser (= kühl und feucht). Das Feuer wirke im Sinne der Bewegung, das Wasser im Sinne der Nahrung. Keines der Elemente könne für sich bestehen, weil jedes die Wirkung (Dynamis) des anderen benötige: Feuer brauche Ernährung und Wasser Bewegung. »Feuer und Wasser sind also miteinander autark (allein ausreichend) für das andere alles und für sich selbst, jedes der beiden getrennt aber weder für sich selbst noch für etwas anderes« (I 3). Das heißt: die beiden gegensätzlichen Elemente reichen zusammen aus, um durch die Vielfalt der Mischungsmöglichkeiten die ganze Fülle der Dinge zu konstituieren.

Sodann unterscheidet der Autor Grade der Autarkie, indem er die gesündeste Konstitution der Seele als einen Zustand höchster Autarkie der Elemente erklärt. Die optimale Lei- | stungsfähigkeit im Wahrnehmen und 63
Erkennen (φρόνησις) beschreibt er so: »Wenn das am meisten nasse Feuer und das am meisten trockene Wasser in einem Körper eine Mischung eingehen, so entsteht ein Höchstmaß an Phronesis, weil das Feuer vom Wasser das Nasse hat, das Wasser aber vom Feuer das Trockene: und so ist jedes von beiden am meisten autark. Weder muß das Feuer aus Mangel an Nahrung viel umherwandern, noch wird das Wasser aus Mangel an Bewegung faul. Jedes von beiden ist daher so am meisten autark für sich und in der Mischung mit dem anderen. Was nämlich am wenigsten von seiner Umgebung hinzubenötigt, das verbindet sich am intensivsten mit dem Vorhandenen« (I 35).

Drei Grundgedanken der medizinischen Schrift sind, wie man sieht, mit den Vorstellungen der Periklesrede vergleichbar. (1) Der empirisch nicht direkt faßbare Zustand normativer Ordnung (Gesundheit, Areté) wird auf die optimale Verbindung gegenstrebiger Faktoren zurückgeführt. Bei dem Diätetiker sind es im Grunde nur zwei Elemente, die in allen Erscheinungen auftreten und durch das richtige Verhältnis zueinander das günstigste Ergebnis zeitigen. Im ›Epitaphios‹ gibt es mehrere komplementäre Faktoren des gesellschaftlichen Lebens, aber man kann sie vielleicht als Ma-

90 Der Verfasser glaubt, durch seine Kunst der ›Prodiagnosis‹ schon relativ geringe Abweichungen vom ausgeglichenen Zustand feststellen zu können. Aber auch durch diesen Fortschritt, so erklärt er (I 2), werde die Arztkunst noch nicht so ›autark‹, daß sie mit Sicherheit Krankheiten verhindern könnte.

nifestationen des einen Grundgegensatzes von Freiheit und Bindung verstehen. (2) Hier wie dort wird die durch symmetrische Wechselwirkung des Gegensätzlichen konstituierte Bestform als ›autark‹ (allein-ausreichend) bezeichnet. Höchste Autarkie soll damit erreicht sein, daß etwas aufgrund intensivster Vereinigung der gegenstrebigen Komponenten zu stärkster Wirkung fähig ist. (3) Auf dem Gebiet der Arztkunst wie auf dem der Geschichte ist der individuelle Fall zu kompliziert, um exakt erfaßbar und beeinflußbar zu sein. Aber es gibt hier wie dort allgemeine, in der Natur begründete Ursachen und Regelmäßigkeiten, die ein gewisses Maß der Erkenntnis, der Diagnose wie der Prognose, und damit der praktisch-diätetischen Regulierung zulassen. Der allgemeingültigen Grundlagen ver-
64 gewissert sich der Historiker wie | der Mediziner nicht nur anhand von einzelnen Krankheitserscheinungen, sondern ebenso auch durch die Frage nach dem Idealzustand des normativ Guten.

b)

Der große Vorgänger des Thukydides, Herodot, inszeniert im Rahmen seiner Darstellung der persischen Geschichte ein Gespräch über die beste Staatsverfassung (III 80–82). Demokratie, Oligarchie und Monarchie werden bei dieser Verfassungsdebatte miteinander verglichen. Otanes spricht gegen die Monarchie und für die Demokratie, Megabyzos gegen die Demokratie und für die Oligarchie, Dareios gegen Demokratie und Oligarchie für die Monarchie.[91]

Wie Dareios verlangt, orientiert sich die vergleichende Betrachtung jeweils an der besten Form der drei Verfassungen (82,1 πάντων τῷ λόγῳ ἀρίστων ἐόντων). Im Agon der Reden werden aber für jede der drei Möglichkeiten Vorteile und Nachteile aufgeführt. (1) Die Demokratie hat den Vorzug der gleichmäßigen Beteiligung aller Bürger an der Staatsgewalt (Isonomie), der Chancengleichheit durch Erlosung der Ämter, der gemeinschaftlichen Beratung und Beschlußfassung und der öffentlichen Kontrolle. Sie hat aber den Nachteil, daß in der Regel Unverständige und Minderwertige regieren. (2) In der Oligarchie herrschen die Besten und Verständigsten. Sie bringt aber Zwistigkeiten, Rivalitäten und Machtkämpfe mit sich und führt, ebenso wie die Demokratie, leicht zu einem Umschlag in die Monarchie. (3) Die Monarchie ist vorzuziehen als Herrschaft des einen, der am besten und verständigsten ist, und wegen der Stabilität der politischen Ordnung. Sie hat aber auch Schattenseiten: Gesetzlosigkeit, Gewalt, Willkür, Intrigen, Mißgunst.

Herodot zeigt uns hier also – wahrscheinlich in Anlehnung an zeitgenössische, etwa sophistische Debatten, die in Athen geführt wurden[92] – ei-

91 Literatur zur herodoteischen Verfassungsdebatte: H. Ryffel, ΜΕΤΑΒΟΛΗ ΠΟΛΙΤΕΙΩΝ, Der Wandel der Staatsverfassungen, Bern 1949 (Noctes Romanae 2) 63–73; K.F. Stroheker, Zu den Anfängen der monarchischen Theorie in der Sophistik, Historia 2, 1953/54, 381–412; H. Apffel, Die Verfassungsdebatte bei Herodot (III 80–82), Diss. Erlangen 1957.

nen Versuch, den ›besten Staat‹ (ἀρίστη | πολιτεία) zu bestimmen. Sofern die thukydideische Periklesrede eine optimale Staatsordnung beschreibt, kann man wohl sagen, daß sich Thukydides mit dem ›Epitaphios‹ in die Tradition solcher staatstheoretischer Entwürfe und Kontroversen stellt[93]. Allerdings zeigen sich beim Vergleich auch wesentliche Unterschiede. 65

Bei Herodot findet, methodisch gesehen, eine Typisierung empirisch vorkommender Verfassungsformen statt. Keine der drei Formen wird, was die Beurteilung angeht, als absolut beste herausgehoben; vielmehr relativieren sie sich gegenseitig in ihren Vorzügen und Nachteilen. Der thukydideische ›Epitaphios‹ bleibt einerseits konkreter, da Perikles den ›besten Staat‹ am Beispiel Athens vor Augen führt. Andererseits aber stößt Thukydides wesentlich weiter zum Prinzipiellen vor und entwirft aufgrund der verschiedenen Voraussetzungen eine überragende Idealform. Während bei Herodot die Vorzüge der Demokratie (Isonomie) und der Oligarchie und Monarchie (Überlegenheit der Areté) auseinanderfallen und durch negative Kehrseiten jeweils beeinträchtigt werden, beschreibt der ›Epitaphios‹ ein ideales Modell, in dem sich die Vorteile der Demokratie mit denen der Aristokratie verbinden und die jeweiligen Schattenseiten eliminiert werden (37,2; s.o. Seite 738): beruht doch die ganze Idealisierung der Polis im ›Epitaphios‹ auf dem Gedanken, daß sich gegensätzliche Wertmomente nicht ausschließen, sondern sich bei richtigem Ausgleich gegenseitig stützen und steigern.

c)

Der Vergleich mit dem Solon-Kroisos-Gespräch bei Herodot (I 30–33) ist für den ›Epitaphios‹ besonders interessant, weil sich Thukydides mit diesem Logos Herodots unmittelbar auseinandersetzt. Die Erklärer haben gelegentlich auf eine einzelne Parallele hingewiesen: die Formulierung σῶμα αὔταρκες kommt, ähnlich wie im ›Epitaphios‹, schon in der Rede Solons | 66
vor. Aber die Vergleichbarkeit der beiden Logoi reicht weit über diese Einzelheit hinaus. Herodot behandelt hier das gleiche Thema wie Thukydides in der Periklesrede: die menschliche Areté und Eudaimonie. Der Begriff σῶμα αὔταρκες hat dabei hier wie dort eine zentrale Bedeutung und kann gleichsam als Leitfossil darauf aufmerksam machen, daß sich Thukydides mit dem ›Epitaphios‹ auf die Solon-Erzählung Herodots bezieht.

Ernst Bloch nennt in seinem Buch »Freiheit und Ordnung – Abriß der Sozialutopien« (s. o. Anm. 16) unter den ›sozialen Wunschbildern der Vergangenheit‹ als erstes die Vorstellung Solons vom Glück der ›bescheidenen Mitte‹: »Der Mensch kann mit Wenigem glücklich sein und nur mit Wenigem … Niemand ist vor seinem Tod glücklich zu preisen, dieser Satz bedeu-

92 K.F. Stroheker, a.O. (o. Anm. 91) 382–389 denkt besonders an Sophisten wie Protagoras.

93 H. Vretska (1966) hat die Verfassungsdebatte bei Herodot für das Verständnis von Thukydides II 37,1 ausgewertet, die Nähe des Thukydides zu derartigen Theorien jedoch unterschätzt (118). – Weiteres hierzu Seite 778f.

tet auch, daß auf Reichtum kein Verlaß ist, daß er sich weder für einen Einzelnen noch als Zustand vieler empfiehlt. So allgemein und von oben herab das noch alles ist, so sucht es doch eben eine stille Mitte. In ihr sollte das Glück spielen, das jedem das gleiche gönnt und so besteht.«

Was Bloch hervorhebt, entspricht freilich eher den Legenden vom menschlichen Glück, die Herodot schon voraussetzt, als Herodots eigenen Gedanken im Solon-Kroisos-Gespräch. Eine der älteren Erzählungen lautet:[94] »Der reiche König Gyges befragte das delphische Orakel, ob einer glücklicher sei als er. Das Orakel antwortete: Aglaos von Psophis. Dieser Mann lebte in einem abgelegenen Winkel Arkadiens, aber sein kleines Landgut versorgte ihn genügend mit dem jährlichen Bedarf . . .« Hier ist also der Glücklichste derjenige, der die geringsten Bedürfnisse hat und mit wenigem zufrieden ist – eine Ansicht, die bei Platon (Gorgias 492 E) so formuliert wird: »Glücklich sind diejenigen, die nichts entbehren.«

Anders bei Herodot. Er wendet die ältere Weisheit vom Glück des genügsamen Menschen ganz ins Positive.[95] Solon stellt dem reichen Lyderkönig nicht einen anspruchslosen Bauern gegenüber, sondern den Athener Tellos, zu dessen Lebzeiten die Stadt in gutem Zustand war, der tüchtige
67 Kinder | und Enkel hatte und schließlich, nach einem ruhmreichen Tod im Kampf, von seinen Mitbürgern ehrenvoll bestattet wurde (30,4f.). Das zweite Beispiel Herodots weist in die gleiche Richtung: Die Brüder Kleobis und Biton aus Argos, die nach einem kurzen, aber rühmlichen Leben, als die Mutter für die Söhne den schönsten Lohn von der Gottheit erbat, im Tempel einschliefen und nicht wieder erwachten, wurden durch Standbilder in Delphi geehrt (31).[96] Herodots Logos zielt also nicht auf stille Bescheidenheit, sondern auf vielfältige menschliche Bewährung und entsprechende Anerkennung. Solon nennt eine ganze Reihe von Gütern, die das menschliche Glück ausmachen (32,6f.): Der Glückliche ist frei von körperlichen Mängeln, von Krankheit und von Leid (ἄπηρος, ἄνουσος, ἀπαθὴς κακῶν); er hat gut geratene Kinder, eine gute Gestalt und schließlich einen guten Tod (εὔπαις, εὐειδής, τελευτήσει τὸν βίον εὖ). Dann faßt Solon seine Ansicht folgendermaßen zusammen:

94 Überliefert bei Plinius, Nat. hist. 7,151 und Valerius Maximus 7, 1, 2. Vgl. O. Regenbogen, Die Geschichte von Solon und Kroisos (1930), Kl. Schr., München 1961, 101–124 = W. Marg (Hrsg.), Herodot, Darmstadt 1962 (Wege der Forschung 26) 375–403 (hier bes. 398–401).

95 Mit dieser Umprägung des Gedankens kann man am ehesten die ›Unstimmigkeiten‹ erklären, die im Solon-Kroisos-Gespräch aufgespürt worden sind. Herodot folgt einerseits der Erkenntnis, daß das Glück des gewöhnlichen, bescheidenen Mannes sicherer ist und daß der am höchsten Stehende am meisten in Gefahr ist zu stürzen. Andererseits bewundert er doch das Große und Überragende: An Tellos wird nicht die Schlichtheit des Lebens hervorgehoben, sondern das glückliche Gedeihen und der Ruhm; Kleobis und Biton gelten als glücklich, weil sie auf dem Höhepunkt ihrer Kraft und ihres Glanzes sterben; bei Kroisos werden Reichtum und Macht nicht an sich herabgesetzt, sondern es wird nur ihre Unbeständigkeit betont.

96 Ein Bildwerk von dieser Geschichte behandelt K. Fittschen, Zum Kleobis- und Biton-Relief in Venedig, Jahrb. d. Dt. Archäol. Inst. 85, 1970, 171–193.

Alle diese Vorzüge auf sich zu vereinigen, dazu ist man als Mensch nicht fähig. Es kommt ja auch kein Land völlig allein aus χώρη οὐδεμία καταρκέει), indem es alles für seinen Bedarf bietet, sondern einiges hat es, anderes benötigt es hinzu; dasjenige aber, welches das meiste hat, ist das beste. Ebenso ist auch kein Mensch als Einzelwesen allein ausreichend (ἀνθρώπου σῶμα ἓν οὐδὲν αὔταρκές ἐστιν), denn jeder hat das eine, anderes aber benötigt er noch. Wer aber davon das meiste hat und dauernd behält und dann sein Leben froh und dankbar beschließt, der ist bei mir berechtigt, König Kroisos, den Titel eines Glücklichen zu tragen. Auf das Ende jeder Sache muß man sehen, wie sie ausgehen wird. Denn vielen schon hat der Gott einen Schimmer des Glücks gezeigt und sie dann mitsamt der Wurzel umgestürzt.[97]

Für den Solon Herodots ist also die vollkommene Eudaimonie ein Ideal, das der Mensch niemals ganz zu erreichen vermag. Die absolute Eudaimonie gleicht einem Land, das alle | Güter besitzt und somit völlig autark ist.[98] Ein 68
solches Land gibt es in Wirklichkeit nicht: es ist reine Utopie! Ebenso besitzt auch der einzelne Mensch nicht alles, was wünschenswert wäre. Die meisten bleiben von diesem Ziel weit entfernt; und was einer im Augenblick hat, kann er im Lauf des Lebens wieder verlieren. Dieser Unvollkommenheit und Unsicherheit muß man sich als Mensch stets bewußt sein. Immerhin aber gibt es nach Solon auch die Möglichkeit, daß sich ein Mensch dem Idealzustand der Autarkie nähert und so das höchste menschenmögliche Glück erfährt. – Noch allgemeiner läßt sich Herodots Auffassung von der menschlichen Eudaimonie so charakterisieren:

(1) Eudaimonie beruht nicht auf einem quantitativen Maximum von etwas – wie Reichtum oder Macht –, sondern auf dem Zusammenfassen (συλλαβεῖν 32,8) von vielen verschiedenartigen Gütern, also auf dem möglichst vollständigen Vorhandensein mannigfaltiger qualitativer Elemente. Der orientalischen Fülle tritt der griechische Kosmos, der Abundanz die angemessene, geordnete Universalität gegenüber.

(2) Die Eudaimonie wird nicht auf äußere, materielle Besitztümer oder uneingeschränkte Herrschermacht gegründet, sondern auf Werte, die an die Person gebunden sind, und auf günstige Lebensumstände bis hin zu einem guten Tod.

97 Die Herodot-Stelle (I 32,8 f.) findet sich zusammen mit anderen Texten, die sich in ihrer anthropologischen Bedeutung gegenseitig erhellen, auch bei K. Bartels, Was ist der Mensch? München 1975 (Dialog mit der Antike 4).

98 Bei Herodot erscheint das Autark-Sein zum ersten Mal als Normwert in Verbindung mit der Frage nach der menschlichen Eudaimonie. Später wird die Autarkie besonders bei Aristoteles eine normative Rolle für das Eudaimonie-Problem spielen. Vielleicht wird der Begriff hier bei Herodot erstmals von dem idealen Land, das alles hervorbringt (vgl. Fr. mel. chor. adesp. 8 Diehl: αὐτάρκες γύαι) auf die menschliche Person übertragen. Während die Rede Solons im übrigen aus altgriechischer, religiöser Weisheit gespeist ist (zu den genuin solonischen Gedanken in dem Logos Herodots: K. v. Fritz, 1967, I, 217–222), hat man bei dem Gedanken der mangelnden Autarkie des einzelnen Landes und Menschen den Eindruck, daß ein empirisches und modernes Argument vorliegt. Vgl. O. Regenbogen, a. O. (o. Anm. 94) 393f.; F. Hellmann, Herodots Kroisos-Logos, Berlin 1934 (Neue Philol. Unters. 9) 54f.

(3) Der Glückliche wird nicht als alleinstehendes Individuum gesehen, sondern als Glied einer menschlichen Gemeinschaft, für die er sich einsetzt und die ihm Ehre erweist.[99]

(4) Mühen, Gefahren und Opfer stehen nicht im Widerspruch zur Eudaimonie. Auch die Sterblichkeit und selbst ein früher Tod tun dem Glück des Menschen keinen Abbruch, wenn er nur vor dem Tod, ohne Unheil zu erleiden, einmal zur Erfüllung des Menschseins gelangt ist und Ruhm erworben hat.

Die Auffassung Herodots vom menschlichen Glück, die sich aus dem Solon-Kroisos-Logos entnehmen läßt, hängt mit Grundgedanken seines
69 ganzen Geschichtswerkes aufs engste | zusammen. Wenn Solon die Eudaimonie nicht in riesigem Reichtum und unbegrenzter Macht, sondern in dem möglichst vielseitigen Vorhandensein menschlicher Lebensqualitäten sieht, so ist damit das Hauptthema des herodoteischen Werkes angeschlagen: Die persische Macht mit ihrer gewaltigen äußeren Überlegenheit wird von den ärmeren, aber um höhere Werte kämpfenden Griechen besiegt.[100]

Im ›Epitaphios‹ des Thukydides geht es wie in dem Logos Herodots um die menschliche Eudaimonie. Die idealisierende Beschreibung Athens in der Periklesrede ist eine Glücklichpreisung[101] und zugleich eine Wesensbestimmung des Glückes.

Bei der Formulierung σῶμα αὔταρκες, die im ›Epitaphios‹ an zentraler Stelle (41,1) wiederkehrt,[102] sieht es zunächst so aus, als wolle Thukydides, indem er den Athenern eine gewisse Autarkie zuerkennt, dem utopiekritischen Satz Herodots, kein einzelner Mensch sei autark, wider-

99 Aus der Nicht-Autarkie des Einzelnen ergibt sich der Sache nach, auch wenn dies bei Herodot noch nicht (wie in der späteren Philosophie) ausdrücklich hervorgehoben wird, daß jeder Mensch, als Gemeinschaftswesen, anderen helfen und sich selbst von anderen helfen lassen muß. Das Unglück des Kroisos wird dadurch besiegelt, daß er völlig sicher zu sein glaubt und daher den Rat Solons nicht beachtet (I 34). Im weiteren Verlauf der Erzählung zeigt Herodot, wie die Worte Solons von Kyros richtig verstanden werden. Durch den schon auf dem Scheiterhaufen stehenden Kroisos hört der siegreiche Kyros die Weisheit Solons von der Unbeständigkeit des menschlichen Glücks. Er zieht daraus die Konsequenz, daß man einen anderen Menschen nicht rücksichtslos behandeln darf, auch wenn man die Macht und ein gewisses Recht dazu hat: »Da besann er sich und überlegte, daß er, selbst ein Mensch, einen anderen Menschen, der nicht weniger glücklich gewesen war als er, lebend dem Feuer übergeben wollte, . . . und er befahl, das Feuer schnellstens zu löschen« (I 86).

100 Auch der Gedanke von der Wechselhaftigkeit des menschlichen Glücks ist für das ganze Geschichtswerk Herodots grundlegend. Der Historiker will zu seinem Teil dazu beitragen, daß die Unbeständigkeit alles Menschlichen durch rühmendes Gedenken ausgeglichen wird. Schon im ersten Satz seines Werkes sagt er, er wolle dafür sorgen, daß der Ruhm der bewunderungswürdigen Taten nicht in Vergessenheit gerate, und am Ende des Proömiums, er wolle kleiner und großer Städte gleichermaßen gedenken, weil er wisse, daß das menschliche Glück niemals festen Bestand habe (I 5,4). Vgl. dazu W. Schadewaldt, Das Religiös-Humane als Grundlage der geschichtlichen Objektivität bei Herodot (1962), in: Hellas und Hesperien, Zürich ^{2}1970, I, 580–593.

101 Vgl. K. Oppenheimer (1933) 18, 25. Perikles nennt seinen Lobpreis der Stadt ein ὑμνεῖν (42,2); er stellt das εὔδαιμον als höchsten Wert dar (43,4); und er rühmt die Eudaimonie der Gefallenen (44,1).

sprechen. Soweit die Erklärer auf die Beziehung zwischen den beiden Stellen eingingen, haben sie den Unterschied betont.[103] Aber genau genommen besteht zwischen der Aussage Solons und der des Perikles kein Gegensatz.

Herodot und Thukydides sind sich durchaus einig darin, daß die Eudaimonie für den Menschen in einer möglichst weitgehenden Annäherung an das Ideal der Autarkie besteht; und sie glauben beide, daß eine solche Approximation möglich ist. Herodot betont zwar, dem Menschen sei der volle Besitz aller Glücksgüter versagt, er erklärt aber zugleich, daß man zu einer relativen Autarkie und damit zu einer gewissen Eudaimonie gelangen kann, wenn einem die verschiedenen Bedingungen des Glücks wenigstens einigermaßen vollständig zuteil werden. Ebenso spricht Perikles nicht von einer absoluten Autarkie der Athener, sondern von einem approximativ autarken Zustand. Er gebraucht den relativierenden Superlativ (αὐταρκεστάτη 36,3; πλεῖστα, μάλιστα 41,1); und er formuliert die an | Hero- 70
dot erinnernde Behauptung, der einzelne Athener erweise sich als autarke Person (41,1) im abschwächenden Potentialis.[104] Vor allem aber zeigt seine ganze Beschreibung der Sache nach, daß den Athenern nur eine modifizierte, indirekt zustandekommende, nämlich auf Wendigkeit, Anpassungsfähigkeit und Opferbereitschaft beruhende Autarkie zugesprochen werden soll.

Im Rahmen der gemeinsamen Anschauung gelingt es nun freilich dem jüngeren Historiker, die Bedingungen der menschlichen Eudaimonie und Areté noch wesentlich strenger und grundsätzlicher zu fassen:

(1) Thukydides versteht Autarkie nicht mehr nur als Kumulation verschiedener Eigenschaften, sondern als ein dynamisches Zusammenspiel

102 Daß Thukydides mit der Formulierung σῶμα αὔταρκες auf Herodot Bezug nimmt, ist kaum zu bezweifeln. Zwar bedeutet σῶμα bei Thukydides auch sonst so viel wie ›Einzelwesen‹ (II 51,3; III 65,3; VI 9,2; 15,4), aber der ganze Ausdruck ist so prägnant, der thematische Zusammenhang so ähnlich, daß mehr als eine bloß zufällige Berührung angenommen werden muß. Zu vorsichtig sagt J.Th. Kakridis (1961) 64: »Das Wort σῶμα – statt αὐτόν –wird vielleicht absichtlich angewandt, um … an Solons Spruch bei Herodot zu erinnern.« Neben dem Logos Herodots können natürlich noch andere Anregungen mitspielen. So bemerkt K. Oppenheimer (1933) 18: »Der Gedanke einer persönlichen Vollendetheit und Autarkie … ist ein Lebens- und Bildungsideal vermutlich sophistischer Provenienz.«

103 K. Oppenheimer (1933) 17: »Die These der Solon-Geschichte steht vielleicht nicht so sehr inhaltlich als ihrem Ethos nach in einem Gegensatz zu dem Grundgedanken des Epitaphios … Jedenfalls erkennt der thukydideische Epitaphios die Unzulänglichkeit und Zerrissenheit des menschlichen Wesens nicht an und geht in seinen Prädikationen von einer universalen Idee des Menschen aus.« H. Flashar (1969) 31: » … in ganz betontem Gegensatz zu der älteren Auffassung Herodots, wonach der Mensch nicht autark ist, Autarkie vielmehr die Grenzen des Menschlichen übersteigt.«

104 J. Classen – J. Steup, Thukydides. Kommentar, Bd. II ^{5}1914 (^{7}1966) 108: »Nachdem der Hauptgedanke, daß jeder einzelne Athener seine Persönlichkeit (σῶμα) zu selbständiger Tüchtigkeit auszubilden suche, durch das (grammatisch zu παρέχεσθαι, nicht zu δοκεῖν gehörige) ἂν die bescheidene Färbung des subjektiven Urteils empfangen hat, wird dieselbe insbesondere auch den beiden charakteristischen Bestimmungen … beigelegt, jedesmal mit Wiederholung des ἄν.« Daß das dreimalige ἂν die entscheidende Aussage abmildert, sieht nach H. Herter (1955) 139f. auch wieder J.Th. Kakridis (1961) 63f., der aber trotzdem aus dem Satz herausliest: »der attische Bürger lebt in absoluter Autarkie« (61).

von Kräften und Wertfaktoren, die sich in wechselseitiger Ergänzung sowohl kontrollieren, ausgleichen und begrenzen als auch gegenseitig integrieren und steigern.

(2) Der ›Epitaphios‹ nimmt die Komponenten der menschlich-politischen Bestform noch weiter in das ethisch-geistige Vermögen des Menschen herein. Alles wird auf eine dem Zufall weitgehend entzogene, dauernd verfügbare innere Disposition zurückgeführt, nämlich auf jene Fähigkeit, das Gegenstrebige zu vereinigen und sich ebenso vielseitig wie anmutig zu betätigen. Wertvoller als der feste Besitz von Gütern ist hier die Fähigkeit, alles nach Belieben an sich zu ziehen. Wichtigste Voraussetzung des Erfolgs ist die Koinzidenz von Rat und Tat, theoretischem Erkennen und aktivem Handeln.

(3) Die mitmenschliche Grundlage des Glückszustandes kommt nun mit voller Klarheit zur Geltung. Bei Thukydides wird die Eudaimonie zu einem ausgesprochen politisch-sozialen Ideal. Der Mensch kann sich die persönliche Autarkie nur in einer Polis aneignen, die ihm die Möglichkeit zu voller Entfaltung bietet; und die Polis ist in dem Maß autark, in dem es die einzelnen Bürger sind. Der Einzelne nähert sich gerade dadurch der Autar-
71 kie, daß er sich seiner individuellen Unzu- | länglichkeit bewußt ist und die Gemeinschaft mit den anderen Menschen sucht.

(4) Im ›Epitaphios‹ wird auch der Gedanke Solons aufgegriffen, daß es für die Eudaimonie nicht auf die Länge der Zeit, sondern auf die Ungetrübtheit des Lebens und einen ruhmvollen Abschluß ankommt (44,1) und daß überhaupt die menschliche Unvollkommenheit der Areté und Eudaimonie nicht hinderlich ist, wenn nur die Mängel in richtiger Weise ausgeglichen werden. Noch bewußter als Herodot erklärt Thukydides (im ganzen zweiten Hauptteil der Periklesrede, o. Seite 741--744), daß die menschliche Areté gerade aus der Schwäche und Sterblichkeit erwachsen muß, daß Eudaimonie nicht ohne Opferbereitschaft zustandekommt und Selbstverwirklichung auf Selbstbegrenzung beruht, nämlich auf einem Ethos der Rücksicht, der Mitverantwortung, der Einfügung in die Gemeinschaft.

Im ganzen hat Thukydides die Überlegungen Herodots zum Wesen des menschlichen Glücks so systematisch fortgeführt, daß aus den Sätzen Solons in der Periklesrede ein regelrechtes Staatsmodell geworden ist: ein ideales, aber für die Wirklichkeit maßgebliches Parádeigma der bestmöglichen politischen Lebensordnung.

Der pessimistisch klingende Gedanke, daß keiner alles hat und daß man sich, weil das menschliche Leben dem Wechsel unterworfen ist, nicht auf sein augenblickliches Glück verlassen darf, tritt bei Herodot etwas stärker hervor. Aber die Einschränkung des Ideals im Blick auf das Menschenmögliche fehlt bei Thukydides keineswegs. Der ›Epitaphios‹ macht ja deutlich, daß der Mensch nur zu relativer Autarkie fähig ist und daß er diese nicht durch gesicherten Besitz, sondern durch die Bereitschaft zur Kompensation, zur wendigen Anpassung und zu höchstem Wagnis erlangen kann.

Auch die spürbare Diskrepanz zwischen Idealbild und geschichtlicher Wirklichkeit bringt zu Bewußtsein, daß der gepriesene Glückszustand niemals mit Leichtigkeit, niemals vollständig und niemals auf | die Dauer zu 72
verwirklichen sein wird. Und wenn es nach dem ›Epitaphios‹ noch einer ausdrücklichen Utopiekritik bedarf, so zeigt alsbald die Pestschilderung durch den ungeheuren Kontrast, wie gefährdet und hinfällig menschliche Größe ist.[105]

d)

Aus der antiken Wirkungs- und Rezeptionsgeschichte des thukydideischen ›Epitaphios‹ ist uns als wichtigstes Beispiel der ›Menexenos‹ Platons überliefert.[106] Hier ist eine Auseinandersetzung Platons mit Thukydides zu beobachten.[107] Weniger sicher ist, daß Platon an Thukydides denkt, wenn er im ›Gorgias‹ erklärt, Perikles habe die Athener verdorben, oder daß er auf den Zentralsatz des ›Epitaphios‹ (41,1) anspielt, wenn er in der ›Politeia‹ (VIII 563 AB) bemerkt, in einer demokratischen Polis seien die Alten, um es den Jungen gleichzutun, voller Wendigkeit und Gefälligkeit (εὐτραπελίας τε καὶ χαριεντισμοῦ ἐμπίμπλανται).[108]

Der ›Menexenos‹ besteht zur Hauptsache aus einer Gefallenenrede des Sokrates. Im Einleitungsgespräch werden scherzhaft Perikles und Aspa-

105 Wie bei Herodot auf die Rede Solons die Erzählung vom Unglück des Kroisos (I 34ff.) so folgt bei Thukydides auf den ›Epitaphios‹ die Pestschilderung als schrecklicher Anfang einer für Athen unheilvollen Entwicklung. Allerdings ist der Umschlag bei Herodot anders motiviert. Er schreibt (I 34,1): »Kaum war Solon weitergezogen, da erfaßte den Kroisos von Gott her eine große Nemesis, und zwar, wie zu vermuten ist, deswegen, weil er sich einbildete, der glücklichste von allen Menschen zu sein.« Die Gottheit ›verargt‹ es hier also dem Menschen, wenn er über das gewöhnliche Maß hinausstrebt und sich seiner Hinfälligkeit nicht bewußt ist (vgl. W. Marg, ›Selbstsicherheit‹ bei Herodot, 1953, in: Herodot, Darmstadt 1962, Wege der Forschung 26, 290–301). Bei Thukydides ist, wenn auch die religiöse Begründung fehlt, die Niederlage Athens im ganzen ebenfalls durch Überheblichkeit und falsche Selbsteinschätzung verschuldet. Aber zwischen dem Idealbild Athens im ›Epitaphios‹ und dem Ausbruch der Pest wird ein solcher ursächlicher Zusammenhang nicht im entferntesten angedeutet. Dieses Idealbild entspricht ja auch mehr der echten Areté und Eudaimonie eines Tellos als dem vermeintlichen Glück des Kroisos. Thukydides will also mit dem starken Kontrast nur die große Spannweite zwischen höchstem menschlichem Glück und tiefstem Unglück verdeutlichen. – Gute Bemerkungen zur thukydideischen Sicht der Ursachen von Größe und Niedergang bei F. Broemser (1966) 60–70.

106 Zeugnisse für das Fortwirken des thukydideischen Geschichtswerkes in der Antike bei O. Luschnat (1970) 1266–1311. Zur Wirkung auf Plutarch jetzt Ph.A. Stadter, Thucydidean Orators in Plutarch (Sammelband 1973) 109–123. Bei seinem Vergleich zwischen Aristophanes und Menander wendet Plutarch (854 AB) den zentralen Satz des ›Epitaphios‹ über die athenische Autarkie auf Menander an (μετὰ χαρίτων μάλιστα ἑαυτὸν αὐτάρκη παρέσχηκεν), um die reizvolle, alles Schöne umfassende Universalität seiner Dichtung zu kennzeichnen.

107 Über das Verhältnis Platons zu Thukydides: O. Regenbogen (1933 = WdF 1968) 58; G. Rohr, Platons Stellung zur Geschichte, Glückstadt 1931 (Diss. Kiel) 113–119; J. de Romilly (1947) 301–304; E. Bayer (1948= WdF 1968) 216–226; W. Schmid (1948) 209f.; H. Herter (1950 = WdF 1968) 278; H. Herter, Macht und Idee, Zur Interpretation von Thukydides und Platon, Wiener Humanist. Blätter 1, 1958, 26–32; Verf., Platon und die Geschichte, Stuttgart-Bad Cannstatt 1961, 24f.; F. Broemser (1966) 32.

sia erwähnt (235 E. 236 B), was doch wohl als Hinweis auf den ›Epitaphios‹ des Thukydides zu verstehen ist. Auf Thukydides zielt wahrscheinlich auch die Feststellung des Sokrates, daß die Epitaphienredner gewöhnlich ihre Zuhörer zur Selbstüberschätzung verleiten. »Sie loben so schön, daß sie, wenn sie von jedem einzelnen sowohl das, was ihm zukommt, als auch das, was ihm nicht zukommt, ausführen, wenn sie es aufs schönste mit sprachlichen Wendungen ausgestalten, unsere Seelen ganz bezaubern, ebenso wenn sie auch die Stadt auf allerlei Weise verherrlichen und sowohl die im Krieg Gefallenen als auch alle unsere Vorfahren von ehedem, ja auch uns selbst, die noch Lebenden, rühmen, so daß mir, mein Menexenos, ganz vornehm zumute wird, wenn ich so von ihnen gerühmt werde, und ich allemal mit of-
73 fenen Ohren ganz entzückt dastehe, als ob ich in diesem Augenblick | größer, vornehmer und schöner geworden wäre« (234 C – 235 A). Erst nach vier oder fünf Tagen, so fährt Sokrates fort, erinnere er sich dann wieder daran, wo auf Erden er sich befinde, während er sich vorher beinahe auf den Inseln der Seligen wähnte (235 C).

Im Sinne der Thukydides-Interpretation Flashars könnte man erklären, daß Platon hier die eigene Kritik des Geschichtsschreibers an den stolzen Worten des Perikles übernehme und verstärke. Wahrscheinlicher ist, daß Platon die thukydideische Gefallenenrede als typischen Epitaphios versteht und sich unmittelbar gegen die Idealisierungstendenz derartiger Reden wendet. Er hält es für gefährlich, wenn – wie es ja auch bei Thukydides geschieht – ein unwirkliches Idealbild als tatsächliche Wahrheit ausgegeben wird. Platon ist sich bewußt, daß er als Philosoph überhaupt erst über die gedanklichen Mittel verfügt, um die geistige Seinsweise und die eigene Wahrheit des Ideals klar zu erfassen. Jedenfalls will er strenger, als es der Historiker getan hatte, zwischen der empirisch-geschichtlichen Welt und dem idealen Parádeigma unterscheiden und so das Mißverständnis vermeiden, als ob das an sich Gute in der dem Menschen gewöhnlich erreichbaren Wirklichkeit zu finden sei.

Demgemäß unterscheidet sich die Gefallenenrede des Sokrates von der des Perikles in wesentlichen Punkten.[109] Sokrates zeichnet nicht ein Idealbild der Polis, sondern er führt die Geschichte Athens vor Augen. Dabei ist eine aufsteigende Entwicklung bis zur gegenwärtigen Höhe der philosophischen Erkenntnis angedeutet, vor allem aber eine Entwicklung des

108 Eine Anspielung auf Thukydides findet in Politeia VIII 563 AB mit M. Pohlenz wieder O. Luschnat (1970) 1281f., während sich E. Schwartz und Wilamowitz gegen eine Bezugnahme ausgesprochen hatten – wohl mit Recht, weil εὐτραπελία ein gebräuchliches Kennzeichen der Jugend und der Athener ist (Aristoteles, Rhet. 1389 b 11; Poseidippos, Fr. 28 = III 345 Kock). – Jedenfalls wird das, was in der Periklesrede ein Ruhmestitel ist, bei Platon ein Tadel. Überhaupt steht Platons ›Politeia‹ mit der Forderung, jeder solle »das Seine tun« (τὰ ἑαυτοῦ πράττειν) in einem sehr deutlichen Gegensatz zu dem bei Thukydides gepriesenen Ideal der durch Vielseitigkeit und Wendigkeit relativ autarken Person.

109 Vgl. R. Thurow, Der platonische Epitaphios, Untersuchungen zur Stellung des ›Menexenos‹ im platonischen Werk, Diss. Tübingen 1968, 54f. 58f.

Zerfalls von ursprünglicher Areté zu einer fragwürdigen politischen Gegenwart beschrieben.[110] Zugleich vermeidet es Sokrates noch mehr als Perikles, die Lebenden zu loben. Seine Rede gipfelt in der Paränese, mit der die Hörer zur Bemühung um innere, seelische Areté ermahnt werden.[111] | 74

7 *Utopische und utopiekritische Züge im ›Epitaphios‹ des Thukydides*

a)

Die Untersuchung der Periklesrede in ihrem engeren und weiteren Kontext hat bestätigt, daß diese Rede verschiedene Aspekte aufweist, daß aber die unterschiedlichen Ansichten, die bei den bisherigen Erklärungen abwechselnd in den Vordergrund gerückt worden sind, nicht einfach beliebig nebeneinander bestehen können. Als der für Thukydides wichtigste Aspekt hat, wie ich meine, der sachliche zu gelten, der hier mit dem Stichwort ›Staatsmodell‹ thematisiert werden sollte. Alle die anderen Dimensionen der Rede – das Rhetorische, Situationsbedingte, Persönliche – dienen letztlich der sachlichen Darstellung einer idealen menschlich-politischen Lebensordnung.

Thukydides hält sich an die herkömmliche rhetorische Form der Gefallenenrede. Er läßt Perikles auch sagen, was die augenblickliche Situation verlangte. Man mag ferner erklären, Thukydides wolle hier die große Vergangenheit seiner Vaterstadt beschwören und Perikles verteidigen – oder umgekehrt: der Historiker enthülle hier das illusionäre, selbstherrliche Machtdenken des Perikles. In alledem bildet den substantiellen Kern doch die Wesensbestimmung der menschlichen Areté und Eudaimonie. Es ist die große schriftstellerische Kunst des Thukydides, die ihn befähigt, in der traditionellen Redeform und im Zusammenhang der Geschichtsdarstellung etwas wesentlich Neues auszusagen: Die Rede des Perikles zum Lob Athens und seiner Toten enthält als Hauptsache ein normativ gültiges Parádeigma des politischen Lebens.

Wie die Erklärung des Idealzustandes der Gesundheit dem Arzt hilft, alle möglichen Krankheiten besser zu erkennen und zu behandeln, so hat auch die Beschreibung der besten politischen Ordnung im Werk des Thuky-

110 Verf., Platons ungeschriebene Lehre, Stuttgart 1963 (^{2}1968) 250f. Zum ›Menexenos‹-Problem zusammenfassend H. Herter, Urathen der Idealstaat, in: Politeia und Res publica, Wiesbaden 1969 (Palingenesia 4) 108–134 (hier 108–111).

111 Vielleicht setzt sich Platon bei der paränetischen Beschreibung der ethischen Areté im ›Menexenos‹ (247 Ef.) mit dem Autarkiebegriff des thukydideischen ›Epitaphios‹ auseinander. Sokrates beruft sich hier auf das delphische μηδὲν ἄγαν und erklärt: Das beste Leben führt derjenige, bei dem alles, was zur Eudaimonie gehört, ganz von ihm selbst abhängt – oder beinahe ganz; ein solcher Mensch ist nicht auf äußere Güter oder andere Menschen angewiesen und besitzt alle Tugenden. Platon betont also wie Thukydides, daß der Mensch die Autarkie nicht ganz, sondern nur annäherungsweise (ἐγγύς) erreichen kann; er gründet diesen Zustand aber noch weit mehr als der Historiker auf das innere, seelische Selbst des Menschen (vgl. Politeia II 387 D).

75 dides den sachlichen Sinn, | daß dem Leser ein Modell des intakten, glücklichen Lebens vor Augen gestellt wird, an dem er sich bei der Beurteilung des im Geschichtswerk dargestellten Zerfallsprozesses wie auch bei seiner eigenen Entscheidung in kritischen Situationen orientieren kann.

Bei dieser Zusammenfassung der Untersuchungsergebnisse sei nochmals betont, daß das Modell des Thukydides nicht als ein wirklichkeitsfremdes, zur Überheblichkeit verführendes Wunschdenken aufgefaßt werden kann. Vielmehr ist in der Periklesrede die Darstellung des wahren Ideals mit ausgesprochener und unausgesprochener Kritik an irrealen Wunschvorstellungen verbunden. Um dem ›Epitaphios‹ gerecht zu werden, müßte Flashars Annahme einer ideologiekritischen Absicht des Thukydides in diesem Sinne modifiziert werden.

(1) Wichtig ist unter diesem Gesichtspunkt, daß das Staatsmodell des Thukydides durch die Form des Athen-Lobes auf die perikleische Polis bezogen bleibt. Dadurch nötigt die Rede den Leser zum Vergleich des Ideals mit der geschichtlichen Realität und macht ihn darauf aufmerksam, daß es Gefahren mit sich brächte, wenn die Diskrepanz zwischen Idealbild und Wirklichkeit eher verschleiert als bewußt gemacht würde.

(2) Noch wichtiger ist, daß die Beschreibung der paradigmatischen Polisordnung durchaus auf die Bedingungen des Menschseins Rücksicht nimmt, also die Voraussetzungen einer möglichen Verwirklichung des Ideals ständig mitreflektiert. (a) Mit der Ablehnung dichterischer Lobredner (41,4) wendet sich Thukydides im ›Epitaphios‹ gegen mythische, phantastische, rein fiktive Utopien, die ohne Verbindlichkeit für das menschliche Leben sind. (b) Auch die ausdrückliche Bekräftigung der Wahrheit der Rede kann wohl darauf hinweisen, daß hier eine Norm beschrieben wird, die zwar nirgends mit der Wirklichkeit zusammenfällt, umso mehr aber der Realität zugrundeliegt und tendenziell auf Verwirklichung ausgeht. (c) Pe-
76 rikles beschreibt die Areté der Polis und ihrer Bürger nicht als absolut | vollkommene, göttliche Autarkie, sondern als die dem Menschen zukommende Annäherungsform: daher der für die Rede maßgebende Grundgedanke des Ausgleichs von Gegensätzen, der vielseitigen Wendigkeit und der Überwindung natürlicher Schwächen und Versuchungen. (d) Schließlich macht auch die Stellung der Rede im Gesamtwerk darauf aufmerksam, daß der Idealzustand nur unter günstigsten Umständen und niemals vollkommen verwirklicht werden kann. Selbst wenn der Glückszustand einmal annähernd erreicht sein sollte, ist er doch immer von der Auflösung bedroht, weil die menschliche Natur, wie zumal die Pestschilderung zeigt, in Krisensituationen immer den egoistisch-irrationalen Antrieben folgen wird.

b)

Durch die vorgelegte Interpretation wird der thukydideische ›Epitaphios‹ in eine vielleicht überraschend enge Verbindung mit der damaligen Diskussion um den ›besten Staat‹ gebracht. Als seinen Beitrag zu diesem Thema hat Thukydides, wie mir scheint, den ›Epitaphios‹ verstanden. Und unter diesem sachlichen Gesichtspunkt ist die Periklesrede wohl auch heute noch am angemessensten zu aktualisieren. Der thukydideische ›Epitaphios‹ gehört, so verstanden, nicht nur in die Tradition der athenischen Gefallenenreden und der *laudes Athenarum*. Der Historiker hat sich vielmehr üblicher rhetorischer Formen bedient, um seine ganz und gar ungewöhnliche Ansicht von der ἀρίστη πολιτεία vorzubringen.

Es sind verschiedene Entwicklungslinien des griechischen Denkens, die sich bei Thukydides kreuzen und eine neue, unüberbietbar ›klassische‹ Einheit bilden. Wie das Staatsmodell des ›Epitaphios‹ inhaltlich durch die Aufhebung gegensätzlicher Tendenzen charakterisiert ist, so läßt sich auch von der denkerischen Form und Methode der thukydideischen Theorie sagen, daß sie verschiedene Ansätze produktiv miteinander verbindet. (1)
Eine der Traditionen, die Thukydides im ›Epitaphios‹ | aufgreift, ist die des 77
utopischen Denkens.[112] Die Frage nach dem glücklichsten Leben haben auch die Griechen anfänglich mit phantastischen Bildern von einem märchenhaft seligen Dasein beantwortet. Späterhin haben sie diese ins Niemandsland der Träume führenden Vorstellungen immer rationaler und grundsätzlicher gestaltet und immer stärker auf die politische Welt bezogen. Im Jahr 392 v. Chr. brachte Aristophanes in den ›Ekklesiazusen‹ eine kommunistische, Güter- und Frauengemeinschaft propagierende Gesellschaftsutopie auf die Bühne. Diese Komödie spiegelt gewiß Diskussionen wider, die schon im fünften Jahrhundert aufgekommen waren.

In der Zeit nach Thukydides setzt sich diese Linie bei Platon fort, der mehrere Staatsutopien entworfen hat: den Idealstaat der ›Politeia‹, den wirklichkeitsnäheren Gesetzesstaat der ›Nomoi‹ und die mythisch-geschichtlichen Schilderungen von Urathen und Atlantis im ›Timaios‹ und im ›Kritias‹. Die Utopien der hellenistischen Zeit sind dann wieder mehr individualistisch oder allgemein anthropologisch konzipiert – sei es die Anarchie des Kynikers Diogenes oder die kosmopolitische Nomos-Vorstellung der ›Politeia‹ des Stoikers Zenon oder seien es die Erzählungen von fernen Völkern bei Theopomp, Hekataios, Euhemeros und Jambulos.[113]

112 Einen vortrefflichen Überblick über die Utopien der Griechen vermittelt die neue Studie von B. Kytzler, Utopisches Denken und Handeln in der klassischen Antike, in: R. Villgradter–F. Krey (Hrsg.), Der utopische Roman, Darmstadt 1973, 45–68. Kytzler erörtert die antiken Texte, Denkformen und praktisch-politischen Versuche und zitiert in den Anmerkungen ziemlich vollständig die bisherige Forschungsliteratur. Hinzuzufügen ist jetzt der instruktive Beitrag von H. Flashar, Formen utopischen Denkens bei den Griechen, Innsbruck 1974 (Innsbrucker Beiträge zur Kulturwissenschaft 3) sowie aus früherer Zeit: H. Freyer, Die politische Insel. Eine Geschichte der Utopien von Platon bis zur Gegenwart, Leipzig 1936; F. Oertel, Klassenkampf, Sozialismus und organischer Staat im alten Griechenland, Bonn 1942 (Bonner Kriegsvorträge 55); K. Kerényi, Ursinn und Sinnwandel des Utopischen, Eranos-Jahrbuch 32, 1963 (Zürich 1964) 9–29; H.C. Baldry, The Unity of Mankind in Greek Thought, Cambridge 1965; C. Mossé, Les utopies égalitaires à l'époque hellénistique, Revue historique 241, 1969, 297–308; J. Vogt, Die Sklaverei im utopischen Denken der Griechen, Riv. stor. dell'antichità 1, 1971, 19–32.

Mit allen diesen utopischen Entwürfen hat das Staatsmodell des Thukydides das Hinausgehen über die bestehende Wirklichkeit gemein. In einzigartiger Weise ist aber die thukydideische Utopie zugleich an das geschichtliche Athen gebunden. Hier wird das Athen der Perikleszeit zum Parádeigma erhoben; oder anders gesagt: das Ideal wird – exemplarisch – im Blick auf Athen als lebendige Wahrheit dargestellt.

(2) Eine andere zur Periklesrede des Thukydides hinführende Linie ist die der Utopiekritik. Das utopische Denken war bei den Griechen seit jeher mit einer kritischen Gegenströmung verbunden. Ein derartiger Ansatz hat sich uns in dem Gedanken gezeigt, daß das Ideal gerade im einfachen, bescheidenen Leben zu suchen sei (o. Seite 768). Diese Vorstellung hat He-
78 rodot | im Solon-Kroisos-Gespräch großartig vertieft. Hier knüpft, wie wir gesehen haben, Thukydides an, indem er die Gedanken Herodots zu einer politischen Theorie fortentwickelt. Er übernimmt dabei gerade auch die pessimistischen, utopiekritischen Weisheiten Solons. Das Staatsmodell des ›Epitaphios‹ trägt ja ganz bewußt den menschlichen Unzulänglichkeiten Rechnung, da die von Perikles gepriesene Areté nicht auf absoluter, sondern auf relativer, die menschlichen Schwachheiten akzeptierender und kompensierender Autarkie beruht.

Nach Thukydides hat dann die griechische Philosophie den Gedanken weiter entfaltet, daß der Mensch seinem Wesen nach nicht autark ist und deswegen nur indirekt zur Eudaimonie gelangen kann – sei es durch den Zusammenschluß mit anderen Menschen (Staat, Freundschaft) oder durch möglichst weitgehende Bedürfnislosigkeit. Eine so enge sachliche Verbindung von utopischer Idealisierung und utopiekritischem Realismus wie im thukydideischen ›Epitaphios‹ ist später kaum mehr irgendwo zustandegekommen.

(3) Schließlich berührt sich der ›Epitaphios‹ auch mit den typologisch-deskriptiven Politien (Verfassungsbeschreibungen), die es vom fünften Jahrhundert an gegeben hat. Teils waren es mehr theoretische Darstellungen, teils sollten sie politischen Reformen dienen. Einen solchen Versuch haben wir in der Verfassungsdebatte bei Herodot kennengelernt (o. Seite 766f.). Daneben kann man die von einem unbekannten antidemokratischen Autor stammende (pseudo-xenophontische) ›Staatsverfassung der Athener‹ (᾿Αθηναίων πολιτεία) stellen.[114] Ebenfalls noch im 5. Jahrhundert ist das Verfassungsprogramm des Hippodamos von Milet entstanden, das wie das Programm des Phaleas von Chalkedon (bald nach

113 Zu den hellenistischen Utopien B. Kytzler, a.O. (o. Anm. 112) 59–63. Einigermaßen vollständig ist uns nur der (wahrscheinlich im 3. Jahrh. v. Chr. verfaßte) ›Sonnenstaat‹ des Jambulos kenntlich (im Auszug überliefert bei Diodor II 55–60; Übersetzung in: H. Swoboda, Der Traum vom besten Staat, München 1972). Zeugnisse für die ›Meropis‹ Theopomps (Mitte 4. Jahrh.): FGrHist II B 115, 75; für die Schilderung der Ägypter und Hyperboreer bei Hekataios von Abdera (etwa 350–290): FGrHist III A 264,1–14; für die ›Panchaia‹ des Euhemeros (etwa 340–260): FGrHist I A 63,2.3.

400?) unmittelbar realisierbar sein wollte.[115] Die ›Politien‹, die der Sophist und Politiker Kritias geschrieben hat, verraten eine aristokratische, am Vorbild Spartas orientierte Tendenz.[116] Später reiht sich die Schrift Xenophons vom ›Staat der Spartaner‹ (Λακεδαιμονίων πολιτεία) oder auch noch Plutarchs Beschreibung der spartani- | schen Verfassung (›Vita des Lykurg‹) 79
in diesen Zusammenhang ein. Auch die Vorstellungen des Aristoteles vom ›besten Staat‹ im sechsten und siebenten Buch der ›Politika‹ wollen (gegenüber Platons utopischen Staatstheorien, die im zweiten Buch kritisiert werden) realistisch und praktikabel sein.

Thukydides hat gewiß mehrere derartige Verfassungsbeschreibungen, deren es schon im 5. Jahrhundert eine ganze Menge gab, gekannt. Ebenso sicher aber hat er alle diese empirisch oder ideologisch einseitigen Versuche durch den weit höheren Grad der Allgemeingültigkeit und grundsätzlichen Sachgemäßheit seines Modells überboten.

Das Ziel dieser Interpretation wäre erreicht, wenn die ganze Untersuchung am Beispiel des ›Epitaphios‹ deutlich gemacht hätte, weshalb Thukydides erwarten konnte, sein Werk werde auch in künftigen Zeiten brauchbare Erkenntnisse vermitteln, – wie denn in der Tat noch überall, wo nach der besten Ordnung des menschlichen Zusammenlebens gefragt wird, die Gedanken des ›Epitaphios‹ gültig sind: die Forderung eines Ausgleichs der Gegensätze, die Respektierung der menschlichen Bedürfnisse, die klare Sicht der menschlichen Schwachheit, das Wissen von der Selbstüberwindung als der Bedingung wahren Glückes. 102

III NACHTRÄGLICHE BEMERKUNGEN von Hellmut Flashar

In meiner Abhandlung ›Der Epitaphios des Perikles, Seine Funktion im Geschichtswerk des Thukydides‹ (1969) hatte ich betont, daß die Rede, die Thukydides II 35–46 Perikles auf die Gefallenen des ersten Jahres im Peloponnesischen Krieg halten läßt, vielfach isoliert betrachtet und bewertet, in umfassenderen Darstellungen der Geschichtsschreibung des Thukydides

114 Über das Verhältnis der Schrift vom ›Staat der Athener‹ zu Thukydides: H. Strasburger (1954 = WdF 1968) 449f.; J. de Romilly, Le Pseudo-Xénophon et Thucydide, Étude sur quelques divergences de vues, Rev. Philol. 36, 1962, 225–241. Kaum diskutabel: M.L. Lang, Cleon as the Anti-Pericles, Class. Philol. 67, 1972, 159–169.

115 Nach den Referaten bei Aristoteles (Pol. II 7 und 8) konstruierte Hippodamos eine Polis mit 10.000 Bürgern, drei Ständen (Handwerkern, Bauern, Kriegern) und demokratischer Beamtenwahl; auch zeigte er sich fortschrittlich auf dem Gebiet des Rechtswesens, der Erziehung und der sozialen Fürsorge (für die Kinder von Gefallenen). Phaleas forderte gleichen Grundbesitz für alle Vollbürger und gleiche Erziehung als Voraussetzungen einer stabilen politischen Ordnung. – Vgl. R. v. Pöhlmann, a.O. (o. Anm. 42) 15–8; W. Nestle, Vom Mythos zum Logos, Stuttgart 1940 (^{2}1942) 492–494.

116 Zu Kritias: H. Patzer, a.O. (o. Anm. 14).

in der Regel nur kurz behandelt, in neuerer Zeit aber (mit Ausnahme der Arbeit von J.Th. Kakridis, 1961) kaum je im einzelnen untersucht worden ist. Zugleich ging ich davon aus, daß sich das Verständnis des Textes nur aus der Funktion der Rede im Ganzen des thukydideischen Werkes erschließt und daß dabei zwischen dem kritischen, desillusionierenden Denken und Darstellen im übrigen Werk einerseits und dem ›Epitaphios‹ andererseits keine Kluft besteht, mithin der ›Epitaphios‹ nicht die große Ausnahme im Werk des Historikers ist. In Anknüpfung an neuere Arbeiten über Thukydides, insbesondere von H. Strasburger (1958) und H.-P. Stahl (1966), schien mir in Verbindung mit der Spätdatierung des ›Epitaphios‹ die Auffassung, es handle sich um ein im Sinne der Identifizierung: Perikles = Thukydides formuliertes und vom Historiker auch selbst so empfundenes Ideal, nicht mehr haltbar zu sein.

Inzwischen ist die Diskussion hierüber erfreulicherweise in Gang gekommen, besonders durch zwei ausführliche, für das Verständnis des Textes auch im einzelnen sehr förderliche Arbeiten.

Zunächst hat G.P. Landmann (1974) in einer subtilen, wenn auch etwas unsystematischen Analyse die Differenz zwischen dem antiken und dem modernen politischen Denken herausgearbeitet und ist zu dem Ergebnis gelangt, daß Thukydides im ›Epitaphios‹ Perikles sich in der konkreten
103 politischen Situation | von 430 rechtfertigen läßt, zugleich aber ein überzeitliches Bild eines Staates zeichnet, »zu dem das einfache Volk und die besten Männer, die tiefsten Geister der Zeit gemeinsam ja sagen konnten« (95). Dennoch erlaube uns diese Überzeitlichkeit keine Identifikation, weil die Einmaligkeit in Situation und Volkscharakter dies nicht zulasse. – Landmanns Bemerkung, in meiner Interpretation werde »Perikles zu Hitler« (94), wie überhaupt das stark vergröbernde Referat meiner Auffassung muß ich als nicht auf dem Boden sachlicher Argumentation stehend zurückweisen.

Sodann hat nun K. Gaiser in sorgfältiger Interpretation eine neue Erklärung entwickelt: im ›Epitaphios‹ werde die historische Wirklichkeit idealisiert, aber nicht einer politischen Apologie zuliebe, sondern ganz generell zu einer ›utopischen‹ Zielvorstellung im Sinne eines zeitlos gültigen Modells einer sinnvollen Gesellschaftsordnung.

Da die Argumentation in den genannten Arbeiten zumindest teilweise in kritischer Auseinandersetzung mit meiner Position geführt wird, erlaube ich mir, zunächst noch einmal diejenigen Grundsätze aufzuführen, bei denen ein breiter Konsens besteht oder erwartet werden kann und die mir als hermeneutische Maximen für die Interpretation unerläßlich scheinen:

1. Der ›Epitaphios‹ des Perikles ist eine Rede, deren Wortlaut Thukydides gestaltet hat.

2. Die Rede erwächst aus einer Aufnahme und Abwandlung der herkömmlichen Topoi des Logos Epitaphios. Damit hängt auch die idealisie-

rende Tendenz zusammen.

3. Thukydides bringt hier in seiner Sprache und aus seiner Sicht die Politik und die Denkweise des Perikles zur Zeit des eben begonnenen Krieges in dem durch den Anlaß der Rede gegebenen Rahmen zur Darstellung.

4. Der ›Epitaphios‹ ist (wie die Erwähnung des »ganzen Krieges« II 34,7 und die von Gaiser nochmals eindrucksvoll herausgearbeitete Stellung der Rede im Gesamtwerk deutlich machen) erst nach 404 entweder geschrieben oder zu- | mindest in seiner jetzigen Form in den kompositori- 104
schen Zusammenhang gestellt, in dem er steht.

5. Daher kann die Frage nicht umgangen werden, was der ›Epitaphios‹ aus der Perspektive von 404 bedeutet, d.h. was der Preis von Athens Macht und Überlegenheit besagen soll, wenn Thukydides ihn zu einer Zeit formuliert hat, in der diese Macht eben zerbrochen war.

In der Beantwortung der letzten Frage beginnen die Differenzen und Schwierigkeiten. Gaisers Lösungsversuch, der ›Epitaphios‹ stelle im Urteil des Thukydides das positive Staatsmodell dar, die in der Wirklichkeit nicht erreichte, aber auch nach dem Zusammenbruch verbindliche Norm, ist m.E. zu platonisch gedacht und widerstreitet zunächst der ausdrücklichen Versicherung des (thukydideischen) Perikles, das von ihm entworfene Bild sei eine »Wirklichkeit von Fakten« (ἔργων ἀλήθεια II 41,2). Der Tenor der ganzen Rede ist ja von dem Anspruch getragen, konkrete Wirklichkeit auszusagen, auf Verwirklichtes hinzuweisen, das sichtbar und vorzeigbar ist, – also das Gegenteil einer bloßen Theorie oder gar Utopie. Der Gedanke, die politische Ordnung der Athener habe paradigmatischen Charakter (II 37,1), ist ausdrücklich auf andere, also nicht auf Athener, bezogen und geht davon aus, daß die politische Ordnung mit einem derartigen paradigmatischen Charakter in Athen zur Zeit des Perikles verwirklicht ist. Es ist m.E. nicht angängig, diesen Zusammenhang a) umzubiegen in eine paradigmatisch-theoretische Konstruktion des Thukydides selbst, hinter der Perikles zurückbleibe, und b) zu beziehen auf das faktische Verhalten der Athener, denen dieses Paradigma von Thukydides vorgehalten würde. Allerdings hat Gaiser einen bis ins Sprachliche gehenden Zusammenhang einzelner Gedanken des ›Epitaphios‹ mit teils politischen, teils ethischen, teils medizinischen Diskussionen über beste und normative Verfassungen und Zustände überzeugend herausgearbeitet. Dies beweist aber nicht, daß der ›Epitaphios‹ ein normatives Modell des Thukydides ist, sondern zeigt nur, daß Thukydides in der | Komposition der Rede dem Perikles Wendungen und 105
Gedanken aus dem Zusammenhang der Idealstaatsdiskussion in den Mund gelegt und damit diese Rede wohl weitgehend frei von der wirklich gehaltenen komponiert hat.

Ich war in meiner Abhandlung davon ausgegangen, daß es nicht möglich ist, eine Rede, auch nicht eine des Perikles, im Geschichtswerk des Thukydides ohne weiteres für die Auffassung des Historikers in Anspruch zu nehmen. Von hier aus ergab sich mir aus der Perspektive von 404, also der Abfassungszeit der Rede, eine Distanz zwischen der Auffassung des Historikers selbst und dem, was er Perikles sagen läßt. Denn wer nach dem Zerfall der athenischen Macht eine Rede komponiert, in der diese Macht geradezu hymnisch gepriesen wird, kann sich mit dem Inhalt der Rede nicht, jedenfalls nicht in dieser Beziehung, identifizieren. Zwar steht im Text der Rede nirgends *expressis verbis*, diese Macht werde ewig andauern, sondern nur, sie werde ewige Erinnerung hinterlassen (worauf H. Görgemanns, 1972, 8 mit Recht hinweist), aber der Tenor der ganzen Rede, der Stolz des Redners auf die sichtbare Größe und Vormachtstellung Athens gerade auch im Hinblick auf die im Jahre 430 eben begonnene, von Thukydides (I 1) von Anfang an als groß empfundene Auseinandersetzung läßt doch – aus der Perspektive von 430, d.h. aus der Perspektive der fiktiven Rede des Perikles – alles andere erwarten, als daß am Ende dieser Auseinandersetzung nur noch die Erinnerung an die einmal vorhandene Macht übriggeblieben sein würde.

Daß im übrigen Thukydides im ›Epitaphios‹ die positiven Seiten des perikleischen Athen mit bezwingender Eindringlichkeit zur Darstellung gebracht hat, ist von Landmann und Gaiser hervorgehoben worden und sollte nicht bestritten werden, auch wenn in meiner Interpretation darauf nicht der Schwerpunkt lag. Nur eine allzu idealistische Betrachtungsweise konnte außer acht lassen, daß dabei (worauf Gaiser erneut aufmerksam macht)
106 aus der historischen Realität die negativen | Momente eliminiert sind, was allerdings durch den Anlaß der Rede hinreichend motiviert ist.

Ebensowenig ging es mir darum, die Kluft zu ignorieren, die Thukydides selbst zwischen Perikles und seinen Nachfolgern konstatiert (II 65, 6ff.). Aber auch dabei identifiziert er sich ja nicht einfach mit Perikles, sondern er stellt ein »Gedankenexperiment zur Errechnung der Siegesaussichten Athens« an (O. Luschnat, 1970, 1245), welches innerhalb der Grenzen bleibt, die durch das Thema des thukydideischen Geschichtswerkes gegeben sind. Wenn in diesem Zusammenhang Thukydides die politischen Fähigkeiten und die persönliche Integrität des Perikles über das geringere Format und die politischen Fehler seiner Nachfolger stellt, so folgt daraus kein allgemeines Urteil des Thukydides über politische Ziele, die abgelöst von den historischen Situationen bewertet werden könnten. Auch kann man die rein militärisch-taktische Ermattungsstrategie des Perikles nicht als eine generelle Begrenzung der Macht durch Geist ansehen. Wohl werden ›Geist‹ und ›Macht‹ – um es so schlagwortartig auszudrücken – im ›Epitaphios‹ miteinander in Beziehung gebracht. Aber es ist nicht die Rede von einer Begrenzung der Macht durch Geist, sondern davon, daß die Athener auf Grund ihrer Eigenarten und Fähigkeiten diese Macht der Stadt erworben haben, die den Zugang zu allen Ländern und Meeren eröffnet hat (II 41,2). Dies läuft auf den Versuch einer Legitimierung des Hegemoniestrebens Athens hinaus, nicht auf dessen Begrenzung. Wenn ich in diesem Zusammenhang darzulegen gesucht hatte, daß über alle Unterschiede hinweg die

perikleische und nachperikleische Machtpolitik in der Zielsetzung – und z.B. bei Kleon auch in der Strategie – im wesentlichen die gleiche sei, so wollte ich damit natürlich nicht die mir von Landmann (94) unterstellte Auffassung vertreten, Thukydides habe Perikles für die Konsequenzen auch in Melos und Sizilien verantwortlich gemacht. Im Gegenteil, aus II 65 geht auch für mich klar hervor, daß das Unternehmen gegen Sizilien zu den taktischen | Fehlern zählte, die Perikles gerade nicht begangen hätte. Aller- 107
dings habe ich den schon von Stahl (48ff.) geführten Nachweis zu untermauern gesucht, daß die machtpolitischen Grundsätze der von Perikles ausgeschickten athenischen Gesandten, die diese in ihrer Rede I 74–78 vorbringen, die gleichen sind, wie die, von denen sich die Athener im Melierdialog leiten lassen. Auch dürfte wohl kein prinzipieller Unterschied zwischen dem Überfall auf Melos und anderen Unternehmungen der Athener vor 431, zum Teil sogar noch aus vorperikleischer Zeit, bestehen (vgl. meine Abhandlung 46, Anm. 91 mit Belegen). Über die allerdings noch nicht in die Verantwortung des Perikles fallende Unterjochung der Naxier bemerkt Thukydides I 98,4, daß sie gegen bestehende Rechte verstoße und daß dies eine erste in einer Reihe von Aktionen war, auf die dann nicht mehr gesondert hingewiesen zu werden brauchte (vgl. G. Gierse, Das spartanische Friedensgesuch bei Thukydides IV 17–20, Diss. Bochum 1971, 176).

So ergibt sich mir nach wie vor, daß das Machtdenken des Perikles im ›Epitaphios‹ sich ohne Widerspruch in diese Zusammenhänge einordnet. Man mag über Einzelheiten streiten, über die Frage im Zweifel sein, ob und inwieweit im ›Epitaphios‹ des Perikles, wie ihn Thukydides gestaltet, ein Moment der Ironisierung liegt oder nicht. In diesem Zusammenhang bin ich gern bereit, meine Erklärung von II 44,3 als überspitzt zurückzunehmen. Auch wäre ich heute in der Wahl mancher ›ideologiekritischer‹ Ausdrücke, die nur Mißverständnisse erregen können, vorsichtiger. Doch vermag ich nicht anzuerkennen, daß Thukydides im ›Epitaphios‹ ein seiner eigenen Auffassung entsprechendes, durchgehendes Idealbild formuliert hat. Gewiß mögen die Griechen (und Römer) ein unbefangeneres Verhältnis zum Phänomen der Macht gehabt haben, als es in unserer Zeit möglich ist, aber gerade Thukydides scheint ja als wohl erster Historiker das Menschliche bzw. das Unmenschliche des Krieges außerhalb der Machtkonstellationen zur Darstellung gebracht zu haben. Dies scheint mir grund- | sätzlich keine 108
zeitbedingte oder gar ephemere Betrachtungsweise zu sein (wie denn das ›Menschliche‹ und ›Tragische‹ bei Thukydides bereits K. Reinhardt, 1960, 207ff. klar erkannt hat). Auf dieser Ebene, nicht auf der des ›Epitaphios‹, ist die eigene Anschauung des Thukydides, wenn überhaupt irgendwo, zu suchen. Vielleicht sollte man sich mit der Einsicht begnügen, daß er im ›Epitaphios‹ die Politik und Denkweise des Perikles darstellt, ohne daß es in seiner Absicht gelegen hätte, Aussagen zu machen, die über das Werk hinausweisen. Daß er dies in einer derart typisierenden, konzentrierten, die immer wiederkehrenden menschlichen Grundsituationen herausarbeitenden

Weise vermocht hat, macht sein Werk zum κτῆμα ἐς ἀεί – in der Rezeption gelegentlich in einem etwas anderen Sinn, als Thukydides selbst es beabsichtigt hatte.

IV Bibliographie

Das Verzeichnis enthält eine Auswahl wichtiger Arbeiten zu Thukydides, besonders zum ›Epitaphios‹. Die hier aufgeführten Titel sind im vorliegenden Beitrag nur mit Verfassernamen und Erscheinungsjahr zitiert. Vollständigere Thukydides-Bibliographie jetzt von W.C. West III in: Ph.A. Stadter (1973) 124–165.

WdF 1968 = Thukydides, hrsg. v. H. Herter, Darmstadt 1968 (Wege der Forschung 98).

E. Schwartz, Das Geschichtswerk des Thukydides, Bonn 1919.

E. Meyer, Berliner Rektoratsrede 1919, in: Kleine Schriften II, 1924, 539–567 (zu Thukydides: 544–555).

W. Déonna, L' éternel présent, Guerre du Péloponnèse (431–404) et Guerre Mondiale (1914–1918), Revue des Études Grecques 35, 1922, 1–62, 113–179.

W. Schadewaldt, Die Geschichtschreibung des Thukydides, Berlin 1929, mit Nachwort ²1971.

O. Regenbogen, Thukydides als politischer Denker (1933), in: WdF 1968, 23–58.

K. Oppenheimer, Zwei attische Epitaphien, Diss. Berlin 1933 (zu Thukydides und zu Platons ›Menexenos‹).

W. Jaeger, Thukydides als politischer Denker, in: Paideia I, Berlin 1934, ⁴1959, 479–513.

A. Grosskinsky, Das Programm des Thukydides, Berlin 1936 (Neue Deutsche Forschungen, Abt. Klass. Philol.).

H. Gundert, Athen und Sparta in den Reden des Thukydides (1940), in: WdF 1968, 114–134.

J. H. Finley, Thucydides, Cambridge (Mass.) 1947.

W. Schmid, Die Geschichtsschreibung im Zeitalter der Sophistik, in: Geschichte der griechischen Literatur (I 5), Handbuch der Altertumswiss., 7. Abt., 1. Teil, Bd. 5, München 1948 (Nachdruck 1964) 1–223.

E. Topitsch, ᾿Ανθρωπεία φύσις und Ethik bei Thukydides, Wiener Studien 61/63, 1943/48, 50–67.

A.W. Gomme, A Historical Commentary on Thucydides, I–IV, Oxford 1945, 1956, 1956, 1970.

J. de Romilly, Thucydide et l'impérialisme athénien, Paris 1947, ²1951.

F.M. Wassermann, The Melian Dialogue, Trans. Amer. Philol. Ass. 78, 1947, 18–36.

E. Bayer, Thukydides und Perikles (1948), in: WdF 1968, 171–259.

H. Herter, Freiheit und Gebundenheit des Staatsmannes bei Thukydides (1950), in: WdF 1968, 260–281.

A.W. Gomme, The Greek Attitude to Poetry and History, Berkeley 1954 (Sather Classical Lectures 27) (zu Thukydides : Kap. VI. VII).

J. Vogt, Dämonie der Macht und Weisheit der Antike (1950), in: WdF 1968, 282–308.

H. Erbse, Über eine Eigenheit der thukydideischen Geschichtsbetrachtung (1953), in: WdF 1968, 317–343.

H. Strasburger, Die Entdeckung der politischen Geschichte durch Thukydides (1954), in: WdF 1968, 412–476.

H. Herter, Comprensione ed azione politica. A proposito del capitolo 40 dell'Epitafio tucidideo, in: Studi in onore di G. Funaioli, Rom 1955, 133–140.

J. de Romilly, Histoire et raison chez Thucydide, Paris 1956 (= 1956a).

J. de Romilly, L'utilité de l'histoire selon Thucydide, in: Histoire et historiens dans l'antiquité, Entretiens sur l'antiquité classique (Fondation Hardt) 4, Vandoeuvres – Genève 1956, 41–81 (= 1956b).

K. Reinhardt, Thukydides und Machiavelli (Vortrag 1943), in: Vermächtnis der Antike, hrsg. v. C. Becker, Göttingen 1960, 184–218.

J. Vogt, Das Bild des Perikles bei Thukydides (1956), in: Orbis, Ausgew. Schriften, Freiburg 1960, 47–63.

A. Lesky, Geschichte der griechischen Literatur, Bern 1957/58, ³1971 (zu Thukydides : 512–544).

H. Strasburger, Thukydides und die politische Selbstdarstellung der Athener (1958), in: WdF 1968, 498–530.

H.D. Westlake, Individuals in Thucydides, Cambridge 1968.

J.Th. Kakridis, Der thukydideische Epitaphios, Ein stilistischer Kommentar, München 1961 (Zetemata 26).

R. Reimer, Macht und Recht bei Thukydides, Diss. Tübingen 1961 (masch. schr.).

H. Diller, Freiheit bei Thukydides als Schlagwort und als Wirklichkeit (1962), in: WdF 1968, 639–660.

F. Kiechle, Ursprung und Wirkung der machtpolitischen Theorien im Geschichtswerk des Thukydides, Gymnasium 70, 1963, 289–312.

J. de Romilly, L'optimisme de Thucydide et le jugement de l'historien sur Périclès, Rev. Ét. Gr. 78, 1965, 557–575.

F. Broemser, Größe und Niedergang im Geschichtswerk des Thukydides, Der altsprachliche Unterricht, R. 9, H. 3, 1966, 30–71.

H.-P. Stahl, Thukydides, Die Stellung des Menschen im geschichtlichen Prozeß, München 1966 (Zetemata 40).

H. Strasburger, Die Wesensbestimmung der Geschichte durch die antike Geschichtsschreibung, Wiesbaden 1966 (SB Frankfurt a. M. 5, 1966, 3).

H. Vretska, Perikles und die Herrschaft des Würdigsten, Thukydides II 37,1, Rhein. Mus. 109, 1966, 108–120.

K. v. Fritz, Die griechische Geschichtsschreibung, I. Von den Anfängen bis Thukydides, Berlin 1967, I (Text) und II (Anmerkungen) (Thukydides : Kap. VII).

H. Herter, Einleitung zu: Thukydides, Darmstadt 1968 (WdF 98), 1–9.

A. Klinz, Demokratie und Machtgedanke im Geschichtswerk des Thukydides, Der altsprachliche Unterricht, R. 11, H. 5, 1968, 19–29.

H. Erbse, Die politische Lehre des Thukydides, Gymnasium 76, 1969, 393–416.

H. Flashar, Der Epitaphios des Perikles, Seine Funktion im Geschichtswerk des Thukydides, Heidelberg 1969 (SB Heidelb. Akad. d. Wiss., phil.-hist. Kl. 1969, 1).

H. Erbse, Über das Prooimion (I 1–23) des thukydideischen Geschichtswerkes, Rhein. Mus. 113, 1970, 43–69.

A. G. Woodhead, Thucydides on the Nature of Power, Cambridge (Mass.) 1970.

O. Luschnat, Thukydides, in: Realenzyklopädie Pauly-Wissowa (RE), Suppl. XII, 1970, 1085–1354 (auch als Sonderausgabe: Thukydides der Historiker, Stuttgart 1971).

F. Egermann, Thukydides über die Art seiner Reden und über seine Darstellung der Kriegsereignisse, Historia 21, 1972, 575–602.

H. Görgemanns, Machtpolitik und Sozialverhalten bei Thukydides, Mitteilungen für Lehrer der Alten Sprachen (Baden-Württemberg) 3, 1972, 3–9.

H. Herter, Die Pestschilderung des Thukydides, in: Griechisch in der Schule, Didaktik, Plan und Deutung, hrsg. v. E. Römisch, Frankfurt a. M. 1972, 122–135.

S. Heß, Thukydides in der Schule, in: Griechisch in der Schule, Didaktik, Plan und Deutung, hrsg. v. E. Römisch, Frankfurt a. M. 1972, 100–121.

W. Plenio, Der Mensch als utopisches Wesen, Gymnasium 80, 1973, 152–171 (zu Thukydides: 156–158).

Ph.A. Stadter (Hrsg.), The Speeches in Thucydides, A Collection of Original Studies with a Bibliography, Chapel Hill 1973; darin: H.R. Immerwahr, Pathology of Power and the Speeches in Thucydides, 16–31.

J.T. Hooker, Χάρις and ἀρετή in Thucydides, Hermes 102, 1974, 164–169.

G.P. Landmann, Das Lob Athens in der Grabrede des Perikles (Thukydides II 34–41), Mus. Helv. 31, 1974, 65–95.

O. Luschnat, Nachträge zu Thukydides (1970) in: RE Suppl. XIV, 1974, 760–786.

Autorität und Liberalität in den Erziehungstheorien der Antike[1] (1979)

I Das Problem von Freiheit und Autorität aus heutiger Sicht

Auf allen Gebieten, in der Pädagogik wie in der Politik, haben wir in den letzten beiden Jahrzehnten einen neuen Aufbruch zur Freiheit erlebt. Diese Emanzipationsbewegung verstand sich als anti-autoritär. Die radikale Bezweiflung jeder Autorität sollte dazu helfen, einen möglichst herrschaftsfreien, nicht-repressiven Zustand der Gesellschaft herbeizuführen. Aufgrund der neuen Erfahrungen ist allerdings vielen auch bewußt geworden, daß die anti-autoritäre Zielsetzung nicht ausreicht, weil ein gewisses Maß an Autorität im Interesse der Freiheit notwendig ist.[2] Daher melden sich nun mehr und mehr auch wieder Fürsprecher von autoritativ vorgegebenen Ordnungen zu Wort. Eine Verständigung scheint jedoch wegen der Kompliziertheit des ganzen Problems schwer erreichbar zu sein.[3]

Für alle Formen von Autorität (für persönliche wie institutionelle, amtlich wie sachlich fundierte, moralische wie wissenschaftliche) gilt wohl,
daß sie zunächst in einem | Gegensatz zur Freiheit stehen: Wo Autorität ist, 2
ist Herrschaft und Unterordnung, ist also mindestens ein Stück Freiheit und

1 Über dieses Thema habe ich in Stuttgart (12.11.76), Saarbrücken (7.12.76), Mainz (16.6.77) und Basel (20.4.78) Vorträge gehalten, wobei mir jeweils Anregungen zuteil geworden sind, für die ich mich auch an dieser Stelle bedanke. Durch kritische Mitarbeit haben mir Dr. Ingeborg Schudoma und Reinhard Fähndrich, M.A. in Tübingen wesentlich geholfen.

2 Einige neuere Literatur zum Autoritätsproblem (mit Verzeichnis früherer Beiträge): H. Rabe, Autorität. Elemente einer Begriffsgeschichte, Konstanz 1972 (Konstanzer Universitätsreden 21); J. Classen (Hrsg.), Antiautoritäre Erziehung in der wissenschaftlichen Diskussion, Heidelberg 1973; K. Erlinghagen, Autorität und Antiautorität. Erziehung zwischen Bindung und Emanzipation, Heidelberg 1973; W. Hammel, Autorität!? Autorität und ihr Widerspruch, Bad Heilbrunn 1973; F.W. Kron (Hrsg.), Antiautoritäre Erziehung, Bad Heilbrunn 1973 (Klinkhardts Pädagogische Quellentexte); E. Weber, Autorität im Wandel. Autoritäre, antiautoritäre und emanzipatorische Erziehung, Donauwörth 1974; Th. Eschenburg, Über Autorität, Frankfurt a.M. 1965, erweitert und überarbeitet 1976 (Suhrkamp Taschenbuch 178); M. Hennen – W.-U. Prigge, Autorität und Herrschaft, Darmstadt 1977 (Erträge der Forschung 75).

3 Zur Aktualisierung des Problems und zur Verschärfung der Diskussion tragen nach wie vor am meisten die Vertreter der Frankfurter Schule (M. Horkheimer, Th.W. Adorno, J. Habermas u.a.) bei; vgl. Th. Eschenburg, a.O. (1976), 201–232.

Gleichheit preisgegeben. Nun gibt es aber offenbar auch die Möglichkeit, daß Autorität, indem sie gewisse Freiheiten einschränkt, insgesamt doch zu einem Gewinn an Freiheit führt. Durch dieses positive Verhältnis zur Freiheit scheint mir die wahre, berechtigte Autorität zum Unterschied von der falschen Autorität definiert zu sein.

Entsprechendes gilt wohl für den ebenso vieldeutigen Begriff der Freiheit:[4] Die Frage nach der wahren, dem menschlichen Glück dienenden Freiheit verweist unweigerlich auf die Notwendigkeit von Maßstäben, auf die Dialektik von Freiheit und Bindung. Wo statt von Freiheit prägnanter von Autonomie oder Selbstbestimmung oder Selbstverwirklichung gesprochen wird, ist denn auch dem Wortsinn nach gemeint, daß nicht derjenige frei ist, der alles Beliebige tun kann, sondern derjenige, der sich freiwillig, aus eigener Einsicht und Überzeugung nach dem richtet, was er als maßgeblich anerkennt (sei dies die Wahrheit, eine vernünftige Moral, die persönliche Würde oder das Glück des Individuums).[5]

Demgemäß hat sich in dem Hin und Her der Auseinandersetzung mehrfach eine Erkenntnis herauskristallisiert, die zwar leicht zu formulieren, aber schwer zu begründen und zu praktizieren ist: die Erkenntnis, daß Autorität und Freiheit zwar Gegensätze sind und einander widerstreiten, daß aber keines der beiden Prinzipien allein den Sieg davontragen kann, weil sie in merkwürdiger Weise wechselseitig aufeinander angewiesen sind. Pointiert gesagt: Autorität will Freiheit, und Freiheit braucht Autorität.

Daß Autorität und Freiheit nicht als exklusiv gegensätzliche, sondern als komplementäre Werte zu verstehen sind, ist eine recht alte Ansicht, die
3 nur immer wieder in | Vergessenheit zu geraten droht. Um diesen Gedanken einer Wechselbeziehung zwischen Freiheit und Autorität zu belegen, zitiere ich einige wenige von vielen Autoren, die sich seit der Aufklärungsepoche dazu geäußert haben.

Immanuel Kant hat bemerkt:[6] »Eines der größten Probleme der Erziehung ist, wie man die Unterwerfung unter den gesetzlichen Zwang mit der Fähigkeit, sich seiner Freiheit zu bedienen, vereinigen könne . …Ich soll meinen Zögling gewöhnen, einen Zwang seiner Freiheit zu dulden, und soll ihn selbst zugleich anführen, seine Freiheit gut zu gebrauchen.«

Goethe hat mehrfach von einem Schwanken zwischen Autorität und Freiheit im Lebensgang des Einzelnen und in der Aufeinanderfolge der Generationen gesprochen.[7] »Das Kind bequemt sich meist mit Ergebung unter die Autorität der Eltern; der Knabe sträubt sich dagegen, der Jüngling

4 Die moderne Diskussion spiegelt sich instruktiv in dem Sammelband: J. Simon (Hrsg.), Freiheit. Theoretische und praktische Aspekte des Problems, Freiburg/München 1977.

5 Vgl.die Artikel ›Autonomie‹ und ›Freiheit‹, in: Historisches Wörterbuch der Philosophie, Basel 1971, 1972.

6 Immanuel Kant, Über Pädagogik, in: Werke, hrsg. von E. Cassirer, Bd. 8, Berlin 1922, bes. S. 468.

7 Belege und Erklärungen bietet der Artikel ›Autorität‹ von C. Vollmann in: Goethe-Wörterbuch, Bd.1, Stuttgart 1978,1300–1302.

entflieht ihr, und der Mann läßt sie wieder gelten.... Der Mensch unterwirft sich ebenso gern der Autorität, als er sich derselben entzieht; es kommt bloß auf die Epochen an, die ihn zu dem einen oder anderen veranlassen.«

Im 19. Jahrhundert haben konservative, liberale und sozialistische Politiker gleichermaßen die Ansicht entwickelt, daß Autorität und Freiheit einander nicht ausschließen, sondern sich gegenseitig bedingen. Unversöhnlich sind, so erklärte man, nur die unechten, pervertierten Formen von Freiheit und Autorität, nämlich auf der einen Seite ein maßloser, gewaltsamer, revolutionärer Freiheitsanspruch, auf der anderen Seite ein Absolutismus, der die beanspruchte Autorität weder rechtlich noch vernünftig zu begründen bereit ist.[8]

Hegel führte aus:[9] »Damit eine Handlung moralischen Wert habe, ist die Einsicht notwendig, ob sie recht oder unrecht, gut oder böse sei.... Der eigenen Überzeugung steht der blos- | se Glaube auf die Autorität Anderer 4
entgegen .... Es gibt aber auch Verhältnisse, in denen es die moralische Seite ist, gerade aus Gehorsam und nach Autorität Anderer zu handeln. Ursprünglich folgt der Mensch seinen natürlichen Neigungen... In diesem Zustand muß er gehorchen lernen, weil sein Wille noch nicht der vernünftige ist. Durch dies Gehorchen kommt das Negative zu Stande, daß er auf die sinnliche Begierde Verzicht tun lernt, und nur durch diesen Gehorsam gelangt der Mensch zur Selbständigkeit.«

Auch die von Friedrich Engels 1872/73 verfaßte Schrift ›Von der Autorität‹ gehört in diesen Zusammenhang.[10] Engels versucht hier, gegenüber radikaler sozialistischer Autoritätskritik eine gewisse Autorität in bestimmten gesellschaftlichen Situationen zu rechtfertigen. »Autorität und Autonomie sind relative Dinge, deren Anwendungsbereiche in den verschiedenen Phasen der sozialen Entwicklung variieren.« Für fragwürdige Autorität hat er ein Beispiel, das man bei ihm vielleicht nicht erwartet: »Ich kenne nichts Autoritäreres als eine Revolution, und wenn man den anderen seinen Willen mit Bomben und Gewehrkugeln aufzwingt wie in jeder Revolution, so scheint mir, daß hier allerdings Autorität ist.«

In den für die Frankfurter Schule grundlegenden ›Studien über Autorität und Familie‹ (1936) unterschied der Sozialpsychologe Erich Fromm von hierarchischer Autorität eine demokratische Autoritätsstruktur, die sich mit dem Freiheitsideal verträgt: »Auch in der auf Interessensolidarität ihrer Mitglieder aufgebauten Gesellschaft gibt es Autoritätsverhältnisse. Sie sind sowohl dadurch bedingt, daß der komplizierte Prozeß der Produktion in der Verwaltung leitende und ausführende Funktionen sachlich notwendig macht, als auch, daß Unterschiede im Alter und in der Begabung Unter- und Überlegenheit bedingen. Aber indem jedes Individuum die

8 Nachweise bei H. Rabe, a.O. 27–30; Th. Eschenburg, a.O. (1976) 118f. 122.145f.

9 G.W.F. Hegel, Philosophische Propädeutik, in: Sämtliche Werke, hrsg. von H. Glockner (Jubiläumsausgabe), Bd. 3, Stuttgart 1927, bes. S.50–52.

10 Text in: K. Marx – F. Engels, Werke, Bd. 18, Berlin 1962, 305–308.

Möglichkeit hat, sich im Sinne der optimalen Entfaltung seiner Fähigkeiten
5 zu entwickeln und auch die größte Begabung | nicht im Gegensatz zur Entfaltung ihrer Mitmenschen steht und nicht dazu dienen kann, andere zu beherrschen und auszunutzen, gewinnt die Autorität eine andere psychische Struktur und Dynamik, die grundsätzlich von allen auf Interessengegensätzen aufgebauten Gesellschaften verschieden ist; sie wird rational. Dies wirkt auch auf das Verhältnis des kleinen Kindes zu den Autoritäten...«[11]

Nach dem zweiten Weltkrieg ist der Gedanke, dem wir nachgehen, oft ausgesprochen worden, z.B. von Karl Jaspers in dieser Form:[12] »Freiheit und Autorität gehören zusammen... Gegner werden sie erst, wenn Freiheit zur Willkür, wenn Autorität zur Gewalt wird. In dem Maße als sie Gegner werden, verlieren beide ihr Wesen.« In ähnlichem Sinn hat Gerhard Krüger[13] die natürliche Einheit von Autorität und Freiheit philosophisch herausgearbeitet. Autorität, so erklärte er, will die Freiwilligkeit des Gehorsams, und Freiheit braucht den Halt der Autorität: »Der Mensch hat sein freies Selbstsein nicht gegen die Autorität zu verteidigen, sondern er hat es ihr im Gegenteil zu verdanken.«

Unter den Politologen und Soziologen hat besonders entschieden Carl Joachim Friedrich[14] gezeigt, daß ... Autorität und Freiheit nicht im antithetischen, sondern im komplementären Verhältnis zueinander stehen. Nur ein bestimmtes Maß an Ordnung, das Autorität ermöglicht, wird dem Menschen erlauben, ein bestimmtes Maß an Freiheit zu genießen. Es kann keine Autorität ohne Freiheit geben, wie es keine Freiheit ohne Autorität gibt.

Doch genug der zitierten Autoritäten! Man könnte die Reihe beliebig erweitern und fortsetzen,[15] würde dabei aber nicht viel gewinnen, zumal man die einzelnen Aussagen doch nur bei formaler Betrachtungsweise auf eine gemeinsame Linie bringen kann. Fragen wir lieber der Sache nach, war-
6 um der | einfache Grundsatz, daß Autorität und Freiheit einander bedin-

11 E. Fromm, Sozialpsychologischer Teil, in: M. Horkheimer (Hrsg.), Studien über Autorität und Familie, Paris 1936 (Schriften des Instituts für Sozialforschung 5), 77–135, bes. S. 134f.

12 K. Jaspers, Freiheit und Autorität (1951), in: Philosophie und Welt, Reden und Aufsätze, München 1958, 41–64, bes. S. 46.

13 G. Krüger, Das Problem der Autorität, in: Offener Horizont, Festschr. f. K. Jaspers, München 1953, 44–62, bes. S. 54f., 59.

14 C.J. Friedrich, Tradition und Autorität, München 1974 (Originalausgabe: Tradition and Authority, London 1972), bes. S. 134.

15 Eine Reihe von antiken, mittelalterlichen, neuzeitlichen und zeitgenössischen Äußerungen, die bei aller Verschiedenheit doch meist in dem Grundtenor zusammenstimmen, daß Autorität von Zwang zu unterscheiden und von Freiheit nicht zu trennen sei, ist zusammengestellt bei K. Rebel (Hrsg.), Zwang – Autorität – Freiheit in der Erziehung. Texte zum Autoritätsproblem, Weinheim/Berlin 1967 (Kleine pädagogische Texte, Bd. 41). – Ferner findet sich der Gedanke der Komplementarität von Autorität und Freiheit beispielsweise auch in den folgenden neueren Arbeiten: Th. Ellwein, Autorität und Freiheit, Internat. Jahrb. d. Politik 1, 1954, 2–34; G. Wunberg, Autorität und Schule. Stuttgart 1966, bes. S. 60f.; K. Erlinghagen, a.O. (1973), 102 u.ö.; W. Hammel, a.O. (1973), bes. S. 37–46; E. Weber, a.O. (1974); U. Beer, Erziehen mit Autorität, Tübingen 1975; L. Schuckert, Geistige Väter und Söhne. Beobachtungen zum Wandel pädagogischer Autorität, in: H. Tellenbach (Hrsg.), Das Vaterbild im Abendland I, Stuttgart 1978, 124–148, bes. S. 141f.

gen, im konkreten Fall doch schwer zu realisieren ist. Dies liegt offenbar daran, daß sowohl bei der Autorität als auch bei der Freiheit verschiedenwertige – echte und falsche, förderliche und schädliche – Erscheinungsformen vorkommen, die nicht leicht auseinanderzuhalten sind. Ungut ist auf beiden Seiten die maßlose Übersteigerung. Extreme Autoritätsansprüche wie allzu weit gehende Freiheitsforderungen stören offenbar das Zusammenwirken der beiden Faktoren.

Die falsche, angemaßte Autorität ist dadurch gekennzeichnet, daß sie mit dem Interesse der Freiheit nicht in Einklang zu bringen ist. Sie korrespondiert vielmehr mit einem ebenso falsch verstandenen, maßlosen Freiheitsanspruch. Die Extreme berühren sich: Bedingungslose Autorität und exzessives Freiheitsstreben pflegen sich gegenseitig hervorzurufen oder gar gemeinsam aufzutreten. Gegen zu starke, willkürliche Autorität wenden sich früher oder später freiheitliche Tendenzen. Radikale Freiheitsbewegungen werden mit autoritärer Einengung beantwortet, ja sie erzeugen selbst ein Bedürfnis nach Autorität oder sie nehmen, wie man es an dem Aufbegehren der jungen Generation oftmals beobachten konnte, selbst autoritäre Züge an. Die Formel von der repressiven Toleranz wiederum besagt, daß man auch mit falscher Liberalität autoritär manipulieren kann.

Demgegenüber soll echte Autorität zu wahrer Freiheit verhelfen. Genauer gesagt: solche Autorität fordert einen Verzicht auf entbehrliche Freiheit zugunsten von höherer, wertvollerer Freiheit.[16] Gerade der Prozeß der Erziehung und Bildung ist als ein Aufsteigen von subsidiärer, äußerer zu wesentlicher, innerer Autorität und Freiheit zu verstehen.[17]

Wenn man sich also vielleicht darauf einigen kann, daß recht verstandene Freiheit und berechtigte Autorität wechselseitig aufeinander angewiesen sind und produktiv zusam- | menwirken, so kann dies nach unserem 7
modernen Verständnis doch nicht bedeuten, daß die beiden Komponenten als gleichwertig anzusehen sind. Für die meisten von uns ist Freiheit ein höchstes Ziel, Autorität nur Mittel zum Zweck. Wir wollen so viel Freiheit wie möglich und so viel Autorität wie dafür nötig. Diese Ansicht darf aber nur dann als begründet gelten, wenn sie auf einem bestimmten Begriff von Freiheit beruht; und dies führt wieder auf die schwierige Frage nach dem Wertmaßstab wahrhaft erstrebenswerter Freiheit.

Ein gewisses Kriterium für die Bestimmung von wahrer Autorität und Freiheit schien uns ihr produktives Wechselverhältnis zu sein: Echte Autorität bringt einen Zuwachs an Freiheit; echte Freiheit ist ohne die Anerkennung von Grenzen und Bindungen nicht möglich. Allerdings ist dieses Kriterium wegen der Ambivalenz der Begriffe nicht klar genug. Wir bräuch-

16 J.M. Bochenski, Was ist Autorität? Einführung in die Logik der Autorität, Freiburg i.Br. 1974 erklärt (S. 105f., 109): der Satz ›Autorität ist die Bedingung von Freiheit‹ sei so zu verstehen, daß Autorität in *einem* Gebiet in *einem anderen* Freiheit ermöglicht.

17 Stufen der Autorität unterscheidet H. Kuhn, Was heißt Autorität? in: Philomathes. Studies and essays in memory of Ph. Merlan, Den Haag 1971, 433–444.

ten ein eindeutiges Kennzeichen oder eine beidem – der Autorität wie der Freiheit – übergeordnete Größe, an der sich erkennen ließe, ob die Autorität jeweils legitim, die Freiheit jeweils wünschenswert ist. Nach allgemeiner Erfahrung lassen sich zwei derartige Kriterien angeben, die allerdings ihrerseits nicht unproblematisch sind.

(a) Zum einen scheint mir für echte, Freiheit begründende Autorität kennzeichnend und konstitutiv zu sein, daß zwischen den Partnern ein Gefühl der Zusammengehörigkeit, der menschlichen Solidarität besteht, das man allgemein *Liebe* nennen kann.[18] Von der Autoritätsperson her ist es eine Verantwortung übernehmende Zuwendung und Fürsorglichkeit; und der andere wird darauf, wenn er den Eindruck hat, daß man es gut mit ihm meint, mit Gegenliebe und vertrauensvoller Zuneigung antworten. Gewiß gibt es, wie uns zumal die Psychoanalyse gelehrt hat, auch repressive, Freiheit verhindernde Formen der Liebe: und diese perversen Formen waren es,
8 von denen die Autoritarismus-Forschung der Frankfurter | Schule ausging. Aber es handelt sich dabei doch um Abweichungen von der positiven Möglichkeit eines auf Liebe beruhenden Autoritätsverhältnisses, das nicht im Zeichen des Zwangs, der Machtausübung, sondern im Zeichen der Freiheit und Freiwilligkeit steht.

(b) Noch mehr Klarheit ist durch das andere Kriterium zu gewinnen: Freiheitliche Autorität beruht in der Regel auf einem überlegenen Wissen von dem, was auch für den anderen gut ist.[19] Dieses *Besserwissen* der Autorität macht sie so aufreizend, aber auch so unentbehrlich. Ich werde mich einer Autorität unterordnen, wenn ich den Eindruck habe, daß mir jemand aus besserem Wissen heraus sagen kann, was für mich vorteilhaft ist. Man denke etwa an den Rat eines erfahrenen Arztes oder sonst eines Fachmannes. Durch eine gewisse Vertrauenswürdigkeit erspart uns solche Autorität zunächst einmal die Nachprüfung ihrer Legitimität. Wir erkennen sie überall dort an, wo wir einer Forderung nicht oder nicht sofort auf den Grund gehen können, sondern unmittelbar orientierende Anweisungen brauchen. Dies gilt besonders auch für die pädagogische Autorität, die etwa in der Form von überzeugenden Vorbildern oder richtungsweisenden Beispielen wirksam wird. Gerade der junge Mensch verfügt noch nicht über alle nötigen Erkenntnisse, um die an ihn gestellten Anforderungen kompetent auf ihre Berechtigung hin prüfen zu können, und ist deswegen vorläufig auf Autorität angewiesen.

Die auf besserer Einsicht beruhende Autorität ist nicht Bevormundung und verlangt nicht blinden Gehorsam, sondern sie will nachprüfbar sein. Sie sucht den anderen zur Selbständigkeit anzuleiten. Demzufolge steht diese Autorität nicht im Widerspruch zur Freiheit, sondern sie ist eine

18 Der Zusammenhang von Autorität und Liebe ist ein Hauptthema des Buches von Tuiscon Ziller, Die Regierung der Kinder, Leipzig 1857.

19 Daß (echte) Autorität auf vernünftiger Einsicht beruht, hat neuerdings z.B. auch C.J. Friedrich, a.O. (1974) ausgeführt.

Bedingung der Möglichkeit wahrer Freiheit. Kurz also: Wo Autorität in überlegenem Wissen begründet ist, wird man sie um der Freiheit willen anerkennen, wo sie in unvernünftiger Machtausübung besteht, um der Freiheit willen bekämpfen müssen. | Nun ist die Legitimierung der 9
freiheitlichen Autorität durch überlegenes Wissen auf einzelnen Gebieten (durch fachliche Kompetenz) unschwer festzustellen. Schwierig wird es jedoch bei der Frage, ob es auch überlegene moralische Einsicht gibt und ob jemand eine umfassende Erkenntnis dessen beanspruchen kann, was für die Menschen letzten Endes gut ist. Diese Schwierigkeit führt uns in den offenen Horizont philosophischer Grundlagenforschung, sie verweist uns aber auch auf die geschichtliche Tradition – nicht als ob wir von dorther eine bündige Antwort erhalten könnten, sondern weil wir im Blick auf die bisherigen Lösungsversuche die Schwierigkeit als solche klarer zu sehen vermögen.

II Die Frage nach den antiken Grundlagen

Daß Autorität und Freiheit zusammengehören und daß sich Autorität, um als legitim gelten zu können, in den Dienst der Freiheit stellen muß, dies ist ein Gedanke, der zuerst im alten Griechenland aufgekommen ist. Welchen Sinn hat nun aber, wenn wir dies auch wieder aus eigener Erfahrung sagen können, ein Rückblick in die Antike?

Der Rückblick kann unseren Erfahrungshorizont erweitern. Wir können beobachten, daß das starke Schwanken zwischen Autorität und Freiheit keine spezifisch moderne Angelegenheit, in der uns bekannten Form aber auch keine allgemein menschliche Erscheinung ist, sondern daß diese Bewegung zwischen dem 8. und dem 5. Jahrhundert v. Chr. bei den Griechen angefangen hat und seitdem unser Schicksal bestimmt. Bei den Griechen ist zum ersten Mal nicht nur Kritik an irgendwelcher faktisch bestehenden Autorität, sondern an Autorität überhaupt geübt worden; und dieser radikale Zweifel führte damals zu einer lang anhaltenden Diskussion darüber, wie sich Autorität und Freiheit grundsätzlich zueinander verhalten. Man beobachtete, daß sich beides gegenseitig her- | vorruft und bedingt, sei es in pro- 10
duktiver Verbindung oder in verhängnisvoller Polarisierung.

Vor allem mag uns interessieren, wie in der antiken Diskussion der Gedanke, daß sich echte Autorität und Freiheit nicht ausschließen, sondern daß beides einander ergänzt, erklärt und begründet worden ist. In der Tat haben die antiken Dichter und Denker die Frage zu beantworten versucht, worauf Freiheit und Autorität letzten Endes beruhen, wodurch das Wechselspiel zwischen beidem sinnvoll reguliert wird und weshalb es so ungemein schwer ist, die richtige Verbindung der gegensätzlichen Kräfte herzustellen. Die entscheidende Rolle für dieses Begründungsproblem spielt bei den Griechen die Frage nach der Möglichkeit einer umfassenden Erkenntnis des Guten.

Die Griechen haben, wie ich meine, drei bis heute instruktive Modelle zur Erklärung des Verhältnisses von Autorität und Freiheit entworfen. Es ist faszinierend zu sehen, wie diese Modelle im Lauf der Zeit mit fast logischer Konsequenz aufeinander folgen und wie damit im Grunde die Möglichkeiten entwickelt worden sind, zwischen denen auch wir uns noch entscheiden müssen. Das erste Modell finde ich in der Staatstheorie des Thukydides (wie sie im ›Epitaphios‹ des Perikles dargestellt wird), das zweite in der Philosophie Platons, das dritte in der griechischen Humanitätsidee.

Bei Thukydides und im Horizont der Humanitätsidee dominiert die Freiheit, bei Platon in gewissem Sinne die Autorität; aber alle diese drei grundlegenden Versuche zielen darauf ab, das Zusammenwirken von Autorität und Freiheitsstreben als notwendig zu erweisen. Die Unterschiede ergeben sich zum einen aus der jeweils vorausgesetzten Möglichkeit oder Unmöglichkeit umfassenden menschlichen Wissens, zum anderen aus den verschiedenen Formen des Zusammengehörigkeitsgefühls, das die Partner
11 des Autoritätsverhältnisses innerlich | verbindet. Wenn eine schematische und grobe Formulierung erlaubt ist, kann man vorläufig sagen: (a) Bei Thukydides ist vorausgesetzt, daß jeder Einzelne erkennen kann, was für ihn gut ist; bei Platon dagegen, daß nur wenige zu erkennen vermögen, was für sie und die anderen gut ist; im Rahmen der Humanitätsidee, daß kein Mensch eine absolut überlegene Einsicht hat. (b) Was das Gefühl der Verbundenheit angeht, so wirkt nach dem Ideal des Thukydides jeder mit seinen reichen Fähigkeiten zum Wohl der anderen und des größeren Ganzen. Nach der Konzeption Platons soll durch die gemeinsame Ausrichtung nach dem Guten ein Gemeinschaftsgefühl auch zwischen Herrschenden und Beherrschten entstehen. Im Zeichen des Humanitätsgedankens begründet die Solidarität der menschlichen Schwäche und Bedürftigkeit ein Verhältnis der Freundschaft (*Philia*) von Mensch zu Mensch.

Die bisherigen Arbeiten zur Geschichte der griechischen und römischen Erziehung[20] haben, soviel ich sehe, die Frage der Autorität und Freiheit noch nicht thematisch untersucht.[21] Mein Beitrag dazu kann angesichts der Fülle von in Betracht kommenden Erscheinungen und Äußerungen nur eine vorläufige Skizze sein.

20 Repräsentative Darstellungen der antiken Erziehung: L. Grasberger, Erziehung und Unterricht im klassischen Altertum, mit besonderer Rücksicht auf die Bedürfnisse der Gegenwart, Bd. I 1, 2, II, III, Würzburg 1864–1880; W. Jaeger, Paideia. Die Formung des griechischen Menschen, Bd. I–III, Berlin 1934–1947; H.-I. Marrou, Histoire de l'éducation dans l'antiquité, Paris ^{3}1955 (deutsch: Geschichte der Erziehung im klassischen Altertum, Freiburg i.Br. 1957); W. Barclay, Educational Ideals in the Ancient World, London 1959; F.A. Beck, Greek Education, 450–350 B.C., London 1964; P. Blomenkamp, Artikel ›Erziehung‹, in: Reallex. f. Antike u. Christentum 6, 1966, 502–559; Th. Ballauf, Pädagogik, Bd. I, Von der Antike bis zum Humanismus, Freiburg i.Br. 1969; St.F. Bonner, Education in Ancient Rome. From the elder Cato to the younger Pliny, London 1977. – Eine reichhaltige Sammlung von Einzelbeiträgen (mit Bibliographie) bietet H.-Th. Johann (Hrsg.), Erziehung und Bildung in der heidnischen und christlichen Antike, Darmstadt 1976 (Wege der Forschung 377).

Um den Kreis nicht zu eng zu ziehen, berücksichtige ich auch den politischen Aspekt des Problems. Für griechische Begriffe gehören *Paideia* und Politik untrennbar zusammen;[22] und das Verhältnis von Autorität und Freiheit scheint mir in beiden Bereichen gleich strukturiert zu sein. Aus demselben Grund empfiehlt es sich auch, die verschiedenen Richtungen und Stufen der Erziehung - die ethische und die wissenschaftliche gleichermaßen zu beachten und die verschiedenen Formen von Autorität - persönliche und institutionelle, partielle und universale - in die Untersuchung einzubeziehen.

Wenn ich mehr von den Griechen als von den Römern | sprechen 12
werde, so ist dies darin begründet, daß zuerst die Griechen das Problem diskutiert und geklärt haben. Andererseits sind die Römer gerade auch auf dem Gebiet der Erziehungstheorien für uns deswegen von Bedeutung, weil sie mit ihrer Rezeption der griechischen Modelle den Traditionsprozeß eingeleitet haben, der auch uns noch mit den griechischen Ursprüngen verbindet.

Eine gewisse Einseitigkeit meiner Skizze ergibt sich daraus, daß ich mich im wesentlichen auf die theoretischen und literarischen Äußerungen zum Erziehungsproblem beschränke und nicht näher auf die konkreten geschichtlichen Erscheinungen, die einzelnen Institutionen, die alltägliche Praxis eingehe. Nichts liegt mir dabei ferner als die Verachtung des gewöhnlichen Lebens oder gar der Versuch, die dichterischen und philosophischen Idealbilder als die tatsächliche Wirklichkeit jener Zeit auszugeben. Es soll keineswegs verschwiegen werden, daß sehr vieles, was wir vom alltäglichen Erziehungsgeschehen der Antike erfahren, einen recht ungünstigen Eindruck auf uns macht. Die griechischen und römischen Erzieher haben offenbar auf die besonderen Bedürfnisse der Kinder und Heranwachsenden wenig Rücksicht genommen. Der Schulmeister galt bei den Griechen allgemein als hartherzig und autoritär.[23] Im Elementarunterricht wurden Lesen, Schreiben und Rechnen mit vielen Schlägen und Strafen beigebracht. Noch Augustin berichtet, daß ihn die Angst davor das Beten gelehrt habe.[24] Auch im demokratischen Athen bestand keine wirkliche Gleichheit der Bildungschancen. Benachteiligt blieben zumal die Mädchen. Die Sklaven waren von der *Paideia*, einer Angelegenheit der Freien, ohnehin ausgeschlossen. Es gab noch keine gesetzliche Schulpflicht, sondern nur das Interesse des Vaters,

21 Einen Versuch, den Autoritätsbegriff der griechischen und römischen Staatsdenker kritisch zu analysieren, unternahm Hanna Arendt, Was ist Autorität?, in: Fragwürdige Traditionsbestände im politischen Denken der Gegenwart. Vier Essays, Frankfurt a.M. 1957, 117–168.

22 Z.B. erklärt Aristoteles, daß den verschiedenen politischen Verfassungen je besondere Formen der Erziehung zugeordnet sind: Pol. V 9, 1310 a 12–38; VII 14, 1332 b 12–15; VIII 1.

23 Xenophon, Anab. II 6, 12 sieht in Grobheit und Unfreundlichkeit die typischen Eigenschaften eines διδάσκαλος.

24 Augustinus, Confessiones I 9. – Über die antiken Elementarschulen als Prügelanstalten H.-I. Marrou, a.O. (1957) 232–234, 397f.

den Sohn etwas lernen zu lassen, damit dieser ihn im Alter versorge.[25]

Obwohl also auch in der Antike Diskrepanzen zwischen pädagogi-
13 scher Theorie und Praxis bestanden haben und obwohl | es bei der Erziehung, wie jeder weiß, auf den individuellen Fall ankommt, in dem sich die Grundsätze bewähren müssen, scheint mir doch ein Blick auf die damals entworfenen Leitideen der Erziehung nicht uninteressant zu sein. Zum ›Epitaphios‹ des Thukydides hat Jacob Burckhardt gesagt:[26] »Der Mensch ist nicht bloß, was er ist, sondern auch, was er sich zum Ideale gesetzt hat, und auch wenn er diesem nicht völlig entspricht, wird durch das bloße Wollen auch ein Teil seines Wesens bezeichnet.« Das große, dreibändige Werk von Werner Jaeger mit dem Titel ›Paideia‹ (1934–1947) hat bis heute seine Bedeutung darin, daß es die normativen Ideen – die Bildungsideale der Adelsethik, der Dichter, Philosophen und Redner – vor Augen führt, an denen sich die griechische Menschenformung orientiert hat. Denn, so erklärt Jaeger (I 24, 14), »Bildung ist nicht möglich ohne ein dem Geiste vorschwebendes Bild des Menschen, wie er sein soll, wobei die Rücksicht auf den Nutzen gleichgültig oder jedenfalls nicht wesentlich ist, sondern das καλόν den Ausschlag gibt, d. h. das Schöne im verpflichtenden Sinne des Wunschbildes, des Ideals.... Die Prägung des Einzelnen durch die Form der Gemeinschaft, die wir als das Wesen der Erziehung erkannten, geht bei den Griechen in immer zunehmender Bewußtheit von einem solchen Bild des Menschen aus und führt in nie stillstehendem Ringen schließlich zu einer philosophischen Begründung und Vertiefung des Problems der Erziehung, wie sie in solcher Grundsätzlichkeit und Zielsicherheit sonst nirgendwo erreicht worden ist.«

Die griechischen Bildungsideale sind umso beachtlicher, als in ihnen nicht einfach unerreichbare Wunschbilder aufgestellt, sondern die Bedingungen der Verwirklichung stets mit reflektiert wurden. Das Ausdenken von Idealen ist hier stets verbunden mit einer Utopiekritik, die nach dem fragt, was unter Menschen jeweils zu erreichen ist. Auch an der Darstellungsform, sei es die Form des Theaterstücks oder des philosophischen Gesprächs, ist die Absicht
14 praktischer Wir- | kung zu sehen. Die Frage, wie Ideale erzieherisch wirksam werden können und wie sie unwirksam werden, ist hier also stets mit bedacht; und gerade auch in dieser Hinsicht kommen die antiken Autoren auf das notwendige Zusammengehen von Autorität und Freiheit zu sprechen.

III Sprachliche Bemerkungen

Wenn wir von Autorität reden, führt uns schon die Sprache in die Antike

25 Vgl. P. Schmitter, Compulsory Schooling at Athens and Rome? A Contribution to the History of Hellenistic Education, Amer. Journ. of Philol. 96, 1975, 176–289 (und 97, 1976, 95).

26 J. Burckhardt, Griechische Kulturgeschichte IV (Gesammelte Werke VIII, 1970), 176.

zurück. Im neueren Sprachgebrauch oszilliert das Wort ›Autorität‹ (wie auch das Wort ›Freiheit‹) zwischen positiven und peiorativen Bedeutungen. Für den Römer hatte *auctoritas* einen durchaus guten Klang.[27] Er bezeichnete mit diesem Wort die Fähigkeit, maßgeblichen Einfluß auf das Denken und Handeln eines anderen auszuüben, und zwar einfach durch das Ansehen, das die Autoritätsperson genießt. Dieses Ansehen beruht meist auf der Überzeugung, daß die Autoritätsperson mehr Erfahrung, reicheres Wissen, bessere Einsicht hat. Deshalb ordnet man sich ihr mit Respekt und Vertrauen freiwillig unter. Die *auctoritas* begründet somit ein gewaltloses Verhältnis von Herrschaft und Gefolgschaft. Wegen der Freiwilligkeit der Anerkennung besteht nach römischem Verständnis kein Widerspruch zwischen auctoritas und Freiheit oder freiheitlicher Gesinnung (*libertas, liberalitas*). Von der Autoritätsperson erwartet man nicht Zwang, sondern Großzügigkeit, und so ist der Respekt vor *auctoritas* mit der Würde der Freien vereinbar. Dieses Verhältnis stellt sich besonders in der Erziehung ein, wo der Ältere in der Regel mehr Erfahrung und Wissen hat.

Geht man auf das Griechische zurück, so muß auffallen, daß es hier zwar zu *libertas* und *liberalitas* die Entsprechungen ἐλευθερία und ἐλευθεριότης gibt, daß die Griechen aber kein einfaches Äquivalent zu *auctoritas* hatten.[28] Das- | selbe gilt bekanntlich auch für das Wort *humanitas*. Wie aber der Gedanke der Humanität trotzdem griechischen Ursprungs ist, so war den Griechen auch nicht etwa fremd, daß die Wirkung eines Rates, einer Lehrmeinung, einer Erziehungsmaßnahme vom Ansehen und von der Überzeugungskraft der Person oder auch einer unpersönlichen Instanz (wie der Tradition, der Gesetze) abhängig ist. Den Respekt gegenüber einer Autorität bezeichnen im Griechischen Wörter wie αἰδώς, αἰδεῖσθαι, (Scheu, scheuen) und πίστις, πείθεσθαι (Vertrauen, gehorchen), wobei das Spezifische der Autorität, nämlich die Freiwilligkeit und Gewaltlosigkeit durch Wörter wie ἐλευθερίως, ἑκουσίως unterstrichen werden kann. Für die Autorität selbst gebrauchen die Griechen Wörter mit einem weiteren Bedeutungsspektrum, etwa Ausdrücke für Ansehen und Geltung (δόξα, ἀξίωμα) oder Ausdrücke, bei denen zwischen maßgeblichem Einfluß und Macht nicht unterschieden wird, wie δεσπότης, κύριος (der zuständige Herr), ἀρχή (Vorrang, Führung), κράτος (Überlegenheit). Vielleicht kann man aber auch behaupten, daß der Grieche dort, wo der Römer von *auctoritas* spricht, oftmals direkt den Grund von Autorität zum Ausdruck bringt, nämlich das überlegene Wissen: ἐπιστήμη.

27 R. Heinze, Auctoritas, Hermes 60, 1925, 348–366, auch in: Vom Geist des Römertums, Darmstadt ^{4}1972; J.P.V.D. Balsdon, Auctoritas, dignitas, otium, Class. Quart. 10, 1960, 43–50; J. Collart, A propos du mot auctoritas, Helikon 1, 1961, 211–216; Th. Eschenburg, a.O. (1976), 1422. – J. Klowski, Zum Problem der auctoritas als einem übergeordneten Thema der Lektüre, Altsprachl. Unterr. 13, 4, 1970, 78–86.

28 Daß das Wort *auctoritas* kein griechisches Äquivalent hat, bemerkt schon Dio Cassius 55, 3, 5. Bedeutungsverwandte griechische Wörter bespricht K.-H. Lütcke, Auctoritas bei Augustin, Stuttgart 1968 (Tübinger Beitr. z. Altertumswiss. 44), 47–51.

Wir wollen uns nun aber nicht an das eine oder andere Wort klammern, sondern auf das Grundsätzliche sehen, auf den von den Griechen klar herausgearbeiteten Unterschied zwischen hierarchischer und egalitärer Ordnung. Auf der einen Seite haben wir das Verhältnis von Herrschaft und Unterordnung oder, politisch gesehen, den aristokratischen Führungsanspruch einer Elite; auf der anderen Seite steht die partnerschaftliche Gleichberechtigung als Grundlage für die Freiheit aller, also das demokratische Ideal. Die Frage ist, wie diese beiden gegensätzlichen, miteinander konkurrierenden Wertvorstellungen am besten begründet und miteinander ver-
16 bunden werden können. |

IV Die Entdeckung der Freiheit bei den Griechen

In der Zeit vor den Griechen ist Freiheit nicht bewußt realisiert und damit auch Autorität (oder Herrschaft) nicht grundsätzlich als Problem erfaßt worden. Gewiß sind die Voraussetzungen dafür so alt wie die Menschheit selbst. Im Menschen ist offenbar, wie die anthropologische Forschung auf verhaltenswissenschaftlicher und ethnologischer Grundlage lehrt, genetisch angelegt, daß er nicht nur bestehende Ordnungen zu bewahren vermag, sondern auch in hohem Grade die Fähigkeit hat, etwa bei einer umweltbedingten Veränderung seiner Lebensverhältnisse Bindungen abzustreifen und Neues zu erschließen. Die Spannung zwischen diesen beiden Tendenzen ist sozusagen von Natur im Verhältnis zwischen den erfahrenen Älteren und den neugierigen Jüngeren beschlossen. In Ausnahmefällen kann es zu Konflikten und Umbrüchen kommen, bei denen die größere Flexibilität der Jüngeren weiterhilft; in der Regel aber sorgt das überlegene Wissen der Älteren dafür, daß die bewährte Ordnung aufrecht erhalten bleibt. Nur bei den Griechen ist es, so weit wir die geschichtliche Entwicklung der Kulturen überblikken, zu einem alles verändernden Durchbruch des Freiheitsgedankens gekommen.

Richtet man den vergleichenden Blick auf die alten Völker des Vorderen Orients und Ägyptens oder auf die islamische Welt,[29] so zeigt sich deutlich, daß dort – gegenüber der von den Griechen eingeleiteten europäischen Entwicklung – über Jahrhunderte und Jahrtausende hinweg in *geschlossenen Gesellschaften* das Autoritätsprinzip vorherrscht. Erziehung und

29 Zum alten Ägypten: H. Brunner, Altägyptische Erziehung, Wiesbaden 1957; E. Brunner-Traut, Die Alten Ägypter, Stuttgart ^{2}1976 (zur Erziehung: S. 68–78); J. Assmann, Das Bild des Vaters im Alten Ägypten, in: H. Tellenbach (Hrsg.), Das Vaterbild in Mythos und Geschichte, Stuttgart 1976, 12–49, bes. S. 22f. Zum alten Judentum: E.B. Castle, Die Erziehung in der Antike und ihre Wirkung in der Gegenwart, Stuttgart 1965 (englisch 1961), 155–189; P. Blomenkamp, in: RAC 6, 1966, 516–520; L. Perlitt, Der Vater im Alten Testament, in: H. Tellenbach (Hrsg.), Das Vaterbild… 1976, 50–101, bes. S. 69f. Zum Islam: J. Kraemer, Die Bildungsideale des Islams und ihre gegenwärtige Problematik, in: Erziehung zur Humanität, Festschr. f. E. Spranger, Tübingen 1957, 273–289.

Bildung dienten dort im wesentlichen dazu, die traditionellen Werte und die gewohnten Verhaltensmuster an die nächste Generation weiterzugeben. Das Altbewährte sollte dort von den Jüngeren imitiert und eingeübt und so bewahrt werden.

Anders bei den Griechen. Gewiß blieb auch bei ihnen das Respektieren und kontinuierliche Festhalten des Überlieferten ein Grundzug jeder Erziehung.[30] Man denke nur an die unablässige Bemühung, die Gedichte Homers als Quelle aller Weisheit zu verstehen. Überhaupt spielten maßgebende Vorbilder und Muster eine große Rolle. An der Schilderung der griechischen *Paidei*a in Platons ›Protagoras‹ (325 C – 326 D) sieht man, wie von der Kindheit an eine Autorität die andere ablöst: auf die Eltern folgen die Lehrer, die alten Dichter und schließlich die Gesetze der Polis, denen es zu gehorchen gilt. Sparta blieb dauernd ein Hort der Autorität: glich doch die spartanische Erziehung einer militärischen Dressur mit dem Ziel der Unterordnung bis zur Selbstaufgabe.[31]

Ebenso stark aber und noch stärker wurde bei den Griechen eine Gegenbewegung: das Aufbegehren gegen die Tradition (auch gegen Homer), eine Lust am Erneuern, ein mutiges Kritisieren der bestehenden Ordnungen, ein agonaler Wettstreit um das Bessere und Beste. Die Entwicklung wurde vorangetrieben durch den Übergang von der Welt des Kriegeradels und Bauerntums zu den demokratischen Lebensformen der Polis, besonders in Athen. Es gehört offenbar zum Wesen der Demokratie, daß sie mit dem Ziel der Freiheit das Neue und Fortschrittliche begrüßt und die herkömmlichen Autoritäten in Frage stellt, also mehr oder weniger zu einer *offenen* und *vaterlosen Gesllschaft* tendiert.

Durch ihre Weltoffenheit machten sich die Griechen unabhängig vom Autoritätsanspruch der Tradition. In einen älteren Kulturkreis eindringend und überallhin Beziehungen anknüpfend, sahen sie in ihrer Umgebung verschiedene fremde Lebensformen, denen sie sich mit erstaunlicher Unvoreingenommenheit öffneten. Da sie die unterschiedlichen Sitten unbefangen miteinander und mit den eigenen Gebräuchen verglichen, konnte ihnen keine Tradition durch einen selbstverständlichen Autoritätsanspruch imponieren. Im besonderen | waren es wohl zwei Entwicklungen, durch die bei den 18
Griechen schließlich alle traditionellen Autoritätsansprüche in Frage gestellt wurden:

(a) Von revolutionierender Wirkung war offenbar der neue Begriff

30 H. Strasburger, Zum antiken Gesellschaftsideal, Heidelberg 1976 (Abhandl. d. Heidelb. Akad. d. Wiss., Phil.-hist. Kl. 1976, 4) hat überzeugend nachgewiesen, daß die griechischen und römischen Vorstellungen von gesellschaftlicher Ordnung (im Haus und im Staat) stark patriarchalische Züge hatten und behielten. Wenn dabei allerdings die athenische Demokratie fast nur als Episode, als gescheitertes Experiment erscheint, so ist damit die ideengeschichtliche Bedeutung dieses grundlegenden Versuchs doch wohl zu wenig beachtet.

31 Zur autoritären Erziehung in Sparta: H.-I. Marrou, a.O. (1957), 31–46; E.B. Castle, a.O. (1965), 14–30.

des Erkennens und Wissens, den die Griechen entdeckten. Jahrtausendelang war das autoritätsbegründende Wissen eine Eigenschaft des Alters gewesen, denn wer länger gelebt hat, hat mehr gesehen, mehr erfahren und weiß mehr. Die Griechen fanden demgegenüber ein Wissen, das von bloßer Erfahrung unabhängig ist, weil es sich in allgemeingültigen Sätzen formulieren und lehrhaft mitteilen läßt: Sie begaben sich auf den Weg rein wissenschaftlicher Erkenntnis. Mit dem Aufkommen eines solchen, vom Leben des Einzelnen losgelösten Wissens mußte die herkömmliche Begründung von Autorität fragwürdig und hinfällig werden. Wozu das Alter respektieren, wenn man das entscheidende Wissen womöglich besser anderswoher erwerben konnte?

(b) Zum anderen wurden nach der Ablösung der alten patriarchalischen Herrschaftsform verschiedene Möglichkeiten politischer Herrschaft verwirklicht und theoretisch durchdacht. Die Könige und Adligen der alten Zeit hatten ihren Nutzen von den Untergebenen, aber sie sorgten auch für deren Wohl und Sicherheit. Indem diese durch Abstammung und religiöse Autorität sanktionierte Herrschaftsform zweifelhaft wurde, wurde die zweckmäßigste Form von Herrschaft, wenn nicht Herrschaft überhaupt zum Problem, und ein aufgeklärtes, rationales Denken legte die verschiedenen, in der patriarchalischen Herrschaft miteinander verbundenen Interessen auseinander. Einerseits ergab sich nun die Möglichkeit, das Machtprinzip bewußt zu verstärken: Die tyrannische, allein dem Vorteil des Mächtigen dienende Herrschaft konnte sich auf das Recht des Stärkeren berufen. Andererseits erkannte man aber auch, daß Herrschaft umso sicherer
19 begründet ist, wenn sie zum Besten der Beherrschten ausge- | übt wird, wenn die Macht der Herrschenden gesetzlich begrenzt ist und wenn alle möglichst viel Freiheit erhalten. Man sah, daß in diesem Fall ein Gefühl der Zusammengehörigkeit zwischen Herrschenden und Gehorchenden entsteht; und damit war die Gemeinsamkeit, Partnerschaft oder Freundschaft (*Philia*) als Wesenszug des freiheitlichen Autoritätsverhältnisses in den Blick getreten.

Ursachen und Wirkungen der griechischen Freiheitsidee und Autoritätskrise zeigen sich nirgends deutlicher als bei der fortschreitenden Demokratisierung Athens nach den Perserkriegen. Besonders signifikant war hierbei das Auftreten der Sophisten.[32] Diese neuartigen Redner und Lehrer setzten an die Stelle der Tradition die Überzeugungskraft des Logos – sei es im Sinne der rationalen Welterklärung oder der rhetorischen Kunst. Sie propagierten damit fortschrittliche, freiheitliche Ideen und begründeten zugleich eine neue Autorität.

Die Sprengkraft der sophistischen Aufklärung begegnete den Athenern besonders provozierend in Sokrates. Unheimlich war ihnen wohl nicht

32 Zu den verschiedenen Aspekten dieser epochemachenden Bewegung jetzt: C.J. Classen (Hrsg.), Sophistik, Darmstadt 1976 (Wege der Forschung 187).

nur die emanzipatorische Wirkung der neuen Gedanken, sondern ebenso die damit verbundene neuartige Autorität. Der gegen Sokrates erhobene Vorwurf, er verderbe die Jugend, wurde ja damit begründet, daß er *neue Götter* einführe und daß er die jungen Leute dazu verleite, ihn als Erzieher mehr anzuerkennen als die eigenen Väter.[33]

Infolge der demokratischen Liberalisierung und der Befreiung von alten Traditionen und Konventionen wie auch angesichts des Aufkommens neuer Autoritäten wurde nun in Athen das Verhältnis von Autorität und Freiheit besonders im Bereich der Erziehung zu einem äußerst akuten Problem und zu einem festen Thema der Dichter, Redner und Philosophen. Man mußte sich fragen, welchen Wert die Respektierung von herkömmlichen Herrschaftsformen und Ordnungen gegenüber der in- | dividuellen 20
Freiheit noch behielt. Man fragte nach einer prinzipiellen Rechtfertigung sowohl für Autorität und Unterordnung als auch für das Verlangen nach individueller Freiheit. Man ahnte, daß Autorität bei aller Fragwürdigkeit doch irgendwie auch für die Sicherung von Freiheit unentbehrlich sei. Man vermutete, daß es irgendwie auf eine Verbindung der beiden gegenstrebigen Kräfte ankomme und suchte das Geheimnis ihres fruchtbaren Zusammenwirkens zu ergründen.

V Autoritätskritik im attischen Drama

Zuerst begegnet uns die große Auseinandersetzung um das Problem von Autorität und Freiheit im attischen Drama: in der Tragödie wie in der Komödie. Auf der Bühne wurden die bewegenden Fragen der Zeit diskutiert; und das Theater hat nach griechischem Verständnis selbst eine erzieherische Aufgabe. Wenn eine Überspitzung erlaubt ist, kann man sagen, daß die Konflikte, die im griechischen Drama dargestellt werden, grundsätzlich als Autoritätskonflikte zu verstehen sind.[34]

Für die *Tragödie* gilt wohl, daß sie immer wieder zeigt, wie angemaßte, unbegründete Autoritätsansprüche zurechtgewiesen werden durch wahre Autorität, die mit freiheitlicher Gesinnung vereinbar ist.

In den 472 v. Chr. aufgeführten ›Persern‹ des Aischylos wird der despotischen Macht bewußt die Freiheit gegenübergestellt. Hier ist das Ideal politischer Freiheit gemeint, die sich besonders auch als innenpolitische Redefreiheit manifestiert: »Und nicht mehr im Gewahrsam liegt die Zunge den Sterblichen. Denn losgebunden ist das Volk, um frei zu reden, da gelöst ist

33 Xenophon, Memor. I 2, 49; Apol. 20.

34 Von den Theaterstücken Lessings ausgehend, hat neuerdings P.H. Neumann, Der Preis der Mündigkeit. Über Lessings Dramen, Stuttgart 1977 (bes. S. 12–14) gefragt, ob nicht jeder dramatische Konflikt als Kampf um die vernünftige Begründung der Vater-Autorität zu verstehen sei.

das Joch der Macht« (591–594, übersetzt von W. Schadewaldt). Siehe den
21 Nachtrag Seite 843. |

Bei Sophokles äußert sich, gegenüber Aischylos, ein neues Bewußtsein innerer menschlicher Freiheit, die sich gegen unberechtigte Autorität richtet. Es sind hier besonders die jungen Menschen – Elektra, Antigone und Haimon, Neoptolemos –, die sich das Recht zu freier Entscheidung nehmen. Gegenüber Kreon, der allzu starr und selbstsicher auf die Autorität des Herrschers und Vaters pocht, beruft sich Antigone auf die göttlichen Gesetze. Sie will also nicht eigentlich ihre persönliche Freiheit, sondern vertritt den Anspruch auf das selbständige Erkennen der wahrhaft verbindlichen, göttlichen Normen des Handelns.

Der euripideische Mensch hat kaum mehr die Möglichkeit, sich im Horizont einer göttlichen Weltordnung zu orientieren; und er steht umso einsamer und *freier* da. Die Diskussion um die politische Freiheit spiegelt sich auf bezeichnende Weise in einem Redeagon der (wohl 424 v. Chr. aufgeführten) ›Hiketiden‹. Euripides stellt hier die Demokratie und die Monarchie mit ihren Vorteilen und Gefahren einander gegenüber. Gefährlich ist auf der einen Seite die Willkür des Tyrannen, auf der anderen Seite die Zügellosigkeit des ungebildeten Volkes. Der mögliche Vorteil der Monarchie ist die überlegene Einsicht der Herrschers; der noch größere Vorzug der Demokratie aber liegt in der Freiheit. Die Freiheit kommt dadurch zustande, daß sich alle dem Gesetz unterordnen. Ein besonderes Kennzeichen der freiheitlichen Ordnung ist es, daß man hier nicht mit Mißtrauen, sondern mit Hoffnung auf die Tüchtigkeit der Jugend blickt (403–455).

Für die *Komödie* ist der Gegensatz von Autorität und Freiheit erst recht konstitutiv. Die Komödie hat es ihrem Wesen nach mit dem Problem der Autorität zu tun; denn die Freude am Komischen, das Lachen über Lächerliches ist immer mit einer befreienden, entlastenden, entfesselnden Wir-
22 kung verbunden – mit einem Freiwerden von autoritärer Bedrückung. |
Diese Erklärung klingt modern, sie findet sich aber schon in Platons Dialog ›Philebos‹ (47 D – 50 D).[35]

Die modernen Theorien über das Lächerliche oder Komische lassen sich auf zwei Typen reduzieren. Nach der einen Erklärung lacht man, wenn man sich plötzlich über etwas erhaben fühlt, das zunächst bedrohlich aussah (Überlegenheitstheorie). Nach der anderen Ansicht lachen wir, wenn wir einen gewissen Widerspruch, eine Normwidrigkeit, etwas völlig Uner-

35 Zur platonischen Theorie des γελοῖον (mit einem Überblick über die neueren Theorien zur Erklärung des Lachens): M. Mader, Das Problem des Lachens und der Komödie bei Platon, Stuttgart 1977 (Tübinger Beitr. z. Altertumswiss. 47). Vgl. ferner E.-R. Schwinge, Zur Ästhetik der aristophanischen Komödie am Beispiel der Ritter, Maia 27, 1975, 177–199; M. Fuhrmann, Lizenzen und Tabus des Lachens. Zur sozialen Grammatik der hellenistisch-römischen Komödie, in: W. Preisendanz und R. Warning (Hrsg.), Das Komische, München 1976 (Poetik und Hermeneutik 7), 65–101; M. Landfester, Handlungsverlauf und Komik in den frühen Komödien des Aristophanes, Berlin 1977 (Untersuch. z. antiken Lit. u. Gesch. 17).

wartetes wahrnehmen (Kontrast-Theorie). Bei Platon sind diese beiden Ansätze miteinander verbunden. Der Mensch lacht, erklärt Platon, wenn er einen anderen sieht, der sich über sich selbst täuscht, mit sich selbst im Widerspruch ist, weil sein Anspruch, besonders sein Wissensanspruch höher ist als sein tatsächliches Vermögen, und zwar lachen wir in dem Augenblick, in dem sich die scheinbare Überlegenheit des anderen als brüchig erweist. Unser Lachen entspringt also einer gewissen Schadenfreude, einer Befriedigung der Mißgunst (φθόνος), einer Erleichterung darüber, daß wir uns von dem anderen nicht imponieren lassen müssen, weil er nicht gescheiter und tüchtiger ist als wir. Allerdings gilt dies, wie Platon einschränkt, nur dann, wenn uns der überlegene nicht als so gefährlich erscheint, daß wir uns vor ihm fürchten müssen und uns das Lachen vergeht.

Man kann also mit Platon sagen: Im Lachen äußert sich eine elementare, emotionale Freude an der Bloßstellung angemaßter Überlegenheit oder Autorität. Wir lachen, wenn wir uns befreit fühlen, weil sich plötzlich herausstellt, daß eine zunächst als verpflichtend empfundene Autorität nicht anerkannt werden muß. Das aber heißt: Die Komödie ist ihrer Grundintention nach autoritätskritisch. In der Tat kritisiert ja die Komödie zu allen Zeiten mit Vorliebe irgendwelche Autoritätspersonen: die Mächtigen, die Väter, die Lehrer und alle sonstigen *Besserwisser*. Die Autoritätskritik der antiken Komödie ist allerdings nicht absolut antiautoritär. | Griechische Ko- 23
mödiendichter pflegen, indem sie falsche Autorität entlarven, zugleich den Blick zu öffnen für echte, auf wirklich überlegener Einsicht beruhende Autorität, die mit Freiheit vereinbar ist. Darin hat die erzieherische Funktion der antiken Komödie ihren Grund.

Die Form der komischen Autoritätskritik kann verschieden sein: hart, aggressiv, distanzierend (wie in der Alten Komödie eines Aristophanes) oder versöhnlich, allgemein menschliche Schwächen entlarvend und den Zuschauer mit einbeziehend (wie in der Neuen Komödie eines Menander). Wandeln kann sich aber auch die Richtung der Kritik. Die Komödie kann sich am Aufbegehren der Jugend gegen die Älteren beteiligen, indem sie zeigt, daß die Autorität der Väter fragwürdig ist. Wenn jedoch die väterliche Autorität ohnehin angefochten ist und die junge Generation die Führung beansprucht, dann muß sich auch die autoritätskritische Tendenz der Komödie umkehren und sich gegen die Anmaßung der Jungen wenden. Eine solche Umkehr ist schon bei Aristophanes zu beobachten.

VI Die ›Wolken‹ des Aristophanes

Im Jahr 423 v. Chr. hat Aristophanes in den ›Wolken‹ das Erziehungsproblem auf die Bühne gebracht.[36] Das Kernstück dieser Komödie ist ein Agon zwischen der alten und der neuen Paideusis (949–1104). Auf eine Werberede für die traditionelle Zucht und Ordnung (*Dikaios Logos*) folgt eine Empfehlung der neumodischen und freiheitlichen Richtung (*Adikos Logos*).

Für die alte Erziehung sind Sittsamkeit, Abhärtung und Respekt kennzeichnend. Die jungen Leute zogen diszipliniert und, auch wenn es
24 noch so kalt war, ohne warme Kleidung zum | Musiklehrer, wo sie kraftvolle Lieder in althergebrachter Tonart sangen. Wer davon abwich, wurde geschlagen. Wenn sie in der Palästra saßen, hüteten sie sich, etwas Unanständiges und Aufreizendes zu zeigen. Sie trieben Sport in der Natur und waren gesund. Die neue Erziehung dagegen folgt nur dem, was Spaß macht. Die Jugend kennt keine moralischen Bindungen mehr und tut, was sie will. Mit müßigen Reden verbringen die jungen Leute ihre Zeit auf dem Markt und in den Bädern; sie unterhalten sich mit Hetären, mit Essen und Trinken. Wie es dabei mit Musik und Dichtung steht, zeigt Aristophanes, wo er das Ergebnis der neumodischen Erziehung demonstriert (1353–1376). Der Vater feiert mit dem Sohn die erfolgreich absolvierte Ausbildung. Er bittet den Sohn, etwas Schönes von Simonides zu singen. Strepsiades weigert sich: das sei altmodisches Zeug. Darauf möchte der Vater etwas von Aischylos rezitiert hören. Der Sohn ist wieder gegen solchen Blödsinn. Der Vater will schließlich zufrieden sein, wenn der Sohn wenigstens etwas von den neuen Sachen vorträgt. Da bringt dieser mit sicherem Gefühl für das, was den Alten empören muß, einen Passus aus einer Tragödie des Euripides, wo vom Inzest zwischen Bruder und Schwester die Rede ist. Das ist für den Vater denn doch zu viel, und es kommt zum Streit.

Es sieht fast so aus, als wolle Aristophanes mit diesem Stück die gute alte Erziehung in Schutz nehmen und die neue kritisch *ad absurdum* führen.[37] Das Ergebnis der modernen Erziehung ist ja, daß der Sohn den Vater verprügelt und daß dieser daraufhin dem sophistischen Lehrer – Sokrates – das Haus anzündet. Hat Aristophanes hier also, wie ihm verschiedentlich vorgeworfen worden ist, gegenüber den fortschrittlichen Kräften seiner Zeit die konservative Reaktion vertreten? So einfach liegen die Dinge nicht. Aristophanes wendet sich in den ›Wolken‹, genauer gesehen, kritisch nach beiden Seiten: Er macht nicht nur die neumodische Freiheitlichkeit, sondern auch den Glauben an die gute alte Erziehung
25 lächerlich.[38] |

Soll man also erklären, Aristophanes empfehle die richtige Mitte zwi-

36 Schon in seinem vier Jahre früher aufgeführten Erstlingswerk, den ›Schmausbrüdern‹ (›Daitales‹) hat Aristophanes das Erziehungsproblem behandelt und die zuchtvolle alte der liederlichen neuen Erziehung gegenübergestellt. Später zeigt er in den ›Wespen‹ den fragwürdigen Versuch eines Sohnes, den Vater fortschrittlich zu erziehen.

37 Zu dieser Ansicht neigt W. Kraus in seiner wertvollen Studie: Aristophanes und Sokrates, in: Sprachkunst, Beiträge zur Literaturwissenschaft 7, 1976, 161–179: Komisch sei für Aristophanes die moderne, sophistische Erziehung der *Ungerechten Rede;* in der *Gerechten Rede* zeige er die normative Idee des alten Griechentums.

38 So urteilt K.J. Dover, Aristophanes, Clouds. Edited with Introduction and Commentary, Oxford 1968, LVII–LXVI; Aristophanic Comedy, London 1972, 114–116.

schen der übertriebenen Strenge einer autoritären *Paideia* und dem amoralischen Individualismus einer allzu liberalen Mode? Bei noch genauerer Betrachtung stellt sich seine Absicht etwas anders dar. Die alte Erziehung ist hier eigentlich durch eine gewisse Ausgewogenheit von respektvollem Gehorsam und freiheitlicher Selbstverwirklichung gekennzeichnet. Die jungen Leute mußten sich früher zwar an feste Regeln halten, aber sie führten dabei ein gesundes, bei Sport und Spiel keineswegs freudloses Leben. In der neuen Erziehung zeigt sich dagegen eine Auflösung der beiden einst noch miteinander verbundenen Komponenten. Einerseits beansprucht man jetzt jede Freiheit und will keinen Überlegenheitsanspruch mehr respektieren, andererseits aber kommt es jetzt erst recht zu Gewaltsamkeiten: Man streitet sich vor Gericht und mißhandelt womöglich die Älteren, so daß das einstige Autoritätsverhältnis mehr verlagert und pervertiert als beseitigt ist.

Trotzdem ist der Eindruck richtig, daß Aristophanes auch die alte Erziehung dem Lachen preisgibt. Er verspottet sie aber nicht in dem, was sie einmal war, sondern was er lächerlich macht, ist die Ansicht, man könne das gute Alte einfach beibehalten oder wiederherstellen. Von der aufgeklärten Gegenwart aus ist jene frühere Verbindung von Autorität und Freiheit tatsächlich überholt: sie wirkt jetzt naiv, prüde und pedantisch. Wenn man also aus der nach beiden Seiten gerichteten Kritik des Aristophanes eine Lehre ziehen soll, dann diese: Gegenüber den modernen Korruptionstendenzen hilft nicht ein Festhalten an der Tradition der Väter, sondern nur eine neuartige, dem erweiterten Wissenshorizont entsprechende Verwirklichung des Zusammenspiels von Autorität und Freiheit.

Der Komödiendichter sagt dies nicht in lehrhafter Weise. Er stellt
nicht die positive Lösung dar, sondern macht | nur die Unzulänglichkeit 26
der einseitigen Tendenzen lächerlich. Damit tritt in der Wirkungsweise des Theaterstücks noch einmal das Gegeneinander und Miteinander von Autorität und Freiheit hervor: Der lachende Zuschauer befreit sich von dem Druck belastender Autorität – hier in den ›Wolken‹ vom autoritären Festhalten am Altbewährten ebenso wie von fortschrittlichen Bestrebungen, die im Namen der Freiheit ihrerseits autoritäre Züge annehmen und zur Intoleranz neigen. Zugleich nähert er sich vielleicht, angesichts der Fragwürdigkeit solcher Autoritäten, dem Verständnis für echte Autorität, die der Freiheit nicht im Wege steht, sondern sie bestärkt.

VII Thukydides

Das Problem, wie Freiheit am besten zu verwirklichen sei, wurde in Athen besonders auch bei den Diskussionen um die beste Staatsverfassung erörtert. Bei der Gegenüberstellung der verschiedenen Verfassungsformen, wie wir sie in den ›Hiketiden‹ des Euripides kennengelernt haben und etwa auch im Werk des Herodot (III 80–82) studieren können, kam der Gedanke auf, daß der beste Staat eine Mischung von demokratisch-freiheitlichen und aristokratisch-autoritären Elementen verlange.

Im Geschichtswerk des Thukydides begegnet uns dieser Gedanke in großartiger, theoretisch geklärter Ausprägung, so daß wir hier von einer ersten modellhaften Lösung unseres Problems sprechen können. Der Historiker beschreibt in der Gefallenenrede des Perikles (II 34–46) eine, wie mir scheint,[39] ideale Staatsordnung, in der Autorität und Freiheit nicht auseinanderfallen, sondern sich gegenseitig bedingen, so daß in der Polis mit Hilfe von echter Autorität ein Höchstmaß an Freiheit verwirklicht wird. Bezeich-
27 nender | Weise sieht Thukydides das hier im Bilde Athens dargestellte Ideal unter dem Gesichtspunkt der Paideia (II 41,1):

> Zusammenfassend sage ich, daß die Stadt insgesamt die Erziehung und Bildung (παίδευσις) Griechenlands ist und daß auch auf den Einzelnen gesehen, wie ich meine, ein und derselbe Mann sich bei uns durch vielfältigste Betätigung und mit gewinnender Anmut wohl als autarke Person erweist.

Die Polis Athen ist hier also das erzieherische Vorbild, das überall in Griechenland nachgeahmt zu werden verdient. Ein so maßgebliches Paradeigma wird diese Polis dadurch, daß in ihr die *Paideia* der Bürger ein höchstes Ziel erreicht. Thukydides bringt hier das Ideal der menschlichen Bildung auf den Begriff der Autarkie. Damit ist gemeint, daß die Polis wie auch jeder Einzelne über alles Erforderliche von sich aus verfügt. *Autarkie* bezeichnet bei Thukydides und fortan im griechischen Denken eben die Art von Freiheit, Selbstbehauptung, Selbstverwirklichung, die nicht auf Ungebundenheit, sondern auf wesensgemäßer Erfüllung des eigenen Selbst beruht.[40] Der Mensch vermag dieses Ideal immer nur indirekt und approximativ zu erfüllen, etwa durch besondere Vielseitigkeit und Wendigkeit, also durch möglichst allseitige Bildung.

Daß die Autarkie der Polis und des universal gebildeten Menschen ein hohes Ideal darstellt, das immer nur annäherungsweise, nur als seltener Ausnahmefall, nur mit großer Anstrengung zu erreichen und aufrecht zu erhalten ist, hat Thukydides mit aller Eindrücklichkeit dadurch klar gemacht, daß er den ›Epitaphios‹ unmittelbar vor die Pestschilderung und an den Anfang des mit der Katastrophe Athens endenden Zersetzungsprozesses stellte.

39 K. Gaiser, Das Staatsmodell des Thukydides. Zur Rede des Perikles für die Gefallenen, Heidelberg 1975 (in diesem Band Seite 717ff.); dort auch die frühere Literatur. Seitdem zur Gesamtinterpretation des ›Epitaphios‹: H. Drexler, Thukydides-Studien, Hildesheim 1976, 239–254; D. Nickel, Das gesellschaftliche Leitbild in der Gefallenenrede des Perikles bei Thukydides, in: R. Müller (Hrsg.), Der Mensch als Maß der Dinge. Studien zum griechischen Menschenbild in der Zeit der Blüte und Krise der Polis, Berlin 1976 (Veröff. d. Zentralinst. f. Alte Gesch. u. Archäol. d. Akad. d. Wiss. d. DDR, 8), 167–187.

40 Zum griechischen Begriff der Autarkie (als Freiheit von Fremdem und Freiheit zu sich selbst, letztlich als *Seinsfreiheit* im Sinne der Identität mit dem eigenen Selbst) jetzt H.-J. Krämer, Die Grundlegung des Freiheitsbegriffs in der Antike, in: J. Simon (Hrsg.), Freiheit, Theoretische und praktische Aspekte des Problems, Freiburg i.Br. 1977, 239–270.

Aus dem ersten Hauptteil der Perikles-Rede (II 37–40) geht deutlich hervor, daß das Autarkie-Ideal auf einer Ver- | bindung von individueller 28
Freiheit mit ordnender Autorität beruht. In unserer Stadt, so sagt Perikles, gilt demokratische Gleichberechtigung; aber es bestehen auch Unterschiede je nach Leistung und verdientem Ansehen. Man ist hier freizügig und unbeschwert im Leben und Lebenlassen, aber man fürchtet zugleich die geschriebenen und ungeschriebenen Gesetze. Die außenpolitischen Beziehungen sind ebenfalls freiheitlich, dadurch aber umso fester. Kurz: die sonst divergierenden Tendenzen verbinden sich in Athen zu einer spannungsvollen Einheit, in der die Freiheit durch die Respektierung von Autorität gesichert und gesteigert wird.

Worin hat diese produktive Aufhebung der Gegensätze ihren Grund? Thukydides setzt voraus, daß in dieser Polis jeder Bürger zur Selbstbestimmung fähig ist, da er selbst weiß, was für ihn gut ist. Die einzelnen Personen brauchen keine fremde Autorität, weil sie prinzipiell alle an der Erkenntnis des maßgebenden Ideals teilhaben. Wenn die Gesamtpolis eine übergeordnete Autorität darstellt, so beruht diese doch auf der gemeinsamen Einsicht aller Individuen.

Ebenso wichtig wie die Einsicht ist die Liebe der Bürger zu ihrer Stadt (II 43,1), deren Größe sie bewundern und die ihnen ein so sinnvolles Leben ermöglicht. Für das Miteinanderleben der Menschen ist hier bezeichnend, daß einer dem anderen zu Gefallen sein will (*Charis*). Je mehr einer dem Ideal der autarken Selbständigkeit nahe kommt, umso mehr kann er für die freiheitliche Entfaltung der anderen beitragen. In unauflösbarer Weise ist er also für den anderen zugleich vorbildliche Autorität und Quelle der Freiheit.

VIII Isokrates und Xenophon

Nach dem Peloponnesischen Krieg, in dem das demokrati- | sche Athen 29
schließlich dem autoritären Sparta unterlegen war, haben verschiedene griechische Autoren, von den Erfahrungen mit der Demokratie und ihrem Freiheitsideal enttäuscht, versucht, das Prinzip der Autorität als notwendigen Ordnungsfaktor der Politik und der Erziehung zu rehabilitieren. Dies gilt nicht nur für Platon, sondern auch für seinen Rivalen Isokrates, dessen rhetorisches Bildungsideal eine große Wirkung entfaltete, und für einen Sokratiker wie Xenophon.

Isokrates versuchte, die echte demokratische Freiheit von Willkür, Respektlosigkeit und Gleichmacherei abzugrenzen, und besonders in seinem ›Areopagitikos‹ (um 355 v. Chr.?) empfahl er eine Verbindung der demokratischen Freiheit mit traditioneller aristokratischer Autorität.[41] In seinem Bildungsideal des durch den *Logos* zum rechten Reden und Handeln fähigen, allseitig informierten, auch moralisch gefestigten Menschen[42] spielt der

Freiheitsgedanke eine auffallend geringe Rolle.[43] Jedenfalls erreicht Isokrates mit seinem mehr pragmatischen Programm längst nicht das theoretische Niveau, auf dem Platon das problematische Verhältnis von Autorität und Freiheit erörtert.

Bei *Xenophon*, dem oligarchischen Politiker, dem Offizier und Gutsherrn findet man eine unverkennbare Hinneigung zum Autoritätsprinzip. In allen seinen Schriften spricht er sich mehr oder weniger deutlich für eine Ordnung aus, die auf Herrschaft und Gehorsam beruht. In seinem Traktat über den ›Staat der Lakedaimonier‹ schildert er mit spürbarer Sympathie die alte spartanische Erziehung.

Ausführlich spricht Xenophon über Erziehung im ›Oikonomikos‹
30 und in der ›Kyrupaidie‹: sowohl über die Erziehung | zum guten Herrscher und Hausherrn wie über die Erziehung der Untergebenen im Staat und im Haus. Dabei wird klar, daß Xenophon keine gewaltsame Herrschaft und keine willkürliche Autorität im Sinn hat. Vielmehr nähert auch er sich der Erkenntnis, daß Herrschaft und Freiheit untrennbar zusammengehören. Die Autorität des Herrschenden, wie Xenophon sie versteht, soll auf überlegenem Können beruhen, das dem Beherrschten zugute kommt. Die Autoritätsperson soll besser wissen, worauf es ankommt, und mit Hingabe für die anderen sorgen. Die Untergebenen werden dann mit geradezu erotischer Leidenschaft (ἐπιθυμία oder ἔρως) dem Herrscher zu Gefallen sein wollen (Kyrup. I 1,5). Ziel der *Paideia* ist somit die gewaltlose, fürsorgliche Herrschaft auf der einen, das vertrauensvolle, freiwillige Gehorchen auf der anderen Seite. Immer wieder betont Xenophon, daß der Herrschende beim Untergebenen eine Bereitwilligkeit des Gehorsams erreichen müsse. In dieser Forderung des *freiwilligen Dienens* findet sich auch bei Xenophon eine Ahnung davon, daß Ordnung umso besser begründet ist, je mehr sie auf der Freiheit aller beruht.[44]

Insgesamt aber überwiegt in Xenophons Ordnungsvorstellung doch die Autorität. Fast könnte man sagen, sein Grundsatz sei: so viel Herrschaft

41 Das von Isokrates im ›Areopagitikos‹ dargestellte politische und erzieherische Ideal behandelt W. Jaeger, Paideia III, Berlin 1947, 170–198 unter der Überschrift ›Autorität und Freiheit in der radikalen Demokratie‹.

42 Beiträge zum Bildungsbegriff und zur Pädagogik des Isokrates von W. Steidle und S. Cecchi in: H.-Th. Johann (Hrsg.), Erziehung und Bildung in der heidnischen und christlichen Antike, Darmstadt 1976. Zuletzt noch: F. Kühnert, Die Bildungskonzeption des Isokrates, in: R. Müller (Hrsg.), Der Mensch als Maß der Dinge…, Berlin 1976, 323–336.

43 Als Rhetoriklehrer vertrat Isokrates die Ansicht, daß die Beachtung vorgegebener Beispiele und Regeln durch die Fähigkeit, zu improvisieren und im Augenblick das Richtige zu treffen, ergänzt werden müsse – eine im Grunde für jede Kunstübung konstitutive Spannung: vereinigt doch schon der homerische Sänger Traditionsbewußtsein mit Spontaneität (Odyssee 22, 347–349), und fordert doch noch Quintilian (Inst. or. X 2) den Redner auf, die Imitation der maßgeblichen *auctores* mit Innovation zu verbinden.

44 Ausführlich entwickelt Xenophon den Gedanken, daß der Untergebene freiwillig (ἐθέλων, ἑκών, πρόθυμος) gehorchen soll (πείθεσθαι, ὑπακούειν, ἀκολουθεῖν), im Schlußkapitel des ›Oikonomikos‹ (21, vgl. auch 3, 4; 4, 19; 5, 15; 13, 6) und im Einleitungskapitel der ›Kyrupaidie‹ (I 1), hier mit dem Bild des Hirten und seiner freiwillig folgenden Herde.

wie möglich, so viel Freiheit wie nötig – um die Herrschaft zu festigen und dauerhaft zu machen. Deswegen wird man Xenophons Erziehungsideal nicht unbedingt bejahen können; sein Wunschbild der gewaltlosen Herrschaft und des freiwilligen Gehorsams ist vielleicht nur allzu verlockend.[45]

Die Schwäche der Ordnungsvorstellung Xenophons liegt vor allem darin, daß nicht geklärt ist, worin die Überlegenheit der Herrschenden besteht. In den ›Memorabilien‹ verteidigt er Sokrates gegen den Vorwurf, den Vätern die Söhne abspenstig gemacht zu haben, indem er erklärt, Sokrates
habe über jede andere Autorität die Vernunft (φρόνησις) gestellt | (Mem. I 2, 31
49–55). Die vernünftige Einsicht der Autoritätspersonen Xenophons bleibt aber auf Fachkenntnisse und ein gesundes Urteil in praktischen Fragen beschränkt. Zu einer überzeugenden Begründung von Autorität reicht dies schwerlich aus.

IX Platon

Platon hat mit seinen literarischen Dialogen und seiner Wirksamkeit in der Akademie versucht, das menschliche Leben durch philosophische *Paideia* in Ordnung zu bringen.[46] Umstritten ist allerdings, ob er uns Späteren damit zum Segen oder zum Fluch geworden ist. Die modernen Platonkritiker wie etwa Karl Popper sehen in der Philosophie Platons ein durch und durch autoritäres Denken am Werk. Platon habe die Errungenschaften der griechischen Aufklärung verraten, indem er von einer offenen zu einer geschlossenen Gesellschaft zurückstrebte.[47]

In der Tat ist festzustellen, daß Platon die Absicht hatte, Autorität neu zu begründen. Vom ›Kriton‹ bis zu den ›Nomoi‹ sucht er den Autoritätsanspruch politischer Gesetze zu legitimieren. Überall denkt er in Strukturen von Herrschaft und Unterordnung, Vorrang und Gehorsam. Er reagiert da-

45 Kritische Interpretation des xenophontischen Herrscherideals bei R. Nickel, Xenophons Hieron. Ein Beitrag zur politischen Bildungsarbeit im griechischen Lektüreunterricht, Altsprachl. Unterricht 15, 3, 1972, 5–19. Die positive Seite der xenophontischen Vater-Sohn-Beziehungen wurde einst nachgezeichnet von A. Bork, Xenophon als Kenner jugendlichen Lebens, in: Erziehung zur Menschlichkeit, Festschr. f. E. Spranger, Tübingen 1957, 191–205. Das Verhältnis von persönlicher Freiheit und politischer Ordnung bei Xenophon behandelt ausführlich W.E. Higgins, Xenophon the Athenian. The Problem of the Individual and the Society of the Polis, Albany N.Y. 1977.

46 Zu Platon als Erzieher Beiträge von E. Hoffmann, Th. Ballauf und J. Moreau in: H.-Th. Johann (Hrsg.), a.O. 1976 (mit weiterer Literatur). Am gründlichsten und vollständigsten ist dieses Thema behandelt von R.C. Lodge, Plato's Theory of Education. London 1947 (^{2}1950).

47 K.R. Popper, Die offene Gesellschaft und ihre Feinde, I. Der Zauber Platons, Bern 1957 (englisch 1944). Die gleiche kritische Richtung vertreten jüngst B. Effe und A. Graeser in: Gymnasium 83, 1976, 303–324 und 84, 1977, 493–501. Unter den Verteidigern Platons ragen neuerdings hervor: R. Maurer, Platons ›Staat‹ und die Demokratie. Historisch-systematische Überlegungen zur politischen Ethik, Berlin 1970; R. Barrow, Plato, Utilitarism and Education, London 1975 (Internat. Libr. of the Philos. of Education).

mit, geschichtlich gesehen, auf den Autoritätszerfall in der athenischen Demokratie und auf die Relativierung aller politischen, moralischen und religiösen Normen durch die sophistische Aufklärung. An einer bekannten Stelle in seiner ›Politeia‹ (8, 562 D – 563 C) führt er aus, wohin die radikale Demokratisierung führt: Die Lehrer zittern vor den Schülern, die Älteren müssen sich, um nicht als autoritär zu gelten, den Jüngeren anbiedern, die Sklaven und die Freien sind fast gleichberechtigt und selbst die Tiere auf der
32 Straße nehmen sich alle möglichen Freiheiten heraus. Einer | solchen Entwicklung will Platon mit philosophisch fundierter Autorität begegnen.

Um Platons Position zu verstehen und beurteilen zu können, müssen wir auch hier die entscheidende Frage stellen, wie sich die Autorität zur Freiheit verhält und wie der Autoritätsanspruch begründet ist. Platon könnte auf diese Frage mit einigem Recht antworten, daß gerade auch nach seiner Auffassung Freiheit durch Autorität nicht eingeschränkt, sondern ermöglicht werden soll und daß Autorität, die in diesem Sinne hilfreich sein will, auf überlegener Erkenntnis beruhen muß. Es bleibt dabei allerdings die Frage, wie Platon Freiheit und Erkenntnis näherhin versteht. Zum Unterschied von Thukydides geht Platon davon aus, daß nur wenige Menschen zur eigenen Erkenntnis der Wahrheit und damit zu voller Autonomie fähig sind. Deswegen behält in seiner Konzeption die Autorität doch ein Übergewicht gegenüber der Freiheit. – Einige Beobachtungen mögen verdeutlichen, wie bei Platon das Zusammenspiel von vernünftiger Autorität und Freiheit gedacht ist.

(1) Platon verlangt keineswegs die Wiederherstellung traditioneller Autoritäten, sondern er leitet dazu an, das allgemein Geltende kritisch zu prüfen. Die neue Autorität der Philosophie soll auf vernünftige Erkenntnis gegründet und somit prinzipiell nachprüfbar sein. Allerdings ist der Weg zur Wahrheitserkenntnis nach platonischer Ansicht so schwer und langwierig, daß nur wenige das Ziel zu erreichen vermögen. Daraus ergibt sich für die Philosophie die Aufgabe, der großen Menge von Menschen, die nicht selbst zu voller Einsicht gelangen können, die Wahrheit indirekt nahezubringen, also durch glaubhafte Autorität zu vermitteln. Eine solche Vermittlung sucht Platon mit seinem gesamten Schriftwerk zu leisten. Seine Dialoge bewegen sich weitgehend im Bereich von Autoritäten. Die letzte Begrün-
33 dung der darge- | stellten Gedanken wird im literarischen Gespräch nur angedeutet; sie bleibt der mündlichen Dialektik vorbehalten. In seinen Schriften wirbt Platon um Vertrauen für die Autorität des Philosophen, der als der wahrhafte Sachverständige in allen Fragen der Politik und Ethik angesehen werden soll.

(2) Wenn Platon zur Darstellung seiner Philosophie die Form des sokratischen Gesprächs wählt, so will er offenbar nicht indoktrinieren, sondern den Leser zu eigener Wahrheitssuche anregen.[48] Im ›Symposion‹ (175 DE) läßt er Sokrates ironisch sagen, es sei schade, daß man Wissen nicht einfach von einem Menschen zum anderen hinüberfließen lassen könne wie

Wasser durch einen Wollfaden von einem vollen Gefäß in ein leeres. Und im ›Theaitet‹ (210 C) erklärt der platonische Sokrates, er habe keine andere Kunst als die Maieutik des Geburtshelfers, weil er anderen kein Wissen übergeben, sondern ihnen immer nur durch seine Fragen helfen könne, es selbst hervorzubringen.

(3) Was die politische Ordnung angeht, so lehnt Platon jede Art von Gewaltanwendung ab. Der von ihm entworfene Idealstaat kann nur eingerichtet werden, wenn die Bürger den Philosophenherrschern freiwillig gehorchen, weil sie überzeugt sind, daß dies ihnen Glück und Freiheit sichert.[49] Unter den gegebenen Umständen fordert Platon als den besten Mittelweg zwischen der Despotie eines Machthabers und anarchischer Freiheit die Herrschaft des Gesetzes, das für eine vernünftige Ordnung sorgt. Unter dem für alle gleichermaßen geltenden Gesetz hat jeder Einzelne mehr echte Freiheit als im Zustand individualistischer Willkür.[50]

(4) Was Platon über Erziehung sagt, läßt im ganzen erkennen, daß die *Paideia* den Kindern zu einer festen inneren | Ordnung verhelfen soll. Man 34
könne den jungen Menschen, so heißt es einmal in der ›Politeia‹ (9, 590 Ef.), erst dann frei lassen, wenn er die Vernunft als eine Art Wächter in der Seele habe. Andererseits gewähren die Erziehungsmethoden, die Platon empfiehlt, den Kindern doch auch erstaunlich viel Freiheit. Er betont mehrfach, daß die Kinder nicht unter Zwang lernen sollten und daß sie zumal das mathematische Wissen am besten in freiheitlichem Spiel erwerben könnten.[51]

Wie Platon über Autorität und Freiheit in der Erziehung denkt, zeigt sich nun aber weniger an seinen einzelnen pädagogischen Forderungen als dort, wo er in größerem Rahmen grundsätzlich über Paideia spricht und wo er das Verhältnis von Autorität (Herrschaft, Bindung) und Freiheit als dialektisches Verhältnis erklärt.

(5) Im Sinne der philosophischen Dialektik suchte Platon offenbar begreifbar zu machen, daß Herrschaft und Freiheit ambivalente Größen sind und daß sie daher sowohl gegensätzlich auseinandertreten als auch komplementär zusammenwirken können. Durch diese dialektische Betrachtung gibt Platon den Begriffen Freiheit und Unfreiheit einen neuen, das gewöhnliche Verständnis radikal in Frage stellenden Sinn.

Wie sich die dialektische Umwertung der Begriffe in Platons Gedanken über die *Paideia* auswirkt, zeigt ein Blick auf das Höhlengleichnis (Politeia 7,

48 Im Blick auf den platonischen Dialog spricht über die Anerkennung der Wahrheit als Akt menschlicher Freiheit Th. Kobusch, Sprechen und Moral. Überlegungen zum platonischen Gorgias, Philosophisches Jahrbuch 85, 1978, 87–108.

49 Platon Rep. 6, 498 DE; Epist. 7, 330 C–331 D.

50 Platon über die Herrschaft des Gesetzes *(Nomos):* Epist. 7, 324 B, 334 C; Epist. 8, 354 C–E; Leg. 4, 715 CD und öfters. – Schon bei Herodot wird von den Griechen gesagt (VII 104, 4): »Sie sind zwar frei, aber doch nicht in allem frei; über ihnen steht nämlich als Herr das Gesetz.« Häufig begegnet das Motiv auch nach Platon. Vgl. H. Volkmann, Ἔνδοξος δουλεία als ehrenvoller Knechtsdienst gegenüber dem Gesetz, Philologus 100, 1956, 52–61.

51 Platon, Rep. 7, 536 D – 537 A; Leg. 7, 819 BC.

514 A – 519 B). Das Gleichnis soll anschaulich beschreiben, wie es mit uns Menschen hinsichtlich der Bildung und der Ungebildetheit bestellt ist (παιδείας τε πέρι καὶ ἀπαιδευσίας 514 A). Für gewöhnlich – ohne die philosophische *Paideia* – leben die Menschen in einer Welt der trügerischen Schatten. Hier sind sie gefesselt, so daß sie das Wahre nicht sehen können;
35 andererseits fühlen sie sich jedoch ihrer Sache sicher und | glauben, daß sie tun können, was sie wollen. Die *Paideia* nun ist ein Weg aus der Gefangenschaft in die Freiheit, und zwar in eine Freiheit, die zugleich höhere Gebundenheit ist. Im Gleichnis ist davon die Rede, daß der von den Fesseln Befreite mit starkem Zwang nach oben, zum Licht gezogen werden muß: nämlich mit der ἀνάγκη des λόγος. Dieser Zwang, der den Lernenden im philosophischen Fragen und Antworten zur Erkenntnis führt, hat nichts mit doktrinärer Beeinflussung zu tun. Bei der Auslegung des Gleichnisses wird betont (518 BC), daß man als Erzieher ebensowenig einem Unwissenden Wissen einsetzen könne wie einem Blinden das Augenlicht: man müsse vielmehr die Augen des anderen zur Wahrheit hinwenden, so daß er selbst sie zu schauen vermöge. Wenn der Lernende dem Licht näher kommt, kann man ihn freilassen (515 E). Seine Selbständigkeit wird größer; zugleich nimmt aber auch die zwingende Verbindlichkeit des als wahr Erkannten zu – bis beides, Freiheit und Notwendigkeit, bei der Erkenntnis des Guten in eins zusammenfällt. Zu der neu erworbenen Freiheit gehört schließlich auch das freiwillige Erfüllen der Pflicht, in die Höhle zurückzukehren und dort nach Möglichkeit erzieherisch zu wirken.

Man sieht: Die Menschen in der Höhle sind Gefangene, aber sie glauben, frei zu sein – umso freier, je mehr sie tun können, was sie wollen. Zu dem Weg nach oben muß man sie zwingen, aber es ist der Weg in die Freiheit – weil nur die Bindung an die Wahrheit wirklich frei macht. Das bedeutet: Nach platonischer Ansicht ist Freiheit kein absoluter, sondern ein relativer, auf die Arete und Eudaimonie als maßgebende Ziele bezogener Wert. Für Platon ist Freiheit, genauer gesagt, umso größer und wertvoller, je mehr sie nicht darin besteht, daß man sich jeden beliebigen Wunsch erfüllen
36 kann, sondern darin, daß man aus eigener Einsicht weiß, was man tun soll. |

(6) Ausführlicher erörtert Platon die dialektische Wechselbeziehung von Autorität (oder Herrschaft) und Freiheit (oder Gleichberechtigung) im 8. und 9. Buch der ›Politeia‹ und im 3. Buch der ›Nomoi‹ (693 D – 701 E), ebenso auch im ›8. Brief‹ (354 C–E). Er erklärt hier jeweils die Ambivalenz der beiden Faktoren: sie sind in gemäßigter Form gut, in maßloser Übertreibung schlecht. Im einen Fall sind sie miteinander vereinbar und konstituieren gemeinsam den optimalen Zustand (die *Arete);* im anderen Fall schließen sie sich gegenseitig aus und tendieren zu verschiedenen Arten der Unordnung: nach der einen Seite zur unbegrenzten Freiheit aller, nach der anderen Seite zur Herrschaft eines Unterdrückers. In der ›Politeia‹ (8, 563 Ef.) stellt Platon zugleich fest, daß die extremen Gegensätze einander in gewisser Weise ähnlich sind, und zwar in den gemeinsamen Merkmalen der

Gewaltsamkeit und der Willkür. Daher können die Extreme auch leicht ineinander umschlagen: vor allem kann aus der anarchischen Radikalisierung der demokratischen Freiheit leicht die Tyrannis als die übelste Art von despotischer Knechtung hervorgehen.

Wo immer die gegensätzlichen Tendenzen zu einem Ausgleich gebracht werden, geschieht dies durch die Wirkung der Vernunft (νοῦς, φρόνησις). Diese manifestiert sich im überlegenen Wissen des Herrschenden, der für das Wohl seiner Untergebenen sorgt, oder in vernünftigen Gesetzen, die für alle gleichermaßen verbindlich sind. Durch die Vernunft wird also Autorität in der Weise begründet, daß zugleich Freiheit gewährleistet ist. – Strukturell gesehen ergibt sich damit im ganzen dieses Bild: | 37

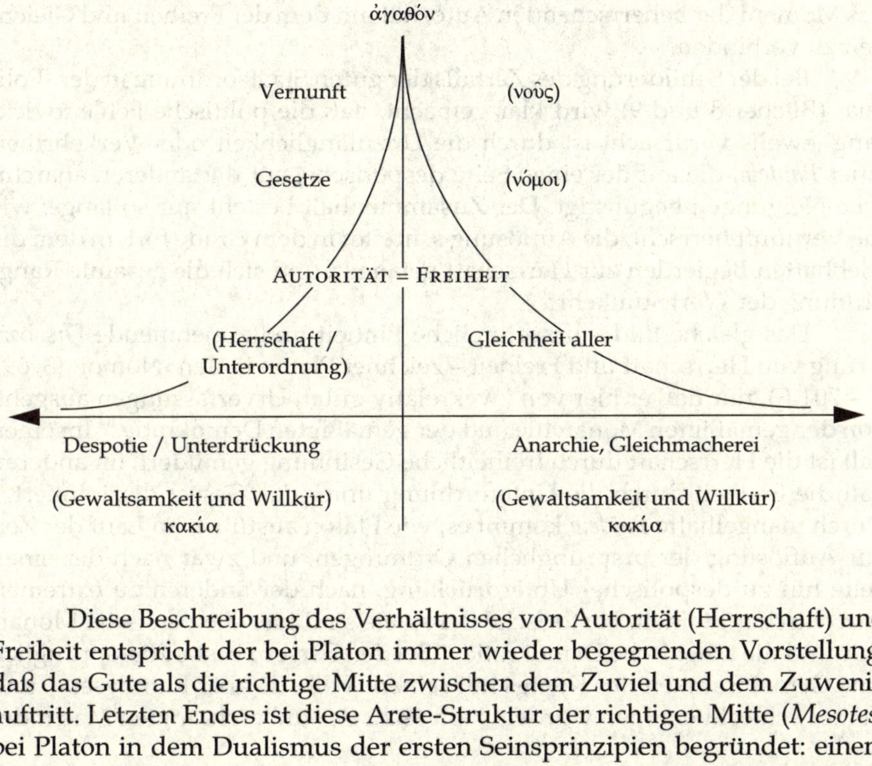

Diese Beschreibung des Verhältnisses von Autorität (Herrschaft) und Freiheit entspricht der bei Platon immer wieder begegnenden Vorstellung, daß das Gute als die richtige Mitte zwischen dem Zuviel und dem Zuwenig auftritt. Letzten Endes ist diese Arete-Struktur der richtigen Mitte (*Mesotes*) bei Platon in dem Dualismus der ersten Seinsprinzipien begründet: einem Prinzip der Einheit und einem Gegenprinzip des unbestimmten Mehr-und-Wenigers.[52] Über die Mesotesstruktur kann Platon also Herrschaft und Freiheit – die gute Ordnung als Verbindung von beidem, das Schlechte als Auseinanderfallen und Abweichung von der richtigen Mitte

52 Dazu grundlegend H.-J. Krämer, Arete bei Platon und Aristoteles, Heidelberg 1959 (Abhandl. d. Heidelb. Akad. d. Wiss., Phil.-hist. K1. 1959, 6).

auf die allgemeinsten Seinsursachen zurückführen und in diesem Zusammenhang ontologisch erklären.[53]

Im Rahmen der Grundkonzeption, die so weit nach Politeia 8 und 9, Nomoi 3 und Brief 8 referiert worden ist, beschreibt Platon nun besonders auch den Prozeß der *Paideia*. Es ist bei ihm die Erziehung, der die Aufgabe zukommt, die beiden gegensätzlichen Faktoren – Herrschaft und Freiheit –
38 | zu vereinigen; und die Ursache für das Auseinandertreten und die einseitige Übertreibung ist schlechte Erziehung. In der ›Politeia‹ wie in den ›Nomoi‹ schildert Platon ausführlich, wie schlechte, versagende *Paideia* die immer stärker werdende Dissoziierung jener beiden Komponenten zur Folge hat. Daraus ergibt sich umgekehrt, daß es das Ziel der guten, gelingenden *Paideia* ist, in der Seele des Einzelnen wie in der politischen Ordnung das Moment der beherrschenden Autorität mit dem der Freiheit und Gleichheit zu verbinden.

Bei der Schilderung des Zerfalls der guten Staatsordnung in der ›Politeia‹ (Bücher 8 und 9) wird klar gemacht, daß die politische Fehlentwicklung jeweils verursacht ist durch die Unzulänglichkeit oder Verkehrtheit einer *Paideia*, die auf der einen Seite despotische, auf der anderen anarchische Neigungen begünstigt. Der Zusammenhalt besteht nur so lange, wie die Vernunft herrscht; die Auflösung schreitet in dem Grade fort, in dem die triebhaften Begierden zur Herrschaft gelangen und sich die gesamte Rangordnung der Werte umkehrt.

Das gleiche Bild – ursprüngliche Einheit und zunehmende Dissoziierung von Herrschaft und Freiheit – zeichnet Platon in den ›Nomoi‹ (3, 693 C – 701 E), nur daß er hier von zwei relativ guten Urverfassungen ausgeht: von der gemäßigten Monarchie und der gemäßigten Demokratie.[54] Im einen Fall ist die Herrschaft durch freiheitliche Gesinnung gemildert, im anderen Fall die Freiheit durch die Unterordnung unter das Gesetz diszipliniert.[55] Durch mangelhafte *Paideia* kommt es, wie Platon ausführt, im Lauf der Zeit zur Auflösung der ursprünglichen Ordnungen, und zwar nach der einen Seite hin zu despotischer Unterdrückung, nach der anderen zu extremer, anarchischer Freiheit. Historische Bei spiele sind hier die persische Monarchie und die athenische Demokratie.[56] Bei den Persern bestand ursprünglich
39 eine Gemeinsamkeit des Königs mit seinem Volk; da aber Kambyses | und Xerxes schlecht erzogen wurden, kam es zu der unbeschränkten Macht des

53 Die gleiche Wertstruktur liegt vor, wenn Platon fordert, durch die *Paideia* müßten Tapferkeit (ἀνδρεία) und Besonnenheit (σωφροσύνη), zwei gegensätzliche Komponenten der *Arete*, zur Einheit gebracht werden: Rep. 3, 410 C – 412 A; Polit. 308 B – 310 A; vgl. Leg. 7, 791 D. Auch hier ist es die vernünftige Erkenntniskraft, von der Platon erwartet, daß sie die gegensätzlichen Tendenzen einheitlich auszugleichen vermag.

54 Vgl. dazu G.J.D. Aalders, Die Theorie der gemischten Verfassung im Altertum, Amsterdam 1968, bes. S. 38–49.

55 Grundsätzliches zur Verbindung des monarchischen Prinzips der Herrschaft mit dem demokratischen Prinzip der Freiheit und Gleichheit auch im 6.Buch der ›Nomoi‹:756 B – 758 A.

Herrschers und zur Knechtung der Untertanen. In Athen ist die Entwicklung dadurch gekennzeichnet, daß sich die Autorität von den Sachverständigen auf den Pöbel verlagerte, der sich allein nach der Lust richtet. So fand auch hier die Umkehrung der Wertordnung statt: Die materiellen Güter wurden schließlich der seelisch- geistigen Arete vorgezogen.

(7) Kennzeichnend und grundlegend für das richtige Zusammenspiel von Autorität und Freiheit sind gerade auch bei Platon bestimmte Formen der Liebe und der Freundschaft.

(a) An vielen Stellen bei Platon wird deutlich, daß für ihn die bewegende Kraft aller Wahrheitserkenntnis und Wahrheitsvermittlung, also besonders auch aller Erziehung und Bildung der *Eros* ist.[57] Man kann, meint Platon, nur erkennen, was man als etwas Erstrebenswertes liebt; und man kann nur wirklich erziehen, wenn man in diesem Sinne ein Liebender ist. Der pädagogische *Eros* soll sich, so erklärt er, nicht so sehr auf das Körperliche richten wie auf das Seelische und Geistige als das wahrhaft Schöne.[58] Der Reiz der schönen Erscheinung soll als Anreiz zur Entdeckung innerer, idealer Schönheit aufgefaßt werden. In dieser Weise führt der platonische *Eros* von niederer Gebundenheit wie Ungebundenheit hinauf zur Begeisterung für das an sich Schöne – eine Begeisterung, in der stärkste Bindung und Freiheit eins sind.

(b) Zwischen den im politischen Leben und in der Paideia zusammenwirkenden Partnern soll eine freundschaftliche, gemeinschaftliche Gesinnung (φιλία, κοινωνία) bestehen. Besonders deutlich geht dies wiederum aus dem dritten Buch der ›Nomoi‹ hervor, wo Platon drei Voraussetzungen des guten politischen und paideutischen Verhältnisses nennt (693 B–D, | 40

56 Das gleiche Schema liegt auch der Schilderung von Urathen und Atlantis im ›Timaios‹ / ›Kritias‹ zugrunde. Die Verfassung von Atlantis gleicht strukturell der gemäßigten persischen Monarchie, wie sie in Nomoi III beschrieben wird. Ebenso sieht P. Friedländer (Platon I, ^{2}1954, 212–216; III ^{2}1960, 332, 356–359) in Urathen eine Entsprechung zu der gemäßigten athenischen Demokratie; doch ist wohl für Urathen eine noch engere Verbindung von Herrschaft und Freiheit anzunehmen, wie sie für den Idealstaat charakteristisch ist.

57 Der erotische Aufschwung zum wahrhaft Schönen ist als paideutisches Geschehen beschrieben im ›Symposion‹, im ›Phaidros‹, an einer Stelle wie Rep. 3, 402 D – 403 C. Über *platonische Liebe* jetzt A. Lesky, Vom Eros der Hellenen, Göttingen 1976, 87–100.

58 Der pädagogische Eros trägt bei Platon bekanntlich die Züge griechischer Homoerotik in philosophisch vertiefter, vergeistigter Form. Paiderastie war bei den Griechen von jeher insofern legitimiert, als der Liebhaber den Geliebten pädagogisch förderte (vgl. H.-I. Marrou, a.O. 1957, 47–60; A. Lesky, a.O. 1976, 78–86). Durch das Liebesverhältnis entsteht eine starke erzieherische Verpflichtung: der Ältere ist bestrebt, dem Jüngeren ein Vorbild zu sein und seine Bewunderung zu verdienen; der Jüngere strengt sich an, um sich der Betreuung durch den Älteren als würdig zu erweisen. Zugleich ist aber die erotische *Paideia* durch eine besondere Freiheitlichkeit ausgezeichnet. Anders als im Verhältnis zwischen Vater und Sohn oder zwischen einem professionellen Lehrer und seinen Schülern herrscht hier ein agonaler Wettbewerb. Der Liebhaber *erwählt* den Jüngeren, und dieser kann hier seinen Erzieher akzeptieren oder ablehnen (vgl. Platon, Symposion 184 A,Phaidr. 231D, 252D). Durch das Moment der Rivalität, Werbung und Auswahl erhält diese Art der Erziehung also nicht nur einen elitären, sondern auch einen liberalen Grundzug.

694 B, 701 D): Erkenntnis (νοῦς, φρόνησις), Freiheit (ἐλευθερία) und Freundschaft (φιλία, κοινωνία). In der Monarchie bedeutet *Philia*, daß Herrscher und Volk sich als zusammengehörig fühlen; in der Demokratie, daß die freien Bürger, die sich gemeinsam unter das Gesetz stellen, miteinander solidarisch sind. Platons Grundgedanke ist hier offenbar der, daß überall dort, wo das Übermaß der Herrschaft und der Freiheit vermieden wird, *Philia* – als Ursache und Wirkung – eine entscheidende Rolle spielt.

(8) Insgesamt kann man also wohl behaupten, daß gerade auch für Platon echte Autorität Freiheit nicht ausschließt, sondern einschließt und ermöglicht. Dennoch bleibt wohl, zumal aus heutiger Sicht, der Eindruck bestehen, daß im platonischen Denken die Autorität gegenüber der Freiheit dominiert. Wer von uns wollte in dem Staat leben und erzogen werden, den Platon als den bestmöglichen entwirft? Der moderne Mensch neigt in der Regel mehr zu dem Gedanken der freiheitlichen Selbstverwirklichung, wie er etwa schon bei Thukydides formuliert ist.

Man wird jedoch zugeben müssen, daß Platon mehr als jeder andere Denker dazu beigetragen hat, das Wechselverhältnis von Autorität und Freiheit dialektisch zu klären. Und man wird auch nicht sagen können, daß die Voraussetzungen Platons, von denen aus die Autorität bei ihm ein so starkes Gewicht erhält, widerlegt seien. Die Autorität überlegener Sachkenntnis wird auch noch von uns anerkannt. Die entscheidende Frage ist die, ob es überlegenes Wissen nicht nur auf einzelnen Gebieten, sondern auch für die Politik und die gesamte menschliche Lebensordnung geben kann. Platon war davon überzeugt. Gegenüber dem Agnostizismus, Probabilismus und Pragmatismus der Sophisten glaubte er erkannt zu haben, daß es eine absolute Wahrheit gibt, die allerdings nur wenige Menschen erfas-
41 sen können. Aus diesem Grund sprach er der | philosophischen Einsicht eine so große Autorität zu und nahm an, daß auch die anderen, die nicht selbst zur Erkenntnis kommen können, mehr Freiheit gewinnen als verlieren, wenn sie dieser Autorität gehorchen.

Die Voraussetzungen Platons sind so fundamental, daß sie mit Argumenten nicht zu beweisen, aber auch nicht umzustoßen sind. Daher bleibt für uns die platonische Philosophie das antike Modell für die Möglichkeit, im Horizont einer absoluten Wahrheit, der die am besten Begabten und Gebildeten nahe kommen können, zu leben und unter diesem Vorzeichen zu versuchen, vernünftige Autorität in den Dienst menschlicher Freiheit zu stellen.

X Aristoteles

Was Aristoteles über Autorität und Freiheit in der Erziehung zu sagen hat, bleibt grundsätzlich im Rahmen der platonischen Vorstellungen.[59] Wenn sich bei ihm der Schwerpunkt in dem spannungsreichen Gefüge etwas zur

Freiheit hin verschiebt, so deswegen, weil bei ihm der Erkenntnisanspruch der Philosophie gegenüber Platon abgeschwächt ist und weil er sich mehr an den historisch-empirisch gegebenen Voraussetzungen orientiert.

Aufschlußreich ist das Schlußkapitel der ›Nikomachichen Ethik‹ (X 10).[60] Es geht hier um die Frage, wie die Menschen zur *Arete* geführt werden können. Aristoteles sucht dabei nach einem Ausgleich zwischen der philosophischen Überzeugung, daß es sicher am besten ist, dem *Logos* zu gehorchen, und dem Wunsch der meisten Menschen, nach eigenem Belieben glücklich zu werden. Zu einer optimalen Lösung kommt es nur bei den wenigen, die dem *Logos* freiwillig gehorchen und das Gute aus eigener Einsicht tun: bei ihnen | fallen Freiheit und Gehorsam in der Autonomie der Ver- 42
nunft zusammen. Die vielen anderen brauchen die Heteronomie des Gesetzes, das sie zwingt, aus Furcht vor Strafe vernunftsgemäß zu leben. Immerhin soll der nötige Zwang nicht durch die willkürliche Autorität eines Vorgesetzten (wie des Herrschers, des Vaters) ausgeübt werden, sondern durch die leichter erträgliche Autorität des für alle geltenden *Nomos.*

Noch klarer wird die Option des Aristoteles für die Freiheit im Schlußteil der politischen Pragmatie (Politika VII 13 - VIII). Aristoteles bestimmt hier die Aufgabe der *Paideia* von der politischen Ordnung her, die mit gewöhnlichen Menschen bestenfalls zu erreichen ist. In einer solchen Staatsverfassung muß es das Verhältnis von Herrschaft und Unterordnung geben, aber dieses Verhältnis soll so freiheitlich wie möglich gestaltet werden, weil die Bürger im wesentlichen gleichwertig und gleichberechtigt sind. Daher sollen grundsätzlich alle - abwechselnd - am Herrschen beteiligt werden. Die Herrschaft muß zum Wohl der Beherrschten ausgeübt werden, so daß das Gehorchen mit freiheitlichem Sinn vereinbar ist. Die *Paideia* muß also in einer derartigen Polis den Menschen sowohl zum Gehorchen als auch zum Herrschen fähig machen; denn die gleichen Männer sollen, solange sie jung sind, dienen, wenn sie älter geworden sind, herrschen können.

Aristoteles sucht also, wie Platon, auch auf dem Gebiet der Erziehung nach der richtigen Mitte zwischen autoritativen und liberalen Tendenzen.[61] Mit Rücksicht auf die allen Menschen gemeinsame Unzulänglichkeit und

59 Drei Beiträge zur Erziehungslehre des Aristoteles (von E.-L. Fortin, P. Musiolek, E. Lichtenstein) in: H.-Th. Johann (Hrsg.), a.O. (1976).

60 Dazu F. Dirlmeier, Aristoteles, Nikomachische Ethik, Berlin ^{1}1956 (Übersetzung und Kommentar), bes. S. 599 (»Es zeigt sich deutlich, daß Aristoteles in der brennendsten aller Fragen: wie können die Menschen gut gemacht werden? nicht über die sokratisch-platonische Position hinauskommt: ... man muß ein Wissender werden. ...Wenn Aristoteles nicht ›weiter‹ kommt, so kann man nur beifügen: sämtliche Jahrhunderte nach ihm sind nicht weitergekommen. Entweder Gewöhnung mit Gewalt - dann sind gewiß Erfolge registrierbar ..., aber der Preis ist ungeheuerlich; oder Gewöhnung durch Wissende, die sich an die Einsicht des zu Erziehenden wenden ..., - dann ist das Ergebnis gering, aber immerhin ohne Verletzung der Menschennatur erreicht.«); E. Dönt, Die Schlußkapitel der Nikomachischen Ethik, in: Antidosis, Festschr. f. W. Kraus, Wien 1972 (Wiener Studien, Beih. 5), 93-102.

wegen der Schwierigkeit, überlegenes Wissen eindeutig festzustellen, verringert er jedoch gewissermaßen den Abstand zwischen Herrschenden und Beherrschten – zugunsten der Freiheit und Gleichheit.

43 Damit begibt sich Aristoteles auf einen Weg, dessen | Fortsetzung wir im Blick auf die Humanitätsidee der hellenistischen Zeit studieren können. Aber der platonische Gedanke, daß nur die vernünftige Erkenntnis, sei es unmittelbar oder durch Autorität, dem Menschen zur Freiheit verhelfen kann, ist bei Aristoteles noch stark genug. Über das Ziel der individuellen *Paideia* sagt Aristoteles in der soeben betrachteten Abhandlung (Pol. VIII 3, 1337 b 33–1338 a 13): Die Erziehung müsse den Menschen über die Notwendigkeiten der Arbeit hinausführen in den Bereich freier Muße, die aber nicht zu verwechseln sei mit erholsamem und genußreichem Spiel; vielmehr bedürfe es zur Gestaltung der Muße erst recht des ernsthaften Lernens und der Bemühung um musische und philosophische Bildung.

XI Die griechische Humanitätsidee

Nach und neben den Versuchen der Philosophen, durch überlegene Wahrheitserkenntnis Autorität neu zu begründen, gewinnt in der Zeit des Hellenismus auch der Gedanke menschlicher Partnerschaft und Gleichberechtigung allgemeinere Geltung. Die Politik spielt jetzt im Leben der meisten Menschen keine zentrale Rolle mehr. Die Religion und die alte Kosmosvorstellung geben ihnen kaum mehr einen Halt. Sie sehen sich dem Walten einer unberechenbaren *Tyche* ausgeliefert. Was bleibt, ist das Gefühl menschlicher Zusammengehörigkeit, das sich nun grundsätzlich auf alle Mitmenschen ausdehnt.

Wir bezeichnen das damals aufkommende Bewußtsein von einer alle Menschen umfassenden Gemeinsamkeit am einfachsten als die griechische *Humanitätsidee.* Diese ist zwar nie zu einem systematischen Gedankengebäude ausgearbeitet worden, sie tritt uns aber an vielen Stellen, besonders
44 auch in der hellenistischen Komödie, deutlich entgegen.[62] Kennzeichnend | sind für die griechische Idee der Menschlichkeit das Bewußtsein der menschlichen Schwäche, Mangelhaftigkeit oder Nicht-Autarkie und die Forderung einer diesem Tatbestand Rechnung tragenden Gesinnung der Hilfsbereitschaft, der Toleranz, der Liberalität. Das wichtigste Zeichen der allgemein menschlichen Schwachheit ist das Nichtwissen: Kein Mensch

61 Die *richtige Mitte* zwischen harten und weichen Seelenkräften (Tapferkeit und Besonnenheit) sucht Aristoteles, ähnlich wie Platon (s.o. Anm. 53), besonders im Bereich der musischen Erziehung: Pol. VIII 1340 b 3, 1342 b 14. 34.

62 Das griechische Äquivalent für das lateinische Wort *humanitas* ist weniger in φιλανθρωπία zu suchen (womit die freundliche Zuwendung oder gnädige Herablassung bezeichnet wird), sondern in dem prägnanten Gebrauch von ἄνθρωπος und ἀνθρώπινον.Literatur zur spezifischen Bedeutung der römischen *humanitas*: u. Anm. 80.

kann zu einer absolut sicheren Erkenntnis der Wahrheit gelangen. Die größte Tugend ist demgemäß eine Selbsterkenntnis, die sich des eigenen Nichtwissens bewußt ist; die schlimmste Untugend ist es, die menschliche Beschränktheit nicht zu bedenken und sich ein überlegenes Wissen einzubilden.

Dem Bewußtsein der Unzulänglichkeit und Unwissenheit, die allen Menschen eigen sind, entspricht der Gedanke, daß die Menschen in ihrer Schwäche einander prinzipiell gleich sind, daß keiner für den anderen absolute Autorität sein kann, daß jeder dem anderen die Freiheit lassen muß, die er für sich selbst wünscht.

Die Idee der gemeinsamen Hilfsbedürftigkeit und der entsprechenden Gleichberechtigung aller Menschen ist offenbar aus verschiedenen Wurzeln heraus erwachsen. Sie ist zum einen, wie Wolfgang Schadewaldt betont hat,[63] dadurch entstanden, daß die religiöse, vor allem in Delphi vertretene Sicht einer Distanz zwischen Gott und den Menschen als den Sterblichen und Hinfälligen allmählich verweltlicht wurde, zum anderen dadurch, daß die Standesmoral der Adelswelt wie auch der demokratische Gleichheitsgedanke universal auf alle Menschen ausgedehnt und daß der von der sophistischen Aufklärung propagierte Gedanke einer natürlichen Gleichheit der Menschen ethisch vertieft und verinnerlicht wurde. Theoretisch hat sich das Bewußtsein menschlicher Gleichheit, Partnerschaft und Solidarität durchaus auch auf die Sklaven erstreckt, die etwa in der Komödie oft als die besseren Menschen dargestellt werden. Warum es trotzdem nicht zu einem Programm der Sklavenbefreiung gekommen ist, ist eine Frage für sich.[64] | 45

Im Geist der Humanitätsidee muß besonders auch die Erziehung freiheitlich gestaltet werden. Der Anspruch überlegener Einsicht und verpflichtender Autorität muß hier der Liberalität und Toleranz weichen. Der Unterschied zwischen Älteren und Jüngeren, Vätern und Söhnen, Lehrenden und Lernenden wird hier im Bewußtsein menschlicher Gemeinsamkeit und Gleichberechtigung relativiert und letztlich aufgehoben. Die Älteren legen die Jüngeren nicht rigoros auf bestimmte Forderungen fest, sondern tolerieren es, wenn sie ihre Jugend genießen wollen und dabei wohl auch manchmal über die Stränge schlagen. Müssen doch die Väter, wenn sie die Unarten der Söhne sehen, die eigene Unvollkommenheit bedenken; und kann doch kein Erzieher als Mensch mit absoluter Sicherheit wissen, was gut und schlecht ist.

Durch die Humanitätsidee wird nun aber das Wechselverhältnis von Autorität und Freiheit nicht außer Kraft gesetzt, sondern hier wird nur mit neuer Entschiedenheit die Freiheit als das höhere Gut betrachtet. Wenn man

63 W. Schadewaldt, Der Gott von Delphi und die Humanitätsidee (1965), in: Hellas und Hesperien I, Zürich 1970, 669–685.

64 Dazu J. Vogt, Sklaverei und Humanität. Studien zur antiken Sklaverei und ihrer Erforschung, Wiesbaden 1965 (Historia Einzelschr. 8); H. Strasburger, a.O. (1976).

sieht, daß jeder Mensch schwach und fehlerhaft ist, wird man auch einsehen, daß er auf Autorität nicht ganz verzichten kann. Mag die absolute Wahrheit allen verborgen sein, so gibt es doch auf diesem oder jenem Gebiet den hilfreichen Halt der grösseren Erfahrung, der speziellen Sachkenntnis, der bewährten Konventionen und Ordnungen. Deswegen muß der humane Erzieher als der Ältere und Erfahrenere den Jüngeren durchaus mit einer gewissen Autorität lenken und beraten. Entscheidend ist, daß die erzieherische Führung schließlich der Freiheit des Erzogenen dient. Die humane Erziehung wird dem jungen Menschen zunächst Spielraum für seine Leidenschaften lassen, ihm zugleich aber auch die Fähigkeit vermitteln, die Aufgaben des Lebens aus eigener Einsicht und Verantwortung zu meistern.

Für das Zusammenstimmen von Autorität und Freiheit sind auch im
46 Zeichen der Humanitätsidee Vernunft und Liebe von | entscheidender Bedeutung, nun aber in völlig anderem Sinn als bei Platon. Erkennen bei Platon die wenigen Vernünftigen die Welt- und Seinsordnung, in die sich der Mensch einfügen soll, so ist nun im Horizont der Humanität derjenige vernünftig, der einsieht, daß jeder Mensch (und so auch er selbst) ein mangelhaftes, bedürftiges, nicht über die Wahrheit verfügendes Wesen ist. Und war bei Platon *Philia* die Freundschaft der gemeinsam nach dem wahrhaft Schönen und Guten Strebenden und gemeinschaftlich einer höheren Ordnung Gehorchenden, so ist *Philia* nun meine Verbundenheit mit dem anderen, der ebenso auf Hilfe und Nachsicht angewiesen ist wie ich selbst es bin. Aus diesen Gründen dominiert hier nicht mehr das Autoritätsprinzip, sondern maßgebend ist der Gedanke der Gleichheit und Freiheit aller Mitglieder der menschlichen Gemeinschaft.

XII Menander

Der Komödiendichter Menander stellt uns das humane Erziehungsideal recht klar vor Augen. So wenig in den Theaterstücken dieser Zeit von Politik die Rede ist, so groß ist hier nun die Bedeutung des Erziehungsproblems.[65] In fast allen Komödien ging es damals um das Verhältnis zwischen Eltern und selbständig werdenden Kindern. Die entscheidende Frage ist immer wieder die, ob der Vater auf die jugendlichen Unarten seines Sohnes tolerant oder autoritär, nachsichtig oder streng reagiert. Gelegentlich tritt auch die Mutter oder der Pädagogensklave hervor; und zuweilen ist es die Tochter, die mit der elterlichen Autorität in Konflikt gerät.[66]

In den Stücken Menanders und der zu gleicher Zeit wirkenden Ko-

65 Zu den sozialen Voraussetzungen der menandrischen Komödie: T.B.L. Webster, An Introduction to Menander, Manchester 1974, 37–39.

66 Zur Figur des Paidagogos und zur Stellung der Tochter in der Neuen Komödie: P. Schmitter, Die hellenistische Erziehung im Spiegel der νέα κωμῳδία und der *fabula palliata*, Diss. Bonn 1972, bes. S. 121–126 und 76–81.

mödiendichter wird immer wieder gefordert, daß zwischen Vater und Sohn gegenseitiges Vertrauen bestehen soll. | Sie sollen auf der Grundlage von 47
Freundschaft oder Liebe (φιλία) verständnisvoll miteinander umgehen. Der Vater soll im Bewußtsein der eigenen Schwächen die Fehler und Verirrungen des Sohnes verzeihen; er soll zur Selbstkritik und Selbsterkenntnis bereit sein – vor allem in dem Bewußtsein, daß kein Mensch seiner Sache absolut sicher sein darf. Gerade dadurch, daß er mit seiner größeren Erfahrung nicht selbstsicher auftritt und daß er dem jüngeren Menschen Freiheit läßt, soll der Erzieher die nötige Autorität über ihn gewinnen, und mit dieser bedingten Autorität soll er ihm zur Selbständigkeit verhelfen.

Wie im Leben so ist auch auf der Bühne dieses Verhältnis meistens nicht ideal verwirklicht; aber durch die Darstellung des Versagens kann der Dichter indirekt zeigen, worauf es ankommt; und selbst bei der besten Erziehung wird es, wenn keiner im Besitz der Wahrheit ist, Krisen und Mißverständnisse geben, die der Dramatiker auswerten kann.

Dank der Papyrusfunde der neueren Zeit überblicken wir von der ›Samia‹ Menanders, einer Komödie, in der das Vater-Sohn-Verhältnis das Hauptthema der Handlung ist, den griechischen Text ziemlich vollständig. Andere Stücke, die das gleiche Thema behandeln, kennen wir nur durch die lateinischen Übertragungen des Plautus und Terenz. Wenn ich im folgenden versuche, auch in diesen lateinischen Stücken etwas von dem Erziehungsethos Menanders zu fassen, soll die Frage, wie die römischen Dichter die griechischen Ideen in die römische Welt transponiert haben, zunächst noch zurückgestellt werden.

(1) Das zentrale Motiv der ›Samierin‹ ist der falsche Verdacht eines Vaters gegenüber seinem Sohn. Die meisten Erklärer sind der Ansicht, dieser Erzieher sei allzu nachgiebig, unkritisch und selbstsicher.[67] Dagegen scheint mir, daß | Menander an diesem Vater gerade das sinnvolle Zusam- 48
menwirken von Autorität und Liberalität zeigen will.[68] Der Vater kommt zwar zu einem falschen Verdacht; aber sein Irrtum ist nach allem, was er sieht und hört, für ihn unvermeidlich. Trotz des Verdachts gibt er das Vertrauen zu seinem Sohn nicht voreilig auf. Man sieht an ihm, daß kein Mensch, auch wenn er es gut meint, gegen Irrtümer gefeit ist, daß man aber selbst im Irrtum menschliche Güte beweisen kann.

Im letzten Akt des Stückes ist der Sohn trotzig, obwohl er wenig Grund dazu hat, da es durch sein Verhalten zu dem falschen Verdacht des Vaters ge-

67 In diesem Sinne besonders P. Schmitter, a.O. (1972), 131–133, 180: »Man kann diese nachgiebige Haltung, die den Sohn gewähren läßt…, kaum noch Erziehung nennen.« Die Entschuldigungsrede des Vaters im Schlußakt beweise, »daß Demeas seinem Sohn hilflos ausgeliefert ist und als Erzieher scheitert.« Vgl. ferner M. Treu, Humane Handlungsmotive in der Samia Menanders, Rhein. Mus. 112, 1969, 230–254; F. Stoessl, Unkenntnis und Mißverstehen als Prinzip und Quelle der Komik in Menanders Samia, Rhein. Mus. 116, 1973, 21–45.

68 Im einzelnen kann ich mich der weitgehend positiven Beurteilung des Demeas bei H.-D. Blume (Menanders Samia. Eine Interpretation, Darmstadt 1974) anschließen.

kommen ist. Dieser nun ist dennoch bereit, den Sohn um Verzeihung zu bitten – nicht ohne ihn zugleich an seine Pflicht zu erinnern (695–712):

… Zu Unrecht habe ich dich beschuldigt: ich habe mich geirrt, einen Fehler gemacht, bin wahnsinnig gewesen. … Aber du sollst dir nicht den einen Tag meines Lebens einprägen, an dem mir etwas ganz mißlungen ist, und alle früheren Tage vergessen. Ich könnte noch vieles sagen, aber ich lasse es. Es ist ja nicht schön, wenn man dem Vater nur gezwungen Folge leistet – das wisse wohl! –, wenn man es aber bereitwillig tut, ist es etwas Schönes.

Mit dem Ausdruck *bereitwillig gehorchen* (πιθέσθαι ἑτοίμως) ist hier auf den Begriff gebracht, wie sich die richtige Verbindung von erzieherischer Freiheitlichkeit und Autorität auswirkt. In der ›Samia‹ sieht man, wie der Vater gerade dadurch, daß er, obwohl er es nicht nötig hat, den Sohn um Verzeihung bittet, ihm freundlich entgegenkommt und seinen Irrtum zugibt, das Ziel erreicht, daß der Sohn ihn als den innerlich überlegenen anerkennt.

(2) In den ›Bacchides‹ des Plautus, denen Menanders ›Dis exapaton‹ zugrundeliegt, wird einem nachsichtigen, toleranten Vater ein strenger Päd-
49 agogensklave gegenüberge- | stellt.[69] In ausführlicher Rede vergleicht dieser autoritäre Erzieher die gute alte Ordnung mit der modernen Liberalität. Er wirft dem Vater vor, daß er den Sohn durch zu große Nachsicht verderbe (419–448):

Ich lasse nicht zu, daß er, solange ich lebe, zugrunde gerichtet wird. Aber du, der du einen so verdorbenen Sohn in Schutz nimmst, bist du auf die gleiche Art erzogen worden, als du ein Jüngling warst? Ich möchte behaupten, daß du in den ersten zwanzig Jahren nicht die Freiheit hattest, dich, wenn du aus dem Haus gingst, auch nur einen Finger breit vom Pädagogen zu entfernen. Warst du nicht schon vor Sonnenaufgang in die Palästra gekommen, so verhängte der Vorsteher des Gymnasiums eine nicht geringe Strafe über dich. […] Dort übten sie sich im Laufen, im Ringen, mit dem Speer, mit dem Diskos, im Faustkampf, mit dem Ball, im Sprung – eher als mit der Hetäre und im Küssen. Dort verbrachten sie ihre Zeit und nicht in Schlupfwinkeln. Wenn du dann von der Pferdebahn oder von der Palästra nach Hause kamst, dann setztest du dich, ordentlich mit dem Gürtel angetan, auf einen Stuhl zum Erzieher; und falls du beim Lesen im Buch auch nur bei einer Silbe einen Fehler machtest, wurde dir die Haut fleckig wie das Kleid der Amme. […] Aber heute, bevor einer sieben Jahre ist, wenn man ihn als Pädagoge nur mit der Hand berührt, dann zerschlägt einem der Junge schon mit der Schreibtafel den Kopf. Geht man dann zum Vater, um sich zu beschweren, spricht der Vater so zu dem Jungen: ›Du stehst unter meinem Schutz, bis du dich gegen Ungerechtigkeit zur Wehr setzen kannst!‹ Dann wird der Pädagoge vorgenommen: ›He, du nichtswürdiger Alter, daß du mir den Jungen nicht etwa deswegen anrührst, weit er sich so schneidig benommen hat!‹ […] Mit einem solchen Rechtsspruch zieht man ab. Soll auf diese Weise der Erzieher einen Befehl durchsetzen können, wenn er selbst
50 als erster Prügel bezieht? |

Plautus hat diese Rede inhaltlich wohl ziemlich unverändert aus seiner griechischen Vorlage übernommen. Dort war die Gegenüberstellung der strengen alten und der liberalen modernen Erziehung schon ein gängiger, oft variierter Topos. Menander zielte mit der Gegenüberstellung doch wohl –

69 Vgl. K. Gaiser, Die plautinischen Bacchides und Menanders Dis exapaton, Philologus 114, 1970, 51–87.

ähnlich wie Aristophanes in den ›Wolken‹ – kritisch nach beiden Seiten. Er wollte sicherlich zeigen, daß beides vom Übel ist: das autoritäre Festhalten an der früheren Strenge, selbst wenn sie vielleicht einstmals ganz gut war, und die allzu große Toleranz gegenüber einem Knaben, der seinen Erzieher schlägt. Das Richtige, so konnte der griechische Zuschauer daraus schließen, liegt wohl in einer vernünftigen Mitte von Strenge und Milde und in einer Verbindung von bewahrenden und fortschrittlichen Elementen. Dazu bedarf es der Einsicht, die hier dem Vertreter des Autoritätsprinzips so ganz abgeht: der Einsicht, daß auch der Erzieher ein dem Irrtum ausgesetzter Mensch ist.

(3) In der ›Andria‹ Menanders, die Terenz übertragen hat, finden wir einen Vater (Simo), dessen Autoritätsanspruch offensichtlich nicht ganz gerechtfertigt ist. Es fehlt ihm an großzügigem Vertrauen, an Offenheit und an Selbstkritik. Er rechnet zu wenig damit, daß ihm die Wahrheit verborgen ist. Dadurch wird seine väterliche Autorität unglaubwürdig. Der Sohn entscheidet sich, gegen den Willen des Vaters, für die Treue zu seinem Mädchen.[70]

(4) Im ›Heautontimorumenos‹ werden bei Terenz wie schon bei Menander zwei Väter als Erzieher einander gegenübergestellt: Menedemus und Chremes. Keiner von Ihnen vertritt die richtige Mitte zwischen autoritärer Strenge und Willfährigkeit, sondern sie machen durch ihr unsicheres Schwanken nur indirekt sichtbar, wie es sein sollte. Menedemus war früher ein strenger, gebieterischer Vater. Nun ist er, der Selbst- | quäler, ins andere 51
Extrem gefallen (440–442), da er seinen Sohn um jeden Preis zurückgewinnen will. Immerhin nähert er sich dabei allmählich der pädagogisch richtigen, ausgeglichenen Haltung. Chremes macht eher die umgekehrte Entwicklung durch. Er gibt sich zuerst verständnisvoll und tolerant, zeigt dann aber, als er über die Taten seines Sohnes aufgeklärt wird, unnachsichtige Härte. Charakteristisch ist für ihn, den Betriebsamen und Allzuklugen, ein Auseinanderklaffen von Theorie und Praxis. Es gelingt ihm nicht, seine ganz vernünftigen Grundsätze auf sich selbst anzuwenden und selbst zu verwirklichen, weil er nicht damit rechnet, daß er sich über seine eigene Lage täuschen könnte.[71]

(5) Mit besonderer Tiefe und Feinheit hat Menander das Erziehungs-

70 Zur ›Andria‹: W. Steidle, Menander bei Terenz, 1. Andria, 2. Eunuchus, Rhein. Mus. 116, 1973, 303–346; K. Büchner, Das Theater des Terenz, Heidelberg 1974, 31–119.

71 Zum ›Heautontimorumenos‹: H.M. Toliver, The Terentian Doctrine of Education, Class. Weekly 43, 1950, 195–200; D. Nardo, Terenzio e l'ironizzazione del sapiens, Atti dell'Istituto Veneto di Scienze, Lettere ed Arti, Classe di Scienze Morali, Lettere ed Arti 126, 1967/68, 131–174; E. Fantham, Heautontimorumenos and Adelphoe. A Study of Fatherhood in Terence and Menander, Latomus 30, 1971, 970–998; P. Schmitter, a.O. (1972), 215–222; K. Büchner, a.O. (1974), 171–229, 430f., 477–479; W. Steidle, Menander bei Terenz, 3. Zum Heautontimorumenos, Rhein. Mus. 117, 1974, 247–276. – Wesentlich anders E. Lefèvre, Der Heautontimorumenos des Terenz; in: E. Lefèvre (Hrsg.), Die Römische Komödie. Plautus und Terenz, Darmstadt 1973 (Wege der Forschung 236), 443–463: Chremes sei bei Menander nicht als *homo curiosus*, sondern als wahrhaft vorbildliche Gestalt dargestellt gewesen.

problem in seiner Komödie ›Die Brüder‹ (›Adelphoi‹) dargestellt. In der terenzischen Übertragung heißen die beiden Hauptpersonen Micio und Demea. Micio behandelt seinen Sohn sehr großzügig, ist also ein liberaler Erzieher. Demea, sein Bruder, lebt auf dem Land und erzieht seinen Sohn mit moralischer Strenge, ist also ein auf Autorität bedachter Vater. Mit dieser groben Unterscheidung ist nun aber noch nichts gewonnen, weil man sowohl auf der einen wie auf der anderen Seite zwischen richtigem Maß und fehlerhafter Übertreibung unterscheiden muß. Zur Zeit Menanders war diese Fragestellung schon geläufig; und Menander selbst hatte als Schüler des Aristotelikers Theophrast sicherlich auch jene philosophische *Mesotesstruktur* vor Augen, von der wir bei Platon gesprochen haben.[72] Es ist also zu fragen, wie Micio und Demea in dem gesamten Spektrum der Möglichkeiten von der exzessiven Liberalität bis zu repressiver Autorität gesehen werden sollen.

Bei Terenz erhält man auf diese Frage keine eindeutige Antwort, und man muß damit rechnen, daß er die menandrische Konzeption der Charak-
52 tere verändert hat (s.u.). Die Erklärer | haben Menanders Konzeption sehr verschieden gesehen. Im großen und ganzen kann man zwei Ansichten auseinanderhalten:

(a) Die eine Auffassung[73] ist die, daß Menander in Micio und Demea zwei Abweichungen von der richtigen Mitte einander gegenübergestellt

72 Dazu K. Gaiser, Menander und der Peripatos, Antike und Abendland 13, 1967, 8–40; T.B.L. Webster, a.O. (1974) 43–55; C. Lord, Aristotle, Menander and the Adelphoe of Terence, Transactions and Proceedings of the American Philological Association 107, 1977, 183–202.

73 Daß nach der menandrischen Konzeption sowohl Demea als auch Micio von der richtigen Mitte abweichen, erklären A. Spengel, Die Komödien des P. Terentius, 2. Bändchen, ^{2}1905 (Kommentar); U. v. Wilamowitz-Moellendorff, Menander, Das Schiedsgericht (Epitrepontes), Berlin 1925, 137; E. Fantham, a.O. (1971); H. Tränkle, Micio und Demea in den terenzischen Adelphen, Mus. Helv. 29, 1972, 242–255; H. Lloyd-Jones, Terentian Technique in the Adelphi and the Eunuchus, Class. Quart. 23, 1973, 279–284; N. Holzberg, Menander. Untersuchungen zur dramatischen Technik, Nürnberg 1974 (Erlanger Beitr. z. Sprach- u. Kunstwiss. 50), 165–170; H.-J. Mette, Menander 1966–1973 (Forschungsbericht), Lustrum 16, 1971/72, Göttingen 1974, 62f.; A. Önnerfors, Vaterporträts in der römischen Poesie – unter besonderer Berücksichtigung von Horaz, Statius und Ausonius, Stockholm 1974 (Acta Inst. Romani Regni Sueciae 13), 33–36; T.B.L. Webster, a.O. (1974) 39; W.G. Arnott, Menander, Plautus, Terence, Oxford 1975 (Greece and Rome. New Surveys in the Classics 9), 54f.; J.N. Grant, The Ending of Terence's Adelphoe and the Menandrian Original, Amer. Journ. Philol. 96, 1975, 42–60; V. Pöschl, Das Problem der Adelphen des Terenz, Heidelberg 1975 (Sitzungsber. d. Heidelb. Akad. d. Wiss., Phil.-hist. K1. 1975, 4); P.G.McC. Brown, Gnomon 48, 1976, 248; R.H. Martin, Terence: Adelphoe, Cambridge 1976 (Cambridge Greek and Latin Classics), 16–29; G.P. Philipp, Gymnasium 83, 1976, 484–488. – Im Rahmen dieser Erklärungsrichtung gibt es Variationen, je nach dem, ob man keinen der beiden Brüder für besser hält als den anderen (Wilamowitz, Tränkle) oder ob man einen von ihnen etwas näher bei der richtigen Mitte sieht, wie es sowohl für Micio (Webster, Arnott, Pöschl, McC. Brown) als auch für Demea (Spengel, Lloyd-Jones, Grant) angenommen worden ist. E. Fantham nimmt insofern eine Sonderstellung ein, als sie glaubt, daß Demea (schon bei Menander) zum Schluß aus seinem Unglück gelernt habe und zu wirklicher Einsicht gelangt sei; ähnlich urteilte auch schon D. Nardo, a.O. (1967/68), 158–167.

hat: auf der einen Seite eine zu weit gehende Großzügigkeit, auf der anderen ein Zuviel an autoritärer Strenge.

(b) Die andere Erklärung[74] geht davon aus, daß Menander in Micio den eindeutig überlegenen, humanen Erzieher dargestellt hat, in Demea hingegen den unverständigen Vater, der die echte Liberalität seines Bruders nicht begreift. Nach dieser Ansicht liegt die richtige Mitte nicht irgendwo zwischen Micio und Demea, sondern der menandrische Micio verkörpert die optimale Verbindung von Autorität und Freiheitlichkeit.

Mir scheint aus den Hauptlinien des terenzischen Stückes noch deutlich genug hervorzugehen, daß die zweite Interpretation zutreffend ist. Micio legt gleich im Eröffnungsmonolog des Stücks seine Grundsätze folgendermaßen dar (57f., 65–77):

Durch den Respekt (*pudor*) und freie Gesinnung (*liberalitas*) seine Kinder zu lenken, halte ich für besser, als es durch Furcht (*metus*) zu tun. (...) Es ist ein Irrtum zu glauben, eine Machtstellung (*imperium*) sei stärker und sicherer, wenn sie auf Gewalt (*vis*) beruht, als wenn sie durch Liebe (*amicitia*) gefestigt wird. Meine Überlegung und Überzeugung ist so: Wenn einer nur durch Furcht vor Strafe gezwungen seine Pflicht tut, nimmt er sich nur in Acht, solange er erwarten muß, entdeckt zu werden. Sobald er aber hoffen kann, daß es verborgen bleibt, kehrt er wieder zu seiner alten Art zurück. Wenn man dagegen einen durch Wohltun (*beneficium*) bindet, tut er gern von innen heraus (*ex animo*) | seine Pflicht: er will sich erkenntlich zeigen; in deiner Nähe 53
und in der Ferne bleibt er sich gleich. Ein rechter Vater soll den Sohn gewöhnen (*consuefacere*), freiwillig (*sua sponte*) das Rechte zu tun (*recte facere*), nicht nur aus Furcht vor etwas. Das ist der Unterschied zischen Herr (*dominus*) und Vater (*pater*). Wer dazu nicht fähig ist, der soll zugeben, daß er es nicht versteht, Kindern zu gebieten (*imperare liberis*).

In diesen Worten zeigt sich, daß Micio nicht einseitig zur Liberalität[75] neigt, sondern Freiheitlichkeit mit vernünftiger Autorität verbinden will. Wollte er eine grenzenlose Freizügigkeit zulassen, könnte er nicht solchen Wert legen auf Respekt, auf Gewöhnung, auf das moralisch Richtige und überhaupt auf ein festes Regiment *(imperare, imperium)*. Der dialektische

74 Die Ansicht, daß bei Menander Micio der uneingeschränkt vorbildliche Erzieher war, vertreten: O. Rieth, Die Kunst Menanders in den Adelphen des Terenz, Hildesheim 1964; K. Gaiser, Zur Eigenart der römischen Komödie: Plautus und Terenz gegenüber ihren griechischen Vorbildern, in: Aufstieg und Niedergang der römischen Welt, Bd. I 2, hrsg. v. H. Temporini, Berlin 1972, 1027–1113, bes. S. 1100–1104; P. Schmitter, a.O. (1972), 135–214; K. Büchner, a.O. (1974), bes. S. 431; F.H. Sandbach, The Comic Theatre of Greece and Rome, London 1977, 145f.; A. Wlosok, Vater und Vatervorstellungen in der römischen Kultur, in: H. Tellenbach (Hrsg.), Das Vaterbild im Abendland I, Stuttgart 1978, 18–54, bes. S. 29–37; E. Lefèvre, Versuch einer Typologie des römischen Dramas, in: E. Lefèvre (Hrsg.), Das römische Drama, Darmstadt 1978 (Grundriß der Literaturgeschichten nach Gattungen), 1–90, bes. S. 33–36. – Diese Erklärer rechnen damit, daß Terenz die ursprüngliche Konzeption am Schluß des Stückes stark verändert hat, wobei sie freilich hinsichtlich der Gründe für die terenzische Umgestaltung verschiedene Ansichten vertreten (vgl. dazu Abschn. XIV des vorliegenden Beitrags).

75 Wenn Micio ausdrücklich von *liberalitas* spricht (Ad. 57), so mag man dabei auch, wie schon Donat erklärt, an die Großzügigkeit *(bonitas)* des Erziehers denken, vor allem aber ist die verantwortungsbewußte, den freien Menschen kennzeichnende Anständigkeit gemeint, auf die Micio bei seinem Sohn baut: vgl. Ad. 464 *(vir liberalis)*, 683f. *(ingenium liberale);* H.M. Toliver, a.O. (1950), 198; P. Schmitter, a.O. (1972) 144–147.

Zusammenhang zwischen Autorität und Freiheit kommt hier besonders darin zum Ausdruck, daß nach der Ansicht Micios die Führerrolle des Erziehers umso stärker ist, je mehr sie auf der Freiwilligkeit des Gehorchenden beruht, und daß die Überlegenheit des Älteren dazu dient, den Heranwachsenden in seiner Selbständigkeit und eigenen Verantwortung zu bestärken.

Wenn Micio von Freundschaft und Liebe (*amicitia,* φιλία) spricht, so bringt er damit den Gedanken der Gemeinschaft, der seine ganze Haltung bestimmt, zum Ausdruck. Ebenso grundlegend ist sein Verständnis des *Menschlichen:* Er weiß, daß alle Menschen Fehler haben und sich oft irren und daß deswegen gegenüber den Schwächen des anderen Toleranz geboten ist.[76]

Im Lauf des Spielgeschehens sieht man (besonders in dem feinen Gespräch der Szene IV 5), daß Micio sich nach seinen Grundsätzen auch wirklich richtet und daß er damit bei seinem Sohn schließlich den gewünschten Erfolg hat: Er führt ihn zu verantwortungsbewußter Selbständigkeit. Daß es
54 nicht | möglich ist, Fehler und Irrtümer zu vermeiden, sondern daß es darauf ankommt, aus jeder Lage das Beste zu machen, sagt Micio mit folgenden Worten (739–741): »So ist das menschliche Leben, wie wenn man mit Würfeln spielt: Wenn du den Wurf, der am meisten erforderlich ist, nicht erzielst, mußt du eben aus dem, was gerade gefallen ist, mit Kunst das Beste machen (*... illud quod cecidit forte, id arte ut corrigas*).«

Der vorbildliche, erfolgreiche Erzieher ist also bei Menander – in der ›Samia‹ wie in den ›Adelphoi‹ – nicht etwa eine Idealgestalt ohne menschliche Schwächen. Vorbildlich ist er vielmehr gerade darin, daß er mit Fehlern und Mißverständnissen bei sich und anderen fertig zu werden vermag, weil er jede Unzulänglichkeit für etwas Menschliches hält. Micio erlebt durchaus Schwierigkeiten, Enttäuschungen, Rückschläge, aber er beweist seine Menschlichkeit gerade in der Art, wie er solche Krisen auf sich nimmt.

Demea, der strenge Erzieher, ist dagegen seiner Sache ganz sicher. Über seine Erziehungsgrundsätze gibt ein Gespräch mit dem Sklaven Syrus Auskunft (411–429):

Demea erklärt: »Ich hoffe, mein Sohn gleicht seinen Vorfahren. Er ist voll von guten Regeln (*praecepta*). [...] Ich lasse ihm nichts durchgehen. Ich bringe ihm rechte Gewohnheiten bei. Sodann weise ich ihn an, das Leben der Leute wie einen Spiegel zu betrachten und von den anderen jeweils ein Beispiel (*exemplum*) für sich zu gewinnen: ›Tu dies!‹ ›Meide das!‹ ›Das ist löblich!‹ ›Das ist zu tadeln!‹.«

Syrus unterbricht den selbstzufriedenen Erzieher: Er müsse jetzt für das Essen sorgen. Dabei mache er den Küchengehilfen ebensolche Vorhaltungen: »Das ist versalzen!« »Das ist verbrannt!« »Das ist zu wenig gewässert!« »Das ist richtig!« Und er ermahne sie, beim Kochen in die Schüsseln

76 In dem prägnanten Sinn des griechisch-menandrischen ἀνθρώπινον gebraucht Terenz in den ›Adelphoi‹ mehrfach die Wörter *homo* und *humanum* (145, 471, 687, 736, 739, 821).

zu sehen wie in einen Spiegel, um | zu erfahren, was sie tun und lassen sollten. 55

Indem er die Pädagogik Demeas parodieren läßt, deutet der Dichter an, daß sie nicht so ideal ist, wie Demea selbst meint. Vorschriften und Beispiele gehören gewiß zu jeder Erziehung, es kommt dabei aber sehr auf das Wie an. Demea sieht in der eigenen, angestammten Art das einzig Richtige für den Sohn: er will ihn zu seinem Ebenbild formen. Durch die *praecepta* und *exempla* soll der Sohn offenbar nicht fähig werden, in eigener Verantwortung zu entscheiden, sondern sie sollen ihn dazu bringen, sich konform zu verhalten. Demea ist autoritär, weil er den Sohn mehr gängelt und dressiert als zur Selbständigkeit erzieht. Sein Hauptfehler ist, daß er bei sich selbst nicht mit menschlicher Unvollkommenheit und Unwissenheit rechnet.

Im Lauf der dramatischen Ereignisse muß Demea die bittere Erfahrung machen, daß er mit seiner Erziehung scheitert: Der Sohn bricht aus den allzu engen Schranken aus und verirrt sich. Da will Demea, tief verunsichert, von einem Extrem ins andere fallen. Er möchte es nun Micio nachtun und erklärt: »Auch ich will von den Meinen geliebt und geschätzt werden. Wenn man das durch Schenken und Willfährigkeit erreicht, wohlan, so mag ich nicht den kürzeren ziehen!« (897f.). Ob er nun tatsächlich seine strenge Haltung aufgeben will, oder ob er sich mehr aus Trotz vornimmt, die Freigebigkeit des Bruders zu überbieten und *ad absurdum* zu führen, auf jeden Fall erreicht er damit, selbst wenn er vielleicht ein wenig zur richtigen Mitte hin einlenkt, nicht die Verbindung von Autorität und Liberalität, die seinen Bruder Micio zum menschlich überlegenen Erzieher macht.

Am Grundsätzlichen dieser Interpretation ändert sich nichts, wenn man annehmen will, daß der menandrische Micio (wie es bei Terenz am Schluß erscheint) in seiner Großzügigkeit zu weit gegangen war und also
von Demea mit gewissem | Recht kritisiert wird. Denn auch dann gilt, daß 56
Menander die gute Erziehung als richtige Mitte zwischen dem Autoritäts- und dem Liberalitätsprinzip verstanden hat. Der Ausgleich erfolgt hier eindeutig im Interesse der Freiheit; und er kommt hier nicht durch die überlegene Erkenntnis einer Autoritätsperson zustande, sondern durch die selbstkritische Einsicht, daß alles menschliche Wissen, an der absoluten Wahrheit gemessen, gleichermaßen unzulänglich bleibt.

XIII Römische Voraussetzungen

Die hellenistische Komödie hat uns schon auf den Weg von den Griechen zu den Römern gewiesen. Plautus und mehr noch Terenz geben uns mit ihren Theaterstücken erste Beispiele dafür, daß die griechischen Erziehungsideale in die römische Welt übertragen wurden. Um diesen Wirkungs- oder Rezeptionsprozeß im ganzen zu verstehen, muß man sich vor Augen halten, daß die Römer, als sie im 3. und 2. Jahrhundert v.Chr. mit dem griechischen Osten in engere Berührung gerieten, noch in einem vergleichsweise frühen Stadium ihrer Kulturentwicklung waren. Dadurch kam es in der Begegnung mit der schon verfeinerten griechischen Bildung zu leidenschaftlicher Abwehr (Cato maior) und zu noch stärkerer Anziehung (Scipionenkreis). Es war dies, wie man vereinfacht sagen kann, eine Auseinandersetzung zwischen den Kräften noch traditionsgebundener Autorität und den Erscheinungsformen eines bereits weit fortgeschrittenen Freiheitsstrebens.

Bei den Römern herrschten damals noch die alte, bäuerliche Tradition, strenge Sitte und Frömmigkeit *(mos maiorum, disciplina, pietas)*. Man respektierte die Alten und alle sonstigen Autoritätspersonen. In der Familie hatte der Vater durch die *patria potestas* eine überaus starke Stellung.[77] Auch
57 noch in späteren Jahrhunderten behielten die Römer | ihren Sinn für die Notwendigkeit von Subordination viel stärker bei als die Griechen.[78]

Auf die angestammte römische Moral wurden nun also, mit dem Einfluß der griechischen Kultur, gleichsam die Reiser der verfeinerten griechischen Bildung aufgepfropft.[79] Dadurch wurde auch in Rom das Verhältnis von Autorität und Freiheit problematisch, und die Römer mußten auf ihre Weise versuchen, beides miteinander in Einklang zu bringen. Wir werden an mehreren Beispielen sehen können, daß auch sie in einer Verbindung der gegensätzlichen Tendenzen die Lösung des Problems sahen. Allerdings reflektierten sie dabei weniger als die Griechen über den Grund, der den Ausgleich ermöglicht. Die Griechen fanden diese Begründung in der vernünftigen Einsicht – sei es im überlegenen Wissen von wenigen oder in der bescheidenen Selbsterkenntnis, die von allen zu fordern ist –, weil derart vernünftige Autorität das Streben nach Freiheit unterstützt. Bei den Römern ist der Ausgleich zwischen Autorität und Freiheit oft mehr eine Frage des guten Willens und der moralischen Integrität. Demgemäß steht auch der römische Begriff der *humanitas* weniger, wie die griechische Idee der Menschlichkeit, im Zeichen der menschlichen Beschränktheit und mehr im Horizont vielfältiger menschlicher Fähigkeiten und Tugenden.[80]

77 Zur *patria potestas:* E. Burck, Die altrömische Familie (1942), in: H. Oppermann (Hrsg.), Römertum, Darmstadt 1962 (Wege der Forschung 18), 87–141; E. Sachers, Potestas patria und Pater familias, in: RE XXII 1 (1953) 1046–1175 und RE XVIII 4 (1949) 2121–2157; J. Plescia, Patria potestas and the Roman Revolution, in: S. Bertman, The Conflict of Generations in Ancient Greece and Rome, Amsterdam 1976, 143–169; A. Wlosok, a.O. (1978) 19–28.

78 Vgl. jetzt H. Strasburger, a.O. (1976), 102–118 über Patronat und Klientel als typisch römische Formen von Vorrang und freiwilliger Unterordnung; A. Wlosok, a.O. (1978) über die prägende Kraft der römischen Vatervorstellung.

79 Über die tiefgreifende Hellenisierung der römischen Erziehung: H.-I. Marrou, a.O. (1957), 355ff.; J. Christes, Bildung und Gesellschaft. Die Einschätzung der Bildung und ihrer Vermittler in der griechisch-römischen Antike, Darmstadt 1975, 130ff.

XIV Terenz

Bei Plautus kommt es noch nicht zu einer wirklichen Aneignung der griechischen Erziehungsgedanken. Im plautinischen Theater wird die Autorität der Väter heftig angegriffen, noch heftiger als in den griechischen Komödien. Die Söhne genieren sich bei Plautus kaum mehr, ihre Väter zu hintergehen, zu bestehlen, sogar zu verwünschen; der intrigierende Sklave, der den alten Herrn überlistet, wird zu | einem wahren Triumphator. In Rom hatte 58
offenbar die Desavouierung der väterlichen Autorität damals noch einen besonderen Reiz. Aber man scheint in Rom die Niederlagen der Komödienväter weniger auf die eigenen Zustände als auf die bei den Griechen herrschenden Unsitten bezogen zu haben. Bei aller Derbheit der Komik wird also die erzieherische *auctoritas* kaum ernsthaft angefochten.

So hatte z.B. auch die Rede des autoritären Erziehers in den ›Bacchides‹, die wir vorher gehört haben, bei Plautus sicherlich einen etwas anderen Sinn als bei Menander. Wenn die römischen Zuschauer über die Kritik an der allzu liberalen Erziehung lachten, dann galt dieses Lachen wohl der Unmoral der verweichlichten Griechen. Eher konnten sich die Römer durch die andere Seite der Rede, die Karikatur der strengen alten Erziehung, selbst getroffen fühlen. Aber es bleibt doch zweifelhaft, ob sie merkten, daß durch das Lob, das der engstirnige, säuerliche Komödienpädagoge der disziplinierten Ordnung spendet, eine Moral, wie man sie in Rom durchaus schätzte, recht fragwürdig gemacht wird.

Eine bewußte Auseinandersetzung mit dem humanen Erziehungsideal der griechischen Komödie findet man erst bei Terenz.[81] Er wollte offenbar etwas von der liberalen Humanität der Griechen in Rom heimisch machen. Am eindrucksvollsten zeigt sich dieses Bemühen in seinem spätesten Stück, den ›Adelphoi‹ (aufgeführt 160 v.Chr.).[82]

Allerdings besteht bei den ›Adelphoi‹, wie erwähnt, über das Ausmaß und die Absicht der terenzischen Umgestaltung des menandrischen Originals keine Einigkeit unter den Erklärern; und vielleicht muß man die

80 Zu dem breiteren und stärker positiven Spektrum des römischen *humanitas*-Begriffs (gegenüber dem griechischen ἀνθρώπινον): H. Haffter, Die römische Humanitas (1954), in: H. Oppermann (Hrsg.), Römische Wertbegriffe, Darmstadt 1967 (^{2}1974) (Wege der Forschung 34), 468–482; R. Rieks, Homo, humanus, humanitas. Zur Humanität in der lateinischen Literatur des ersten nachchristlichen Jahrhunderts, München 1967; W. Schadewaldt, Humanitas Romana, in: Aufstieg und Niedergang der römischen Welt, Bd. I 4, hrsg. v. H. Temporini, Berlin 1973, 43–62; H. Storch, Humanitas Romana und humanistische Tradition, Altsprachl. Unterricht 19, 2, 1976, 61–71 und: Humanitas Romana. Wesenszüge, Perspektiven und curriculare Behandlung, Altsprachl. Unterr. 20, 5, 1977, 5–24.

81 H.-W. Rissom, Vater- und Sohn-Motive in der römischen Komödie, Diss. Kiel 1971, 208 sieht bei Terenz, zum Unterschied von der äußerlichen und unpersönlichen Behandlung bei Plautus, eine »Verinnerlichung« des Vater-Sohn-Verhältnisses »durch ein Infragestellen der traditionellen Autoritätsstrukturen«.

82 Als gut fundierte und anregende Schulausgabe steht jetzt zur Verfügung: Terenz, Die Brüder. Mit Begleittexten, bearbeitet von Th. Meyer, Bamberg 1978 (Ratio, Bd. 6).

Hoffnung aufgeben, daß darüber jemals ein Konsens erreicht wird. Der tiefere Grund für die Meinungsverschiedenheiten liegt wohl darin, daß bei den zentralen Fragen der Erziehung, um die es hier geht, die eigenen, per-
59 sönlichen, zeitbedingten Ansichten der Erklärer | mit ins Spiel kommen und die objektive Beurteilung irritieren. Positiv gesagt: An dem Dissens der interpretierenden Philologen zeigt sich, daß in den ›Adelphoi‹ ein zu allen Zeiten fortbestehendes Problem so differenziert und so substanzreich behandelt ist, daß noch der moderne Mensch seine eigene Sache dort wiederfindet.[83]

Nach der Erklärung, die ich mit einigen anderen Interpreten für richtig halte,[84] hat Terenz die menandrische Anlage des Stücks am Schluß einschneidend verändert. War bei Menander Micio der überlegene, vorbildliche Erzieher, Demea in seiner autoritären Art der unzulängliche Vater, so wird nun bei Terenz Micio schließlich als allzu nachgiebig hingestellt, und Demea geht als der bessere Erzieher aus dem Spiel hervor.

Man kann den zweifachen Bruch, den Terenz durch seine Umgestaltung der ursprünglichen Konzeption verursacht, noch an gewissen Inkonsequenzen seines Stücks erkennen.[85] (a) Micio zeigt in den ersten vier Akten eine vernünftige Verbindung von Autorität und Freiheit,und darin folgt die

83 Daher auch die vielfache Fortwirkung und Rezeption der ›Adelphoi‹ in der neuzeitlichen Literaturgeschichte: bei Molière, bei Thomas Shadwell und Richard Cumberland, in der Goethezeit (hierzu O. Fambach, Einsiedels Übersetzung der Adelphoe des Terenz in der deutschen Bühnen- und Kritikgeschichte, Jahrb. d. Fr. Dt. Hochstifts, Frankfurt 1968, 59–129).

84 O. Rieth und die anderen o. Anm. 74 genannten Erklärer. Auf der Gegenseite stehen die o. Anm. 73 aufgeführten Autoren, die ohne die Annahme einer erheblichen Umgestaltung der menandrischen Konzeption auskommen wollen.

85 Nicht leicht ist zu sagen, wie weit im Schlußakt die selbständige Gestaltung des Terenz reicht. Sicher ist die durch Donat (zu Ad. 938) bezeugte Änderung: Wenn wir hier erfahren, bei Menander habe sich Micio gegen die Heirat mit Sostrata nicht gewehrt (*de nuptiis non gravatur*), so muß damit gemeint sein, daß der humane Micio im griechischen Stück von sich aus bereit war, die Frau in sein Haus aufzunehmen. K. Büchner, a.O. (1974), 475–477 möchte darüber hinaus fast den ganzen Schlußakt Terenz zuschreiben. Eher ist anzunehmen, daß sonst im wesentlichen nur noch die Schlußrede Demeas (985ff.) von Terenz stammt, zumal sie mit dem vorausgegangenen Monolog (855–881) unvereinbar ist (was, andere Konsequenzen ziehend, auch J.N. Grant, a.O. [1975] sieht). Vielleicht kann man aber im Anschluß an V. Pöschl, a.O. 1975 (der den terenzischen Schlußakt auf die menandrische Konzeption hin durchsichtig macht und dabei allerdings mit der Ansicht, auch bei Terenz erleide Micio eigentlich gar keine Niederlage, die römische Umgestaltung doch zu gering veranschlagt) und mit P. Schmitter, a.O. 1972, 209–214 so weit gehen zu sagen, daß auch die Schlußrede des Demea im wesentlichen von Menander übernommen ist, weil der griechische Zuschauer durchschaute, daß Demea, auch wenn er die vernünftige Schlußmoral aussprach, diese doch nicht verstand und wirklich vertrat, also in Wahrheit unzulänglich und lächerlich blieb. Terenz hätte dann nur diese menandrische Ironie eliminiert, weil bei ihm Demea als wirklich überlegen erscheint. Die Rolle Demeas in den menandrischen Schlußszenen kann man sich, wie ich meine, durch einen Vergleich mit der Rolle Moschions am Schluß der ›Samia‹ klarmachen: Hier wie dort variiert Menander den konventionellen Komödienschluß, das Gefopptwerden des Unterlegenen, indem er einen Unterlegenen darstellt, der trotzig aufbegehrt und den Überlegenen zu ärgern versucht, sich dabei aber doch nur selbst zum Narren hält.

terenzische Darstellung dem menandrischen Original. Am Schluß aber erscheint der terenzische Micio plötzlich als Schwächling, der seinem Sohn hörig ist und sich von ihm zu einem widerwillig gefaßten Entschluß drängen läßt. (b) Demea darf bei Terenz am Schluß, nachdem er bis dahin eine recht schlechte Figur gemacht hat, über seinen Bruder triumphieren. Am Ende des Spiels erteilt der terenzische Demea dem Bruder eine Lehre (985–988) und bietet sich den beiden Söhnen auf sehr gewinnende Art als Helfer und Ratgeber an (989–995). Er stellt es den Söhnen frei, ob sie seine Erfahrungen und seinen Rat in Anspruch nehmen wollen. Er drängt sich nun also nicht mehr, wie vorher, den anderen mit seinen autoritären Vorstellungen auf. Kein Zweifel: hier ist es nicht mehr Micio, sondern Demea, der die erzieherische Weisheit des Gleichgewichts von Autorität und Liberalität vertritt. | 60

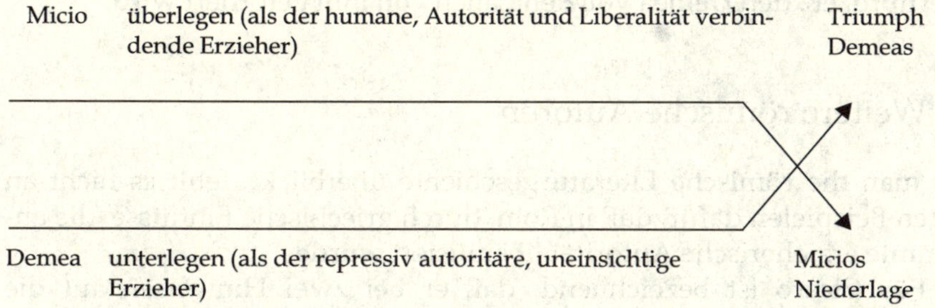

Weshalb hat nun aber Terenz die einfache, konsequente Linienführung des griechischen Originals so durcheinandergebracht? Man kommt, glaube ich, nicht mit der Erklärung aus, Terenz habe durch die Niederlage Micios nur die komische Wirkung des Komödienschlusses steigern wollen,[86] ebensowenig mit der Erklärung, es habe ihm am Verständnis für die Ironie Menanders gefehlt.[87] Die Umgestaltung des Terenz ist, wie ich meine, positiv aus den anderen gesellschaftlich-moralischen Voraussetzungen der römischen Welt zu erklären.[88]

Die römischen Zuschauer mußten sich, anders als die griechischen, von vorn herein mit dem strengen, arbeitsamen, bäuerlichen Demea solidarisch fühlen. Micio dagegen war vor diesem Publikum zu wenig geeignet, die vorbildliche Verbindung von Autorität und Liberalität zu repräsentieren, weil er nach römischen Begriffen allzuviel Lässigkeit und nicht genug Strenge an den Tag legt. Auf die Verbindung der beiden Komponenten aber kam es Terenz ebenso an wie Menander. Zu diesem Zweck ließ er nun also

86 So mehrfach E. Lefèvre, zuletzt a.O. 1978 (o. Anm. 74) und in der Arbeit: Der Phormio des Terenz und der Epidikazomenos des Apollodor von Karystos, München 1978 (Zetemata 74), 116–122. Ähnlich G.B. Philipp, a.O. 1976 (o. Anm. 73).
87 So K. Büchner, a.O. (1974) 505.

Demea, den Vertreter der konventionellen Moral, eine Wandlung zur Liberalität hin vollziehen. Bei Terenz geht ja keineswegs der engstirnige, autoritäre Demea als Sieger aus dem Spiel hervor, sondern ein gewandelter Demea, der offenbar ein gewisses Maß an Selbsterkenntnis und liberaler Toleranz angenommen hat.[89]

Die dichterische und charakterologische Struktur der Adelphoi Menanders hat somit in dem anderen Kraftfeld der römischen Welt eine doppelte Brechung erfahren. Aber dies ist eben der Ausdruck dafür, daß Terenz die ethisch-pädagogischen Intentionen der griechischen Komödie bewußt in
61 seine | römische Umgebung herübernahm. Gerade weil er im Sinne Menanders gegen eine starr autoritäre Erziehung und für eine mit echter Autorität verbundene freiheitliche Humanität plädieren wollte, hat er das Stück geändert. Der römische Zuschauer, der sich mehr mit Demea als mit Micio identifizierte, sollte bei dem heiteren Spiel zu der Ahnung gebracht werden, daß der Lernprozeß, den Demea vollzieht, auch von ihm gefordert wird.

XV Weitere römische Autoren

Wenn man die römische Literaturgeschichte überblickt, fehlt es nicht an weiteren Beispielen dafür, daß in Rom, durch griechische Einflüsse, die angestammte erzieherische Autorität liberalisiert wurde.

Für Cicero ist bezeichnend, daß er bei zwei Hinweisen auf die ›Adelphoi‹ des Terenz in Micio die sympathische, in Demea die weniger erfreuliche Figur des Stückes sieht. Spricht er doch in der Schrift ›Über das Alter‹ (›Cato maior‹ 65) von der Härte *(duritas)* Demeas und der humanen Umgänglichkeit *(comitas)* Micios. Ebenso stellt er in der Rede ›Pro Caelio‹ (37–42) der unduldsamen väterlichen Strenge die liberale Milde eines Micio entgegen und wendet sich damit gegen diejenigen, die nur die in Rom so hoch geschätzten Tugenden der *disciplina* und *severitas* gelten lassen wollen. Man müsse der Jugend auch etwas Freiheit lassen: *sit adulescentia liberior!* Am Schluß dieser Ausführung betont Cicero aber auch, die jugendliche

88 In diese Richtung, die einst schon W. Fielitz (Über Anfang und Ende der Menandrischen Adelphen, Fleckeisens Jahrb. f. class. Philol. 14, 1868, 675–682, bes. 681) gewiesen hatte, gingen neuerdings: O. Rieth, a.O. (1964); K. Gaiser, a.O. (ANRW 1972) 1104; L. Bieler, Gnomon 49, 1977, 144f.; A. Wlosok, a.O. (1978) 29–37. Vorsichtige Zustimmung auch bei W.G. Arnott, a.O. (1975) 55; H. Juhnke, Terenz, in: E. Lefèvre (Hrsg.), Das römische Drama, Darmstadt 1978 (Grundriß der Literaturgeschichten nach Gattungen), 223–307, bes. S. 255f. Nicht ganz überzeugend ist die psychologische Wendung bei W. Stark, Überlegungen zu einer Terenz-Lektüre, Altsprachl. Unterr. 13, 3, 1970, 3–18, bes. S. 17: der radikale Bruch am Schluß des terenzischen Stücks sei »die furchtsame Kehrtwendung eines Mannes, der bereits viel gewagt hat und am Ende seines Stücks eine Beleidigung der Gefühle seines Publikums vermeiden will…«.

89 Wieviel Selbstbeherrschung, Flexibilität und Vernunft der terenzische Demea von der Szene V 3 (787ff.) an entwickelt, hat R.W. Carubba, The Rationale of Demea in Terence's Adelphoe, Dioniso 42, 1968, 16–26 herausgearbeitet.

Freizügigkeit dürfe keinen schweren Schaden anrichten und nicht ins Kriminelle ausarten, und sagt dann:

> Wenn schließlich die Jugend die Vergnügungen genossen und einige Zeit dem jugendlichen Spiel und diesen nichtigen Begierden der Jugendzeit gewidmet hat, dann soll | sie sich eines 62
> Tages wieder zurückrufen zur Besorgung des Hauswesens, der öffentlichen und staatlichen Belange, damit man sieht: was sie vorher noch nicht mit der Vernunft durchschauen konnte, das hat sie nun durch die Befriedigung weglegen und durch Erfahrung verachten gelernt.

Die Forderung der Liberalisierung wird hier also doch mit einer spürbaren Reserve vorgetragen, die wohl mit der Rücksicht auf die römische Moral zu erklären ist. Man mag den jungen Leuten einige Freiheit konzedieren, aber sie sollen dadurch mit der Zeit erst recht vernünftig werden und dann umso eifriger ihre Pflichten erfüllen.

Horaz beschreibt in der Satire I 4 (105–131) die Erziehung, die er seinem Vater verdankt. Immer wieder habe ihm dieser einfache Mann gesagt: »Mach es nicht so wie der! Mach es so wie jener!« Es war also eine Erziehung durch vorbildliche und abschreckende *exempla.*

Der Demea der ›Adelphoi‹ hat uns gezeigt, wie man *exempla* in autoritärem Sinn gebrauchen kann. Anders war es bei dem Vater des Horaz.[90] Für ihn waren die Beispiele, wie der Sohn in seinem Gedicht zu erkennen gibt, nicht absolut maßgeblich, sondern sie sollten nur vorläufig dazu dienen, den Sohn vor Schaden zu bewahren. Zwei Bemerkungen in der väterlichen Mahnrede machen dies ganz deutlich: »Später, so sagt er, wird dir ein Philosoph (*sapiens*) dies alles mit Gründen erklären (*causas reddet tibi*) ... Und wenn du älter bist, so fügt er hinzu, wirst du ohne Kork schwimmen können (*nabis sine cortice*).

Hier ist mit dichterischer Präzision gesagt, wie echte Autorität in der Erziehung fungiert. Autorität gleicht dem Korkgürtel, der einen schützend über Wasser hält, solange | man noch nicht stark und erfahren genug ist, 63
um aus eigener Kraft zu schwimmen. Der junge Mensch soll sich an Beispielen und Leitbildern orientieren, weil er noch nicht die Fähigkeit hat, sein Tun und Lassen rational zu begründen. Was ihm zunächst einen äußeren Halt gibt, soll ihn aber erst recht fähig machen zur Selbständigkeit. Selbständigkeit wiederum heißt nicht schrankenlose Freiheit, sondern setzt voraus, daß man das zunächst ohne eigene Einsicht Übernommene nun auf seine Berechtigung hin vernünftig prüft.

Ähnlich beurteilt Seneca (4 v. – 65 n. Chr.) den Wert moralischer Regeln und Ermahnungen *(praecepta).* Sie haben, so erklärt er, zumal für den jungen Menschen den Wert hilfreicher *auctoritas,* aber sie dispensieren nicht von der Aufgabe, mit dem eigenen Denken den besten Weg zu suchen.[91] Für

90 E.W. Leach, Horace's pater optimus and Terence's Demea. Autobiographical Fiction and Comedy in Sermo I 4, Am. Journ. Philol. 92, 1971, 616–632 nimmt vielleicht mit Recht an, daß Horaz bei seiner Schilderung den terenzischen Demea vor Augen gehabt habe, beachtet aber zu wenig den Unterschied.

91 Seneca, Epist. 94 (bes. § 27) und 33.

die Erziehung fordert Seneca in der Schrift De ira (II 18 - 21), die gegensätzlichen Tendenzen fein aufeinander abstimmend, den jeweils angemessenen Mittelweg zwischen ungezügelter Lizenz und serviler Subordination.[92]

Quintilian (gest. 95 n. Chr.), dessen ›Institutio oratoria‹ eine Fundgrube pädagogischer Erfahrungen und Weisheiten ist,[93] verachtet den intoleranten Schulmeister, legt aber Wert auf erzieherische Autorität. Diese ist nach seiner Ansicht nicht nur in überlegenem Wissen und Können, sondern auch in einem väterlichen Verständnis für den jungen Menschen begründet (II 2, 8; II 9). In der Prügelstrafe sieht er eine unsinnige Härte und Erniedrigung, zu der gerade solche Erzieher neigen, die es an konsequenter Führung fehlen lassen: »Eine Züchtigung wird gar nicht erst nötig werden, wenn der Lehrer beständig mahnend und fordernd dem Schüler zur Seite steht. Jetzt aber hat es fast den Anschein, als werde die Nachlässigkeit der Lehrer dadurch wettgemacht, daß man die Knaben, statt sie von vornherein dazu anzuhalten, das Nötige zu tun, im nachhinein bestraft, wenn sie es
64 nicht getan haben...« (I 3, 14–16). |

Ein freiheitlich gesinnter römischer Erzieher kann sich jetzt uneingeschränkt zu dem griechischen Humanitätsideal bekennen, das von der gemeinsamen menschlichen Unvollkommenheit ausgeht. In diesem Sinne schreibt der jüngere Plinius (um 100 n. Chr.) in einem seiner Briefe (IX 12):[94]

Scharf rügte einer seinen Sohn, weil der etwas allzu aufwendig Rennpferde und Jagdhunde kaufe. Zu dem sagte ich, als der junge Mann weggegangen war: ›Du, hast du denn früher nie etwas getan, was dein Vater hätte tadeln können? Früher, sage ich? Tust du nicht auch jetzt noch dann und wann etwas, was dein Sohn – gesetzt, auf einmal wäre er der Vater, du der Sohn – dir mit gleicher Härte vorwerfen könnte? Lassen sich nicht alle Menschen von irgend einem Fehler in die Irre leiten? Gestattet sich nicht jeder, der eine hier, der andere da eine Schwäche?‹ Dies schreibe ich dir, noch ganz unter dem Eindruck dieses Beispiele unangemessener Strenge, im Sinne unserer gegenseitigen Zuneigung, daß nicht auch du einmal deinen Sohn allzu scharf und hart anfaßt. Denke daran, daß er noch jung ist, und daß du es auch einmal gewesen bist, und gebrauche deine Vaterrechte immer nur in dem Bewußtsein, daß du ein Mensch bist und der Vater eines Menschen.

Mit dem fiktiven Rollentausch zwischen Vater und Sohn wird hier auf recht frappante Art klar gemacht, daß der Erzieher im Bewußtsein der eigenen menschlichen Unzulänglichkeiten dem jüngeren Menschen gegenüber tolerant und großzügig sein soll.

Tacitus sagt in dem 98 n.Chr. verfaßten ›Agricola‹ (3, 1) zum Lob des

92 Daß bei Seneca die Erziehung nicht primär auf den Willen, sondern auf die Erkenntnis zielt, betont mit Recht W. Fischer, Einige Anmerkungen zu einer Darstellung der Begründung der Pädagogik bei L. Annaeus Seneca (1969), in: H.-Th. Johann (Hrsg.), Erziehung und Bildung in der heidnischen und christlichen Antike, Heidelberg 1976, 419–432.

93 Zu Quintilian als Erzieher: E. Bolaffi und W. Loch in: H.-Th. Johann (Hrsg.), a.O. (1976), mit früherer Literatur; G. Weigel, Probleme der römischen Pädagogik. Eine Unterrichtseinheit für die Oberstufe, Altsprachl. Unterr. 15, 3, 1972, 59–85.

94 Zur Humanität des jüngeren Plinius: R. Rieks, a.O. (1967), 225–253. Die Übersetzung des Brieftextes entnehme ich dem inhaltsreichen Bändchen von K. Bartels, Was ist der Mensch? (Dialog mit der Antike 4), München 1975, 76f .

Kaisers Nerva, er habe es verstanden, *principatus* und *libertas*, zwei seit jeher schwer vereinbare Dinge *(res olim dissociabiles)*, miteinander zu verbinden. | 65
Was der Historiker aber danach so eindrücklich schildert, ist gerade die Dissoziierung dieser beiden Faktoren: *haud facile libertas et domini miscentur* (Hist. IV 64).[95] Zerfallserscheinungen sind auch im Bereich der Erziehung zu beobachten. An einer Stelle des ›Dialogus de oratoribus‹ (28 f.) sagt einer der Gesprächspartner: »Früher sind die Kinder streng zur Rechtschaffenheit erzogen worden und deswegen konnten sie damals das für sie jeweils Geeignete besser erlernen; jetzt dagegen herrschen Zügellosigkeit und Unverschämtheit bei den Schülern, Schmeichelei und Anbiederung bei den Lehrern.«[96]

Nur als Ausnahmeerscheinung und als persönliche Tugend tritt wahre Freiheit in der Geschichtsdarstellung des Tacitus noch hervor. Im ganzen gibt er doch dem Gefühl der Resignation Ausdruck. Wie man sich im politischen Leben nun vor eine bedrückende Antinomie gestellt sah, weil die Notwendigkeit einer starken zentralisierten Ordnungsmacht mit dem Wert der Freiheit des Einzelnen unvereinbar war, so empfand man auch in der Erziehung den Einklang von Autorität und Freiheit als kaum mehr realisierbares Ideal.[97]

XVI Ausblick auf die christliche Tradition

Mit dem Christentum kamen neue, unerhörte Freiheiten in die Welt: die Freiheit vom Gesetz und von allem Menschlichen und Weltlichen, auch von der Bindung an Vater und Mutter. Diese Befreiung war am Anfang unlöslich verbunden mit unbedingtem Gehorsam gegenüber dem Willen Gottes. Schon bald kam es zu einem Auseinanderfallen in enthusiastische Schwärmerei auf der einen, enge Gesetzlichkeit auf der anderen Seite.[98] Die

95 Die optimale Verbindung des monarchischen Elements der Sicherheit und Ordnung mit dem demokratischen Element der Freiheit beschreibt im Blick auf Augustus Dio Cassius 56, 43, 4. Mehr im Sinne eines notwendigen Kompromisses sagt bei Tacitus, Hist. I 16 Galba zu Piso: *imperaturus es hominibus, qui nec totam servitutem pati possunt nec totam libertatem.*

96 Zu gleicher Zeit findet man die Gegenüberstellung von guter alter und schlechter moderner Erziehung auch bei Juvenal in der Satire 14 (179–209). Der Dichter rühmt hier die einstige Erziehung zur Genügsamkeit gegenüber der jetzt üblichen Verführung zu Habgier und Verschwendung.

97 Vgl. W. Jens, Libertas bei Tacitus, Hermes 84, 1956, 331–352, jetzt auch in: R. Klein (Hrsg.), Prinzipat und Freiheit. Ausgewählte Aufsätze zum Staatsdenken der Römer in der Kaiserzeit, Darmstadt 1969 (Wege der Forschung 135), 391–420. Jens beobachtet bei Tacitus eine Entwicklung: »Immer mehr schwindet Tacitus' Glauben an ein μέσον: so wie es im Staat auf die Dauer keine Synthese von *libertas* und Prinzipat gibt, können auch beim Individuum Freiheitsstreben und Gehorsam nicht lange Zeit in Frieden miteinander leben« (1956, 337). Demgegenüber erklärt M. Ducos (La liberté chez Tacite: droits de l'individu ou conduite individuelle? Bulletin de l'Association G. Bude 1977, 194–217), daß Tacitus doch immer wieder in der Tugend einzelner Männer die richtige Mitte zwischen Tyrannei und *licentia* verwirklicht gefunden habe.

Oberhand gewann mehr und mehr das Autoritätsprinzip; denn gläubige Anerkennung verlangte nun die Autorität der Offenbarung, der Schrift, der
66 Glaubenszeugen, der | Kirche, des Papstes.

Dies gilt besonders auch für die Erziehung. Schon in den *Haustafeln* der neutestamentlichen Briefe (Epheser 6, 1–4; Kolosser 3,20) wird das Gehorsamsprinzip zwar eingeschränkt, indem die Väter ermahnt werden, die Kinder nicht zum Unwillen zu reizen; aber das Ideal dieser Erziehung ist doch der Gehorsam gegenüber dem Herrn, dem Eltern und Kinder unterstehen. Die christlichen Bildungsinstitutionen der Folgezeit gestehen zwar der altbewährten heidnischen *Paideia* noch einen gewissen Freiheitsraum zu; aber im Ganzen dominiert dabei doch die Autorität des auf das Zeugnis der Bibel gegründeten Glaubens.[99]

Fragt man nach der Grundstruktur der zunehmenden Autoritätsbindungen in der christlichen Tradition, so wird man sie wohl am ehesten darin finden können, daß das Christentum zutiefst von der Erfahrung der menschlichen Verlorenheit und Erlösungsbedürftigkeit geprägt ist. Noch stärker als zur griechischen Humanitätsidee gehört zum christlichen Menschenbild das Bewußtsein, daß der Mensch in seiner Schwachheit und Sünde der Hilfe und Gnade bedarf. Diese fundamentale Überzeugung führt nun in der christlichen Welt zweifach über den Gesichtskreis der griechisch-römischen Antike hinaus. Zum einen kommt es nun zu einer die griechischen Tugenden der humanen Rücksichtnahme weit hinter sich lassenden Forderung der Liebe zum Mitmenschen. Gerade dem – menschlich gesehen – Unwürdigen und sogar dem Feind soll der Christ nach Kräften beistehen. Auf der anderen Seite ergibt sich aus der Schwäche der menschlichen Vernunft, die von sich aus unfähig ist, Gott zu erkennen, die Hinwendung zu einer übermenschlichen göttlichen Autorität als der Quelle aller Liebe, aber auch aller Wahrheitserkenntnis.

Deutlich zeigt sich diese neue Begründung von Autorität in der The-
67 ologie Augustins, denn man kann sagen:[100] »[...] daß | für Augustin die Autorität, die im Zentrum seiner Gedanken steht, die göttliche Autorität ist, und daß ihm die Schwäche der menschlichen *ratio* eine grundsätzliche ist, so daß die Vernunft nicht nur vorläufig, sondern ständig auf Hilfe von außen, auf Autorität angewiesen ist.« Die der menschlichen Unvernunft aufhelfende göttliche Autorität erläßt nicht etwa nur bestimmte Gebote, sondern sie

98 K. Deissner, Autorität und Freiheit im ältesten Christentum, Greifswalder Universitätsreden 30, 1931 (zu Jesus und Paulus); zur Erstarkung der Autorität in der christlichen Welt auch: J. Fueyo, Die Idee der auctoritas: Genesis und Entwicklung, in: Epirrhosis, Festgabe für Carl Schmitt, Berlin 1968, I, 213–235.

99 Über das Verhältnis des christlichen Glaubens zur heidnischen Bildungstradition: H.-I. Marrou, a.O. (1957) 455–505; Beiträge von W. Jaeger, R. Scholl, P. Stockmeier, G. Downey in: H.-Th. Johann (Hrsg.), a.O. (1976). Allgemein über Erziehung in frühchristlicher Zeit: P. Blomenkamp, in: RAC 6, 1966, 520–557.

100 K.-H. Lütcke, Auctoritas bei Augustin, Stuttgart 1968 (Tübinger Beitr. z. Altertumswiss. 44), 198.

erhebt einen umfassenden Wahrheitsanspruch. Dem menschlichen Geist ist die göttliche Wahrheit nicht verschlossen, er kann sie nur nicht von sich aus erkennen, sondern sie muß ihm auf dem Weg der Offenbarung zuteil werden. Immerhin kann sich die christliche Theologie in der Bemühung um eine Welterklärung, die auf absolute Wahrheitserkenntnis gegründet ist, weithin mit den Denkformen des Platonismus verbinden.

Anders als unter den Voraussetzungen der griechischen Humanitätsidee trat nun also zu der Einsicht, daß der Mensch ein armseliges und unwissendes Wesen ist, der christliche Glaube, daß er durch die Gnade der Offenbarung aller Weisheit teilhaftig werden kann; und daraus ergab sich hier eine mächtige Verstärkung des Autoritätsprinzips. Gegenüber der Verfestigung der Autorität in der mittelalterlichen Kirche kam es dann wieder zu neuen Freiheitsbewegungen, wobei weniger an die Reformation als an Renaissance, Humanismus und Aufklärung zu denken ist. Revolutionierend wirkten die aufkommenden Wissenschaften, die das kirchliche Weltbild in Frage stellten. Eine Stütze fand das neue Freiheitsstreben in den freiheitlichen Gedanken der griechisch-römischen Antike. Doch erhielt durch die moderne Entwicklung nunmehr die Forderung nach individueller Freiheit einen Absolutheitsanspruch, wie ihn die Antike noch nicht gekannt hatte. | 68

XVII Zusammenfassende Bemerkungen

Aus den antiken Erziehungstheorien spricht im großen und ganzen, wie sich bei unserem Überblick ergeben hat, die Ansicht, daß gegenüber erstarrter Autorität immer wieder für die Freiheit Raum geschaffen werden muß, daß es aber unmöglich ist und gerade im Interesse der Freiheit unzweckmäßig wäre, Autorität ganz abzuschaffen, weil recht verstandene Autorität die Selbständigkeit des anderen will. Daß die ausgewogene Verbindung von Autorität und Freiheit erfahrungsgemäß schwer zu erreichen ist, liegt, wie schon die antiken Dichter und Denker sagen, daran, daß durch Übertreibungen nach der einen wie nach der anderen Seite hin die fruchtbare Wechselbeziehung aufgelöst wird und gefährliche Schwankungen entstehen. Besonders Platon hat deutlich gesehen und im Sinne philosophischer Dialektik erklärt, daß sich die gegensätzlichen Extreme in ihrer Negativität (Ungebundenheit und Gewalt) wechselseitig verstärken. Man spricht heute von Polarisierung.

Aus der Höhenlinie der antiken Literatur, die wir in den Blick gefaßt haben, schienen uns drei Lösungsversuche durch modellhafte Klarheit und Gültigkeit herauszuragen. Nach jeder dieser drei Konzeptionen soll die Autorität der Freiheit dienen, indem sie möglichst allen zu einem Maximum und Optimum an Freiheit verhilft. Für das Bildungsideal des Thukydides und die Humanitätsidee läßt sich ohne weiteres behaupten, daß sie Autorität in diesem Sinne einschränken wie legitimieren und der Freiheit den Vorrang geben. Bei Platon behält das Prinzip der Herrschaft aus unserer Sicht ein Übergewicht, sofern wir nicht bereit sind, die eigentümlich platonische Bindung der Freiheit an das absolut Gute mitzuvollziehen.

Richtet man an die antiken Texte die entscheidende Frage, von wel-
69 chem übergeordneten Prinzip her der Ausgleich | zwischen notwendiger Herrschaft und wünschenswerter Freiheit begründet werden kann, so antworten sie mit dem Hinweis auf die Möglichkeit oder Unmöglichkeit menschlicher Wahrheitserkenntnis und mit dem Hinweis auf gegenseitige Freundschaft oder Liebe, die zwischen ungleichen wie zwischen gleichgestellten Partnern bestehen kann.

(1) Die Ansicht, daß Autorität auf überlegenem Wissen beruht, ist sicherlich uralt. Die bei den Griechen einsetzende revolutionierende Entwicklung war unter anderem damit zu erklären, daß bei ihnen das autoritätsbegründende Wissen von der bloßen Erfahrung abgelöst und damit auch vom höheren Lebensalter unabhängig gemacht wird.

Gewiß findet man bei den antiken Autoren oft die Ansicht, daß der freiheitliche Elan der Jugend durch die Erfahrungen und Erkenntnisse der Älteren in die richtigen Bahnen gelenkt werden soll. Was der Jugend zuerkannt wird, ist nicht so sehr eine weiterführende Kreativität, sondern vor allem eine Begeisterungsfähigkeit, die ohne vernünftige Lenkung mehr schadet als nützt. Die überlegene Einsicht wird nun aber bei den Griechen nicht mehr ohne weiteres dem höheren Alter zugesprochen. Vielmehr wird oft gesagt, daß der Ältere nicht von selbst vernünftig denkt und daß er in der Gefahr ist, einseitig zu Tradition und Autorität hinzuneigen. Wegen dieser altersbedingten Tendenz haben die Älteren zu allen Zeiten, damals wie heute, darüber geklagt, daß die Jugend jetzt gegenüber früher disziplinlos und ungezogen sei. Die antiken Autoren, besonders die Komödiendichter haben jedoch den üblichen Tadel der allzu liberalen neuen und das Lob der strengen alten Erziehungsmethoden mehrfach so dargestellt, daß die subjektive Bedingtheit und die Unstimmigkeit dieser Rede durchschaubar wurden.

70 Die Griechen erwarteten das überlegene Wissen nicht | mehr einfach von der Weisheit der Tradition und des erfahrenen Alters, weil sie die Möglichkeit allgemeingültig formulierbarer, rational verifizierbarer Erkenntnis entdeckt hatten. Sie versuchten daher, freiheitliche Autorität von derartiger Erkenntnis her zu legitimieren. Während dies auf den einzelnen Wissengebieten gelang, wurde die Frage, ob und wie der Mensch zu umfassender, die Wertnormen seines Lebens ergründender Wahrheitserkenntnis fähig ist, unterschiedlich beantwortet. Das Staats- und Bildungsideal des Thukydides setzt – um es nochmals zu sagen – voraus, dass grundsätzlich jeder Bürger aus eigener Einsicht zur Selbstverwirklichung im Sinne der *Arete* fähig ist. Bei Platon verfügen nur ganz wenige Menschen über die philosophische Erkenntnis, die es ermöglicht, die divergierenden Kräfte der Herrschaft und

der Freiheit bewußt zusammenzuführen. Der Humanitätsgedanke schließlich beruht darauf, daß kein Mensch mit absoluter Sicherheit wissen kann, was gut ist, und daß es deswegen allenfalls partielle Autorität geben darf.

(2) Unter dem anderen Gesichtspunkt machen die antiken Texte modellhaft deutlich, wie Autoritätsverhältnisse dort, wo sie durch gegenseitige Liebe bestimmt sind, zur freiheitlichen Entfaltung aller beitragen. Bei Thukydides ermöglicht es die Freundlichkeit *(Charis)* des Umgangs, daß die Einzelpersonen, die nach der je eigenen Autarkie streben, zusammenwirken und einander fördern. Platon fordert die Freundschaft *(Philia)* für die Legitimierung des Verhältnisses zwischen Herrschenden und Untergeordneten, Leitenden und Gehorchenden. Im Horizont der Humanitätsidee führt das Bewußtsein der gemeinsamen Schwäche zu der Bereitschaft, dem Mitmenschen freundlich zu raten und zu helfen. |

XVIII Zur gegenwärtigen Krise der humanistischen Bildung

Wenn meine Behauptung richtig ist, daß die besprochenen Entwürfe der Griechen wie schon für die Römer so auch noch für uns den Wert von Modellen haben, ist schließlich zu erwarten, daß die Ergebnisse der Untersuchung die gegenwärtige Situation der humanistischen Bildung beleuchten. Dabei verstehe ich unter *humanistisch* eine Bildung, die sich der Tradition, besonders der in der griechisch-römischen Antike begründeten Tradition verpflichtet weiß.

Um ein naheliegendes Mißverständnis zu vermeiden, muß ich betonen, daß ich von antiken *Modellen* nicht im Sinne einer verpflichtenden Vorbildlichkeit spreche, sondern eher in dem Sinn, in dem Wolfgang Schadewaldt den Begriff des Modells verwendet hat.[101] Er verstand unter Modell ein instruktives Beispiel, das zur produktiven, freien Weiterbildung anregt. Nach unserer Untersuchung liegt es nahe, das Moment der Freiheit in unserem Umgang mit den antiken Modellen womöglich noch stärker hervorzuheben. Die besprochenen Beispiele für die Versuche einer Lösung des Problems von Autorität und Freiheit stellen natürlich nur einen kleinen Ausschnitt dar aus dem, was uns an bedeutsamen antiken Texten überlie-

101 W. Schadewaldt, Das Welt-Modell der Griechen (1957), in: Hellas und Hesperien I, Zürich 1970, 601–625; Sinn und Wert der humanistischen Bildung im Leben unserer Zeit (1956), a.O. II, 1970, 528–535; Das humanistische Bildungsideal und die Forderungen unserer Zeit (1959), a.O. II, 1970, 536–543. In der neueren Diskussion wurde Schadewaldts Modellbegriff häufig (z.B. auch bei M. Fuhrmann, Sebstbestimmung und Fremdbestimmung. Ein möglicher Bezugsrahmen für die Aufgaben der griechischen und lateinischen Philologie, in: Alte Sprachen in der Krise? Stuttgart 1976, 18–36, bes. 33f.) in die Nähe des klassizistischen Vorbildgedankens gerückt, über den der Schadewaldtsche Begriff gerade hinausführen sollte. Eine fundamentale philosophisch-wissenschaftstheoretische Klärung der Modellkategorie unternimmt jetzt im Begriffsfeld von Isomorphie und Analogie H. Krämer, Grundsätzliches zur Kooperation zwischen historischen und systematischen Wissenschaften, Zeitschr. f. Philos. Forsch. 32, 1978, 321–344.

fert ist. Aber dieser kleine Ausschnitt ist doch vielleicht insofern wiederum von paradigmatischer, modellhafter Bedeutung, als wir hier studieren können, wie sich bereits jene antiken Lösungsversuche von der Tradition freimachen und die Autorität des Tradierten in Frage stellen.

Schon allein wegen der Pluralität der antiken Konzeptionen kann von einer absoluten Maßgeblichkeit dieser Modelle nicht die Rede sein. In der Reihe der Lösungsversuche zeigt sich ein immer wieder neu ansetzendes, neuen Erfahrungen folgendes Bemühen, dem an sich Unerreichbaren auf diesem oder jenem Wege näher zu kommen. Ebenso wichtig wie die orien-
72 tierende Bedeutung der antiken Paradigmata scheint mir daher | ihre notwendige Unvollkommenheit und Vorläufigkeit zu sein, die sich in ihrer Verschiedenheit und geschichtlichen Bedingtheit manifestiert.

Die humanistische Bildung nun ist gerade wegen ihrer Traditionsgebundenheit von der modernen Autoritätskritik erfaßt worden. Tradition und Autorität gehören in der Tat eng zusammen; und deshalb werden auch beide zugleich kritisiert. Aufschlußreich ist dafür etwa die vor einigen Jahren zwischen Hans-Georg Gadamer und Jürgen Habermas geführte Auseinandersetzung um den Autoritätsbegriff.[102] Gegen Gadamers Versuch einer Rehabilitierung von Autorität hat Habermas eingewendet, hier bestehe Bildung zu sehr in der Aneignung tradierter Vorurteile und zu wenig in der prüfenden Befragung der Tradition. Jedenfalls hat die Krise der humanistischen Bildung ihre Ursache sicherlich in der umfassenden Autoritätskritik unserer Zeit. Wer sich gegen die traditionelle Form der Bildung wendet, glaubt, sich im Interesse der Freiheit gegen das Festhalten an überkommenen Autoritäten wehren zu müssen.

Bis vor kurzem haben sich die Repräsentanten unserer altsprachlich-humanistischen Bildung, um den Verdacht der Autoritätshörigkeit zu widerlegen, vielfach der emanzipatorischen Richtung angeschlossen. Man erklärte mit einigem Recht, daß der auf die Antike zurückgehende Humanismus vor allem freiheitliche, aufklärerische, autoritätskritische Ideen zu vermitteln hat und früher zu den liberalen oder gar revolutionären Kräften gerechnet werden konnte; und man sprach sich dafür aus, jetzt erneut das rational-aufklärende, antiautoritäre Potential der Antike zu rezipieren und zu aktualisieren.[103] Dies ging in der Schule womöglich so weit, daß man meinte, bei der Lektüre antiker Texte hauptsächlich auf deren ideologiekri-

102 H.-G. Gadamer, Wahrheit und Methode, Tübingen ^{2}1956, bes. S. 263f.; J. Habermas, in: Hermeneutik und Ideologiekritik, Frankfurt a.M. 1971, bes. S. 48f.; hierin auch zwei replizierende Beiträge von Gadamer. Zur Auseinandersetzung mit Gadamers Begriff der Autorität und Tradition auch W. Barner, Wirkungsgeschichte und Tradition. Ein Beitrag zur Methodologie der Rezeptionsforschung, in: G. Grimm (Hrsg.), Literatur und Leser. Theorien und Modelle zur Rezeption literarischer Werke, Stuttgart 1975, 85–100, 379–382. – Um das Verhältnis von Autorität und Freiheit als Kardinalfrage kreist offensichtlich auch die derzeitige, durch die Thesen ›Mut zur Erziehung‹ von H. Lübbe u.a. ausgelöste Kontroverse zwischen R. Spaemann und G. Mann auf der einen, E. Tugendhat und J. Habermas auf der anderen Seite (Die Zeit, 1978, Nr. 23, 26, 30).

tischen Gehalt Wert legen oder, wo dieser nicht zu finden ist, die Entlarvung
von repressiven Herrschaftsstrukturen üben zu sollen. Heute liegt | viel- 73
leicht schon wieder, umgekehrt, die Versuchung darin, die antiken Autoren
um der Stärkung von Tradition und Autorität willen lesen zu lassen.

Das Wiederaufkommen konservativer Kräfte scheint auch für die humanistische Bildung günstig zu sein. Aber nach allem, was geschehen ist, kann es keine einfache Rückkehr zur bloß bewahrenden oder gar verklärenden Bejahung des Überlieferten geben. Weiter führt auch hier nur – und darauf will ich natürlich hinaus – das Bemühen, die von der Überlieferung her wirksamen Autoritäten in den Dienst der Freiheit, und zwar der größtmöglichen Freiheit aller zu stellen. Das heißt: man müßte die Modelle der Antike als instruktive, orientierende *exempla* lebendig machen, die uns nicht festlegen, sondern zur Selbständigkeit und eigenverantwortlichen Entscheidung anleiten.

Das aus der Antike stammende Bildungsgut hat für die Erziehung den vielleicht einzigartigen Vorteil, daß es nicht nur eine stark fortbestimmende, traditionsbildende Wirkung ausübt, sondern auch von seinem Ursprung her eminent traditionskritische Elemente enthält. Vermittelt dieses Bildungsgut doch in repräsentativen Erscheinungen den Gedanken, daß jede Autorität – also auch die Autorität der Tradition – den Sinn hat, einen Zuwachs an Freiheit zu ermöglichen. Dieser Gedanke hat einen wesentlichen Grund in der Entdeckung der Griechen, daß Autorität nicht einfach durch Tradition, sondern durch vernünftige Einsicht legitimiert ist – eine Einsicht, die sich meist gegen die bestehende Tradition durchsetzen muß. Und dazu kommt das von den antiken Autoren entwickelte Bewußtsein, daß wahre Autorität nicht um ihrer selbst willen da ist, sondern zum Wohl aller ausgeübt wird – was für die Tradition bedeutet, daß sie nur dann Autorität beanspruchen kann, wenn sie sich der Gegenwart zuwendet und uns hilft, die Aufgaben unserer Zeit zu lösen.

Die stimulierende Kraft dieser antiken Gedanken ist | vielleicht umso 74
größer, als sie uns in verschiedenen Modellen vor Augen geführt werden,
die miteinander konkurrieren und nicht auf einen Nenner zu bringen sind. Wie immer man sich zwischen diesen Möglichkeiten entscheidet – ob man auf die Vernünftigkeit jedes Einzelnen vertraut, oder ob man mit der überragenden Einsicht einer zur Führung berufenen Elite rechnet, oder ob man im bewußten Verzicht auf umfassendes Wissen die wahrhaft menschliche Weisheit sieht –, auf allen drei Wegen ergibt sich die praktische Forderung, Autorität nicht um ihrer selbst willen, sondern um der Freiheit willen aus-

103 Überzeugend argumentieren in diesem Sinne: W. Jens, Antiquierte Antike? (1971), jetzt in: W. Jens, Republikanische Reden, München ^{3}1977, 41-58; R. Kannicht, Philologia perennis? (1971), in: R. Nickel (Hrsg.), Didaktik des altsprachlichen Unterrichts, Darmstadt 1974, 353–385; P. Barie, Die »mores maiorum« in einer vaterlosen Gesellschaft. Ideologiekritische Aspekte literarischer Texte, aufgezeigt am Beispiel des altsprachlichen Unterrichts, Frankfurt 1973.

zuüben und anzuerkennen. Die Freiheit, zu der dabei erzogen wird, ist allerdings jeweils verschieden: im einen Fall ist es die positive Selbstverwirklichung des Einzelnen, im anderen Fall die abgestufte, durch eine sinngebende Ordnung zugemessene Freiheit, deren höchste Form die Befolgung des als wahr und gut Erkannten ist, im dritten Fall das offenlassen der verschiedensten Möglichkeiten, zwischen denen der junge Mensch sich selbst entscheiden muß.

Durch die grundsätzlich verschiedenen Antworten auf die Frage, wie erzieherische Autorität letzten Endes zu begründen ist, geben uns die antiken Modelle zu erkennen, daß unsere Schwierigkeiten nicht nur zufällige Aporien der Gegenwart sind, sondern schon seit langer Zeit zu den Bedingungen des Menschseins gehören. Es hat vielleicht noch selten in der Geschichte so viel Unsicherheit nicht nur bei den Jugendlichen, sondern auch bei den Erziehenden gegeben wie heute. Und doch ist die zentrale Frage, wie viel Autorität bei der Erziehung nötig und wie viel Freiheit möglich ist, alles andere als neu. Das Fehlen einer sicheren, verbindlichen Antwort scheint tiefere Gründe zu haben. Nach allem, was man bisher dazu gedacht und in Erfahrung gebracht hat, wird man nicht auf ein einfaches, allgemeingültiges Rezept hoffen dürfen – es sei denn, man hält den Weg der ebenso alten wie schwierigen Weisheit für einfach, auf dem man immer wieder neu
75 versuchen muß, in der jeweils gegebenen Situation | die gegensätzlichen Tendenzen zur richtigen Mitte hin zusammenzuführen.

Für den Ausgleich zwischen den Extremen zu sein, verlangt, so scheint es, nicht viel Mut. Die antiken Beispiele zeigen uns aber, daß es sich bei dem richtigen Zusammenspannen von Autorität und Freiheit nicht um einen bequemen Kompromiß oder einen populären Mittelweg handelt. Wie die griechischen Philosophen erklärt haben, ist es eine hohe Kunst, das dialektische Miteinander der beiden Faktoren für den erzieherischen Befreiungsprozeß auszuwerten. Dabei ist auch Courage gefordert, weil hier nicht nachgemacht werden soll, was im Augenblick Mode ist, sondern gegenüber autoritärer Erstarrung für die Freiheit, gegenüber antiautoritärer Destruktion für die im Interesse der Freiheit notwendige Ordnung gekämpft werden muß.

Die wichtigste Voraussetzung ist aber doch wohl nicht der Mut. Er führt nach aller Erfahrung ebenso leicht zur Radikalisierung der Gegensätze wie zur Verständigung. Hilfreicher ist die Bereitschaft, von der eigenen Position aus, die immer mehr oder weniger einseitig ist, so viel Verständnis für den entgegengesetzten Standpunkt zu entwickeln, daß ein Zusammenwirken möglich wird. Dazu braucht es Mut, aber mehr noch – Vernunft und Liebe. In diesem Sinne sollte auch zwischen den erzieherischen Grundpositionen, von denen hier die Rede war, eine Verständigung möglich sein. Wer unter der – etwa platonischen oder christlichen – Voraussetzung einer überlegenen Wahrheitserkenntnis das Autoritätsprinzip vertreten zu müssen glaubt, sollte doch, ohne seine Position preiszugeben, auch den Standpunkt unbedingter Bejahung menschlicher Freiheit, Gleichberechtigung und Selbstverwirklichung respektieren: und umgekehrt sollte die Liberalität in der Auseinandersetzung mit unwillkommener Autorität nicht allzu leicht den eigenen Grundsatz der Toleranz vergessen.

Nachtrag von Seite 802:

In den ›Eumeniden‹ des Aischylos lesen wir zum ersten Mal, präzise und allgemeingültig formuliert, die Erkenntnis, deren theoretische Entfaltung dann die Philosophen übernehmen werden: daß der vorzüglichste politische Zustand der mittlere (μέσον) ist, der zwischen dem herrschaftslosen Leben (ἀνάρχετος βίος) und dem Leben unter despotisch-autoritärer Herrschaft (δεσποτούμενος) liegt (526–530).

Griechisches und christliches Verzeihen (1977)
Xenophon, Kyrupädie 3, 1, 38–40 und Lukas 23, 34a

In der ›Kyrupädie‹ Xenophons liest man eine kurze Episode, die davon erzählt, daß Kyros den Armenierkönig und seinen Sohn Tigranes zum Essen einlud und daß sie bei dieser Gelegenheit von einem Weisheitslehrer (σοφιστής) des Tigranes sprachen, den der König hatte töten lassen (3, 1, 38–40).

(38) Als sie wieder auseinandergingen aus dem Zelt nach dem Mahl, fragte Kyros : »Sage mir, Tigranes, wo ist jener Mann, der mit uns auf der Jagd war und den du, wie mir schien, sehr bewundert hast?« »Weißt du nicht«, sagte Tigranes, »daß mein Vater hier ihn getötet hat?« »Bei welchem Unrecht hat er ihn ergriffen?« »Mein Vater sagte, daß der Mann mich verderbe (διαφθείρειν). Dabei, mein Kyros, war jener so edel und gut, daß er kurz vor seinem Tod mich kommen ließ und sprach: ›Du darfst es, Tigranes, deinem Vater nicht übel nehmen (μήτι χαλεπανθ ̂ ς), daß er mich tötet; denn er tut dies nicht aus bösem Willen gegen dich (κακονοίᾳ τ ̂ σ ̂), sondern aus Nichtwissen (ἀγνοίᾳ); alle Fehler aber, die Menschen aus Nichtwissen begehen, halte ich für unfreiwillig (ἀκούσια).‹«
(39) Kyros sagte daraufhin: »Welch ein Jammer um einen solchen Mann!« Der Armenier aber sagte: »Es ist doch so, Kyros, daß diejenigen, die bei ihren Frauen fremde Männer als Ehebrecher ergreifen, diese nicht etwa mit dem Vorwurf töten, daß sie die Frauen ungebildeter (ἀμαθεστέρας) machten, sondern deswegen, weil sie der Ansicht sind, daß diese ihnen die Liebe (φιλία) der Frauen wegnehmen, behandeln sie sie wie Kriegsfeinde. So war auch ich«, sagte er, »auf diesen Mann eifersüchtig (ἐφθόνουν), weil er, wie mir schien, bewirkte, daß mein Sohn ihn mehr bewunderte als mich«.
(40) Und Kyros sagte: »Ja, bei den Göttern, Armenier, mir scheint, daß dein Vergehen menschlich ist (ἀνθρώπινα ἁμαρτεῖν). Und du, Tigranes, verzeihe (συγγίγνωσκε) deinem Vater!« Nachdem sie damals so miteinander gesprochen hatten und freundlich zueinander gewesen waren, wie es sich nach einer Aussöhnung (συναλλαγή) versteht, stiegen sie auf ihre Wagen und fuhren mit ihren Frauen fröhlich davon. | 79

Diese Erzählung Xenophons wirkt auf uns zunächst in mancher Hinsicht unklar, befremdlich und fast geschmacklos. Nach dem ergreifenden Appell des unschuldig Sterbenden zur Versöhnung wird dem Vater, der aus Eifersucht gehandelt hat, für unsere Begriffe doch allzu leicht verziehen. – Im folgenden versuche ich, die merkwürdige Episode der ›Kyrupädie‹ von ihren Voraussetzungen aus besser verständlich zu machen und ihr ein vergleichbares Beispiel christlichen Verzeihens gegenüberzustellen.

1. In § 39 bereitet das Wort ἀμαθεστέρας Schwierigkeiten. Was meint der Armenier mit der Bemerkung, die Ehemänner töteten Ehebrecher nicht

deswegen, weil die Frauen durch diese ἀμαθέστεραι würden? Der so am besten überlieferte Text[1] läßt sich ohne konjekturale Veränderung[2] durchaus verstehen. Der Armenier will ironisch sagen: Durch die Verführer werden die Frauen nicht dümmer oder ungebildeter – es mag sein, daß sie sogar gelehriger und geschickter durch sie werden; aber den Ehemännern kommt es nur darauf an, daß die Frauen sie und nicht einen anderen lieben. Das Wort ἀμαθής wird dabei deswegen gebraucht, weil es eine Beziehung zu dem Fall des Lehrers herstellt, der auch dann, wenn er den Schüler durch seine Unterweisung gescheiter macht, die Eifersucht des Vaters hervorrufen kann.[3]

2. Das ganze Gespräch, das Xenophon erzählt, besteht aus drei Abschnitten: Bericht über die früheren Ereignisse, Rechtfertigungsversuch des Vaters, Urteil des Kyros und Versöhnung. Die Gedanken, auf denen der in-
80 nere Zusammenhang des Gesprächs beruht, | bleiben teilweise unausgesprochen; sie lassen sich, wie mir scheint, folgendermaßen explizieren.

(1) Die ἄγνοια des Armeniers bestand offenbar darin, daß er den guten Einfluß des Lehrers auf den Sohn nicht richtig einschätzte. Nach den Worten des zum Tod Verurteilten ist die ἄγνοια ein Grund zur »Entschuldigung« des Vaters. Der Gedanke, daß einer, der sich infolge von Nichtwissen (Unkenntnis, Irrtum) vergeht, »unfreiwillig« handelt und daher Nachsicht und Verzeihung verdient, war zur Zeit Xenophons nicht mehr neu.[4] Schon seit langem stellte man damals die für die Entscheidung von Schuldfragen und Strafzumessungen wichtige Frage, ob eine Tat vorsätzlich verübt oder etwa nur »aus Unwissenheit« geschehen war. Die ἄγνοια des Übeltäters wird denn auch in der späteren Literatur oft als Grund des Verzeihens genannt.[5] Dabei erhält der Begriff der ἄγνοια wie hier bei Xenophon so auch sonst zuweilen einen tieferen Sinn: er bezeichnet dann nicht mehr nur das Nichtwissen, das zu einer unvorsätzlichen Handlung führt, sondern auch das verkehrte Wissen, das Nichtverstehen oder Nichterkennen des wahr-

1 ἀμαθεστέρας wird durch die Handschriftengruppe y (= codd. WDF der Ausgabe von M. Bizos) sowie durch cod. C geboten, durch die Gruppe z (= codd. HAG) dagegen σωφρονεστέρας, wobei jedoch cod. H σώφρον *in rasura* aufweist. Die zweite Lesart scheint anzuzeigen, daß man ἀμαθεστέρας als schwierig empfunden hat; doch bleibt dunkel, wie es zu σωφρονεστέρας, das keinerlei Sinn ergibt, gekommen ist.

2 Stephanus und zahlreiche Herausgeber nach ihm (Schneider, Poppo, Dindorf, Breitenbach, Gorham, Hug, Miller und zuletzt M. Bizos, Xénophon. Cyropédie II. Livres III–V, Paris 1973) schreiben ἀφρονεστέρας. W. Gemoll (1912, [2]1968) schlug ἀκρατεστέρας vor, und H. Erbse, Rhein. Mus. 103 (1960) 150–153 erneuerte diese Konjektur. Marchant (1910) setzte zu ἀμαθεστέρας die *Crux*.

3 Diese Erklärung findet sich schon bei K.F. Hertlein, Xenophons Cyropädie, 1. Bdch., 4. Aufl. bes. v. W. Nitsche, 1886: »Das erhöhte Wissen des Tigranes schätzt der Vater nicht höher als das jener Frauen, wenn die Folge ist, daß die Liebe und Achtung des Sohnes zu ihm vermindert wird.«

4 Aus der Zeit vor Xenophon: Das Gesetz bei Demosthenes 23, 53–55 (vgl. 21, 43); Sophokles, O.C. 960–999; Euripides, Hippol. 1326, 1334f. (s.u.); Thukydides 3, 40, 1 (… εἰδότες ἐπεβούλευσαν, ξύγγνωμον δ' ἐστὶ τὸ ἀκούσιον); Antiphon, Or. 5, 92 (ἀκούσια – συγγνώμη). Aus der gleichen Zeit z. B.: Platon, Hippias min. 372 A; Phaedr. 233 C (ἄκοντες – συγγνώμη); Nomoi 5, 732 CD (ἔλεος), 9, 860 D – 864 B, bes. 863 CD (ἄγνοια – συγγνώμη).

haft Guten mit der Folge eines vorsätzlichen, aber im Grunde doch auch verzeihlichen Tuns.[6]

(2) Das im zweiten Gesprächsabschnitt eingeführte Motiv der Liebe und Eifersucht ist vielleicht dazu angetan, die ἄγνοια des Vaters spezieller zu begründen. Der Weisheitslehrer hatte bei dem | Armenier nur eine böse 81
Absicht gegen den Sohn (κακονοίᾳ τ̂ σ̂),[7] nicht gegen ihn selbst ausgeschlossen, indem er vielleicht an den φθόνος des Vaters dachte. Der Mangel an Einsicht und Verständnis wird erfahrungsgemäß oft durch Affekte verursacht, zu denen besonders auch Neid und Eifersucht gehören. Der φθόνος konnte also auch den Armenierkönig »blind« machen: aus Eifersucht erkannte er nicht, weshalb der Sohn den Lehrer so sehr bewunderte und daß dieser Respekt, der in Wahrheit dem Wohl des Sohnes diente, das Verhältnis zum Vater nicht beeinträchtigen sollte.

(3) Auf jeden Fall kann der Vater, indem er seine Tat durch den Vergleich mit der Tötung des Ehebrechers auf eine Art Liebe und Eifersucht zurückführt, erreichen, daß man ihm mildernde Umstände zubilligt und Verzeihung gewährt.

(a) Nach griechischem Recht und Rechtsempfinden stand es dem Ehemann zu, den auf frischer Tat überraschten Ehebrecher auf der Stelle umzubringen.[8] Der Armenier erklärt die Tötung des Ehebrechers mit der Eifersucht des Mannes, der um die Liebe seiner Frau betrogen wird,[9] und gewinnt so die Möglichkeit, diesen φθόνος mit seinem Affekt gegenüber dem Lehrer des Sohnes zu vergleichen. Dabei bleibt freilich außer acht, daß die besonderen Bedingungen, unter denen die Tötung eines μοιχός erlaubt ist und straffrei bleibt – vor allem das Ergreifen in flagranti –, auf die Hand-

5 Z.B. ist die am Schluß der hellenistischen Komödie übliche Verzeihung oft so motiviert: vgl. Menander, Samia 703, 705; Perikeir. 428–430 = 1006–1008 Sandb. (nachdem im Prolog die Agnoia aufgetreten war und die Affekthandlung auf ein Mißverständnis zurückgeführt hatte: 43–45 = 163–165 Sandb.). – Weitere griechische und lateinische Stellen: Aristoteles, Eth. Nic. 3, lf., 1109 b 30ff. (ἀκούσια – συγγνώμη – ἄγνοια); Polybios 12, 12, 4–6 (ἄγνοια – συγγνώμη); Epiktet, Diss. 2, 22, 36 (συγγνωμονικὸς ὡς πρὸς ἀγνοοῦντα); Diodor 9, 45, 5; Ovid, Her. 20, 189 (praeteritae veniam dabit ignorantia culpae); Seneca, De ira 3, 26, 1 (man zürnt Kranken und Kindern nicht, quia videntur nescire quid faciant); De benef. 6, 9; Donat zu Terenz Hec. 580 (inscienter laedere … venia).

6 Vgl. A. Dihle, Die goldene Regel, Göttingen 1962, 15–18 (mit Literatur und weiteren Belegstellen).

7 Schwerlich mit Recht plädiert N.C. Conomis, Gnomon 48 (1976) 127 für die Lesart τινὶ statt τ̂ σ̂.

8 Das Gesetz ist zitiert bei Demosthenes 23, 53 = E. Ruschenbusch, ΣΟΛΩΝΟΣ ΝΟΜΟΙ, Historia Einzelschriften 9, Wiesbaden 1966, F 20 (vgl. F 28). – In Wirklichkeit hat wohl der Ehemann von seinem Recht, den Ehebrecher sofort zu töten, nur selten Gebrauch gemacht (wie im Fall der ersten Rede des Lysias); meistens scheint der μοιχός gezwungen worden zu sein, sich mit einer Geldbuße loszukaufen. – Näheres hierzu in der einschlägigen Literatur: J.H. Lipsius, Das attische Recht und Rechtsverfahren, Leipzig 1905–1915, 429–435; K. Latte, Art. μοιχεία, RE XV 2 (1932) 2446–2449; W. Erdmann, Die Ehe im alten Griechenland, München 1934, 286–299; G. Delling, Art. Ehebruch, RAC IV (1959) bes. 669–672; A.R.W. Harrison, The Law of Athens. The Family and Property, Oxford 1968, 32–36.

9 In ähnlichem Sinn erwähnt Xenophon die rechtliche Regelung auch im ›Hieron‹ (3, 3f.).

lung des Königs kaum zutreffen. Vergleichbar ist nur das persönliche Motiv, nämlich die Eifersucht auf den Rivalen.

(b) Der φθόνος ergibt sich aus dem ἔρως des Ehemanns wie des Vaters, der von seinem Sohn geliebt und geachtet werden will. Das Überwältigtsein
82 vom ἔρως aber gilt als guter Grund, um Verzeihung | (συγγνώμη) zu erlangen. Diese Ansicht äußert der xenophontische Kyros gegenüber dem verliebten Araspas (Kyrup. 6, 1, 36f.; vgl. 5, 1, 9–16), und sie ist auch sonst oft in der griechischen Literatur zu finden.[10]

(4) Wie es allgemein »menschlich« (ἀνθρώπινον) ist, zu irren und Fehler zu machen (ἁμαρτάνειν, vgl. z. B. Kyrup. 4, 4, 19), so sind insbesondere alle Arten von ἄγνοια (z. B. Kyrup. 1, 6, 44–46) und emotionale, leidenschaftliche Regungen wie ἔρως und φθόνος etwas »Menschliches« (im Blick auf den ἔρως Kyrup. 6, 1, 36f.). Die Erfahrung lehrt, daß jeder Mensch vielfach Mißverständnissen und Affekten ausgesetzt ist. Was aber notwendigerweise mit dem Menschsein verbunden ist, darf einer dem anderen eigentlich nicht verübeln.

(5) Was der vor dem Tod stehende Weisheitslehrer selbst gegenüber dem, der ihn tötet, empfindet, wird nicht ausdrücklich gesagt; aber seine Mahnung an den Sohn ist so sachlich-objektiv und allgemeingültig begründet, daß das μὴ χαλεπαίνειν offenbar auch für ihn selbst gilt. Die Entschuldigung des Täters durch das Opfer selbst war für griechische Leser sicher besonders wichtig. Das griechische (attische) Recht sieht vor (Demosthenes 37, 59), daß ein Mörder, wenn ihm der Getötete selbst noch vor dem Sterben die Sühne für seine Tat erläßt (ἀφιέναι), von jeder Strafverfolgung durch die Angehörigen des Opfers befreit ist. Dies dürfte, wenngleich uns kein Fall überliefert ist, bei unfreiwilliger Tötung (ἀκούσιος φόνος, Demosthenes ebd.) zuweilen vorgekommen sein.

(6) Das Leitmotiv des ganzen Gesprächs bildet der Gedanke der Versöhnung und Verzeihung, der zum Schluß von Kyros mit der Aufforderung zum συγγιγνώσκειν auf den Begriff gebracht wird. Als Grund für das Verzeihen wird zuerst die ἄγνοια, dann die »menschlich« verständliche Eifersucht angegeben. Die Aufforderung zur συγγνώμη ist hier besonders eindrucksvoll, weil sie von dem Mann ausgeht, dem schwerstes Unrecht widerfahren ist. Das von Kyros im Blick auf die Eifersucht des Vaters gebrauchte Wort συγγιγνώσκειν führt über das μὴ χαλεπαίνειν, zu dem der Verurteilte ermahnt, noch einen Schritt hinaus zu einem positiven Verzeihen.[11] Dabei ist allerdings immer zu bedenken, daß der griechische Begriff
83 συγγνώμη, | den wir mit »Verzeihen« übersetzen,[12] nicht vom Empfinden, sondern vom Erkennen her genommen ist: Er bezeichnet das einsehende Erkennen der Lage und der Absicht des anderen in seiner menschlichen

10 Z. B. Gorgias, Helena 19; Platon, Symp. 183 B; Phileb. 65 C; Lysias, Or. 3, 43; Epiktet 1, 22, 21; 2, 21, 7; 4, 1, 147; Terenz, Eunuchus (nach Menander) 879–881.

11 Man findet μὴ χαλεπαίνειν und συγγιγνώσκειν oft zusammen, z. B. bei Platon, Euthyd. 306 C; Resp. 4, 426 DE; Phaedr. 269 B.

Schwäche und von da aus das verstehende, auf den anderen eingehende, mitfühlende Entschuldigen. Im übrigen wird das Zustandekommen der συγγνώμη hier wie sonst dadurch erleichtert, daß derjenige, der sich vergangen hat, seinen Fehler einsieht und bereut.

3. Xenophon hat die kurze Episode in der ›Kyrupädie‹ sicher nicht als persische Legende oder sonstwie als Bestandteil der Überlieferung von Kyros vorgefunden, sondern wie so vieles in diesem Werk von sich aus gestaltet. Blicken wir über das Versöhnungsgespräch der drei Personen hinaus auf den größeren Zusammenhang in der ›Kyrupädie‹, so zeigt sich, daß Xenophon hier grundsätzlich darlegen will, wie es überhaupt zu Verzeihung und Aussöhnung kommen kann.

Der Armenierkönig war, wie Xenophon erzählt (2, 4, 12ff.), ein Vasall des Mederkönigs Kyaxares, eines Onkels des Kyros. Als sich der Armenier der Botmäßigkeit entziehen wollte, zog Kyros gegen ihn zu Felde und nahm den Abtrünnigen samt seiner Familie gefangen. Der König mußte seine Untreue eingestehen und sich dem Urteil des Kyros auf Gnade und Ungnade ergeben. Sein ältester Sohn, Tigranes, gehörte, da er außer Landes gewesen war, nicht zu den Gefangenen, stellte sich aber ebenfalls dem siegreichen Kyros. Kyros kannte diesen Tigranes, weil er früher mit ihm beim Jagen zusammen war, und er wußte, daß Tigranes von einem Weisheitslehrer (σοφιστής) erzogen worden war (3, 1, 14). Daher erwartete er von ihm einen guten Rat und erlaubte dem Sohn, zugunsten seines Vaters zu sprechen.

Tigranes riet Kyros, Milde zu üben (3, 1, 14–30). Er führte aus, daß der Sieger auch im eigenen Interesse gut daran tue, den überwundenen Gegner gnädig zu behandeln. Der Begnadigte werde fortan gewiß nicht mehr den gleichen Fehler begehen, sondern | dankbar sein. Daraufhin gab Kyros al- 84
len Gefangenen die Freiheit zurück und lud den König mit seinem Sohn sogar zu einem gemeinsamen Mahl ein. Bei dieser Gelegenheit kam es schließlich zu dem Gespräch über den getöteten Lehrer.

Wie man sieht, sind hier zwei Versöhnungen eng miteinander verbunden: Kyros gewährt dem König Verzeihung (συγγνώμη 3, 1, 9) gemäß dem Rat des Tigranes, und Tigranes selbst verzeiht seinem Vater gemäß der von Kyros unterstützten Mahnung des getöteten σοφιστής. Sicherlich soll man verstehen, daß auch schon die Fürsprache des Sohnes für den Vater im Geist jenes Weisheitslehrers geschah. Der Vater muß also wohl jetzt erkennen, daß es die Gedanken des von ihm Getöteten sind, die ihm nun das Leben retten. Wahrscheinlich darf man erklären, daß eben dies den Armenier dazu bringt, das Verfehlte seines Tuns einzusehen und um Nachsicht zu bit-

12 Über συγγνώμη definitorisch Aristoteles, Eth. Nic. 6, 11, 1143a 19–24. Aufschlußreich wäre eine historisch-vergleichende Untersuchung der griechischen und lateinischen, vorchristlichen und christlichen Begriffe des Entschuldigens, Verzeihens, Vergebens, Sich-Versöhnens: συγγιγνώσκειν, ἀφιέναι (eine Strafe erlassen), ignoscere (!), gratia, venia. Zur Sache A. Dihle, bes. 41–52; früher L. Schmidt, Die Ethik der alten Griechen, II, Berlin 1882, 293, 309–323.

ten. Im übrigen zeigt sich die ἄγνοια des Armeniers von einer anderen Seite darin, daß er seine Möglichkeiten, sich aus dem Abhängigkeitsverhältnis zu befreien, falsch eingeschätzt hat. Und nicht zu übersehen ist im Blick auf die Umgebung des Versöhnungsgesprächs auch, daß der Vergleich mit dem Ehebrecher besonders gut geeignet ist, Tigranes zu beeindrucken, da dieser in seine junge Frau sehr verliebt ist (3, 1, 36; 41; 43).

Jedenfalls führt das durch die Frage nach dem Weisheitslehrer angeregte Gespräch zu einer tieferen Deutung des Versöhnungsgeschehens, da hier allgemeine Gründe für die Möglichkeit des Verzeihens zur Sprache gebracht werden: Verzeihung ist dort angebracht, wo ein Fehler aus Unwissenheit, ohne böse Absicht, aus menschlicher Erregung begangen worden ist und wo der Täter selbst seinen Fehler einsieht. Xenophon hat also die Unterredung über das Schicksal des zu Unrecht Getöteten an dieser Stelle der ›Kyrupädie‹ eingefügt, weil er die Begnadigung des Armeniers durch Kyros mit einer prinzipiellen gedanklichen Begründung erläutern wollte.

Das Thema unserer Episode kehrt danach in mehreren wichtigen Abschnitten des Werkes wieder. Daß eine Eifersuchtstat, die der Täter nicht bereut, nicht zu verzeihen, sondern zu rächen ist, zeigt Xenophon am Beispiel des Gobryas und seines getöteten Sohnes (4, 6, 4–6). Dem Araspas verzeiht Kyros, daß er der Liebesleidenschaft nicht widerstehen konnte (6, 1, 31–37). Wie Eifersucht durch besondere Freundlichkeit des erfolgreichen Rivalen gemildert und überwunden werden kann, zeigt sich bei Kyros und Kyaxa-
85 res | (5, 5, 5–40; hier § 30 auch wieder der Vergleich mit der Ehefrau). Der Lyderkönig Kroisos wird begnadigt, als er seinen Fehler einsieht, nämlich seinen Mangel an Selbsterkenntnis gegenüber dem überlegenen Kyros (7, 2, 15–29: die delphische Interpretation des ἄγνοια-Motivs). Ein Leitmotiv der ganzen ›Kyrupädie‹ ist die Notwendigkeit der Liebe (φιλία, χάρις, ἔρως) zwischen dem Herrscher und seinen Gefolgsleuten und Untertanen. Offensichtlich ist dabei die richtige Behandlung des φθόνος für Xenophon ein wichtiges Problem, weil das von ihm geforderte Verhältnis zwischen dem überlegenen Herrscher und den »freiwillig Gehorchenden« (1, 1) durch Neid, Mißgunst und Eifersucht besonders empfindlich gestört wird.

4. Möglich ist, daß Xenophon zu der Darstellung des Verzeihens durch die eine oder andere Szene in der attischen Tragödie angeregt worden ist. Es gibt zwar in den uns erhaltenen Stücken kein genaues Vorbild dafür; vergleichbar ist jedoch immerhin der Schluß des euripideischen ›Hippolytos‹. Hier wird dem Vater (Theseus), der den Tod seines Sohnes verursacht hat, verziehen (συγγνώμη, 1326), und zwar mit der Begründung, daß er unwissentlich und unfreiwillig gehandelt habe.[13] Wesentliche Unterschiede gegenüber der xenophontischen Geschichte liegen hier allerdings darin,

13 Euripides, Hippol. 1334f. τὴν σὴν ἁμαρτίαν / τὸ μὴ εἰδέναι μὲν πρῶτον ἐκλύει κάκης und 1433f. ἄκων γὰρ ὤλεσάς νιν· ἀνθρώποισι δέ /θεῶν διδόντων εἰκὸς ἐξαμαρτάνειν. Iph. Aul.: Iphigenie bittet ihre Mutter, Verständnis für Agamemnons Handeln aufzubringen.

daß einer Gottheit (Aphrodite) die Schuld an dem menschlichen Unglück gegeben wird und daß auch die Initiative zur Aussöhnung nicht von dem unschuldig Sterbenden, sondern von einer Gottheit (Artemis) ausgeht (1435, 1442).

Vielleicht spielt auch bei dem Vergleich mit der Tötung des Ehebrechers der Gedanke an verhängnisvolle Eifersuchtstaten mit, wie sie im ›Hippolytos‹ und anderen Tragödien auf der Bühne dargestellt worden sind.

5. Die wichtigste Voraussetzung für die kurze Erzählung in der ›Kyrupädie‹ ist nun aber sicherlich bei Sokrates zu suchen: in seiner Verurteilung durch das athenische Volksgericht und in der Diskussion, die sich an dieses Todesurteil in Athen angeschlossen hat. Die Geschichte von dem aus Eifersucht getöteten σοφιστής erinnert so auffallend an Sokrates, daß sie von dorther inspiriert sein | muß. Diese Beziehung ist denn auch bei den neueren Kommentatoren seit einer Anmerkung des Brodaeus in der Baseler Ausgabe von 1568 immer wieder notiert worden;[14] man hat sie aber noch nicht genügend für das Verständnis der Absichten des Schriftstellers Xenophon ausgewertet. – Besonders vier Motive sind es, die hier in der ›Kyrupädie‹ an Sokrates erinnern. 86

(1) Die Erklärung des Armeniers, der Weisheitslehrer müsse sterben, weil er den Sohn verderbe (διαφθείρειν), entspricht der Beschuldigung, die in der offiziellen Anklage gegen Sokrates erhoben wurde: διαφθείρει τοὺς νέους (Platon, Apol. 24 B).

(2) Der Vorwurf der Verführung wird in der ›Kyrupädie‹ dahingehend konkretisiert, daß der Lehrer den Sohn verleitete, ihn selbst mehr anzuerkennen als den Vater. In ähnlichem Sinne wurde Sokrates vorgeworfen, er habe die väterliche Autorität untergraben. In Xenophons ›Memorabilien‹ (1, 2, 49) lautet diese Anschuldigung so: τοὺς πατέρας προπηλακίζειν ἐδίδασκε, πείθων μὲν τοὺς συνόντας αὑτῷ σοφωτέρους ποιεῖν τῶν πατέρων … Und in der xenophontischen ›Apologie des Sokrates‹ sagt der Ankläger (20): ἐκείνους οἶδα, οὓς σὺ πέπεικας σοὶ πείθεσθαι μᾶλλον ἢ τοῖς γειναμένοις. Bekanntlich führt uns diese Präzisierung des Vorwurfs der Jugendverführung nicht unmittelbar auf die Anklage des Jahres 399, sondern auf die spätere literarische Anklage des Redners Polykrates (s.u.). Dies ändert aber nichts daran, daß hinter dem Motiv der Eifersucht (φθόνος) des Armeniers auf den Lehrer seines Sohnes der Vorwurf gegen Sokrates steht, er habe den Vätern die Söhne abspenstig gemacht.[15]

(3) An Sokrates erinnert es auch, wenn der Weisheitslehrer der ›Kyrupädie‹ erklärt, wo immer Menschen aus Unwissenheit handelten, geschehe

14 Vgl. auch E. Zeller, Die Philosophie der Griechen in ihrer geschichtlichen Entwicklung II 1, Leipzig [5]1922, 144: »… legt Xenophon einem Weisen, der ein Abbild des Sokrates ist, den Satz in den Mund …«.

15 Bei dem φθόνος der Vielen, in dem auch der platonische Sokrates den Hauptgrund seiner Verurteilung sieht (Apol. 18 D, 28 A), ist besonders an die »eifersüchtigen« Väter zu denken.

dies unfreiwillig, so daß man ihre Verfehlung entschuldigen müsse. Sokrates ging, wie bei Platon und Xenophon zu lesen ist, sogar noch weiter, indem er den Grundsatz vertrat, niemals vergehe sich jemand freiwillig (οὐδεὶς ἑκὼν ἁμαρτάνει) und alle menschlichen Verfehlungen beruhten eigentlich auf Unwissenheit.[16] Er zog daraus die Konsequenz, daß ein Mensch, der et-
87 was falsch mache, nicht zu | bestrafen oder zu bekämpfen sei, sondern daß man ihn eines Besseren belehren müsse.[17]

(4) In Platons ›Apologie‹ (41 DE) sagt Sokrates, daß er selbst, weil für ihn das Sterben nichts Schlimmes sei, denen, die ihn verurteilt und angeklagt haben, keineswegs zürne, obwohl sie ihm schaden wollten: ἔγωγε τοῖς καταψηφισαμένοις μου καὶ τοῖς κατηγόροις οὐ πάνυ χαλεπαίνω. Er spricht hier von seiner eigenen Gesinnung, ohne den Verantwortlichen ausdrücklich Unwissenheit zuzubilligen und ohne die Weiterlebenden zur Versöhnung aufzufordern. Dennoch zeigt sich in seinen Worten ebenso wie bei dem Weisheitslehrer der ›Kyrupädie‹ die souveräne Fähigkeit, das eigene Todesurteil von der Beschränktheit der Richter her objektiv zu verstehen und dadurch ohne χαλεπαίνειν hinzunehmen.[18]

Im ganzen wirft also die Auseinandersetzung um Sokrates auf die ›Kyrupädie‹ ein klärendes Licht. Wie Xenophon zur Verteidigung des Sokrates ausführt, daß die Anklage auf mangelndem Verständnis beruht (Memor. 1, 2, 49–55; Apol. 20f.), so soll man offenbar auch den Irrtum des Armenierkönigs damit erklären, daß dieser aus Eifersucht auf den Nebenbuhler den tieferen Grund für den Respekt des Sohnes gegenüber dem Lehrer, nämlich dessen Weisheit und Arete, nicht wahrnahm oder nicht wahrhaben wollte.

Sieht man die Übereinstimmung zwischen Sokrates und dem σοφιστής der ›Kyrupädie‹, muß freilich umso deutlicher auch hervortreten, daß das wirkungsvollste Motiv des Gesprächs mit Kyros in der Sokrates-Literatur ohne Parallele ist. Nirgends erklärt Sokrates, so viel ich sehe, man müsse dem, der sich aus Unwissenheit und damit unfreiwillig vergangen
88 habe, verzeihen (συγγιγνώσκειν).[19] | Und ebenso wenig ist von Sokrates überliefert, daß er seine Maxime, keiner verfehle sich freiwillig, auf diejeni-

16 Stellenmaterial zur Unfreiwilligkeit des Unrechttuns bei Sokrates und den Sokratikern verzeichnet C.W. Müller, Die Kurzdialoge der Appendix Platonica, München 1975, bes. 168–170. Vgl. auch Aristoteles, Eth. Nic. 7, 2, 1145b 25–27: nach der Ansicht des Sokrates ist jede ἀκρασία in Wahrheit ἄγνοια. Daß der Grundsatz weiter verbreitet war, zeigt G. Calogero, Gorgias and the Socratic Principle *Nemo sua sponte peccat*, Journ. Hell. Stud. 87 (1957) 12–17; jetzt auch in: C. J. Classen (Hrsg.), Sophistik, Wege der Forschung 187, Darmstadt 1976, 408–421.

17 Vgl. bes. Platon, Apol. 25 Ef., Gorgias 488 A, ferner Clit. 407 Df.

18 Im ›Phaidon‹ (116 B) hebt der Gefängniswärter, der das Gift bringt, anerkennend hervor, daß Sokrates ihm nicht böse sei (οὐκ ἐμοὶ χαλεπαίνεις). Wenn er hinzufügt, daß Sokrates nur den eigentlich Schuldigen zürne, so zeigt sich darin, wie wenig er seine philosophische Haltung kennt.

19 Etwas anderes ist es, wenn Sokrates bei Epiktet 1, 29, 64f. dem Gefängniswärter »verzeiht«, der über ihn weint, weil er es nicht besser weiß.

gen, die seinen Tod verschuldeten, angewendet hätte, um mit dieser Begründung ihr Tun in einem versöhnlichen Licht erscheinen zu lassen und zur Versöhnung aufzurufen.[20] In diesem Hauptmotiv fassen wir demnach doch wohl ein neues, eigentümlich xenophontisches Anliegen.

6. Wenn also das Motiv des Verzeihens nicht von einer Sokrates-Darstellung, sondern eher von Xenophon selbst stammt, ist nun erst recht zu fragen, was der Autor beabsichtigte, wenn er die Verurteilung des Sokrates in das ganz andere Milieu der ›Kyrupädie‹ hineinprojizierte. Um in diesem Werk, wie wir bereits erklärt haben, den Vorgang der Versöhnung zu exemplifizieren und zu begründen, brauchte er die Bezugnahme auf Sokrates nicht, zumal dieser kein typisches Beispiel für die Bereitschaft zum Verzeihen gewesen zu sein scheint. Vielmehr wird man – umgekehrt – erklären müssen, daß Xenophon mit dem Gespräch über jenen unschuldig Verurteilten in der ›Kyrupädie‹ zu der Frage nach der Schuld am Tod des Sokrates Stellung nehmen wollte. Er hat hier den getöteten Weisheitslehrer doch wohl deshalb zu einem Gegenbild des Sokrates gestaltet, weil er in dieser Spiegelung andeuten konnte, worauf es ihm bei dem Streit um Sokrates anzukommen schien.

Die bisherigen Erklärer haben gelegentlich etwas von dieser xenophontischen Absicht bemerkt. H. Erbse (Rhein. Mus. 103 [1960] 150) sagt zu der Kyrupädie-Stelle: »Im Gleichnis spiegelt sie Xenophons Einstellung zum Schicksal des Sokrates wider: wie Tigranes dem Vater verzeiht, der seinen geliebten Lehrer töten ließ, so Xenophon dem athenischen Volke, das den greisen Philosophen verurteilte.« E. Schwartz scheint außerdem daran gedacht zu haben, daß Xenophon hier andeutet, er sei bereit, das ihm selbst durch die Verbannung widerfahrene Unrecht zu verzeihen.[21] Darüber hinaus ist, wie mir scheint, damit zu rechnen, daß Xenophon nicht nur sein | 89
eigenes Verzeihen zum Ausdruck bringen, sondern daß er in den Auseinandersetzungen um die Schuld am Tod des Sokrates zur Versöhnung auffordern und Frieden stiften wollte.

Wie die ganze Schriftstellerei Xenophons, so ist freilich auch die Gleichniserzählung (der αἶνος) über das Verzeihen nicht ohne das persönliche Schicksal und Interesse des Autors zu verstehen. Mit der Idealisierung des Sokrates und Kyros wollte Xenophon stets auch sich selbst als loyalen, patriotischen, frommen und friedliebenden Athener darstellen. Da er zeitlebens unter einem problematischen Verhältnis zu seiner Vaterstadt litt, diente wahrscheinlich gerade auch die merkwürdige Geschichte in der

20 Am nächsten kommt dem noch die sokratische Erklärung im ›Gorgias‹ (469 AB): wer einen Unschuldigen nach Belieben töten lassen könne, sei nicht zu beneiden, sondern zu bedauern (ἐλεεινός). – In anekdotischer Form berichtet Diogenes Laertios 2, 21 davon, daß Sokrates Beleidigungen geduldig ertragen habe. – Vgl. ferner Plut., De lib. educ. 14, 10 CD; Lukian, Demonax 7; Juvenal, Sat. 13, 185–187.

21 E. Schwartz, Fünf Vorträge über den griechischen Roman, Berlin ^{2}1943 (^{1}1896), 69f.: »Die Stelle gewährt einen tiefen Einblick in die Seele des jungen, des verbannten und des begnadigten Xenophon.«

›Kyrupädie‹ dem Zweck der Rehabilitierung des Autors als eines vorbildlichen, im politischen Streit vermittelnden Bürgers. Xenophon hat hier offenbar, wie er den getöteten Weisheitslehrer als einen anderen Sokrates verstanden wissen wollte, sich selbst einerseits in der Gestalt des jungen Tigranes und anderseits in der des Kyros als denjenigen dargestellt, der versteht und verzeiht. Mit dieser persönlichen Absicht verbindet sich nun aber, wie ich meine, hier und sonst ein sachliches Anliegen.[22]

Daß die Schuldfrage in den Jahren nach der Verurteilung und Hinrichtung des Sokrates heftig diskutiert wurde, geht aus verschiedenen Stellen der sokratischen Literatur hervor. Die Auseinandersetzung um Sokrates war auch nach 399, wie A.-H. Chroust sicher richtig betont hat,[23] kein bloßer Philosophen- oder Literatenstreit, sondern ein Politikum.

Sokrates war von einem demokratischen Volksgericht verurteilt worden. Demgemäß kamen wohl auch die postumen Angriffe gegen Sokrates, die das Gerichtsurteil legitimieren sollten, von demokratischer Seite, während die Sokratiker, die in dem Ausgang des Prozesses einen Justizmord sahen, eher zur Oligarchie zu zählen sind. Wahrscheinlich im Jahr 393 oder 392 veröffentlichte der Redner Polykrates seine Anklageschrift gegen Sokrates, mit der er den Nachweis führen wollte, daß Sokrates zu Recht hinge-
90 richtet | worden war.[24] Vor und nach dieser Anklageschrift wurde Sokrates von seinen Anhängern literarisch verherrlicht. Aus ihrer Sicht mußte die Verurteilung des Sokrates durch das Volksgericht als ein ungeheuerlicher Skandal erscheinen. Die wichtigste uns erhaltene Behandlung dieser Frage aus dem Kreis der Sokratiker stellt Platons ›Apologie‹ dar, mit der die Schuldfrage allerdings zugleich auf eine höhere, philosophische Ebene gehoben wird.

In den Schriften der Sokratiker zeigen sich auch Ansätze zu einem Ausgleich oder zu einer Entschärfung des Streits um die Schuldfrage. Platon freilich gibt bei einer gewissen Milderung der persönlichen Schärfe doch die sachliche Konfrontation zwischen Sokrates als dem Vertreter der Philosophie und seinen Gegnern nie auf. In der platonischen ›Apologie‹ sagt Sokrates (39 CD), gegen die Richter, die ihn getötet hätten, würden bald andere, jüngere Männer aufstehen, um sein Werk fortzuführen. Im ›Gor-

22 Da Xenophon mit Recht als ziemlich oberflächlicher, unselbständiger, wenig origineller Denker gilt, ist auch für das Motiv der Verzeihung anzunehmen, daß er mit diesem Anliegen damals nicht allein war, sondern eher eine typische Zeitströmung vertritt.

23 A.-H. Chroust, Socrates. Man and Myth, London 1957, 164–197 (»The Political Aspects of the Socratic Problem«).

24 Gegen die Anklageschrift des Polykrates wandte sich unter den Sokratikern besonders Xenophon mit der sogenannten »Schutzschrift« am Anfang der ›Memorabilien‹ (1, 1; 2). – Neuere Untersuchungen hierzu: A.-H. Chroust 69–100, 135–163; E. Gebhardt, Polykrates' Anklage gegen Sokrates und Xenophons Erwiderung, Diss. Frankfurt a. M. 1957 (dazu die Rezension von H. J. Kühn, Gnomon 32 [1960] 97–107); V. Longo, 'Ανὴρ ὠφέλιμος. Il problema della composizione dei Memorabili di Socrate attraverso lo Scritto di difesa, Genua 1959 (rezensiert von E. Gebhardt, Gnomon 34 [1962] 24–28); H. Erbse, Die Architektonik im Aufbau von Xenophons Memorabilien, Hermes 89 (1961) 257–287.

gias‹ macht Platon klar, daß sich Sokrates vor Gericht nicht wirkungsvoll zu verteidigen vermochte, was für ihn heißt, daß die Richter nicht in der Lage waren, einen Mann wie Sokrates gerecht zu beurteilen. Im ›Kriton‹ schildert er die Standfestigkeit des Sokrates, dem vor Gericht das Todesurteil nichts ausmachte (52 C) und der, obwohl ihm durch Freunde die Möglichkeit zur Flucht geboten wurde, im Gefängnis bleiben und gemäß dem Gerichtsurteil sterben wollte, womit zugleich aber umso mehr auch die Ungerechtigkeit dieses Urteils unterstrichen wird.

Xenophon hingegen will mit seiner ›Apologie‹ offenbar zeigen, daß die Richter immerhin einigen Grund hatten, gegen den ungewöhnlich selbstbewußt sprechenden Sokrates aufgebracht zu sein. Weil für diesen Angeklagten das Todesurteil kein Unglück, sondern eine Wohltat war, provozierte er seine Richter geradezu, ihn zu verurteilen. Man gewinnt aus dieser Schrift den Eindruck, daß der | Autor – nach beiden Seiten hin 91
apologetisch – zu einem Ausgleich in dem Streit um den Tod des Sokrates beitragen wollte.

In diese Richtung zielt nun offenbar auch die Episode der ›Kyrupädie‹. Unschwer ist aus dem Gespräch mit Kyros der Appell an die streitenden Parteien in Athen herauszuhören, daß es über der Schuldfrage auch im Fall des Sokrates nicht zu unversöhnlichem Haß und Zorn kommen dürfe. Die Aufforderung zur Aussöhnung erscheint hier als das Vermächtnis des getöteten Weisheitslehrers selbst. Seine Mahnung wird von Kyros wiederholt. Die Geschichte endet mit dem Hinweis auf das Glück, das durch die Aussöhnung begründet wird. Ebenso rät Xenophon selbst, wie ich meine, zur Beendigung der unfruchtbaren Auseinandersetzung um Sokrates, indem er am Beispiel jenes getöteten Weisheitslehrers erklärt, es sei im Geist des Getöteten selbst, wenn man den Fehler der Verurteilung verzeihe, weil er im Grunde nicht aus übler Absicht, sondern aus menschlich verständlicher Unkenntnis und Eifersucht entstanden sei.

Wenn damit das politische Ziel Xenophons richtig gesehen ist, wendet er sich in vermittelnder Absicht nicht nur gegen die fortdauernde Verklagung des Sokrates, sondern auch gegen die sachliche Vertiefung der Konfrontation, wie sie in den Schriften Platons zum Ausdruck kommt. Während Platon den Kampf zwischen Sokrates und seinen Gegnern als den durch nichts auszugleichenden Agon zwischen Wahrheit und Unwahrheit interpretierte, suchte Xenophon den Standpunkt beider Seiten verständlich zu machen. Zu diesem Zweck kehrte er die »menschlichen« Motive auch bei denen, die das Todesurteil zu verantworten hatten, hervor. Das Nichtwissen des Übeltäters – bei Platon die Gebundenheit an das Unwahre – erfährt bei Xenophon eine Wendung ins bloß Moralische und Menschlich-Verzeihliche. Wo bei Platon die innere Freiheit des Philosophen, der über das χαλεπαίνειν erhaben ist, vor Augen geführt wird, kommt es bei Xenophon zu der Mahnung, dem anderen, der es nicht besser wußte und jetzt seinen Fehler einsieht, zu verzeihen.

Die ›Kyrupädie‹ ist wahrscheinlich erst um 360 v. Chr. veröffentlicht
92 worden.[25] Unsere sokratische Episode könnte natürlich schon | früher entstanden sein. Dennoch ist anzunehmen, daß Xenophon auch in diesem Teil des Werkes schon aus größerer zeitlicher Distanz auf den Tod des Sokrates und auf die in der ersten Zeit sicher besonders heftigen Auseinandersetzungen um die Schuldfrage zurückblickt. Der Aufruf zur politischen Versöhnung scheint auch noch nach Jahrzehnten aktuell gewesen zu sein.

Schließlich wird man behaupten dürfen, daß die sachliche Absicht Xenophons nicht nur darin besteht, dem politischen Frieden zu dienen, sondern daß er den Sokrates-Gegnern, indem er ihnen Unwissenheit zubilligt, eine »Konversion« zur Anerkennung der sokratischen Ideale erleichtern will. Das Motiv der Verzeihung dient, so gesehen, der Werbung für die sokratischen Lehren, die Xenophon in seinen Schriften propagiert.

7. Gehen wir nun dem Eindruck nach, daß der Appell zur Versöhnung, den wir von dem unschuldig Sterbenden bei Xenophon hören, sich irgendwie mit dem Wort des Gekreuzigten berührt, das im Lukas-Evangelium (23, 34a) überliefert ist: πάτερ, ἄφες αὐτοῖς· οὐ γὰρ οἴδασιν τί ποιοῦσιν (»Vater, vergib ihnen, denn sie wissen nicht, was sie tun!«). Die Beziehung zwischen den beiden Textstellen ist, wenn man von kurzen älteren Notizen absieht,[26] bisher nicht beachtet, geschweige denn genauer untersucht worden.

Mit der Fürbitte Jesu für seine Feinde sind auch christliche Märtyrer in den Tod gegangen. Schon Stephanus stirbt nach Apg. 7, 60 mit den Worten: »Herr, rechne ihnen diese Sünde nicht zu!«[27] Und dem Herrenbruder Jakobus wird bei der Beschreibung seines Martyriums (Euseb., Hist. eccl. 2, 23, 16f. nach Hegesippos) die mit dem Nichtwissen begründete Fürbitte wörtlich in den Mund gelegt. Aus der Zeit vorher aber scheint – außer der
93 Parallele in Xenophons | ›Kyrupädie‹ – kein anderes Beispiel dafür überliefert zu sein, daß der unschuldig Sterbende selbst für denjenigen, der ihn umbringt, Verzeihung erbittet. In der ›Kyrupädie‹ wie bei Lukas geschieht

25 Vgl. u. a. K. Münscher, Xenophon in der griechisch-römischen Literatur, Philologus Suppl. 13, 2 (1920) 16; H. Breitenbach, Art. Xenophon von Athen, RE IX A 2 (1967) 1596–2052, bes. 1742; andererseits aber auch M. Bizos, Xénophon. Cyropédie I, Paris 1972, XXVI–XXXVI, XLVIf., der die Authentizität des Schlußkapitels, auf dem die relativ späte Datierung beruht, wieder bezweifelt und damit die Möglichkeit einer früheren Datierung einräumen kann.

26 Neben anderen Stellen für »Verzeihung wegen Nichtwissen« notierte den Xenophon-Beleg einst Jacobus Wettstein, Novum Testamentum Graecum I, Amsterdam 1752 (Nachdruck 1962), 817. Bei E. Spiess, Logos spermaticos. Parallelstellen zum Neuen Testament aus den Schriften der alten Griechen, Leipzig 1871, 128 ist Platon, Apol. 41 D hinzugefügt. -- Unter den Xenophon-Erklärern bemerkt G.M. Gorham, The Cyropaedia of Xenophon, with English Notes, London o. J. (um 1860?) z. St.: »The dying speech of this Sophist is worthy of Socrates, and, as we know, of a greater than Socrates.«

27 Nach der Ausgestaltung des Stephanus-Martyriums in der ›Legenda aurea‹ des Jacobus de Voragine (ed. Th. Graesse 1846, 53; Übersetzung von R. Benz, Heidelberg [8]1975, 62) fährt der Sterbende fort: »... denn sie wissen nicht, was sie tun.« Vgl. auch p. 355 Graesse = S. 409 Benz (Prothasius: tui misereor, quia nescis, quod facias).

dies mit der Begründung, daß die Tat auf Unwissenheit beruhe; und hier wie dort ist damit nicht bloße Unkenntnis im üblichen juristisch-entschuldigenden Sinne gemeint, sondern ein tieferes Nichterkennen und Verfehlen der Wahrheit. Durch die Begründung des Verzeihens, vor allem aber durch die Situation des Sprechenden unmittelbar vor dem Tod hat das Wort Jesu am Kreuz eine evidente Ähnlichkeit mit der Vermächtnisrede des sokratischen Weisheitslehrers bei Xenophon.

Mit der Ähnlichkeit treten aber auch aufschlußreiche Unterschiede zwischen der sokratischen Mahnung und der neutestamentlichen Fürbitte in den Blick. Jesus spricht nicht, wie der Weisheitslehrer Xenophons, zu einem Jünger, sondern zu Gott, mit dem er sich einig weiß. Es geht hier also nicht nur um eine Aussöhnung unter Menschen, sondern primär um die – durch Fürbitte zu erwirkende – göttliche Begnadigung der Sünder. Der sokratische Weisheitslehrer erteilt einen guten Rat mit einer sachlichen, vernünftigen Begründung; und diesem Rat gibt Xenophon durch das auf die συγγνώμη hinzielende Gespräch eine moralisch-humane, fast sentimentale Wendung. Aus dem Wort Jesu dagegen hört man ein tiefes Mitleid und Erbarmen mit den irrenden Menschen heraus. Bei Xenophon will der Lehrer erreichen, daß der Sohn nicht unter dem Zerwürfnis mit seinem Vater leidet. Jesus will, daß gerade auch denen, die sich an ihm schuldig machen, kein Unheil geschieht, sondern daß sie den Willen Gottes zur Vergebung erfahren.

8. Das Wort Jesu in Lk. 23, 34 a stellt die Exegeten vor philologisch-historische Probleme, die durch den Vergleich mit der Xenophon-Stelle zwar nicht eindeutig gelöst, aber doch zusätzlich beleuchtet werden können.

Nach den Ergebnissen der neutestamentlichen Forschung hat der uns unbekannte Verfasser (im folgenden wie üblich Lukas genannt) das Evangelium und die Apostelgeschichte für griechischsprechende Christen in den Jahren zwischen 80 und 100 geschrieben. Die Fürbitte Jesu (Lk. 23, 34a) fehlt aber in einem Teil der wichtig- | sten Textzeugen. Daher ist nicht sicher, ob 94
sie ursprünglich zum Text des Lukas-Evangeliums gehörte. Von dieser Unsicherheit ist die Frage nicht zu trennen,[28] wem die Fürbitte gilt: den römischen Soldaten, die Jesus ans Kreuz schlagen und die als bloß ausführende Werkzeuge entlastet werden sollen, oder den eigentlich schuldigen Juden. Bei unbefangener Betrachtung möchte man freilich meinen – und das Schwanken der alten wie der neuen Erklärer spricht dafür –, daß sich das Wort Jesu nicht nur auf die Soldaten, sondern auf alle Beteiligten und besonders auch auf die Hauptschuldigen bezieht.[29] Verantwortlich für den Kreuzestod sind nach der Darstellung des Lukas die Juden, genauer: die jüdischen Volksführer.[30] Der Eindruck, daß gerade diesen eigentlich Schul-

28 Vgl. die Diskussion bei H. Conzelmann, Die Mitte der Zeit. Studien zur Theologie des Lukas, Tübingen ^{5}1964, 82f.

29 Es ist naheliegend, für das Verbum ποιοῦσιν in der Fürbitte Jesu und in dem vorausgehenden Ausspruch Lk. 23, 31 das gleiche Subjekt anzunehmen.

digen verziehen werden soll, läßt sich durch Parallelen bei Lukas (Apg. 3, 17; 13, 27), nun aber durch die xenophontische Parallele verstärken, da auch dort das Nichtwissen dem zugebilligt wird, der das Fehlurteil zu verantworten hat. – Im übrigen kann man die Lösung des Textproblems auf zwei Wegen suchen.

(a) Möglicherweise sollte die Fürbitte Jesu später aus dem Evangelium eliminiert werden. Für die Streichung wäre in erster Linie[31] eine antijüdische Tendenz in Rechnung zu stellen. Es ist denkbar, daß man den Juden, als die frühkirchliche Entwicklung zu einer immer stärkeren Trennung von
95 ihnen führte, keine Entschuldigung mehr zugestehen wollte.[32] |

(b) Die andere Möglichkeit ist die einer nachträglichen Erweiterung, die sich nur in einem Teil der Textzeugen durchgesetzt hat.[33] Bei dieser Annahme bleibt die Frage nach der Herkunft des Wortes zunächst offen. Man kann nämlich dazu einerseits erklären, bei der nachträglichen Zufügung sei der Verdacht der »Unechtheit« und einer heterogenen, hier vielleicht griechischen Quelle gegeben. Andererseits läßt sich dagegen jedoch einwenden, daß gerade die spätere Aufnahme in den Text für eine gewisse Verbürgtheit des Wortes spricht, daß es also trotzdem alt und authentisch sein kann.[34]

9. Wenn das unsicher überlieferte Wort von Anfang an im Lukas-Evangelium stand, wird man, zumal es die anderen Evangelisten nicht bringen, seine besondere redaktionsgeschichtliche Bedeutung zu ermitteln versuchen. Im anderen Fall, bei einer nachträglichen Einfügung in die lukanische Passionsgeschichte, ist erst recht nach einem Grund für die Aufnahme in den Text – also nach einer Aktualität des Wortes in der Kirchengeschichte des zweiten Jahrhunderts – zu fragen. Wiederum kommen zwei verschiedene Möglichkeiten in Betracht. Dabei kann man aber auf jeden Fall den »paränetischen Zweck«, den man aus dem Wort Jesu heraushört,[35]

30 Vgl. G. Rau, Das Volk in der lukanischen Passionsgeschichte. Eine Konjektur zu Lc. 23, 13, Zeitschr. f. d. neutest. Wiss. 56 (1965) 41–51 (mit früherer Literatur). Rau betont, daß das »Volk« bei Lukas gegen seine Führer (die ἀρχιερεῖς und ἄρχοντες τοῦ λαοῦ) auf der Seite Jesu steht, und modifiziert damit die Erklärung von H. Conzelmann, Lukas verfolge die Tendenz, die Schuld am Tod Jesu den Juden aufzubürden (und dadurch Pilatus und die Römer zu entlasten). – Ich verdanke meinem Freund G. Rau entscheidende Hinweise zur Präzisierung des ganzen hier vorliegenden Interpretationsversuchs.

31 Verschiedene Argumente für die ursprüngliche Zugehörigkeit zum Text des Evangeliums (und spätere Streichung) z.B. bei W. Grundmann, Das Evangelium nach Lukas, Berlin ^{2}1961, 432f.; J. Schmid, Das Evangelium nach Lukas, Regensburg ^{4}1960, 348f.

32 In diesem Sinne nach J. R. Harris und A. v. Harnack neuerdings E.J. Epp, The »Ignorance Motif« in Acts and Antijudaic Tendencies in Codex Bezae, The Harvard Theological Review 4 (1962) 51–62, bes. 56f.

33 So urteilen u. a. A. Merx, Die vier kanonischen Evangelien nach ihrem ältesten bekannten Texte II 2. Die Evangelien des Markus und Lukas, Berlin 1905, 492–494; M. Dibelius, Die Formgeschichte des Evangeliums, Tübingen ^{2}1933, 203; R. Bultmann, Die Geschichte der synoptischen Tradition, Göttingen ^{5}1961, 306; E. Klostermann, Das Evangelium nach Lukas, Tübingen ^{2}1929 (= ^{3}1975) 226 (»scheint alte Interpolation zu sein«); B.M. Metzger, A Textual Commentary on the Greek New Testament, London/New York 1971, 180.

34 Nicht ausgeschlossen scheint mir zu sein, daß der Autor des Evangeliums selbst die Einfügung in den Text noch nachträglich vorgenommen hat.

durch den Vergleich mit der Mahnung des sokratischen Weisheitslehrers illustrieren, da anscheinend hier wie dort das eigene Verzeihen des Meisters vorbildlich sein soll für das Verzeihen seiner Nachfolger.

(a) Wenn man von dem xenophontischen Versöhnungsgespräch aus einen ähnlichen »Sitz im Leben« für das im Lukas-Evangelium überlieferte Wort erschließen will, kann man etwa folgendes vermuten. Wie nach dem
Tod des Sokrates zwischen seinen Anhängern | und Gegnern in Athen, so 96
gab es nach dem Tod Jesu eine Auseinandersetzung zwischen Christen und Juden um die Schuld an der Verurteilung und Hinrichtung des Unschuldigen. Es könnte sein, daß dabei auch im Fall Jesu versöhnliche Stimmen laut geworden sind, die sich dafür aussprachen, den Verantwortlichen im Geist des Getöteten selbst zu verzeihen. Zu der Darstellung bei Lukas, die den jüdischen Volksführern die Schuld gibt, führte vermutlich nicht so sehr die Absicht, die Juden zu belasten, als vielmehr eine Tendenz, Pilatus zu entschuldigen und so mit der römisch-heidnischen Welt apologetisch und missionarisch ins Gespräch zu kommen.[36] Daher wäre es verständlich, wenn den verantwortlichen Juden von Lukas oder einem späteren Redaktor auch ein Grund zur Vergebung, nämlich das Nichtwissen zugebilligt worden wäre. Daß mit einem solchen Gedanken gerechnet werden darf, zeigt vor allem die Stelle in der Apostelgeschichte (3, 17), wo Petrus den Juden von Jerusalem zugute hält, daß sie Jesus aus Unwissenheit verurteilt und getötet hätten: οἶδα ὅτι κατὰ ἄγνοιαν ἐπράξατε.[37] Von hier aus läßt sich insbesondere vermuten, daß auch das fürbittende Wort am Kreuz im Lukas-Evangelium zur Erleichterung der Mission und der Konversion bei Juden wie bei Heiden dienen sollte.[38]

(b) Etwa von dem Beispiel des Stephanus (Apg. 7, 60) aus kann man
aber auch erklären, daß die Bitte für die Peiniger um Vergebung | zum Bild 97
des Märtyrers gehört[39] und daß die Einfügung ins Evangelium von hier aus motiviert ist.[40] Vielleicht wollte man auf diese Weise zeigen, daß das Gebot der Feindesliebe und Vergebungsbereitschaft nicht nur von einem Jünger,

35 Vgl. R. Bultmann 307.

36 So nach H. Conzelmann auch W. Marxsen, Einleitung in das Neue Testament, Gütersloh ^{3}1964, 140f.

37 Andere Stellen, an denen vom Nichterkennen des Heils die Rede ist: Lk. 11, 52; 19, 42; 44; 1 Kor. 2, 8 (die Herrscher dieser Welt haben die Weisheit Gottes nicht erkannt, sonst hätten sie Jesus nicht gekreuzigt) ; Apg. 13, 27; 17, 30 (Areopagrede des Paulus: Gott hat über die Zeiten der ἄγνοια hinweggesehen). Hier scheint jedoch jeweils an eine Unkenntnis gedacht zu sein, die Sünde ist und Strafe verdient; vgl. B. Gärtner, The Areopagus Speech and Natural Revelation, Acta Seminarii Neotestamentici Upsaliensis 21, Uppsala 1955, 229–240 und u. Seite 861 (c).

38 H. Conzelmann 83 (vgl. 85, 136, 151) zum Nichtwissen als Grund der Entschuldigung bei Lukas: »Das Motiv zeigt sich als typisches Missions- und Anknüpfungsmotiv.« U. Wilckens, Die Missionsreden der Apostelgeschichte, Neukirchen-Vluyn ^{2}1963, 134 (vgl. 180f.): »ein offenbar in der hellenistisch-christlichen Mission gebräuchliches Predigtmotiv.« D. Daube, »For they know not what they do«. Luke 23, 34, Texte u. Unters. z. Gesch. d. altchristl. Lit. 79 (1961) 58–70, hier 69f.: »it would indeed facilitate conversion.«

39 Nach M. Dibelius 202–204 hat gerade Lukas die Passion Jesu als Martyrium dargestellt.

sondern schon vom Herrn selbst im Angesicht des Todes erfüllt worden ist.[41] Die Fürbitte Jesu wäre, so verstanden, in einer Zeit zunehmender Verfolgungen und einer sich ausbildenden Märtyrerethik besonders bedeutungsvoll geworden, nämlich als die absolut gültige Anweisung dafür, daß der Christ auch im Extremfall zur Vergebung bereit sein soll. Damit ginge das Wort Jesu freilich insofern entschieden über die Mahnung bei Xenophon hinaus, als dort der Schüler, der zum Verzeihen aufgefordert wird, nicht ebenso leiden muß wie der Meister.

10. Da zwischen der Stelle bei Xenophon und der bei Lukas hinsichtlich des Gedankens, der Situation und vielleicht auch der paränetischen Absicht eine gewisse Übereinstimmung besteht, ist die Frage nicht von der Hand zu weisen, ob vielleicht das Wort im Evangelium irgendwie aus sokratischer Tradition stammt. Die Vermutung einer Abhängigkeit des christlichen Wortes von einer derartigen griechischen Quelle läßt sich jedoch nicht wahrscheinlich machen.[42] Vielmehr wird durch den Vergleich im wesentlichen die Eigenständigkeit der Fürbitte Jesu verdeutlicht.

(a) Auf keinen Fall sollte man, meine ich, damit rechnen, daß die kurze Erzählung in der ›Kyrupädie‹ Xenophons eine so bedeutende Wirkung gehabt hätte. Dafür ist die xenophontische Gleichnisgeschichte doch zu entlegen und durch die nicht-sokratische Einkleidung zu wenig ausstrahlend. Anders wäre es, wenn der Erzählung Xenophons eine eindrucksvolle Szene
98 in der sokratischen Lite- | ratur zugrunde läge, wo Sokrates vor seinem Tod die Maxime, daß Unrechttun auf Unwissenheit beruhe, seinen Anklägern und Richtern zugute gehalten hätte, um ihnen mit dieser Begründung zu verzeihen. Da uns aber von einer solchen Szene nirgends etwas überliefert ist, wäre es allzu kühn, sie hypothetisch postulieren zu wollen.

(b) Niemand wird bestreiten, daß die neutestamentlichen Schriften und besonders die beiden Werke des Lukas von hellenistisch-griechischer Literatur und Bildung beeinflußt sind.[43] Vor einigen Jahren hat H. Hommel gezeigt, daß speziell einige sokratische Gedanken, die uns bei Xenophon vorliegen, verändert und doch ähnlich in den Evangelien wiederkehren.[44]

40 Es ist nicht auszuschließen, daß die wörtlich gleiche Fürbitte des Märtyrers Jakobus (Hegesippos schreibt um 180) ursprünglicher ist als Lk. 23, 34a. Vielleicht ist quellenkritisch nicht uninteressant, daß der erste Teil des Berichts vom Martyrium des Jakobus (Euseb, Hist. eccl. 2, 23, 10–15) inhaltlich mit der Geschichte vom Tod des Prexaspes bei Herodot 3, 74f. verwandt ist.

41 Umgekehrt argumentiert K.H. Rengstorf, Das Evangelium nach Lukas, Göttingen ^{1}1936 (und spätere Aufl.) 271: »Seine Bitte (23, 34a) ist nach Apg. 7, 60 auch die des sterbenden Stephanus gewesen … Das spricht dafür, daß sie an unserer Stelle nicht erst nachträglich eingedrungen ist …«

42 Daß sich aus der Unsicherheit der Textüberlieferung kein Indiz hierfür ergibt, ist schon oben bemerkt worden.

43 Hierüber zuletzt unter besonderer Berücksichtigung der Apostelgeschichte: E. Plümacher, Lukas als griechischer Historiker, RE Suppl. XIV (1974) 235–264.

44 H. Hommel, Herrenworte im Lichte sokratischer Überlieferung, Zeitschr. f. d. neutest. Wiss. 57 (1966) 1–23; rekapituliert unter dem Titel »Delphisch-sokratische und neutestamentliche Moral« in: Religion und Moral, hrsg. v. B. Gladigow, Düsseldorf 1976, 203–220.

Seine Untersuchung hat wahrscheinlich gemacht, daß diese Gedanken nicht hier und dort unabhängig voneinander entstanden sind, sondern daß mit einem wohl über die jüdische Synagogengelehrsamkeit führenden Verbindungsweg von der sokratischen Literatur in die christliche Überlieferung hinein zu rechnen ist. Unter den von Hommel als verwandt erwiesenen Lehren sind gerade auch die Äußerungen darüber, daß man dem Meister mehr Gehorsam, Achtung und Liebe erweisen muß als dem eigenen Vater und den übrigen Verwandten.[45] Wenn nun diese Forderung auch in unserer Episode der ›Kyrupädie‹ vorausgesetzt ist (s.o.), so trägt dies doch zu der Frage nach der Herkunft der Fürbitte in Lk. 23, 34a kaum etwas bei. In dem hier zu erörternden Fall liegt die Vergleichbarkeit zwischen dem altgriechischen und dem neutestamentlichen Text nicht so sehr in der Aussage selbst (wie bei den von Hommel verglichenen Worten), sondern vor allem in der Ähnlichkeit der Situation und der Gesinnung des Sprechenden. Dafür aber, daß ein Ausspruch samt dem szenischen Rahmen von Sokrates auf Jesus übertragen worden wäre, gibt es keinen Analogiefall. | 99

(c) Das Nichtwissen als Grund der Verzeihung erinnert uns an griechisches Denken (s.o.). Die Formulierung im Lukas-Evangelium könnte von dorther geprägt sein, zumal in den Evangelien sonst stets Glaube (πίστις) und Buße (μετάνοια) als Voraussetzungen der Vergebung erscheinen. Andererseits begegnet jedoch der Gedanke, daß das Nichtwissen des Übeltäters strafmildernd wirkt, auch in einem genuin lukanischen Zusammenhang (Lk. 12, 47): Der Knecht, der den Willen seines Herrn kennt und Strafwürdiges tut, erhält viele Schläge, der aber, der es ohne dieses Wissen (μὴ γνούς) tut, nur wenige. Ebenso findet sich in alttestamentlich-rabbinischer Tradition, wie in dem Kommentar zum Neuen Testament aus Talmud und Midrasch von H.L. Strack und P. Billerbeck (2, 264) nachgewiesen wird, mehrfach die Unterscheidung zwischen Verfehlungen aus Bosheit (Vermessenheit, Widerspenstigkeit) und solchen aus Schwachheit oder Nichtwissen. Dabei ist meist nur Unwissenheit als Anlaß für nicht-vorsätzliches Tun gemeint; doch gibt es, wie D. Daube gezeigt hat, in alter jüdischer Tradition neben dieser Unwissenheit und neben sträflichem Nichterkennen (Verblendung) auch Ansätze für Entschuldigung und Vergebung wegen tieferen menschlichen Nichtverstehens.[46] Der gedankliche Gehalt des Jesus-Wortes ist also nicht etwa nur aus griechischer, sondern ebenso auch aus jüdischer Quelle herleitbar.[47]

(d) Daß der unschuldig Leidende sich für Verzeihung und Ver-

45 Haupttexte sind für Hommel auf der einen Seite Xenophon, Memor. 1, 2, 51–55 (daneben Platon, Sympos. 205 E; Aristoteles, Eth. Eud. 7, 1, 1235 a 35 – b 2), auf der anderen Seite Mt. 5, 29f.; 10, 37 (Lk. 14, 26); 8, 21f. (Lk. 9, 59f.); 19, 29 (Lk. 18, 29f.); 23, 9.

46 D. Daube 1961 und ebenso: Sin, Ignorance and Forgiveness in the Bible, Claude Montefiore Lecture (London) 1960. Daube zeigt, daß die verschiedenen Arten von ἄγνοια (Nichtwissen und Nichtverstehen) auch im jüdischen Bereich nicht scharf zu trennen sind, und kommt zu dem Ergebnis (1961, 68), die Fürbitte Jesu in Lk. 23, 34a sei »perfectly possible in a Jewish environment.«

söhnung ausspricht, hat zwar in der xenophontischen Erzählung eine gewisse Analogie; die eigentliche Wurzel für die Bitte Jesu ist aber doch sicherlich in seinem neuen Gebot zu suchen, daß man die Feinde lieben, für die Verfolger beten, den eigenen Schuldigern vergeben soll. Für diesen un-
100 bezweifelbar echten Kern der Botschaft | Jesu ist vor allem an die Bergpredigt (Mt. 5, 43–48; Lk. 6, 27–38) und an das Vaterunser (Mt. 6, 12; 14; Lk. 11, 4) zu erinnern.

11. Im ganzen hat sich also gezeigt, daß an zwei Stellen der alten Welt aus unterschiedlichen Voraussetzungen heraus das Ethos des Verzeihens ungemein tief gefaßt und dabei in sehr ähnlicher Weise dargestellt und verwirklicht worden ist. Beide Male stehen wir vor der unerhörten Paradoxie, daß ein Beschuldigter und Verurteilter mit dem Hinweis auf die Unwissenheit nicht sich selbst verteidigt, sondern daß er damit das an ihm begangene Unrecht der anderen entschuldigt. Gerade angesichts der auffallenden Ähnlichkeit wird aber auch klar, daß die äußerste Bereitschaft zum Vergeben hier und dort verschieden begründet ist und daß sich zumal die Fürbitte am Kreuz letztlich sowohl der verallgemeinernden Parallelisierung als auch einer bloß redaktionsgeschichtlichen, nach zeitgebundenen Tendenzen fragenden Erklärung entzieht. Das eine Beispiel beruht auf einer humanen Forderung der Vernunft, das andere auf religiös begründeter Menschenliebe.

47 Vgl. auch R. Bultmann, Art. ἀγνοεῖν usw., G. Kittel, Theol. Wörterb. z. NT I (1933) 116–122; L. Cerfaux, Art. Agnoia, RAC I (1950) 186–188. – Ob griechische oder jüdische Anregungen vorliegen, ist auch bei Philon, In Flaccum 518 M, 6, 121, 24 f. Cohn-Reiter (τῷ μὲν γὰρ ἀγνοίᾳ τοῦ κρείττονος διαμαρτάνοντι συγγνώμη δίδοται) nicht zu entscheiden. In 1 Tim. 1, 13 und Hebr. 10, 26, wo von Sünde aus Unwissenheit gesprochen wird, kommen kaum griechische Anregungen in Frage.

VII De se ipso et de magistro suo

Antrittsrede vor der Heidelberger Akademie am 10. Mai 1975

Herr Präsident, meine Herren!

Das Selbstporträt, das ich dem Brauch der Akademie folgend zu zeichnen habe, wird mich natürlich von meiner besten Seite zeigen. Ich muß ja doch hervorheben, was mir von meinen Bemühungen auf dem Felde der Klassischen Philologie einigermaßen gelungen ist und was Sie bewogen haben mag, mich der Mitgliedschaft in dieser Akademie für würdig zu halten – eine Ehre, die mich erfreut und verpflichtet. Daß jeder Leistung eine Kehrseite zugeordnet ist und daß jeder Erkenntnisgewinn auch wieder eine neue Grenze und Beschränktheit anzeigt, dürfte freilich gerade in Ihrem die ganze universitas litterarum repräsentierenden Kreise am wenigsten zu verbergen sein.

Was mich zur Beschäftigung mit der griechischen und römischen Antike, bei aller Ferne und Zeitgebundenheit dieser Kultur, immer wieder hingezogen hat, ist dies, daß es hier eine ganze Anzahl von Bereichen des Lebens, Gestaltens und Denkens zu überblicken gilt, die heute auf verschiedene Einzelwissenschaften verteilt sind und deren Zusammenhang man in unserer modernen Welt nur noch schwer erfassen kann. Dichtung, Philosophie, Religion, Geschichtsschreibung, Recht, Politik, Rhetorik, exakte Wissenschaften – all dies hat ja die Klassische Philologie einerseits im historischen Kontext zu untersuchen und andererseits auf die Gegenwart zu beziehen. Für beide Aufgaben erhoffe ich mir von der Zugehörigkeit zu dieser Akademie Belehrung und Anregung.

Geboren wurde ich am 26. November 1929 im Schulhaus des Dorfes Gerstetten bei Heidenheim auf der Schwäbischen Alb (was meine Sprache schon ungefähr verraten haben mag). Dort war mein Vater, der ebenso wie meine Mutter aus einem schwäbischen Pfarrhaus stammte, damals Volks-
schulrek- | tor. Er ist in Stalingrad gefallen, als ich dreizehn Jahre alt war. Bis 56
zum Kriegsende ging ich in Heidenheim an der Brenz zur Schule, danach die letzten vier Jahre bis zum Abitur in den Evangelisch-Theologischen Seminaren Maulbronn und Blaubeuren.

Die Entscheidung, ob ich Theologie studieren sollte oder nicht, fiel mir nicht leicht. Zusammen mit einem Freund, der dann schon früh ums Leben kam, entschied ich mich für die Altphilologie, weil sie uns jene größere innere Vielseitigkeit zu bieten schien.

Vom Winter 1949/50 an studierte ich in Tübingen – ein Semester auch in Basel – Griechisch, Lateinisch, Geschichte und Philosophie. Bei allem Dank, den ich für Lehrer wie Hellmut Brunner, Hildebrecht Hommel, Gerhard Krüger, Eduard Spranger, Joseph Vogt, Otto Weinreich, Ernst Zinn empfinde, darf ich doch sagen, daß ich Wolfgang Schadewaldt die entscheidende Lenkung meines Studiums, ja meines weiteren Lebens verdanke. In seiner Art völlig unnachahmlich und unerreichbar und ohne schulmäßig lehrhafte Betreuung hat er doch eine starke, fordernde Wirkung ausgeübt und mich für die Philologie begeistert.

Im Jahr 1955 erfolgten meine Promotion und das Staatsexamen für das Lehramt an Gymnasien. Danach absolvierte ich den Vorbereitungsdienst an der Schule und die Pädagogische Lehramtsprüfung. Daß ich auf diese Weise, als Referendar, noch einmal gründliche Bekanntschaft mit der Schule gemacht habe, ist meiner Tätigkeit an der Universität sicher zugute gekommen.

Um die weiteren Schritte der vita academica noch rasch zu erwähnen: Zur Fortführung meiner wissenschaftlichen Ausbildung erhielt ich 1957 ein Stipendium des Landes Baden-Württemberg, durch das ich ein halbes Jahr in München und ein halbes Jahr in Rom studieren konnte. Dann trat ich die Stelle eines Assistenten am Philologischen Seminar in Tübingen an und habilitierte mich dort 1960. Während des Wintersemesters 1967/68 vertrat ich an der Ruhruniversität Bochum den Lehrstuhl für Latein. Und 1968 wurde ich in Tübingen, als Nachfolger von Wolfgang Schadewaldt, zum ordentlichen Professor ernannt.

Auf dem reich gegliederten, großen Terrain der Klassischen Philologie habe ich mich im Lauf der Jahre mit zwei Gebieten besonders vertraut gemacht: zum einen mit Platon, zum anderen mit der hellenistischen Komödie. Von diesen beiden Stellen aus, auf denen sich zu meiner Freude auch einige Doktoranden bewährt haben, hat sich mir manches andere wie von selbst erschlossen.

Meine Doktorarbeit über ›Protreptik und Paränese bei Platon‹ (1955/1959) befaßte sich mit der literarischen Form der Dialoge. Der energische Vorstoß meines Tübinger Kollegen Hans-Joachim Krämer zur Erschließung der mündlichen Prinzipienlehre Platons brachte mich dann weiter. Ich sah, daß die These meiner Dissertation, wonach die platonischen Dialoge einer-
57 |seits nur protreptisch-vorbereitend, andererseits auch schon philosophisch-paideutisch wirken sollten, der Ergänzung bedarf, da hinter dem gesamten Schriftwerk Platons noch der Bereich des mündlichen Philosophierens anzunehmen ist. Diese ›Ungeschriebene Lehre Platons‹ habe ich in meiner Habilitationsschrift (1960/1963) systematisch zu umreißen versucht.

Die Tübinger Ansichten über den esoterischen Platon, wie man etwas mißverständlich sagt, haben heftigen Widerspruch hervorgerufen. Schon der Setzer meines Buches meinte. es müsse nicht Platons ungeschriebene, sondern umgeschriebene Lehre heißen. Der Einwand, daß man über etwas, das Platon absichtlich nur im mündlichen Vortrag geäußert hatte, erst recht heute nicht schreiben könne, lag allzu nahe. Inzwischen ist zwar gewiß nicht jedes Einzelergebnis, aber doch die Berechtigung der Fragestellung, und zwar gerade auch als Voraussetzung für das Verständnis der Schriften Platons, ziemlich allgemein anerkannt.

Eine eigene noch zu leistende Aufgabe sehe ich hier vor allem darin, die Zeugnisse der indirekten Platonüberlieferung, die in Form von Berichten über die mündliche Lehre wie auch von Legenden und Anekdoten auf uns gekommen sind, mit der nötigen kritischen Fundierung herauszugeben. Ein solches doxographisch-biographisches Supplementum zu den Ausgaben der Werke Platons gibt es noch nicht, während man für weniger bedeutende Autoren die entsprechenden Zeugnisse längst gesammelt hat. Auf diesem Wege erhält für uns die platonische Akademie wieder bestimmtere Konturen, von der sich ja unsere gesamtwissenschaftlichen Organisationen bis heute nicht nur dem Namen nach herleiten.

Im Zusammenhang mit Platon habe ich mich in die Geschichte der griechischen Mathematik eingearbeitet. Suchte ich doch besonders den mathematischen Kern der platonischen Prinzipientheorie zu begreifen: die Lehre von den Zahlen und Raumdimensionen. Ein speziellerer Beitrag hierzu war die Interpretation der Farbenlehre im ›Timaios‹ (1965 – in diesem Band Seite 451 ff.). Und kürzlich glaube ich für das alte Problem der Hochzeitszahl in der ›Politeia‹ die richtige Lösung gefunden zu haben (1974 – in diesem Band Seite 411 ff.). Nach anderen Seiten hin bin ich durch Platon auf das griechische Geschichtsdenken und zuletzt, um dem Dialog ›Kratylos‹ gerecht zu werden, auf das Gebiet der Sprachtheorie geführt worden.

Es lag in der Konsequenz dieser Platonstudien, daß ich im Jahr 1970 in Tübingen ein Platon-Archiv eingerichtet habe. Damals wurde das Zettelarchiv mit dem gesamten Wortschatz Platons, das Georg Picht in Hinterzarten aufgebaut hatte, nach Tübingen geholt und dann in alphabetische Ordnung gebracht. Außerdem wurde der Grund zu einer Spezialbibliothek der Platonforschung und zu einer bibliographischen Kartei gelegt. Der weitere Ausbau dieses Unternehmens wie auch der Plan eines Platon-Lexikons leidet allerdings gegenwärtig unter der Finanzmisere, die es nicht erlaubt, das Platon-Archiv entsprechend auszustatten. | 58

Zum Standbein das Spielbein: die Komödie. An sie kam ich zuerst durch die Bearbeitung und Herausgabe einer Untersuchung über die ›Adelphen‹ des Terenz (1964) von dem im Krieg gebliebenen Otto Rieth. Seitdem haben mich die verschiedenen Aspekte dieses Gegenstandes immer wieder animiert. Im Zentrum steht für mich Menander; aber um diesen Dichter zu verstehen, muß man die frühere griechische Theaterdichtung und ebenso alle möglichen Dinge der Realität des damaligen Lebens heranziehen. Menander, der uns ja durch Papyrusfunde wieder bekannt geworden ist, brachte mich auch mit der Papyrologie in Berührung. Vor allem aber reizte mich die Beschäftigung mit den lateinischen Metamorphosen bei Plautus und Terenz, deren Studium wiederum nicht ohne Berücksichtigung der handschriftlichen Überlieferung möglich ist. Nach ein paar Einzelbeiträgen habe ich in einer zusammenfassenden Arbeit versucht, die früher besonders durch Friedrich Leo und Eduard Fraenkel vertretene Forschungsrichtung der vergleichenden Analyse weiterzuführen und durch die Frage nach den griechischen Originalen gerade die Eigenart der römischen Komödiendichter zu beleuchten (1972).

Dafür, daß es mir wirklich gelungen ist, hinter dem ›Miles gloriosus‹ des Plautus eine Komödie Menanders freizulegen, möchte ich die Hand nicht ins Feuer legen: nur ein neuer Textfund könnte diese Frage endgültig entscheiden. Aber ein anderes Werk Menanders, von dem man bisher noch kaum etwas ahnt, glaube ich in einiger Zeit vorführen zu können. Nicht unerhebliche Teile dieser Komödie liegen, aus Ägypten kommend, seit 1897 unerkannt hier in der Heidelberger Papyrussammlung.

Die allgemeine Lage, in die die Klassische Philologie mehr und mehr geraten ist, und das Vorbild der besten Vertreter des Faches haben mir klar gemacht, daß es hier nicht genügt, im engen fachlichen Rahmen tätig zu sein, sondern daß es einerseits für einen kleinen Kreis von Experten die ganze Strenge der philologischen Disziplin zu bewahren gilt, daß andererseits aber auch die Verbindung mit dem außerfachlichen, breiteren Publikum gesucht werden muß, dem wir, gleichsam exoterisch, die uns anvertrauten Schätze zu vermitteln haben – ohne dabei auf Genauigkeit und Gründlichkeit zu verzichten.

In diesem Sinne habe ich mich – zaghaft genug den Spuren Größerer folgend – ans Übersetzen gewagt und in zunehmendem Maße die Erfahrung gemacht, daß es zwischen dem philologisch exaktesten und dem unmittelbar ansprechenden Übersetzen Konvergenzpunkte gibt. Auf die Bearbeitung des plautinischen ›Miles‹ für eine Studentenaufführung folgte die Erstübertragung einer neugefundenen Menanderkomödie: ›Der Schild‹ oder ›Die Erbtochter‹ (1971). Diese deutsche Fassung, bei der ich die Lücken des griechischen Textes wohl oder übel ergänzt habe, wurde von einem Zürcher Zimmertheater an verschiedenen Orten aufgeführt. Ebenso habe ich zu der bei Heimeran erscheinenden Reihe ›Dialog mit der Antike‹ ein erstes
59 Bänd- | chen, eine Sammlung von Texten ›Für und wider die Ehe‹ (1974) beigesteuert.

Eine ähnliche Aufgabe sehe ich in akademischen Lehrveranstaltungen für Hörer ohne altsprachliche Kenntnisse und in dem Kontakt mit den Kollegen an der Schule, wo im altsprachlichen, aber auch im Deutsch-, Geschichts- und Politikunterricht immer noch antike Texte behandelt werden. So habe ich neulich die berühmte Thukydides-Rede des Perikles für die Gefallenen als Staatsmodell gedeutet und in einer Weise interpretiert, die auch den Zwecken des Unterrichts dienlich sein soll.

All dies sind Versuche und – so hoffe ich – Anfänge. Was mir in dieser Richtung noch fehlt, ist das Studium von Phänomenen der Wirkung und Rezeption antiker Werke in der Neuzeit. Bis jetzt habe ich mich hiermit nur bis ins Mittelalter vorgewagt, wo ich der erzählenden Komödie des 12. Jahrhunderts von ihren antiken Voraussetzungen her beikommen möchte.

Es ist gut, daß ich nicht analysieren muß, was bei meinem bisherigen philologischen Tun aus Neugier oder gar aus Ehrgeiz geschehen ist und was aus dem Gefühl der Verantwortung gegenüber einem reichen, der Sorgfalt bedürftigen Erbe. Mehr als die Aneignung des Vorhandenen und Bekannten hat mich immer wieder der Versuch gelockt, Vergessenes und Unerkanntes zu entdecken und so hie und da etwas Verlorengegangenes der Vergänglichkeit abzutrotzen. Ich bin mir aber bewußt, daß alles derartige Aufspüren nur gerechtfertigt ist, wenn es nicht selbstgenügsame Problemphilologie bleibt, sondern dazu hilft, das überlieferte auf dem Hintergrund des Nichtüberlieferten besser zu verstehen und im ganzen die Gegenstände der philologischen Forschung als historische Erfahrungsbeispiele für eine allgemeine Anthropologie verfügbar zu machen.

Nachruf auf Wolfgang Schadewaldt (15.3. 1900–10.11.1974) (1975)

In wenigen Sätzen über Wolfgang Schadewaldt zu sprechen, ist nicht nur deshalb schwierig, weil es hier eine überwältigende Fülle des Erlebten und Erkannten zusammenzufassen gilt, sondern weil es überhaupt schwer wird, etwas zu sagen, wenn ein Mund verstummt ist, dem das Wort in so einzigartiger Weise zu Gebote stand. Die meisten von uns haben ja die fast zauberhafte Macht der Rede verspürt, mit der sich dieser Mann schriftlich wie mündlich so treffend, mitreißend und lebendig anrührend auszudrücken wußte.

Als Wolfgang Schadewaldt im Jahr 1958 seine Antrittsrede vor der Heidelberger Akademie hielt, sah er das dominierende Interesse seines philologischen Arbeitens in der »Erforschung von Strukturen«. Dabei dachte er nicht an abstrakte Formeln, sondern an »jene lebendigen Gefüge von Verhältnissen und Bezügen, die sich, wie in der Natur, so auch in Kunst und Denken hinter der Mannigfaltigkeit der sinnlichen Erscheinungen auftun und diese tragen«. An anderer Stelle sagte er, es sei für den schöpferischen Menschen charakteristisch, daß »der innere Kern und die Entelechie seines Wesens, die den Menschen ganz unverwechselbar als den, der er ist, bestimmt, in allen Verwandlungen und Verzweigungen doch immer gleich bleibt« (Hellas und Hesperien II 167). | 93

Auch im Blick auf Wolfgang Schadewaldts eigenes Lebenswerk können wir eine derart gewachsene Struktur erkennen. Unbeirrt von den mancherlei Wechselfällen der Tyche, die den äußeren Gang auch dieses Lebens beeinflußten, hat er ein großes wissenschaftliches und literarisches Werk geschaffen, in dem bei aller Vielfalt so etwas wie eine einheitliche Leitidee zu finden ist.

Am 15. März 1900 als Sohn eines Arztes geboren, ist Wolfgang Schadewaldt doch in recht einfachen Berliner Verhältnissen aufgewachsen, da der Vater schon vor der Geburt dieses jüngsten von fünf Kindern gestorben war. Dem hochbegabten Sohn blieb wahrscheinlich von der Jugendzeit her das Streben, sich durch überragende Leistungen die verdiente Anerkennung zu erringen.

Sein Lebensweg hätte auch durch eine starke Neigung zur Musik und bildenden Kunst bestimmt werden können. Aber über Goethe, dessen Gesamtwerk er schon als Schüler in sich aufnahm, kam er zur Antike und zum Studium der alten Sprachen. Durch Lehrer wie den späten Ulrich von Wilamowitz-Moellendorff und Werner Jaeger wurde er endgültig für die klassische Philologie gewonnen. Dem einen folgte er in dem Wissen um die Weltfülle und Sachnähe der Altertumswissenschaft, dem anderen in dem Bemühen um Sinngebung und um öffentliche Rechtfertigung einer auf die Antike gegründeten Bildung.

Nach der Promotion und nach Assistentenjahren am Berliner Archäologischen Zentralinstitut wurde der eben erst Habilitierte mit achtundzwanzig Jahren auf einen Lehrstuhl nach Königsberg berufen. Weitere Rufe führten ihn über Freiburg (1929–1934) und Leipzig (1934–1941) wieder nach Berlin (1941–1950). Schließlich kam er mit fünfzig Jahren nach Tübingen, wo der Berliner sich heimisch fühlte und bleiben wollte (1951 lehnte er eine Berufung nach Basel ab). In Tübingen entfaltete er eine reiche, weit über das Fach hinauswirkende Lehrtätigkeit. Ohne schulmäßiges Dozieren hat er durch die eigene begeisterte Hingabe an das, was ihm wichtig war, auf viele eine starkanregende und fördernde Energie ausgestrahlt.

Auch nach der Emeritierung (1968) setzte er sein so erfolgreiches Lehren noch fort, zunächst in Ann Arbor, wo er sich die Neue Welt erschloß, dann in Tübingen mit Vorlesungen für Hörer aller Fachbereiche, bis ihn im Dezember 1972 bei einem Vortrag ein erster Schlaganfall traf und er sich auf ein stilleres Arbeiten an der ›Ilias‹-Übersetzung konzentrierte. Als er am 10. November 1974 starb, war die sein ganzes Lebenswerk krönende Übersetzung vollendet.

Dieses Leben war begleitet von einer Fülle glanzvoller Ehren und höchster Auszeichnungen. Aber auch Unverständnis, Anfeindung und persönliche Enttäuschungen blieben nicht aus. Vor allem war es ein Leben unermüdlicher und fast unbegreiflich reicher Produktivität. Neben den großen Büchern Wolfgang Schadewaldts sei nicht vergessen, daß er in den Jah-
94 ren | von 1932 bis 1944 Mitherausgeber des ›Hermes‹ war und das in dieser Zeit besonders eindrucksvolle Niveau der Zeitschrift mitbestimmte. Nach dem Krieg war es dann das Goethe-Wörterbuch, dem er seine Organisationsgabe und einen erheblichen Teil seiner Zeit widmete.

Nur angedeutet sei hier, was alle, die Schadewaldt nahe standen, bezeugen können: sein ganzes Leben war auf Kommunikation, Resonanz und Freundschaft hin angelegt. So selbstbewußt er auftreten konnte, so befreiend und wohltuend war die Charis seines humanen Wesens. Die Freunde, Kollegen und Schüler verdanken seinem Gelten- und Gewährenlassen wie seinem helfenden, ermutigenden und belebenden Wirken mehr als sich sagen läßt.

Die Arbeiten Wolfgang Schadewaldts strebten von Anfang an nach umfassender Weite. Wie ein Weltreisender hat er sich im Lauf seines Lebens bemüht, die großartigsten Erscheinungen im geistigen Kosmos der

Menschheit kennenzulernen. Auf zwei Gebieten aber war er ganz zuhause: bei der episch-tragischen Dichtung der Griechen und bei Goethe.

Die Doktorarbeit, die schon in der für Schadewaldt charakteristischen Weise von der Detailbeobachtung zum Grundsätzlichen vorstieß und die einem Wilamowitz das Wort »Umzulernen stets bereit!« abverlangte, handelte über ›Monolog und Selbstgespräch in der griechischen Tragödie‹ (gedruckt 1926). In raschem Ausgreifen folgte neben anderem (auch Lateinischem) die interpretatorische Aneignung der schwierigen Siegeslieder Pindars (1928) und des thukydideischen Geschichtswerkes (1929).

Während der Leipziger Jahre trat dann Homer ins Zentrum, der Anführer der Tragödiendichter (nach einem von Schadewaldt gern zitierten Platonwort). Mit den an der Tragödie für dichterische Komposition geschulten Augen wurde nun das Epos untersucht. Die im Jahre 1938 erschienenen ›Ilias-Studien‹ sind für die Homerphilologie grundlegend und bahnbrechend geworden, weil Schadewaldt hier, die Resultate der bis dahin herrschenden zergliedernden Betrachtungsweise aufhebend, die ›Ilias‹ endlich wieder als organisch gestaltete Einheit, »als eine von einem langen Herkommen getragene selbständige Schöpfung« faßbar machte. Mehrere kleinere Arbeiten zur homerischen Frage sind in dem immer wieder mit Genuß zu lesenden Band ›Von Homers Welt und Werk‹ (4. Aufl. 1965) zusammengestellt.

Bei der ›Odyssee‹ unterschied Schadewaldt die ältere Heimkehr-Dichtung eines vielleicht mit dem Homer der ›Ilias‹ identischen Dichters von den Zutaten eines moderneren Bearbeiters. Auch hier war ihm aber die Analyse nicht Selbstzweck; und die Hypothese der beiden Dichter A und B sollte vor allem die strukturellen Eigentümlichkeiten des Werkes verdeutlichen, die Schadewaldt divinatorisch sah und durch genaue Observation zu verifizieren suchte.

In die Berliner Zeit fällt die Beschäftigung mit der durch die Schlichtheit | ihrer lyrischen Aussagen faszinierenden Sappho und mit einem 95
Themenkreis, dem auch noch der späte Vortrag über ›Das Bild der griechischen Frau‹ angehört. Davon, wie sich Schadewaldt besonders in Tübingen der griechischen Philosophie zugewandt hat, zeugen neben eigenen Beiträgen zu Platon, Aristoteles, Eudoxos von Knidos verschiedene von ihm angeregte Dissertationen.

Die lebenslange Beschäftigung mit Goethe dokumentiert der Band ›Goethe-Studien‹ (1963), ebenso aber auch das Unternehmen des Goethe-Wörterbuchs, das Wolfgang Schadewaldt 1946 ins Leben gerufen hat und das bis heute als gesamtdeutsches Unternehmen von der Heidelberger Akademie zusammen mit der Akademie der Wissenschaften der DDR und der Göttinger Akademie getragen wird. Es war dem Urheber noch vergönnt zu erleben, daß das Werk mit dem jetzt beinahe fertigen ersten Lexikonband sichtbare Gestalt annimmt.

Von den Erscheinungen des neueren europäischen Geistes, mit denen sich Schadewaldt produktiv befaßt hat, können hier nur einige Namen genannt werden, an denen die Reichweite dieses expansiven Forschens abzulesen ist: Shakespeare, Winckelmann, Hölderlin, Schiller, Kleist, Rilke, Richard Wagner, Carl Orff. Die reiche Ernte, die sich auf diesen Gebieten ergab, ist eingebracht in den zweiten Band des Sammelwerkes mit dem bezeichnenden Titel ›Hellas und Hesperien‹ (2. Aufl. 1970).

In zunehmendem Maße fühlte sich Wolfgang Schadewaldt herausgefordert, seine souveräne Beherrschung des philologischen Handwerks in den Dienst einer weiteren Öffentlichkeit zu stellen und zu aktuellen Fragen der Gegenwart Stellung zu nehmen. So kam es zu seinen Reden und Vorträgen etwa über die Technik oder die Humanitätsidee, die er von ihren griechischen Wurzeln her zu erklären suchte. Den Ursprung der Humanität sah er in der delphischen Religion, und zwar in dem Bewußtsein der Sterblichkeit und Hinfälligkeit des Menschen, der dadurch um so mehr zur Toleranz und mitmenschlichen Solidarität aufgerufen ist.

Als seine ganz besondere Aufgabe erkannte Wolfgang Schadewaldt in den letzten Jahrzehnten seines Lebens das Übersetzen. Dorthin rettete er sich, wie er sagen konnte, aus dem Triebsand der Kombinationsphilologie und dem Meinungskarussell eines selbstgenügsamen gelehrten Betriebs. Das Übersetzen war ihm jedenfalls nicht nur eine Nebenbeschäftigung, sondern »die Integration des ganzen philologischen Geschäfts«. Hier ergänzten sich seine philologisch-wissenschaftliche Meisterschaft und sein musisches, sprachschöpferisches Können. Und durch die Übersetzungen fand er auch – mit Büchern wie mit Theater, Rundfunk, Fernsehen und Schallplatte – das größere Publikum, auf das er wirken wollte.

In reger Zusammenarbeit mit verschiedenen Bühnen entstanden die zahlreichen Übersetzungen griechischer Tragödien und Komödien, deren durch Sprech- und Spielbarkeit ausgezeichneter und zugleich dem dichteri-
96 schen | Wort kompromißlos verpflichteter Stil dem Theater, wie Gustav Rudolf Sellner, Hansgünther Heyme, Günther Fleckenstein und andere bezeugen, ganz neue Impulse gegeben hat. Ein literarisches Ereignis war 1953 das Erscheinen der ›Odyssee‹ in deutscher Prosa; die Wirkung der uns hinterlassenen ›Ilias‹-Übersetzung wird nicht geringer sein.

Die von Schadewaldt geschaffene und immer mehr vervollkommnete Übersetzersprache vereinigt die Bemühung um exakteste Sachgemäßheit und Wörtlichkeit mit kongenialer künstlerischer Sprachbeherrschung. Bei seinem nicht ›transponierenden‹, sondern ›dokumentierenden‹ Übersetzen verzichtete Schadewaldt auf alles pseudopoetische Verschönen, Übermalen und Schmücken wie auf das allzu Vertraute und Gefällige, um desto klarer und vollständiger den ursprünglichen Sinn, das ›Seiende‹ des Originals wiederzugeben. Er wollte die feine Mittellinie treffen, »wo das Deutsche noch deutsch und doch auch schon griechisch ist«, um so die ›Sinnstruktur‹ des griechischen Logos im Deutschen wahrnehmbar zu machen.

Das Wagnis gelang. »In einer Zeit«, so ist aus philosophischer Sicht kürzlich gesagt worden, »in der die griechische Sprache mehr und mehr aus dem deutschen Bildungsleben verschwindet, muß es als eine wahre Gunst des Schicksals angesehen werden, daß ihr ein Übersetzer geschenkt worden ist, dessen Übersetzungen nicht Nachbildungen, sondern aus eigener Stärke sprechende Worte sind« (Hans-Georg Gadamer).

Was war nun das Strukturprinzip, das hier eine solche Mannigfaltigkeit, ja Universalität nicht in enzyklopädische Breite auseinanderfallen ließ, sondern zu mächtig wirkender Energie zusammenführte?

Die persönliche Voraussetzung war das einzigartige Charisma dieses Mannes: die ihm gegebene Verbindung von Wissenschaft und Künstlertum, Reflexion und Intuition, Gelehrsamkeit und Einfallsreichtum. Dazu kam bei ihm ein leidenschaftliches Bedürfnis, das Erkannte auch anderen überzeugend darzustellen, es evident zu machen, es zu vermitteln. Von daher vermochte Schadewaldt überall, wo er forschte und mitteilte, die Kluft zwischen strenger Wissenschaft und weltoffenem Leben, zwischen Vergangenheit und Gegenwart zu schließen.

Das sachliche Anliegen, das Schadewaldts Wirken dauernd bestimmte, läßt sich wohl in der Absicht erkennen, die Errungenschaften des griechischen Geistes als »unmittelbar gegenwärtige« Komponenten unseres Lebens zu begreifen und als für die Orientierung in der Gegenwart hilfreiche Leitsterne vor Augen zu führen. Goethe war ihm eben das Hauptbeispiel dafür, daß man den Griechen auf der Grundlage gemeinsamer menschlicher und sachlicher Voraussetzungen unmittelbar ›begegnen‹ kann.

Die Probleme der Philologie waren für ihn also nicht bloß fachliche Fragen, an denen jeder seinen Scharfsinn demonstrieren mag, sondern leidenschaftlich ergriffene Möglichkeiten der Welterfahrung, der Selbsterkenntnis und der Selbstverwirklichung. Ohne etwa einer klassizistischen Absolut-|Setzung der Antike zu huldigen, kehrte er sich doch noch ent- 97
schiedener als seine Lehrer von einem Historismus ab, der, wie er sagte, die Geschichte nur wie vorbeiziehende Formationen von einem Feldherrnhügel aus betrachtet. Er wollte sich in einen Dialog mit den Repräsentanten einer »dreitausendjährigen europäischen Gegenwart« einlassen.

Mit wechselnden Begriffen suchte er sich und anderen klar zu machen, wie es immer wieder zur Erneuerung und Vergegenwärtigung des einmal Gewesenen kommen kann. Er sprach bildhaft von Modellen, Fermenten, Virulenzen, von Entelechien oder von den Kettenfäden des Gewebes. Die Glaubwürdigkeit seiner Rede von der Gegenwärtigkeit der Griechen ergab sich aber weniger aus der Theorie als aus der ihm eigenen Kraft der Verlebendigung.

Sein Fragen und Forschen war demgemäß immer auf die wesentliche Substanz der Dinge gerichtet. Beim Studium der Traditionsprozesse suchte er nach dem, was sich in allen Wandlungen gleichbleibend bewahrt. Wichtiger als Methodologie war ihm ein auf Sachverstand beruhendes Taktgefühl für das Mögliche und Richtige. Er kümmerte sich als Philologe mit ganzer Akribie um die Einzelheiten, aber so, daß er dabei die Forderung Goethes erfüllte: »Im Besonderen das Allgemeine!«

Das Geheimnis der großen Wirkung Schadewaldtscher Interpretationen und Übersetzungen liegt wohl darin, daß er bei allem Ernstnehmen des sprachlichen Wortes dieses auf die elementare Wirklichkeit zurückführte, die dem Wort – gleichsam als seine Golddeckung – Gültigkeit verleiht. Er verband die in den alten Texten gespeicherte Welt- und Existenzerfahrung mit seinem eigenen Realitätssinn und brachte sie so neu zum Sprechen, um »unser eigenes Dasein durch andere Weisen menschlichen Daseins zu erweitern und zu bereichern«.

Eine noch tiefere Ursache war die Ehrfurcht dieses Mannes gegenüber den Erscheinungen, mit denen er sich forschend und deutend auseinandersetzte. Er war bereit, das Großartige zu bewundern und zu lieben, und er suchte in allem den göttlichen Funken. Nicht ohne zweifelnde Nüchternheit war er doch immer wieder neu zu dem Staunen fähig, das nach Platon am Anfang der Erkenntnis steht. Durch den Daimon, der sein Tun bestimmte, wurde er unablässig angetrieben, sich Klarheit zu verschaffen, wo immer dies möglich war; und bewußt setzte er sich damit zugleich dem tragischen Geschehen aus, das den Menschen mit der Entdeckung von Wahrheit vor das Unerforschliche bringt.

Bei allem, was Wolfgang Schadewaldt tat, fühlte er sich dem heutigen Menschen und den zukünftigen Möglichkeiten des Menschseins verantwortlich, gerade auch da, wo er herrschenden Strömungen kritisch gegenüberstand. Gewisse Zeiterscheinungen auf dem Gebiet der Politik, der Psychologie, der Kunst blieben ihm, je mehr sie den Charakter von Heilslehren annahmen, nicht unbekannt, aber fremd. Er konnte den um sich
98 greifenden | Spekulationen und formalistischen Analysen ironisch seine Naivität entgegensetzen – eine scheinbare Naivität, die durch mehr Anfechtung und Gedankenarbeit hindurchgegangen war, als er zeigen mochte.

Das wissenschaftliche und literarische Werk Wolfgang Schadewaldts wird, wie ein festgegründetes Monument, die Erinnerung an ihn fortdauern lassen. Aber etwas anderes ist in seinem Sinne wichtiger. Was ihm die Leistungen früherer Zeiten denkwürdig machte, war nicht so sehr ihre in sich ruhende, abgeschlossene Vollkommenheit, sondern ihre uns angehende, richtungweisende Kraft. Es waren für ihn Modelle: Beispiele, die »zur immer weiteren sinngemäßen Ausgestaltung aufrufen«. In dieser Weise mögen uns auch Wolfgang Schadewaldts eigene Arbeiten paradigmatisch sein.

VIII Bibliographie Konrad Gaiser

Der Stern verweist auf die in diesen Band aufgenommenen Beiträge.

1959

1 Protreptik und Paränese bei Platon. Untersuchungen zur Form des platonischen Dialogs, Stuttgart (Tübinger Beiträge zur Altertumswissenschaft 40).

1960

2 Rezension zu H. Kuhn, Sokrates (1959), in: Philosophische Rundschau 8, 160–170.

3* Rezension zu H. Görgemanns, Beiträge zur Interpretation von Platons Nomoi (1960) in: Gymnasium 70, 440–442.

1961

4 Platon und die Geschichte. Stuttgart/Bad Cannstatt.

5* Zwei Protreptikos-Zitate in der Eudemischen Ethik des Aristoteles, in: Rheinisches Museum 110, 314–345.

6* Das Platon-Bild Stenzels und seine wissenschaftliche Bedeutung, in: J. Stenzel, Platon der Erzieher, Neudr. Hamburg, V–XXV.

7 Das vierte Prooemium des Lukrez und die »Lukrezische Frage«, in: Eranion, Festschrift für Hildebrecht Hommel, Tübingen, 19–41.

8* Rezension zu R. Weil, »L'Archéologie« de Platon (1959), in: Gnomon 33, 344–349.

1963

9 Rezension zu R. S. Bluck, Plato's Meno (1961), in: Gymnasium 70, 440–442.

10 Platons ungeschriebene Lehre. Studien zur systematischen und geschichtlichen Begründung der Wissenschaften in der platonischen Schule, Stuttgart (^{2}1968).

1964

11* Platons ›Menon‹ und die Akademie, in: Archiv für Geschichte der Philosophie 46, 241–292.

12 Rezension zu P. Steinmetz, Theophrast, Charaktere, Band 2, Kommentar und Übersetzung, in: Gnomon 36 (1964) 24–31.

13 O. Rieth, Die Kunst Menanders in den ›Adelphen‹ des Terenz. Mit einem Nachwort hg. von Konrad Gaiser, Hildesheim.

1965

14 Synusia. Festgabe für Wolfgang Schadewaldt zum 15.3.1965, hg. von H. Flashar und K. Gaiser, Pfullingen.

15* Platons Farbenlehre, in: Hellmut Flashar, Konrad Gaiser (Hg.), Synusia. Festgabe für Wolfgang Schadewaldt, Pfullingen, 173–222.

1966

16 Die Elegie des Aristoteles an Eudemos, in: Museum Helveticum 23, 84–106.

17 Einige Menander-Fragmente in Verbindung mit Plautus und Terenz, in: Wiener Studien 79, 191–201.

1967

18 Eine neu erschlossene Menander-Komödie und ihre literaturgeschichtliche Stellung, in: *Poetica* 1, 436–461.

19 Menander und der Peripatos, in: Antike und Abendland 13, 8–40.

1968

20* Quellenkritische Probleme der indirekten Platonüberlieferung, in: Idee und Zahl. Studien zur platonischen Philosophie, Heidelberg (Abhandlungen der Heidelberger Akademie der Wissenschaften, Phil.-hist. Kl. 1968, 2) 31–84.

21 Ein Lob Athens in der Komödie (Menander, Fragmentum Didotianum b), in: Gymnasium 75, 193–219.

22* Das besondere MIMHMA des Menschen bei Kleanthes, in: Hermes 96, 243–248.

1969

23* Das zweifache Telos bei Aristoteles, in: I. Düring (Hg.), Naturphilosophie bei Aristoteles und Theophrast, Heidelberg (Verhandlungen des 4. Symposium Aristotelicum, Göteborg 1966) 97–113.

24 Der Maulheld in Ephesos, in: Attempto (Universität Tübingen) 33–34, 30–73.

25* Rezension zu: B. Ehlers, Eine vorplatonische Deutung des sokratischen Eros. Der Dialog Aspasia des Sokratikers Aischines (1966), in: Archiv für Geschichte der Philosophie 51, 200–209.

26 Rezension zu: Platonis Parmenides et Phaedrus, rec. brevique adnot. crit. instr. C. Moreschini (1966), in: Gymnasium 76, 543–546.

27 Rezension zu: H.G. Ingenkamp, Untersuchungen zu den pseudoplatonischen Definitionen (1967), in: Gymnasium 76, 543–546.

28* Das Platonbild. Zehn Beiträge zum Platonverständnis, hg. von Konrad Gaiser, Hildesheim.

1970

29 Bemerkungen eines Gräzisten zum Text des Plautus (›Miles gloriosus‹), in: Silvae, Festschrift für Ernst Zinn, Tübingen, 36–50.

30 Das Altertum und jedes neue Gute, Festschrift für Wolfgang Schadewaldt zum 15. 3. 1970, hg. v. Konrad Gaiser, Stuttgart.

31 Die plautinischen ›Bacchides‹ und Menanders ›Dis exapaton‹, in: Philologus 114, 51–87.

1971

32 Menander, Der Schild oder die Erbtochter, eingeleitet, übersetzt und ergänzt, Zürich/Stuttgart.

33 Nachlese zu Menanders ›Aspis‹, in: Zeitschrift für Papyrologie und Epigraphik 8, 193–198.

1972

34* Platons ›Menon‹ und die Akademie, [zuerst in: Archiv für Geschichte der Philosophie 46

(1964) 241–292], ND in: J. Wippern, Das Problem der ungeschriebenen Lehre Platons, Darmstadt (Wege der Forschung 186) 329–393.

35 Zur Eigenart der römischen Komödie. Plautus und Terenz gegenüber ihren griechischen Vorbildern, in: Aufstieg und Nidergang der Römischen Welt, hg. von H. Temporini, Bd. 12. Berlin, 1027–1113.

36 Artikel »exoterisch/esoterisch« in: Historisches Wörterbuch der Philosophie, Bd. 2. Basel. 865–867.

1973

37* Die Platonreferate des Alkimos bei Diogenes Laertios (3, 9–17), in: Zetesis, Festschrift für E. de Strycker, Antwerpen/Utrecht, 61–79.

38 Eine neu erschlossene Menander-Komödie und ihre literaturgeschichtliche Stellung, zuerst in: Poetica 1, 436–461. ND unter dem Titel: Zum ›miles gloriosus‹ des Plautus, mit einer Ergänzung, in: E. Lefèvre (Hg.), Die römische Komödie, Darmstadt (Wege der Forschung 236), 205–248.

39 Menanders Komödie ›Der Schild‹, in: Grazer Beiträge 1, 111–137.

1974

40 Name und Sache in Platons »Kratylos«, Heidelberg (Abhandlungen der Heidelberger Akademie der Wissenschaften, Phil.-hist. Kl. 1974, 3).

41* Die Rede der Musen über den Grund von Ordnung und Unordnung: Platon, Politeia VIII 545 D–547 A, in: Studia Platonica, Festschrift für Hermann Gundert. Amsterdam, 49–85.

42 Für und wider die Ehe. Antike Stimmen zu einer offenen Frage, zusammengestellt und übersetzt von Konrad Gaiser, München 1974 (Heidelberger Texte, Didaktische Reihe 8).

43 Ein Komödienwitz über Platon, in: Musa iocosa. Arbeiten über Humor, Witz, Komik und Komödie in der Antike, Festschrift für A. Thierfelder, Hildesheim, 62–67.

1975

44* Das Staatsmodell des Thukydides. Zur Rede des Perikles für die Gefallenen (Heidelberger Texte, Didaktische Reihe, Heft 8) Heidelberg.

1976

45 Menanders ›Hydria‹. Eine hellenistische Komödie und ihr Weg ins lateinische Mittelalter. Heidelberg (Abhandlungen der Heidelberger Akademie der Wissenschaften, Phil.-hist. Kl. 1976, 7).

46 Das griechische Ideal der Autarkie, in: Acta Philologica Aenipontana 3, Innsbruck, 35–37.

47* Antrittsrede, in: Jahrbuch der Heidelberger Akademie der Wissenschaften 1975, Heidelberg, 55–59.

48* Nachruf auf Wolfgang Schadewaldt, in: Jahrbuch der Heidelberger Akademie der Wissenschaften 1975, Heidelberg, 92–98.

49 Die ›Akedeia‹ Menanders, in: Grazer Beiträge 5, 99–116.

1977

50* Griechisches und christliches Verzeihen. Xenophon, Kyrupädie III 1, 38–40 und Lukas 23, 34a, in: Wiener Studien 11 (Latinität und Alte Kirche, Festschrift für R. Hanslik), 78–100.

1979

51* Plato comicus or Plato philosophus? (Aristotle, Ars Rhetorica I 15, 1376 a 7–11), in: Bulletin of the Institute of Classical Studies, University of London 26), 51–61.

52 Rezension zu: A.S. Riginos, Platonica. The Anecdotes Concerning the Life and Writings of Plato (1976), in: Gnomon 51, 103–110.

53* Autorität und Liberalität in den Erziehungstheorien der Antike, in: Die Erziehung und Bildung des Menschen, Humanistische Bildung 2, Stuttgart, 1-96.

1980

54* Plato's Enigmatic Lecture »On the Good«, in: Phronesis 25, 5-37.
55* La teoria dei principî in Platone, in: Elenchos. Rivista di studi sul pensiero antico 1, 45-75.
56 Das Philosophenmosaik in Neapel. Eine Darstellung der platonischen Akademie. Heidelberg (Abhandlungen der Heidelberger Akademie der Wissenschaften, Phil.-hist. Kl. 1980, 2).
57 Ein Fragment aus Menanders ›Sunaristosai‹?, in: Zeitschrift für Papyrologie und Epigraphik 39, 99-111.

1981

58 Il mosaico dei filosofi di Napoli. Una raffigurazione dell' Accademia platonica, in: Annali dell' Istituto Universitario Orientale, Studi Filosofici 2, 1979. Florenz, 35-60 (Annali dell' Istituto Universitario Orientale di Napoli, Florenz [ital. Übersetzung von Nr. 54].
59 Der Bilderzyklus von Boscoreale. Ein Vorschlag zur Interpretation, in: Neue Zürcher Zeitung 13./14. Dezember.

1982

60* Platone come kolax in una lettera apocrifa (13 epist.), in: Sandalion. Quaderni di cultura classica, cristiana e medievale, Università degli Studi di Sassari 4, 71-94.
61* Platons Ideenlehre aus heutiger Sicht, in: Alte Sprachen in Rheinland-Pfalz und im Saarland, Jahrg. XXVIII, Heft 1, 17-19.
62 Bemerkungen zu Menanders ›Hydria‹, in: Zeitschrift für Papyrologie und Epigraphik 47, 11-34.

1983

63* Der Ruhm des Annikeris, in: Festschrift für Robert Muth, Innsbruck (Innsbrucker Beiträge zur Kulturwissenschaft 22) 111-128.
64 La biografia di Platone in Filodemo. Nuovi dati dal P. Herc. 1021, in: Cronache Ercolanensi 13, 53-62.
65 Ein neues Fragment aus Menanders ›Aspis‹ (P. Berol. 21445), in: Zeitschrift für Papyrologie und Epigraphik 51, 37-43.
66 Rezension zu: B. Dumoulin, Recherches sur le premier Aristote: Eudème, De la philosophie, Protreptique, in: Gnomon 55, 481-486.

1984

67* Platon 1984. Zur Kritik an Platons Staatsutopie, in: Die Alten Sprachen im Unterricht (Mitteilungsblatt der Altphilologischen Fachgruppen im Bayerischen Philologenverband) 31, Heft 1, 11-17.
68* Platone come scrittore filosofico. Saggi sull' emerneutica dei dialoghi platonici. Con una premessa di Marcello Gigante. Napoli (Istituto Italiano per gli Studi Filosofici. Lezioni della Scuola Superiore in Napoli).
69* Die Treue des Prexaspes (Herodot III 74-75), in: Navicula Tubingensis. Studia in honorem Antonii Tovar. Tübingen, 133-143.

1985

70* Das Höhlengleichnis. Thema und Variationen von Platon bis Dürrenmatt, in: Schweizer Monatshefte 65, Heft 1, 55-65.
71 Theophrast in Assos. Zur Entwicklung der Naturwissenschaft zwischen Akademie und

Peripatos. Heidelberg (Abhandlungen der Heidelberger Akademie der Wissenschaften, Phil.-hist. Kl. 1980, 2).

72 Il paragone della caverna. Variazioni da Platone a oggi. Napoli (Memorie dell' Istituto Italiano per gli Studi Filosofici 13).

73* Ein Gespräch mit König Philipp. Zum ›Eudemos‹ des Aristoteles, in: J. Wiesner (Hg.), Aristoteles' Werk und Wirkung. Paul Moraux gewidmet, Bd. 1, Berlin, 457–484.

74 Zur Struktur des P. Herc. 1021 (Philodems Buch über die Akademie), in: Cronache Ercolanensi 15, 85–99.

1986

75* Platons Zusammenschau der mathematischen Wissenschaften, in: Antike und Abendland 32, 89–124.

76 P. Köln 203: Zwei neue Szenen aus Menanders ›Hydria‹, in: Zeitschrift für Papyrologie und Epigraphik 63, 11–34 (vgl. auch Kölner Papyri, Bd. 6, Opladen 1987, Nr. 243).

1987

77* Die Ursprünge des idealistischen Naturbegriffs bei Platon, in: M. J. Petry (Hg.), Hegel und die Naturwissenschaften, Stuttgart/Bad Cannstatt (Spekulation und Erfahrung II, 2) 3–32.

1988

78 Philodems Academica. Die Berichte über Platon und die Alte Akademie in zwei herkulanensischen Papyri. Stuttgart/Bad Cannstatt (Supplementum Platonicum. Die Texte der indirekten Platonüberlieferung I).

79* Platonische Dialektik – damals und heute, in: Antikes Denken – Moderne Schule. Heidelberg (Beihefte zum Gymnasium 9) 77–107.

80* Platons esoterische Lehre, in: P. Koslowski (Hg.), Gnosis und Mystik in der Geschichte der Philosophie, Zürich, 13–40.

1989

81* Das Gold der Weisheit. Zum Gebet des Philosophen am Schluß des ›Phaidros‹, in: Rheinisches Museum 132, 105-140.

IX Index locorum

D

E

G

H

Q

S

V

X

Z